제4판

거시경제학
MACRO ECONOMICS

이종화 · 신관호

박영사

거시경제학 3판이 나온 지 이미 4년이 흘렀다. 그 동안 한국과 세계 경제는 이전에 상상조차 할 수 없었던 경험을 겪었다. 2020년초에 시작된 코로나19 팬데믹은 총수요와 총공급을 모두 위축시켜 경제에 막대한 피해를 주었다. 이에 대응하여 세계 각국의 정부는 무너져가는 경제를 살리고 국민들의 고통을 덜기 위해 다양한 정책을 마련하고 실행하였다.

이 과정에서 우리는 경제학적인 분석이 얼마나 유용한 도구인지 다시 한번 깨달을 수 있었다. 경제학적 원리에 기반한 정책 대응이 없었다면 세계 경제는 더 큰 어려움을 겪었을 것이 분명하다. 하지만 코로나 팬데믹을 겪는 과정에서 각국의 정부 당국자와 경제학자들은 팽창적 거시 정책으로 발생할 수 있을 인플레이션의 위험을 과소평가하는 실수를 범했다. 물가가 빠르게 상승하고 이자율도 함께 오르면서 높아진 기대인플레이션을 낮추고 인플레이션율을 다시 안정시키는 것이 시급한 숙제로 떠올랐다.

이러한 변화를 겪으면서 우리는 거시경제학 교과서를 개정해야 할 필요성을 이전보다 더욱 강하게 느꼈다. 그 결과가 이 번의 4판 개정판으로 탄생했다. 개정판에서는 독자들이 쉽게 읽고 이해할 수 있는 특징을 유지하면서, 새로운 거시 경제현상을 이해하고 분석하는데 도움이 되는 내용을 추가하였다. 본 개정판에서 주목할 만한 변경 내용은 다음과 같다.

첫째, 교과서의 본문, 표, 그림 등에서 실제 데이터 수치가 사용되는 경우 모두 가장 최신의 자료로 수정하였다. 둘째, 7장에서는 인공지능과 로봇과 같은 신기술이 경제 성장과 고용에 미칠 영향을 설명하고 인적자본의 역할에 대해 언급하였다. 셋째, 8장에서 경기변동을 다루면서 고용 없는 회복을 새로운 사례연구로 포함하였다. 정보통신기술의 발전으로 초래된 노동시장의 구조변화를 고용이 쉽게 회복되지 않는 원인 중 하나로 설명하였다. 넷째, 10장에서는 기대 인플레이션의 결정이 거시 경제에서 중요한 역할을 한다는 점을 감안하여 기대 인플레이션이 통화정책에 따라 변화하는 경우를 설명하였다. 다섯째, 10장에 새로운 IS-LM 모형을 추가하였다. 이 모형은 중앙은행이 통화량을 결정하는 대신 이자율을 직접 결정하는 보다 현실적인 경우를 가정한다. 여섯째, 11장에서는 코로나19 팬데믹으로 인한 총수요 및 총공급 충격을 설명하고 이에 대응한 정부의 정책을 다뤘다. 이를 통해 경제가 어떻게 회복되었으며, 그 과정에서 인플레이션이 심화될 수 있음을 설명하였다. 일곱째, 11장에서는 글로벌 가치사슬이 코로나19 팬데믹으로 인한 총공급충격의 확대와 어떤 연관이 있는지에 관한 설명을 추가하였다. 여덟째, 13장에서는 국제수지표의 변경된 기준에 따른 설명을 보강하였다. 아홉째, 15장에서는 미국의 소비형태 변화를 통해 코로나19 팬데믹 이후 소비 붐이 지속된 원인을 분석하였다. 열 번째, 19장에서는 비전통적 통화정책 중 글로벌 금융위기에서 벗어난 후에도 계속 활용되고 있는 선제적 지도정책이 적절하게 사용되지 않을 경우 중앙은행의 신뢰에 미칠 영향을 설명하였다. 마지막으로, 최근 국가고시와 한국은행의 기출문제 등을 새로운 연습문제로 추가하였다.

　　이번에 책을 개정하면서 고려대학교 대학원과 학부 학생들의 많은 도움을 받았다. 김종원 박사과정 학생과 이재원 석사과정 학생은 새롭게 업데이트된 그림과 표를 만들어 주었다. 또한, 박연수 석사과정 학생은 개정된 부분을 세심하게 읽으며 어색한 부분을 수정하고 오탈자를 찾아 주었다. 그 동안 수업에서 책을 교재로 사용한 많은 강사분들과 학생들은 이해가 어려운 부분을 알려주었다. 그리고 박영사의 배근하 차장과 편집부 직원들은 표지 디자인을 제시해 주고 교정 작업을 빈틈없이 진행해 주었다. 이 모든 분들께 진심으로 감사드린다.

2023년 12월

이종화 · 신관호

3판 머리말

글로벌 금융위기 이후 거시경제학의 변화를 반영해 2014년에 본 서를 개정한 지 5년이 지났다. 글로벌 금융위기 직후와 비견할 정도는 아니지만 그 후에도 꾸준한 변화가 거시경제학에서 이루어졌다. 특히 글로벌 금융위기를 극복하는 과정에서 처음에 기대했던 것보다 더 많은 기간이 소요되자 이와 관련한 이슈들이 제기되었다. 또 기존의 거시경제학에서 다루지 않았던 몇몇 문제들도 거시경제에 미치는 영향이 크다는 사실이 보다 광범위하게 인식되었다. 본 개정판은 이러한 점들을 반영하여 다음과 같이 보강하였다.

첫째, 교과서의 본문, 표, 그림 등에서 실제 데이터 수치가 사용되는 경우 이를 가장 최신의 자료를 사용하여 업데이트 하였다. 둘째, 제2장 사례연구에서는 한국의 GDP를 분배측면에서 살펴보고 노동소득 분배율을 측정하는 방법과 그 추이를 설명하였다. 셋째, 제4장에 최근 한국경제에서 가장 큰 이슈 중 하나인 최저임금 인상이 고용에 미치는 효과를 상세히 설명하였다. 특히 수요·공급 곡선을 이용하여 분석할 경우와 매칭모형을 이용하여 분석할 경우에 어떠한 차이가 있는지 설명하였다. 넷째, 제7장에 5절을 추가하여 경제성장과 소득분배와의 관련성을 설명하였다. 특히 전세계적으로 소득분배가 나빠져 왔는데 이런 현상의 원인과 경제성장에 대한 함의를 주로 다루었다. 다섯째, 제12장에 글로벌 금융위기 이후 제기된 필립스곡선의 변화된 모습을 설명하였다. 특히 가속도 필립스곡선의 의미를 설명하고 이에 대해 어떠한 의문들이 제기되고 있는지 설명하였다. 여섯째, 제17장에 6절을 추가하고 정부부채의 증가가 어떠한 경제적 문제점을 가지는지 설명하였다. 일곱째, 제19장에 6절을 신설하여 실물경기 안정을 위해 통화정책이 새롭게 운영될 필요성에 대해 설명하였다. 글로벌 금융위기 이후 실물경기의 후퇴가 심화되면서 통화정책이 실물에 미치는 영향을 강화할 필요가 있다는 주장이 제기되었는데 이러한 점을 대폭 보강하여 설명하였다. 여덟째, 새롭게 포함된 이론들과 관련한 연습문제를 추가하였다.

　　이번에도 책을 개정하면서 많은 사람들의 도움이 있었다. 김진일 교수는 제2판을 강의교재로 사용하면서 새롭게 발견한 오류를 일일이 지적해 주었다. 또 이 책을 수업시간에 교재로 사용한 학생들이 책의 오탈자를 이메일을 통해 알려주는 경우도 있었다. 책을 직접적으로 개정하는 과정에서 고려대학교 경제학과의 많은 대학원생들이 도움을 주었다. 엄태규는 통계자료의 업데이트와 수정된 원고의 교정작업을 도와주었다. 송은비는 제2장과 제7장의 수정 작업을 도와주었다. 김현정은 제3판을 처음부터 다시 읽으면서 오탈자를 찾아 주었다. 또 유재영도 새롭게 개정된 부분을 읽고 어색한 부분을 지적해 주었다. 박영사에서도 새로운 표지 디자인부터 교정까지 세심하게 도와주었다. 이 자리를 빌어 이 모든 분들께 감사드린다.

2019년 2월
이종화 · 신관호

바쁘다는 핑계로 최소한의 수정을 하여 수정판을 발간한지도 어언 3년이 지났다. 그동안 독자들이 본서에 대해 해준 많은 격려와 질책을 반영하여 제대로 된 2판을 발간하지 못해 마음 한편이 계속 불편했는데 이제 새롭게 종합적인 개정판을 내게 되어 해묵은 숙제를 끝마친 느낌이다.

많은 분들이 본서의 장점으로 글이 이해하기 쉽다는 점을 꼽았다. 이러한 장점은 이번 개정판에도 최대한 유지되었다고 자부한다. 거시경제학을 처음 접하는 학생들이라도 누구나 쉽게 이해할 수 있도록 구어체에 가깝게 서술하고 수학의 난이도를 최소화하고 가능한 한 그래프를 사용하여 쉽게 거시경제이론을 설명할 수 있도록 노력하였다. 또 본서의 구성을 맨큐의 "거시경제학"과 유사하게 장기균형 현상에 의해 설명될 수 있는 주제들을 앞에 배치하여 이미 맨큐의 경제원론에 익숙한 독자들이나 강사들이 쉽게 우리 책에 적응할 수 있게 하였다. 다른 한편으로는 거시경제이론이 현실에서 어떻게 적용되는 지를 한국의 거시자료와 실례를 들어 설명하여 학생들이 쉽게 이해할 수 있도록 하는 특징을 고수하였다.

2판을 준비하면서 가장 고심했던 점은 어떻게 최근의 거시경제이론의 변화를 최대한 교과서에 반영하는가의 문제였다. 실제로 2008년 글로벌 금융위기가 본격화되면서 기존의 거시경제이론이 무용지물이 되었다는 극단적인 주장도 제기되었다. 우리는 이러한 주장에 동의하지 않는다. 하지만 금융부문에 대한 분석이 거시경제를 이해하기 위하여 필수적이 되었다는 점에는 동의한다. 따라서 이러한 변화를 2판에 최대한 반영하고자 노력하였다. 특히 19장에 추가한 금융과 거시경제는 1판에서는 전혀 다루지 않았던 완전히 새로운 장으로, 금융의 가장 기본적인 원리와 함께 금융행위가 거시경제 현상과 어떻게 관련되어 있는지 설명하였다.

이 밖에도 2판에는 새로운 거시경제학 이슈들에 대한 설명이 많이 추가되었다. 먼저 1장에는 4절 거시경제학의 흐름을 새로 삽입하여 과거부터 최근까지의 거시경제학 논의를 일목요연하게 파악할 수 있도록 하였으며 최근의 거시경제학의 유용성에 대한 논쟁을 다루었다. 또 7장에는 4절 제도와 경제성장을 도입하여 최근 경제성장의 근본적인 요인으로 강조되고 있는 제도의 중요성을 설명하였다. 13장 1절에서는 최근 IMF의 신매뉴얼(BPM6)에 따라 바뀐 새로운 국제수지표에 대해 설명하였다. 14장에는 3절 자본시장의 개방과 정책효과를 추가하여 자본시장이 완전히 개방되어 있지 않은 경우에 통화 및 재정정책이 어떠한 효과를 가지는지 분석하였다. 16장에는 2.2절 조세와 투자를 추가하여 조세의 변화가 투자에 미치는 영향을 알아보고, 2.5절 주택투자를 새로 포함하여 글로벌 금융위기가 촉발되는 과정에서 중요한 역할을 하였던 주택시장을 분석하였다.

또한 다양한 사례연구와 심화학습을 추가하여 최근에 부각된 거시경제 이슈들을 설명하였다. 1장에는 거시경제학 분야의 노벨상 수상자들을, 2장에는 최근 전세계적으로 감소추세를 보이고 있는 노동소득 분배율에 대해 다루었다. 6장에는 중국의 지속성장과 중진국함정을, 7장에는 정보통신산업이 경제 전체의 생산성에 미치는 효과 및 인구와 경제성장간의 관계를 설명하였다. 13장에서는 환율의 오버슈팅과 외환시장의 불안정을 설명하고 글로벌 금융위기의 원인을, 그리

고 17장에는 유로존 위기와 정부부채를 다루었다. 이를 통해 독자들은 최근 이슈들에 대해 폭넓은 이해와 함께 일목요연한 정리를 할 수 있으며 이는 거시경제의 여러 이슈와 관련한 면접 및 논술 시험 대비에 도움이 될 것으로 기대한다.

이번에는 책에 색다른 변화를 가미하였다. 즉 추가한 사례연구와 심화학습은 대부분 QR 코드 형식으로 포함되어 있어 휴대폰 등을 통해 쉽게 읽을 수 있도록 만들었다. 이렇게 만든 이유는 책의 부피를 늘리지 않기 위함도 있지만 나중에 사례연구와 심화학습을 보강할 필요가 생길 경우 콘텐츠만을 변경함으로써 독자들이 책을 추가로 구입하지 않아도 이렇게 수정된 내용으로 학습할 수 있도록 하기 위해서이다.

마지막으로 각종 그래프와 차트의 통계자료를 최신 연도까지 업데이트하였으며 또한 책의 연습문제를 보완하였다. 이번에 보강된 연습문제는 우리들이 강의하면서 배부한 연습문제 외에 행시 및 외시 기출문제로 구성하여 각종 고시수험생에게 도움이 되도록 하였다. 연습문제의 해답은 별책으로 박영사에서 제2판과 함께 발간하도록 하였다.

이번에 책을 개정하면서 많은 사람들의 도움이 있었다. 고려대학교의 김진일 교수는 기존의 책을 교재로 사용하면서 발견한 오류를 일일이 지적해 주었다. 그 밖에도 이화여대의 홍기석 교수와 책을 교재로 사용한 많은 분들이 책의 개정에 도움을 주었다. 또 이 책으로 공부한 학생들이 책의 오류와 설명방식을 개선할 수 있도록 지적해 주는 경우도 있었다. 책을 직접적으로 개정하는 과정에서도 많은 학생들의 도움이 있었다. 송철종은 수정에 필요한 자료를 수집하고 사례

연구와 심화학습의 초고를 작성하는 과정을 총괄하여 도와 주었다. 이한백, 류동한, 배주희, 남궁탁, 박병열은 초고 작성과 수정원고를 읽고 교정하는 작업을 도와 주었다. 박영사의 안상준 상무, 조성호 부장과 우석진 부장은 제2판을 기간 내에 낼 수 있도록 헌신적으로 도와 주었다. 이 자리를 빌어 이 모든 분들께 감사 드린다.

2014년 2월

이종화 · 신관호

머리말

　　현재 많은 국가들은 2007년 미국 주택부문의 부실에서 출발하여 전세계로 확산된, 제 2 차대전 이후 최악의 경기침체에서 벗어나지 못하고 있다. 경제위기에 대응하여 각 국가의 정부와 중앙은행이 유례없이 과감한 정책을 실행하였으나 과연 세계경제가 위기 전의 지속적인 성장궤도로 언제 다시 돌아갈 수 있을지 아직 불확실하다. 한국 경제 또한 1997년 말에 외환위기를 겪었으며 다시 글로벌 경제위기의 여파로 경제침체를 겪고 있다. 이러한 환경에서 경기변동에 대한 정확한 예측과 안정적인 경제성장을 위한 거시정책의 중요성은 더할 나위 없이 크다. 거시경제학은 국가경제 전체의 상태를 결정 짓는 여러 복잡한 현상들이 서로 어떻게 연결되어 있는지를 이해할 수 있는 일관성 있는 사고의 틀을 제공해 준다. 이 책의 목적은 거시경제학을 공부하려는 학생들이 이러한 사고의 틀을 쉽게 형성할 수 있도록 하여 지금의 글로벌 경제위기를 비롯한 여러 거시현상과 관련해 제기되는 의문들을 해결하는 데 도움을 주고자 하는 것이다.

　　이 책의 저자들은 고려대학교에서 10년 넘게 거시경제학을 가르쳐 왔다. 그 과정에서 다양한 책들을 교재로 사용하였다. 거시경제학은 미시경제학과 더불어 경제학의 양대 기둥 중 하나이므로 이미 상당수의 교재가 존재한다. 이 중에는 매우 훌륭한 교재들이 포함되어 있으며, 그러한 교재를 사용하여 많은 효과를 본 것도 사실이다. 하지만 한편으로는 저자들의 입맛에 딱 맞는 교재를 찾지 못하여 안타까움을 느끼기도 하였다. 대부분의 미국 교과서들은 주제와 내용이 너무 미국 중심으로 되어 있고 사례 또한 그러하다. 특히 국제경제를 다룰 때에도 미국 중심으로 서술되어 있어 한국과 같은 소규모 개방경제에 적용하기 힘들었다. 반면에 한국 교과서들은 최근에 나온 이론들을 비중 있게 다루고 있지 않아 학생들에게 최신 이론을 효과적으로 가르치기 어려웠다. 예를 들면, 내생적 성장모형이나 새케인즈학파의 최적통화정책을 심도 있게 다룬 책들을 찾아보기 어려웠다.

　　이러한 문제점들을 극복하고 싶다는 생각이 이 책을 계획한 가장 중요한 동기이다. 우리는 이 책을 집필하는 과정에서 기존 교과서의 문제점들을 극복하려고 노력하였다. 즉 한국경제를 이해 하기 위한 거시경제학 이론을 중심으로 하되 최근 거시경제학의 이론적 성과들을 최대한 많이 포함하고자 하였다. 이 과정에서 다음과 같은 원칙을 지키고자 노력하였다. 첫째, 거시경제학을 처음 접하는 사람일지라도 이 책을 읽기만 하면 쉽게 이해할 수 있도록 최대한 평이하게 설명하고자하였다. 둘째, 각 파트, 더 나아가서 각 장을 최대한 독립적으로 구성하여 굳이 순서대로 책을 읽지않고 어느 부분에서 시작하더라도 이해하기 편하도록 구성하였다. 셋째, 다양한 사례연구를 포함하여 본문에서 다룬 이론적 내용들을 보다 쉽게 이해하도록 하였으며 본문에서 미진하게 다룬 이론은 심화학습을 통해 보다 심층적으로 이해할 수 있도록 하였다. 최근의 연구동향과 현실의 문제들 또한 최대한 심화학습과 사례연구들을 통하여 설명하고자 하였다.

이 책이 나오기까지 저자들은 많은 사람들에게 신세를 졌다. 학부 때 저자들에게 거시경제학을 가르쳐 주신 고려대와 서울대의 은사님들께 감사드리며, 박사과정에서 거시경제학을 가르쳐 주고 논문을 지도하여 주신 하버드대학교와 UCLA의 은사님들께 감사드린다. 본 서는 이 분들을 비롯한 여러 경제학자들의 영향을 받아 구성되었다. 본서를 집필하는 과정에서 매우 많은 교과서들을 참조하였으며 각 교과서의 장점을 최대한 살리되 독창적인 집필이 되도록 노력하였다.

이 책을 집필하는 과정에서 고려대학교 대학원 및 학부 학생들의 헌신적인 도움이 있었다. 특히 윤보라와 안미성은 원고를 처음부터 끝까지 여러 번에 걸쳐 읽으며 세세한 교정을 도왔으며 그림과 표의 설명에 대한 초고를 작성해 주었다. 편주현, 한종석, 신슬기, 양훈식은 집필단계에서 자료의 수집과 초고 작성에 큰 도움을 주었다. 정희아, 권병기, 조동환, 김지수는 원고의 교정을 도와 주었고 홍설산과 조규림은 그림 작성에 도움을 주었다. 이 학생들의 도움에 의해 복잡한 이론에 대한 설명방식에 큰 개선을 이룰 수 있었다. 이 학생들에게 깊은 감사를 표한다. 또한 지금까지 우리의 거시경제학 강의에 참여하고 솔직한 평가를 해 준 많은 학생들의 도움이 있었다. 아직도 남아 있는 부족한 부분은 물론 전적으로 저자들의 책임임을 밝히며 앞으로 꾸준히 개선해 나갈 것임을 약속한다.

끝으로 오랜 기간 동안 항상 곁에서 이 책의 집필을 격려해 준 가족들에게도 깊은 감사의 마음을 전한다.

2009년 8월

이종화·신관호

개요

PART V   개방경제모형

PART VI   총수요의 미시적 기초

PART VII   거시경제이론의 최근 동향

차 례

PART II 완전고용하에서의 소득, 고용, 물가의 결정

03장 완전고용하에서의 국민소득 결정

04장 노동시장과 실업

05 장 화폐와 인플레이션

PART **Ⅲ** 경제성장

06장 장기경제성장Ⅰ: 솔로우(Solow)모형

07장 장기경제성장 Ⅱ : 내생적 성장이론

PART **V** 개방경제모형

13장 개방경제의 거시이론 I : 기본개념과 장기모형

14장 개방경제의 거시이론 Ⅱ : 단기모형

PART **VI** 총수요의 미시적 기초

Macroeconomics

제 1 장
거시경제학이란

이번 장은 거시경제학에서 다루는 문제들을 소개한다. 거시경제학을 정의하고 거시경제학의 기본적인 접근방법에 대해서도 설명할 것이다. 또한 본서의 구성을 간단하게 소개하여 본서에서 다루는 주요 내용들을 보여준다.

거시경제에서 다루는 문제들

세계 여러 나라들의 경제현상들을 살펴보면 여러 가지 의문이 생긴다. 우선 세계 각국의 경제수준이 서로 다르다. 예컨대, 미국이나 서유럽 국가들과 같이 부유한 나라가 있는 반면, 아프리카의 대부분 국가들과 같이 빈곤에 시달리고 있는 나라도 있다. 한국은 중상위에 위치해 있다. 이와 같이 각 나라마다 소득에 있어서 격차가 존재하는데 이러한 격차가 생기는 이유는 무엇인가? 현재의 소득은 과거 성장의 결과이기 때문에 결국 현재소득 수준의 차이를 이해하기 위해서는 과거 오랜 기간 동안의 성장경험을 살펴보아야 한다. 즉 과거에 빠른 성장을 경험한 나라들은 현재소득이 높을 것이고 반면에 과거에 낮은 성장만을 유지했던 나라들의 현재소득은 낮을 것이다. 그렇다면 각 국가간 성장속도가 차이를 보이는 이유는 무엇인가?

사실 한 나라에 국한하여 살펴보아도 경제성장은 일정한 속도로 이루어지지 않는다. 이웃나라 일본은 세계대전 후 기적과 같은 고도성장을 이루었지만 1990년대 이후의 20년간은 거의 성장이 이루어지지 않고 침체를 겪었다. 우리 경제도 한때 아시아의 네 마리 용 중의 하나로 칭송 받을 정도로 급속히 성장했지만 1997년말 외환위기로 경제전체의 근간이 흔들리는 위기를 겪으면서 극심한 경기침체를 겪은 바 있다. 〈그림 1-1〉과 〈그림 1-2〉는 우리 경제의 실질총생산의 크기가 어떻

그림 1-1
실질 국내총생산(GDP)의 추이

1953년부터 2022년까지 한국의 실질GDP(2015년 기준)의 장기(연간 자료) 변화를 나타낸 그림이다. 그림에서와 같이 실질GDP가 소수의 연도를 제외하고는 장기적으로 증가하는 것으로 나타난다. 2022년의 실질GDP는 약 1,965조에 이른다.

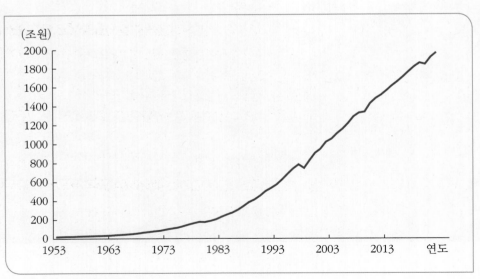

자료: 한국은행 경제통계시스템

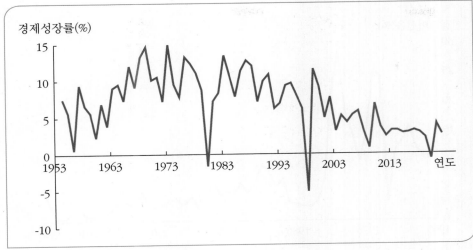

자료: 한국은행 경제통계시스템

그림 1-2
경제성장률의 추이

매년 실질GDP의 증가율을 나타낸 그림이다. 그림에서 경제성장률이 어떤 기간에는 감소하고 어떤 기간에는 증가하는 것으로 나타난다. 특히 1980년의 오일쇼크, 1998년의 외환위기, 2020년 코로나19 팬데믹 기간 동안에 성장률이 마이너스(−)를 기록하였다.

게 변화하여 왔는지를 보여준다. 우리 경제는 지난 50년간 꾸준히 성장하여 왔지만 1998년의 외환위기 기간에는 성장률이 크게 마이너스(−)를 기록한 것으로 나타난다. 그렇다면 이와 같은 극단적인 경기침체나 위기는 왜 생기는 것일까?

극단적인 위기나 침체가 아니더라도 국민경제는 소득이 빠르게 상승하고 둔화되는 현상을 반복한다. 이를 경기변동이라고 부른다. 이러한 경기변동은 왜 생기는 것일까? 미국은 1990년대 초부터 2000년대 초까지 전후 최장의 호황을 구가

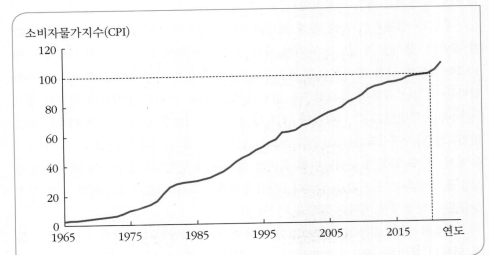

자료: 한국은행 경제통계시스템

그림 1-3
소비자물가지수(CPI)의 추이 (2020＝100)

1965년부터 2022년까지 한국의 소비자물가지수(CPI)를 나타낸 그림이다. 기준 연도는 2020년으로 100으로 표시되어 있다. 소비자물가지수는 장기적으로 증가하는 추이를 보이고 있다. 1970년 소비자물가지수가 5인 것을 감안하면 최근의 물가는 1970년에 비해 약 20배 이상 증가한 것으로 짐작할 수 있다.

그림 1-4
인플레이션율(CPI기준)의 추이

소비자물가지수(CPI)로 측정한 인플레이션율의 연도별 추이이다. 그림에서 1차 오일쇼크(1974~76년) 및 2차 오일쇼크(1980~82년) 기간 동안에 인플레이션율이 최고 약 30%까지 급격히 증가하였으나, 최근에는 2% 이하로 낮아졌다. 그러나 코로나19 팬데믹 이후 2022년에는 다시 5%대를 기록하였다.

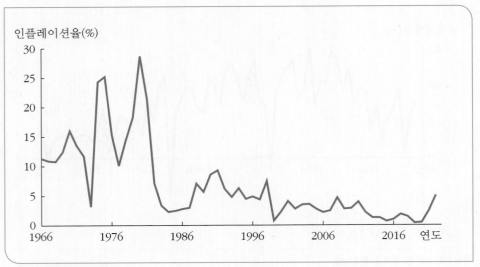

자료: 한국은행 경제통계시스템

한 바 있다. 이러한 장기간의 호황은 혹자로 하여금 미국 경제에 있어서 경기변동이 완전히 사라졌다는 주장을 하게 할 정도였다. 그러나 2001년의 정보통신 관련산업에서의 과잉투자와 2007년 미국 비우량주택담보대출(서브프라임 모기지; subprime mortgage)의 부실은 결국 경기침체를 가져왔다. 그렇다면 과연 경기변동은 사라질 수 있는가? 완전히 사라지지는 않더라도 최소한 경기변동의 폭을 줄여서 보다 완만한 변동만을 갖도록 경제정책을 수행할 수 있는가? 또한 이렇게 경기변동을 완만하게 만드는 정책은 정말 바람직한가?

우리가 신문과 방송을 통해 빈번하게 듣는 또 하나의 소식은 물가상승에 관한 것이다. 물가상승 정도는 나라에 따라 큰 차이를 보이고 있다. 어떤 나라들은 연 1~2% 정도의 낮은 물가상승을 보이고 있는 반면에 또 다른 나라들은 월 수백%에 달하는 엄청난 규모의 물가상승을 경험하기도 한다. 이러한 물가상승 현상이 생기는 이유는 무엇이고 각 나라마다 다른 정도의 물가상승을 보이고 있는 이유는 무엇인가? 한 나라에서도 물가상승의 속도는 일정하지 않다. 〈그림 1-3〉과 〈그림 1-4〉에서 볼 수 있듯이 우리나라의 소비자 물가는 지속적으로 상승하여 왔으나 물가상승률의 변화는 시기별로 달랐다. 물가상승의 속도는 어떻게 결정되며 과연 물가상승은 국민경제에 어떠한 영향을 미치는가?

실업률 역시 경제현상과 관련된 주요변수 중 하나이다. 〈그림 1-5〉에서 볼 수 있듯이 우리는 1997년 외환위기 이후 한때 8%를 넘어서는 기록적인 실업률의 상승을 경험하였다. 이러한 실업률은 그 후 급속히 하락하여 2000년대에 들어서는

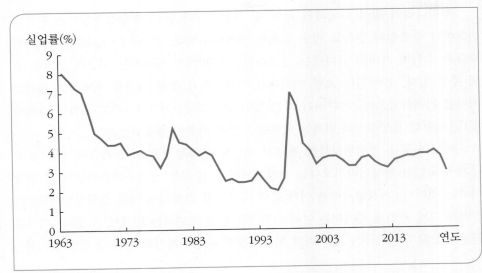

그림 1-5
실업률의 추이

한국 실업률의 장기 추이를 보면 1960, 70년대 높은 경제성장과 더불어 실업률은 빠르게 하락하였으며, 일부 기간을 제외하고는 외환위기 이전까지 전반적으로 꾸준히 하락하는 추세이다. 외환위기 기간 동안 급격히 상승한 실업률은 이후 낮아졌다.

자료: 통계청 국가통계포털

3%대로 안정화되는 추세이다. 이렇게 실업률이 변하는 이유는 무엇인가? 이러한 실업률의 변화는 앞서 설명한 경기변동 및 물가의 변화와 어떠한 관계를 가지는가? 현재의 실업률은 외환위기 전 2%대의 실업률에 비해서는 아직도 높은 수준인데 과연 앞으로 그렇게 낮은 수준으로 돌아갈 수 있는 것일까? 실업률을 아예 0%로 만들 수는 없는 것일까?

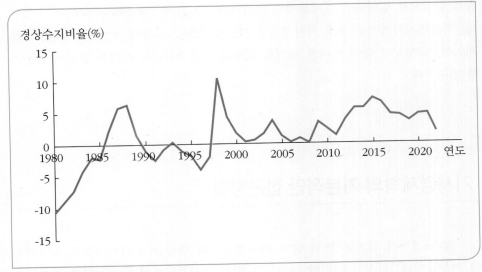

그림 1-6
경상수지(GDP대비 비율)의 추이

GDP대비 경상수지(달러 표시) 비중의 장기 추세를 표시한 그림이다. 1980년대 초반 이전에는 경상수지가 일부 기간을 제외하고 대체로 적자를 기록하였으나, 1980년대 중반에는 환율 등의 영향으로 흑자와 적자를 반복하였다. 그리고 한국의 외환위기 기간 동안에는 급격한 환율상승의 영향으로 경상수지가 큰 폭의 흑자를 기록하였으며 그 이후에는 계속 흑자를 유지하고 있다.

자료: 한국은행 경제통계시스템

우리나라와 같이 외국과의 무역 및 자본거래가 많은 개방경제에서는 환율의 변동이나 수출입의 변화도 매우 중요한 경제변수이다. 〈그림 1-6〉은 우리나라의 수출과 수입의 차이를 나타내는 경상수지가 GDP에서 차지하는 비중의 변화를 보여 주고 있다. 1980년대 초반 이전에는 경상수지가 일부 기간을 제외하고 대체로 적자를 기록하였으나, 외환위기 기간 동안에는 경상수지가 큰 폭의 흑자를 기록하였다. 이러한 경상수지의 변화는 어떠한 요인에 의하여 결정되는가?

이상과 같은 경제현상들과 결부된 의문들의 공통점은 이 문제들이 일부 경제주체에 국한된 현상이라기보다는 경제전체에 걸친 모든 경제주체들과 관련된 현상이라는 것이다. 거시경제학은 이와 같이 국가경제 전체의 상태를 결정짓는 여러 현상들과 그에 관련해 제기되는 여러 가지 의문들을 해결하는 데 관심이 있다. 여러분들은 앞으로 책을 읽으면서 이러한 의문들을 하나하나 해결해 나갈 수 있을 것이다.

2 거시경제학의 정의

거시경제학(macroeconomics)은 국민 경제 전체에서 발생하는 경제현상을 분석하는 학문이다. 이는 개별 경제주체의 행동원리를 분석하고 개별 재화가 거래되는 시장을 중심으로 일어나는 경제문제를 분석하는 미시경제학(microeconomics)과 구별된다. 거시경제학에서는 주요 거시경제변수인 국민소득, 고용량, 이자율, 환율, 인플레이션, 국제수지 등이 어떠한 원리로 결정되고 상호간에는 어떠한 관련이 있는지를 연구한다.

3 거시경제학의 기본적인 접근방법

앞의 절에서 살펴본 바와 같이 거시경제학의 대상은 광범위하고도 흥미진진한 현상들이다. 하지만 이러한 현상들은 많은 경제주체들의 의사결정의 결과들로서 경제 전체를 한눈에 조망해야 이해되는 복잡한 현상들이다. 이렇게 복잡한 현상들을 있는 그대로 이해하려고 한다면 너무나 많은 현상들이 얽혀있기 때문에 좀처럼 쉽지 않을 것이다. 일찍이 자연과학은 복잡한 자연현상들을 설명하기 위하여 핵심적인 현상들을 중심으로 모형을 세우고 복잡한 현상을 단순화시킴으로써 그 본질에 접근하고자 노력하였다. 경제학 역시 과학적인 접근방법에 따라 모형을 설정하고 이를 통해 복잡한 현상들의 본질에 접근하고자 한다. 이러한 접근방법은 경제학이 과학으로 정립되는 데 커다란 공헌을 하였다.

경제학에서 사용하는 모형은 흔히 수식이나 그래프의 형태로 표현하는데 이는 주요 변수들간의 관계를 간단히 보이기 위함이다. 경제모형의 변수들은 분석하고자 하는 모형의 밖에서 또는 다른 모형에서 이미 결정되어 주어진 변수와 모형 안에서 그 값이 결정되는 변수로 구분된다. 전자를 모형 밖에서 주어졌다고 하여 외생변수 (exogenous variable), 후자는 안에서 결정되므로 내생변수(endogenous variable)라고 부른다. 모형에서는 외생변수들은 이미 주어진 값을 갖는 것으로 가정하고 내생변수들이 어떻게 결정되는지를 분석한다. 예를 들어 한국을 폐쇄경제(closed economy)로 가정하고 국민소득이 어떻게 결정되는지 분석하고자 하는 모형에서는 해외부문의 주요 변수들은 외생변수로 취급하여 변화가 없는 것으로 가정하고 분석한다. 또, 단순하게 금융시장만을 분석하는 모형에서는 국민소득을 외생변수로 간주하여 주어진 것으로 보고 분석을 하기도 한다.

모형을 사용하면 외생변수의 변화가 내생변수에 어떠한 영향을 미치는지를 분석할 수 있다. 예를 들어 중앙은행이 통화량을 증가시켰을 때 국민소득에 어떠한 변화가 발생하는지 분석하려면 중앙은행의 통화량은 외생변수, 국민소득은 내생변수로 하는 모형을 사용하는 것이 편리하다. 만일 통화량의 결정 자체가 국민소득의 변화에 반응하여 결정되는 내생변수라면 분석이 복잡하게 될 수밖에 없다. 많은 거시경제의 모형들은 정부의 정책, 기술, 해외요인과 같은 외생변수들이 국민소득, 고용량, 물가와 같은 주요 내생변수들에 미치는 영향을 분석하는 것을 초점으로 하고 있다.

그러면 어떠한 방법으로 모형을 만들어야 하는가? 또한 어떠한 모형이 좋은 모형이라고 할 수 있는가? 물론 좋은 모형이라면 무엇보다도 원래 설명하고자 하는 경제현상을 잘 설명하는 현실 적합성을 갖추어야 할 것이다. 하지만 단순히 현상을 잘 설명한다는 것이 좋은 모형의 충분조건이 될 수는 없다. 예를 들어서 경제현상을 있는 그대로 가장 잘 설명하는 모형은 현실 그 자체이다. 하지만 한국 경제가 2008년 4분기에 외환위기 이후 처음 마이너스 성장을 한 이유를 설명하기 위해서 국내와 해외의 현실경제에서 벌어지고 있는 모든 일들을 전부 이용한다면 마이너스 성장의 이유를 완벽하게 설명한다는 점에서는 만족스러울 수 있으나 경제현상을 정확히 이해하는 것을 더욱 어렵게 할 수 있다. 즉 현실 그 자체는, 설명하고자 하는 현상과 연관성이 거의 없는 그 밖의 부수적인 요소들을 전혀 구별 없이 함께 나열함으로써 결국 우리가 이해하고자 하는 현상의 본질을 보여주지 못한다.

따라서 좋은 모형이 갖추어야 할 또 하나의 덕목은 간결성이다. 즉 부수적인 원리는 대담하게 생략하고 원래 설명하고자 하는 현상의 본질적 원리들만으로 모형을 구성한다면 그 모형을 통해서 경제현상의 원리가 더욱 쉽게 이해될 수 있을 것이다. 물론 생략된 모형을 통해 현실을 100% 완벽하게 설명할 수는 없다. 하지만 우리가 잃어버린 부분이 작은 대신 간결성으로 얻게 되는 혜택이 보다 크다면 그러한 모형은 충분히 고려할 가치가 있는 것이다.

대부분의 경우 모형의 구성요소는 수식으로 이루어져 있다. 이렇게 수식으로 모형을 구성하는 이유는 이러한 수식이 모형의 내용을 보다 간단명료하게 전달할 수 있을 뿐 아니라 기존의 수학적 정리를 이용함으로써 결론을 보다 쉽게 도출할 수 있는 장점이 있기 때문이다. 따라서 경제학을 이해하기 위해서는 어느 정도의 수학적 지식이 필수적인 경우가 많다. 하지만 경제학의 모형들은 높은 수준의 수학을 쓰지 않고 단순한 수학적 원리만으로도 설명할 수 있다. 물론 보다 더 체계 있는 경제학의 원리를 이해하기 위해서는 고도의 수학적 지식이 필요할 경우도 있겠지만 그러한 논의는 본서의 범위를 넘어서는 것이므로, 본서는 가장 간단한 수학적 원리에만 기초하여 경제학 모형을 구성하고 그에 따른 설명을 할 것이다.

거시경제학을 처음에 접할 때 흔히 갖게 되는 당혹감은 너무 많은 모형이 존재한다는 것이다. 하나의 모형만을 이용하여 모든 현상을 다 설명하면 여러 모형을 배우는 수고를 덜텐데 왜 이렇게 많은 모형이 필요한 것인가? 만약 하나의 모형이 모든 현상들을 만족스럽게 설명할 수 있다면 가장 좋을 것이다. 하지만 거시경제학이 다루는 현상들은 매우 다양하고 복잡하므로 하나의 모형을 통해서 이러한 모든 현상들을 설명하기는 어려운 실정이다. 만약에 가능하더라도 이를 위해서는 모형이 불필요하게 복잡해질 수 있다. 물론 같은 정도의 복잡성이 유지되는 한에서는 보다 많은 현상들이 설명되는 것이 좋겠지만 아무래도 설명하고자 하는 현상들이 많아지면 모형은 불가피하게 복잡해질 수밖에 없다. 따라서 설명하고자 하는 현상들이 긴밀히 연결되지 않았다면 모든 현상을 한꺼번에 설명하는 하나의 모형보다는 관심의 대상이 되는 개별적인 현상을 보다 더 잘 설명하는 여러 개의 간단한 모형이 선호되기 마련이다. 설명하고자 하는 현상이 많아짐에 따라 부득이 모형의 수가 증가하는 이유가 여기에 있다.

거시경제학의 흐름

4

여러 가지 거시경제 현상에 대해 경제학자들은 그 원인을 분석하고 이를 바탕으로 미래경제 상황을 예측할 뿐 아니라 각종 경제 문제를 해결할 수 있는 정책을 제시하고 있다. 그러나 동일한 거시경제 현상에 대해서도 경제학자에 따라 분석방법이 다를 뿐 아니라 전혀 다른 정책을 처방하는 경우를 종종 볼 수 있다. 이러한 이유는 거시경제학에는 아직 모두가 동의하는 이론이나 경제 모형이 존재하지 않기 때문이다. 이처럼 거시경제학에서 유일한 모형이 존재하지 않고 많은 이론이 존재하는 이유는 무엇일까?

첫째, 경제학자들마다 옳다고 믿는 기본 가정이 다르기 때문이다. 대표적인 예로, 이후에 살펴볼 고전학파와 케인즈학파 사이에는 기본 가정에 차이가 있다. 고전학파는 가격이 매우 신축적이라는 가정을 믿어온 반면 케인즈 학파는 적어도 단기에는 가격이 경직적이라는 가정 하에 이론을 발전시켜 왔다. 이처럼 기본 가정의 차이에 따라 전개되는 이론 및 모형에 차이가 발생하고 이로 인해 현실 설명에 있어서도 서로 다른 입장을 보인다. 둘째, 경제학자의 가치판단이 다르기 때문이다. 경제학의 분석은 실증적 분석(positive analysis)과 규범적 분석(normative analysis)의 두 가지로 나뉘어진다. 실증적 분석은 인과 관계 등의 분석을 통해 경제 현상을 이해하는데 초점을 맞춘 분석이며 이에는 연구자의 가치 판단이 개입되지 않는다. 하지만 규범적 분석은 연구자의 가치 판단이 개입되어 있어 연구자가 중요시하는 가치에 따라 상이한 규범적 결론을 제시한다. 예를 들어, 소득재분배 정책에 대해서 경제학자들은 가치판단에 따라 찬반이 나뉜다. 즉 균등한 소득분배를 중시하는 경제학자들은 소득재분배 정책이 저소득층에 도움이 되어 경제에 긍정적인 영향을 줄 것이라고 믿기 때문에 이러한 정책에 찬성을 할 것이다. 하지만 효율성을 중시하는 경제학자들은 소득재분배 정책이 저소득층의 근로 유인을 감소시켜 경제에 좋지 않은 영향을 줄 것이라고 믿기 때문에 이러한 정책에 반대할 것이다. 셋째, 거시경제 현상 및 경제 환경이 시간이 지남에 따라 바뀌기 때문에 과거에 현실을 잘 설명하던 이론일지라도 바뀐 상황 하에서는 현실 설명력을 잃을 수 있다. 이상과 같은 이유 때문에 새로운 경제 모형이 계속 등장하게 되는 것이다.

이번 절에서는 이러한 배경을 바탕으로 거시경제학에 있어 가장 전통적인 고전학파와 케인즈학파에 대한 소개부터 시작하여 최근의 거시경제이론 동향까지 간략하게 살펴보고자 한다.

고전학파와 케인즈학파

고전학파와 케인즈학파는 거시경제학에 있어서 가장 큰 두 줄기를 이루는 학파이다. 최근의 다양한 거시이론들도 결국은 이 두 줄기의 한 분파로 이해할 수 있다.

고전학파의 기원은 1776년 아담 스미스(Adam Smith)의 '국부론(The Wealth of Nations)'으로 거슬러 올라간다. 아담 스미스는 국부론을 통해 '보이지 않는 손(invisible hand)'의 개념을 소개하였다. 자유경쟁시장에서 개인이 자신에게 최선인 경제 행위를 한다면 시장에 '보이지 않는 손'이 존재하여 결국 경제 전체에도 최선의 결과를 가져오게 된다는 것이다. 하지만 '보이지 않는 손'이 제대로 작동하기 위해서는 몇 가지 중요한 가정이 필요하다. 우선 앞에서 언급했듯이 자유로운 경쟁이 가능한 완전경쟁시장이 전제되어야 한다. 또 하나 중요한 가정은 임금과 가격의 완전 신축성(flexibility)이다. 사실 완전경쟁시장에서 '보이지 않는 손'의 역할을 하는 것은 바로 신축적인 가격이다. 고전학파는 생산물 시장에서 초과 수요 혹은 초과 공급이 발생하면 수요와 공급이 일치할 때까지 가격이 즉각적으로 변화한다고 가정한다. 즉 가격의 변화로 시장청산(market clearing)이 일어나 더 이상 변화할 유인이 없는 상태인 균형(equilibrium)이 항상 달성된다고 가정하는 것이다. 이와 같이 고전학파 경제학자들은 시장이 가격의 변화에 따라 매우 효율적으로 자원을 배분한다고 믿는다. 따라서 정부의 역할이 중요하지 않다고 생각한다.

이에 반해 케인즈학파는 1936년에 존 메이나드 케인즈(John Maynard Keynes)가 '일반이론(The General Theory of Employment, Interest, and Money)'을 저술하면서 시작되었다. 이 시기는 대공황(The Great Depression)이 발생한 때로 전례가 없이 높은 실업률 때문에 많은 국가들이 극심한 고통을 받고 있었다. 이 시기에는 기존의 고전학파 경제학자들이 주장했던 자유경쟁시장의 가격 기능은 완전히 사라진 것처럼 보였다. 특히 (미국)노동시장에는 실업률이 25%에 이르렀음에도 임금의 조정을 통한 균형의 회복이 이루어지지 않고 있었다. 이에 케인즈는 유례없이 높은 실업률이 유지되는 원인이 임금의 경직성(rigidity) 때문이라고 주장하였다. 고전학파의 주장과 달리 임금이 신축적으로 움직이지 못하기 때문에 노동시장에 노동의 초과 공급이 발생하였음에도 불구하고 실업이 지속된다는 것이다. 이렇게 보이지 않는 손이 제 역할을 하지 못하기 때문에 케인즈는 정부가 적극 나서야 한다고 주장하였다. 케인즈학파는 고전학파와 달리 임금과 가격의 경직성을 기본 가정으로 삼으며 정부 역할의 중요성을 강조하고 있다.

고전학파와 케인즈학파의 논쟁과 통합 노력

케인즈학파의 등장은 거시경제학에 있어 많은 논쟁과 이를 통한 발전을 가져오는 계기가 되었다. 특히 대공황을 비롯한 경제불황을 타개하기 위한 많은 정책들을 제시하여 상당한 성공을 이루었다. 이에 따라 1970년대까지 케인즈학파는 거시경제학에 있어 주류를 이루었다. 하지만 어디까지나 케인즈학파의 이론은 가격과 임금이 경직적인 단기에 적합한 이론이었다. 가격과 임금의 조정이 모두 이루어지는 장기에서는 고전학파의 이론이 보다 설득력이 있었다. 따라서 고전학파와 케인즈학파는 각각의 장점이 있었으며 이를 통합하여 보다 일반적인 이론을 정립하려는 노력들이 이루어져 왔다. 이러한 노력의 첫 번째 결실로 1950년대 이후 고전학파 이론과 케인즈학파 이론을 종합한 신고전파 종합(neoclassical synthesis) 이론이 대두되었다. 신고전학파 종합은 단기에는 가격이 경직적이어서 시장의 자유방임에 맡겨서는 완전고용을 달성할 수 없으므로 적절한 정부의 개입이 필요하지만 가격이 완전히 조정되어 완전고용이 달성된 후에는 시장의 자율에 맡겨야 한다는 주장이라 할 수 있다.

고전학파의 전통을 이어 받은 경제학자들의 고민거리는 가격이 신축적인 경우에도 실업이나 경기변동 현상이 어떻게 발생하는지를 해결하는 것이었다. 1970년대 이후 일군의 경제학자들은 기존의 고전학파 이론에서는 설명하지 못했던 실업이나 경기 변동을 균형현상으로 설명하는 모형을 발전시켜 왔다. 이에 그치지 않고 이들은 합리적 기대가설(rational expectation hypothesis)을 적극적으로 수용하였다.[1] 합리적 기대가설은 자신에게 주어진 모든 정보를 이용하여 미래에 대한 기대(expectation)를 형성한다는 주장이다. 이러한 특징을 갖는 경제학자들을 총칭하여 '새고전학파'라고 부른다. 이들은 합리적 기대가설을 바탕으로 하여 많은 이론적 성과를 이루었다.

새고전학파들에 비해 합리적 기대가설을 받아들이는데 주저하던 케인즈학파들은 새고전학파의 성공에 자극되었다. 특히 합리적 기대가설을 받아들이는 것은 피할 수 없는 선택으로 받아들여졌다. 하지만 이들은 합리적 기대가설 하에서도 기존의 케인즈학파의 주장이 성립하는 모형들을 개발하기 시작하였다. 특히 이들은 취약했던 임금과 가격의 경직성 가정에 대한 이론적 근거를 제시하기 시작하였는데 이러한 성향을 가진 일군의 경제학자들을 '새케인즈학파'라고 부른다.

최근에는 두 학파 간의 새로운 통합 노력으로 합리적 기대와 함께 미시적 기초에 근거한 임금과 가격의 경직성을 동시에 도입한 거시이론이 등장하였다. 이러한 변화는 정부정책의 효과에 대해서도 새로운 시각을 제시하고 있다. 즉 과거에는 합리적 기대가설을 가정하는 경우, 즉각적인 시장청산이 이루어진다면 경제주체에게

---

1 합리적 기대가설과 이를 도입한 거시모형은 제12장에서 자세히 다룬다.

기대되지 않았던 정책만이 효과를 가지게 된다. 하지만 합리적 기대가설을 가정하더라도 가격의 경직성이 도입되는 경우에는 경제주체들에게 미리 알려진 정책이라 할지라도 효과가 생김을 밝혀내고 있다. 이는 거시경제학의 큰 두 줄기의 주장을 서로 보완적으로 이용하여 얻어진 성과이다.

최근의 거시경제학의 위기

경제학에서 수리적 접근이 사용되면서 수학을 이용한 정교한 모형을 통해 거시경제를 설명하려는 시도는 상당한 성과를 이루었다. 하지만 모형이 정교해졌음에도 불구하고 최근의 경제 위기를 예측하는데에는 실패하였다. 이에 따라 거시경제학의 무용론마저 대두되고 있는 상황이다.

2008년 미국에서 시작한 금융 위기가 전 세계로 퍼져나가면서 금융 위기는 선진국에서도 발생할 수 있음이 인식되었고 일부 경제학자들은 이를 예측하지 못한 거시경제학을 쓸모없는 학문이라고 혹평하고 있다. 게다가 일각에서는 위기에 대한 경고를 했음에도 주류 경제학자들이 이를 무시했다며 비판의 수위를 높이고 있다. 그렇다면 글로벌 금융 위기(global financial crisis)를 예측하지 못한 거시경제학은 정말 무용(useless)한 것인가?

우선 이번 위기에 거시경제학이 현실에 제대로 대응하지 못하는 문제가 있었다는 것은 부정할 수 없다. 기존의 거시경제학은 이번 위기로 초래된 경기 변동의 원인에 대한 분석에 실패하였고 이에 따라 적절한 처방을 제시하지도 못하였다. 특히, 경제 위기가 금융 시장에서 비롯되었음에도 불구하고 거시경제 모형이 은행을 비롯한 금융기관의 역할을 제대로 반영하지 못하였다. 또한 국가 간, 지역 간 경제의 연계성으로 인해 경제 행위가 더욱 복잡해졌음에도 불구하고 이에 대한 이해가 부족했다. 특히 금융 시장의 개방을 통해 복잡하게 얽힌 국가 간 금융 시장에 대한 분석과 공조도 부족하였다.

다른 한편으로는 주류 경제학이 가져왔던 기본 가정인 경제주체들의 합리성에 대한 의문을 갖고 비합리적인 행위를 하는 경제주체들을 분석하며 거시경제학의 새로운 패러다임을 요구하는 움직임이 나타나고 있다. 하지만 경제 위기를 예측하지 못했다고 해서 기존 거시경제이론이 실패했으며 더 이상 쓸모없다고 볼 수는 없을 것이다. 1930년대 대공황 이후 지난 약 80년간 거시경제학은 다양한 경제위기에 대한 해결책을 내놓기 위해 노력해 왔으며 부분적인 성공을 거둔 것은 부인할 수 없다.

이번 위기에서 금융 시장의 중요성이 대두되면서 이를 잘 설명할 수 있는 새로운 거시경제이론에 대한 연구가 활발하다. 하지만 이번의 위기를 잘 설명할 수 있는 모형이 개발되더라도 우리는 언젠가 또 다른 형태의 경제위기를 겪게 될 것이며 또 다시 거시경제학의 무용론이 대두될 수 있다. 사실 현실의 모든 측면을 한꺼번에 설명할 수 있는 경제 모형의 개발은 불가능하며 결국 단순화한 모형으로 현실을 설명할 수밖에 없기 때문에 현실과 이론 간에 괴리가 발생하는 문제는 항상 일어날 수밖에 없다. 하지만 현실 경제를 설명하는 과정에서 나타난 문제점들을 하나씩 보완해 나가는 과정에서 거시경제학의 모형은 끊임없이 발전해 나갈 것이다.

 거시경제학 분야의 노벨경제학상 수상자

경제학 분야에서 뛰어난 업적을 남긴 학자에게 수여되는 노벨경제학상은 경제학자라면 누구나 꿈꾸는 경제학 최고의 상이라 할 수 있다. 1969년부터 시상되어 온 노벨경제학상의 거시경제 분야에서의 대표적인 수상자는 누가 있는지 알아보자.

- 2022년: 벤 버냉키(Ben S. Bernanke), 더글러스 다이아몬드(Douglas W. Diamond), 필립 디비그(Philip H. Dybvig) : 은행 및 금융위기 연구
- 2018년: 윌리엄 노드하우스(William D. Nordhaus) : 기후 변화를 장기 거시경제 분석에 도입; 폴 로머(Paul M. Romer) : 기술 혁신을 장기 거시경제 분석에 도입
- 2011년 토마스 사전트(Thomas John Sargent), 크리스토퍼 심스(Christopher A. Sims) : 거시경제에서의 원인과 효과에 관한 실증적 연구
- 2006년: 에드먼드 펠프스(Edmund S. Phelps) : 거시경제정책의 기간 간 상충관계에 대한 분석
- 2004년: 핀 킨들랜드(Finn E. Kydland), 에드워드 프레스콧(Edward C. Prescott) : 경제정책의 동태적 일관성, 경기변동의 원인 등 동태적 거시경제학의 발전에 기여.

- 1999년: 로버트 먼델(Robert A. Mundell) : 서로 다른 환율 체제하의 통화 정책 및 재정 정책, 그리고 최적 통화 지역에 대한 분석
- 1995년: 로버트 루카스(Robert E. Lucas, Jr.) : 합리적 기대가설의 개발 및 응용을 통해 거시경제 분석의 틀을 전환하고 경제정책의 이해를 심화시킨 공로
- 1987년: 로버트 솔로우(Robert M. Solow) : 경제성장 이론에 기여
- 1985년: 프랑코 모딜리아니(Franco Modigliani) : 저축과 금융시장에 관한 선구적인 분석
- 1981년: 제임스 토빈(James Tobin) : 금융시장에 대한 분석과 금융시장과 지출, 고용, 생산, 물가와의 관계 분석
- 1976년: 밀턴 프리드만(Milton Friedman) : 소비 분석, 화폐의 역사와 이론, 안정화 정책의 복잡성에 대한 업적
- 1971년: 사이몬 쿠즈네츠(Simon Kuznets) : 경제성장의 실증 연구로 경제와 사회의 구조 및 발전 과정에 대해 새롭고 심도 있는 통찰력을 제시

자료: https://www.nobelprize.org/prizes/lists/all-prizes-in-economic-sciences/

본서의 구성

이 책은 전 7편으로 구성되어 있으며, 각 편의 주요 내용은 다음과 같다.

제 1 편은 거시경제학의 소개로, 거시경제학의 정의와 접근방법을 살펴보고 이어서 거시경제현상을 쉽게 이해할 수 있는 단순한 국민경제 순환모형과 주요 거시경제변수들의 개념을 다룬다.

제 2 편은 완전고용하에서의 소득, 고용, 물가의 결정으로 시장이 항상 균형을 이루는 경우를 가정하고 주요 거시경제변수들인 소득, 고용, 물가가 어떻게 결정되고 서로 어떻게 연관되어 있는지 알아본다. 구체적으로는 생산물시장, 대부자금시장, 노동시장, 화폐시장의 수요와 공급의 결정 및 각 시장에서 가격변수의 결정을 살펴본다.

제 3 편은 경제성장으로 장기에 걸친 국민소득의 변화가 어떤 요인에 의하여 결정되는지 알아본다. 제 2 편과 마찬가지로 시장의 균형하에서 노동의 공급과 자본의 증가가 생산량의 장기적인 증가를 가져오는 경로를 살펴보고 기술진보의 역할을 강조하는 최근의 모형을 소개한다.

제 4 편은 총수요, 총공급 단기거시모형으로 주요 거시경제변수들이 단기에서 호황, 불황을 반복하면서 변동하는 원인을 분석한다. 가격의 경직성을 가정하는 케인즈의 총수요, 총공급단기모형을 통해 경기변동을 분석하고 경제안정을 위한 정부정책의 효과를 살펴본다.

제 5 편은 개방경제모형으로 국가간의 무역과 금융거래를 통해 환율과 국제수지가 어떻게 결정되는지 살펴본다. 특히 가격이 신축적인 장기와 경직적인 단기에서 개방경제의 대내적·대외적 균형이 어떻게 결정되는지 살펴본다.

제 6 편은 총수요의 미시적 기초로 거시경제의 주요 변수인 소비, 투자, 정부재정이 가계, 기업, 정부에 의해 어떻게 결정되는지를 보여주는 모형을 소개한다. 이를 통해 거시모형의 기본을 이루는 경제주체들의 행동을 결정하는 미시적 기초원리를 이해한다.

제 7 편은 거시경제이론의 최근 동향으로 균형실물경기변동이론과 새케인지안이론을 소개한다. 두 모형은 경제주체들의 합리적 기대와 합리적 의사결정을 강조하여 새로운 시각으로 경기변동을 설명하고 있다. 또한 금융부문이 거시경제와 어떠한 연관을 가지고 있는지 자세히 살펴본다.

정리

1. 거시경제학(macroeconomics)은 국민경제 전체에서 발생하는 경제현상을 분석하는 학문이다. 이는 개별 경제 주체의 행동원리를 분석하고 개별 재화가 거래되는 시장을 중심으로 일어나는 경제문제를 분석하는 미시경제 학(microeconomics)과 구별된다. 거시경제학에서는 주요 거시경제변수인 국민소득, 고용량, 이자율, 환율, 인 플레이션, 국제수지 등이 어떠한 원리로 결정되고 상호간에는 어떠한 관련이 있는지를 연구한다.

2. 경제학은 과학적인 접근방법에 따라 모형을 설정하고 이를 통해 복잡한 현상들의 본질에 접근하고자 한다. 경 제학에서 사용하는 모형은 흔히 수식이나 그래프의 형태로 표현하는데 이는 주요 변수들 간의 관계를 간단히 보이기 위함이다. 경제모형의 변수들은 분석하고자 하는 모형의 밖에서 주어진 외생변수(exogenous variable) 와 모형 안에서 그 값이 결정되는 변수인 내생변수(endogenous variable)로 구분된다.

3. 좋은 모형이라면 무엇보다도 원래 설명하고자 하는 경제현상을 잘 설명하는 현실 적합성과 현상의 본질적 원 리들만으로 모형을 구성하는 간결성을 갖추어야 한다.

4. 거시경제학의 큰 두 흐름은 완전경쟁시장과 가격의 완전 신축성으로 인하여 항상 균형을 이루게 된다는 고전 학파와 가격의 경직성으로 인하여 시장이 균형에 도달하지 못하고 정부의 역할이 중요해질 수 있는 케인즈학 파로 나뉜다. 1950년대 이후에는 고전학파와 케인즈학파를 통합하려는 움직임이 시작되었고 1970년대 이후에 는 합리적 기대를 도입한 새고전학파와 함께 미시적 기초에 근거한 임금과 가격의 경직성을 동시에 도입한 새 케인즈학파의 이론이 등장하였다.

연습문제

1. 거시경제학과 미시경제학의 차이점은 무엇인가? 둘 간에는 어떠한 공통점이 있는가?

2. 경제학에서 사용하는 모형들이 가정을 사용하는 이유는 무엇인가?

3. 최근의 가장 큰 거시경제 뉴스는 무엇인지 알아보시오. 많은 사람들이 관심을 갖는 이유는 무엇인가?

Macroeconomics

제 2 장
국민경제의 구조와
거시경제변수들의 이해

미시경제학은 구체적인 재화와 이것이 거래되는 시장을 대상으로 한다. 반면 국민경제를 총체적으로 분석하는 거시경제학에서는 국민경제에 존재하는 수많은 재화와 이와 관련한 수많은 시장을 함께 다뤄야 한다. 하지만 모든 시장 각각을 한꺼번에 다루는 것은 너무 복잡하기 때문에 거시경제학에서는 국민경제 전체를 분석할 수 있도록 개별 시장의 변수들을 집계한 총량(aggregate)변수들을 사용하게 된다. 이 장에서 설명하는 국내총생산, 물가, 실업률 등이 대표적인 거시변수이다. 즉 모든 생산물을 합한 것을 하나의 생산물로 보고 이를 총생산(aggregate output)이라 부른다. 또 총생산이 거래되는 단일시장이 있다고 가정하고 이를 총시장(aggregate market)이라 부른다. 이러한 접근법이 유용하기 위해서는 여러 생산물을 고려할 필요 없이 하나의 집합체인 총생산만으로도 그 경제가 생산하고 있는 여러 다양한 생산물들의 상황을 대표적으로 잘 반영할 수 있다는 전제가 필요하다. 최근의 연구에 의하면 많은 경우에 있어서 단일 생산의 분석만으로도 불필요한 복잡성 없이 여러 생산물을 도입한 경우와 동일한 결론을 도출할 수 있다. 따라서 우리는 부득이한 경우를 제외하고는 국민경제에 단일의 생산물, 즉 총생산물이 존재한다고 가정한다.

국민경제 순환모형

총생산물은 어떠한 과정을 거쳐 생산되고 교환되며 결국 사용되는 것일까? 이러한 과정은 국민경제를 분석하기 위한 출발점이다. 이를 위해 다음과 같은 간단한 경제를 생각해 보자. 이 국민경제는 두 형태의 경제주체, 즉 가계와 기업으로 이루어졌다고 생각하자.

가계: 경제적 의미에서 가계는 생산요소인 노동과 자본을 모두 소유하고 있으며, 생산요소를 공급한 대가로 소득을 얻는다. 가계는 소득을 이용하여 가계 구성원의 소비에 사용하고 나머지는 저축한다. 저축은 결국 가계의 재산(wealth)을 증가시키는데, 재산의 가장 중요한 형태는 주식과 같은 자본에 대한 소유권이지만 실제로는 채권, 은행예금, 부동산 등 다양한 형태를 띤다.

기업: 노동과 자본을 고용하여 재화와 서비스를 생산하는 경제주체이다. 노동 중 일부는 기업을 운영하는 관리자들에 의해 제공되고 이들은 이용가능한 기술을 사용하여 기업이 창출할 수 있는 최대한의 이윤을 얻고자 노력한다. 최대 이윤을 위해서는 적정한 수준의 노동고용량과 자본량을 결정해야 한다.

가계와 기업은 두 개의 시장에서 만나 경제활동을 주고 받는다. 첫 번째는 요소시장이다. 가계는 생산요소인 노동 및 자본을 요소시장에 공급하며 기업은 이를 수요한다. 가계는 공급한 생산요소에 대한 대가로 노동소득 및 자본소득을 얻으며 기업은 이를 지불한다. 두 번째는 생산물시장이다. 기업은 노동과 자본을 이용하여 생산한 총생산물을 재화 및 서비스시장에서 가계에 공급하여 수입을 얻는다. 가계는 생산요소에 대한 대가로 얻은 소득을 총생산물에 대한 지출에 사용한다.

시장에서 거래가 이루어질 때는 항상 생산물 또는 생산요소를 구입한 대가로 지불이 이루어지는데 이때 화폐가 사용된다. 따라서 시장에서의 거래에는 생산물과 생산요소와 같은 실물의 움직임이 있고 동시에 이에 대한 대가로서의 화폐의 움직임이 일어나며, 양자는 서로 반대 방향으로 움직이고 있다. 또한 요소시장과 생산물시장은 서로 연결되어 있어서 이러한 실물과 화폐의 움직임은 순환의 형태를 띤다. 이와 같이 가계와 기업 간 생산요소와 생산물의 흐름 및 이에 대한 대가로서의 화폐의 흐름을 순환적으로 파악하는 모형을 국민경제의 순환모형이라고 한다. 이러한 관계는 〈그림 2-1〉에 정리되어 있다.

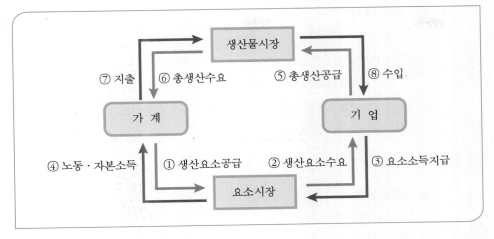

그림 2-1
국민경제의 순환모형

실물의 흐름은 빨간색으로 표시하였으며 화폐의 흐름은 파란색으로 표시하였다. 먼저 가계는 생산요소인 노동과 자본을 요소시장에 공급하며(①), 기업은 이를 수요한다(②). 기업은 생산요소를 구입한 대가로 요소소득을 지불하는데(③), 이것이 가계의 입장에서는 노동소득 및 자본 소득이다(④). 기업은 생산요소를 결합하여 생산된 상품을 생산물시장에 공급하며(⑤), 가계는 이를 수요한다(⑥). 상품을 구입한 대가로 가계는 화폐를 지출하는데(⑦), 이는 기업 입장에서는 수입이 된다(⑧). 이렇게 얻어진 수입은 다시 요소시장에서 가계에게 요소소득을 지불하는 데 사용된다. 따라서 노동소득 및 자본소득, 총생산물의 생산, 그리고 총생산물에 대한 지출이 서로 순환적으로 연결되어 있다.

이러한 국민경제의 순환모형을 통해서 우리가 알 수 있는 것은 총생산, 총지출, 총소득의 세 가지 측정치가 서로 일치할 수밖에 없다는 사실이다. 먼저, 이 경제에서 생산된 생산량의 총합인 총생산은 생산물시장에서 가계의 소비를 위해 팔리게 된다. 이때 가계는 화폐를 이용하여 총생산물을 구입하게 되는데 이에 소요되는 지출의 총합계를 총지출이라고 한다. 총지출은 결국 총생산물을 구입하기 위하여 지불된 금액이므로 총생산물의 화폐적 가치는 이를 구입할 때 사용한 총지출의 화폐적 가치와 일치하게 된다. 뿐만 아니라 이렇게 기업이 총생산물을 생산물시장에 팔아서 얻은 화폐의 총액은 소득분배의 원천이 된다. 그 이유는 기업이 총생산물을 팔아서 생긴 수입은 결국 그것을 생산하기 위하여 사용한 생산요소에게 대가로 모두 배분되기 때문이다. 총생산은 노동 및 자본을 이용하여 생산되었으므로, 총생산물을 판 대가는 모두 노동소득과 자본소득으로 나뉘어 분배된다. 따라서 노동소득과 자본소득의 합인 총소득은 총생산물 또는 총지출의 화폐적 가치와 일치한다. 이상을 종합하면 총지출의 가치=총생산물의 가치=총소득의 가치가 성립되어 세 측정치가 일치함을 알 수 있다. 이러한 관계를 국민소득 삼면등가의 법칙이라고 한다.

삼면등가의 법칙을 다음의 예를 통해 이해해 보자. 논의를 간단히 하기 위하여 국민경제에서 쌀과 떡만이 생산된다고 가정하자. 쌀은 바로 생산물시장에서 판매될 수 있지만 떡 생산의 원료로 사용될 수도 있다. 쌀 생산은 기업 형태로 운영되며 "갑"이 자본을 공급하고 노동시장에서 노동을 공급받아 쌀을 생산한다. 떡의 생산도 기업 형태로 이루어지며 "을"이 자본을 공급하고 역시 노동시장에서 공급받은 노동을 결합하여 떡을 생산한다. 떡은 최종적으로 가계에게 팔리고 있다. 이러한 생산과정을 정리하면 다음과 같다.

갑: 쌀의 생산

노동자에 대한 임금	150만원
쌀판매에 의한 수입	350만원
일반소비자에 대한 판매	100만원
을에 대한 판매	250만원
이윤 = 수입 − 비용	
= 350 − 150	200만원

을: 떡의 생산

노동자에 대한 임금	100만원
쌀 구입	250만원
떡 판매에 의한 수입	600만원
이윤 = 수입 − 비용	
= 600 − 250 − 100	250만원

갑은 쌀을 생산하기 위하여 노동자를 고용하고 있으며 이에 대한 대가로 150만원을 지불하고 있다. 최종적으로 생산된 쌀의 일부는 일반 소비자에게 100만원에 팔리며 그 나머지는 을에게 250만원에 팔린다. 따라서 최종수입은 총 350만원이며 이윤은 350만원에서 임금 150만원을 제한 200만원이 된다. 위의 예에서 이윤은 사실 자본공급에 대한 대가를 포함하고 있다. 자본공급자에게는 자본을 다른 데 사용해서 얻을 수 있는 기회를 포기한 대가로 통상 임대료가 지불되며 이에는 이자 및 감가상각 등의 비용이 포함된다. 이윤은 이러한 자본에 대한 비용을 제외하고 남은 부분으로 정의한다. 하지만 지금 단계에서는 분석을 간단하게 하기 위하여 이를 구분하지 않았다. 자본공급에 대한 대가를 포함한 이윤은 자본공급자에게 귀속되므로 갑의 소득이 된다. 을은 갑에게서 250만원에 구입한 쌀로 떡을 생산하여 최종소비자인 가계에 600만원에 판매한다. 떡을 생산하는 과정에서 노동자에 대한 임금으로 100만원을 지불하므로 이윤은 떡 판매수입 600만원에서 쌀 구입비용 250만원과 임금 100만원을 제외한 250만원이 된다.

어떤 국민경제가 위와 같은 경제활동만으로 이루어졌다면 국내총생산은 얼마가 되는가? 삼면등가의 법칙에 따르면 어떤 측정치를 이용할 것인가에 따라 세 가지 방법이 모두 가능하다. 첫 번째 방법은 총생산물의 입장에서 생산물의 가치를 합산하는 경우이다. 생산물 중에는 다른 생산을 위한 원료로 사용되는 경우가 있는

데 이를 중간재라고 부른다. 반면 최종적인 용도로 사용되는 재화와 서비스를 최종재라고 부른다. 주의할 점은 총생산을 계산할 때 최종재의 가치만을 합산한다는 것이다. 그 이유는 중간재의 가치가 다른 최종재의 가치에 이미 포함되어 있기 때문에 중간재의 가치를 또 합산하는 경우 중간재의 가치는 이중으로 포함되는 문제가 생기기 때문이다. 이에 대해서는 실제 계산과정에서 다시 설명하겠다.

이제 최종생산물의 가치의 합을 계산해 보자. 쌀은 최종소비자에게 팔리는 경우는 최종재이지만 을에게 팔려 떡 생산과정에 이용된다면 중간재이다. 따라서 최종재로서의 쌀의 가치는 100만원이다. 또 하나의 최종재인 떡의 가치는 600만원이므로 국내총생산은 두 최종재의 가치의 합인 700만원이 된다. 떡의 원료로 사용된 중간재, 즉 250만원어치의 쌀은 떡의 원료로 사용되어 사라졌으며 떡의 가치 600만원에 포함되어 함께 계산되어 있다고 봐야 한다. 따라서 떡의 가치를 합산한 이상 또 다시 중간재로 사용된 쌀 250만원의 가치를 합산할 필요가 없음을 알 수 있다.

위의 예에서 쌀은 중간재로도 쓰이지만 최종재로도 사용된다. 따라서 중간재와 최종재의 구별은 재화의 본질적인 특성이 아님을 알 수 있다. 같은 재화라도 쓰임새에 따라 중간재가 될 수도 있고 최종재가 될 수도 있는 것이다. 위의 예에서는 생산된 쌀 중 중간재로 사용된 양과 최종재로 사용된 양이 정확히 알려져 있다고 가정하였지만 현실에서 총생산을 측정할 때는 과연 얼마만큼의 쌀이 중간재로 쓰이고 얼마만큼이 최종재로 쓰이는지 파악하기는 쉽지 않다. 즉 시장에서 쌀이 팔릴 때 과연 어떤 용도로 팔리는지 알 수 있는 방법이 없는 것이다. 따라서 실제로 최종재의 가치를 합산하는 것은 어려운 일이다. 이를 해결하기 위하여 동일한 계산을 다른 관점에서 행할 수 있다. 즉 부가가치의 총합으로 총생산을 측정하는 것이다.

부가가치는 각 생산단계에서 새롭게 창출된 가치를 말한다. 쌀의 생산에서 창출된 부가가치는 누구에게 팔렸는가에 상관없이 그 전체 가치인 350만원이 된다. 또한 떡의 생산과정에서 창출된 부가가치는 600만원에서 그 중간재로서의 쌀의 가치인 250만원을 제외해야 한다. 왜냐하면 쌀 250만원의 가치는 이미 쌀 생산과정에서 만들어졌으며 떡 생산과정에서 추가적으로 창출된 가치는 350만원뿐이기 때문이다. 따라서 부가가치의 총합은 쌀 생산과정에서의 350만원과 떡 생산과정에서의 350만원을 합한 700만원이 된다. 이는 최종재의 합으로 계산한 경우와 일치함을 알 수 있다.

최종재의 총합

쌀	100만원
떡	600만원
합계(총생산)	700만원

부가가치의 총합

쌀 생산	350만원
떡 생산	350만원 = 600만원(떡의 가치) − 250만원(중간재의 가치)
합계(총생산)	700만원

두 번째 접근방법은 분배측면에서 총소득의 합으로 계산하는 것이다. 이 경제에 있어서 소득의 원천은 크게 두 가지로 나누어 생각해 볼 수 있다. 첫 번째 소득은 노동의 대가인 임금이다. 노동자들은 쌀 생산과정과 떡 생산과정 모두에 참여하여 쌀 생산에 참여하는 노동자는 150만원의 소득을 올리고 떡 생산에 참여하는 노동자는 100만원의 소득을 올리므로 이 경제에서의 총노동소득은 250만원이 된다. 반면 쌀 생산과 떡 생산을 위해 자본을 공급하고 기업가 역할을 하는 갑과 을은 자본에 대한 대가(이윤으로 표현됨)로 소득을 얻고 있다. 쌀 생산자인 갑의 이윤은 200만원이 되고 떡 생산자인 을의 이윤은 250만원이 되어 총자본소득은 450만원이 된다. 따라서 총노동소득과 총자본소득을 합하면 700만원이 된다. 따라서 이 경제주체 각각의 소득을 계산하면 다음과 같이 나타낼 수 있다.

소득의 총합

총노동소득 250만원 = 150만원(쌀생산 노동자) + 100만원(떡생산 노동자)
총자본소득 450만원 = 200만원(쌀생산 기업가) + 250만원(떡생산 기업가)
합계(총소득)700만원

따라서 소득의 총합은 700만원으로 총생산물방법으로 계산한 국내총생산의 가치와 일치한다.

세 번째 접근방법은 지출측면에서의 접근방법이다. 이 경우에도 생산물의 경우와 마찬가지로 최종적인 목적에 사용되는 최종재에 대한 지출만을 더해야 한다. 즉 떡 생산자는 최종적인 목적에 쌀을 사용하고 있는 것이 아니므로 떡 생산자가 쌀의 구입에 지출한 금액은 제외하여야 한다. 따라서 일반 소비자들의 쌀에 대한 지출 100만원과 떡에 대한 지출 600만원을 더하면 총지출은 700만원이 된다. 역시 위 두 경우와 일치함을 알 수 있다.

지출의 총합

쌀에 대한 지출	100만원
떡에 대한 지출	600만원
합계(총지출)	700만원

위에서 살펴본 바와 같이 국내총생산을 도출해내는 세 가지 방법은 항상 같은 결과를 가져온다. 총생산의 측면에서 최종재의 가치를 합산하거나 부가가치를 합하는 방법, 총소득의 측면에서 소득의 원천을 합하는 방법, 총지출의 측면에서 최종재에 지출된 돈을 합산하는 법은 모두 700만원의 결과를 가져온다. 우리는 이를 통해 삼면등가의 법칙이 성립함을 확인할 수 있다.

대부자금시장 그리고 저축과 투자

〈그림 2-1〉의 순환모형은 국민경제를 알기 쉽게 간단히 표현했기 때문에 많은 경제활동이 생략되어 있다. 따라서 앞으로 소개할 경제모형들은 보다 복잡해질 것이다. 먼저, 생략된 내용 중에서 주요 부분 중 하나인 대부자금시장을 간단히 소개해 보기로 하자. 대부자금시장(loanable funds market)은 저축과 투자를 연결해 주는 시장을 말하는데, 〈그림 2-1〉과 위의 구체적 예에서는 저축과 투자행위가 생략되어 있으므로 대부자금시장도 존재하지 않는다. 즉 총소득 700만원이 가계에 의하여 모두 최종생산물인 쌀 100만원과 떡 600만원의 소비지출에 사용되는 것이다. 하지만 현실경제에서 가계는 소득의 일부만을 소비에 사용할 뿐 나머지는 미래를 위해 저축을 한다. 저축은 가계의 입장에서 미래의 소비를 위해 소득의 일부를 축적하는 행위를 말한다. 반면, 투자는 기업의 입장에서 기계나 공장 등 생산시설을 늘려서 미래의 생산능력을 높이는 행위를 말한다. 만약 저축과 투자가 없다면 개인들은 부를 늘려갈 수 없으며 기업도 생산을 늘리기 어려울 것이다.

가계가 소득의 일부를 저축하면, 저축된 금액은 대부자금시장을 통해 기업에게 대출되고, 기업은 이를 이용하여 투자를 위한 지출을 한다. 위의 예에서 만약 가계가 총소득 700만원 중 200만원을 저축을 하기 위하여 지출하지 않는다면 가계에 의한 소비지출은 500만원이 된다. 하지만 200만원의 저축은 결국 대부자금시장을 통해 기업에게 대출되며, 기업은 이를 이용하여 총생산의 일부를 구입하여 생산시

그림 2-2
대부자금시장이 포함된
국민경제의 순환모형

대부자금시장이 포함된 경우 추가적인 화폐흐름(파란색)은 가계의 저축(⑨)과 이를 이용한 기업에 대한 대출(⑩) 및 대출을 이용한 투자지출(⑪)이다. 또한 실물재화 중 일부가 생산물시장에서 기업에게 팔려 투자(⑫)로 사용된다. 그 밖의 다른 흐름들은 〈그림 2-1〉에서와 동일하다.

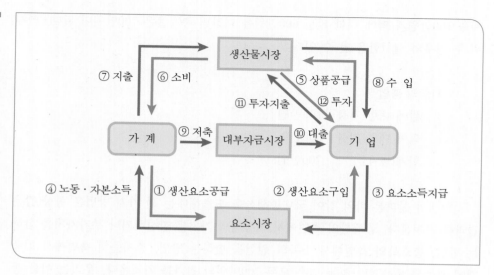

설을 늘린다.[1] 즉 기업은 투자지출을 행하는 것이다. 실제로 기업의 투자지출은 가계의 저축을 빌려서 행하므로 가계의 저축인 200만원과 같아진다. 동시에 가계가 줄인 소비지출만큼 투자지출이 늘어나므로 총지출에는 변함이 없게 된다. 즉 총지출액은 소비지출 500만원과 투자지출 200만원을 합한 700만원이 되는 것이다.

이와 같이 저축 및 투자를 포함하기 위해서는 대부자금시장이라는 또 하나의 시장이 필요하다. 이와 같이 대부자금시장을 포함하게 되면 〈그림 2-1〉의 순환모형은 〈그림 2-2〉와 같이 변화한다. 그림에서 추가적인 현금흐름은 ⑨, ⑩, ⑪이며 추가적인 실물흐름은 ⑫이다. 즉 가계는 소득의 일부를 저축하며(⑨), 이는 대부자금시장을 통해 기업에 대출된다(⑩). 대출된 금액은 기업에 의해 투자지출을 위해 사용되며(⑪), 따라서 총생산의 일부는 기업에 의해 구입된다(⑫).

추가적인 경제주체의 도입: 정부와 해외부문

〈그림 2-1〉과 〈그림 2-2〉는 경제를 가장 간단하게 분석한 것이므로 가계와 기업이외에 또 하나 중요한 경제주체인 정부가 생략되어 있다. 정부는 다음과 같은 경제적 역할을 한다.

---

[1] 위의 예에서는 총생산이 쌀과 떡으로만 이루어져 있으므로 이를 구입하여 생산설비를 늘린다고 이야기하는 것이 어색하다. 하지만 현실경제의 총생산에는 기계, 운수 설비, 건물과 같이 자본축적에 직접 사용되는 상품들이 있다. 이러한 상품을 소비에 사용되는 소비재와 구분하여 투자재 또는 자본재라고 하는데 기업은 이러한 상품들을 구입하는 행위, 즉 투자를 한다.

정부: 정부는 가계와 기업으로부터 조세를 걷어 정부의 역할을 담당하는 과정에서 필요한 비용을 지불한다. 이때 기업으로부터 징수하는 세금의 궁극적인 부담자는 가계이므로 정부가 가계로부터만 조세를 징수한다고 가정해도 무방할 것이다. 정부가 담당하는 역할은 다양한데, 법과 제도를 유지하는 과정에서 필요한 공무원 등의 정부서비스와 민간에서 담당하기 어려운 공공재의 생산이 대표적이다.

국민경제가 가계, 기업, 정부 세 부문만으로 이루어졌다고 간주하는 경우, 우리는 이러한 경제를 폐쇄경제(closed economy)라고 부른다. 하지만 또 하나의 중요한 경제주체가 있는데, 이는 해외부문이다. 모형에 해외부문을 포함하는 국민경제의 경우를 개방경제(open economy)라고 부른다.

해외부문: 해외의 국민경제에도 각 국가마다 지금까지 살펴본 바와 같이 가계, 기업, 정부 등이 존재한다. 하지만 이들 경제주체를 각각 고려한다면 모형이 복잡해지므로 해외 국가들에 존재하는 가계, 기업, 정부를 총칭하여 해외부문으로 단일화하여 분석한다.

국내경제와 해외부문과의 재화 및 서비스의 거래는 수출과 수입으로 표현한다. 수출은 국내경제에서 생산된 재화 및 서비스를 해외부문에 판매하는 경우를 말한다. 반면 수입은 해외부문에서 생산된 재화 및 서비스가 국내경제에서 판매되는 경우를 말한다. 한국과 같이 소규모이면서 해외부문과 활발한 거래를 하는 국민경제를 소규모 개방경제(small open economy)라고 부른다. 소규모 개방경제를 분석할 때는 해외부문을 포함하여 분석해야만 보다 현실성 있는 결과가 도출된다.

정부와 해외부문을 추가적으로 도입하게 되면 국민경제의 순환모형은 이에 맞추어 변화시켜야 한다. 하지만 이러한 경우에 대한 분석은 제3장에서 본격적으로 다룰 것이다.

국내총생산

앞 절에서는 가장 기본적인 경제주체인 가계와 기업만이 존재하는 경우를 기초로 하여 국민경제 순환모형을 살펴보았다. 이를 통하여 국민소득 삼면등가의 법칙이 성립함을 확인하였다. 즉 총생산, 총지출, 총소득이 모두 동일함을 알 수 있었다. 하지만 현실의 경제에서는 가계와 기업 이외에 정부와 해외부문도 경제주체로서 중요한 역할을 하고 있다. 지금부터는 이와 같이 정부와 해외부문까지 포함된 보다 일반적인 경우를 전제로 하여 국민경제의 생산 및 소득과 관련된 기본적인 개념들을 자세히 살펴보도록 하자.

① 국내총생산의 개념

미시경제학에서는 자동차 시장과 같은 구체적 시장을 대상으로 하기 때문에, 생산물의 개념도 보다 구체적으로 자동차 몇 대라는 식으로 표현할 수 있다. 하지만 하나의 총시장에서 거래되는 추상화된 총생산물의 양은 구체적으로 어떻게 계산되는가? 총생산물은 기본적으로 그 경제에서 생산되는 모든 재화의 합으로 표시되어야 할 것이다. 이와 같이 "일정기간 동안 한 나라의 국경 안에서 생산된 모든 최종생산물의 가치"를 국내총생산(Gross Domestic Product: GDP)이라고 부른다. 그런데 사과의 생산 개수, 오렌지의 생산 개수, 자동차의 생산 대수 등 다양한 생산물을 단순히 더할 수는 없는 노릇이다. 모든 재화의 가치를 같은 단위로 표시한 후에야 비로소 그 합을 구할 수 있을 것이다. 이를 위해서 화폐를 이용한 시장가치 측정치를 사용한다. 즉 사과 및 오렌지 생산량과 자동차 생산량을 시장에서 평가된 화폐가치로 바꾸면 동일한 단위로 가치를 표시할 수 있게 되어 모든 재화의 가치를 더할 수 있다. 특히 해당 시점에서의 시장가격을 이용하여 각 생산물의 가치를 화폐가치로 표시한 후 총합을 계산한 것을 명목GDP(Nominal GDP)라고 한다.

GDP 계산상의 주의점

GDP를 실제로 계산할 때는 다음과 같은 주의가 필요하다. 첫째, 중간재도 시장에서 거래되지만 GDP의 계산에는 최종재의 가치만을 합산하여야 한다. 이미 앞 절의 예에서 설명한 바와 같이 중간재를 총합에 포함시키면 이중계산이 되는 문제가 생기기 때문이다. 하지만 어떤 재화가 중간재 혹은 최종재로 분류될지는 재화의 속성에 의해서가 아니라 다른 재화의 생산에 투입되는지 아닌지 여부에 의해 결정된다. 현실적으로 어떤 재화가 생산될 때는 이것이 중간재로 사용될지 최종재로 사용될지 알 수 없기 때문이다. 따라서 GDP를 계산할 때는 생산되는 과정에서 창출된 부가가치를 합산하는 방식을 따른다.

둘째, 최종재라고 하더라도 시장에서 재판매되는 경우에는 GDP계산에 포함시키지 않는다. 예를 들어 많은 재화들은 생산된 시점에서 판매되고 난 후에도 다시 추후에 시장에서 거래된다. 중고품 시장에서 거래되는 재화들이 대표적인 예이다. 하지만 중고품은 새롭게 생산된 가치라고 볼 수 없으므로 GDP의 계산에는 포함되지 않는다.

셋째, 시장에서 거래되지 않지만 이에 대한 귀속가치(imputed value)를 계산하여 GDP의 계산에 포함시키는 경우가 있다. 예를 들어 정부가 제공하는 서비스는 누구도 시장에서 구입하지 않는다. 정부는 국가방어 및 국내치안을 위해 군인과 경찰을 고용하여 국방서비스와 치안서비스를 제공한다. 뿐만 아니라 각종 행정서비스를 제공하기 위하여 공무원을 고용한다. 이와 같이 정부는 각종 서비스를 제공하고 있지만 시장에서 거래되지 않으므로 이에 대한 정확한 가치를 알 수 없다. 따라서 정부서비스의 가치를 다른 방법으로 계산하여 GDP에 포함시켜야 한다. 실제의 계산에는 정부서비스를 제공하기 위하여 사용된 비용이 가치와 일치한다는 가정하에 비용을 그대로 GDP에 포함시킨다. 따라서 공무원이 받는 월급은 GDP계산의 주요 항목 중 하나이다.

귀속가치를 계산할 필요가 있는 또 하나의 주요 항목은 주택서비스이다. 주택을 구입하는 이유는 주택에서 생활하는 과정에서 주택이 제공하는 주거서비스를 이용하기 위함이다. 하지만 주택가격은 당장의 주거서비스 가치만을 포함하여 결정되지 않는다. 오히려 주택을 임대했을 때 지불하는 임대가격이 주거서비스의 가치와 정확히 일치하는 개념이다. 최근 한국에는 주택을 임대하는 경우도 늘고 있지만 아직은 주택을 구입하거나 전세라는 형태로 주거서비스를 이용하기 때문에 주택에서 생산되는 주거서비스가 많은 경우 시장에서 거래되지 않으며 따라서 정확한 가치 측정치가 없는 실정이다. 따라서 시장에서 실제로 거래되는 임대가격을 이용하여 모든 주택에서 생산되는 주거서비스를 계측하고 이를 모두 GDP에 포함시킨다. 여기에는 본인이 소유한 주택의 주거서비스도 포함된다. 주택을 소유한 경우에도 주택에서 발생한 주거서비스에 대한 대가를 스스로에게 임대료 형식으로 지불한다고 가정한 셈이다.

② 명목GDP와 실질GDP

논의를 간단히 하기 위해 어떤 국민경제가 2023년에 사과와 배 두 상품만을 생산했다고 가정하자. 사과와 배의 생산량을 각각 $Q_{사과}^{2023}$와 $Q_{배}^{2023}$로 나타내고 각각의 가격을 $P_{사과}^{2023}$와 $P_{배}^{2023}$로 표시하자. 이때 이 경제의 명목GDP는 다음과 같이 계산된다.

$$2023년의\ 명목GDP\ =\ P_{사과}^{2023} \times Q_{사과}^{2023} + P_{배}^{2023} \times Q_{배}^{2023} \qquad (2.1)$$

서로 다른 상품의 가치를 동일한 단위로 측정함으로써 합계를 가능하게 해준다는 면에서 화폐는 훌륭한 역할을 수행하고 있지만 하나의 문제를 일으킨다. 그 이유는 화폐의 가치가 시간이 흐름에 따라 변하기 때문이다. 예를 들어서 사과 생산량이 10개에서 20개로 늘었다고 한다면 그 의미를 명확히 알 수 있지만 명목GDP가 10조원에서 20조원으로 늘었다고 한다면 그 의미가 불분명하게 된다. 왜냐하면 명목GDP의 변화가 GDP를 구성하고 있는 상품의 생산량 변화에 기인한 것인지, 아니면 단순히 각 상품의 가격이 두 배로 올랐기 때문인지 알 수 없기 때문이다. 즉 실제 생산량은 변하지 않더라도 가격이 두 배가 된다면 명목GDP는 두 배가 될 것이다. 하지만 우리가 총생산을 계산하고자 할 때는 실제 생산량의 크기를 알고 싶을 때가 많다. 따라서 우리는 어떤 형태로든 가격의 변화에 기인한 GDP의 변화를 제거시키고 실제로 생산물의 변화에 기인한 GDP의 변화만을 계산하여야 할 것이다. 하지만 앞에서 살펴본 바와 같이 화폐단위로 바꾸기 전에는 서로 다른 상품의 가치를 더할 수 없기 때문에 우리는 딜레마에 직면하게 된다. 한 가지 해결책은 가격은 고정시키고 생산량만을 변화시켜 GDP를 계산하는 것이다. 이때 선택한 고정된 가격이 실제 가격이었던 해를 기준 연도(base year)라고 부른다. 이렇게 하여 구해진 GDP를 실질GDP(Real GDP)라고 한다. 명목GDP는 각 시점에서의 생산량을 현재가격(current price)으로 계산하는 데 반하여 실질GDP는 먼저 기준 연도를 정하고 그 기준 연도의 가격으로 상이한 시점에서의 생산량의 가치를 계산하는 것이다. 따라서 실질GDP의 변화는 오직 실질 생산량의 변화만을 나타내게 된다.

위의 예에서 2023년의 실질GDP를 2015년을 기준 연도로 설정하여 다음과 같이 계산할 수 있다.

$$2023년의\ 실질GDP\ =\ P_{사과}^{2015} \times Q_{사과}^{2023} + P_{배}^{2015} \times Q_{배}^{2023} \qquad (2.2)$$

사과와 오렌지 가격에서 위첨자 2015는 2015년의 사과와 배의 가격을 나타낸다.

따라서 2023년의 실질GDP는 2023년에 생산된 사과와 배의 생산량을 기준 연도인 2015년의 가격을 이용하여 화폐가치로 계산한 후 합산한 셈이다.

이제 2023년의 실질GDP를 2024년의 실질GDP와 비교해 보자. 먼저 2024년의 명목GDP는 다음과 같이 계산된다.

$$2024년의 \ 명목GDP \ = \ P^{2024}_{사과} \times Q^{2024}_{사과} + P^{2024}_{배} \times Q^{2024}_{배} \qquad (2.3)$$

2024년의 명목GDP는 2024년에 생산된 사과 생산량($Q^{2024}_{사과}$)과 배 생산량($Q^{2024}_{배}$)을 당해의 가격인 2024년의 사과가격($P^{2024}_{사과}$)과 배가격($P^{2024}_{배}$)을 이용하여 화폐가치로 계산하였다. 이미 설명한 대로 2023년의 명목GDP와 비교할 경우 가격과 생산량이 모두 변했기 때문에 명목GDP의 변화가 어떤 요인에 기인했는지 알기 어렵다. 반면, 2024년의 실질GDP는 다음과 같이 계산된다.

$$2024년의 \ 실질GDP \ = \ P^{2015}_{사과} \times Q^{2024}_{사과} + P^{2015}_{배} \times Q^{2024}_{배} \qquad (2.4)$$

이제 식 (2.2)의 2023년 실질GDP와 비교할 때 화폐가치로 전환하기 위해 사용한 가격이 2015년 가격으로 동일하므로 2024년 실질GDP와 2023년 실질GDP의 차이는 순전히 실제 생산량의 차이에 기인한다는 것을 알 수 있다.

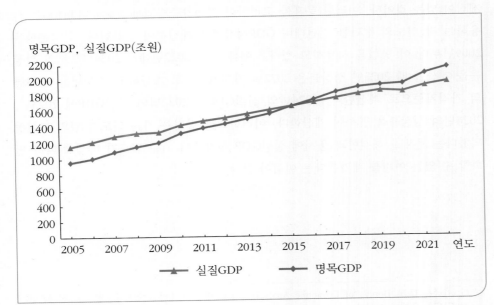

자료: 한국은행 경제통계시스템

그림 2-3
우리나라의 명목GDP와 실질GDP(2005~2022년)

우리나라의 명목GDP는 파란색으로 나타냈으며 실질GDP는 빨간색으로 나타냈다. 기준 연도는 2015년으로 당해에는 명목GDP와 실질GDP가 동일하다. 하지만 시간이 흐름에 따라 명목GDP가 보다 빠르게 증가하고 있음을 알 수 있다. 이는 명목GDP의 변화가 가격의 변화를 동시에 반영하기 때문이다.

〈그림 2-3〉은 2005년 이래의 우리나라 명목GDP와 실질GDP의 변화를 보여준다. 기준 연도는 2015년으로 당해에는 명목GDP와 실질GDP가 동일함을 알 수 있다. 하지만 시간이 흐름에 따라 명목GDP가 보다 빠르게 증가함을 알 수 있다. 이는 명목GDP의 변화가 실질GDP의 변화뿐 아니라 가격의 변화를 동시에 반영하기 때문이다.

이제 실질GDP를 이용하면 총생산이 시간이 흐름에 따라 얼마나 증가하는지 파악할 수 있다. 시간의 흐름에 따른 실질GDP의 증가율을 실질GDP 성장률이라고 부른다. 예를 들어 2023년에서 2024년까지의 실질GDP 성장률은 다음과 같이 계산된다.

$$2024년의 \ 실질GDP \ 성장률 = \frac{2024년 \ 실질GDP - 2023년 \ 실질GDP}{2023년 \ 실질GDP} \quad (2.5)$$

대부분 언론매체에서 경제성장률을 공표할 때는 실질GDP를 기초로 계산된 위의 식을 이용한다.

하지만 여기서 중요한 사실 하나는 기준 연도의 설정이 임의적(arbitrary)이라는 것이다. 예를 들어서 실질GDP의 계산을 앞의 예와 같이 2015년도의 가격체계로 계산할 수도 있고 2020년도의 가격체계로 계산할 수도 있는 것이다. 기준 연도를 바꾸었을 때 각 해의 실질GDP가 같은 비율로 변화한다면 아무 문제가 없겠지만 사실은 그렇지 않다. 기준 연도를 바꿈에 따라 실질GDP 성장률의 계산이 달라지는 문제점이 있는 것이다. 이러한 문제를 고려하여 연쇄가중법(chain-weighted Index)을 사용하여 각 연도의 정확한 전년대비 GDP성장률을 계산하여 발표한다. 한국은행은 2009년부터 이 방법을 사용하고 있다.[2] 예를 들어 2022년에서 2024년으로의 성장률을 계산할 때 2023년 성장률은 2022년 가격기준으로 계산하고 2024년은 2023년의 가격기준으로 계산한다. 2024년의 실질GDP는 2022년의 실질GDP에 2023년, 2024년의 성장률을 곱하여 계산한다. 이러한 계산방법은 기준 연도가 임의로 설정되었다는 문제를 해결함과 동시에 실질GDP 성장률이 기준 연도가 바뀜에 따라 변화할 수 있는 여지를 제거한다는 이점이 있다.

---

2 미국은 U.S. Bureau of Economic Analysis에서 GDP를 추계하고 있으며, 한국은 한국은행이 GDP를 추계하고 있다.

3 생산, 지출, 분배(소득) GDP

생산, 지출, 분배(또는 소득)의 세 가지 측면에서 국내총생산을 구할 수 있음은 이미 순환모형과 간단한 예를 통해 확인하였다. 이제 이러한 개념을 보다 자세히 살펴보기로 하자.

생산 측면에서의 GDP

우선, 생산 GDP는 생산 측면에서 어떠한 일이 벌어지는가를 보는 것으로 산업별 부가가치를 합산한다고 설명하였다. 생산 GDP는 모든 산업의 부가가치를 합한 것이기 때문에 국민경제 전체의 움직임을 잘 나타내 준다. 하지만 각각의 산업 생산의 변화를 대변하지는 못한다. 예를 들어, 생산 GDP의 하락이 일어났다면 이것이 어느 산업의 성장률 침체로 인한 것인지를 아는 것이 중요할 수도 있다. 동일한 비율로 모든 산업의 생산이 증감하는 것이 아니라 산업별로 어떤 산업은 호황으로 생산이 증가하는 반면 다른 산업은 불황으로 생산이 감소할 수도 있기 때문이다. 생산 GDP 자체만으로는 이러한 산업간의 서로 다른 움직임을 알 수는 없지만 생산 GDP를 구하는 데 사용된 각각의 세부 산업들의 부가가치의 변화를 보면 산업별 생산의 변화를 알 수 있다.

지출 측면에서의 GDP

이제 생산된 것을 지출하는 지출주체들의 측면에서 GDP를 살펴보자. 이와 같이 각 경제주체들의 지출 측면에서 합계한 국내총생산을 지출 GDP라고 한다. 경제 내에서 생산된 재화와 서비스를 지출하는 주체는 가계, 기업, 정부, 해외가 있다. 가계의 지출은 민간 소비지출(consumption; C)로, 기업의 지출은 투자지출(investment; I)로 나타낸다. 정부는 소비를 하기도 하고 투자를 하기도 하는데 전자를 정부의 소비지출(government consumption), 후자를 정부투자(government investment)라고 부른다. 대부분의 경우 정부투자를 명확하게 구분할 필요가 없을 때가 많고, 이 경우 투자에 기업투자와 정부투자를 포함하여 나타내기도 한다. 하지만 정부의 지출을 보다 강조하기 위하여 정부의 소비지출과 정부투자를 합쳐 정부지출(government expenditure; G)이라고 정의하기도 한다. 지금부터는 정부의 정부투자가 매우 적은 경우라고 간주하여 정부지출(G)은 정부의 소비지출만을 의미하는 것으로 생각하겠다.

C (소비지출): 소비지출은 가계가 가구구성원의 효용을 늘리기 위하여 구입하는 상품과 서비스에 대한 지출을 의미한다. 소비지출은 소비가 행해지는 기간이 얼마나 긴가에 따라 내구재(durable goods) 소비지출, 비내구재(nondurable goods) 소비지출 그리고 서비스(service) 소비지출로 나눌 수 있다. 내구재는 바로 소비되어 없어지지 않고 상당 기간 동안 형태를 유지하면서 소비되는 재화를 가리키며 자동차와 가전제품이 포함된다. 비내구재와 서비스는 비교적 짧은 기간에 소비되는데 옷이나 음식과 같이 형태가 갖추어진 경우 비내구재라고 부르는 반면 의료행위, 세탁, 미용 등 형태가 없이 바로 소비되는 경우는 서비스라고 부른다.

I (투자지출): 투자지출은 주로 기업에 의해 생산설비를 늘리기 위하여 이루어진다. 따라서 투자를 통해 미래의 생산을 증가시킬 수 있다. 예외적으로 가계에서 구입하는 신규주택도 투자에 포함한다. 그 이유는 주택이 매년 주택서비스를 생산해 낸다고 보기 때문이다. 이미 언급한 대로 매년 생산된 주택서비스는 귀속가치로 계산하여 GDP에 포함된다. 결국 가계도 주택을 구입할 때 이러한 주택서비스를 생산하기 위하여 투자를 한 것으로 간주하는 것이다. 투자지출도 역시 세분화하여 고정투자와 재고투자로 나뉜다. 고정투자는 다시 설비투자와 건설투자로 나누어진다. 설비투자는 기업이 구입하는 기계 및 설비를 말하며, 건설투자는 기업의 건물이나 토목건설에 대한 지출과 가계가 구입하는 새 주택을 의미하고, 재고투자는 기업이 재고를 늘리는 행위이다. 재고는 당장 시장에서 팔리지 않았지만 장래에 팔기 위해 기업이 보관하고 있는 상태로 역시 투자행위로 간주한다.

G (정부지출): 정부는 조세를 걷어서 일부는 실제로 재화나 서비스 구매를 위하여 사용하는데 이를 정부지출이라고 부른다. 여기에는 도로나 항만의 건설뿐 아니라 무기구입, 군인과 공무원에 대한 임금지출 등이 포함된다. 하지만 조세 중 또 다른 일부는 실업자나 영세민에게 보조금 형태로 일방적으로 지불하기도 하는데, 이를 이전지출(transfer payment)이라고 부른다. 이전지출은 총생산물의 구입에 사용되는 것이 아니므로 주의해야 한다. 국민 전체의 입장에서 보면 이전지출은 조세 중 일부를 다시 되돌려 받는 것이므로 조세에서 이전지출을 제외한 부분이 국민전체의 가계 입장에서 실제로 부담한 조세라 볼 수 있다. 따라서 이전지출은 정부지출에 포함되지 않는다.

국내총생산과 지출 GDP는 폐쇄경제인 경우 항상 일치하지만 개방경제를 가정하는 경우는 다음과 같은 두 가지 조정을 해 주어야 양자가 같아진다. 첫째, 해외에서 국내 생산물을 사는 부분, 즉 우리 경제의 수출이 추가적으로 지출에 포함되어야 한다. 왜냐하면 수출은 해외부문이 국내에서 생산된 재화와 서비스에 대해 지출하는 것이기 때문이다. 둘째, 각 경제주체의 지출 중 외국에서 생산된 재화와 서비스에 대한 소비, 투자, 정부지출, 즉 수입은 국내에서 생산된 총생산에 대한 지출이 아니므로 제외하여야 할 것이다. 결국 수출에서 수입을 뺀 순수출(net exports; NX)을 지출에 포함하여야 생산 측면에서 계산된 GDP와 같아진다.

$$Y \equiv C+I+G+NX \qquad (2.6)$$
$$\text{생산 GDP} \equiv \text{지출 GDP}$$

식 (2.6)에서 순수출 NX는 다음과 같이 정의되며,

$$NX = EX - IM$$

EX는 수출을 의미하고 IM은 수입을 의미한다.

> NX (순수출): 순수출은 수출에서 수입을 차감한 양을 의미한다. 수출은 국내에서 생산된 재화와 서비스를 해외거주자에게 판매하는 것이므로 국내생산에는 포함되지만 국내에서 소비, 투자, 정부지출에 포함되지는 않는다. 반면, 수입은 해외에서 생산된 재화와 서비스를 국내거주자가 구입하는 것으로 국내거주자의 소비, 투자, 정부지출의 일부로 포함되지만 국내생산에는 포함되지 않는다.

무역수지

개방경제로 확대하는 경우 지출 GDP의 추가적인 항으로 순수출, NX가 등장함을 확인하였다. 순수출은 흔히 무역수지라고도 불린다. 특히 수출이 수입보다 커서 순수출이 양의 값을 가지면 무역수지는 흑자라고 하고, 수출이 수입보다 작아 순수출이 음의 값을 가지면 무역수지는 적자라고 한다.

$$NX > 0 \Leftrightarrow EX > IM \Leftrightarrow \text{무역수지 흑자}$$
$$NX < 0 \Leftrightarrow EX < IM \Leftrightarrow \text{무역수지 적자}$$

지출측면에서의 GDP

<표 2-1>은 2022년 우리나라의 GDP를 지출 측면에서 살펴본 것이다. 2022년도 우리나라의 GDP는 약 2,161.8조원에 이른다. 그 중에서 가계의 소비지출은 약 996조원으로 GDP의 46%에 달한다. 한편, 민간투자와 정부투자를 포함한 총투자지출은 약 717조원으로 33%를 차지한다. 정부의 소비지출은 약 406조원으로 GDP의 19% 수준이다. 수출과 수입은 약 104조원으로 GDP의 4.8% 가량을 차지한다.

표 2-1
지출 측면에서의 GDP

	합계(십억원)	일인당(원)
국내총생산	2,161,773.9	41,872,122
소비지출	996,361.4	19,298,857
내구재	101,528.0	1,966,530
준내구재	93,319.3	1,807,533
비내구재	227,169.1	4,400,114
서비스	574,345.0	11,124,680
정부		
정부최종소비지출	405,704.6	7,858,228
투자	717,305.9	13,893,738
건설투자	335,081.8	6,490,311
설비투자	199,945.1	3,872,804
지식재산생산물투자	160,401.6	3,106,872
재고증감	21,877.5	423,753
순수출	153.9	2,981
재화와서비스의수출	1,043,526.4	20,212,412
재화와서비스의수입	1,043,372.5	20,209,431
통계상불일치	-788.3	-15,269

* 정부투자는 104,264.4십억원으로 일인당 2,019,532원으로 환산된다. 정부투자는 이미 투자에 포함되어 계산되었고, 이에 표에 나타내지 않았다.
자료: 한국은행 경제통계시스템

분배(소득) 측면에서의 GDP

생산한 것에 대한 지출이 이루어지는 과정에서 수입이 얻어진다. 수입은 생산하는 데 사용한 생산요소의 공급자에게 소득형태로 나누어 주어야 한다. 이렇게 생산요소의 공급자에게 분배되는 소득 측면에서 총생산을 계산한 것을 분배 GDP라고 한다. 구체적으로, 생산과정에 참여한 노동자에게는 임금을, 자본 제공자에게는 임대료를, 토지에 대해서는 지대를, 경영에 대해서는 이윤을 지급한다. 그리고 정부의 서비스(국방 등)에 대해서는 세금을 내야 한다. 이렇게 지급된 것의 합이 분배 GDP에 해당되고 이는 각 경제주체들의 소득으로 간주할 수 있다. 분배소득의 합을 구체적인 소득항목들을 더하여 나타낼 수 있지만 보다 편리한 방법은 분배된 소득이 어떻게 사용되는가의 관점에서 나타내는 것이다. 즉 일단 소득이 궁극적으로 가계에 모두 분배된다고 가정하면 가계는 분배된 소득 중 일부를 세금으로 지불하고 남은 가처분소득을 이용하여 소비하거나 저축을 한다. 결국 분배된 소득은 소비, 저축, 그리고 조세 납부에 쓰이기 때문에 분배 GDP는 이 세 항목의 합으로 나타낼 수 있다.

$$Y \equiv C + S_p + T \tag{2.7}$$

생산 GDP ≡ 분배 GDP

식 (2.7)에서 S_p는 민간에서 행한 민간저축(private saving)을 의미하고 T는 조세(tax)를 나타낸다.

우리는 결국 생산 GDP와 지출 GDP, 그리고 분배 GDP가 모두 같아지게 됨을 알고 있다. 따라서 다음 식이 성립한다.

$$Y \equiv C + I + G + NX \equiv C + S_p + T$$

생산 GDP ≡ 지출 GDP ≡ 분배 GDP

위 식은 국민경제에서 항상 성립하므로 국민소득항등식이라고도 불린다.

사례 연구

한국의 분배소득과 노동소득 분배율

분배 측면에서 GDP는 통계상으로 ① 노동을 제공한 대가로 가계에 분배되는 임금과 급여 등의 피용자보수(compensation of employees), ② 생산활동을 주관한 생산주체에게 배분되는 영업잉여(operating surplus), ③ 고정자산이 일정 기간 생산에 사용됨으로써 발생하는 물리적 노후화와 일상적인 사고, 손실 등에 따른 가치의 감소분인 고정자본소모(consumption of fixed capital), ④ 다른 경제주체에 의해 생산된 재화와 서비스의 거래(배달, 판매, 이전 등)와 관련하여 정부가 부과하는 생산 및 수입세(taxes on production and imports)를 합하고 ⑤ 정부가 기업에게 대가없이 제공하는 보조금(subsidies)을 뺀 것이다.

<표 2-2>는 2022년 우리나라의 GDP를 분배 측면에서 살펴본 것이다. 2022년 가계에 노동의 대가로 분배된 피용자보수는 약 1,030조원으로 GDP의 48%를 차지한다. 반면, 생산활동을 주관한 생산주체의 몫인 영업잉여는 약 435조원으로 GDP의 20% 수준이다. 고정자본소모는 약 478조원으로 약 22%를 차지한다. 그리고 정부가 부과한 생산 및 수입세는 약 234조원으로 GDP의 11%이며, 정부가 제공하는 보조금은 약 14조원으로 GDP의 0.7%를 차지한다. 피용자보수와 영업잉여만을 포함한 요소비용에 대한 국민소득은 GDP의 69% 수준으로 약 1,496조원에 이른다.

표 2-2 분배 측면에서의 GDP

	합계(십억원)	구성비(%)
피용자보수	1,029,710.2	47.6
영업잉여	434,689.6	20.1
고정자본소모	477,675.3	22.1
생산 및 수입세	234,061.3	10.8
(공제)보조금	14,362.5	0.7
국내총생산(GDP)	2,161,773.9	100.0
요소비용에 대한 국민소득	1,496,153.5	69.2

주: 요소비용에 대한 국민소득은 피용자보수와 영업잉여를 포함
자료: 한국은행 경제통계시스템

생산과정에 참여한 노동자가 가져간 몫인 노동소득이 국민 소득에서 차지하는 비중, 즉 노동소득 분배율은 어떻게 변화하였을까? <그림 2-4>는 한국의 노동소득 분배율이 지난 40년 동안 어떻게 변해왔는지 보여준다. 한국은행이 발표한 한국의 노동소득 분배율은 1980년 50.8%에서 2021년 68.4%까지 상승하였다. 2000년대 들어서 노동소득 분배율은 60% 내외에서 변동하였으며 2010년의 58.9%를 저점으로 계속 상승하였다. 한국은행이 발표하고 있는 노동소득 분배율은 노동소득의 지표인 피용자보수를 요소비용 국민소득(=피용자보수+영업잉여)으로 나눈 것이다(한국은행, 2020). 이때의 피용자보수는 국내 생산활동으로 발생한 피용자보수뿐만 아니라 해외에서 벌어들인 피용자보수도 포함한 것이다.

한국은행이 발표하고 있는 노동소득 분배율은 피용자보수비율로 불리며 실제 노동소득분배율과 차이가 발생한다. 노동소득 분배율의 정의상 노동소득은 피용자보

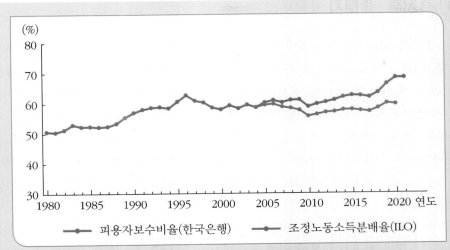

그림 2-4
한국의 노동소득 분배율
(1980~2021년)

자료: 한국은행 경제통계시스템(http://ecos.bok.or.kr); ILO(http://ilostat.ilo.org/datal)

수 뿐만 아니라 자영업자나 가족 종사자(family worker)와 같은 자가 고용(self-employed) 형태의 노동자의 보수와 비임금 형태의 소득을 포함하여야 한다. 하지만 자가 고용 노동자의 임금 및 비임금 형태의 보수를 추정하기가 쉽지 않다. 자가 고용 노동자의 소득은 보통 자본소득과 노동 소득이 결합된 형태이며 노동자가 보유한 기술에 대한 보수 및 경영 능력에 대한 보수도 포함하고 있다. 피용자 보수만 가지고 노동소득 분배율을 구할 경우 자가 고용 노동자의 보수는 모두 영업잉여에 포함시키는 오류를 범하게 된다.

골린(Gollin)은 2002년 연구에서 국가별로 자가 고용 형태의 노동자의 비중이 다르기 때문에 자가 고용 노동자의 소득을 고려하지 않으면 경제 발전 단계에 따라 노동소득 분배율이 다르게 나올 수 있다고 주장하고 자가 고용 노동자의 보수에 대한 조정을 통해 보다 현실적인 노동소득 분배율을 측정하고자 하였다. 골린은 현실적인 노동소득 분배율을 구하기 위해 세 가지 조정 방법을 제시하였다.

첫째, 자영업자의 영업잉여를 모두 노동소득에 포함시킨다. 둘째, GDP에서 자영업자의 영업잉여를 제외한 후 그 중에서 피용자 보수가 차지하는 비율을 이용해 노동소득 분배율을 계산한다. 셋째, 총 피용자 보수를 총 피용자로 나누어 구한 평균 피용자 보수를 자가 고용 노동자의 귀속 임금으로 계상하여 노동소득 분배율을 구한다.

국제노동기구(ILO)는 자영업자와 비슷한 특성을 갖는 피용자의 평균 피용자 보수를 자가고용 노동자의 귀속 임금으로 계상하여 전체 노동소득을 구하고 GDP에서 차지하는 비율로 노동소득 분배율을 구한다. <그림 2-4>를 보면, ILO가 발표한 노동소득 분배율이 한국은행에서 발표하는 노동소득 분배율과 차이가 있음을 알 수 있다. ILO의 한국의 조정노동소득 분배율은 2021년에 59.7%에 머무르고 있다. 이처럼 자가 고용 노동자의 노동소득을 어떻게 다루는지에 따라 노동소득 분배율이 다르게 나타날 수 있다.

참고문헌

Gollin, Robert, 2002, "Getting Income Shares Right," *Journal of Political Economy*, Vol. 110, No. 2, pp. 458-474.
한국은행, 2015, 『우리나라의 국민계정체계(2015년 개정판)』.

4 총저축 · 총투자

소득은 궁극적으로 가계에 귀속되며 이 중 일부는 조세의 형태로 정부에 귀속된다. 이렇게 가계와 정부에 귀속된 소득은 가계의 소비와 정부의 정부지출의 원천이 된다. 하지만 또 하나의 경제주체인 기업은 어떻게 투자지출을 위한 재원을 마련하는가? 우리는 간단한 국민경제순환모형을 이용하여 가계는 소득 중 일부를 저축하고, 이를 대부자금시장을 통해 기업에게 빌려 주며, 기업은 이를 이용하여 투자를 한다고 설명하였다. 국민경제에 추가적인 경제주체인 정부가 포함되는 경우, 총저축 및 총투자의 결정은 약간 더 복잡해진다. 지금부터는 이에 대해 자세히 살펴보기로 하자.

이제 경제주체로 정부가 포함되므로 국민경제 전체의 관점에서 총저축은 총소득 중 그 해에 가계와 정부에 의해 소비되지 않고 남은 부분으로 표현할 수 있다. 즉 총저축 S는 총소득 Y에서 가계소비 C와 정부소비 G를 차감하여 다음과 같이 결정된다.

$$S = Y - C - G \tag{2.8}$$

식 (2.8)에 의해 표현된 총저축은 가계와 정부가 행한 저축이 합쳐져 있는 형태로 볼 수 있고 이를 분리하여 가계에 의한 민간저축과 정부에 의한 정부저축으로 나누어 볼 수 있다. 즉 민간저축(private saving; S_p)은 민간이 소득에서 세금을 낸 후 소비하고 남은 부분, 즉 $(Y-T-C)$로 나타낼 수 있고, 정부저축(government saving; S_g)은 정부의 조세수입에서 정부지출을 뺀 부분, 즉 $(T-G)$로 표현할 수 있다. 총저축은 민간저축과 정부저축의 합으로 이루어지므로 실제로 양자를 합하면 위의 총저축식과 동일함을 알 수 있다.

$$S = S_p + S_g = (Y-T-C) + (T-G) = Y - C - G = S$$

한편 총투자는 미래 생산을 늘리기 위해 생산설비를 늘리는 행위이다. 이미 지적한대로 투자는 기업에 의해 주로 행해지지만 가계도 신규주택 구입을 통해 투자를 행한다. 따라서 지금부터는 국민경제에서 행해지는 모든 투자를 합하여 총투자라고 부르겠다. 생산설비는 흔히 자본재라고 부르므로 총투자를 총자본형성(gross capital formation)이라고도 한다. 사실 소비재와 자본(투자)재의 구분은 모호하다. 예를 들어 같은 쌀을 생산하고 나서 이것을 먹으면, 즉 가계에서 소비하면 소비재가 되지만, 미래의 소비를 위해 생산한 쌀 중 일부를 다시 심는다면 이때 쌀(혹은 볍씨) 은 자본재 혹은 투자재라고 할 수 있다.

우리는 총저축이 대부자금시장을 통해 총투자로 연결됨을 알고 있다. 지금부터는 이를 국민소득 삼면등가의 법칙을 이용하여 확인해 보도록 하자. 우선 폐쇄경제의 경우 지출 GDP는 분배 GDP와 같아지며, 따라서 다음 식이 성립한다.

$$C+I+G \equiv C+S_p+T \tag{2.9}$$

식 (2.9)의 양변에서 C와 G를 빼면,

$$I \equiv S_p+T-G \tag{2.10}$$

가 성립한다. 그런데 $T-G$는 정부저축(S_g)이므로 식 (2.10)은 다음과 같아진다.

$$I \equiv S_p+S_g \equiv S$$

즉 총투자(I)는 총저축(S)과 동일함을 알 수 있다.

이제 국민경제를 개방경제의 경우로 확대해 보자. 이 경우는 해외부문의 도입 때문에 국내에서의 총투자와 국내에서의 총저축이 반드시 같아질 필요가 없어진다. 폐쇄경제인 경우 투자가 가능하기 위해서는 경제 내에서 누군가가 반드시 저축을 해야 했지만, 개방경제에서는 해외에서 이루어진 저축을 이용하여 투자를 할 수도 있기 때문이다. 뿐만 아니라 저축도 반드시 국내에서의 투자에 사용될 필요가 없다. 국내에서 투자에 사용되고 남는 저축이 있다면 이는 해외에 빌려주어 해외투자에 사용될 수 있는 것이다. 결국 개방경제에서는 국내총저축이 국내총투자와 꼭 같을 이유가 없다. 국내총저축이 국내총투자보다 크면 국내총저축은 국내총투자와 해외투자로 사용된다. 여기서 해외투자는 실제로는 해외의 금융자산이나 부동산을 사는 것과 같은 행위이며, 이는 해외에서 투자 재원으로 사용된다.

개방경제의 경우도 삼면등가의 법칙을 이용하여 총저축과 총투자의 관계를 쉽게 확인할 수 있다. 해외부문이 추가로 들어오면서 지출 GDP와 분배 GDP의 항등관계는 다음과 같이 바뀐다.

$$C+I+G+NX \equiv C+S_p+T \tag{2.11}$$
$$\text{지출 GDP} \quad \equiv \quad \text{분배 GDP}$$

이제 식 (2.11)의 양변에서 C와 G를 빼면

$$I+NX \equiv S_p+S_g = S \tag{2.12}$$

가 성립한다. 즉 총투자(I)와 총저축(S)은 순수출만큼의 차이를 보인다.

사실 순수출(NX)은 순해외투자와 동일한 값을 갖는다. 왜냐하면 국외에 투자하기 위해서는 외화가 필요한데, 이는 수입보다 수출을 더 많이 하여 외화를 벌어들여야 가능하기 때문이다. 결국 식 (2.12)는 개방경제의 경우, 국내총투자(I)와 순해외투자(또는 순수출 NX)의 합이 국내총저축(S)과 같아짐을 보여준다. 우리는 제13장에서 개방경제를 다룰 때 순수출과 순해외투자 간의 관계에 대해 보다 자세히 살펴볼 것이다.

순수출이 음의 값을 가지면 무역수지는 적자가 된다. 보통 무역적자는 수출보다 수입이 큰 경우로 해석하여, 무역관계에 초점을 맞추어 설명할 때가 많다. 하지만 우리는 식 (2.12)를 변화시켜 순수출(혹은 순해외투자; NX)의 결정요인을 다음과 같이 나타낼 수 있다.

$$\begin{aligned} NX &= S-I = (S_p-I)+S_g \\ &= (S_p-I)+(T-G) \end{aligned} \tag{2.13}$$

식 (2.13)에 따를 때 순수출(NX)의 감소는 국내투자(I)의 증가 혹은 정부지출(G)의 증가, 민간저축 및 조세의 감소에 의해 일어남을 알 수 있다.

⑤ 국내총생산과 국민총소득 그리고 다른 유용한 개념들

국내총생산을 계산할 때 '국내'를 기준으로 총생산을 측정하는 것은 국내에서 생산한 것이 한 국가의 경제의 규모를 잘 보여준다고 생각하기 때문이다. 순환모형을 통해 살펴보았듯이 총생산은 총소득과 일치하므로 국내총생산은 총소득의 개념으로도 생각할 수 있다. 하지만 해외부문을 고려하면 총생산과 총소득 사이에는 차

이가 발생한다. 예를 들어 현대자동차가 미국에 투자하여 자동차를 생산하면 이는 국내에서 생산한 것이 아니므로 국내총생산에는 포함이 되지 않지만, 우리 국민의 생산요소가 사용되어 생산이 이루어졌으므로 우리 국민의 소득은 늘어나게 된다.

국내총생산과 더불어 총소득을 계산하기 위해 자주 쓰이는 방법 중 하나가 국민총소득(Gross National Income: GNI)이다. GNI는 폐쇄경제에서는 GDP와 일치하지만 개방경제에서는 해외부문의 존재 때문에 GDP와 약간의 차이가 있다. GDP의 정의에서 "한 나라의 국경 안에서 생산된 최종생산물의 가치"라는 말 대신에 "한 나라 국민소유의 생산요소에 의해 획득된 소득"이라고 바꾼다면 이것이 GNI의 정의가 된다. 한국 기업인 현대자동차가 우리의 자본과 인력을 이용하여 미국에서 자동차를 생산하였다고 하면 이 자동차의 시장가치는 한국의 GNI에는 포함되지만 한국의 GDP에는 포함되지 않는다. 반면, IBM사가 자본과 기술을 도입하고 우리나라의 근로자를 이용하여 컴퓨터관련 생산을 한다고 하면 생산된 시장가치는 한국의 GDP 계산에는 전부 포함되지만 GNI의 계산에는 오직 우리나라 근로자의 기여분만이 포함된다. 왜냐하면 IBM의 자본과 기술력은 우리의 소유가 아니기 때문이다. 그러므로 GNI는 해외에서 벌어들인 우리 국민의 소득을 포함할 뿐 아니라 국내에서 생산된 가치 중에서 외국인에게 귀속되는 소득을 제외하여 다음과 같이 정의된다.

국민총소득(Gross National Income) = 국내총생산
+(우리 국민이 해외에서 벌어들인 소득-외국인이 국내에서 벌어들인 소득)

우리 국민이 해외에서 벌어들인 소득에서 외국인이 국내에서 벌어들인 소득을 차감한 것을 해외 순수취요소소득이라고 정의하면 다음과 같은 식이 성립한다.

국민총소득(Gross National Income) = 국내총생산+해외 순수취요소소득

과거와 같이 국제적인 경제교류가 크지 않았을 때에는 GDP와 GNI의 차이가 크지 않았지만 요즘은 차이가 크게 나타난다. 따라서 둘 중에서 어느 변수가 한 나라의 국민경제 상태를 더 잘 나타내는가 하는 문제가 제기된다. 대부분의 경제학자들은 GDP가 더 우수한 개념이라고 생각하고 있다. 한 예로 우리 국민 중 한 사람이 해외에서 천문학적 소득을 올리고 있다고 할 때 GNI의 값은 상승하겠지만 그 사람의 생활 터전이 해외에 있다면 그의 수입이 우리 경제에 미치는 영향은 미미할 것이다. 반면에 외국인의 소유인 IBM이 지속적으로 재투자를 하고 있다면 비록 IBM

의 자본소득이 GNI의 계산에는 포함되지 않더라도 IBM의 생산 자체가 우리 경제에 미치는 영향은 클 것이다. 따라서 우리 국민이라도 해외에 거주하는 사람의 소득은 포함하지 않고 오히려 IBM의 자본소득이 포함된 GDP의 값이 더욱 유용한 값이라고 하겠다. 결국 국내총생산인 GDP에 초점을 맞추는 것은 장기적으로 볼 때 한 국가의 부를 결정하는 것은 소득이 아니라 생산이며, 생산을 통해 실업률-고용의 정도-을 비롯한 한 경제의 국가활동을 파악하는 것이 더 용이하다는 생각이 밑바탕에 깔려있다고 하겠다.

국내총생산과 관련된 그 밖의 개념들

국내총생산은 한 국가에서 생산된 최종생산물의 가치를 측정함을 이미 학습하였다. 그런데 국민경제에서는 새롭게 생산물이 생산됨과 동시에 기존에 이미 생산되어 있던 생산물의 가치가 감소하는 일이 동시에 일어난다. 즉 생산물에 투여한 자본재의 가치는 생산에 투여되는 과정에서 마모되어 가치가 하락한다. 이렇게 자본재가 생산과정에서 마모되어 가치가 하락하는 부분을 감가상각이라고 부른다. 따라서 생산물의 순증가(net increase)라는 측면에서 볼 때는 감가상각을 제외하여야 할 것이다. 이와 같이 국내총생산에서 감가상각을 제외한 부분을 국내순생산(Net Domestic Product: NDP)이라고 부르고 국민총소득에서 감가상각을 제외한 부분을 국민순소득(Net National Income: NNI)이라고 부른다.

국내순생산 = 국내총생산 − 감가상각
국민순소득 = 국민총소득 − 감가상각

또 하나 조정이 가능한 부분은 간접세와 보조금이다. 정부는 부가가치세나 특별소비세와 같이 상품이 판매될 때 세금을 징수한다. 이를 간접세라고 부른다. 다른 한편으로 정부는 특정한 상품의 생산을 촉진하기 위하여 해당 제품의 생산에 보조금을 지급하기도 한다. 따라서 상품의 가격은 정부가 부과하는 간접세와 보조금이 고려되어 결정된다고 생각할 수 있다. 결국 국민입장에서는 (간접세−보조금)을 상품판매 과정에서 국가에 납부한다고 볼 수 있는데 이 부분이 제거된 나머지를 소득으로 받게 된다고 볼 수 있다. 이를 국민소득(National Income: NI)이라고 부르며 다음과 같이 정의된다.

국민소득 = 국민순소득 − (간접세 − 보조금)

국가는 간접세 이외에도 법인세나 소득세와 같은 직접세를 징수한다. 따라서 국민소득은 법인세나 소득세와 같은 직접세를 내기 이전에 가계 혹은 기업에 귀속되는 순소득액이라고 정의할 수 있다. 이러한 소득은 구체적인 형태로 피용자보수와 영업잉여로 나뉘며, 영업잉여는 지대, 이자, 이윤 등의 소득으로 분배된다.

국민소득이 모두 가계에 소득형태로 분배되지는 않는다. 이를 위해서는 몇 가지 추가적인 조정이 필요하다. 먼저 기업은 가계에 소득을 분배하기 전에 법인세를 납부하며, 이윤의 일정부분을 사내유보로 보유한다. 이후 나머지가 가계에 분배된다. 그리고 가계는 추가적인 소득을 얻을 수 있는데 이는 정부가 행하는 이전지출이다. 따라서 최종적으로 가계가 받게 되는 개인소득(Personal Income: PI)은 다음과 같이 정의된다.

$$\text{개인소득} = \text{국민소득} - \text{법인세} - \text{사내유보 이윤} + \text{정부의 이전지출}$$
$$= \text{소득세를 납부하기 이전에 가계에 귀속되는 순소득}$$

가계의 소득 중에서 일부를 소득세 형태로 정부에 추가적으로 납부하고 남는 부분을 가처분소득(Disposable Income)이라고 부른다.

$$\text{가처분소득} = \text{개인소득} - \text{소득세}$$

가처분소득은 가계가 자유롭게 사용할 수 있는 소득이라 할 수 있다.

실질GDP, 실질GDI, 실질GNI, 실질GNP

실질생산의 변화를 측정하기 위해서는 명목GDP와 실질GDP를 구별할 필요가 있었다. 실질GDP는 생산의 관점에서 실질생산을 계산하기에 유용하다. 하지만 소득의 관점에서 실질소득은 어떻게 계산하는가? 국제연합(UN)은 실질GDP 외에 소득에 대한 실질변수인 실질 국내총소득(Gross Domestic Income: GDI)과 실질 국민총소득(GNI)을 측정하길 권고하며 우리나라도 이를 따르고 있다. 실질GDP는 생산활동의 수준을 측정하는 반면 실질GDI와 실질GNI는 소득의 실질구매력을 나타내는 소득지표로서 가계의 생활수준과 보다 직결된다. 사실 외국과의 관계를 고려하지 않는다면 생산지표와 소득지표를 구별할 필요가 없다. 하지만 국민경제는 외국과 무역(수출 및 수입)을 통해 관계를 가질 뿐 아니라 생산요소가 국경을 넘나들면서 생산과 소득 사이에 차이를 야기하기 때문에 이러한 부분에 대한 조정을 통해 실질소득의 개념이 도출된다.

먼저, 실질GDI는 교역조건 변화에 따른 실질무역손익을 감안하여 계산된다. 실질GDP는 생산측면만이 고려되어 있는데 만약 교역조건(수출입 가격차이)이 달라진다면 무역과정을 통해 소득의 변화가 초래된다. 따라서 실질GDI는 이를 조정하여 계산한다. 예를 들어 우리나라는 2023년 반도체 10개(개당 10달러)를 수출하여 수출액이 100달러이고 수입은 석유 2배럴(배럴당 50달러)로 역시 100달러라고 하자. 2024년에 석유가격이 상승하여 배럴당 100달러가 되었지만 반도체가격은 동일하다고 하자. 이와 같이 수입재의 가격이 수출재의 가격에 비해 상대적으로 상승하는 경우 교역조건이 악화되었다고 한다. 교역조건의 악화로 인해 이제 석유 2배럴을 수입하기 위해서는 200달러가 필요하며 이를 위해서 반도체를 20개 수출하여야 한다. 만약 반도체를 20개 생산하여 수출한다면 우리나라의 실질GDP는 증가한다. 실제로 생산이 증가하였기 때문이다. 하지만 반도체 20개는 결국 석유 2배럴과 교환되며 무역이 일어나고 난 뒤에는 2023년과 2024년에 차이가 없는 셈이다. 즉 반도체 생산의 증가로 인한 실질GDP의 증가는 교역조건의 악화로 인해 상쇄되는 것이다. 따라서 실질GDI는 다음과 같이 정의된다.

실질GDI = 실질GDP+교역조건의 변화에 따른 실질무역손익

위의 예에서는 교역조건의 변화에 따른 실질무역손익이 음(−)의 값을 가지므로 실질GDI는 실질GDP보다 작게 된다. 이러한 조정은 실질변수에만 행하게 되므로 명목GDI는 명목GDP와 같다.

이미 지적한 대로 우리 국민의 관점에서 소득을 정의하기 위해서는 우리 국민이 해외에서 벌어들인 소득과 외국인이 국내에서 벌어들인 소득을 적절히 조정해 주어야 한다. 실질GNI는 해외 순수취요소소득의 실질가치를 추가적으로 조정하여 다음과 같이 정의된다.

실질GNI = 실질GDI+실질해외 순수취요소소득
= 실질GDP+실질해외 순수취요소소득
+교역조건의 변화에 따른 실질무역손익

과거에는 실질소득의 개념으로 실질국민총생산(Gross National Product: GNP)이라는 개념을 쓰기도 했는데 이는 교역조건의 변화에 따른 실질무역손익을 무시한

개념이다. 즉 실질GNP는 다음과 같이 정의된다.

$$실질GNP \ = \ 실질GDP + 실질해외 \ 순수취요소소득$$

실질GNP와 실질GNI의 차이를 초래하는 것은 교역조건의 변화에 따른 실질무역손익의 조정이다. 하지만 명목변수를 계산하는 과정에서는 이러한 조정이 고려되지 않으므로, 명목GNP는 명목GNI와 동일한 개념이라 할 수 있다.

6 GDP의 한계

GDP는 경제의 생산수준을 나타내는 지표로서 널리 사용되고 있다. 국가의 경제력 비교를 할 때 GDP만큼 유용한 지표는 없다. 그럼에도 불구하고 GDP는 다음과 같은 한계를 가지고 있다.

첫째, 시장에서 거래되지 않는 재화는 GDP에 포함되지 않는다. 어떤 행위가 아무리 가치 있는 활동을 위해 이루어져도 그 행위의 결과가 시장에서 거래되지 않았다면 GDP의 계산에 포함되지 않는다. 예를 들어 여러분이 자원하여 공원에 흩어져 있는 쓰레기를 치우기 위하여 하루 종일 일하였다고 하자. 이러한 행동은 사회적으로 값진 행동이고 이러한 행동 덕분에 많은 다른 사람들이 공원을 산책하는 동안 더욱 큰 효용을 느끼므로 매우 소중한 서비스를 생산하였다고 생각할 수 있다. 하지만 이러한 행동이 정식으로 공원에 고용된 청소부가 한 일이 아니라면 GDP 계산에는 포함되지 않는다. 삼면등가의 법칙에서 살펴보았듯이 GDP에 포함되기 위해서는 시장에서 거래가 이루어지고 이를 통해 누군가의 소득의 증가가 이루어져야 하는데 지금의 행동은 봉사 차원에서 이루어졌으므로 여러분은 소득을 받지 않고 일을 행한 것이고 따라서 공식적인 GDP의 집계에 포함될 수 없다. 이렇게 국민경제를 위해 중요한 일이지만 GDP 계산에 포함되지 않는 가장 대표적인 경제행위는 가사노동이다. 각 가계의 구성원은 가정 내에서도 중요한 일들을 하고 있다. 직장이 있는 사람들에게도 집은 쉬기만 하는 장소가 아니라 이곳저곳 수선의 대상이기도 하다. 또한 전업주부들도 각 가정 내에서 식사를 준비하거나 청소 또는 세탁을 한다. 이러한 일들은 가정을 유지하기 위해 필수적이며 또한 가치있는 일들이다. 그럼에도 불구하고 이러한 경제행위는 GDP의 계산에 전혀 포함되지 않는다. 하지만 만약 이러한 일들을 시장에서 해결한다면 이를 GDP 계산에 포함시킬 수 있다.

지하경제와 GDP의 계산

생산 및 소득의 계산이 공식적으로 이루어지지 않는 지하경제(정의: 정부의 세금을 피해 겉으로 드러나지 않는 경제로 이 중에는 범죄·마약 매매·매춘·도박 등 위법 행위에 의해 이뤄지는 것과 정상적 경제 활동이면서도 세무서 등 정부기관에서 포착하지 못하는 것 등이 포함된다)에서 이루어진 경제행위의 결과는 GDP에 포함되지 않는다. 똑같은 경제행위라도 세금을 회피하기 위하여 세무서에 보고하지 않은 경제행위는 공식통계에서 누락되며 따라서 GDP 집계에 포함되지 않는다. 예를 들어 카지노 산업이 발달한 도시를 가정하자. 여기서는 경찰력이 약해서 마피아가 치안질서 확립이라는 서비스를 제공하고 그 대가를 카지노 소유주로부터 받아내고 있다. 사실 카지노 소유자 입장에서도 안전한 치안 덕분에 보다 많은 관광객이 방문하므로 이에 대한 대가를 기꺼이 낼 것이다. 하지만 이런 일들이 모두 불법적으로 이루어지므로 마피아의 소득은 GDP에 포함되지 않는다. 만약에 경찰이 이러한 일을 담당하고 그 대가를 국가에서 월급으로 받게 된다면 이러한 서비스는 공식적으로 계산되어 GDP의 일부로 간주될 것이다. 우리나라의 경우 2018년 IMF가 발간한 프리드리히 슈나이더와 레안드로 메디나의 전 세계 지하경제 규모에 관한 보고서에 따르면 지하경제의 크기가 2015년에 무려 총 GDP의 20%에 달한다고 한다. 이러한 규모는 미국(7%), 일본(8.2%), 싱가포르(9.2%) 등을 상회할 뿐 아니라 여타의 OECD 국가보다도 높은 수준이며 특히 중국의 12%에 비해서도 훨씬 높다고 한다. 우리의 지하경제 규모는 금융실명제와 신용카드 사용의 활성화 등과 같이 경제를 투명화 시키는 제반 제도의 정비에 따라 계속 줄어드는 추세이나 아직도 상당한 수준임을 알 수 있다. 주요 선진국의 경우 다양한 방법을 통해 지하경제에 대처하고 있다. 미국의 경우 국세청이 역외 신용카드 프로그램(Offshore Credit Card Program), 역외 계좌관련 신고 프로그램(Offshore Compliance Initiatives Program) 등을 도입하여 미신고 소득에 대한 세금을 추징하고 탈세를 파악하려 한다.

즉 집에서 직접 음식을 준비하지 않고 외식을 통해 해결하거나 집에서 직접 세탁을 하지 않고 세탁소에 맡기거나 한다면 거의 동일한 일들에 대하여 시장을 통해 대가를 지불하게 되며 그 대가는 누군가의 소득으로 귀속되므로 이러한 행위는 GDP의 공식적 계산에 포함된다.

둘째, 많은 경제행위가 불충분하게 시장에 반영된다는 사실이다. 이러한 문제를 보다 일반적으로 외부효과(정의: 어떤 경제활동과 관련하여 다른 사람에게 의도하지 않은 혜택이나 손해를 가져다주면서도 이에 대한 대가를 받지도, 비용을 지불하지도 않는 상태)라고 부른다. 즉 기업이 생산한 알루미늄의 경우 알루미늄의 시장가치는 GDP에 포함되지만 알루미늄을 생산하는 과정에서 배출된 오염물질은 GDP의 계산에 전혀 포함되지 않는다. 왜냐하면 오염물질을 창출하더라도 그에 대한 비용을 지불하지 않는 것이 통상적이기 때문이다. 이러한 오염물질의 배출은 외부효과의 대표적인 예이다. 이 예에서 알루미늄의 가치가 100만원이라고 하더라도 그 생산을 위해 배출된 오염원이 100만원에 해당되는 부(−)의 효용을 주었다면 이러한 기업은 결국 아무런 가치를 창출하지 못한 것과 마찬가지이다. 그럼에도 불구하고 GDP의 계산에는 이러한 외부효과는 무시한 채 알루미늄의 생산, 즉 100만원이 GDP에 포함된다.

GDP가 높을수록 국민의 삶의 질이 높아지는가?

우리는 어떤 나라의 GDP가 높으면 이를 부러워하고 그 경제에 속해 있는 사람들은 우리보다 행복할 것이라고 생각하는 경향이 있다. 하지만 과연 GDP가 한 경제의 복지를 가장 잘 나타내는 지표인가? GDP로 측정되는 총생산의 규모가 클수록 과연 국민들은 더 행복을 느끼는가?

경제학자들은 개인의 복지수준을 나타내기 위한 지표로서 효용이라는 개념을 고안하였다. 효용이란 인간의 욕망을 충족시키는 정도를 의미하며, 경제학에서는 인간의 욕망을 경제활동의 기초로 보고 효용을 얻기 위해 경제활동을 한다고 가정한다. 효용을 증가시키는 방법으로는 크게 두 가지가 있는데, 첫째는 재화나 서비스의 소비이고 둘째는 여가를 즐기는 것이다. 하지만 GDP의 측정은 개인의 효용을 결정하는 요인 중 첫 번째 요인에만 초점을 맞추고 있다. 따라서 어떠한 경제의 국민들이 전혀 여가를 즐기지 못하고 생산에만 매진하는 경우 그 국민들은 충분한 효용을 누리지 못하고 있음에도 불구하고 GDP는 높게 측정될 수 있다. 또한 소비 및 여가 이외에도 소비자들은 깨끗하고 안전한 환경, 지적 성취, 건강 등의 요인에 의해서도 효용을 느낄 수 있다. 하지만 GDP의 측정에는 효용에 영향을 주는 이러한 요인들이 무시되고 있다. 이러한 개념상의 문제점을 해결하기 위하여 미국의 경제학자 토빈(Tobin)과 노드하우스(Nordhaus)는 경제후생지표(Measure of Economic Welfare: MEW)라는 개념을 개발하였는데 그 구체적인 정의는 다음과 같다.

경제후생지표(Measure of Economic Welfare)
= GDP − 공해비용 + 가사노동서비스가치 + 여가가치
= 녹색 GDP + 가사노동서비스가치 + 여가가치

경제후생지표의 정의에는 공해비용을 제외한 녹색 GDP가 포함되며 가사노동서비스 및 여가의 가치도 포함된다. 그러나 이 지표는 그 개념적 우수성에도 불구하고, 객관적인 측정이 어렵다는 이유 때문에 실제로 사용되는 데는 한계가 있다.

이외에도 학자들과 정책입안자들은 GDP의 한계를 보완하고 삶의 질의 다양한 측면을 포함할 수 있는 개념을 만들어 측정하고자 노력해왔다. 그 중에 가장 널리 알려진 시도는 유엔개발계획(UNDP)이 매년 발표하는 인간개발지수(Human Development Index: HDI)이다.

인간개발지수에서는 구매력으로 평가한 국민소득(PPP GDP), 평균 수명, 교육수준의 3가지 지표를 활용하여 각 국가의 선진화 정도를 평가한다. 2021년 자료에 의하면

노르웨이, 스위스, 호주의 순위가 높고, 대부분의 아프리카 국가들은 낮은 순위에 머물렀다. 한국의 경우 2021년 1인당 PPP GDP는 30위였으나, HDI는 19위로 더 높았다.

이에 더 나아가 물질적인 풍요와 더불어 정신적인 행복을 고려하는 다양한 지표가 소개되고 있다. 예를 들어, 경제적인 풍요 이외에도 환경적 가치, 육체의 건강, 정신 건강, 사회적·정치적 안녕 등을 고려하여 각 국가의 행복 수준을 측정하고 비교하려는 연구가 이루어지고 있다. 또 '주관적 만족'에 대한 직접적인 설문조사를 통하여 개인의 행복 수준을 측정하기도 한다. 이러한 연구들의 결과에 따르면 소득수준은 삶의 만족도를 결정하는 가장 중요한 요소 중의 하나이다. 물론 돈만으로는 행복을 살 수 없겠지만, 물질적인 풍요가 행복에 중요하다고 하겠다.

자료: United Nations Development Programme(UNDP), Human Development Report.

3 물가

한 경제의 생산량에 해당하는 GDP에 대한 이해가 되었으면 이제 가격을 나타내는 변수를 알아보자. 거시경제학에서는 재화가 구체적으로 고려되지 않고 GDP와 같이 총량변수(aggregate variable)를 다루므로 이에 상응하는 가격변수가 필요하다. 거시경제학에서는 이러한 가격변수를 물가라고 부르는데, 이는 화폐단위로 표시한 개별 상품들의 가격을 평균한 종합적인 가격수준을 의미한다. 물가는 여러 가지 방법으로 구할 수 있는데 특히 총생산에 직접적으로 대응하는 총량변수로서의 가격수준을 GDP 디플레이터(GDP deflator)라고 부른다. GDP 디플레이터는 명목GDP를 실질GDP로 나누어 백분율로 구한다.

$$\text{GDP 디플레이터} = \frac{\text{명목GDP}}{\text{실질GDP}} \times 100 \tag{2.14}$$

예를 들어 2023년의 GDP 디플레이터는 다음과 같이 계산된다.

$$2023\text{년의 GDP 디플레이터} = \frac{P^{2023}_{사과} \times Q^{2023}_{사과} + P^{2023}_{배} \times Q^{2023}_{배}}{P^{2015}_{사과} \times Q^{2023}_{사과} + P^{2015}_{배} \times Q^{2023}_{배}} \times 100 \tag{2.15}$$

식 (2.15)에서 분모의 2015년은 기준 연도로 사용되었다. GDP 디플레이터의 계산식을 보면 분모와 분자에 동일한 수량변수($Q^{2023}_{사과}$와 $Q^{2023}_{배}$)를 이용함에 반해 가격변수의 경우 분자에는 2023년도의 값($P^{2023}_{사과}$와 $P^{2023}_{배}$)이, 분모에는 기준 연도인 2015년도의 값($P^{2015}_{사과}$와 $P^{2015}_{배}$)으로 상이하게 이용함을 알 수 있다. 결국 분모와 분자에 모두 나타난 수량변수는 개별 생산물이 전체 GDP에서 차지하는 비중을 고려하는 역할을 하며 평균가격 계산시에 가중치로 이용되는 셈이다. 따라서 GDP 디플레이터는 당해 연도의 가격이 기준 연도에 비해 얼마나 변하였는가를 당해 연도의 생산물을 가중치로 사용한 가중평균값을 이용하여 비교하고 있는 것이다. 예를 들어 2023년의 GDP 디플레이터는 2023년의 가중평균가격이 기준 연도 2015년에 비해 얼마나 평균적으로 상승하였는지를 나타낸다.

GDP 디플레이터는 해당 연도 가격의 가중평균과 기준 연도 가격의 가중평균 사이의 비율이라고 해석할 수도 있다. 이때 어느 해의 GDP 디플레이터를 계산하느냐에 따라 해당 연도의 생산량으로 그 가중치가 변화하는 것을 알 수 있다. 예를 들어 2024년의 GDP 디플레이터를 계산하기 위해서는 2024년도의 생산량($Q^{2024}_{사과}$과 $Q^{2024}_{배}$)이 새롭게 가중치로 사용된다. 이렇게 가중치가 변화하는 지수를 일반적으로 파셰지수(Paasche index)라고 부른다. 따라서 GDP 디플레이터는 파셰가격지수의 일종이다.

GDP 디플레이터의 특징 중 하나는 그 계산과정에서 국민경제의 최종생산물을 모두 고려하여 평균적인 가격을 계산한다는 점이다. 그런데 경우에 따라서는 특정 재화들의 가격변화만이 관심의 대상이 될 경우가 생긴다. 이렇게 경제적 목적에 따라 특정재화들의 가격만을 고려하는 가격지표로는 소비자 물가지수(Consumer Price Index: CPI)가 대표적이다. 소비자 물가지수는 도시가계가 소비하는 대표적인 상품들만의 가격변화를 나타내주는 지표이다. 실제로 우리나라에서는 주요 38개 도시지역에서 판매되는 생활필수품 460개의 가격변동을 조사하여 소비자 물가지수를 계산하고 있다.

소비자 물가지수를 이해하기 위해서는 다음과 같은 예를 생각해보면 된다. 먼저, 소비자 물가지수를 계산하기 위해서 대표적인 생활필수품으로 쌀과 고기를 선정했다고 하자. 대표적인 소비자가 매년 쌀 2가마와 고기 10근을 소비한다고 하면 쌀 2가마와 고기 10근으로 소비자 바구니(basket)를 만들 수 있다. 소비자 물가지수는 이 바구니의 가격이 기준 연도에 비해 어떻게 변화하는가를 살펴보는 것이다. 예를 들어 기준 연도가 2015년이라고 하고 2023년의 소비자 물가지수를 알고 싶으면 동일한 바구니의 가격을 2015년과 2023년 각각 계산하여 그 비율을 구하면 된다. 구체적으로, 즉 쌀 한 가마와 고기 한 근의 가격이 2015년에 각각 $P^{2015}_{쌀}$과 $P^{2015}_{고기}$

이고 2023년에 각각 $P_{쌀}^{2023}$와 $P_{고기}^{2023}$이라 할 때 2023년의 소비자 물가지수는 다음과 같이 계산된다.

$$2023년의\ 소비자\ 물가지수 = \frac{P_{쌀}^{2023} \times 2 + P_{고기}^{2023} \times 10}{P_{쌀}^{2015} \times 2 + P_{고기}^{2015} \times 10} \times 100$$

위의 예에서 우리가 확인할 수 있는 중요한 사실 중의 하나는 소비자 물가지수의 경우 GDP 디플레이터와 달리 가격에 곱해지는 가중치가 바구니에 포함된 재화의 양으로 확정되어 있어 연도가 바뀌어도 가중치가 변화하지 않는다는 사실이다. 이러한 방식으로 계산되는 물가지수를 일반적으로 라스파이레스지수(Laspeyres index)라고 한다.

소비자 물가지수와 유사한 물가지수로는 생산자 물가지수(Producer Price Index: PPI)가 있다. 생산자 물가지수는 소비자 물가지수와 비슷한 방법으로 생산자의 출하 단계에서 기업 상호간에 거래가 이루어지는 재화와 서비스의 평균적인 가격수준을 계산하는 것이다. 역시 생산자 물가지수도 소비자 물가지수와 같이 라스파이레스가격지수이다.

인플레이션과 인플레이션율(물가상승률)

물가수준은 대부분의 나라에서 지속적으로 상승하는 것이 보통이다. 이렇게 물가가 지속적으로 상승하는 현상을 인플레이션이라고 부른다. 이때 과연 물가가 어느 정도 상승하는지를 알고자 하는데 이를 위하여 인플레이션율(물가상승률)을 계산한다. 인플레이션율은 "주어진 기간 동안의 물가의 변화율"로 정의한다. 보통 1년 단위로 인플레이션율을 계산하지만 그보다 짧게 1개월 단위로 인플레이션율을 계산하기도 하고 보다 길게 수년 단위로 인플레이션율을 계산하기도 한다. 예를 들어 2024년의 물가지수를 P_{2024}이라고 하고 2023년의 물가지수를 P_{2023}이라고 하자. 이때 2023년과 2024년 사이의 인플레이션율을 구하면 다음과 같다.

$$2023년과\ 2024년\ 사이의\ 인플레이션율 \equiv \frac{P_{2024} - P_{2023}}{P_{2023}} \times 100$$

이와 같이 인플레이션율은 기간을 이용하여 정의되지만 보통의 경우는 마지막 해를 이용하여 인플레이션율을 표현한다. 즉 2023년과 2024년 사이의 인플레이션율은 흔히 2024년의 인플레이션율이라고 부른다.

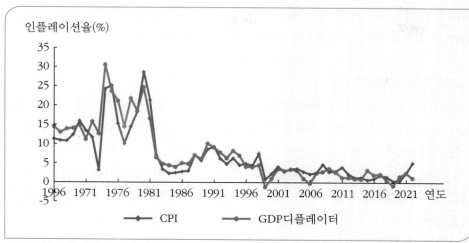

그림 **2-5**
우리나라의 CPI 인플레이션율과 GDP 디플레이터 인플레이션율

인플레이션율을 측정하는 두 가지 방식인 CPI와 GDP 디플레이터로 우리나라의 인플레이션율을 나타낸 것이다. 두 그래프가 매우 밀접한 관계를 지님을 알 수 있다.

자료: 통계청 국가통계포털

〈그림 2-5〉는 소비자 물가지수와 GDP 디플레이터를 이용하여 인플레이션율을 각각 그려본 것이다. 그림에서 두 개의 인플레이션율은 정확히 일치하지는 않지만 상당히 밀접한 관계를 가지면서 같은 방향으로 변화하고 있음을 알 수 있다.

명목GDP 증가율, 실질GDP 증가율, 인플레이션율(물가상승률)

식 (2.14) 혹은 식 (2.15)를 따를 때, 실질GDP를 Y로 나타내고 GDP 디플레이터를 P로 나타낸다면 명목GDP는 PY로 표현할 수 있다.[3] 즉 명목GDP(PY)는 실질GDP(Y)에 물가지수(P)를 곱한 것이다.

$$명목GDP = 실질GDP \times 물가지수$$

이때 명목GDP 증가율은 실질GDP 증가율 및 인플레이션율과 어떠한 관계가 있을까? 우리는 다음과 같은 관계가 있음을 쉽게 증명할 수 있다.[4]

$$명목GDP 성장률 = 실질GDP 성장률 + 인플레이션율(물가상승률)$$

이 식에 따르면 인플레이션율이 0일 경우에만 명목GDP의 성장률과 실질GDP의 성장률이 동일하다. 하지만 인플레이션율이 0이 아니라면 명목GDP의 성장률은 실

---

3 편의상 100을 곱한 사실은 무시하였다.
4 명목GDP$=PY$이면 P와 Y가 각각 10% 증가할 때, 명목GDP는 약 20%($=10\%+10\%$) 증가함을 쉽게 볼 수 있다. 즉 $P(1+0.1) \cdot Y(1+0.1) \cong PY(1+0.2)$이다. 부록을 참조하시오.

질GDP 성장률보다 인플레이션율만큼 더 크게 된다. 예를 들어 실질GDP 성장률이 5%이고 인플레이션율이 3%라면 명목GDP의 성장률은 8%가 된다.

소비자 물가지수의 문제점

소비자 물가지수는 우리가 관심을 가지고 있는 재화들만을 대상으로 한다는 점에서 소비자들에게 보다 유용한 정보를 제공하고 있지만 다음과 같은 이유로 물가를 과대평가하는 문제점을 가지고 있다.

첫째, 소비자 물가지수는 상품간 대체성을 무시한다. 합리적인 소비자라면 상대가격이 바뀜에 따라 보다 싸진 물건을 더 많이 소비하고, 보다 비싸진 물건은 소비를 줄이려고 할 것인데 가중치가 고정되어 있으므로 소비자가 최적의 선택을 위해 상품간에 대체를 할 수 있는 가능성을 배제하고 있는 것이다. 따라서 이전과 똑같은 효용을 달성하기 위해서는 상품간에 대체를 행하였을 때에 비하여 보다 많은 지출을 해야 한다. 즉 물가수준을 과대평가할 가능성이 존재한다.

둘째, 상품 구입장소간 대체성을 무시한다. 요즘과 같이 대형 할인상점들의 등장은 소비자로 하여금 보다 싸게 파는 가게로 쉽게 구입장소를 변경하게 만든다. 소비자 물가지수는 고정되어 있는 점포에서의 가격을 기준으로 하여 계산되므로 대형 할인상점의 등장으로 인한 가격하락을 간과할 수 있다. 따라서 두 번째 문제점도 소비자 물가지수가 물가를 과대평가할 수 있음을 보여 준다.

셋째, 상품의 질적 향상을 무시한다. 예를 들어 똑같은 크기의 TV를 구입하더라도 올해의 신제품은 PDP 혹은 LCD 화면으로 작년에 비해 질적 개선이 이루어져 더욱 선명하고 많은 기능이 부가되었다고 하자. 하지만 이러한 질의 개선을 무시하고 단순히 TV가격의 상승을 물가상승이라고 여긴다면 물가수준이 과대평가될 수 있다.

마지막으로 새로운 상품의 출현을 고려하지 않는다. 이러한 새로운 상품의 출현은 소비자들의 선택의 폭을 넓힘으로써 소비자의 후생을 증가시킬 수 있다. 또한, 새로운 상품은 그 등장 당시에는 상당히 비싸지만 이후에 급속하게 그 가격이 하락하는 것이 일반적이다. 하지만 이러한 새로운 상품은 물가 하락이 대부분 이루어진 후에야 바구니에 포함됨으로써 물가하락효과를 반영할 수 없다. 따라서 역시 마지막 문제점도 소비자 물가지수가 물가의 변화를 과대평가할 가능성이 있음을 보여준다.

소비자 물가지수가 실제보다도 물가의 변화를 과대평가할 수 있다는 사실은 현실적으로 중요한 의미를 가진다. 일반적으로 연금을 비롯하여 많은 계약들이 실질가치를 그대로 유지해야 할 필요성 때문에 금액을 소비자 물가지수에 연동하여 움직이도록 법제화되어 있다. 예를 들어 연금의 명목지출액은 물가지수의 증가율만큼 자동으로 증가하게 된다. 이러한 제도를 COLAs(Cost-of-Living Allowances)라고 부른다. 만약에 소비자 물가지수가 실제 물가변화를 과장하여 표현하고 있다면 정부는 시간이 흐름에 따라 연금을 점차 과도하게 지불하는 셈이 된다. 따라서 소비자 물가지수가 실제 물가상승률을 과장하는가 아닌가의 문제는 현실적으로도 정부의 재정과 관련된 매우 민감한 문제라고 할 수 있다.

실업률 4

미시경제학에서는 개개인의 노동공급의 형태를 분석하는 것이 보다 큰 관심의 대상이겠지만 거시경제학에서는 한 나라 경제 전체적으로 얼마나 높은 비율의 사람이 실업상태인지가 더욱 중요한 변수이다. 이러한 논의를 위해서는 먼저 실업의 정의와 실업률이 어떠한 기준에 의해 계산되는가를 이해하는 것이 선행되어야 한다. 실업은 일할 능력과 의사가 있음에도 불구하고 일자리를 찾지 못한 상태를 말한다. 구체적으로 실업률을 계산하기 위해 한 국가의 구성원을 살펴보면 모든 사람이 일을 할 수 있는 것도 아니고 또한 일자리를 원하지 않는 사람도 있다는 것을 알게 된다. 따라서 실업률을 계산하기 위한 대상이 되는 사람들을 먼저 결정하여야 한다. 우리나라에서는 총인구 중에서 15세 미만의 인구를 우선 제외하고 15세 이상의 인구 중 군인과 교도소 수감자 등을 제외한 사람들을 생산가능인구라고 부른다. 생산가능인구는 다시 경제활동인구(labor force)와 비경제활동인구(not in the labor force)로 구분된다. 비경제활동인구에는 취업할 의사가 없는 학생과 주부 그리고 취업할 능력이 없는 노약자와 환자 등이 포함된다. 나머지 경제활동인구는 취업이 되어 있는 취업자와 구직활동을 하고 있는 실업자로 구성된다. 경제활동인구가 생산가능인구에서 차지하는 비중을 경제활동참가율이라고 한다.

$$경제활동참가율 = \frac{경제활동인구}{생산가능인구} \times 100$$

우리나라의 경제활동참가율

<그림 2-6>은 통계청에서 발표한 우리나라의 1970년 이래 경제활동참가율의 변화를 보여준다. 그림에서 가운데에 위치한 붉은색 실선은 전체 국민의 경제활동참가율이다. 1980년대 중반 이래로 우리나라의 경제활동참가율은 꾸준히 증가하였으나, 1997년 외환위기 때 급격하게 감소하였으며 그 후 다시 완만하게 상승하여 2022년 63.9%에 달하고 있다. 전체 경제활동참가율이 증가한 이유는 여성의 경제활동참가율이 매우 빠르게 증가하고 있기 때문이다. 이는 그림에서 남성과 여성의 경제활동참가율의 변화 추이를 비교하면 쉽게 알 수 있다. 남성의 경제활동참가율은 전통적으로 여성의 경제활동참가율에 비해 현저히 높은 편이었다. 1970년 여성의 경제활동참가율은 40%에 미치지 못했지만 남성의 경제활동참가율은 2배 정도인 78%였다. 하지만 2022년 여성의 경제활동참가율은 54%를 넘어선 반면 남성의 경제활동참가율은 74%로 줄어 그 격차가 지속적으로 좁혀지고 있다. 이러한 현상은 여성의 사회·정치적 지위가 높아지고, 가사노동을 덜어주는 가전제품들의 등장, 자녀수 감소, 보육시설 등 사회여건의 향상에 따라 여성의 사회진출이 활발해지고 있는 사실을 반영하고 있다. 하지만 하나 특이한 점은 외환위기 기간인 1997~1998년 경제활동참가율이 급격히 떨어진 원인은 여성의 경제활동참가율이 더욱 빨리 떨어졌기 때문이라는 사실이다. 1997~1998년 사이 남성의 경제활동참가율은 1% 떨어진 반면 여성의 경제활동참가율은 2.7% 떨어졌다. 이러한 점은 여성의 경제활동참가에 취약한 측면이 많음을 시사한다고 볼 수 있다.

그림 2-6
우리나라의 경제활동참가율 (1970~2022년)

붉은색으로 표시한 실선은 전체 국민의 경제활동참가율을 보여 주며 국민을 성별로 분류하여 남자의 경제활동참가율은 파란색으로 나타냈고 여자의 경제활동참가율은 초록색으로 표시했다.

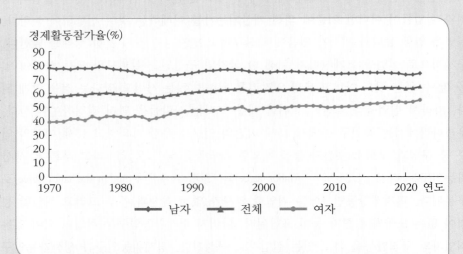

자료: 통계청 국가통계포털

한편, 실업률은 경제활동인구 중 실업자가 차지하는 비중으로 정의된다.

$$실업률 = \frac{실업자 \ 수}{경제활동인구} \times 100 = \frac{실업자 \ 수}{취업자 \ 수 + 실업자 \ 수} \times 100$$

실업률을 계산하는 과정에서 분모에 경제활동인구를 사용하는 이유는 비경제활동 인구의 경우 취업할 의사나 능력이 없기 때문에 실업자에 비해 직업이 없는 이유가 명확히 다르다고 전제하기 때문이다. 즉 실업률을 통해 우리는 직업을 원함에도 불구하고 직업을 갖지 못하는 사람의 비중을 계산하는 셈이다. 〈그림 2-7〉은 생산가능인구에 대한 분류를 도식으로 표현하였다.

　15세 이상의 인구를 〈그림 2-7〉에서와 같이 취업자, 실업자, 비경제활동인구로 분류하기 위해서는 이들을 분류하는 정확한 기준이 필요하다. 우선, 경제활동인구 중 취업자와 실업자를 구분하는 기준은 무엇인가? 이는 일주일당 한 시간 이상 수입을 목적으로 일했는지의 여부이다. 예를 들어, 보다 좋은 직장을 찾고 있는 중에도 일주일에 한 시간 이상만 일을 했다면 그 사람은 실업자로 간주되지 않는다. 이러한 기준은 국제노동기구(International Labor Organization: ILO)가 권고하는 사항이다. 하지만 이러한 기준은 불완전하게 고용되어 있는 많은 노동자를 취업자로 간주하는 문제점이 있다. 그러므로 경우에 따라 기준을 보다 엄격히 적용하여 일주일당 8시간 이상으로 기준을 적용하기도 한다.

　또 하나의 중요한 기준은 실업자와 비경제활동인구를 어떻게 구별하는가이다. 실업자와 비경제활동인구는 직업을 가지고 있지 않다는 점에서는 동일하다. 하지만 실제로 구직활동을 하고 있다면 실업자로 간주되는 반면 구직활동을 하지 않는다면

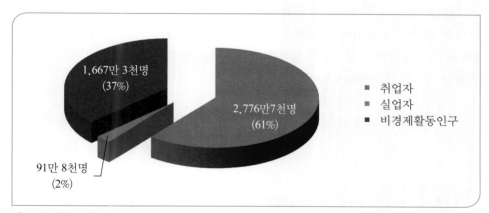

자료: 통계청 국가통계포털

그림 2-7
생산가능인구의 분류

15세 이상의 인구 중 군인과 교도소 수감자 등을 제외한 사람들을 생산가능인구라고 부른다. 생산가능인구는 다시 경제활동인구(labor force)와 비경제활동인구(not in the labor force)로 구분되며, 경제활동인구는 취업이 되어 있는 취업자와 구직활동을 하고 있는 실업자로 구분된다. 2023년 1분기 취업자는 2,776만 7천명이고, 실업자는 91만 8천명이며, 비경제활동인구는 약 1,667만 3천명에 달한다.

비경제활동인구로 간주된다. 즉 아무리 직업을 원한다고 해도 실제로 일자리를 찾으려는 노력을 하고 있지 않다면 그 사람은 실업자가 아닌 비경제활동인구에 속하게 되는 것이다. 비경제활동인구에는 노약자나 학생과 같이 취업의사가 없는 사람도 있지만 실제로는 취업을 원하면서도 구직활동을 단념한 사람도 있다. 이와 같이 일자리 찾기를 포기한 사람들을 실망노동자(discouraged workers)라고 부른다. 이들은 비경제활동인구로 간주되기 때문에 실업자 계산시에는 포함되지 않는다.

실업률을 이해할 때 중요한 사실 중의 하나는 취업을 하는 사람이 실업자에서만 생기는 것이 아니라는 사실이다. 블랑샤(Olivier Blanchard)의 연구결과에 따르면 미국에서 새로운 취업자 중 약 45%만이 실업자 중에서 오는 것이고 40%는 비경제활동인구에서, 또 나머지 15%는 다른 직장에서 직접 옮기고 있는 것으로 밝혀졌다. 실망노동자들 중에서도 상당한 숫자의 사람들이 기회만 주어지면 즉각적으로 직업전선에 뛰어든다고 생각된다. 따라서 실망노동자들을 제외한 실업률의 계산은 실제의 실업상태를 과소평가하는 측면이 있다고 할 수 있다.

5 실업률과 실질GDP 간의 관계: 오쿤의 법칙

실업률과 실질GDP는 실물경제의 상태를 나타내는 가장 주요한 두 개의 지표이다. 일반적으로 실질GDP가 빠르게 성장하는 경우에는 고용이 증가하여 실업률은 내려가지만, 실질GDP가 평균적인 성장률에 미치지 못하고 천천히 성장하는 경우에는 고용이 감소하여 실업률은 올라가기 마련이다. 일찍이 경제학자인 오쿤(Okun)은 실질GDP의 성장률과 실업률 간의 안정적인 관계가 있음을 간파하였고 이 관계를 오쿤의 법칙(Okun's law)이라고 부른다.[5]

실질GDP의 성장률(경제성장률) = 장기 평균GDP의 성장률(장기 경제성장률)

$$-b \times 실업률의 변화 \qquad (2.16)$$

$$g_{yt} = g_{yn} - b \times (U_t - U_{t-1})$$

---

5 Okun, Arthur M. 1962, "Potential GNP: Its Measurement and Significance," in Proceedings of the Business and Economics Statistics Section, American Statistical Association(Washington, D. C.)을 참조하시오.

$$단, \ g_{yt}는 \ 실질GDP의 \ 성장률$$
$$g_{yn}은 \ 장기 \ 평균GDP의 \ 성장률$$
$$U_t는 \ t기의 \ 실업률$$

단, b는 양의 계수이다. 식 (2.16)에 따를 때 실질GDP의 성장률은 실업률의 변화가 없을 경우 장기 평균GDP의 성장률에 따라 일정하게 유지된다. 하지만 실업률이 변화하면 실질GDP의 성장률은 장기 평균GDP의 성장률로부터 벗어나게 된다. 즉 실업률이 1% 포인트 증가하면 실질GDP성장률은 b% 감소한다. 미국의 경우를 기준으로 하면 장기 평균GDP성장률은 약 3%이며 b의 값은 대체로 2에 가까운 것으로 알려져 있다. 이를 구체적으로 표현해보면 다음과 같다.[6]

$$실질GDP의 \ 성장률 \ = \ 3\% - 2 \times 실업률의 \ 변화 \qquad (2.17)$$
$$g_{yt} \ = \ 3\% - 2 \times (U_t - U_{t-1})$$

예를 들어 전년도 실업률이 4%이고, 올해 실업률이 5%라면, 실업률의 변화가 1%가 되고 이를 위 식에 대입하여 계산하면, 3%에서 2%를 빼게 되므로 미국의 올해 경제성장률은 1%가 된다. 여기서 2라는 계수 값은 실업률의 변화에 대응하여 실질GDP의 성장률이 안정적으로 2배만큼 변화함을 보여 준다.

　오쿤의 법칙을 다시 생각해 보면, 실질GDP의 2% 증가가 실업률 1% 포인트 감소에 대응한다는 사실을 알 수 있다. 따라서 미국의 경우 경제성장률이 3%에서 5%로 증가했다면 식 (2.17)에 따를 때 실업률은 1% 포인트 감소하여야 한다. 그렇다면 한국의 경우는 어떠한가? 한국의 경우는 b의 값이 보다 커서 3에 가깝다고 알려져 있다. 따라서 경제성장률이 3% 증가할 때 실업률이 1% 포인트 줄어들게 된다. 이러한 실업률 1% 포인트의 변화는 2022년을 기준으로 29만명의 실업자가 줄어드는 결과를 야기한다. 흔히 경제성장률이 3%에서 2%로 떨어지는 것 정도는 별 문제가 아니라고 생각할 수 있다. 그러나 성장률이 하락해도 괜찮다는 것은 간단한 문제가 아니다. 경제성장률이 감소한다는 것은 단순히 모두의 소득이 일정하게 1% 덜 성장한다는 것에 한정된 것이 아니라 성장률의 감소로 실업자가 늘어나는 문제 역시 생각해야 하기 때문이다. 한국의 경우 미국보다 노동시장이 경직적이기 때문에 실업자가 늘어난다면 기존의 취업자들이 실직을 하는 것이 아니라, 신규 구직이 줄어들고 청년 실업이 늘어나게 된다. 즉 새로 노동시장에 진입하는 대졸자들의 취

---

6 GDP의 로그(log) 차분값을 성장률의 근사값으로 사용하였다. 부록을 참조하시오.

업기회가 줄어드는 문제가 발생하게 된다. 따라서 경제성장률의 감소는 노동시장의 구직활동을 크게 위축시킨다.

최근에는 오쿤의 법칙이 현실경제에서 성립하지 않는다는 연구결과가 많이 나오고 있다. 현실에서는 성장률이 높아져도 고용이 늘어나지 않는 현상이 나타나고 있기 때문이다. 이는 노동을 절감하는 방식의 기술발전을 통해서 성장하는 경우에 발생하는 문제이며 흔히 고용없는 성장(jobless growth, jobless recovery)이라고 한다.

정리 *summary*

1. "일정기간 동안 한 나라의 국경 안에서 생산된 모든 최종생산물의 가치"를 국내총생산(Gross Domestic Product: GDP)이라고 부른다.

2. 가계와 기업 간 생산요소와 생산물의 흐름 및 이에 대한 대가로서의 화폐의 흐름을 순환적으로 파악하는 모형을 국민경제의 순환모형이라고 한다. 이를 통해서 생산 및 지출, 분배의 세 가지 측면에서 국내총생산을 구할 수 있으며 세 측정치가 동일하다. 이러한 관계를 국민소득 삼면등가의 법칙이라고 한다.

3. 국민경제가 가계, 기업, 정부 세 부문만으로 이루어졌다고 간주하는 경우, 우리는 이러한 경제를 폐쇄경제(closed economy)라고 부른다. 모형에 해외부문을 포함하는 국민경제의 경우는 개방경제(open economy)라고 부른다.

4. GDP의 계산에는 최종재의 가치만을 합산해야 하며 최종재라고 하더라도 시장에서 재판매되는 경우에는 GDP 계산에 포함시키지 않는다. 현실적으로 어떤 재화가 생산될 때는 이것이 중간재로 사용될지 최종재로 사용될지 알 수 없으므로 각 생산 단계에서 새롭게 창출된 가치인 부가가치를 합산한다. 또, 시장에서 거래되지 않지만 이에 대한 귀속가치(imputed value)를 계산하여 GDP의 계산에 포함시키는 경우도 있다.

5. 해당 시점에서의 시장가격을 이용하여 각 생산물의 가치를 화폐가치로 표시한 후 총합을 계산한 명목GDP의 변화는 GDP를 구성하고 있는 재화의 생산량 변화에 기인한 것인지, 아니면 단순히 각 재화의 가격이 변했기 때문인지 알 수 없으므로 실제 생산량의 변화를 알기 위해서는 실질GDP라는 개념이 도입된다. 실질GDP는 기준 연도를 정하고 그 기준 연도의 가격으로 상이한 시점에서의 생산량의 가치를 계산하는 것이다. 따라서 실질GDP의 변화는 오직 실질생산량의 변화만을 나타내게 된다.

6. 대부자금시장은 저축과 투자를 연결해 주는 시장을 말하는데, 가계가 소득의 일부를 저축하면, 저축된 금액은 대부자금시장을 통해 기업에게 대출되며, 기업은 이를 이용하여 투자를 위한 지출을 한다.

7. 총저축은 국민총소득 중 그 해에 소비되지 않고 남은 부분이고 총투자는 미래의 생산을 늘리기 위해 생산설비를 늘리는 행위이다. 폐쇄경제의 경우 총투자와 총저축은 항상 같다. 하지만 개방경제의 경우에는 총투자와 총저축이 순수출만큼의 차이를 보이므로, 총투자와 총저축이 일치하지 않을 수 있다.

8. 물가는 화폐단위로 표시한 개별 상품들의 가격을 평균한 종합적인 가격수준을 말하고, 물가를 나타내는 지표로는 GDP 디플레이터와 소비자 물가지수 등이 있다. GDP 디플레이터는 명목GDP를 실질GDP로 나누어 백분율로 나타낸다. 소비자 물가지수는 도시가계가 소비하는 대표적인 상품들만을 포함한 바구니를 선정하여 해당 연도 바구니 가격을 기준 연도 바구니 가격으로 나누어 백분율로 나타낸다.

9. 물가가 지속적으로 상승하는 현상을 인플레이션이라고 부른다. 인플레이션율은 "주어진 기간 동안의 물가의 변화율"로 정의한다. 경제성장률은 주어진 기간 동안 실질GDP의 증가율을 말한다. 이때 명목GDP의 성장률은 실질GDP의 성장률과 인플레이션율의 합으로 나타낼 수 있다.

10. 경제전체의 인구 중 생산가능인구를 경제활동인구와 비경제활동인구로 나눌 수 있다. 이 중 경제활동인구는 취업자와 실업자로 구성된다. 경제활동인구가 생산가능인구에서 차지하는 비중을 경제활동참가율, 경제활동인구 중 실업자가 차지하는 비중을 실업률이라 부른다.

11. 실질GDP의 성장률과 실업률 간의 안정적인 음의 상관관계를 오쿤의 법칙(Okun's law)이라고 부른다.

연습문제   *exercise*

1. 다음 문장을 읽고 참 혹은 거짓인지를 판단하시오.

1) 소비자 물가지수(CPI)는 일반 물가수준을 과대평가(overstate)하는 경향이 있다.

2) CPI가 물가상승을 과대평가하는 이유는 물가지수를 계산하는 과정에서 가중치가 고정되어 있기 때문이다.

3) 쌀의 일부는 최종재로 쓰이고 다른 일부는 떡과 같은 최종재의 생산을 위해 중간재로 사용된다. 따라서 쌀 중에서 얼마만큼이 최종재로 쓰이는지를 조사하지 않고서는 GDP의 계산이 불가능하다.

4) 국내총생산의 집계는 실제로 최종재의 가치를 계산하고 이를 합계함으로써 가능하다.

5) 집값이 5억에서 10억으로 상승하면 부가가치가 5억 생산되었으므로 GDP는 그만큼 증가한다.

6) 실질GDP의 크기는 기준 연도가 바뀜에 따라 달라지지만, 실질 GDP의 증가율은 기준 연도가 바뀌어도 변함이 없다.

7) 공무원의 임금이 상승하면 그만큼 GDP도 증가한다.

8) CPI는 GDP 디플레이터에 비해 물가의 변화를 항상 과대 평가한다.

9) 총생산은 항상 총지출과 일치한다.

2. 다음 문장의 옳고 그름을 말하고 간략히 그 이유를 설명하시오.

1) 최종소비와 총자본형성을 합한 내수와 수출의 경제성장 기여도를 각각 구해보면 외환위기가 발생한 1998년의 경우 내수의 급격한 위축으로 한국의 경제성장이 마이너스였음을 알 수 있다.

2) 한국의 명목GDP는 2003년에는 721조원이었으며 전년도에 비해 5.4% 성장하였다. 2003년의 일인당 GNI는 1,500만원이었으며 인구증가율은 0.6%였다. 이를 통해 2003년에 일인당 실질소득의 성장률은 약 4.8%였음을 알 수 있다.

3) 장기적으로 명목GDP의 연평균 증가율과 실질GDP의 연평균 증가율이 다 같이 높아진다면 이는 바람직한 것이다.

4) 2002년의 우리나라의 총저축률은 29%로 국내총투자율 26%보다 높았다. 따라서 우리나라의 순수출은 흑자였음에 틀림없다.

5) 국내총투자율이 급격히 증가하면 순수출은 악화된다.

3. 아래 표의 자료들을 이용하여 1)부터 4)까지의 물음에 답하시오.

재 화	2020		2021		2022	
	수 량	가 격	수 량	가 격	수 량	가 격
야구 모자	10	6	15	5	15	5
잠실구장맥주	10	1	7	3	6	7
경기장 티켓	6	10	10	9	12	7
경기 DVD	0	-	2	15	10	5

1) 2020년을 기준 연도로 사용하여 2021년과 2022년의 CPI를 계산하시오. 또한, 두 해 사이의 물가상승률을 계산하시오.

2) 2021년을 기준 연도로 사용하였을 때, 두 연도의 CPI를 계산하시오. 또한, 물가상승률을 계산하시오.

3) 2022년을 기준 연도로 사용하였을 때, 두 연도의 CPI를 계산하시오. 또한, 물가상승률을 계산하시오.

4) 1)과 2)에서 계산된 물가상승률이 차이를 보이는 이유는 무엇인가? 또한 2)와 3)이 차이가 나는 이유는 무엇인가?

4. 앞의 표를 이용하여 아래의 물음에 답하시오. 모자와 맥주, 티켓만이 이 경제에서 생산되는 재화라고 가정하자(DVD 는 제외할 것).

　　1) 2020년, 2021년, 2022년의 명목GDP를 구하시오.

　　2) 2020년을 기준 연도로 사용하여, 2020년, 2021년, 2022년의 실질GDP 및 GDP 디플레이터를 계산하시오.

5. 우리나라는 경제의 대외 의존도가 매우 높은 개방경제이다. 〈표 2-1〉에서 수출과 수입이 GDP에서 차지하는 비중 이 각각 얼마인지 살펴보시오.

6. 〈그림 1-2〉를 보면, 우리나라 실질GDP 증가율은 1980년과 1998년에 크게 하락하였다. 그 원인이 무엇인지 알아보 시오.

7. 아래 표에는 중국 경제의 1980년과 2010년 자료에 대한 실제 값과 자연로그 값이 나와 있다. 1980년부터 2010년 까지 30년 동안의 연평균 명목GDP 성장률, 실질GDP 성장률, GDP 디플레이터를 이용한 인플레이션율, 일인당 실 질GDP 성장률을 구하시오(소수 둘째 자리에서 반올림하시오).

연 도	명목GDP		실질GDP		인 구	
	당해연도 미국달러(1000 US$) 기준 값	자연 로그값	2005년도 미국달러(1000 US$) 기준 값	자연 로그값	단위: 1000명	자연 로그값
1980	189,399,992	25.9	216,305,130	26.1	981,235	20.7
2010	5,949,785,722	29.4	3,838,001,154	28.9	1,337,705	21.0

| 부록 | 로그 차분과 성장률의 근사값 |

성장률의 근사값

    성장률의 근사값은 로그를 취한 후 차분함으로써 쉽게 구할 수 있다. 이를 보다 엄밀히 살펴보도록 하자. 어떤 경제변수 Y는 시간이 흐름에 따라 변화하고 각 시점 t에서의 값을 Y_t로 나타낸다. 이때 t시점과 $t-1$시점 사이의 성장률을 구하면 성장률 x는

$$x = \frac{Y_t - Y_{t-1}}{Y_{t-1}} \tag{A.2.1}$$

로 정의할 수 있다. 성장률은 보통 100을 곱하여 %(백분율)로 나타내는 것이 보통이나 식 (A.2.1)에서는 100을 곱하지 않은 상태로 정의하였다. 이를 정리하면 다음과 같이 쓸 수 있다.

$$(1+x) = \frac{Y_t}{Y_{t-1}} \tag{A.2.2}$$

    한편, 근사적으로 다음이 성립함을 보일 수 있다.

$$e^x \approx 1+x = \frac{Y_t}{Y_{t-1}} \tag{A.2.3}$$

식 (A.2.3)을 따를 때 성장률 x에 1을 더한 값은 자연대수 e를 x제곱한 것과 근사적으로 같음을 알 수 있다.[7] 식 (A.2.3)의 양변에 자연로그를 취하면 다음과 같다.

---

7 식 (A.2.3)이 성립함을 보이기 위해서는 e^x를 테일러 전개하여야 한다. 일반적으로 어떤 함수 $f(x)$를 $x \approx a$ 근방에서 테일러 전개를 하면 다음과 같아진다.

$$f(x) = \frac{f(a)}{0!}(x-a)^0 + \frac{f'(a)}{1!}(x-a)^1 + \frac{f''(a)}{2!}(x-a)^2 + \cdots$$

이에 따라 e^x를 x가 아주 작을 때, 그 근방에서($x \approx 0$) 테일러 전개하면

$$e^x = 1 + x + \frac{x^2}{2!} + \frac{x^3}{3!} + \frac{x^4}{4!} + \cdots$$

가 성립하고 2차 이상의 항들은 1차 항에 비하여 그 크기가 매우 작으므로 무시하면

$$e^x \approx (1+x)$$

가 되어 식 (A.2.3)이 성립함을 알 수 있다.

$$\ln e^x \approx \ln \frac{Y_t}{Y_{t-1}} \Rightarrow x \approx \ln Y_t - \ln Y_{t-1} \qquad\qquad \text{(A.2.4)}$$

이제 식 (A.2.4)는 두 시점의 변수 값에 자연로그를 취한 것의 차이가 그 기간 동안의 성장률임을 의미한다. 단, 이 식은 근사식이므로 실제 성장률이 0과 멀어질수록 근사식을 통해 구한 x값이 실제의 x값과 큰 차이를 보이게 된다는 것에 주의해야 한다.

경제성장률

로그를 사용한 근사치를 이용하면 경제성장률을 쉽게 계산할 수 있다. 경제성장률은 주어진 기간 동안의 실질GDP의 증가율을 말하는데, 예를 들어 t년도의 실질GDP를 Y_t, $t-1$년도의 실질GDP를 Y_{t-1}이라고 하자. 이때 t년도의 경제성장률은 다음과 같이 정의할 수 있다.

$$t\text{년도 경제성장률} = \frac{Y_t - Y_{t-1}}{Y_{t-1}} \approx \ln Y_t - \ln Y_{t-1}$$

일반적으로 전년도(또는 기준 연도)의 실질GDP와 올해의 실질GDP를 비교하여 성장률을 계산한다. 하지만 근사적으로 올해의 실질GDP에 로그를 취하고, 전년도 실질GDP에도 로그를 취해서 서로 빼주면 성장률을 구할 수 있다. 로그를 취한 후 차분하면 성장률이 구해진다는 사실은 다음과 같은 예를 통해 쉽게 이해할 수 있다. 즉 Y의 값이 100에서 10 늘어나는 것과 Y의 값이 1000에서 100 늘어나는 두 가지 경우를 비교해 보자. Y의 격차는 두 경우에 현격한 차이가 있지만, 성장률로 볼 때는 마찬가지이다. 즉

$$
\begin{aligned}
\ln(1000+100) - \ln(1000) &= \ln(10 \times (100+10)) - \ln(10 \times 100) \\
&= (\ln(10) + \ln(100+10)) - (\ln(10) + \ln(100)) \\
&= \ln(100+10) - \ln(100)
\end{aligned}
$$

이 성립하여 로그차분으로 성장률을 계산하면 그 차이가 상쇄됨을 알 수 있다.

인플레이션율(물가상승률)

인플레이션율(물가상승률)은 주어진 기간 동안의 물가의 변화율이다. t기의 물가지수를 P_t라고 하고 $t-1$기의 물가지수를 P_{t-1}이라고 하자. 이때 t기의 인플레이션

율을 구하면 다음과 같다.

$$t\text{기의 인플레이션율} = \frac{P_t - P_{t-1}}{P_{t-1}} \approx \ln P_t - \ln P_{t-1}$$

명목GDP 성장률의 분해

명목GDP(PY)는 실질GDP(Y)에 물가지수(P)를 곱한 것이다. 따라서 명목GDP는 실질GDP와 물가가 변화함에 따라 변화한다. 그러면 명목GDP 성장률과 실질GDP 성장률 그리고 물가상승률(인플레이션율) 사이에는 어떤 관계가 있을까? 우리는 일반적으로 다음 식이 성립함을 알 수 있다.

$$\text{명목GDP의 성장률} = \text{실질GDP의 성장률(경제성장률)} \\ + \text{물가상승률} \tag{A.2.5}$$

이는 로그 차분을 통하면 쉽게 알 수 있다. 즉 t기에서의 명목GDP와 실질GDP 그리고 물가 사이의 관계를 이용하면 다음의 식이 성립한다.

$$\ln(\text{명목GDP}_t) = \ln(Y_t) + \ln(P_t) \tag{A.2.6}$$

이는 $(t-1)$기에도 성립하므로

$$\ln(\text{명목GDP}_{t-1}) = \ln(Y_{t-1}) + \ln(P_{t-1}) \tag{A.2.7}$$

이 역시 성립한다. 이제 식 (A.2.6)에서 식 (A.2.7)을 차감하면,

$$\ln(\text{명목GDP}_t) - \ln(\text{명목GDP}_{t-1}) = \ln(Y_t) - \ln(Y_{t-1}) + \ln(P_t) - \ln(P_{t-1})$$

즉 식 (A.2.5)가 성립함을 알 수 있다. 따라서 명목GDP의 성장률은 실질GDP의 성장률과 물가상승률의 합으로 계산된다.

오쿤의 법칙

성장률 혹은 변화율의 근사값이 로그를 취한 후 차분함으로써 쉽게 구할 수 있

다는 사실을 이용하면 오쿤의 법칙은 간단히 나타낼 수 있다. 예를 들어 미국의 경우, 장기 평균GDP 성장률은 약 3%이며 b의 값은 대체로 2라고 한다면 오쿤의 법칙은 다음과 같이 표현된다.

$$\ln Y_t - \ln Y_{t-1} = 3\% - 2(u_t - u_{t-1}) \tag{A.2.8}$$

식 (A.2.8)의 좌변은 t기에서의 실질GDP 성장률이며 우변의 $(u_t - u_{t-1})$항은 $(t-1)$기에서 t기 사이의 실업률 변화를 나타낸다.

PART

II

완전고용하에서의
소득, 고용, 물가의 결정

Macroeconomics

제 3 장
완전고용하에서의 국민소득 결정

이번 장에서는 시장의 균형을 통해 국민소득이 어떻게 결정되는지 살펴보고 그 원리를 이해하고자 한다. 특히, 생산요소의 완전고용이 항상 달성되고 있는 경제에 초점을 두겠다. 완전고용은 공급된 생산요소가 모두 고용되는 경우이다. 이를 위해서는 가격이 매우 신축적으로 움직여 수요와 공급의 균형이 즉각적으로 달성되어야 한다. 완전고용하에서의 국민소득은 제10장에서 자연율총생산(natural rate of output)이라고 부를 것이다. 이번 장에서는 생산요소의 공급량이 주어져 있고 완전고용된다고 가정하여 총생산량도 고정되어 있으므로 분석이 수월하다.

시장균형과 국민소득의 결정

이번 절에서는 국민소득(GDP)이 생산물시장에서 수요와 공급의 균형에 의해 어떻게 결정되는지 분석하는 가장 기본적인 모형을 살펴볼 것이다. 본 모형의 가장 중요한 가정은 가격이 신축적이어서 균형이 언제나 성립하므로 생산요소의 완전고용이 항상 달성된다는 것이다. 따라서 주어진 생산요소의 양에 의해 생산물의 공급도 정해져 있는 상태이다. 모형을 통해 생산이 어떤 방식으로 이루어져 국민소득으로 분배되는지 살펴볼 것이다. 또한, 생산물시장의 균형이 금융시장의 균형과 어떻게 연결되는지도 살펴볼 것이다.

1 생산물시장의 균형

생산물시장의 균형을 알아보기 위해 생산물시장의 공급과 수요를 살펴보자. 우선, 공급(Y^s)은 생산된 GDP의 크기에 의해 결정된다. 생산은 두 개의 생산요소, 즉 노동(L)과 자본(K)을 사용하여 이루어진다. 우리는 이러한 관계를 다음과 같은 생산함수를 이용하여 나타낼 수 있다.

$$Y = F(L, K)$$

생산함수(F)는 노동량(L)과 자본량(K)이 어떻게 생산량(Y)의 공급을 결정하는지를 보여준다. 생산된 Y는 모두 공급되므로

$$Y^s = Y$$

라고 나타낼 수 있다.

수요(Y^D)는 여러 경제주체들의 상품에 대한 수요의 합계로 소비수요(C)와 투자수요(I), 정부지출(G)을 더하여 표현할 수 있다

$$Y^D = C+I+G$$

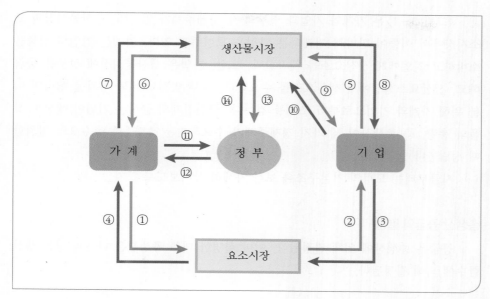

**그림 3-1
국민경제의 순환모형**

실물의 흐름은 빨간색으로 표시하였으며 화폐의 흐름은 파란색으로 표시하였다. 먼저, 가계는 생산요소인 노동과 자본을 요소시장에 공급하며(①), 기업은 이를 구입한다(②). 기업은 생산요소를 구입한 대가로 요소소득을 지불하는데(③), 이것이 가계의 입장에서는 노동소득 및 자본소득이다(④). 기업은 생산요소를 결합하여 생산된 상품을 생산물시장에서 공급하며(⑤) 가계는 이를 수요한다(⑥). 상품을 구입한 대가로 가계는 화폐를 지출하는데(⑦), 이는 기업입장에서는 수입이 된다(⑧). 이렇게 얻어진 수입은 다시 요소시장에서 가계에게 요소소득으로 지불된다. 이상은 제 2장에서 살펴본 기본모형에서의 순환모형과 동일하다. 단, 기업이 생산물시장에서 일부를 구입하여 투자를 행함을 추가하였다(⑨). 이에 대한 지출이 ⑩이다. 또한, 새로운 경제주체인 정부가 포함되었는데 정부와 나머지 경제주체인 가계 및 기업 사이의 관계는 다음과 같다. 정부는 가계로부터 조세를 징수하고(⑪), 일부는 이전지출 형식으로 다시 나누어 준다(⑫). 정부는 조세를 이용하여 생산물시장에서 재화 및 서비스를 구입하는데(⑬) 이를 정부지출이라고 부른다(⑭). 기업의 투자와 정부의 지출도 기업입장에서는 수입이 되어 이를 노동과 자본에 대한 대가로 지불한다.

이제 주어진 공급과 수요를 가지고 생산물시장의 균형을 결정해보자. 균형이라는 개념은 사람들이 팔려고 하는 양(공급)과 사려고 하는 양(수요)이 일치한다는 것이다. 이때 주의할 점은 수요는 경제주체들이 실제로 구입한 양이 아니라 구입하려고 의도하는 양을 나타낸다는 사실이다. 예를 들어 위 식에서 투자는 기업의 '의도한' 투자이며 제2장에서 보았던 국민소득항등식의 사후에 '실현된' 투자와는 다른 개념으로 그 크기가 서로 일치하지 않을 수 있다. 생산물시장의 균형을 결정하는 것은 사후적으로 실현된 개념의 수요가 아니라 경제주체가 의도하는 사전적 수요인 것이다. 예를 들어 다이아몬드의 균형가격이 높은 것은 사후적으로 실현된 수요보다는 사전적 수요가 매우 크기 때문이다.

생산물시장의 균형상태를 다음과 같이 표현할 수 있다.

$$Y^S = Y^D$$
$$\Leftrightarrow Y = C+I+G$$

균형에서 결정된 Y는 결과적으로 수요인지, 공급인지 구별할 필요가 없다. 즉 Y는 수요에 의해 결정된 GDP일 수도 있고, 공급에 의해 결정된 GDP일 수도 있다. 하지만 균형에서만 공급과 수요하려는 양이 일치하고, 일시적으로 균형에서 이탈할 수 있으므로 균형식은 항등식으로 나타내지 않는다.

〈그림 3-1〉은 가계와 기업과 정부의 세 경제주체가 있는데, 생산물시장과 요소시장에서 이들이 만나서 거래하는 과정을 보여주고 있다. 가계는 기업의 상품을 소비하고 기업에게 생산요소를 제공한다. 또한, 기업은 생산물시장에 상품을 공급하고, 생산요소시장에서 생산요소를 수요한다. 정부 역시 소비와 투자를 행하며 이를 위해 가계와 기업으로부터 조세를 걷는다. 국민경제의 균형은 기업이 생산한 상품의 총량, 즉 총생산이 세 가지 경제주체가 수요하려는 총량, 즉 총수요와 일치할 때 성립한다.

지금부터는 모형의 기본구조를 보다 자세히 살펴보도록 하자.

총생산 공급의 결정

공급은 총생산에 의해 결정된다. 이미 설명한 대로 총생산은 다음과 같은 생산함수에 의해 결정된다.

$$Y = F\ (L^D,\ K^D)$$

여기서 Y는 실질총생산, L^D는 노동 수요량, K^D는 자본 수요량을 나타낸다. 실질총생산 Y를 생산하기 위해서 기업은 노동과 자본을 사용한다. 따라서 기업은 생산요소에 대해서는 수요자로서 역할을 한다. 이를 보다 확실히 보여 주기 위하여 노동(L)과 자본(K)에는 첨자(D)를 붙여 노동수요(L^D)와 자본수요(K^D)로 표시하였다.

기업은 노동과 자본을 얼마만큼 수요하는가? 총생산은 노동과 자본의 고용량에 의해 결정되므로 총생산의 결정을 위해서는 결국 노동과 자본의 수요량을 살펴볼 필요가 있다. 노동의 수요가 어떻게 결정되는지에 대해서는 제4장에서 자세히 살펴볼 것이다. 또한, 자본의 수요가 어떻게 결정되는지에 대해서도 제16장에서 보다 자세히 살펴볼 기회가 있을 것이다. 따라서 본 장에서는 가급적 직관적인 설명으로 대신하고자 한다.

기업의 목적은 이윤을 극대화하는 것이다. 기업은 이러한 목적을 달성하는 수준에서 생산을 한다. 따라서 노동과 자본에 대한 수요도 이윤을 극대화하는 수준의 총생산을 생산하기 위해 필요한 만큼 결정된다. 결국 노동과 자본에 대한 수요의 결정은 기업의 이윤극대화 조건을 만족시키는 선에서 이루어진다고 볼 수 있다. 그렇다면 이윤은 언제 극대화되는가? 일반적으로 이윤극대화는 생산요소 고용에 따른 한계수입과 한계비용이 일치할 때 달성되는데 이를 수식으로 나타내면 다음과

같다.[1]

$$\text{노동의 한계수입 = 노동의 한계비용} \Leftrightarrow P \cdot MPL = W$$

$$\text{자본의 한계수입 = 자본의 한계비용} \Leftrightarrow P \cdot MPK = R$$

여기서 P는 생산물의 가격, W는 명목임금, R은 명목임대료를 나타내며, MPL과 MPK는 노동과 자본의 한계생산물을 나타낸다.

다른 조건이 일정하다는 전제하에서 노동 한 단위를 늘릴 때 늘어나는 생산의 추가분을 노동의 한계생산물(MPL)로 정의할 수 있고 동일하게 자본 한 단위를 늘릴 때 늘어나는 생산량을 자본의 한계생산물(MPK)로 정의할 수 있다.[2] 따라서 $P \cdot MPL$은 노동 한 단위를 늘려 추가적으로 생산된 상품을 P의 가격으로 생산물시장에 판매하여 얻은 추가적인 수입이라고 생각할 수 있다. 이를 노동의 한계생산물가치라고 부른다. 같은 방식으로 $P \cdot MPK$는 자본의 한계생산물가치라고 부른다. 한계생산물가치는 기업의 입장에서는 요소를 한 단위 추가적으로 투입하는 경우의 한계수입이다.

반면, 생산요소를 한 단위 추가적으로 투입하는 경우의 추가적인 비용은 요소비용, 즉 임금 혹은 임대료이다. 따라서 노동 고용의 관점에서 본다면 노동의 한계생산물가치($P \cdot MPL$)가 임금(W)과 같아질 때까지 노동을 고용하면 한계수입이 한계비용과 일치하고 이윤은 극대화된다. 마찬가지로 자본 고용의 관점에서 볼 때는 자본의 한계생산물가치($P \cdot MPK$)가 임대료(R)와 같아져야 이윤은 극대화된다.

위 이윤극대화 조건식의 양변을 생산물의 가격(P)으로 나눠주면 이윤극대화조건은 다음과 같이 실물의 관점에서 나타낼 수 있다.

$$\text{노동의 실질한계수입 = 노동의 실질한계비용} \Leftrightarrow MPL = \frac{W}{P}$$

$$\text{자본의 실질한계수입 = 자본의 실질한계비용} \Leftrightarrow MPK = \frac{R}{P}$$

노동의 한계생산물가치($P \cdot MPL$)는 노동을 한 단위 더 고용하는 경우에 얻을 수 있는 추가적인 수입을 화폐가치로 환산한 것이다. 이를 위해 가격을 곱해 주었으며 따라서 노동의 명목한계수입이라고 부른다. 하지만 실물의 관점에서 본다면 노동을

---

1 이윤극대화의 엄밀한 수학적 조건은 부록에서 다루었다. 또한, 노동시장에서의 이윤극대화조건에 대한 보다 상세한 설명은 제4장에서 다룬다.

2 노동의 한계생산물 : $MPL = \frac{\Delta Y}{\Delta L} > 0$, 자본의 한계생산물 : $MPK = \frac{\Delta Y}{\Delta K} > 0$.

한 단위 더 고용하는 경우 추가적인 생산량은 *MPL*이다. 이를 노동의 실질한계수입이라고 부른다. 마찬가지로 자본의 실질한계수입은 *MPK*가 된다. 반면, 비용의 관점에서도 *W*와 *R*은 모두 화폐단위로 표시한 명목한계비용이다. 이를 실질한계비용으로 나타내기 위해서는 가격(P)으로 나눠 주어야 한다. 따라서 위 식은 노동과 자본의 고용에 있어서 실질한계수입과 실질한계비용이 같다는 의미가 된다.

노동과 자본의 수요

지금까지 도출한 이윤극대화 조건은 기업이 노동과 자본을 어떻게 수요할 것인가를 결정짓는 방식을 보여준다. 따라서 이윤극대화 조건은 요소에 대한 수요곡선이라고 생각할 수 있다. 예를 들어 노동의 실질임금 $\frac{W}{P}$가 변화할 때 노동의 수요는 $\frac{W}{P} = MPL$을 만족시키는 고용수준 *L*로 결정된다. 따라서 *MPL*은 노동의 수요곡선이라고 해석할 수 있다. 마찬가지 방법으로 자본의 실질임대료 $\frac{R}{P}$이 변화할 때 자본의 수요는 $\frac{R}{P} = MPK$가 만족되도록 결정된다. 따라서 *MPK*는 자본의 수요곡선이라고 볼 수 있다.

노동과 자본의 공급

논의를 간단하게 하기 위해서 노동공급량(L^s)과 자본공급량(K^s)은 고정되어 있다고 가정하자. 각각을 $\bar{L}$와 $\bar{K}$로 나타낼 것이며 변수 위의 막대표시(bar)는 변수가 고정되어 있다는 표시이다. 이렇게 생산요소의 공급량이 고정되어 있다는 가정은 추후 완화될 것이다. 예를 들어 경기변동에 대한 분석을 하는 제8장에서는 노동공급량의 변화가 총생산 변화의 중요한 원인이 된다. 또한, 경제성장에 대한 분석을 하는 제6장과 제7장에서는 자본공급량의 증가가 총생산 증가의 중요한 원인이 될 것이다. 하지만 이번 장에서는 기본적인 원리를 이해하기 위하여 되도록이면 가장 간단한 경우로 요소공급이 모두 고정되어 있는 경우를 고려해 보자.

생산요소시장의 균형

이제 노동시장의 균형과 자본시장의 균형이 어떻게 결정되는지 살펴보자. 먼저, 노동시장을 보자. 노동시장에서 가격변수는 실질임금 $\frac{W}{P}$이며 수량변수는 노동고용량 *L*이다. 즉 노동시장의 균형은 $(\frac{W}{P}, L)$ 평면에서 그려진다. 노동의 수요곡선은 노동의 한계생산물 *MPL*인데, 노동이 증가할수록 *MPL*은 감소하므로 노동수요곡선은 우하향하는 형태를 보인다. 일반적으로 요소투입증가에 따라 한계생산이 감

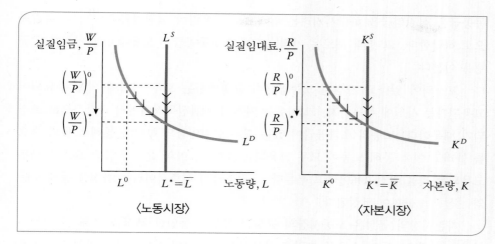

그림 3-2
생산요소시장
노동의 한계생산물(MPL)과 자본의 한계생산물(MPK)은 한계생산 감소의 법칙이 작용하기 때문에 각 요소에 대한 수요곡선은 우하향하는 형태를 보인다. 단기에 가계가 제공하는 각 요소의 공급량이 고정($\overline{L}$, $\overline{K}$)되어 있다고 가정하면 공급곡선은 그림에서 수직의 형태로 나타난다. 생산요소 시장에서 요소의 가격이 완전 신축적으로 조정된다고 가정하는 경우, 요소시장의 균형은 수요와 공급이 일치하는 점에서 완전고용이 달성된다. 만약 각 요소의 수요가 주어진 공급보다 적다면 $\left(\left(\dfrac{W}{P}\right)^0, L^0\right)$, $\left(\left(\dfrac{R}{P}\right)^0, K^0\right)$ 요소 가격이 신축적으로 하락하여 균형에 도달하게 된다. $\left(\left(\dfrac{W}{P}\right)^*, L^*\right)$, $\left(\left(\dfrac{R}{P}\right)^*, K^*\right)$

소하는 원리를 한계생산 감소의 법칙이라고 부른다.[3] 다시 말해서 노동수요곡선은 한계생산 감소의 법칙 때문에 우하향하게 그려진다. 여기서 한계생산이 요소가 투입됨에 따라 감소하는 이유를 잠깐 생각해 보자. 일반적으로 요소의 한계생산이 요소투입 증가에 따라 감소하는 이유는 다른 요소의 투입량이 고정되어 있기 때문이다. 즉 노동의 한계생산물이 감소하는 이유는 자본투입량이 고정되어 있기 때문이다. 만약 노동과 자본 투입량이 같이 늘어난다면 한계생산이 감소하지 않을 수 있다. 하지만 자본투입량은 고정되어 있는데 노동투입량만 늘리면 노동의 한계생산물은 감소하기 마련이다. 예를 들어, 기본적인 도구(자본)는 주지 않고 노동량만 늘리면 추가된 노동은 이전에 도구를 이용한 노동의 경우보다 생산을 적게 할 것이다.

〈그림 3-2〉의 왼쪽 그림은 지금까지의 설명을 통해 노동시장의 균형이 이루어지는 과정을 보여준다. 노동수요곡선은 L^D로 우하향하게 그려졌다. 노동의 공급은 고정되어 있다고 가정하였으므로 노동공급곡선은 L^S로 실질임금 $\dfrac{W}{P}$에 의존하지 않고 수직으로 표현한다. 우리는 이번 장 전체에 걸쳐 모든 가격변수는 완전신축적이라고 가정할 것이다. 이 경우 실질임금은 즉각적으로 조정되어 노동의 수요를 변화시키고 이를 노동공급과 일치시킴으로써 균형이 달성된다. 예를 들어 만약 실질임금이 $\left(\dfrac{W}{P}\right)^0$이라면 노동공급이 노동수요를 초과하므로 균형이 될 수 없다. 초과 노

---

3 "한계생산 감소의 법칙"은 "Law of Diminishing Marginal Product"를 번역한 것이다. 대부분의 교과서에서는 이를 "한계생산 체감의 법칙"이라고 번역하고 있으나 이는 명백한 오역이다. 왜냐하면 "체감"이란 감소폭이 점점 줄어든다는 것을 의미하나 이는 "한계"를 반복 사용한 것으로 불필요한 오해를 야기한다. 만약 한계생산이 체감한다면 한계생산의 감소폭이 점차 줄어들므로 노동수요곡선은 우하향할 뿐 아니라 아래로 볼록(convex)해야 한다. 하지만 노동수요곡선은 우하향할 뿐 곡선의 형태에는 제약이 없다. 실제로 "Law of Diminishing Marginal Product"는 한계생산이 단순히 감소한다는 것을 의미할 뿐이다.

동공급은 실질임금을 하락시키려는 압력으로 작용하여 실질임금은 $\left(\dfrac{W}{P}\right)^*$로 즉각적으로 하락한다. 그 결과 새로운 가격 $\left(\dfrac{W}{P}\right)^*$에서 노동공급은 노동수요와 일치하여 균형을 이룬다.

고정되어 있다고 가정된 노동공급이 균형에서는 모두 기업에 의해 수요되어 고용된다는 사실에 주목하자. 그 이유는 가격이 완전신축적이어서 즉각적으로 조정되기 때문이다. 노동의 초과공급이 있는 경우 실질임금의 하락을 통해 노동의 수요를 늘리고 이를 통해 노동이 모두 고용되는 것이다. 이와 같이 공급된 요소가 모두 고용되는 것을 완전고용이라고 부른다. 실질임금이 신축적이라는 가정을 통해 노동의 완전고용 균형이 달성된다.

자본시장의 균형은 노동시장의 균형의 경우와 동일한 분석을 통해 이해할 수 있다. 〈그림 3–2〉의 오른쪽 그림은 자본시장의 균형이 이루어지는 과정을 보여준다. 자본의 수요곡선은 자본의 한계생산물 MPK에 의해 결정되며, 한계생산 감소의 법칙에 의해 우하향하는 형태를 취한다. 자본의 공급은 고정되어 있다고 가정하였으므로 자본공급곡선은 실질임대료 $\dfrac{R}{P}$에 의존하지 않고 수직으로 표현된다. 만약 실질임대료가 $\left(\dfrac{R}{P}\right)^0$라면 자본공급이 자본수요를 초과하므로 균형이 될 수 없다. 초과 자본공급으로 인해 실질임대료는 $\left(\dfrac{R}{P}\right)^*$로 즉각적으로 하락하여 균형에서는 자본공급이 자본수요와 일치한다. 즉 균형에서 자본의 완전고용이 달성된다.

총생산 공급

이와 같이 생산요소 시장에서 모든 생산요소(자본, 노동)가 완전고용되는 균형상태를 완전고용균형이라고 하고 이때의 생산량을 완전고용 GDP라고 부른다.

$$\text{완전고용 GDP} \equiv F(\overline{L},\ \overline{K}) = \overline{Y}^F$$

생산요소가 모두 고정되어 있고 항상 완전고용상태에 있으므로 생산물시장에 공급되는 총생산은 항상 완전고용 GDP의 크기로 일정하다.[4] 우리는 완전고용 GDP를 $\overline{Y}^F$로 표시할 것이다.

---

4 가격이 경직적이면 수요가 부족하여도 가격이 떨어지지 않아 생산요소의 완전고용이 이루어지지 않으므로 완전고용생산량만큼 생산을 못하게 되는 경우가 존재하지만 이에 대해서는 나중에 다룬다.

총생산 수요의 결정

수요는 소비수요(C), 투자수요(I), 정부지출(G)의 합으로 나타나며, 각각의 수요의 결정은 다음과 같은 함수식으로 표현한다.

소비수요함수

가계의 소비수요는 가처분소득에 정비례하고 이자율(r)과 역의 관계를 가진다. 가처분소득은 소득(Y)에서 조세(T)를 제외하고 가계가 자유롭게 처분할 수 있는 소득, 즉, ($Y-T$)를 말한다. 가처분소득이 늘어나면 소비할 여력이 더 생기므로 소비는 늘어나게 된다. 또한, 이자율이 하락하면 저축에 대한 대가가 줄게 되어 가계는 저축보다는 소비를 늘린다. 따라서 소비는 이자율과 역의 관계에 있다. 그러므로 다음과 같은 소비함수 또는 소비수요함수를 정의할 수 있다.

$$C = C(Y-\overline{T}, r)$$
$$\quad\quad (+) \ (-)$$

위의 식에서 왼쪽의 C는 소비량을 의미하며 오른쪽의 C는 함수로서 소비함수를 나타낸다. 따라서 오른쪽 항은 소비량을 결정하는 변수가 $Y-\overline{T}$와 r임을 나타낸다. 우리는 조세가 외생적인 정책변수로 주어진 것으로 가정한다. 즉 조세는 외생변수로서 모형에 의해 결정되지 않는다. 조세를 $\overline{T}$로 나타낸 것은 조세가 고정되어 있음을 의미한다.

투자수요함수

투자수요는 이자율(r)의 함수이며 이자율과 역의 관계를 가진다.[5] 투자를 행하기 위해 사용한 자금의 기회비용은 이자율이며, 기업은 이자율이 올라갈수록 투자자금의 비용이 증가하므로 투자를 줄이게 된다. 따라서 다음과 같이 투자함수 또는 투자수요함수가 정의된다.

$$I = I(r)$$
$$\quad (-)$$

---

5 소비와 투자를 결정짓는 변수는 명목이자율이 아니라 실질이자율임에 주목할 필요가 있다. 우리는 제5장에서 명목이자율과 실질이자율의 차이에 대해 자세히 살펴볼 것이다.

정부지출

　　정부지출은 외생적인 정책변수이므로 주어진 것으로 가정하였다. 즉 정부는 정책적 판단에 따라 정부지출의 크기를 독립적으로 조정할 수 있다. 따라서 정부지출은 다음과 같이 나타낸다.

$$G = \overline{G}$$

정부지출의 크기가 모형 내에서 결정되지 않고 외생적인 정부의 판단에 의해 결정된다는 의미에서 정부지출은 $\overline{G}$로 역시 막대표시를 첨가하였다.

　　이제 생산물시장의 GDP에 대한 총수요(Y^D)를 나타낼 수 있다. 총수요는 소비수요와 투자수요, 정부지출의 합으로 표현되므로 다음과 같이 나타낼 수 있다.

$$Y^D = C+I+G$$
$$Y^D = C(Y-\overline{T},\ r)+I(r)+\overline{G}$$

총수요를 결정하는 주요 변수는 가처분소득($Y-\overline{T}$)과 이자율(r)임을 알 수 있다. 가처분소득이 증가하면 소비수요가 증가하므로 총수요는 증가한다. 반면, 소비와 투자가 모두 이자율과 역의 관계이므로 이자율이 증가하면 총수요는 감소한다. 〈그림 3-3〉은 이자율이 변함에 따라 총수요가 변하는 모습을 그림으로 나타낸 것이다. 이자율이 r_1에서 r_2로 감소함에 따라 총수요는 Y_1에서 Y_2로 증가하는 것을 알 수 있다.

그림 3-3
이자율의 변화에 따른 총수요의 변화

이자율이 r_1에서 r_2로 감소함에 따라 소비와 투자가 증가하여 총수요는 Y_1에서 Y_2로 증가한다.

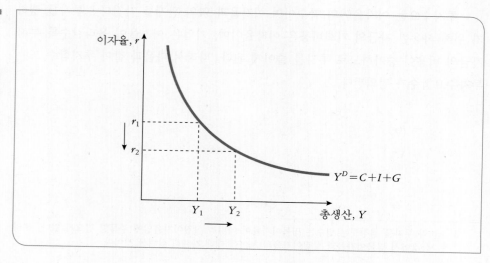

생산물시장의 균형

　지금까지 생산물시장에서 총생산의 공급과 총생산의 수요가 어떻게 결정되는지 살펴보았다. 이제 생산물시장에서 균형은 어떻게 결정되는지 살펴보자. 균형에서는 총생산의 공급과 총생산의 수요가 같아야 한다.

$$\text{총생산 공급: } Y^S = F(\overline{L}, \overline{K}) = \overline{Y}^F$$
$$\text{총생산 수요: } Y^D = C(Y-\overline{T}, r) + I(r) + \overline{G}$$
$$\text{균　　형: } Y^S = Y^D \Leftrightarrow \overline{Y}^F = C(\overline{Y}^F - \overline{T}, r) + I(r) + \overline{G}$$

마지막 균형 식을 놓고 보면 $\overline{Y}^F = C(\overline{Y}^F - \overline{T}, r) + I(r) + \overline{G}$ 이므로 유일하게 고정되어 있지 않은 변수인 이자율의 조정을 통해서 균형, 즉 등식이 성립함을 알 수 있다. 따라서 이자율은 생산물시장의 균형이 달성되는 과정에서 조정되는 가격변수임을 알 수 있다.

　〈그림 3-4〉는 생산물시장의 균형을 그림으로 표시한 것이다. 자본과 노동이 모두 완전고용되어 생산이 이루어지므로 Y^S는 $\overline{Y}^F$로 정해져 공급은 이자율의 영향을 받지 않는다. 따라서 총생산의 총공급곡선은 $\overline{Y}^F$에서 수직으로 나타낸다. 반면, 총수요는 이자율과 역의 관계에 있다. 따라서 총수요곡선 Y^D는 우하향하는 곡선으로 표현한다. 이때 균형이자율은 r^*에서 결정된다.

　완전고용 상태에서의 생산이 소비와 투자, 정부지출의 합계와 같아지면 균형이 이루어진다. 균형은 시장에서 이자율을 통한 조정에 의해 이루어진다. 이때 수요와 공급의 차이가 생산량의 조절을 통해 조정되는 것이 아니라, 즉각적으로 이자

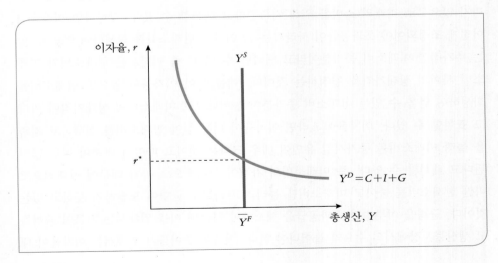

그림 3-4
생산물시장의 균형

생산물시장에서 단기에 모든 생산요소를 사용하여 생산하는 완전고용 경제에서, 공급은 주어진 생산요소의 공급에 의해 결정되기 때문에 이자율에 관계없이 일정한 수준($\overline{Y}^F$)을 유지하는 수직의 형태를 가진다. 소비와 투자, 정부지출의 합으로 정의되는 수요는 이자율에 대해 우하향하는 곡선의 형태를 띤다. 왜냐하면 이자율이 하락하게 되면 소비와 투자가 증가하여 경제의 총수요가 증가하기 때문이다. 생산물시장에서 균형은 이자율의 신축적인 조정을 통해 수요와 공급이 일치하는 점에서 달성된다.

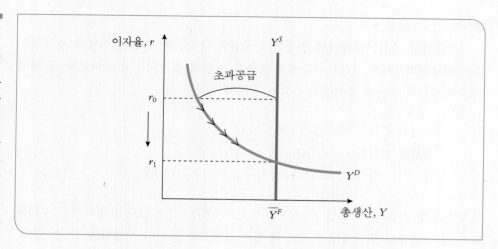

그림 3-5
생산물시장의
초과공급하에서의 이자율 조정

이자율이 r_0라면 공급이 수요보다 크므로 생산물시장은 초과공급 상태가 된다. 이자율이 신축적으로 조정되면서 균형을 회복하기 위해 이자율이 낮아진다. 이자율이 낮아지면 주어진 공급에 대해 수요가 증가하면서 초과공급이 점차 해소된다. 결국 이자율이 r_1에 이르게 되면 수요와 공급이 일치하게 되어 균형을 이루게 된다.

율이 조정되어 수요를 변화시켜 공급과 일치하도록 함으로써 균형이 이루어진다. 즉 균형을 달성하는 과정에서 핵심적인 역할을 하는 것은 이자율의 조정에 따른 총수요의 변화인 것이다.

〈그림 3-5〉를 통해 총공급이 총수요보다 많은 초과공급 상황에서 어떻게 균형이 이루어지는지를 살펴보자. 강조한 바대로 총공급은 고정되어 변하지 않고 균형에 도달하는 과정에서 총수요가 변화한다. 즉 소비수요와 투자수요가 이자율에 영향을 받아 균형이 회복된다. 이 경제의 이자율이 균형보다 더 높은 수준인 r^0에 있는 경우를 생각해 보자. 이때가 바로 생산물시장이 초과공급인 상태이다. 공급된 상품이 가계, 기업 및 정부에 의해 모두 팔리지 않고 남게 되는 부분이 생기는 것이다. 이렇게 초과공급이 된 상품은 어떻게 되는 것일까? 우리는 초과공급이 된 상품은 현재에 팔리지 않으므로 미래의 소비를 위해 저축된다고 해석할 수 있다. 그렇다면 이자율이 어떻게 조정되어야 초과공급이 사라지는가? 이자는 현재소비를 희생하여 얻을 수 있는 추가적인 미래소비 증가분이라고 해석할 수 있다. 즉 이자율은 현재소비와 미래소비 사이의 상대가격을 결정하는 것이다. 예를 들어 이자율이 높으면 현재소비를 희생하여 얻을 수 있는 미래소비 증가분이 늘어나므로 미래소비의 상대가격이 싸다고 표현할 수 있다. 이자율이 r_0라면 이자율이 너무 높아 현재소비를 희생하고 저축을 늘려 미래소비를 증가시킬 유인이 매우 크다는 것이고 따라서 저축이 너무 많이 된다고 해석할 수 있다. 즉 미래소비의 가격이 상대적으로 싸기 때문에 상대적으로 비싼 현재소비를 줄이고 미래소비를 늘리려고 하므로 균형에 도달하지 못하고 있는 것이다. 균형을 이루려면 초과공급을 해소해야 하는데 이를 위해서는 저축이 줄어들고 생산물시장에서의 수요가 늘어나야 한다. 저축이 줄어들기 위해서는 이자율이 내

려가야 한다. 즉 이자율의 하락을 통해 초과공급이 해소될 수 있는 것이다.

　　다른 관점에서 보면 생산물의 초과공급은 저축이 투자를 초과한 부분과 일치
한다. 즉 초과공급은 저축되는 양이 투자수요에 비해 많기 때문에 발생하는 것이
다. 이렇게 생각하면 생산물시장에 초과공급이 생길 때 이자율이 조정되는 이유를
보다 직접적으로 이해할 수 있다. 즉 생산물시장에 초과공급이 생겨 저축이 투자를
초과하면 기업은 투자하기 위해 빌리는 대출금의 이자율을 낮추도록 요구할 수 있
다. 이때 이자율이 내려가면서 투자수요가 증가하게 되어 균형을 이루게 된다. 즉
생산물시장이 균형을 이루기 위해서는 저축과 투자가 일치해야 한다. 그러므로 생
산물시장과 대부자금시장에서 균형이 동시에 나타나고, 이자율이 이를 결정하게 된
다. 이와 같이 생산물시장과 대부자금시장이 동시에 균형을 이루는 사실에 대해서
는 다음 절에서 보다 자세히 설명하겠다.

　　이번 장의 분석에서는 총생산의 공급이 노동과 자본의 고정된 양에 의해서 결
정된다고 가정함으로써 결국 균형에서의 생산량도 고정되어 변함이 없었다. 우리가
분석하는 기간이 짧다면 자본과 노동의 공급량이 주어졌다는 가정이 비현실적인 가
정이 아닐 수도 있다. 특히, 자본량을 늘리기 위해서는 여러 기간에 걸친 투자를 해
야 하므로 일정한 시간을 필요로 한다. 또한, 노동을 인구로 생각한다면 단기간에
노동량이 증가하기도 어렵다. 하지만 노동을 노동시간으로 간주한다면 노동이 고정
되어 있다고 가정하는 것은 상대적으로 현실적이지 않다고 생각할 수도 있다. 자본
에 비해서 노동시간을 늘리는 것은 보다 신속하게 이루어질 수 있기 때문이다. 특
히, 현실에서 실업이 존재한다는 사실은 완전고용의 가정과도 상충하는 듯 보인다.
이러한 문제는 제4장에서 실업의 문제를 다룰 때 자세히 설명할 것이다. 또한 제4
장에서는 균형에서도 실업이 존재할 수 있는 이유에 대해 설명할 것이다. 균형에서
의 실업률 수준은 자연실업률이라고 부른다. 사실 우리가 완전고용이라고 부른 노
동고용 수준은 보다 정확히는 자연실업률 수준의 고용량에 가깝다. 최근에는 완전
고용이라는 용어보다는 자연실업률이라는 용어를 많이 사용한다. 또한, 완전고용
GDP보다는 자연율 GDP라는 용어를 자주 사용한다. 이러한 문제는 제4장에서 보
다 상세히 설명할 것이다.

② 대부자금시장의 균형

　　지난 절에서 생산물시장의 균형을 살펴보았다. 생산물시장의 균형이 달성되기

위해서는 대부자금시장에서 저축과 투자가 일치하여야 한다고 설명하였다. 이번 절에서는 생산물시장의 균형과 대부자금시장의 균형이 어떻게 연관되어 있는지 보다 자세히 살펴보기로 하자.

　　대부자금시장(loanable funds market)은 자금(funds)이 거래되는 시장이다. 저축된 자금은 대부자금시장에서 공급이다. 따라서 저축은 자금의 공급, 즉 자금을 빌려주는 행위이다. 반면, 자금에 대한 수요, 즉 자금을 빌리는 행위는 빌린 자금을 이용하여 투자를 하기 위함이다. 따라서 투자는 대부자금시장의 수요로 해석할 수 있다.

　　그러면 대부자금시장에서 어떠한 메커니즘에 의해 자금에 대한 공급(저축)과 수요(투자)가 일치하게 되는지에 대해 살펴보자. 이를 위해 생산물시장에서의 균형조건을 이용하여 저축 및 투자를 정의하자. 이미 설명한 대로 생산물시장의 균형조건은 다음과 같다.

$$Y = C(Y-T, r) + I(r) + G$$

위의 식의 양변에서 C와 G를 빼면 다음과 같이 바뀐다.

$$Y - C(Y-T, r) - G = I(r)$$

이미 제2장에서 설명한 바와 같이 위 식의 좌변은 총저축과 일치한다.

$$Y - C(Y-T, r) - G \equiv S(Y-T, G, r)$$

따라서 총저축은 가처분소득($Y-T$), 정부지출(G) 및 이자율(r)의 함수임을 알 수 있다. 이때 $Y-C-G$ 대신에 저축함수를 대입하면

$$S(Y-T, G, r) = I(r)$$

이 성립한다. 결국 생산물시장의 균형조건으로부터 대부자금시장의 균형조건 $S=I$가 도출되었다. 즉 생산물시장이 균형을 이루면 대부자금시장도 균형을 이루어 경제 전체의 총저축(S)은 총투자(I)와 같아짐을 알 수 있다.

　　우리는 생산물시장의 균형에서 완전고용이 달성됨을 알고 있다. 완전고용 GDP가 생산되어 생산물시장이 균형을 이루는 과정에서 이자율의 조정이 핵심적인

역할을 하였다. 이제 생산물시장의 균형은 대부자금시장의 균형을 의미하므로 저축과 투자가 일치해가는 과정을 통해 균형을 재음미할 수 있다. 즉 이자율의 조정에 의해 대부자금시장의 균형이 도달되는 과정을 살펴보기 위해 완전고용 GDP($\overline{Y}^F$)가 생산되었다고 하자. 이때 대부자금시장의 균형은 다음과 같이 나타낼 수 있다.

$$S(\overline{Y}^F - \overline{T}, \overline{G}, r) = I(r)$$

위 식에는 완전고용 생산($\overline{Y}^F$)뿐 아니라 정부지출($\overline{G}$) 및 조세($\overline{T}$)도 정부에 의해 고정되었다는 사실을 명시적으로 표현하였다. 위 식에 따르면 저축과 투자 모두 이자율(r)에 의해 영향을 받는다. 여기서 $\overline{Y}^F$, $\overline{G}$, $\overline{T}$는 고정되어 있기 때문에 이자율의 변화에 의해서만 대부자금시장은 균형에 도달할 수 있다.

이자율이 증가하면 각 경제주체는 저축을 늘릴 유인이 발생하므로 저축은 늘어난다. 즉 대부자금시장의 공급곡선(저축)은 우상향하는 형태를 지닌다. 반면, 이자율이 높아지면 투자에 따른 비용이 증가하기 때문에 투자수요가 감소한다. 즉 대부자금시장의 수요곡선(투자)은 우하향하는 형태를 보인다. 〈그림 3-6〉은 대부자금시장의 균형을 그림으로 나타낸 것이다. 저축과 투자의 균형은 이자율의 신축적인 조정에 의해 이루어진다. 따라서 저축과 투자가 일치하는 점에서 균형이자율 r^*가 결정됨을 알 수 있다.

지금까지 우리는 생산물시장의 균형식을 변환하여 대부자금시장의 균형식에 대한 해석을 하였다. 생산물시장의 균형이 달성되기 위해서는 대부자금시장에서 가

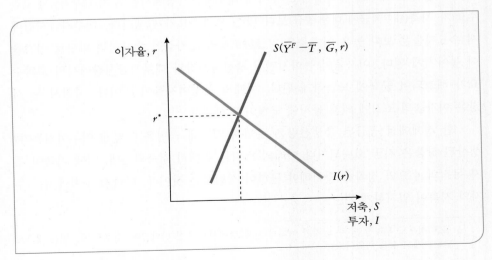

그림 3-6
대부자금에 대한 공급(저축) 및 수요(투자) 그리고 대부자금시장의 균형

대부자금의 공급인 저축은 이자율이 높아짐에 따라 증가하기 때문에 우상향하는 형태를 보이게 되고 대부자금의 수요인 투자는 이자율이 높아짐에 따라 감소하게 되어 우하향하는 곡선이 된다. 저축과 투자의 균형은 이자율의 신축적인 조정에 의해 이루어진다. 따라서 저축과 투자가 일치하는 점에서 균형이자율 r^*가 결정된다.

그림 3-7
생산물시장과 대부자금시장의 연결

이자율이 r_0 인 점에서 생산물시장에서는 상품의 수요가 공급보다 많은 초과수요가 나타나고[왼쪽 그림] 동시에 대부자금시장에서는 투자(대부자금에 대한 수요)가 저축(대부자금에 대한 공급)보다 많은 초과수요가 발생한다[오른쪽 그림]. 대부자금시장에서 수요자들은 보다 높은 이자율을 지급하고서라도 자금을 수요하려 하므로 이자율이 높아지게 된다. 이자율이 높아지면서 생산물시장과 대부자금시장에서의 초과수요가 해소되어 균형에 도달하게 된다. 이때의 균형이자율이 r^* 이다. 생산물시장과 대부자금시장은 이자율의 조정에 의해 동시에 균형이 달성된다.

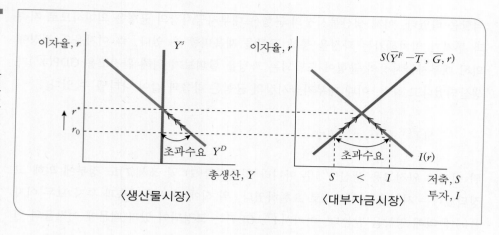

계, 기업 및 정부의 저축의 합이 기업의 투자와 일치하여야 한다. 생산물시장에서 벌어지는 일을 대부자금시장의 관점에서 보면 가계, 기업, 정부 모두 저축을 하고, 기업은 이러한 저축을 토대로 자금을 조달해서 투자를 한다고 해석할 수 있는 것이다.[6] 결국 생산물시장과 대부자금시장에서 일어나는 일은 서로 긴밀하게 연결되어 있다. 생산물시장의 균형과 대부자금시장의 균형이 일치하기 때문에 생산물시장의 균형을 분석하는 대신 대부자금시장의 균형을 분석해도 동일한 결과가 도출된다. 균형이자율에서 투자와 저축이 일치하게 되면 생산물시장에서도 균형이 달성되기 때문이다. 〈그림 3-7〉은 생산물시장의 균형과 대부자금시장의 균형이 어떻게 연관되어 있는지, 이자율의 조정을 통해 어떻게 두 시장이 동시에 균형을 달성하는지 보여 준다. 예를 들어 이자율이 r_0인 점에서 생산물시장에서는 상품의 수요가 공급보다 많은 초과수요가 나타나고 동시에 대부자금시장에서는 투자(대부자금에 대한 수요)가 저축(대부자금에 대한 공급)보다 많은 초과수요가 발생한다. 대부자금시장에서 수요자들은 보다 높은 이자율을 지급하고서라도 자금을 수요하려 하므로 이자율이 높아지게 된다. 이자율이 높아지면서 생산물시장과 대부자금시장에서의 초과수요가 해소되어 균형에 도달하게 된다. 이때의 균형이자율이 r^*이다. 따라서 두 시장은 이자율의 조정에 의해 동시에 균형이 달성된다.

한 경제에서 공급된 총생산량은 주어져 있는데 균형은 어떻게 이루어지는가? 생산된 상품은 지금 소비되거나 미래의 소비를 위해서 저축되는데, 이때 저축이 투자 목적의 수요와 정확히 일치해야 균형이 성립하는 것이다. 따라서 균형에서는 투자와 저축이 일치하게 된다.

---

6 물론 정부도 투자를 할 수 있지만 여기서는 제2장에서 설명한 바와 같이 정부투자는 없는 것으로 단순하게 가정을 하였다.

　간단한 예를 들어 한 경제가 소비와 투자를 모두 함께하는, 쌀을 생산하는 여러 개의 농가로만 이루어져있다고 하자. 논의를 간단히 하기 위해서 정부는 생략하기로 하자. 농가는 쌀을 생산하여 지금 소비하고 나머지는 저축을 해서 내년을 위해 볍씨로 남겨둔다. 즉

$$Y \quad = \quad C \quad + \quad S$$
쌀 생산　　소비　　　저축

가 성립한다. 이때 저축하는 양은 미래를 위한 투자로 보아도 될 것이다. 왜냐하면 볍씨는 내년에 생산을 위해 사용될 것이기 때문이다. 따라서 저축은 투자와 일치하여 대부자금시장의 균형이 달성된다.

$$S \quad = \quad I$$
저축　　　투자

　생산물시장의 관점에서 본다면 쌀생산 Y는 공급이고, 쌀에 대한 수요는 소비와 투자로 이루어진다. 그런데 $Y=C+S$이므로 대부자금시장의 균형 $S=I$로부터 $Y=C+I$가 도출된다. 즉 생산물시장에서도 총생산의 공급 Y와 수요 $C+I$가 일치함을 알 수 있다.

$$Y \qquad = \qquad C \quad + \quad I$$
생산물시장의 공급　　　　생산물시장의 수요

　이제 여러 농가들이 자기가 생산한 쌀에서 저축할 수 있는 양보다 더 많이 투자하려고 한다고 생각해보자. 먼저, 생산물시장을 살펴보자. 투자가 증가하므로 생산물시장은 초과수요 상태가 된다. 한편, 대부자금시장에서도 대부자금의 공급인 저축보다 대부자금의 수요인 투자가 더 크므로 초과수요 상태가 된다. 그렇게 되면 많은 농가가 볍씨를 빌리려 함에 따라 볍씨를 빌려올 때 내년에 갚아야 할 이자율이 높아지게 된다. 이자율의 상승은 저축의 대가, 즉 저축을 통한 미래소비의 증가가 커지는 것을 의미하므로 현재소비를 줄이고 저축을 늘리는 농가들이 늘어난다. 반면에 투자의 비용이 증가하게 되어 투자수요는 줄어들게 된다. 결국 이자율이 오름에 따라 저축하는 사람도 늘어나고 투자수요가 줄어 대부자금시장의 균형이 회복된다. 동시에 생산물시장에서도 소비와 투자의 감소로 초과수요가 해소되어 균형이 달성된다.

2 균형국민소득의 변화

　　지금까지 간단한 경제모형을 통해 생산물시장의 균형과 대부자금시장의 균형이 어떻게 달성되는지 살펴보았다. 이러한 균형분석을 통해 우리는 어떠한 시사점을 얻을 수 있는가? 균형은 더 이상의 충격이 가해지지 않는 한, 그대로 유지되는 성질이 있다. 실제로 경제에는 크고 작은 변화가 가해짐에 따라 균형의 변동이 발생한다. 따라서 균형의 변동을 통해 경제에 가해지는 변화가 어떻게 경제에 영향을 미치는지 분석할 수 있다.

　　그렇다면 균형의 변동을 발생시키는 변화에는 어떤 것들이 있는가? 내생변수들은 모형을 통해 값이 결정되므로 우리가 임의적으로 값을 변화시킬 수 없다. 하지만 모형 밖에서 결정되어졌다고 가정한 외생변수는 임의적인 변화가 가능하다. 외생변수가 변화하면 이에 대응하여 균형의 변동이 생김에 따라 내생변수의 값이 변화하는 것이다. 이러한 방식의 분석은 앞으로 계속 소개될 모형의 기본적인 분석방법이다.

　　지금부터는 외생변수들의 변화가 어떻게 균형의 변동을 발생시키는지 살펴보기로 하자. 먼저 외생적인 요인에 의한 투자수요 변화의 결과를 살펴보고 정부정책수단인 정부지출 및 조세의 변화가 어떻게 균형을 변화시키는지 살펴볼 것이다.

1 투자수요의 외생적 감소의 효과

　　이제 균형을 이루고 있는 경제에서 만약 투자수요가 외생적 요인에 의해 급격히 감소하면 어떻게 될 것인가를 살펴보자. 지금까지 우리는 투자수요가 이자율에만 의존한다고 가정하였지만 이제 이자율 외의 다른 요인들에 의해서도 투자수요가 영향을 받는다고 가정하자. 이자율 이외의 다른 요인들은 외생변수로 간주되므로 만약 이러한 요인에 의해 투자수요가 변화한다면 이는 외생적인 투자수요의 변화이다. 외생적인 투자수요의 변화는 생산물시장에서 수요곡선을 이동시켜 균형의 변화를 가져온다. 이를 자세히 분석해 보자.

　　다음은 완전고용경제에서 생산물시장과 대부자금시장이 동시에 균형을 이루는 초기의 상태를 표현한 식이다.

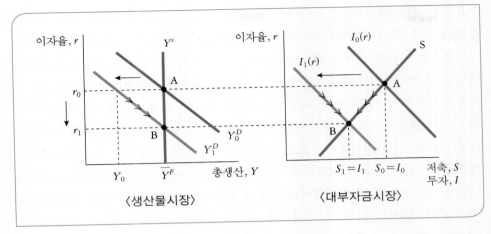

〈생산물시장〉 〈대부자금시장〉

$$Y^F = C(Y^F - \overline{T}, \ r) + I(r) + \overline{G}$$

〈그림 3-8〉은 위와 같은 균형상태에서 투자가 외생적으로 감소하는 경우 어떠한 변화가 생기는지를 나타낸 것이다. 투자수요는 총수요의 일부분이므로 투자수요가 감소하면 총수요도 줄어든다. 이자율에 관계없이 외생적으로 총수요가 줄었기 때문에 이러한 변화는 총수요곡선이 주어진 이자율에서 총수요가 감소하는 방향인 왼쪽으로 이동하는 것으로 표현한다.

총수요곡선이 왼쪽으로 이동한 후에는, 과거의 균형이자율 r_0하에서 총수요는 Y_0이므로 총생산 $\overline{Y}^F$보다 작다. 즉 생산물시장에 초과공급이 발생한다. 단기에서 공급이 고정되어 있을 때의 모형을 고려하고 있기 때문에 수요가 줄어들 때 공급이 따라서 줄어든다고 생각해서는 안 된다. 공급이 줄어든다는 것은 노동과 자본이 완전고용되지 않는다는 것을 의미하기 때문이다. 우리가 가정하는 경제에서는 가격이 신축적으로 움직이므로 즉각적인 가격의 조정을 통해 요소시장의 균형은 항상 성립한다. 예를 들어 임금이 완전신축적이기 때문에 물건이 안 팔린다면 임금이 내려가고 고용은 그대로 유지되는 경제인 것이다. 요소시장에서 임대료와 임금이 신축적으로 움직이면서 자본과 노동은 항상 완전고용 상태의 균형을 달성하므로 총공급은 일정하다. 결국 총수요가 다시 늘어나야 하는데 이는 이자율의 조정을 통해 달성된다. 즉 이자율이 r_1으로 하락함에 따라 소비와 투자가 늘고 이에 따라 총수요는 증가하여 총생산 $\overline{Y}^F$와 같아진다. 이때 주의할 점은 다시 균형이 달성되는 과정은 이자율에 따른 내생적인 변화이기 때문에 그래프가 이동하지 않고 선을 따라서 움직이게 된다는 것이다. 즉 〈그림 3-8〉의 왼쪽 그림에서 보듯이 총수요의 증가는 총수요곡선 상에서의 변화로 나타난다. 결국 투자수요의 외생적 감소는 균형의 변동을 발생시켜 이자율을 하락시키지만 총수요와 총공급은 원래 상태로 회복된다.

　　똑같은 변화를 대부자금시장을 통해 이해해 보자. 투자와 저축이 균형인 상태에서 투자가 외생적으로 줄어들면 투자곡선은 왼쪽으로 이동한다($I_0(r) \rightarrow I_1(r)$). 투자곡선은 주어진 이자율에서 투자가 감소하는 방향인 왼쪽으로 이동한 것이다. 이때 만약 이자율이 r_0로 변함이 없다면 저축이 투자보다 많아 대부자금의 초과공급이 발생한다. 결국 이자율이 r_1으로 떨어지게 되고 이를 통해 다시 투자가 늘어나고 저축이 줄어들어 균형이 회복된다. 저축이 줄어드는 것은 소비가 증가함을 의미하므로 역시 소비와 투자가 증가하여 균형이 회복됨을 알 수 있다. 이때 주의할 점은 다시 균형이 달성되는 과정은 이자율에 따른 내생적인 변화이기 때문에 그래프가 이동하지 않고 선을 따라서 움직이게 된다는 것이다. 즉 〈그림 3-8〉의 오른쪽 그림에서 볼 수 있듯이 균형은 A점에서 B점으로 저축곡선 상에서의 변화로 나타난다.

2 정부지출 증가의 효과

　　이번에는 균형에서 정부지출이 갑자기 증가한다고 생각해보자. 정부지출의 증가는 외생적인 변화이므로 정부지출 증가는 총수요의 외생적인 증가로 나타난다. 총공급은 고정되어 있으므로 총수요의 외생적인 증가는 원래의 이자율 수준에서 생산물시장을 초과수요 상태로 만든다. 생산물시장의 초과수요는 이자율을 상승시키는 압력으로 작용하게 되어 새로운 균형에서는 이자율이 상승한다. 이와 같은 과정을 자세히 살펴보도록 하자.

　　정부지출이 G_0인 상태에서 생산물시장의 초기균형을 아래와 같이 표현하자.

$$Y^S = C + I + G_0 (\equiv Y_0^D)$$

총공급 = 총수요

초기상태의 총수요는 Y_0^D로 표현하였다. 위의 식 우변의 민간소비와 정부지출을 좌변으로 옮기면 아래와 같이 저축과 투자의 관계로 고쳐 쓸 수 있다.

$$Y^S - C - G_0 (\equiv S_0) = I$$

총저축 = 총투자

초기상태의 총저축은 S_0로 표현하였다. 이제 정부지출이 G_0에서 G_1으로 증가하면

$$Y^S < C + I + G_1 (\equiv Y_1^D)$$

이므로 총수요는 Y_1^D로 증가하고 생산물시장의 초과수요가 발생한다. 또한, 대부자금시장에서는

$$Y^S - C - G_1 (\equiv S_1) < I$$

이므로 총저축은 S_1으로 감소하여 대부자금의 초과수요가 발생한다. 즉 정부지출이 증가하게 됨에 따라 생산물시장에서는 총수요(Y_1^D)가 일시적으로 총공급(Y^S)을 초과하고, 대부자금시장에서는 총투자(I)가 총저축(S_1)을 초과하게 된다. 정부지출의 증가가 대부자금시장에서 총저축을 감소시키는 이유는 정부저축이 줄어들기 때문이다. 총저축(S_1)을 민간저축($Y - C - T$)과 정부저축($T - G$)으로 아래와 같이 나누어 쓰면 정부지출의 증가에 따라 정부저축이 감소하여 총저축이 감소함을 알 수 있다. 즉

$$S_1 = (Y^S - C - \overline{T}) + (\overline{T} - G_1) < S_0$$

가 된다.

〈그림 3-9〉는 이러한 변화를 그림으로 표현하였다. 외생적인 정부지출이 G_0에서 G_1으로 증가함에 따라 주어진 이자율 수준에서 총수요가 증가하게 되어 총수요곡선이 오른쪽으로 이동한다. 이자율이 초기균형인 r_0에서 유지된다면 생산물시장에는 초과수요가 발생한다. 이에 따라 이자율이 상승하고 이는 초과수요를 점차 해소시켜 새로운 균형이 B점에서 달성된다. 이때의 균형이자율은 r_1이다. 한편, 대부자금시장에서는 정부지출의 증가가 정부저축을 감소시킴에 따라 저축곡선을 $S(G_0)$에서 $S(G_1)$으로 왼쪽으로 이동시킨다. 원래 이자율 r_0에서는 대부자금의 초과수요가 발생하여 이자율을 상승시킨다. 이자율이 상승하면서 저축이 증가하고 투자가 감소하여 새로운 균형점 B가 달성된다. 새로운 균형에서는 이자율이 높아지고(r_0 → r_1) 균형 총저축 및 총투자가 이전 균형에 비해 감소한다.

　　케인즈는 승수효과를 주장하면서 정부지출의 확대가 효과적이라고 주장하였다. 승수효과에 따르면 유휴자금을 정부가 사용하면 과잉저축이 해소되고 정부지출이 늘어 총수요가 증가하는데 실제로 총수요의 증가는 원래의 정부지출 증가의 몇

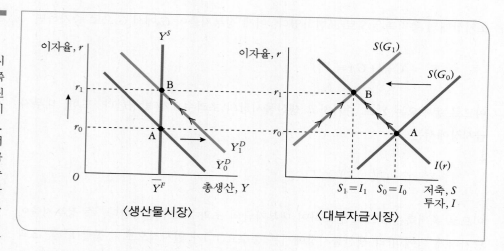

그림 3-9

정부지출의 효과

정부지출의 증가는 생산물시장에서 총수요곡선을 오른쪽으로 이동시킨다. 이는 주어진 이자율 수준에서 총수요를 이전보다 더 늘리기 때문이다. 총공급이 완전고용 수준에서 주어져 있기 때문에 총수요곡선의 오른쪽으로의 이동은 총생산을 더 늘리지 못하고 이자율만을 상승시켜 균형점을 A점에서 B점으로 이동시킨다. 이러한 현상은 대부자금시장의 균형이 이동하는 것으로 이해할 수도 있다. 대부자금시장에서는 정부지출의 증가로 저축이 감소하므로 저축곡선이 왼쪽으로 이동한다. 이에 따라 균형이자율이 상승하고 균형저축 및 투자가 이전에 비해 감소한다.

배에 달한다는 것이다. 그 이유는 정부지출이 늘어남에 따라 소득증가가 일어나기 때문이다. 즉 늘어난 소득을 이용한 소비지출이 증가하여 총수요 증가가 더욱 촉진되기 때문이라고 설명하였다. 승수효과에 대해서는 제9장에서 자세히 설명할 것이다. 하지만 승수효과가 나타나는 경제는 완전고용 상태에 있지 않은 경제이다. 즉 불완전 고용인 상태에서는 정부가 개입을 하여 생산을 늘릴 수 있고 이 과정을 통해 경제는 완전고용을 달성할 수 있다.

하지만 완전고용 상태를 가정한 지금의 경우에는 정부의 개입이 소득을 늘리지 못하고 정부지출이 늘어난 만큼 민간부문의 수요가 줄어든다. 정부지출을 늘려 총수요가 증가하더라도 총공급이 완전고용 상태에서 고정되어 있는 경우 생산물시장의 균형조건이 회복되려면 총수요가 다시 감소하여야 한다. 따라서 다른 부문의 수요, 즉 소비와 투자지출과 같은 민간지출이 감소하여 다시 원래의 총공급의 양과 같은 크기로 총수요가 줄어들어 균형이 달성된다. 이처럼 정부지출의 증가가 민간지출을 감소시키는 효과를 구축효과(crowding-out effect)라고 한다. 완전고용 상태(Y^f)는 모든 자원이 남김없이 소비, 투자, 정부지출로 사용되고 있는 상태이다. 이때 정부지출(G)이 늘어나면 이로 인해 소비(C)와 투자(I)가 줄어들 수밖에 없다. 위에서 살펴본 것은 정부지출의 증가가 민간지출의 감소로 완벽히 상쇄되는 완전한 구축 상태이다. 다시 강조하지만 이러한 현상은 우리가 상정한 경제가 완전고용 상태에 있기 때문이다. 우리는 제10장에서 경제가 완전고용 상태에 있지 않는 경우 정부지출의 효과에 대해 다시 분석할 예정이다.

③ 조세 증가의 효과

　　정부가 조세를 변화시키면 균형은 어떻게 변화하는가? 정부가 조세를 증가시키면 정부의 수입(T)이 증가하여 정부의 저축($T-G$)은 늘어난다. 반면 가처분소득 ($Y-T$)은 정부의 저축이 늘어난 만큼 감소하므로 소비가 고정되어 있다면 민간저축 ($Y-C-T$)은 정부의 저축이 늘어난 만큼 감소하게 된다. 따라서 총저축은 변함이 없는 것처럼 보인다. 하지만 이러한 결론은 민간소비(C)가 변하지 않는다고 가정하였기 때문이다. 실제로는 민간소비도 가처분소득의 함수이므로 정부의 조세의 크기에 의존한다. 즉 정부의 조세(T)가 증가하면 가처분소득이 감소하므로 민간소비도 감소한다. 이에 따라 민간저축은 소비의 감소분만큼 증가하게 된다. 즉 민간저축은 조세증가에 따른 가처분소득의 감소에 따라 감소할 뿐 아니라 소비의 감소에 의해 증가하기도 한다. 따라서 가처분소득의 감소는 민간저축에 두 가지 효과를 가지며 이를 모두 고려하면 민간저축의 감소분은 정부저축의 증가분보다 작게 된다. 따라서 조세의 증가는 민간저축과 정부저축의 합인 총저축을 증가시킨다. 이제 총저축이 증가함에 따라 새로운 균형에서는 이자율이 하락하고 소비와 투자가 늘어나게 된다. 이때 처음 소비의 감소는 이자율 감소로 인한 소비와 투자의 증가로 완전히 상쇄되어 총생산량은 변함이 없다. 즉 경제가 항상 완전고용인 상태에서는 조세를 늘려 소비를 줄일 수 있으나 이자율이 낮아지고 다시 소비와 투자가 늘어나 원래의 총수요가 회복되는 것이다.

　　이제 이러한 과정을 그림을 통해 이해해 보자. 〈그림 3-10〉에서 초기균형은 A점에서 이루어졌으며 균형이자율은 r_0였다. 정부가 조세를 증가시키면 소비가 줄

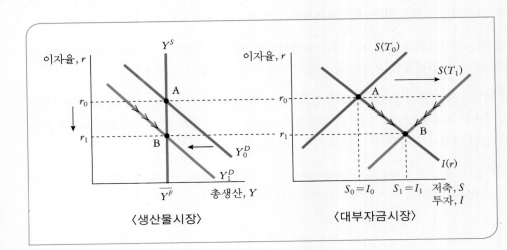

〈생산물시장〉　　　　〈대부자금시장〉

그림 3-10
조세 증가의 효과

조세의 증가는 주어진 이자율 수준에서 총수요를 감소시키기 때문에 생산물시장에서 총수요곡선을 왼쪽으로 이동시킨다. 총공급이 완전고용 수준에서 주어져 있기 때문에 총수요곡선의 왼쪽으로의 이동은 이자율을 하락시켜 균형점을 A점에서 B점으로 이동시킨다. 대부자금시장에서는 조세의 증가가 총저축을 증가시키므로 저축곡선이 오른쪽으로 이동하여 균형이자율이 하락하고 이에 따라 균형저축 및 투자가 이전에 비해 증가한다.

어들어 생산물시장에서는 총수요가 감소한다. 즉 총수요곡선이 Y_0^D에서 Y_1^D으로 이동한다. 총공급은 불변인 상태이므로 초기 이자율 r_0가 유지된다면 생산물시장에서는 초과공급이 존재하게 된다. 따라서 초과공급을 해소하기 위해 이자율이 하락하여야 한다. 이자율이 하락하면서 소비 및 투자가 증가하여 원래의 균형생산량 수준으로 총수요가 증가하여 새로운 균형이 달성된다. 새로운 균형 B점에서 이자율은 하락하고 균형생산량은 완전고용 수준에서 일정하게 유지된다.

대부자금시장에서 총저축이 증가함에 따라 저축곡선이 $S(T_0)$에서 $S(T_1)$으로 이동한다. 초기 균형점 A에 대응하는 이자율 r_0에서는 대부자금에 대한 초과공급이 발생하여 이자율이 하락하게 된다. 이자율이 하락하면서 투자가 증가하고 저축이 감소하면서 초과공급이 점점 줄어들고 새로운 균형점 B로 이동한다. 결국 조세 증가는 균형이자율을 하락시키고 균형저축 및 투자를 증가시킨다. 따라서 조세 증가로 인한 소비의 감소가 투자 증가로 인해 상쇄됨을 알 수 있다.

정리

1. 가격이 신축적인 경제에서는 요소가격의 완전신축적인 조정으로 인해 노동과 자본의 완전고용이 이루어진다. 따라서 이러한 경제에서 공급(YS)은 모든 생산요소(자본, 노동)가 완전고용되는 균형상태에서 생산된 GDP에 의해 결정된다.

2. 수요(YD)는 국내의 각 경제주체들의 상품에 대한 수요의 합으로 소비수요와 투자수요, 정부지출을 더하여 표현할 수 있다. 여기서 투자는 '의도한 투자'이고, 국민소득항등식의 투자(I)와는 일치하지 않을 수 있다.

3. 가격이 신축적인 경제에서는 완전고용을 유지하기 때문에 생산량의 공급은 일정하고, 수요량은 이자율의 신축적인 조정을 통해 변화하여 생산물시장의 수요와 공급이 일치한 상태인 균형이 달성된다.

4. 생산물시장에서 균형이 되면 대부자금시장에서 저축과 투자가 일치한다. 대부자금시장에서 가계, 기업, 정부가 저축을 하고, 기업은 이러한 저축을 토대로 자금을 조달해서 투자를 한다. 이와 같이 경제내의 저축과 투자가 같아질 때 대부자금시장의 균형이 달성된다.

5. 투자가 외생적으로 감소하면 균형에서 초과저축이 발생하고 이로 인해 이자율이 떨어진다. 이에 따라 투자가 다시 증가하는 동시에 소비가 증가하면서 저축이 줄어들어 균형을 이루게 된다.

6. 정부지출이 증가하면 총수요가 증가한다. 이때 총공급은 고정되어 있기 때문에 주어진 이자율 수준에서 초과수요가 발생하여 이자율이 상승하면서 새로운 균형이 달성된다. 즉 정부지출의 증가는 총소득을 증가시키지 못하고 정부지출이 늘어난 만큼 소비와 투자가 줄어들어 균형을 이루게 된다. 이처럼 정부지출의 증가가 민간지출을 감소시키는 효과를 구축효과(crowding-out effect)라고 한다. 총공급이 완전고용 상태에서 고정되어 있기 때문에 총소득도 증가하지 않는 것이다.

연습문제   *exercise*

1. 다음 문장의 옳고 그름 또는 불확실을 말하고 간략히 그 이유를 설명하시오.

1) 이자율이 상승하면 저축은 늘고 투자는 감소한다.

2) 저축이 외생적으로 증가하면 이자율이 하락한다.

3) 총생산이 일정하고 가격이 신축적인 폐쇄경제에서 정부지출의 증가는 민간투자의 감소와 이로 인한 근로자의 실질임금의 하락을 가져 온다.

4) 가격변수가 완전 신축적이어서 항상 완전고용인 경제를 생각하자. 이때 정부 소비지출의 증가는 같은 크기의 민간 투자의 감소를 가져오게 되고 이자율에는 아무런 영향을 주지 못한다.

5) 가격이 완전 신축적이고 항상 완전고용을 유지하는 경제에서 정부지출의 증가는 실질GDP에는 영향을 주지 못하고 물가만을 올린다.

2. 한 경제의 총생산은 항상 완전고용산출량에서 일정하다고 한다. 이 경제의 저축은 소득과 이자율의 양의 함수이며, 투자는 이자율과는 음의 관계를 갖는다.

1) 이 경제에서 정부지출이 증가할 때 소비, 저축, 투자, 이자율, 국민소득은 어떻게 변화하겠는가?

2) 투자가 이자율과는 무관하게 결정된다고 가정하자. 1)의 경우와 비교하면 정부지출의 증가의 효과가 어떻게 달라지는지 설명하시오.

3. 간단한 완전고용 경제를 고려하자. 한 경제의 생산함수가 다음과 같이 주어져 있다.

$$Y = F(K, L) = K^{0.5}L^{0.5}$$

이 경제의 자본과 노동의 공급량은 $K = 1000$, $L = 1000$으로 고정되어 있고 자본과 노동은 항상 완전고용된다. 따라서 총생산은 이들 요소의 완전고용산출량으로 결정된다고 한다. 소비, 투자, 정부지출, 조세는 다음과 같이 주어졌다.

소비: $C = 50 + 0.75(Y - T)$ 투자: $I = 450 - 3000r$

정부지출: $G = 50$ 조세: $T = 50$

1) 이 경제를 균형으로 하는 소득, 저축, 투자, 소비, 이자율(r)의 값을 구하시오.

2) 정부가 공채발행을 통해 지출을 100만큼 증가시키는 경우 소득, 이자율, 소비, 투자의 균형값을 구하고 그 변화를 설명하시오.

3) 정부가 조세의 증가를 통해 정부지출을 100만큼 증가시키는 경우 소득, 이자율, 소비, 투자의 균형값을 구하고 그 변화를 설명하시오.

4. 모든 생산요소와 생산물의 가격이 신축적으로 조정되는 다음과 같은 경제를 가정하자.

소비: $C = 130 + 0.8(Y - T) - 2r$ 투자: $I = 150 - 3r$

정부지출: $G = 100$ 조세: $T = 100$

단기생산함수: $Y = 14N - 0.04N^2$ 노동의 수요: $N^d = 175 - \dfrac{25}{2}\left(\dfrac{W}{P}\right)$

노동의 공급: $N^s = 50 + 50\left(\dfrac{W}{P}\right)$

여기서 r은 이자율, $\dfrac{W}{P}$는 실질임금을 표시한다.

1) 이 경제의 노동시장을 균형으로 하는 실질임금과 고용량의 값을 구하시오.

2) 이 경제의 생산물시장을 균형으로 하는 국민소득과 이자율의 값을 구하시오.

3) 정부지출이 100만큼 증가하는 경우 고용량, 소득, 이자율, 소비, 투자의 균형 값을 구하고 그 변화를 설명하시오.

5. 한 폐쇄경제의 총생산은 단기에서 항상 완전고용산출량으로 일정하다고 한다. 이 경제의 저축은 소득과 이자율의 양의 함수이며, 투자는 이자율과는 음의 관계를 가진다. 정부가 앞으로의 경기 하락을 우려하여 대규모로 정부지출을 증가시키는 정책을 쓴다고 하자(가능한 한 그래프로 설명하시오).

1) 실질이자율, 총투자, 총저축, 실질국민소득은 어떻게 변화하겠는지 설명하시오.

2) 만일 정부가 소비가 아닌 정부투자를 증가시킨다면 1)의 답은 어떻게 바뀌는가?

6. 한 경제의 총생산은 항상 완전고용산출량에서 일정하다고 한다. 이 경제의 저축은 소득과 이자율의 양의 함수이며, 투자는 이자율과는 음의 관계를 갖는다. 정부는 현재 균형예산을 유지하고 있다.

1) 이 경제에서 조세(정액세: 모든 사람이 소득과 관계없이 일정액을 부담하는 조세)를 외생적으로 삭감할 경우, 총저축, 총투자, 이자율, 국민소득은 어떻게 변화하겠는가?

2) 이때 정부가 조세의 감소와 같은 크기로 정부지출을 줄여서 균형예산을 유지한다고 가정해보자(즉, $\Delta T = \Delta G$). 이때 총저축, 총투자, 이자율, 국민소득의 변화를 설명하시오.

3) 이제 이 경제의 소비가 이자율에 (역방향으로) 전보다 더 크게 탄력적으로 반응한다고 하자. 1)에서 제시한 정책의 효과는 어떻게 달라지는지 설명하시오.

부록	기업의 이윤극대화조건

기업의 이윤극대화조건은 다음과 같이 도출할 수 있다. 기업의 이윤(Π)은 다음과 같이 표시된다.

$$\Pi = P \cdot Y - W \cdot L^D - R \cdot K^D$$

즉, 기업의 이윤은 기업의 총수입(생산량(Y)에 가격(P)을 곱한 것)에서 생산비용(노동비용, 자본비용)을 차감한 것으로 정의된다. Y대신에 생산함수 $Y = F(L^D, K^D)$를 대입하면 다음과 같이 표시된다.

$$\Pi = P \cdot F(L^D, K^D) - W \cdot L^D - R \cdot K^D$$

이 식에 따르면, 기업의 이윤은 생산물가격(P), 요소가격(W, R)과 생산에 투입되는 요소량(L^D, K^D)에 의해 영향을 받는다. 완전경쟁시장을 가정할 때, 기업은 생산요소의 가격을 주어진 것으로 보고 이윤을 극대화하는 생산요소의 고용량을 결정한다. 즉 이윤극대화를 위해 각 요소에 대해 미분한 값이 0이 되도록 하는 요소 투입량을 구하면 다음과 같이 표시된다.

$$\frac{\partial \Pi}{\partial L^D} = 0, \quad \frac{\partial \Pi}{\partial K^D} = 0$$

이므로

$$P \cdot \frac{\Delta F(L^D, K^D)}{\Delta L^D} = P \cdot MPL = W, \quad P \cdot \frac{\Delta F(L^D, K^D)}{\Delta K^D} = P \cdot MPK = R$$

이 도출된다. 여기서 노동의 (실질)한계생산물: $MPL = \frac{\Delta Y}{\Delta L} > 0$, 자본의 (실질)한계생산물: $MPK = \frac{\Delta Y}{\Delta K} > 0$으로 정의된다. 이 식에 의하면, 각 요소 한 단위를 추가로 투입함에 따른 추가적인 생산 수입의 증가($P \cdot MPL$, $P \cdot MPK$)와 추가적인 생산비용의 증가(W, R)가 동일할 때 이윤이 극대화된다.

Macroeconomics

제 4 장
노동시장과 실업

어떤 학생은 대학을 졸업하고 바로 취업에 성공하여 직장에 다니는 반면 어떤 학생은 졸업 후에도 한동안 취업을 못한다. 또한 주위를 둘러보면 취업과 실업을 반복하면서 주기적으로 실업을 경험하는 사람도 있고, 여러 해 같은 직장에 취업을 해 있던 사람이 갑자기 실업에 빠지게 되는 경우도 있다. 이와 같이 다양한 형태의 실업이 존재하는데, 과연 실업의 원인은 무엇인가?

이번 장에서는 실업의 원인에 대한 다양한 관점을 설명한다. 먼저 노동시장의 균형이론으로 실업을 설명할 수 있는지 살펴볼 것이다. 경제학에서는 많은 현상들을 균형에 의해 설명해 왔는데 실업도 균형현상으로 설명할 수 있다. 하지만 실업을 설명하기 위해서는 불균형이론이 필요하다는 견해도 유력하다. 이에 우리는 노동시장의 불균형이론에 대해서도 자세히 살펴볼 것이다. 불균형이 발생하는 이유는 크게 명목임금의 경직성과 실질임금의 경직성으로 나눠진다. 양자의 서로 다른 경제적 시사점에 대해서도 살펴본다.

노동시장의 수요와 공급

1 노동시장의 소개

노동은 생산과정에서 필수적인 생산요소이다. 노동은 가계가 보유하고 있으며 가계는 이를 기업에 공급함으로써 노동공급에 대한 대가인 임금을 받는다. 가계는 임금 외에도 자본이나 토지 소유 등을 통해 소득을 얻지만, 그 중에서도 임금은 가장 기본이 되는 가계의 소득원이다. 그 이유는 임금만이 유일한 소득원인 가계도 많으며, 자본이나 토지 등도 결국은 과거 임금을 저축하여 축적된 자금을 이용하여 소유하게 된 경우가 많기 때문이다.

기업은 가계가 공급한 노동과 자본을 비롯한 다른 생산요소들을 결합하여 재화와 서비스를 생산한다. 기업은 생산된 재화와 서비스를 생산물시장에 공급하여 얻게 된 수입 중 일부를 노동자에게 임금의 형태로 분배한다.

노동시장은 이와 같이 가계가 노동을 공급하고 기업은 노동을 수요하여 가계에 임금을 분배하는 경제활동이 벌어지는 장소이다. 지금부터는 기업이 노동수요를 어떠한 원리에 의해 결정하며, 가계는 어떠한 경제적 고려를 통해 노동공급을 결정하는지 자세히 살펴보도록 하겠다. 이를 통해 노동시장의 균형이 성립하는 과정을 살펴보고 궁극적으로 노동시장의 균형에서 실업률이 어떻게 결정되는지 분석할 것이다.

2 노동수요의 결정

노동수요의 결정에 관해서는 이미 제3장에서 간단히 살펴본 바 있다. 이제 이를 보다 자세히 살펴보기로 하자. 이미 지적한대로 노동에 대한 수요의 결정은 기업에 의해 이루어진다. 기업은 노동과 자본 등의 생산요소를 결합하여 재화와 서비스를 생산하며 이를 생산물시장에 공급하여 이윤을 얻는 것을 목적으로 한다. 따라서 노동수요의 결정은 기업이 이윤을 극대화하려고 노력하는 과정에서 최적의 노동수요를 선택하는 형태로 이루어진다. 이를 보다 체계적으로 살펴보도록 하자.

기업의 이윤극대화 조건

기업의 생산활동은 다음과 같은 생산함수로 나타낼 수 있다.

$$Y = F(L, K) \tag{4.1}$$

식 (4.1)에서 생산은 두 개의 생산요소, 즉 노동(L)과 자본(K)을 결합하여 이루어진다. 상품의 명목가격을 P, 노동 한 단위에 대한 명목임금(임금률)을 W, 자본 한 단위에 대한 명목임대료(임대율)를 R로 표현하면 기업이 얻게 되는 이윤은 다음과 같이 나타낼 수 있다.

$$\pi = P \cdot Y - (W \cdot L + R \cdot K) \tag{4.2}$$

이윤 = 수입 − 비용

즉 기업의 이윤은 기업의 총수입(생산량(Y)에 가격(P)을 곱한 것)에서 생산비용을 차감한 것으로 정의된다. 생산비용은 두 가지인데, 첫째는 노동비용(임금률(W)에 노동량(L)을 곱한 것)이고 둘째는 자본비용(임대율(R)에 자본량(K)을 곱한 것)이다.

Y 대신에 생산함수 $Y=F(L, K)$를 대입하면 다음과 같이 표시된다.

$$\pi = P \cdot F(L, K) - (W \cdot L + R \cdot K) \tag{4.3}$$

이 식에 따르면, 기업의 이윤은 상품가격(P), 요소가격(W, R)과 생산에 투입되는 요소량(L, K)에 의해 영향을 받는다. 일반적인 경우 우리는 생산물시장과 요소시장이 모두 완전경쟁시장 상태에 있다고 가정한다. 따라서 기업은 상품가격 및 생산요소의 가격을 주어진 것으로 보고 이윤을 극대화하는 생산요소의 고용량을 결정한다. 우리의 목적은 노동시장의 분석에 있으므로 노동량의 선택에 집중하기로 하자. 하지만 자본량의 선택도 동일한 방식으로 분석할 수 있다.

기업은 노동의 한계비용과 한계수입을 비교하여 노동량에 대한 수요를 결정한다. 노동의 한계비용은 노동을 한 단위 더 고용할 때 추가적으로 지불하는 비용을 의미한다. 기업의 의사결정은 노동시장에서의 임금률(W)에 영향을 주지 않으므로 노동을 한 단위 더 고용하더라도 임금률은 W로 고정되어 있다. 따라서 노동을 한 단위 더 고용할 때 기업은 임금률 W를 추가적으로 부담한다. 즉 노동의 한계비용은 W이다. 한편 노동의 한계수입은 노동 한 단위가 추가적으로 생산한 상품이 생산물시장에서 판매됨으로써 얻게 되는 기업의 추가적 수입이다. 노동 한 단위를 늘릴 때 늘어나는 생산의 추가분을 노동의 한계생산물(MPL)이라 부른다. 즉 노동이 한 단위 증가할 때 상품은 MPL 단위만큼 늘어난다. 그런데 생산물시장에서 상품의 가격은 P이므로 결국 노동 한 단위 증가로 인한 명목수입의 증가는 $P \cdot MPL$이라고 할 수 있다. 이때 $P \cdot MPL$을 노동의 한계생산물가치라고도 부른다.

$$노동의\ 한계수입\ =\ P \cdot MPL$$
$$노동의\ 한계비용\ =\ W$$

기업 입장에서 노동을 한 단위 더 고용했을 때의 이윤의 변화는 한계수입과 한계비용의 상대적 크기에 따라 결정된다. 즉 식 (4.2)에 따라

$$\triangle 이윤\ =\ \triangle 수입 - \triangle 비용\ =\ 한계수입 - 한계비용$$

이 성립한다. 따라서 한계수입이 한계비용보다 크다면 노동 한 단위의 증가가 이윤을 증가시키는 반면 한계수입이 한계비용보다 작다면 이윤은 감소한다. 이윤을 극대화하려고 하는 기업 입장에서는 한계수입이 한계비용보다 큰 이상 계속적으로 고용을 늘리려 할 것이다. 하지만 노동의 한계수입은 노동의 고용이 증가함에 따라 감소한다. 왜냐하면 한계생산 감소(Diminishing Marginal Product)의 법칙에 의해 노동의 한계생산물(MPL)이 고용이 증가함에 따라 감소하기 때문이다. 〈그림 4-1〉에서 노동의 한계수입, 즉 노동의 한계생산물가치($P \cdot MPL$)는 노동의 감소함수로 표현되

그림 **4-1**
최적 노동수요량의 결정

노동의 한계수입, 즉 노동의 한계생산물가치($P \cdot MPL$)는 노동의 감소함수이다. 한편, 노동의 한계비용은 노동의 고용과 관계없이 W에서 일정하다. 노동의 한계비용과 한계수입이 일치하는 점에서 최적노동수요량 L^*가 결정된다.

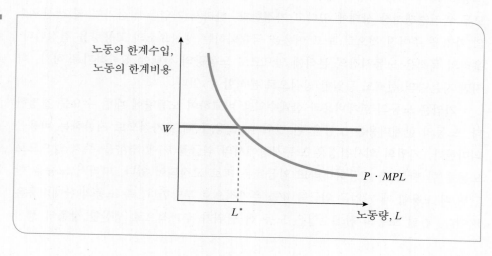

었다.

한편 노동의 한계비용은 완전경쟁시장에서 노동의 고용량과 관계없이 W에서 일정하다. 그러므로 만약 기업의 현재 노동고용수준이 노동의 한계수입과 노동의 한계비용이 일치하는 고용 L^*보다 작다면 노동의 고용을 증가시킴에 따라 이윤을 증가시킬 수 있다. 따라서 노동의 고용이 늘어날 것이다. 반면 기업의 현재 노동고용수준이 L^*보다 크다면 노동의 고용을 감소시킴에 따른 비용절감의 효과가 노동감소로 인한 생산물가치의 감소보다 크므로 이윤이 증가한다. 따라서 기업의 최적노동고용수준은 노동의 한계수입과 노동의 한계비용이 일치하는 L^*에서 결정됨을 알수 있다.

$$\text{이윤극대화 조건 I}: \quad P \cdot MPL = W \qquad (4.4)$$

식 (4.4)는 명목한계수입이 명목한계비용과 일치하는 수준에서 이윤이 극대화됨을 나타낸다. 하지만 식 (4.4)의 양변을 P로 나누면 이윤극대화조건을 다음과 같은 식으로 나타낼 수도 있다.

$$\text{이윤극대화 조건 II}: \quad MPL = \frac{W}{P} \qquad (4.5)$$

식 (4.5)는 식 (4.4)와 완전히 동일하지만 해석상의 차이가 생긴다. 식 (4.5)의 좌변은 노동의 한계생산물로 실질한계수입이며 우변은 노동의 고용이 한 단위 증가함에 따라 기업이 지불하는 실질임금으로 실질한계비용이다. 즉 식 (4.5)는 이윤을 극대화하는 조건을 실질변수들로 표현한 셈이다.

이윤극대화 조건을 실질변수의 형태로 바꾼 이유는 기업가 입장에서 보다 의미 있는 변수는 실질변수이기 때문이다. 예를 들어 식 (4.4)에서 명목임금(W)이 상승하였을 때($W_1 \rightarrow W_2$), 이러한 정보만으로는 기업이 고용을 늘릴지 줄일지 판단할 수 없다. 상품가격(P)의 움직임도 중요하기 때문이다. 만약 상품가격(P)이 동일한 비율로 상승하였다면($P_1 \rightarrow P_2$) 식 (4.4)에 아무런 영향을 주지 않고 고용량은 변함이 없게 된다. 이러한 상황은 〈그림 4-2〉의 왼쪽 그림에서 노동의 명목한계수입과 노동의 명목한계비용이 모두 동일한 비율로 상승하는 형태로 표현하였다. 그림에서 알 수 있듯이 고용량에는 변화가 없다. 고용량을 결정하는 것은 명목임금이 상품가격에 비해 상대적으로 얼마나 변화하는가이기 때문이다. 이러한 정보를 보다 직접적으로 보여주는 변수는 실질한계비용인 실질임금 $\frac{W}{P}$이다. 따라서 실질변수를 비교하는 것이 보다 편리하다. 식 (4.5)에 따르면 실질한계수입(한계생산물)이 실질한

그림 4-2

명목변수와 실질변수를 이용한 최적 노동수요량의 결정 비교

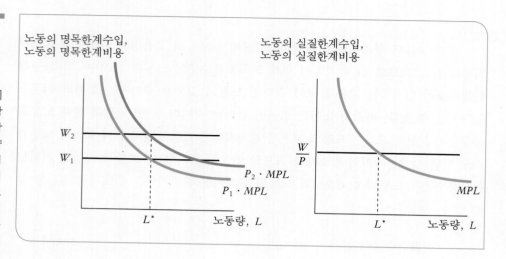

왼쪽 그림은 명목임금(W)이 상승하였을 때($W_1 \rightarrow W_2$), 상품가격(P)이 동일한 비율로 상승하였다면($P_1 \rightarrow P_2$) 고용량은 L^*에서 변함이 없음을 보여준다. 즉 노동의 명목한계수입과 노동의 명목한계비용이 모두 동일한 비율로 상승하는 경우 고용량은 불변이다. 오른쪽 그림은 실질한계수입과 실질한계비용이 만나는 점에서 최적의 노동수요량 L^*가 결정됨을 보여 준다. 명목임금과 상품가격이 동일한 비율로 상승하는 경우 실질한계비용곡선은 변함이 없다.

계비용(실질임금)과 같을 때 이윤은 극대화된다. 〈그림 4-2〉의 오른쪽 그림은 이와 같이 실질한계수입과 실질한계비용을 이용하여 최적의 노동수요량을 결정하는 경우를 보여 준다. 명목임금과 상품가격이 동일한 비율로 상승하는 경우 실질임금$\left(\dfrac{W}{P}\right)$에 변화가 없고 노동의 한계생산물도 변하지 않으므로 최적노동수요량도 변하지 않는다.

노동수요곡선의 도출

실질임금이 변화함에 따라 기업의 노동수요는 어떻게 달라지는가? 실질임금이 수직축을 따라 변할 때 기업이 원하는 고용량을 수평축에 표현한 곡선을 노동수요곡선이라고 부른다. 식 (4.5)에 따를 때, 기업은 실질임금이 MPL과 일치할 때까지 노동을 고용한다. 따라서 MPL곡선은 곧 노동수요곡선으로 해석될 수 있다. 이제 이를 보다 자세히 살펴보자. 〈그림 4-3〉은 노동고용량(L)이 늘어남에 따라 MPL의 값이 어떻게 변하는지 나타낸 것이다. 하지만 이를 다른 각도에서 보면 노동수요곡선으로 볼 수도 있다. 이를 이해하기 위해서 실질임금이 변화함에 따라 기업의 노동고용이 어떻게 변하는지 살펴보자. 만약 실질임금이 $\left(\dfrac{W}{P}\right)_1$이라면 고용이 L_1만큼 이루어져야 그 고용수준에서의 MPL과 실질임금$\left(\dfrac{W}{P}\right)_1$이 일치하게 된다. 실질임금이 $\left(\dfrac{W}{P}\right)_2$로 하락하였다면 다시 고용수준이 L_2로 변화하여야 그 때의 MPL과 실질임금 $\left(\dfrac{W}{P}\right)_2$가 일치하게 된다. 결국 실질임금이 변할 때 이에 대응하는 기업의 노동고용량 변화는 MPL곡선을 따라 이루어짐을 확인할 수 있다. 따라서 MPL곡선은 노동수요곡선인 셈이다.

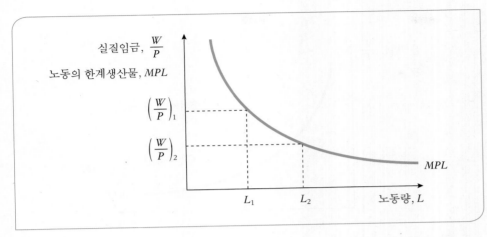

그림 4-3
노동수요곡선

MPL곡선은 노동고용량(L)이 늘어남에 따라 노동한계생산물의 값이 어떻게 변하는지 나타낸 것인데 이를 다른 각도에서 보면 노동수요곡선으로 볼 수도 있다. 만약 실질임금이 $\left(\frac{W}{P}\right)_1$이라면 고용이 L_1만큼 이루어져야 그 고용수준에서의 MPL과 일치하게 된다. 이제 실질임금이 $\left(\frac{W}{P}\right)_2$로 하락하였다면 다시 고용수준이 L_2로 변화하여야 그 때의 MPL과 일치하게 된다.

노동수요곡선의 이동

노동수요를 결정짓는 가장 중요한 변수는 노동의 가격인 실질임금이다. 노동수요곡선은 실질임금과 노동수요의 관계를 나타낸 것이다. 하지만 다른 요인들도 노동수요에 영향을 줄 수 있다. 이러한 다른 요인들의 변화는 주어진 실질임금하에서 노동수요를 변화시킨다. 따라서 노동수요곡선을 이동시키는 방식으로 노동수요곡선에 영향을 준다.

노동수요곡선을 이동시키는 요인은 크게 두 가지를 들 수 있다. 첫째, 자본량의 변화이다. 자본량의 변화는 노동의 한계생산물(MPL)에 영향을 준다. 일반적으로 자본과 노동은 서로 보완적인 생산요소이다. 따라서 자본의 양이 늘어나면 노동의 한계생산물은 증가한다. 이러한 사실은 더 많은 자본장비를 가지고 있는 기업이 노동을 한 단위 더 고용할 때, 적은 자본장비를 가지고 있는 기업보다 더 많은 생산을 할 수 있다는 점을 고려하면 쉽게 이해할 수 있다. 따라서 자본의 양이 늘어나면 MPL이 증가하여 노동수요곡선은 위로(혹은 오른쪽으로) 이동한다. 반면 자본의 양이 줄어들면 MPL이 감소하여 노동수요곡선은 아래로(혹은 왼쪽으로) 이동한다.

둘째, 기술수준의 변화와 같은 생산성충격(productivity shock)이다. 식 (4.1)의 생산함수에는 기술수준을 별도로 표시하지 않았다. 하지만 제6장에서 성장을 분석할 때는 기술수준의 변화가 중요한 역할을 할 것이다. 일반적으로 기술수준의 변화는 생산함수에 영향을 주어 생산성을 변화시킨다. 특히 기술수준의 변화는 노동의 생산성에 변화를 가져온다. 기술수준이 높아지면 노동의 한계생산물은 증가하므로 노동수요곡선은 위로(혹은 오른쪽으로) 이동할 것이다. 반면 기술수준이 낮아지면 노동의 한계생산물은 감소하므로 노동수요곡선은 아래로(혹은 왼쪽으로) 이동한다.

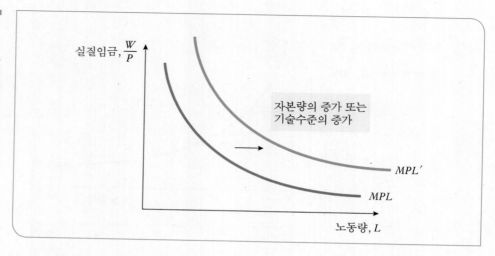

그림 4-4
노동수요곡선의 이동

자본의 양이 늘어나거나 기술수준이 높아지면 노동의 한계생산물(MPL)이 증가하여 노동수요곡선은 위로(혹은 오른쪽으로) 이동한다.

〈그림 4-4〉는 이상과 같은 두 가지 요인이 변할 때 노동수요곡선이 이동하는 모습을 보여준다.

총노동수요(시장 노동수요)

지금까지는 개별기업이 노동수요를 어떻게 결정하는지 살펴보았다. 그런데 거시경제를 분석할 때는 이러한 개별기업의 노동수요보다는 전체 시장에서의 노동수요가 보다 유용하다. 이와 같이 경제에 존재하는 모든 기업의 노동수요를 합한 전체 노동수요를 총노동수요 또는 시장 노동수요라고 부른다.

총노동수요는 개별기업의 노동수요를 합하여 도출하므로 총노동수요곡선의 모습은 개별기업의 노동수요곡선의 모습과 일치한다. 즉 실질임금이 하락할수록 총노동수요도 증가한다. 또한 개별노동수요곡선을 이동시키는 충격은 총노동수요곡선을 같은 방향으로 이동시킨다. 즉 전체 경제의 자본이 보다 많이(적게) 축적되면 총노동수요곡선은 오른쪽(왼쪽)으로 이동한다. 또한 새로운 기술이 개발되어 노동의 한계생산물이 증가하면 총노동수요곡선은 오른쪽으로 이동한다.

3 노동공급의 결정

노동의 수요는 기업에 의해 결정되는 반면 노동의 공급은 가계에 의해 이루어진다. 가계의 구성원은 하루 24시간이라는 물리적인 시간을 본인의 의지에 의해 사용할 권한을 가지고 있다. 가계는 그 중 일부의 시간을 기업에서의 생산활동에 사용하고 그에 대한 대가로 임금을 받는다. 노동공급은 이렇게 기업에 공급되어 사용되는 시간을 의미한다. 그리고 나머지 시간은 본인을 위해 사용한다. 우리는 본인을 위해 사용하는 나머지 시간을 여가라고 부를 것이다.

가계의 노동공급은 어떠한 경제원리에 의해 결정되는가? 기업의 경우와 마찬가지로 가계도 자신의 목적을 달성하는 과정에서 노동의 공급이 결정된다. 가계는 경제활동 과정에서 효용을 얻게 되는데, 가계의 목적은 효용을 극대화하는 것으로 표현할 수 있다. 효용은 크게 두 가지 경제활동에 의해 얻게 된다. 첫째는 재화와 서비스의 소비이고, 둘째는 여가활동이다. 여가에는 취미생활뿐 아니라 취침을 위한 시간도 포함한다. 가계는 소비뿐 아니라 여가시간을 늘릴 때도 효용이 증가한다. 주의할 점은 노동의 공급이 가계의 효용에 직접적으로 영향을 주는 것은 아니지만 노동의 공급을 늘리면 여가를 위한 시간이 줄어들어 효용이 감소한다는 사실이다. 하지만 모든 시간을 여가를 위해서만 사용한다고 효용이 극대화되는 것은 아니다. 이 경우 소비를 위한 재원을 마련할 수 없기 때문이다. 결국 가계가 여가시간을 줄이고 노동공급을 하는 이유는 노동소득을 얻어 소비를 위한 재원을 확보하기 위함이다. 따라서 가계는 소비와 여가의 크기를 적절히 결정하여 효용을 극대화하려고 노력한다.

지금까지의 논의를 체계적으로 분석해 보자. 가계는 다음과 같은 효용함수를 극대화하고자 한다.

$$U = U(C, H) \tag{4.6}$$

효용(U)을 결정하는 요인은 소비량(C)과 여가시간(H)이다. 소비량은 노동공급을 통해 얻은 노동소득에 의해 결정된다. 전체 주어진 시간을 24시간이라고 한다면 노동공급량(L)은 $24-H$ 로 결정된다.

$$L = 24-H$$

시간당 실질임금을 w 라고 한다면 노동소득은 $wL=w(24-H)$가 된다. 이는 소비재 구입의 재원이 된다. 노동소득을 모두 이용하여 소비재를 구입한다면

$$C = w \cdot (24-H) \tag{4.7}$$

가 성립한다. 결국 가계는 제약조건 식 (4.7)하에서 목적함수인 효용함수 식 (4.6)

을 극대화하는 과정에서 노동공급을 결정한다.

노동공급의 결정: 여가와 노동소득 사이의 상충관계

가계가 직면한 제약조건 식 (4.7)을 보면 가계는 노동공급(L)을 결정하는 과정에서 근본적인 상충관계에 처해 있음을 알 수 있다. 즉 노동공급(L)을 줄여 여가(H)를 늘리면 직접적으로 효용을 증가시킬 수 있지만 동시에 노동소득이 줄어들므로 소비가 줄어들 수밖에 없다. 다시 말해서 여가를 즐기는 데에 대한 기회비용은 여가를 즐기기 위해 포기하는 노동소득, 즉 실질임금이라고 할 수 있다.

가계는 이와 같은 여가와 노동 사이의 상충관계를 고려하여 최적의 노동공급량을 결정한다. 이러한 결정도 노동공급에 따른 한계이득(marginal benefit)과 한계비용(marginal cost)의 비교를 통하여 설명할 수 있다. 즉 가계가 노동을 한 단위 더 공급하는 경우 노동소득(w)을 얻을 수 있다. 노동소득을 통하여 소비재를 구입함으로써 가계는 효용을 늘릴 수 있는데 이렇게 증가한 효용이 바로 노동공급에 따른 한계이득이다. 반면 가계가 노동을 한 단위 더 공급하는 경우 여가가 한 단위 줄어들게 된다. 주어진 시간은 24시간으로 고정되어 있기 때문이다. 여가가 한 단위 줄어들게 됨에 따라 효용도 감소하는데 이 효용 감소분이 한계비용에 해당한다. 가계는 한계이득이 한계비용보다 큰 이상 계속적으로 노동을 추가적으로 공급하려 할 것이다. 왜냐하면 노동을 추가적으로 공급함에 따라 효용증가분이 효용감소분을 초과하여 효용은 증가하기 때문이다. 하지만 한계이득이 한계비용보다 작다면 추가적인 노동공급은 효용을 감소시킨다. 결국 가계는 한계이득과 한계비용이 일치하는 수준에서 노동공급을 멈춘다. 이렇게 결정된 노동공급이 가계의 최적노동공급수준이 된다.

실질임금의 변화가 노동공급에 미치는 두 가지 효과

노동수요의 경우와 마찬가지로 실질임금의 변화는 노동공급을 변화시킨다. 실질임금의 증가는 노동의 공급에 따른 한계이득을 증가시키기 때문에 노동공급도 증가시킬 것이라고 생각하기 쉽다. 실제로 대부분의 경우 실질임금의 증가는 노동공급을 증가시킨다. 하지만 실질임금의 증가는 한계비용도 변화시킨다. 왜냐하면 실질임금의 증가로 더 많은 소득을 얻게 되는 경우 여가의 가치를 달리 평가할 것이기 때문이다. 예를 들어 10억원의 유산을 갑자기 받게 된다면 과거에 비해 여가의 가치가 보다 높아질 것이다. 실질임금의 변화는 상대적으로 작은 소득의 변화이지만 이러한 소득의 변화도 여가의 가치에 대한 평가를 변화시킨다는 점은 동일하다. 따라서 실질임금의 변화가 노동공급에 미치는 효과는 보다 복잡함을 알 수 있다. 일반적으로 실질임금의 변화가 노동공급에 미치는 효과는 두 가지 경로를 통해 이루어진다. 첫 번째는 대체효과(substitution effect)이고, 두 번째는 소득효과(income effect)이다.

대체효과

실질임금의 증가는 여가의 기회비용을 증가시킨다. 가계는 주어진 24시간의 시간을 노동공급(L)과 여가(H) 사이에서 분배하는데($L+H=24$), 노동공급에 따른 이득이 증가하므로(여가의 기회비용이 증가하므로) 다른 조건들이 동일할 때 노동공급을 증가시키고 여가를 감소시킨다. 이와 같이 실질임금이 상승함에 따라 상대적으로 비싸진 여가를 줄이고 보다 높은 이득을 주는 노동공급을 늘리는 행위를 대체효과라고 부른다.

소득효과

다른 조건들이 동일할 때 실질임금의 상승은 대체효과를 통해 노동공급을 증가시킴을 확인하였다. 하지만 실질임금의 상승은 가계가 처해 있는 조건의 변화도 발생시킨다. 즉 노동공급을 변화시키지 않더라도 실질임금의 상승만으로 소득은 증가한다. 같은 노동시간에 대해 더 많은 실질임금을 제공하기 때문이다. 따라서 실질임금의 상승은 소득을 변화시킴으로써 노동공급의 결정에 영향을 준다. 일반적으로 소득이 증가할 때 가계는 소비재의 소비를 늘리고자 할 뿐 아니라 여가시간도 늘리고자 한다. 이와 같이 실질임금의 상승이 소득의 증가를 발생시켜 여가시간을 늘리고 노동공급을 감소시키는 효과를 소득효과라고 부른다.

실질임금이 노동공급에 미치는 종합적 효과

실질임금의 변화는 두 가지 효과, 즉 대체효과와 소득효과를 통하여 노동공급에 영향을 준다. 그런데 이 두 가지 효과는 서로 다른 방향으로 노동공급을 변화시키기 때문에 실질임금의 변화가 노동공급에 미치는 종합적 효과는 일정하지 않은 셈이다. 예를 들어 실질임금이 상승하는 경우, 대체효과는 기회비용이 높아진 여가의 감소를 발생시켜 노동공급을 증가시키는 반면 소득효과는 여가를 증가시키고 노동공급의 감소를 가져온다. 이를 정리하면 다음과 같다.

$$\frac{W}{P}\uparrow \begin{cases} \text{대체효과 : 실질임금 상승} \Rightarrow \text{여가의 기회비용} \uparrow \Rightarrow \text{여가} \downarrow (\text{노동공급} \uparrow) \\ \text{소득효과 : 실질임금 상승} \Rightarrow \text{노동소득} \uparrow \qquad\qquad \Rightarrow \text{여가} \uparrow (\text{노동공급} \downarrow) \end{cases}$$

그림 4-5
대체효과와 소득효과

실질임금의 변화는 대체효과와 소득효과를 통하여 노동공급에 영향을 주는데 이 두 가지 효과는 상반된 방향으로 일어난다. 실질임금의 증가가 일시적이어서 여가에 대한 선호를 바꾸지 못하는 한 대체효과로 인하여 노동공급이 증가하지만 실질임금의 상승이 지속되는 경우에는 대체효과가 작고 소득효과가 커서 노동공급이 오히려 감소할 가능성이 크다.

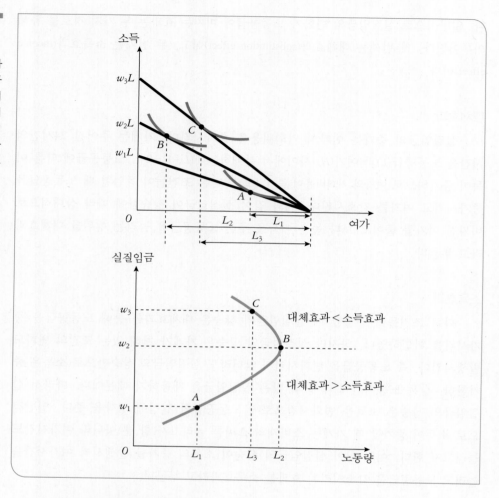

따라서 대체효과와 소득효과의 양자 중 어느 효과가 더 큰가에 따라 실질임금 상승의 효과가 결정된다. 실질임금이 증가할 때 만약 대체효과가 소득효과보다 크다면 노동공급이 증가하지만 그 반대의 경우에는 노동공급이 감소할 수 있는 것이다.

일반적으로 어느 효과가 더 클까? 이에 대한 답은 두 가지 관점에서 가능하며 이는 〈그림 4-5〉를 통해 확인할 수 있다. 첫째, 가계 구성원의 효용함수에 의존할 것이다. 예를 들어 효용함수를 특정한 형태로 가정하면 소득이 늘어나도 여가에 대한 선호에 전혀 변화가 없을 수 있다. 이러한 특수한 경우에 있어서는 소득효과가 나타나지 않고 대체효과만이 노동공급의 변화를 결정하며, 따라서 실질임금이 상승하면 노동공급은 증가한다. 둘째, 실질임금의 변화가 얼마나 지속되는지도 중요하다. 예를 들어 실질임금의 상승이 일시적으로 발생한다면 높은 실질임금이 제공되는 동안에 이를 최대한 활용하는 것이 좋다. 따라서 대체효과가 커진다. 또한 이 경우에는 소득의 증가도 잠깐뿐이다. 따라서 소득효과는 그리 크지 않을 수 있다. 결국 실질임금의 상승이 일시적이라면 대체효과가 소득효과보다 클 가능성이 높아지므로 노동공급은 증가할 가능성이 높다. 하지만 실질임금의 상승이 영원히 지속된다면 미래의 어느 시점에서든 노동공급을 늘리기만 하면 높은 실질임금을 받을 수 있다. 따라서 지금 당장 노동공급을 늘려 높은 실질임금을 누리지 않아도 된다. 나중에라도 언제든지 기회가 있기 때문이다. 이는 대체효과가 그리 크지 않음을 의미한다. 반면 높은 임금이 오랫동안 지속되므로 소득의 상승효과는 매우 큰 편이다. 즉 소득효과는 크게 된다. 결국 실질임금의 상승이 지속적일수록 대체효과는 작고 소득효과는 크므로 노동공급이 오히려 감소할 가능성이 생긴다.

노동공급곡선

〈그림 4-6〉은 실질임금이 수직축을 따라 변화할 때 가계의 노동공급량이 변화하는 모습을 수평축에 나타낸 것이다. 이를 노동공급곡선이라고 부르며 L^s로 표시하였다. 노동공급곡선은 우상향하는 형태로 그려졌는데, 그 이유는 다른 조건이 일정하다는 전제 하에서 현재의 실질임금 변화에 대응한 노동공급의 변화를 나타냈기 때문이다. 다른 조건이 일정하다는 가정에는 미래의 실질임금도 고정되어 있음을 포함한다. 따라서 수직축의 실질임금 변화는 현재의 실질임금 변화만을 의미하므로, 실질임금의 변화가 지속적이지 않음을 가정한 셈이다. 이러한 가정하에서는 위에서 설명한 것과 같이 대체효과가 소득효과보다 클 가능성이 많기 때문에 우상향하는 노동공급곡선이 도출된다.

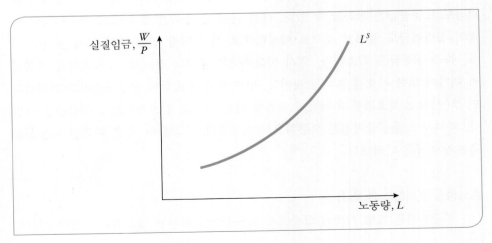

그림 4-6
노동공급곡선

실질임금이 수직축을 따라 변화할 때 가계의 노동공급량이 변화하는 모습을 수평축에 나타낸 것이다. 이를 노동공급곡선이라고 부르며 L^s로 표시하였다. 노동공급곡선은 우상향하는 형태로 그려진다.

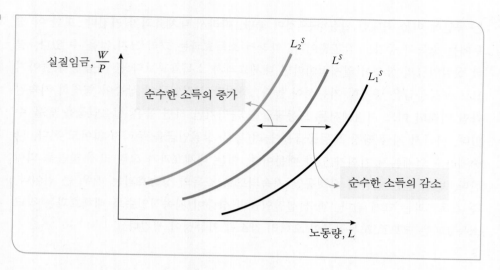

노동공급곡선의 이동

실질임금이 아닌 다른 요인에 의해 노동공급이 변하는 경우에 노동공급곡선은 이동한다. 예를 들어 유산을 받았다는 등의 이유로 부(wealth)가 증가하였다고 하자. 이 경우는 실질임금의 변화 없이도 순수한 소득효과를 발생시킨다. 즉 부의 증가로 인해 여가에 대한 선호가 더욱 커지며 노동공급을 줄이게 된다. 따라서 노동공급곡선은 왼쪽으로 이동한다. 반면 부가 외생적으로 감소한다면 노동공급곡선은 오른쪽으로 이동한다. 예를 들어 홍수가 나서 재산상의 큰 피해가 났다고 하자. 이때는 여가를 즐길 여유가 없다. 노동공급을 늘려 재산상의 피해로 인한 손실을 만회하여야 하기 때문이다. 따라서 노동공급은 증가한다.

또한 미래의 실질임금이 변화한다고 기대한다면 현재의 실질임금이 변하지 않더라도 노동공급은 변화할 수 있다. 예를 들어 곧 승진을 할 것으로 예상한다면 미래의 실질임금도 늘어날 것으로 예상하므로 지금 당장 일을 많이 하지 않아도 된다. 즉 노동공급은 감소한다. 역시 미래소득의 증가도 정(+)의 소득효과를 발생시켜 여가에 대한 선호를 늘리는 것이다. 반면 미래의 소득이 감소하리라고 기대한다면 부(−)의 소득효과를 초래하여 여가에 대한 선호를 감소시키고 노동공급을 늘린다. 따라서 노동공급곡선은 오른쪽으로 이동한다. 〈그림 4-7〉은 이러한 노동공급곡선의 이동을 나타냈다.

총노동공급(시장 노동공급)

지금까지는 개별 가계의 입장에서 노동공급이 어떻게 결정되는지 살펴보았다.

하지만 거시경제를 분석하기 위해서는 전체경제에서의 노동공급, 즉 총노동공급 혹은 시장 노동공급을 살펴볼 필요가 있다. 총노동공급은 전체경제에 존재하는 개별 가계의 노동공급을 합하여 도출한다. 실질임금이 상승하면 총노동공급은 증가하므로 총노동공급곡선은 우상향하는 모습을 취한다. 우리는 이러한 이유로 두 가지를 들 수 있다. 첫째, 개별가계의 노동공급곡선이 우상향하므로 총노동공급곡선도 우상향한다. 즉 실질임금의 상승에 따라 이미 노동시장에 참여한 가계가 보다 많은 시간의 노동을 공급하는 것이다. 둘째, 실질임금의 상승에 따라 노동시장에 참여하지 않았던 가계 중에서 새로이 노동을 공급하는 경우도 생긴다. 낮은 실질임금하에서는 노동공급을 전혀 하지 않던 가계들도 실질임금이 상승함에 따라 노동공급을 하게 되는 것이다. 이상의 두 가지 이유에 의해 총노동공급곡선은 우상향하는 모습을 취한다.

④ 노동시장의 균형

지금까지 도출한 총노동수요곡선과 총노동공급곡선을 이용하여 노동시장의 균형이 어떻게 결정되는지 분석해보자. 이렇게 노동시장이 항상 균형을 이루고 있다고 가정한 상태에서 노동시장을 분석하는 이론을 노동시장 균형이론이라고 부른다. 노동시장의 균형이론에 따르면 노동시장에 가해지는 충격에 따라 총노동수요곡선 및 총노동공급곡선이 이동하여 실질임금은 즉각적으로 변화한다.

〈그림 4-8〉은 노동시장에서의 총노동수요곡선과 총노동공급곡선을 동시에

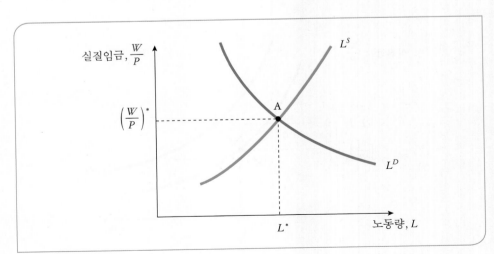

그림 4-8
노동시장의 균형

노동시장에서의 총노동수요는 노동의 한계생산성(MPL)과 일치하므로 총노동수요곡선(L^D)은 그림에서 표현한 바와 같이 우하향하는 모습을 취한다. 또한 기존에 노동시장에 참여하지 않았던 가계들도 실질임금이 상승함에 따라 노동시장에 참여하여 노동공급을 하게 되므로 총노동공급곡선(L^S)은 우상향하는 모습으로 표현하였다. 균형은 총노동수요곡선과 총노동공급곡선이 만나는 A점에서 결정되고 시장에서의 균형총노동량은 L^*가 된다.

나타낸 것이다. 이미 설명한 바와 같이 총노동수요는 노동의 한계생산물(MPL)과 일치하므로 총노동수요곡선은 그림에서 표현한 바와 같이 우하향하는 모습을 취한다. 실질임금이 증가할수록 기업 입장에서는 비용이 많이 들게 되므로 노동에 대한 수요량을 줄이는 것이다. 한편 총노동공급은 가계에서 결정하며 앞에서 본 바와 같이 실질임금과의 관계가 일률적이지 않지만, 실질임금이 증가할수록 기존의 노동시장에 참여한 가계는 더욱 많은 노동량을 공급하는 것이 보다 일반적이다. 또한 기존에 노동시장에 참여하지 않았던 가계들도 실질임금이 상승함에 따라 노동시장에 참여하여 노동공급을 하게 되므로 총노동공급곡선은 우상향하는 모습으로 표현하였다. 균형은 총노동수요곡선과 총노동공급곡선이 만나는 A점에서 결정되고 시장에서의 균형총노동량은 L_1^*가 되며 균형실질임금은 $\left(\dfrac{W}{P}\right)_1^*$로 결정된다.

만약 노동시장에 더 이상의 충격이 없다면 균형은 A점에서 지속적으로 유지될 것이다. 하지만 노동시장에 충격이 가해지면 균형은 변화한다. 예를 들어 총노동수요곡선에 가해지는 충격을 생각해보자. 만약 자본량의 증가 또는 기술수준의 향상으로 노동수요가 증가한다면 총노동수요곡선은 오른쪽으로 이동할 것이다. 〈그림 4-9〉는 이러한 충격에 따라 총노동수요곡선이 L_1^D에서 L_2^D로 이동한 경우를 나타낸다. 노동수요가 증가함에 따라 균형은 A점에서 B점으로 이동한다. 이에 따라 새로운 균형 B점에서 균형총노동량은 L_2^*, 균형실질임금은 $\left(\dfrac{W}{P}\right)_2^*$로 결정된다.

노동시장의 균형은 총노동공급곡선에 충격이 가해짐에 따라 변화할 수도 있다. 만약 노동자의 부가 외생적으로 증가한다면 여가에 대한 선호가 커짐에 따라 노동공급을 줄이게 된다. 이러한 변화는 총노동공급곡선이 왼쪽으로 이동하는 것으

그림 4-9

노동수요에 대한 충격으로 인한 노동시장 균형의 변화

노동수요에 가해진 충격으로 인하여 총노동수요곡선이 L_1^D에서 L_2^D으로 이동한 경우를 나타낸다. 노동수요가 증가함에 따라 균형은 A점에서 B점으로 이동한다. 이에 따라 새로운 균형 B점에서 균형총노동량은 L_2^*, 균형실질임금은 $\left(\dfrac{W}{P}\right)_2^0$로 결정된다.

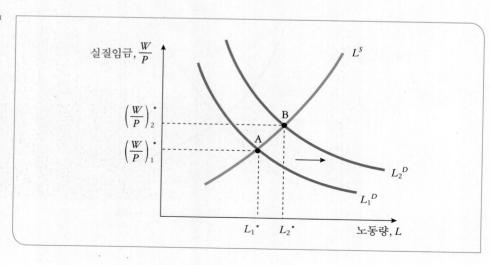

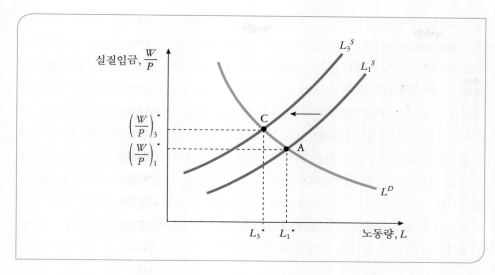

그림 **4-10**
**노동공급에 대한 충격으로
인한 노동시장 균형의 변화**

총노동공급곡선에 대한 충격
은 총노동공급곡선을 L_1^S에서
L_3^S 으로 이동시키고 균형은 A
점에서 C점으로 이동한다. 따
라서 새로운 균형총노동량은
L_3^*가 되고 새로운 균형실질임
금은 $\left(\dfrac{W}{P}\right)_3^*$로 결정된다.

로 나타낼 수 있다. 〈그림 4–10〉은 이러한 변화를 통해 노동시장의 균형이 이동하
는 과정을 보여준다. 총노동공급곡선에 대한 충격은 총노동공급곡선을 L_1^S에서 L_3^S
으로 이동시키고 균형은 A점에서 C점으로 이동한다. 따라서 새로운 균형총노동량
은 L_3^*가 되고 새로운 균형실질임금은 $\left(\dfrac{W}{P}\right)_3^*$로 결정된다.

실업의 종류 ②

제2장에서 살펴본 바와 같이 실업은 취업의사가 있음에도 불구하고 직장을 갖
지 못할 경우에 발생한다. 그렇다면 실업은 왜 발생하는 것일까? 실업은 다음과 같
은 세 가지 요인에 의해 발생한다고 여겨져 왔다.

마찰적 실업

마찰적 실업(frictional unemployment)은 직업이 없는 노동자의 수와 비어 있는 일
자리의 수가 같음에도 불구하고 노동자와 일자리가 짝지어(matching)지지 않아 발생
한다. 취업은 노동자와 일자리가 연결되는 경우에 발생한다. 하지만 노동자와 일자
리가 경제에 존재하는 마찰 때문에 즉각적으로 연결되지 않아 마찰적 실업이 발생

한다. 마찰적 실업이 발생하기 위해서는 다음 두 가지 조건이 만족되어야 한다. 첫째, 개별 노동자와 일자리들의 특성이 서로 달라야 한다. 일반적으로 노동자들은 선호가 모두 다르며 기술 습득 내용도 다르다. 즉 노동자들이 할 수 있는 일이 다르다. 또한 일자리도 특정 노동자를 선호한다. 예를 들어 컴퓨터회사에서 일자리가 생겼다면 컴퓨터 전문가를 고용하려 할 것이다. 둘째, 경제에 마찰이 존재한다. 대표적인 마찰은 정보의 불완전성이다. 노동자와 일자리의 특성이 다르더라도 정보가 완전하다면 노동자들은 자신을 필요로 하는 일자리를 즉각적으로 찾을 수 있다. 일자리를 제공하는 기업 입장에서도 일자리 특성에 맞는 노동자를 즉각적으로 찾아서 일자리를 채울 수 있을 것이다. 따라서 경제에 존재하는 마찰적 실업은 이와 같이 이질적인 노동자와 정보의 불완전성과 같은 마찰적 요인에 의해 발생한다. 마찰적 실업이라는 이름이 붙여진 이유도 여기에 있다.

구조적 실업

경제의 산업구조의 변화나 지역간 불균등 발전 때문에 실업이 발생하는 경우, 이를 구조적 실업(structural unemployment)이라고 부른다. 예를 들어 컴퓨터산업이 발달하고 섬유산업이 침체함에 따라 컴퓨터산업에서는 많은 일자리가 창출되는 반면 섬유산업에 종사하는 많은 노동자들이 일자리를 잃었다고 하자. 이 경우 섬유산업에 종사하였던 노동자들은 컴퓨터산업으로 이직할 필요가 생기는데 이러한 과정은 즉각적으로 이루어지지 않는다. 왜냐하면 섬유산업에 종사하던 노동자들은 섬유산업에 알맞는 기술만 가지고 있을 뿐 컴퓨터산업에서 즉각적으로 일할 수 있는 기술을 가지고 있지 않기 때문이다. 또한 지역간 불균등 발전이 일어날 경우에도 노동자들은 쇠퇴하는 지역에서 부흥하는 지역으로 이동해야 일자리를 찾을 수 있다. 하지만 이러한 지리적인 이동도 산업간 이동처럼 즉각적으로 행해지기는 어렵다. 따라서 많은 노동자들이 산업간 혹은 지역간 이동을 하는 과정에서 실업을 겪게 되는데 이러한 실업을 구조적 실업이라고 부른다. 구조적 실업은 산업간 또는 지역간 이동에 따른 실업이라는 의미에서 부문간 이동(sectoral shifts)에 의한 실업이라고 불리기도 한다.

구조적 실업은 마찰적 실업과 유사한 측면이 강하다. 직업이 없는 노동자와 비어 있는 일자리가 동시에 증가하지만 양자 사이의 연결이 즉각적으로 이루어지지 않기 때문에 발생한다는 유사점이 있다. 하지만 노동자와 일자리 사이의 연결이 즉각적으로 이루어지지 않은 이유가 단순한 정보의 불완전성 때문이 아니라 경제의 보다 근본적인 경제구조적 변화에 의해 초래된다는 의미에서 마찰적 실업과 구별된다. 그러나 경제구조적 변화가 있더라도 노동자들이 새로운 산업에 맞는 기술을 즉각적으로 습득할 수 있거나 지역간 이동을 즉각적으로 할 수 있다면 구조적 실업이 생기지 않을 수 있다. 우리는 새로운 기술을 습득하거나 지역간 이동을 하는 과정에서 필요한 시간 등도 넓은 범위의 마찰적 요인이라고 생각할 수 있다. 따라서 구조적 실업도 넓은 범위의 마찰적 실업의 일종이라 생각하기도 한다.

경기적 실업

경기적 실업(cyclical unemployment)은 경기가 불황에 빠지는 경우에 생기는 실업을 말한다. 경기변동에 대해서는 제8장에서 보다 자세히 설명할 것이다. 일반적으로 불황에는 생산이 감소하고 생산에 필요한 생산요소에 대한 수요가 감소한다. 따라서 노동에 대한 수요도 감소하여 실업이 발생한다.

노동시장의 균형과 실업   3

1 노동시장 균형에 대한 해석

노동시장의 균형이론에서는 노동의 수요와 공급이 어떠한 원리에 의해 결정되며 노동시장에서 어떻게 균형이 성립하는지 살펴보았다. 그런데 노동시장의 균형이론은 위에서 배운 세 가지 종류의 실업과 어떠한 관련이 있는가? 지금부터는 노동시장의 균형이론을 이용하여 실업을 어떻게 설명할 수 있는지 살펴보도록 하자.

노동시장의 균형을 실업과 관련하여 이해할 때 중요한 고려사항은 총노동량의 변화를 어떻게 해석하는가의 문제이다. 예를 들어 〈그림 4-11〉에서와 같이 노동수요곡선의 왼쪽 이동으로 균형총노동량이 감소하였다면 이를 실업의 증가로 해석할 수 있는가? 총노동량을 생산과정에 투여된 총노동시간으로 측정한다면 총노동량의 변화는 두 가지 경로를 통해 이루어질 수 있다. 첫 번째 경로는 평균노동시간의 변화이다. 즉 고용된 노동자의 숫자가 동일하더라도 모든 노동자가 노동시간을 변화시킨다면 총노동량은 변화한다. 두 번째 경로는 고용된 노동자의 수의 변화이다. 즉 노동자의 평균노동시간은 고정되더라도 고용된 노동자의 수가 변화한다면 총노동량은 변화하는 것이다. 현실의 경제에서는 이 두 가지 경로 모두를 통하여

그림 **4-11**
**노동시장 균형변화에 따른
노동고용량의 변화**

만일 노동수요에 대한 음(−)
의 충격발생으로 총노동수요
곡선이 왼쪽으로 이동($L_1^D \rightarrow$
L_2^D)한다면 노동시장이 항상
균형을 유지하는 경우 실질임
금이 즉각적으로 변하여 균형
은 B점이 된다.

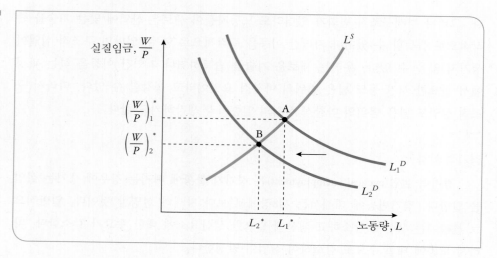

총노동량이 변한다. 하지만 두 경로 중 현실경제에서 더욱 중요한 역할을 하는 것
은 두 번째 경로이다. 즉 평균노동시간의 변화라기보다는 고용된 노동자 수의 변화
를 통해서 총노동량이 주로 변하게 되는 것이다.

그렇다면 〈그림 4−11〉의 균형총노동량(L^*)의 변화는 어떻게 해석할 수 있는
가? 우리는 총노동량이 변하는 두 가지 경로에 각각 대응하여 두 가지 극단적인 경
우를 생각할 수 있다. 첫 번째는 모든 노동자가 완전히 동일하다고 가정하는 경우
이고, 두 번째는 노동자가 서로 다를 가능성을 인정하는 경우이다.

노동자가 동일한 경우: 노동시간의 조정

모든 노동자가 동일하다는 가정은 비현실적임에도 불구하고 모형의 간단성을
위하여 많이 채택하고 있다. 동일한 노동자라면 노동공급시간에 대해서도 같은 의
사결정을 할 것이기 때문에 이 경우 모든 노동자는 동일한 의사결정을 할 것이다.
또한 이때는 모든 노동자가 고용되어 있다고 보아야 할 것이다. 모든 노동자가 동
일한 의사결정을 한다고 전제할 때, 한 명이라도 고용되지 않았다면 모든 노동자가
고용되지 않은 셈이다. 이 경우 노동시장에 고용된 총노동량은 0이 되고 총생산량
도 0이 되는데 총생산이 0이라는 것은 생각할 수 없기 때문이다. 이렇게 생각한다
면 모든 노동자가 고용되어 있으므로 실업률은 0이 된다.

모든 노동자가 동일하다고 가정하면 균형총노동량이 변화해도 실업률은 변화
하지 않는다. 균형총노동량이 변화하더라도 모든 노동자가 고용되어 있다는 사실
은 변함이 없기 때문이다. 따라서 균형총노동량의 변화는 모든 노동자가 동일하게

노동시간을 변화시킴으로써 달성된다. 노동자의 수는 일정한 상태에서, 첫 번째 경로, 즉 평균노동시간의 변화를 통해 균형노동량의 변화가 이루어지는 것이다. 일반적으로 모든 노동자가 동일하다고 생각하면 노동시장의 균형이론으로 실업을 설명하기 어렵다.[1]

노동자가 서로 다른 경우: 노동자 수의 조정

두 번째 경우는 노동자가 서로 다르다고 가정하는 것이다. 하지만 노동자들이 일하는 평균노동시간은 일정하게 결정되어 있다고 가정하자. 즉 하루에는 무조건 8시간 일한다고 가정하자. 이제 노동자는 일할 시간을 결정하는 것이 아니라 노동을 할 것인지 안 할 것인지 여부만 결정한다고 가정하자.[2] 따라서 총노동량은 두 번째 경로인 고용된 노동자 수가 변함에 따라 변화한다.

이때 어느 노동자가 고용되는가? 노동자가 노동을 공급하려고 결심하게 되는 최소한의 임금을 유보임금(reservation wage)이라고 부른다. 노동자가 서로 다르다고 가정하였으므로 유보임금도 노동자에 따라 다르게 된다. 즉 어떤 노동자는 낮은 임금에도 기꺼이 노동을 공급하려고 하지만 다른 노동자는 높은 임금에서만 노동을 공급하려고 한다. 이렇게 유보임금이 다른 이유는 노동자에 따라 여가에 대한 선호가 다르기 때문이다. 여가에 대한 선호가 강한 사람일수록 높은 임금에서 일을 하려고 할 것이므로 유보임금이 높아지게 된다. 노동자를 유보임금이 낮은 사람부터 높은 순으로 늘어놓음으로써 임금이 오름에 따라 순차적으로 보다 많은 사람이 노동을 공급한다고 생각할 수 있다. 이렇게 임금이 상승함에 따라 고용된 사람이 증가하여 총노동량이 증가하는 과정을 총노동공급곡선이 우상향하는 모습으로 나타낼 수 있다.

균형이론에 따르면 〈그림 4-8〉에서 보는 것과 같이 노동시장의 균형은 A점에서 이루어지며 균형실질임금은 $\left(\dfrac{W}{P}\right)^*$ 이고 이 수준의 임금에서 고용되는 균형노동량은 L^*로 결정된다. 이상과 같은 균형이론에서는 유보임금이 균형실질임금 $\left(\dfrac{W}{P}\right)^*$ 보다 낮은 노동자들만이 고용된다. 하지만 이 경우에도 실업을 설명하기는 어려워 보인다. 왜냐하면 균형노동량 L^*의 우측에 위치한 노동자들은 유보임금이 균형실질임금 $\left(\dfrac{W}{P}\right)^*$ 보다 높기 때문에 현 상황에서 취업보다는 여가를 선호하는 사람들로 취업의

---

1 노동자가 모두 동일하더라도 완벽한 실업보험이 존재하는 특별한 경우에 있어서 실업을 생각할 수 있다. 왜냐하면 일부의 노동자는 실업자가 되지만 사전에 약속된 보험을 통해 고용된 노동자의 소득을 나누어 갖는다고 생각할 수 있기 때문이다.

2 이렇게 노동시간이 고정되어 변하지 않는다고 가정하는 것을 노동의 불가분성(indivisibility) 가정이라고 한다.

고용된 노동자 수의 변화를 통한 총노동량 조정

대부분의 노동자들이 하루에 8시간을 근무하며, 이렇게 결정된 시간을 여간해서는 조정하지 않는다. 예컨대, 기업은 노동량을 줄이고자 할 때 기존의 노동자에게 덜 일하라고 요구하기보다는 고용된 노동자 수를 감축하는 것이 보통이다. 그렇다면 총노동량의 변화가 평균노동시간의 변화보다는 고용된 노동자의 숫자의 변화를 통해 이루어지는 이유는 무엇인가?

노동자 숫자의 변화를 통해 노동량을 변화시키는 가장 중요한 이유 중 하나는 고정비용의 존재이다. 즉 모든 사람들이 실제 노동을 공급하기 위해서는 기업에 고용되어야 하는데, 이와 같이 고용되기 위해서는 실제 노동과정에서의 시간 투여 외에 고정비용이 부수적으로 따르게 된다. 예를 든다면 회사에 출근하기 위한 몸단장이라든지, 출퇴근에 걸리는 시간과 비용 등을 지불한 후에 노동을 공급할 수 있는 것이다. 이러한 비용은 일단 매일 노동

을 공급하겠다고 결심한 이상 하루당 노동시간 공급량을 어떻게 조정하든지에 상관없이 일정하게 드는 비용이므로 고정비용에 해당된다. 하루에 단 한 시간의 노동을 고용한다는 것은 그러한 노동공급을 위해 쏟은 고정비용을 감안할 때, 노동자의 입장에서는 수지가 안 맞는 일일 것이다. 즉 노동공급을 하기까지의 고정비용을 감안하면 적어도 최소한 공급하여야 할 노동시간이 유지되어야 노동자가 취업에 응할 것이므로 자연스럽게 일정 시간, 예를 들어 하루에 8시간 정도의 노동공급 시간이 결정된다는 것이다. 따라서 노동시간의 조정, 특히 노동시간의 감축은 고정비용을 고려할 때 이루어지기 어렵다.

하지만 사회적 합의가 있을 경우 노동시간의 감축이 이루어질 수 있다. 최근 대두되고 있는 일자리나누기(job sharing)는 높은 실업률을 낮출 수 있는 대안으로 제시된 바 있다.

사가 없기 때문이다. 실업자는 고용의사가 있음에도 취업하지 못한 사람으로 정의되므로 이들은 비경제활동인구에 가까우며 실업자라 할 수 없는 것이다.

지금까지의 논의에 따르면 노동시장의 균형에서 실업의 존재를 설명하는 것은 어려워 보인다. 하지만 다음 절에서는 균형에 대한 새로운 해석을 통해 균형에서의 실업을 설명해 보도록 하겠다.

2 균형에 대한 새로운 해석

매칭모형

지금까지 살펴본 균형이론은 현실에 존재하는 실업을 설명하는 데 그리 유용하지 않은 듯 보인다. 하지만 일부의 경제학자들은 현실에 존재하는 실업을 균형으

로 설명하려고 시도하였다. 그렇다면 과연 균형하에서의 실업은 어떤 실업을 가리키는 것일까? 균형에서의 실업을 이해하기 위해서는 가격 경직성을 가정하지 않고도 실업을 설명할 수 있어야 한다. 이를 위해 서로 특성이 다른 노동자와 정보의 불완전성 등 보다 현실적인 가정들이 필요하게 된다. 이러한 구조를 가지고 균형상태에서의 실업을 설명하고자 고안된 모형을 매칭모형(matching model)이라고 부른다.

즉 다음과 같은 경우를 생각해 보자. 한편에는 서로 다른 많은 노동자들이 존재하고 또 그 반대편에는 그에 대응하여 서로 다른 많은 일자리가 있다고 하자. 취업은 노동자와 일자리가 짝지어(matching)지는 경우에 발생한다. 하지만 현실적으로 정보가 완전하지 않다고 가정하면 개개인의 노동자들은 그들에게 가장 적합한 일자리가 어떤 것인지 알 수가 없다. 노동자는 여기저기 돌아다니면서 자신에게 가장 적합한 일자리를 찾게 되는데 이러한 과정을 탐색(search)과정이라고 부른다. 이러한 탐색과정에서 노동자들은 실업을 겪게 되는데 이러한 실업은 불가피한 측면이 있다. 즉 탐색과정을 무시하고 아무 일자리나 덥석 선택한다면, 적성에 맞지 않거나 일자리에 적합한 기술을 가지고 있지 않는 등의 이유로 자신의 능력을 제대로 발휘할 수 없고 임금도 그에 따라 낮아져서 자신의 성급한 선택을 후회할 가능성이 높다. 따라서 신중하게 여러 가지 정보를 모아가면서 탐색을 진행하는데, 이 과정에서 실업이 지속되기 마련이다. 이러한 탐색과정은 사회전체적인 견지에서도 바람직한 측면이 있다. 노동자들이 자신의 적성에 맞는 일자리를 선택할 때 노동자들의 생산성은 더욱 높아지게 되며 사회전체적인 생산성도 함께 증가할 것이기 때문이다.

탐색이 필요한 이유는 경제가 지속적으로 변화하는데 이러한 변화에 대한 정보가 완전하게 알려져 있지 않기 때문이다. 따라서 일자리를 원하는 노동자들은 보다 적합한 일자리를 얻기 위하여 변화하는 경제에 대한 정보를 부단히 수집할 필요가 있다. 신규 노동자는 당연히 탐색이 필요하겠지만 기존의 고용된 노동자들도 변화하는 경제 속에서 기존의 일자리에 대한 새로운 변화에 따라 더 이상 그 일자리가 매력적이지 않게 느껴질 수 있다. 노동자뿐만 아니라 경우에 따라서는 기업도 기존의 노동자가 더 이상 필요하지 않다고 느낄 수 있다. 어떤 경우에서든 기존의 노동자는 자신의 일자리를 떠날 수 있기 때문에 새로운 일자리를 위한 탐색을 하게 된다.

이렇게 보다 현실적인 가정을 도입하면 우리는 균형에서도 실업이 존재하는 이유를 알 수 있다. 이러한 균형실업률은 과연 어떠한 수준에서 결정되는가? 또 시간이 흐름에 따라 변화하기도 하는 것일까? 이에 대한 대답을 하기 위하여 보다 구체적인 모형을 통해 균형실업률이 결정되는 과정을 살펴보기로 하자.

논의를 위해 L은 경제활동인구 수, E는 취업자 수, U는 실업자 수를 나타낸다고 하자. 경제활동인구의 정의에 따라 경제활동인구 수는 취업자 수와 실업자 수의 합으로 계산된다.

$$L = E + U \tag{4.8}$$

이때 실업률은 $u = \dfrac{U}{L}$로 정의된다. 논의를 간단히 하기 위해서 L은 외생적으로 고정되어 있다고 가정할 것이다. 따라서 실업률은 경제활동인구(L)가 취업자(E)와 실업자(U) 사이에 어떻게 배분되었는지에 의해서만 결정된다.

다양한 특성을 가진 노동자가 이미 일자리와 짝지어져 취업되어 있다고 생각하자. 이들의 수가 곧 E이다. 하지만 이미 짝이 맺어져 있는 일자리 중에서도 일정 비율은 짝이 잘못지어진 것으로 판명된다고 하자. 예를 들어 노동자의 적성이 일자리와 맞지 않는 것으로 판명되기도 하고 산업구조의 변화로 일자리가 사라지기도 한다. 이 경우 우리는 노동자가 실직(separation)되었다고 한다. 논의를 위해 매기마다 취업자 중 일정 비율의 노동자가 실직한다고 하자. 우리는 이 비율을 실직률이라 부르며 s로 나타내자. 따라서 매기 sE만큼의 새로운 실직자가 발생한다.

한편 실업자들은 새로운 일자리와 짝짓기 위하여 부단히 탐색한다. 하지만 탐색이 종결되기까지는 시간이 걸린다. 따라서 모든 실업자들이 즉각적으로 취업되지 않고 매기 일정 비율의 실업자만이 새로운 일자리를 찾는데(finding) 성공한다. 이 비율을 취업률이라 부르며 f로 나타내자. 따라서 매기 fU만큼의 새로운 취업자가 생긴다. 이때 실업자가 일자리를 찾는 데 걸리는 시간은 f에 반비례한다. 즉 f가 크면 클수록 실업자가 쉽게 일자리를 찾으므로 일자리를 찾는 데 걸리는 시간은 줄어드는 셈이다.

이러한 모형에서 균형은 어떻게 결정되는가? 노동시장의 균형을 결정하는 가격변수인 임금이 명시적으로 고려되지 않은 듯 보이지만 실제로 실업자들이 일자리와 짝이 지어지는 과정에서 임금은 결정적인 역할을 하고 있다고 볼 수 있다. 아무리 적성에 맞는 일자리라도 임금을 적게 준다면 실업자들이 이러한 일자리를 선택하지 않으려 할 것이기 때문이다. 일자리를 제공하는 기업의 입장에서도 노동자의 특성을 고려하여 임금을 제시할 것이다. 이때 결정되는 임금을 균형임금이라고 해도 무방하다. 따라서 계속적으로 짝이 해체되고 이를 통해 새롭게 발생한 실업자들이 새로운 일자리를 찾아가는 과정 자체가 균형이라고 볼 수 있다. 균형에서도 노동자들은 꾸준히 탐색하면서 실업을 겪고 있기 때문에 매칭모형은 균형을 통해 실업을 설명하고 있는 셈이다.

이렇게 탐색과정에서 발생하는 실업자를 이용하여 실업률을 측정하면 그 크기는 어떻게 결정되는 것일까? 균형을 보다 엄격하게 적용하여 실업률이 일정하게 유지되는 경우로 한정해 보자. 이러한 정의는 제6장의 성장이론에서 배울 균제상태 (steady state)와 유사하다. L이 고정되어 있는 한 실업률은 새로운 실직자의 수 sE와 새로운 취업자의 수 fU의 상대적 크기에 달려 있다. 즉 전자가 크다면 실업률은 상승하고 후자가 크다면 실업률은 하락한다. 따라서 균제상태에서의 실업률은 양자가 같아야 한다.

$$sE = fU \qquad (4.9)$$

식 (4.8)을 E에 관해 풀어서 식 (4.9)에 대입하면 다음과 같다.

$$s(L-U) = fU \qquad (4.10)$$

실업률을 구하기 위해 식 (4.10)의 양변을 L로 나누면

$$s\left(1-\frac{U}{L}\right) = f\frac{U}{L} \qquad (4.11)$$

가 되어 균형실업률 u^*는 다음과 같이 계산된다.

$$u^* = \frac{U}{L} = \frac{s}{s+f} \qquad (4.12)$$

〈그림 4−12〉는 이러한 과정을 나타낸 것이다. 식 (4.12)에 따를 때 탐색에 의한 균형실업률은 실직률과 취업률에 의존하여 결정된다. 즉 실직률(s)이 증가하거나 취업률(f)이 감소하면 균형실업률이 상승한다. 실직률의 증가는 직접적으로 실

그림 4−12
매칭모형에 의한 실업률의 결정

취업자 수(E) 중 일정 비율의 노동자가 매기 실직(separation)한다고 하자. 이 비율을 실직률이라 부르고 s로 나타내면 매기 sE만큼의 새로운 실직자가 발생한다. 실업자 수(U) 중 모든 실업자들이 즉각적으로 취업되지 않고 매기 일정 비율의 실업자만이 새로운 일자리를 찾는 데(finding) 성공한다. 이 비율을 취업률이라 부르며 f로 나타내면 매기 fU만큼의 새로운 취업자가 생긴다. 새로운 실직자의 수 sE와 새로운 취업자의 수 fU가 같아질 때 실업률은 더 이상 변하지 않는다.

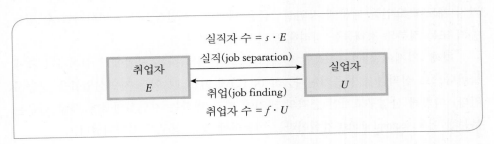

업자의 수를 늘리므로 당연히 실업률을 높인다. 뿐만 아니라 취업률의 감소는 실업 자들이 탐색에 걸리는 시간을 증가시켜 실업률을 상승시킨다. 탐색기간이 실업률에 영향을 미치는 이유는, 아무리 적은 수의 노동자가 실직을 하더라도 탐색기간이 길 어지면 실업률의 측정시기에 실업자로서 측정되는 횟수가 커지게 되고, 이는 실업 률을 높이기 때문이다.

자연실업률

균형에서의 실업률은 흔히 자연실업률(natural rate of unemployment)이라고 부른 다. 매칭모형에서 결정된 균형실업률은 곧 자연실업률이라고 해석할 수 있다. 그렇 다면 자연실업률에 포함되는 실업은 구체적으로 어떠한 실업인가? 앞절에서의 분 류에 따르면 실업은 크게 마찰적 실업, 구조적 실업, 경기적 실업으로 나누어진다. 일반적으로 생기는 경제의 변화 때문에 지속적으로 발생하는 노동자의 이직과 이 에 따른 탐색과정에서 생기는 실업을 마찰적 실업이라고 할 때 마찰적 실업은 자연 실업률에 당연히 포함시켜야 할 것이다. 경제학자에 따라서는 마찰적 실업만을 자 연실업률에 포함시키기도 한다. 하지만 구조적 실업도 자연실업률에 포함시켜 설명 하는 경제학자들도 많다. 구조적 실업은 경제구조의 변화에 수반되는 실업을 의미 한다. 탐색과정에 새로운 기술을 습득하는 과정이 포함된다면 산업간 이동과정에서 생기는 실업도 넓은 의미의 탐색과정에 포함시킬 수 있다. 경제구조적 변화가 있더 라도 이 과정에서의 실직과 탐색과정은 매칭모형에 의해 충분히 설명이 가능한 것 이다. 따라서 구조적 실업도 자연실업률에 포함시켜야 할 것이다.

자연실업률의 변화

자연실업률은 균제상태에서 정의되므로 한동안 고정되어 있다고 봐야 한다. 하지만 자연실업률이 영원히 고정되어 있다고 볼 수도 없다. 식 (4.12)에서 자연실 업률을 결정하는 s와 f를 변화시킬 수 있는 충격이 오게 되면 자연실업률도 시간이 흐름에 따라 변화할 것이다. 또한 국가간 비교를 할 때에도 정부정책과 같은 여러 가지 제도적 요인들 때문에 자연실업률은 다르다. 자연실업률을 변화시킬 수 있는 충격 또는 정부의 정책들을 정리해 보면 다음과 같다.

첫째, 경제에 산업구조적인 큰 변화가 오면 쇠퇴하는 산업에서 실직자가 크게 늘어나므로 실직률 s가 증가한다. 식 (4.12)에 따를 때 이는 자연실업률을 상승시 킨다. 이렇게 산업구조적인 충격의 크기에 따라 변하는 자연실업률에 대한 연구는 부문간 이동(sectoral shifts) 가설이라는 이름하에 많은 연구가 진행되었다.

둘째, 경제에 있는 불확실성의 변화도 탐색기간과 관련된 f를 변화시켜 자연실업률에 영향을 준다. 경제의 불확실성 증가는 탐색과정에서 정보의 취득을 더욱 어렵게 해서 탐색기간을 늘리고 취업률을 낮춘다. 따라서 자연실업률을 증가시킨다. 반면 정보를 획득하는 데 시간이 덜 소요된다면 탐색과정에 걸리는 시간도 감소할 것이다. 이런 의미에서 최근의 인터넷을 비롯한 정보통신산업의 발전은 이러한 정보비용을 줄여줌으로써 탐색과정에 걸리는 시간을 단축시켜 자연실업률을 낮출 가능성이 있다고 볼 수 있다.

셋째, 정부가 실직과 취업에 대한 다양한 정책을 도입함에 따라 자연실업률이 영향을 받는다. 실직과 관련해서 정부는 쇠퇴하는 산업에 종사하는 기업에 보조금을 줄 수 있다. 이러한 정책은 실직률을 낮춤으로써 자연실업률을 하락시킨다. 또한 정부가 탐색과정을 용이하게 하도록 만드는 여러 프로그램을 운영함으로써 취업이 보다 빠르게 이루어지도록 만들 수 있다. 일자리에 대한 신속한 정보를 제공하는 프로그램을 운영한다든지, 새로운 산업에 종사할 수 있는 재취업 교육을 실시한다든지 하여 취업과정을 보다 원활하게 해주는 정책은 탐색과정에 소요되는 시간을 줄여 자연실업률을 낮춘다.

넷째, 역시 정부정책과 관련된 것으로 실업보험 등과 같은 사회보장제도는 실직률과 취업률에 간접적으로 영향을 미쳐 자연실업률에 영향을 준다. 실업보험이 도입된 취지는 실업과 같은 곤란에 빠진 사람을 돕는다는 긍정적인 측면이 있는 것이 사실이다. 하지만 실업보험은 실직률을 높이고 취업률을 낮춰 자연실업률을 높인다. 실업보험이 존재하지 않는다면 실직 상태에서의 실업의 고통이 보다 크므로 노동자들이 되도록이면 실직하지 않으려고 노력한다. 즉 어느 정도 적성이 맞지 않아도 참고 일한다. 또한 부득이 실직이 되더라도 실업의 고통을 빨리 끝내기 위해 보다 열심히 새로운 일자리를 얻기 위하여 노력을 하게 되고 이것은 탐색기간을 줄어들게 한다. 하지만 실업보험 등의 사회보장제도가 잘 구비되어 있다면 실업이 크게 고통스럽지 않게 되므로 서둘러 새로운 일자리를 찾을 유인이 작게 된다. 따라서 실업보험이 보다 잘 갖춰질수록 탐색과정은 길어진다. 따라서 실업보험은 실직률을 높이고 취업률을 낮춰 자연실업률을 높인다. 사회보장제도가 발달되어 있는 많은 유럽국가들의 실업률이 높은 이유가 여기에 있다.

자연실업률을 낮추는 것은 좋은 정책인가?

실업에 처한 사람의 고통만 생각한다면 실업은 되도록 줄이는 것이 바람직할 것이다. 하지만 자연실업률을 낮추는 정책은 진정 사회적으로 선호되는가? 자연실업률을 결정하는 여러 요인들을 고려해 보면 자연실업률을 낮추는 것이 반드시 바람직한 것이 아닐 수 있다. 예를 들어 실업보험의 도입은 자연실업률을 높인다. 하지만 이런 사실 때문에 실업보험이 필요하지 않다고 주장할 수는 없다. 실업보험 등의 사회보장제도가 갖고 있는 고유의 긍정적 기능이 있기 때문이다. 즉 실업보험은 일시적으로 생계에 곤란을 겪는 실업자를 구제하는 긍정적 기능이 있기 때문에 단순히 실업률의 상승만을 이유로 실업보험을 폐지할 수는 없다.

반면 쇠퇴하는 산업의 일자리에 고용보조금을 주는 것은 자연실업률을 낮추지만 노동자가 보다 생산성을 발휘할 수 있는 기회를 줄임으로써 오히려 사회적으로 바람직하지 않을 수 있다. 예를 들어 실직자가 양산되는 섬유산업에 종사하는 노동자를 고용하고 있는 기업에 보조금을 주었다고 하자. 이러한 정책은 자연실업률을 낮출 수 있지만 사회적으로 본다면 바람직하지 않을 수 있다. 왜냐하면 제한된 자원 중 하나인 노동자를 쇠퇴하는 산업에 계속 종사하도록 붙들어 놓는 효과가 있기 때문이다. 사회적으로 본다면 앞으로 더욱 발전하는 산업에 보다 많은 노동자가 종사하는 것이 바람직할 수 있다.

4 노동시장의 불균형과 경기적 실업

앞 절에는 균형이론만을 이용하여 실업에 대해 설명하였다. 하지만 현실에 존재하는 실업을 균형이론만으로 설명하기에는 부족한 측면이 있다. 특히 경기가 불황에 빠짐에 따라 노동수요의 부족으로 생기는 경기적 실업은 어떻게 설명할 수 있는가? 마찰적 실업과 구조적 실업은 균형이론을 이용하여 설명할 수 있지만 경기적 실업을 설명하기 위해서는 노동시장의 불균형 상태를 고려할 필요가 있다.

불균형하에서의 실업은 어떠한 경우를 말하는가? 예를 들어 실업자 중에는 충분한 탐색과정을 거치고도 취업하지 못하는 경우가 있기 마련이다. 특히 이러한 실업자 중에는 취업자와 똑같은 특성을 가지고 있을 뿐 아니라 오히려 더 낮은 임금수준에서 취업을 원하고 있음에도 불구하고 단순히 일자리의 부족 때문에 취업을 못한다고 하소연하는 경우도 있다. 많은 경제학자들은 이와 같이 노동수요의 부족에 의해 야기되는 실업의 존재는 노동시장이 불균형 상태에 있기 때문이라고 생각한다. 즉 노동시장에서 노동수요부족이 생김에 따라 초과공급된 노동자들이 실업에 빠지는 것이다.

일반적으로 노동의 수요부족 혹은 초과공급이 생기면 임금이 내려가서 균형이 회복되기 마련이다. 하지만 불균형 상태의 실업이 존재한다는 사실은 임금이 신속하게 조정되지 않는다는 것을 의미한다. 이와 같은 현상을 임금의 경직성(wage rigidity)이라고 부른다.

그렇다면 노동시장에 임금의 경직성이 존재하는 이유는 무엇인가? 초기에는 경제학자들이 명목임금의 경직성에 보다 초점을 맞추었다. 하지만 최근에는 명목임금보다 실질임금의 경직성 모형을 선호한다. 지금부터는 이에 대해 자세히 살펴보기로 하자.

① 명목임금의 경직성

명목임금의 경직성은 매우 현실적인 경제적 사실에 근거하여 설명된다. 실제 경제에서 임금이 결정될 때 명목단위인 화폐단위로 결정되며 한 번 결정된 명목임금은 한동안 고정되어 있는 것이 보통이기 때문이다. 예를 들어 연봉이 5,000만원이라면 명목단위로 결정된 5,000만원의 임금이 적어도 1년은 고정되어 있는 셈이다.

우리는 명목임금의 경직성이 여러 가지 경제현상에 미치는 영향에 대해 제11장과 제12장에서 더 자세히 살펴볼 것이다. 이번 절에서는 실업현상에 국한하여 살펴보기로 한다. 〈그림 4-13〉에서 노동수요가 갑자기 줄었다고 하자. 여기서 중요

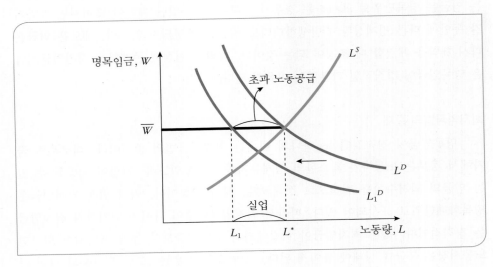

그림 4-13
명목임금경직성과 실업

노동수요에 대한 음(−)의 충격으로 총노동수요곡선이 L^D에서 L_1^D로 이동하였다고 하자. 이때 명목임금이 $\overline{W}$에서 변하지 않는다고 하면 초과노동공급이 발생하고 그만큼 실업이 발생한다.

한 점은 노동시장의 균형이 실질임금의 변화에 의해 달성된다는 점이다. 하지만 명목임금(W)이 조정이 되지 않는다면 물가(P)가 변하지 않는 한 실질임금$\left(\frac{W}{P}\right)$도 조정되지 않는다. 지금은 명목임금만 경직적이라 가정했으므로 사실 물가가 변화한다면 실질임금은 자유롭게 변화할 수 있다. 이러한 사실은 명목임금의 경직성 가정이 다음 절에서 자세히 살펴볼 실질임금의 경직성 가정과 구별되는 점이다. 하지만 명목임금이 경직적일 때 물가도 경직적이라면 실질임금은 경직적인 셈이 된다. 또는 물가가 신축적이어도 실질임금이 균형이 되도록 빠르게 조정되지 않는다면 물가를 통해 실질임금이 균형으로 회복될 수 있다는 보장은 없다. 따라서 명목임금의 경직성만 가정해도 노동시장의 불균형이 지속될 수 있는 것이다.

주어진 물가수준하에서, 명목임금이 경직적이면 〈그림 4-13〉에서와 같이 노동의 초과공급이 생기고 초과공급 구간에 속한 노동자들은 주어진 임금수준에서 얼마든지 노동을 공급할 의향이 있음에도 불구하고 취업이 되지 않는다. 이러한 실업은 지난 절에서 살펴본 균형에서의 실업과 구별된다. 이런 의미에서 일부의 경제학자들은 불균형하에서의 실업을 "비자발적(involuntary)" 실업이라고도 부른다. 이와 비교하여 균형에서의 실업은 "자발적(voluntary)" 실업이라 부를 수 있을 것이다.

장기계약의 존재

그런데 명목임금이 경직적인 이유는 무엇인가? 명목임금의 경직성이 존재하는 이유로 가장 흔히 드는 것은 장기임금계약이 명목임금을 기준으로 체결된다는 사실이다. 실제로 노동자가 채용될 때는 임금에 대한 계약을 맺게 되는데 이때 결정되는 임금은 명목단위로 표시하는 경우가 대부분이다. 일단 계약이 맺어지면 계약기간 동안에 다른 경제상황이 발생하더라도 임금은 조정되지 않는다. 새로운 임금은 다시 계약을 체결할 때 조정이 되는 것이다. 따라서 현실에 존재하는 장기임금계약은 명목임금이 경직적인 기본적인 이유가 된다.

최저임금법의 존재

명목임금이 경직적인 또 하나의 이유는 최저임금법의 존재이다. 대부분의 국가에서 정부는 노동자가 최소한의 생계유지를 할 수 있도록, 기업이 제공할 수 있는 임금의 최저수치를 법적으로 정해 놓는 것이 보통이다. 이때 법적 최저임금은 명목화폐단위로 표시되어 있다. 따라서 최저임금수준이 다시 바뀌기까지 최저임금은 경직적이다. 특히 최저임금이 시장에서의 균형임금보다 높게 책정되어 있다면 노동시장은 불균형 상태에 놓이게 된다. 이와 같은 경우는 〈그림 4-14〉와 같이 나

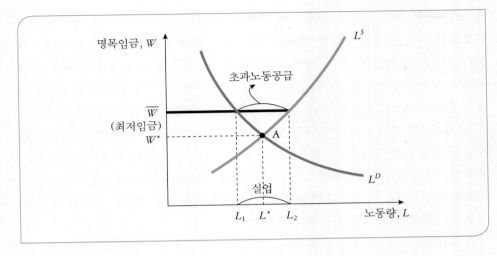

그림 4-14
최저임금과 실업
노동시장에 아무런 제약이 없다면 균형은 A점에서 성립하여 균형임금 W^*에서 L^*만큼의 노동이 고용된다. 하지만 최저임금 $\overline{W}$가 균형임금 W^*보다 높다면 노동의 초과공급이 발생하고 그만큼의 실업(L_2-L_1)이 발생한다.

타낼 수 있다. 〈그림 4-14〉에서 최저임금 도입 전의 노동시장은 A점에서 균형을 이루어 균형임금 W^*에서 균형고용량 L^*의 노동자가 고용된다. 이때 정부가 최저임금을 균형임금 W^*보다 높은 $\overline{W}$로 책정하면 L_1만 고용이 되고 (L_2-L_1) 만큼의 초과노동공급이 생긴다. 이때 (L_2-L_1)에 속한 노동자는 불균형에 따른 실업자이다.

하지만 최저임금법만으로 불균형실업을 설명하기에는 한계가 있다. 그 이유는 최저임금법이 적용되는 대상이 상당히 제한적이기 때문이다. 즉 최저임금이 불균형실업을 설명하기 위해서는 최저임금이 균형임금보다 높아야 하는데 일부의 저숙련 노동자들을 제외한 대부분의 노동자의 경우에는 균형임금이 최저임금보다 높은 것이 일반적이다. 최저임금법이 적용되는 노동자의 실업을 설명하기 위해서는 최저임금법이 유용할 수 있지만 전반적인 불균형실업을 설명하기 위해서는 미흡하므로 다른 이유를 찾아보아야 할 것이다.

최저임금 인상, 고용 그리고 임금소득

한국정부는 최근 최저임금을 빠른 속도로 상승시켜 저소득층의 소득기반을 확대하기 위해 노력하고 있다. 2018년의 시간당 최저임금은 7,530원으로 2017년 최저임금 6,470원에서 16.4% 올랐다. 2019년에는 시간당 최저임금이 또 다시 10.9% 올라 8,350원으로 정해졌다. 이와 같이 급격한 최저임금의 상승은 고용에 어떠한 영향을 미칠 것인가? 또 최저임금의 궁극적인 목적인 저소득층의 소득기반을 확대할 수 있을 것인지 분석해 보기로 하자.

〈그림 4-14〉에 따르면 최저임금의 인상은 고용을 L^*에서 L_1으로 축소시킨다. 최저임금 $\overline{W}$ 하에서 고용된 L_1만큼의 노동자들은 최저임금 인상에 따라 균형임금인

W^*보다 높은 $\overline{W}$의 임금을 받게 되어 소득이 오른다. 하지만 (L^*-L_1) 만큼 고용이 축소하여 이들은 임금 상승의 혜택을 전혀 받지 못할 뿐만 아니라 아예 실업자가 되어 이전의 임금인 W^*도 못 받게 된다. 아예 0의 임금을 받는 것이다. 따라서 노동자 전체의 임금소득은 $W^* \times L^*$에서 $\overline{W} \times L_1$으로 변한다. 이때 전체 임금소득은 고용이 얼마나 줄어드는지에 따라 증가할 수도 있지만 오히려 감소할 수도 있다. 특히 최저임금을 받는 노동자에 대한 노동수요의 탄력성이 매우 높다면 L^D 곡선이 평평하게 되어 노동 고용이 크게 줄어들게 된다. 이 경우 노동자 전체의 임금소득은 최저임금의 인상에도 불구하고 오히려 감소한다. 최저임금 대상의 노동자들이 최근 자동화의 진전으로 로봇이나 자동화 장치에 의해 대체되는 추세를 감안할 때 노동수요의 탄력성이 매우 클 가능성이 존재한다.

하지만 이러한 우려에도 불구하고 최저임금의 인상은 고용을 축소하지 않는다는 견해가 경험적인 연구를 통해 꾸준하게 제기되었다. 가장 대표적인 연구는 버클리대학의 카드(Card)교수와 프린스턴 크루거(Krueger) 교수에 의해 이루어졌다.[3] 이들은 1992년에 뉴저지에서 실제로 행했던 최저임금 인상을 분석한 결과 최저임금의 인상이 고용을 줄이지 않아 최저임금 대상자의 소득을 증가시키는 데 도움이 됨을 확인하였다. 이들의 연구결과는 최저임금이 고용에 미치는 효과에 대한 시각을 획기적으로 변화시켰으며, 그 후 많은 후속 연구들이 이 결과를 지지하기도 하였다. 하지만 최저임금의 인상이 고용을 줄인다는 경험 연구도 많이 존재하여 최저임금의 고용과 소득에 미치는 효과에 대한 완전한 결론에 이르지는 못한 실정이다. 특히 시애틀에서 2015년 최저임금을 9.37달러에서 11달러로 한차례 인상한 후, 2016년에 13달러로 또 한 번 인상하는 등 급격한 최저임금 인상 시도가 있었는데, 이에 대한 워싱턴대학의 연구결과는 최저임금 인상의 부정적 효과를 보여준다. 즉 이 연구결과에 따르면, 급격한 최저임금 인상은 고용을 크게 줄여 노동자들의 전체 소득을 감소시켰다는 것이다.

급격한 최저임금 인상은 별개로 하더라도 점진적인 최저임금 인상이 고용을 줄이지 않는 이유는 무엇인가? 첫째, 최저임금은 명목임금을 기준으로 책정되기 때문에 물가상승률을 반영한 최저임금의 상승은 실질임금에 영향을 미치지 않고 이에 따라 균형노동량에 영향을 주지 않는다. 둘째, 노동생산성의 향상이 노동수요를 증가시키기 때문에 노동생산성의 증가를 반영한 최저임금의 인상은 고용을 줄이지 않는다. 이상과 같은 논의를 통해 최저임금이 물가상승률과 노동생산성 증가율을 합

3 Card, D., and Krueger, A. B. 1994. "Minimum Wages and Employment: a Case Study of the Fast-Food Industry in New Jersey and Pennsylvania." *American Economic Review*, 84, 772-793.

한 만큼 혹은 그보다 적게 상승한다면 고용량이 줄어들 이유가 없음을 알 수 있다.

하지만 최저임금이 물가상승률과 노동생산성 증가율을 합한 것보다 더 증가한 경우에도 고용이 줄지 않는 세 번째 이유가 있다. 이는 매칭모형에 의해 설명할 수 있다. 이에 대해 더 자세히 설명하기로 하자. 매칭이론에 따르면 노동자와 일자리 (혹은 기업)는 동질적이 아니다. 노동자들은 자신에게 적합한 기업을 탐색하고, 동시에 기업도 자신에게 적합한 노동자를 탐색하여 일자리를 제공한다. 이들은 적합한 상대방을 만날 경우에만 고용에 따른 생산을 통해 경제적 수익을 얻고 이를 나누어 갖는다. 서로 간에 잘 맞지 않아 생산을 해도 수익이 생길 것 같지 않다면 노동자와 기업은 새로운 매칭 상대를 찾기 위해 다시 탐색에 나선다. 이 과정에서 실업(탐색 과정)도 설명될 수 있었다.

만약 노동자와 기업이 매칭을 결정하여 취업에 성공했을 때 생산에 따른 수익은 어떻게 나뉘는가? 이들은 협상으로 수익을 나눈다. 만약 기업의 협상력이 높다면 수익의 대부분은 기업이 차지한다. 하지만 노동자의 협상력이 높다면 수익의 상당 부분이 노동자의 임금으로 분배된다. 많은 경우에 최저임금을 받는 노동자의 협상력은 낮기 마련이다. 따라서 수익의 대부분은 기업이 차지하기 쉽다. 노동자들은 노동조합의 결성을 통해 협상력을 높임으로써 자신의 몫을 늘리기도 하지만 노동 조합은 어느 정도 능력이 뒷받침되는 노동자들만이 가입할 수 있는 경우가 대부분 이어서 최저임금 대상의 노동자들은 이에 대한 접근이 어렵다. 이때 정부가 최저임 금을 인상하는 것은 노동자들의 협상력을 보완하는 역할을 한다. 이때 기업들에 돌 아가는 몫은 줄어들지만, 그 몫이 전혀 없는 것이 아닌 한 기업들도 고용을 계속 유 지하기 때문에 고용이 줄어들지 않는다. 즉 최저임금의 인상이 고용을 줄이지 않고 최저임금 대상자의 임금을 상승시켜 노동자의 전체소득이 증가하는 것이다.

이러한 논의를 더 적극적으로 해석하면 최저임금의 인상이 오히려 고용을 늘 리는 경우도 생각할 수 있다. 만약 최저임금의 인상으로 노동자의 임금이 상승한 다면 노동자들은 더욱 적극적으로 탐색에 나설 가능성이 높다. 탐색에 따른 보상이 늘어났기 때문이다. 그렇게 되면 고용자가 잘 맞는 기업과 만날 가능성이 높아지는 데 이는 취업률 f의 증가로 해석할 수 있다. 노동자들이 탐색에 더욱 적극적으로 됨 에 따라 일자리를 찾는 데 성공할 확률이 높아지는 것이다. 이는 식 (4.12)에 따를 때 균형실업률 u^*의 하락을 의미한다.

이상의 논의는 어디까지나 최저임금의 인상이 매칭에 따른 수익의 범위 내에 서 이루어질 경우로 한정된다. 만약 최저임금의 인상이 너무 급격하게 이루어진다 면 기업에 돌아가는 몫이 마이너스가 될 수 있다. 이 경우 기업들은 매칭을 통해 수익이 전혀 발생하지 않기 때문에 매칭을 포기하는 선택을 하게 된다. 따라서 고용은 줄어든다. 실제로 경험 연구에 따르면 최저임금이 급격하게 이루어지면 최저임금의 인상이 고용에 부정적인 효과를 가져옴을 보여준다.

2 실질임금의 경직성

명목임금의 경직성은 일견 현실을 잘 반영하고 있는 듯 했지만 추후의 연구들은 명목임금의 경직성에 대해 여러 가지 이론적 결함을 지적하였다. 특히 명목임금이 경직적인 이유에 대해 만족스러운 해답을 제시하기 어려운 점이 비판의 핵심이었다.

장기계약이 명목임금의 경직성을 설명할 수 있는 이유라고 했지만 좀 더 깊게 생각해보면 그리 만족스럽지 않음을 깨닫게 된다. 즉 장기계약의 존재 그 자체만으로는 명목임금이 왜 경직적인지 설명하지 못하는 것이다. 왜냐하면 장기계약을 하더라도 계약의 내용을 꼭 명목단위로 할 필요가 없기 때문이다. 예를 들어서 임금이 소비자물가 상승률에 따라 자동으로 조정되도록 계약한다면 명목임금이 계약기간 동안 고정되어 있을 필요가 없는 것이다. 이렇게 생각한다면 최저임금법의 존재도 명목임금이 경직적인 이유가 될 수 없다. 최저임금을 물가의 변화와 연동하도록 만들 수 있는 것이다.

명목임금의 경직성만을 가정하는 경우, 경기변동과 관련한 실질임금의 변동성을 제대로 설명하지 못한다는 비판도 제기된다. 이와 관련된 내용은 제11장에서 자세히 설명할 것이다. 또한 노동시장의 불균형을 발생시키는 문제의 가격변수는 실질임금이다. 명목임금의 경직성은 실질임금이 조정되지 않을 가능성을 제시하지만 직접적으로 실질임금이 조정되지 않음을 보여 주지는 않는다. 따라서 노동시장 불균형과 관련된 최근의 모형들은 실질임금이 경직적인 직접적 이유들을 찾으려고 노력한다.

암묵적 계약이론

실질임금이 경직적인 이유를 설명하는 이론 중 하나가 암묵적 계약이론이다. 아자리아디스(Costas Azariadis)와 베일리(Martin Baily)에 의해 제기된 암묵적 계약이론은 실제 노동계약 상에 모든 내용이 일일이 명시되지 않은 점에 주목한다.[4] 특히 이들에 따르면 노동자와 기업 양자는 암묵적인 동의하에 실질임금을 고정시켜 놓는

---

4 Baily, Martin Neil. 1974. "Wages and Employment under Uncertain Demand." *Review of Economic Studies*, 41(1): 37-50; Azariadis, Costas. 1975. "Implicit Contracts and Under Employment Equilibria." *Journal of Political Economy*, 83(6): 1183-1202.

계약을 한 셈이라고 주장한다.

　노동자와 기업은 왜 실질임금을 고정시켜 놓는 것을 선호하는가? 암묵적 계약이론은 노동자와 기업이 위험에 대한 태도가 다르다는 점을 지적하는 데에서 출발한다. 일반적으로 노동자는 위험을 줄일 수 있는 다른 방도가 별로 없지만 기업은 금융시장에 존재하는 많은 금융상품을 이용하여 위험을 관리할 수 있다. 이로 인해 극단적인 경우에는 기업이 위험중립적으로 행동한다고 가정할 수 있다. 앞에서 학습한 노동시장의 균형이론에 따르면 노동시장에 가해지는 충격에 따라 총노동수요곡선 및 총노동공급곡선이 이동하여 실질임금은 즉각적으로 변화한다. 이때 변동하는 실질임금은 노동자에게는 소득에 대한 위험으로 인식된다. 즉 노동 소득의 크기가 일정하지 않고 변화하는 것이다. 따라서 기업은 일정한 실질임금을 보장함으로써 노동자에게 위험을 줄일 수 있는 기회를 제공할 수 있다. 사실 이렇게 일정한 실질임금을 보장하는 것은 기업입장에서는 오히려 위험을 늘리는 행동이다. 왜냐하면 경제환경이 바뀜에 따라 임금을 변동시켜 위험을 줄일 수 있는 방편을 포기하는 셈이기 때문이다. 하지만 위험에 크게 구애받지 않는 기업은 실질임금을 일정하게 하는 제안을 할 수 있다. 사실 평균임금을 약간 낮추어도 임금을 고정해서 주겠다고 기업이 제안하면 위험기피적인 노동자는 받아들일 가능성이 있다. 위험이 사라짐에 따른 편익이 커짐에 따라 노동자는 평균임금이 낮아져도 오히려 고정된 임금을 선호하는 것이다. 따라서 이런 식으로 실질임금을 고정시키는 것은 기업입장에서도 선호될 수 있다.

　이렇게 실질임금을 고정시키는 것은 노동자와 기업이 모두 선호하여 암묵적으로 동의된 사항이라는 것이 암묵적 계약이론의 핵심 주장이다. 이렇게 실질임금이 고정되면 경제상황이 매우 나빠져도 실질임금이 조정되기 어렵기 때문에 노동시장은 불균형이 지속될 수 있다. 결국 노동수요가 급속히 줄어드는 불황에는 불균형실업이 생기는 것이다.

　실제로 경기변동상의 데이터를 살펴보면 실질임금의 변동이 매우 작은 것을 확인할 수 있다. 이런 의미에서 암묵적 계약이론은 현실경제의 사실과 부합된다. 하지만 암묵적 계약이론에 대한 비판도 제기된다. 특히 암묵적 계약이론은 노동자와 기업의 매우 합리적인 의사결정의 결과로 임금계약이 맺어졌음을 강조하는데, 왜 양자가 계약하는 과정에서 실질임금에만 집중하는지에 대한 설명이 부족하다. 예를 들어 노동자가 직면하는 위험에는 실질임금의 변화뿐 아니라 실업여부도 포함된다. 실업자가 되면 임금을 전혀 받을 수 없게 되기 때문이다. 따라서 노동자는 일정한 실질임금보다 오히려 노동고용에 대한 확실한 보장을 요구할 수 있다. 암묵적 계약이론에 따르면 고용되는 경우 노동자들의 실질임금이 고정되지만 노동시장의 불균형으로 오히려 실업의 위험은 더욱 커지는 셈이다. 따라서 암묵적 계약이론은 위험을 회피하고자 하는 합리적 노동자들이 왜 이렇게 보다 커진 실업의 위험을 용인하는지에 대한 설명이 부족하다.

내부자와 외부자이론

　　노동시장에 불균형이 유지될 수 있는 또 하나의 근거로 경제학자들은 노동시장이 분리되어 있다는 사실에 주목한다. 일반적인 노동시장의 균형이론에서는 많은 노동자들이 서로 경쟁하며 노동시장에 참여하는 것을 전제로 한다. 즉 노동시장을 불균형으로 만드는 높은 수준에서 실질임금이 책정되어 있다면 실업에 처해 있는 노동자들이 더 낮은 실질임금을 받고도 일을 하겠다고 기업에 꾸준히 제안한다는 것이다. 기업입장에서는 낮은 실질임금을 주는 것이 유리하므로 이러한 제안을 받아들이지 않을 이유가 없다. 따라서 이러한 노동자간의 경쟁을 통해 실질임금은 균형수준으로 낮아지는 것이다.

　　하지만 노동시장이 내부자가 속해 있는 내부시장과 외부자가 속해 있는 외부시장으로 분리되어 있고 외부자들이 내부시장에 진입하지 못한다면 불균형상태가 지속될 수 있다. 내부자들이 균형보다 높은 실질임금을 받고 일할 때 외부자는 그보다 낮은 실질임금을 받고 일할 용의가 있음에도 불구하고 내부시장에 진입할 수 없기 때문에 불균형이 해소될 수 없는 것이다. 노동시장이 완전경쟁하에 있다면 이러한 진입제한이 지속될 수 없지만 내부시장과 외부시장의 분리를 믿는 경제학자들은 이러한 진입제한이 지속되는 이유가 있다고 주장한다.

　　현실경제에서 내부자와 외부자는 어떤 기준으로 분리되는가? 내부자와 외부자를 분리하는 가장 중요한 기준은 노동조합의 가입여부이다. 노동조합에 속해 있는 노동자들은 내부자들로서, 노동조합을 통해 집단적인 단체교섭을 하여 임금을 인위적으로 균형수준보다 높일 수 있다. 노동조합이 이때 내세우는 무기는 파업(strike)이다. 파업기간 동안의 생산 및 판매 차질은 기업으로서는 커다란 손실을 의미하므로 파업위협은 노동자의 중요한 협상무기로 작용한다. 특히 파업기간 동안의 임금손실에 대한 처리는 노동자의 협상적 지위를 결정하는 데 중요한 역할을 한다. 만약에 파업기간에도 노동자가 임금을 받게 된다면 파업은 노동자에게 더욱 강력한 무기가 될 수 있다.[5] 이러한 과정을 거쳐 협상된 실질임금은 균형임금보다 높아질

---

5 만약에 파업기간에도 임금을 완전히 보상 받는다면 노동자들은 계속적으로 파업을 행할 유인이 생긴다. 이 경우 노동자들은 극단적인 요구를 들어 줄 때까지 파업을 지속해도 아무런 손해를 보지 않으므로, 노동자들은 지나치게 큰 협상상의 우위를 점하게 된다. 따라서 파업기간의 임금에 대해서는 일정 손실을 노동자가 스스로 지는 것이 일반적이다.

수 있다. 실질임금이 높아짐에 따라 기업은 신규고용을 줄인다든지 하는 노력으로 고용을 줄일 수밖에 없게 된다. 이때 노동조합에 속하지 않아 외부자로 분류되는 실업자들은 임금을 낮게 받고도 일할 용의가 있지만 쉽게 내부자가 되기 어렵다. 경우에 따라서 노동조합은 조합에 가입되어 있는 노동자들만을 고용하도록 기업에게 강요할 수 있다. 따라서 실업자들은 더욱 더 취업에 성공하기 어렵고 임금도 균형수준으로 회복되지 않는다. 따라서 불균형 상태의 실질임금은 지속되고 외부시장에 존재하는 노동자들은 현존하는 실질임금하에서 취업을 원하면서도 취업할 수 없는 실업 상태에 빠지게 된다.

내부시장과 외부시장의 분리는 명시적인 이유로 이루어지기도 하지만 어떤 경우에는 계속되는 실직을 겪는 노동자와 그렇지 않은 노동자 사이에 암묵적인 경계가 생김에 따라 그 구분이 이루어지기도 한다. 예를 들어서 대학졸업자가 졸업과 동시에 취직을 하지 않고 일년 정도 취업을 미룬다면 그 사람의 능력과 상관없이 취업을 안했다는 사실 때문에 낙인이 찍혀 그 후 취업에 어려움을 겪기도 한다. 이러한 노동자들은 자신도 모르게 외부시장에 속하게 되고 내부시장에 속한 노동자와의 경쟁이 제한됨으로써, 내부시장에 속한 노동자들은 외부시장에 속한 노동자가 지속적으로 실업 상태에 있을 때에도 균형보다 높은 수준의 임금을 받을 수 있게 된다.

마지막으로 서로간의 능력에 아무런 차이가 없음에도 불구하고 이미 취업되어 있는 노동자를 내부자로 보고 실업자를 외부자로 볼 수도 있다. 내부자들이 높은 실질임금을 받고 있음에도 불구하고 동일한 능력을 가진 외부자로 즉각적으로 대체될 수 없는 이유는 새로운 노동자를 고용하는 데 수반되는 고정비용 때문이다. 기업이 새로운 노동자를 채용하기 위해서는 광고 등 여러 가지 비용이 들며 채용 후에도 실

심화 학습

일반적으로 시장의 경쟁원리에 위배되는 집단적인 의사결정은 법적으로 제한을 받게 된다. 기업간의 연합을 통해 가격을 통제하는 카르텔이 불법화되어 있는 것이 그 대표적 예이다. 그렇다면 왜 노동자들의 연합형태인 노동조합은 허용되는가? 그 이유는 노동자의 지위가 기업가에 비해 불리하다고 생각되기 때문이다. 노동자의 단체행동을 제한할 경우 기업가는 우월한 지위를 이용하여 임금이나 근로조건을 노동자에게 너무 불리하게 결정할 가능성이 있는 것이다. 이러한 점을 우려하여 대부분의 나라가 노동조합의 결성을 합법화하고 있지만 노동조합의 구체적인 권리에 관해서는 국가마다 다르며 많은 제한을 두고 있다.

제 근무에 투입하기 전에 연수 등의 사전 교육이 필요하다. 이러한 비용을 감안하면 외부자가 더 낮은 임금을 받을 용의가 있다고 제안해도 기업 입장에서는 선뜻 이들을 채용하기 어려운 것이다.

효율성 임금이론

실질임금이 균형임금보다 높게 책정될 수 있는 또 하나의 근거는 효율성 임금 (Efficiency Wage)이론이다. 효율성 임금이론에 따르면 노동자의 생산성 혹은 효율성은 실질임금에 의해 결정된다. 즉 기업은 노동자에게 높은 실질임금을 줌으로써 생산성을 높일 수 있는 것이다. 이것이 사실인 경우 기업은 높은 생산성을 유도하기 위하여 경쟁시장에서의 균형실질임금보다 높은 실질임금을 책정할 유인이 생긴다. 그 결과 노동시장에는 초과공급이 생기고 실업이 발생한다.

높은 실질임금이 높은 생산성을 유도할 수 있는 이유는 무엇인가? 이러한 근거는 저개발국에서 쉽게 발견할 수 있다. 저개발국에서는 종종 균형임금이 최저생계를 유지할 수 없을 정도로 낮게 결정되기도 한다. 이런 경우 노동자는 영양의 결핍으로 제대로 생산성을 발휘할 수 없다. 한 연구에 따르면 아프리카 시에라리온의 농장에서 일하는 노동자의 경우 10%의 칼로리 증가가 생산성을 3.4% 증가시킨다고 한다.[6] 즉 기업이 노동자에게 보다 높은 임금을 제공함으로써 노동자는 더 영양가 높은 음식을 섭취할 수 있고 그에 따라 더 튼튼해진 노동자는 높은 생산성을 발휘할 수 있는 것이다.

위와 같은 증거는 저개발국의 경우에 있어서는 타당할 수 있지만 그 밖의 나라에 모두 적용될 수는 없다. 왜냐하면 대부분의 나라의 경우 균형수준의 임금이 최저생계비를 초과하는 것이 일반적이기 때문이다. 따라서 효율성 임금의 원리가 그 밖의 모든 나라에도 적용된다면 그 이유는 다른 곳에서 찾아야 할 것이다. 효율성 임금의 원리가 적용되는 이유는 다음의 네 가지로 요약할 수 있다.

첫째, 높은 실질임금은 근무에 임하는 노동자의 태도를 변화시킴으로써 생산성을 높일 수 있다. 어떤 기업이 다른 기업보다 높은 실질임금을 제공한다면 그 기업에서 근무하는 노동자들은 고마움을 느끼게 되고 그 대가로 더욱 열심히 근무하게 된다. 이러한 노동자의 태도 변화는 생산성을 증가시키게 된다.

둘째, 높은 실질임금을 제공하는 기업에서 근무하는 노동자의 이직률은 낮기

---

6 영양의 증가가 생산성에 미치는 영향에 대해서는 다음을 참조하시오. Strauss, John. 1986. "Does Better Nutrition Raise Farm Productivity?" *Journal of Political Economy*, 94(2): 297-320; Deolalikar, Anil. 1988. "Nutrition and Labor Productivity in Agriculture: Estimates for Rural South India." *Review of Economics and Statistics*, 70(3): 406-413.

마련이고 이러한 낮은 이직률은 생산성을 향상시킨다. 만약에 이직률이 높게 되면 중요한 공정에 종사하는 노동자가 이직함에 따라 전체생산공정이 중지될 가능성이 생기고 이는 생산비용을 증가시킨다. 또한 새로운 노동자를 채용하기 위해서는 시간과 비용이 들며 채용 후에도 생산에 투입하기 전에 훈련이 필요해지고 이에 따른 비용이 추가적으로 발생한다. 낮은 이직률은 이와 같은 비용을 감소시킴으로써 생산성을 증가시키게 된다.

셋째, 높은 임금은 노동자의 보이지 않는 태만(shirking)을 줄여줌으로써 생산성을 높일 수 있다. 노동자들은 기업에서 일하는 과정에서 효용을 얻는 것이 아니라 오히려 고통을 느낀다고 볼 수 있다. 따라서 노동자들은 되도록이면 열심히 일하기보다는 적당히 시간을 때우려 한다. 이러한 행위를 태만이라고 부른다. 기업은 감독을 통해 노동자들이 태만하지 않도록 조치하려 하지만 노동자가 태만한지 여부를 정확히 알 수는 없다. 예를 들어 열심히 근무하는 척 하지만 머릿속으로는 딴 생각을 하고 있는 노동자들을 기업이 알아차릴 방법은 없다. 오직 노동자 스스로만이 자신의 태만 여부를 잘 알 수 있는 것이다. 따라서 기업과 노동자 사이에는 태만 여부에 대한 정보의 비대칭성이 존재한다. 정보의 비대칭성이 존재할 때 생길 수 있는 문제 중의 하나가 도덕적 해이(moral hazard)이다. 만약 기업이 시장의 균형임금을 제공하는 경우 노동자는 열심히 일하기보다는 태만하기를 선택한다. 왜냐하면 열심히 일한다는 것은 그만큼 노동자의 입장에서도 더 많은 노력이 들어가게 되고 그에 따른 고통이 발생하기 때문이다. 이와 같이 정보의 비대칭성 때문에 바람직하지 않은 행동이 유발되는 것을 일반적으로 도덕적 해이라고 부른다.

기업은 노동자들의 도덕적 해이, 즉 근무태만을 방지하기 위하여 모니터링(monitoring)을 통해 태만한 노동자를 해고하겠다는 위협을 하기도 하지만 균형임금을 제공하는 한 이러한 모니터링은 크게 위협이 되지 않는다. 왜냐하면 근무태만이 발각되어 해고되더라도 동일한 수준의 시장균형임금을 제공하는 다른 기업을 쉽게 찾을 수 있기 때문이다. 하지만 고용자가 시장균형임금보다 높은 임금을 제공하고 있는 경우는 모니터링을 통한 해고의 위협이 보다 강력한 무기가 될 수 있다. 이 경우 근무태만으로 해고가 된다면 동일한 수준의 임금을 제공하는 기업을 쉽게 찾을 수 없기 때문에 노동자는 커다란 손실을 보게 된다. 따라서 균형보다 높은 실질임금과 적절한 모니터링은 노동자의 태만을 줄여줌으로써 노동자의 생산성을 증가시킨다.

넷째, 정보의 비대칭성이 초래하는 또 다른 문제인 역선택(adverse selection)의 문제가 효율성 임금의 근거가 될 수 있다. 역선택은 보통 고용이라는 계약관계를 맺기 전에 노동자들의 특성을 알지 못할 때 발생한다. 노동자들이 동일하지 않고 생산성에 있어서 차이를 보이지만 정보의 비대칭성 때문에 기업은 노동자들의 이러한 차이를 알지 못한다고 가정하자. 이 경우 어떤 기업이 노동자들의 평균적인 생산성 수준에 맞추어 임금을 제공한다면, 오직 유보임금이 그 임금수준보다 낮은 노동자만이 그러한 제안을 받아들이려 할 것이다. 대체로 생산성이 높은 노동자일수록 유보임금이 높은 경향이 있으므로 결국 높은 수준의 생산성을 가진 노동자는 이 기업을 선택하지 않는다. 따라서 노동자들을 구별할 수 없는 이 기업은 생산성이 낮은 노동자들만 고용하게 된다. 이렇게 바람직하지 못한 선택이 이루어지는 것을 역선택이라고 부른다. 이러한 경우 만약에 어떤 기업이 보다 높은 실질임금을 제공한다면 생산성이 높은 노동자들은 이러한 기업에 노동을 공급하려 할 것이다. 따라서 이 기업은 높은 실질임금을 지불함으로써 생산성이 높은 노동자들을 고용할 수 있게 되고 평균적인 생산성을 증가시킬 수 있게 된다. 결국 높은 실질임금은 노동자의 평균적인 질을 높여줌으로써 생산성을 증진시킨다.

정보의 비대칭성이 초래하는 문제: 역선택과 도덕적 해이

정보의 비대칭성이 초래하는 문제는 크게 역선택(adverse selection)과 도덕적 해이(moral hazard)로 나누어진다. 역선택은 계약이 이루어지기 전에 생기는 문제로 한 당사자가 다른 당사자보다 우월한 정보를 가지고 있을 때 생기는 현상이다. 이때 충분한 정보를 가지지 못한 계약자가 바람직하지 않은 대상을 선택하게 된다는 문제점 때문에 이러한 이름이 붙여졌다. 정보의 비대칭성의 또 다른 문제는 도덕적 해이(moral hazard)이다. 도덕적 해이는 계약이 이루어진 후에 발생하는 행위에 대한 문제이다. 이러한 도덕적 해이의 문제는 주인(principal)이 대리인(agent)에게 어떤 책무를 위임할 때 발생하는 주인-대리인 문제(principal-agent problem)가 있다. 이때 보통 주인은 대리인의 행동에 대한 정보를 얻기 어려우므로 대리인은 주인의 이해(incentive)를 극대화하기보다는 주인과의 관계를 유지하는 선에서 대리인 자신의 이해를 극대화하려고 한다. 이렇게 대리인의 부정직하거나 부적절한 행위에 따라 발생하는 문제를 도덕적 해이라고 부른다.

이러한 정보의 비대칭성은 앞에서 살펴보았듯이 실업률의 상승을 유발할 뿐만 아니라 금융시장, 투자에서의 효율성을 저해할 수 있다. 정보의 비대칭성이 금융시장, 투자에 미치는 영향에 대해서는 제16장에서 자세히 설명한다.

포드 자동차

효율성 임금이론은 1970년대에 제시된 이론이지만 헨리 포드(Henry Ford)는 이러한 이론이 정립되기 훨씬 전에 이미 효율성 임금이론의 기본적인 작동원리를 터득했었던 것으로 보인다. 1903년에 설립된 포드자동차는 1908년에 450명의 노동자를 고용하여 10,607대의 자동차를 생산하는 정도의 수준에 머물러 있었다. 포드자동차가 대기업으로 발전하게 된 계기는 포드가 도입한 새로운 생산공정에 따른 모형 T(Model T)의 생산이었다. 당시 자동차 부품의 생산에는 상당한 정교함이 요구되었지만 부품의 생산은 대개 외주로 이루어지는 것이 보통이었고 자동차 회사는 이러한 부품의 조립에 보다 전념하고 있었다. 모형 T의 핵심은 대다수의 노동자가 극도의 세분화된 조립과정에 참여하게 됨에 따라 숙련된 기술이 필요 없게 되고 단순한 몇 가지의 조작을 반복하게 된 데 있었다. 이러한 획기적인 생산공정의 도입에 따라 값싼 비숙련노동자를 대량으로 고용하여 포드자동차는 1913년까지 14,000명의 노동자들과 연 250,000대의 자동차를 생산하는 대기업으로 성장할 수 있었다.

하지만 이렇게 단순화된 작업공정은 여러 가지 문제점을 야기하였다. 그 중에서도 포드에게 가장 문제가 되었던 것은 너무 단순하고 지루한 공정 때문에 노동자들의 이직이 급증하였다는 점이다. 이직률은 1913년 370%에 달하였다. 즉 14,000명의 노동자를 유지하기 위하여 포드자동차는 연 518,000명의 노동자를 고용하여야 했다. 또한 결근율도 매일 10%에 달하였다. 이러한 현상은 극도로 분업화된 생산공정을 자주 중단 시킬 수 있는 중대한 문제였다. 이러한 문제에 봉착한 포드는 1914년 1월 5일 하루 평균노동시간을 9시간에서 8시간으로 줄이고 임금도 기존의 $2.34에서 $5.00로 대폭 상승시켰다. 이러한 선언이 있은 후 포드자동차 회사 문 밖에는 10,000명의 노동자가 일자리를 얻기 위하여 줄을 섰고 이직률은 16%로 급감하였으며 결근율도 2.5%로 감소하였다. 이러한 변화는 노동생산성을 40~70% 증가시켰고 포드자동차의 이윤도 20% 증가하였다. 결국 포드의 급격한 임금 상승은 포드 자신이 설명한대로 가장 훌륭한 비용절감 시도였다.

자료: Raff, Daniel, and Lawrence Summers. 1987. "Did Henry Ford Pay Efficiency Wages?" *Journal of Labor Economics*, 5(4): 557-586; Borjas. 1996. Labor Economics.

사례연구 — 패스트푸드 음식점: 프랜차이즈

효율성 임금이론의 또 다른 증거는 패스트푸드 음식점에 대한 연구 결과에서 찾아볼 수 있다. 미국의 경우 패스트푸드 음식점은 전국적인 본사에 의해 직접 운영되기도 하지만 많은 경우에 있어서 지역의 프랜차이즈 형태로 운영된다. 예를 들어서 맥도날드의 경우 25%, 버거킹의 경우 15%만이 본사에 의해 직접 운영될 뿐이다. 그 밖의 지점은 그 지역의 지원자를 심사하여 프랜차이즈 형식으로 운영된다. 프랜차이즈 형식의 특징은 본사가 일정한 로열티를 받을 뿐 그 밖의 영업은 해당 영업점에 전적으로 맡긴다는 점이다. 결국 프랜차이즈는 독립된 기업인 셈이다. 본사에서 직영하는 패스트푸드 음식점에 고용되어 있는 노동자와 프랜차이즈에 고용되어 있는 노동자의 임금을 비교해 본 결과 본사에 고용되어 있는 노동자의 임금이 9% 높았다. 이러한 차이가 생기는 이유는 무엇인가?

이러한 임금의 차이도 효율성 임금이론으로 설명할 수 있다. 본사가 직접 영업을 할 때와 프랜차이즈 형식으로 영업할 때의 차이점은 고용되어 있는 노동자에 대한 근무 감시체계가 달라진다는 것이다. 즉 본사가 직접 영업을 할 경우 지점이 지역적으로 흩어져 있으므로 노동자에 대한 감시가 소홀해질 수 있고 그에 따라 노동자들의 태만 가능성이 높아진다. 반면에 프랜차이즈의 경우는 지역의 고용주가 노동자를 고용하여 직접 운영하므로 노동자의 근무에 대한 직접적 감시가 가능하기 때문에 노동자의 태만 가능성이 줄어들게 된다. 이러한 태만 가능성의 차이가 임금의 차이를 설명할 수 있다. 즉 본사가 직접 영업하는 경우 노동자의 태만 가능성을 줄이기 위하여 높은 임금을 제공한다는 것이다.

자료: Krueger, Alan. 1991. "Ownership, Agency and Wages: An Examination of Franchising in the Fast Food Industry." *Quarterly Journal of Economics*, 106(1): 75-101.

정리  *summary*

1. 노동은 생산과정에서 필수적인 생산요소이다. 노동은 가계가 보유하고 있으며 기업에 공급함으로써 노동공급에 대한 대가인 임금을 받는다. 노동시장은 이와 같이 가계가 노동을 공급하고 기업은 노동을 수요하여 가계에게 임금을 분배하는 경제활동이 벌어지는 장소이다.

2. 노동에 대한 수요의 결정은 기업에 의해 이루어진다. 기업은 이윤을 극대화하려고 노력하는 과정에서 최적의 노동수요를 선택한다. 최적의 노동수요량은 실질한계수입과 실질한계비용이 만나는 점에서 결정된다.

3. 노동에 대한 공급의 결정은 가계에 의해 이루어진다. 가계는 효용을 극대화하는 것을 목적으로 여가와 노동 사이의 상충관계를 고려하여 최적의 노동공급을 결정한다.

4. 실질임금이 변할 때 이에 대응하는 기업의 고용수준 변화는 한계생산물곡선을 따라 이루어진다. 결국 한계
   생산물곡선이 노동수요곡선인 셈이다. 노동수요를 결정짓는 가장 중요한 변수는 노동의 가격인 실질임금
   이다.

5. 실질임금의 변화는 두 가지 효과, 즉 대체효과와 소득효과를 통하여 노동공급에 영향을 준다. 그런데 이 두
   가지 효과는 서로 다른 방향으로 노동공급을 변화시킨다.

6. 마찰적 실업은 직업이 없는 노동자의 수와 비어 있는 일자리의 수가 같음에도 불구하고 노동자와 일자리가
   짝지어지지 않아 발생한다. 보다 구체적으로, 이질적인 노동자와 정보의 불완전성과 같은 마찰적 요인에 의
   해 발생한다.

7. 경제의 산업구조의 변화나 지역적인 불균등 발전 때문에 실업이 발생하는 경우 이를 구조적 실업이라고 부
   른다. 노동자와 일자리 사이의 연결이 즉각적으로 이루어지지 않은 이유가 경제의 보다 근본적인 경제구조
   적 변화에 의해 발생된다는 점에서 마찰적 실업과 구별된다.

8. 경기적 실업은 경기가 불황에 빠지는 경우에 생기는 실업을 말한다. 일반적으로 불황에는 생산이 감소하고
   생산에 필요한 생산요소에 대한 수요가 감소한다. 따라서 노동에 대한 수요도 감소하여 실업이 발생한다.

9. 균형 상태에서의 실업을 보다 현실적으로 설명하고자 고안된 모형을 매칭모형(matching model)이라고 부른
   다. 취업은 노동자와 일자리가 짝지어지는 경우에 발생한다. 노동자는 여기저기 돌아다니면서 자신에게 가
   장 적합한 일자리를 찾게 되는데 이러한 과정을 탐색과정이라고 부른다. 이러한 탐색과정에서 노동자들은
   실업을 겪게 된다.

10. 균형에서의 실업률을 자연실업률(natural rate of unemployment)이라고 하며 여기에는 마찰적 실업과 구조적
    실업이 포함된다. 실직률과 취업률을 변화시킬 수 있는 충격이 오게 되면 자연실업률도 시간의 흐름에 따라
    변화할 것이다.

11. 불균형 상태의 실업이 존재한다는 사실은 임금이 신속하게 조정되지 않는다는 것을 의미한다. 이와 같은 현
    상을 임금의 경직성(wage rigidity)이라고 부르며 명목임금 경직성과 실질임금 경직성으로 나뉜다. 장기계약
    의 존재, 최저임금법의 존재는 명목임금 경직성을 설명하고 암묵적 계약이론, 내부자와 외부자 이론, 효율
    성 임금이론은 실질임금 경직성을 설명한다.

연습문제

1. 다음에 대해 옳으면 T, 틀리면 F 그리고 불명확하면 U라고 답하고 그에 대해 설명하시오.

1) 인터넷의 등장은 자연실업률을 낮춤과 동시에 경제의 효율성도 높여줄 수 있다.

2) 쇠퇴산업의 기업에 대해 노동자 고용을 유지하기 위한 보조금 지급은 실업률을 낮추지만 성장에는 해가 된다.

3) 실업보험의 확장은 경기적 실업(cyclical unemployment)을 늘린다.

4) 실업보험은 오히려 실업률을 높이며 경제의 효율성을 떨어뜨리므로 바람직하지 않은 정책이다.

5) 효율성 임금이론은 명목임금의 경직성을 통해 노동시장의 불균형을 설명하는 이론이다.

6) 효율성 임금이론에 의하면 노동시장의 불균형이 명목임금의 경직성에 기인한 것이 아니다.

7) 자연실업률을 계속적으로 낮추려고 하는 정책은 경제 전체적으로 보았을 때 오히려 바람직하지 않을 수 있다.

8) 노동시장에서의 불확실성의 증가는 자연실업률을 상승시킬 수 있다.

9) 실질임금이 오르면 노동공급은 증가한다.

10) 암묵적 계약이론에 따를 때 노동자는 일정한 임금을 받아 위험을 최소화하고자 한다.

11) 실업수당을 늘리면 자연실업률은 하락하지만 경제전체의 후생은 증가한다.

2. 노동시장에서 노동의 수요는 $N_d = 175 - \dfrac{25}{2}\left(\dfrac{W}{P}\right)$, 노동의 공급은 $N_s = 50 + 50\left(\dfrac{W}{P}\right)$로 주어졌고 단기생산함수는 $Y = 14N - 0.04N^2$이다.

1) 노동시장을 균형으로 하는 균형임금수준$\left(\dfrac{W}{P}\right)$과 고용량($N$) 그리고 생산량($Y$)을 구하시오.

2) 실질임금이 $\dfrac{W}{P} = 4$에서 경직적인 경우 고용량과 생산량을 구하시오.

3. 한 경제의 단기 생산함수가 다음과 같다.

$$Y = AL^{\alpha} \quad A > 0, \ 0 < \alpha < 1$$

여기서 Y는 실질 생산량, L은 고용량, A, α는 상수이다.

1) 생산함수와 노동수요함수를 그래프로 그리고 α값의 변화가 그래프에 어떤 변화를 가져오는지 설명하시오.

2) 실질임금이 상승하면 이 경제의 총노동공급은 증가한다고 한다. 그 이유를 설명하고 그래프로 나타내시오.

3) 노동시장에서 항상 균형이 달성되는 경우 노동시장의 균형을 그래프로 나타내고 A값이 외생적으로 감소하였을 때 노동시장의 고용량과 실질임금의 변화를 설명하시오.

4) 이 경제의 실질임금이 완전 경직적이라면 3)의 답은 어떻게 달라지는가?

4. 이론적으로 고용률이 높은 국가는 실업률이 낮고, 고용률이 낮은 국가는 실업률이 높다. 그런데, 우리나라의 실업률과 고용률은 모두 다른 OECD 국가에 비해 상대적으로 낮다. 이러한 현상이 나타나는 주요한 원인은 무엇인지 기술하시오.

5. 어느 경제의 2007년 1분기의 주어진 총 노동력 100만명 중 현재 92만명이 취업자이고 8만명이 실업자라고 하자. 분기별 job separation rate가 1%, job finding rate가 20%일 때 탐색모형을 이용하여 향후 2년 동안 이 경제의 실업률의 변화를 구하고 균제균형에서의 자연실업률의 값을 구하시오.

6. 다음의 변화는 자연실업률에 어떠한 영향을 미치겠는가?

1) 실업보험의 기간을 늘렸다.

2) 어느 경제에서 해고를 어렵게 하는 법률을 제정하였다.

3) 비숙련보다는 숙련노동자를 더 필요로 하는 기술이 계속 발전하고 있다.

7. 어떤 경제에서 경제활동 인구의 수는 L이라고 하자. 경제활동 인구는 서로 이질적이며 고용주도 서로 이질적이다. 노동시장에서 경제활동인구가 고용주와 만나 매칭(matching)이 이루어지면 고용이 되지만 그렇지 않은 경우 실업 상태가 된다. 취업자 수는 E, 실업자 수는 U라고 하자. 즉 $L=E+U$가 성립한다. 이미 취업에 성공한 취업자들도 매 기간 새로운 충격을 받으며, 그 결과 일정한 비율의 실직률 s로 실업자가 된다. 뿐만 아니라 실업자 중에서도 매 기간 일정한 비율의 취업률 f로 매칭에 성공하여 취업자가 된다.

1) 취업률이 0.95이고 실직률이 0.05라고 하자. 이 경제의 균제상태의 실업률인 균형실업률은 얼마인가?

2) 위에서 구한 실업률이 균형실업률이라고 부를 수 있는 이유를 설명하시오.

3) 정부가 해고를 어렵게 하는 법률을 제정하였다고 하자. 이때 실업률은 어떻게 변하는지 설명하시오.

정부는 최저임금 인상을 고려하고 있다(정부가 해고 관련 법률을 제정한 것은 무시하라).

4) 위에서 제시한 모형을 이용하여 최저임금 인상이 그리 크지 않은 경우 실업률이 낮아질 수도 있음을 보이시오.

Macroeconomics

제 5 장
화폐와 인플레이션

물가안정은 경제성장과 더불어 거시경제의 중요한 목표이다. 이번 장에서는 물가수준의 결정과 또 물가수준의 지속적인 상승, 즉 인플레이션이 발생하는 원인을 살펴보고자 한다. 물가수준이 상승하면 소비자들은 같은 양의 재화와 서비스를 구입하는 데 이전보다 더 많은 돈을 지불해야 한다. 이는 소비자가 보유하고 있는 화폐가치가 지속적으로 하락한다는 것을 의미한다. 우리는 이 장을 통해서 화폐가 한 경제에서 어떤 역할을 하며, 어떻게 공급되고 있는지 알아보고, 물가가 완전히 신축적인 장기에서 화폐와 인플레이션의 관계에 대해 살펴볼 것이다.

화폐와 통화량

① 화폐

화폐(Money)는 사회에서 일반적인 거래의 수단으로 사용되는 자산(asset)이다. 통상 자산이라고 하면 〈그림 5-1〉과 같이 실물자산과 금융자산으로 크게 분류할 수 있고 화폐는 여러 금융자산 중 하나라고 할 수 있다.

화폐와 유동성

그렇다면 이런 다양한 자산들 중에서 왜 화폐가 거래의 수단으로 널리 통용되는 것일까? 그 이유는 화폐가 유동성(liquidity)이 매우 높은 자산이기 때문이다. 유동성은 환금성이라고도 표현하는데, 특정한 자산이나 재화가 가치의 손실 없이 일반적인 교환수단으로 쉽게 바뀔 수 있는 정도를 말한다. 예를 들어 주식이나 집문서는 가치의 손실 없이 언제든지 일반적인 교환수단인 화폐로 바꿔지는 것은 아니다. 보통 각국의 중앙은행이 화폐를 발행하는데, 화폐가 중앙은행에서 발행되기 때문에 주된 거래의 매개수단으로 이용된다고 생각할 수 있다. 그러나 중앙은행이 발행하는 화폐라고 해서 항상 교환수단으로 통용되지는 않는다. 엄격히 말하면 높은 '유동성'을 갖는 화폐여야만 거래의 수단이 된다. 극단적인 예로 전쟁 중에 화폐가 그 역할을 상실하는 경우를 볼 수 있다. 왜냐하면 중앙은행이 발행하는 지폐는 그 자체의 자산가치가 없기 때문에 전쟁시에는 유동성이 크게 떨어지고 다른 유동성이 높은 자산이 일반적인 거래수단의 역할을 한다. 한국전쟁 중에는 금과 같은 귀금속이나 식량이 화폐의 역할을 대신하였다. 또한 특별한 경제상황에서는 유동성이 높은 다른 형태의 재화가 주된 화폐의 기능을 하기도 한다. 다음의 사례연구는 이를 보여주고 있다.

그림 5-1
자산의 분류

자산은 실물자산과 금융자산으로 크게 분류된다. 금융자산은 주식, 채권 등의 증권과 화폐로 나뉜다. 화폐는 금융자산 중 하나이다.

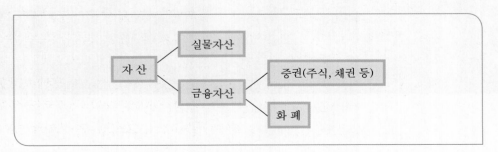

화폐의 기능

일반적으로 화폐는 교환수단, 회계단위, 가치저장수단이라는 세 가지의 본질적인 기능을 지닌다. 첫째, 교환의 매개수단(medium of exchange)으로서 화폐의 기능을 들 수 있다. 이는 어떤 재화나 서비스를 사는 사람이 파는 사람에게 주는 지불수단으로서의 화폐의 기능을 말한다. 둘째, 회계의 단위(unit of account)로서 화폐의 기능이 있다. 재화와 서비스의 가격을 결정하고 채무를 기록할 때의 측정기준으로 화폐를 사용한다. 셋째, 가치의 저장수단(store of value)으로서의 기능을 들 수 있다. 화폐를 보유함으로써 현재의 구매력을 미래로 이전시킬 수 있다.

이상을 통해 우리는 화폐가 유동성이 매우 높은 자산으로서 사회에서 물건을 사고 파는 교환을 가능하게 하고, 경제적인 가치를 표시하고 채무를 기록할 때의 기준을 제공해 주며, 화폐를 가지고 있으면 나중에라도 물건을 사는 데 사용할 수 있는 가치저장의 기능이 있다는 것을 알았다.

사례연구 전쟁 포로수용소의 화폐

제2차 세계대전 중에 독일의 전쟁 포로수용소(Prisoner-Of-War Camp) 안에서는 물건을 사고 파는 등 재화의 거래에 있어 담배가 주된 교환수단이었다고 한다. 실제로 담배를 회계단위로 하여 포로수용소 안의 모든 물건의 가격이 책정되었다. 예를 들어 '치즈 하나에 담배 7개비'와 같은 교환비율이 정해져 있었다. 담배는 작고 휴대가 편리하며 동질적인 성격을 가지고 있어서 교환수단으로서 화폐의 장점을 지니고 있었다. 그러나 담배 자체가 소모되는 재화여서 몇 가지 문제점이 나타났다. 누군가 담배를 피워서 포로수용소 안에 유통되는 담배의 양이 줄어들면 재화에 대한 담배의 교환비율이 떨어져 모든 재화의 가격이 하락하는 일종의 디플레이션(deflation)이 나타났고, 적십자에서 구호물자가 전달되어 포로수용소에 있는 사람들에게 담배가 공급되면 재화에 대한 담배의 교환비율(가격)이 급격히 오르는 인플레이션이 나타나서 가격의 불안정성이 초래되기도 하였다.

이후에 포로수용소의 식당에서 담배를 대신하여 Bully Marks(BMks)라는 지폐를 유통시키려는 시도를 하였다. 처음에 이 지폐는 식당을 주된 거래장소로 하여 담배와 1 : 1로 교환되며 유통되었지만 식당이 물자부족으로 문을 닫게 되면서 지폐는 유동성을 잃고 결국 다시 담배가 주된 교환수단으로 자리잡게 되었다.

자료: Radford, R. A. 1945. "The Economic Organisation of a P.O.W. Camp." *Economica*, 12(48): 189-201.

2 통화량

통화량이란 한 경제에서 통용되는 화폐의 양을 의미한다. 통화는 법정화폐인 현금과 더불어 현금으로 쉽게 전환될 수 있는 유동성이 높은 금융자산을 합하여 정의할 수 있다. 흔히 통화라고 하면 지폐나 동전과 같은 현금만을 떠올리기 쉬우나, 은행에 맡겨놓은 예금을 비롯하여 현금과 비슷한 기능이나 성격을 가진 금융상품을 포괄하는 개념으로 통화를 생각해야 한다. 여기서 한 경제 내에 유통되는 통화의 총량을 가늠하는 척도가 바로 통화지표이다. 실제로 어느 범위까지를 통화로 정의할 것인가에 대한 논의와 더불어 한 경제의 통화량을 정확히 파악하기 위한 새로운 통화지표의 개발 역시 활발히 연구되고 있다. 한국의 경우 1951년부터 통화지표를 공식 편제하기 시작하였으며 2002년부터는 변경된 국제통화기금(IMF) 통화금융통계매뉴얼(2000)의 권고에 따라 금융기관이 취급하는 금융상품의 유동성 정도를 기준으로 그 포괄상품을 구성한 협의통화(M1) 및 광의통화(M2)를 편제하여 공표하고 있다. 또한 경제가 보유하고 있는 전체 유동성의 크기를 측정하기 위한 지표로서 광의 유동성(L)을 정의하고 있다. 〈표 5−1〉은 한국의 M1, M2, L에 대한 정의 및 2018년 7월 말을 기준으로 한 현황을 나타낸 표이다.

표 5-1
한국의 통화 및 유동성 지표

지 표	포함된 항목	2023년 3월 말 수치
현금통화	현금통화	162.9조원
M1(협의통화)	현금통화+결제성 예금(요구불 예금, 수시 입출식 예금−투신사 MMF 포함)	1,206.8조원
M2(광의통화)	M1+준 결제성예금(정기 예적금, 실적 배당형 금융상품, 시장형 금융상품, 기타 예금·금융채)	3,776.9조원
L(광의 유동성)	M2+예금은행 및 비은행금융기관 기타예수금 등 +국채, 지방채, 회사채, 기업어음	6,628.0조원

자료: 한국은행 경제통계시스템

3 통화공급

통화공급의 주체

통화공급의 주체는 기본적으로 중앙은행과 예금은행으로 볼 수 있다. 중앙은행은 본원통화(monetary base)를 공급하며, 예금은행은 이러한 본원통화를 기초로 하여 예금통화(파생통화)를 창출한다. 본원통화는 한국은행이 처음에 발행한 화폐발행액과 예금은행이 예금인출에 대비하여 중앙은행에 맡긴 지급준비예치금의 합계로 정의된다.

> 본원통화 = 중앙은행의 화폐발행액 + 예금은행의 지급준비예치금

한편, 중앙은행의 화폐발행액은 민간이 현금형태로 보유하거나 은행이 현금형태로 보유(은행시재 현금)한다. 따라서 본원통화는 다음과 같이 나타낼 수도 있다.

> 본원통화 = 민간의 화폐보유 + 은행시재 현금(예금은행의 화폐보유)
> + 예금은행의 지급준비예치금

2018년 7월 말, 본원통화는 화폐발행액과 예금은행 지급준비예치금을 합쳐 164.6조원의 크기였다. 그런데 통화량 지표에서 M2를 기준으로 보면 2018년 7월 말 M2는 총 2,634.8조원의 크기로 중앙은행이 발행하는 본원통화의 16배가 넘는 예금통화가 경제 내에 존재하는 것을 볼 수 있다. 어떻게 이런 일이 일어날 수 있을까?

통화의 창출

통화의 창출과정을 이해하기 위해 우선 지급준비금의 개념을 알아야 한다. 예금은행은 예금의 인출에 대비하여 예금의 일부를 현금으로 보유하는데 이를 부분지급준비제도라고 하고 이때 예금은행이 보유하는 현금을 지급준비금(bank reserves)이라고 한다. 예금은행은 지급준비금을 현금으로 직접 보유하거나(은행시재 현금) 중앙은행에 맡겨 둘(지급준비예치금) 수 있다.

> 지급준비금 = 은행시재 현금 + 지급준비예치금
> = 법정지급준비금 + 초과지급준비금

따라서 본원통화는 다음과 같이 나타낼 수도 있다.

> 본원통화 = 민간의 화폐보유 + 지급준비금

즉 본원통화 중 민간이 보유한 현금을 제외한 나머지 은행보유분이 지급준비금이다. 지급준비금을 나누는 또 하나의 기준은 법규정에 따른 분류이다. 즉 법에 정한

규정에 따라 시중 예금은행들이 중앙은행에 예치하는 현금을 법정지급준비금이라고 하는데 한국에서는 현재 요구불예금의 7%, 정기예금의 2%로 정해져 있다. 그리고 법정지급준비금을 제외한 나머지 초과분을 초과지급준비금이라고 하는데 그 크기는 법정지급준비금에 비하면 적다.

그렇다면 이러한 부분지급준비제도하에서 은행들은 어떻게 통화를 창출하는가? 구체적인 일련의 과정을 살펴보자. 전체 예금에 대한 (법정)지급준비율을 r이라고 하고 맨 처음 본원통화가 중앙은행에 의해 H만큼 창출되어 예금은행 A에 예금되었다고 하자. 그렇다면 다음과 같은 예금은행 A의 대차대조표가 구성될 것이다.

예금은행 A

예금은행 A의 대차대조표
(Balance Sheet: B/S)

자 산	부 채
(법정)지급준비금 : $+rH$ 대　　　출 : $+(1-r)H$	예　금 : $+H$

위에서 예금은행 A는 예금의 r비율만큼을 지급준비금으로 보유하고, 나머지 $(1-r)H$는 대출을 하였다고 하자. 대출된 본원통화는 결국 상품의 구입 등에 사용되어 다른 누군가의 수중에 들어간다. 이 금액이 다시 다른 예금은행 B에 예금된다고 하면 예금은행 B의 대차대조표는 아래와 같다.

예금은행 B

예금은행 B의 대차대조표
(Balance Sheet: B/S)

자 산	부 채
(법정)지급준비금 : $+r(1-r)H$ 대　　　출 : $+(1-r)^2H$	예　금 : $+(1-r)H$

위에서 예금은행 B도 예금 $(1-r)H$의 r비율만큼 지준금으로 보유하고, 나머지 $(1-r)^2H$는 대출하였다고 하자. 만약 위와 같은 "신용창조" 과정이 무한히 계속된다면 이 경제의 통화량은 얼마가 되겠는가? 처음의 본원통화와 이후 늘어난 예금들을 합하면,

$$H+(1-r)H+(1-r)^2H+(1-r)^3H+\cdots = \frac{H}{r} \qquad (5.1)$$

결국 통화량의 합은 처음 창출된 본원통화 H에 $\frac{1}{r}$을 곱하여 결정된다. 여기서 $\frac{1}{r}$을 통화승수(money multiplier)라고 한다. 예를 들어, A라는 예금은행이 한 고객으로부터 100만원에 해당하는 예금을 받았다고 하자. 초과지급준비금이 없다고 가정하고, 법정지급준비율이 10%라고 하면 다음과 같은 대출 및 통화창출이 일어날 것이다.

(단위: 원)

	법정지급준비금	대출금 증가	예금 증가
A 은행	100,000	900,000	1,000,000
B 은행	90,000	810,000	900,000
C 은행	81,000	729,000	810,000
D 은행	72,900	656,100	729,000
⋮	⋮	⋮	⋮
계	1,000,000	9,000,000	10,000,000

위의 표의 결과에서 보듯이 100만원의 본원통화가 A은행에 예금되어 결국에는 1,000만원의 통화(M1)가 창출된다. 처음 늘어난 본원통화량 100만원으로 인해 900만원에 해당하는 예금통화가 추가로 창출되었다.

이상을 통해서 통화량의 증가는 예금은행에 유입되는 본원통화량의 크기가 클수록 많아지며 법정지급준비율이 낮을수록 많아진다는 것을 알았다. 통화량 창출이 본원통화의 몇 배로 창출된다는 것은 매우 민감하고 중요한 문제이다. 예를 들어 중앙은행이 어떤 기업을 지원하기 위해 통화를 발행한다고 하자. 이때 지원금이 1조원(본원통화의 증가)이라면 지급준비율이 0.05일 때 $\frac{H}{r}=\frac{1조}{0.05}=20$조원 규모의 통화량 증가를 가져오기 때문이다.

이제 우리는 보다 일반적인 경우에 있어서 한 경제의 통화량이 어떻게 결정되는지를 이해해 보자. 지금까지는 아주 간단한 가정하에서 어떻게 통화량이 창출되는지를 간단하게 보여 주었으나 현실의 경제에 비해서 너무 극단적인 가정을 하고 있다. 특히 두 개의 가정을 완화할 필요가 있다. 첫째, 은행은 법으로 정해진 법정지급준비율(required reserve ratio)에 해당되는 법정지급준비금(required reserves) 외에는 모두 대출한다고 가정하였지만 실제로는 법정지급준비금 외에도 추가적으로 지급준비금을 보유한다. 왜냐하면 법정지급준비금은 법적으로 항상 가지고 있어야 하는 부분이므로 예금인출 요구가 있는 경우 이를 사용할 수 없기 때문이다. 따라서 은행은 법정지급준비금을 초과하여 준비금을 가지고 있는데 이를 초과지급준비금이라고 한다. 은행은 실제로 예금인출이 있을 경우 현금을 내주어야 하는데 이때 초과지급준비금을 사용한다. 둘째, 대출금 전액은 다시 예금된다고 가정하였지만 실제는 그 중 일부가 민간에 의해 현금으로 보유될 수 있다. 민간은 실제로 화폐를 현금형태로 보유하여 사용하기도 하기 때문이다.

두 가지 극단적인 가정을 완화하여도 중앙은행이 최초로 경제에 공급한 본원 통화가 민간을 통해 은행에 예금됨으로써 신용창조가 이루어지고 이에 따라 통화량 이 증가한다는 사실은 동일하다. 이제 이러한 과정을 보다 완화된 가정하에서 살펴 보자. 이미 설명한 대로 본원통화 H는 민간이 보유하는 현금(C)과 은행의 지급준비 금(R)으로 이루어진다.

$$H = C + R \tag{5.2}$$

이제 중앙은행이 최초로 지폐나 주화를 공급하면 민간은 일부를 지폐나 주화 형태인 현금으로 보관하고 나머지는 은행에 예금한다고 생각하자. 즉, 최초에 공급 된 화폐 중 얼마만큼이 현금형태로 보유되고 나머지는 예금되는가는 민간이 결정한 다. 이때 예금된 금액만이 은행에 의해 지속적으로 화폐를 창조하게 된다. 단, 처음 에 공급된 본원통화의 일부가 현금으로 보유되는 경우 이 현금은 더 이상 신용창조 의 대상이 되지 않으므로 일반적으로 통화승수는 처음의 경우보다 작으리라는 것을 알 수 있다.

또한 지금까지는 초과지급준비금이 0이라고 가정하였다. 하지만 현실의 은행 은 법적지급준비금 이외에 일부를 초과지급준비금의 형태로 보유하는 것이 보통이 다. 즉 현실의 은행이 보유한 지급준비금과 예금액의 비율을 실제지급준비율(z)이 라고 할 때 실제지급준비금은 법정지급준비금과 초과지급준비금의 합이므로 z는 법 정지급준비율인 r보다 크기 마련이다. 따라서 일부의 본원통화가 예금창출에 사용 되지 않고 은행에 의해 초과지급준비금의 형태로 보유되므로 일반적으로 통화승수 는 처음의 경우보다 작으리라는 것을 알 수 있다.

이상의 완화된 가정하에서 통화량이 어떻게 결정되는지 살펴보기로 하자. 먼 저 통화량은 민간보유 현금(C)과 요구불예금(D)의 합으로 다음과 같이 정의된다.

$$M = C + D \tag{5.3}$$

이렇게 정의된 통화량과 최초에 중앙은행으로부터 공급된 본원통화와의 관계는 어떻게 되는가? 이 관계가 곧 완화된 가정하에서의 통화승수의 문제이다. 이때 통화승수 m은 다음과 같은 과정을 거쳐 구할 수 있다.

$$
\begin{aligned}
m &= M/H \\
&= (C+D)/(C+R) \\
&= (1+C/D)/(C/D+R/D) \\
&= (1+c)/(c+z)
\end{aligned}
\tag{5.4}
$$

여기서 $c=C/D$는 현금통화와 예금액과의 비율로 현금통화비율이라고 불리며, $z=R/D$는 금융기관이 결정한 실제지급준비율이다. 지금 계산한 통화승수와 처음에 계산한 통화승수를 비교해 보면 두 가지 이유에 의하여 지금 것이 작음을 알 수 있다. 첫째, 현금통화비율 c가 0이 아니므로 새로운 통화승수는 $1/z$보다 작다. 또한 초과지급준비금의 존재는 z가 r보다 큼을 의미하므로 $1/z$은 $1/r$보다 작게 된다. 즉 민간이 전혀 현금을 보유하지 않고($c=0$), 은행이 전혀 초과지급준비금을 보유하지 않을 때($z=r$)에만 새로운 통화승수가 처음의 통화승수와 같아진다. 일반적으로 두 가정 중의 하나라도 성립하지 않으면 완화된 가정하의 새로운 통화승수가 처음의 통화승수보다 작아짐을 보일 수 있다. 또한 c와 z가 증가함에 따라 새로운 통화승수는 그 값이 감소함을 알 수 있다.

이상의 결과를 통해 한 경제의 통화량의 크기는 보다 완화된 가정하에서 다음과 같은 식을 통해 결정됨을 알 수 있다.

$$
M = m \times H = (1+c)/(c+z) \times H
\tag{5.5}
$$

통화공급의 정책수단

이제 실제로 중앙은행이 어떠한 방법으로 통화량 공급을 조절하는지를 알아보자. 중앙은행은 통화공급을 조절하기 위해 다음과 같은 수단을 사용한다. 첫째, 공개시장조작을 통해 통화공급을 조절한다. 이는 중앙은행이 증권시장에 개입하여 증권을 매입하거나 매각함으로써 통화량을 조절하는 것을 말한다. 중앙은행이 민간이나 예금은행으로부터 증권을 사들이는 경우 증권과 교환하여 현금을 지불하면 시중에 본원통화가 증가할 것이며 이것이 예금통화를 창출하게 된다. 따라서 통화량을 확대시키려면 중앙은행은 공개시장에서 증권을 매입할 것이고, 반대로 통화량을 축소시키려면 증권을 매각해야 할 것이다. 식 (5.5)를 고려하면 결국 공개시장조작은 본원통화 H를 조절하여 통화량 M을 조절하는 것이다.

둘째, 지급준비율정책이 있다. 앞서 살펴본 통화의 창출과정에서 지급준비율이 높을수록 창출되는 예금통화가 줄어든다는 것을 확인하였다. 지급준비율정책이란 바로 지급준비율의 조정을 통해서 통화량을 조절하는 정책이다. 따라서 지급준비율을 높이면 통화승수가 낮아져 통화량이 감소하고 지급준비율을 낮추면 반대로 통화승수가 높아져 통화량이 증가한다. 식 (5.5)를 고려하면 결국 지급준비율정책은 지급준비율의 조정을 통해 z를 변화시켜 통화량 M을 조정하는 것이다.

마지막으로 재할인율정책을 통해 통화의 공급을 조절하기도 한다. 재할인율은 중앙은행이 예금은행에 대출하는 자금에 대해 부과하는 대출이자율이다. 이러한 대출이자율의 조정을 통해 통화량을 조절하는 것을 재할인율정책이라고 한다. 재할인율이 낮아지면 예금은행들은 중앙은행으로부터 낮은 이자율의 대출을 더 많이 받아 민간부문에 대출을 늘리려는 유인이 커진다. 예금은행이 중앙은행으로부터 대출을 받는 과정에서 본원통화가 늘어나고 이를 이용해 더 많은 통화가 창출됨에 따라 통화량의 증가를 가져오게 된다. 반대로 재할인율을 높이면 예금은행이 중앙은행으로부터의 차입을 줄일 것이고 자연히 통화량이 감소하는 결과를 가져올 것이다. 식 (5.5)를 고려할 때 재할인율정책은 역시 본원통화 H를 조정하여 통화량 M을 조정하는 것이다.

위와 같은 정책수단을 바탕으로 현실에서 중앙은행은 경제상황을 고려하여 통화량의 공급을 조절한다. 우리나라의 경우, 한국은행은 목표로 하는 물가상승률을 달성하기 위해 기준금리를 정하고 이를 달성하기 위해 공개시장조작으로 통화량을 조절함으로써 시중의 단기 금리에 영향을 미치는 방식으로 통화정책을 운용하고 있다.[1]

---

1 자세한 내용은 한국은행의 "한국의 통화정책(2017)"을 참조하시오.

화폐의 수요 2

화폐의 수요는 민간에 의해서 결정되는데 다음과 같은 함수로 나타낼 수 있다.

$$M^d = L(P, \quad Y, \quad i)$$
$$\quad\quad (+) \quad (+) \quad (-)$$

위 관계는 화폐수요를 결정하는 변수들과 화폐수요의 관계를 표현한 것이다. 우선, 물가수준(P)이 높을수록 더 많은 화폐가 거래수단으로써 필요하며, 실질소득 (Y) 수준이 높은 사람일수록 더 많은 거래를 할 것임을 고려하면 더 많은 화폐를 보유할 것이다. 또한 이자율(i)은 대체자산인 증권의 수익률을 나타내며, 만약 증권의 수익률이 높을 경우 화폐보유의 기회비용이 높아져서 사람들이 화폐보다는 증권을 많이 가지려 할 것이다. 그러므로 이자율이 높아질수록 화폐수요가 줄어든다고 할 수 있다.

여기서 주의할 점은 민간은 화폐의 명목가치보다는 실질구매력을 수요한다는 것이다. 돈 2만원을 매일 내가 지갑에 넣고 다닌다는 것은 만원짜리 2장이라는 명목의 가치를 가지는 것이 아니라 2만원이 갖는 구매력을 소유하는 것이다. 사람들은 실질구매력의 수요에 따라 화폐수요를 결정하게 된다. 따라서 경제 내의 물가수준이 일정하게 2배가 되면 똑같은 실질구매력을 유지하기 위해 화폐보유량을 두 배로 늘릴 것이다. 즉 위의 예에서는 물가수준이 2배가 되면 매일 4만원을 지갑에 넣고 다니게 된다. 민간이 화폐의 명목가치를 소유하는 것이 아니라, 필요한 물건의 양을 구입하기 위해 화폐를 수요한다는 것을 고려하여 화폐수요를 실질화폐잔고 (real money balances)에 대한 수요로 다음과 같이 표시한다.

$$M^d = L(Y, i)P \Leftrightarrow \frac{M^d}{P} = L(Y, i)$$

위 식에서는 화폐수요함수 $L(Y, i, P)$을 $L(Y, i)P$로 가정하여 화폐수요가 물가수준에 비례하여 증가하는 경우이다. 이때 실질화폐수요는 실질소득과 이자율에 의해 결정된다. 그런데 장기에서 실질소득과 이자율이 화폐시장과 관계없이 일정하게 다른 실물요인에 의해 결정되어 외생변수로 그 값이 주어진 경제를 가정하면 명목 화폐수요는 물가수준(P)의 크기에 따라 비례적으로 결정되고 물가수준의 역수($1/P$)인 화폐의 가치와 반비례하게 된다.

$$M^d = L(\overline{Y},\ \overline{i})P \qquad \text{(P에 비례)}$$
$$= L(\overline{Y},\ \overline{i})\left(\frac{1}{P}\right)^{-1} \qquad \text{(1/P, 즉 화폐의 가치에 반비례)}$$
$$= k\left(\frac{1}{P}\right)^{-1}$$

여기서 k는 실질소득과 이자율이 고정되어 있다는 가정하에서 일정한 상수이다.

3 화폐시장의 균형과 물가수준의 결정

  앞에서 소개한 화폐의 수요와 공급을 토대로 하여 화폐시장의 균형을 유도해 보자. 〈그림 5−2〉는 화폐의 수요와 공급곡선을 통해 화폐시장의 균형을 도출한 그림이다. 우선, 그림에서 화폐공급곡선이 수직인 이유는 중앙은행이 물가수준과 관계없이 화폐공급을 일정하게 하고 있다는 가정에 의한 것이다. 앞 절에서 살펴보았듯이 통화량 공급은 통화당국의 정책에 의해 외생적으로 결정된다고 볼 수 있다. 즉 통화공급은 정책당국이 결정하는 외생변수($\overline{M^s}$)이다. 이에 반해 화폐수요곡선은 물가수준의 변화에 대응하여 우상향하는 모양을 보인다. 이 경제에서 화폐가치는 화폐의 수요와 공급이 만나 균형을 이루는 점에서 결정되는 것을 알 수 있다.

그림 5−2
화폐시장의 균형

물가(P)와 화폐의 가치($1/P$)는 화폐수요와 화폐공급이 만나 균형을 이루는 점에서 결정된다.

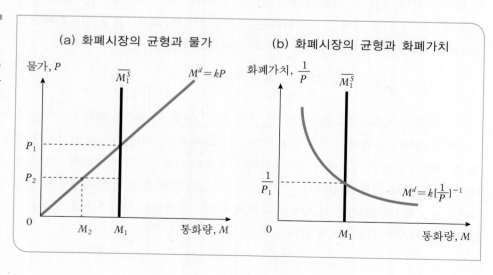

균형의 의미를 잘 이해하기 위해 다음과 같은 경우를 생각해 보자. 〈그림 5-2〉의 (a)에서 만약 물가수준이 균형물가수준 P_1 보다 낮은 P_2 수준에 있다면 어떻게 될까? P_2의 상황은 화폐공급량(M_1)이 화폐수요량(M_2)보다 많은 초과공급의 상태이다. 따라서 화폐가치가 하락할 수밖에 없다. 화폐가치가 하락한다는 것은 내가 가진 돈의 가치가 떨어져서 같은 물건을 예전보다 더 비싼 돈을 주고 사야 한다는 것을 의미한다. 따라서 이때 소비자는 돈을 갖고 있기보다는 실물을 갖기를 바랄 것이고 그렇게 되면 실물의 가치, 즉 물가는 상승하게 되어 균형수준 P_1으로 가게 될 것이다.

그림 (b)는 동일한 경우를 실물의 가치 P 대신에 화폐의 가치 $\frac{1}{P}$이라는 관점에서 설명한 것이다. 이 경우 화폐의 수요함수는 통상의 경우와 마찬가지로 우하향하며 균형에서 화폐의 가치 $\frac{1}{P_1}$이 결정됨을 알 수 있다. 그러므로 균형물가수준의 결정은 사람들이 보유하고자 하는 화폐의 양이 정책당국에 의해서 공급되는 화폐의 양과 정확하게 일치하는 수준에서 이루어진다.

1 통화량 증가와 화폐시장의 균형

통화량이 증가하면 균형은 어떻게 변화하며 새로운 균형점은 이전의 균형점과 어떻게 다를까? 이를 통해 통화량 증가의 효과에 대해서 살펴보자.

통화량의 공급이 증가할 경우 현재의 물가수준(P_1)에서 화폐의 초과공급이 발생한다. 이때 사람들은 초과공급된 화폐를 사용해서 물건을 구매할 것이고 장기적

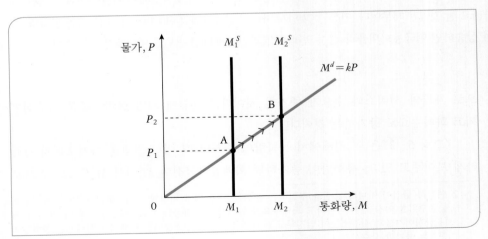

그림 5-3

통화량의 증가

통화량이 증가하면 물가수준 P_1에서 화폐의 초과공급이 발생한다. 이때 사람들은 초과공급된 화폐를 사용해서 물건을 구매할 것이고 장기적으로 재화와 서비스의 수요가 증가할 것이다. 따라서 물가수준은 상승하고 화폐가치는 하락하게 된다.

화폐의 내생성

일반적인 경우 통화량의 공급은 중앙은행에 의해 전적으로 결정된다고 가정하는 것이 보통이다. 만약 통화량이 중앙은행에 의해 전적으로 결정된다고 한다면 통화량을 외생적(exogenous)이라고 볼 수 있겠다. 하지만 완화된 가정하에서 통화량 결정과정의 분석에 의하면 통화량은 중앙은행의 본원통화 결정 외에 민간이 결정하는 현금통화비율, 그리고 은행이 결정하는 실제지급준비율에 모두 의존함을 알 수 있다. 이때 이러한 민간과 은행의 의사결정은 고정되어 있는 것이 아니라 경제의 상황이 바뀜에 따라 함께 변화하는 경향이 있으며 이에 따라 통화량도 변하게 된다. 즉 중앙은행이 본원통화를 의도적으로 변화시키지 않더라도 통화량이 경제상황이 바뀜에 따라 내생적으로 바뀔 수 있다. 이와 같이 통화량이 경제내부의 요인에 의해 변화하는 것을 화폐의 내생성이라고 부른다.

우리는 일반적으로 이자율이 상승함에 따라 현금보다는 예금이 유리하므로 현금통화비율이 감소하리라고 생각할 수 있다. 또한 초과지급준비금도 역시 이자율의 감소함수임을 알 수 있다. 왜냐하면 대출금리가 오를수록 은행들은 초과지급준비금을 보유하는 대신 되도록이면 더욱 많은 금액을 대출하려고 할 것이기 때문이다. 이상의 이유에 의해 이자율이 상승하면 현금통화비율과 실제지급준비율 모두 감소하며 따라서 통화승수는 증가하고 통화량은 크게 증가함을 알 수 있다.

통화량이 내생성을 갖는 이유는 통화승수가 경제상황에 따라 변화하기 때문만은 아니다. 본원통화도 중앙은행에 의해 전적으로 결정되지 않고 내생적으로 변화하기도 한다. 즉 경기가 활성화되면 기업은 보다 많은 대출을 원하게 되고 일반은행은 중앙은행으로부터 더 많은 양의 차입을 통해 지급준비금을 늘리게 된다. 또한 수출이 증가하여 외화가 국내에 더욱 많이 도입되면 중앙은행이 이를 원화로 교환해 주는 과정에서 본원통화는 증가한다. 또한 재정적자가 늘어나 정부가 중앙은행으로부터 차입을 늘리게 되면 중앙은행은 본원통화를 증가시켜 이를 충당하게 된다.

이상과 같이 통화량이 내생성을 가진다는 사실은 과연 중앙은행이 통화량에 대한 통제력을 완벽히 가지고 있는가에 대한 궁극적인 의문을 제기한다. 또한 통화량과 실물경제간의 관계도 해석하기 어려워진다. 실제 데이타상에는 통화량의 변화와 실물경제가 밀접한 관계를 가지며 변화함을 확인할 수 있다. 이러한 관계는 중앙은행의 외생적인 통화량의 변화가 실물경제에 미친 영향에 근거한 것인지 아니면 실물경제의 변화에 따른 내생적인 통화량 변화의 결과인지에 대한 판단을 어렵게 만들고 있다.

으로 재화와 서비스의 수요가 증가할 것이다.[2] 그렇게 되면 물가수준은 상승하게 되고 화폐수요도 증가하는 것이다.

〈그림 5-3〉은 이 경제에서 통화량이 증가할 때 어떤 결과를 가져오는지 간략하게 보여주고 있다. 통화량이 증가하면 화폐공급곡선이 M_1^s에서 M_2^s로 오른쪽으로

---

2 여기서 물건이 아니라 증권을 구입하는 행위를 하게 되면 어떻게 될까? 증권가격이 상승하면서 증권수익률(이자율)이 하락하고 화폐수요가 늘어나서 초과공급된 통화량을 흡수하게 된다. 그러나 균형이자율과 실질소득이 일정하고 물가가 신축적으로 조정되는 현재의 모형에서는 통화량의 증가는 물가만 상승시킨다.

이동하고 균형점이 A에서 B로 이동한다. 즉 물가수준은 상승하고 화폐가치는 하락하게 된다.

이상을 통해 얻을 수 있는 중요한 경제학적 의미는 통화량 증가가 장기적으로 물가수준의 상승을 가져올 수 있다는 것이다. 유명한 경제학자인 프리드만(Milton Friedman)은 통화량과 물가와의 이러한 관계를 다음과 같이 표현했다. "인플레이션은 언제 어디서나 화폐적인 현상일 뿐이다(Inflation is always and everywhere a monetary phenomenon)."

위의 결과를 통해 보면 통화량의 변화는 물가수준만을 비례적으로 변화시킨다. 실질변수는 전혀 변화가 없고 명목변수만을 변화시키는 것이다. 이러한 성질을 화폐의 중립성(neutrality of money)이라고 한다. 케인즈 이전의 고전학파 경제학자들은 실물변수와 명목변수는 따로 나누어 분석할 수 있다는 이분법(dichotomy)을 주장하였다. 고전학파의 이분법에 따르면 명목변수인 통화량의 변화는 물가만을 변화시키고 실물변수에는 영향을 주지 못한다. 실물변수는 실물경제에서 독립적으로 결정되기 때문이다. 따라서 고전학파의 이분법은 화폐의 중립성이 성립하는 기초를 제공한다. 그러나 케인즈학파나 프리드먼으로 대표되는 통화주의자(monetarist)들은 고전학파의 이분법을 지지하지 않는다. 또한 대부분의 경제학자들은 "장기에서" 화폐의 중립성이 성립한다고 본다.

2 실질소득 증가와 화폐시장의 균형

이번에는 실질소득(Y)이 증가할 때 어떤 현상이 발생하는지 살펴보도록 하자. 앞서 실질소득과 화폐수요 사이에는 양의 상관관계가 있는 것을 보았다. 즉 $M^d = kP = L(\overline{Y}, \overline{i})P$이므로 실질소득의 외생적인 증가는 k를 상승시켜 화폐의 수요량을 증가시킨다. 이 관계를 그림으로 표현하면 〈그림 5−4〉와 같다.

기존의 화폐수요와 물가 사이의 관계를 나타내던 직선의 기울기가 실질소득의 증가에 따라 더 작아지고(세로축이 P를 나타내므로 k의 증가는 기울기를 감소시킨다) 화폐수요와 물가 사이의 관계를 나타내는 새로운 직선 $M^d = k'P$를 얻을 수 있다.

동일한 물가수준 P_0에서 실질소득의 증가로 화폐의 초과수요가 발생함을 볼 수 있고, 물가가 하락하여 화폐시장이 균형이 된다. 화폐수요를 늘리면서 생산물시장에서 재화와 서비스 수요가 감소한다. 물가수준이 P_1까지 하락하면서 변화된 균형점에서 새로운 균형을 이루게 된다.

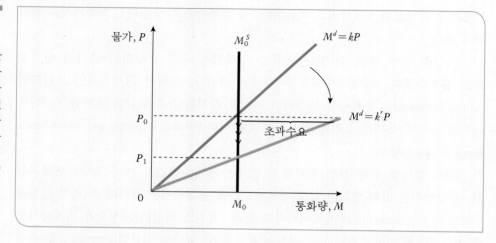

그림 5-4

실질소득의 증가

실질소득이 증가하면 동일한 물가수준 P_0에서 화폐의 초과수요가 발생하고, 경제주체가 보유하려는 통화량은 증가했지만 명목화폐공급은 변화하지 않는다. 따라서 물가가 하락하여 실질화폐가 증가한다.

4 화폐수량설

한 경제에서 총생산과 총통화량의 관계를 나타내면 다음과 같고 이를 화폐수량방정식(Quantity Theory of Money)이라 한다.

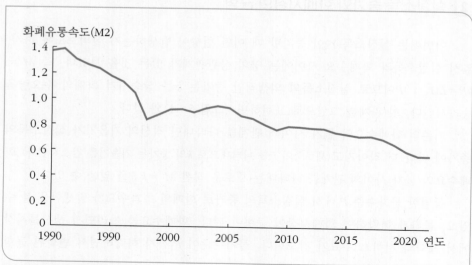

그림 5-5

한국의 화폐유통속도

1990년부터 2022년까지 명목 GDP($P \times Y$)와 통화량(M2)를 사용하여 화폐유통속도를 구해본 결과 다음과 같이 1990년대에 약 1.3에서 계속 하락하여 최근에는 0.6의 수준에서 머무르고 있다.

자료: 한국은행 경제통계시스템

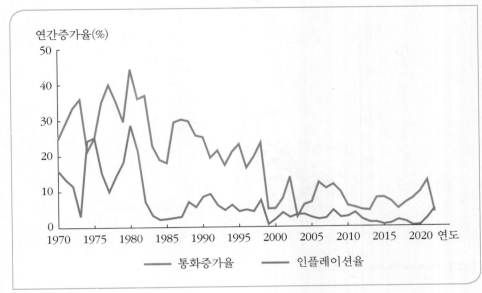

연간증가율(%)

그림 5-6

**한국의 통화증가율과
인플레이션율의 변화(연도별)**

한국의 M2로 측정한 통화증
가율과 인플레이션율의 관계
를 보여주는 그림이다. 1970
년대에는 통화증가율과 인플
레이션율이 모두 높았지만
2000년대 이후에 함께 낮아졌
음을 확인할 수 있다. 단기에
서는 통화증가율이 인플레이
션율과 반드시 비례하지는 않
는다.

통화증가율 ─── 인플레이션율 ───

자료: 한국은행 경제통계시스템

$$M \times V = P \times Y$$

(M: 통화량, V: 화폐의 유통속도(velocity), P: 물가수준, Y: 실질소득)

총생산(Y)을 거래하기 위해서 필요한 금액은 PY, 즉 명목총생산이 된다. 이때 필요한 통화량은 얼마인가? 만약 화폐가 1년 동안 단 한 번 사용된다면 필요한 통화량도 PY와 일치할 것이다. 하지만 똑같은 화폐가 여러 번 사용될 수 있다면 필요한 통화량은 PY 보다 작아질 수 있다. 예를 들어 화폐가 두 번 사용된다면 $\frac{PY}{2}$ 만큼의 통화량을 가지고도 PY 만큼의 거래를 행할 수 있는 것이다. 따라서 화폐가 일정기간 동안 거래되는 횟수를 화폐의 유통속도(V)라고 정의하면 PY 만큼의 거래를 위하여 필요한 통화량은 $\frac{PY}{V}$로 결정될 것이다. 따라서 $M = \frac{PY}{V}$가 성립한다. 이제 양변에 V를 곱하면 위의 식이 도출된다.

위 식에서 $P \times Y$는 한 경제에서 일정기간 동안 거래된 총생산액(GDP)을 의미하며, $M \times V$는 이 총생산이 거래되기 위해서 필요한 총통화량을 말한다. 즉 '총거래금액=총화폐수량'이 된다. 이제 화폐의 유통속도(V)는 매우 안정적이라고 가정하고 실질소득(Y)은 통화량과 무관하게 결정되는 실질변수라고 하면 위 식을 통화량과 물가수준 사이의 관계식으로 고쳐 쓸 수 있다.

$$P = \left(\frac{V}{Y}\right) \times M$$

그림 5-7
통화증가율과 인플레이션율
의 관계(국가간 평균 비교)

1990년부터 2015년까지 83개
국의 평균 통화증가율(M1)과
평균 인플레이션율(소비자 물
가지수)의 관계를 표현한 것이
다. 이를 통해 화폐수량설이
주장하는 것처럼 통화증가율
과 인플레이션율이 양의 상관
관계를 갖는다는 것을 현실에
서도 확인할 수 있다.

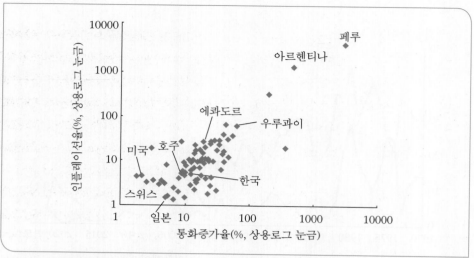

자료: International Monerary Fund (IMF)

위의 가정대로 V, Y가 안정적이라면, 결국 통화량(M)이 물가수준(P)을 결정할 것이
며 이를 통해 다음과 같은 중요한 사실을 알 수 있다.

첫째, 통화량이 경제전체의 일반 물가수준을 결정한다. 즉 통화량 증가가 인플
레이션의 주된 원인이 된다(화폐수량설).

둘째, 통화량의 변화는 물가수준을 비례적으로 변화시킨다. 즉 실질변수는 변
화가 없고 명목변수만을 변화시킨다(화폐의 중립성).

통화량을 늘리면 실질소득(Y)이 변하고 유통속도(V)도 변하지 않을까라는 질
문을 가질 수 있겠지만, 장기적으로 봤을 때 Y, V는 통화량에 상대적으로 영향을
덜 받거나 완전히 안 받을 수 있다. 그 이유를 아래에서 살펴보자.

$MV=PY$ 식을 각 변수의 변화율로 바꾸어 쓰면 다음과 같다.[3]

$$\frac{\Delta M}{M} + \frac{\Delta \overline{V}}{V} = \frac{\Delta P}{P} + \frac{\Delta \overline{Y}}{Y}$$

장기적으로 통화증가율을 높이면 어떻게 될 것인가? 우선, $\frac{\Delta \overline{Y}}{Y}$는 장기적으로 경제
성장에 의해 결정된다. 제6장과 제7장에서 살펴보겠지만 경제성장은 생산요소의
축적이나 생산성의 향상에 의하여 이루어진다. 이는 통화증가율이나 물가상승률과
는 무관하게 결정된다는 것을 의미한다. 화폐유통속도는 돈의 회전 속도인데 이는
이자율, 거래습관, 금융제도의 발전 정도 등에 의해 결정되므로 거의 변화가 없다.

---

3 제2장의 부록을 참조하시오.

화폐의 유통속도의 역수, 즉 $\frac{1}{V}$은 마샬의 k라고 불리우며 국민이 명목소득에 비해 보유하려는 화폐의 양으로 안정적인 값을 갖는다.

결국 위 식은 통화증가율의 변화가 물가상승률에만 영향을 미칠 것임을 보여준다. 결국 화폐수량설에 의하면 장기적으로 통화증가율이 인플레이션율을 결정한다. 통화 모형에서 가장 기본적이고 간단한 모형은 화폐수량설 모형이다. 모형대로 통화증가율이 인플레이션율에만 영향을 미친다면 실물에 아무런 영향을 미치지 않는다는 결론을 내릴 수 있다.

인플레이션, 기대인플레이션, 이자율　　5

지금까지는 인플레이션과 통화량과의 관계를 분석하면서 이자율의 역할을 고려하지 않았다. 본 절에서는 인플레이션과 이자율의 관계에 대해 논의할 것이다.

1 인플레이션, 기대인플레이션

일반 물가수준의 상승을 우리는 인플레이션이라고 부른다. 일정기간 동안에 어떤 재화의 가격이 상승했다면 이는 그 재화를 사는 데 사용되는 화폐의 가치가 전보다 하락했다는 것을 의미한다. 인플레이션율을 구하는 방식을 알아보자.

t기의 물가수준을 P_t라고 하면 화폐가치는 $1/P_t$이 된다. 즉 P_t가 일반적인 재화와 서비스의 평균적인 가격이라고 한다면 $1/P_t$은 재화와 서비스로 표시한 화폐가치가 된다는 것이다.

인플레이션율을 π_t라고 하면,

$$t \text{ 기의 인플레이션율}(\pi_t) = \frac{P_t - P_{t-1}}{P_{t-1}} \simeq \log P_t - \log P_{t-1} \text{[4]}$$

가 된다. 여기서 P_{t-1}은 $t-1$기(말)의 물가수준이다.

---

[4] 제2장의 부록을 참조하시오.

위의 식은 아래와 같이 고쳐 쓸 수 있다.

$$P_t = (1+\pi_t)P_{t-1}$$

그러나 $t-1$기 말, 또는 t기 초의 시점에서 경제주체는 t기의 물가수준이 정확히 얼마가 될지 알지 못한다. 경제주체가 주어진 정보들을 활용하여 P_t에 대한 예상치 P_t^e를 결정한다고 하면 기대인플레이션율(expected inflation rate) π_t^e는 다음과 같이 결정된다.

$$t \text{ 기의 기대인플레이션율}(\pi_t^e) = \frac{P_t^e - P_{t-1}}{P_{t-1}}; \quad P_t^e = (1+\pi_t^e)\,P_{t-1}$$

이때 기대하지 못한 인플레이션율(unexpected inflation rate)은 실제인플레이션율과 기대한 인플레이션율의 차이인 $\pi_t - \pi_t^e$로 정의할 수 있다.

② 명목이자율과 실질이자율

은행에 1억원을 저축하면 1년 뒤에 원금에 해당하는 이자를 받게 된다. 즉 명목 금융자산인 원금 1억원을 저축하면 1년 후에 1억원$\times(1+i_t)$가 된다. 여기서 명목가치의 자산이 일정기간 후에 얼마나 늘어났는지 그 수익률(i_t)에 해당되는 것을 명목이자율(nominal rate of interest)이라 한다. 명목이자율은 시간이 흐름에 따라 변화하므로 t기의 명목이자율 i_t로 표시하였다. 이번에는 1억원을 가지고 실물자산을 구입한다고 해보자. 이때 실물자산 한 단위를 구입해서 얻는 수익률로, 명목이자율에서 구매력의 변화를 조정한 수익률에 해당하는 것을 실질이자율(real rate of interest)이라고 한다. 실질이자율이라는 것은 실물자산의 가치가 얼마나 늘어났는지를 보여주는 수익률의 개념이다. 예를 들어, 돼지를 사서 1년이 지난 후 새끼 돼지를 낳았다면 그 새끼 돼지가 돼지의 실질수익에 해당된다.

그렇다면 P_{t-1}가격의 실물자산을 $(t-1)$기에 구입하여 1년 후 전체 가치가 $P_t(1+r_t)$가 된 경우를 생각해 보자. 여기서 구입한 실물자산이 어미 돼지라면 P_t는 t기의 어미 돼지의 가격이고 $r_t P_t$는 그 기간에 태어난 새끼 돼지의 가치라고 이해할 수 있다. 바로 이렇게 실물자산을 사서 얻는 수익률은 다음과 같다.

$$\frac{P_t(1+r_t)}{P_{t-1}} = (1+\pi_t)(1+r_t) \simeq 1+\pi_t+r_t$$

위의 식에서 보면 실물자산(돼지)을 구입하여 얻는 수익은 실질수익(새끼 돼지) r_t와 자산의 가치상승(돼지 가격의 상승) π_t가 합쳐진 것이다. 마지막의 근사값에서 $\pi_t \times r_t$는 매우 작은 값이므로 생략하였다.

만약 실물자산을 사지 않고 은행에 저축하는 등의 방법으로 명목자산을 구입하면 (1+명목이자율), 즉 $(1+i_t)$의 수익이 생길 것이다. 이때, 합리적인 경제주체가 있다면 실물을 사서 얻는 수익과 은행에 저축하여 얻는 수익 중 더 큰 수익을 주는 쪽으로 움직일 것이다. 따라서 결국 균형에서는 수익률이 같아져서 어느 쪽이든지 초과이윤이 없게 될 것이다. 이를 무차익거래조건(no arbitrage condition)이라고 한다. 즉 실물자산을 구입하든 명목자산에 투자하든 이익은 똑같게 된다. 예를 들어, 예금을 하면 이에 대한 대가로 이자(i_t)를 받으므로 명목자산에 투자하여 얻는 수익률은 $1+i_t$가 된다. 한편, 실물자산인 집을 P_t에 구입하는 경우의 수익률은 집값 상승(π_t)에 의한 이득과 집세(r_t)를 합하여 계산된다. 따라서 실물자산에 투자한 경우의 수익률은 $(1+\pi_t)(1+r_t)$가 된다. 균형에서는 양자가 같아지므로 다음 식이 성립한다.

$$1+i_t = \frac{P_t(1+r_t)}{P_{t-1}} = (1+\pi_t)(1+r_t)$$

여기서

$$(1+r_t)(1+\pi_t) = 1+r_t+\pi_t+r_t\pi_t$$

이고, 마지막 $r_t\pi_t$는 매우 작은 값이기 때문에 무시하고 고쳐쓰면,

$$1+i_t = 1+r_t+\pi_t$$
$$r_t = i_t-\pi_t$$

위의 균형조건을 통해 실질이자율은 명목이자율에서 물가상승률을 빼준 것과 같음을 알 수 있다. 실질이자율은 실물자산시장을 통해 결정되고, 명목이자율은 명목금융자산시장을 통해 결정된다. 실물자산을 구입하여 얻는 수익률인 실질이자율은 쉽게 관찰하기 어려운 경우가 많다. 그러나 관찰가능한 명목이자율과 물가상승률을 통해 실물자산을 구입하여 얻는 수익률을 계산할 수 있다.

사전적 · 사후적 실질이자율

현실에서 명목이자율에 기초하여 금융자산을 거래할 때, 앞으로 인플레이션율이 어느 정도 수준이 될지 예측하는 것은 중요한 문제이다. 왜냐하면 자산거래에서 투자자에게 중요한 것은 앞으로 실현될 실질이자율이기 때문이다. 투자는 먼저 이루어지고 그 이익은 사후적으로 발생하므로 투자시점에서 기대하는 수익의 크기가 투자결정에 중요하다. 실제로 명목상 수익률이 높은 자산도 인플레이션을 고려하면 오히려 사후에 실현되는 실질이자율은 마이너스일 수도 있다. 실질이자율을 구하는 데 있어 어떤 인플레이션율을 사용하느냐에 따라 사전적 실질이자율과 사후적 실질이자율로 나누어 볼 수 있다. 사전적 실질이자율이란 투자시점에서 기대하는 실질이자율로 명목이자율에서 기대인플레이션율을 빼 준 값으로 표현한다$(r_t^e = i_t - \pi_t^e)$. 사후적 실질이자율은 투자의 회수시점에서 실제 실현된 이자율로 명목이자율에서 실제인플레이션율을 빼 주어 구한다$(r_t = i_t - \pi_t)$.

사전적 실질이자율은 관찰되지 않기에 파악하기 어렵다. 보통 실질이자율은 사전적 · 사후적으로 구별하지 않고 r_t로 쓰는 경우가 많으나 실제로 사전적 실질이자율 r_t^e를 의미하는 경우가 많으므로 주의해야 한다.

③ 피셔방정식

인플레이션과 명목이자율간의 일대일 대응관계를 피셔효과(Fisher effect)라 하고 이를 표현한 것이 피셔방정식(Fisher Equation)이다. 즉 피셔효과는 기대인플레이션율이 변화하면 명목이자율이 그만큼 변한다는 것으로, 실질이자율은 고정되어 있어서 잘 변하지 않는다는 것을 전제로 한다.

$$i_t = r_t + \pi_t^e$$

실질이자율(r_t)은 대부자금시장에서 투자와 저축을 통해 결정되는데, 이는 기대인플레이션율과 관계가 없다고 생각하면 고정되어 있다고 볼 수 있다. 그러므로 물가상승률에 대한 기대치가 상승하게 되면 명목이자율이 상승하게 된다. 여기서 주의할 점은 시중에 통화량이 많아지면 이자율이 떨어질 것이라고 생각하기 쉽다는 것이다. 그러나 실질이자율이 거의 고정되어 있는 경우 기대인플레이션율이 상승하게 되면 오히려 명목이자율은 상승한다.

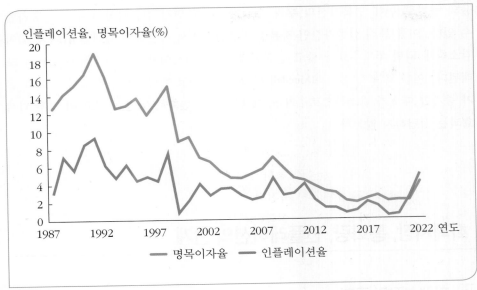

인플레이션율, 명목이자율(%)

명목이자율 ── 인플레이션율

자료: 한국은행 경제통계시스템

그림 5-8
한국의 인플레이션율과 명목이자율

1987년부터 2022년까지 한국의 명목이자율(회사채 유통수익률, 장외 3년, AA– 등급)과 인플레이션율(소비자 물가지수의 연간증가율)을 그린 것이다. 특정 연도를 제외하고 인플레이션율의 증가가 명목이자율의 증가로 이어지는 피셔효과가 나타남을 확인할 수 있다.

만약 실질이자율이 변화한다면 어떤 일이 발생할까? 실질이자율이 변화하면 통화증가율, 또는 인플레이션율이 높아질 때 피셔효과가 성립하지 않는 경우가 발생한다. 예를 들어 기대인플레이션율(π^e_t)의 상승이 실물자산의 수요에 영향을 줄 수 있다고 하자. 즉, 명목자산과 실물자산이 대체관계에 있다고 할 때 기대인플레이션

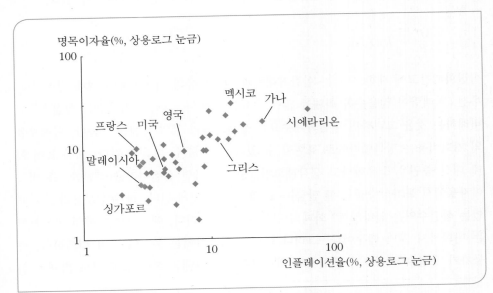

명목이자율(%, 상용로그 눈금)

프랑스 미국 영국 멕시코 가나
말레이시아 시에라리온
싱가포르 그리스

인플레이션율(%, 상용로그 눈금)

자료: International Monetary Fund (IMF)

그림 5-9
인플레이션율과 명목이자율의 관계(국가간 평균 비교)

1990년부터 2015년까지 39개국을 대상으로 평균 명목이자율(%, Treasury bill rate)과 평균 인플레이션율(%, 소비자 물가지수)의 관계를 나타낸 것이다. 이를 통해 평균 인플레이션율과 평균 명목이자율 사이에 양의 상관관계가 있음을 확인할 수 있다. 이는 평균적으로 인플레이션율이 높은 국가일수록 명목이자율이 높다는 것을 의미하고 인플레이션율과 명목이자율이 일대일의 관계로 비례적으로 변화한다는 피셔효과를 간접적으로 보여주는 예이다.

율의 증가로 인해 명목자산의 투자 수요가 감소하면서 실물자산의 수요가 증가할
수 있다. 이를 통해 실물자산인 자본량이 증가하면서 자본의 한계생산성($MPK=r$)이
감소하게 되면 투자수요가 줄고 실질임대료, 즉 실질이자율이 하락하는 결과가 초
래된다. 이를 먼델-토빈효과(Mundell-Tobin effect)라고 한다. 이런 경로에 따르면 π_t^e
가 증가할 때 r_t가 감소하므로 i_t가 π_t^e에 비례하여 변화하지 않게 되고 이 경우 피셔
효과는 성립하지 않는다.

6 화폐시장, 통화량, 인플레이션의 관계

1 화폐시장의 균형

앞서 가정한 대로 화폐공급은 다음과 같이 고정된 정책변수이다.

$$M^S = \overline{M}^S$$

화폐수요는 실질화폐잔고에 대한 수요를 의미하며 다음과 같이 표현할 수 있다.

$$\frac{M^d}{P} = L\,(Y,\ i)$$

실질화폐잔고에 대한 수요는 실질거래량과 화폐보유의 기회비용에 의해 결정된다.
우선, 거래량이 많을수록 화폐를 많이 수요할 것이다. 그리고 거래량은 실질소득과
비례하는 것을 고려하면 실질화폐수요는 실질소득과 양의 관계를 갖는다. 화폐보유
의 기회비용은 명목이자율로 표현할 수 있다. 그 이유는 다음과 같다. 예를 들어 화
폐 대신 증권을 소유한다고 생각해보자. 증권을 사면 실질이자율(r)[5]만큼, 즉 명목
이자율에서 물가상승률을 뺀 만큼($i-\pi^e$)의 수익을 얻게 된다. 화폐를 보유하였을 때
얻는 실질수익은 얼마일까? 화폐의 명목수익률은 0이다. 왜냐하면 화폐의 명목가치
는 변화하지 않기 때문이다. 그러나 화폐의 실제가치는 물가에 따라 변화한다. 즉
물가가 오를수록 가치가 떨어지고 화폐보유자는 손해를 본다. 그러므로 화폐의 실

---

5 실질이자율=명목이자율－기대인플레이션율.

질수익률은 $(-)$물가상승률$(-\pi^e)$이다. 이를 통해 화폐보유의 기회비용을 계산하면 증권의 수익$(i-\pi^e)$에서 화폐의 수익$(-\pi^e)$을 뺀 것이 되므로 명목이자율(i)이 된다. 물가상승은 화폐를 소유하든지 증권을 소유하든지 똑같이 영향을 미치게 되므로 명목이자율 차이만큼이 화폐보유의 기회비용이 된다.

따라서 위 식을 다시 써보면 다음과 같다.

$$\frac{M^d}{P} = L(Y, \, i) = L\,(Y, \, r+\pi^e)$$

화폐시장의 균형은 앞서 언급한 것처럼 화폐의 수요와 공급이 만나는 점에서 결정된다.

$$M^S = M^D = L(Y, \, r+\pi^e)\cdot P \Leftrightarrow \frac{M^S}{P} = \frac{M^d}{P} = L\,(Y, \, r+\pi^e)$$

한편 수익률이 아무리 올라가더라도 화폐수요는 줄어들긴 하겠지만 0이 되지는 않을 것이다. 따라서 화폐수요곡선은 원점에 대해 볼록한 이자율에 대해 우하향하는 곡선의 그래프가 된다.

2 통화증가율과 물가

한 경제가 장기에서 Y와 r은 일정한(안정적인) 수준이라고 하면, 이 경제의 통화증가율이 균형인플레이션율과 기대인플레이션율을 결정하게 되는데 이에 대해 살펴보자.

$$M^S = L\,(\overline{Y}_0, \, \overline{r}_0+\overline{\pi}_0)\cdot P$$
공급 = 수요

먼저, 위의 화폐시장의 균형조건을 보자. 이 경제의 기대인플레이션율이 현재의 균형인플레이션 수준에서 일정하게 주어졌다고 가정하면 화폐수요쪽 요인에서 $L(\cdot)$은 고정되어 있으므로 증가율은 0이다. 그렇다면 화폐시장의 균형조건이 성립하기 위해서는 반드시 통화량의 증가율과 물가상승률이 같아져야 한다.

$$\frac{\Delta M^S}{M^S} = \frac{\Delta P}{P} = \overline{\pi}_0(균형인플레이션율)$$

이 경제의 균형에서는 통화증가율이 일정하다고 하자. 그러면 모든 경제주체가 주어진 정보를 모두 이용하여 기대를 형성할 때 이 통화증가율에 따라 기대인플레이션율이 결정되고 실제인플레이션율과 기대인플레이션이 같아지면서 균형이 이루어진다.

$$\pi = \pi^e = \overline{\pi}_0$$

③ 통화증가율 상승의 효과[6]

위의 화폐시장의 균형조건을 이용하여 통화증가율과 인플레이션의 관계를 분석해보자. 이 과정에서 기대인플레이션율의 변화가 중요한 역할을 한다. 균형을 이루고 있던 이 경제에서 통화증가율의 갑작스러운 상승이 일어나면 어떻게 될 것인가? 우선, 통화증가율의 갑작스러운 상승은 실질변수에는 영향을 미치지 못한다. 왜냐하면 실질이자율과 실질소득은 고정되어 있다고 애초에 설정했기 때문이다. 그러므로 통화증가율의 변화는 기대인플레이션율을 먼저 변화시킨다. 물가상승률이 높아질 것이라는 것을 경제주체들이 모두 알기 때문이다. 기대인플레이션율(π^e)이 미래의 화폐시장을 균형으로 만드는 조건으로부터 계산된 인플레이션율의 값으로 상승하며 그 크기는 새로운 통화증가율의 값에 달려 있다. 이때 피셔효과에 의거하여 명목이자율 $i(=r+\pi^e)$이 기대인플레이션율의 상승분만큼 올라간다.[7] 여기서 명목이자율의 상승으로 인하여 화폐의 실질잔고에 대한 수요가 감소하고 화폐의 공급이 화폐의 수요보다 많은 초과공급상태가 된다($M^d < M^s$). 공급이 수요보다 많은 상태에서 균형으로 되돌아가야 한다. 그러나 실질이자율과 실질소득이 변하지는 않는다. 이때 명목통화량(M^s)이 고정되어 있다면 새로운 균형에 이르기 위해서는 물가(P)가 반드시 상승하여 화폐수요가 다시 원래의 크기로 늘어나야만 한다. 이러한 과정은 물가가 상승하여 화폐의 실질 공급량이 감소하여 새로운 균형이 달성되는 것으로 표현할 수 있다. 즉 기대인플레이션율의 상승으로 줄어든 실질화폐수요의 크기에 실질화폐공급이 다시 맞추어지고 새로운 균형이 달성되는 것으로 표현할 수도 있는 것이다.

여기서 중요한 점은 '통화량이 지금 늘어나지 않았다'는 것이다. 통화증가율을 높인다고 곧바로 통화량이 늘어나는 것은 아니다. 통화증가율의 갑작스러운 상승이란 의미는 앞으로 통화량을 더 빠른 속도로 늘이겠다는 의미이지 지금 당장 통화량

---

6 이 분석방법에 대한 자세한 내용은 Barro. 2007. *Macroeconomics*의 Chapter 11을 참조하시오.
7 실질이자율은 고정되어 있으므로 피셔효과가 명확히 성립한다.

이 늘어났다는 것이 아니다. 예를 들어 중앙은행이 2018년의 통화증가율$\left(\frac{\Delta M^S}{M^S}\right)$을 10%에서 20%로 높이겠다는 것은 2018년 중에 통화량의 증가속도를 더 높이겠다는 것이다. 하지만 통화량의 증가는 통화증가율을 높인다는 것과는 구별된다. 예를 들어 2018년 1월 1일에 공개시장조작을 통해 통화량을 100억원만큼 늘린다면 이때 통화량(M^S)은 곧바로 증가한다. 이러한 변화가 통화량의 증가이다. 하지만 더 이상 통화량이 늘어나지 않는다면 통화량 증가율은 앞으로 0이다.

위 분석에 따르면 통화증가율의 상승은 (당장 통화량이 증가하지 않았지만) "기대" 인플레이션율을 높이고 이는 "현재" 물가의 상승으로 이어진다. 기대인플레이션율이 높아질 때 화폐를 계속 보유하면 그 가치 손실이 커진다. 그렇기 때문에 화폐의 보유량을 줄이는 과정에서 상품의 구입이 늘어나고 이로 인해 물가가 올라가는 것이다.

이 모형의 핵심은 실질이자율과 실질소득은 고정되어 있고 물가는 신축적이라는 가정이다. 〈그림 5-10〉에서 볼 수 있듯이 물가수준이 자유롭게 움직이는 경제에서는 통화증가율이 높아지면 물가수준의 점프(jump) 현상이 나타난다. 이 그림에서 통화량과 물가의 로그단위 변화는 각 변수의 증가율을 나타낸다. 통화증가율이 늘어난 시점을 중심으로 그 전과 그 후 각각에서 통화량의 증가율과 물가의 상승률이 동일하다. 즉 위와 아래 그림의 기울기는 동일하다. 하지만 통화증가율이 한 시점에서 높아졌을 때, 기대인플레이션율이 상승하면서 명목이자율이 상승하여 실질

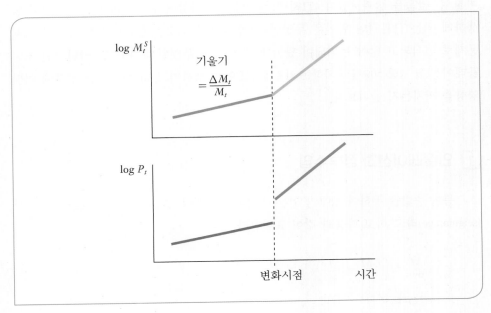

그림 5-10
통화증가율 상승의 효과
변화시점에서 물가수준이 상승하므로 물가수준(P)의 점프(jump)가 일어나고(아래 그림) 물가상승률(π_t)은 통화량 증가율의 상승에 맞추어서 상승하게 된다(위 그림). 로그로 표시한 선의 기울기는 증가율을 나타낸다.

화폐수요가 줄어들게 되면 물가수준이 점프하여 화폐시장의 균형이 달성된다. 즉 〈그림 5-10〉의 아래 그림에서 물가변화를 보면 비연속적인 물가상승이 나타나는 것이다.

　　위의 예를 통해 알 수 있듯이, 경제에서 시간의 순서가 항상 인과관계를 말해 주는 것은 아니다. 즉 물가가 상승한 뒤에 통화량이 증가하게 된다. 그렇다면 물가상승이 통화량을 늘리는 것인가? 그렇지는 않다. 실제로 물가가 오른 것은 통화량을 늘리겠다는 발표가 있었기 때문이다. 이러한 정보는 경제주체들에게 기대를 형성하게 하고 이러한 기대에 의해 경제주체들은 행동을 하게 된다. 정보에 의해 형성된 기대를 반영하여 경제주체들이 앞선 행동을 하는 것이다. 따라서 예상되는 변화에 대한 경제주체의 대응으로 인해 미래정책의 효과가 미리 나타날 수 있다. 이와 같이 기대가 경제주체에 미치는 영향은 정책의 효과에 대한 경제분석을 어렵게 하는 가장 중요한 요인 중 하나이다.

7 인플레이션의 효과

　　우리는 장기적으로 인플레이션이 화폐적 현상이며 실질경제변수에는 영향을 미칠 수 없음을 살펴보았다. 그러면 현실에서 통화량이 증가하여 인플레이션이 발생하게 되는 근본적인 원인은 무엇인가? 인플레이션 또는 물가안정은 중요한 경제문제로 인식되고 많이 논의되어 왔는데 그 이유는 무엇일까? 때로는 극단적인 초인플레이션(월 평균 50%를 초과하는 인플레이션)이 발생하기도 하는데 이는 경제에 어떤 영향을 끼치는지 살펴보자.

1 인플레이션과 정부수입

　　통화 증발을 통하여 정부가 얻는 수입이 발생한다. 이를 주조차익 혹은 시뇨리지(seigniorage)라고 하고 다음과 같이 표현한다.

$$\frac{\Delta M}{P} = \left(\frac{\Delta M}{M}\right) \times \frac{M}{P} = \mu \times \frac{M}{P}$$

(단, μ는 통화증가율)

즉 정부가 발행하는 통화량 증가분의 실질가치$\left(\frac{\Delta M}{P}\right)$가 정부의 실질적인 수입으로
서 주조차익이 된다. 이때 정부가 통화를 발행하면서 인플레이션이 발생하고 이로
인해 민간의 화폐보유의 실질가치가 하락하기 때문에 인플레이션이 일종의 조세 역
할을 한다고 할 수 있다. 예를 들어 정부가 재정지출을 늘리기 위해서 어떻게 재원
을 조달할 것인가를 생각해 보자. 정부가 세금을 통해 재원을 조달할 수 있으나 조
세저항이 있거나 조세로 인한 자원배분의 왜곡이 우려될 수 있다. 이때 정부가 통
화량을 증가시켜 사용한다면 물가가 상승하게 되고 이는 실질적으로 민간이 보유한
화폐의 실질가치를 떨어뜨리는 것이 된다. 민간이 보유한 화폐의 실질가치가 하락
한 만큼 정부가 실질적인 세금을 거두어 사용한 것과 같다고 할 수 있다. 그런 의미
에서 인플레이션을 통해 정부가 조달하는 수입을 '인플레이션 조세(inflation tax)'라고
하고 다음과 같이 계산한다.

$$\text{인플레이션 조세} = \frac{\Delta P}{P} \times \frac{M}{P} = \pi \times \frac{M}{P}$$

즉 민간이 보유하고 있는 실질화폐 $\frac{M}{P}$는 물가상승률 π만큼 가치가 하락한다. 이
부분을 정부에 대한 조세로 간주할 수 있다. 이때 두 개의 식을 비교해보면 통화증
가율 μ가 인플레이션율 π와 같을 때 주조차익과 인플레이션 조세는 같아짐을 알 수
있다.

　　대부분의 초인플레이션이 발생하는 이유는 정부가 재정수입을 조달하기 위해
통화량을 계속 늘리기 때문이다. 조세에 비해 인플레이션을 통한 재원조달이 쉽고
특히 전쟁 때에는 많은 군사비용이 필요하지만 조세를 걷기는 어렵기 때문에 통화
량을 늘려서 재원을 조달한다. 따라서 전시에 인플레이션이 심하게 일어나는 것이
다. 일단 인플레이션이 심하게 일어나기 시작하면 이를 억제하는 것은 어렵다. 높
은 인플레이션에 따라 기대인플레이션율이 높아지면 민간은 화폐보유를 줄이려 한
다. 화폐의 공급은 계속 늘어나는 반면에 화폐의 수요는 점점 줄어드는 상황이 되
면서 인플레이션이 가속화될 수 있기 때문이다.

　　일단 기대인플레이션율이 높은 상태에서 정부가 이제부터 통화증가율을 낮추
겠다고 발표하여도 사람들의 기대는 쉽게 바뀌지 않는다. 왜냐하면 돈을 발행할 권
리가 정부에게 있고 시뇨리지를 늘리기 위해 언제든지 통화증발을 할 수 있다는
것을 민간이 알기 때문에 정부의 발표를 신뢰하지 않는다. 따라서 정부는 낮은 통
화증가율을 추구하겠다는 발표에 대한 민간의 신뢰를 유지하기 위해 일종의 규칙
(rule)을 정해서 통화정책을 수행할 수 있다. 이러한 예로 인플레이션 타겟팅(inflation

targeting)을 들 수 있다. 인플레이션 타겟팅이란 중앙은행이 일정한 인플레이션을 공표하고 이를 유지하는 것을 목표로 통화정책을 운용하는 것이다. 또 다른 예로는 가치가 불안정한 자국 통화를 없애고 안정적인 외국 통화를 사용하는 통화동맹(currency union)의 경우를 들 수 있다. 예를 들면 에콰도르와 같은 국가는 자국의 고유한 통화 대신 미국 달러를 사용하고 있고 유럽국가는 유로(Euro)를 공동 통화로 사용하고 있다. 아시아의 경우도 이러한 공동 통화에 대한 논의가 있는데, 혹자는 자국 통화를 없애는 것이 국민감정상 어렵다고 생각할 수 있겠지만, 화폐가치가 매우 불안정해지면 사람들은 자연히 자국 통화보다는 가치가 안정된 외국 통화를 교환수단으로 선호하게 된다. 에콰도르의 경우 정부가 달러를 자국 통화로 사용하겠다는 발표가 있기 전에 이미 많은 사람들이 달러화를 교환수단으로 사용하고 있었다.

사례 연구   한국의 물가안정목표제

물가안정목표제(inflation targeting)란 중앙은행이 통화량이나 환율과 같은 중간 목표의 설정 없이 물가상승률 목표를 사전에 명시적으로 제시하고 정책금리 조정 등을 통해 이를 직접 달성하려고 하는 통화정책 운용방식이다. 한국의 경우 1990년대 중반까지는 통화량을 목표로 하여 통화정책을 운영하였으나, 1990년대 후반 들어 금융제도 개편에 따라 금융상품간 자금이동이 확대되면서 통화량이 물가나 경제성장과 같은 최종목표에 미치는 인과관계가 불확실해지고 정책당국의 통화량 통제가 어려워지면서 통화량이 중간목표로서의 유용성을 크게 상실하였다. 또한 1997년 말 한국은행법 개정과 함께 통화정책의 목표가 물가안정으로 단일화되면서 기존의 통화량 타겟팅에서 인플레이션 타겟팅으로 통화정책 운용방식을 변경하였다.

중앙은행에 대한 경제주체들의 신뢰성 확보가 물가안정목표제의 성패를 좌우하는 핵심적 요소라고 할 수 있

다. 중앙은행이 목표물가를 사전에 제시하고 달성해 나감으로써 일반 국민들의 기대인플레이션이 목표 수준으로 수렴하도록 하는 것이 중요하다. 이를 통해, 중앙은행이 발표하는 목표물가는 노사간 임금협상이나 공공요금 결정, 음식값이나 전세값과 같은 서비스 요금의 결정시에도 중요한 지침으로 작용할 수 있다. 그러나 일반 경제주체들이 중앙은행이 사전에 제시한 목표를 신뢰하지 않아서, 제시하는 물가목표를 믿지 않는다면 물가안정목표제는 실패할 수밖에 없다. 그러므로 중앙은행이 물가안정에 전념할 수 있도록 독립성을 강화하고 그에 걸맞게 정책수행에 대한 책임을 지는 것이 요구되며 대중과의 커뮤니케이션을 중요시함으로써 통화정책의 투명성을 제고하는 것이 필요하다.

한국의 경우, 한국은행이 정부와 합의하여 물가안정목표제의 세부 목표를 정하고, 통화신용정책을 수립하여 공표한다. 이렇게 정해진 목표범위와 대상지수, 중기목표 등

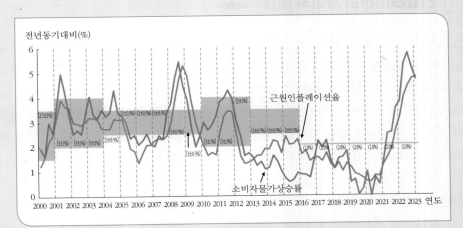

그림 5-11
한국의 물가안정목표와 대상지수

자료: 한국은행, 밴드안의 영역은 물가안정목표.

을 감안하여 한국은행은 물가안정목표제를 실질적으로 운용한다. 물가안정목표제의 세부사항을 구체적으로 살펴보면, 금융통화위원회 회의를 통해 국내외 여건의 변화가 장래의 인플레이션 및 실물경제에 미치는 영향을 종합적으로 판단하여 기준금리 목표수준을 정한다. 또한 기준금리 목표를 점진적으로 조정함으로써 파급효과를 조정해 나가는 방식을 취한다.[8] 대상지수는 도입 초기, 소비자물가지수에서 공급요인에 따라 가격 변동이 심한 석유류 및 농산물을 제외한 근원인플레이션(core inflation)을 기준으로 운용하였으나 2007년부터 소비자 물가지수로 대상지수를 변경하였다. 이는 중앙은행이 실제로 경제주체들의 물가체감 정도를 고려하여 결정한 사항이라고 할 수 있다. 또한 이전까지는 1년 단위의 물가안정목표치만을 제시하였으나, 2004년부터는 정책의 파급시차 등을 고려하여 단기목표가 아닌 중기목표제를 도입하였다. 한국은행은 2010년에 물가안정목표를 3±0.5%에서 3±1%로 높였다. 2013~2015년의 목표는 3±0.5%였고, 2016년 이후 물가안정목표는 2%이다.

위의 그림을 통해 최근의 물가안정목표제의 목표 달성 현황 여부를 살펴볼 수 있다. 2013년 이후 상품가격이 안정되면서 실제 물가지수가 목표의 하한을 하회하는 모습을 보였다. 반면에 부동산 등 실물자산과 금융자산의 가격은 크게 상승하면서 통화당국의 적절한 대응이 요구되었다. 그러다가 코로나19 팬데믹 이후에는 총수요 증가와 국제원유, 곡물 등 원자재가격의 급등으로 인하여 소비자물가 상승률이 목표의 상한을 상회하는 모습을 보였다.

---

8 1990년대 들어 미 연준은 정책의 파급시차를 감안한 통화정책의 선제적 대응의 필요성을 느껴서 금리를 한 번에 큰 폭으로 조정하기보다는 0.25% 또는 0.5% 단위로 소폭 조정한 다음 그 파급효과 등을 점검하여 계속적으로 금리를 단계적으로 미세조정해 나가는 금리조정방식을 구사하였는데 이를 그린스펀 미 연준의장의 이름을 따서 '그린스펀의 아기걸음마(Greenspan's babystep)'라 부른다. 그러나 연준은 2022년에 인플레이션이 심해지면서 금리를 0.75%포인트씩 네 번을 연속하여 인상했다.

② 인플레이션의 사회적 비용

인플레이션율이 높아지면 무엇이 문제인가? 흔히 인플레이션이 일어나면 실질소득이 줄어들어 문제라고 생각하는데 이러한 주장은 명목소득이 일정하다고 가정을 하고 있는 것이다. 따라서 한 경제의 실질소득은 인플레이션율과는 무관하게 실물시장에서 결정되어 변화가 없는 상태에서 인플레이션율이 높아지는 경우의 사회적 비용이 무엇인가 하는 질문을 던져야 한다. 구체적으로 인플레이션을 기대한 경우와 그렇지 못한 경우로 나누어 어떠한 사회적 비용이 발생하는지 살펴보자.

기대하지 않은 인플레이션

기대하지 못한 인플레이션은 개인의 능력이나 필요에 무관하게 부(wealth)를 재분배한다. 즉 예상하지 못한 인플레이션이 발생하면 실물자산을 소유하는 사람과 채무자는 이익을 얻고 명목자산을 소유하는 사람과 채권자는 손해를 보게 된다. 부의 재분배가 일어나는 이유는 대부분의 금융거래가 명목단위를 기준으로 삼고 있기 때문이다. 예를 들어 은행이 일정한 명목이자율로 예금을 받아 대출을 해줬는데 인플레이션이 갑자기 발생한다면 실질이자율은 감소하여 예금자는 손해를 보는 반면에 상환액의 실질 가치가 하락하여 채무자에게는 유리하게 작용할 것이다. 예상치 못한 인플레이션이 심하여 화폐가치의 변동폭이 큰 경제에서는 채권자, 채무자간의 부의 자의적인 재분배가 심해지고 극단적인 경우 거래에 있어 심각한 혼란과 왜곡이 발생할 수 있다.

기대한 인플레이션

실제로 경제주체들이 인플레이션이 일어날 것을 안다고 하더라도 인플레이션은 비용을 초래한다. 첫째, 인플레이션은 가격조정비용 또는 메뉴비용(menu cost)을 발생시킨다. 인플레이션으로 인해 가격조정이 필요하면 그에 따른 메뉴판을 새로 만들어야 한다는 의미에서 메뉴비용이라고 한다. 메뉴비용에는 실제로 가격을 조정하는 과정에 수반되는 직접적인 비용 외에 가격조정과 관련된 간접적인 비용도 포함하여 포괄적으로 해석하는 것이 보통이다. 인플레이션율이 높아져서 명목가격이 더욱 빈번하게 변화하게 되면 모든 상품에 대해 가격을 매번 새로 조정해야 하며 경제주체들도 변화한 가격을 파악하여 경제활동을 해야 하므로 이에 따르는 비용이 매우 커질 수 있다.

둘째, 인플레이션은 상대가격의 변동성을 증가시킨다. 인플레이션이 모든 상품의 가격을 일정하게 똑같이 변화시키는 것은 아니다. 상품마다 각각 다른 비율로 가격이 상승하게 된다. 상대가격은 각각의 재화와 서비스를 생산하기 위해 희소한 생산요소가 시장에서 효율적으로 배분되도록 하는 역할을 한다. 인플레이션율이 높아져서 상대가격의 왜곡이 커지게 되면 자원배분이 왜곡되고 소비자가 의사결정을 하는 데 있어서도 어려움을 겪게 된다.

셋째, 구두창비용(shoeleather cost)이 증가한다. 인플레이션이 심해지면 현금보유를 가능한 한 줄이려고 할 것이다. 구두창비용은 이로 인해 거래비용이 증가함으로써 생기는 비용을 말한다. 인플레이션율이 높아서 명목이자율이 높은 경제를 고려해 보자. 이때 가능한 한 현금 보유를 줄이는 것이 화폐보유의 기회비용(이자수입)을 줄일 수 있는 방법이다. 따라서 현금 보유를 최소한으로 줄이고 은행의 저축성 예금에 돈을 맡겨 두게 되는데, 거래를 위해 현금이 필요할 때마다 은행에 가서 예금을 찾아야 한다는 측면에서 은행에 자주 가야 하는 불편과 이에 소요되는 시간비용을 감수해야 한다. 결국 인플레이션이 거래비용을 증가시키게 된다. 이러한 거래비용을 총칭해서 구두창비용이라고 부른다. 이렇게 불리는 이유는 은행을 자주 찾는 과정에서 구두창이 닳기 때문이다.

초인플레이션

초인플레이션(Hyperinflation)이란 한 경제의 재화나 서비스의 일반적인 물가수준이 급격히 증가하는 현상을 일컫는다. 캐이건(Phillip Cagan)은 한 달 동안 50% 이상을 뛰어넘는 과도한 인플레이션이 나타나 적어도 1년 이상 지속되는 것을 초인플레이션으로 정의하였다.[9] 이러한 경제현상이 빈번하게 발생하는 것은 아니지만 고대 로마에서부터 1990년대 초반 남미의 사례에 이르기까지 그 유례를 찾아보는 것이 어려운 일이 아니다. 한국에서도 조선시대나 광복 직후 이러한 초인플레이션 현상을 겪은 적이 있다.

그렇다면 이러한 초인플레이션 현상의 발생원인은 무엇인가? 무엇보다 통화량 공급의 급격한 증가를 초인플레이션의 발생원인으로 꼽을 수 있다. 즉 정부가 정부수입을 늘리기 위한 방편으로 통화를 과도하게 증가시키는 방식을 채택할 경우 물가의 급격한 상승이 나타난다. 따라서 초인플레이션 현상은 전쟁이나 경제적 위기와 같은 상황에 직면한 정부가 적절한 재원조달 방식을 찾지 못하여 화폐발행을 통한 수입에 의존할 경우에 주로 발생한다. 이렇게 초인플레이션이 발생한 경우, 화

---

9 Cagan, Phillip. 1956. "The Monetary Dynamics of Hyperinflation." In *Studies in the Quantity Theory of Money*, ed. Milton Friedman. Chicago: University of Chicago Press.

폐경제 전반이 교란되는 폐해가 발생하고 단기간에 통화가치가 급변함에 따라 채무자와 채권자 사이의 임의적인 부의 재분배 현상이 발생할 수 있다. 실제로 초인플레이션으로 인해 채권자들에게는 엄청난 손실이 발생하게 된다. 왜냐하면 초인플레이션으로 화폐의 실질가치가 떨어지면서 채무자로부터 받게 되는 명목채무의 실질가치가 급격히 감소하기 때문이다. 반면, 채무자들은 금융부채에 대한 부담이 사라질 것이다. 이렇게 초인플레이션은 채권자로부터 채무자에게 부를 재분배하는 결과를 가져온다.

초인플레이션 현상은 대부분 화폐발행을 통한 재정수입의 증가를 꾀하는 과정에서 통화증가율을 지나치게 높임에 따라 발생하므로 초인플레이션 현상을 해결하기 위해서는 무엇보다 투명하고 신뢰성이 있는 통화정책 및 재정정책의 수행이 중요하다고 할 수 있다.

독일의 초인플레이션

1920년대 초반, 독일 경제를 극심한 혼란으로 몰아넣었던 초인플레이션의 악몽은 1914년 7월 발발한 제1차 세계대전과 함께 시작되었다. 당시 독일 정부는 일반 국민들의 강력한 조세저항을 우려하여 전쟁을 수행하는 데 드는 막대한 비용을 세금이 아닌 다른 나라로부터의 차입을 통해 조달하였다. 독일 정부는 전쟁에서 승리한 후, 패전국들의 배상금으로 비용을 충당하려 하였으나 독일 정부의 확신과 달리 전쟁에서 패하게 되고, 막대한 배상

그림 5-12
독일의 초인플레이션

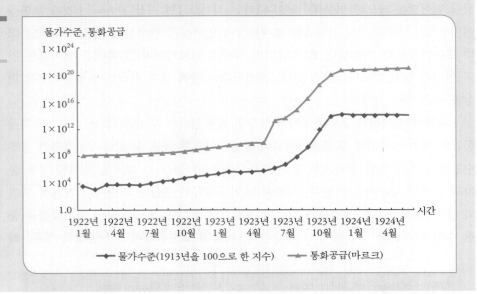

물가수준(1913년을 100으로 한 지수)   통화공급(마르크)

금 지불압력에 놓이게 되었다. 그러나 당시 독일은 전쟁을 거치며 산업 전체가 피폐화되어 이러한 막대한 배상금을 지불할 여력이 없었다. 따라서 독일 정부는 보상금을 지불하기 위해 화폐를 발행하기 시작하였다. 그림에서 나타나듯이 1923년부터 통화량이 증가함에 따라 초인플레이션 현상이 발생했음을 확인할 수 있다. 1923년 가을에는 물가가 급격히 상승하여 한달 동안에 1,000배 이상 상승하였다. 당시의 극심한 초인플레이션을 반영하는 일례로, 10배의 액면가를 갖는 우표가 계속 발행되었고 일반 서민들은 폭등하는 우표가격 때문에 우체국을 이용하기 어려웠을 정도였다고 한다.

참고 **독일의 인플레이션 기간 중 우표 사진**

1921~1923년 사이에 발행된 우표들로 짧은시기에 액면가가 급속히 변화한 것을 볼 수 있다.

자료: http://www.ingrimayne.com

자료: Sargent, Thomas J. 1983. "The Ends of Four Big Inflations." In Inflation, ed. Robert Hall, Chicago: University of Chicago Press. pp. 41-98.

한국의 초인플레이션: 당백전과 백동화

고종 1866년에 조선정부는 당백전을 주조, 발행하였고 주조총액은 약 1천 6백만 냥에 달하였다. 당백전의 당백(當百)의 의미는 상평통보의 100배에 해당하는 법정가치를 갖는다는 의미였다. 그러나 당백전의 실질가치는 상평통보의 100배에 훨씬 못미치는 악화(bad money)였고 화폐단위 역시 너무 커서 일반인에게 통용되지 못하였다.

조선정부가 당백전을 발행한 것은 당시 국가재정의 위기와 밀접한 관련을 가진다. 조선 후기 이래 국가의 재정지출이 날로 확대되는 반면에 재정수입은 오히려 축소되고 있어서 정부로서는 이러한 위기를 타개해야 했다. 더구나 대원군집권기(1863~1873)에는 안으로는 실추된 왕실의 권위를 회복하려고 경복궁 중건사업을 벌이고, 밖으로는 서구 열강의 침략에 대비하여 군대를 증강하고 군비를 확장하는 사업을 실시하였다. 정부는 이를 위해 일시적인 방안으로 당백전을 발행하였던 것이다. 그러나 정부는 당백전을 물품구입 수단으로 썼을 뿐 조세수납에는 오히려 당백전을 받지 않아 스스로 당백전의 가치를 떨어뜨리는 행위를 했다. 결국, 당백전이 남발되면서 그 가치는 폭락하고 물가는 급등하게 되었다. 당백전은 발행되기 시작한지 반 년 만에 주조가 중단되고 유통 금지 조치가 내려졌다.

1876년 개항 이후 만성적인 재정적자에 시달리던 조선정부는 이를 타개하려는 수익사업의 하나로 백동화를 주조하여 유통시켰다. 백동화는 니켈을 주성분으로 하여 제조비용은 당시의 금속시세에서 5푼 정도였으나 액면가치는 훨씬 높아 주조이익을 올릴 수 있도록 하는 것이 목적이었다. 그러나 정부가 수익만을 위해 백동화를 남발한 탓에 엄청난 양의 불법·불량 백동화가 유통되면서 백동화의 가치하락에 따른 심각한 인플레이션이 발생하였다.

또한 청·일본·독일·영국 등 외국에서 위조된 백동화가 국내에 밀수입되어, 서울과 평양의 경우 위조통화량이 전 통화량의 각각 20~30%, 80%를 차지할 정도로 위조화폐 문제 역시 심각하여 인플레이션을 가속화하였다.

결국 백동화의 가치는 급속히 하락하였고, 백성들은 백동화의 소유를 꺼리고 왕실과 관청에서조차 상납금을 주로 일본 화폐로 받아들이면서 한국의 화폐제도는 사실상 일본의 화폐제도에 종속되어 갔다. 이와 같이 백동화는 국내 화폐의 유통질서를 어지럽히고 물가상승과 그에 따른 민중생활의 궁핍을 가져왔지만, 정부는 백동화의 발행이 왕실과 국가의 재정수입에 큰 몫을 차지하였기 때문에 1904년 전환국이 폐지될 때까지 쉽사리 화폐제도를 개혁하지 못했다.

자료: 한국 브리태니커 백과사전; 이헌창(1999), 「한국경제통사」, 법문사.

정리

1. 화폐란 거래의 수단으로 통용되고 있다. 화폐는 본질적으로 교환의 매개, 회계단위, 가치의 저장 등의 기능을 지니고 있다.

2. 통화량이란 현금과 더불어 현금으로 쉽게 전환될 수 있는 유동성이 높은 금융자산의 총합으로 정의된다. 통화량은 중앙은행에 의해 공급되며 신용창조 과정을 통해 창출된다. 중앙은행은 공개시장조작, 지급준비율정책, 재할인율정책 등을 통해 통화량을 조절할 수 있다.

3. 화폐의 수요는 민간에 의해 결정되며, 물가 및 이자율, 소득수준 등에 영향을 받는다. 민간은 화폐의 명목가치보다는 그것이 지닌 실질구매력을 수요한다.

4. 화폐시장의 수요과 공급에 의해 화폐시장의 균형 및 물가수준이 결정된다. 이때 중앙은행의 통화공급이 증가할 경우 물가수준은 상승하며, 실질소득수준이 올라갈 경우에는 물가수준은 하락한다.

5. 화폐수량방정식은 $M \times V = P \times Y$ 로 한 경제 내에서 총생산과 총통화량과의 관계를 나타낸다. 화폐유통속도와 소득의 증가율이 안정적일 경우, 통화량이 경제전체의 일반 물가수준을 결정하며 화폐의 중립성이 성립한다.

6. 인플레이션이란 일반 물가수준의 상승을 일컫는다. 일정기간 동안 인플레이션율이 상승하였다면 이는 화폐의 가치가 그만큼 낮아졌음을 뜻한다. 또한 기대인플레이션이란 전기에 예측한 다음기의 예상인플레이션을 의미한다.

7. 명목이자율이란 명목가치로 표시된 자산이 일정기간 동안 얻을 수 있는 명목수익률을 의미한다. 실질이자율이란 명목이자율에서 구매력 변화를 조정한 수익률을 나타낸다. $i_t = r_t + \pi_t^e$로 표현되는 피셔방정식은 이러한 명목이자율과 인플레이션과의 관계를 표현한다.

8. 통화 증발을 통하여 정부가 얻는 수입을 주조차익 혹은 시뇨리지(seigniorage)라고 한다. '인플레이션 조세(inflation tax)'는 인플레이션을 통해 민간 보유의 화폐가치가 하락하는 것을 의미한다.

9. 예상하지 못한 인플레이션의 경우, 소득을 재분배하는 사회적 비용을 유발한다. 또한 초인플레이션의 경우와 같이 극단적인 경우 화폐가 그 기능을 상실할 수 있다. 예상한 인플레이션의 경우에도 메뉴비용, 구두창비용 등을 유발하여 거래비용을 증가시키고 상대가격의 변동성을 높여 자원배분의 효율성을 저해할 수 있다.

연습문제

exercise

1. 다음 문장의 옳고 그름을 말하고 간략히 그 이유를 설명하시오.

1) 중앙은행이 민간에서 증권을 100억원 만큼 사들이는 경우 시중에 같은 크기의 통화량이 증가한다.

2) 채권의 수익률이 높을수록 민간의 화폐수요는 작아진다.

3) 완전고용상태이고 실질이자율이 고정된 경제에서 화폐수량설에 따르면 통화량의 증가는 물가수준을 비례적으로 상승시킨다.

4) 모든 가격이 완전신축적인 완전고용경제에서 통화량의 상승은 물가의 상승만을 초래한다.

5) 물가상승률은 3%이고 명목이자율은 4%를 유지하던 경제에서 예상하지 못하게 물가상승률이 5%로 높아지는 일이 발생한다면 이 경제의 명목이자율은 6%로 상승한다.

6) 앞으로 통화당국이 통화량을 증가시키려 하는 것을 민간들이 예상하는 것만으로도 현재의 물가가 상승하는 일이 발생할 수 있다.

7) 정부가 통화량을 늘려 인플레이션 조세를 거두어서 이를 생산적인 부문에 투자하였다면 바람직한 것이다.

8) 일반적으로 재정적자는 세금보다 통화증발을 통해 재원을 조달하는 것이 바람직하다.

2. 우리나라의 통화량(M2)은 1995년 310.88조원에서 2005년 1,022.88조원으로 증가하였다. 명목GDP는 같은 기간 동안 94.05조원에서 206.88조원으로 증가하였다. 1995년과 2005년의 화폐유통속도는 얼마인가?

3. 현재 일본의 물가상승률은 −1.0%이고 명목이자율은 0.5%이다.

1) 이 경제의 실질이자율은 얼마인가?

2) 통화량 증가율을 높이면 실질이자율과 명목이자율은 어떻게 변화할 것인지 예측해보시오.

4. 어느 경제에서 본원통화가 H만큼 창출되어 예금은행 A에 예금되었다고 하자. 전체 예금에 대한 법정지급준비율을 r이라고 하자. 초과지급준비율은 0이다.

1) 본문의 예와 같이 예금통화가 창출되는 경우를 생각해 보자. 예금은행 A에서 이제 대출이 이루어지면 그 중 민간이 현금으로 보유하는 양과 다시 예금은행 B에 입금하는 양의 비율이 c로 일정하다고 하자. 예금은행 B의 대차대조표를 보이시오.

2) 위의 과정이 계속 반복될 때 통화승수의 크기를 구하시오.

5. 어떤 경제의 통계가 다음 표와 같이 조사되었다. 이를 이용하여 다음 문항들에 답하시오.

명목국민소득	200조원
실질국민소득	150조원
실질경제성장률(전년대비)	5%
실업률	4.5%
물가상승률(전년대비)	3%
실질이자율	1.5%
통화량	100조원
총저축률(명목국민소득대비)	30%
현금통화비율(예금대비)	8%
법정지준율(예금대비)	2%
초과지준율(예금대비)	0.8%

1) 통화의 유통속도와 마샬의 k를 각각 계산하시오.

2) 본원통화의 규모를 계산하시오.

3) 중앙은행이 100억원의 통화안정증권을 민간에 매각한다면, 다른 조건이 일정하다고 할 때, 통화량은 얼마나 증가 또는 감소하는가?

4) 중앙은행이 법정지준율을 7.5%로 높임에 따라 은행들은 초과지준율을 0.1%P만큼 낮춘다면, 다른 조건이 일정하다고 할 때, 통화량은 몇 % 상승 또는 하락하는가?

6. 조그만 섬나라가 불황과 인플레이션 압력이 동시에 발생하여 큰 경제위기에 직면해 있다. 앞으로 1년간 실질 GDP가 10% 감소하는 것을 피할 수 없다고 한다. 중앙은행은 인플레이션을 막기 위해 물가를 현재수준에서 안정시키려 한다(즉 인플레이션율=0%). 이 경제의 화폐유통속도는 항상 일정하고 현재의 통화량은 $1,000,000이다.

1) 중앙은행은 앞으로 1년간 통화량을 어떻게 변화시켜야 하는가?

2) 원하는 통화량의 변화를 위해 중앙은행은 공개시장조작을 하려 한다. 국채시장에서 얼마나 국채를 매각 또는 매입하여야 하는가? (단, 법정지준율은 10%이고 은행들은 초과지준금을 보유하지 않는다고 한다)

7. 물가는 완전신축적으로 조정되고 실질소득은 완전고용수준에서 일정한 경제를 고려하시오.

1) 실질이자율은 대부자금시장에서 실질저축과 실질투자에 의해 결정된다고 하자. 이 경제에서 통화증가율의 상승이 기대인플레이션과 명목이자율에 미치는 영향을 설명하시오. 피셔효과가 성립하는가?

2) 통화증가율의 상승이 실질화폐잔고와 명목이자율에 미치는 영향을 설명하시오.

3) 실질화폐잔고가 부의 일부이기 때문에 실질화폐잔고 수준의 증가는 민간소비를 증가시킨다고 하자. 피셔효과가 성립하는가? 통화증가율의 상승이 실질이자율에 어떠한 영향을 미치는지 먼델-토빈효과를 이용하여 설명하시오.

8. 중국의 장기 인플레이션율(GDP 디플레이터 상승률)은 화폐 수량설에 의해 결정된다고 한다. 화폐수요함수는 다음과 같이 주어졌다.

$$\left(\frac{M}{P}\right)^d = kY \quad (\text{단, } Y\text{는 실질GDP, } P\text{는 물가(GDP 디플레이터), } k\text{는 일정한 상수)}$$

1980년부터 2010년까지의 연평균 명목GDP 성장률이 11.7%, 실질GDP 성장률이 9.3%일 때, 연평균 통화량의 증가율을 계산하시오. 중국 중앙은행이 통화량을 2배로 갑작스럽게 늘려서 연간 통화 증가율은 전과 같이 한다고 한다. 물가(P)의 변화를 설명하시오. 이상의 변화를 그래프로 나타내시오.

9. 한 경제의 화폐수요함수가 다음과 같이 주어졌다.

$$\left(\frac{M}{P}\right)^d = \frac{Y}{4(r+\pi^e)}$$

Y는 실질산출량, P는 물가수준, r은 실질이자율을 의미한다. 이 경제의 실질이자율과 실질산출량은 고정되어 있으며 이 경제의 물가는 완전신축적으로 조정된다. 현재 이 경제의 통화증가율과 물가상승률은 연 10%이며 기대인플레이션 π^e역시 10%로 일정하다. 이 경제에서 인플레이션율을 낮추기 위해 정부가 갑자기 통화증가율을 연 5%로 할 것을 발표하였다.

1) 이 정부의 정책을 모든 민간이 믿는다면 기대인플레이션율 π^e는 어떻게 변하는가? 피셔효과는 이 경제에서 성립하는가?

2) 정부발표 후 즉각적으로 물가수준이 하락할 수 있음을 설명하시오. 만일 정부가 인플레이션율의 하락을 원하지만 물가수준의 급격한 하락을 원하지 않는다면 통화증가율을 어떻게 변화시키는 것이 바람직하겠는가?

10. 어느 한 경제의 화폐수요함수가 다음과 같이 주어졌다.

$$\left(\frac{M}{P}\right)^d = YL(i)$$

Y는 실질산출량, P는 물가수준, i는 명목이자율을 의미한다. 실질화폐수요는 실질소득에 비례하고 명목이자율과는 역관계이다. 이 경제의 물가는 완전신축적으로 조정되고 실질소득은 완전고용수준에서 일정하다. 통화량은 통화당국이 외생적으로 정한다.

1) 이 경제에서 명목이자율이 고정되었다고 하자. 통화증가율이 갑자기 상승하면 인플레이션은 어떻게 변화하겠는가? 이때 이 경제에서 실질이자율의 변화를 설명하시오.

2) 이제 명목이자율이 아닌 실질이자율이 고정되었다고 하자. 이 경제에서 통화증가율이 갑자기 상승하면 물가수준, 인플레이션율, 명목이자율이 어떻게 변화하는지 설명하시오.

PART

III

경제성장

Macroeconomics

제 6 장

장기경제성장 I : 솔로우(Solow)모형

경제성장이란 장기에 걸친 국민소득, 즉 실질 GDP의 증가를 의미한다. 여기서 '장기'란 자본량·노동인구 등 생산요소의 양이 변화할 수 있는 기간을 말한다. 생산요소의 증가는 몇 년에 걸쳐 일어날 수 있으므로 경제성장에서는 단기에서 GDP의 일시적인 하락과 상승보다는 여러 해에 걸친 평균적인 경제성장률의 변화가 분석의 대상이다. 이 장에서는 이런 경제성장을 일으키는 요인이 무엇인지 살펴볼 것이다. 이를 통해 현실에서 각 국가간에 소득의 격차와 성장률의 차이가 발생하는 원인을 이해할 수 있다.

1 경제성장과 몇 가지 사실들

1 경제성장의 중요성

경제성장이란 장기에 걸친 국민소득의 증가를 의미한다. 그렇다면 왜 경제성장이 중요한 것일까? 〈표 6-1〉을 살펴보자. 1890년도에 아르헨티나와 독일은 약 $2,000로 비슷한 소득 수준을 누리고 있었다. 그러나 2010년 기준으로 두 국가의 실질소득을 비교하면 독일이 $20,661로 아르헨티나의 2배가 넘는 소득을 누리게 되었다. 이러한 차이를 가져오게 된 성장률의 차이는 크지 않았다. 1890~2010년에 걸친 독일의 연평균성장률은 1.8%이고 아르헨티나는 1.2%였다. 평균성장률의 0.6%의 차이가 120년의 장기에서는 매우 큰 소득 차이를 만들어 낸 것이다. 이러한 예는 작은 성장률의 차이가 국가간의 큰 소득격차를 야기할 수 있다는 점에서 장기에 걸친 경제성장의 중요성을 단적으로 보여준다.

또한, 〈표 6-2〉에서 한국의 경우를 보면 지난 60년간의 고도성장(높은 경제성장률)으로 과거보다 일인당 실질소득이 33배 이상 증가하게 되었다. 국민 개개인의 차이는 있으나 평균적으로는 33배 이상 생활수준이 높아진 것으로 볼 수 있다. 그러나 한국의 경제성장률은 계속 낮아져서 앞으로는 저성장을 벗어나기 힘들 것이라는 전망이 나온다. 〈그림 6-1〉은 한국의 2021년 일인당 실질소득(44,232달러)을 기준으로 가상의 한국의 경제성장률을 통해 소득변화의 추이를 전망한 것이다. 일인당 GDP의 평균성장률이 1%에서 3%로 높아지면서 2060년의 일인당 소득수준에 큰 차이를 가져옴을 알 수 있다.

만약 어떤 경제가 지속적으로 7% 정도의 성장률을 유지한다면 10년 후에 현재의 2배 규모로 일인당 국민소득이 증가할 것이다. 이를 수학적으로 표현하면 다음과 같다.

표 6-1
독일과 아르헨티나의
소득과 성장률 비교

	일인당 소득(1990년 기준 실질가치)		연평균성장률 (1890-2010)
	1890년	2010년	
독　일	$2,428	$20,661	1.8%
아르헨티나	$2,152	$10,256	1.2%

자료: Maddison(2013), *The World Economy Historical Statistics*, OECD

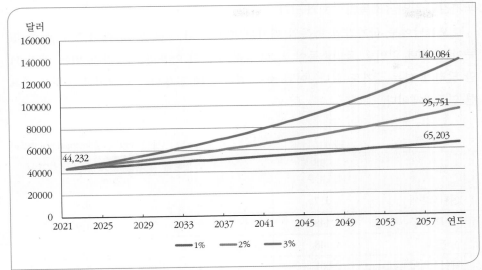

그림 6-1
연평균성장률에 따른
한국의 일인당 예상 실질GDP

자료: 2021년의 GDP 기준값은 세계은행 자료이며 각 국가의 통화의 실질구매력(PPP)의 차이를 고려하여 조정한 2017년 기준 실질 달러가격으로 표시하였다.

$$y_0(1+0.07)^{10} \approx 2y_0$$

위 식에서 y_0는 현재시점의 GDP이고, 경제성장률이 7%로 지속적으로 이루어지면 10년 후의 GDP는 현재 규모의 약 2배가 된다는 것을 의미하고 있다.[1] 따라서 7% 성장률이 20년 지속되면 현재 규모의 4배, 30년이면 8배로 GDP가 기하급수적으로 증가한다.

2 성장의 정형화된 사실

세계 각국의 성장의 경험을 자료를 통해 분석해보면 다음과 같은 일반적인 사실들을 발견할 수 있다.

---

1 이를 일반화하면 경제성장률이 $7/n$%로 지속적으로 이루어지면 $10n$년 후의 GDP는 현재 규모의 약 2배가 된다는 것을 의미한다. 이는 $y_0(1+0.07/n)^{10n} \approx 2y_0$이 충분히 큰 n에 대해서 성립하기 때문이다. 따라서 평균성장률이 x%인 경제에서 GDP가 2배가 되는데 걸리는 기간은 〈$70/x$〉로 쉽게 계산 가능하다. 예를 들어 성장이 2%일 경우에 70/2=35이므로, GDP가 2배가 되는 데 걸리는 시간은 35년이다. 보다 정확한 계산을 하려면 70 대신 72를 사용하면 되고, 이를 종종 72의 법칙이라고도 한다.

국가간의 일인당 소득의 격차가 크다

오늘날에도 국가간의 소득의 격차는 매우 크다. 〈표 6-2〉에서 확인할 수 있듯이 2019년 일인당 국민소득이 2,200달러 수준인 아프리카 국가가 있는 반면 11만 달러가 넘는 국가도 있다. 이런 소득 격차가 왜 발생하는지 살펴보는 것은 중요한 연구과제이다.

(단위: PPP 조정 international dollar)

표 6-2
세계 각 국가들의 초기 일인당소득과 현재소득 비교(1960년, 2019년)

국가명	1960년 일인당 실질 GDP	2019년 일인당 실질 GDP	비율(2019년 일인당 GDP / 60년 일인당 GDP)
에티오피아	517	2,552	4.9
토고	1,148	2,179	1.9
인도	1,148	6,547	5.7
나이지리아	2,001	4,894	2.4
필리핀	2,032	8,205	4.0
인도네시아	1,024	11,471	11.2
중국	996	13,988	14.0
태국	1,215	17,558	14.5
브라질	2,429	14,638	6.0
아르헨티나	3,253	22,145	6.8
말레이시아	2,929	27,942	9.5
한국	1,225	40,819	33.3
일본	5,821	39,637	6.8
프랑스	11,327	44,823	4.0
영국	12,861	46,187	3.6
캐나다	14,981	49,359	3.3
호주	15,438	50,821	3.3
홍콩	4,148	59,245	14.3
미국	18,901	63,393	3.4
스위스	22,530	71,832	3.2
싱가포르	2,753	88,619	32.2
룩셈부르크	20,780	112,942	5.4

자료: Penn World Table 10.1. GDP의 계산은 각 국가의 통화의 실질구매력(PPP)의 차이를 고려하여 조정한 2017년 기준 실질달러가격으로 표시하였다.

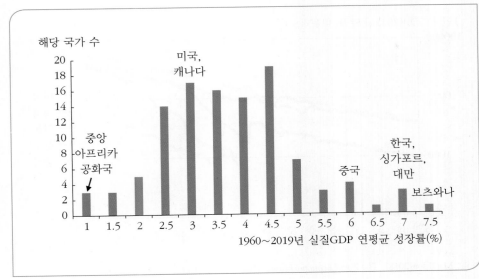

그림 6-2
국가별 연평균성장률에 따른
분류(1960~2019년)

자료: The Penn World Table 10.1

국가간의 성장률의 차이가 크다

〈그림 6-2〉에서 볼 수 있듯이 동아시아의 경우 연 7% 성장하는 국가도 있지만, 일부 아프리카의 경우와 같이 1% 이하로 성장하는 국가도 있다. 한국, 싱가포르, 중국은 예외적으로 매우 높은 성장을 하고 있음을 확인할 수 있다. 이와 같이 성장률에 차이가 나면 비슷한 수준에서 출발을 한 국가들간에도 몇 십년이 지난 뒤에는 큰 소득격차가 발생한다.

장기적으로 소득과 자본의 성장률이 같다

경제학자 칼도(N. Kaldor)는 장기적으로 자본과 소득이 일정한 비율을 유지하는 사실을 발견했다. 이는 장기적으로 소득의 성장률과 자본의 성장률이 같아지는 성질을 의미한다. 따라서 장기적인 관점에서 한 국가의 경제성장률은 자본의 성장률을 통해서도 파악될 수 있으며, 많은 성장이론들이 이러한 사실에 기반하여 전개되었다.

국가간 소득격차의 변화에 일정한 패턴이 없다

만약 후진국의 성장률이 지속적으로 높고, 선진국의 성장률이 지속적으로 낮다면 소득격차는 시간이 가면서 줄어들게 될 것이다. 실제로 낮은 소득수준에서 출발하여 선진국과의 소득격차를 매우 빠르게 줄여 나가는 국가들도 존재한다. 〈그림

그림 6-3
한국, 미국, 영국, 중국, 일본의
일인당 GDP(1870~2016년)

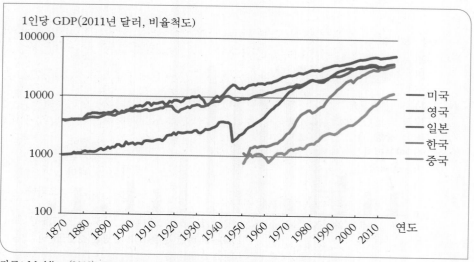

자료: Maddison(2018), *The World Economy historical statistics*, OECD

6-3〉에서 볼 수 있듯이 미국의 영국 따라잡기(catch-up), 일본과 동아시아 국가들의 빠른 성장을 통한 따라잡기가 한 예이다. 성장속도가 빠른 국가들의 경우 시간이 흐름에 따라 선진국의 소득을 따라잡기하면서 소득격차를 점차 줄이는 과정을 보이고 있다. 하지만 평균적으로 본다면 실제로 선진국·후진국 간의 소득격차는 지속되고 있다. 특히 아프리카 국가들은 소득이 낮으면서도 전혀 따라잡기를 하지 못하고 있는 실정이다.

3 성장이론의 흐름

성장이론은 생산요소들(노동, 자본, 기술)이 경제 성장의 과정에서 어떠한 역할을 하는가를 분석하는 데에서 출발하였다. 1956년에 발표된 솔로우(Solow) 성장모형은 근대 성장모형의 토대를 제공하였으며 이후 1960년대에 나온 신고전학파 최적성장모형(optimal growth model)과 더불어 신고전학파 성장모형(neo-classical growth model)으로 불린다.

솔로우성장모형은 시간을 고려한 동태적(dynamic) 모형이다. 시간의 흐름에 따른 균형의 이동을 기술한다는 점에서 본서의 이전 단원에서 다루었던 정태적(static) 모형들과는 차이가 있다. 솔로우모형은 노동력의 증가율과 기술의 진보율이 일정하게 주어졌을 때 자본의 축적으로 생산물이 증가하면서 경제 성장이 이루어지는 과정을 설명하고 있다. 모형의 핵심은 자본의 증가로 성장이 이루어지지만, 일정시점에서는 자본의 한계생산물이 감소하기 때문에 성장이 멈추게 된다는 것이다. 즉 자본축적만으로는 지속적인 경제성장이 불가능하다는 것이다. 결국 솔로우의 성장이론에 따르면 장기에서는 경제성장률이 인구증가율(=노동력증가율)[2]과 외생적인 기술진보율(=총요소생산성증가율)에 의해서 결정된다. 이는 저축률과 투자율을 높임으로써 지속적인 성장을 도모할 수 있다는 솔로우 이전의 성장이론과 구별된다. 이를테면 1930년대에는 강제 저축을 통한 자본 축적으로 성장이 가능하다는 내용이 성장이론의 주를 이루었다. 소비에트 연방과 같은 사회주의 국가에서는 배급을 통해 소비를 최소화하고 투자를 많이 하는 방식으로 경제성장을 이룰 수 있다고 믿었다. 그러나 한계생산 감소의 법칙을 고려해보면 당시 성장이론의 오류를 쉽게 발견할 수 있다. 즉 자본축적이 계속 된다고 해도 결국 자본의 생산성이 체감하게 되면서 경제성장이 한계에 도달하는 것이다.

그래서 오늘날의 경제성장이론은 지속적인 성장을 위해 생산요소의 축적보다는 생산성을 높이는 것에 초점이 맞추어졌다. 생산성을 높이기 위해 기술의 발전과 더불어 우수하고 효율적인 제도의 중요성이 강조되고 있다. 예전에는 '허리띠를 조이자', '저축 장려' 등의 구호가 만연했으나 최근에는 '지식기반 사회', '제도 개혁' 등의 구호로 변한 것은 경제성장이론의 흐름의 변화와 무관하지 않다.

그러나 솔로우모형에서는 기술진보를 외생적이라고 가정하고 있기 때문에 이러한 측면을 원활히 설명하지 못한 한계점을 갖고 있다. 이에 따라 1980년대에 들어와서 여러 내생적인 요인에 의해 한 경제의 지속적인 경제성장이 이루어지는 과정을 설명하는 내생적 경제성장모형(endogenous growth model)이 등장했다. '내생적(endogenous)'이라는 용어는 솔로우모형에서 장기적으로 성장을 결정하는 요인인 인구증가율이나 기술진보율이 모형 내에서 결정되지 않고 '외생적(exogenous)'으로 주어진 것으로 가정하고 있는 것과 차별하기 위해 붙여진 이름이다. 다양한 내생적 경제성장모형이 있다. 예를 들어 로머(Paul Romer)는 경제성장의 핵심요소로 지식자본과 기술창조, 자본의 외부효과를 강조하였고, 루카스(Robert Lucas)는 인적자본의 개념을 중시했으며, 아기온(Philippe Aghion)과 호위트(Peter Howitt)는 신기술의 발전이 기존의 기술을 대체하여 가는 슘페터(Joseph Schumpeter)의 창조적 파괴(creative destruction)라는 개념을 계승하여 성장모형을 제시하였다. 우리는 이 중에서 대표적인 학자들의 성장모형을 살펴볼 것이다.

---

2 경제활동참가율이 일정하다고 가정하기 때문에 인구증가율과 노동력의 증가율은 동일하다.

2 자본축적과 경제성장: 기술진보가 없는 단순한 솔로우모형

솔로우(Solow) 성장모형의 핵심을 이해하기 위해서 일단 기술의 진보가 없는 경제를 가정하자. 물론 이러한 제약적 가정은 뒤에서 완화된다. 여기서 핵심은 장기적으로 균형성장상태(균제상태)에 도달하면 자본축적만으로는 지속적인 경제성장을 이룰 수 없다는 것이다.

1 단순한 솔로우모형의 가정

솔로우모형에서는 다음과 같은 가정들을 한다. 많은 가정들은 결론을 도출하기 위해 임의로 상정한 가정들이지만 대부분 현실에서 크게 벗어나지 않은 것들이다. 솔로우모형에서는 다음과 같이 자본(K)과 노동(L)의 두 가지 생산요소에 의해 생산(Y)이 결정되는 신고전학파 생산함수를 가정한다.[3]

$$Y = A \cdot F(K, L)$$

신고전학파 생산함수는 몇 가지 특징을 갖는다. 첫째, 생산요소의 한계생산이 감소한다는 특징이다. 한계생산의 감소란 생산함수에서 자본을 투입하면 할수록, 또는 노동을 투입하면 할수록 그에 따른 추가 생산량이 점점 줄어들게 된다는 것이다.[4] 〈그림 6-4〉는 노동이 일정한 상황($\overline{L}$)에서 자본투입에 대한 한계생산(MPK)의 감소를 나타낸 것이다.

둘째, 신고전학파 생산함수는 규모에 대한 보수불변(Constant Returns to Scale: CRS)의 특징을 갖는다. 이런 특징을 갖는 생산함수를 일차 동차생산함수라고도 부른다. 규모에 대한 보수불변은 생산요소인 노동과 자본이 각각 λ배 증가하면 생산량도 λ배만큼 늘어나는 생산함수의 특징을 의미한다. 예를 들어 어느 공장에 노동 10단위와 자본 10단위를 투입하여 100만큼의 생산을 했다고 하자. 이때, 노동 10단위와 자본 10단위를 더 투입하여 생산요소 투입의 규모를 두 배로 할 경우 100만큼의 생산이 더 늘어나 총생산량이 200으로 두 배가 된다는 것이 규모에 대한 보수불

---

3 경제성장 자체가 실질적인 개념이므로, 여기서의 Y는 실질GDP이다.
4 이는 수학적으로 생산량에 대한 노동과 자본의 2계 미분값이 음수를 갖는 경우이다.
$\dfrac{d}{dK}\left(\dfrac{dY}{dK}\right) < 0$, $\dfrac{d}{dL}\left(\dfrac{dY}{dL}\right) < 0$: 한계생산 감소의 법칙

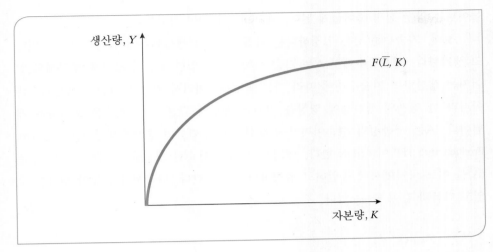

그림 6-4
한계생산 감소의 법칙

신고전학파 생산함수는 한계 생산이 감소하는 특징을 갖는다. 이는 한 생산요소(노동)의 양이 일정할 때 다른 생산요소(자본)를 투입하면 할수록 그에 따른 추가 생산량이 점점 줄어드는 것을 말한다.

변이라고 할 수 있다. 이를 식으로 표현하면 다음과 같다.

$$\lambda Y = A \cdot F(\lambda K, \ \lambda L)$$

이때 위의 생산함수식에서 $\lambda = \dfrac{1}{L}$인 경우를 고려하면,

$$\frac{Y}{L} = A \cdot F\left(\frac{K}{L}, \ 1\right)$$

따라서 $\dfrac{Y}{L}$는 $\dfrac{K}{L}$만을 변수로 하는 함수가 된다. 이를 고쳐쓰면,

$$y = A \cdot f(k)$$

가 된다.[5] 여기서 y는 일인당 생산량$\left(= \dfrac{Y}{L}\right)$이고 k는 일인당 자본량$\left(= \dfrac{K}{L}\right)$이다. 이와 같이 생산함수의 규모에 대한 보수불변의 특징을 이용하면 원래의 생산함수(F)를 일인당 자본량과 일인당 생산량 간의 관계를 보여주는 또 다른 생산함수(f)로 바꾸어 쓸 수 있다. 일인당 생산량$\left(= \dfrac{Y}{L}\right)$은 노동생산성(labor productivity)으로 부르기도 한다. 이때 일인당 자본량(k)이 증가하면 일인당 생산량(y)은 증가한다. 이를 수학적으로 표시하면 $\dfrac{dy}{dk} > 0$이다. 하지만 한계생산 감소의 법칙에 의해 생산이 추가로

---

5 대표적인 1차 동차 생산함수의 예로 신고전학파 생산함수인 콥-더글라스(Cobb-Douglas) 생산함수를 들 수 있다. 다음과 같은 콥-더글라스 생산함수, $Y = AK^{\alpha}L^{1-\alpha}$ $(0 < \alpha < 1)$의 양변을 L로 나누면, $\dfrac{Y}{L} = A\left(\dfrac{K}{L}\right)^{\alpha}$, $y = Ak^{\alpha}$의 형태로 고쳐 쓸 수 있다.

늘어나는 양은 점점 줄어들게 된다. 즉 $\frac{d}{dk}\left(\frac{dy}{dk}\right)<0$이 성립한다.

셋째, 기술수준(A)은 일정하다는 가정이다. 즉 생산함수에서 기술진보는 없다고 생각한다. 생산함수에서 A는 기술수준으로, 동일한 노동과 자본을 투입해도 얻어지는 생산량이 기술수준에 따라 다르게 된다. 여기서 기술은 단순한 생산기술뿐 아니라 한 경제의 생산성에 영향을 미치는 제도와 같은 모든 것들을 포괄하는 개념이다. A는 생산성의 수준이며 노동생산성과 구별하여 총요소생산성(Total Factor Productivity: TFP)이라고도 한다. 여기서 우리는 단순한 모형을 가정하여 기술수준(A)을 어느 국가에서나 동일하고 일정하다고 가정한다. 따라서 1로 놓아 생략할 수 있고 다음과 같이 쓸 수 있다.

$$Y=F(K,\ L)$$

결국 이 경제에서는 생산량이 자본과 노동의 투입량에 의해 전적으로 결정된다. 추후에 이러한 가정을 완화하여 기술수준이 동일하지 않은 경우를 분석하도록 한다.

넷째, 인구증가율은 노동력증가율과 같고 일정하다$\left(\frac{\Delta L}{L}=n\right)$고 가정한다. 일반적으로 인구증가율과 노동력증가율은 다를 수 있다. 왜냐하면 현실적으로 인구가 일정해도 경제활동참가율에 변화가 있을 수도 있고, 또는 경제주체들의 노동시간이 변화하여 노동력증가율이 변할 수도 있기 때문이다. 그러나 이러한 변화에 대해서는 나중에 살펴보기로 하고, 여기서는 모형의 단순화를 위해서 인구증가율이 노동력증가율과 같다고 가정한다.

다섯째, 자본의 감가상각률($\delta>0$)이 일정하다는 것이다. 자본을 사용하면서 시간이 지남에 따라 자본의 일정한 부분만큼 마모되고 닳아서 못쓰게 되는데 그 속도가 일정하다는 것이다.

여섯째, 저축률(s)은 일정하다는 가정이다. 저축률은 s로 나타내며 소득에서 저축이 차지하는 비중을 의미한다. 따라서 저축(S)와 저축률(s) 사이에는 다음과 같은 식 $S\equiv sY$가 성립한다. 현실에서 저축률은 소득을 비롯한 다른 변수에 영향을 받아 내생적으로 결정될 수 있지만 여기서는 모형의 단순화를 위하여 저축률이 외생적으로 주어져 있다고 생각할 것이다.

마지막으로, 폐쇄경제를 가정한다. 따라서 균형상태에서 $S=I$ 이다. 솔로우모형은 이와 같이 국내에서의 총투자와 국내에서의 총저축이 같은 균형 상태를 가정하고 있다. 개방경제를 가정한다면 자본도입이나 해외투자 등이 존재하기 때문에 저축과 투자가 같지 않을 수도 있다.

2 자본축적의 균형경로

이 경제에서 자본축적은 투자에 의해서 일어난다. 이제 매기마다 저축과 투자가 같아지는 균형이 달성되면서 이러한 투자를 통해 시간이 지남에 따라 어떻게 자본이 축적되고 생산량이 증가하는지 분석해보자. 일정한 기간 동안의 자본량 증가를 ΔK라고 표시하면 이는 그 기간 동안에 일어난 (총)투자에서 이미 축적된 자본이 마모되는 부분을 제한 것으로 표현할 수 있다. 이를 식으로 나타내면 다음과 같다.

$$\Delta K \equiv^6 I - \delta K$$

여기서 생산물시장이 균형이 될 때 저축(S)과 투자(I)가 일치하게 되므로 다음과 같이 표현할 수 있다.

$$I = S = sY = sF(K, L)$$

위의 두 식을 결합하면, 다음과 같은 자본축적식을 유도할 수 있다.

$$\Delta K = sF(K, L) - \delta K$$

위 자본 축적식을 살펴보면 다음과 같은 관계가 성립한다.

$sF(K, L) > \delta K$이면 $\Delta K > 0$으로 K는 증가
$sF(K, L) = \delta K$이면 $\Delta K = 0$으로 K는 일정
$sF(K, L) < \delta K$이면 $\Delta K < 0$으로 K는 감소

생산함수에서 한계생산이 감소하기 때문에 자본이 늘어남에 따라 저축에 해당하는 $sF(K, L)$부분의 증가분은 점점 줄어들 것이다. 즉 자본을 축적할 때 추가로 늘어나는 자본량이 줄어들게 된다. 그러나 감가상각분은 자본량이 늘어날수록 비례적으로 증가하기 때문에 결국 자본량의 증가분(ΔK)이 0으로 수렴할 것을 직관을 통해 알 수 있다. 즉 우변의 두 변수의 크기에 따라 자본량의 증가분(ΔK)의 크기가 결정되고 그 값이 0을 기준으로 크거나 작으면 자본(K)의 값이 시간이 가면서 점점 커지

---

6 $\equiv$은 모든 변수 또는 모든 매개 변수에 대하여 성립하도록 하는 항등식을 의미한다. 이는 어떠한 경우에도 등식(=)이 성립함을 의미한다.

거나 작아지게 된다. 그리고 그 값이 0이 되면 자본(K)의 값은 일정하게 된다.

만일 노동증가율＝0이어서 노동(L)의 크기가 일정하게 주어져 있다면 위의 식에서 자본량(K)의 변화에 따른 자본축적(ΔK)이 어떻게 달라지는지를 쉽게 그림으로 볼 수 있다. 다음의 〈그림 6−5〉에서 보면 초기 $K_0(K_0<K^*)$ 수준에서 저축량($sF(K, L)$)과 감가상각분에 할당되는 자본량(δK)의 차이가 자본량의 변화(ΔK)를 가져옴을 보여 준다. 그리고 경제 내의 자본량이 축적되면서 ΔK가 결국 0이 되어 자본량의 변화가 없어지는 시점에 도달하게 되면 이때 자본량은 K^*의 일정한 값을 갖게 된다. 그림에서 만일 초기 K_0의 값이 K^*보다 더 높은 수준에서 출발하였다면 $sF(K, L)$

그림 6−5
자본축적의 균형경로:
인구증가율이 0인 경우

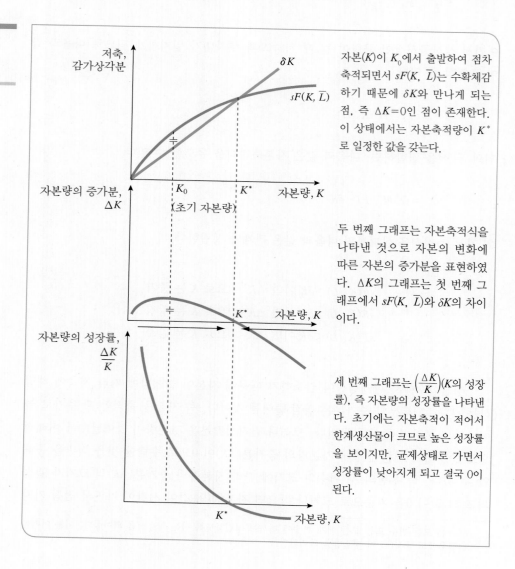

자본(K)이 K_0에서 출발하여 점차 축적되면서 $sF(K, \overline{L})$는 수확체감하기 때문에 δK와 만나게 되는 점, 즉 $\Delta K=0$인 점이 존재한다. 이 상태에서는 자본축적량이 K^*로 일정한 값을 갖는다.

두 번째 그래프는 자본축적식을 나타낸 것으로 자본의 변화에 따른 자본의 증가분을 표현하였다. ΔK의 그래프는 첫 번째 그래프에서 $sF(K, \overline{L})$와 δK의 차이이다.

세 번째 그래프는 $\left(\dfrac{\Delta K}{K}\right)$($K$의 성장률), 즉 자본량의 성장률을 나타낸다. 초기에는 자본축적이 적어서 한계생산물이 크므로 높은 성장률을 보이지만, 균제상태로 가면서 성장률이 낮아지게 되고 결국 0이 된다.

$< \delta K$인 상태가 되고 ΔK가 0보다 작은 값을 갖게 되어 K는 감소하여 결국 K^*의 일정한 값을 갖게 된다.

이제 노동증가율이 0이 아닌 일반적인 경우에서, 일인당 자본축적의 변화량을 살펴보자.[7] 일인당 자본의 증가율은 다음과 같이 총자본량 증가율과 인구증가율의 차이로 고쳐 쓸 수 있다.[8]

$$\frac{\Delta k}{k} = \frac{\Delta K}{K} - \frac{\Delta L}{L}$$

앞에서 다뤘던 총자본 축적식의 양변을 자본량으로 나누면 $\frac{\Delta K}{K} = \frac{sF(K, L)}{K} - \delta$이고 $\frac{\Delta L}{L} = n$이므로 이를 위 식과 결합하면 다음과 같이 일인당 자본량의 증가율로 표현할 수 있다.

$$\frac{\Delta k}{k} = \frac{\Delta K}{K} - \frac{\Delta L}{L} = \frac{sF(K, L)}{K} - \delta - n$$

$\frac{sF(K, L)}{K} = \frac{sF(K, L)/L}{K/L} = \frac{sf(k)}{k}$이므로 일인당 자본량($k$)의 증가율은 다음과 같이 고쳐 쓸 수 있다.

$$\frac{\Delta k}{k} = \frac{sf(k)}{k} - \delta - n$$

여기서 저축률(s), 인구증가율(n), 감가상각률(δ)과 같은 다른 변수들이 일정하다고 하면 결국 일인당 자본량(k)의 성장률은 $\frac{f(k)}{k}$에 의해 전적으로 결정됨을 알 수 있다. 그런데 $\frac{f(k)}{k}$는 다음과 같이 $\frac{f(k)}{k} = \frac{Y/L}{K/L} = \frac{Y}{K}$로 자본의 평균생산성에 해당된다. 자본의 평균생산성은 일인당 자본량이 증가함에 따라 감소한다는 사실로부터 결국 $\frac{f(k)}{k}$는 k가 증가함에 따라 감소함을 알 수 있다.[9] 따라서 $\frac{\Delta k}{k}$도 k가 증가함에 따라 감소할 것임을 예상할 수 있다. 이제 위 식의 양변에 일인당 자본량(k)을 곱하면, 일인당 자본축적식을 만들 수 있다.

---

7 일인당 자본축적량을 보는 이유는 나중에 살펴보듯이 장기 균형성장상태, 즉 균제상태에서 일인당 자본량이 일정해지는 특성이 있기 때문이다. 또한 일인당 자본량을 통해 일인당 소득을 알 수 있고 여기에 인구증가율을 고려해 주면 전체 경제의 성장률도 알 수 있다.

8 $k = \frac{K}{L}$에서 로그를 취한 후 시간에 대하여 미분하면 성장률에 관한 식으로 바꿀 수 있다(제2장의 부록 참조). $\frac{\Delta k}{k} = \frac{\Delta K}{K} - \frac{\Delta L}{L}$. 여기서 노동인구($L$)의 증가율이 n이고 총자본량(K)의 증가율도 n이면 일인당 자본량(k)의 증가율은 0이다. 분모와 분자가 같은 비율로 증가 혹은 감소할 때, 변수값은 일정하다.

9 〈그림 6-4〉에서 자본의 평균생산성 Y/K가 K가 증가하면서 감소하는 것을 쉽게 확인할 수 있다.

$$\Delta k = sf(k) - (n+\delta)k$$

이 식의 의미를 살펴보자. 일인당 자본량의 변화는 저축을 통해 축적되는 양($sf(k)$)에서 감가상각되는 자본량(δk)과 새로운 인구에게 배분해 주는 자본량(nk)을 빼주는 것과 같다. 일인당 자본량이 증가하기 위해서는 저축을 통해 축적되는 양이 감가상각되는 자본량보다 많아야 할 것이다. 그런데 저축을 통한 자본축적에서 새로운 인구에게 배분해야 할 자본량(nk)을 추가적으로 빼주는 이유는 무엇일까? 그 이유는 인구가 증가하는 경우 경제 내의 일인당 자본량을 유지하기 위해서 새로운 인구에게 배분할 자본이 필요해지기 때문이다. 예를 들어, 인구가 100명 있고 총자본이 1,000이 있다면 일인당 자본량(k)은 10이 될 것이다. 만약, 사람들이 저축을 1씩 더 한다면 전체 자본은 1,100이 되고 일인당 자본량(k)은 11이 되겠지만 이때, 인구가 110명으로 늘어나게 되면 일인당 자본량은 여전히 10이 될 것이다. 왜냐하면, 새로 생겨나는 인구에게 그만큼 배분해 주기 때문이다. 따라서 인구가 증가하는 경우에는 새로운 인구에게 분배해야 할 자본량보다 저축량이 많아야 일인당 자본량은 증가한다. 결국 다음과 같은 관계가 성립한다.

> $sf(k) > (n+\delta)k$ 이면 k는 증가
>
> $sf(k) = (n+\delta)k$ 이면 k는 일정
>
> $sf(k) < (n+\delta)k$ 이면 k는 감소

　그렇다면 자본이 축적되면서 일인당 자본량(k)의 변화가 어떻게 일어나는지 구체적으로 살펴보자. 〈그림 6-6〉은 초기 $k_0(k_0 < k^*)$ 수준에서 시작한 경제 내의 일인당 자본량이 축적되어 가는 과정을 보여주고 있다. 일인당 자본축적식을 통해 일인당 저축량($sf(k)$)과 감가상각분 및 인구증가분에 할당되는 자본량($(n+\delta)k$)의 차이가 일인당 자본량의 변화($\Delta(k)$)를 가져옴을 알 수 있었다. k_0 수준에서는 $sf(k) > (n+\delta)k$이 성립하므로 일인당 자본량은 시간이 흐름에 따라 증가한다.[10]

　일인당 자본량의 변화가 0보다 크면 일인당 자본량(k)은 점점 늘어날 수밖에 없게 된다. 반대로 이 값이 0보다 작으면 일인당 자본량은 점점 줄어들게 된다. 일인당 자본량의 변화가 0이 되는 일인당 자본량(k^*) 수준에 도달하면 경제 내의 일인당 자본량이 결정되어 더 이상의 변화가 없게 된다. 그런데 일인당소득(y)은 일인당자본

---

10 만일 초기 자본량이 $k_0 > k^*$인 경우에서 시작한다면 $sf(k) < (n+\delta)k$이 성립하므로 일인당 자본량은 시간이 흐름에 따라 감소함을 쉽게 알 수 있다.

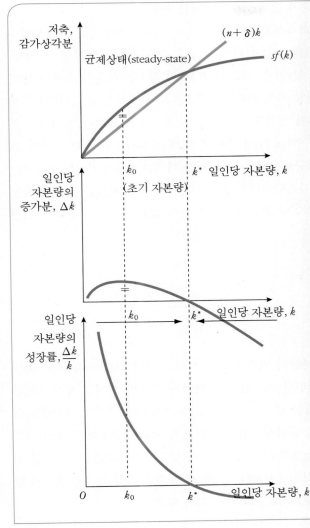

일인당 자본(k)이 축적되면서 $sf(k)$는 수확체감하기 때문에 $(n+\delta)k$가 만나게 되는 점, 즉 $\Delta k=0$인 점이 존재한다. 그 점이 균제상태에 해당된다. 균제상태에서는 성장이 일어나지 않고 일정한 상태에 있게 된다. 그리고 균제상태에서의 자본축적량을 k^*로 표시한다.

두 번째 그래프는 일인당 자본축적식을 나타낸 것으로, 일인당 자본량의 변화에 따른 일인당 자본량의 증가분을 표현하였다. Δk 그래프는 첫 번째 그래프에서 $sf(k)$와 $(n+\delta)k$의 차이이다.

세 번째 그래프는 $\frac{\Delta k}{k}$(k의 성장률), 즉 일인당 자본량의 성장률을 나타낸다. 초기에는 자본축적이 매우 높은 성장률을 보이지만, 균제상태로 가면서 성장률이 낮아지게 되고 결국 0이 된다.

그림 6-6
**자본축적의 균형경로:
인구증가율이 n인 경우**

량(k)의 함수이므로 일인당 자본량의 불변은 일인당 소득의 불변을 의미한다. 결국 자본축적을 통해 일인당 소득을 영구적으로 증가시킬 수는 없음을 알 수 있다.

　자본축적식에 따르면 일인당 저축량 중에서 일정한 부분은 원래 있는 자본량을 유지하는 데 쓰이고(감가상각분) 또 다른 부분은 새로 늘어나는 인구에게 그만큼의 자본량을 배당해 주는 데 쓰인다. 따라서 일인당 자본량의 증가분은 일인당 저축량에서 감가상각분과 인구증가분만큼을 빼 주어야 한다. 즉 일인당 저축량만큼 일인당 자본량(k)을 늘리지 못한다. 일인당 자본량(k)이 늘어나면서 일인당 자본

의 증가분(Δk)은 점점 늘어나다가 줄어들어 나중에는 0이 된다.[11]

　　두 번째 그림은 Δk의 변화과정을 표시한 것이다. Δk는 $sf(k)$와 $(n+\delta)k$ 사이의 거리에 의해 결정되므로 두 번째 그림에 나타낸 것과 같은 경로로 표시할 수 있다. 두 번째 그림에 따를 때 $k_0<k^*$인 이상 $\Delta k>0$이므로 이 경제는 특정한 수준의 일인당 자본량(k^*)으로 가도록 일인당 자본량(k)이 계속적으로 축적됨을 알 수 있다.[12] 세 번째 그림은 일인당 자본량(k)의 성장률, 즉 $\dfrac{\Delta k}{k}$의 변화과정을 표시한 것이다. $\dfrac{\Delta k}{k}$는 앞의 식에서 보았듯이 $\dfrac{sf(k)}{k}$와 $n+\delta$의 차이에 의해 결정되므로 그림과 같이 표현할 수 있다. $\dfrac{f(k)}{k}$는 자본의 평균생산성으로 k가 작을 때에는 매우 높은 값을 갖는다.

　　그렇다면 특정한 일인당 자본량수준인 k^*를 고찰해보자. k^*에서는 일인당 자본량의 변화가 0이므로($\Delta k=0$) 일인당 자본량(k)의 변화가 없고 일인당 자본량이 일정해지는 안정적인 상태가 된다.

③ 균형 성장경로[13]

균제상태

　　시간이 지나도 일인당 자본량의 변화가 없는 상태를 균제상태(steady state) 또는 장기 균형상태라고 부른다. 일인당 자본량(k)의 변화가 없으면 일인당 생산량(y)의 변화도 없게 된다. 즉 균제상태는 일인당 자본량(k)의 성장률과 일인당 생산량(y)의 성장률이 0인 상태를 의미한다. 균제상태를 총자본과 생산량의 관점에서 보면 자본량(K), 생산량(Y)의 성장률은 노동력(L)의 증가율, 즉 인구증가율(n)과 같음을 알 수 있다. 왜냐하면 $k=\dfrac{K}{L}$에서 분모인 L이 n의 성장률로 계속 증가할 때 k의 변화가 없기 위해서는 분자의 K도 n의 성장률로 변화해야 되기 때문이다.

　　이런 균제상태의 개념을 통해 어떤 경제에서 장기적인 경제성장률이 어떻게 결정되는지 대답할 수 있을 것이다. 솔로우모형에 의하면 자본 축적에 의해 경제성

11　k가 증가함에 따라 일인당 저축량은 한계생산 감소에 의해 더디게 증가하게 되고, 그에 비해 감가상각분과 인구증가에 배당되는 자본량은 비례적으로 증가하므로 어느 시점에서는 $\Delta k=0$이 될 것으로 예상할 수 있다.

12　이때 〈그림 6-6〉의 첫 번째 그림에서 만약 저축률이 매우 낮으면 두 곡선 $sf(k)$, $(n+\delta)k$이 만나지 않는 경우가 생기지 않을까라는 의문을 던질 수 있을 것이다. 그러나 그런 일은 거의 일어나지 않는다. 왜냐하면 현실에서 감가상각률과 인구증가율의 합은 0.05, 0.06 정도로 매우 작은 반면에 저축률은 0.1 이상의 값을 갖고 또한 초기 자본량수준에서 한계생산성이 매우 높아서 생산함수의 기울기가 가파르기 때문이다.

13　여기서 균형성장경로란 불균형 상태에서 균형상태를 찾아가는 경로의 의미가 아니라 모든 이동경로(transitional path)가 균형상태인 경로를 의미한다. 앞서 가정한 바와 같이, 솔로우 모형의 경제는 언제나 생산물시장 및 생산요소시장에서 모두 균형상태에 놓여 있다.

장이 일어나는데 경제성장률은 결국 장기 균형에서는 인구증가율을 넘어설 수 없게
된다. 다른 요인을 통제할 때 경제성장은 인구증가율에 의해 결정되므로 인구증가
율이 둔화되면 경제활동참가율의 변화가 없다는 가정 하에서 노동력의 성장률이 낮
아지고 경제성장률도 떨어지게 된다. 그렇다면 지속적인 성장을 위하여 인구증가율
을 무조건 높여가면 되는 것인가라는 질문을 할 수 있다. 그러나 한국을 비롯하여
많은 국가에서 제기되고 있는 최근의 이슈가 출산율 저하와 고령화의 문제임을 고
려해 볼 때 인구증가율을 계속 높이는 것은 어려운 일이다.

이상은 경제성장률을 전체생산량(Y)의 성장률로 생각할 때이다. 하지만 보다
중요한 경제성장률은 일인당 생산량의 성장률일 수 있다. 왜냐하면 일인당 생산량
의 성장률이야말로 개인의 경제수준의 향상과 직결되기 때문이다. 곧 살펴볼 결과
에서 보듯이 인구증가율이 높아져도 일인당 생산량의 성장률은 높아지지 않는다.

이동경로

이동경로(Transitional path)는 현재의 일인당 자본량(k_0), 생산량(y_0)에서 균제상태
수준의 자본량(k^*)과 생산량(y^*)으로 접근해가는 과정을 말한다.[14] 이동경로(균형성장경
로)를 구체적으로 살펴봄으로써 그 과정이 어떻게 되는지 알아보자. 이를 통해 시간
이 어느 정도 지나야 경제성장률이 인구증가율과 같아지는 균제상태가 되는지 이해
할 수 있을 것이다. 이미 모형의 분석을 통해 일인당 자본량(k_t)과 생산량(y_t)은 점점 증
가하나 균제상태에 접근할수록 그 증가속도(성장률)는 점점 체감한다는 것을 보았다.

〈그림 6-6〉의 마지막 그래프를 보면 균제상태로 가는 이동경로에서의 일인당
자본축적의 성장률 변화를 알 수 있다. 이 그래프의 식은 $\dfrac{\Delta k}{k} = \dfrac{sf(k)}{k} - (n+\delta)$이고,
여기서 $\dfrac{f(k)}{k}$는 자본의 평균생산성과 같다. 따라서 다른 변수가 고정되어 있다고 생
각할 때 자본량의 성장률은 자본의 평균생산성에 의해 결정된다. 그런데 평균생산
성은 0보다 크지만 자본이 늘어나면서 점점 줄어들게 된다. 왜냐하면 한계생산 감
소로 자본의 축적에 따른 생산량(Y)의 증가가 점점 줄어들기 때문이다. 이런 이동경
로를 일인당 자본량의 변화 측면에서 살펴보자. 〈그림 6-7〉은 초기의 일인당 자본
량 k_0에서 균제상태의 일인당 자본량 k^*로 접근해가는 과정을 표현한 것이다. 곡선
의 기울기가 점차 감소하는 것을 볼 때 일인당 자본량의 증가속도(성장률)가 체감함
을 알 수 있다.

---

14 균제상태수준의 일인당 생산량(y^*)은 생산함수 $y=f(k)$에서 균제상태의 일인당 자본량(k^*)에 의
해 결정된다. 이동경로에서는 일인당 자본의 증가율이 일인당 생산량의 증가율에 의해 결정된
다. 각주 5)의 $y=k^\alpha$ 형태의 콥-더글러스 생산함수의 경우 $\dfrac{\Delta y}{y} = \alpha \dfrac{\Delta k}{k}$의 관계가 성립한다.

그림 6-7
이동경로에서 일인당 자본량의 변화

초기의 일인당 자본량(k_0)에서 균제상태의 일인당 자본량(k^*)로 접근해가는 과정을 표현한 것이다. 점차 곡선의 기울기가 감소하는 것을 볼 때 일인당 자본량의 증가속도(성장률)가 체감함을 알 수 있다.

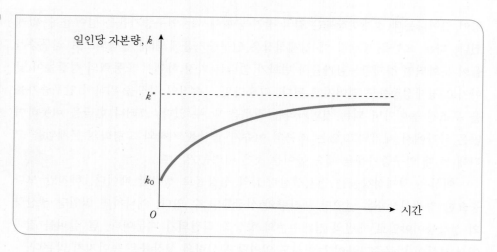

4 저축률, 인구증가율과 경제성장

저축률 증가의 효과

경제성장에 있어 일인당 자본량(k)의 축적이 중요하다는 것을 확인하였다. 그렇다면 저축률을 높여 자본축적을 많이 하면 성장률이 높아진다고 말할 수 있을까? 우선 저축률이 높아지면 균제상태의 일인당 자본량(k^*)과 일인당 소득(y^*)은 더 커지게 된다. 다른 조건이 일정할 때 저축을 통해 경제 내의 자본량이 많아지면서 개인에게 돌아가는 일인당 자본량이 많아지게 된다. 〈그림 6-8〉을 보면 저축률을 높일 때 균제상태에서 일인당 자본량이 k_1^*에서 k_2^*로 증가하는 것을 볼 수 있다.

또한 저축률 증가로 인한 성장률의 변화를 살펴보면 우선 저축률의 증가는 출발점에서 균제상태로 이동하는 경로에서의 성장률을 높인다. 기본적인 이유는 균제상태 자체가 커졌기 때문이다. 〈그림 6-9〉는 저축률의 변화에 따른 균제상태로의 이동경로의 차이를 나타낸 것이다. 저축률에 따라서 이동경로가 다른 것을 볼 수 있다. 따라서 저축률(s)을 높이면 주어진 일인당 자본량(k_0)에서 일시적으로 성장률을 높일 수 있고 더 높은 균제상태로 수렴하게 된다.

그러나 아무리 저축률을 높여도 결국 경제는 균제상태에 도달하게 되고 균제상태에서는 저축률이 높거나 낮거나에 상관없이 일인당 자본량(k)과 일인당 생산량(y)의 성장률은 0이 된다는 사실을 명심하자. 즉, 균제상태의 경제성장률$\left(\frac{\Delta Y}{Y}\right)$은 인구증가율($n$)과 같고 변화가 없다. 그러므로 저축률($s$)을 높여도 경제가 결국에는 균제상태에 도달한다는 사실은 피할 수 없고, 저축의 증가를 통한 자본축적은 균제상

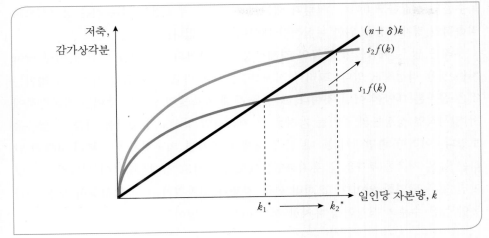

그림 6-8
저축률 증가의 효과(1)

저축률을 높일 때 균제상태의
일인당 자본량이 k_1^*에서 k_2^*로
증가하는 것을 볼 수 있다.

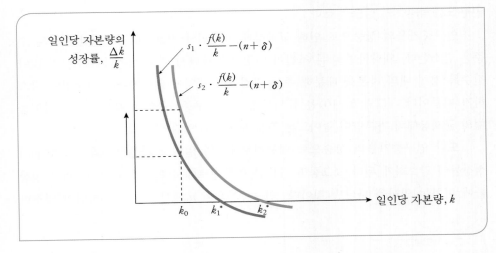

그림 6-9
저축률 증가의 효과(2)

저축률(s)을 높이면 주어진 일
인당 자본량(k_0)에서 일시적으
로 성장률을 높일 수 있고 더
높은 균제상태를 향해 빠른 속
도로 수렴하게 된다.

태에서의 장기적인 경제성장에 영향을 주지 못한다. 결국 저축률을 높일 경우 그때
의 일인당 자본량(k)과 일인당 생산량(y)은 높은 수준으로 이동하지만 일인당 생산
량으로 계산한 경제성장률은 0으로 수렴하게 된다. 즉 저축률의 증가는 장기적으로
더 높은 소득수준으로 갈 수 있게 하지만 균제상태의 성장률을 높이지는 못한다.

　　아프리카 국가들을 살펴보자. 이 국가들은 저축률이 매우 낮아서 저축률을 높
이면 일시적으로 성장률을 높일 수 있다. 그러나 저축률이 높아질 때 성장률이 높
아지는 것은 별로 놀라운 일이 아니다. 중요한 사실은 저축률을 아무리 높여도 시
간이 지나 균제상태로 가면 일인당 소득의 성장률이 결국에는 0이 된다는 것이다.
즉 균제상태에서 경제성장률은 인구증가율로 주어져 있어 변화가 없고 일인당 소

득수준의 성장률도 0이다. 그렇기 때문에 저축률을 무조건 올리는 것은 장기적으로 지속적인 경제성장을 위한 현실적인 대안이 될 수 없다.

　최근 많은 사람들이 한국의 경제성장률이 과거의 고도성장 시기에 비해 낮아지는 것을 걱정하고 있다. 그러나 경제성장률의 하락을 막기 위해 저축률을 높이는 것은 올바른 대안이 아닐 것이다. 모형을 통해 저축률의 증가는 주어진 자본량하에서 일시적인 성장률의 증가를 가져올 뿐 지속적인 성장률의 증가를 이룰 수 없음을 보았다. 이러한 측면에서 볼 때 한국 경제가 1997년 외환위기 이전부터 40%에 달하는 높은 저축률(투자율)을 유지하였음에도 불구하고 경제성장률이 지속적으로 낮아진 것은 당연한 일이다. 오히려 한국 경제가 외환위기 이전에 상당히 오랜 기간 동안 높은 수준의 성장률을 유지한 것이 이례적인 일이었다.

인구(노동력)증가율 상승의 효과

　인구증가율의 상승으로 인해 균제상태의 일인당 자본량(k^*)과 생산량(y^*)의 수준은 감소한다. 왜냐하면 다른 조건이 일정한 상태에서 새로 생겨나는 인구가 많아질수록 경제 내의 자본을 배분해 주는 과정에서 개인에게 돌아가는 자본량이 감소하기 때문이다. 〈그림 6−10〉은 균제상태에서 인구증가율이 n_1에서 n_2로 증가했을 때의 균제상태의 자본량이 줄어드는 것을 보여주고 있다.

　또한 인구증가율의 상승으로 이동경로에서의 일인당 자본량(k)과 생산량(y)의 성장률이 감소하게 된다. 〈그림 6−11〉은 이동경로에서 인구증가율의 변화가 성장률에 미치는 영향을 나타낸 것이다. 인구증가율이 n_1에서 n_2로 증가하면서 일정한

그림 **6−10**
인구(노동력)증가율의 상승(1)
인구증가율의 상승으로 인해 균제상태의 일인당 자본량(k^*)과 생산량(y^*)의 수준은 감소한다.

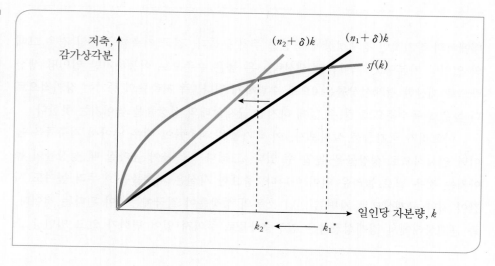

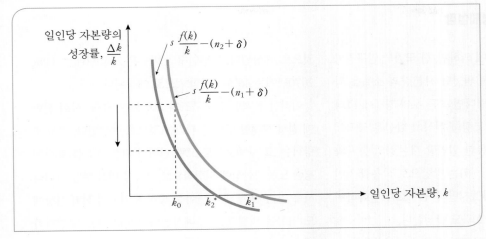

일인당 자본량의 성장률, $\frac{\Delta k}{k}$

$s\frac{f(k)}{k}-(n_2+\delta)$

$s\frac{f(k)}{k}-(n_1+\delta)$

k_0 k_2^* k_1^* 일인당 자본량, k

자본량(k_0)에서 일인당 자본량의 성장률이 줄어드는 것을 확인할 수 있다. 반면에 인구(노동력)증가율이 증가하면 균제상태 경제성장률이 상승한다. 전체 자본량(K)과 생산량(Y)으로 표시한 성장률은 균제상태에서 인구증가율과 같기 때문이다. 단, 일인당 자본(k)과 생산량(y)의 성장률은 균제상태에서 0이 된다.

　지금까지 저축률과 인구증가율의 변화가 균제상태의 일인당 자본량과 경제성장률에 미치는 영향을 살펴보았다. 이를 통해 균제상태에서 소득이 많기를 원한다면 저축률은 높이고 인구증가율은 낮춰야 함을 알 수 있다. 이것은 기본적인 성장전략이라고 할 수 있다. 경제발전을 위해 가족계획이나 근검절약, 저축 및 투자 증대 등을 강조하는 것은 솔로우모형과 일치한다. 실제로 고도성장을 이룩한 한국의 경우 지난 40년간 저축률(투자율)이 급격하게 높아지고, 출산율이 급격히 낮아졌다.

PART III 경제성장

인구 고령화와 경제성장

솔로우의 경제성장모형에 의하면, 한 국가의 인구증가율의 상승은 균제상태에서 일인당 자본량과 소득을 감소시키는 것을 보았다. 그렇다면 최근 우리 경제에 나타나고 있는 저출산과 인구 고령화 현상의 확산은 궁극적으로 인구증가율 감소를 통한 일인당 자본량의 증가와 더불어 일인당 소득을 증대시키는 방향으로 작용할 것인가? 이러한 효과가 발생하겠지만 인구구조가 변화하여 경제활동인구가 감소하는 효과도 발생한다.

솔로우 모형에서는 인구구조의 변화를 명시적으로 고려하고 있지 않다. 그러나 우리나라에서 급격히 진행 중인 인구의 고령화는 인구구조에 변화를 야기하고 있다. 비경제활동인구로 분류되는 노령인구의 급격한 증가로 인해 경제활동 가능인구가 감소하고 이는 경제 전체적인 생산량을 줄이게 된다. 그리고 고령 인구라는 비경제 활동인구의 증가로 인해 경제활동 인구의 고령 인구의 부양에 대한 부담이 커지면서 저축률이 감소할 수 있다.

우리나라의 고령화 진행추이를 살펴보면, 베이비붐 세대의 고령인구 진입, 출산율 하락, 평균수명의 연장 등으로 인해 2025년경에는 노년인구비중(65세 이상)이 20%를 상회하여 초고령사회(super-aged society)로 진입할

것으로 예상된다. 노년인구의 비중은 2040년에는 34%, 2070년에는 46%에 달할 것으로 예상된다.

이러한 급격한 인구구조의 고령화는 경제·사회 전반에 걸쳐 지대한 영향을 불러올 것으로 예상된다. 먼저 고령화는 그 자체로서도 고령 인력의 비중 증가를 통하여 평균 노동생산성에 직접적으로 영향을 미칠 뿐만 아니라 저축 및 투자 행태의 변화를 통하여 경제의 장기 성장에도 영향을 미칠 것으로 예상된다. 일반적으로 고령화가 진전될 경우, 노년부양률의 증가로 인해 저축률이 낮아질 수 있다. 또한 고령 인구의 증가는 연금, 보건, 복지 등의 정부지출에 대한 압력을 상승시켜 대체로 정부 저축에도 음의 영향을 미칠 것으로 예상된다. 또한 노동인구의 증가율이 둔화되고 이에 따른 경제성장률 역시 침체될 것이다. 이렇듯 인구 고령화는 노동 투입의 감소와 함께 저축의 감소를 통해 성장 동력을 저하시키는 방향으로 작용할 것으로 우려된다.

고령화는 우리 경제가 당면한 가장 시급한 과제 중 하나임이 틀림없다. 여러 가지 부정적인 영향이 우려되는 만큼 정부를 포함한 각 주체별 노력이 기울여지지 않는다면 고령화가 경제에 미치는 부정적 효과가 더욱 커질

표 6-3
연령계층별 인구구성비 추이

	단위	1970	1990	2010	2020	2030	2040	2050	2060	2070
총인구수	천명	32,241	42,869	49,554	51,836	51,199	50,193	47,359	42,617	37,656
인구 증가율	%	2.21	0.99	0.50	0.14	-0.10	-0.35	-0.79	-1.20	-1.23
0~14세	%	42.5	25.6	16.1	12.2	8.5	8.8	8.8	7.7	7.5
15~64세	%	54.4	69.3	73.1	72.1	66.0	56.8	51.1	48.5	46.1
65세+	%	3.1	5.1	10.8	15.7	25.5	34.4	40.1	43.8	46.4

자료: 통계청, 장래인구추계 2020, 국가통계포털

수 있다. 구체적으로는 인적자본 및 기술·연구개발 투자를 확충하여 노동력 감소와 저축률 하락을 상쇄하여야 성장률 하락을 억제할 수 있을 것이다. 이와 함께 바람직한 노사관계의 정립, 노동시장의 유연성 확보 등을 통해 고령의 숙련노동자들의 노동공급을 확대하여 나갈 수 있을 것이다. 한편으로는 고령화가 새로운 민간산업을 창출하여 나가는 기회로 작용할 수 있다. 그러므로 새로운 금융상품의 개발 및 보건·의료부문을 중심으로 다양한 실버산업의 활성화를 유도하여야 할 것이다.

5 수렴현상

저소득 국가들이 선진국보다 빨리 성장하여 결국은 소득수준이 비슷해지는 현상을 수렴현상(convergence)이라고 한다. 경제성장 연구에서 중요한 주제 중 하나는 과연 이러한 수렴현상이 실제로 벌어지는가 하는 것이다. 다시 말하면 국가간의 일인당 소득격차가 시간이 가면서 줄어드는 현상이 발생하느냐 하는 것이다. 솔로우모형에 의하면 일인당 자본(k)이 축적되면서 한 경제의 성장률이 점점 낮아진다는 것을 보았다. 또한 일인당 자본량이 낮은 경제일수록 한계생산성이 높고 따라서 경제성장률이 더 높을 것이다. 즉 한 경제가 성장하면서 경제성장률이 점차 낮아진다는 사실과 상대적으로 일인당 소득수준이 낮은 국가의 성장률이 더 높다는 사실, 이 두 가지 사실이 시간이 가면서 국가간 소득격차가 줄어드는 수렴현상을 성립시키는 충분조건이 되는지 생각해보자.

솔로우모형에서 본 것처럼 한 경제가 현재의 자본량수준에서 균제상태의 자본량으로 접근해 가는 과정에 있다고 하자. 저소득국가의 모든 성장여건(저축률, 인구증가율, 감가상각률 등)이 이미 균제상태에 도달한 선진국과 같다면, 이 국가가 앞으로 도달할 수 있는 균제상태의 일인당 자본량이 선진국의 균제상태의 일인당 자본량과 같게 될 것이다. 그러나 각 국가마다 주어진 경제성장 여건이 다르다면 도달할 수 있는 균제상태의 일인당 자본량(k^*)이 같지 않을 수 있다. 따라서 각 국가가 도달할 수 있는 균제상태의 자본량 자체에 큰 차이가 있다면 시간이 가도 서로 다른 균제상태 자본량에 수렴하므로 반드시 일인당 자본량과 소득의 수렴이 발생하는 것은 아니다. 즉 모든 국가들의 일인당 소득이 같아지는 절대적 수렴(absolute convergence)이 나타나는 것이 아니고 주어진 조건하에서 일인당 소득의 조건부 수렴(conditional convergence)이 일어나게 되는 것을 알 수 있다.

절대적 수렴과 조건부 수렴

절대적 수렴이란 시간이 지나면서 반드시 국가간 소득격차가 줄어든다는 것이다. 반면에 조건부 수렴이라는 것은 일정한 조건하에서만 국가 간의 소득격차가 줄어드는 수렴이 발생한다는 것이다. 즉 비슷한 조건을 갖춘(비슷한 균제상태로 가는) 국가들 사이에서만 소득의 수렴이 발생한다는 것이다.

〈그림 6-12〉는 절대적 수렴을 보여주는 그림이다. 일인당 자본량에 차이($k_2 > k_1$)가 있는 선진국(k_2)과 후진국(k_1)이 동일한 균제상태수준의 일인당 자본량(k^*)을 갖는다면, 시간이 지나면서 점차 일인당 자본량의 격차는 줄어들고 두 국가간의 소득격차가 줄어들 것이라는 것을 알 수 있다.

그러나 솔로우모형에 의하면 절대적 수렴이 아닌 조건부 수렴이 발생한다. 〈그림 6-13〉은 조건부 수렴과정을 보여주고 있다. 국가마다 인구증가율과 감가상각률, 저축률이 다르기 때문에 모든 국가들이 하나의 이동경로를 따라 움직이지 않는다. 즉 각 국가의 주어진 경제변수인 저축률(s_1, s_2), 인구증가율(n_1, n_2), 감가상각률(δ_1, δ_2)에 의해 균제상태가 각각 결정됨을 볼 수 있다. 두 국가의 경제변수들의 값이 같을 경우에만 같은 수준의 균제상태의 일인당 자본량을 가질 수 있는 것이다. 따라서 모든 나라가 같은 일인당 소득수준으로 수렴하는 것이 아니다. 예를 들어 동아시아의 국가들의 경우는 저축률(s)이 높고 인구증가율(n)이 낮다고 한다면 〈그림 6-13〉에서 위에 위치한 선으로 나타나는 성장경로를 따라 성장할 것이다. 따라서 더 빨리 성장하여 더 높은 균제상태에 도달하여 선진국을 따라잡을 수 있을 것이다. 반면에 아프리카 국가들은 동아시아 국가들과 동일한 경제여건을 가졌다고

그림 6-12
절대적 수렴

왼쪽의 그림은 절대적 수렴이 발생하는 경우를 보여준다. 더 많은 일인당 자본량을 가진 선진국(k_2)과 후진국(k_1)이 동일한 균제상태수준의 일인당 자본량(k^*)을 갖는다면 시간이 지나면서 점차 일인당 자본량의 격차는 줄어들고 두 국가간의 소득격차가 줄어들 것이다.

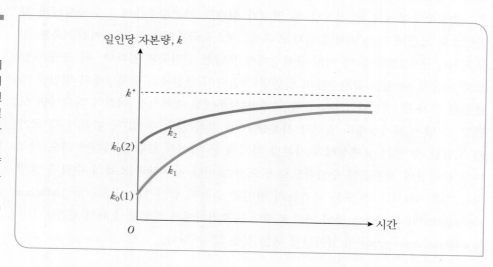

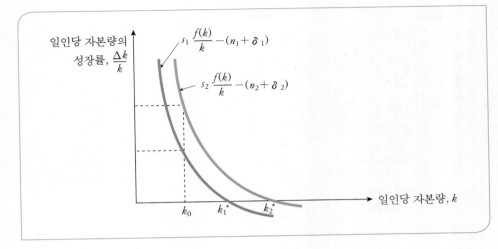

그림 6-13
조건부 수렴

각 국가의 주어진 경제변수인 저축률(s_1, s_2), 인구증가율(n_1, n_2), 감가상각률(δ_1, δ_2)에 의해 균제상태가 각각 결정되며 이렇게 결정된 서로 다른 균제상태로 조건부 수렴현상이 나타난다.

할 수 없고 이에 따라 동일한 균제상태로 수렴할 것이라고 말할 수 없다.

   현실에서 과연 후진국과 선진국간의 일인당 소득격차가 시간이 가면서 줄어드는 수렴현상이 나타나고 있는지 국가간 자료들을 이용한 실증적인 분석결과를 살펴보자. 우선, 〈그림 6-14〉를 보면 OECD 국가들을 통해서 실증 분석한 결과 초기 일인당 소득수준이 낮은 국가일수록 일인당 소득의 성장률이 높음을 볼 수 있다. 이는 OECD국가들 간에 절대적 수렴현상이 존재한다고 할 수 있으나 조건부 수렴의 증거로도 해석할 수 있다. OECD 국가는 20세기에 조직된 선진국 그룹이다. 즉

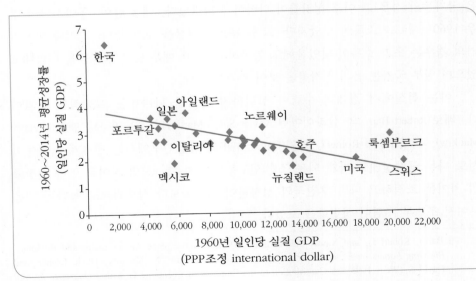

그림 6-14
초기 일인당 소득과 평균 성장률(OECD 국가들, 1960~2014년)

자료: The Penn World Table 9.0(2015)

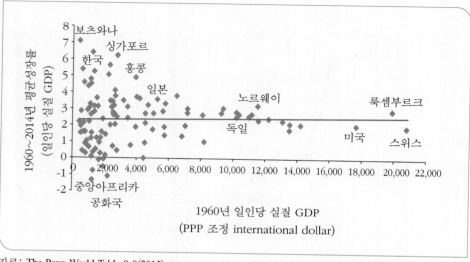

자료: The Penn World Table 9.0(2015)

이미 경제성장을 상당히 이룬 국가들이기 때문에 후진국이 배제되어 있다. 그러므로 OECD 국가들은 비교적 비슷한 경제 여건(인구증가율, 저축률 등)을 갖춘 것으로 생각할 수 있고 이에 따라 비슷한 수준의 균제상태로 수렴하는 조건부 수렴을 지지한다고 볼 수 있다. 이는 솔로우모형을 지지하는 증거이다.

이번에는 전세계의 111개 국가를 대상으로 위와 동일한 분석을 해보았다. 〈그림 6–15〉는 이를 나타낸 것이다. 1960년을 초기시점으로 볼 때 일인당 소득이 낮은 국가들의 경우 그 이후 성장률이 다양하게 나타났다. 예를 들어, 동아시아의 경우 1960년대 초기소득이 낮았지만 그 후 높은 성장률을 보여 준다. 그러나 아프리카의 경우는 초기 소득이 낮았음에도 불구하고 그 후 매우 낮은 성장률을 나타내고 있으며 일부 국가는 음의 성장률을 보여 주기도 했다.

이는 현실에서 절대적 수렴이 성립하지 않음을 나타내는 실증적인 결과이다. 배로(Robert Barro)와 살라이마틴(Xavier Sala-i-Martin)의 공동연구와 맨큐(Gregory Mankiw), 로머(David Romer), 와일(David Weil)의 공동연구에서는 전세계 국가들이 서로 다른 균제상태로 가게 되는 조건(인구증가율, 저축률 등)의 차이로 인한 성장률의 차이를 조정하고 나면 후진국의 성장률이 선진국보다 상대적으로 높다는 것을 보여서 조건부 수렴이 성립함을 보였다.[15]

15 Barro, Robert J., and Xavier Sala-i-Martin. 1992. "Convergence Across States and Regions." *Brooking Papers on Economic Activity*, 1: 107-182; Mankiw, N. Gregory, David Romer, and David N. Weil. 1993. "A Contribution to the Empirics of Economic Growth." *Quarterly Journal of Economics*, 107(2): 407-437.

6 자본축적의 황금률

어느 수준의 균제상태의 자본량이 최적인가? 혹은 최적의 자본축적을 가져오는 저축률 수준은 얼마인가? 라는 질문을 생각해 보자. 우리는 앞에서 균제상태에 대해서 알아보았고, 균제상태에서 어떠한 일이 일어나는지 그리고 이동경로상에서 어떠한 일이 발생하는지 살펴보았다. 한 경제가 자본축적을 통해 균제상태에 도달할 때를 생각해보자. 이때 저축률을 높이면 균제상태에서 더 높은 일인당 자본량(k^*)수준을 달성하며 더 높은 수준의 일인당 소득을 누린다는 것을 보았다. 그렇다면 저축률을 가능한 한 높여야 되는 것이 아닌가라는 의문을 던질 수 있다. 실제로 균제상태에 도달했을 때 1,000만원의 소득보다 2,000만원의 소득이 더 낫지 않은가라는 생각을 할 수 있다. 이에 대한 올바른 대답을 제시하기 위해 황금률(golden rule)이라는 개념을 바탕으로 최적의 일인당 자본량이 얼마인지 생각해 보자.

자본축적의 황금률(Golden Rule of Capital Accumulation)이란 모든 사람이 만족하는 최적의 자본축적 상태가 존재하며 이는 균제상태에서 일인당 소비를 극대화하는 상태라는 것이다.[16] 핵심은 '최적'의 상태에서는 자본량 또는 생산량이 더 많을수록 좋은 것이 아니라, 소비수준이 높아야 한다는 것이다.[17] 이에 대해 자세히 살펴보자.

균제상태에 도달하면 일인당 소득의 변화는 없게 된다. 그렇다면 균제상태에 도달했을 때 어떤 조건이 만족되어야 황금률이라고 할 수 있을까? 우선, 일인당 소득이 높을수록 좋다고 생각할 수 있지만 그것만을 기준으로 하는 것은 부족하다. 일을 하여 소득을 얻는 경제활동의 궁극적인 목적은 소득 그 자체보다는 그를 통해 소비를 하기 위한 것이라고 할 수 있다. 또한 저축만으로는 개인의 효용을 극대화할 수 없다. 예를 들어 평생 저축만하다가 죽기 전에 수십억의 저축금액만을 보고 행복해 할 사람은 없을 것이다. 효용은 소득을 벌어서 축적하는 행위 그 자체에서 오는 것이 아니라, 소비에서 오는 것이기 때문이다. 이런 관점에서 보면 저축 역시 미래의 소비를 위해서 한다고 볼 수 있다. 그렇기 때문에 균제상태에서 가장 많은 소비를 할 때 가장 행복하다고 할 수 있다.

논의의 편의를 위해 모든 개인의 만족을 극대화시키고자 하는 선의의 사회계획자(social planner)를 가정하자. 그가 존재한다면, 균제 상태에서 모든 개인의 만족을 극대화할 수 있는, 즉 소비수준을 극대화할 수 있는 특정 저축 수준을 찾는 것이

---

16 Phelps, Edmund. 1961. "The Golden Rule of Accumulation: A Fable for Growthmen." *American Economic Review*, 51(4): 638-643.
17 소비자들간의 분배의 문제가 남아 있기는 하나, 여기서는 고려하지 않고 평균적인 소비수준만을 고려한다.

그의 목표가 될 것이다. 이 저축률의 달성이 황금률이라고 할 수 있다. 황금률의 조건을 통해 최적의 저축률 수준을 도출해 보자.

황금률의 자본축적량(k_g^*)

균제상태에서 소비를 극대화하는 황금률의 조건은 무엇인가? 황금률의 조건은 균제상태에서 다음이 만족됨을 의미한다.

$$MPK \quad = \quad n \quad + \quad \delta$$

자본의 한계생산물 = 인구증가율 + 감가상각률

위의 식을 고쳐 쓰면

$$n \quad = \quad MPK \quad - \quad \delta \quad \equiv \quad r$$

인구증가율 = 자본의 한계생산물 - 감가상각률 ≡ 실질이자율

이 된다.[18] 즉, 실질이자율이 인구증가율과 같을 때 황금률이 달성된다. 그렇다면 왜 '자본의 한계생산물 = 인구증가율 + 감가상각률'인 황금률의 조건이 도출되었을까? 〈그림 6-16〉을 통해 알아보자.

〈그림 6-16〉에서는 k^*의 일인당 자본량수준에서 가상으로 균제상태를 설정하였다. 이제 k^*의 자본량 수준에서 황금률이 성립하는지를 알아보기 위해서 A점에서의 일인당 소비의 수준을 생각해보자. 소비수준은 소득에서 저축을 뺀 것이기 때문에 아래와 같이 쓸 수 있다.

$$c^* = y^* - sy^* = f(k^*) - sf(k^*)$$

이 균제상태의 일인당 자본량이 황금률에 해당하는지를 보기 위하여 다른 균

---

18 실질이자율은 왜 자본의 한계생산물에서 감가상각률을 뺀 값과 동일한가? 자본재 1단위를 1원에 구입하여 1년을 보유하는 경우를 생각해보자. 이때 비용은 $1+r$이고, 수익은 $1+MPK-\delta$로 표현할 수 있다. 여기서 r은 실질이자율, MPK는 자본의 한계생산물, δ는 감가상각률을 나타낸다. 예를 들어 돈을 빌려서 자본재인 사과나무 1단위를 1원의 가격으로 산다고 생각하자. 비용은 자본재 1단위 구입비용에 이자를 더한 것으로 $1+r$ 이 된다. 수익은 그대로 남아 있는 사과나무 1단위에 사과나무 1단위가 1년 동안 생산한 사과, 즉 MPK를 더한 것으로 $1+MPK$가 될 것이다. 하지만 1년 동안 자본재의 감가상각이 일어난다면 이를 추가적으로 고려해야 한다. 사과나무의 경우 가지가 부러지기도 하고 점점 늙어가면서 가치가 하락한다. 이러한 가치하락 즉 감가상각을 보전해 주지 않으면 결국 미래에는 사과나무가 사라져 사과생산을 전혀 하지 못할 것이다. 따라서 수익 중에서 일부분은 감가상각을 보전하는 데 사용해야 한다. 결국 순수익은 감가상각분을 제한 $1+MPK-\delta$가 된다. 균형에서는 비용과 수익이 같아야 한다($\therefore 1+r=1+MPK-\delta$). 따라서 최종적으로 $r=MPK-\delta$가 성립한다.

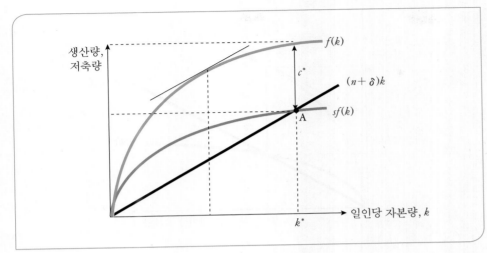

그림 6-16
황금률의 자본축적량(1)

균제상태에서의 일인당 자본
량 수준(k^*)에서 황금률이 성
립하는지를 알아보기 위해서
는 A점에서의 일인당 소비수
준을 보면 된다. 소비수준은
소득에서 저축을 뺀 것이므로
그림에서 c^*로 표현되었다.

제상태의 소비를 찾아서 현재 균제상태의 소비수준(c^*)과 비교해 보아야 한다. 다른
균제상태를 찾기 위해 저축률을 변화시켜 보자. 〈그림 6-16〉에서 저축률을 조정하
면 균제상태에서의 소비수준은 저축률에 따라 달라질 것이다. 그렇다면 저축률(s)을
어떻게 변화시킬 때 균제상태에서 소비(c^*)가 가장 많고 황금률이 성립할 것인가?

　〈그림 6-16〉에서 균제상태는 $sf(k)$ 곡선과 $(n+\delta)k$ 직선이 만나는 점으로 표현
된다. 따라서 균제상태에서의 소비수준은 그래프에서 $f(k)$와 $(n+\delta)k$의 차이만큼이다.

　균제상태에서는 항상 $sf(k)$ 곡선과 $(n+\delta)k$ 직선이 만나기 때문에 균제상태에
서 소비 수준이 가장 높은 점은 $f(k)$와 $(n+\delta)k$ 사이의 거리가 가장 먼 점을 찾으면
된다. 직관적으로 $(n+\delta)k$의 기울기와 $f(k)$의 기울기가 같다면 두 기울기가 서로 평
행하기 때문에 $f'(k)$와 $(n+\delta)k$ 사이의 거리가 가장 멀다. 다시 말해서 $(n+\delta)k$선을
평행으로 이동시켜 $f(k)$와 접하는 수준에서 균제상태가 된다면 일인당 소비수준이
극대화되는 것이다. 그때의 균제상태 자본량이 황금률을 만족하는 자본량이다. 또
한 그때의 자본량을 균제상태로 만드는 저축률을 구함으로써 황금률을 만족시키기
위한 저축률을 찾을 수 있다. 〈그림 6-17〉은 황금률을 만족하는 균제상태의 일인
당 자본량을 나타낸 것이다. 그림에서 s_g는 황금률을 만족시키는 저축률이 된다.

　〈그림 6-17〉에서 위의 접선 기울기와 밑의 직선의 기울기가 일치하는 것을
볼 수 있다. 접선의 기울기는 그 점에서의 자본의 한 단위 변화에 대한 생산량의 변
화로 $f'(k_g^*)$로 나타낼 수 있는데 이는 곧 자본의 한계생산물(MPK)이다.[19] 이때 황금

---

19 $MPK = \dfrac{\Delta F(K, L)}{\Delta K} = \dfrac{L \cdot \Delta F\left(\dfrac{K}{L}, 1\right)}{\Delta K} = L \cdot \dfrac{\Delta F\left(\dfrac{K}{L}, 1\right)}{\Delta\left(\dfrac{K}{L}\right)} \cdot \dfrac{\Delta\left(\dfrac{K}{L}\right)}{\Delta K} = L \cdot \dfrac{\Delta f(k)}{\Delta k} \cdot \dfrac{1}{L} = \dfrac{\Delta f(k)}{\Delta k} = f'(k)$

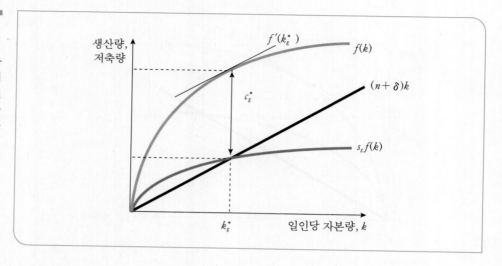

률 수준의 일인당 자본축적(k_g^*)이 달성된다. 위에서 살펴본 바와 같이 접선은 $(n+\delta)$ k와 평행하게 된다. 따라서 자본의 한계생산물은 인구증가율에 감가상각률을 더한 값과 같아지게 된다.

황금률 조건의 수학적 풀이

　　황금률이 성립하는 균제상태의 자본량을 수학적으로 구해보자.

　　균제상태의 조건　　　　　　　: $\Delta k = sf(k^*) - (n+\delta)k^* = 0$
　　균제상태에서 일인당 소비수준: $c^* = y^* - sy^* = f(k^*) - sf(k^*)$

위 두 식을 연립하여 쓰면 다음과 같다.

$$c^* = f(k^*) - (n+\delta)k^*$$

균제상태에서 일인당 소비를 극대화하는 극대화 조건[20]을 쓰면

$$\frac{dc^*}{dk^*} = 0$$

그러므로 $f'(k_g^*) = n + \delta$

---

20 c를 극대화하기 위해서는 c를 k로 미분한 값이 0이어야 한다.

시 사 점

　　솔로우모형에서는 저축률이 외생적으로 주어져 있기 때문에 황금률의 자본축적이 반드시 달성된다는 보장이 없다. 예를 들어 저축률이 황금률수준의 저축률보다 높은 경우($s > s_g$) 균제상태의 일인당 자본량이 황금률수준의 자본량보다 많게 되어($k^* > k_g^*$) 경제는 과잉 저축(투자)으로 최적 소비수준을 달성하지 못한다($c^* < c_g^*$). 이 경우는 경제내의 저축률을 낮추는 것이 바람직할 것이다. 왜냐하면 현재 저축률이 너무 높은 경우 자본이 너무 많이 축적되어 이를 유지하기 위해 필요한 감가상각이 증가하기 때문이다. 따라서 균제상태에서 감가상각을 보전하기 위한 저축이 증가해야 하므로 소비는 감소하게 된다. 저축을 줄이는 것이 현재소비를 증가시킬 뿐 아니라 균제상태에서의 소비도 증가시킨다.

　　반대로 저축률이 황금률의 저축률보다 낮은 경우($s < s_g$) 경제에서는 과소저축(투자)이 발생하고($k^* < k_g^*$) 최적소비수준을 달성하지 못한다($c^* < c_g^*$). 그렇다면 이때는 저축률을 높여서 황금률수준의 최적소비를 달성하면 되는 것일까? 그러나 이것이 꼭 바람직하다고는 할 수 없다. 예를 들어 황금률 수준보다 저축률이 낮은 경제를 생각해 보자. 이 경제에서 황금률을 달성하기 위해서는 현재의 소비를 줄이고 저축을 늘려야 한다. 즉 미래의 소비를 늘리기 위해서 현재의 소비를 희생해야 한다. 그런데 만약 경제주체들이 미래보다 현재를 중시한다고 하면 지금의 소비를 줄이는 것이 오히려 효용의 감소를 가져올 수 있다. 그러므로 무조건 황금률을 달성하는 것이 꼭 바람직한 것은 아니다.

　　저축률이 황금률수준의 저축률보다 높은 경우에는 저축을 줄이면서 현재소비를 늘리고 미래소비도 늘어나기 때문에 당연히 좋다고 할 수 있다. 그러나 반대의 경우에는 미래소비를 늘리기 위해서 현재 소비를 줄이는 희생을 감수해야 하므로 꼭 좋은 것이 아니다. 만약 저축률이 민간의 후생을 극대화하는 최적수준으로 결정된다면 이러한 모형에서는 반드시 황금률이 달성된다.[21]

---

21 위 명제의 증명은 수학적으로 복잡하기에 여기에서 다루지 않는다. 램지(Frank Ramsey), 카스(David Cass), 쿠프만(Tjalling Koopmans) 등의 신고전학파 최적성장모형에서는 솔로우모형에서처럼 저축률(투자율)이 고정되어 있지 않고 가계가 저축률을 최적으로 조정하여 항상 황금률이 달성된다.

사례 연구

국가간 투자율과 일인당 소득: 저축의 내생성

솔로우모형에 따르면 저축률의 증가는 균제상태에서의 소득증가로 이어진다. 과연 현실에서도 저축률과 소득 사이에 이러한 인과관계가 성립하는가? 아래 그림은 전세계 81개국의 2010년부터 2014년까지의 평균 투자율과 1인당 소득의 관계를 산포도(scatter plot)로 나타낸 것이다. 폐쇄경제의 가정에서 투자율이 저축률과 같았음을 기억하자. 그림에서 각 국가의 평균 투자율이 높을수록 국민소득 또한 높음을 볼 수 있다. 즉 두 변수 간에는 양의 상관관계(positive correlation)가 있음을 확인할 수 있다.

그러나 그림에서 보이는 상관관계가 두 변수간의 인과관계(causality)를 시사하는 것은 아니다. 즉 이를 보고 '투자율이 높기 때문에 소득이 높다'라고 항상 이야기 할 수 있는 것은 아니다. 왜냐하면 투자율과 일인당 소득 간의 상관관계를 이끌어 낼 수 있는 다른 경우들이 있기 때문이다. 첫째, 투자율과 국민소득 두 변수에 동시에 영

향을 미치는 제3의 변수(누락변수, omitted variable)가 있는 경우를 생각할 수 있다. 예를 들어, 금융제도의 발전과 같이 일인당 소득 수준과 평균 투자율에 동시에 영향을 줄 수 있는 제3의 변수가 존재한다면, 두 변수 간에 직접적인 인과관계가 성립하지 않더라도 상관관계가 나타날 수 있다.

둘째, 투자율과 소득 간의 역의 인과관계(reverse causality)가 있는 경우이다. 즉 투자율이 높기 때문에 소득이 높은 것이 아니라 소득이 높기 때문에 투자율이 높은 것일 수 있다. 예를 들어 소득이 적은 사람은 자신의 소득을 기초생계보장을 위해 모두 소비하기 때문에 저축을 할 여력이 없다. 이러한 역의 인과관계가 있다면 저축률이 모형 밖에서 외생적으로 주어지는 외생변수(exogenous variable)라는 앞서의 가정이 깨지게 되고, 저축률은 모형 내에서 결정되는 내생변수(endogenous variable)가 된다.

그림 6-18
국가간 투자율과 일인당 소득의 관계(2010~2014년)

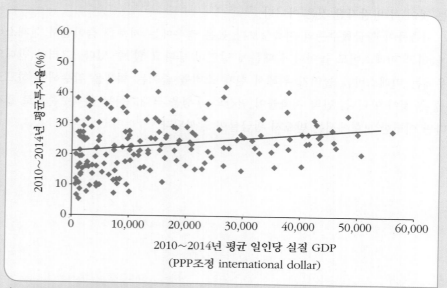

자료: The Penn World Table 9.0(2015)

외생적 기술진보가 있는 솔로우 성장모형

3

앞에서 단순한 솔로우모형을 분석하면서 기술수준(총요소생산성)이 일정한 수준으로 주어져 있다고 가정하였다. 그러나 지금부터는 기술이 일정한 속도로 발전한다는 가정하에서 모형을 설정할 것이다. 만약에 기술수준이 주어진 것이 아니라 시간이 가면서 진보한다면 어떻게 될 것인지 살펴보자.

외생적 기술진보율: $g \equiv \dfrac{\Delta A}{A}$

여기서 외생적 기술진보율(g)은 일정하게 주어진다. 기술진보의 형태에 따라 생산함수를 다음과 같이 표현할 수 있다.

중립적(neutral) 기술진보모형: $Y = AF(K, L)$
노동증대형(확장형)(labor-augmenting) 기술진보모형: $Y = F(K, AL)$

우선, 중립적 기술진보모형의 경우 기술진보가 노동(L)과 자본(K) 모두의 효율성에 영향을 준다는 것이다. 한편, 노동증대형 기술진보모형의 경우 기술진보는 주로 노동의 효율성을 높여 생산량(Y)에 영향을 미친다는 것이다. 즉 노동증대형 기술진보가 있는 경우 노동자가 주어진 노동시간하에서 효율성의 증대로 인해 더 많은 생산을 해 낸다는 것이다.

두 기술 진보모형에서 분석의 주요 결과가 크게 다르지 않으므로 좀더 분석이 간편한 노동증대형 기술진보의 경우를 가정하자. 노동증대형 기술진보모형에서는 A와 L이 곱해진 상태로 생산요소의 역할을 하므로 AL을 새로운 노동력 측정치라고 생각할 수 있다. 이 경우 A가 증가함에 따라 노동력의 효율성이 증가한다고 간주할 수 있다. 따라서 AL을 노동자의 효율성까지 감안한 노동력 단위, 즉 유효노동력(effective labor)이라고 부른다. 이제 분석을 위해 생산함수를 유효노동력 한 단위당 생산량으로 표현하자.

$$\frac{Y}{AL} = F\left(\frac{K}{AL}, 1\right)$$
$$\hat{y} = f(\hat{k})$$

여기서 $\hat{y}\left(=\dfrac{Y}{AL}\right)$은 유효노동력당 생산량, $\hat{k}\left(=\dfrac{K}{AL}\right)$은 유효노동력당 자본량이다. 이러한 변화는 앞으로의 분석을 매우 편리하게 해 준다.

자본축적식

이제 자본축적식도 유효노동력당 자본량으로 표현해 보자. 유효노동력당 자본량, $\hat{k}=\dfrac{K}{AL}=\dfrac{k}{A}$의 성장률은 분자인 k의 성장률에서 분모인 A의 성장률을 뺀 것과 같다는 사실을 이용하면,

$$\frac{\Delta\hat{k}}{\hat{k}} = \frac{\Delta k}{k} - \frac{\Delta A}{A} = \frac{\Delta k}{k} - g$$

앞에서 자본축적식을 통한 일인당 자본량의 성장률은 다음과 같고,[22]

$$\frac{\Delta k}{k} = \frac{sf(k)-(\delta+n)k}{k} = \frac{sf(k)}{k}-\delta-n = s\frac{f(\hat{k})}{\hat{k}}-\delta-n$$

이 두 식을 합쳐 정리하면,

$$\frac{\Delta\hat{k}}{\hat{k}} = s\frac{f(\hat{k})}{\hat{k}}-\delta-n-g$$

$$\Delta\hat{k} = sf(\hat{k})-(n+\delta+g)\hat{k}$$

가 된다. 위의 자본축적식에서 보면, 유효노동력당 저축에서 $(n+\delta+g)\hat{k}$만큼을 제하고 남은 저축량만큼 신규로 유효노동력당 자본량이 늘어난다. $(n+\delta+g)\hat{k}$는 기존의 유효노동력당 자본량을 유지하기 위해 필요한 자본량인 것이다. 인구증가율(n)과 감가상각률(δ)에 대한 자본 배분이 필요한 이유는 이미 기술진보가 없는 경우에 설명하였다. 이제 기술진보가 생김에 따라 기술진보율(g)에 해당하는 자본배분 $g\hat{k}$항이 추가적으로 필요하다. 그 이유는 기술수준이 높아지면서 A가 증가하면 유효노동력이 증가하는데, 이때 자본량이 변하지 않으면 유효노동력당 자본이 감소하기 때문이다.

$$A\uparrow\Rightarrow\hat{k}=\frac{K}{AL}\downarrow$$

---

22 식의 도출은 다음을 이용한다 : $s\dfrac{f(k)}{A}=sf(\hat{k})$, $\dfrac{k}{A}=\hat{k}$.

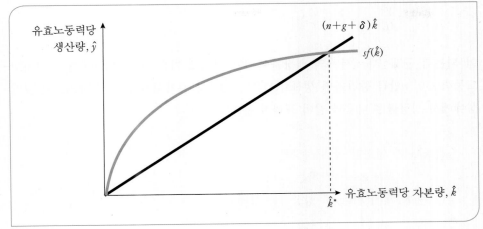

그림 6-19
균제상태에서
유효노동력당 자본량의 결정

균제상태에서는 유효노동력당 자본의 변화가 0이 되고($\triangle \hat{k}=$ 0) 이에 따라 균제상태는 $sf(\hat{k})=(n+\delta+g)\hat{k}$ 가 성립하는 $\hat{k}^*$ 에서 결정된다.

즉, 노동생산성이 증가하면, 이에 따라 노동자 한 명이 더 많은 자본과 결합해야 유효노동력당 자본량이 일정해지는 것이다.

그러면 이 자본축적식에서 균제상태가 어떻게 결정되는지 알아보자. 균제상태에서는 유효노동력당 자본의 변화가 0이 되고($\triangle \hat{k}=0$) 이를 위 자본축적식에 대입하면 다음과 같다.

$$sf(\hat{k}) \ = \ (n+\delta+g)\hat{k}$$

그런데 왜 특별히 유효노동력당 자본량($\hat{k}$)으로 바꾸어서 분석을 하는가? 그 이유는 균제상태를 찾기 위해서이다. 기술진보가 없는 솔로우모형처럼 일인당 자본량(k)을 쓰지 않는 이유는 기술수준(A)이 변화하기 때문이다. 만약 기술진보가 일어나는 경우도 노동력(L)으로만 생산함수를 나누어 일인당 자본량($k\equiv\frac{K}{L}$)의 관점에서 생산함수를 써보면 $\frac{Y}{L}=F\left(A, \frac{K}{L}\right)$이 된다. 이때 기술수준 A가 계속 증가하므로 일인당 생산량이 계속 늘어나기 때문에 노동력(L)으로만 나눠서는 이 모형의 균제상태를 찾아서 분석하기가 어렵다. 하지만 유효노동력(AL)으로 나눠서 분석하면 위의 식을 통해 균제상태를 찾을 수 있다. 유효노동력(AL)으로 나눈 이유는 바로 여기에 있다. 〈그림 6-19〉는 균제상태의 결정을 그림으로 표현한 것이다.

균제상태에서 $\hat{k}$가 고정되어 있으므로 기술수준(A)이나 노동력(L)의 증가가 있다면 자본량(K) 역시 그 만큼 증가해야 한다. 이를테면, 기술수준(A)은 g의 성장률로 증가하고, 노동력(L)은 n의 성장률로 증가하면 자본량(K)은 $n+g$ 만큼의 성장률로 증가해야 한다.[23] 이를 식으로 표현해보면

---

23 기술수준(A)은 $1+g$로 증가하고, 노동력(L)은 $1+n$으로 증가하기 때문에 자본량(K)은 $(1+n)(1+g)$로 증가하게 되나 여기서 ng는 매우 작기 때문에 무시하면 자본량은 약 $1+n+g$ 만큼 증가해야 한다.

$$\hat{y} \equiv \frac{Y}{AL} = \frac{1}{A} \frac{Y}{L}$$

이 되는데 균제상태에서 $\hat{y}$의 성장률이 0이 되므로 기술수준(A)이 g만큼 증가하고 노동력(L)이 n만큼 증가하면 생산량(Y)은 $n+g$만큼 증가해야 한다.[24] 그러므로 균제 상태에서 성장률은 다음과 같이 표현할 수 있다.

> $\hat{k}$, $\hat{y}$가 일정한 상태(성장률=0)
> $\Leftrightarrow k$, y가 g로 성장하는 상태
> $\Leftrightarrow K$, Y가 $n+g$로 성장하는 상태

그러므로 외생적인 기술진보율이 양의 값을 갖는 경제에서는 균제상태에서도 총자본과 총생산이 인구증가율(n)을 넘어서 외생적 기술진보율(g)만큼의 추가적인 성장이 일어난다. 이는 기술진보가 계속된다면 지속적인 성장을 할 수 있다는 것을 의미한다. 기술진보가 없는 솔로우모형에서 보았던 중요한 사실은 경제성장률이 결국 인구증가율(n)과 같아질 것이라는 것이었다. 그러나 기술진보를 고려하면 노동자 수가 늘어나지 않더라도 기술진보를 통해서도 유효노동력이 증가한다. 즉 유효노동력의 증가는 노동자 증가와 기술진보 양자를 통해 이루어지므로 노동자 증가와 기술진보를 모두 고려하여 계산한 $n+g$만큼의 성장이 가능하다는 것이다.

또 하나 강조할 점은 기술진보가 있을 때는 일인당 생산량이 영원히 성장한다는 사실이다. 인구만이 증가할 경우에는 생산과 인구가 모두 n의 증가율로 증가하기 때문에 균제상태에서 일인당 생산은 변함이 없다. 하지만 기술진보가 있을 때는 일인당 생산량(y)이 균제상태에서 g의 성장률로 영원히 증가한다. 일인당 생산량의 성장이야말로 보다 의미있는 성장이라 볼 수 있다. 왜냐하면 일인당 생산량의 성장은 개인의 경제수준이 향상되는 것과 직결되기 때문이다. 결국 기술진보야말로 솔로우 성장모형에서 성장을 가져오는 핵심적 역할을 한다.

저축률(s) 증가의 효과

저축률이 증가하면 어떻게 될 것인가? 저축률의 증가는 〈그림 6-20〉과 같이 균제상태에서 일인당 자본량과 소득을 증가시킨다($\hat{k}_1^* < \hat{k}_2^* \Leftrightarrow k_1 < k_2$). 또한 저축률의 증가는 균제상태로 이행하는 과정에서 일인당 성장률을 증가시킨다. 그러나 장기적

---

24 $\dfrac{\Delta \hat{y}}{\hat{y}} = \dfrac{\Delta y}{y} - \dfrac{\Delta A}{A} = \dfrac{\Delta Y}{Y} - \dfrac{\Delta L}{L} - \dfrac{\Delta A}{A}$

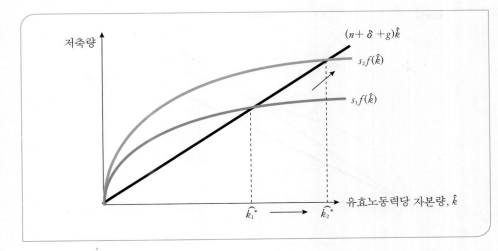

그림 6-20
저축률 증가의 효과

저축률의 증가는 균제상태에서 일인당 자본량과 소득을 증가시킨다. 또한 저축률의 증가는 균제상태로 이행하는 과정에서 일인당 성장률을 증가시킨다. 그러나 장기적으로 보면 저축률의 증가는 성장률에 영향을 주지 못한다.

으로 보면 저축률의 증가는 성장에 영향을 주지 못한다. 왜냐하면 모든 경제는 결국 균제상태에 도달하게 되는데 균제상태에서는 저축률이 증가해도 유효노동력당 자본량과 소득의 성장률이 0이고 일정한 수준으로 유지되기 때문이다. 그러므로 저축률이 증가해도 균제상태에서의 성장률은 변화가 없다.

기술진보율(g) 상승의 효과

기술진보율의 상승으로 균제상태에서의 유효노동력당 자본과 소득은 감소하게 된다. 〈그림 6-21〉은 기술진보율의 상승으로 균제상태에서 유효노동력당 자본량이 감소하는 것을 보여주고 있다. 그러나 일인당 자본량(k), 일인당 소득(y)은 증가하고 있음을 명심하자. 여기서 유효노동력당 자본($\hat{k}$)이 줄어드는 것은 이 변수의 분모에 들어가 있는 기술수준 A가 높아졌기 때문이다. 반면에 일인당 자본의 경우 $k = \hat{k} \times A$에서 유효노동력당 자본($\hat{k}$)은 줄어들었고 기술수준(A)은 높아져 어떻게 변화하는지 모호해 보인다. 하지만 유효노동력당 자본량($\hat{k}$)은 새로운 균제상태로 한번 감소한 후에는 더 이상 변하지 않는 반면에 기술수준(A)은 영구적으로 증가하기 때문에 일인당 자본량(k)과 소득(y)은 증가하게 된다. 기술진보율은 시간에 대한 승수 형태로 기술수준을 변화시키므로 기술수준(A)이 증가하는 과정에서 영구적으로 작용하기 때문이다.[25]

이제 외생적인 기술진보율의 상승($g_2 > g_1$)에 따른 성장률 변화를 살펴보자. 균제상태에서 유효노동력당 자본량($\hat{k}$)과 소득($\hat{y}$)의 성장률은 0으로 변함이 없다는 것

---

[25] 즉 기술수준의 변화는 $A_t = A_0(1+g)^t$로 표현할 수 있는데 여기서 기술진보율의 증가($g_1 < g_2$)로 $A_t = A_0(1+g_2)^t$로 변화한다.

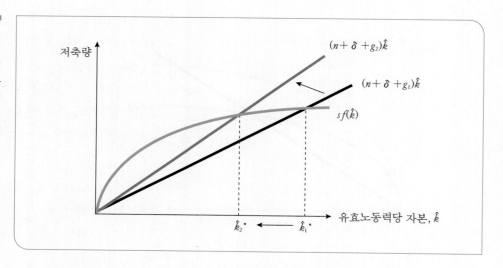

그림 6–21

기술진보율 상승의 효과

기술진보율의 상승으로 균제상태에서의 유효노동력당 자본과 소득은 감소하게 된다. 그러나 일인당 자본량(k), 일인당 소득(y)은 증가하게 된다. 균제상태에서 유효노동력당 자본량($\hat{k}$)과 소득($\hat{y}$)의 성장률은 0으로 변함이 없지만 일인당 자본량(k)과 소득(y)의 성장률은 g_2가 되고 전체 자본량(K)과 소득(Y)의 성장률은 $n+g_2$로 예전에 비해 증가하게 된다.

을 알고 있다. 그러나 일인당 자본량(k)과 소득(y)의 성장률은 g_2가 되고 전체 자본량(K)과 소득(Y)의 성장률은 $n+g_2$로 예전에 비해 증가하게 된다. 그러므로 한 경제의 성장에서 신기술의 개발로 외생적인 기술진보율이 g_1에서 g_2로 상승하면 균제상태에서의 경제성장률도 그만큼 상승한다.

기술진보율의 상승은 지금까지 살펴본 인구증가율의 상승이나 저축률의 증가와는 구별되는 매우 중요한 시사점을 갖는다. 즉 인구증가율이나 저축률의 증가는 일인당 소득을 일시적으로만 변화시킬 뿐 새로운 균제상태에 도달하면 더 이상의 성장이 일어나지 않는다. 반면 기술진보는 솔로우 모형에서 일인당 소득이 영구적으로 성장할 수 있는 유일한 이유이며, 균제상태에서의 일인당 소득의 증가율은 기술진보율과 동일하다. 또한 기술진보율이 상승하면 일인당 소득의 증가율도 영구적으로 상승한다. 솔로우모형에서 영구적으로 일인당 소득의 성장률을 높이는 유일한 요인은 기술진보율의 상승뿐인 것이다.

경제성장의 요인 분석 ④

1 솔로우의 성장회계[26]

경제성장(생산량의 증가)에 있어서 기술수준(A), 자본(K), 노동(L)의 기여도가 얼마인가를 알아보는 것이 성장회계(growth accounting)이다. 일반적인 생산함수의 경우 성장회계를 생각해보자.

$$Y = A \cdot F(K, L)$$

생산량의 성장률을 각 요소에 대한 성장률로 표현하면 다음과 같이 나타낼 수 있다.

$$\frac{\Delta Y}{Y} = \frac{\Delta A}{A} + \alpha_K\left(\frac{\Delta K}{K}\right) + \alpha_L\left(\frac{\Delta L}{L}\right)$$

여기서 α_K는 전체 생산을 분배하는 경우 자본의 몫이고 α_L은 노동의 몫이다. 따라서 $\alpha_K\left(\frac{\Delta K}{K}\right)$와 $\alpha_L\left(\frac{\Delta L}{L}\right)$은 자본량과 노동량 증가가 생산량의 증가에 기여하는 각각의 기여도라고 할 수 있다. $\frac{\Delta A}{A}$는 기술진보 또는 총요소생산성의 증가가 기여한 부분이다. 성장회계는 일정 기간에 걸친 생산량의 성장률을 자본, 노동, 기술의 세 가지 요인이 각각 기여한 부분의 합계로 나타내어 준다.

만약 생산함수가 규모에 대한 보수불변(Constant Returns to Scale: CRS)의 성질을 갖는 콥–더글라스(Cobb-Douglas) 함수의 경우라면 노동과 자본의 몫의 합이 1이 되어야 하므로 α를 자본의 몫으로 정의하면 노동의 몫은 $1-\alpha$가 되므로 다음과 같이 성장률을 구성하는 요인을 분해할 수 있다.

$$\frac{\Delta Y}{Y} = \frac{\Delta A}{A} + \alpha\frac{\Delta K}{K} + (1-\alpha)\frac{\Delta L}{L}$$

성장회계 식을 일인당으로 표현하기 위해 양변에서 노동력 증가율을 빼 주면

$$\frac{\Delta Y}{Y} - \frac{\Delta L}{L} = \alpha\left(\frac{\Delta K}{K} - \frac{\Delta L}{L}\right) + \frac{\Delta A}{A}$$

---

26 구체적인 것은 부록 1의 성장회계를 참조하시오.

가 되고 이는 다음과 같이 고쳐 쓸 수 있다.

$$\frac{\Delta y}{y} = \alpha \frac{\Delta k}{k} + \frac{\Delta A}{A}$$

즉, 일인당 소득의 증가율은 자본의 몫에 일인당 자본의 증가율을 곱한 값에 기술진보율을 더하여 표현할 수 있다. 결국 일인당 소득의 증가는 일인당 자본(k)의 축적 또는 기술수준의 증가를 통해 가능하다는 것을 알 수 있다.

　　우리는 성장회계를 통해 경제성장에서 어느 부문이 중요한 역할을 했는지 알 수 있다. 특히 국가별로 경제성장률의 차이가 있는데 그것이 생산요소인 노동과 자본의 축적에 의한 것인지, 총요소생산성의 증가에 의한 것인지 설명할 수 있다. 초기의 성장회계 결과들은 미국을 포함한 선진국에서 생산량 증가의 상당한 부분이 총요소생산성의 증가율에 의해 설명됨을 보이고 있다.[27] 따라서 기술진보율의 차이가 현존하는 성장률의 차이를 가장 잘 설명하는 것으로 받아들여지기도 하였다. 하지만 동아시아 국가의 경우는 기술진보보다는 요소축적이 보다 중요한 역할을 했다는 것이 발견되었다. 이에 대해서는 다음 절에서 자세히 설명할 것이다. 또한 이후 발표되는 후속 연구들에서는 실제로 측정된 총요소생산성 증가의 많은 부분들도 생산요소 축적의 또 하나의 측면, 즉 질적 변화를 고려하지 못했기 때문이라는 지적도 나오고 있다. 예를 들면 노동의 경우 단순한 노동시간의 증가와 같은 양적 측면 외에 노동자의 평균 교육수준의 증가와 같은 질적 측면을 모두 고려해야 한다는 것이다. 생산에 있어 차이를 가져오는 노동자에게 체화(embodied)된 질적인 특성을 인적자본(human capital)이라고 표현하는데 흔히 노동자의 평균 교육수준의 크기로 측정한다.[28] 이때 통상적인 성장회계에서 인적자본의 증가를 따로 측정하여 고려하지 않으면 이러한 생산요소의 질적인 증가가 생산에 기여한 부분이 총요소생산성의 증가로 나타나게 되어 순수한 기술진보가 성장에 기여한 크기를 과대평가할 우려가 있다.

---

27 Solow, Robert M. 1957. "Technical Change and the Aggregate Production Function." *Review of Economics and Statistics*, 39(8): 312-320; Denison, Edward F. 1962. *The Source of Economic Growth in the United States and the Alternatives Before US*. New York: Committee on Economic Development.

28 세계 각 국가의 인구들의 평균 교육수준을 측정하여 인적자본의 크기를 비교한 대표적인 연구로는 Barro, Robert J., and Jong-Wha Lee. 1993. "International Comparisons of Educational Attainment." *Journal of Monetary Economics*, 32: 363-94; Barro, Robert J., and Jong-Wha Lee. 1996. "International Measures of Schooling Years and Schooling Quality." *American Economic Review*, 86: 218-223.

2 성장회계와 동아시아 성장의 한계

영과 크루그만의 비판

　　동아시아가 높은 경제성장률을 보여 주었는데, 그 요인을 분석해보면 기술 발전에 의한 경제성장보다는 요소축적에 의한 경제성장이 대부분이라고 영(Alwyn Young)과 크루그만(Paul Krugman)이 주장하였다.

　　먼저 영은 그의 1995년 논문에서 동아시아 고도성장국가들의 경우 순수한 기술진보가 성장에 기여한 정도가 크지 않다는 결과를 보여 주었다. 〈표 6-4〉는 동아시아 4개국을 대상으로 한 영의 성장회계 분석결과이다. 이에 따르면 동아시아 4개국의 총요소생산성이 경제성장에 기여한 정도가 싱가포르의 경우 2.3%에 지나지 않으며 다른 아시아 국가들도 자본이나 노동의 증가가 경제성장에 기여한 정도에 비해 총요소생산성의 기여도가 상대적으로 낮음을 보여 주고 있다. 또한 총요소생산성의 성장률만 놓고 볼 때 2% 내외의 성장률을 보이며 세계 다른 국가들과 비교해 높지 않은 수치여서 동아시아 국가들의 고도성장이 기술진보나 생산성 증가보다는 생산요소의 축적에 의해 이루어졌다고 주장하였다.

　　이 연구 결과에 기초하여 크루그만은 동아시아 고도성장의 원인에 대하여 동아시아의 경제성장은 땀(perspiration)에 의한 것이지 영감(inspiration)에 의한 것이 아니라고 표현하였다. 즉 생산성의 발전보다는 요소축적에 의한 경제성장임을 강조하였다. 예를 들어 일본이 높은 경제성장을 했을 때 사람들은 일본의 종신 고용, 재벌·금융·정부의 밀접한 관계 등 다른 국가와 다른 효율적인 시스템이 생산성의 발전을 빠르게 하여 높은 경제성장을 가져왔다고 보았다. 그러나 실제로 일본이 저성장을 하고 동아시아가 경제위기를 겪으면서 동아시아 경제성장의 원동력은 총요소생산성의 증가가 아니며 요소축적에 의한 경제성장이라는 주장이 제기되었다. 그로

(연평균성장률, 기여분 %)

	평균 GDP 성장률 (1966-1990)	생산요소의 기여분		
		자 본	노 동	총요소생산(TFP)
한 국	10.3(100%)	4.1(39.6%)	4.5(43.8%)	1.7(16.6%)
홍 콩	7.3(100%)	3.0(40.8%)	2.0(27.6%)	2.3(31.6%)
싱가포르	8.7(100%)	5.6(64.5%)	2.9(33.2%)	0.2(2.3%)
대 만	8.9(100%)	3.2(35.5%)	3.6(40.9%)	2.1(23.6%)

표 6-4
동아시아 국가의 성장 회계 분석 결과(1966~1990년)

동아시아 고도성장국들이 경우, 순수한 기술진보(총요소생산성)의 기여분이 크지 않다.

자료 : Young, Alwyn. 1995. "The Tyranny of Numbers : Confronting the Statistical Realities of the East Asian Growth Experience," *Quarterly Journal of Economics*, 110(3) : 641-680

인해 결국 경제성장이 한계에 부딪힐 수밖에 없다는 것이다.

그렇다고 요소축적을 통한 성장은 무조건적으로 문제가 있다고 할 수 있을까? 경제 성장을 하는 데 있어서 자본의 계속적인 축적이 지속적인 성장을 가져오지 않는다고 해서 투자를 하지 않는 것은 어리석은 일이다. 투자는 지속적으로 하되, 지속적인 성장을 위해서 기술발전과 제도개선에도 신경을 쓰는 것이 바람직하다. 실제로 요소축적이 선행되고 나서야 기술진보가 가능하게 되는 것이 아니냐는 주장이 있다. 즉 경제성장을 하는 데 있어 투자를 통한 자본축적이 먼저 어느 정도 이루어지고 이러한 경험을 통해 기술진보를 할 수 있는 역량이 생긴다는 것이다. 이는 자본축적과 기술진보가 서로 완전히 독립된 것이 아니기 때문이다.

그리고 성장회계 자체에 대한 비판도 제기된다. 성장회계 과정에서 A를 총요소생산성으로, $\frac{\Delta A}{A}$를 총요소생산성의 증가율로 정의하였으나, 이들은 총요소생산성을 직접 측정한 것으로 볼 수 없다. 즉 A는 생산량의 증가 중에서 요소증가율을 통해 설명한 부분을 제외한 나머지(residual)에 지나지 않는다. 이 나머지가 전적으로 생산성의 증가에 기인했다고 보기는 어렵다. 실제로 A를 우리가 알지 못하는 부분(our ignorance) 또는 솔로우 잔차(Solow residual)로 부르기도 한다. 즉 총요소생산성을 명확히 정의하기 어렵기 때문에 과연 A의 변화 중 어느 만큼이 장기적인 성장을 가져오는 총요소생산성의 증가에 기인한 것인지 논란이 제기되고 있다.

 사례 연구 **중국의 지속 성장과 "중진국 함정(Middle Income Trap)"**

중국은 1978년 이후 대외 개방과 개혁 정책으로 매우 빠르게 성장했다. 그러나 투자 생산성이 하락하고 노동력 증가율도 낮아지면서 경제성장률이 점차 낮아지고 있다. 일본, 한국 등 동아시아 국가가 이미 겪은 것처럼, 생산요소 축적에 주로 의존하는 성장모형으로는 중국 역시 성장률의 하락을 막을 수 없다. 중국이 앞으로 선진 기술을 개발하고 구조개혁으로 총요소생산성을 높이기는 쉽

지 않다. 이에 중국의 성장이 장기간 둔화되고 '중진국 함정'에 빠져 고소득 국가로 발전하지 못할 것이라는 우려도 나온다. 중국이 앞으로 심각한 위기를 겪을 가능성도 있다. 기업 부채가 많고 부동산 거품으로 금융 부문이 부실하여 금융위기를 겪을 수 있다. 지역 간 불균형, 소득분배의 악화로 사회·정치 불안이 커지면서 경제 위기가 발생할 수도 있다.

솔로우 성장모형 비판 5

솔로우모형은 장기경제성장률과 국가간 소득의 격차의 결정에 대해 중요한 시사점을 제시하였다. 그러나 다음과 같은 비판들이 제기되어 왔다.

1 인구증가율과 기술진보율의 외생적 결정

솔로우모형에서 전체 생산의 지속적인 성장은 인구증가율과 기술진보율에 의해 이루어진다. 그러나 인구증가율과 기술진보율은 외생적으로 주어져 있다고 가정하기 때문에 무엇이 인구증가율과 기술진보율을 결정하는지에 대한 설명이 부족하다.

2 저축률의 외생적 결정

솔로우모형에서 저축률은 외생적으로 주어진다. 하지만 현실에서는 저축수준 또한 개인의 합리적인 판단을 통해 정해진다.

3 소득의 수렴현상

솔로우모형에 따르면 일인당 소득 격차는 저축률과 인구증가율의 차이에 의해 결정된다. 성장률은 균제상태로의 이행경로에서 점차 감소한다. 따라서 국가간 소득의 (조건부) 수렴이 발생할 것이다. 그러나 이러한 수렴현상이 실증적으로 항상 성립하는지에 대해 의문을 제기할 수 있다. 또한 균제상태에 근접한 선진국가들 간의 일인당 소득과 성장률의 차이는 어떻게 설명할 것인지도 솔로우모형에 대한 비판으로 남아 있다.

정리

1. 경제성장이란 장기에 걸친 국민소득(실질 GDP)의 증가를 말한다. 여기서 '장기'란 자본·노동 등 생산요소의 양이 변화할 수 있는 기간을 의미하며 GDP의 일시적인 변동보다는 평균적인 경제성장률이 주된 분석대상이다.

2. 현실에서 각 국가간의 일인당 소득의 격차가 크며 각 국가의 경제성장률의 차이가 크게 나타난다. 또한 각 국가간의 소득격차의 변화에 일정한 패턴이 없다는 몇 가지 정형화된 사실들이 나타난다.

3. 기술진보가 없는 솔로우모형에 의하면, 경제성장은 생산요소의 축적을 통해 일어난다. 일인당 자본이 축적되면서 생산량이 증가하나 점차 자본의 한계생산물이 감소하여 성장률이 감소하게 되고 장기적으로는 일인당 자본량의 변화가 없는 장기 균형성장상태, 즉 균제상태에 도달한다.

4. 균제상태에서의 경제성장률은 인구증가율과 같다. 균제상태에서 저축률의 증가 및 인구증가율의 감소는 균제상태의 일인당 자본의 양을 증가시키는 방향으로 작용한다. 그러나 새로운 균제상태의 경제성장률은 다시 인구증가율로 회귀하게 된다.

5. 일정하게 증가하는 외생적인 기술진보율을 솔로우모형에 도입할 경우, 한 경제는 균제상태에서 인구증가율에 기술진보율을 더한 만큼 지속적으로 성장할 수 있다.

6. 수렴현상이란 소득수준이 낮은 국가일수록 더 빠른 속도로 성장하여 선진국과의 일인당 국민소득의 격차가 줄어드는 현상을 일컫는다. 현실에서는 절대적 수렴현상보다는 일정한 조건하에서만 국가 간의 소득격차가 줄어드는 조건부 수렴현상이 나타난다.

7. 황금률에서의 자본량이란 균제상태에서 일인당 소비수준을 극대화시키는 자본량을 의미한다. 자본의 한계생산물이 감가상각률과 인구증가율의 합과 같아질 때, 황금률이 만족된다.

8. 성장회계를 통해 경제성장에 있어서 기술수준(A), 자본(K), 노동(L)의 기여도가 얼마인지를 알아볼 수 있다. 또한 국가간 성장률 차이의 원인을 밝혀 내고 성장전략을 수립하는 데도 유용하게 이용될 수 있다.

연습문제

exercise

1. 다음 문장의 옳고 그름 또는 불확실을 말하고 간략히 그 이유를 설명하시오.

1) 일인당 자본량이 적은 국가일수록 경제성장률이 높다.

2) 솔로우 성장이론에 의하면 저축률이 높을수록 균제상태의 일인당 자본량과 일인당 생산량이 많아진다.

3) 솔로우 성장이론에 의하면 저축률이 높고 인구증가율이 낮은 국가일수록 일인당 소득의 성장률이 높다.

4) 솔로우 성장이론에 의하면 저소득국가의 경제성장률이 고소득국가보다 높기 때문에 시간이 가면서 국가간의 일인당 소득의 격차는 줄어든다.

5) 국가간 자료에서 투자율과 일인당 국민소득이 양의 상관관계를 갖는다는 증거는 가난한 국가가 성장을 촉진하기 위해서는 투자율을 높여야 한다는 사실을 보여 주는 것이다.

6) 신고전학파의 솔로우 성장이론에 의하면 저축률을 높이는 정책은 항상 바람직하다.

7) 솔로우의 성장회계에 의하면 한국의 총요소생산성의 성장속도가 지난 30년간 연 평균 2% 정도로 다른 국가들에 비해 특별히 높지 않다는 사실은 결국 앞으로 한국의 장기적인 성장전망이 밝지 않다는 것을 의미한다.

8) 어느 경제의 실질이자율이 인구증가율보다 높다면 이는 자본축적의 정도가 황금률의 수준보다 적다는 것이다.

2. 저축률(s)과 감가상각률(δ)이 고정된 솔로우의 경제성장모형에서 생산함수가 다음과 같이 주어져 있다.

$$Y = F(K, L) = K^{\alpha}L^{1-\alpha}, \quad 0 < \alpha < 1$$

1) 인구(노동력) L의 증가율이 0으로 주어진 경우를 가정하자. 이 경제에서 일인당 자본량($k = K/L$)의 변화를 나타내는 식을 구하여 그림으로 설명하시오.

2) 인구증가율이 연율 $n = 0.02$로 일정한 경제를 가정하자. 저축률 $s = 0.2$, 감가상각률 $\delta = 0.03$, $\alpha = 0.5$으로 주어졌을 때, 이 경제가 일인당 자본량 $k_0 = 1$에서 시작하여 균제상태로 가면서 일인당 소득($y = Y/L$)의 성장률이 어떻게 변화하는 지를 설명하시오.

3) 2)에서 주어진 계수값하에서 이경제의 균제상태에서의 k와 일인당 소득의 값을 구하시오. 만일 저축률 $s = 0.4$로 증가하면 어떤 변화가 일어나는가?

3. 균제상태에 있는 한 국가에 갑작스러운 지진이 발생하여 전체 자본스톡 중 10%가 파괴되었다고 가정해보자(단, 신기하게도 노동력은 감소되지 않았다). 이 국가에서 소득 중 자본의 몫(α_k)은 0.3으로 고정되어 있다.

　1) 지진이 GDP에 미치는 즉각적인 효과는 얼마인가? (퍼센트로 답하여라)

　2) 지진이 발생하고 난 후에 이 경제가 균제상태를 향해 어떻게 진행되어 나갈지 성장률의 변화를 중심으로 설명하시오. (단 저축률, 인구증가율, 감가상각률은 일정하다)

　3) 새로운 균제상태에서의 GDP와 일인당 GDP의 크기를 지진 발생 전과 비교하시오.

4. 인구증가율이 n이고 저축률(s)과 감가상각률(δ)이 고정된 솔로우의 경제성장모형을 가정하시오.

　1) 이 모형에서 유도되는 '소득수준의 수렴가설'이란 무엇인가?

　2) 다른 모든 조건이 동일하면 인구증가율이 높은 국가와 낮은 국가의 일인당 국민소득은 균제상태에서 같아지는가?

5. 어느 한 국가(A)가 균제상태에 도달하여 있다고 하자. 이 경제는 저축률, 인구증가율은 동일하나 인구의 크기와 일인당 자본량의 크기가 이 경제의 절반인 국가(B)와 이웃하고 있다. 두 국가의 경제성장 경로는 솔로우모형으로 잘 설명된다고 하자.

　1) 인접한 이웃 B국에서 갑자기 A국의 총노동력의 1%에 해당하는 인구가 A국으로 망명하였다(그 외 다른 정치적·경제적 변화는 없었다고 한다). A국의 노동시장이 매우 유연하여 망명 인구는 모두 즉시 고용되었다고 하자. A국의 경제성장의 경로는 망명 인구의 유입이 없었을 경우와 비교하면 어떻게 달라지겠는가?

　2) B국이 자본시장을 개방하고 적극적으로 해외 투자를 유치하기로 하였다. 만일 앞으로 A국의 저축 중 매년 2%(GDP 대비 비율)는 A국이 아니라 B국에 투자된다고 한다. 이 결과 A, B국의 성장경로는 어떻게 달라지겠는가?

　3) 두 국가가 갑자기 한 국가로 완전히 통합되었다. 이때 통합국가의 성장률은 통합되기 전의 A국의 성장률과 비교할 때 어떻게 다르겠는가?

6. 인구증가율 $n=0.01$, 저축률 $s=0.25$, 감가상각률 $\delta=0.04$로 고정된 솔로우의 경제성장모형에서 생산함수가 다음과 같이 주어져 있다.

$$Y = F(K, L) = K^{1/2} L^{1/2}$$

　1) 자본축적의 황금률을 설명하고 그 조건을 만족하는 균제상태의 일인당 자본량 k 의 값을 구하시오. 황금률을 만족하는 자본수준에서 일인당 소비 수준의 크기는 얼마인가?

2) 이 경제의 균제상태에서의 k의 값과 일인당 소비수준을 구하시오. 이 균제상태의 값은 1)에서 구한 황금률의 값보다 작음을 보이시오. 이 경제에서 황금률을 달성하기 위해서는 저축률을 얼마나 올려야 하겠는가?

7. 두 국가 1, 2의 일인당 소득은 아래의 생산함수로 결정된다($Y=AK^{\alpha}L^{1-\alpha}$ 형태의 생산함수를 일인당 변수들의 함수로 표시한 것임).

　　　국가 1의 일인당 소득 $y_1=A_1 k_1^{\alpha}$, 국가 2의 일인당 소득 $y_2=A_2 k_2^{\alpha}$
　　　단, k는 일인당 자본량, A는 (총요소)생산성 수준, 자본의 몫은 $\alpha=1/2$임.

1) 2010년의 국가 1의 일인당 소득(y)은 국가 2의 3배, 일인당 자본량(k)은 4배라고 한다. 두 국가 간의(총요소) 생산성 수준의 격차는 얼마인가?

2) 2010~2015년간의 국가 1의 일인당 연평균 소득의 증가율은 3.0%, 자본량 K의 연평균 증가율은 3.0%, 노동력 L의 연평균 증가율은 1.0%였다. 일인당 자본량(k)와 총요소생산성(A)의 연평균증가율을 계산하시오.

8. 2006년 노벨 경제학상을 받은 펠프스(Phelps) 교수는 최적의 자본축적의 양은 과연 얼마인지 연구하였다. 스웨덴 왕립과학원은 노벨상 선정 이유의 하나로 펠프스가 "어떠한 조건하에서는 저축률을 변화시키면 현재 세대와 미래 세대가 모두 이득을 볼 수 있다(all generations may, under certain conditions, gain from changes in the saving rate)."는 것을 보였다고 하였다. "어떠한 조건"이 구체적으로 무엇인지 설명하시오.

9. 한 국가의 생산함수가 다음과 같이 주어져 있다.

$$Y_t = F(K_t, A_t L_t) = K_t^{0.5}(A_t L_t)^{0.5}$$

이 경제의 인구(노동력)증가율 $n=0$이며, 기술수준 A는 매년 일정한 율 $g>0$ 로 증가한다고 한다. 저축률은 $s>0$, 감가상각률 $\delta>0$으로 고정되어 있다. 또 정부는 저축의 t% 만큼 조세로 거두어 외국에 무상원조를 준다고 하자. 이 경제 전체의 자본량의 변화식은 다음과 같다.

$$\Delta K_t = (1-t)sY_t - \delta K$$

1) 이 경제의 $\hat{k}$(유효노동력당 일인당 자본$=K/AL$)의 변화식을 구하고 그 의미를 설명하시오. 이 경제의 "유효노동력당 일인당 자본"이 증가하면서 경제성장률이 어떻게 변화하는지를 설명하시오.

2) 이 경제에서 균제상태에서의 $\hat{k}$의 값과 $\hat{y}$(유효노동력당 일인당 생산$=Y/AL$), $\hat{c}$(유효노동력당 일인당 소비$=C/AL$) 수준을 구하시오. 이 경제에서 저축률이 외생적으로 증가하면 균제상태의 $\hat{k}$, $\hat{y}$, $\hat{c}$의 값은 어떻게 바뀌는가? 자본축적의 황금률을 설명하고 이 경제에서 그 조건을 만족하는 저축률의 값을 구하시오.

3) 주어진 저축률 s 는 황금률의 저축률 보다 높다고 한다. 이 경제에서 정부가 저축에 대한 세율을 올렸다고 한다. 이러한 정책은 이동경로와 균제상태의 소비에 어떠한 영향을 미치겠는가? 이 정책은 바람직한가?

10. 어느 한 국가의 생산함수는 다음과 같이 주어졌다 하자.

$$Y_t = F(K_t, A_t L_t) = K_t^{1/3}(A_t L_t)^{2/3}$$

이 경제의 인구(노동력)증가율 $n=0$이며, 기술수준 A는 매년 일정한 비율 $g>0$ 로 증가한다고 한다. 저축률은 $s>0$, 감가상각률 $\delta>0$ 으로 고정되어 있다.

1) 이 경제의 $\hat{k}$(유효노동력당 일인당 자본 $=K/AL$)의 변화식을 구하고 그 의미를 설명하시오. 이 경제의 유효노동력당 일인당 자본이 증가하면서 경제성장률이 어떻게 변화하는지를 설명하시오.

2) 이 경제에서 균제상태에서의 $\hat{k}$의 값과 $\hat{y}$(유효노동력당 일인당 생산 $=Y/AL$), $\hat{c}$(유효노동력당 일인당 소비 $=C/AL$) 수준을 구하시오.

3) 이 경제에서 저축률이 외생적으로 증가하면 균제상태의 $\hat{k}, \hat{y}, \hat{c}$의 값은 어떻게 바뀌는가?

4) 균제상태에서 갑자기 총요소생산성 A의 성장률이 $g>0$로 높아졌을 때 이 경제의 성장경로를 설명하시오.

5) 자본축적의 황금률을 설명하고 이 경제에서 그 조건을 만족하는 저축률의 값을 구하시오.

6) 주어진 저축률 s는 황금률의 저축률보다 낮다고 한다. 이 경제에서 정부가 소비에 대해 세금을 부과하기로 하였다. 이러한 정책은 이동경로와 균제상태의 소비에 어떠한 영향을 미치겠는가? 이 정책은 바람직한가?

11. 어느 한 경제의 생산함수는 다음과 같은 Cobb-Douglas의 형태이다.

$$Y = F(K, L) = K^{1/2}L^{1/2}$$

이 경제의 전체 인구(노동 가능인구)는 각 각 절반을 차지하는 L_M, L_F의 두 그룹으로 나뉜다($L = L_M + L_F$). 인구의 전체 크기는 일정하고 각 그룹의 비율도 매년 변화가 없다. L_M, L_F의 두 그룹에 속한 인구는 생산력이나 모든 조건이 기본적으로 동일하지만, 이 경제의 오랜 전통에 의해 M은 아무도 일을 하지 못하도록 되어 있고 F의 도움을 받아 최소한의 소비로 살아간다.

1) 주어진 한 해 동안 L_F만 참여하여 생산한 결과, 노동자 1인당 생산량$\left(\dfrac{Y}{L_F}\right)$이 10이었다. 이 경제의 생산함수로부터 M이 노동시장에 참여하지 못하는 것으로 인해 발생하는 생산의 손실을 구하시오.

2) 이 경제가 솔로우 모형을 따라 성장한다면 steady-state에서의 생산량의 크기를 L_F만 참가하는 경우와 L_M이 모두 참가하는 경우를 비교하여 생산의 손실을 계산하시오.

12. 최근 출산율의 하락으로 인한 인구증가율의 하락이 사회·경제적 문제로 크게 대두되고 있다.

1) 솔로우 성장모형에 기초하여 인구증가율의 하락이 경제성장에 어떤 영향을 줄 것인지 분석하시오.

2) 저출산과 기대수명의 상승은 인구구조의 고령화 현상을 초래한다. 인구구조의 고령화는 경제성장에 어떠한 영향을 미치는지 설명하시오.

부록1   성장회계

솔로우의 1957년 논문에서 제시된 성장회계(growth accounting)는 한 경제의 산출량의 증가를 생산요소의 증가에 의한 부분과 기술진보에 의한 부분으로 나누는 방법을 보여준다. 이를 구체적으로 살펴보기 위해 콥–더글라스(Cobb-Douglas)생산함수의 예를 생각해보자.

$$Y_t = A_t K_t^{a} L_t^{1-\alpha}, \qquad 0 < \alpha < 1$$

여기서 Y_t, K_t, L_t 는 t 기의 생산량, 자본, 노동량이며 A_t 는 기술수준 또는 총요소생산성(Total Factor Productivity: TFP)을 나타낸다. 위 식의 양변에 로그를 취하고 시간으로 미분하면 총생산의 성장률에 대한 식을 구할 수 있다.

우선 양변에 로그를 취하면

$$\ln Y_t = \ln A_t + \alpha \ln K_t + (1-\alpha)\ln L_t$$

양변을 시간(t)에 대해서 미분하면

$$\frac{\dfrac{dY_t}{dt}}{Y_t} = \frac{\dfrac{dA_t}{dt}}{A_t} + \alpha \frac{\dfrac{dK_t}{dt}}{K_t} + (1-\alpha)\frac{\dfrac{dL_t}{dt}}{L_t}$$

여기서 $\dfrac{\dfrac{dY_t}{dt}}{Y_t}$ 는 Y_t 변수의 성장률로 정의할 수 있고, 각 변수에 로그를 취하고 시간 (t)에 대해서 미분한 $\dfrac{\dfrac{dA_t}{dt}}{A_t}$, $\dfrac{\dfrac{dK_t}{dt}}{K_t}$, $\dfrac{\dfrac{dL_t}{dt}}{L_t}$ 는 각각 A_t, K_t, L_t 의 성장률로 정의할 수 있다.[29] 이를 다시 표기하면,

---

[29] $\ln f(x)$에서 x를 시간(t)의 함수라고 하자. 이때 $\ln f(x)$를 시간에 대해 미분하면, $f'(x_t) \equiv \dfrac{df(x_t)}{dx_t}$이므로, $\dfrac{d\ln f(x_t)}{dt} = \dfrac{d\ln f(x_t)}{dx_t} \cdot \dfrac{dx_t}{dt} = \dfrac{f'(x_t)}{f(x_t)} \cdot \dfrac{dx_t}{dt} = \dfrac{\dfrac{df(x_t)}{dt}}{f(x_t)}$가 된다.

$$\frac{\dot{Y}_t}{Y_t} = \frac{\dot{A}_t}{A_t} + \alpha \frac{\dot{K}_t}{K_t} + (1-\alpha)\frac{\dot{L}_t}{L_t}$$

이것은 경제성장률을 각 성장요인 A_t, K_t, L_t 의 성장률로 분해하여 표시한 것이다. 예를 들어 $\dot{Y}_t$ 는 Y_t 의 시간에 대한 미분값$\left(\frac{dY_t}{dt}\right)$으로 시간에 대한 증가분을 표시하고 $\frac{\dot{Y}_t}{Y_t}$, $\frac{\dot{K}_t}{K_t}$, $\frac{\dot{L}_t}{L_t}$, $\frac{\dot{A}_t}{A_t}$ 는 각각 경제성장률, 자본의 증가율, 인구증가율, 총요소생산성의 증가율을 나타낸다. 위 식은 '경제성장률=총요소생산성의 성장률에 대한 기여 몫+자본량의 성장률에 대한 기여 몫(자본의 몫(α)×자본량의 성장률)+노동량의 성장률에 대한 기여 몫(노동의 몫($1-\alpha$)×노동량의 성장률)'로 나타낼 수 있다. 이는 경제성장률의 원천이 총요소생산성의 변화와 자본량의 변화 그리고 노동량의 변화로부터 비롯되었음을 보여 준다. 각각의 경제성장의 원천들이 경제성장에 기여하는 비율은 $\frac{\dot{A}_t}{A_t}$, $\frac{\dot{K}_t}{K_t}$, $\frac{\dot{L}_t}{L_t}$ 앞의 계수값인 1, α, $1-\alpha$에 의해 결정되는데, 여기서 α와 $1-\alpha$는 각각 자본의 몫과 노동의 몫을 나타낸다.

부록 2 콥-더글라스 함수에서 지수(α, $1-\alpha$)가 생산에 기여한 자본 혹은 노동의 몫이 되는 수학적 증명

　　한 경제 내에서 생산은 콥-더글라스(Cobb-Douglas) 생산함수에 따라 노동과 자본의 투입에 의해 일어나고 생산된 것이 모두 노동과 자본에게 분배되는 사후 균형이 이루어진다고 생각해보자. 콥-더글라스 생산함수는 $Y = K^{\alpha}L^{1-\alpha}$(단, $0 < \alpha < 1$)로 표현되고, 각 생산요소들은 생산요소의 한 단위 투입에 따라 추가로 늘어나는 한계생산물만큼의 보수를 지급받게 된다. 만약 이 한계생산물보다 보수를 적게 준다면 생산요소의 투입을 줄일 것이고 한계생산물보다 보수를 많이 준다면 더 많은 생산요소를 투입하여 생산을 하려 할 것이다. 즉 한계생산물과 보수가 같아지는 점에서 생산요소의 투입이 결정되게 된다. 이 함수를 K로 미분하여 자본의 한계생산물을 구하면 다음과 같다.

$$MPK = \alpha K^{\alpha-1}L^{1-\alpha}$$

이는 자본 한 단위당 지급되는 보수와 같고 위 식의 양변에 K를 곱하면

$$MPK \times K = \alpha(K^{\alpha}L^{1-\alpha}) = \alpha Y$$

가 된다. 즉 생산에 투입되는 총자본량을 K라 할 때 $K \times MPK$는 생산에 투입된 자본에 대해 지급되는 총보수라고 할 수 있다. 이를 통해 생산요소 중 자본에 지급되는 보수가 총생산량 중 α의 비율을 차지하는 것을 알 수 있고 바로 α를 총생산 중 자본의 분배 몫이라고 말할 수 있는 것이다. 동일한 방법으로 생산함수를 L에 대해 미분하여 정리하면 다음과 같다.

$$MPL \times L = (1-\alpha)Y$$

즉 노동에 지급되는 보수가 총생산량 중 $(1-\alpha)$의 비율을 차지하고 있다. 위에서 본 바와 같이 생산함수가 콥-더글라스 생산함수의 형태라고 가정하면 총생산량 Y 중에서 αY는 자본에 귀속되고 $(1-\alpha)Y$는 노동에 귀속된다.

Macroeconomics

제 7 장

장기경제성장 II : 내생적 성장이론

솔로우(Solow)모형의 핵심은 노동과 자본의 증가만으로는 지속적인 경제성장을 이룰 수 없고 외생적인 기술진보가 장기적인 성장의 중요한 요인이라는 것이다. 그렇다면 자연히 솔로우모형에서 외생적으로 주어졌다고 가정한 기술진보 또는 총요소생산성은 무엇에 의해 영향을 받고 결정되는 것인가라는 의문을 던질 수 있다. 결국 지속적인 경제성장을 위해서는 기술진보가 중요한데, 기술진보가 외생적으로 주어졌다고 가정하기보다는 무엇이 내생적으로 기술을 발전시키고 축적해 나가는지를 설명하는 것이 내생적 성장이론이다. 이때 기술은 좁은 의미의 생산기술에 국한하는 것이 아니라 지식, 경제제도, 정치제도, 문화 등 생산성에 영향을 미치는 모든 요인들이 포함되는 포괄적인 개념으로 생각할 수 있다.

내생적 기술진보모형

1 기술의 개념

솔로우모형의 생산함수에서는 "A"를 기술(technology)이라고 하였다. 그러나 내생적 기술진보모형에서 기술은 여러 가지 개념을 내포할 수 있으며 다양하게 정의될 수 있다. 로머(Paul Romer)는 자본은 유형의 물체(object)인 데 반하여 기술은 무형의 아이디어(idea)라고 하였다. 여기서 아이디어를 지식(knowledge)이라고 부를 수도 있는데 이는 기술(technology)이라는 개념보다 더 넓은 의미라고 할 수 있다. 예를 들어 아이디어는 생산에 영향을 미치는 생산기술뿐만 아니라 사유재산권제도, 기업의 경영 방식, 자본주의라는 경제제도 등도 모두 포함한다.

2 기술의 특성

첫째, 기술 또는 아이디어는 동시에 사용할 수 있는 비경합성(non-rivalry)의 특징을 갖는다. 이것이 노동, 자본과 같은 유형의 물체(object)와의 차이이다. 예를 들어 다른 사람이 수학 공식이나 인터넷을 사용한다고 해서 동시에 내가 사용할 수 없는 것은 아니다. 요컨대, 기술은 동시에 사용이 가능하다는 공동소비의 특징을 갖는다. 그러나 기술이 동시에 사용가능하다고 해서 기술이 공공재(public goods)는 아니다. 기술은 공공재와 달리 그 사용을 일정부분 배제하는 것이 가능하다. 예를 들어 마이크로소프트의 윈도우프로그램의 경우 사용료를 내지 않으면 쓸 수 없다. 이처럼 부분적으로 배제가 가능하기 때문에 민간부문에서 생산이 가능하다. 배제가 가능하다면 그에 따라 돈을 받고 비용을 회수하여 이익을 누릴 수 있기 때문에 민간이 생산할 유인이 있다. 그러나 공공재의 경우 사용하는 사람과 사용하지 않는 사람을 구분하기 어려워 그 사용을 배제하는 것이 거의 불가능하다. 만약 배제가 불가능하다면 사람들은 돈을 낼 유인이 없어진다. 국방 서비스에 대한 대가로 돈을 내라고 하면 아무도 내지 않을 것이다. 왜냐하면 돈을 내지 않더라도 얼마든지 혜택을 받을 수 있기 때문이다. 그렇기 때문에 공공재의 경우 모든 사람에게 비용 부담을 강제하기 위해서 세금을 걷는 것이다.

둘째, 기술은 많이 생산할수록 평균비용이 줄어들고 요소 한 단위 투입당 생산량은 점점 더 많아지는 수확체증의 특징을 갖는다. 기술개발의 경우 처음 개발에 드는 고정비용은 매우 크지만, 한계비용은 매우 적다. 예를 들어 마이크로소프트의 MS-Word의 개발비용은 매우 클 것이지만 한계비용은 거의 없다.

셋째, 기술개발의 경우 불완전경쟁의 특성을 갖는다. 완전경쟁기업은 한계비용과 가격수준이 같은 점에서 생산을 한다. 그러나 기술개발기업은 고정비용이 매우

내생적 성장이론의 근원[1]

내생적 성장의 기원은 어디서부터 시작되는가? 내생적 성장이란 말은 장기에 걸친 경제성장이 외부에서 주어지는 요인에 의해서 결정되기보다 경제내에서 다른 설명요인들에 의해 결정된다는 것이다. 이런 내생적 성장이론의 논의는 솔로우 성장모형의 결론과 현실의 데이터가 일치하지 않는 부분을 설명하는 시도와 더불어, 모형 자체에서 가정한 완전경쟁이라는 비현실적인 가정을 현실적으로 보완하는 과정에서 출발하였다.

1) 수렴현상에 대한 논쟁

어떤 나라는 지속적인 저성장에 시달리고 어떤 나라는 극적인 성장을 거듭하는 것을 볼 수 있다. 솔로우 모형에 따르면 국가마다 서로 다른 일인당 소득(GDP)을 가지고 있더라도 결국은 균제상태로 국가들의 소득이 수렴해야 하나 실증적인 결과는 이를 뒷받침하지 못하고 있다. 실제로 신고전학파 생산함수에 따라 자본과 노동의 기여도로만 국가들의 경제성장을 설명하기는 힘들다. 또한 투자의 한계생산성은 일인당 자본량이 늘어날수록 감소해야 하지만 오히려 자본축적이 상대적으로 적은 가난한 국가보다 자본축적이 많이 이루어진 부유한 국가에서 투자의 한계생산성이 낮지 않다는 현실적인 증거들이 나타나고 있다. 이와 같이 국가 간 수렴현상이 나타나지 않고 소득격차가 지속되는 것을 설명하기 위해 많은 학자들이 기술진보에 초점을 맞추기 시작하였다. 결국 기술진보가 외생적으로 주어진다는 신고전학파모형의 가정을 포기한 모형을 구상하였고 이는 내생적 성장에 대한 논의를 발원시키는 한 원인이 되었다. 현실을 살펴보면 기술진보는 경제주체들의 구체적인 활동의 결과로써 나타나는 것을 볼 수 있다. 예를 들어 많은 사람들이 금광을 찾아 달려들면 금광을 찾을 확률이 높아지는 것처럼 기술개발 역시 현실에서 인적자본의 육성, R&D 투자 등과 같은 내생적인 노력으로 결정되는 메커니즘을 갖는다고 할 수 있다. 이런 측면에서 로머는 자본축적을 통한 기술과 지식의 파급효과(spillover)를 강조하여 기술의 내생성을 설명하였고 루카스는 각 국가의 경제성장의 차이를 가져오는 것은 노동자의 질적 수준, 즉 인적자본(human capital)의 크기가 다르기 때문이라고 지적하였다.[2]

1 더 자세한 내용은 Romer, Paul M. 1994. "The Origins of Endogenous Growth." *Journal of Economic Perspectives*, 8: 3-22를 참고하시오.
2 Romer, Paul M. 1986. "Increasing Returns and Long-Run Growth." *Journal of Political Economy*, 94: 1002-1037; Lucas, Robert E. 1988. "On the Mechanics of Economic Development." *Journal of Monetary Economics*, 22: 3-42.

2) 완전경쟁 가정의 비현실성

거시적인 수준에서 만들어진 기존의 신고전학파 모형 자체에 부족한 점이 있고 이를 보완하여 현실의 경제에서 나타나는 중요한 미시적 사실들을 반영하는 모형을 만들어야 한다는 문제의식이 생겨났다. 신고전학파모형에서는 외생적으로 기술진보를 가정하였으며 기술이라는 것을 모든 사람이 아무런 제약 없이 사용할 수 있는 공공재처럼 생각하였다. 그러나 이것은 기술개발은 많은 기업들 중 시장지배력을 행사하며 독점적 이익을 가진 주도자가 투자를 하여 기술개발을 하고 이로부터 이윤을 창출하는 불완전경쟁의 과정에서 이루어진다는 특징을 간과한 것이다. 현실에서 많은 경우 기술의 개발은 대규모 초기 투자에 의해 행해진다. 마이크로소프트의 윈도우프로그램의 개발은 이런 예에 해당한다고 할 것이다. 또한 이렇게 개발된 기술이나 지식은 모든 사람이 동시에

공동 소비가 가능하나 공공재와 달리 대가를 지불하고 사용한다. 현실에서는 특허권이나 상품권의 보장으로 사용료를 지급하지 않으면 그 기술을 사용할 수 없게 되어 있다. 이와 같은 기술개발과 사용의 특징을 반영하여 완전경쟁과 가격수용자의 가정에서 출발한 모형은 현실을 반영한 불완전경쟁모형으로 바뀌어가고 있다.

위에서 소개한 두 가지 논쟁으로부터 내생적 성장모형은 싹이 트기 시작하였다. 즉 기술진보의 내생성과 기술주도자의 역할을 설명하지 못한 기존의 솔로우 성장모형을 보완하려는 노력으로 내생적 성장이론이 나타난 것이다. 우선 기술의 내생성을 설명하려는 노력으로 자본축적, 즉 인적자본의 축적 등의 파급효과가 지속적인 기술과 지식의 진보를 가져온다는 측면에서 접근이 이루어졌다. 또한 기술의 내생성과 더불어 불완전경쟁시장의 가정을 도입하여 분석한 성장이론이 나타났다.[3]

크기 때문에 자연독점이 나타나고 고정비용을 회수하기 위해서 한계비용보다 높은 수준으로 가격을 설정하고 초과이윤을 얻는다. 이때 이런 독점을 규제하지 않고 기술에 대한 독점권, 특허권을 설정해 주는 것은 개발자를 보호해 주기 위해서다. 만약 이러한 권리를 보장해 주지 않는다면 다른 사람이 개발한 것을 베껴서 쓸 수 있기 때문에 결국에는 아무도 생산하려 하지 않을 것이다.

3 모형의 분석

기본적인 내생적 기술진보모형에 대해 알아보자.

---

3 이를 네오-슘페테리안(Neo-Schumpeterian)모형이라고 한다. 이러한 모형은 슘페터(Joseph Schumpeter)가 기술혁신에 주도적인 역할을 하는 것이 독점적 기업이라고 강조함에 따라 명명된 것이다.

생산함수 : $Y = AL_y$
기술진보 : $\Delta A = \phi A \cdot L_A$
총노동력 : $\overline{L} = L_A + L_y$

모형을 간단히 하기 위해서 자본축적은 생략하고, 경제 전체의 생산요소를 노동력 (L)으로만 나타냈다. 경제 전체의 생산요소가 총노동력의 크기로 주어져 있는데, 이를 두 개 부문에 나누어 사용한다고 하자. Y부문에 쓰는 것은 생산을 하기 위해서 쓰는 것이고, A부문에 쓰는 것은 기술진보를 위해 쓰는 것으로 후자를 통해 경제 내에서의 기술진보율이 내생적으로 결정된다.

즉 총노동력은 $\overline{L}$ 로 고정되어 있고 이는 두 가지 부문에서 생산에 기여한다. 첫째, L_y는 실제의 생산에 투입된 노동력이라고 정의할 수 있다. 따라서 L_y는 생산물 Y의 크기를 직접적으로 결정한다. 둘째, L_A는 기술(A)생산 혹은 기술진보를 위해 투입된 노동력으로 일종의 연구개발(R&D)인력이라고 할 수 있다. 이는 기술개발을 통해 간접적으로 Y를 증가시킨다. 이제 새로운 모형에서 기술수준은 외생적으로 증가하는 것이 아니라 노동력 중 일부를 투입해야만 증가한다. 이와 같이 기술수준의 크기가 내생적으로 결정되는 것이 이 모형을 "내생적 성장이론"이라 부를 수 있는 근거가 된다.

또 하나 주의해야 할 것은 생산과정에서의 기술수준 A와 연구개발과정의 효율성지표인 ϕ이다. 기술수준(A)은 지난 장의 솔로우모형과 동일한 파라미터이며, 생산량(Y)에 바로 영향을 준다. 하지만 ϕ는 기술수준(A)을 증가시키는 연구개발 과정에서의 효율성으로 그 크기에 따라 연구 인력이 얼마나 기술수준을 빨리 증가시키는지를 결정한다. 일반적으로 이 지표는 경제의 여건에 따라서 다르게 주어질 것이다.

생산함수식을 보면, 생산투입 노동력(L_y)이 클수록 생산(Y)이 늘어나지만 이 경제에서 총노동력은 $\overline{L}$ 로 고정되어 있기에 생산투입 노동력(L_y)의 증가에 의한 성장은 한계가 있다. 따라서 지속적인 성장을 위해서는 내생적 생산요소인 기술(A)의 증대가 필연적으로 요구된다. 기술수준(A)의 증가는 연구인력(L_A)에 의해 결정되므로 연구인력(L_A)의 투입이 매우 중요해진다.

다음으로 기술진보식을 보면 기존에 축적된 기술(A)의 크기가 새로운 기술발전의 크기(ΔA)에 파급효과를 미치는 것을 확인할 수 있다. 즉 기술수준(A)이 높을수록 기술발전의 크기도 늘어난다. 경제가 성장하기 위한 기술증가(ΔA)를 결정하는 중요한 요소는 기존의 기술 혹은 지식으로 표현할 수 있는 A의 크기이기 때문이다.

기술증가(ΔA)의 의미를 신제품의 개발이라고 가정해보자. 신제품을 개발하기 위해서는 연구인력(L_A)을 늘리는 것이 중요하다. 그러나 지금까지 만들어져 축적된 기술 또는 지식으로부터의 파급효과도 매우 중요하다. 예를 들어 아이작 뉴턴은 과학사에 커다란 업적을 남겼는데 이런 자신의 업적이 가능했던 것은 거인의 어깨 위에 올라섰기("Standing on the shoulders of giants") 때문이라고 하였다. 즉 이전의 훌륭한 과학자들의 연구가 바탕이 되어 자신이 더 큰 일을 해 낼 수 있었다는 것이다. 그러므로 신기술의 개발을 위해서는 지금까지 축적된 기술을 학습함으로써 거인의 어깨 위에 올라갈 수 있다. 결국, 기존의 기술수준이 높은 경제에서는 더 큰 기술의 진보가 가능할 것이다.

이 경제에서 장기 경제성장률을 구해보자. 생산함수의 식으로부터 균형에서 생산투입 노동력(L_y)의 크기가 일정하면 생산물의 성장률은 기술진보율과 같다. 이미 지적한 대로 L_y는 무한정 증가할 수 없으므로 균형에서는 일정한 수준에서 유지될 것이다. 이때 기술진보의 식으로부터 구한 기술진보율을 결합하면,

$$\frac{\Delta Y}{Y} = \frac{\Delta A}{A} = \phi L_A$$

가 된다. 이 식이 경제성장률을 결정하는 식이다. 위 식에서 보듯이 기술에 대한 연구인력(L_A) 투자나 효율성지표(ϕ)를 높이면 경제성장률이 높아진다. 이 모형은 솔로우모형과는 달리 기술진보율$\left(\frac{\Delta A}{A}\right)$이 외생적인 값으로 일정하게 주어지지 않고 L_A, ϕ의 값에 따라 내생적으로 결정되고 이에 따라 각 국가마다 장기성장률이 다르게 결정될 수 있음을 보여준다. 지금의 단순한 분석에서는 L_A가 어떻게 내생적으로 결정되는지는 고려하지 않았으나, 기술투자에서 얻는 이윤을 극대화하려는 기업의 투자결정을 포함하여 모형을 확대하면 이것도 분석이 가능하다.

신기술과 경제성장

경제의 장기 성장에 큰 영향을 미치는 기술은 작은 신기술보다는 '범용기술(general purpose technology)'이다. 범용기술은 기업의 생산방법뿐 아니라 개인의 삶과 사회의 운영방식에 변화를 가져오는 근본적인 기술을 의미한다. 증기기관, 전기, 대량생산 방식, 컴퓨터, 인터넷 등이 대표적인 예다. 유행어가 된 '4차 산업혁명'은 인공지능(AI), 로봇, 빅데이터, 클라우드, 사물인터넷(IoT), 3D 프린팅 등의 새로운 범용기술이 인류의 삶을 변화시키는 새로운 성장 동력이 될 것으로 전망한다.

그러나 신기술이 가져올 기회와 결과를 냉철히 분석해 대응할 필요도 있다. 로버트 솔로우는 3차 산업혁명의 핵심인 정보통신기술(ICT)이 경제 전체의 생산성을 크게 향상하지는 못했다고 비판하면서 이를 '생산성 역설'(productivity paradox)이라고 불렀다. ICT의 발전에도 불구하고, 경제 전체로의 생산성 향상이 크지 않은 것은 신기술이 여러 산업과 경제 전체로 파급되는 것을 방해하는 여러 장애 요소들이 있기 때문이다. 중소기업의 경우 신기술을 채택하여 활용하기가 쉽지 않고, 근로자는 신기술을 익히는 데에 어려움을 겪는다. 구글, 아마존 등 디지털 플랫폼을 독점한 대기업이 신규 혁신 기업의 진입을 막고 경쟁을 제한할 수도 있다. 또한 신기술의 발전은 근로자의 일자리와 임금에 영향을 미친다. 인공지능과 로봇은 반복적(routine)인 업무와 일자리를 주로 없앨 것이다. 하지만 이로 인해 일자리 수가 사라질 것이라고 단정할 수 없다. 신기술은 산업 간에 파급효과를 일으키고 신규 수요를 창출하여 새로운 비반복적(non-routine)인 일자리를 만들 것이기 때문이다. 하지만 신기술의 파급은 이를 활용할 수 있는 노동자와 그렇지 못한 노동자 간에 임금 격차를 심화시켜 소득분배를 악화시키는 요인이 될 수도 있다.

자본의 한계생산성이 감소하지 않는 내생적 성장모형: *AK*모형 ②

이번에 소개할 모형은 외생적이거나 내생적인 기술발전에 의하지 않고 자본의 축적만으로 경제가 지속적으로 성장가능한 모형이다. 먼저 한 경제의 생산성이 체감하지 않는 다음과 같은 생산함수를 고려하자.

$$Y = AK$$

위와 같은 생산함수에서는 자본의 생산성이 A로 일정하고 체감하지 않는다. 이러한 사실이 이 모형이 솔로우모형과 구별되는 가장 중요한 특징이다. 또한 이러한 사실 때문에 내생적으로 지속적인 성장을 이룰 수 있다.

1 균형자본 축적경로

제6장에서 배운 자본축적식을 다시 쓰면 다음과 같다.

$$\Delta K = sY - \delta K$$

여기에 생산함수를 대입하고 양변을 전체 자본량 K로 나누면

$$\Delta K = sAK - \delta K$$

$$\frac{\Delta K}{K} = sA - \delta$$

가 된다. 이때, $sA - \delta > 0$이면 자본축적의 증가율이 감소하지 않는다.[4] 한편, 자본축적의 증가율과 경제성장률이 같으므로 $\left(\frac{\Delta K}{K} = \frac{\Delta Y}{Y}\right)$ 자본축적의 증가율만큼 지속적인 성장이 가능하다. 즉 Y의 성장률은 다음과 같다.

$$\frac{\Delta Y}{Y} = sA - \delta$$

솔로우모형의 생산함수에서는 일인당 자본이 축적됨에 따라 생산성이 감소하는 것을 보았다. 그러나 AK모형에서는 생산함수식이 $Y=AK$의 형태로 이루어져있기 때문에 평균생산성 $\left(\frac{Y}{K}\right)$이 기술수준(A)과 같아져 자본량이 늘어나도 감소하지 않는다. 따라서 이 모형에서는 기술발전이 없어도, 즉 기술수준(A)이 항상 일정하다고 하더라도 $sA > \delta$라는 조건이 성립할 때 지속적인 성장이 가능하다. 〈그림 7-1〉은 AK모형에서 생산량과 자본량의 관계를 표현한 것이다. 첫 번째 그림에서는 자본축적에 따른 생산량의 증가가 체감하지 않는 것을 보여 준다. 또한 두 번째 그림은 자본의 한계생산이 감소하지 않는 특징으로 인해 일정한 조건($sA > \delta$)하에서 한 경제의 지속적인 성장이 가능함을 보여 주고 있다.

---

4 따라서 이 모형에서는 저축률(s)의 증가가 성장률을 영구적으로 높이게 된다.

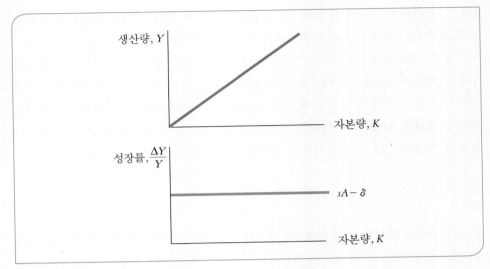

그림 7-1
_AK_모형

_AK_모형에서는 평균생산성 $\left(\dfrac{Y}{K}\right)$이 기술수준($A$)과 같고 자본량이 늘어나도 평균생산성이 체감하지 않는다. 즉 자본축적을 통한 지속적인 성장이 가능하다.

② _AK_모형의 적합성 논의

현실에서 $Y=AK$와 같은 생산함수가 존재할 것인가에 대해 의문을 제기할 수 있다. 과연 자본의 한계생산물이 감소하지 않고 일정한 생산함수는 어떻게 정당화할 수 있을까? 사실 _AK_모형은 그 이전에 나온 로머와 루카스의 내생적 성장이론의 핵심을 알기 쉽게 표현하기 위해 나온 것이다.[5] _AK_모형에 따르면 자본(K)의 한계생산물이 감소하지 않는데 현실에서 이를 뒷받침할 수 있는 논리를 알아보자. 첫째, 자본(K)의 개념을 확대해서 생각하면 자본의 한계생산물이 감소하지 않을 수 있다. _AK_모형에서는 노동이 직접적으로 포함되지 않고 자본(K)의 개념에 노동도 포함되어 있다고 생각한다. 그러나 자본(K)의 증가로 지속적인 성장을 거둘 수 있다고 해서 자본(K)에 포함된 노동을 무작정 늘릴 수는 없다. 왜냐하면 노동력을 계속 증가시키는 데는 한계가 있기 때문이다. 그러나 여기서 노동을 양의 개념이 아니라 질의 개념으로 생각한다면 무한히 축적할 수 있을 것이다. 즉 자본(K)을 인적자본, 지식자본을 포함하는 넓은 개념으로 생각한다면 자본의 한계생산물이 감소하지 않는 생산함수를 설명할 수 있다. 루카스는 바로 이런 측면에서 '인적자본'의 역할을 강조하였다. 자본(K)에 인적자본(H)을 함께 포함하여 생각한다면 소득(Y)은 물적자본과 인적자본(H)의 결합항에 대하여 수확불변 혹은 수확체증일 수 있다. 즉 물적자

---

5 Rebelo, Sergio. 1991. "Long-Run Policy Analysis and Long-Run Growth." _Journal of Political Economy_, 99(3): 500-521.

본과 인적자본이 동시에 축적된다면 자본의 축적으로 인한 생산성이 체감하지 않으면서 지속적인 경제성장 역시 가능하다는 주장을 하였다.

둘째, 자본(K)의 축적으로 인한 파급효과를 고려할 경우 $Y=AK$와 같은 생산함수가 존재할 수 있다. 로머는 자본[6]이 외부효과를 갖기 때문에 개별기업의 차원에서는 자본축적에 대해 생산성 체감이 작용하지만 경제전체로는 자본축적의 외부효과가 존재하고 이로 인해 경제전체 자본의 한계생산물이 감소하지 않을 수 있다고 하였다. 다음과 같은 개별기업(i)의 생산함수를 보자.

$$Y_i = K^{1-\alpha}K_i^{\alpha}L_i^{1-\alpha}, \qquad 0<\alpha<1$$

위 생산함수에 따르면 개별기업 i의 생산량(Y_i)은 개별기업이 생산에 사용하는 자본량(K_i)과 노동량(L_i) 이외에도 경제전체의 자본량으로 표현되는 K에 의존하여 결정된다. 즉 경제전체의 자본량으로 표현되는 K의 증가가 개별기업의 생산을 추가로 늘리는 양의 외부효과(파급효과)를 가져온다. 예를 들어서 "갑" 이외의 다른 기업들이 자본투자를 하면 그 과정에서 기술개발이 되어 "갑"의 생산성도 올라갈 수 있다. 따라서 "갑"의 생산량은 자신의 자본뿐 아니라 전체 경제의 자본량에 의해서도 영향을 받는다. 위 생산함수는 이러한 관계를 외부효과로 표시한 것이다. 위의 생산함수식에서 경제전체의 자본(K)을 비롯하여 다른 조건들이 일정하다면 개별기업 (i)의 자본량으로 표현되는 K_i를 축적할수록 개별기업(i)의 한계생산성이 감소하게 되는 것을 알 수 있다. 그러나 경제전체의 자본(K)이 함께 증가한다면 외부효과로 인해 자본축적의 한계생산성이 체감하지 않을 수 있다. 예를 들어 위의 식에서 K와 K_i가 모두 2배가 된다면 Y_i가 2배가 되어 자본축적에 따른 생산성 감소가 전혀 없다. 따라서 자본축적만으로도 지속적인 경제 성장이 가능하게 된다. 사실 위의 식의 경우 경제 전체의 생산량은 전체 자본스톡과 비례하여 발생할 수 있어 AK모형과 같은 결론을 가져 온다.[7]

---

6 여기서 인적자본, 지식자본을 포함하는 광의의 자본의 개념으로 생각할 수 있다.
7 자세한 내용은 부록에서 다룬다.

정부정책과 기술발전
3

경제성장에서 중요한 것은 기술진보이다. 즉 물적자본의 투자만으로는 지속적인 성장이 이루어지지 않는다. 장기적으로 기술의 진보를 통한 생산성 증가 없이는 경제가 지속적인 성장을 할 수 없음을 확인하였다. 그러나 이러한 기술진보는 외생적으로 주어지는 것이 아니라 기술개발을 위한 투자를 통해서 내생적으로 이루어진다. 그렇다면 기술진보를 위해 정부는 어떤 역할을 해야 하는가?

1 기술투자의 인센티브

기술의 공동소비, 수확체증의 특성에 비추어 볼 때 기술개발을 위한 투자의 인센티브(incentive)가 충분히 확보되지 않을 수 있다. 따라서 정부는 민간에서의 기술개발을 위한 인센티브를 보장함으로써 기술진보를 촉진하는 것이 중요하다.

로머가 제시한 내생적 기술진보모형에서 기술 또는 지식축적의 파급효과(spillover effect)가 있다고 했다. 이는 양의 외부효과와 비슷한 개념이다. 경제전체에 미치는 자본 축적의 외부효과를 고려하지 않는 개별 기업의 경우 기술개발에 대한 투자를 최적보다 적게 할 가능성이 있다. 즉 기술을 발전시키는 사람은 기술이 주는 양의 외부효과를 염두에 두지 않기 때문에 사회적으로 과소 생산하게 된다. 왜냐하면 기술개발을 통해 사회에 좋은 영향을 미치지만 그에 대한 대가를 받지 못하기 때문이다. 이는 꽃을 재배하는 사람이 양봉업자에게 공짜로 꿀을 제공하지만 그에 대한 대가를 받지 못하는 것과 같다. 그러므로 사회 전체적으로 보면 더 생산되는 것이 좋은데 시장에서 대가를 받지 못하기 때문에 이윤이 줄고 그것을 고려해서 생산을 덜 하는 문제가 발생한다.

또한 앞에서 배운 내생적 기술진보모형의 기술진보식을 고려해보자.

$$\Delta A = \phi A \cdot L_A$$

여기서 지금까지 축적된 기술(A)이 현재뿐만 아니라, 미래의 기술발전에도 중요한 역할을 한다는 것을 보여 준다. 따라서 지금 기술을 개발하는 사람은 자기가 의도하지 않지만 미래의 연구개발자에게 양의 영향을 미치는 것이다. 그러나 그 대가는 받지 않는다.[8] 이 경우 기술개발은 동태적으로 양의 파급효과가 있으며 최적 수준보다 과소 생산되게 된다. 이때, 기술개발을 촉진하기 위해 정부가 직접적으로 개입하는 것이 바람직할 수 있다. 예를 들어 정부가 보조금을 지불하는 정책을 고려할 수 있다. 주어진 시점에서의 양의 파급효과뿐 아니라 미래의 기술개발에 미치는 양의 파급효과를 고려하면 최적생산을 위해서는 정부가 기술개발 보조금을 지급해야 된다는 의견이 있다.

그러나 보조금이 항상 바람직한 것은 아니라는 주장도 있다. 기술발전은 특성상 대규모 연구투자가 필요하고 불완전경쟁으로 독점기업에 의해 이루어지는 경향이 있다. 이때 독점기업에게 보조금을 주어야 한다는 문제가 생기게 된다. 예를 들어 마이크로소프트사가 독점기업으로 초과이윤을 누리고 있는데 보조금을 지급한다는 것은 잘못된 일일 것이다.

또한, 정부가 기술발전을 위해 인위적으로 경쟁을 촉진시키거나 공공투자를 확대하는 등의 정부주도의 연구개발투자는 중복투자를 초래하는 등 부작용을 가져올 수 있다. 기술은 자본과 달리 공동 소비되는 성격을 가지므로, 똑같은 기술이라면 가장 잘 할 수 있는 생산자가 개발하는 것이 경제적이다. 만약 같은 기술을 개발하기 위해 많은 연구기관들이 투자를 하는 경우 먼저 개발에 성공한 기관의 투자를 제외한 나머지의 투자는 낭비가 되는 셈이다.

그러나 민간기업의 연구개발(R&D)투자에 세금 특혜를 주거나 보조금을 주는 것으로 지원하는 것 외에도 기술발전의 촉진을 위해 정부가 다양한 역할을 할 수 있다. 우선, 상업적 이득이 기대되지 않는 기초과학분야에서 공적 연구를 정부가 직접 수행할 수 있다. 또한 정부가 산업주체와 연구주체 간 연계를 강화시키는 조정자의 역할을 통해 기술혁신을 촉진시킬 수 있다.

2 인적자본 육성

기술의 발전을 위해서는 기술개발에 필요한 우수한 인적자본이 무엇보다 중요하다. 생산성 향상을 가져오는 장기적인 요인은 기술혁신에 있다. 따라서 기술의 고도화에 맞추어 새로운 기술을 개발하고 이용할 수 있는 고급인력을 개발하기 위한 교육에 대한 투자와 인적자본의 육성은 경제성장의 매우 중요한 요인이다. 또한

---

8 다른 사람의 기술이 자신의 기술을 바탕으로 문제점을 보완해 더 좋은 기술로 대체되는 경우 오히려 피해를 받는다고 할 수 있다. 경험을 바탕으로 더 나은 신기술을 자신이 개발해 나간다면 물론 자신에게 직접 이득이 올 수도 있다.

인적자본과 경제성장

노동의 양적 크기뿐 아니라 질적 수준은 국가 경제의 생산과 성장에 중요한 요인으로 작용한다. 노동의 질적 수준, 즉 개인이 보유한 기술 숙련도(skill)와 지식(knowledge)을 포괄하는 개념을 '인적자본'이라고 한다.

인적자본에 영향을 주는 중요한 요인으로는 교육, 건강, 직업훈련 등이 있다. 교육 수준이 높고, 건강하고, 직업훈련을 많이 받은 노동자일수록 생산성이 높기 때문이다. 개별 노동자의 인적자본의 크기에 따라 생산성의 차이가 발생하고 노동시장에서 임금 격차가 발생한다. 경제 전체의 인적자본은 국가의 경제성장에 다양한 경로로 영향을 미칠 수 있다. 첫째, 일인당 평균 인적자본이 클수록 노동자의 평균적인 생산성이 높으므로 직접적으로 생산을 늘린다. 둘째, 인적자본 간 서로 생산성을 높여주는 양의 외부효과가 발생하여 전체적으로 노동생산성을 높인다. 셋째, 인적자본은 기술 혁신과 모방에 필요한 중요한 요소로서 기술진보율을 높여 경제성장률을 높인다.

개발에 필요한 인적자본뿐만 아니라 국내, 국외의 신기술을 흡수하여 사용할 수 있는 인적자본 역시 반드시 필요하다. 왜냐하면 새로운 기술을 도입해서 사용할 수 있는 능력이 있느냐의 문제는 특히 저개발국가에서는 곧바로 기술진보와 직결되는 문제이기 때문이다.

최근의 연구들은 기술진보에 있어 국가간 기술확산(technology diffusion)의 역할을 강조하고 있다. 선진국은 기술혁신국으로 새로운 기술을 만들고 후발 국가들은 이러한 기술을 모방하거나 도입하여 기술을 발전시켜 나간다. 기술확산을 통한 내생적 기술진보가 일어나는 모형에서 개발도상국 및 후진국의 경제성장률은 선진국에서 개발된 기술을 얼마나 잘 흡수하고 적용하느냐에 달려 있다. 이 모형들에서 기술확산은 해외 자본재, 고기술상품의 수입과 다국적기업에 의한 해외직접투자(foreign direct investment) 등의 다양한 경로를 통해 일어나게 되며 이때 후발국이 보유한 인적자본은 새로운 선진기술을 얼마나 효과적으로 흡수할 수 있는지를 결정하는 가장 중요한 요인으로 작용한다. 잘 교육된 노동자들이 많을수록 새로운 기술에 대한 이해도와 적용능력이 높아 선진국의 기술을 쉽게 모방하고 흡수할 수 있다.

결론적으로, 인적자본의 축적은 선진국의 기술혁신 비용을 절감하고 후발국의 새로운 기술의 흡수능력을 증가시켜 경제성장률을 높인다.[9] 기술발전을 위하여 무

---

9 기술확산모형을 통해 인적자본의 크기가 선진기술을 흡수하는 과정에서 중요한 역할을 함을 보여 주는 연구로는 다음이 있다. Borensztein, Eduardo, Jose De Gregorio, and Jong-Wha Lee. 1998. "How Does Foreign Direct Investment Affect Economic Growth?" *Journal of International Economics*, 45(1): 115-135.

엇보다 우수한 인적자본의 배양이 중요하며 이를 위한 효율적인 교육제도와 교육에 관련된 인프라 구축이 필요하다.

3 기술발전을 위한 인프라, 지적재산권의 보장

자본주의 체제에서 시장기능이 올바르게 작동하기 위한 가장 중요한 전제조건은 재산권(property rights)의 보장이다. 재산권이란 사람들이 자기가 보유한 자원에 대해 권리를 행사할 수 있는 힘을 말한다. 그런데 이러한 권리행사가 법으로 보호받지 못하고 오히려 정부에 의해 쉽게 침해받는다면 시장기능은 매우 불안해지고 장기적인 물적 투자나 기술개발 투자가 위축될 수밖에 없다. 이러한 재산권의 보장은 정치적인 불안정, 부패 등으로 인해 큰 위협을 받을 수 있다. 혁명이나 군사쿠데타가 많은 나라에서는 기술개발의 인센티브가 낮을 수밖에 없으며 부정부패가 극심한 나라에서는 뇌물 등으로 인해 경제활동의 거래비용이 상승해 경제성장을 저해할 수 있기 때문이다. 그 외에도 정부의 전반적인 정책들이 기술혁신에 직접, 간접으로 영향을 미칠 수 있다. 잘 발달된 금융시장은 기업의 기술개발 투자를 도울 수 있다. 또한, 노동시장에 대한 규제 또한 기업의 기술투자 의사결정에 영향을 미칠 것이다.

경쟁적인 시장을 유지하게끔 하는 잘 고안된 지적재산권제도(intellectual property rights) 역시 기업의 기술혁신을 위한 정부의 중요한 정책이라고 할 수 있다. 기술개발에는 초기에 대규모 투자가 필요하나 성공 여부는 불확실한 경우가 많다. 따라서 특허권(patent)제도와 같이 지적인 권리를 법적으로 보장해 주는 장치가 필요하다.

4 대외 개방

경제성장을 추구하는 일부 나라들은 내부지향적인 정책(inward-oriented policies)을 통해 자국산업을 육성하기 위해서는 외국기업과의 경쟁으로부터 자국 산업을 보호해야 한다는 주장을 해 왔다. 그러나 경험적으로 폐쇄적인 무역방식이 가져오는 이득보다는 경쟁을 통해 효율성을 높이는 것이 장기적으로 더욱 이득이 크다는 것이 밝혀졌다. 특히 대부분의 경제규모가 작은 국가의 경우 큰 세계시장을 통한 규모의 경제의 이득을 얻을 수 있다. 자유무역은 기술개발에 필요한 중간재들을 자체적으로 생산할 때보다 더 싼 가격에 생산할 수 있게 한다. 또한 선진국의 우수한 기술 모방, 기술도입을 통해 자체 기술을 개발할 수 있는 경험을 육성할 수 있도록 한다. 우수한 선진기술을 갖춘 외국기업의 직접투자는 선진기술의 국내파급효과를 촉진하고 경쟁을 통한 새로운 기술발전에 도움이 된다.

한국의 경제성장의 이해

한국 경제가 1960년대 이후 이룩한 급속한 고도성장의 과정은 일인당 자본량과 생산성(기술) 수준의 증가를 통하여 선진국과의 소득격차를 줄여 나가는 "수렴(convergence)" 또는 "따라잡기(catch-up)"의 과정으로 볼 수 있다. 이론적으로는 솔로우모형에 인적자본, 기술진보의 역할을 추가한 "확장된 신고전학파 성장이론(extended neoclassical growth model)"을 이용하여 이러한 성장과정을 설명할 수 있다.

신고전학파의 성장모형에 따르면 다른 조건이 동일하다면, 일인당 소득수준이 낮은 후진국은 일인당 자본량의 수렴을 통해 선진국보다 더 빨리 성장하고 소득 격차를 줄여 나갈 수 있다. 일인당 자본량이 적은 저소득 국가에서는 자본의 생산성이 높기 때문에 주어진 투자율에서 선진국보다 자본의 성장속도가 더 빠르고 결국 국가간 일인당 자본량의 수렴이 이루어지게 된다. 여기서 자본은 물적자본과 인적자본을 포괄하는 개념으로 간주된다.

신고전학파 성장모형에 국가간 기술 전파(technology diffusion)의 과정을 도입하여 확대하면 일인당 생산량(소득)의 증가는 일인당 자본의 수렴뿐 아니라 기술의 발전이 합쳐져서 일어나는 과정으로 이해할 수 있다. 기술진보는 선진국의 경우 연구개발(R&D) 투자를 통한 새로운 기술의 개발로 이루어진다. 그러나 개발도상국의 경우 선진국과 같은 연구개발(R&D) 투자를 통한 독자적인 기술개발(innovation)보다는 선진국으로부터 기술을 도입(import)하고 모방(imitation)하는 과정이 실제로는 더 중요하다. 따라서 후진국의 기술발전은 기술의 모방과 도입을 통해 선진국의 기술수준으로 수렴해 가는 과정으로 나타낼 수 있다. 선진국과의 기술격차가 크면 기술을 모방하는 과정에서 시간이 흐름에 따라 후진국은 선진국과의 기술수준 격차를 줄여 나갈 수 있다. 이러한 기술의 모방과정을 통해 생산성의 격차도 줄어들게 된다.

한국의 경제성장의 과정은 기존의 신고전학파 모형에 국가간 기술전파과정을 도입한 확장된 신고전학파 성장모형에 의거하여 자본량과 기술수준 모두에서 선진국과의 격차를 꾸준히 줄여 온 "따라잡기 성장모형"으로 설명할 수 있다. 이러한 모형에 의거하면 경제성장은 현재의 자본량과 기술수준에서 장기적으로 도달할 수 있는 최고수준인 균제상태(steady state)의 자본량과 기술수준으로 접근해 가는 과정이다. 일인당 소득이 낮은 한 국가가 다른 모든 성장여건이 선진국과 같다면 최대한 도달할 수 있는 균제상태는 선진국의 자본, 기술수준과 같을 것이다. 그러나 각 국가마다 주어진 경제조건이 다르기 때문에 도달할 수 있는 잠재적인 최고수준이 같지 않을 수 있다. 성장을 위한 여러 여건을 제대로 갖추지 못하고 있는 국가에서는 균제상태의 소득(자본, 기술)은 선진국보다 훨씬 낮은 수준이 될 것이다. 한국은 다른 개발도상국들에 비해 성장에 유리한 조건들(높은 저축률, 우수한 인적자본, 무역 개방 정책, 재산권의 보장과 정치적 안정 등)을 잘 유지함으로써 자본과 기술에서 더 빨리 선진국 수준으로 수렴할 수 있었다.

앞에서 분석한 성장회계의 결과는 한국이 선진국을 따라잡는 수렴의 과정에서 생산성의 증가보다는 요소 축적이 중요한 역할을 해 왔음을 보여 준다. 그러나 앞으로는 과거와 같이 높은 요소축적률을 유지하기 어렵다. 한국의 물적자본과 인적자본 스톡이 장기적 균형수준에 접근하면서 자본투자의 수익률이 하락하고 이로 인해 요소 축적의 속도가 점차 느려지고 있다. 앞으로 우리 경제가 지속적으로 성장하기 위해서는 꾸준히 생산성을 증가시켜 성장잠재력을 높여 나가야만 한다. 최근 기술투자의 액수가 크게 증가하고 국제 특허권의 취득수가 늘어나고 있어 기술의 모방보다는 기술창조를 통한 생산성 증대에 밝은 전망을 주고 있으나 아직 선진국과의 격차가 크다. 특히 제조업보다는 의료, 교육, 금융 등 서비스 부문의 격차가 크다. 앞으로 기술혁신 투자를 증대하고 외국의 첨단 기술기업의 직접투자(FDI)를 적극적으로 유치하는 데 힘써야 할 것이다. 그리고 무엇보다 새로운 기술의 개발을 위한 창의력을 가진 인적자본의 배양이 중요하다.

4 제도와 경제성장

최근의 내생적 성장이론은 성장률의 결정요인으로 제도의 중요성을 강조하고 있다. 특히 아세모글루(Daron Acemoglu) 매사추세츠 공과대학(MIT) 교수 등은 피식민지 시기에 역사적으로 어떤 제도가 도입되었는가에 따라 많은 국가들의 장기적인 경제성장이 결정되었다고 주장하고 있다. 예를 들어 페루의 경우 잉카 문명시대에 스페인이 식민지배를 하면서 스스로 정착하여 개발하기보다는 기존의 잉카인의 재물을 착취하는데 힘을 쏟았기 때문에 착취에 유리한 제도가 도입되었고 이는 추후 페루의 경제성장에 막대한 영향을 주었다. 즉 식민지배 기간 동안 착취적인 제도가 도입됨에 따라 고대에 번영하던 페루는 그 후 성장률이 매우 저조하였고 결국 현재의 저소득 국가로 변화되었다. 반대로 호주의 경우는 영국의 자국민이 이주하였기 때문에 이들 정착민들을 지원하기 위하여 본국의 제도를 활발히 도입하였다. 이러

한 선진제도의 도입은 호주가 빠르게 경제성장을 이루는데 매우 효과적으로 작용하였다.[10]

　　이상과 같이 피식민지 국가들에서 새로운 제도의 도입이 극적으로 이루어지고 어떤 제도가 도입되었는지가 몇 세기에 걸친 성장률에 현격한 영향을 미칠 수 있다는 결론은 매우 흥미있는 연구 결과라고 할 수 있다. 그러나 일반적으로 경제, 정치, 사회 제도가 한 국가 내에서 어떻게 발전되고 경제발전에 어떻게 영향을 미치는지 분석하는 것은 쉽지 않은 일이다. 하지만 내생적 성장이론이 본격적으로 대두되기 이전부터 제도가 경제성장에 미치는 영향에 주목한 학자들이 있었다. 이러한 흐름을 제도학파(institutional economics)라고 부른다. 제도학파는 베블렌(Thorstein Veblen) 등에 의해 시작되었는데 이는 그 후 갤브레이스(John Galbraith)로 대표되는 신제도학파(new institutional economics)로 발전하였다. 이들은 기존의 신고전파 성장모형에서 당연시하던 자본주의 시장경제가 보편적이지 않을 수 있다고 생각하였으며 경제학 분석은 경제 질서를 규정하는 제도의 기원을 규명하는 데에서 출발해야 한다고 주장하였다. 신제도학파의 핵심은 제도에 따라 거래비용과 경제주체의 유인이 달라지기 때문에, 자원의 배분과 경제성장도 제도에 의해 크게 영향을 받는다는 주장이다.

　　그렇다면 제도(institutions)란 무엇인가? 경제사 분야의 연구 업적으로 1993년도 노벨경제학상을 수상한 노쓰(Douglass C. North) 교수는 그의 저서 "제도, 제도변화, 경제성과(Institutions, Institutional Change and Economic Performance)"에서, 제도란 "사회 내에서 경제주체의 모든 행위와 의사결정을 규율하기 위해서 인위적으로 고안된 제약(humanly devised constraints)"이라고 정의하였다. 더 나아가서 그는 한 국가의 제도가 해당 국가의 경제성과에 직접적이고 중요한 영향을 미친다고 주장하였다. 제도가 갖는 가장 기본적인 기능은 각 경제주체들이 다른 경제주체들에게 피해를 주지 않고 자신의 이익을 극대화하는 행위를 할 수 있는 여건이 어떻게 규정되는지를 결정해 준다는 것이다. 예를 들어 기업과 같은 생산조직, 거래가 자유롭게 이루어지는 시장, 거래계약의 집행(enforcement), 개인 소유권의 보장 등 자본주의 경제를 구성하는 여러 제도가 마련된 경제에서는 경제주체들이 자력으로 최적의 경제행위를 결정하여 자신의 이익을 극대화할 수 있는 여건이 가장 잘 구비되어 있다고 볼 수 있을 것이다.

10　Acemoglu et al., 2002, "Reversal of Fortune: Geography and Institutions in the Making of the Modern World Income Distribution," *Quarterly Journal of Economics*, vol. 117, pp. 1231-1294 참조.

결국 경제제도는 경제에서 이루어지는 거래와 관련된 계약·협상·감시·집행 등 모든 거래비용의 크기를 결정하여 경제주체들의 경제행위와 경제적 성과에 직접적인 영향을 미치는 역할을 한다. 또한 사유재산권과 시장기능이 얼마나 잘 보호되고 있는지의 문제는 경제주체들이 생산 활동에 얼마나 큰 유인을 갖는가의 문제와 직결되어있기 때문에 경제성장에 있어 매우 중요한 요소라고 할 수 있다.

아세모글루 교수와 제임스 로빈슨 하버드대 교수는 그들의 저서 "국가는 왜 실패하는가(Why Nations Fail)"에서 한 국가의 흥망성쇠를 결정짓는 가장 중요한 요소로서 '경제제도(Economic Institutions)'와 '정치제도(Political Institutions)'를 제시하고 있다. 책에 따르면 이 제도들은 '포용적 제도(inclusive institutions)'와 '착취적 제도(extractive institutions)'로 구분된다. 포용적 경제제도란 많은 사람들이 자신의 재능과 기술을 최대한 발휘하여 경제행위를 할 수 있고 개인들이 자신들의 원하는 바를 선택할 수 있는 여건이 보장된 경제제도를 말한다. 따라서 포용적 경제제도의 특징에는 사유재산권 보장, 공정한 경쟁질서의 유지, 모든 사람들이 대등하게 교환할 수 있도록 돕는 공공서비스 등이 포함된다. 또한 포용적 정치제도는 정치적 의사 결정 권한을 공평하게 배분하고, 공정한 절차에 의해 정부를 구성하는 특징을 갖는다. 저자들은 포용적 경제제도는 포용적 정치제도와 상호보완적인 관계에 있다고 주장한다. 포용적 경제제도는 포용적 정치제도에 의해 경제주체들의 경제활동을 보호하고 교육의 기회를 균등하게 배분함으로써 국가 경제 전체의 기술수준을 진보시키고, 높은 수준의 경제발전을 이뤄낸다. 저자는 미국이 빠른 경제발전을 이루고 세기에 걸쳐 뛰어난 인재들을 배출해낸 배경을 미국의 포용적 경제제도와 포용적 정치제도에서 찾고 있다.

반면, 착취적 경제제도는 포용적 경제제도의 특징과 반대되는 성격을 가진다. 특히 사회 구성원의 일부가 다른 구성원의 소득과 부를 빼앗는 특징을 갖기 때문에 착취적이라고 부른다. 착취적 경제제도는 세금 및 노역 등의 형태를 통해 지배층의 이익을 더욱 공고히 하고, 대다수의 경제주체들의 사유재산권을 인정하지 않기 때문에, 이들의 생산 활동 유인을 저하시킨다. 착취적 경제제도는 정치적 의사결정 권한을 일부의 집단에게만 국한시키는 착취적 정치제도를 동반하기 마련이다. 저자는 라틴아메리카 경제의 부진과 소련의 몰락이 이들 나라의 착취적 제도 때문이라고 설명한다. 특히 소련의 경우, 특정 소수의 지배층이 냉전 시기에 효율적인 자원 분배를 추구하며 빠른 성장을 하는 듯 하였으나, 착취적 제도의 한계를 극복하지 못하고 몰락하게 되었다. 이는 착취적 제도 하에서 특정 소수가 국가 경제의 전반을 운영하는 것이 장기적으로 큰 경제적 손실임을 보여준다.

한반도 분단의 역사에서도 저자들은 포용적 제도와 착취적 제도의 차이를 짚어낸다. 해방 이후 공산주의에 의한 독재정권이 들어선 북한은 일부 지배계층을 제외하고는 사유재산권을 보장하지 않았고 자유로운 시장을 금지하였다. 이로 인해 농업의 생산성이 하락하고 산업의 생산이 줄어들었으며 투자와 생산성 향상을 위한 기술 발전을 촉진할 유인을 갖지 못하였다. 또한 극도로 통제된 정치제도는 국민 대다수의 교육을 제한하였고, 개인의 기본권을 보장하지 않았다. 이러한 북한의 착취적 제도에 반해, 남한은 해방 이후, 포용적 제도를 도입해왔다. 포용적 제도의 예로 사유재산권에 바탕을 둔 시장경제를 도입하여 많은 사람들로 하여금 자유롭게 경제행위에 참가할 수 있도록 하였으며 투자와 혁신, 기술발전을 촉진하여 생산성의 향상을 이루었다. 또한, 적극적인 교육투자를 통해 개개인의 능력을 향상시켰고, 빠른 수준의 기술 진보를 이루었다. 이러한 제도적 차이는 두 국가 간 뚜렷한 경제성장 격차를 가져왔다. 제2차 세계대전이 끝난 직후의 남북한 경제는 그 규모가 비슷하였으나, 한국전쟁 이후 60여년이 지난 지금 남한의 경제규모는 북한보다 47배 커졌다.[11]

아세모글루에 따르면 경제발전은 포용적 제도 하에서 가능하다. 또한 이러한 사실은 슘페터(Joseph Schumpeter)의 '창조적 파괴(constructive destruction)'와도 맥을 같이 한다. 즉 창조적 파괴는 포용적 제도 하에서 가능한 것이다. 창조적 파괴는 새로운 기술의 도입과 같은 경제 혁신 과정에서 기존의 기술과 자본이 불가피하게 그 중요성을 잃거나 버려지는 현상을 말한다. 18세기 산업혁명 이후, 기존의 지배 세력이던 귀족과 지식인들이 자신들의 기득권을 잃게 될 것을 두려워하여 산업화에 반대하고 신흥 자본가들에 대해 큰 불만을 품었던 사실은 창조적 파괴 과정의 어려움을 잘 보여 준다. 혁신은 기존의 지배 세력의 경제적, 정치적 권력의 분배 구조를 깨뜨리고 새로운 패러다임을 제시한다. 만약 18세기의 영국이 착취적 정치제도와 착취적 경제제도를 도입하여 지배층의 이익을 공고히하고 이들에 반하는 산업화의 흐름을 차단하려 했다면, 지구상에 오늘날과 같은 경제발전은 존재하지 않았을 것이다. 따라서 혁신을 통한 경제발전을 위해서는 사회 구성원 대다수의 이익이 추구될 수 있는 포용적 제도가 필수적이다.

그렇다면 경제발전은 포용적 제도 하에서만 가능한 것일까? 한국과 대만은 포용적이지 않은 제도 하에서도 60년대, 70년대에 높은 경제성장을 이루었다는 주장이 있다. 중국도 포용적이지 않은 정치제도에도 불구하고, 오늘날까지 매우 빠른 속도의 성장을 보이고 있다. 따라서 초기 경제발전이 반드시 포용적 제도에서만 가

---

11 한국은행 경제통계시스템의 남북한 경제지표에서 2017년 명목GNI를 이용하여 계산하였다.

능한 것으로 보기는 어렵다. 하지만 한국은 1980년대를 거쳐 포용적인 정치, 경제 제도로 진화한 것으로 평가되고 있다. 따라서 장기적이고 지속적인 경제성장은 포용적 제도 기반 하에서 가능하다고 아세모글루는 주장한다.

아세모글루는 지속 가능한 경제성장을 위해서는 민주주의로 대표되는 포용적 정치제도가 포용적 경제제도와 함께 공존해야 한다고 주장하였다. 하지만 포용적 경제제도와는 달리 포용적 정치제도가 경제발전에 얼마나 중요한가는 아직 명확하지 않다. 하버드대의 로버트 배로(Robert J. Barro)교수는 민주주의와 경제성장에 관한 연구를 통해 경제발전 초기 단계에서는 포용적 정치제도인 민주주의가 경제성장에 도움이 되지만 일정 수준 이상 경제가 발전한 후에는 오히려 경제성장을 저해하는 역할을 한다고 주장하였다.[12] 고소득국가에서 민주주의가 진전됨에 따라 소득재분배 정책이 강화되면 열심히 일하고자 하는 유인이 저하하여 경제성장에 오히려 해가 될 수 있다는 것이다.

5 경제성장과 소득분배

모든 국가는 경제성장과 더불어 좀 더 평등한 소득분배를 추구한다. 성장과 분배는 밀접한 관계를 갖는다. 이 둘 간의 관계를 분석한 사이먼 쿠즈네츠(Simon Kuznets)는 경제성장의 초기 단계에는 소득 불평등이 늘어나지만 이후 줄어드는 관계가 있다고 했다.[13] 경제발전의 초기에는 투자의 수익성이 높아서 자본을 소유한 일부 계층이 더 많은 소득을 얻는다. 반면에 농촌 지역에 초과 노동력이 존재하기 때문에 실질 임금은 상대적으로 정체되어 소득분배가 악화한다. 그러나 자본 축적과 더불어 자본의 실질 수익률은 감소하는 반면 노동의 초과공급은 해소되고 고등교육을 받은 기술인력이 늘어나면서 실질 임금이 오르기 때문에 경제발전이 진전됨에 따라 소득분배는 개선된다.

쿠츠네츠 이후 경제성장과 소득분배의 관계를 분석한 연구가 많이 나왔다. 세

---

12 Barro, Robert J., 1999, "Determinants of Democracy," *Journal of Political Economy*, 107(S6), S158-S183 참조.

13 Kuznets, Simon, 1955, "Economic Growth and Income Inequality," *The American Economic Review*, 45 (1): 1-28.

계은행은 1993년 발간한 『동아시아의 기적(East Asian Miracle)』에서 한국을 포함한 동아시아 신흥국들이 쿠즈네츠의 예측과 달리 산업화 기간에 높은 성장률과 더불어 소득분배의 평등을 지속했다고 칭송했다.[14] 그러나 동아시아국가들은 1997년에 외환위기를 겪으면서 소득분배가 크게 악화했다.

전 세계적으로는 1980년대부터 소득 불평등이 커지기 시작했다. 프랑스 경제학자 토마 피케티(Thomas Piketty)는 방대한 자료를 이용하여 선진국을 포함한 많은 국가에서 전체 소득에서 노동자가 차지하는 몫은 계속 줄고 소득과 부의 분배에서 불평등이 동시에 커지고 있음을 보였다.[15] 일반적으로 고소득 계층은 자본소득이 많고 저소득 계층은 노동소득이 많아 자본의 몫이 커질수록 경제전체의 소득분배는 악화한다. 피케티는 자본에 대한 실질 수익률이 경제성장률보다 높으므로 전체 소득에서 자본이 차지하는 몫이 지속적으로 높아 분배가 불평등해졌다고 주장했다. 저축률이 일정하다고 가정할 때 자본의 몫은 자본 수익률만큼 증가하지만, 전체 소득은 경제성장률의 속도로 증가하기 때문이다. 그러나 피케티의 분석에 대한 반론도 제기되었다. 즉 자본이 계속 축적되면 결국 자본의 실질 수익률이 하락하고 자본의 몫은 줄어들 수 있다는 것이다.

경제이론은 자본량이 증가할 때 그 비율만큼 자본수익률이 하락하면 전체 자본소득은 변화가 없음을 보여 준다. 콥−다글러스 생산함수를 가정하는 경우, 자본과 노동이 각각 자신의 한계생산물만큼 보수를 받는다면 자본의 축적이 진행되어도 자본과 노동이 받는 총보수는 일정하다 (6장의 부록 2 참조). 콥−다글러스 생산함수의 특징은 노동과 자본의 대체탄력성이 1로 일정하다는 것이다. 대체탄력성은 노동−자본의 한계생산물의 비율 (즉, 노동−자본의 상대가격)의 변화율(%)에 대응하여 생산에 필요한 노동과 자본의 상대적 수요의 변화율(%)을 나타낸다.[16] 대체탄력성이 1이면 자본(혹은 노동)의 상대가격의 상승률 만큼 자본(혹은 노동)의 상대적 수요가 감소하여 노동−자본에게 지불되는 상대적 몫은 항상 일정하다. 만일 노동과 자본의 대체탄력성이 1보다 크면 자본가격(수익률)이 임금보다 상대적으로 하락할 때 자본−노동의 상대적 수요가 더 큰 비율로 증가하기 때문에 전체 생산에서 자본의 몫은 커지고 노동의 몫은 줄어든다. 따라서 자본의 축적과 더불어 노동의 몫이 줄어드는 현상을 생

---

14 소득분배의 불평등도는 개인 또는 가계 소득의 '지니계수(Gini coefficient)로 측정하거나 최상위 20% 소득 계층이 차지하는 소득의 크기와 최하위 20% 소득 계층이 차지하는 소득 크기의 비율로 측정한다.

15 Piketty, Thomas, 2014, Capital in the Twenty-First Century (*Le Capital au XXIe siècle*), Harvard University Press, Cambridge MA, USA.

16 노동과 자본의 대체탄력성(elasticity of substitution between capital and labor)의 보다 자세한 내용은 미시경제학이나 경제 수학의 교과서들을 참조하시오.

산에서 자본이 노동을 빠르게 대체해 가는 과정으로 설명할 수 있다.

　　소득분배의 악화를 기술진보의 결과로 보는 연구들도 많다. 기술진보가 생산요소의 수요에 고르게 영향을 미치지 않고 상대적으로 노동보다 자본을 더 많이 사용하게 한다면 전체 노동소득의 몫이 줄어들 수 있다. 기술진보가 노동증대형(확장형)이라고 가정하자. 이미 지적한 대로 콥−다글러스 생산함수의 경우에는 노동의 몫은 항상 일정하다(자본증대형 기술진보의 경우에도 물론 콥−다글러스 생산함수의 경우 노동과 자본의 몫은 항상 일정하다). 그러나 노동과 자본의 대체탄력성이 1보다 작다면 노동증대형 기술진보의 경우 유효노동력이 증가하면　(상대적으로 노동 수요를 증가시켜 균형을 맞추기 위한) 노동−자본가격 비율의 하락폭이 크기 때문에 노동전체의 몫이 작아진다. 또한, 노동자들을 숙련(skilled)과 미숙련(unskilled) 노동자로 나누어 보면 기술진보가 숙련 노동을 미숙련 노동보다 더 많이 사용하도록 하는 '숙련 편향적 기술진보(skill-biased technological change)'인 경우 숙련과 미숙련 노동자 간의 임금 격차를 크게 하여 소득분배를 악화시킬 수 있다. 아세모글루는 경제 전체로 어떤 생산요소의 량이 많아지면 이 생산요소를 상대적으로 더 많이 사용하는 기술을 발전시킬 유인이 커진다는 '지향적 기술진보(directed technological change)'의 이론을 제시하였다.[17] 이 이론에 의하면 숙련 노동이 많아진 경제는 숙련 노동을 더 많이 사용하는 기술을 발전시킬 요인이 커진다.

　　전체 소득에서 노동자의 몫이 계속 줄고 소득분배가 악화한 또 다른 원인으로 국제무역과 해외 투자로 인한 아웃소싱(outsourcing)이 확대된 것을 지적하는 연구들도 많이 나왔다. 한 국가가 중점적으로 생산하고 수출하는 산업에서 집중적으로 사용하는 생산요소의 상대가격은 상승한다. 노동집약적인 수출 산업을 발전시켜 성장한 동아시아 국가들은 자본보다 노동을 집중적으로 사용하여 임금이 꾸준히 상승했다. 그러나 중국과 같이 값싼 노동력을 가진 후발국이 세계 시장에 들어오면서 수출 경쟁에서 불리해지고 외국으로 공장이 옮겨가면서 노동집약적인 국내 산업이 쇠퇴하고　임금이 하락하고 있다.

　　경제성장이 소득분배에 많은 영향을 미치듯이, 소득분배도 경제성장에 영향을 미친다. 분배의 불평등이 클 때 상대적으로 저축성향이 높은 고소득층의 소득이 많다면 경제 전체로 저축과 투자가 늘어나 성장이 촉진될 수 있다. 기술발전을 주도하는 혁신가들에 대한 대가가 높은 경제에서는 분배는 불평등하지만, 기술발전의 속도가 빨라서 경제성장이 촉진될 수 있다. 그러나 소득분배의 불평등이 심하면 오

---

17 Acemoglu, Daron. 1998. "Why do New Technologies Complement Skills? Directed Technical Change and Wage Inequality." *The Quarterly Journal of Economics*, 113(4), 1055-89.

히려 성장이 둔화될 수도 있다. 능력은 있지만 가난한 가정의 자녀는 제대로 교육을 받을 수 없고 시장의 경쟁에서 공평한 기회가 제한되어 경제성장에 나쁜 영향을 미치기도 한다. 소득 계층 간 갈등이 커지면 범죄도 잦아지고 정치도 불안정해져서 장기적인 투자에 불리하다. 불평등을 개선하기 위해 세금을 올리고 저소득층을 지원하는 복지지출을 늘리는 정부의 소득재분배 정책이 근로의욕과 투자에 악영향을 미쳐 경제성장을 저해할 수도 있다. 따라서 지속적인 성장을 위해 정부는 사회적 약자와 취약 계층의 기초생활을 보장하는 사회안전망을 구축하고, 소득과 부의 지나친 불평등을 개선하기 위해 노력해야 한다. 그러나 모든 국민이 만족하는 평등한 소득분배를 하면서 동시에 경제성장을 추구하기는 쉽지 않다.

노동소득 분배율

총생산 중에서 노동소득의 몫이 차지하는 크기인 노동소득 분배율이 시간과 경제발전 단계에 따라 어떻게 변화해 가는지는 경제학의 큰 관심사이다. 니콜라스 칼도(Nicholas Kaldor)는 1957년의 연구에서 경제 발전과정에서 노동소득 분배율이 거의 일정하다고 주장했고 이것이 경제 발전의 정형화된 사실로 여겨져 왔다. 하지만 1980년대부터 최근까지의 자료를 보면 노동소득 분배율이 전 세계적으로 감소하는 추세를 보인다. 카라바부너스(Karabarbounis)와 나이먼(Neiman)의 2014년 연구에 따르면 1980년대부터 미국, 독일, 일본, 중국 등 세계 주요 국가에서 모두 노동소득 분배율이 하락하는 추세이고 세계 59개국에서 평균적으로 5%p 하락했다.

그렇다면 장기에 걸쳐 노동소득 분배율을 하락시키는 요인은 무엇인가? 카라바부너스와 나이먼은 자본재의 상대가격이 하락하여 자본을 상대적으로 더 많이 사용했기 때문이라고 주장한다. 1980년대 초반 이후 컴퓨터와 IT 기술의 발전으로 인해 자본재를 생산하는 부문의 효율성이 매우 높아지면서 소비재에 비교한 자본재의 상대가격이 하락했고 생산 비용에서 노동 비용보다 자본 비용의 하락을 가져왔다. 따라서 기업이 노동을 자본으로 대체하는 현상이 활발하게 일어나 노동소득의 분배율이 하락하였다는 것이다. 노동과 자본의 대체탄력성이 1보다 크다면 자본의 상대가격이 하락할 때 노동보다 자본을 사용하는 비율이 더 많이 증가하여 자본의 몫은 늘고 노동의 몫은 줄어든다. 이들의 연구에 따르면 1975년부터 2012년까지 자본재의 상대가격은 약 25% 하락하였고 이것이 전 세계 노동소득 분배율이 감소한 크기의 폭을 절반 정도를 설명한다.

266 •

그림 **7–2**
전 세계 노동소득 분배율

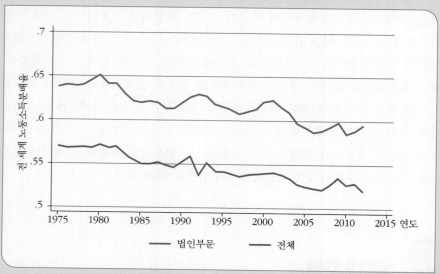

주: 전 세계 59개국의 경제 전체와 법인부문의 노동소득분배율의 평균 값이며 미국 달러로 평가한
각 국가의 GDP와 법인부문의 부가가치로 가중치를 주어 구했다.

자료: Karabarbounis and Neiman(2014)

참고문헌

Kaldor, Nicholas, 1957, "A Model of Economic Growth," *The Economic Journal*, 67(268): 591-624.
Karabarbounis, Loukas and Brent Neiman, 2014, "The Global Decline of the Labor Share," *The Quarterly Journal of Economics*,
129(1): 61-103.

정리 *summary*

1. 솔로우모형은 기술진보가 외생적으로 주어져 있다고 가정하였다. 이에 경제성장의 원천을 내생적으로 결정되는 기술, 지식, 제도의 발전 등의 변수에서 찾는 내생적 성장이론이 등장하게 되었다.

2. 기술은 비경합성(non-rivalry), 생산에 있어 수확체증, 불완전 경쟁 등과 같은 특징을 지니고 있다. 이러한 기술의 특징을 바탕으로 솔로우 모형과는 구별되는 내생적 기술진보모형의 도출이 가능하다.

3. 자본을 인적자본을 포함하는 광의의 자본으로 생각하거나, 자본이 축적되면서 나타나는 파급효과를 고려하게 되면 자본의 한계생산성이 감소하지 않는 내생적 성장모형을 도출할 수 있다.

4. 기술의 발전을 통한 경제성장을 위해서는 무엇보다 기술투자, 제도 및 재산권의 보장과 자유무역 등의 정책적인 지원이 요구된다.

5. 자본축적과 기술발전을 통한 경제성장의 과정에서 노동소득의 몫이 줄고 소득분배가 악화될 수 있다.

연습문제 *exercise*

1. 다음 문장의 옳고 그름을 말하고 간략히 그 이유를 설명하시오.

1) 내생적 성장이론은 솔로우 성장모형과는 다르게 장기적으로는 기술진보율이 경제성장률을 결정한다고 본다.

2) 기술이 갖는 소비의 비경합성으로 인해 완전경쟁시장에서는 생산이 불가능하다.

3) 기술혁신을 위한 연구개발(R&D) 투자는 많을수록 좋다.

4) 조류독감에 효력이 있는 백신인 Tamiflu를 독점 생산하는 Roche사는 매우 적은 양을 생산하고 있다. 조류독감의 우려가 큰 시점에서는 이 회사의 동의 없이도 다른 회사가 생산할 수 있도록 Roche사의 특허권을 정지해야 한다.

2. 기술 또는 지식의 축적을 중요한 성장의 동인으로 보는 로머의 내생적 기술진보모형을 고려하자.

1) 지식이 갖는 비경합성의 개념을 설명하고 지식의 생산이 주로 불완전경쟁시장에서 이루어지는 이유를 설명하시오.

2) 새로운 지식의 발전이 기업들의 혁신적 노력에 의하여 이루어지면 이는 그 다음의 혁신을 쉽게 하는 외부효과가 있다고 한다. 이 경우 정부가 기술 혁신을 하는 기업에 보조금을 주는 것은 좋은 정책일까?

3. 어느 한 국가의 생산함수가 다음과 같이 주어졌다 하자.

$$Y = F(K, AL) = K^{1-\alpha}(AL)^{\alpha}, \qquad 0 < \alpha < 1$$

이 경제의 인구(노동력)증가율 $n = 0$이며, 총요소생산성을 나타내는 A는 매년 A_0의 값으로 일정하다. 저축률은 $s > 0$, 감가상각률 $\delta > 0$으로 고정되어 있다.

1) 솔로우의 성장모형을 사용하여 이 경제가 장기적으로 도달하는 균제상태에서의 일인당 자본 $k(=K/L)$와 일인당 소득 $y(=Y/L)$의 크기와 그 성장률을 구하시오.

2) 균제상태에서 갑자기 이 경제의 총요소생산성 A가 $A_1 > A_0$로 영구적으로 높아졌다고 하자. 이 경제의 성장률이 어떻게 변화하는지 설명하시오.

3) 이제 이 경제에서 기술혁신을 위한 R&D 투자를 통해 총요소생산성 A를 높일 수 있다고 한다. 주어진 솔로우 성장모형의 경제에서 이제 유효노동력의 일부를 직접 생산에 투입하지 않고 R&D 투자로 쓰면 기술수준 A를 높일 수 있다고 한다. 이 경제의 기술진보를 결정하는 식을 써 보시오.

4. 한 경제 전체의 생산함수가 $Y = AK$로 주어진 경제를 생각하자. 단, 기술수준(A)은 일정한 상수이고, K는 물적자본, 인적자본, 지식자본을 포함하는 넓은 의미의 자본을 의미한다. 이 경제의 저축률은 s, 자본의 감가상각률은 δ로 일정 하다고 하자.

1) 자본량이 증가하면서 자본의 평균생산성 Y/K와 Y의 성장률은 어떻게 변화하는가?

2) 저축률, 기술수준, 자본의 감가상각률이 모두 동일한 두 국가가 있다. 단, 자본량의 크기는 1국이 2국보다 크다. 두 국가간에 소득의 수렴현상이 발생하는가?

5. 아프리카에 위치한 SoccerOnly라는 국가는 일인당 국민소득이 \$500라고 한다. 이 국가의 대통령이 한국을 방문하 였다가 당신을 만나서 경제정책에 대한 자문을 구하였다. 배운 지식을 동원하여 대통령이 알기 쉽게 답하시오.

1) SoccerOnly를 잘 살게 하기 위해서 모든 국민의 소득의 절반을 강제 저축하여 이것으로 투자를 늘리려는 정책을 도입하면 장기 성장률이 높아질 것인가?

2) 대통령은 노동생산성(labor productivity)과 총요소생산성(total factor productivity)의 차이점이 무엇인지 매우 혼란을 겪고 있다. 경제성장을 이해하는 데 왜 두 가지를 구별하는 것이 중요한지 설명하시오.

3) SoccerOnly의 최고 대학인 Fifa대학의 졸업생 중 10%를 뽑아 매년 한국으로 보내 한국 기업에서 실습을 한 후 SoccerOnly 국가로 귀국시키는 정책을 쓰는 것은 어떻게 경제성장에 도움이 되는가?

4) SoccerOnly가 가난한 가장 중요한 이유는 적도에 위치하여 지리적 여건이 나쁘기 때문이라는 견해를 대통령이 제시하였다. 실제 나쁜 기후와 같은 지리적 요건이 경제성장률을 낮출 수 있는 가능한 경로를 설명하시오.

6. 1980년대 이후 세계적으로 노동소득 분배율이 감소하는 추세이다

1) 노동소득은 임금×노동량, 자본소득은 자본임대료×자본량으로 정의할 수 있다. 전체소득은 이 둘의 합이다. 생산함수가 콥−더글러스 형태이면 전체소득에서 노동소득의 몫은 항상 일정함을 설명하시오.

2) 노동과 자본의 대체탄력성이 1보다 큰 경우를 가정하여 자본임대료가 하락하고 임금이 계속 높아질 때 노동소득 분배율이 감소할 수 있음을 설명하시오.

3) 노동의 몫이 줄어든 원인이 기술진보 때문이라는 주장이 있다. 어떤 경우에 노동증대형 기술진보가 노동분배를 악화시키는지 설명하시오.

4) 숙련노동자의 공급 증가와 숙련 편향적 기술진보는 미숙련 노동자의 고용과 임금에 어떤 영향을 미치는지 설명하시오.

부록	**로머의 내생적 성장모형**[19]

로머는 외부효과(파급효과)를 강조하는 최초의 내생적 성장모형을 제시했다. 이 모형에서는 자본의 개념을 넓게 해석하고 있고 이는 이후 내생적 기술진보모형의 밑거름이 되었다.

1 개별기업의 생산함수

생산은 개별기업 i가 투입하는 자본과 노동뿐 아니라 경제 전체에 존재하는 다른 요소(기술, 제도 등)에 의해서도 영향을 받는다. 이런 다른 요소들을 로머는 A로 설정했다.

$$Y_i = AF(K_i, L_i) = AK_i^{\alpha}L_i^{1-\alpha}, \qquad 0 < \alpha < 1 \qquad \text{(A.7.1)}$$

여기서 A는 생산성의 수준을 결정하는 기술 또는 지식이라고 부를 수 있는데 모든 기업이 이를 공유한다. 하지만 자본과 노동은 공유할 수 없으므로 기업마다 개별적으로 투입량을 결정한다. 따라서 기업 i가 투입하는 자본과 노동은 K_i와 L_i로 나타냈으며, 기업에 따라 다르기 때문에 하첨자 i가 표시되어 있다. 성장을 지속적으로 하기 위해서는 자본량(K_i)과 노동량(L_i)을 높여야 하는데 이는 한 기업의 입장에서는 한계생산물의 감소로 인해 한계에 부딪치게 된다.

2 기술(A)의 특징

여기서 A는 경제 전체가 쓰는 기술이기 때문에 i가 붙지 않는다. 로머는 A를 지식, 기술수준 등의 개념으로 보았다. 이런 방식으로 A를 정의하면 모든 사람들이 지금까지 생산되었던 기술을 모두가 공유하고 있다는 것을 의미한다. 가령 기술이 생산방법이라면 최고의 생산방법을 모두가 같이 쓰는 것이다. 기술수준은 과거의 축적된 기술과 다른 사람이 축적한 기술까지 포함한다. 내가 기술수준을 높이지 않

---

18 Romer, Paul M. 1986. "Increasing Returns and Long-run Growth." *Journal of Political Economy*, 94(5): 1002-1037.

아도 누군가 기술을 발전시킨다면 나의 생산성도 같이 높일 수 있는 것이다. 이것을 파급효과(spillover effect) 또는 외부성(externalities)이라고 표현할 수 있다.

위 생산함수에서 보면, 기술(A)을 2배, 3배하면 생산량도 2배, 3배로 늘어난다. 즉 수확체감하지 않는다. 따라서 기술은 경제의 지속적인 성장에 있어서 중요한 역할을 담당한다. 이제 기술이 어떻게 늘어나는가가 중요하다. 로머는 1986년 그의 논문에서 "이 경제전체가 사용하는 기술(지식)수준(A)은 경제전체가 사용하고 있는 자본량(K)에 의해 결정된다"고 보았다. 이를 식으로 표현하면 다음과 같다.

$$A = A(K) = K^{\beta}, \qquad \beta > 0 \tag{A.7.2}$$

위 식은 지식과 경제전체의 자본량(K)이 양의 관계임을 나타낸다. 즉 로머는 전체 자본량(K)의 크기와 지금까지 축적된 지식의 크기가 비례한다고 보았다. 이 견해는 자본량(K) 자체가 물적자본(physical capital) 이외에 지식자본(knowledge capital)을 포함한다고 하면 쉽게 정당화할 수 있다. 즉 자본이라는 것은 눈에 보이는 유형의 자본뿐만 아니라 자본을 만드는 데 들어가는 지식이나 기술도 포함하고 있는 것이다. 이러한 방식으로 자본을 정의하면 파급효과가 있음을 명시적으로 고려한 셈이 된다. 왜냐하면 개인이 자본을 축적하더라도 경제 전체의 자본량을 늘림으로써 경제 전체의 기술(지식)수준에 영향을 주기 때문이다. 따라서 이 경우 자본은 물적자본보다는 지식자본으로 보는 것이 더 타당할 것이다.

③ 외부효과가 포함된 기업의 생산함수

$$Y_i = AK_i^{\alpha}L_i^{1-\alpha} = K^{\beta}K_i^{\alpha}L_i^{1-\alpha} \tag{A.7.3}$$

기술이 경제 전체의 자본량에 영향을 받는다는 점을 위 생산함수에 반영하면 경제전체의 자본축적 정도가 개별기업 i의 생산에 영향을 미치는 것을 알 수 있다. 그래서 이 모형을 로머의 외부효과 모형이라고 부르며 내생적 성장모형의 출발점으로 볼 수 있다. 개별기업 i의 자본량(K_i)은 경제전체 자본량(K)에서 아주 작은 부분을 차지할 것이다.[19]

---

19 $K = \sum_{i=1}^{M} K_i$ 여기서 M은 경제 전체의 기업수인데, 기업수가 많다면 그 영향은 매우 미미할 것이다.

4 경제 전체의 생산함수

위의 식을 경제 전체에 있는 모든 기업(기업 $i=1, 2, \cdots, M$)에 대해 합계해보자.

$$\sum_{i=1}^{M} Y_i = K^{\beta}\left(\sum_{i=1}^{M} K_i^{\alpha} L_i^{1-\alpha}\right) \tag{A.7.4}$$

이제 모든 기업의 규모가 같다고 가정해보자. 그렇다면 Y_i, K_i, L_i가 모두 같아지고

$$K = \sum_{i=1}^{M} K_i = MK_i, \ L = \sum_{i=1}^{M} L_i = ML_i, \ Y = \sum_{i=1}^{M} Y_i = MY_i \tag{A.7.5}$$

의 관계가 성립할 것이다. 한편, 식 (A.7.3)을 이용하면

$$MY_i = M\left(K^{\beta} K_i^{\alpha} L_i^{1-\alpha}\right) = K^{\beta}(MK_i)^{\alpha}(ML_i)^{1-\alpha} \tag{A.7.6}$$

가 된다. 마지막으로 식 (A.7.5)를 식 (A.7.6)에 대입하면 다음과 같은 경제 전체에 대한 생산함수를 도출할 수 있다.

$$Y = K^{(\alpha+\beta)} L^{1-\alpha} \tag{A.7.7}$$

위 생산함수 (A.7.7)을 보면 자본(K)에 대한 승수가 α가 아니라 $\alpha+\beta$로 바뀌었음을 알 수 있다. 개별기업이 자신이 축적한 자본에 대한 대가로 α를 지불한 효과 K^{α}

그림 7–3
자본의 승수효과와 생산성(1)
자본의 승수효과에 따라 자본량과 생산량의 관계가 달라진다. 즉 $\alpha+\beta$의 크기에 따라서 자본생산성은 수확체증할 수도 있다.

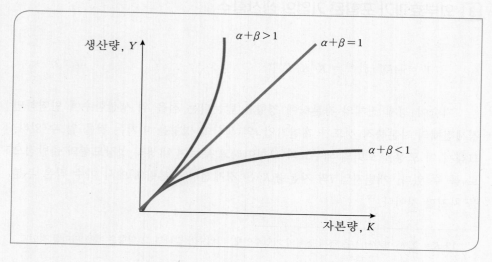

뿐 아니라 개별기업이 직접 지불하지 않은 β만큼 더 큰 효과, $K^{\alpha+\beta}$가 발생한다. 여기에서 추가된 β는 상호간 양의 파급효과를 통해 나타나는 것이다. 예를 들어, 경제 내에 총 100개의 공장이 있는데 어느 한 공장이 상품을 생산함에 있어 나머지 99개의 공장으로부터 알게 된 지식 등으로 인한 생산성 증가분이 β로 나타난 것이다. 따라서 자본(K)에 대한 승수효과는 $\alpha+\beta$이다. 〈그림 7-3〉은 자본의 승수효과에 따른 자본량과 생산량의 관계를 그려본 것이다.

위 그림을 보면 개별기업들의 자본투입으로 생산성이 체감하더라도($0<\alpha<1$) 적절한 양의 β의 값($\beta>0$)이 있다면, 경제 전체의 자본생산성은 수확체증할 수도 있다. 즉 $\alpha+\beta$의 크기에 따라서 자본축적에 따른 한계생산성의 감소, 불변, 증가 여부가 결정된다는 것이다.

5 균형자본 축적경로

여기에서 균형자본의 축적경로를 보기 위해 자본축적식을 구하면

$$\Delta K = sY - \delta K = sK^{\alpha+\beta}\overline{L}^{1-\alpha} - \delta K \tag{A.7.8}$$

가 되고 위 식의 양변을 K로 나누면 다음과 같이 자본축적의 성장률을 구할 수 있다.

$$\frac{\Delta K}{K} = sK^{\alpha+\beta-1}\overline{L}^{1-\alpha} - \delta \tag{A.7.9}$$

여기서 노동량(L)은 고정되어 있다고 하자. 이때 〈그림 7-4〉는 $\alpha+\beta$의 값에 따라, 자본축적의 성장률을 나타낸 것이다. $\alpha+\beta=1$일 경우는 AK모형과 동등하다. 만약 $\alpha+\beta>1$이어서 자본의 한계생산물(MPK)이 감소하지 않는다면, 지속적인 성장이 가능하다. β의 크기가 지속적 성장에 중요한 역할을 한다.

생산성을 결정하는 데 기술 또는 지식이 중요하고, 기술은 파급효과가 있음을 보았다. 그렇다면 기술에 포함되는 제도의 정비, 기초연구 지원, 사적 재산권 보장, 공공성의 확보 등 다양한 경로를 통해 생산성을 높일 수 있는 것이다. 기존의 생산함수에서는 한계생산물의 감소효과가 있지만, 여기서는 기술의 파급효과로 인해서 한계생산물의 감소효과가 상쇄되는 것이다.

솔로우의 신고전학파 성장모형 $Y=AK^{\alpha}L^{1-\alpha}$에서 한계생산물은 감소한다. 그렇

그림 7-4
자본의 승수효과와 생산성(2)

자본축적의 성장률은 $\alpha+\beta$의 값에 따라 달라진다. $\alpha+\beta=1$일 경우는 AK모형과 동일하다. 만약 $\alpha+\beta>1$이어서 자본의 한계생산물(MPK)이 감소하지 않는다면, 지속적인 성장이 가능하다. $\alpha+\beta<1$인 경우에는 자본의 한계생산물이 감소한다.

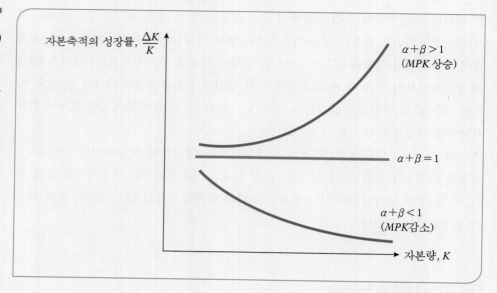

다면 한계생산물이 감소하지 않는 생산함수를 설정하면 될 것이다. 기존에 배웠던 파급효과모형에서 $\alpha+\beta$를 1로 설정하여 세운 가장 간단한 모형이 바로 $Y=AK$모형이다. 이 모형이 가능한 가장 근본적인 이유는 기술 또는 지식의 파급효과 때문이다. 생산성이 체감하지 않는 이유는 개별기업의 생산함수의 특성이 규모에 대한 보수 증가(Increasing Returns to Scale: IRS) 또는 불변(Constant Returns to Scale: CRS)이기 때문이 아니라 그 경제전체의 지식의 파급효과가 크기 때문이다.

6 외부효과와 정부개입

경제학에서 중요한 이슈 중 하나가 정부의 개입 문제이다. 정부의 역할을 정당화하는 가장 중요한 근거는 외부효과에 의한 '시장의 실패'이다. 이 경제에는 양의 외부효과가 있기 때문에 정부의 생산보조금 등을 통한 개입이 근거를 가질 수 있다.

기업 i의 생산함수가 $Y_i = K^\beta K_i^\alpha L_i^{1-\alpha}$이므로 기업 i의 자본의 한계생산물은 다음과 같다.

$$MPK_i = \frac{dY_i}{dK_i} = \frac{d(K^\beta K_i^\alpha L_i^{1-\alpha})}{dK_i} \tag{A.7.10}$$

이때 개별기업의 자본량(K_i)이 변할 때 경제전체의 자본량(K)은 변하지 않을 것이다. 왜냐하면 개별기업이 시장 전체에서 차지하는 비중이 매우 작을 경우 개별기업 i의 입장에서는 자본량(K_i)의 작은 변화가 경제전체의 자본량(K)을 변화시키지 않는 다고 보기 때문이다. 따라서 개별기업의 자본의 한계생산물을 구하기 위해 자본량 (K_i)으로 미분할 때에 경제 전체의 자본량(K)은 상수로 취급한다.

$$\frac{dY_i}{dK_i} = \alpha K_i^{\alpha-1} L_i^{1-\alpha} K^\beta \qquad (A.7.11)$$

이것을 식 (A.7.5)를 이용하여 경제 전체의 자본(K)과 노동(L)으로 표현하면 다음과 같다.

$$\begin{aligned} \frac{dY_i}{dK_i} &= \alpha (MK_i)^{\alpha-1}(ML_i)^{1-\alpha}K^\beta \qquad (A.7.12)\\ &= \alpha K^{\alpha-1}L^{1-\alpha}K^\beta \\ &= \alpha K^{\alpha+\beta-1}L^{1-\alpha} \end{aligned}$$

만약 내가 이 경제의 중앙집권자(social planner)라면, 자본의 파급효과가 어느 정도인지 정확히 알 수 있을 것이다. 전체 자본(K)축적의 효과를 알기 때문에 이를 고려해서 경제계획을 수립할 것이다. 그러므로 사회 전체의 외부효과를 고려한 중 앙집권자의 생산함수

$$Y = K^{\alpha+\beta}L^{1-\alpha}$$

에서 자본의 한계생산물은

$$MPK = \frac{dY}{dK} = (\alpha+\beta)K^{\alpha+\beta-1}L^{1-\alpha} \qquad (A.7.13)$$

이다. 위의 값을 개별기업들의 관점에서 본 한계생산물(MPK_i)의 값 $\alpha K^{\alpha+\beta-1}L^{1-\alpha}$ 와 비교해 보자. 개별기업들의 한계생산물로 구한 자본의 한계생산물에 β값이 빠 져 있는 것을 볼 수 있다. 개별기업은 파급효과로 인해 경제전체에 공헌한 부분인 $\beta K^{\alpha+\beta-1}L^{1-\alpha}$의 대가를 받지 못하므로 외부효과를 고려하지 않는 것이다. 결국 시장 경제에서는 자본의 한계생산물을 과소평가하여 사회 최적 수준보다 과소 투자가 일 어난다. 따라서 중앙집권자가 있을 때보다 총생산규모가 줄어들게 된다.

그러므로 사회적 최적을 달성하기 위해서는 사회적 생산성과 개별기업이 느끼

는 생산물의 차이인 β만큼을 줄여야 할 것이다. 그러기 위해서 자본의 한계생산물의 차이만큼(β만큼) 보조금을 자본 한단위 투자에 대해 지원해야 한다. 그렇다면 개별기업들은 정부로부터 대가를 받으므로 생산을 늘릴 수 있을 것이다.

　그런데 위와 같은 시장의 실패가 있을 때 중앙집권자가 반드시 개입해야 하는가? 예를 들어 자신의 이익에 관심이 없고 전체의 이익을 가장 우선시하는 효율적인 중앙집권자가 있다면 최적을 달성할 수 있을 것이다. 그러나 정부가 이런 역할을 담당할 경우 정부실패, 부패, 의사결정의 왜곡 등과 같은 비효율성이 발생할 수 있다. 왜냐하면 현실에서 정부를 구성하는 집단은 자신의 이해를 대변하는 정치 정당이기 때문이다. 일반적으로 이들은 자신이 대변하고 싶은 집단의 이익을 우선적으로 고려하고 모든 경제주체들의 이익을 고려하지 않는다. 또한 관료집단의 한계로 지적되는 주인-대리인 문제가 발생하면 정부개입이 무조건 옳다고 볼 수는 없을 것이다. 마지막으로, 보조금의 재원을 조달할 때 모두에게 정액세(lump-sum tax)[20]를 부과하는 것이 아니라면 조세로 인한 추가적인 왜곡을 가져 올 수도 있다.

---

[20] 모두에게 똑같이 걷어서 생산, 소비를 왜곡하지 않는 세금조달을 의미한다.

PART

IV

총수요 · 총공급 단기거시모형

Macroeconomics

제 8 장

경기변동현상과
장·단기균형

이번 장에서는 경기변동에 대한 전반적인 개념 소개가
이루어진다. 경기변동과 관련된 기본적인 현상을 이해
하고 이와 관련된 경제용어들을 학습할 것이다. 경기변
동은 생산, 고용, 물가, 판매 등 주요 거시경제변수들이
서로 연관을 가지며 상승과 하락을 반복하는 현상을 일
컫는다. 주요 거시경제변수들은 동시에 또는 시차를 가
지며 변화한다. 또한 서로 같은 방향으로 움직이기도 하
고 다른 방향으로 움직이기도 한다. 이러한 경기변동현
상에 경제적 관심을 갖는 이유를 알아보고 경기변동이
전개될 방향을 미리 예측할 수 있는 방법도 살펴본다.

또한 경기변동이 생기는 원인을 간단한 모형을 이용
하여 살펴볼 것이다. 경기변동을 설명하는 이론은 다
양하게 존재하나 이번 장에서는 케인즈의 견해를 따라
경기변동을 단기적인 현상으로 파악하고 단기에서 균
형이 이루어지는 원리를 이해하고자 한다. 케인즈는 경
제가 균형을 찾는 과정을 단기와 장기로 나누고, 단기
에서는 가격의 경직성과 같은 여러 가지 마찰적 요인
때문에 수요에 의해서 총생산이 결정된다고 생각하였
다. 이번 장의 초점은 경기변동과 관련된 기본적인 사
실들을 확인하고, 경제의 총수요가 어떻게 결정되는지
가장 간단한 모형을 통해 분석한 후, 총수요의 변화를
통해 경기변동현상을 설명하는 케인즈의 기본적인 관
점을 소개하는 것이다.

1 경기변동과 관련된 기본적 사실들

〈그림 8-1〉에서 파란색으로 표시한 선은 1950년 1분기부터 2023년 2분기까지 미국의 실질GDP가 변화하는 양상을 보여 준다.[1] 그림을 통해 알 수 있는 가장 기본적인 사실 중 하나는 미국의 실질GDP가 꾸준히 증가하여 왔다는 사실이다. 이와 같이 실질GDP가 꾸준히 증가하는 모습은 빨간색으로 표시한 추세선(trend line)을 통해 나타낼 수 있다. 추세선 상의 실질GDP는 실업률이 자연실업률에 있을 때의 총생산이라고 간주할 수 있다. 따라서 추세선 상의 실질GDP를 자연율총생산(natural rate of output)이라고 부른다. 제4장에서는 자연실업률을 완전고용 상태로 간주하여 완전고용GDP라고 부르기도 하였다. 이와 같은 추세선을 따른 GDP의 증가현상을 경제성장이라고 부른다. 경제성장이 이루어지는 주요 요인에 대해서는 이미 제6장과 제7장에서 살펴본 바 있다.

경제성장 현상이 꾸준히 일어나지만 매년 성장률이 같은 것은 아니다. 즉 어떤 기간에는 실질GDP가 빠르게 성장하지만 다른 어떤 기간에는 실질GDP가 느리

그림 8-1
미국 실질GDP의 변화
(1950년 1분기~2023년 2분기)

미국 실질GDP의 변화를 보면 크게 두 가지 사실을 알 수 있다. 첫째, 시간이 흐름에 따라 실질GDP가 증가한다. 실질GDP가 증가하는 모습은 파란색으로, 그리고 그 추세선은 빨간색으로 나타냈다. 둘째, 실질GDP 증가율은 일정하지 않고 빠른 증가구간(호황)과 느린 증가구간(불황)으로 나뉜다. 불황구간은 흐린색으로 칠하여 구분하였다.

자료: Federal Reserve Economic Data, St Louis.

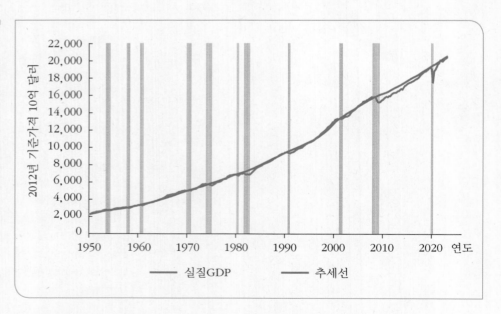

---

1 경제가 시간이 흐름에 따라 변화하는 양상은 정도의 차이는 있지만 많은 나라들이 공통적인 특징을 갖는다. 이번 장에서는 이러한 특징을 미국 GDP의 움직임을 통해 살펴볼 예정인데, 그 이유는 경기변동과 관련된 사실들이 미국의 경우에 가장 잘 알려져 있기 때문이다.

게 성장하며, 경우에 따라서는 마이너스 성장을 통해 실질GDP가 감소하기도 한다. 이와 같이 총생산량이 시간의 흐름에 따라 추세선의 상하로 변동하는 현상을 경기변동이라고 부른다. 경기변동을 경제성장과 분리하여 생각할 수 있는지에 대해서는 이견이 있을 수 있다. 하지만 전통적으로 경기변동 현상을 분석할 때는 경제성장과 관련된 현상을 제거하고 순수한 경기변동에만 초점을 맞추어 왔다. 이번 장부터는 전통적인 방식에 따라 경기변동 현상에 초점을 맞출 것이다.

1 호황과 불황

경기변동 현상은 경기변동 과정을 두 구간으로 나누는 방법을 통해 보다 쉽게 이해할 수 있다. 〈그림 8−1〉에서 흐린색으로 칠해진 구간은 경기불황 구간이며 밝은색으로 남아 있는 구간은 경기호황 구간이다. 경기불황 구간은 전반적으로 실질GDP가 감소하거나 성장률이 낮은 값을 갖게 되며, 경기호황 구간은 실질GDP가 보다 빠르게 증가하는 구간이다. 이와 같이 구간을 구분하면, 경기변동을 불황과 호황, 또는 호황과 불황이 반복되는 현상으로 정의할 수 있다.

그러면 경기변동의 호황구간과 불황구간을 구분하는 보다 엄격한 잣대는 무엇인가? 〈그림 8−2〉는 가상국가의 실질GDP가 변하는 모습을 나타낸다. 〈그림 8−1〉에서와 마찬가지로 경제성장을 나타내는 추세선은 빨간색으로 나타냈다. 그림에서 불황구간은 흐린색 구간이며 호황구간은 밝은색으로 나타내었다. 이와 같이 보다 간단한 형태로 경제가 변화하는 경우에는 호황구간과 불황구간을 다음과 같이 쉽게

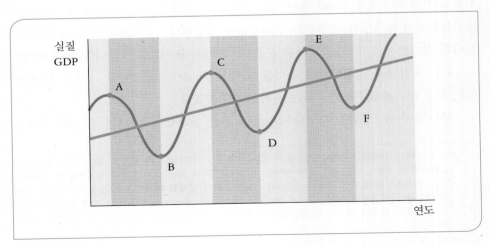

그림 8-2
가상국가의 실질GDP 변화

〈그림 8−1〉과 비교하여 가상국가의 실질GDP는 규칙적인 변화를 보여준다. 하지만 이는 〈그림 8−1〉에서의 실제 GDP 변화의 두 가지 특징을 모두 갖고 있다. 첫째, 시간이 흐름에 따라 실질GDP가 증가하며, 둘째, 실제의 실질GDP 증가율은 일정하지 않다. 불황구간은 흐린색으로 칠하여 구분하였다.

282 •

그림 8-3
추세가 제거된 실질GDP

〈그림 8-2〉에서 추세선은 양(+)의 기울기를 가지므로 실질GDP는 평균적으로 양의 성장률을 보였다. 추세를 제거한 실질GDP는 평균적인 성장률이 0이 되도록 변화시키는 것이다. 이제 경기변동상의 변화만 추출하여 볼 수 있다. 그림에서 A, B, C, D, E, F와 같은 점들은 일반적으로 전환점이라 불리며, 특히 상승하다가 하락으로 방향이 바뀌는 A점, C점, E점은 정점(peak)이라고 부르고, 하락하다가 다시 상승으로 방향이 바뀌는 B점, D점, F점은 저점(trough)이라고 부른다. 경기변동 상의 불황은 A점에서 B점까지의 구간과 같이 정점에서 저점까지의 구간이며, 호황은 B점에서 C점까지의 구간과 같이 저점에서 정점까지의 구간이다.

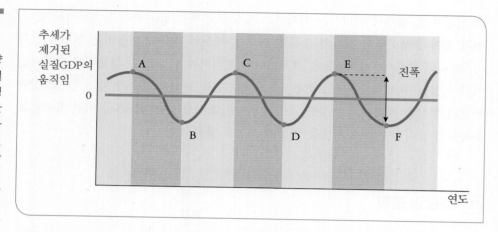

구별할 수 있다.[2]

먼저 〈그림 8-2〉에서 성장 부분을 제거하여 실질GDP가 변동하는 모습만을 나타내면 〈그림 8-3〉처럼 나타낼 수 있다. 〈그림 8-3〉은 경제성장이 전혀 일어나지 않는 경우를 가정하여 나타냈기 때문에 〈그림 8-2〉에서 빨간색으로 나타냈던 추세선이 〈그림 8-3〉에서는 0에 위치한 빨간색의 수평선으로 나타낸다. 이와 같이 경제성장이 제거되면 경기변동 부분만이 부각되면서 경기변동을 보다 쉽게 이해할 수 있게 된다. 〈그림 8-3〉에서 실질GDP의 움직임을 살펴보면 A점, C점, E점과 같이 상승하다가 하락으로 방향이 바뀌는 정점(peak)과 B점, D점, F점과 같이 하락하다가 다시 상승으로 방향이 바뀌는 저점(trough)이 반복되는 모습을 보이고 있는데, 이와 같이 방향이 바뀌는 정점과 저점을 모두 전환점(turning point)이라고 부른다. 정점에서 저점까지의 구간이 경기불황(recession) 구간이며 저점에서 정점까지의 구간은 경기호황(boom) 구간으로 정의한다. 따라서 A~B, C~D, E~F구간은 경기불황이며 B~C, D~E구간은 경기호황에 해당된다. 저점에서 다음 저점까지의 길이를 경기변동의 주기(cycle)라고 부른다. 따라서 B~D 또는 D~F구간이 주기이다. 또한 저점에서 정점까지의 높이를 진폭(amplitude)이라고 한다. 〈그림 8-3〉에서는 정점 E와 저점 F에 대응하는 진폭을 표시하였다.

우리는 흔히 "정점을 찍었다" 또는 "정점을 통과했다"는 말을 하는데 이는 경

---

2 실제 경제가 변화하는 모습은 〈그림 8-1〉에서와 같이 보다 복잡한 양상을 보이므로 호황구간과 불황구간을 나누는 것은 생각보다 어려운 작업이다. 특히 시간이 흐른 후에 경기변동을 구획하는 것은 상대적으로 쉽지만 경제가 진행되는 와중에 현재 상태를 파악하는 것은 더욱 어렵다. 미국의 경우는 국립경제연구원(National Bureau of Economic Research)에서 공식적인 경기변동 구간을 결정하며 한국의 경우는 통계청에서 경기종합지수를 작성하고 이를 기초로 경기변동 구간을 결정한다.

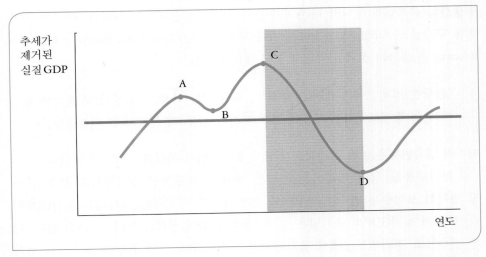

기가 정점을 지나 불황국면에 접어들었다는 것을 의미하며 "저점을 찍었다" 혹은 "저점을 통과하였다"는 의미는 경기가 저점을 통과하여 호황국면으로 바뀌었다는 것을 의미한다. 〈그림 8-3〉에서와 같이 경기변동 양상이 매우 규칙적인 경우에는 정점과 저점을 통과했는지 여부가 쉽게 파악되지만 현실 경제에서의 경기변동은 보다 복잡한 양상을 띤다. 따라서 현재 시점에서 미래의 경기변동 양상을 예측하기 어려우며, 현재 상태가 경기변동상 어떤 국면인지 파악하기 어려울 때가 많다. 예를 들어 〈그림 8-4〉와 같이 경기가 불규칙하게 변화한다면 A점에서는 마치 경기가 하락하는 듯 보이지만 B점에서 바로 다시 상승하므로 C점까지의 구간을 호황구간으로 파악하는 것이 옳은 접근방법이다. 즉 짧은 기간 동안의 변화는 무시하고 큰 변화를 중심으로 경기변동을 파악하는 것이다. 미국의 경우 불황은 통상적으로 2분기 연속 마이너스 성장을 한 경우로 정의하며, 1분기만 마이너스 성장을 한 경우는 불황으로 간주하지 않는 것이 일반적이다.

2 경기변동의 특징

경제변수들의 공행성 : 방향과 시차

경기변동은 흔히 총생산의 움직임을 통해 이해된다. 하지만 전통적으로 경기변동은 단순히 총생산의 움직임뿐 아니라 각종 거시지표들이 함께 움직이는 현상으로 이해되어 왔으며, 실제로 경기변동상의 호황과 불황구간을 나누는 데 있어서 총생산의 움직임뿐 아니라 다른 변수들의 움직임도 동시에 고려된다. 미국의 경기변동 구간을 공식적으로 결정하는 미국 국립경제연구원(National Bureau of Economic Research)은 불황의 정의를 다음과 같이 내리고 있다.

> "불황은 경제전반에 걸쳐 실질GDP, 실질소득, 고용, 산업생산 및 도소매 판매 등의 경제행위가 수개월에 걸쳐 현저하게 감소하는 경우를 의미한다."

따라서 경기변동은 여러 경제지표가 함께 움직이면서 복합적인 양상을 보인다.

경기변동상 함께 변화하는 변수들 중에서 전체적인 경제활동의 변동을 가장 명확히 보여주는 변수는 아무래도 전체 경제의 생산량을 나타내는 실질GDP이다. 따라서 실질GDP의 움직임은 경기변동의 중심적 역할을 한다고 볼 수 있다. 다른 변수들도 경기변동상에서 움직이지만 실질GDP와 정확히 같은 모습으로 변하지는 않는다. 그럼에도 불구하고 대부분의 경제변수들은 전체적인 경제활동의 변동과 연관을 가지며 변화한다. 이렇게 연관을 가지면서 변화하는 현상을 공행성(co-movement)이라고 부른다. 우리는 이러한 공행성을 세 가지 관점에서 살펴볼 수 있다.

공행성의 방향

첫째, 어떤 경제변수가 전체적인 경기변동의 변화와 대체로 같은 방향으로 변화할 때 이러한 변수는 경기순행적(procyclical)이라고 부른다. 〈그림 8−5〉는 실질

그림 8−5
미국의 실질GDP, 소비, 투자
(1950년 1분기~2023년 2분기)

미국의 실질GDP는 검은색, 소비는 파란색, 그리고 투자는 빨간색으로 표시하였다. 소비와 투자의 변화도 실질GDP와 마찬가지로 추세와 경기변동의 모습이 모두 나타난다.

자료: Federal Reserve Economic Data, St Louis.

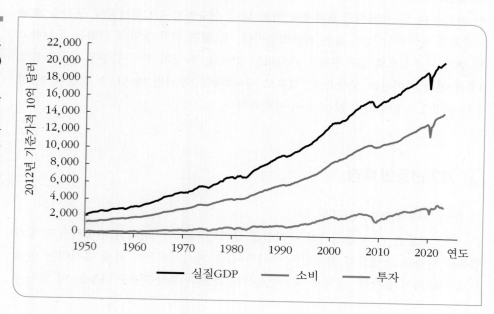

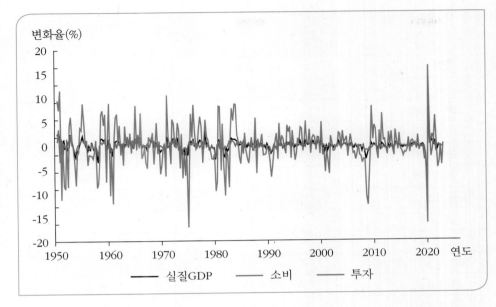

그림 8-6
추세가 제거된 미국의
실질GDP, 소비, 투자
(1950년 1분기~2023년 2분기)

추세를 제거한 후, 실질GDP
는 검은색, 소비는 파란색, 그
리고 투자는 빨간색으로 표시
하였다. 소비는 서비스와 비내
구재의 합이다. 그림을 통해
각 변수는 경기변동상에서 같
은 방향으로 움직이고 있음을
확연하게 알 수 있다. 하지만
변동의 폭에 있어서는 소비가
가장 작고, 투자가 가장 큼을
알 수 있다.

자료: Federal Reserve Economic Data,
St Louis.

GDP, 소비, 투자의 변화를 나타낸 것이다.

〈그림 8-5〉에서 소비와 투자의 변화 모습을 살펴보면 변화의 정도는 크게 차이가 있지만 실질GDP의 움직임과 대체로 같은 방향으로 움직이고 있음을 확인할 수 있다. 이러한 공행성의 모습은 〈그림 8-6〉과 같이 추세를 제거해 보면 보다 확실히 알 수 있다. 〈그림 8-6〉에서 검은색은 추세를 제거한 실질GDP의 움직임을 나타낸다. 추세를 제거한 소비 및 투자의 변동은 각각 파란색과 빨간색으로 나타내었다. 먼저 경기변동의 진폭은 세 개의 변수가 모두 다름을 알 수 있다. 순서대로 나타낸다면 소비의 경기변동 진폭이 가장 작으며 그 다음은 실질GDP이고 진폭이 가장 큰 변수는 투자이다. 진폭은 다르지만 경기변동의 방향은 대체로 일치하는 것을 알 수 있다. 즉 실질GDP가 증가할 때 소비 및 투자도 대체로 증가하며, 실질GDP가 감소할 때 소비 및 투자도 대체로 감소하는 것이다. 실질GDP의 움직임이 전체적인 경기변동의 움직임을 나타낸다고 간주할 때 소비와 투자는 경기순행적인 경제변수이다. 또한 그림에는 나타나지 않았지만 고용량도 대체로 실질GDP의 움직임과 같은 방향으로 변화하므로 역시 경기순행적인 변수이다.

둘째, 전체적인 경기변동의 변화와 반대방향으로 움직이는 변수들도 있는데 이러한 변수들은 경기역행적(countercyclical)이라고 부른다. 실업률은 고용량과 반대방향으로 움직이므로 실질GDP와도 반대방향으로 움직이며, 대표적인 경기역행적 경제변수이다. 〈표 8-1〉의 첫 번째 열은 주요 경제변수들의 경기변동상의 방향을

표 8-1
경기변동상의 공행성과 시차

	방 향	시 차
생 산		
산업 생산	경기 순행적	동 행
지 출		
소 비	경기 순행적	동 행
기업 고정 투자	경기 순행적	동 행
주택 투자	경기 순행적	선 행
재고 투자	경기 순행적	선 행
노동시장		
고 용	경기 순행적	동 행
실 업 률	경기 역행적	-
화폐공급과 인플레이션		
화폐공급	경기 순행적	선 행
인플레이션	경기 순행적	후 행
금 융		
주 가	경기 순행적	선 행
명목이자율	경기 순행적	후 행

자료: Abel et al., 2008. Macroeconomics와 Business Cycle Indicators, April 2007을 참조하여 작성하였다. *Business Cycle Indicators*에서는 고용의 시차만을 발표할 뿐 실업률의 시차는 표시하지 않고 있다.

정리하였다. 〈표 8−1〉에 따르면 실업률만 경기역행적일 뿐 나머지 대부분의 주요 경제변수들이 경기순행적임을 알 수 있다. 마지막으로 전체적인 경기변동의 변화와 관련을 가지지 않고 움직이는 변수들도 있는데 이러한 변수들을 비경기적(acyclical) 이라고 부른다.

공행성의 시차

경제변수에 따라서는 전체적인 경기변동과 관련하여 변하는 시점이 다른 경우 가 있다. 즉 전체적인 경기변동이 방향을 바꾸기 전에 먼저 움직이는 변수들이 있 는 반면에, 함께 방향을 바꾸거나 나중에 방향을 바꾸는 변수들도 있다. 전체적인 경기변동에 앞서 먼저 변화하는 변수는 선행변수(leading variable)라 부르고, 전체적 인 경기변동과 함께 변화하는 변수는 동행변수(coincident variable), 그리고 전체적인 경기변동 후에 변화하는 변수를 후행변수(lagging variable)라 한다.

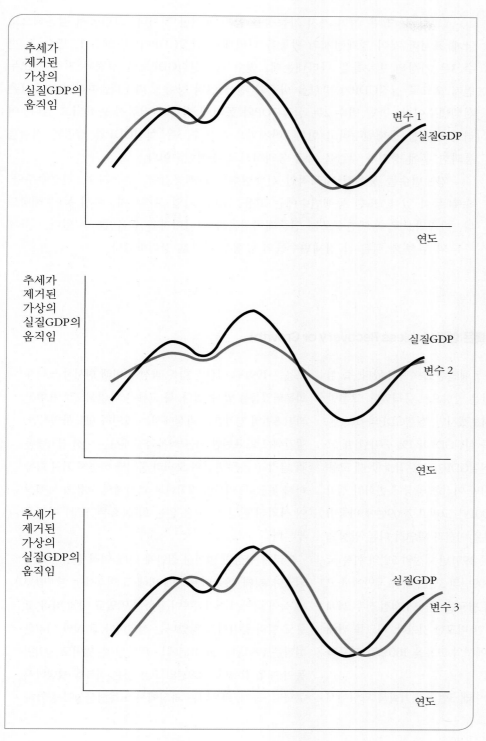

그림 8-7

공행성 시차

각 그림에서 검은색으로 굵게 표시한 것이 전체경제의 활동을 나타내는 실질GDP이다. 변수 1, 변수 2, 변수 3은 가상의 변수들을 나타내는데, 변수 1은 실질GDP보다 정점과 저점이 모두 먼저 오므로 실질GDP가 방향을 바꾸기 전에 먼저 방향을 바꾼다. 따라서 변수 1은 선행변수이다. 반면 변수 2는 실질GDP와 동시에 정점과 저점이 반복되고 있다. 이러한 변수를 동행변수라고 한다. 마지막으로 변수 3은 실질GDP가 정점과 저점을 통과한 후에 정점과 저점을 각각 통과하므로 후행변수가 된다.

〈그림 8–7〉은 여러 가지 가능성을 함께 표시한 것이다. 그림에서 검은색으로 굵게 표시한 것이 경제전체의 활동을 나타내는 실질GDP이다. 변수 1, 변수 2, 변수 3은 가상의 변수들을 나타내는데, 변수 1은 실질GDP보다 정점과 저점이 모두 먼저 오므로 실질GDP가 방향을 바꾸기 전에 먼저 방향을 바꾼다. 따라서 변수 1은 선행변수이다. 반면 변수 2는 실질GDP와 동시에 정점과 저점이 반복되고 있다. 이러한 변수를 동행변수라고 한다. 마지막으로 변수 3은 실질GDP가 정점과 저점을 통과한 후에 정점과 저점을 각각 통과하므로 후행변수이다.

경제변수들 중에서 대표적인 선행변수는 화폐공급량, 주식지수, 건설수주량, 수출 등이 있다. 또한 동행변수에는 고용, 소비, 기업 고정투자, 수입 등이 해당된다. 마지막으로 후행변수로는 인플레이션율과 실질이자율 등을 들 수 있다. 〈표 8–1〉의 두 번째 열은 각 경제변수들의 공행성 시차를 정리하였다.

사례 연구   **고용 없는 회복 혹은 성장(Jobless Recovery or Growth)**

고용은 가장 대표적인 동행변수로 여겨져 왔다. 즉 실질GDP와 고용은 항상 같은 방향으로 움직였다. 그뿐만 아니라 제18장에서 살펴보겠지만, 실질GDP와 고용은 변동량도 거의 같았다. 즉 실질GDP가 1% 증가할 때 고용도 약 1% 증가하고 실질GDP가 1% 감소할 때 고용도 약 1% 감소했다. 하지만 이러한 양상에 변화가 생기고 있다. 특히 1991년, 2001년, 그리고 2009년에 미국이 불황에서 회복하는 국면은 이전과 확연히 다른 양상을 보이고 있다. 아래 그림은 1991년 이전의 5번의 회복 국면과 1991년, 2001년, 2009년의 3번의 회복 국면에서 고용이 변하는 모습을 각각 평균을 구하여 저점 전후 24개월, 총 48개월의 기간 동안 비교한 것이다. 비교를 위해 각각의 경기변동의 저점에서의 고용을 100으로 정규화하였다.

그림으로부터 1991년 이래 3번의 경기회복 과정에서

고용은 1991년 이전의 회복 과정에 비해 현저히 느리게 회복되었음을 알 수 있다. 즉 고용은 파란색으로 표현한 과거 5번의 경기변동 과정에서는 확연히 회복하였지만, 빨간색으로 표현한 최근 회복과정에서는 이전 경기변동과 달리 고용은 한동안 오히려 줄기도 하면서 거의 회복하지 못했다. 이처럼 경기회복 과정에서 고용의 동행성이 사라진 현상을 "고용 없는 회복(혹은 성장)"이라고 부른다.

이러한 현상이 벌어진 원인에 대해 여러 설명이 제기되었다. 첫째, 1991년 이전에 비해 그 이후에는 경기변동의 폭이 작아서 경기회복이 강하지 않았고 이에 따라 고용도 빨리 증가하지 않았다는 설명이다. 하지만 이러한 설명은 1991년과 2001년에는 해당될 수 있어도 경기변동이 매우 강했던 2009년의 고용 없는 회복을 설명하지 못한다. 둘째, 회복되는 과정에서 노동생산성이 증가하

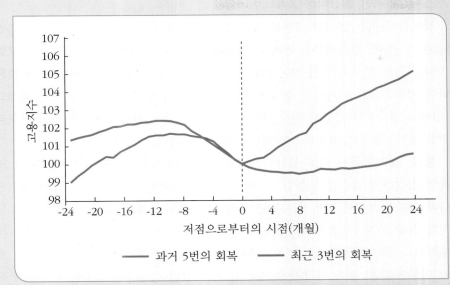

그림 8-8
고용 없는 회복

자료: FRED(https://fred.stlouisfed.org/searchresults?st=payroll+employment)를 활용하여 저자 계산.

여 고용의 증가 없이 실질GDP의 회복이 가능했다는 설명이다. 즉 고용을 늘리지 않아도 자동화 도입 등으로 인해 기존 노동력의 생산성이 높아져 추가적인 고용 없이도 더 많은 실질GDP를 생산할 수 있다면 고용 없는 회복이 가능하다는 것이다. 이러한 설명은 일견 타당하지만, 왜 1991년 이후의 회복과정에서만 노동생산성이 상승했는지를 설명하지는 못한다. 마지막 설명은 노동시장의 구조변화에서 그 원인을 찾는다. MIT의 데이빗 오토(David Autor) 교수와 공저자들에 의하면 미국은 정보통신기술의 발달로 중기술의 일상적인 직업(middle-skill routine jobs)은 사라지고 고기술, 고임금 직업과 저기술, 저임금 직업으로 양극화되고 있다. 왜냐하면 중기술의 일상적인 직업, 즉 행정업무나 비서직 등은 컴퓨터의 발달로 활발히 대체되고 있지만, 저기술, 저임금 직업인 청소직 등 인간이 직접 행하는 서비스 직종은 오히려 컴퓨터 등으로 대체되기 어렵기 때문이다. 즉, 노동시장의 활발한 구조조정으로 노동수요 직종과 노동공급 직종 간에 불일치(mismatch)가 심하고, 특히 불황기에 이러한 불일치가 누적되어 회복기에 고용이 쉽게 늘어나지 않았다는 것이다.

참고문헌

Abel, Bernanke and Croushore, Macroeconomics (2020), Pearson 10th edition.
Kolesnikova and Liu (2011), "Jobless Recoveries: Causes and Consequences" Regional Economist, Federal Reserve Bank of St. Louis.

경기변동의 반복성, 불규칙성 그리고 비대칭성

정도의 차이는 있지만 대부분 국가에 있어서 경기변동은 다음의 세 가지 특징을 갖는다. 첫째, 경기변동은 반복적(recurrent)이다. 다시 말해 호황국면과 불황국면이 반복적으로 찾아오는 것이다. 이러한 반복성은 시장경제를 채택하고 있는 모든 나라에 공통적으로 나타나는 현상이므로 경기변동의 현상에는 일반원리가 내재되어 있다고 생각되는 근거가 된다. 따라서 경기변동을 이론적으로 설명하는 시도는 이러한 경기변동의 일반원리를 규명하고자 노력한다.

둘째, 경기변동은 매우 불규칙(irregular)하다. 경기변동의 불규칙성은 주기 및 진폭이 일정하지 않음을 뜻한다. 어떤 경우에는 경기변동의 주기가 2년여 정도에 지나지 않지만 경우에 따라서는 10년이 넘기도 한다. 이렇게 경기변동의 주기가 불규칙한 현상을 경기변동의 비주기성(nonperiodicity)이라고 부른다. 경우에 따라서는 상대적으로 긴 호황국면만이 계속되면서 경기변동이 완전히 소멸되고 지속적인 호황이 이루어질 것 같은 착각이 들기도 한다. 하지만 불황은 어김없이 찾아오고 우리는 이러한 기대가 헛되었음을 깨닫게 된다.

진폭도 매 경기변동마다 일정한 것은 아니다. 경우에 따라서는 불황이 가볍게 지나가기도 하지만 매우 심한 불황을 겪기도 한다. 특히 불황이 심한 경우를 공황(depression)이라고 부른다. 그 중에서도 가장 불황의 깊이가 컸으며 전세계적으로 진행된 공황을 대공황(Great Depression)이라고 부르며 1929년 10월 미국증시의 폭락으로 촉발되어 1934년까지 5년간 지속되었다.

셋째, 경기변동상 호황국면과 불황국면은 서로 비대칭적이다. 경기변동과정에서 흔히 호황국면은 보다 완만히 오래 지속되는 반면, 불황구간은 급속하고 짧은

사례 연구 **미국의 대공황(Great Depression)과 케인즈**

1930년대 초반에 경험한 대공황은 일찍이 유례를 찾아보기 어려운 최악의 공황이었다. 1929년 3.2%였던 실업률은 1933년 무려 25.2%에 달했고 실질GDP는 1929년에 비해 30.5%나 감소하였다. 당시 미국의 경제상황은 매우 처참하였으며 시장경제에 대한 신뢰에 치명타를 입혔다. 대공황 이전까지만 하여도 시장에서의 균형을 통해 적절한 생산과 분배가 이루어진다는 고전학파적인 관점이 지배적이었으나 대공황은 고전학파의 견해에 대한 심각한 도전이었다. 케인즈는 대공황을 통해 경기변동을 고전학파와 전혀 다른 시각에서 설명하고자 노력하였고 그 결과 오늘날과 같은 거시경제학 분야가 확립되는 데 지대한 공헌을 하였다.

편이다. 〈그림 8-1〉을 보면 미국경제의 경우 1991년에 시작된 경기호황이 무려 10년여에 걸쳐 완만히 진행되어 2001년에 끝난 반면, 곧이은 경기불황은 2001년에 시작하여 1년여 남짓 만에 끝나 큰 차이를 보이는 것을 알 수 있다. 이러한 비대칭성은 과거에도 대체로 성립하였으나, 최근에는 호황구간이 보다 길어지는 등 경기변동 비대칭성이 더욱 커진 경향이 있다.

3 경기변동의 예측

〈그림 8-7〉에서 보이는 가상적인 변수들의 움직임은 반복적이고 매우 규칙적이지만 이미 설명한 대로 실제의 경기변동은 반복될 뿐 규칙적이지는 않다. 따라서 경기변동이 장차 어떤 방향으로 진행될 것인지를 예측하는 것은 쉬운 일이 아니다. 그럼에도 불구하고 경제주체들은 경기변동을 예측하려는 시도를 하고 있다. 그 이유는 현재의 의사결정을 내리는 데 있어서 현재의 상황뿐 아니라 미래의 상황을 미리 아는 것이 도움이 되기 때문이다. 예를 들어 기업의 투자 효과가 발생하는 시점은 미래이므로, 미래의 경제상황이 어떻게 바뀔지에 대한 예측은 현재의 투자결정에 영향을 미치기 마련이다. 정부의 입장에서도 정부정책은 현재뿐 아니라 미래에도 효과가 나타나므로 미래 경제상황에 대한 예측을 바탕으로 현재의 경제정책을 수립할 필요가 있는 것이다.

미래의 경기변동을 예측하는 것이 쉬운 일은 아니지만, 선행변수의 성질을 잘 활용한다면 미래의 경기변동 양상을 어느 정도 예측할 수 있다. 선행변수들의 경기변동은 전체경제의 경기변동에 앞서 나타나기 때문에 선행변수들의 움직임을 확인함으로써 전체경기의 흐름을 미리 짐작할 수 있는 것이다. 예를 들어 선행변수가 정점을 지나갔다면 곧 전체경기도 정점을 지날 것이라고 예측할 수 있다.

현실에 존재하는 선행변수들 중 어느 것도 정확히 미래 경기흐름을 미리 보여주지는 않기 때문에 일반적으로 경기변동 예측을 위해서는 단일의 선행변수만을 사용하지 않고 여러 선행변수들을 종합적으로 사용하게 된다. 이와 같이 여러 선행변수들을 종합하여 지수 형태로 만든 것을 선행지수(leading indicator)라고 부른다. 선행지수는 미래의 경기변동을 예측하기 위해 사용할 수 있는 가장 널리 이용되는 지표라 할 수 있지만 다음과 같은 한계를 갖는다.

첫째, 선행지수에 사용되는 변수가 정확히 집계되는 데에는 시간이 걸리므로 처음에 발표된 수치는 오차를 수반하기 마련이다. 즉 선행지표는 속성상 경기변동에 앞서 발표해야 하므로 선행변수가 미처 집계되기 전에 잠정치를 토대로 계산되기 마련이다. 따라서 잠정치를 이용하여 작성된 선행지표가 저점통과를 예측한 경우에도 사후적으로 정확히 추계된 선행변수를 바탕으로 다시 선행지수를 수정하여 작성해 보면 이전의 예측을 뒤엎는 경우도 흔하게 발생한다.

둘째, 선행지수를 계산할 때 선행지수에 사용된 각각의 변수들의 중요성을 감안하여 합계하지 않고 단순한 합산이 이루어지기 쉽다. 실제로 선행지수에 포함된 경제변수들을 보면 경기변동을 예측하는 설명력에 있어서 중요한 차이를 보이기 마련이다. 하지만 이러한 중요성의 정도를 정확하게 반영하기는 어렵다. 또한 각 변수들의 중요성도 경제구조가 변화함에 따라 함께 변화할 수 있는데 경제구조의 변화에 따라 이러한 조정을 정확히 한다는 것은 더욱더 어려운 일이다.

한국의 경기선행지수 작성

한국의 경기선행지수는 통계청이 고용, 생산, 소비, 투자, 금융 및 무역 상황을 반영하는 10개의 경제변수들을 종합적으로 고려하여 작성한다. 10개의 경제변수에는 (1) 신규구직자에 대한 신규구인인원의 비율을 의미하는 구인구직비율(고용), (2) 출하증가율에서 재고증가율을 뺀 재고순환지표(생산), (3) 소비자의 기대심리를 반영한 소비자기대지수(소비), (4) 기계수주액(투자), (5) 자본재수주액(투자), (6) 건설수주액(투자), (7) 주식시장 상황을 나타내는 종합주가지수(금융), (8) 화폐량 공급을 나타내는 금융기관유동성(금융), (9) 미래금리변화에 대한 예상을 반영한 장단기금리차(금융), (10) 순상품교역조건(무역)이 포함된다. 이상의 경제변수들의 변화는 경기변동만을 반영하는 것이 아니므로 비경기적 요인을 제거하고, 특정변수가 지나치게 영향을 주는 것을 방지하기 위해서 변동성을 표준화한 후 합산한다.

자료: 통계청

2 장기와 단기의 구별

1 장기와 단기의 차이

경기변동이 생기는 이유는 무엇인가? 케인즈는 경기변동을 장기균형에서의 단기적인 이탈 현상으로 파악하였다. 경제에 어떤 충격이 가해질 때, 여러 가지 마찰적인(frictional) 요인들 때문에 경제가 즉각적으로 장기균형으로 회복하지 못한다고 생각하였으며, 이와 같이 단기적으로 경제가 장기균형에서 벗어났다가 다시 장기균형으로 회복하는 과정을 경기변동이라고 생각하였다. 경제의 완전한 균형은 장기에서 달성되므로 단기 상태의 경제는 불균형이라고 간주할 수도 있다. 하지만 경제는 장기균형에서 멀어진 상태에서도 상당기간 동안 머물러 있기 때문에 일종의 균형으로 파악할 수 있다. 이와 같은 균형을 단기균형이라고 부른다. 즉 마찰적 요인에 의해 장기균형에 도달하지 못하고 상당기간 지속되는 상태를 단기균형으로 볼 수 있으며, 마찰적인 요인이 제거됨에 따라 추가적인 변화가 불가피하다는 점에서 장기적인 균형과 구별된다. 〈그림 8-1〉과 〈그림 8-2〉에서 경제성장 추세를 나타내는 빨간선이 장기균형을 나타낸다고 할 때, 실제 경제는 장기성장 추세에서 벗어나 있음을 알 수 있다. 이렇게 장기균형에서 벗어난 부분을 경기변동이라 볼 수 있으며 시간이 흐름에 따라 장기균형으로 회귀하기 때문에 경기변동은 본질적으로 단기적인 현상으로 파악된다.

경제가 즉각적으로 장기균형을 달성하지 못하도록 하는 마찰적인 요인에는 가격의 경직성(stickiness), 정보의 불완전성(information imperfection) 등 여러 가지를 들 수 있다. 그 중에서도 케인즈가 가장 주목했던 것은 가격의 경직성이다. 가격이 경직적이라면 경제에 어떤 충격이 왔을 때 충격에 대한 반응이 즉각적으로 완전하게 이루어지지 않고 단기적인 변화를 거친 후에 장기균형이 달성된다. 예를 들어 화폐량이 10% 증가하는 충격이 가해졌다고 하자. 이 경우 경제가 어떻게 반응하는지를 제5장에서 배운 화폐수량방정식을 이용하여 분석해 보자.

$$MV = PY \tag{8.1}$$

위 식에서 M은 화폐량, V는 화폐의 유통속도, P는 물가수준 그리고 Y는 총생산을 나타낸다. 화폐의 유통속도는 고정되어 있다고 가정할 때 만약 가격이 완전히 신축적(flexible)이라면 화폐량 10% 증가 충격에 반응하여 가격이 10% 올라갈 뿐 실질총생산에는 영향을 주지 않을 것이다. 즉 화폐량의 변화는 명목변수인 물가수준에만 영향을 줄 뿐 실질변수인 총생산에 영향을 주지 않으므로 가격이 완전신축적일 때 화폐는 중립적이며 항상 즉각적으로 장기균형이 달성된다. 하지만 가격이 경직적이라면 화폐는 더 이상 중립적이지 않으며 화폐량의 변화가 실물변수인 총생산에 단기적으로 영향을 주게 된다. 극단적으로 가격이 단기에 전혀 변하지 않는다고 가정하자. 이 경우 만약 화폐량이 10% 증가한다면 이제 식 (8.1)의 우변에 있는 변수들 중에서 총생산이 변화하여 등식을 유지하게 된다. 즉 총생산이 10% 증가하게 된다. 이렇게 가격의 경직성이 유지되는 상태에서 경제는 한동안 머물러 있을 수 있으므로 이러한 상태를 단기균형이라 부른다. 하지만 단기균형은 무한정 지속될 수 없고 장기적으로 마찰적 요인이 해소됨에 따라 균형은 다시 장기균형으로 회복된다. 즉 가격의 경직성이 완화됨에 따라 장기적으로 가격이 10% 상승하게 되고 다시 총생산은 원래의 수준으로 돌아온다. 결국 케인즈 모형에서 화폐는 장기에서만 중립적이다. 이러한 차이가 단기에서도 화폐의 중립성을 가정하는 고전학파 모형과 구별되는 핵심적인 요소라고 할 수 있다.

지금까지의 과정을 총생산의 경기변동이라는 관점에서 다시 한번 살펴보자. 경제에 화폐공급 10% 증가라는 충격이 가해졌을 때 총생산은 단기적으로 10% 상승함에 따라 호황국면을 맞이한다. 하지만 가격이 차츰 조정됨에 따라 경기는 다시 원래 수준으로 되돌아온다. 이런 과정이 단기적인 경기변동의 한 예이다. 위의 경우는 단 한차례의 양(+)의 화폐공급충격만이 가해진 상황이었지만 실제로는 충격이 음(−)의 형태로도 가능하며 여러 차례 올 수 있다. 또한 화폐공급량 충격 외에도 다른 형태의 충격이 가해질 수도 있다. 이렇게 충격에 반응하여 경제가 단기적으로 장기균형에서 이탈하는 상황이 경기변동의 핵심이다.

② 장기와 단기에서의 총수요 · 총공급

경제가 단기적으로 장기균형에서 멀어졌다가 다시 장기균형으로 회복하는 과정을 보다 체계적으로 분석하는 방법은 무엇인가? 전통적으로 이러한 과정은 총수요(Aggregate Demand: AD)와 총공급(Aggregate Supply: AS)곡선을 사용하여 분석하였다. 총수요곡선과 총공급곡선은 일반적인 수요 및 공급곡선과 마찬가지로 가격과 수량이 시장에서 어떻게 결정되는가를 전체 경제의 수요 및 공급곡선을 이용하여

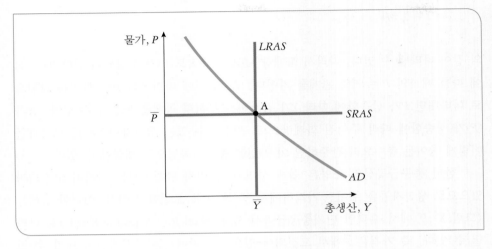

그림 8-9
총수요·총공급곡선

총수요곡선은 일반적인 수요곡선과 마찬가지로 우하향하는 형태인 *AD*곡선으로 표현된다. 반면 총공급곡선은 단기인지 혹은 장기인지에 따라 모습이 달라진다. 단기에서는 가격이 고정되어 있으므로 생산자들은 주어진 가격하에서 생산량만을 조절할 뿐이다. 이러한 상태는 수평인 단기총공급곡선, 즉 *SRAS*곡선으로 나타낼 수 있다. 반면 장기의 특징은 가격의 완전한 조정이 이루어진다는 것이다. 가격의 완전한 조정이 이루어질 경우 총생산량은 장기 수준($\overline{Y}$)에서 변함이 없으므로 장기총공급곡선 *LRAS*는 $\overline{Y}$에서 가격이 자유롭게 조정되는 수직인 형태를 가진다. 총수요곡선, 단기총공급곡선, 장기총공급곡선이 모두 만나는 A점은 단기균형임과 동시에 장기균형이다.

설명하는 것이다. 총수요·총공급곡선에 의해 결정되는 가격은 경제 전체를 대표하는 CPI 혹은 GDP디플레이터이고, 수량도 경제 전체의 총생산인 GDP이다. 즉 총수요곡선은 경제 전체의 가격수준(P)이 변함에 따라 경제 전체의 총수요가 어떻게 변화하는지를 나타낸 것이고, 총공급곡선은 경제 전체의 가격수준(P)이 변함에 따라 경제 전체의 총생산공급이 어떻게 변하는지를 나타낸 곡선이다.

　총수요곡선의 모습은 〈그림 8-9〉에서와 같이 일반적인 수요곡선과 마찬가지로 우하향하는 형태이며 *AD*곡선으로 표현된다. 경제 전체를 대표하는 가격수준은 P로 나타냈고 실질GDP는 Y로 표시하였다.

　총수요곡선이 우하향하는 이유를 설명하는 것은 지금 단계에서 쉬운 일이 아니다. 왜냐하면 개별시장에서 통하는 경제적 이유가 총생산물시장에는 적용되지 않기 때문이다. 예를 들어 일반적인 개별 생산물시장에서 수요곡선이 우하향하는 가장 큰 이유는 해당 가격이 하락할 경우 그 상품의 가격이 상대적으로 싸지기 때문이다.[3] 이렇게 가격이 하락한 상품에 대해서는 대체효과에 의해 수요가 증가한다. 하지만 지금 고려하고 있는 가격변수는 일개 상품의 가격이 아닌 전체 상품에 대한 가격이므로, 상대적으로 싸진 상품이 없다. 따라서 대체효과에 따른 수요증가는 일어나지 않는다. 총수요곡선이 우하향하는 이유에 대한 보다 자세한 설명은 다음 장에서 할 것이다. 일단은 앞에서 사용한 화폐수량설을 이용하여 간단하게 우하향하는 총수요곡선을 도출해 보자. 즉 식 (8.1)의 화폐수량방정식을 변환하면

---

[3] 예를 들어 사과의 가격이 내려가면 다른 과일에 비해 사과가 싸졌으므로 사과에 대한 수요가 증가한다.

$$Y = \frac{1}{P} MV$$

와 같이 나타낼 수 있다. 따라서 화폐량(M)과 유통속도(V)가 고정되어 있다면 위 식에 따를 때 Y와 P는 역의 관계를 가진다. 즉 위 식에 따라 Y와 P의 관계를 그림으로 나타내면 P가 상승함에 따라 Y가 감소하는 우하향 곡선을 도출할 수 있다. 물가(P)가 상승함에 따라 주어진 화폐량으로 구입할 수 있는 생산량이 줄어들므로 Y를 이렇게 줄어든 총수요라 간주하면 이 곡선을 총수요곡선으로 해석할 수 있다.

한편 총공급곡선의 모양은 쉽게 설명된다. 먼저 단기에서는 가격이 고정되어 있으므로 생산자들은 주어진 가격하에서 생산량만을 조절할 뿐이다. 이러한 상태는 〈그림 8-9〉에서 수평인 단기총공급곡선 SRAS(Short Run Aggregate Supply)로 나타낼 수 있다. 즉 가격은 $\overline{P}$에서 고정되어 있으며 단기에서는 생산량만이 변할 수 있는 것이다. 이와 같이 단기에 있어서 가격수준(P)과 총공급량(Y)의 관계를 나타낸 곡선을 단기총공급곡선이라고 부른다. 하지만 단기총공급곡선은 어디까지나 단기에서만 성립할 뿐이다. 장기현상을 설명하기 위해서는 장기공급이 결정되는 과정을 나타내는 또 다른 공급곡선, 즉 장기총공급곡선 LRAS(Long Run Aggregate Supply)를 필요로 한다. 장기의 특징은 가격의 완전한 조정이 이루어진다는 것이다. 이미 설명한 대로 가격의 완전한 조정이 이루어질 경우 총생산량은 장기수준 $\overline{Y}$에서 변함이 없으므로 장기총공급곡선은 $\overline{Y}$에서 가격이 자유롭게 조정되는 형태로 나타낼 수 있다. 따라서 LRAS는 〈그림 8-9〉에서와 같이 총생산 Y가 $\overline{Y}$인 상태에서 수직인 형태로 표현된다.

지금부터는 총수요 · 총공급곡선을 이용하여 경기변동현상을 설명하도록 하자. 이를 위해 일단 단기와 장기에서 균형이 어떻게 이루어지는지 살펴볼 필요가 있다. 단기균형은 총수요곡선과 단기총공급곡선이 만나는 곳에서 이루어진다. 한편 장기균형은 총수요곡선과 장기총공급곡선이 만나는 곳에서 이루어진다. 〈그림 8-9〉에서 A점은 총수요곡선이 단기총공급곡선과 만남과 동시에 장기총공급곡선과도 만나므로 단기균형인 동시에 장기균형이다. 이렇게 A점과 같이 단기균형이면서 장기균형인 점은 경제에 아무런 충격이 없는 한 그대로 유지될 것이다. 이제 경제에 충격이 가해지면 단기 및 장기균형에 변화가 오기 시작한다.

이미 살펴본 대로 경제에 화폐공급이 10% 증가하는 충격이 가해졌다고 하자. 이 경우 총수요는 〈그림 8-10〉에서와 같이 우측으로 이동한다. 총수요가 우측으로 이동하는 이유는 주어진 가격수준하에서 총수요가 증가하기 때문이다. 즉 가격 이외의 다른 요인에 의해 총수요가 변화할 경우 이러한 변화는 총수요곡선의 이동

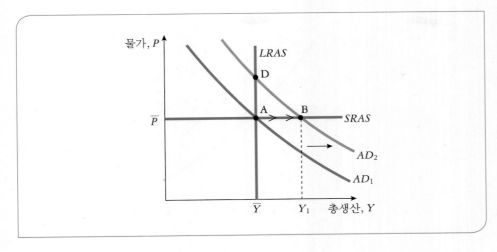

그림 8-10
총수요충격과 단기균형의 변화

경제에 화폐공급이 10% 증가
하는 충격이 가해지면 총수요
는 AD_1에서 AD_2로 우측 이동
한다. 총수요곡선이 우측으로
이동하는 이유는 주어진 가격
수준에서 총수요가 증가하기
때문이다. 따라서 A점의 단기
균형은 더 이상 성립하지 않고
새로운 총수요곡선 AD_2와 단
기총공급곡선인 $SRAS$가 만나
는 B점에서 새로운 단기균형
이 달성된다. 이러한 변화는
단기적으로 가격은 변화하지
않고 총생산만 장기균형인
$\overline{Y}$에서 벗어나 Y_1으로 증가하
는 현상으로 볼 수 있다.

으로 나타나는데 지금은 총수요가 증가하는 경우이므로 총수요곡선은 Y가 증가하
는 방향인 우측으로 이동한다. 화폐공급이 증가하는 경우 총수요가 증가하는 이유
는 무엇인가? 이에 대한 자세한 분석은 다음 장에서 이루어질 것이다. 하지만 일단
다음과 같이 생각해 볼 수 있다. 화폐공급이 증가할 경우, 만약 가격이 변화하지 않
는다면 가계는 늘어난 화폐를 소비재 구입에 사용할 것이다. 소비는 총수요를 구성
하는 중요한 항목 중의 하나이므로 총수요는 증가하게 된다. 이러한 변화는 총수요
곡선이 AD_1에서 AD_2로 이동하는 과정으로 표현된다. 총수요가 이동하면 일단 단기
균형이 변화하게 된다. A점은 더 이상 단기균형이 아니며 새로운 단기균형은 새로
운 총수요곡선 AD_2와 단기총공급곡선인 $SRAS$가 만나는 B점에서 달성된다. 이러한
변화는 단기적으로 가격은 변화하지 않고 총생산만 장기균형인 $\overline{Y}$에서 벗어나 Y_1으
로 증가하는 현상으로 나타난다.

하지만 단기균형인 B점은 가격이 조정되는 장기에는 더 이상 유지될 수 없다.
B점에서 경제의 총수요는 장기균형에서 공급가능한 생산수준 $\overline{Y}$보다 크기 때문에
가격을 올리는 압력이 작용된다. 지금까지의 단기균형에서는 이러한 가격상승 압력
이 아직 작동하지 않았다고 가정했지만, 장기적으로는 가격상승 압력이 실제 가격
상승으로 이어진다. 이러한 과정을 통해 장기균형은 〈그림 8-11〉에서와 같이 총
수요곡선 AD_2와 장기총공급곡선인 $LRAS$가 만나는 D점에서 달성된다.

장기균형이 회복되는 과정은 단기총공급곡선의 상향이동 과정을 통해 파악할
수 있다. 가격의 조정이 점차적으로 이루어진다면 단기총공급곡선은 부분적으로 조
정된 가격수준에서 수평인 상태로 상당기간 유지될 것이다. 예를 들어 가격이 일단
P_2까지만 조정되었다면 그 시점에서의 단기총공급곡선은 P_2에서 수평인 상태로 당

그림 8-11
총수요충격과 장기균형의 회복

총수요의 증가로 촉발된 단기 균형 B점은 지속적으로 유지될 수 없고 장기에는 D점으로 장기균형이 회복된다. 이 과정에서 가장 중요한 역할을 하는 것은 단기총공급곡선의 상향이동 과정이다. 가격의 조정이 시간이 흐름에 따라 점차적으로 이루어지므로 단기총공급곡선은 부분적으로 조정된 가격수준에서 수평한 상태로 상당기간 유지된다. 이후 단기총공급곡선의 변화로 단기균형은 C점으로 이동한다. 따라서 총생산은 Y_2로 감소하였다. 하지만 C점에서도 총수요 Y_2는 장기균형에서 공급 가능한 수준인 $\overline{Y}$보다 큰 상태이므로 아직 물가의 추가적인 상승 압력이 남아있다. 따라서 물가가 다시 조정을 받게 되고 단기총공급곡선은 다시 상향이동하게 된다. 이러한 과정은 총수요가 $\overline{Y}$보다 큰 범위에 있는 한 계속적으로 진행된다. 결국 단기총공급곡선은 $SRAS_3$까지 이동하며 D점에서 단기균형은 장기균형과 다시 일치하게 됨으로써 모든 조정이 끝난다.

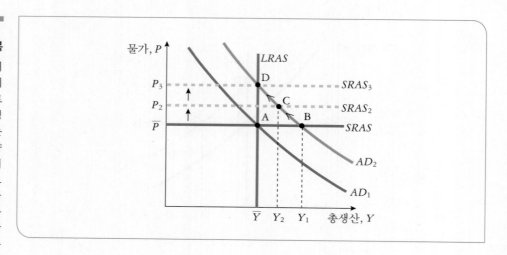

분간 유지될 것이다. 새로운 단기에서도 가격은 한동안 고정되어 있기 때문이다. 따라서 단기총공급곡선은 $SRAS$에서 $SRAS_2$로 이동한 셈이 된다. 결국 단기총공급곡선의 변화로 단기균형은 C점으로 이동하고 총생산은 Y_2로 감소하였다. 하지만 C점에서도 총수요는 Y_2로 장기균형에서 공급가능한 수준인 $\overline{Y}$보다 큰 상태이므로 아직물가의 추가적인 상승 압력이 남아있다. 따라서 물가가 다시 조정을 받게 되고 단기총공급곡선은 상승한 물가수준에서 또 다시 당분간 유지된다. 즉 단기총공급곡선은 상향이동하게 되고 이러한 과정은 총수요가 $\overline{Y}$보다 큰 범위에 있는 한 계속적으로 진행된다. 결국 단기총공급곡선은 장기균형인 D점까지 이동하며 그 점에서 단기균형은 장기균형과 다시 일치하게 됨으로써 모든 조정이 끝난다.

  경제의 총수요를 감소시키는 충격이 오는 경우는 지금까지 설명한 것과는 반대의 과정을 통해 장기균형이 회복된다. 〈그림 8-12〉는 음(-)의 총수요충격에 따라 총수요곡선이 좌측으로 이동한 경우를 나타냈다. 충격이 오기 전 경제의 단기 및 장기균형은 A점에 위치하고 있으며 총생산은 $\overline{Y}$수준이다. 이제 총수요를 AD_1에서 AD_2로 감소시키는 충격이 오면 가격이 변하지 않는 단기에서의 균형은 새로운 총수요곡선 AD_2와 단기총공급곡선 $SRAS$가 만나는 B점으로 이동하며 총생산은 Y_3로 감소한다. 이렇게 총생산이 장기균형수준보다 낮아지는 과정은 불황국면으로 파악할 수 있다. 하지만 B점은 단기에서만 성립하며 추가적인 조정을 통해 장기총공급곡선과 총수요곡선 AD_2가 만나는 장기균형 D점으로 이동하게 된다. 이러한 과정은 양의 총수요충격이 온 경우와 마찬가지로 단기총공급곡선의 이동을 통해 설명될 수 있다. B점에서 총수요는 장기균형 상태에서 공급가능한 $\overline{Y}$수준보다 작으므로 가격은 하락 압력을 받는다. 가격이 점차적으로 하락하므로 단기총공급곡선은 점차적

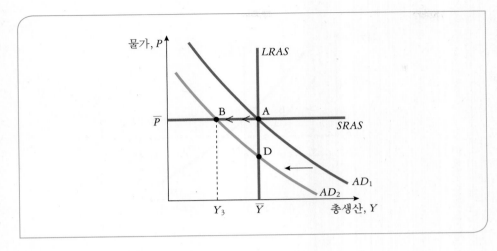

그림 8-12
음(-)의 총수요충격과 단기균형

충격이 오기 전 경제의 단기 및 장기균형은 A점에 위치하고 있으며 총생산은 $\overline{Y}$수준이다. 이때 음(-)의 총수요충격이 오면 총수요곡선은 AD_1에서 AD_2로 좌측 이동한다. 따라서 단기균형은 B점으로 이동하며 총생산은 Y_3로 감소한다. 총생산이 장기균형 수준보다 낮아지는 과정은 불황국면으로 파악할 수 있다. 하지만 B점은 단기에서만 성립하며 추가적인 조정을 통해 장기총공급곡선 $LRAS$와 총수요곡선 AD_2가 만나는 장기균형 D점으로 이동하게 된다.

으로 낮아진 수준에서 수평선으로 표시된다. 〈그림 8-13〉에서 새로운 단기총공급곡선 $SRAS_2$는 낮아진 가격인 P_2수준에서 수평선으로 표시된다. 이때 단기균형은 C점으로 이동하고 총생산은 Y_4로 증가한다.

C점에서도 총수요는 장기균형에서 공급가능한 생산수준 $\overline{Y}$보다 작으므로 추가적인 가격하락 압력이 작용한다. 따라서 단기총공급곡선은 추가적으로 하향 이동하며 이러한 과정은 단기총공급곡선이 D점에서 수평한 상태로 이동할 때까지 계속적으로 진행된다. 결국 D점에서는 총수요와 장기균형에서 공급가능한 생산수준 $\overline{Y}$가 일치하여 더 이상의 추가적인 가격하락 압력이 존재하지 않는다. 즉 D점에서는 단기균형과 장기균형이 다시 일치하여 더 이상의 균형의 이동이 일어나지 않는다.

지금까지 경기변동을 총수요·총공급곡선을 이용하여 설명하였다. 케인즈는 특히 총수요의 이동을 초래하는 충격에 주목하였다. 즉 경기변동은 주로 총수요에 대한 충격에 의해 야기되며 이에 따른 경제의 조정과정을 경기변동이라고 파악하였다. 결국 총수요에 대한 충격은 총수요곡선을 이동시킴에 따라 단기적으로는 가격조정이 완전히 일어나지 않은 상태에서 총생산의 변화를 가져온다. 하지만 장기적으로는 가격의 조정이 완전히 일어남에 따라 총생산이 장기균형 상태로 회복하게 되는데 이러한 과정을 경기변동으로 이해하는 것이다.

그림 8–13

음(−)의 총수요충격과 장기균형

B점은 단기에서만 성립하며 추가적인 조정을 통해 장기공급곡선과 총수요곡선 AD_2가 만나는 장기균형 D점으로 이동하게 된다. 이러한 과정은 단기총공급곡선의 이동을 통해 설명할 수 있다. B점에서 총수요는 장기균형 상태에서 공급 가능한 $\overline{Y}$수준보다 작으므로 가격은 하락 압력을 받는다. 결국 새로운 단기총공급곡선 $SRAS_2$는 낮아진 가격인 P_2 수준에서 수평선으로 표시된다. 이때 단기균형은 C점으로 이동할 것이다. C점에서도 총수요는 장기균형에서 공급 가능한 생산수준 $\overline{Y}$보다 작으므로 추가적인 가격하락 압력이 작용한다. 따라서 단기총공급곡선은 추가적으로 하향 이동하며 이러한 과정은 단기총공급곡선이 D점에서 수평한 상태가 될 때까지 계속적으로 진행된다.

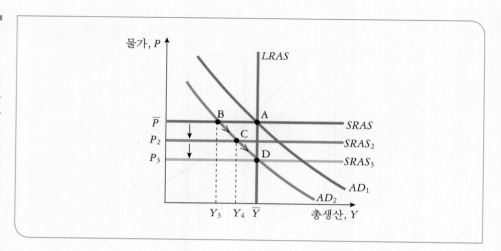

정리

1. 경기변동은 생산, 고용, 물가, 판매 등 주요 거시경제변수들이 서로 연관을 가지며 상승과 하락을 반복하는 현상을 일컫는다.

2. 경기변동은 특히 총생산량의 움직임을 기준으로 파악되는데, 총생산의 성장이 보다 빠르게 일어나는 호황과 성장이 느리거나 총생산이 하락하는 불황을 반복한다.

3. 어떤 경제변수가 전체적인 경기변동의 변화와 대체로 같은 방향으로 변화할 때 이러한 변수를 경기순행적이라고 말하고, 전체적인 경기변동의 변화와 반대방향으로 움직이는 변수를 경기역행적이라고 말한다. 소비, 투자, 고용, 화폐량 등은 대표적인 경기순행적인 경제변수이며 실업률은 대표적인 경기역행적인 경제변수이다.

4. 전체적인 경기변동이 방향을 바꾸기 전에 먼저 움직이는 변수들을 선행변수라 부르고, 전체적인 경기변동과 함께 변화하는 변수를 동행변수, 그리고 전체적인 경기변동 후에 변화하는 변수를 후행변수라 한다. 경제변수들 중에서 대표적인 선행변수는 화폐량, 주식지수, 건설수주량, 수출 등이 있고 동행변수로는 소비, 투자, 수입 등이 해당되며 후행변수로는 인플레이션율과 실질이자율 등을 들 수 있다.

5. 경기변동의 특징으로는 반복성, 불규칙성, 비대칭성이 있다.

6. 미래의 경기변동을 예측하는 것은 쉬운 일이 아니지만, 선행변수의 성질을 잘 활용한다면 전체적인 경제활동의 변화를 예측할 수 있다. 일반적으로 경기변동 예측을 위해서는 단일의 선행변수만을 사용하지 않고 여러 선행변수들을 종합적으로 사용하는데 이와 같이 여러 선행변수들을 종합하여 지수형태로 만든 것을 선행지수라고 부른다.

7. 케인즈는 경기변동을 장기균형에서의 단기적인 이탈현상으로 이해하였다. 즉 경제에 어떤 충격이 가해질 때, 여러 가지 마찰적인 요인들 때문에 경제가 즉각적으로 장기균형을 회복하지 못한다고 생각하였다. 이와 같이 단기적으로 경제가 장기균형에서 벗어난 상태는 상당기간 지속되기 때문에 일종의 균형으로 파악하여 단기균형이라고 부른다.

8. 케인즈는 특히 총수요의 이동을 초래하는 충격에 주목하여 경기변동을 야기시키는 충격이 총수요의 변화에서 기인한다고 생각하였다. 결국 총수요에 대한 충격은 총수요곡선을 이동시킴에 따라 단기적으로는 가격조정이 완전히 일어나지 않은 상태에서 총생산의 변화를 가져온다. 하지만 장기적으로는 가격의 조정이 완전히 일어남에 따라 총생산이 장기균형 상태로 다시 회복되는데 이러한 과정이 경기변동이다.

연습문제

exercise

1. 다음 문장이 참 혹은 거짓인지 판단하시오.

1) 경기변동의 감소는 소비평준화(consumption smoothing)에 도움이 되므로 경제주체의 후생을 증가시킨다.

2) 기술충격에 의해서만 경기변동이 이루어지면 경기변동을 안정화할 필요가 없어진다.

2. 다음 변수들의 경기변동방향이 경기순행적인지 경기역행적인지 혹은 비경기적인지 판별하시오.

1) 소비

2) 투자

3) 화폐량

4) 실업률

5) 인플레이션율

6) 명목이자율

3. 다음 변수들이 경기선행인지 경기동행인지 혹은 경기후행인지 판별하시오.

1) 수출

2) 수입

3) 주가

4) 화폐량

5) 건설수주량

6) 인플레이션율

7) 이자율

4. 물가가 단기적으로는 경직적이기 때문에 총공급곡선이 수평이지만 장기적으로는 물가가 신축적으로 조정되어 총공급곡선이 수직인 경제를 가정하자. 현재 이 경제는 완전고용 상태이다.

1) 소비 심리의 위축으로 총수요가 감소하였다. 이 경제의 물가와 총생산이 어떻게 변화하는지 단기와 장기로 나누어 설명하시오.

2) 원유가격의 상승으로 총공급이 감소하였다. 이 경제의 물가와 총생산이 어떻게 변화하는지 단기와 장기로 나누어 설명하시오.

3) 단기적인 충격을 완화하기 위해 정부가 정부지출을 증가하는 정책을 하였다. 1)과 2)의 경우를 비교하여 어느 경우에 이러한 정부의 개입정책이 더 바람직한가? 그 이유는?

Macroeconomics

2009 행정고등고시(일반행정) 기출문제

5. 2008년 서브 프라임 모기지 사태 이후에 세계는 총수요충격으로 인한 경기침체에 직면하고 있다. 많은 국가들은 현재의 경기침체를 극복하기 위해 유동성 확대정책을 사용하고 있다. 이 정책이 중요하게 사용되는 이유를 1930년대의 대공황 때와 비교하여 서술하시오. 그리고 $AD\text{-}AS$모형을 사용하여 이 정책의 타당성에 대하여 설명하시오.

Macroeconomics

제 9 장

거시경제의 총수요 결정

경기변동을 총수요·총공급곡선을 이용하여 설명할 수 있다는 사실은 지난 장에서 살펴보았다. 이번 장에서는 총수요에 의해 국민소득이 결정되는 과정을 자세히 살펴보고자 한다. 케인즈는 경제가 균형을 찾는 과정을 단기와 장기로 나누고, 단기에서는 가격의 경직성과 같은 여러 가지 마찰적 요인 때문에 수요에 의해 총생산이 전적으로 결정된다고 생각하였다. 즉 총수요가 결정되면 그 수준에 맞추어 생산이 이루어짐으로써 총공급은 총수요와 같아지는 수준까지 조정된다고 생각하였다. 따라서 총공급이 결정되는 과정은 따로 살펴볼 필요가 없다. 케인즈가 총공급이 결정되는 과정에 주목하지 않는 이유는 단기에 생산요소가 완전고용 상태에 있지 않기 때문에 공급은 수요량의 변화에 따라 얼마든지 추가적으로 이루어질 수 있다고 생각하였기 때문이다. 이러한 입장은 총공급곡선이 주어진 가격수준에서 수평이라고 가정하는 것과 동일하다. 즉 공급자는 주어진 가격하에서 얼마든지 공급량을 변화시킬 수 있다고 가정하는 셈이다. 그런데 이러한 가정은 경제가 불황기에 있을 때보다 잘 적용된다. 왜냐하면 호황기에는 이미 고용이 완전고용 이상으로 이루어지고 따라서 총수요의 증가에 따른 가격상승의 압력이 보다 심하기 때문에 공급자는 가격의 상승 없이는 공급을 더 하지 않으려고 할 것이기 때문이다.

폐쇄경제에서의 총수요는 (1) 소비수요, (2) 투자수요, (3) 정부지출수요로 구성된다. 케인즈는 소비를 결정하는 가장 중요한 경제변수로 현재의 소득수준을 꼽았다. 또한 투자를 결정하는 가장 중요한 경제변수는 이자율이다. 그리고 정부지출은 정부에 의해 독립적으로 결정된다. 따라서 총수요를 결정하는 두 개의 핵심적인 경제변수는 총생산(또는 총소득)과 이자율임을 알 수 있다. 케인즈학파의 한 사람인 힉스(John Hicks)는 총수요 결정이론으로 *IS-LM*모형을 제안하였다. *IS-LM*모형은 한 경제의 총생산과 이자율이 결정되는 과정을 체계적으로 설명하는 모형이며 이를 통해 경제 전체의 총수요 규모를 알 수 있다. 이번 장에서는 IS-LM모형을 설명하고 이를 통해 총수요가 결정되는 과정을 설명할 것이다.

총수요에 의한 총소득 결정

우리는 국민소득 삼면등가의 법칙에 의해 총생산이 총소득과 일치함을 배웠다. 따라서 지금부터는 총생산과 총소득을 동일한 의미로 사용할 것이다.

총생산 = 총소득

이제 총수요라는 개념을 이용하여 총생산 혹은 총소득이 결정되는 과정을 살펴보자. 폐쇄경제의 총수요는 가계, 기업, 정부의 3부문에 의해 이루어진다. 가계는 소비수요(C)를 결정하며, 기업은 투자수요(I)를 결정하고, 정부는 정부지출수요(G)를 결정한다. 따라서 총수요 AD는 다음과 같이 나타낼 수 있다.

$$AD = C + I + G \tag{9.1}$$

이제 총수요곡선을 어떻게 물가수준과 총생산 평면에 그릴 수 있는지 자세히 살펴볼 것이다. 일단 총수요곡선은 우하향하는 모습을 띤다고 가정하자. 이러한 총수요의 모습은 일반적인 상품시장에서 본 것과 다르지 않다. 한편 단기에 있어서 물가수준이 고정되어 있다고 가정하면 단기총공급곡선 $SRAS$는 주어진 물가수준에서 수평선의 형태를 취한다. 〈그림 9-1〉은 이러한 상황을 나타낸다. 그림에서 AD 곡선과 $SRAS$곡선이 만나는 A점에서 단기균형이 이루어진다. 따라서 단기균형물가

그림 9-1
우하향하는 총수요곡선과 수평인 단기총공급곡선

총수요곡선은 우하향한다고 가정하여 AD곡선으로 나타냈다. 단기에 있어서 물가수준이 고정되어 있다고 가정하면 총공급곡선 $SRAS$는 주어진 물가수준 P_1에서 수평선의 형태를 취한다. 단기에서는 AD곡선과 $SRAS$곡선이 만나는 A점에서 균형이 이루어진다. 따라서 균형물가수준은 P_1, 균형총생산은 Y_1이 된다.

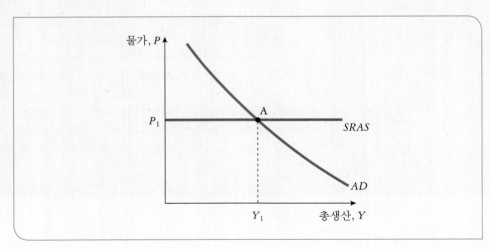

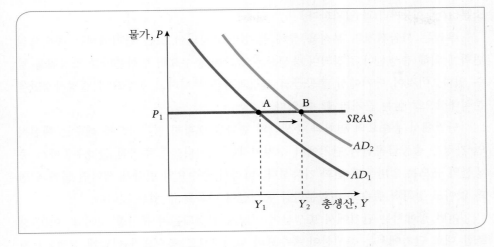

그림 9-2
총수요의 증가와 단기균형

주어진 물가수준에서 총수요 가 증가하면 총수요곡선이 AD_1에서 AD_2로 이동한다. 이 에 따라 단기균형은 A점에서 B점으로 이동하며, 균형변화 에 따른 총생산의 증가분($Y_2 - Y_1$)은 정확히 총수요의 증가분 (AD의 이동거리)과 일치함을 알 수 있다.

수준은 P_1, 단기균형총생산은 Y_1이 된다.

이때 주어진 물가수준에서 총수요가 증가하였다고 가정하자. 그러면 총수요곡 선은 증가된 총수요만큼 오른쪽으로 이동한다. 이러한 변화는 〈그림 9-2〉에 나타 냈다. 총수요곡선이 AD_1에서 AD_2로 이동함에 따라 단기균형은 A점에서 B점으로 이동하여 총생산만 Y_1에서 Y_2로 증가하고 물가는 변하지 않는다. 이때 균형변화에 따른 총생산의 증가분($Y_2 - Y_1$)은 정확히 총수요의 증가분(AD의 이동거리)과 일치함을 알 수 있다. 한편 〈그림 9-3〉은 총수요의 감소가 있는 경우이다. 주어진 물가수준 에서 총수요가 감소하면 총수요곡선은 정확히 총수요 감소분만큼 AD_1에서 AD_3로 좌측 이동한다. 단기균형이 A점에서 C점으로 바뀜에 따라 총생산은 Y_1에서 Y_3로 감 소하고 물가는 변하지 않는다. 이때 총생산의 감소분($Y_1 - Y_3$)은 정확히 총수요의 감

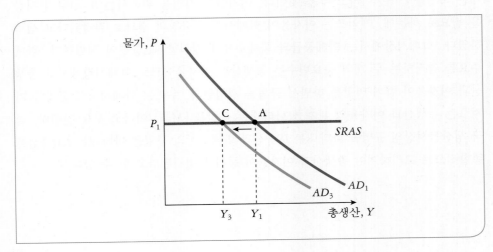

그림 9-3
총수요의 감소와 단기균형

주어진 물가수준에서 총수요 가 감소하면 총수요곡선이 AD_1에서 AD_3로 이동한다. 이 에 따라 단기균형은 A점에서 C점으로 이동하며, 균형변화 에 따른 총생산의 감소분($Y_1 - Y_3$)은 정확히 총수요의 감소분 (AD의 이동거리)과 일치함을 알 수 있다.

소분(*AD*의 이동거리)과 일치한다.

우리는 지금까지의 분석을 통해 물가가 고정되어 있는 단기에서는 총수요의 변화에 의해 총생산이 결정되며 총생산은 정확히 총수요의 변화분만큼 조정됨을 알 수 있다. 이것이 단기에서 총공급의 결정과정을 무시하고 총수요의 결정과정만을 분석대상으로 삼는 근거라 할 수 있다.

단기에서 총수요의 변화와 총생산의 변화를 정확히 일치하도록 해주는 핵심적인 가정은 총공급곡선이 단기에서 수평이라는 것이다. 즉 주어진 물가수준에서 총생산의 규모는 얼마든지 변화 가능하다. 따라서 총수요의 변화가 생기면 물가의 변화 없이도 정확히 총수요 변화분만큼 총생산이 변화될 수 있는 것이다.

이번 장에서는 단기에서 총생산이 어떻게 결정되는지 분석할 것이다. 이미 강조한 대로 단기에서는 총생산이 총수요와 일치하므로 총수요가 어떻게 결정되는지 자세히 살펴볼 예정이다. 가장 간단한 모형에서는 총수요를 구성하고 있는 소비, 투자, 정부지출 중에서 투자와 정부지출은 모두 외생적으로 결정된다고 가정하고, 소비만이 소득 변화에 따라 모형 내에서 변할 수 있다고 가정한다. 이러한 구조를 갖고 있는 모형을 케인즈의 기본모형이라고 부를 것이다. 케인즈의 기본모형을 통해 우리는 생산물시장의 균형을 이루는 균형총생산을 구할 수 있다. 하지만 좀 더 현실성 있는 모형에서는 총수요가 총소득뿐 아니라 이자율에도 영향을 받기 마련이다. 특히 투자를 행할 때의 기회비용은 이자율에 의해 결정되므로, 이자율의 크기는 투자에 영향을 미침으로써 총수요에 영향을 준다. 따라서 이자율이 결정되어야 생산물시장의 균형이 달성된다.

이상과 같이 생산물시장의 균형을 달성시키는 총생산과 이자율의 관계를 나타내는 곡선을 *IS*곡선이라고 부를 것이다. 이자율의 결정을 위해서는 또 하나의 시장을 필요로 하는데, 케인즈는 이자율이 화폐시장의 균형의 결과로 결정된다고 생각하였다. 화폐시장에서는 화폐공급과 화폐수요가 일치할 때 균형이 성립한다. 화폐수요를 결정하는 두 개의 중요변수는 총생산과 이자율이므로 화폐시장에서도 총생산과 이자율이 함께 역할을 하면서 균형을 결정한다. 우리는 화폐시장의 균형을 가져오는 총생산과 이자율의 관계를 나타내는 곡선을 *LM*곡선이라고 부를 것이다. 결국 생산물시장의 균형을 나타내는 *IS*곡선과 화폐시장의 균형을 나타내는 *LM*곡선을 종합적으로 고려하여야 총생산과 이자율이 동시에 결정된다고 할 수 있다.

생산물시장의 균형과 *IS*곡선 2

생산물시장은 상품시장이라고도 불리며, 재화와 서비스에 대한 총수요가 실제로 결정되는 시장이다. 생산물시장에서 총수요의 역할을 가장 간단명료하게 보여 주는 모형이 케인즈의 기본모형이다. 또한 케인즈의 기본모형은 보다 복잡한 *IS-LM*모형에서 *IS*곡선을 결정하는 전 단계로 간주될 수 있다. 이번 절에서는 케인즈의 기본모형을 설명하고 *IS*곡선을 도출하고자 한다.

1 케인즈의 기본모형

케인즈는 생산물시장의 균형총생산량이 궁극적으로 총수요에 의해 결정된다고 생각하였다. 즉 총생산이 총수요보다 작다면 총생산이 증가하여 총수요와 같아지는 수준에서 균형이 회복되고, 총생산이 총수요보다 크다면 총생산이 감소하여 다시 총수요 수준에서 균형이 회복된다고 생각하였다. 이와 같이 국민경제의 총생산이 궁극적으로 총수요에 의해 결정된다는 의미에서 케인즈는 총수요를 유효수요(effective demand)라고 불렀으며, 케인즈의 국민소득결정이론을 유효수요이론이라고 부른다. 이러한 케인즈의 유효수요이론을 가장 명확하게 보여 주는 모형이 케인즈의 기본모형이다.

케인즈의 기본모형을 이해하기 위해선 계획된 지출(planned expenditure)과 실제의 지출(actual expenditure)을 구별할 필요가 있다. 계획된 지출은 국민경제를 구성하는 경제주체인 가계, 기업, 정부가 재화와 서비스를 구입하고자 계획한 지출을 의미한다. 하지만 이러한 계획이 실제의 지출로 이어지지 않을 수 있다. 이 과정에서 재고가 조정된다. 재고는 생산된 재화와 서비스가 시장에서 팔리지 않은 부분을 의미한다. 기업들은 적정재고수준을 유지하려고 하지만 만약 계획된 지출이 생산보다 작으면 재고를 적정수준보다 늘리고 계획된 지출이 생산보다 크면 재고를 적정수준보다 줄이게 된다.

이와 같이 계획된 지출은 총생산과 다르다. 즉 재고만큼의 차이가 생긴다. 하지만 제2장에서 총지출을 설명할 때 삼면등가의 법칙에 의해 총지출은 총생산과 동일하다고 설명하였다. 이를 위해 우리는 실제의 지출이라는 개념이 필요하다. 실제의 지출에는 의도된 지출에 재고를 포함시킨다. 이때 재고는 기업이 비록 계획하지는 않았지만 스스로 투자를 위해 지출한 것이라고 간주하여 재고투자라고 부르며 실제의 지출에는 포함시킨다. 이를 통해 실제의 지출은 총생산과 항상 일치하는 것이다. 따라서 다음의 관계가 성립한다.

$$총생산 = 계획된 지출 + 재고 변동 = 실제의 지출$$

그런데 재고의 변동은 투자지출에만 반영되므로 결국 실제의 지출과 계획된 지출에서 차이가 생기는 이유는 실제의 투자지출과 계획된 투자지출이 달라지기 때문이다.

$$실제의 지출 - 계획된 지출 = 재고 변동 = 실제의 투자지출 - 계획된 투자지출$$

폐쇄경제의 경우 계획된 지출은 소비지출(C), 계획된 투자지출(I), 정부지출(G)로 이루어진다. 케인즈는 계획된 지출을 총수요로 간주하였다.

총수요의 정의

$$총수요 = 계획된 지출 = C + I + G$$

또한 균형은 총수요가 총생산과 일치하는 수준에서 결정된다고 생각하였다.

균형상태의 경제

$$총수요 = 총생산$$

따라서 균형은 총수요가 총생산과 일치하여 재고의 변동이 일어나지 않는 상태를 의미한다.

이제 이상과 같은 케인즈의 기본모형을 보다 자세히 살펴보도록 하자. 먼저 총수요가 결정되는 과정을 분석하기 위해서는 총수요를 구성하는 소비, 계획된 투자 및 정부지출 수요의 결정과정을 분석할 필요가 있다. 앞으로 살펴볼 모형은 각각의 구성요인이 구체적으로 어떻게 결정되는지에 대한 구체적인 가정에 따라 매우 복잡한 모습을 취하기도 한다. 하지만 케인즈의 기본모형은 가장 간단한 가정을 선택한다. 먼저 현재소비는 현재소득에 의해 결정된다. 특히 소득 중에서 세금을 내고 난 후에 남게 되는 가처분소득에 의해 소비가 결정된다. 현재의 가처분소득이 늘어나면 현재의 소비가 늘어나고, 현재의 가처분소득이 줄어들면 현재의 소비가 감소한다. 이러한 관계를 선형(linear)의 소비함수 형태로 표현하면 다음과 같다.

$$C(Y_d) = c_0 + c_1 Y_d \qquad (9.2)$$
$$= c_0 + c_1(Y - T)$$

위의 식에서 Y_d는 가처분소득이며 소득(Y)에서 조세(T)를 뺀 값으로 정의된다. 여기서 c_0는 소득이 전혀 없는 경우에도 꼭 소비해야만 하는 기초수준소비(subsistence level)를 나타낸다. 즉 가처분소득이 0인 경우($Y_d=0$)에 대응하는 소비로서 생존을 위해서 기초적으로 필요한 최소수준의 소비이다. 기초수준의 소비라도 0보다 작을 수 없으므로 $c_0 > 0$이 성립한다. 또한 c_1은 가처분소득 한 단위가 증가할 때 추가적인 소비의 증가를 나타내는 한계소비성향(Marginal Propensity to Consume: MPC)을 나타낸다. 일반적으로 가처분소득이 늘어날 경우 소비는 증가하므로 $c_1 > 0$이다. 하지만 증가된 소득이 모두 소비에 사용되는 것은 아니고 나머지는 저축되므로 $c_1 < 1$이 된다. 종합하면 $0 < c_1 < 1$이 성립한다.

이미 설명한 바와 같이 투자의 경우, 계획된 투자와 실제의 투자를 명확히 구분해야 한다. 케인즈는 계획된 투자가 기업가의 동물적 본능(animal spirits)에 의해 결정된다고 생각하였다. 투자는 미래의 이윤획득을 통해 현재의 투자비용에 보답한다. 기업가는 투자를 결정하는 기업의 최고 의사결정자인데, 투자를 결정하는 데 있어서 미래의 이윤획득 가능성에 대한 불확실성에 직면하고 있다. 케인즈는 이러한 상황에서 기업가가 동물적 본능을 통해 불확실성을 타개한다고 생각하였다. 즉 기업가는 미래를 꿰뚫는 본능적인 판단감각이 있으며 이를 통해 투자의 타당성 여부를 결정한다는 것이다. 이러한 투자 결정과정을 모형화하는 것은 쉬운 일이 아니다. 따라서 계획된 투자는 모형 밖에서 결정된다고 가정한다. 즉 투자함수는

$$I = \bar{I} \qquad (9.3)$$

로 나타낼 수 있다. $\bar{I}$는 외생적으로 결정된 계획된 투자량으로 모형내 다른 변수들의 영향을 받지 않는다.

마지막으로 정부지출도 일단은 모형 밖에서 외생적으로 결정된다고 가정한다.

사실 정부는 경제의 여러 상황을 종합적으로 고려하여 정부지출수준을 결정한다. 하지만 정부의 의사결정을 모형화하는 것도 쉬운 일은 아니다. 또한 정부의 이념에 따라 정부지출의 우선순위가 달라지고 정부지출의 규모도 달라질 수 있다. 따라서 정부지출 결정은 모형내 다른 변수에 의해 결정되지 않는다는 의미에서 투자와 마찬가지로 외생변수로 간주한다.

$$G = \overline{G} \tag{9.4}$$

$\overline{G}$는 외생적으로 결정된 정부지출을 의미한다. 아울러 정부의 조세수입도 마찬가지 이유로 외생적으로 결정된다고 가정한다.

$$T = \overline{T} \tag{9.5}$$

지금부터는 이상과 같이 결정된 총수요를 AD로 나타내기로 하자.

$$AD = C + I + G \tag{9.6}$$

AD는 총수요, 즉 "계획된 지출"을 의미한다. 이제 위에서 설명한 각 수요 요소, 즉 소비, 투자, 정부지출 수요를 식 (9.6)에 대입하면 다음과 같다.

$$AD = (c_0 + c_1(Y - \overline{T})) + \overline{I} + \overline{G} \tag{9.7}$$

식 (9.7)은 케인즈 기본모형의 가장 중추적인 역할을 하는 식이다. 이에 따르면 국민경제 전체의 계획된 지출규모는 소득(Y), 외생변수인 계획된 투자($\overline{I}$), 역시 외생변수인 정부의 지출($\overline{G}$) 및 조세($\overline{T}$)에 의해 결정된다.

이미 설명한 대로 균형은 총수요가 실제의 지출과 일치할 때 성립한다. 실제의 지출은 삼면등가의 법칙에 의해 총생산과 같으므로 균형은 총생산이 총수요와 같을 때 이루어진다고 할 수 있다.

$$\begin{aligned} Y &= AD \\ &= C(Y_d) + \overline{I} + \overline{G} \\ &= (c_0 + c_1(Y - \overline{T})) + \overline{I} + \overline{G} \\ &= (c_0 + c_1\overline{T} + \overline{I} + \overline{G}) + c_1 Y \end{aligned} \tag{9.8}$$

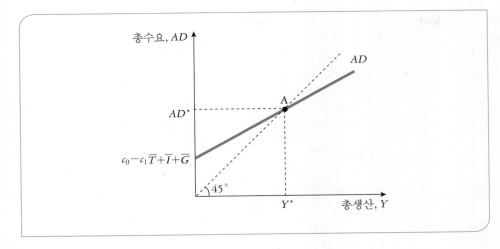

그림 9-4
총생산과 총수요(AD)의 균형

균형은 총수요가 총생산과 일치하는 점에서 결정된다. 파란색 선은 총생산(총소득)이 변함에 따라 총수요가 어떻게 변하는지를 나타낸다. 총소득이 늘어남에 따라 소비가 증가하여 총수요가 증가하게 된다. 따라서 총수요의 증가 정도는 한계소비성향이므로 파란색 선의 기울기는 0보다 크지만 1보다 작게 된다. 한편 균형에서는 총생산이 총수요와 일치하므로 $Y=AD$가 성립하고 이러한 점들은 점선으로 표시된 45도 선에 위치한다. 45도 선과 AD곡선이 만나는 점은 A점이며 따라서 균형은 A점에서 이루어진다. 즉 A점에서는 총생산이 Y^{*}이며 이에 대응하는 총수요는 AD^{*}이므로 $Y^{*}=AD^{*}$가 성립하여 균형이 된다.

식 (9.8)의 마지막 식을 살펴보면 유일하게 모형에 의해 내생적으로 결정되는 변수는 총생산(Y)뿐이다. 따라서 균형조건에 의해 국민경제의 총생산수준이 결정된다. 또한 식 (9.8)을 해석하면 총생산(Y)이 국민경제의 총수요수준인 AD에 의해 결정된다고 설명할 수도 있다. 따라서 케인즈의 기본모형은 총수요에 의해 총생산이 결정되는 형식을 취하며, 총공급이 이루어지는 생산과정은 무시되어 있다고 볼 수 있다 (Y가 내생변수이다).

균형의 결정은 그림으로 보다 쉽게 나타낼 수 있다. 〈그림 9-4〉에서 파란색 선은 총생산이 변함에 따라 총수요가 어떻게 변하는지를 나타낸다. 총생산이 늘어난다는 것은 총소득이 늘어난다는 것과 동일하다. 이때 식 (9.7) 혹은 (9.8)을 보면 총소득이 늘어남에 따라 늘어나는 지출은 소비임을 알 수 있다. 즉 총소득이 늘어남에 따라 소비가 증가하여 총수요가 증가하는 것이다. 따라서 총수요의 증가정도는 한계소비성향과 정확히 일치한다. 그러므로 총수요를 표현한 파란색 선의 기울기는 0보다 크지만 1보다는 작게 된다. 또한 식 (9.8)의 마지막 행에 따르면 절편이 $c_0 - c_1\overline{T} + \overline{I} + \overline{G}$로 결정됨을 알 수 있다. 균형에서는 $Y=AD$가 성립하므로 점선으로 표시된 45도 선은 균형이 가능한 모든 점들을 나타낸다. 그 중에서 실제로 총수요와 만나는 A점이 균형이 된다. 즉 A점에서는 총생산이 Y^{*}이며 이에 대응하는 총수요는 AD^{*}이므로 $Y^{*}=AD^{*}$가 성립하여 균형이 되는 것이다.

만약 국민경제가 균형이 아니라면 균형은 어떻게 회복되는가? 〈그림 9-5〉는 균형이 회복되는 과정을 나타냈다. 먼저 총생산이 총수요보다 크다고 생각하자. 즉 총생산의 규모가 Y_1이라면 이 수준에 대응하는 총수요는 AD_1이다. AD_1은 45도 선 밑에 있으므로 총수요는 총생산보다 적게 된다. 따라서 재고가 쌓이게 된다. 그림

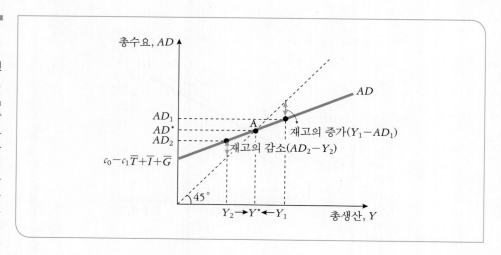

그림 9-5
균형회복 과정

국민경제가 균형이 아니라면 자연스럽게 균형은 회복된다. 예를 들어 총생산의 규모가 Y_1 이라면 이 수준에 대응하는 총수요는 AD_1이다. AD_1은 45도 선 밑에 있으므로 총수요는 총생산 보다 적게 된다. 따라서 재고가 쌓이게 되고 재고가 증가함에 따라 기업들은 생산을 줄이고자 한다. 이러한 과정은 총생산이 Y^*로 줄어들 때까지 지속된다. 총생산이 Y^*로 줄어들면 총생산이 총수요와 일치하여 더 이상 재고가 쌓이지 않게 되어 균형이 회복된다. 반면 총생산이 Y_2이면 총수요는 AD_2가 되어 총생산보다 크므로 기존의 재고가 계속 줄어들거나 총생산이 수요에 못 미치게 된다. 기업은 이에 총생산의 증가로 반응하게 되고, 더 이상의 재고 감소는 나타나지 않는 수준인 Y^*까지 늘어나게 되어 균형이 회복된다.

에서 재고의 증가량은 Y_1-AD_1으로 표현된다. 재고의 증가는 기업으로 하여금 생산을 줄이도록 만든다. 따라서 총생산은 결국 더 이상 재고가 쌓이지 않는 수준, 즉 총수요와 일치하는 수준까지 줄어들게 되어 균형은 회복된다. 반면 총생산이 총수요보다 작다고 하자. 총생산이 Y_2만큼 이루어지면 이보다 큰 총수요에 대응하여 판매하는 과정에서 기존에 쌓아두었던 재고가 줄어들게 된다. 기업은 적정한 수준의 재고를 유지하려고 하는데 이제 재고는 적정수준보다 계속 줄어들게 된다. 줄어든 재고의 양은 AD_2-Y_2로 표현된다. 기업은 이에 총생산의 증가로 반응하게 되고 결국 총수요수준으로 총생산이 늘어나면 더 이상의 재고 감소는 나타나지 않게 되어 균형이 회복된다.

균형을 실제로 식 (9.8)을 이용하여 대수적으로 계산할 수도 있다. 즉 식 (9.8)을 풀어 쓰면 다음과 같다.

$$Y = c_0+c_1Y-c_1\overline{T}+\overline{I}+\overline{G} \qquad (9.9)$$
$$= c_0-c_1\overline{T}+\overline{I}+\overline{G}+c_1Y$$
$$= \overline{A}+c_1Y$$

$$단, \overline{A} \equiv c_0-c_1T+\overline{I}+\overline{G} \qquad (9.10)$$

로 정의하였다. 식 (9.9) 우변의 첫 번째 항인 $\overline{A}$는 모형 밖에서 외생적으로 결정되는 부분만 모아 놓은 것으로 독립지출(autonomous expenditure)이라고 부른다. 반면 식 (9.9)의 두 번째 항인 c_1Y는 모형 내에서 결정되는 내생변수인 총소득(Y)이 증가함에 따라 함께 증가하는 부분으로 유발지출(induced expenditure)이라고 불린다. 결국 총소득이 증가함에 따라 지출이 증가하는 정도는 c_1으로 나타낼 수 있으며 이는 한계소비성향과 정확히 일치함을 알 수 있다.

이제 식 (9.9)의 두 번째 항인 c_1Y를 왼쪽 변으로 옮겨 Y에 관해서 풀면 다음과 같다.

$$Y^* = \frac{1}{1-c_1}\overline{A} \qquad\qquad (9.11)$$

식 (9.11)에서 Y는 균형이라는 의미에서 *를 붙여 표시하였다. 이 값이 〈그림 9-5〉의 A점에 대응하는 균형총생산과 일치한다.

2 승수효과

케인즈의 기본모형에 따르면 결국 총생산은 총수요와 일치하도록 조정되어 균형이 이루어진다. 만약 이렇게 성립한 균형에서 많은 유휴설비가 남아 있다면 어떻게 될 것인가? 또한 노동자도 충분히 고용되지 않고 많은 사람들이 실업자로 있다면 어떻게 되는가? 케인즈는 총생산의 규모가 총수요에 의해 전적으로 결정되므로 이러한 경우가 발생할 수 있다고 생각하였다. 특히 불황의 원인으로 총수요의 부족을 가장 중요하게 생각하였다. 이 경우 케인즈는 정부가 나서서 적극적으로 총수요를 진작시키는 정책을 집행하여야 한다고 생각하였다. 지금부터는 정부가 이러한 역할을 어떻게 수행할 수 있는지 살펴보기로 하자.

정부지출은 총수요를 구성하고 있는 하나의 요인이자 정부가 결정할 수 있는 부분이다. 만약 정부가 정부지출을 변화시키면 총수요가 변화하고 국민경제의 균형총생산도 변화한다. 일반적으로 정부지출이 증가하면 총수요가 증가하므로 균형총생산은 증가할 것이라고 기대할 수 있다. 반면 정부지출이 감소하면 균형총생산은 감소할 것이다. 하지만 정부지출의 변화량과 균형총생산의 변화량은 정확히 일치하지 않는다. 그 이유는 무엇인가? 정부지출이 증가하면 이는 누군가의 소득의 증가로 귀결된다. 소득이 증가한 가계는 소비를 증가시킨다. 소비의 증가는 총수요를 또 다시 증가시키고 이는 총생산을 다시 증가시킨다. 하지만 여기서 끝나는 것이 아니다. 소비의 증가로 인한 총생산의 증가는 또 다시 가계의 소득 증가로 귀결되며 이는 소비를 재차 증가시킨다. 이런 식으로 소비는 계속적으로 증가하며 이를 통해 총수요의 증가는 더욱 커진다. 이렇게 정부지출의 증가는 그것 자체로 총수요를 증가시킬 뿐 아니라 가계의 소득 증가를 가져오고 이를 통해 소비가 계속적으로 증가함으로써 총수요의 총증가분은 처음 정부지출의 증가분을 훨씬 넘어서게 된다. 정부지출의 증가를 ΔG로 표시했을 때, 이 과정을 수식으로 표현하면 다음과 같다.

$$\Delta Y^* = \Delta G + MPC \, \Delta G + MPC^2 \, \Delta G + MPC^3 \, \Delta G + \cdots \tag{9.12}$$

식 (9.12)의 우변 첫 번째 항은 최초의 정부지출 증가 ΔG이다. 이것은 소득 증가로 귀결되어 소득 증가 한 단위당 한계소비성향만큼 소비를 증가시킨다. 따라서 최초의 소비 증가는 $MPC \, \Delta G$이며 이것이 두 번째 항이다. 이어서 소득은 다시 소비증가분인 $MPC \, \Delta G$ 만큼 증가하고 이는 재차 소비를 한계소비성향에 따라 증가시킨다. 이것이 세 번째 항인 $MPC^2 \, \Delta G$이다. 이런 식으로 소비는 끊임없이 증가하게 되므로 총생산 증가의 총합은 식 (9.12)에서와 같이 소비 증가로 인한 부분이 무한히 더해짐으로써 계산된다. 식 (9.12)는 다음과 같은 계산을 통해 보다 간단히 나타낼 수 있다.

$$\begin{aligned} \Delta Y^* &= (1 + MPC + MPC^2 + MPC^3 + \cdots) \Delta G \\ &= \frac{1}{1 - MPC} \, \Delta G \end{aligned} \tag{9.13}$$

식 (9.13)에서 첫 번째 열에서 두 번째 열로의 변환은 $0 < MPC < 1$이라는 사실을 이용하였다. 식 (9.2)에서 $MPC = c_1$이므로

$$\Delta Y^* = \frac{1}{1 - c_1} \, \Delta G \tag{9.14}$$

으로 나타낼 수 있다. 우리는 $0 < c_1 < 1$을 가정하였으므로 $\frac{1}{1 - c_1} > 1$임을 알 수 있다. 따라서 균형총생산의 증가는 정부지출의 증가보다 더 크다는 것을 알 수 있다. 이와 같이 한 단위 정부지출의 변화가 이루어졌을 때 균형총생산이 얼마나 변화하는지를 나타내는 것을 정부지출승수(government expenditure multiplier)라고 부른다.

$$정부지출승수 = \frac{1}{1 - c_1}$$

위의 식에 따르면 정부지출승수는 한계소비성향이 커질수록 증가함을 알 수 있다.

식 (9.14)는 식 (9.11)을 통해서도 쉽게 구할 수 있다. 먼저 식 (9.11)의 양변에

변화를 가하면

$$\Delta Y^* \equiv \frac{1}{1-c_1} \Delta \overline{A} \qquad\qquad (9.15)$$

가 성립한다. 식 (9.15)는 독립지출 한 단위의 증가가 균형총생산을 $\frac{1}{1-c_1}$ 만큼 증가시킴을 의미한다. 따라서 독립지출승수는 $\frac{1}{1-c_1}$ 이다. 식 (9.15)는 어떠한 독립지출의 변화 $\Delta \overline{A}$에 대해서도 일반적으로 성립하는 식이다. 정부지출의 증가는 한 예에 불과하다고 생각할 수 있으며 식 (9.10)에 따르면 정부지출의 변화는 독립지출의 변화를 가져온다. 만약 독립지출 중에서 오직 G만이 변화한다면

$$\Delta \overline{A} = \Delta G \qquad\qquad (9.16)$$

가 성립한다. 이제 식 (9.16)을 식 (9.15)에 대입하면

$$\Delta Y^* \equiv \frac{1}{1-c_1} \Delta G$$

가 성립하여 식 (9.14)와 동일함을 알 수 있다.

　지금까지의 분석에 의하면 일반적으로 독립지출의 증가는 균형총생산을 그 이상 증가시킴을 알 수 있다. 그 이유는 정부지출이 증가할 때 균형총생산에 어떠한 변화가 일어나는지 설명하는 과정에서 이미 언급한 바와 같다. 이 과정을 그림으로도 나타낼 수 있는데 이 과정은 〈그림 9−6〉에 표현하였다.

　〈그림 9−6〉에서는 독립지출이 ΔA 만큼 증가하는 경우이다. 독립지출의 증가는 총수요곡선을 AD_1에서 AD_2로 위쪽 이동시킨다. 이에 따라 균형은 A점에서 B점으로 이동하며 이에 대응한 균형총생산은 Y_1^*에서 Y_2^*로 증가한다. 그림에서 삼각형 ABC가 이등변삼각형이라는 사실로부터 $\Delta Y^* = \Delta \overline{A} + c_1 \Delta Y^*$임을 확인할 수 있으며 이를 다시 정리하여 쓰면 $\Delta Y^* = \frac{1}{1-c_1} \Delta \overline{A}$가 성립함을 알 수 있다.

　독립지출을 변화시킬 수 있는 다른 요인들은 무엇이 있을까? 식 (9.10)에 따르면 정부지출의 변화 이외에도 세 경우가 더 있음을 알 수 있다. 첫째, 소비지출의 독립적인 변화이다. 만약 소비가 가처분소득의 변화 없이 선호의 변화 등 여타의 이유에 의해 변화하였다고 하자. 이러한 변화는 식 (9.2)에 따르면 c_0의 변화로 나타낼 수 있다. 예를 들어 모든 사람들이 독립적으로 소비를 늘리면 식 (9.2)의 소비결정식 우변에 그 증가분만큼 더해지는데 그 증가분은 결국 c_0와 합산될 것이므로 c_0

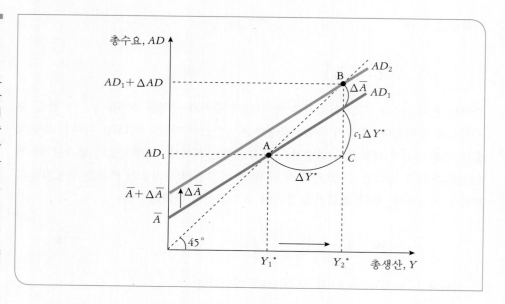

그림 9-6
독립지출이 $\triangle \overline{A}$만큼 증가했을 때 총생산의 변화

독립지출이 증가하면 총수요가 증가하여 균형총생산은 늘어난다. 예를 들어 독립지출이 $\triangle \overline{A}$만큼 증가하는 경우 총수요곡선은 AD_1에서 AD_2로 위쪽 이동한다. 이에 따라 균형은 A점에서 B점으로 이동하며 이에 대응한 균형총생산은 Y_1^*에서 Y_2^*로 증가한다. 그림에서 Y의 증가분 $\triangle Y^*$는 $\overline{AC}$로 표현되며 삼각형 ABC가 이등변삼각형이므로 $\overline{AC}$는 $\overline{BC}$와 일치한다. 따라서 $\triangle Y^* = c_1 \triangle Y^* + \triangle \overline{A}$가 성립하여 $\triangle Y^* = \dfrac{1}{1-c_1} \triangle \overline{A}$임을 알 수 있다.

가 증가하였다고 표현하는 것과 동일한 셈이 되는 것이다. 결국 소비지출의 독립적 증가는 같은 양만큼의 독립지출의 증가를 초래한다. 따라서 식 (9.15)에 의해 소비지출의 독립적인 증가에 대한 승수는 정부지출 증가의 경우와 마찬가지로 일반적인 독립지출의 승수와 동일하다. 즉 한 단위의 독립적인 소비지출의 증가는 $\dfrac{1}{1-c_1}$만큼의 총생산의 증가를 가져온다. 따라서 소비지출승수와 정부지출승수는 동일하다. 두 번째 방법은 독립적인 투자지출의 증가이다. 예를 들어 기업가들의 동물적인 본능을 자극할 만한 어떤 사건이 벌어졌다고 하자. 기업가들은 투자지출을 증가시킬 것이고 이는 독립지출을 같은 양만큼 증가시킬 것이다. 따라서 투자지출승수는 정부지출승수와 같으며 한 단위의 독립적인 투자지출의 증가는 $\dfrac{1}{1-c_1}$ 만큼의 총생산의 증가를 가져온다.

$$\text{소비지출승수} = \text{투자지출승수} = \text{정부지출승수} = \text{독립지출승수} = \dfrac{1}{1-c_1}$$

마지막으로 독립적인 조세의 변화도 역시 독립지출의 변화를 초래한다. 하지만 이 경우에는 주의가 필요하다. 왜냐하면 독립적인 조세의 증가는 독립지출을 감소시키기 때문이다. 즉 조세의 증가는 가처분소득을 감소시켜 소비를 감소시킨다. 그리고 소비감소의 폭은 식 (9.10)에 의하면 c_1 만큼이다. 정리하면 조세의 독립적인 한 단위 증가는 독립지출을 c_1 만큼 감소시킨다. 독립지출 한 단위 감소는 총생산을 $\dfrac{1}{1-c_1}$ 만큼 감소시키므로 결국 최종적으로 조세수입의 독립적인 한 단위 증가는 총생산을 $\frac{c_1}{1-c_1}$ 만큼 감소시킨다. 결국 독립적인 조세의 승수는 $-\frac{c_1}{1-c_1}$ 임을 알 수 있다. 승수 앞에 음(−)의 부호가 있는 이유는 조세의 증가가 총생산을 감소시키기 때문이다. 이 과정은 식 (9.10)을 식 (9.11)에 대입함으로써 바로 구할 수도 있다. 즉

$$Y^* = \frac{1}{1-c_1}(c_0 - c_1\overline{T} + \overline{I} + \overline{G}) \tag{9.17}$$

가 성립하는데 이는 균형총생산을 대수적으로 표현한 것이다. 즉 식 (9.17)은 균형총생산 Y^*를 외생적인 변수들과 파라미터들로 표현한 것이다. 이때 $\overline{T}$가 변화할 때 이에 대한 균형총생산의 반응은

$$\Delta Y^* = -\frac{c_1}{1-c_1}\Delta \overline{T}$$

가 되어 승수가 $-\frac{c_1}{1-c_1}$임을 알 수 있다.

$$\text{조세승수} = -\frac{c_1}{1-c_1}$$

　지금까지 독립지출의 증가는 승수효과를 통해 총생산에 더욱 큰 영향을 줄 수 있음을 알 수 있었다. 독립지출을 구성하고 있는 요소들을 살펴보면 ① 독립적인 소비지출, ② 독립적인 투자지출, ③ 독립적인 정부지출, ④ 독립적인 조세 네 가지이다. 이 중 처음 두 요소는 민간에서 결정되지만 마지막 두 요소인 독립적인 정부지출과 독립적인 조세는 정부가 적절히 조정함으로써 총생산을 변화시킬 때 이용할 수 있다. 이것이 바로 케인즈가 기본모형을 통해 강조하고 싶었던 정부의 역할이다. 예를 들어 민간에서 독립적인 소비지출이나 독립적인 투자지출의 감소로 균형총생산이 감소하였다고 하자. 이때 정부는 정부지출을 늘리거나 조세를 줄임으로써 다시 균형총생산을 원래의 상태로 되돌릴 수 있다는 것이다. 정부가 정부지출을 변화시키거나 조세를 변화시키는 것은 정부의 재정상태와 밀접한 관련이 있기 때문에 이러한 정책을 정부의 재정정책이라고 부른다. 특히 정부가 재정상태를 변화시키지 않으면서 총생산에 영향을 미치려고 하는 경우가 있는데 이는 정부지출과 조세를 동일한 양만큼 변화시킴으로써 달성가능하다. 이 경우 총생산의 변화정도는 균형재정승수로 나타낼 수 있는데 이는 정부지출승수와 조세수입승수를 합함으로써 계산할 수 있다. 이때 균형재정승수는 1이 된다.

$$균형재정승수 = \frac{1}{1-c_1} - \frac{c_1}{1-c_1} = 1$$

$$= 정부지출승수 + 조세승수$$

균형재정승수에 따를 때, 만약 정부지출과 조세가 모두 한 단위 증가한다면 정부재정은 균형을 유지함과 동시에 총수요가 한 단위 증가하므로 결국 총생산도 한 단위 증가한다.

③ *IS*곡선의 도출 : 이자율과 생산물시장의 균형

케인즈의 기본모형은 총생산이 결정되는 과정을 간단명료하게 잘 설명하고 있으나 지나치게 단순하여 현실에서 중요하게 다뤄지는 현상들이 무시된다는 문제점이 있다. 그 중에서도 가장 심각한 문제는 이자율의 변화가 무시된다는 점이다. 이자율의 변화는 다음 절에서 살펴볼 것과 같이 화폐의 공급량, 즉 통화량의 변화와 밀접한 관련을 가지고 있다. 전통적으로 정부가 총수요에 영향을 미치는 정책에는 지난 절에서 살펴본 바와 같은 재정정책이 있을 뿐 아니라 통화량의 변화를 통한 화폐정책이 있다. 화폐정책은 다음 장에서 보다 자세히 살펴볼 것인데, 결국은 이자율을 통해 총수요에 영향을 미치게 된다. 하지만 지금까지 살펴본 총수요는 이자율과 전혀 관련이 없으므로 화폐정책을 거론할 방법이 없다. 이번 장에서 이러한 문제는 보다 현실적인 가정을 하나 추가함으로써 해결가능하다. 즉 투자를 결정하는 데 이자율의 변화가 중요한 요인으로 작용한다는 것이다. 실제로 기업이 투자를 행할 때 이에 필요한 재원은 은행에서의 차입을 통해 해결하는 것이 보통이다. 따라서 투자에 따르는 비용은 투자재원을 마련하기 위한 차입에 따른 이자비용이라고 볼 수 있다. 결국 이자율의 변화는 투자비용에 영향을 미침으로써 투자량 결정에 중요한 요인으로 작용하는 것이다.

이제 투자지출의 결정에 이자율이 영향을 준다고 가정함으로써 투자함수가 다음과 같은 형태를 띤다고 하자.

$$I(r) = \bar{I} - br, \qquad b > 0$$

위 식은 원래의 투자함수 식 (9.3)을 변형시켜 명시적으로 이자율을 도입한 것이다. 특히 $b > 0$을 가정함으로써 이자율 r이 증가하면 투자는 감소하도록 하였다. 이는 이미 설명한 대로 이자율의 증가가 투자비용을 증가시키기 때문이다. 여기서 b는 투자가 이자율 변화에 얼마나 민감하게 반응하는지를 나타내는 파라미터인데 투자의 이자율 탄력성이라고 부른다. 이와 같이 투자함수를 변형하면 균형총생산은 어떻게 결정되는가? 균형총생산을 결정하는 식은 식 (9.8)을 변형시켜 다음과 같이 나타낼 수 있다.

$$
\begin{aligned}
Y &= AD \\
&= C(Y_d) + I(r) + \overline{G} \\
&= (c_0 + c_1(Y - \overline{T})) + \overline{I} - br + \overline{G} \\
&= \overline{A} - br + c_1 Y
\end{aligned}
\tag{9.18}
$$

식 (9.18)은 식 (9.8)과 달리 두 개의 내생변수를 포함한다. 식 (9.8)에는 내생변수가 총생산 Y뿐이었으므로 식 (9.8)을 이용하여 균형생산량을 바로 계산할 수 있었다. 반면 식 (9.18)에는 내생변수가 총생산 Y와 이자율 r 두 개 존재한다. 따라서 식 (9.18)만을 이용해서 바로 균형총생산을 구할 수는 없다. 단지 균형총생산과 이자율과의 관계를 알 수 있을 뿐이다. 우리는 생산물시장의 균형을 나타내는 식 (9.18)에서 성립하는 균형총생산과 이자율의 관계를 IS관계라고 하며 이를 그림으로 나타낸 것을 IS곡선이라고 부른다.

　〈그림 9-7〉은 IS곡선을 실제로 그리는 과정을 나타낸 것이다. 우리는 이자율이 r_1에서 r_2로 하락할 때 이에 대응하는 균형총생산의 변화를 살펴봄으로써 IS곡선을 도출할 수 있다. 위쪽 그림은 이자율이 r_1에서 r_2로 하락할 때 우선 총수요가 AD_1에서 AD_2로 증가함을 나타낸다. 이자율 하락이 총수요를 증가시키는 이유는 이자율 하락이 투자지출을 증가시키기 때문이다. 따라서 균형은 A점에서 B점으로 이동하고 균형총생산은 Y_1에서 Y_2로 증가한다. 밑의 그림은 이자율이 변함에 따라 균형총생산이 변하는 과정을 직접적으로 나타낸 것이다. 밑의 그림의 A점과 B점은 위의 그림의 A점과 B점에 각각 대응하며 이자율이 r_1에서 r_2로 하락할 때 균형총생산은 Y_1에서 Y_2로 증가함을 보여 준다. 이자율의 변화에 따른 균형총생산의 변화는 A점과 B점을 지나는 선으로 나타낼 수 있으며 이 선상의 모든 이자율과 총생산 조합은 생산물시장의 균형을 나타낸다. 이와 같이 생산물시장의 균형을 나타내는 이자율과 총생산의 관계를 그림으로 나타낸 것이 IS곡선이다.

그림 9–7
총수요를 이용한
IS곡선의 도출

IS곡선은 케인즈의 기본모형과 이자율에 반응하는 투자함수를 이용하여 도출할 수 있다. 이자율이 r_1에서 r_2로 하락하면 총수요곡선은 AD_1에서 AD_2로 위쪽 이동한다. 이자율 하락이 총수요를 증가시키는 이유는 이자율 하락이 투자지출을 증가시키기 때문이다. 따라서 균형은 A점에서 B점으로 이동하고 균형총생산은 Y_1에서 Y_2로 증가한다. 이러한 과정은 이자율이 변함에 따라 균형총생산이 변하는 과정으로 해석할 수 있다. 아래의 그림은 이러한 과정에서 성립하는 이자율과 균형총생산의 관계를 명시적으로 나타낸 것이다. 아래 그림의 A점과 B점은 위 그림의 A점과 B점에 각각 대응하며 이자율이 r_1에서 r_2로 하락할 때 균형총생산은 Y_1에서 Y_2로 증가함을 보여 준다. 이자율이 변화함에 따라 균형총생산이 변화하는 관계는 A점과 B점을 지나는 선으로 나타낼 수 있으며 이 선상의 모든 이자율과 총생산 조합은 생산물시장의 균형을 나타낸다. 이와 같이 생산물시장의 균형을 나타내는 이자율과 총생산의 관계를 그림으로 나타낸 것을 IS곡선이라고 부른다.

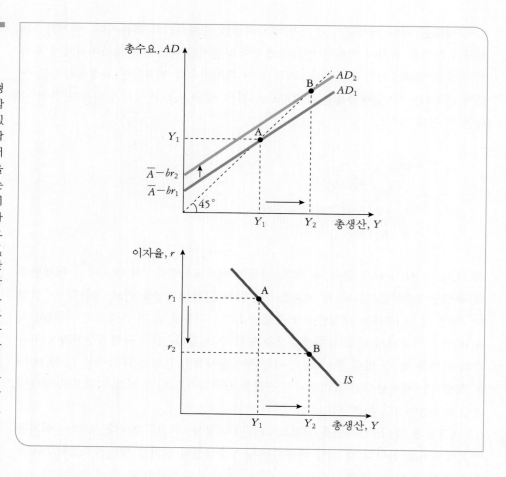

4 IS곡선의 기울기와 위치

IS곡선이 우하향하는 이유는 무엇인가? 그 이유는 〈그림 9–7〉에서 IS곡선을 도출하는 과정을 재음미해 보면 쉽게 알 수 있다. 먼저 이자율이 하락하면 투자의 증가로 총수요가 증가하고 이는 균형총생산의 증가로 이어진다. 즉 이자율의 하락이 균형총생산의 증가를 초래하므로 이자율과 총생산 사이에는 역의 관계가 존재하는 것이다. 따라서 이자율과 총생산을 그림으로 나타내면 음의 기울기로 표현된다. 이는 식 (9.18)을 이용하면 쉽게 대수적으로 확인할 수 있다. 식 (9.18)을 변형하여 Y에 관해 풀면 다음과 같다.

$$Y = \frac{1}{1-c_1}\,\overline{A} - \frac{b}{1-c_1}\,r \tag{9.19}$$

식 (9.19)의 우변에는 식 (9.11)과 비교할 때 균형총생산이 이자율에 의존하는 것을 나타내는 두 번째 항이 새롭게 등장하였다. 또한 $\frac{b}{1-c_1}$는 양수이므로 총생산 Y와 이자율 r과의 관계는 서로 역의 관계임을 알 수 있다. 또한 식 (9.19)를 변형하여 이자율 r에 관해 풀어 쓰면 다음과 같다.

$$r = \frac{1}{b}\bar{A} - \frac{1-c_1}{b}Y \qquad (9.20)$$

식 (9.19) 또는 식 (9.20)이 〈그림 9-7〉에 나타낸 IS곡선에 대응하는 식인데 총생산이 수평축이고 이자율이 수직축이므로 식 (9.20)에 의해 보다 직접적으로 IS곡선의 기울기를 구할 수 있다. 즉 IS곡선의 기울기는 $-\frac{1-c_1}{b}$으로 음수임을 알 수 있다. 또한 식 (9.20)에 의해 IS곡선의 기울기는 소비의 한계소비성향 c_1이 클수록 그리고 투자의 이자율탄력성 b가 클수록 IS곡선의 기울기의 절대값이 작아지므로 더욱 완만한 기울기를 갖는 것을 알 수 있다. 한계소비성향이 클수록 투자지출승수는 커지므로 IS곡선의 기울기는 투자지출승수가 커질수록 완만한 모습을 취한다고 이야기할 수도 있다.

IS곡선의 기울기뿐 아니라 IS곡선의 위치에 대해서도 관심을 가져야 한다. 식 (9.19)에 따르면 IS곡선의 위치에 영향을 미치는 요인은 우변의 첫 번째 항인 것을 알 수 있다. 즉 독립지출이 $\Delta\bar{A}$만큼 증가하면 이자율이 변하지 않는다고 전제할 때 Y는 $\frac{1}{1-c_1}\Delta\bar{A}$만큼 증가하는 것을 알 수 있다. 따라서 IS곡선은 동일한 이자율 수준에서 총생산만 $\frac{1}{1-c_1}\Delta\bar{A}$만큼 증가시키도록 이동하는데 이는 IS곡선이 오른쪽으로 이동하는 것을 의미한다. $\frac{1}{1-c_1}$은 독립지출승수이므로 결국 독립지출의 증가는

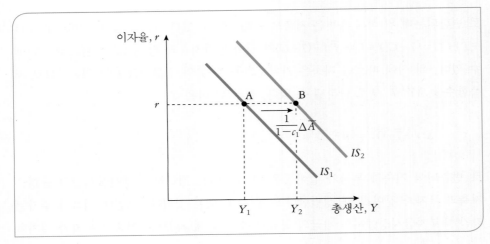

그림 9-8
독립지출 증가로 인한 IS곡선의 이동

독립지출이 변화하면 IS곡선은 이동한다. 예를 들어 독립지출이 $\Delta\bar{A}$만큼 증가하면 이자율이 변하지 않는다고 전제할 때 Y는 독립지출승수에의해 $\frac{1}{1-c_1}\Delta\bar{A}$만큼 증가한다. 따라서 IS곡선은 동일한 이자율 수준에서 총생산만 $\frac{1}{1-c_1}\Delta\bar{A}$만큼 증가하도록 오른쪽 이동한다.

IS곡선을 $\Delta \overline{A}$에 독립지출승수를 곱한 만큼 오른쪽으로 이동시킨다. 이러한 과정은 〈그림 9-8〉에 나타냈다. 반면 독립지출의 감소는 IS곡선을 $\Delta \overline{A}$에 독립지출승수를 곱한 만큼 왼쪽으로 이동시킨다.

5 대부자금시장의 균형과 *IS*관계

지금까지 우리는 생산물시장의 균형에 대해 살펴보았다. 특히 생산물시장의 균형을 이루는 총생산과 이자율의 관계를 IS관계라고 부른다고 설명하였다. 사실 IS라는 용어의 유례는 투자(investment)와 저축(saving)의 앞 글자를 따온 것이다. 즉 IS관계는 투자-저축 관계인 것이다. 그렇다면 생산물시장의 균형이 어떻게 투자-저축 사이의 관계로 불리는 것일까? 이에 대해서는 제3장에서 기본모형을 다루면서 이미 자세히 설명한 바 있다. 즉 생산물시장의 균형식을 변환하여 투자와 저축 간의 관계식으로 나타낼 수 있으며 이를 대부자금시장의 균형식으로 생각할 수도 있음을 설명한 바 있다. 다시 간단히 설명하면 다음과 같다. 먼저 생산물시장의 균형식

$$Y = C(Y-\overline{T})+I(r)+\overline{G}$$

의 양변에서 소비와 정부지출을 빼면

$$Y-C(Y-\overline{T})-\overline{G} = I(r)$$

로 변환되는데 위 식의 좌변은 저축으로 해석할 수 있다. 즉 위 식의 좌변은 $Y-C(Y-\overline{T})-\overline{G}=(Y-C(Y-\overline{T})-\overline{T})+(\overline{T}-\overline{G})$가 되어 민간저축과 정부저축의 합으로 나타낼 수 있다. 위 식에 따르면 저축은 가처분소득 $Y-\overline{T}$와 정부지출 $\overline{G}$에 의존하므로 저축함수를 $S(Y-\overline{T}, \overline{G})$로 나타낼 수 있다. 결국 위 식은

$$S(Y-\overline{T}, \overline{G}) = I(r)$$

로 변환되어 저축과 투자가 같아짐을 알 수 있다. 정리하면 생산물시장의 균형은 저축과 투자가 같아질 때 성립한다고 볼 수도 있는 것이다. 그런데 저축과 투자는 각각 대부자금시장에서의 자금의 공급과 수요에 해당되므로 저축과 투자가 일치할

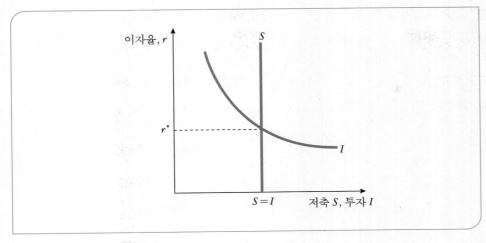

그림 9-9
대부자금시장의 균형

대부자금시장의 균형은 대부자금에 대한 수요와 공급이 일치할 때 성립한다. 대부자금에 대한 수요는 투자이다. 투자는 이자율과 역관계이므로 투자곡선(I)은 일반적인 수요곡선과 마찬가지로 우하향한다. 대부자금에 대한 공급은 저축인데, 저축은 이자율에 영향을 받지 않으므로 저축곡선(S)은 고정된 저축량에서 수직선이다. 대부자금에 대한 수요인 투자와 대부자금에 대한 공급인 저축이 일치하는 수준에서 균형이자율(r^*)이 결정된다.

때 대부자금시장도 균형을 이룸을 알 수 있다.

　이제 대부자금시장의 균형의 관점에서 IS곡선을 재음미해 보자. 대부자금시장의 균형은 〈그림 9-9〉로 표현된다. 투자는 대부자금에 대한 수요로 생각할 수 있는데, 이자율과 역관계이므로 투자곡선 I 는 우하향하도록 표현하였다. 저축은 대부자금에 대한 공급으로 생각할 수 있는데, 이자율에 영향을 받지 않으므로 저축곡선 S는 고정된 저축량에서 수직선으로 표현되었다. 제3장에서는 저축이 이자율과 정(+)의 관계라고 가정하여 우상향하는 공급곡선을 도출한 바 있다. 이번 장에서 도출된 공급곡선은 수직인데 이러한 차이가 생긴 이유는 소비함수에 대한 가정을 달리하였기 때문이다. 즉 제3장에서는 소비가 이자율에도 의존한다고 보았던 반면 이번 장에서는 보다 간단히 소비가 가처분소득에만 의존한다고 가정하였다. 우리는 제15장에서 소비함수를 보다 자세히 다룰 것이다. 이때는 이자율을 비롯하여 보다 다양한 변수에 의해 소비가 결정됨을 이해할 수 있을 것이다. 하지만 지금은 가장 간단한 가정을 유지하여 소비가 이자율에 의존하지 않고 가처분소득에만 의존한다고 생각하자. 즉 대부자금시장의 공급곡선이 이자율에 의존하지 않는다고 가정하자.

　대부자금시장의 균형관계를 이용하여도 생산물시장의 균형을 통해 분석하였던 대부분의 경우를 재현할 수 있다. 예를 들어 독립지출 중 일부인 정부지출이 증가하였다고 하자. 정부지출의 증가는 정부저축의 감소를 초래하므로 저축이 감소한다. 이는 저축곡선이 좌측으로 이동함을 의미한다. 〈그림 9-10〉에서는 정부지출의 증가가 어떠한 변화를 초래하는지 설명하고 있다. 즉 저축곡선이 좌측으로 이동함에 따라 균형은 A점에서 B점으로 이동한다. 따라서 이자율이 상승하여($r_1 \rightarrow r_2$)

그림 9-10
대부자금시장에서의 정부지출 증가의 효과

정부지출 증가의 효과는 대부자금시장에서의 균형 분석을 통해서도 이해할 수 있다. 정부지출의 증가는 정부저축의 감소를 초래하므로 경제 전체의 저축이 감소한다. 따라서 저축곡선이 S_1에서 S_2로 왼쪽 이동하며 균형은 A점에서 B점으로 이동한다. 새로운 균형으로 이동함에 따라 이자율이 r_1에서 r_2로 상승하여 투자가 I_1에서 I_2로 줄어든다. 결국 대부자금시장 분석을 통해 정부지출이 늘어남에 따라 이자율이 상승하여 투자가 구축됨을 보다 직접적으로 확인할 수 있다.

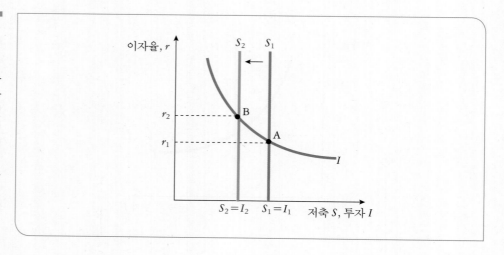

투자가 줄어든다($I_1 \rightarrow I_2$). 결국 대부자금시장 분석을 통해 정부지출이 늘어남에 따라 이자율이 상승하여 투자가 구축됨을 보다 직접적으로 확인할 수 있다.

3 화폐시장의 균형과 *LM*곡선

이자율을 새롭게 도입함으로써 케인즈의 기본모형은 보다 현실적인 모형으로 변화하였다. 하지만 이제 내생변수는 총생산과 이자율 두 개의 변수로 늘어났다. 지난 절에서 살펴본 *IS*곡선은 생산물시장의 균형을 통해 두 개의 내생변수 사이의 관계를 구한 것일 뿐 각각의 균형값을 계산할 수는 없었다. 즉 생산물시장 한 개의 균형식을 이용해서 두 개의 내생변수를 계산할 수는 없는 노릇이다. 이번 절에서는 이자율을 구하기 위한 새로운 시장을 도입한다. 케인즈는 이자율이 화폐시장의 균형을 통해 결정된다고 생각하였다. 따라서 이번 절에서는 화폐시장의 균형을 살펴보기로 한다. 우리는 총생산과 이자율이 화폐시장에서 균형을 이룰 때 성립하는 또 하나의 균형관계식을 도출할 것이고 이를 *LM*곡선이라 부를 것이다. *IS*와 *LM* 두 개의 곡선을 함께 이용하면 우리는 생산물시장과 화폐시장을 모두 균형으로 만들어주는 균형총생산과 균형이자율을 도출할 수 있을 것이다.

1 유동성선호이론

이자율이 어느 시장에서 결정되는가는 경제학계에서도 오래된 논란거리 중 하나이다. 고전학파는 이자율이 저축과 투자가 균형을 이루는 대부시장에서 결정된다고 생각한 반면, 케인즈는 화폐시장에서 이자율이 결정된다고 생각하였다. 특히 케인즈는 단기 현상에 보다 관심이 많았으므로, 단기적인 관점에서 이자율의 결정과정을 보다 잘 설명할 수 있는 화폐시장의 균형을 분석하는 것이 올바르다고 생각하였다. 이렇게 화폐시장에서의 균형을 통해 이자율이 결정되는 과정을 설명한 이론을 유동성선호이론(liquidity preference theory)이라고 부른다. 화폐는 가장 유동성이 높은 자산이므로 유동성 선호란 결국 화폐에 대한 수요를 일컫는다. 케인즈는 유동성선호이론을 통해 화폐의 수요가 결정되는 원리를 설명하고 이를 화폐시장의 균형분석에 응용하여 이자율이 결정되는 과정을 체계적으로 분석하였다. 우리는 화폐시장의 균형을 통해 균형이자율과 총생산과의 관계를 도출하여 LM관계라고 하며 이를 그림으로 나타낸 것을 LM곡선이라 부른다.

과연 화폐에 대한 수요는 어떻게 결정되는 것일까? 화폐에 대한 수요를 일반인에게 물어 보면 간혹 "나는 돈이 많으면 많을수록 좋으니 나의 화폐에 대한 수요는 무한대이다"라고 말하는 경우를 볼 수 있다. 하지만 이러한 대답은 우리가 경제학적으로 고려하는 화폐에 대한 수요와 화폐에 대한 욕망을 혼동한 대답이다. 우리가 경제학적으로 화폐에 대한 수요를 말할 때는 제한된 부(wealth)를 어떻게 여러 형태의 자산으로 배분하여 보유할 것인가의 문제와 관련이 된 것이다. 누구나 무한한 화폐를 소유할 정도의 부를 가질 수는 없는 노릇이고 따라서 화폐에 대한 수요가 무한대일 수는 없다. 우리가 고려하는 문제는 결국 제한된 부를 여러 가지 자산의 형태 중 하나인 화폐의 형태로 얼마만큼 보유할 것인가를 결정하는 것이라고 볼 수 있다.

현실 경제에서는 화폐 이외에 다른 많은 형태의 자산이 존재하고 자산들의 장단점을 고려하여 여러 자산 간의 최적의 배분을 결정한다. 현실적으로 존재하는 모든 자산들을 함께 고려하며 모든 자산들의 수요를 동시에 결정한다면 좋겠지만 이러한 과정은 불필요하게 모형을 복잡하게 만들 우려가 있다. 논의를 간단히 하기 위하여 화폐와 채권 두 가지의 자산만이 존재한다고 가정하고 그 가정 하에서 화폐의 수요를 도출해 보자. 이러한 가정은 매우 제약적인 것임에 틀림없지만 이렇게 매우 단순화된 가정을 가진 모형에서도 우리는 의미있는 시사점들을 도출할 수 있다. 가정에 따라서 다음과 같은 식이 성립한다.

$$M^d + B^d = W \tag{9.21}$$

위의 식에서 M^d와 B^d는 화폐와 채권에 대한 가계들의 수요를 각각 나타내며 W는 가계들이 보유하고 있는 부를 나타낸다.

화폐와 채권은 크게 두 가지 점에서 구분된다. 첫째는 오직 화폐만이 상품을 구입하는 거래에 이용된다는 것이며, 둘째는 오직 채권만이 이자를 지급한다는 것이다. 따라서 우리는 화폐에 대한 수요가 크게 두 가지 요인에 의존한다는 것을 알수 있다. 먼저, 상품을 많이 구입하기를 원할수록 화폐에 대한 수요가 늘어날 것이다. 그런데 대체로 소득이 높으면 높을수록 재화를 많이 구입하기를 원하므로 화폐에 대한 수요는 소득이 높아질수록 늘어나게 된다. 즉 화폐의 수요는 소득의 증가함수의 형태로 표현될 것이다. 하지만 화폐의 보유를 무턱대고 늘리지는 않을 것이다. 왜냐하면 화폐를 보유할 때는 아무런 이자를 받을 수 없지만 그 대신 채권을 보유한다면 그에 따른 이자수입을 기대할 수 있을 것이기 때문이다. 즉 거래를 위해 화폐를 보유하고 있지만 그 과정에서 이자를 받을 기회를 상실한다는 것을 고려한다면 화폐의 보유를 되도록 줄이려는 노력도 병행하게 된다. 즉 이자율은 화폐를 보유하는 데 지불하는 기회비용이라 할 수 있다. 기회비용을 줄이려는 노력은 이자율이 낮을 때는 크게 작용하지 않을 것이다. 왜냐하면 화폐의 보유가 충분해야 물건을 거래할 때 여러 가지 불편함을 줄일 수 있기 때문이다. 예를 들어서 대부분의 자산을 채권의 형태로 보유하고 있으면 상품을 구입할 때마다 채권을 팔아 화폐로 교환한 후에 거래해야 하는 번거로움이 있다. 이자율이 만약 그다지 높지 않다면 이러한 번거로움을 피하기 위해서 대부분의 부를 화폐 형태로 보유할 것이다. 하지만 이자율이 크게 상승하게 되면 화폐보유에 대한 기회비용이 높게 되므로 화폐보유를 되도록 줄이고 채권을 더 많이 보유하려고 할 것이다. 거래를 위해서는 빈번히 채권을 화폐로 바꾸어야 하는 번거로움이 따르지만, 이자율이 높을 때는 이를 감수하고서라도 대부분의 부를 채권의 형태로 보유할 것이다. 이상의 논의를 통해 화폐수요는 이자율의 감소함수임을 알 수 있다.

지금까지의 논의를 정리하여 화폐에 대한 수요를 나타낼 때는 명목화폐수요보다는 실질화폐수요 형태로 나타내는 것이 보다 편리하다. 실질화폐는 명목화폐(M)를 물가수준(P)으로 나눈 것이다. 이때 실질화폐수요는 소득수준에 비례하며 이자율에 반비례한다고 할 수 있다. 이러한 관계는 다음과 같은 형태의 선형의 실질화폐수요 함수로 표현될 수 있다.

$$\left(\frac{M}{P}\right)^d = L(Y, r) = kY - lr, \qquad k>0, \ l>0 \tag{9.22}$$

사례 연구 — 실질화폐수요에 대한 규모의 경제

식 (9.22)는 실질소득이 증가함에 따라 거래도 비례하여 증가하고 따라서 거래에 필요한 실질화폐량도 비례하여 증가한다고 가정하였다. 이러한 가정은 화폐보유에 있어서 규모의 경제가 성립하지 않음을 전제한다. 예를 들어 재화가 100개 거래될 때와 비교할 때 재화가 1,000개 거래될 때는 실질통화량이 정확히 10배 더 필요하다고 가정하는 것이다. 하지만 거래량이 늘어날 때, 규모의 경제가 존재한다면 실질통화량이 정확히 비례해서 증가하지 않아도 필요한 거래를 할 수 있다는 주장도 존재한다. 즉 재화거래량이 10배 늘어나도 거래를 보다 효율적으로 한다면 실질통화량이 10배보다 작게 늘어도 무방하다는 것이다.

여기서 L은 유동성(Liquidity)에 대한 선호, 즉 실질화폐수요를 나타내며 실질소득(Y)과 이자율(r)에 의존한다.[1] 더 나아가 식 (9.22)에서는 실질화폐수요가 선형의 형태라고 가정하였다. 따라서 k는 소득의 변화가 화폐수요에 미치는 영향, 즉 화폐수요의 소득탄력성을 나타내며, l은 이자율변화가 화폐수요에 미치는 영향, 즉 화폐수요의 이자율탄력성을 나타낸다. 위 식에서 화폐수요는 명목화폐에 대한 수요가 아니라 실질잔고(real balance)라고도 불리는 실질화폐에 대한 수요의 형태로 표현된 점에 주목하자. 그 이유는 화폐가 결국은 실물재화를 거래하기 위해 수요되기 때문이다. 예를 들어 실물재화의 가격이 2배로 오르면 동일한 실물재화를 구입하기 위해 필요한 명목화폐량도 2배로 늘어야 한다. 하지만 실질화폐는 동일하게 유지되는 셈이다. 결국 실질화폐수요가 경제적으로 보다 의미 있는 변수라고 하겠다. 식 (9.22)에 의하면 실질소득(Y)이 증가하면 실물재화의 거래량이 비례하여 증가하고 이에 따라 실질화폐수요도 비례하여 증가하는 것으로 가정하였다.

② 화폐공급과 시장의 균형

이제 화폐공급 과정을 분석하기로 하자. 화폐공급은 제5장에서 보았듯이 중앙은행에 의해 결정된다. 그러므로 외생적인 정책변수로 가정하여 모형을 단순화할

[1] 제5장에서 설명한 것처럼 식 (9.22)에 등장하는 이자율은 명목이자율이다. 왜냐하면 화폐보유에 따른 수익률과 채권보유에 따른 수익률의 차이는 명목이자율과 같기 때문이다. 명목이자율이 변함에 따라 화폐보유와 채권보유 사이의 수익률 차이가 변화하므로 화폐수요는 명목이자율에 의존하게 된다. 하지만 $IS-LM$모형에서는 물가수준이 고정되어 있다고 가정하므로 인플레이션도 0인 셈이다. 따라서 명목이자율과 실질이자율 사이에 차이가 없다. 그렇기 때문에 본문에서는 명목이자율과 실질이자율을 구별하지 않고 이자율이라고 표현하였다.

수 있다. 따라서 물가수준이 $\overline{P}$로 고정되어 있는 단기에서 실질화폐공급 $\left(\dfrac{M}{P}\right)^s$는 다음과 같이 표현된다.

$$\left(\frac{M}{P}\right)^s = \frac{\overline{M}}{\overline{P}}$$

(9.23)

위의 식에서 $\overline{M}$는 중앙은행에 의해 외생적으로 결정된 명목화폐공급량을 나타낸다. 따라서 실질화폐공급 $\dfrac{\overline{M}}{\overline{P}}$도 모형 밖에서 외생적으로 결정된다.

　　화폐시장의 균형은 화폐공급과 화폐수요가 일치하는 점에서 이루어진다. 즉 $\left(\dfrac{M}{P}\right)^s = L(Y,\ r)$가 성립하여야 하므로 화폐시장의 균형은 다음과 같이 나타낼 수 있다.

$$\frac{\overline{M}}{\overline{P}} = kY - lr$$

(9.24)

　　만약에 화폐공급(M)과 국민소득(Y)이 이미 결정되어 있고 물가수준(P)은 고정되어 있다면 화폐균형식 (9.24)는 이자율(r)을 결정하는 식이 된다. 따라서 우리는 식 (9.24)를 이용해서 균형이자율이 어떻게 변화하는지를 살펴볼 수 있다. 〈그림 9-11〉은 이러한 사실에 기초하여 화폐시장의 균형을 통해 이자율이 결정되는 방식을 보여 준다.

　　〈그림 9-11〉에서 $L(Y,\ r)$은 실질화폐수요를 나타낸다. 이자율이 감소함에 따

그림 9-11
화폐시장에서의 이자율 결정

화폐시장에서는 실질화폐수요와 실질화폐공급이 일치할 때 균형이 이루어지며 그 결과로 균형이자율이 결정된다. 그림에서 $L(Y,\ r)$은 실질화폐수요 곡선을 나타내는데 우하향하는 이유는 이자율이 감소함에 따라 실질화폐수요는 증가하기 때문이다. 반면 실질화폐공급은 중앙은행에 의해 외생적으로 결정되기 때문에 이자율에 전혀 영향을 받지 않아 주어진 실질화폐공급 수준에서 수직인 형태를 취한다. 이자율이 균형이자율수준이 아니라면 곧 이자율은 균형이자율수준으로 회복된다.

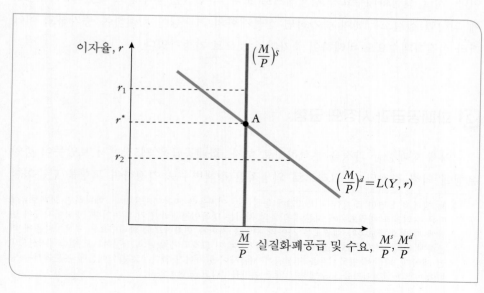

라 실질화폐수요는 증가하므로 실질화폐수요곡선은 우하향하는 형태를 취한다. 반면 실질화폐공급은 이자율에 전혀 영향을 받지 않으며 중앙은행에 의해 외생적으로 결정되기 때문에 주어진 실질화폐 공급수준에서 수직인 형태를 취한다. 균형이자율은 실질화폐공급곡선과 실질화폐수요곡선이 만나는 A점에서 결정된다.

만약 이자율이 균형이자율보다 높다면 어떤 일이 벌어지는가. 예를 들어 〈그림 9-11〉에서 이자율이 r_1 수준에 있다고 하자. 이 경우 경제주체들은 원하는 수준의 화폐수요보다 화폐공급이 더 많이 이루어진 것을 알게 된다. 따라서 필요 이상의 화폐를 보유한 경제주체들은 필요한 부분을 초과하는 화폐를 채권으로 전환하여 이자수입을 얻으려 할 것이다. 채권에 대한 수요가 커지게 되면 채권공급자들은 더 싼 이자율로 채권을 공급할 수 있게 되며 이에 따라 이자율은 하락한다. 따라서 이자율은 균형이자율수준으로 회복된다. 반면 이자율이 균형이자율보다 낮은 r_2에 있다고 하자. 이 경우에는 경제주체들이 원하는 수준의 화폐수요보다 화폐공급이 더 적게 이루어졌다. 따라서 경제주체들은 자신이 보유한 채권을 처분하여 화폐보유를 늘리려 할 것이다. 즉 채권의 공급이 증가함에 따라 더 높은 이자율을 주어야 채권이 팔릴 것이며 결국 이자율이 상승한다. 이때 화폐공급이 고정되어 있으므로 주어진 화폐공급과 화폐수요가 일치하는 수준까지 이자율은 계속적으로 상승하여 다시 균형을 찾게 된다.

케인즈의 유동성 선호이론에 근거한 화폐시장 균형이론은 통화량의 변동과 이자율의 관계를 명확히 보여 준다. 예를 들어 중앙은행이 화폐공급을 M_1에서 M_2로 증가시켰다고 하자. 단기에서 물가는 고정되어 있으므로 중앙은행이 명목화폐공급

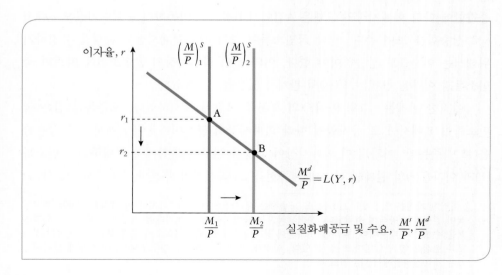

그림 9-12
통화공급의 증가에 따른 화폐시장의 균형변화

통화공급이 변화하면 화폐시장의 균형이 변화하여 새로운 균형이자율이 성립한다. 중앙은행이 명목화폐공급을 증가시키면 단기에는 물가가 고정되어 있으므로 실질화폐공급도 그만큼 증가한다. 실질화폐공급의 증가는 실질화폐공급곡선을 $\left(\frac{M}{P}\right)_1^s$에서 $\left(\frac{M}{P}\right)_2^s$로 오른쪽 이동시킨다. 결국 중앙은행이 화폐공급을 증가시키면 화폐시장의 균형은 B점으로 이동하고, 이자율은 하락한다.

을 증가시키면 실질화폐공급도 $\frac{M_1}{P}$에서 $\frac{M_2}{P}$로 증가한다. 〈그림 9-12〉에서 실질화폐공급의 증가는 실질화폐공급곡선이 $\left(\frac{M}{P}\right)^s_1$에서 $\left(\frac{M}{P}\right)^s_2$로 오른쪽 이동하는 것으로 표현되었다. 결국 중앙은행이 화폐공급을 증가시키면 화폐시장의 균형은 A점에서 B점으로 이동하고 이자율은 r_1에서 r_2로 하락한다. 만약 중앙은행이 명목화폐공급을 감소시키면 정확히 반대의 현상이 벌어지며 이자율은 상승함을 쉽게 보일 수 있다. 따라서 케인즈의 유동성 선호이론에 따르면 화폐공급과 이자율은 서로 반대방향으로 움직인다. 이러한 성질을 이용하여 중앙은행은 화폐공급을 변화시킴으로써 이자율을 간접적으로 통제할 수 있다.

③ LM곡선의 도출: 화폐시장의 균형

지금까지 우리는 화폐시장의 균형을 분석하는 과정에서 국민소득수준(Y)은 고정되어 있다고 가정하였다. 하지만 국민소득수준(Y)도 균형관계에 의해 결정되어야 할 내생변수이다. 따라서 지금부터는 실질 국민소득 Y도 변화할 수 있다고 가정하자. 중앙은행이 통화량을 변화시키는 방식으로 통화정책을 수행하고 있다고 가정하면 화폐시장의 균형식 (9.24)만으로는 더 이상 이자율을 결정하지 못하고 식 (9.24)는 균형에서의 국민소득(Y)과 이자율(r)의 관계를 나타내는 관계식으로 전환된다.[2] 예를 들어 국민소득이 Y_1에서 Y_2로 증가했다고 하자. 이 경우 필요한 거래량도 증가하므로 실질화폐수요는 증가한다. 〈그림 9-13〉의 왼쪽 그림에서 이러한 변화는 화폐수요곡선이 $\left(\frac{M}{P}\right)^d_1$에서 $\left(\frac{M}{P}\right)^d_2$ 오른쪽 이동하는 것으로 표현되었다. 화폐수요가 증가함에 따라 화폐시장의 균형은 A점에서 B점으로 이동하며 균형이자율도 r_1에서 r_2로 상승함을 보여 준다. 결국 국민소득이 증가하면 화폐시장이 균형을 유지하기 위해서는 이자율도 상승하여야 한다. 이와 같이 화폐시장의 균형조건에 따르면 국민소득과 이자율 간에는 정(+)의 관계가 있음을 알 수 있다.

이러한 관계는 〈그림 9-13〉의 오른쪽 그림에 표시하였다. 오른쪽 그림은 국민소득이 Y_1에서 Y_2로 증가함에 따라 화폐시장의 균형이자율이 r_1에서 r_2로 상승함을 보여 주는데, 이와 같이 화폐시장이 균형을 이루는 과정에서 성립하는 국민소득(Y)과 이자율(r)의 관계를 나타내는 곡선을 LM곡선이라 부른다. LM곡선상의 (Y, r)

---

2 이러한 가정은 전통적인 LM곡선을 도출하는 데 사용되어 왔다. 하지만 이 가정은 실제로 통화정책이 결정되는 방식에 위배된다. 통화당국자는 통화량이 아닌 이자율을 결정하는 방식으로 통화정책을 수행하기 때문이다. 따라서 이자율이 통화당국자에 의해 전적으로 결정된다고 가정하는 것이 보다 현실을 잘 반영한다고 볼 수 있다. 이렇게 가정이 변화하는 경우 LM곡선이 어떻게 달라지는가는 제10장 4절에서 다루기로 하자.

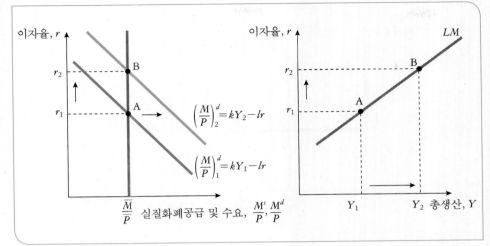

그림 9-13
화폐시장을 이용한
*LM*곡선의 도출

화폐시장의 균형관계를 이용하면 *LM*곡선을 도출할 수 있다. 왼쪽 그림은 화폐시장의 균형을 나타내는데 만약 국민소득이 Y_1에서 Y_2로 증가하면 필요한 거래량도 증가하므로 실질화폐수요곡선은 $\left(\frac{M}{P}\right)^d_1$에서 $\left(\frac{M}{P}\right)_2$로 오른쪽 이동한다. 따라서 화폐시장의 균형은 A점에서 B점으로 이동하며 균형이자율도 r_1에서 r_2로 상승한다. 결국 국민소득이 Y_1에서 Y_2로 증가하면 화폐시장이 균형을 유지하기 위해서 이자율도 r_1에서 r_2로 상승하여야 한다. 이와 같이 화폐시장의 균형이 이루어지는 과정에서 성립하는 국민소득(Y)과 이자율(r)간의 정(+)의 관계를 오른쪽 그림의 *LM*곡선에서 나타냈다. 따라서 *LM*곡선상의 (Y, r) 조합은 모두 화폐시장의 균형조건을 만족한다.

조합은 모두 화폐시장의 균형조건을 만족한다. 〈그림 9-13〉에 따르면 *LM*곡선은 우상향하는 모습을 취한다. 그 이유는 국민소득이 증가함에 따라 화폐수요가 증가하는데, 주어진 화폐공급 하에서 균형을 이루려면 이자율이 상승하여 화폐수요를 다시 감소시켜야 하기 때문이다.

4 *LM*곡선의 기울기와 위치

*LM*곡선은 우상향하기 때문에 기울기는 양의 값을 취한다. 이것을 대수적으로 보이기 위해 화폐시장의 균형식 (9.24)를 이용하자. 식 (9.24)를 변형하여 이자율(r)에 관한 식으로 표현하면 다음과 같다.

$$r = \frac{k}{l}Y - \frac{1}{l}\frac{\overline{M}}{P} \tag{9.25}$$

식 (9.25)는 *LM*곡선을 대수적으로 표현한 것이다. 기울기는 $\frac{k}{l}$이므로 양의 값을 갖는 것을 쉽게 확인할 수 있다. 또한 식 (9.25)를 통해 *LM*곡선의 기울기가 어떤 요인에 의해 결정되는지 쉽게 확인할 수 있다. 즉 *LM*곡선의 기울기는 화폐수요의 소득탄력성 k가 클수록, 화폐수요의 이자율탄력성 l이 작을수록 더욱 커진다.

고전학파들은 케인즈와 달리 화폐수요는 이자율과 무관하다고 생각하였다. 따라서 고전학파는 $l=0$이라고 가정한 셈이다. 식 (9.24)에 $l=0$을 대입하면 $\frac{\overline{M}}{P}=kY$가

그림 9-14

유동성함정에 빠진 경우의 화폐시장균형

경제가 불황기에 접어들어 이자율이 매우 낮아 0에 가깝다면 화폐보유에 대한 비용은 거의 무시할 만한 수준이다. 따라서 실질화폐수요가 아무리 증가하여도 이에 대한 비용이 크지 않게 된다. 즉 실질화폐수요는 이자율에 거의 완전탄력적이 되어 작은 이자율의 변화에도 실질화폐수요는 급격히 변화한다. 이러한 상태는 실질화폐수요곡선이 수평에 가까워짐을 의미한다. 그림에서는 극단적인 경우로 실질화폐수요곡선을 수평선으로 표시하였다. 이때 실질화폐공급이 $\frac{M_1}{P}$에서 $\frac{M_2}{P}$로 증가하면 실질화폐공급곡선은 $\left(\frac{M}{P}\right)^s_1$에서 $\left(\frac{M}{P}\right)^s_2$로 오른쪽 이동하고 균형은 A점에서 B점으로 이동한다. 즉 실질화폐공급이 증가할 때 이자율 하락은 미미하고 실질화폐공급의 증가는 실질화폐수요의 증가에 의해 완전히 흡수된다. 이러한 상태를 유동성함정이라 부른다.

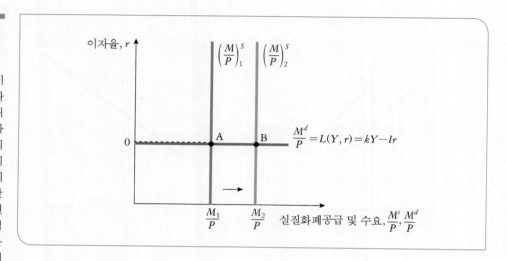

성립하여 k가 화폐유통속도 V의 역수, 즉 $k = \frac{1}{V}$인 경우, 고전학파가 주장한 화폐수량방정식이 됨을 알 수 있다. 이 경우 식 (9.25)에 따르면 LM곡선의 기울기는 무한대가 되어 수직선이 된다.

LM곡선이 가질 수 있는 형태로서 또 하나 중요한 경우는 LM곡선이 수평인 경우이다. 식 (9.25)에 따르면 $l = \infty$인 경우 LM곡선은 수평이 됨을 알 수 있다.[3] 경제적 의미를 살펴보면 $l = \infty$인 경우는 화폐수요가 이자율에 완전탄력적이므로 이자율의 작은 변화에도 화폐수요가 급속히 변화하는 경우이다. 케인즈는 이 경우를 유동성함정이라고 불렀다. 케인즈가 유동성함정을 통해 나타내고자 한 현상은 경제가 불황기에 접어들어 이자율이 매우 낮은 경우이다. 만약 이자율이 0에 가깝다면 화폐보유에 대한 기회비용도 0에 가까울 것이므로 화폐보유에 대한 비용은 거의 무시할 만한 수준이다. 이 경우, 화폐공급이 늘어나면 이자율은 거의 떨어지지 않고 화폐수요만이 증가한다. 사실 명목이자율은 0 이하로 떨어질 수 없으므로 화폐공급이 늘어날 경우 더 이상의 이자율 하락은 없고 화폐수요의 증가만 나타난다. 〈그림 9-14〉는 유동성 함정에 빠진 경우의 화폐시장균형을 보여준다. 실질화폐공급이 $\frac{M_1}{P}$에서 $\frac{M_2}{P}$로 증가함에 따라 실질화폐공급곡선은 $\left(\frac{M}{P}\right)^s_1$에서 $\left(\frac{M}{P}\right)^s_2$로 오른쪽 이동하고 균형은 A점에서 B점으로 이동한다. 결국 실질화폐수요곡선이 이자율에 거의 완전탄력적이어서 수평에 가까우므로 이자율 하락은 미미하고 실질화폐공급의 증가는 실질화폐수요의 증가에 의해 완전히 흡수되고 있다. 다음 장에서 살펴볼 통화

---

3 LM곡선이 수평이 될 수 있는 또 하나의 가능성은 $k = 0$인 경우이다. 하지만 이 경우는 화폐수요의 소득탄력성이 0이 되어 소득이 증가하여도 화폐수요가 전혀 증가하지 않는 경우이다. 이러한 경우는 현실적으로 성립되기 어려우므로 논의에서 배제하였다.

정책은 결국 통화공급의 변화를 통해 이자율을 변화시킴으로써 효과가 나타나는데 유동성함정에 빠진 경우 통화공급의 변화가 이자율을 변화시키지 못하므로 통화정책은 무용해진다.

식 (9.25)에 따를 때 LM곡선의 위치는 주로 실질화폐공급에 의해 결정된다. 즉 중앙은행이 화폐공급을 증가시키면 식 (9.25)에 의해, 실질소득이 고정된 경우, 이자율은 감소하므로 LM곡선은 주어진 소득수준에서 이자율이 감소하는 방향으로, 즉 아래쪽으로 이동한다. 이는 LM곡선이 오른쪽으로 이동한다는 것과 동일하다. 반면 중앙은행이 화폐공급을 감소시키면 LM곡선은 이자율이 상승하는 방향인 위쪽 또는 왼쪽으로 이동할 것이다.

화폐수요의 변화도 LM곡선을 이동시킬 수 있다. 만약 화폐수요가 실질소득이나 이자율의 변화 없이도 신용카드의 확산이나 ATM의 등장으로 감소한다면 이는 화폐시장이 초과공급 상태임을 의미한다. 화폐시장이 초과공급이라면 이는 통화공급이 증가한 것과 경제적 의미가 동일하다. 따라서 LM곡선은 아래쪽 또는 오른쪽으로 이동한다. 반대로 외생적 이유로 화폐수요가 증가한다면 LM곡선은 위쪽 또는 왼쪽으로 이동할 것이다.

생산물시장과 화폐시장의 일반균형

4

개별시장의 균형을 분리하여 분석하지 않고 모든 시장의 균형을 동시에 고려하는 경우를 일반균형이라고 부른다. 케인즈는 생산물시장의 균형과 화폐시장의 균형을 동시에 고려하여 일반균형으로 접근해야 한다고 생각하였다. 지금까지의 논의에 의하면 생산물시장의 균형에서도 (Y, r)의 관계가 도출되며, 화폐시장의 균형에서도 (Y, r)의 관계가 도출된다. 우리는 각각의 관계식을 IS곡선과 LM곡선이라 불렀다.

생산물시장의 균형

$$IS곡선: r = \frac{1}{b}\overline{A} - \frac{1-c_1}{b}Y$$

화폐시장의 균형

$$LM곡선: \frac{\overline{M}}{P} = kY - lr$$

두 시장을 동시에 고려하면, 두 시장의 균형을 만족시키는 유일한 소득수준과 이자율수준을 계산할 수 있다. 이것이 케인즈가 의도하였던 일반균형이라고 할 수 있다.

〈그림 9-15〉는 생산물시장의 균형을 이루는 모든 (Y, r)의 조합인 IS곡선과 화폐시장의 균형을 이루는 모든 (Y, r)의 조합인 LM곡선을 동시에 나타낸 것이다. 두 곡선은 A점에서 만나며, 유일하게 이 점에서만 생산물시장과 화폐시장이 모두 균형임을 알 수 있다. 따라서 A점은 생산물시장과 화폐시장을 동시에 고려한 일반균형이다.

IS-LM모형을 통해 우리는 단기에서 총수요가 결정되는 과정을 이해하였다. 단기에서는 총수요가 총생산과 일치하므로 IS-LM모형을 통해 국민경제의 총소득이 결정되는 과정을 분석할 수 있다. 케인즈는 이를 일반균형이론이라 불렀지만 IS-LM모형은 총생산이 공급되는 과정이 무시되어 있다는 단점을 가진다. 따라서 IS-LM모형에서 결정된 균형총생산은 총수요로 해석된다. 제10장에서는 IS-LM모형을 이용하여 총수요곡선이 도출되는 과정을 명시적으로 설명할 것이다. 총생산이 공급되는 과정에서 중요한 역할을 하는 시장은 생산요소 시장이다. 특히 생산요소 중 하나인 노동의 균형량이 결정되는 노동시장에 대한 분석은 후에 중추적인 역할을 할 것이다. IS-LM모형은 노동시장의 균형을 무시하였다는 점에서 진실된 의

그림 9-15
IS-LM 생산물시장과 화폐시장을 동시에 고려한 일반균형

생산물시장의 균형과 화폐시장의 균형이 동시에 성립하는 일반균형은 IS곡선과 LM곡선이 만나는 점에서 성립한다. 즉 생산물시장의 균형을 이루는 모든 (Y, r)의 조합인 IS곡선과 화폐시장의 균형을 이루는 모든 (Y, r)의 조합인 LM곡선은 A점에서 만난다. 유일하게 이 점에서만 생산물시장과 화폐시장이 모두 균형임을 알 수 있다. 따라서 A점은 생산물시장과 화폐시장을 동시에 고려한 케인즈의 일반균형이다.

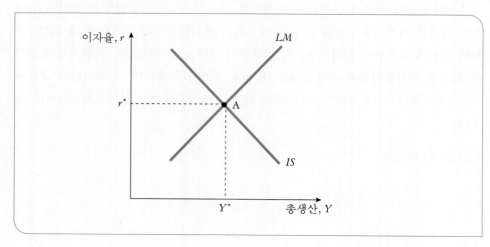

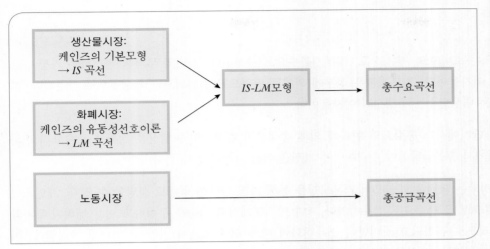

그림 9-16
거시일반균형모형의
이론적 구조

생산물시장의 균형은 *IS*곡선
으로 표현되며 화폐시장의 균
형은 *LM*곡선으로 나타낸다.
*IS*곡선과 *LM*곡선을 동시에 사
용하면 생산물시장과 화폐시
장을 모두 균형으로 만드는 균
형이자율과 균형총생산을 결
정할 수 있다. 하지만 이 경우,
도출된 균형총생산은 총수요
로 해석할 수 있다. 실제로
*IS-LM*모형을 이용하여 총수
요곡선을 명시적으로 도출할
수 있다. 그러나 일반균형모형
은 노동시장의 균형에서 결정
되는 총공급을 함께 고려해야
한다. 총공급곡선은 노동시장
의 균형조건을 이용하여 도출
된다. 총수요곡선과 총공급곡
선을 동시에 사용하면 경제 전
체를 보다 유용하게 분석할 수
있다.

미의 일반균형이론이라고 보기는 어렵다. 케인즈는 노동시장이 명목임금의 경직성
때문에 항상 불균형상태에 있다고 생각했으므로 균형이론의 틀 안에서 분석하지 않
았다. 노동시장이 불균형상태에 있다면 케인즈모형 전체를 균형이론이라 부를 수
없을 것이다. 따라서 *IS-LM*모형은 불균형이론으로 간주되기도 한다. 우리는 보다
일반적인 균형이론을 제11장에서 살펴볼 것이다. 제11장에서는 노동시장의 균형을
통해 총공급곡선이 도출된다. *IS-LM*모형을 통해 도출된 총수요곡선과 노동시장의
분석을 통해 얻어진 총공급곡선을 이용하면 우리는 보다 현실적인 분석을 할 수 있게
될 것이다. 〈그림 9-16〉은 지금까지 설명한 이론적 구조를 그림으로 표현하였다.

정리

summary

1. 폐쇄경제에서의 총수요는 소비수요, 투자수요, 정부지출수요로 구성된다. 소비와 투자를 결정하는 가장 중요한 경제변수는 소득과 이자율이다. 정부지출은 정부에 의해 독립적으로 결정되므로 외생변수로 간주된다. 따라서 총수요를 결정하는 내생변수는 총생산과 이자율이다.

2. 물가가 고정되어 있는 단기에서는 총수요의 변화에 의해 총생산이 결정되며 총생산은 정확히 총수요의 변화분만큼 조정된다. 단기에서 총공급곡선이 수평이라는 가정은 이를 가능하게 해 준다.

3. 단기에서 총생산이 결정되는 과정은 케인즈의 기본모형을 통해 가장 간단한 형태로 설명할 수 있다. 케인즈의 기본모형에서는 계획된 지출을 총수요로 간주하였다. 총수요, 즉 계획된 지출을 구성하고 있는 계획된 투자와 정부지출은 모두 외생적으로 결정되고 소비만이 소득변화에 따라 모형 내에서 변할 수 있다고 가정한다. 이때, 총생산과 총수요가 일치하는 생산물시장의 균형관계를 이용하여 균형총생산을 구할 수 있다.

4. 케인즈는 총수요의 부족이 불황의 가장 중요한 원인이며 불황시 정부가 적극적으로 총수요를 진작시키는 정책을 집행해야 한다고 생각하였다. 정부는 독립적 정부지출과 독립적 조세수입을 적절히 조정하는 재정정책을 이용하여 승수효과를 통해 총생산을 변화시킬 수 있다.

5. *IS-LM*모형은 투자를 결정할 때 이자율이 중요한 요인으로 작용한다는 현실적 가정을 케인즈의 기본모형에 추가한 것이다. 즉 이자율의 변화는 투자에 영향을 줌으로써 총수요를 변화시킨다. 따라서 이자율이 결정되어야 총수요가 결정되어 생산물시장의 균형을 이루는 총생산을 구할 수 있다. 결국 생산물시장의 균형에서는 이자율과 총생산 두 개의 내생변수가 존재하기 때문에 생산물시장의 균형식만으로는 이자율과 총생산을 결정할 수 없고 두 변수 간의 관계식만 알 수 있다. 이와 같이 생산물시장의 균형을 달성시키는 총생산과 이자율의 조합으로 이루어진 곡선을 *IS*곡선이라고 한다.

6. 화폐시장에서의 균형을 통해 이자율이 결정되는 과정을 설명한 이론을 유동성선호이론이라고 한다. 유동성선호이론에 의하면 화폐의 수요는 총소득(총생산)과 이자율에 의해 결정된다. 화폐시장에서의 균형은 화폐수요와 화폐공급이 같아지는 점에서 성립하며 화폐시장의 균형에는 총생산과 이자율 모두가 영향을 준다. 이와 같이 화폐시장을 균형으로 만들어 주는 총생산과 이자율의 조합으로 이루어진 곡선을 *LM*곡선이라고 한다.

7. 화폐수요가 이자율에 완전탄력적인 경우 *LM*곡선은 수평이 되며 이자율의 작은 변화에도 화폐수요가 급속히 변화하는데 이를 유동성함정이라고 부른다. 이 경우 화폐공급의 변화가 이자율을 변화시키지 못하므로 통화정책은 무용해진다.

8. *IS-LM*모형을 통해 생산물시장과 화폐시장을 동시에 고려하면 두 시장의 균형을 만족시키는 유일한 총생산과 이자율수준을 계산할 수 있다. *IS-LM*모형에서는 총수요가 총생산과 일치하므로 *IS-LM*모형은 기본적으로 단기모형이다. 우리는 *IS-LM*모형을 통하여 단기에서 성립하는 균형을 분석할 수 있다.

연습문제 *exercise*

1. 다음의 식들은 어떤 경제의 움직임을 묘사하는 식들이다.

$$C = 0.8(1-t)Y - 2,000r + 40 \quad (1)$$
$$I = -3,000r + 900 \quad (2)$$
$$\left(\frac{M}{P}\right)^d = 0.25Y - 6,250r \quad (3)$$

정부의 지출(G)은 \$800이고 조세율(t)은 0.25라고 하자. 화폐공급은 전적으로 중앙은행에 의해 결정되며 현 수준은 \$500라고 하자.

1) 케인즈의 기본모형에서 다루었던 승수는 얼마인가? 이때는 이자율이 변화하지 않는다고 가정함을 명심하라.

2) IS곡선을 도출하시오.

3) 현재의 물가수준이 \$1라고 할 때 LM곡선을 도출하시오.

4) 위 IS곡선과 LM곡선에 따른 단기균형 생산량(Y), 이자율(r), 소비량(C) 그리고 투자량(I)를 계산하시오.

이제 정부가 소득에 대한 조세율을 0.20으로 인하하였다고 하자.

5) 단기에 있어서 생산량, 이자율 그리고 투자량은 얼마나 변하게 되는가?

6) 식 (1)과 같이 묘사된 소비함수의 문제점은 무엇인가?

7) 만약 식 (1)을 프리드만(Milton Friedman)의 항상소득가설에 따른 소비함수로 바꾸었다고 하자. 이때 5)에 대한 답변은 어떻게 되는가? 이에 대한 답변을 하기 위해 꼭 필요한 가정은 무엇인가?

2. 다음의 식들은 어떤 경제의 움직임을 묘사하는 식들이다.

$$C = 0.8(Y-T) + 100 \quad (1)$$
$$I = -1,000r + 200 \quad (2)$$
$$\left(\frac{M}{P}\right)^d = Y - 10,000r \quad (3)$$

정부의 지출(G)은 \$500이고 조세(T)는 \$500라고 하자. 화폐공급은 전적으로 중앙은행에 의해 결정되며 현 수준은 \$500라고 하자.

1) IS곡선을 도출하시오.

2) 현재의 물가수준이 $1라고 할 때 LM곡선을 도출하시오.

3) 위 IS곡선과 LM곡선에 따른 단기균형 생산량(Y), 이자율(r), 소비량(C) 그리고 투자량(I)을 계산하시오.

투자자들이 미래에 대한 비관적인 기대를 함에 따라, 독립적인 투자의 크기가 $90만큼 줄어 들었다고 하자.

4) 단기에 있어서 생산량, 이자율 그리고 투자량은 얼마나 변하게 되는가?

5) 중앙은행이 화폐공급을 변화시켜 총생산량을 처음 수준으로 회복시키려면 통화량을 얼마나 변화시켜야 하는가?

6) 그래프를 이용하여 3), 4), 5)에서의 균형점들을 표시하시오.

7) 1)와 2)의 답을 이용하여 총수요(AD)곡선을 도출하시오.

이제 처음의 상태로 돌아가 $G=$500이고 $M=$500라고 가정하자. 경제학자 매크로는 자연율수준의 생산량의 가치는 $2,000라고 주장한다.

8) 출발점에서 이 경제의 단기균형은 동시에 장기균형상태였는가? 만약 아니라면 어떠한 변화를 통해서 장기균형으로 돌아가는가?

3. 항상 완전고용상태에 있는 경제에서 채권 발행으로 정부가 1조원을 조달하여 지출하였다. 정부지출승수의 값은 얼마인가? 정부지출승수가 음의 값을 가질 수 있는가?

Macroeconomics

제10장
IS-LM 모형과 정부의 총수요관리정책

IS-LM 모형은 총수요의 변화를 통해 국민소득이 단기에 어떻게 결정되는지를 설명하고자 고안되었다. 동시에 IS-LM 모형은 정부가 거시경제정책을 통해 경제에 개입할 수 있는 방법을 보여 준다. 이번 장에서 확인하겠지만 정부는 경기가 과열되거나 불황일 때 개입하여 완전고용생산수준 또는 자연율총생산에서 균형이 달성될 수 있도록 총수요를 조정하는 정책을 사용한다. 재정정책과 통화정책은 대표적인 총수요관리정책이다. 예를 들어 총생산량이 하락하여 불황이라고 평가된다면 정부는 재정정책이나 통화정책을 통해 총생산을 증가시키려고 노력할 수 있다.

1 경기변동과 자연율총생산

1 총수요충격과 경기변동

경기변동이 생기는 이유는 무엇인가? 경기변동이 생기는 이유를 설명하는 것은 거시경제학의 기본 목적 중의 하나이다. 케인즈는 경기변동의 원인으로 총수요의 변화를 가장 중요하게 생각하였다. $IS-LM$모형은 이러한 케인즈의 생각을 잘 반영하고 있다. 〈그림 10-1〉에서 A점은 IS곡선과 LM곡선이 만나는 초기의 균형상태로 국민소득수준은 Y_0이며 이자율은 r_0이다. IS곡선은 생산물시장의 균형을 이루는 국민소득수준과 이자율의 조합을 나타내며, LM곡선은 화폐시장의 균형을 이루는 국민소득수준과 이자율의 조합을 나타낸다. 따라서 A점에서 생산물시장과 화폐시장은 동시에 균형을 이루고 있다. 경제에 더 이상의 충격이 없다면 국민경제는 Y_0수준에서 생산을 계속할 것이다. 하지만 총수요에 대한 충격이 발생하면 단기적으로 균형은 A점에서 B점으로 이동한다. 예를 들어 기업가들의 미래의 경기 전망이 비관적으로 바뀌었다고 하자. 동물적 본능에 의해 이러한 비관적 상황을 감지한 기업가는 투자를 축소시킨다. 이것은 독립적인 지출의 감소를 의미하며 지난 장에서 설명한 바와 같이 IS곡선을 왼쪽으로 이동시킨다. 따라서 새로운 균형은 B점에서 달성되며 균형총생산은 감소한다. 투자뿐 아니라 소비가 독립적으로 감소한다면 역시 총수요의 감소를 초래하여 균형총생산은 감소한다. 일반적으로 민간부문에서의 총수요 감소는 균형총생산을 감소시킨다. 반면 투자나 소비가 독립적으로 증가한다

그림 10-1
투자의 외생적인 감소로 인한 균형의 변화

처음에는 생산물시장의 균형이 IS_0에 의해 표현되고 화폐시장의 균형은 LM_0로 표현되었다. 따라서 생산물시장과 화폐시장이 모두 균형을 이루는 점은 A점이다. 이때의 균형총생산은 Y_0, 균형이자율은 r_0이다. 이제 민간부문에서 투자 또는 소비가 독립적으로 감소하였다고 하자. 그러면 IS곡선은 왼쪽으로 이동하여 생산물시장의 균형은 IS_1으로 표현된다. 새로운 균형은 B점에서 결정되며 균형총생산은 Y_1으로 감소하고 균형이자율도 r_1으로 낮아진다.

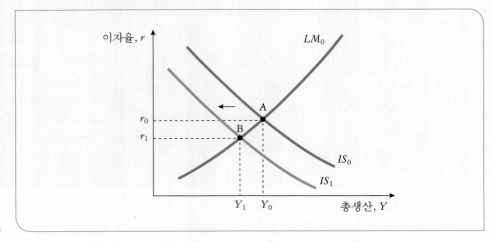

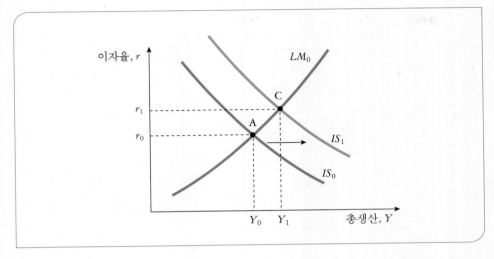

그림 10-2
총지출의 외생적인 증가로
인한 균형의 변화

처음에는 생산물시장의 균형
이 IS_0에 의해 표현되고 화폐
시장의 균형은 LM_0로 표현된
다. 따라서 생산물시장과 화폐
시장은 A점에서 동시에 균형
을 이루며 균형총생산은 Y_0,
균형이자율은 r_0이다. 이제 민
간부문에서 지출을 외생적으
로 증가시켰다고 하자. 이는
IS곡선을 오른쪽으로 이동시
켜 생산물시장의 균형은 IS_1으
로 표현된다. 새로운 균형은 C
점에서 결정되며 균형총생산
은 Y_1으로 증가하고 균형이자
율도 r_1으로 높아진다.

면 이번에는 총수요가 증가하여 *IS*곡선은 우측으로 이동한다. 이러한 과정은 〈그림
10-2〉에서 나타냈다. 민간부문의 총수요증가는 균형을 C점으로 이동시키며 균형
총생산은 증가한다.

② 장기에서의 경기회복

이자율 하락을 통한 경기회복

우리는 *IS-LM*모형을 통해 총수요충격이 균형총생산의 변화를 가져와 국민경
제는 경기변동을 겪게 됨을 알 수 있었다. 경기변동은 불규칙하지만 반복적으로 찾
아온다. 즉 총수요의 축소로 경기침체가 오더라도 시간이 흐름에 따라 결국 경제
는 회복되어 총생산이 다시 증가한다. 이러한 과정은 어떻게 설명할 수 있을까? 이
를 위해 〈그림 10-3〉에서는 *IS-LM*곡선에 덧붙여 자연실업률에 대응하는 총생산
수준 Y_n을 명시적으로 표현하였다. Y_n은 국민경제가 생산할 수 있는 장기균형 상태
로 Y_n을 생산하기 위해 고용된 노동자의 수는 자연실업률일 때의 고용수준이다. 지
금부터 자연실업률에 대응하는 총생산 수준을 자연율총생산(natural rate of output)이
라고 부를 것이다. 제3장에서는 자연실업률 상태의 고용을 완전고용이라 간주하며
자연율총생산은 완전고용총생산(GDP)이라고 부른 바 있다. 이제 민간부문에서의
총수요 감소로 균형총생산이 줄어들었다고 하자. 이는 균형이 A점에서 B점으로 이
동하는 것으로 표현된다. 이미 강조한 대로 A점에서 B점으로의 이동은 단기균형의
변화이고 이를 초래한 것은 총수요의 감소이다.

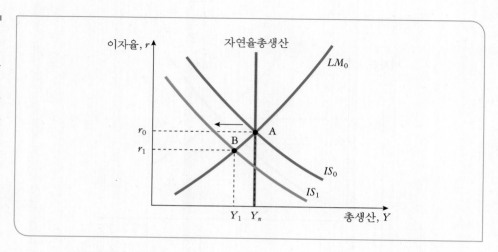

통상의 *IS–LM*모형에 자연율총생산을 나타내는 곡선을 더하였다. 자연율총생산을 나타내는 곡선은 자연율총생산 Y_n에서 수직인 형태로 표시하였다. 최초의 균형은 A점에서 이루어지며, 이때 총생산은 자연율총생산 수준인 Y_n과 일치한다. 하지만 민간의 총지출이 외생적으로 감소함에 따라 균형은 A점에서 B점으로 이동하고 총생산은 Y_1으로 감소한다. 따라서 B점에서의 총생산은 더 이상 자연율총생산과 같지 않다.

총수요의 감소로 총생산은 자연율총생산에 미치지 못하고 있다. 따라서 실업률은 자연실업률보다 높고 공장에는 가동되지 않는 유휴설비가 존재한다. 이러한 현상이 지속되면 장기에는 어떠한 변화가 생길까? 장기에는 물가가 더 이상 고정되어 있지 않다는 사실이 단기와 구별되는 중요한 차이이다. 이제 장기적인 변화를 분석하기 위해 물가가 변할 수 있다고 가정하자. 실제로 생산되어 시장에서 팔리는 총생산은 자연율총생산보다 작으므로 기업들은 물가를 내려서라도 생산을 증가시키고 싶어 한다. 기업들이 완전경쟁상태에 있다면 기업들은 물가를 책정할 경우 생산의 한계비용과 상품의 가격을 일치시키려고 할 것이다. 생산의 한계비용은 생산요소인 노동의 가격, 즉 임금에 의해 결정되는데, 실업률이 자연실업률보다 높으므로 노동자들은 임금하락 압력을 받고 있다. 임금이 실제로 하락함에 따라 한계비용이 낮아지므로 기업들은 상품의 물가를 내릴 수 있게 된다. 기업들이 상품의 물가를 낮추면 총수요는 회복되어 다시 총생산이 증가하게 되고 경기는 회복된다.

물가가 하락함에 따라 경기가 회복되는 과정을 *IS–LM*모형을 통해서 이해해보자. 물가가 하락하면 중앙은행이 명목화폐공급을 고정시키는 한 실질화폐공급은 증가한다. 즉 물가가 하락하면 똑같은 명목화폐량을 가지고도 더 많은 상품을 거래할 수 있으므로 실질적으로 화폐공급이 증가한 효과를 갖는 것이다. 따라서 이자율은 하락하고 이에 따라 투자가 증가한다. 투자의 증가는 총수요를 증가시키므로 결국 총생산도 증가한다. 이러한 과정은 〈그림 10–4〉에서 *LM*곡선의 이동으로 표시하였다. 가격의 하락은 실질화폐공급의 증가를 가져와 *LM*곡선을 오른쪽으로 이동시킨다. 단기균형총생산이 자연율총생산보다 작은 한, 물가의 하락은 계속되므로 결국 *LM*곡선은 C점까지 이동하여 단기균형총생산은 자연율총생산 수준까지 회복

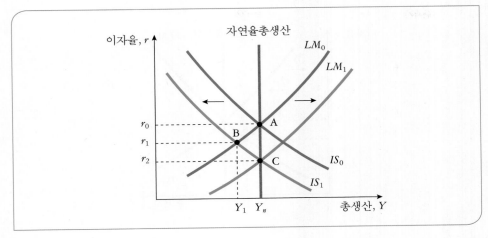

그림 **10-4**
**물가의 변화를 통한
자연율총생산의 회복**

최초의 균형은 A점에서 이루어지며, 이때 총생산은 자연율총생산수준인 Y_n과 일치한다. 하지만 민간의 총지출이 외생적으로 감소함에 따라 균형은 A점에서 B점으로 이동하고 총생산은 Y_1으로 감소한다. 이제 실제로 생산물시장에서 팔리는 상품의 양은 Y_1으로 자연실업률하에서 생산될 수 있는 양보다 작다. 이와 같이 수요가 자연실업률하에서 공급될 수 있는 양보다 작아지면 상품의 가격은 하락한다. 상품의 가격 하락은 실질화폐공급을 증가시키므로 화폐시장은 초과공급이 된다. 이는 *LM*곡선을 오른쪽으로 이동시키며, *LM*곡선의 이동은 균형총생산이 자연율총생산보다 작은 한 계속된다. 결국 *LM*곡선은 C점까지 이동하여 단기균형총생산은 자연율총생산 수준까지 회복된다.

된다. 새로운 균형에서는 이자율이 하락하였으므로 결국 총생산이 증가하는 과정에서 총수요의 증가는 투자의 증가로 가능하였음을 알 수 있다. 사실 이러한 과정은 제8장의 〈그림 8-12〉에서 살펴본 것과 동일한 것이다. 〈그림 8-12〉에서는 총수요곡선과 단기 및 장기총공급곡선을 이용하여 단기균형이 장기균형으로 회복되는 과정을 설명한 바 있다. 즉 총수요가 감소하면 총수요곡선이 왼쪽으로 이동함에 따라 균형총생산은 감소한다. 하지만 이러한 균형은 물가가 고정되어 있는 단기에서 성립하는 것이며 시간이 흐름에 따라 물가가 하락하여 단기총공급곡선을 아래로 이동시킨다. 이에 따라 균형은 새로운 총수요곡선상에서 이동하여 새로운 장기균형에 도달한다. 새로운 장기균형에서는 물가가 하락하고 자연율총생산이 회복된다.

〈그림 10-4〉의 *LM*곡선의 오른쪽 이동은 〈그림 8-12〉의 총수요·총공급곡선 모형에서 균형이 총수요곡선을 따라 아래로 이동하는 과정과 동일한 과정이다.

소비증가를 통한 경기회복

사실 가격이 하락하는 과정에서 총수요가 회복될 수 있는 경로는 또 하나 있다. 일찍이 고전학파 경제학자 피구(Arthur Pigou)는 가격의 하락이 소비를 증가시켜 총수요가 회복될 수 있다고 주장하였다. 이유는 실질화폐잔고(real money balances)가 소비를 결정하는 중요한 요인이라고 생각하였기 때문이다. 가격의 하락은 실질화폐잔고의 증가를 가져오는데, 가계는 이를 부(wealth)의 증가로 받아들이고 늘어난 부를 이용하여 소비를 증가시킨다는 것이다. 이렇게 실질화폐잔고의 변화가 소비를 변화시키는 효과를 피구효과(Pigou effect)라고 부른다. 이러한 과정은 지금까지 우리가 살펴본 *IS-LM*모형을 이용하여 설명하기는 곤란하다. 왜냐하면 소비가 가처분

물가변화가 소비의 증가를 가져와 자연율 총생산이 회복되는 경우

민간부문의 총지출이 외생적으로 감소함에 따라 *IS*곡선은 IS_0에서 IS_1으로 이동하고 균형은 A점에서 B점으로 이동한다. 이제 실제로 생산물시장에서 팔리는 상품의 양은 Y_1으로 자연실업률하에서 생산될 수 있는 양보다 작으므로 상품의 가격은 하락한다. 상품의 가격 하락은 가계가 보유하고 있는 실질잔고의 가치를 증가시키므로 가계는 소비를 증가시킨다. 소비의 증가는 *IS*곡선이 다시 IS_0으로 이동할 때까지 지속되며 총생산은 자연율총생산으로 회복된다.

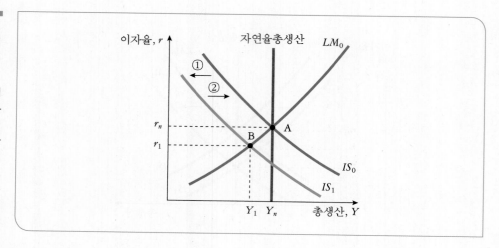

소득의 함수라고만 가정하였기 때문이다. 하지만 소비함수를 다음과 같이 변화시킨다면 피구효과를 설명할 수 있다.

$$C = C(Y_d, \frac{M}{P}) \tag{10.1}$$

식 (10.1)의 소비함수는 소비가 가처분소득 Y_d 뿐 아니라 실질화폐잔고 $\frac{M}{P}$에 의해서도 영향을 받을 수 있음을 명시적으로 표시하였다. 피구효과에 따르면 소비함수는 $\frac{M}{P}$의 증가함수이다. 따라서 물가가 하락한다면 $\frac{M}{P}$이 증가하고 소비는 증가한다. 이렇게 증가한 소비는 마치 독립소비의 증가가 총수요의 증가를 가져온 것과 유사한 효과를 통하여 *IS*곡선을 오른쪽으로 이동시킨다. 이와 같은 과정은 〈그림 10-5〉에 표현하였다.

즉 최초의 균형은 A점이었지만 총수요의 감소로 균형은 B점으로 이동하였다. 총생산의 감소는 장기적으로 가격의 하락을 가져 오고 이는 실질화폐잔고의 증가를 통해 소비의 증가를 가져옴으로써 *IS*곡선이 이동하고 이를 통해 총생산은 다시 자연율총생산 수준으로 되돌아온다. 〈그림 10-4〉와 비교하여 결국 물가의 하락을 통해 장기적으로 총생산이 자연율총생산으로 회복된다는 사실은 동일하지만 이자율 변화가 수반될 필요가 없으며, 투자가 아니라 소비를 통해 경기가 다시 회복된다는 차이를 가진다.[1]

---

1 엄밀하게 *IS-LM*모형의 논리를 따른다면 물가가 하락함에 따라 실질화폐가 증가하여 *LM*곡선이 오른쪽으로 이동한다. 하지만 피구효과는 물가하락에 따른 소비증가만을 강조하였으므로 *LM*곡선의 이동에 따른 효과는 무시하였다.

3 케인즈의 처방

민간에서 시작된 음(−)의 총수요 충격은 장기적으로는 결국 물가의 하락을 통해 민간에서의 총수요를 다시 증가시켜 해소될 수 있음을 알았다. 고전학파 경제학자들은 이러한 시장의 자율적인 회복을 신봉하였다. 하지만 케인즈는 다른 의견을 가지고 있었다. 특히 대공황을 겪으면서 장기간에 걸쳐 경기가 회복되지 못한 사실을 경험한 케인즈는 정부가 나서야 한다고 주장하였다. 또한 상품의 가격이 하락하기 위해서는 임금의 하락이 필요한데 노동자의 저항 때문에 임금이 하락하는 것은 매우 어려운 일이라고 생각하였다. 결국 민간에서의 부족한 총수요를 정부가 메꾸어 주어야 한다고 주장하였다. 그 중에서도 정부지출의 증가는 가장 확실한 방법이라고 케인즈는 생각하였다. 정부지출은 정부가 통제할 수 있는 부문일 뿐 아니라 총수요를 구성하고 있는 지출 중 하나이기 때문이다. 다음 절에는 정부지출의 증가나 조세를 조절하는 재정정책의 효과를 *IS-LM*모형을 통해 분석할 것이다. 또한 화폐공급을 조절하는 통화정책도 살펴볼 것이다. 케인즈는 재정정책에 비해 통화정책의 효과는 그리 크지 않다고 생각하였는데, 그 이유가 무엇인지도 살펴볼 것이다.

정부의 총수요정책 2

총수요를 늘릴 수 있는 정부의 정책은 정부의 재정과 관련이 있는 정부지출 및 조세를 변화시키는 재정정책과 화폐의 공급을 변화시키는 통화정책으로 나뉜다. 케인즈는 재정정책을 선호하였지만 최근 현실경제에서는 오히려 통화정책이 중요시되고 있다. 본 절에서는 재정정책과 통화정책이 경제에 미치는 효과와 한계에 대해서 살펴본다.

1 재정정책

*IS-LM*모형을 통한 재정정책 분석

우리는 제9장에서 케인즈의 기본모형을 통해 정부지출이 증가하면 총수요가 증가하여 균형총생산이 증가함을 이해하였다. 이제 *IS-LM*모형을 통해 정부지출

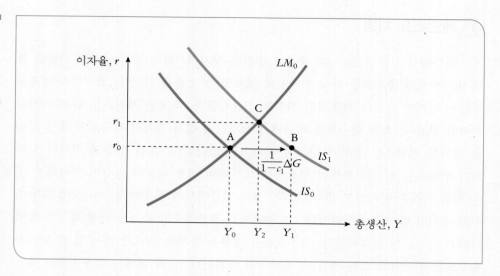

증가의 효과를 살펴보기로 하자. *IS-LM*모형이 케인즈의 기본모형과 다른 중요한
차이점은 이자율의 변화가 명시적으로 고려되었다는 점이다. 따라서 정부지출 변화
의 효과도 달라진다.

〈그림 10-6〉은 정부지출이 ΔG만큼 증가했을 때의 효과를 *IS-LM*모형을 통
해 나타낸 것이다. 정부지출의 증가는 *IS*곡선을 IS_0에서 IS_1으로 $\frac{1}{1-c_1}\Delta G$만큼 오
른쪽으로 이동시킨다. 이때 *IS*곡선의 이동거리는 정확히 기본모형에서 계산한 정부
지출승수를 ΔG에 곱한 값이다. 그 이유는 *IS*곡선의 이동거리가 바로 이자율의 변
화가 없을 경우에 해당되는 총수요의 증가분이기 때문이다. 즉 이자율이 r_0로 고정
되어 있다면 그림에서와 같이 총수요는 B점까지 $\frac{1}{1-c_1}\Delta G$만큼 증가할 것이다. 그
이유는 지난 장에서 이미 설명한 대로 국민소득이 증가함에 따라 소비지출도 증가
하기 때문이다. 하지만 *IS-LM*모형에 따르면 새로운 균형은 C점에서 이루어지며
총수요의 증가는 기본모형에서 제시한 값보다 작게 된다. 그 이유는 이자율 상승에
따라 총수요가 감소하는 부분이 생기기 때문이다.

정부지출의 증가가 이자율을 상승시키는 이유는 무엇인가? 정부지출의 증가는
국민소득을 증가시키며 소득의 증가는 화폐수요를 증가시키기 때문이다. 따라서 화
폐시장의 균형을 유지하기 위해서 이자율은 상승한다. 이자율이 상승하면 이제 투
자가 줄어들기 시작한다. 이것이 바로 이자율 상승에 의해 총수요가 감소하는 부분
이다. 결국 최종적인 균형은 C점에 이루어지는데, 정부지출이 증가하기 전에 비해
소비는 증가하지만 이자율은 상승하며 이에 따라 투자는 감소한다. 이와 같이 정부
지출의 증가가 민간투자를 감소시켜 총수요의 증가를 작아지게 만드는 효과를 구축

효과(crowding-out effect)라고 부른다. 따라서 *IS-LM*모형에 의하면 이자율 상승에 따른 구축효과 때문에 정부지출의 총수요 진작효과는 케인즈의 기본모형에서의 정부지출승수보다 작게 된다.

구축효과의 크기

구축효과는 과연 얼마나 되는가? 일단 대수적으로 구축효과의 크기를 계산해 보자. 지난 장에서 우리는 *IS*곡선을 통해 균형총생산을 계산한 바 있는데 이를 다시 써 보기로 하자.

$$Y = \frac{1}{1-c_1}\,\overline{A} - \frac{b}{1-c_1}\,r \qquad\qquad (10.2)$$

식 (10.2)는 지난 장의 식 (9.19)와 동일하다. 독자를 위해 다시 설명한다면 $\overline{A}$는 독립지출의 크기이며, c_1은 한계소비성향을 나타내고, b는 투자수요의 이자율탄력성이다. 식 (10.2)를 변형하여 변화분간의 관계로 나타내면 다음과 같다.

$$\Delta Y = \frac{1}{1-c_1}\Delta \overline{A} - \frac{b}{1-c_1}\Delta r \qquad\qquad (10.3)$$

만약 정부지출이 $\Delta \overline{G}$ 만큼 증가한다면 독립적 지출 $\overline{A}$도 $\Delta\overline{A}$만큼 증가하여 $\Delta\overline{A} = \Delta\overline{G}$ 가 될 것이다. 이때 이자율이 변하지 않는다면 $\Delta r = 0$이 되므로 $\Delta Y = \frac{1}{1-c_1}\Delta\overline{A}$ 가 성립한다. 이것이 지난 장에서 살펴본 정부지출승수에 의한 정부지출의 효과이며, 식 (10.3)에서는 우변의 첫 번째 항이다. 하지만 이자율에 의한 변화를 더 이상 무시할 수 없으므로 $\Delta r = 0$이라는 가정은 더 이상 성립하지 않는다. 따라서 식 (10.3)의 우변에 있는 두 번째 항도 명시적으로 고려해야 한다. 바로 이 부분이 구축효과에 의한 총생산 감소 부분이다.

식 (10.3)에 의하면, 정부지출승수 $\frac{1}{1-c_1}$가 일정할 때, 구축효과는 두 가지 요인에 의해 결정된다. 첫째, Δr의 크기이다. 구축효과는 결국 이자율의 상승을 통해 나타나므로 이자율의 상승이 작을수록 구축효과는 작아질 것이다. 이자율 변화 정도는 *LM*곡선의 기울기의 크기에 따라 달라진다. 〈그림 10-7〉에서는 정부지출이 증가할 때, 두 개의 서로 다른 *LM*곡선에 따라 이자율의 변화가 어떻게 달라질 수 있는지 보여준다.

먼저 *LM*은 *LM'*에 비해 기울기가 큰 경우에 해당된다. 정부지출의 증가는 *IS*곡선을 IS_0에서 IS_1으로 이동시키는 데 *LM*곡선의 기울기에 따라 균형은 B점 혹은 B′

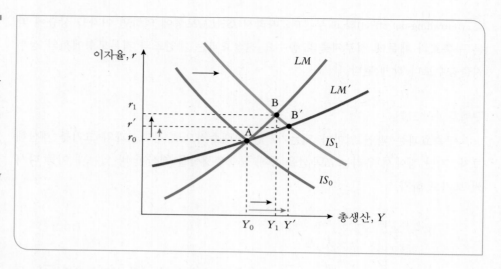

그림 10-7

LM곡선의 기울기와 재정정책의 효과

정부지출의 증가는 IS곡선을 IS_0에서 IS_1으로 이동시킨다. 이때 재정정책이 총생산에 미치는 효과는 LM곡선의 기울기에 따라 달라진다. LM은 LM'에 비해 기울기가 큰 경우인데, 재정정책이 집행되면 LM의 경우에는 균형이 A점에서 B점으로 이동하고 LM'인 경우에는 균형이 A점에서 B′점으로 이동한다. LM곡선의 기울기 차이는 구축효과를 다르게 만들어, 총생산을 LM인 경우 Y_0에서 Y_1, LM'인 경우는 Y_0에서 Y'로 변화시킨다. 기울기가 큰 LM인 경우에는 이자율이 상대적으로 더욱 높아지며 구축효과가 더욱 커짐에 따라 총생산의 증가는 축소된다. 반면 기울기가 작은 LM'인 경우에는 이자율 상승이 상대적으로 적고 구축효과도 작기 때문에 총생산의 증가는 큰 편이다.

점으로 변화한다. 여기서 주의할 점은 IS_0에서 IS_1으로 이동하는 수평적 거리, 즉 승수효과는 동일하다는 점이다. 결국 LM곡선의 기울기 차이는 구축효과를 다르게 함으로써 총생산은 각각 Y_0에서 Y_1 혹은 Y_0에서 Y'로 변화한다. 기울기가 큰 LM인 경우에는 이자율이 상대적으로 더욱 높아지며 구축효과가 더욱 커짐에 따라 총생산의 증가는 축소된다. 반면 기울기가 작은 LM'인 경우에는 이자율 상승이 상대적으로 적고 구축효과도 작기 때문에 총생산의 증가가 큰 편이다. LM곡선의 기울기는 지난 장에서 설명한 대로 화폐수요의 소득탄력성이 클수록, 화폐수요의 이자율탄력성이 작을수록, 더욱 커진다. 따라서 화폐수요의 소득탄력성이 클수록, 화폐수요의 이자율탄력성이 작을수록, 이자율의 변화는 크고 구축효과도 커짐을 알 수 있다. 이 경우 소득의 변화에 따라 화폐시장의 균형을 회복하기 위한 이자율의 변화가 더욱 크기 때문이다. 〈그림 10-8〉은 극단적인 경우를 보여 준다. 화폐수요가 이자율에 대해 완전비탄력적이라면 LM곡선은 수직선이 된다. 이 경우 정부지출이 증가하여 IS곡선이 이동하더라도 총생산의 증가는 전혀 이루어지지 않고 이자율만이 상승할 뿐이다. 결국 정부지출의 총생산 증가효과는 민간투자의 감소효과로 정확히 상쇄되는 것이다.

구축효과를 결정하는 두 번째 요인은 투자의 이자율탄력성 b이다. 식 (10.3)에 따르면 b가 클수록 구축효과는 커진다. 그 이유는 이자율의 증가가 투자를 감소시킴으로써 구축효과를 나타내기 때문이다. 같은 크기로 이자율이 증가하더라도 투자의 이자율탄력성이 크다면 투자의 감소는 상대적으로 크게 되고 구축효과도 커질 수 있는 것이다. 사실 b의 크기는 IS곡선의 기울기와 관련이 있다. 지난 장에서

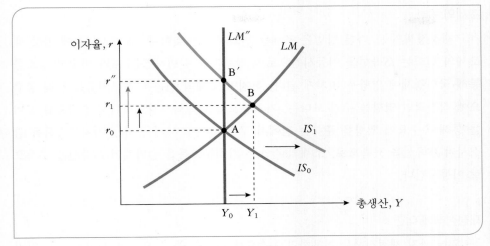

그림 10-8
*LM*곡선이 수직인 경우의
재정정책 무력성

극단적인 경우로 *LM*곡선이
수직선이어서 *LM*″로 표현된
다면 정부지출이 증가하여 *IS*
곡선이 이동하더라도 균형은
통상의 경우인 B점에서 이루
어지지 않고 B′점에서 이루어
진다. 따라서 총생산의 증가는
전혀 이루어지지 않고 이자율
만이 r''로 상승할 뿐이다. 결
국 정부지출의 증가효과는 민
간투자의 감소효과로 정확히
상쇄된다.

설명한 대로 투자의 이자율탄력성이 크다면 *IS*곡선의 기울기는 작아진다. 〈그림 10
−9〉에서는 두 개의 서로 다른 *IS*곡선에 대해 구축효과가 어떻게 달라지는지 보여
준다.

　곡선 *IS*는 *IS*′에 비해 기울기가 큰데 같은 거리만큼 *IS*곡선이 이동하는 경우 균
형은 *IS*의 기울기에 따라 B점 혹은 B′점으로 이동한다. 결국 *IS*곡선의 기울기가 작
은 경우에 구축효과가 더욱 크기 때문에 총생산의 최종적인 변화가 작음을 알 수
있다. 결국 *IS*곡선의 기울기가 작을수록 정부지출의 총생산 증가효과는 감소한다.

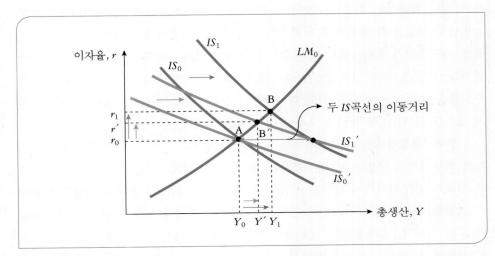

그림 10-9
*IS*곡선의 기울기와
재정정책의 효과

*IS*곡선의 기울기가 달라짐에
따라 구축효과가 달라진다. *IS*
는 *IS*′에 비해 큰 기울기를 가
지는데 같은 거리만큼 수평적
으로 이동하는 경우 균형은 *IS*
곡선의 기울기에 따라 B점 또
는 B′점으로 이동한다. 결국
*IS*곡선의 기울기가 작은 경우
에 구축효과가 더욱 크기 때문
에 총생산의 최종적인 변화가
작게 된다.

조세의 변화

재정정책의 또 다른 방법은 조세를 변화시키는 것이다. *IS-LM*모형에 따를 때 조세의 변화는 *IS*곡선을 이동시킴으로써 정부지출이 변하였을 때와 비슷한 경로를 통해 국민경제에 영향을 미치게 된다. 하지만 조세의 변동은 정부지출을 통해 총수요에 직접적인 영향을 주기 보다는, 가처분소득을 변화시킴으로써 간접적으로 소비를 통해 총수요에 영향을 준다는 점에서 구별된다. 조세의 증가는 가처분소득을 감소시켜 *IS*곡선을 좌측으로, 조세의 감소는 가처분소득을 증가시켜 *IS*곡선을 우측으로 이동시킨다.

재정정책에 대한 비판

지금까지 재정정책을 이용하면 총수요에 영향을 줄 수 있음을 살펴보았다. 하지만 현실경제에서 재정정책을 적극적으로 사용하는 것에 대한 몇 가지 우려가 있다.

첫째, 구축효과에 대한 우려이다. 재정정책은 정부지출의 증가를 통해 총수요를 늘리지만 동시에 민간지출을 감소시킨다. 따라서 총수요를 구성하고 있는 정부부문이 비대해지고 민간부문은 축소된다. 극단적인 구축효과가 생기는 경우에는 총수요의 증가는 나타나지 않고 오히려 총수요의 구성만을 바꿀 우려도 있다. 민간과 정부부문을 비교할 때 효율성 측면에서 민간부문이 우수하다면 정부재정지출의 남발은 경제 전체의 효율성을 떨어뜨릴 수 있다.

둘째, 정부지출은 속성상 늘어나기는 쉬워도 다시 줄이기는 어렵다. 정부지출을 늘리기 위해서는 이를 관리하기 위한 공무원의 수도 증가하기 마련이다. 한 번 늘어난 공무원은 다시 줄이기 어려우며 자신의 존재이유를 합리화하기 위해 정부지출을 유지하고자 한다. 또한 정부지출의 증가에 의해 수혜를 받는 집단이 있기 마련이다. 이들은 추후 정부지출을 줄이려 할 경우 저항할 가능성이 있다. 따라서 정부지출을 늘리기는 쉬워도 이를 다시 줄이는 것은 매우 어렵다. 예컨대, 세금감면의 경우도 한 번 내린 세금을 다시 올리는 것은 어렵다.

셋째, 재정정책을 집행하기까지 시차가 존재한다. 시차는 일반적으로 내부시차와 외부시차로 구별한다. 내부시차는 정책집행의 필요성이 발생한 시점부터 실제로 정책이 집행되기까지 걸리는 시간이다. 한편, 외부시차는 정책이 집행되어 효과가 발생하기까지 걸리는 시간이다. 재정정책은 외부시차는 짧은 반면 내부시차는 매우 긴 편이다. 정책집행의 필요성이 제기되더라도 예산의 편성과 이의 승인에는 긴 시간이 소요된다. 경우에 따라서는 행정부의 판단만으로는 정책집행이 불가능하고 입법기관의 동의가 필요할 수도 있다. 따라서 내부시차가 매우 긴 편이다. 하지만 일단 재정정책이 집행되면 이의 효과는 거의 즉각적으로 이루어진다. 예를 들어 정부지출이 증가하면 이는 총수요를 즉각적으로 증가시킨다. 또한 세금감면의 경우도 소비를 증가시키는 데 소요되는 시간이 길지 않다. 따라서 외부시차는 상대적으로 매우 짧은 편이다.

2 통화정책

총수요에 영향을 줄 수 있는 또 하나의 방법은 통화량을 변화시키는 것이다. 통화량 자체는 총수요를 구성하고 있는 요소가 아니다. 하지만 화폐시장의 분석을 통해 우리는 통화량의 변화가 이자율에 영향을 줄 수 있다는 사실을 이해하였다. 통화정책은 이와 같이 이자율의 변화를 통해 간접적으로 총수요에 영향을 주는 정책이다.

통화정책의 전달경로

통화량의 변화가 실물경제에 영향을 주는 구체적 전달경로에 대한 연구는 거시경제학의 주요 주제 중 하나이다. *IS-LM*모형은 이에 대해 간단하면서도 명확한 경로를 제시한다. 〈그림 10-10〉은 통화량이 증가할 경우 균형에 어떠한 변화가 생기는지 보여준다.

이미 설명한 대로 통화량이 증가하면 *LM*곡선은 LM_0에서 LM_1으로 우측 이동한다. 따라서 균형은 A점에서 B점으로 이동한다. 균형 이동에 따른 변화를 살펴보면, 이자율은 하락하고 총생산은 증가하였음을 알 수 있다. 통화량의 증가는 이자

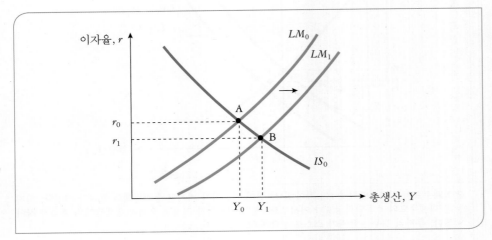

그림 **10-10**
통화정책이 실물경제에 미치는 영향의 전달경로

통화량이 증가하면 *LM* 곡선은 LM_0에서 LM_1으로 우측 이동한다. 따라서 균형은 A점에서 B점으로 이동하며, 이자율은 하락하고 총생산은 증가한다. 통화량의 증가는 이자율을 떨어뜨리는데, 이는 투자의 증가를 가져와 총수요를 늘리는 것이다.

율을 떨어뜨리는데, 이는 투자의 증가를 가져와 총수요를 늘리는 것이다. 따라서 통화정책이 실물경제에 미치는 경로는 다음과 같다.

$$통화량\ 증가 \rightarrow 이자율\ 하락 \rightarrow 투자\ 증가 \rightarrow 총수요\ 증가 \rightarrow 총생산\ 증가$$

위에서 제시한 통화정책의 전달경로는 물가가 하락하여 실질통화량이 증가하는 경우에도 성립한다. 물가의 하락이 실질통화량을 증가시켜 이자율의 하락과 투자의 증가를 가져오고 이를 통해 총수요가 증가하는 것을 케인즈효과(Keynes effect)라고 부른다.

통화정책의 효과

통화정책의 효과가 얼마나 클지 여부는 두 가지 요인에 의존한다. 첫째, 통화량 증가에 대한 이자율 반응이다. 같은 크기의 통화량 변화라도 이자율이 크게 변화한다면 통화정책의 효과가 커진다. 이를 위해서는 화폐수요의 이자율탄력성(l)이 작아야 한다. 왜냐하면 화폐공급이 증가할 때 이자율탄력성이 작을수록 동일한 크기의 화폐수요를 늘리기 위해 필요한 이자율 하락이 커지기 때문이다. 지난 장에서 우리는 화폐수요의 이자율탄력성이 작으면 LM곡선의 기울기가 크다는 사실을 이해하였다. 따라서 LM곡선의 기울기가 크면 통화정책의 효과가 커질 수 있다.[2] 〈그림 10−11〉은 서로 다른 기울기를 갖는 LM과 LM'가 같은 크기 만큼 수평으로 이동하

그림 10−11

LM곡선의 기울기와 통화정책 효과의 차이

최초의 균형은 A점이다. LM곡선의 기울기가 커 LM_0였다고 하자. 통화량이 증가하면 LM곡선은 LM_0에서 LM_1으로 이동하며 균형은 B점으로 이동한다. 반면 LM곡선의 기울기가 작아 LM_0'였다고 한다면 통화량의 증가는 LM곡선을 LM_1'로 이동시키며 새로운 균형은 B′점에서 이루어진다. LM곡선은 두 경우 모두 같은 크기만큼 수평으로 이동하였다. B점과 B′점을 비교하면 LM곡선의 기울기가 클 때 통화정책의 효과가 커서 총생산에 미치는 효과가 커짐을 확인할 수 있다.

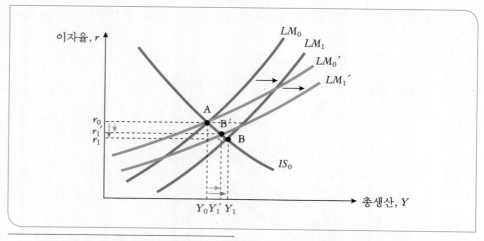

2 화폐수요의 이자율탄력성 l이 작아 LM곡선의 기울기가 커지면 통화정책의 효과가 커진다. 하지만 화폐수요의 소득탄력성 k가 커서 LM곡선의 기울기가 커지면 오히려 통화정책의 효과가 작아진다. 후자의 경우는 독자가 스스로 생각해 보기로 하자.

였을 때, 통화정책의 효과가 어떻게 달라지는지를 보여준다. 같은 양의 화폐공급이 증가할 때 기울기가 큰 경우(LM) 이자율에 미치는 효과가 보다 커지며 궁극적으로 총생산에 미치는 효과가 커짐을 확인할 수 있다. 그림에서는 기울기가 보다 큰 경우 LM곡선은 LM_0에서 LM_1으로 이동하여 균형은 A점에서 B점으로 이동하고, 이자율은 r_0에서 r_1으로 하락한다. 그 결과 총생산은 Y_0에서 Y_1으로 증가한다. 한편 기울기가 보다 작은 경우 LM곡선은 LM_0'에서 LM_1'으로 이동하며 균형은 A점에서 B′점으로 이동하고 이자율은 r_0에서 r_1'으로 하락한다. 이자율의 하락 정도는 이전의 경우에 비해 작으며 그 결과 총생산도 Y_0에서 Y_1'으로 보다 작게 증가한다.

　둘째, 투자의 이자율탄력성(b)이 클수록 통화정책의 효과가 커진다. 통화정책으로 이자율이 내려갔다고 하자. 이때 얼마나 총수요가 늘어날 것인가는 이자율에 반응하여 얼마나 투자지출이 늘어날 것인가에 달려 있다. 즉 같은 이자율 변화에 대해 투자지출이 보다 많이 반응하여야 총수요의 변화폭이 늘어난다. 우리는 지난 장에서 투자의 이자율탄력성이 클수록 IS곡선의 기울기가 보다 완만해짐을 이해하였다. 〈그림 10−12〉는 서로 다른 IS곡선에 대해 화폐량의 변화가 미치는 효과를 보여 준다. 그림을 통해 같은 정도의 LM곡선의 이동은 IS곡선이 보다 완만할 때 (IS_0') 총생산에 미치는 효과가 더욱 커짐을 알 수 있다. 즉 IS곡선의 기울기의 절대값이 보다 큰 경우 균형은 A점에서 B점으로 이동하여 총생산은 Y_0에서 Y_1으로 증가한다. 하지만 IS곡선이 보다 완만한 경우 균형은 A점에서 B′점으로 이동하여 총생산은 Y_0에서 Y_1'으로 보다 많이 증가한다.

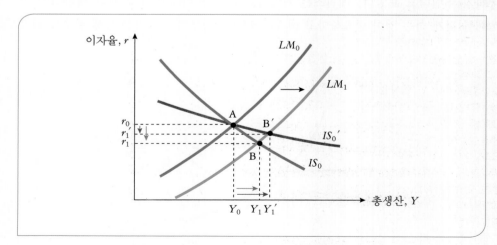

그림 10−12
IS곡선의 기울기와 통화정책 효과의 차이

최초의 균형은 A점이다. *IS* 곡선의 기울기가 커서 IS_0였다고 하자. 통화량이 증가하면 LM 곡선은 LM_0에서 LM_1으로 이동하며 균형은 B점으로 이동한다. 반면 IS곡선의 기울기의 절대값이 작아 IS_0'였다고 한다면 통화량 증가는 새로운 균형을 B′점으로 이동시킨다. B점과 B′점을 비교하면 IS곡선의 기울기의 절대값이 작을 때 통화정책이 총생산에 미치는 효과가 커짐을 확인할 수 있다.

통화정책에 대한 비판

케인즈와 케인즈학파에 의해 개발된 *IS–LM*모형은 적어도 이론적으로는 통화정책이 총수요에 영향을 미칠 수 있음을 보여 준다. 그럼에도 불구하고 케인즈학파는 불황에 대한 대처로서 통화정책이 적절하지 않다고 주장하였다. 그 이유는 다음과 같다.

첫째, 불황기에는 화폐수요의 이자율탄력성이 클 수 있다는 주장이다. 대개 불황기에는 이자율이 이미 낮은 수준이기 때문에 화폐공급이 늘어나더라도 이자율을 더욱 낮추기는 어렵고 화폐수요의 증가로 흡수될 수 있다. 즉 *LM*곡선의 기울기가 불황기에 매우 완만하다는 주장이다. 이러한 경우를 유동성 함정(liquidity trap)이라고 부르는데 극단적인 경우로 *LM*곡선이 수평선인 경우에는 통화량의 증가가 이자율을 전혀 변화시키지 못하므로 총수요에 미치는 효과도 없게 된다. 〈그림 10–13〉은 유동성함정에 빠져 있는 경제를 가정하여 수평의 *LM*곡선을 보여 주고 있다. 이때, 통화량을 증가시켜 *LM*곡선을 우측으로 이동시킨다 할지라도, 이자율과 총수요의 변화를 유도할 수 없게 된다. 이는 이자율이 매우 낮아, 화폐보유의 기회비용이 낮고, 화폐공급의 증가가 화폐수요의 증가에 의해 계속 흡수되기 때문에 이자율이 변화하지 않기 때문이다.

둘째, 투자의 이자율탄력성이 낮다는 주장이다. 케인즈는 투자가 이자율에 좌우된다기보다는 보다 근본적으로 기업가의 동물적 본능에 의해 결정된다고 믿었다. 따라서 이자율이 내려가더라도 기업가가 확신을 가지지 못한다면 투자지출이 증가하기 어렵다고 보았다. 케인즈는 기업가로 하여금 미래에 대해 보다 낙관적인 기대를 갖게 하는 것이 중요하다고 생각하였으며, 정부지출 증가를 통해 총수요 진작

그림 10–13
유동성함정과 통화정책

통화량의 증가가 *LM*곡선을 *LM*₀에서 *LM*₁으로 우측 이동시킨다. 유동성함정에서는 통화량의 증가가 화폐수요의 증가로 모두 흡수되어서 이자율과 총수요는 종전의 수준을 유지한다.

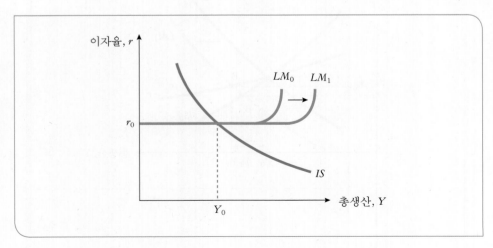

이 실제로 일어나야 차츰 기업가들의 미래에 대한 기대가 살아날 수 있다고 생각하였다.

케인즈학파의 비판에도 불구하고 그 후 많은 연구자들은 통화량의 변화가 실물경제의 움직임과 매우 밀접한 관련을 가진다는 것을 보여 주었다. 오히려 최근에는 총수요를 변화시키는 수단으로서 통화정책이 재정정책보다 더욱 중요하게 사용되고 있다.

3 재정정책과 통화정책의 정책조합

재정정책과 통화정책은 총수요에 영향을 준다는 의미에서는 동일하지만 구체적으로 총수요에 영향을 주는 방식은 다르며 이자율에 미치는 영향도 정반대이다. 정부지출을 늘리는 재정정책은 정부가 스스로 총수요를 창출하는 것이며, 구축효과 때문에 오히려 투자를 포함한 민간지출은 줄어든다. 이 과정에서 이자율은 상승하기 마련이다. 반면 통화정책은 이자율을 내림으로써 간접적으로 민간지출을 증가시켜 총수요를 창출한다. 따라서 재정정책은 총지출을 구성하는 정부부문의 지출 비중이 커지도록 하는 반면 통화정책은 민간부문의 지출 비중이 커지게 만들며, 이자율에 미치는 영향도 서로 반대이다.

만약 하나의 정책만을 집행한다면 총수요의 변화와 함께 이자율도 변화한다. 하지만 경우에 따라서는 이자율의 변화를 허용하기 곤란한 경우가 있다. 예를 들어 금융부문의 안정을 위해서 이자율의 변화를 되도록 줄이고 싶은 경우가 있다. 따라서 이자율을 변화시키지 않고 총수요만 변화시킬 수는 없을까하는 의문이 제기된다. 만약 하나의 정책만을 사용한다면 이자율은 반드시 변하게 되지만 두 개의 정책을 조합하여 함께 사용한다면 이자율을 변화시키지 않고 총수요에만 영향을 미칠 수 있다.

〈그림 10-14〉는 재정정책과 통화정책을 동시에 사용한 경우를 나타낸 것이다. 정부지출과 통화량을 동시에 늘리면 *IS*곡선과 *LM*곡선이 모두 오른쪽으로 이동한다. 그 결과 이자율은 거의 변화하지 않고 총수요만 늘어난다. 이와 같이 재정정책과 화폐정책을 동시에 사용하면 원하는 결과를 얻을 수 있다.

이와 같이 둘 이상의 정책을 조합하여 동시에 사용하는 경우를 정책조합(policy mix)이라고 부른다. 정책조합을 하는 경우, 구체적으로 조합이 어떤 식으로 이루어지는가에 따라 다양한 결과를 가져올 수 있다. 다른 예로서, 총수요에는 영향을 주

그림 **10-14**
**이자율에는 영향을 주지 않고
총수요만 증가시키는 정책조합**

정부지출의 증가는 IS곡선
을 IS_0에서 IS_1으로 오른쪽 이
동시킨다. 또한 통화량의 증가
는 LM곡선을 LM_0에서 LM_1으
로 오른쪽 이동시킨다. 결국
균형은 A점에서 B점으로 이
동하는데, 그 결과 총수요는
Y_0에서 Y_1으로 증가하지만 이
자율은 r_0에서 변함이 없다.

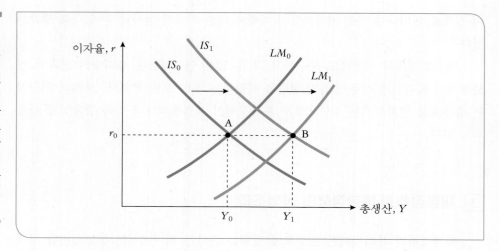

지 않으면서 이자율만 변화시키는 정책조합도 생각할 수도 있다. 〈그림 10-15〉
는 정부지출은 늘리고 통화량은 감소시킴으로써 총수요에 영향을 주지 않으면서 이
자율만 상승시키는 경우를 보여 주고 있다. 즉 정부지출이 증가함에 따라 IS곡선이
IS_0에서 IS_1으로 오른쪽 이동을 하지만 통화량의 감소는 LM곡선을 LM_0에서 LM_1으
로 왼쪽 이동시키기 때문에 결국 균형은 A점에서 B점으로 이동한다. 따라서 총수
요에는 영향을 주지 않고 이자율만 상승하고 있다.

　재정정책은 어떠한 방식으로 운용되느냐에 따라 자연스럽게 정책조합을 유도
할 수도 있다. 정부지출을 늘리기 위해서 정부는 조세를 늘리거나 정부채권을 발행
하여 부채를 늘려야 한다. 정부가 조세를 늘리거나 일반인에게 채권을 판매하여 정

그림 **10-15**
**총수요에는 영향을 주지 않고
이자율만 상승시키는 정책조합**

정부지출의 증가는 IS곡선을
IS_0에서 IS_1으로 오른쪽 이동시
킨다. 또한 통화량의 감소는
LM곡선을 LM_0에서 LM_1으로
왼쪽 이동시킨다. 결국 균형은
A점에서 B점으로 이동하는
데, 그 결과 총수요는 Y_0에서
변함이 없지만 이자율은 r_0에
서 r_1으로 높아진다.

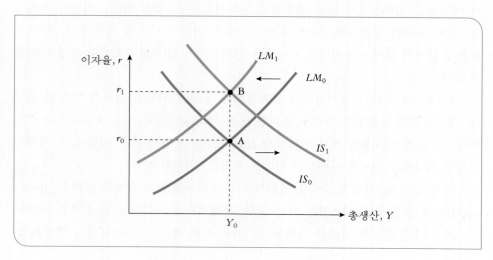

부지출을 늘린다면 이는 순수한 재정정책일 뿐이다. 하지만 정부는 채권을 일반인에게 판매할 수도 있지만 손쉬운 방법 중 하나로 중앙은행에게 판매할 수도 있다. 정부가 중앙은행에게 채권을 판매한다는 것은 정부가 중앙은행으로부터 대출을 받는다는 것과 동일한 의미이다. 이때 중앙은행이 정부로부터 채권을 구입하기 위해 혹은 대출을 해 주기 위해 화폐를 추가적으로 발행한다면 화폐공급은 증가하게 된다. 정리하면 정부가 정부지출을 늘리기 위해 중앙은행으로부터 대출을 받는 경우, 화폐공급도 동시에 증가하게 된다. 따라서 재정정책과 통화정책의 정책조합 결과가 나타난다. 이는 이미 〈그림 10–14〉에서 살펴본 바와 동일한 경우이다. 하지만 중앙은행은 정부의 정부지출 때문에 원치 않는 화폐공급 증가를 수수방관할 필요는 없다. 만약에 중앙은행 입장에서 화폐공급을 늘리지 않길 원한다면 제5장에서 학습한 바와 같이 중앙은행은 통상적인 화폐공급 조절수단을 이용하여 통화량을 다시 줄일 수 있다. 예를 들어 정부지출 때문에 늘어난 통화량을 공개시장에서 채권을 판매함으로써 다시 회수할 수 있다. 이 경우 정부는 중앙은행에 채권을 판매하였지만 중앙은행은 또 다시 채권을 민간에게 팔았으므로 정부가 직접 민간에게 채권을 발행하여 정부지출을 늘린 경우와 동일한 결과이다. 즉 순수한 재정정책의 경우로 다시 돌아오게 된다.

명목이자율과 실질이자율을 구별한 경우의 *IS-LM*모형   3

① 명목이자율과 실질이자율의 역할

지금까지 살펴본 *IS–LM*모형에서 두 개의 주요 경제변수는 총생산과 이자율이다. 총생산은 계산하는 방법에 따라 명목총생산과 실질총생산이 구별됨을 알고 있다. *IS–LM*모형에 의해 결정되는 총생산은 국민경제의 실질적인 생산수준을 나타내는 실질총생산으로 동시에 실질국민소득을 나타내는 경제변수이다. 이자율도 명목이자율과 실질이자율이 구별된다. 그렇다면 *IS–LM*모형에 등장하는 이자율은 과연 명목이자율인가 혹은 실질이자율인가? 사실 지금까지는 이러한 구별이 필요 없었다고 볼 수 있다. 명목이자율은 실질이자율과 기대인플레이션율의 합으로 볼 수 있는데 만약 가격이 고정되어 있다면 인플레이션율이 0이 되어 기대인플레이션율도 0이므로 결국 명목이자율과 실질이자율이 같아지기 때문이다.

하지만 엄밀히 말해서 단기에 있어서 물가가 고정되어 있다고 하더라도 장기에는 물가가 조정되기 때문에 기대인플레이션율은 꼭 0이 아닐 수도 있다. 예를 들어 6개월 동안 물가가 고정되어 있고, 1년 후에는 물가가 변화한다면 1년간에 걸친 물가의 변화에 대한 예상인 기대인플레이션율은 0이 아닌 것이다. 따라서 명목이자율과 실질이자율을 단기에도 구별할 필요가 있다. 지금부터는 기대인플레이션율이 0이 아니어서 명목이자율과 실질이자율이 서로 다른 경우를 *IS-LM*모형을 통해 분석해 보자.

먼저 *IS*곡선에 등장하는 이자율은 명목이자율인가 아니면 실질이자율인가? *IS*곡선에서 이자율이 등장하는 이유는 투자가 이자율에 영향을 받기 때문이다. 투자가 이자율에 영향을 받는 이유는 투자를 행하기 위한 자금을 빌리는 경우 이자를 지불할 필요가 있기 때문이다. 기업가가 투자를 행하기 위하여 자금을 빌리는 경우 지불하는 이자율은 명목이자율인가 아니면 실질이자율인가? 이에 대해서는 투자이론을 다루는 제16장에서 보다 자세히 설명할 예정이다. 지금 단계에서는 다음과 같은 방법으로 이해해 보자. 기업가가 화폐형태로 자금을 빌렸다고 하자. 그렇다면 자금을 빌린 대가로 약속한 이자율은 명목이자율이다. 만약 기업가가 화폐형태로 자금을 그대로 보유한다면 자금을 빌린 대가는 명목이자율일 것이다. 하지만 일반적으로 투자자는 빌린 자금을 화폐형태로 보유하는 것이 아니라 실물에 투자를 한다. 즉 기계를 구입한다든지 공장 부지를 구입한다든지 하는 형태로 실물을 보유하는 것이다. 이 경우 인플레이션이 생기면 투자한 실물의 화폐가치도 상승하므로 인플레이션만큼 화폐가치의 이득을 보게 된다. 따라서 기업가가 화폐형태로 자금을 빌려 실물에 투자한 경우 최종적으로 부담하는 비용은 명목이자율에서 인플레이션을 차감한 금액이다. 따라서 기업가가 실질적으로 부담하는 이자율은 실질이자율인 셈이며, *IS*곡선에 등장하는 이자율은 실질이자율이다.

다음으로 *LM*곡선에 등장하는 이자율은 어떤 이자율인지 생각해 보자. *LM*곡선에 이자율이 등장하는 이유는 화폐수요가 이자율에 의존하기 때문이다. 화폐수요가 이자율에 의존하는 이유는 화폐를 보유하는 경우 채권을 보유할 기회를 잃어버리기 때문이다. 결국 이자율은 채권을 보유하는 경우 화폐를 보유하는 경우에 비해 얼마만큼의 수익률을 더 얻게 되는가를 나타내는 변수이다. 이를 두 가지 측면에서 비교해 보자. 먼저 명목수익률의 차이이다. 화폐를 보유하는 경우 1만원을 가지고 있었다면 1년이 지나도 그대로 1만원이다. 따라서 화폐보유에 따른 명목수익률은 0이다. 반면 채권을 보유하는 경우는 명목이자율만큼의 명목수익을 얻을 수 있다. 따라서 채권보유에 따른 명목수익률은 명목이자율인 셈이다. 결국 화폐를 보유한 경우와 채권을 보유한 경우 명목수익률에서의 차이는 0과 명목이자율의 차이인 명목이자율이다. 이제 실질수익률의 관점에서 화폐보유와 채권보유에 따른 차이를 살펴보자. 화폐를 보유한 경우 화폐의 가치는 실질적으로 인플레이션율만큼 가치가 하락하므로 실질수익률은 $-\pi$가 된다. 여기서 π는 인플레이션율을 의미한다. 반면 채권을 보유한 경우는 명목이자율만큼의 명목수익을 얻지만 채권의 만기에 따라 받는 원금과 이자는 화폐형태이므로 화폐의 가치 하락에 따라 인플레이션만큼 실질적인 수익률 하락이 생긴다. 따라서 채권보유에 따른 실질수익률은 $i-\pi$가 된다. 여기서 i는 명목이자율을 의미한다. 이상을 정리하여 표로 나타내면 다음과 같다.

	명목수익률	실질수익률
화폐보유의 경우	0	$-\pi$
채권보유의 경우	i	$i-\pi$
두 경우의 차이	i	i

지금까지의 논의에 따르면 화폐를 보유한 경우와 채권을 보유한 경우 사이의 수익률 차이는 명목수익률을 이용하든 실질수익률을 사용하든지에 상관없이 명목이자율 i이다. 따라서 *LM*곡선에 등장하는 화폐보유에 대한 기회비용은 명목이자율인 셈이다.

2 명목이자율과 실질이자율을 구별한 *IS-LM*모형

이제 실질이자율과 명목이자율을 명확히 구별하여 *IS-LM*모형을 분석해 보자. 실질이자율은 이하에서 r로 표시할 것이다.

*IS*곡선

$$Y = C(Y_d) + I(r) + \overline{G} \qquad\qquad (10.4)$$

*LM*곡선

$$\frac{\overline{M}}{P} = L(Y,\ i) \qquad\qquad (10.5)$$

식 (10.4)는 지난 장에서 도출한 IS식과 동일하다. 총생산(Y)은 총수요를 구성하는 소비(C), 투자(I)와 정부지출(G)의 합과 동일할 때 생산물시장의 균형이 이루어진다. 소비는 가처분소득(Y_d)의 함수이며 투자는 실질이자율(r)에 의존한다. 식 (10.5)도 지난 장에서 도출한 LM식과 근본적으로는 동일하지만 한 가지 차이가 있다. 식 (10.5)에는 화폐수요(L)가 명목이자율(i)에 의존한다는 점을 명확히 한 것이다. 이제 식 (10.4)와 식 (10.5)를 동시에 이용하여 분석하기에는 곤란한 문제가 있다. IS와 LM식 모두에 총생산이 등장한다는 점은 이전과 동일하지만 각각의 식에는 다른 이자율이 등장하기 때문에 함께 분석하기 어려운 것이다. 이를 해결하기 위해 IS식을 다음과 같이 변형하기로 하자.

명목이자율과 실질이자율을 구별한 IS곡선

$$Y = C(Y_d) + I(i - \pi^e) + \overline{G} \tag{10.6}$$

식 (10.6)은 피셔방정식을 이용하여, 식 (10.4)에 실질이자율 대신 명목이자율(i)에서 기대인플레이션율(π^e)을 뺀 값을 대입한 것이다. 이제 우리는 식 (10.5)와 식 (10.6)을 이용하여 명목이자율과 실질이자율을 구별한 IS-LM모형을 분석할 수 있다. 두 개의 내생변수는 실질총생산(Y)과 명목이자율(i)이다. 새롭게 등장한 기대인플레이션율(π^e)은 미래에 대한 예상에 바탕을 두고 결정되므로 IS-LM모형 내에서 결정되기는 어렵다. 따라서 정부지출이나 조세와 마찬가지로 외생변수로 간주할 것이다.

〈그림 10-16〉은 명목이자율과 실질이자율을 구별한 IS곡선을 사용한 IS-LM

그림 10-16
명목이자율로 나타낸 IS-LM 곡선

피셔공식을 이용하여 실질이자율 대신 명목이자율로 나타낸 명목이자율과 실질이자율을 구별한 IS곡선을 이용하여 IS-LM모형을 분석할 수 있다. 두 개의 내생변수는 실질총생산(Y)과 명목이자율(i)이다. 인플레이션의 변화는 명목이자율을 변화시키지만 인플레이션 자체는 외생변수로 간주한다. 그림에서 균형은 명목이자율과 실질이자율을 구별한 IS곡선과 LM곡선이 만나는 A점에서 이루어지며 균형총생산은 Y^*, 균형명목이자율은 i^*이다.

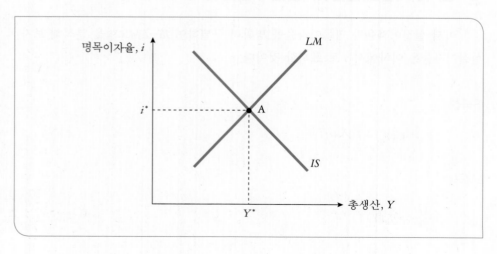

모형을 나타낸 것이다. 지금부터 명시적으로 고려되는 이자율은 명목이자율임을 명심하자. 먼저 *LM*곡선은 이전과 달라진 것이 없으므로 우상향하는 원래 그대로의 모습이다. 뿐만 아니라 *IS*곡선도 이전과 동일한 모습이다. 그 이유는 π^e가 외생적이라는 가정 때문이다. 즉 π^e가 변함이 없다면 실질이자율의 상승은 피셔방정식에 의해 동일한 만큼의 명목이자율의 상승을 가져오기 때문에 본질적으로 생산물시장의 균형을 가져오는 총생산과 실질이자율 사이의 관계는 총생산과 명목이자율 사이에서도 그대로 성립한다. 따라서 *IS*곡선과 *LM*곡선의 모양은 이전과 동일하다. 뿐만 아니라 *IS*곡선이나 *LM*곡선을 이동시키는 요인도 변함이 없다. *LM*곡선의 경우 이전과 동일하므로 충격의 효과가 동일하다. 즉 외생적인 이유로 화폐가 초과공급될 경우 *LM*곡선은 오른쪽으로 이동하며 그 반대의 경우에는 왼쪽으로 이동한다. *IS*곡선의 경우에도 마찬가지이다. 외생적인 충격에 의한 총지출의 증가는 *IS*곡선을 오른쪽으로 이동시키며 그 반대의 경우에는 *IS*곡선이 왼쪽으로 이동한다. 하지만 통화정책을 해석하는 과정에선 주의를 기울일 필요가 있다. *IS*곡선이 명목이자율 i보다는 실질이자율 $(i-\pi^e)$에 의존하기 때문에 만약 통화정책의 변화로 인해 명목이자율과 기대인플레이션율이 동시에 같은 크기로 변화한다면 통화정책은 명목이자율과 인플레이션율만을 변화시킬 뿐 실질국민소득과 같은 실물변수에는 영향을 주지 못한다. 따라서 통화정책이 실효성을 갖기 위해서는 통화량의 변화가 적어도 단기에는 명목이자율만을 변화시킬 뿐 기대인플레이션율에는 영향을 주지 않는다는 가정이 필요하다.

3 명목이자율과 실질이자율을 구별한 *IS-LM*모형에서 달라진 점

명목이자율과 실질이자율을 구별한 *IS-LM*모형과 기존의 *IS-LM*모형 사이의 유일한 차이는 새롭게 등장한 기대인플레이션율 π^e의 역할이다. 다른 외생변수들과 마찬가지로 만약에 π^e가 외생적으로 변화한다면 관련된 곡선이 이동할 것이다. 예를 들어 경제주체들이 인플레이션율이 높아질 것이라고 기대하였다고 하자. 이러한 기대의 변화는 *IS*곡선에 영향을 준다. π^e가 포함되어 있는 식이 *IS*식이기 때문이다. π^e가 증가한다면 실질이자율은 감소하므로 생산물시장은 더 이상 균형이 될 수 없다. 명목이자율이 상승해야 원래의 실질이자율이 유지되며 균형은 회복된다. 이러한 변화는 명목이자율을 높이는 방향으로 *IS*곡선을 이동시키는 것을 의미한다.

보다 구체적으로 총생산이 $Y=100$이고 실질이자율이 $r=5\%$일 때 생산물시장은 균형을 이루었고, 처음에 기대인플레이션율은 $\pi^e=3\%$였다고 하자. 명목이자율

그림 10–17
**기대인플레이션율(π^e)의
상승으로 인한 균형의 변화**

기대인플레이션율이 외생적으로 상승하는 경우 IS곡선은 기대인플레이션율의 상승분 만큼 위쪽으로 이동한다. 따라서 균형은 A점에서 B점으로 이동한다. 그 결과 총생산은 Y_0에서 Y_1으로 증가하고 명목이자율은 i_0에서 i_1으로 올라간다.

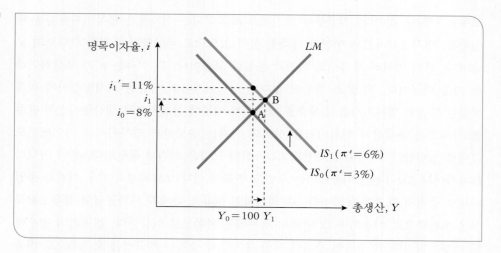

과 실질이자율을 구별한 IS곡선은 총생산과 명목이자율 사이의 관계이므로 $Y=100$이고 명목이자율 $i=8\%$일 때 균형이라고 표현할 수 있다. 이제 기대인플레이션율이 $\pi^e=6\%$로 올라갔다고 하자. 이 경우에도 만약에 실질이자율이 $r=5\%$를 유지할 수 있다면 총생산 $Y=100$은 균형이다. 기대인플레이션율이 $\pi^e=6\%$인 상태에서 실질이자율이 $r=5\%$를 유지하기 위해서는 명목이자율이 $i=11\%$가 되어야 한다. 따라서 총생산 $Y=100$과 균형을 이루는 명목이자율은 $i=11\%$이다. 결국 $Y=100$과 균형을 이루는 명목이자율은 $i=8\%$에서 $i=11\%$로 올라갔고 이는 IS곡선이 명목이자율이 높아지는 방향으로 이동하는 것을 의미한다.

〈그림 10–17〉은 기대인플레이션율이 외생적으로 상승할 때 균형이 어떻게 바뀌는지를 분석하고 있다. IS곡선은 기대인플레이션율이 상승한 만큼 위쪽으로 이동한다. 따라서 균형은 A점에서 B점으로 이동한다. 그 결과 총생산은 Y_0에서 Y_1으로 증가하고 명목이자율은 i_0에서 i_1으로 올라간다. 기대인플레이션율이 올라감에 따라 IS곡선이 위쪽으로 이동하는 직관적 이유는 무엇인가? 기대인플레이션율이 올라갈 때 명목이자율이 그대로라면 실질이자율이 감소하기 때문이다. 실질이자율이 감소함에 따라 투자가 증가하며 이는 총생산의 증가로 이어진다. 이러한 과정은 IS곡선이 위로(혹은 오른쪽으로) 이동하는 과정으로 표현된다. IS곡선이 위로 이동함에 따라 명목이자율도 상승하는데, 최종적인 균형에서의 명목이자율 상승과 처음 기대인플레이션율의 상승은 같을 것인가? 만약 명목이자율이 기대인플레이션율만큼 상승한다면 실질이자율은 변함이 없을 것이다. 하지만 총생산이 늘어나기 위해서는 실질이자율은 낮아져야 한다. 따라서 명목이자율은 기대인플레이션율보다 작게 상승해야 할 것이다.

〈그림 10-17〉에서도 A점에서 B점으로 이동하는 과정에서 명목이자율의 상승 (i_1-i_0)은 처음 기대인플레이션율의 상승$(i_1'-i_0)$에 비해 작음을 알 수 있다. 이는 실질이자율이 하락함을 의미한다. 새로운 실질이자율은 균형 명목이자율(i_1)에서 기대인플레이션율$(\pi^e=6\%)$을 뺀 값으로 구해진다. 결국 기대인플레이션율이 외생적으로 상승한다면 실질이자율이 하락하여 총생산이 증가함을 알 수 있다. 기대인플레이션율이 외생적으로 감소한다면 *IS*곡선은 아래로 이동하여 정확히 반대의 결과가 도출될 것이다. 이러한 과정은 생략하겠다. 하지만 π^e가 완전히 외생적이라는 가정은 현실적이지 않다. 특히 중앙은행이 통화량을 변화시킨다면 명목이자율뿐 아니라 인플레이션에 대한 기대 역시 달라질 수 있다. 따라서 π^e도 어느 정도는 내생적으로 결정된다고 볼 수 있다. 만약 극단적으로 통화량의 증가가 명목이자율 i와 기대인플레이션율 π^e를 동일한 크기로 변화시킨다면 실질국민소득 Y는 변화하지 않는다. 이러한 과정을 〈그림 10-18〉에 표현하였다. 그림에서 중앙은행이 통화량을 늘림에 따라 *LM*곡선은 오른쪽으로 이동하고(LM_1), 만약 *IS*곡선이 변하지 않는다면 균형은 A에서 B로 변화하며 실질국민소득은 Y_0에서 Y_1으로 증가한다. 이때 명목이자율은 i_0에서 i_1으로 감소하며 π^e가 고정되어 있다면 실질이자율도 감소한다. 명목이자율보다는 이러한 실질이자율의 변화가 통화정책의 효과를 결정한다. 하지만 통화량이 늘어남에 따라 기대인플레이션율 π^e도 명목이자율의 하락치만큼 내려간다면 *IS*곡선은 왼쪽으로 이동하여(IS_1) 실질국민소득 Y는 원래 상태로 돌아온다. 즉 명목이자율이 변화해도 기대인플레이션율이 이를 상쇄하는 방향으로 변화한다면 통화정책은 실질이자율을 변화시킬 수 없으므로 무력해진다. 하지만 이러한 가정은 현실과 동떨어져 있다. 실제로는 통화량이 늘어날 때 기대인플레이션율도 높아질 가능성이

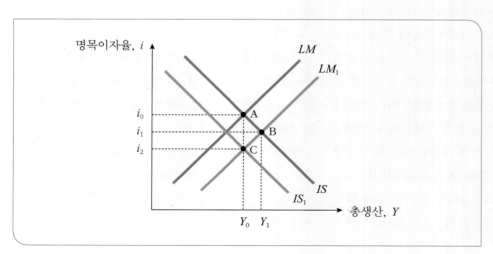

그림 **10-18**
기대인플레이션율이 통화정책에 따라 변화하는 경우 1

통화량이 늘어남에 따라 *LM*곡선은 오른쪽으로 이동하고 균형은 A에서 B로 변화하며 실질국민소득은 Y_0에서 Y_1으로 증가한다. 하지만 통화량이 늘어남에 따라 기대인플레이션율 π^e도 명목이자율 하락분만큼 내려간다면 *IS*곡선은 왼쪽으로 이동하여 실질국민소득은 원래 상태인 Y_0으로 돌아온다. 현실적으로는 통화량이 늘어날 때 기대인플레이션율도 함께 상승할 가능성이 높은데, 이 경우 *IS*곡선은 오른쪽으로 이동하여 실질국민소득은 더욱 상승하여 Y_1로 증가한다.

그림 10-19

기대인플레이션율이 통화정책에 따라 변화하는 경우 2

통화량이 늘어남에 따라 *LM* 곡선은 오른쪽으로 이동하고 균형은 A에서 B로 변화하며 실질국민소득은 Y_0에서 Y_1으로 증가한다. 이때, 통화량이 늘어남에 따라 기대인플레이션율 π^e도 증가한다면 *IS*곡선은 오른쪽으로 이동하고 실질국민소득은 더욱 상승하여 Y_2가 된다.

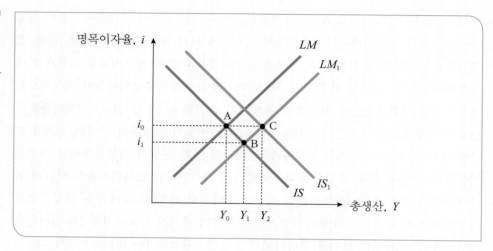

크기 때문이다. 〈그림 10-19〉는 기대인플레이션율이 높아져 *IS*곡선도 오른쪽으로 이동하는 상황을 나타냈다. 이 경우 실질국민소득 Y는 더욱 상승하여 Y_2가 된다. 이때 명목이자율은 원래 상태로 돌아오지만, 기대인플레이션율의 상승으로 실질이자율이 하락하여 투자가 상승하고 이를 통해 실질국민소득을 늘린다. 결국 통화정책의 효과는 통화량의 변화에 대해 기대인플레이션율이 어떻게 변하고 그에 따라 실질이자율이 어떻게 달라지는가에 크게 의존하는 것이다.

사례연구 유동성함정과 통화정책의 효과

앞에서 살펴보았듯이, 유동성함정에서는 통화량의 증가가 이자율의 하락으로 이어지지 않아 통화정책이 무효하다. 이 경우는 대개 명목이자율이 매우 낮은 상태이다. 예컨대, 명목이자율이 0에 가깝다면, 통화량의 증가로 이자율을 더 이상 낮추는 것이 불가능하다. 명목이자율이 음(-)의 값을 가질 수는 없기 때문이다. 그러나 이 장에서 보았듯이, 확장적 통화정책으로 기대인플레이션율을 높이면, 주어진 명목이자율 수준에서 실질이자율을 낮추는 것은 가능하다. 낮아진 실질이자율은 투자를 촉진시킬 수 있고, 이것이 곧 총수요의 증가로 이어질

수 있다.

<그림 10-13>은 *LM*곡선을 우측으로 이동시키는 확장적 통화정책의 무용성을 보여주고 있다. 그러나 <그림 10-20>에서와 같이 기대인플레이션율을 상승시켜 *IS*곡선을 이동시키는 정책을 사용한다면, 유동성 함정에 있는 경제에서도 총수요를 증가시킬 수 있게 된다.

실제로 1990년대에 불황을 경험한 일본 경제에 대응하는 정책의 하나로 버냉키(Ben Bernanke)는 일정한 속도로 통화량을 계속 증가시켜서 기대인플레이션율을 높여야 한다고 주장하였다.

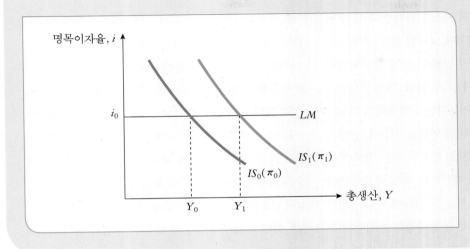

그림 10–20
**유동성함정과
기대인플레이션의 변화**

유동성함정에 빠진 경제에서 통화량의 지속적인 증가는 기대인플레이션율의 상승($\pi_0 < \pi_1$)을 가져와서 *IS*곡선을 IS_0에서 IS_1으로 우측 이동시 킴으로써 총수요를 Y_0에서 Y_1으로 진작시킬 수 있다.

통화정책과 중립금리 또는 자연실질이자율 r^*

대부분 선진국의 중앙은행은 제5장의 사례연구에서 설명한 대로 물가안정목표제(inflation targeting)를 채택하고 있다. 이 경우 통화정책의 목표는 인플레이션율을 안정적으로 유지하는 것이 된다. 일반적으로 확장적 통화정책으로 명목이자율을 낮추면 인플레이션율은 올라가고 긴축적 통화정책으로 명목이자율을 올리면 인플레이션율은 낮아진다. 따라서 어느 정도의 명목이자율 수준이 확장적 통화정책인지 혹은 긴축적 통화정책인지를 파악하는 것이 중요하다. 이때 기준이 되는 이자율이 중립금리 또는 자연실질이자율(natural real rate of interest)이라고 불리는 r^*이다.

우리는 3절의 논의를 통해 궁극적으로 중요한 통화정책의 지표는 명목이자율이 아니라 실질이자율임을 확인하였다. 더 나아가 경제학자들은 인플레이션율을 안정적으로 유지하는 수준의 자연실질이자율이 존재한다고 생각한다. 이 자연실질이자율은 5장에서 학습하였던 자연실업률과 본 장의 1절에서 학습하였던 자연율총생산에 대응하는 실질이자율이다. 즉 실질이자율이 자연실질이자율일 때 실질총생산은 자연율총생산으로 결정되며 실업률도 자연실업률로 결정된다는 것이다. 자연률총생산과 자연실업률이 모두 장기적인 균형에서 성립하므로 자연실질이자율은 장기적인 균형 실질이자율로 간주하며 r^*로 표기한다.

중앙은행은 현재의 명목이자율 i와 기대인플레이션율 π^e를 이용하여 현재의 실질이자율 $r = i - \pi^e$를 계산하여 이것이 r^*보다 큰지 혹은 작은지를 파악한 후 적절한 통화정책을 집행한다. 예를 들어 인플레이션율이 목표수준보다 높다고 하자. 이때 적절한 통화정책은 긴축적인 통화정책을 통해 인플레이션율을 낮추는 것이다. 이를 위해 중앙은행은 현재의 실질이자율 r과 자연실질이자율 r^*

를 비교하여 현재의 통화정책 기조를 파악한다. 만약 현재의 실질이자율 r이 r^*와 같거나 낮다면 실질이자율 r을 r^*보다 높여야 한다. 그래야만 인플레이션율이 하락하여 인플레이션 목표치로 접근해 갈 수 있다. 이때 기대인플레이션율 π^e가 어떻게 움직이는가는 중앙은행의 의도가 실현될 수 있는지 여부에 지대한 영향을 미친다. 중앙은행은 실질이자율 r을 직접적으로 결정할 수는 없고 명목이자율 i만을 조정할 수 있기 때문이다. 따라서 중앙은행은 명목이자율 i를 조절하면서 π^e의 변화에 따라 결정된 실질이자율 r과 r^*를 비교하면서 통화정책을 집행한다. 대부분의 경우 중앙은행은 기대인플레이션율이 단기적

으로 고정되어 있다고 가정하고 명목이자율을 올리면 실질이자율도 올라간다고 가정한다.

이상과 같은 논의를 통해 우리는 자연실질이자율 r^* 값이 통화정책을 결정하는 데 매우 중요한 역할을 함을 알 수 있다. r^*의 값만 정확히 안다면 통화정책의 결정이 쉬워지는 것이다. 하지만 r^*의 값은 일정하게 고정되어 있지 않고 시간이 흐름에 따라 변한다. 따라서 중앙은행의 의사결정에 앞서 r^*의 값이 얼마인지를 파악하는 것이 중요하다. 만약 r^*의 값에 대한 합의가 이루어지지 않는다면 통화정책 결정 주체들 간의 합의 역시 어려워질 것이다.

4 중앙은행이 이자율을 결정하는 경우의 *IS-LM*모형

지금까지 통화정책은 중앙은행이 외생적으로 통화량을 결정하는 것으로 가정하였다. 과거에는 중앙은행이 통화량을 결정하는 방식으로 통화정책을 수행하였으므로 이러한 가정은 현실을 어느 정도 반영하고 있었다. 하지만 근래에 와서 대부분의 중앙은행은 통화량을 결정하는 대신 이자율을 결정하는 방식으로 통화정책을 수행하고 있다. 통화량에 초점을 맞추는 대신 이자율을 직접 변화시키는 방식으로 통화정책이 바뀐 것이다. 이렇게 변화된 통화정책대로라면 이자율은 더 이상 내생적으로 결정되지 않고 중앙은행에 의해 외생적으로 결정된다. 반면 통화량은 더 이상 외생적이지 않고 중앙은행이 결정한 이자율이 유지되도록 내생적으로 결정된다. 따라서 이 경우 *LM*곡선은 중앙은행이 외생적으로 결정한 이자율 수준에서 수평선으로 결정된다. 즉 새로운 *LM*곡선은 다음과 같이 정의된다.

새로운 *LM*곡선: $i = i_0$

이렇게 새롭게 정의된 *LM*곡선과 *IS*곡선을 〈그림 10-21〉과 〈그림 10-22〉에 표현하였다.

먼저 〈그림 10−21〉은 새롭게 정의된 통화정책이 어떻게 경제에 영향을 미치는지를 보여준다. 중앙은행은 이자율을 i_0로 유지하고 있었고, 이에 따라 LM곡선은 i_0수준에서 수평선으로 나타냈다. IS곡선은 이전과 동일하게 우하향하며, 균형은 A에서 성립한다. 균형에서 실질국민소득은 Y로 결정된다. 이때 중앙은행이 좀 더 확장적인 통화정책을 수행하기 위해 이자율을 i_1으로 내렸다고 하자. 이는 LM곡선을 LM_1으로 하향 이동시킨다. 이자율이 하락함에 따라 투자가 증가하고 실질국민소득도 증가한다. 이에 따라 균형은 B로 이동하고 새로운 균형 하에서 이자율과 실질국민소득은 각각 i_1과 Y_1으로 변화한다.

재정정책도 비슷한 방식으로 분석할 수 있다. 〈그림 10−22〉에서는 기존 균형

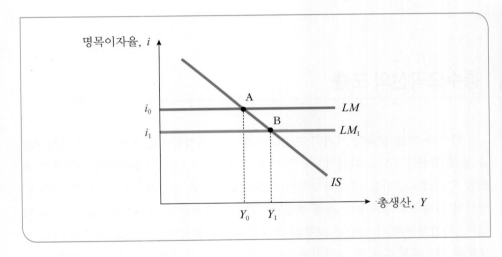

그림 10−21
중앙은행이 이자율을 결정하는 경우의 IS−LM 모형: 통화정책

최초 균형은 IS와 LM이 만나는 A에서 결정된다. 중앙은행이 확장적인 통화정책을 통해 이자율을 내리면 LM곡선은 아래로 이동하며 새로운 균형은 B로 변화한다.

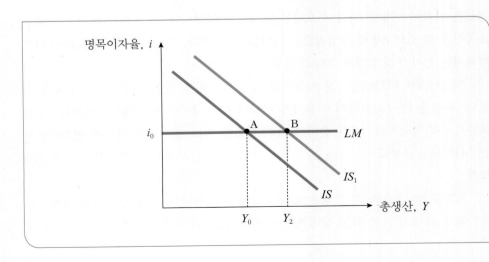

그림 10−22
중앙은행이 이자율을 결정하는 경우의 IS−LM 모형: 재정정책

최초 균형은 IS와 LM이 만나는 A에서 결정된다. 정부가 확장적인 재정정책을 집행하면 IS곡선은 우측으로 이동하며 균형은 B로 변화한다.

이 A에서 성립한다. 이때 정부가 정부지출을 늘리거나 조세를 줄인다면 IS곡선은 IS_1으로 오른쪽으로 이동한다. 이에 따라 실질국민소득은 Y_0에서 Y_2로 증가한다. 이 자율은 중앙은행에 의해 외생적으로 결정되므로 i_0에서 변화하지 않는다. 주목할 점은 이 경우 동일한 재정정책에 대응해 실질국민소득이 증가하는 정도가 전통적인 우상향하는 LM곡선을 사용하여 분석할 때보다 늘어난다는 점이다. 사실 재정정책에 의해 이자율 상승 압력이 있게 되는데 중앙은행은 이에 대응하여 이자율을 i_0에서 유지하기 위해 통화공급을 늘리게 된다. 즉 이자율 관점에서 통화정책은 변하지 않은 것처럼 보이지만 통화량 관점에서 본다면 통화정책도 함께 확장적으로 변한 셈이 되는 것이다. 이에 따라 실질국민소득의 증가분도 커지게 된다.

5 총수요곡선의 도출

단기간 동안 상품의 가격이 고정되어 있다고 가정함으로써 우리는 IS-LM모형을 통해 생산물시장과 화폐시장을 동시에 균형상태로 만드는 총생산과 이자율을 계산할 수 있었다. 사실 IS-LM모형에서 결정되는 것은 총수요이지만 단기에서는 총생산이 전적으로 총수요에 의해 결정된다고 가정함으로써 균형총생산을 구할 수 있었다. 하지만 이러한 접근은 보통의 경제모형에서 분석하는 방법과 상당히 다르다. 보통의 경우에는 수요와 공급곡선을 동시에 이용하여 균형을 도출한다. 또한 수요곡선은 가격이 변함에 따라 수요량을 나타내는 곡선이다. 이러한 의미에서의 총수요곡선은 IS-LM모형에 직접적으로 나타나 있지 않다. 이미 강조한 대로 IS-LM모형에서는 물가가 고정되어 있다고 가정하기 때문이다.

하지만 IS-LM모형을 잘 이용하면 통상의 형태를 가진 수요곡선을 도출할 수 있다. 이것은 IS-LM모형에서 물가가 변함에 따라 총수요가 어떻게 변화하는지 살펴봄으로써 가능하다. 이와 같이 물가의 변화에 따라 총수요가 어떻게 변화하는지를 나타내는 곡선을 총수요곡선이라고 부른다. 지금부터는 총수요곡선을 도출해보자.

〈그림 10-23〉의 위 그림은 IS-LM모형을 나타낸다. A점은 초기의 균형으로 물가는 P_0로 고정되어 있는 상태이다. 따라서 물가 P_0에서 균형총생산은 Y_0이고 균

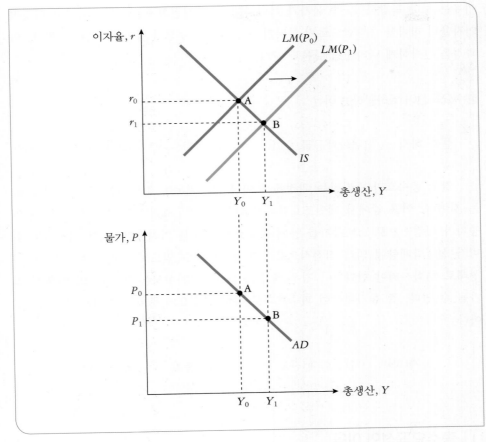

그림 **10−23**
총수요곡선(*AD*)의 도출

위 그림은 *IS−LM*모형을 나타 낸다. A점은 초기의 균형으로 물가는 P_0로 고정되어 있는 상 태이다. 따라서 물가 P_0에서 균형총생산은 Y_0이고 균형이 자율은 r_0이다. 이제 물가가 P_1 으로 내려갔다고 하자. 물가가 내려가면 화폐시장에서 실질 화폐공급은 증가한다. 따라서 화폐시장에 초과공급이 생기 며 이는 *LM* 곡선을 오른쪽으 로 이동시킨다. B점은 새로운 균형점으로 총생산은 Y_1으로 증가하며 이자율은 r_1으로 감 소한다. 결국 물가가 P_0에서 P_1으로 내려감에 따라 총생산 (혹은 총수요)은 Y_0에서 Y_1으 로 올라간다. 아래의 그림은 물가가 변화함에 따라 총수요 가 변화하는 것을 나타낸 것이 다. 이 그림이 바로 총수요곡 선이다. 아래의 그림에서 A점 과 B점은 각각 위 그림의 A점 과 B점에 대응한다. 물가가 하 락할 때 총수요는 증가한다.

형이자율은 r_0이다. 이제 물가가 P_1으로 내려갔다고 하자. 이때 총생산이 어떻게 변 화하는지를 알게 된다면 우리는 물가의 변화에 따른 총수요의 변화를 알게 되는 셈 이다. 다시 말하지만 *IS−LM*모형에서 총생산은 총수요에 의해 전적으로 결정되기 때문이다. 물가가 내려가면 화폐시장에서 실질화폐공급은 증가한다. 따라서 화폐 시장에 초과공급이 생기며 이는 *LM*곡선을 오른쪽으로 이동시킨다. B점은 새로운 균형점으로 총생산은 Y_1으로 증가하며 이자율은 r_1으로 감소한다. 결국 물가가 P_0에 서 P_1으로 내려감에 따라 총생산(혹은 총수요)은 Y_0에서 Y_1으로 올라간다. 〈그림 10 −23〉의 아래의 그림은 물가가 변화함에 따라 총수요가 변화하는 것을 나타낸 것이 다. 이 그림이 바로 총수요곡선이다. 아래의 그림에서 A점과 B점은 각각 위 그림의 A점과 B점에 대응한다.

    〈그림 10−23〉에서 도출한 총수요곡선에 따르면 물가가 하락할 때 총수요는 증가한다. 이렇게 기울기가 우하향하는 형태는 전형적인 수요곡선의 모습이지만 그

이유는 보다 복잡하다. 즉 물가가 하락함에 따라 실질화폐공급이 증가하고 이것이 이자율의 하락을 초래함으로써 투자가 촉진되어 총수요가 증가됨을 알 수 있다. 이 과정을 간략하게 나타내면 다음과 같다.

총수요곡선이 우하향하는 이유

물가 하락 → 실질화폐공급 증가 → 이자율 하락 → 투자 증가 → 총수요 증가

결국 총수요가 증가하는 과정에서 이자율의 변동이 결정적인 중간 역할을 하는 것이다. 이를 앞에서 케인즈효과라고 하였다. 피구효과의 경우는 실질화폐량의 증가가 직접적으로 소비증가를 통해 총수요의 증가를 가져온다. 이를 위해서는 소비가 실질화폐량에 의해 직접적으로 영향을 받을 수 있도록 소비함수를 식 (10.1) 형태로 변화시켜야 한다. 이 경우 총수요곡선이 우하향하는 또 하나의 이유가 추가될 수 있다. 즉 물가하락이 피구효과를 통해 총수요의 증가를 가져올 수 있는 것이다.

물가 하락 → 실질화폐 잔고 증가 → 소비 증가 → 총수요 증가

1 총수요곡선의 이동

이제 총수요곡선이 도출되었다. 총수요곡선은 *IS-LM*모형을 새로운 관점에서 설명한다. 특히 물가변화에 따른 총수요의 변화라는 관점에서 총수요를 파악할 수 있게 한다. 그렇다면 총수요에 영향을 주는 다른 요인들의 변화는 총수요곡선에 어떠한 형태로 영향을 주게 되는가? 우리는 이미 *IS-LM*모형을 통해 독립지출의 변화나 정부의 총수요정책 등이 총수요의 크기에 영향을 줄 수 있음을 알고 있다. 이러한 총수요의 변화는 어떻게 표현할 수 있는가?

〈그림 10-23〉에 표현된 총수요곡선은 물가변화에 대응한 총수요의 변화를 직접적으로 보여 준다. 물가 이외의 요인에 의해 총수요가 변화한다면 이는 주어진 물가하에서 총수요가 변하는 셈이므로 총수요곡선은 이동하게 된다. 결국 독립지출의 변화나 정부의 총수요정책 등은 총수요곡선의 이동을 야기함을 알 수 있다. 이제 이러한 과정을 보다 자세히 살펴보도록 하자.

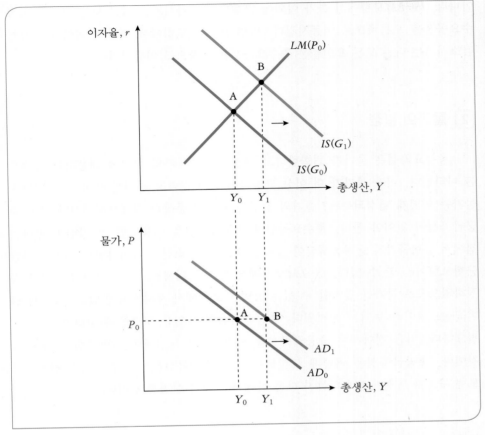

그림 **10-24**
**정부지출의 변화와
총수요곡선의 이동**

정부지출의 변화는 총수요의 변화를 발생시키는데 이는 총수요곡선의 이동으로 나타난다. 위의 그림은 이미 살펴본 바와 같이 정부지출이 증가함에 따라 총수요가 늘어나는 과정을 보여준다. 즉 초기에는 정부지출이 G_0이고 이에 대응하는 IS곡선은 $IS(G_0)$이다. 또한 초기에 물가는 P_0이며 이에 대응하는 LM 곡선은 $LM(P_0)$이다. 따라서 초기에는 A점에서 균형을 이루며 총수요는 Y_0에서 결정된다. 아래의 그림은 이러한 균형을 총수요곡선상에 표현한 것이다. 즉 아래 그림의 A점은 위 그림의 A점에 대응하며 총수요곡선상에서 물가가 P_0일 때 총수요는 Y_0이다. 이제 정부지출이 G_0에서 G_1로 증가하였다고 하자. 이는 IS곡선을 $IS(G_1)$으로 오른쪽 이동시켜 $IS-LM$의 새로운 균형이 B점에서 결정되며 총수요는 Y_1으로 증가한다. 이러한 변화는 물가가 P_0에서 유지된 상태에서 이루어진 것이므로, 주어진 가격 P_0에서 총수요만 Y_1으로 증가한 셈이다. 이것은 아래의 그림에서 총수요곡선이 AD_0에서 AD_1으로 이동한 것으로 표현된다. 결국 정부지출의 증가는 총수요를 증가시키는 방향으로 AD곡선을 오른쪽 이동시킨다.

〈그림 10-24〉에서 A점은 초기 균형상태를 나타낸다. 아래 그림에 위치한 초기의 총수요곡선 AD_0에 따를 때 초기 물가는 P_0이며 이에 대응하는 총수요는 Y_0이다. 이에 대응하는 초기의 LM곡선은 $LM(P_0)$이며, 초기의 정부지출이 G_0라고 가정하여 IS곡선은 $IS(G_0)$로 표시하였다. 이제 정부지출이 G_0에서 G_1로 증가하였다고 하자. 우리는 이러한 변화가 IS곡선을 $IS(G_1)$으로 오른쪽 이동시켜 $IS-LM$의 새로운 균형이 B점에서 결정됨을 알고 있다. 따라서 총수요는 Y_1으로 증가한다. 이러한 변화는 물가가 P_0에서 유지된 상태에서 이루어진 점을 주목하자. 즉 LM곡선은 $LM(P_0)$에 유지된 상태인 것이다. 따라서 주어진 물가 P_0에서 총수요만 Y_1으로 증가한 셈이다. 이러한 변화는 아래의 그림에서 총수요곡선 AD_0에서 AD_1으로 이동한 것으로 표현된다. 결국 정부지출의 증가는 총수요를 증가시키는 방향인 오른쪽으로 AD곡선을 이동시킴을 알 수 있다.

이상과 같은 총수요곡선의 이동은 정부지출의 증가의 경우에 국한되는 것이 아니다. *IS-LM*모형에서 물가 이외에 총수요를 증가시키는 다른 모든 요인들은 총수요곡선을 오른쪽으로 이동시킨다. 반면 *IS-LM*모형에서 물가 이외에 총수요를 감소시키는 다른 모든 요인들은 총수요곡선을 왼쪽으로 이동시킨다.

② 물가의 결정

총수요곡선은 물가가 변화한다고 가정할 때, 물가의 변화에 대응하는 총수요를 나타낸다. 이제 물가가 더 이상 고정되어 있지 않다고 가정한 셈이다. 그렇다면 물가는 어떻게 결정되는가? 물가의 결정을 위해선 통상의 경제모형에서와 같이 총공급곡선이 있어야 한다. 총수요곡선과 총공급곡선을 이용하면 두 곡선이 만나는 점에서 균형물가와 균형총생산이 결정될 것이다. 이러한 모형이야말로 진정한 일반균형모형이라 할 수 있다. *IS-LM*모형에서 물가는 외생적으로 고정되어 있다고 가정하였으므로 물가를 결정할 수 있는 방법은 모형에서 제시되지 않았고, 따라서 일반균형모형이라 보기는 어려웠다. 총공급곡선의 도입은 모형을 완결하기 위해 꼭 필요하다. 다음 장에서는 총공급곡선을 본격적으로 도입하여 일반균형 분석을 할 것이다. 총공급곡선은 어떻게 도출되는지, 총공급곡선을 도입함으로써 전체적인 모형 구조가 어떻게 변화하는지 다음 장에서 자세히 설명할 것이다.

정리

summary

1. 케인즈는 경기변동의 원인으로 총수요의 변화를 가장 중요하게 생각하였다. 총수요의 감소로 경기불황이 오더라도 장기에는 경제가 회복된다. 장기에서는 단기에서와 달리 물가가 고정되어 있지 않다. 따라서 물가의 하락을 통해 민간에서의 총수요가 증가하여 자연율총생산이 회복된다. 그러나 케인즈는 이러한 자율적 회복이 어렵다고 보고 불황으로부터 벗어나기 위해서는 정부가 정책을 통해 총수요를 늘려야 한다고 하였다.

2. 총수요를 늘릴 수 있는 정부의 정책은 정부의 재정과 관련이 있는 정부지출 및 조세를 변화시키는 재정정책과 화폐의 공급을 변화시키는 통화정책으로 나뉜다. 케인즈는 재정정책을 보다 선호하였지만 최근 현실경제에서는 오히려 통화정책이 중요시되고 있다.

3. 재정정책은 총수요의 구성요소 중 하나인 정부지출을 직접적으로 변화시키거나 조세변화를 통해 간접적으로 소비지출의 변화를 유도하는 것이다. 정부지출이 증가(감소)하거나 조세가 감소(증가)하면 총수요는 증가(감소)한다.

4. 정부지출의 증가는 총수요를 늘리지만 동시에 민간투자를 감소시켜 총수요 증가의 정도를 작게 만든다. 이와 같이 민간의 반응에 의해 정부 재정정책의 효과가 상쇄되는데 이를 구축효과라고 부른다.

5. 구축효과는 정부지출의 증가가 이자율을 상승시킴에 따라 민간투자가 감소하여 발생한다. 따라서 구축효과의 크기는 정부지출에 따른 이자율 변화의 크기와 민간투자의 이자율탄력성에 의해 결정된다.

6. 통화정책은 이자율의 변화를 통해 간접적으로 총수요에 영향을 준다. 통화량의 증가(감소)는 이자율을 하락(상승)시키는데 이는 투자의 증가(감소)를 가져와 총수요를 증가(감소)시킨다. 화폐수요의 이자율탄력성이 작을수록, 투자의 이자율탄력성이 클수록 통화정책의 효과가 커진다.

7. 재정정책과 통화정책을 동시에 사용하는 경우를 정책조합이라고 한다. 구체적으로는 조합이 어떤 식으로 이루어지는가에 따라 다양한 결과를 가져올 수 있다. 이자율을 변화시키지 않고 총수요만을 변화시키거나 총수요에는 영향을 주지 않으면서 이자율만 변화시키는 경우가 그 예이다.

8. 기대인플레이션율이 0이 아닌 경우 명목이자율과 실질이자율은 다르다. *IS* 곡선에 등장하는 이자율은 실질이자율이며 *LM* 곡선에 등장하는 이자율은 명목이자율이다. 피셔방정식을 이용하여 실질이자율을 명목이자율로 바꾸면 인플레이션을 고려한 새로운 *IS-LM* 모형으로 변환된다. 기존 *IS-LM* 모형과 비교하여 가장 중요한 차이는 기대인플레이션율의 변화가 *IS*곡선의 이동에 영향을 준다는 것이다.

9. *IS-LM* 모형에서 물가가 변함에 따라 총수요가 어떻게 변화하는지를 살펴봄으로써 총수요곡선을 도출할 수 있다. 총수요곡선은 물가가 하락할 때 총수요가 증가하므로 우하향하는 형태이다. 물가가 하락함에 따라 실질화폐공급이 증가하여 이자율이 하락함으로써 투자가 촉진되어 총수요가 증가하는 것이다.

연습문제

exercise

1. 다음과 같은 경제를 가정하자($P = 1$로 주어졌다고 가정하시오).

$$\text{소비: } C = 170 + 0.8Y - 2r \quad \text{투자: } I = 150 - 4r \quad \text{정부지출: } G = 100$$

$$\text{통화량: } M^s = 160 \quad \text{실질화폐수요: } \left(\frac{M}{P}\right)^d = 0.2Y - 4r$$

  1) *IS*곡선과 *LM*곡선을 유도하시오.

  2) 이 경제를 균형으로 하는 소득(Y)과 이자율(r)을 구하시오.

  3) 통화량이 20만큼 증가할 때 r, Y는 어떻게 변화하겠는가? 이때 r, Y의 변화크기는 투자함수와 화폐수요함수의 이자율에 대한 반응도가 커지면 어떻게 달라지는가?

  4) 물가가 변할 수 있는 경우 물가와 소득간의 관계식(즉 총수요의 관계식)을 유도하고 이를 그래프로 그리시오.

2. 기대인플레이션율의 갑작스런 하락이 소비, 투자, 소득, 명목이자율, 실질이자율에 어떠한 영향을 미치는지 *IS-LM*모형으로 설명하시오.

3. 일본 경제가 최근 기대되는 디플레이션(음의 인플레이션율)으로 인해 장기 침체를 벗어나지 못할 것이라는 견해가 있다. 이러한 경제상황을 *IS-LM*모형으로 설명하시오. 이 경제에서 1) 목표로 하는 인플레이션율을 정해 놓고 통화량을 계속 증가시키는 정책과 2) 재정지출을 증가시키는 정책의 효과를 간단히 설명하시오. 이러한 정책들이 가져올 수 있는 문제점은 무엇일까?

4. 유동성함정에 있으며 장기 불황을 겪고 있는 경제에서 다음과 같은 각각의 정책의 효과를 설명하고 그 한계를 논의하시오.

  1) 정부가 부채를 늘려서 정부조세를 삭감하는 경우

  2) 정부가 정부지출을 줄여서 정부조세를 삭감하는 경우

  3) 정부가 통화량을 늘려서 이자율에 영향을 미치려고 하는 경우

  4) 정부가 통화량을 늘려서 환율에 영향을 주려고 하는 경우

5. 생산물시장과 화폐시장이 균형을 이루고 있고 초기 균형명목이자율이 8%이며 기대인플레이션율이 6%라고 하자. 또한 화폐시장이 항상 균형을 이루고 있다고 가정하자.

  1) 주어진 정보하에서 초기 균형실질이자율은 얼마인가?

  이제 기대인플레이션율이 3%로 하락한다고 하자.

  2) 총생산과 실질이자율에는 어떤 변화가 생기는가? 그래프를 이용하여 설명하시오.

  3) 명목이자율이 상승하는가 하락하는가? 설명하시오.

6. 기대가 포함된 *IS-LM*모형을 이용하여 다음 물음에 답하시오.
  현재와 미래 2시간이 있다고 가정하자. 미래 세금을 인상하는 예산안이 통과되었고 동시에 연방준비은행이 미래세금 인상에도 불구하고 통화공급을 변화시키지 않는다고 하자.

  1) 미래 세금인상이 예상될 때 현재의 수익률곡선은 어떻게 변하는가?

  2) 미래 세금인상이 예상될 때 미래총생산은 어떻게 변하리라고 예상되는가?

  3) 어떤 조건하에서 이러한 미래의 세금인상이 현재 총생산에 아무 영향을 미치지 않겠는가?

  4) 어떤 조건하에서 이러한 미래의 세금인상이 현재 총생산을 증가시키겠는가?

7. 다음의 방정식들은(The Republic of Liberty) 경제를 나타낸다.

$$C = 0.5(Y-T)+200$$
$$I = 0.1Y-2000r+100$$
$$\left(\frac{M}{P}\right)^d = 2Y-10000r$$

최초에 정부지출은 $400이고 세금은 $400라 하자. 통화량은 $1,500이며, 물가지수는 $1로 가정한다.

  1) *IS*곡선의 식을 도출하시오.

  2) *LM*곡선의 식을 도출하시오.

  3) 이 경제에서 균형 산출량, 이자율, 소비 및 투자 수준을 구하시오.

정부가 정부지출을 $200만큼 늘렸다고 가정하자(4)와 5)번만).

4) 이 경제에서 새로운 균형 산출량, 투자 및 이자율 수준을 구하시오.

5) 이 경제의 산출량이 원래의 수준(3)에서 구한 해)으로 돌아가기 위해서는 세금이 얼마만큼 변해야 하는가?

이제 물가수준이 변한다고 가정하자(3)에서 이어짐).

6) AD곡선을 유도하시오.

7) AS곡선이 $Y=1,375$에서 수직이라고 가정하자. 균형 물가수준을 구하시오.

8) 3)과 7)에서의 균형들을 IS-LM 및 그에 대응하는 AD-AS상에서 비교하여 표시하라.

8. 다음의 식들은 어떤 경제의 움직임을 묘사하는 식들이다.

$$C = 0.7(Y-T)+200 \qquad (1)$$
$$I = -2000r+400 \qquad (2)$$
$$m^d - P = Y-2000r \qquad (3)$$

정부의 지출(G)은 100이고 조세(T)는 200이라고 하자. 세 번째 식 (3)은 화폐수요를 나타낸다(화폐수요 함수에 로그를 취한 것이라 생각하자). 화폐공급은 전적으로 중앙은행에 결정되며 현 수준은 $m^s = 1,100$라고 하자. 화폐시장의 균형은 $m^s = m^d$이다.

1) IS곡선을 도출하시오.

2) 현재의 물가수준이 100이라고 할 때 LM곡선을 도출하시오.

3) 위 IS곡선과 LM곡선에 따른 단기균형 생산량(Y), 이자율(r), 소비량(C) 그리고 투자량(I)을 계산하시오.

정부는 현재 조세를 100 줄여 총수요를 진작시키고자 한다. 단 줄어든 조세는 미래의 조세증가를 보전하고자 한다.

4) 다음 각 경우의 총수요 증가량을 계산하시오.

  i) 이자율과 물가수준이 변하지 않을 경우

  ii) 이자율은 변하지만 물가수준이 변하지 않는 경우

Macroeconomics

제11장
총수요·총공급모형 I : 기본개념

지난 장에서는 총수요의 크기에 의해 전적으로 총생산이 결정된다는 가정하에서 경제를 분석하였다. 특히 물가가 경직적이라고 가정하였으므로 총수요가 아무리 증가하더라도 물가는 오르지 않고 총생산만이 증가하였다. 이번 장에서는 물가가 경직적이라는 가정을 완화하여 우상향하는 총공급곡선을 도출한다. 우상향하는 총공급곡선은 본질적으로 수평인 총공급곡선과 다를 바가 없다. 두 형태의 총공급곡선 모두 단기에서 총수요에 대한 충격이 경기변동을 초래할 수 있음을 보여 주기 때문이다. 하지만 총공급곡선이 수직이라면 분석결과는 확연히 달라진다. 이번 장에서는 케인즈의 명목임금경직성이론을 이용하여, 단기에서는 총공급곡선이 우상향하지만 장기에서는 총공급곡선이 수직이 되는 이론적 이유를 간단히 살펴본다. 단기에서 총공급곡선이 우상향하는 이유를 보여 주는 다양한 모형들은 다음 장에서 보다 자세히 살펴볼 것이다.

1 총공급곡선의 이해

① 총공급곡선의 모양

총공급곡선은 물가가 변함에 따라 총생산의 공급이 어떻게 결정되는지를 나타내는 곡선이다. 지난 장에서는 총공급곡선이 수평이라고 가정함으로써 실제로는 총공급곡선을 고려하지 않은 것과 동일한 효과를 얻었다. 하지만 총공급곡선이 수평이 아니라면 이제 총수요곡선만으로 총생산을 결정할 수 없다. 또한 총수요에 대한 충격은 총생산뿐 아니라 물가에도 영향을 주게 된다. 〈그림 11−1〉은 우상향하는 총공급곡선을 도입한 경우이다. 이때 만약 총수요가 증가하면 총수요곡선은 AD_0에서 AD_1으로 이동한다. 만약 물가가 고정되었다면 총생산은 Y_0에서 Y_1으로 증가할 것이다(A점 → B점). 하지만 우상향하는 총공급곡선 때문에 균형은 A점에서 C점으로 이동하고 총생산은 Y_2까지만 증가한다. 총수요 증가의 효과가 물가의 상승(P_0 → P_1)으로 인해 일부 감소하기 때문이다.

총공급곡선이 우상향한다면 총수요의 증가효과가 물가상승으로 인해 일부 감소한다는 점 외에는 지난 장에서 분석한 결과가 대체로 성립한다. 즉 총수요에 대한 충격은 균형총생산을 같은 방향으로 변화시킴으로써 경기변동을 초래한다. 또한 정부의 재정정책과 화폐정책도 총수요에 영향을 줌으로써 총생산의 결정에 영향을 줄 수 있다. 따라서 우상향하는 총공급곡선은 수평인 총공급곡선과 본질적으로 큰

그림 11−1
총공급곡선이 우상향하는 경우 총수요의 증가로 인한 균형의 변화

총공급곡선 AS가 우상향하는 경우 총수요가 증가하면 총수요곡선은 AD_0에서 AD_1으로 이동한다. 만약 물가가 P_0에서 고정되었다면 총생산은 Y_0에서 Y_1으로 증가할 것이다(A점 → B점). 하지만 총공급곡선이 우상향하는 경우 균형은 A점에서 C점으로 이동하고 총생산은 Y_2까지만 증가한다. 총수요 증가의 효과가 물가의 상승(P_0 → P_1)으로 인해 일부 감소하기 때문이다.

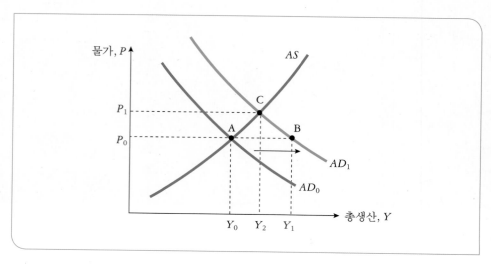

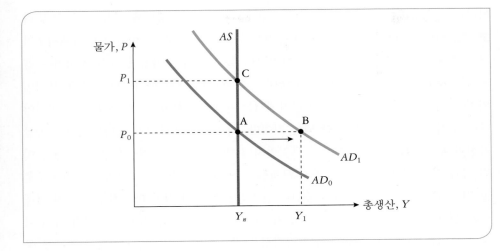

그림 11-2
총공급곡선이 수직인 경우
총수요의 증가로 인한
균형의 변화

총수요의 증가로 총수요곡선
이 AD_0에서 AD_1으로 이동할
때 총공급곡선이 수직이라면
균형은 A점에서 C점으로 이
동하고 총생산은 전혀 변하지
않는다. 총수요 증가의 효과는
물가가 P_0에서 P_1으로 상승함
에 따라 완전히 소멸된다.

차이가 없다고 할 수 있다. 오히려 단기에서도 어느 정도 물가의 조정을 인정하였다는 점에서 덜 극단적이라 하겠다. 하지만 총공급곡선이 〈그림 11-2〉에서와 같이 수직이라면 사정은 달라진다. 〈그림 11-2〉에서는 총수요의 증가로 총수요곡선이 AD_0에서 AD_1으로 이동함에도 불구하고 수직인 총공급곡선 때문에 균형은 A점에서 C점으로 이동하고 총생산은 전혀 변하지 않는다. 총수요 증가의 효과는 물가의 상승으로 인해 완전히 소멸되었다.

만약 총공급곡선의 모양이 〈그림 11-2〉에서와 같이 수직이라면 지금까지 익힌 총수요이론은 실물생산의 변화를 분석할 때 더 이상 유용하지 않게 된다. 사실 이러한 경우는 고전학파가 상정한 완전 신축적인 가격(perfectly flexible prices)의 경우에 해당한다. 총수요에 대한 충격이 오더라도 가격이 완전 신축적이라면 총수요의 증가는 오직 물가의 상승으로만 이어질 뿐 실물 생산의 변화를 초래하지 않는다는 것은 고전학파이론의 중요한 특징이다. 이러한 수직의 총공급곡선은 물가의 조정이 완전히 이루어지는 장기를 분석할 때 적합하다. 장기총공급곡선이 수직이라는 것에 대해서는 대부분의 경제학자들이 공감하고 있다. 앞으로 우리는 〈그림 11-2〉의 총공급곡선을 장기총공급곡선이라고 부를 것이다. 〈그림 11-2〉에서 장기총공급곡선은 자연율총생산(Y_n)에서 수직이다. 이것은 가격이 완전히 조정된다면 총생산은 적어도 장기에서는 자연율총생산에서 벗어나지 않음을 의미한다.

시간이 충분히 흐른다면 가격이 충분히 조정되므로 장기에서는 가격이 완전신축적이라고 가정하여도 무방할 것이다. 하지만 고전학파는 단기에서도 가격이 완전신축적이라고 믿었으므로 단기에서조차도 총공급곡선이 수직이라고 생각하였다.

따라서 고전학파는 총수요에 대한 충격은 단기에서도 총생산에 영향을 줄 수 없다고 주장하였다. 단기에서 총수요의 충격을 중요시하는 케인즈학파와 단기에서조차도 총수요의 충격을 경시하는 고전학파 사이를 분리하는 가장 중요한 차이점은 결국 단기총공급곡선의 모습으로 귀결된다. 즉 지난 장에서 행하였던 총수요 분석이 의미를 가지기 위해서는 적어도 단기에서는 총공급곡선이 우상향하는 모습이어야 하며 수직인 모습을 해서는 안 되는 것이다. 따라서 케인즈학파는 단기에서 총공급곡선이 우상향할 수 있는 이유가 무엇인지에 대해 다각도로 연구하였다. 우리는 이번 장과 다음 장에 걸쳐 여러 가지 모형을 통해 우상향하는 단기총공급곡선을 도출할 것이다. 이러한 모형들의 공통점은 단기간에는 여러 가지 마찰적 요인들에 의해 장기균형이 바로 성립하지 않는다고 가정하는 것이다. 다음 절에서는 여러 가지 마찰적 요인들 중에서도 명목임금의 경직성을 강조하는 초기 케인즈학파의 견해를 우선 살펴볼 것이다.

2 노동시장의 경직성에 기초한 총공급곡선

단기에서 총공급곡선이 우상향할 수 있는 근거는 무엇인가? 총공급곡선은 물가의 변화에 따라 재화와 서비스의 공급이 어떻게 결정되는가를 보여준다. 따라서 실제로 재화와 서비스가 공급되는 생산과정을 살펴보아야 총공급곡선을 잘 이해할 수 있다. 생산은 노동과 자본이 결합되어 이루어지므로 결국 생산량의 결정은 노동 및 자본이 실제로 생산과정에서 얼마나 고용되는지와 직결된다. 단기간에 있어서 자본의 양은 크게 변하지 않는다고 가정하면 초점은 노동의 고용량이 결정되는 노동시장에 모아진다. 케인즈는 노동시장에서의 명목임금 경직성 때문에 총공급곡선이 단기에 우상향한다고 주장하였다.

1 명목임금의 경직성

현실 경제에서 여러 명목가격이 변화하는 모습을 살펴보면 오랜 기간 동안 변하지 않고 고정되어 있는 경우를 흔히 볼 수 있다. 우리는 이렇게 가격변수가 즉각적으로 변화하지 않는 현상을 가격의 경직성(price rigidity)이라고 부른다. 그 중에서도 가장 경직성이 확실해 보이는 변수는 명목임금이다. 현실 경제에서 대부분의 노동자는 한동안 고정된 명목임금을 받는다. 따라서 명목임금이 상당기간 경직적이라는 가정은 일견 타당한 것으로 보인다.

케인즈는 이렇게 명목임금이 단기에 있어서 경직적인 점이 총공급곡선이 단기에 우상향하는 가장 중요한 요인이라고 생각하였다. 명목임금이 단기간 고정되어 있다면 재화와 서비스의 가격이 변함에 따라 실질임금이 변화하게 된다. 실질임금이란 명목임금을 재화와 서비스의 가격수준으로 나누어 준 값으로 임금의 실질적인 구매력을 나타낸다. 따라서 실질임금은 물가가 변함에 따라 달라진다. 예를 들어서 물가가 올라간다고 생각하자. 명목임금 경직성 때문에 노동자들이 받는 명목임금은 고정되어 있다고 가정하면 노동자들이 받는 실질임금은 이전과 비교하여 떨어진 셈이다. 동일한 명목임금을 받더라도 상품의 가격이 상승하면 실제로 살 수 있는 상품의 양이 줄어들므로 임금의 실질 구매력은 감소한 셈이 되는 것이다.

물가가 상승함에 따라 실질임금이 하락한다면 기업 입장에서는 노동고용에 따른 실질적 비용이 감소한다. 따라서 기업은 더욱 많은 노동을 고용할 수 있게 되며 이렇게 증가된 노동의 고용은 총생산의 증가로 이어진다. 이러한 총생산의 증가는 명목임금이 완전하게 조정되어 이전의 실질임금 수준으로 회복되기 전까지 계속 될 것이다. 따라서 명목임금이 고정되어 있는 단기에는 물가가 올라감에 따라 총생산이 증가한다. 결국 명목임금의 경직성은 단기에 있어서 총공급곡선의 모습을 우상향하게 만들어 줌을 알 수 있다.

② 명목임금의 경직성에 기초한 총공급곡선의 도출

지금까지의 논의를 보다 체계적으로 설명해 보자. 먼저 생산은 다음과 같은 생산함수에 의해 결정된다.

$$Y = F(L, \bar{K}) \tag{11.1}$$

함수 F는 생산함수이며, 총생산(Y)이 노동(L) 및 자본(K)의 결합으로 생산됨을 보여 준다. 자본의 양은 단기에 있어서 변하지 않는다고 가정하여 고정시켰으며 변수 위의 바 표시($-$)로 고정되어 있음을 나타냈다. 생산을 담당한 기업은 이윤을 극

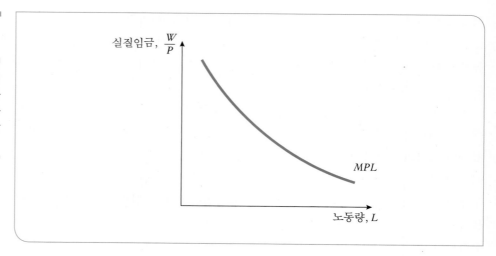

대화하고자 노력하는 과정에서 생산량과 이에 따른 노동의 고용량을 결정한다. 기업의 이윤극대화 조건은 제4장에서 살펴본 바와 같이 노동의 한계생산물이 실질임금과 같아지는 점에서 충족된다. 노동의 한계생산물은 노동 한 단위가 추가적으로 생산하는 생산물을 나타내는데, 노동의 고용량이 증가할수록 감소하는 특징을 갖는다. 이를 그림으로 나타낸 것이 〈그림 11-3〉이다. 그림에서 노동의 한계생산은 MPL로 표시하였으며 노동의 양이 증가함에 따라 감소하는 모습을 취한다.

실질임금은 기업이 노동을 한 단위 추가적으로 고용할 때 지불하는 한계비용을 의미한다. 이는 $\frac{W}{P}$로 나타낼 수 있으며 명목임금(W)을 물가(P)로 나누어 계산한다. 기업은 노동의 한계생산물이 한계비용보다 큰 이상 계속적으로 노동수요량을 늘린다. 노동의 한계생산물이 한계비용보다 큰 경우 노동고용의 증가를 통해 이윤을 늘릴 수 있기 때문이다. 즉 한계생산물과 한계비용의 차이가 기업이 추가적인 생산을 통해 획득하는 이윤이며 기업은 이윤이 확보되는 한, 즉 MPL이 $\frac{W}{P}$보다 큰 이상 계속적으로 생산을 늘려 결국 양자가 일치하는 점에서 생산을 멈추게 된다.

$$이윤극대화\ 조건:\ MPL = \frac{\overline{W}}{P} \tag{11.2}$$

식 (11.2)에서 명목임금은 단기에 고정되어 있으므로 변수 위에 바 표시(−)를 하였다.

처음에 균형은 $P=P_1$일 때, $MPL_1 = \frac{\overline{W}}{P_1}$이 성립하고 고용량은 L_1이며 생산량은 $Y_1(=F(L_1, \overline{K}))$이라고 하자. 이제 물가($P$)가 P_1에서 P_2로 증가한다고 하자. 만약 명목임금이 고정되어 있다면 실질임금은 감소한다. 따라서 이윤극대화 조건은 더

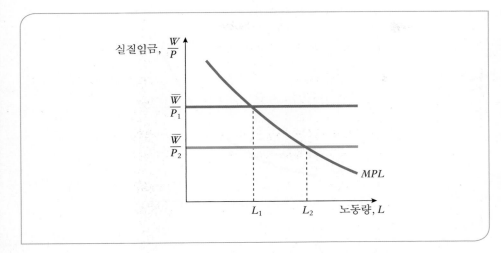

실질임금, $\dfrac{W}{P}$

$\dfrac{\overline{W}}{P_1}$

$\dfrac{\overline{W}}{P_2}$

MPL

L_1 L_2 노동량, L

그림 11-4
실질임금의 변화에 따른 노동고용량의 변화

노동수요곡선은 우하향하는 MPL곡선으로 나타냈다. 이때 실질임금이 $\dfrac{W}{P_1}$에서 $\dfrac{W}{P_2}$로 감소하면 기업의 이윤극대화조건 $MPL = \dfrac{W}{P}$로부터 MPL도 감소해야 함을 알 수 있다. 따라서 노동의 고용량이 L_1에서 L_2로 증가한다.

이상 성립하지 않으며 $MPL_1 > \dfrac{\overline{W}}{P_2}$가 된다. 이윤극대화 조건이 성립하기 위해서는 MPL이 감소하거나 다시 실질임금이 증가하여야 하지만 명목임금이 고정되어 있다면 실질임금이 증가할 방법이 없다. 따라서 MPL이 감소해야 하는데 이는 〈그림 11-3〉에서 살펴본 MPL의 특성상 노동량의 증가가 있어야 가능하다. 〈그림 11-4〉에서는 실질임금이 $\dfrac{\overline{W}}{P_1}$에서 $\dfrac{\overline{W}}{P_2}$로 감소함에 따라 이윤을 극대화하는 기업이 노동량의 고용을 L_1에서 L_2로 증가시키고 이에 따라 MPL이 감소하여 다시 균형이 되는 것을 보여 준다. 이 과정에서 노동시장에서는 수요의 증가에 따라 노동공급이 자유롭게 조정될 수 있는 노동시장의 초과공급상태를 가정하고 있다. 노동고용량이 증가하면 식 (11.1)에 의해 총생산은 Y_1에서 $Y_2 (= F(L_2, \overline{K}))$로 증가한다. 지금까지의 결과를 간단히 요약하면 다음과 같다.

$$P \text{ 증가} \rightarrow \frac{\overline{W}}{P} \text{ 감소} \rightarrow L \text{ 증가} \rightarrow Y \text{ 증가} \qquad (11.3)$$

결국 물가가 P_1에서 P_2로 증가함에 따라 총생산은 Y_1에서 Y_2로 증가하므로 이를 그림으로 표현하면 우상향하는 총공급곡선이 됨을 알 수 있다. 〈그림 11-5〉는 이렇게 도출된 총공급곡선을 나타낸다. 〈그림 11-5〉에서 나타난 총공급곡선은 명목임금이 경직적인 단기에서만 성립한다. 따라서 〈그림 11-5〉의 총공급곡선은 단기총공급곡선이다.

그림 11-5
단기총공급곡선

우상향하는 총공급곡선은 명목임금이 경직적인 단기에서만 성립한다. 물가가 올라가면 실질임금이 감소하는데 기업의 이윤은 실질임금과 한계생산물이 일치할 때 극대화되므로 한계생산물을 감소시키기 위해 노동고용량을 증가시킨다. 이는 생산량의 증가로 이어진다. 따라서 물가가 올라가면 총생산이 증가하는 관계를 도출할 수 있으며 이를 단기총공급곡선이라 부른다.

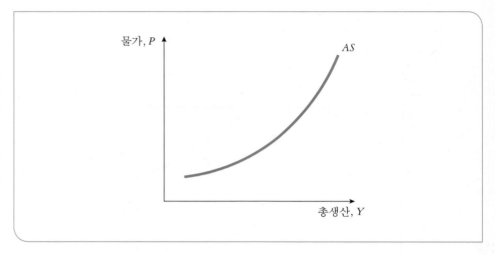

3 총수요·총공급모형을 통한 단기 및 장기균형 분석

우리는 지난 절에서 총공급곡선이 장기에는 수직이지만 단기에는 우상향할 수 있음을 이해하였다. 이번 절에서는 장기총공급곡선과 단기총공급곡선을 총수요곡선과 함께 이용하여 경제의 단기 및 장기 균형의 결정과정을 분석하기로 하자.

1 단기균형과 장기균형의 결정

총수요곡선은 단기와 장기의 구별 없이 동일하지만 총공급곡선은 단기와 장기에서 그 모양이 달라질 수 있다. 그렇다면 균형은 어떻게 이루어지는 것일까? 균형은 일반적인 경우와 마찬가지로 수요곡선과 공급곡선이 서로 만나는 곳에서 이루어지는데, 동일한 총수요곡선과 어떠한 총공급곡선이 만나는가에 따라 단기균형과 장기균형으로 구별된다. 즉 총수요곡선과 단기총공급곡선이 만나 결정되는 물가와 총생산량이 단기균형이고, 총수요곡선과 장기총공급곡선이 만나 결정되는 물가와 총생산량이 장기균형이다. 〈그림 11-6〉은 단기균형과 장기균형을 함께 표현한 것이다.

A점에서는 총수요곡선 AD_0가 단기총공급곡선 $SRAS$와 만날 뿐 아니라 장기총

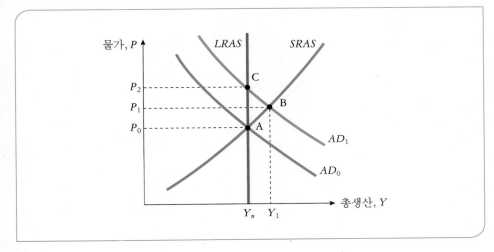

그림 11-6
단기균형의 변화와
장기균형으로의 회복

A점에서는 총수요곡선 AD_0가 장기총공급곡선 $LRAS$와 만날 뿐 아니라 단기총공급곡선 $SRAS$와도 함께 만나므로 A점에서 결정되는 물가와 총생산은 단기균형이자 장기균형이다. 이때의 총생산은 자연율총생산인 Y_n이다. 이제 총수요에 대한 충격이 총수요곡선을 AD_0에서 AD_1으로 이동시켰다고 하자. 그러면 단기균형은 B점에서 결정된다. 물가도 P_0에서 P_1으로 올라가고 총생산도 Y_n에서 Y_1으로 증가한다. 하지만 장기균형은 C점에서 이루어진다. 장기균형에서는 물가만이 P_2로 상승할 뿐 총생산은 Y_n에서 변함이 없다.

공급곡선 $LRAS$와도 함께 만나고 있다. 따라서 A점에서 결정되는 물가와 총생산량 수준은 단기균형이자 장기균형이라고 볼 수 있다. 이때의 총생산은 자연율총생산인 Y_n이다. 이제 총수요에 대한 충격이 총수요곡선을 AD_0에서 AD_1으로 이동시켰다고 하자. 그러면 단기균형은 새로운 총수요곡선과 단기 총공급곡선이 만나는 B점에서 결정된다. 물가도 P_0에서 P_1으로 올라갔지만 총수요의 증가가 총생산을 Y_n에서 Y_1으로 증가시켰다는 점에서 케인즈의 단기분석결과가 성립한다. 하지만 장기균형은 새로운 총수요곡선과 장기총공급곡선이 만나는 C점에서 이루어진다. 장기균형에서는 물가만이 P_2로 올라갈 뿐 총생산은 Y_n에서 변함이 없다. 즉 총수요충격은 단기적으로 총생산을 증가시키지만 장기에는 총생산에 영향을 주지 못하고 물가만 상승시킬 뿐이다.

② 단기균형에서 장기균형으로의 이동

단기균형은 얼마나 오랜 기간 지속될 것인가? 단기균형은 물가가 완전하게 조정됨에 따라 장기균형으로 다시 회복된다. 이러한 과정에서 결정적인 역할을 하는 것은 물가의 변화이며 〈그림 11-7〉에서 이러한 과정을 나타냈다. 〈그림 11-7〉에서 단기균형 B점에서 결정된 총생산량은 장기균형에서의 자연율총생산량에 비해 큰 값이다. 이렇게 큰 총생산량은 곧 노동고용수준이 자연실업률하에서의 고용수준에 비해 높다는 것을 의미한다. 따라서 실업률이 자연실업률 보다 낮게 결정되고 이러한 낮은 실업률은 임금의 결정에도 영향을 미치게 된다. 낮은 실업률은 노동자

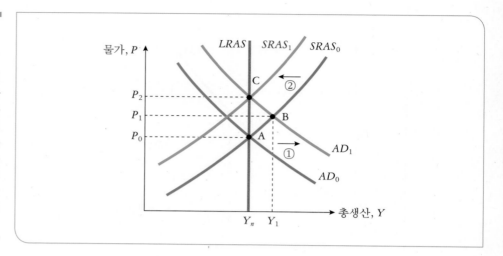

그림 11-7
단기균형의 변화와 장기균형으로의 이동

총수요의 변화로 단기균형이 이동했지만(A점 → B점) 시간이 지남에 따라 단기총공급곡선이 이동하여 다시 장기균형이 회복되고 총생산은 자연율총생산(Y_n)으로 돌아간다. 즉 단기총공급곡선이 왼쪽으로 이동($SRAS_0 \rightarrow SRAS_1$)함에 따라 장기균형은 C점에서 달성된다.

의 입지를 강화시키므로 임금계약에서 유리해지며 이는 명목임금의 상승으로 이어진다. 이렇게 명목임금이 높아짐에 따라 주어진 물가에서 실질임금도 상승한다. 따라서 물가가 P_1으로 유지되는 한 실질임금의 증가는 노동고용을 줄이고 총생산도 줄어들게 된다. 이는 주어진 물가에서 총생산이 줄어드는 것을 의미하므로 단기총공급곡선이 왼쪽으로 이동하는 것을 의미한다. 총공급의 감소로 인해 물가는 상승한다($P_1 \rightarrow P_2$). 이러한 변화는 단기균형에서 총생산이 자연율총생산량에 비해 높은 값을 갖는 한 지속적으로 이루어지며 단기균형에서의 총생산이 자연율총생산과 같아지는 지점에서 끝난다. 결국 단기균형은 장기균형으로 수렴한다.

4 총공급충격

1 총공급충격의 의미

지금까지는 총수요의 충격을 통해 경제변동을 설명하였다. 만약 경제에 대한 충격이 총수요에만 집중된다면 단기에 있어서 총생산과 물가는 항상 정(+)의 관계를 가지며 변화하여야 한다. 그 이유는 〈그림 11-8〉을 통해 이해할 수 있다.

투자나 소비의 외생적인 증가와 같이 총수요곡선을 AD_0에서 AD_1으로 오른쪽 이

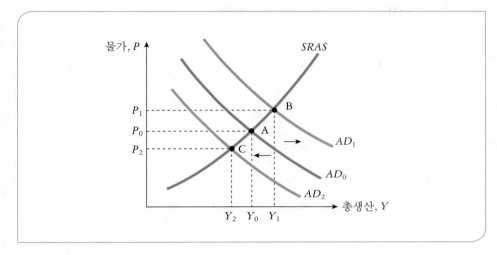

그림 11–8
총수요의 외생적 충격에 따른 단기균형의 변화

투자나 소비의 외생적인 증가와 같이 총수요곡선을 AD_0에서 AD_1으로 오른쪽 이동시키는 충격이 있는 경우, 단기균형은 A점에서 B점으로 이동한다. 따라서 총생산은 Y_0에서 Y_1으로 증가하며 물가도 P_0에서 P_1으로 올라간다. 반면 총수요를 줄이는 충격이 있는 경우, 총수요곡선은 AD_0에서 AD_2로 왼쪽 이동하며 이에 따라 단기균형은 A점에서 C점으로 이동한다. 따라서 단기균형의 변화과정에서 총생산과 물가는 정(+)의 관계를 갖는다.

동시키는 충격이 있는 경우, 총생산은 Y_0에서 Y_1으로 증가하며 물가도 P_0에서 P_1으로 올라간다. 반면 총수요를 줄이는 충격이 있는 경우, 총수요곡선은 AD_0에서 AD_2로 왼쪽 이동하며 이에 따라 총생산은 Y_0에서 Y_2로 감소하고 물가도 P_0에서 P_2로 내려간다. 어느 경우에도 총생산과 물가는 같은 방향으로 변화하는 것이다. 따라서 인플레이션과 경제호황은 함께 찾아오는 것으로 인식되었다. 실제로 이러한 설명은 1970년대 이전에는 현실을 상당히 잘 설명하는 듯 보였다. 다음 장에서 설명할 필립스 곡선도 이와 같은 총생산과 물가의 안정적인 관계를 바탕으로 시작되었다.

하지만 1970년대 초와 말, 두 번에 걸쳐 발생한 오일쇼크는 기존의 생각을 변화시키는 중요한 계기로 작용하였다. 1970년대 초와 말에 중동의 석유수출국가들은 담합하여 석유가격을 대폭 올렸고 이는 전세계에 심대한 영향을 끼쳤다. 이때 볼 수 있었던 특이한 현상은 물가가 올라갔음에도 불구하고 총생산은 오히려 줄어드는 불황이 함께 왔다는 사실이다. 이미 지적한 대로 물가가 오를 경우 호황이 오는 것이 일반적이었다. 하지만 오일쇼크 때에는 물가의 상승과 불황이 겹쳤기 때문에 이는 일찍이 경험하지 못한 현상이었다. 이 새로운 현상을 불황을 뜻하는 스태그네이션(stagnation)과 물가의 상승을 의미하는 인플레이션(inflation)을 합쳐 스태그플레이션(stagflation)이라고 부르기 시작하였다.

스태그플레이션 현상은 총수요에 대한 충격 외에 국민경제에 다른 형태의 충격이 가해질 수 있음을 의미한다. 즉 총공급에 대한 충격이 총공급곡선을 이동시켰다고 생각한다면 스태그플레이션 현상도 이해할 수 있다. 〈그림 11–9〉는 스태그플레이션 현상을 총공급 충격을 통해 설명하고 있다. 총공급에 대한 충격이 총공급

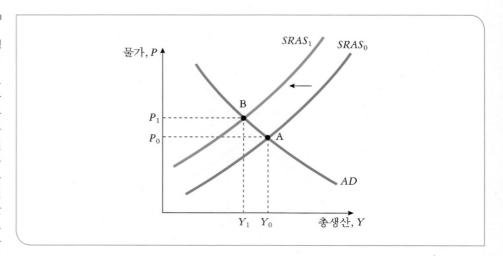

그림 11-9
총공급에 대한 음(−)의 외생적 충격에 따른 균형의 변화

총공급에 음(−)의 충격이 오는 경우 물가가 상승함에도 불구하고 총생산은 감소한다. 총공급에 대한 충격은 총공급곡선을 $SRAS_0$에서 $SRAS_1$으로 왼쪽 이동시킨다. 따라서 단기균형은 A점에서 B점으로 이동한다. A점과 B점을 비교하면 물가가 P_0에서 P_1으로 올라갔지만 총생산은 Y_0에서 Y_1으로 감소하였음을 알 수 있다. 따라서 물가의 상승과 불황이 동시에 벌어지는 스태그플레이션 현상은 총공급에 대한 음(−)의 충격을 통해 설명할 수 있다.

곡선을 왼쪽으로 이동시킨다면 총공급곡선은 $SRAS_0$에서 $SRAS_1$으로 이동한다. 따라서 단기균형은 A점에서 B점으로 이동한다. A점과 B점을 비교하면 물가가 P_0에서 P_1으로 올라갔지만 총생산은 Y_0에서 Y_1으로 감소하였음을 알 수 있다. 따라서 물가의 상승과 불황이 동시에 벌어지는 현상은 총공급에 대한 충격을 통해 설명할 수 있는 것이다.

그렇다면 어떠한 충격을 총공급충격이라고 볼 수 있는가? 총공급충격은 일반적으로 생산비용을 변화시켜 기업이 동일한 총생산을 공급하기 위해서 가격수준을 변화시킬 필요가 생기는 경우라고 볼 수 있다. 예를 들어 석유는 1970년대 당시 대부분의 생산공정에서 중요한 생산원료로 사용된 대표적인 원자재이다. 이러한 원자재의 가격상승을 초래한 오일쇼크는 재화와 서비스의 생산비용을 상승시킴으로써, 같은 총생산을 생산할 때 책정하는 가격수준이 높아지도록 작용하였다. 결국 주어진 생산량에서 가격이 올라야 하므로 이러한 변화는 총공급곡선이 위로 이동하는 것을 의미한다.[1] 따라서 오일쇼크와 같은 원자재 가격의 상승은 대표적인 총공급충격이라고 볼 수 있다.

최근에 와서 총공급충격에 대한 새로운 해석으로 경기변동에 대한 새로운 시각을 보여준 실물경기변동이론(Real Business Cycle Theory)은 원자재 가격의 상승과 같은 총공급에 대한 음(−)의 충격 외에 새로운 기술의 발전과 같은 기술진보를 총공급에 대한 정(+)의 충격으로 해석함으로써 총공급에 대한 충격을 경기변동의 주된 원인으로 간주한다. 기술진보는 같은 양의 생산원료 및 생산요소를 투입하고도

---

1 총공급곡선이 위로 이동하는 것은 본질적으로 총공급곡선이 왼쪽으로 이동하는 것과 마찬가지이므로 총공급곡선의 위쪽 이동과 왼쪽 이동은 혼용하여 사용하겠다.

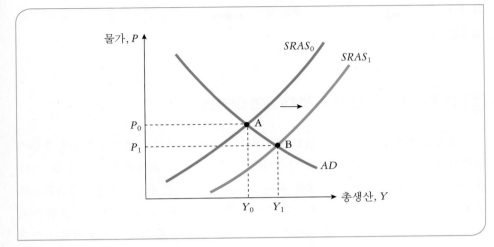

그림 11-10
총공급에 대한 정(+)의 외생적 충격에 따른 균형의 변화

기술진보와 같은 총공급에 대한 정(+)의 충격이 발생하는 경우 총공급곡선이 $SRAS_0$에서 $SRAS_1$으로 오른쪽 이동한다. 이에 따라 물가는 P_0에서 P_1으로 낮아짐과 동시에 총생산은 Y_0에서 Y_1으로 증가하여 단기균형은 A점에서 B점으로 바뀐다.

더 많은 생산을 가능하게 한다. 따라서 기술진보는 생산할 때 소요되는 비용을 줄여줌으로써 같은 총생산을 생산할 때 책정하는 가격수준을 낮게 유지할 수 있도록 해 준다. 결국 주어진 생산량에서 가격이 내려가므로 이러한 변화는 총공급곡선이 아래로 이동하는 것을 의미한다. 또는 총공급곡선이 오른쪽으로 이동한다고 표현할 수도 있다. 이러한 기술진보에 의한 정(+)의 충격은 〈그림 11-10〉에 나타냈다. 그림에서 총공급곡선이 $SRAS_0$에서 $SRAS_1$으로 오른쪽 이동함에 따라 물가는 P_0에서 P_1으로 낮아짐과 동시에 총생산은 Y_0에서 Y_1으로 증가함을 알 수 있다.

결국 총수요충격과 총공급충격은 모두 경기변동의 원인이 될 수 있다. 그렇다면 과연 어떤 충격이 경기변동에 보다 중요한 원인이라고 생각할 수 있는가? 1970년대 이전에는 총수요충격이 압도적으로 중요하다고 여겨졌다. 하지만 1970년대 오일쇼크를 통해 총공급충격도 경제에 미치는 효과가 크다는 것을 알게 되었다. 실제로 어떠한 충격이 보다 중요한지를 평가하기 위해서 총수요충격과 총공급충격이 국민경제에 미치는 과정에서 생기는 가장 큰 차이점에 주목해 보자. 이미 지적한 대로 총수요충격이 오는 경우 물가는 총생산과 같은 방향으로 변하는 반면 총공급충격이 오는 경우에는 물가가 총생산과 다른 방향으로 변화한다. 즉 총수요충격으로 인해 경기변동이 생긴다면 물가는 경기순행적인 변수가 되는 반면, 총공급충격에 의해 경기변동이 생긴다면 물가는 경기역행적인 변수가 된다. 따라서 물가가 경기변동상에서 어떠한 방향으로 움직이는가를 살펴본다면 과연 어떠한 충격이 경기변동상에서 보다 중요한지 가늠할 수 있게 된다. 쿨리(Thomas Cooley)와 오해니안(Lee Ohanian)은 공동연구 논문에서 물가는 경기변동상 경기역행적인 변수임을 발견하였다.[2] 이 연구는 경기변동을 촉발시키는 충격으로서 공급충격이 보다 중요할 수 있음을 시사한다.

2 총공급충격에 대한 정책 대응의 어려움

총공급충격이 오는 경우 단기간에 총생산은 변화하지만 총수요충격의 경우와 마찬가지로 시간이 흐름에 따라 총생산은 장기균형으로 회복된다. 〈그림 11-11〉은 이러한 과정을 설명한다. 예를 들어 오일쇼크와 같은 음(-)의 총공급충격으로 총공급곡선이 $SRAS_0$에서 $SRAS_1$으로 왼쪽 이동했다고 하자. 따라서 단기균형은 A점에서 B점으로 이동하며 물가는 P_0에서 P_1으로 올라갔고 총생산은 Y_n에서 Y_1으로 감소하였다. 하지만 이 상태에서는 노동의 고용량이 자연실업률에서의 노동 고용량보다 작으므로 실업률은 자연실업률보다 높게 된다. 실업률이 자연실업률보다 높으면 시간이 흐름에 따라 임금을 낮추는 압력이 가해진다. 명목임금의 경직성 때문에 임금의 조정은 즉각적으로 이루어지지 않지만, 장기적으로 명목임금의 경직성은 해소되고 임금은 내려간다. 이에 따라 생산자들은 가격을 낮출 수 있게 되고 총공급곡선은 오른쪽으로 이동한다. 따라서 시간이 흐름에 따라 장기적으로 총공급곡선은 $SRAS_1$에서 $SRAS_0$로 다시 돌아오게 되고 결국 총생산은 원래의 자연율 수준 Y_n으로

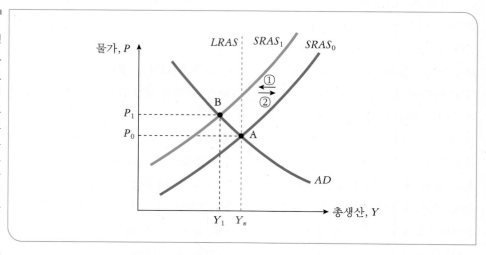

그림 11-11
총공급충격의 장기에서의 조정

음(-)의 총공급충격으로 총공급곡선이 $SRAS_0$에서 $SRAS_1$으로 왼쪽 이동했다고 하자. 따라서 단기균형은 A점에서 B점으로 이동하며 물가는 P_0에서 P_1으로 올라가고 총생산은 Y_n에서 Y_1으로 감소한다. 하지만 시간이 흐름에 따라 장기적으로 총공급곡선은 $SRAS_1$에서 $SRAS_0$로 다시 돌아오게 되고 결국 총생산은 원래의 자연율 수준 Y_n으로 회복된다.

---

2 Cooley, Thomas F., and Lee E. Ohanian. 1991. "The Cyclical Behavior of Prices." *Journal of Monetary Economics*, 28(1): 25-60.

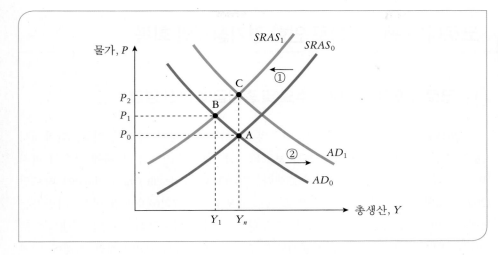

그림 11-12
총공급충격과
이에 대응한 총수요정책

음(-)의 총공급충격으로 단
기총공급곡선이 $SRAS_0$에서
$SRAS_1$으로 이동하였다고 하
자. 정책당국자가 이에 대응하
여 총수요정책을 사용한다고
하자. 총수요곡선을 AD_0에서
AD_1으로 오른쪽 이동시킴에
따라 균형은 B점에서 C점으로
이동하였다. C점을 B점과 비
교해 보면 총생산은 Y_n으로 회
복되었지만 A점에서의 원래
물가 P_0에 비해 C점에서의 물
가는 P_2로 한층 더 올라갔음을
알 수 있다.

회복된다.

　총공급충격에 의한 총생산의 변화도 시간이 흐름에 따라 소멸되지만 총수요에 대한 충격의 경우와 마찬가지로 상당한 시간을 필요로 한다. 하지만 이 경우는 자연스러운 조정이 더욱 어려워지는 측면이 있다. 왜냐하면 물가가 높아졌기 때문이다. 조정을 위해서는 명목임금의 하락이 필요한데 높은 물가 때문에 실업률이 높음에도 불구하고 노동자들은 임금하락을 용인하지 않을 가능성이 있다. 결국 임금이 낮아지더라도 이 과정에서 많은 시간이 소비되기 마련이다. 따라서 정책당국자는 이러한 자연스러운 조정을 기다리기보다는 정책개입을 통해 국민경제에 영향을 미치고 싶어 한다. 하지만 총수요충격인 경우보다 정책당국자의 개입은 더욱 어렵다. 그 이유는 〈그림 11-12〉에 설명되었다.

　〈그림 11-12〉는 정책당국자가 공급충격에 대응하여 총수요정책을 사용한 경우를 보여준다. 정부의 총수요정책은 총수요곡선을 AD_0에서 AD_1으로 오른쪽 이동시킴에 따라 균형은 B점에서 C점으로 이동하였다. C점을 B점과 비교해 보면 총생산은 Y_n으로 회복되었지만 물가는 한층 더 올라갔음을 알 수 있다. 총수요에 대한 음(-)의 충격은 물가를 낮추기 때문에 정부가 총수요정책을 사용하더라도 물가에 미치는 영향이 크게 부담되지 않는다. 하지만 총공급충격에 의해 야기된 불황은 물가도 올리기 때문에 정책당국자에게는 더욱 큰 부담이 된다. 왜냐하면 총수요정책을 통해 경제를 회복시키려면 더욱 더 물가가 올라가야 한다는 문제점이 있기 때문이다. 총공급충격에 대응한 정책당국자의 정책수단이 용이하지 않은 이유가 여기에 있다.

5 코로나19 팬데믹으로 인한 경기침체와 회복

1 코로나19 팬데믹이 총수요 및 총공급에 미친 영향

2019년 12월 중국 우한에서 최초의 코로나19 환자가 발생한 이후, 한국에서는 2020년 1월 20일 최초의 환자가 보고되었다. 코로나19가 전 세계에 급속히 퍼지면서 수많은 환자와 사망자가 속출했다. WHO(World Health Organization)에 따르면 2023년 8월 3일 기준 전 세계적으로 코로나19 환자는 7억6천8백만 이상, 사망자는 6백9십5만명 이상으로 보고되었다. 코로나19 위기가 범지구적 유행인 '팬데믹'으로 발전하였던 것이다. 코로나19 팬데믹은 순전히 경제외적 요인이지만 경제에 미친 영향은 심대했으며 대부분의 국가가 이로 인해 극심한 경기침체에 빠졌다. 코로나19가 경제침체를 가져온 이유는 코로나19가 총수요 및 총공급에 미친 영향을 통해 살펴볼 수 있다.

코로나19가 퍼져 나가자 각국 정부는 사람들 간의 접촉을 막고자 소매점과 식당 등의 광범위한 폐쇄(lockdown)를 강제하였다. 이러한 폐쇄로 인해 국민들은 필수 식량을 제외한 다른 재화의 구입이 어려워졌다. 폐쇄되지 않은 상점이 있어도 국민들은 감염을 우려해 가지 않았다. 따라서 소비수요가 급감하였다. 또한 기업들도 미래에 대한 불안으로 투자를 늘리지 않아 투자수요가 감소했다. 소비수요와 투자수요가 감소하자 총수요는 대폭 하락했다. 이러한 총수요의 감소는 가격 수준과 관계없이 이루어졌기 때문에 총수요곡선의 좌측 이동으로 해석할 수 있다.

코로나19 팬데믹은 총공급에도 부정적인 영향을 미쳤다. 먼저 코로나19 팬데믹이 장기총공급곡선에 미친 영향을 살펴보자. 장기총공급곡선은 자연율총생산 수준에서 수직인 선으로 표현된다. 자연율총생산은 임금과 가격이 완전히 신축적인 상황에서 노동수요와 노동공급이 일치하는 자연실업률 수준에서 생산되는 총생산을 의미한다. 코로나19의 감염 우려로 노동공급이 급감하였고 광범위한 폐쇄로 인해 기업의 노동수요도 역시 하락하였다. 따라서 자연실업률하에서의 고용이 줄고 자연율총생산도 감소하며 장기총공급곡선은 좌측으로 이동하였다.

한편 단기총공급곡선도 팬데믹의 영향을 받아 이동하였다. 코로나19 팬데믹으로 전 세계적인 공급망이 마비되고 물류 활동이 위축되면서 원자재 가격이 상승함에 따라 동일한 총생산을 공급하기 위해선 가격수준을 올릴 수밖에 없었기 때문이다. 1970년대 오일쇼크 때에는 주로 석유가격의 상승이 단기총공급곡선의 상향이

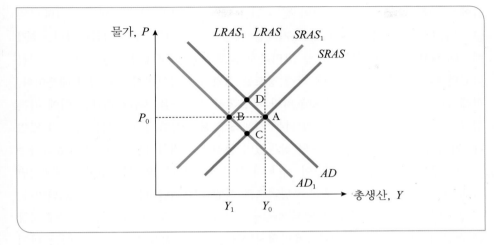

그림 11-13A
코로나19 팬데믹으로 인한 경기침체

코로나19 팬데믹으로 총수요 곡선은 AD에서 AD_1으로 이동하였고 장기총공급곡선은 $LRAS$에서 $LRAS_1$으로 이동하였으며 단기총공급곡선은 $SRAS$에서 $SRAS_1$으로 이동하였다. 따라서 균형은 A점에서 B점으로 이동하였고 균형 총생산은 Y_0에서 Y_1으로 대폭 감소함에 따라 경제는 극심한 침체에 빠졌다.

동을 주도했으나 코로나19 위기에는 최종생산물의 중간재로 사용되는 원자재 가격의 상승이 단기총공급곡선의 상향이동을 촉진하였다. 이상과 같은 총수요 및 총공급의 변화는 〈그림 11-13A〉에 표현하였다.

〈그림 11-13A〉에서 A점은 코로나19 팬데믹 이전의 균형을 나타낸다. 코로나19 팬데믹은 총수요곡선을 AD에서 AD_1으로 이동시키고, 장기총공급곡선 및 단기총공급곡선을 각각 $LRAS$에서 $LRAS_1$으로 그리고 $SRAS$에서 $SRAS_1$으로 모두 이동시켜 균형을 B점으로 변화시켰다. 이러한 변화는 총수요충격만이 있을 때(A점에서 C점으로 이동) 혹은 총공급충격만이 있을 때(A점에서 D점으로 이동)에 비해 총생산을 더욱 많이 감소시켜 총생산은 Y_1 수준으로 감소하였다. 따라서 대부분 국가는 코로나19 팬데믹으로 총생산이 크게 위축되는 극심한 침체를 겪었다.

2 코로나19 침체에 대한 정부의 대응[3]

코로나19 팬데믹으로 초래된 극심한 경기침체에 대응하여 대부분의 국가들은 대대적인 총수요 확대정책을 집행하였다. 한국 정부가 실행한 총수요정책에는 가계가 재난에 대응할 수 있도록 지원한 재난지원금, 폐쇄조치로 가장 타격을 받은 음식점 등 소상공인에 대한 지원금, 경기침체로 인해 실업위기에 빠진 노동자를 위한 긴급고용안정지원금 등이 포함된다. 재난지원금은 4차례에 걸쳐 지급되었는데 처

---

3 구체적인 정부대응책은 대한민국 정책브리핑에서 제공하는 코로나19 경제대책을 참조하였다.

음에는 소득 및 재산과 상관없이 전 국민을 대상으로 4인 이상 가구 기준 100만원을 지원하였고 점차 피해가 많은 가계를 대상으로 범위를 좁혀 지급하였다. 초기에 코로나19로 인한 피해 여부를 고려하지 않고 모든 가구에 일정한 지원금을 지급하였던 이유는 짧은 기간 안에 피해 정도를 정확하게 파악하기 어려웠기 때문이다. 피해액을 파악한 후 피해 정도에 따라 차별해서 지원금을 지급하기에는 이에 따른 행정비용도 클 뿐 아니라 시간이 너무 지체돼 정책의 유효성이 줄어들 우려가 있었다. 따라서 초기에는 피해 정도와 상관없이 일정액을 지급하는 것이 더 유효하다는 의견이 우세했다. 하지만 시간이 지나 가구별 피해액을 파악하는 것이 수월해지면서 보다 큰 피해를 당한 가구에 차별적으로 지원금을 지급하는 방안이 선호되었다. 그 일환인 소상공인 지원금은 영세 소상공인만을 대상으로 재난지원금 이외에 지급한 현금성 지원이다. 또 긴급고용안정지원금은 고용보험을 통해 실업급여를 받지 못하던 특수형태근로종사자, 프리랜서 등에게 지급한 지원금을 의미한다.

　이러한 총수요정책은 정부가 직접 정부지출을 늘렸다기보다는 이전지출 형식으로 가구나 소상공인에게 일방적으로 지급하는 것이다. 즉 가구나 소상공인이 이전지출을 받아 이를 실제로 지출로 사용할 때 총수요가 늘어나는 것이다. 따라서 초기에는 이러한 정책이 효과가 있을까에 대한 회의도 있었다. 왜냐하면 소비자들이 소비하지 않는 근본적인 원인은 감염우려와 폐쇄였기에 정부가 이전지출을 늘리더라도 소비자들이 이를 이용하여 소비를 늘리지 않을 수도 있었기 때문이다. 하지만 코로나19 팬데믹으로 비대면으로 구매하고 이를 배달하는 비즈니스가 대폭 확대되어 이러한 이전지출도 어느 정도 효과를 낳았다. 그뿐만 아니라 코로나19 백신의 확대로 감염우려가 줄어들면서 총수요 촉진 효과는 더 커질 수 있었다.

　〈그림 11−13B〉에서 B점은 코로나19 팬데믹으로 인한 경기침체 상태를 의미한다. 이때 정부의 확장적 총수요정책은 총수요곡선을 AD_2로 우측 이동시켰다. 총수요의 확대로 경제가 빠르게 회복되며 균형은 B점에서 E점으로 이동하였고 총생산도 Y_2로 증가했다. 민간에서의 충격으로 인한 총수요의 감소는 이렇게 정부의 총수요정책으로 빠르게 회복될 수 있었다. 하지만 이 과정에서 물가는 P_0에서 P_1으로 상승하였다. Y_2는 코로나19 팬데믹 이전의 총생산 수준인 Y_0보다 낮은데도 불구하고 물가는 더 높은 상태가 된 것이다. 코로나 팬데믹으로 인한 총공급에 대한 충격은 코로나19 바이러스에 대한 완전 면역 혹은 완벽한 백신이 투여되지 않고는 노동공급과 무너진 공급망이 정상으로 돌아오기 어려워 충격이 쉽게 사라지지 않았다. 따라서 총수요정책의 정도에 따라 총생산이 아예 원래 상태를 회복하지 못하는 국가도 있었다. 또한 총공급곡선에 대한 충격이 사라지지 않은 상태에서 미국과 같이

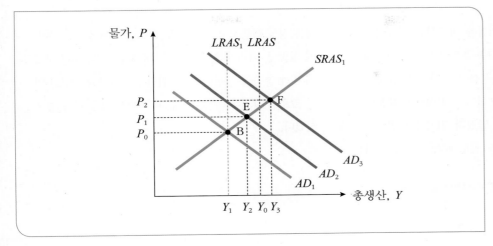

그림 11-13B
코로나19 경기침체에 대응한 총수요정책

코로나19 팬데믹으로 침체에 빠졌던 경제는 정부의 총수요 정책에 힘입어 총수요 곡선이 AD_1에서 AD_2으로 이동하였고 경제는 빠르게 회복되었다. 하지만 이 과정에서 물가는 P_0에서 P_1으로 상승하였다. 단기총공급곡선이 원래 상태로 조정되지 않은 상태에서 지나친 총수요정책을 집행하였던 국가들은 총수요곡선을 AD_3까지 이동시켰고 이러한 국가들은 급격한 인플레이션을 경험하였다.

과도한 총수요정책을 집행한 국가는 총생산을 크게 진작시킨 대가로 급격한 인플레이션을 겪어야 했다. 그림에서 이러한 상황은 더 우측으로 이동한 총수요곡선 AD_3와 새로운 균형인 F점으로 표현하였다. F점에서 총생산은 Y_3로 증가하지만 물가도 더욱 상승해 P_2로 올라간다.

심화학습

코로나19 팬데믹의 총공급 충격과 글로벌 가치사슬(Global Value Chain)

과거에는 한 국가 내에서 중간재부터 최종재까지의 모든 생산공정을 거친 후 그렇게 생산된 최종재를 무역을 통해 다른 국가와 교환하였다. 하지만 점차 생산공정 자체를 해외로 이동하여 해외에서 중간재를 생산하는 것이 최종재 생산비용을 절감시킬 수 있음을 깨닫게 됨에 따라 생산공정이 여러 국가로 나뉘는 추세로 변모하였다. 즉 더욱 고기술이 요구되는 제품 설계나 핵심 부품의 생산은 선진국에서 이루어지고 단순한 조립과 같은 업무는 인건비가 저렴한 개발도상국에서 하는 것이 한 국가에서 모든 공정을 소화하는 것보다 효율적이다. 예를 들어 아이폰은 대부분 중국에서 조립되고 있지만 설계는 미국 본사에서 하고 핵심 반도체는 한국이나 대만에서 만든다. 이처럼 전 세계가 생산공정의 분업을 통해 연계되어 있고 각 단계마다 부가가치가 생산되는 생산공정을 '글로벌 가치사슬'이라고 부른다. 생산공정상 가장 상위 단계인 제품설계는 가장 많은 부가가치를 생산하고 핵심부품을 생산하는 국가는 그다음으로 많은 부가가치를 생산하지만 단순한 업무가 필요한 부품을 생산하거나 단순조립을 하는 국가는 가장 적은 부가가치를 생산한다. 이러한 글로벌 가치사슬의 확대는 무역의 확대와 급격한 생산성 증가를 가져왔다.

하지만 코로나 19 팬데믹을 계기로 글로벌 가치사슬의

확대가 생각하지 못한 위험을 내포하고 있음이 드러났다. 글로벌 가치사슬로 최종재를 생산하기 위해서는 연계된 국가들이 각각의 공정을 제시간에 완수해야 하는데, 코로나19 감염 정도가 국가마다 다르기 때문에 공장을 폐쇄하는 시기가 서로 달랐다. 결국 글로벌 가치사슬에 연계된 한 국가만이라도 공장 폐쇄를 할 경우 다른 공정은 정상 작동할 수 있더라도 생산이 전면 중단될 수밖에 없었다. 따라서 한 국가가 전체공정을 책임지던 시절에 비해 총공급은 훨씬 더 큰 위험에 직면하게 되었고 이는 코로나19 팬데믹이 총공급에 미친 충격을 더욱 증폭시켰다.

자료: Global Value Chains, World Bank.

정리   *summary*

1. 장기총공급곡선은 수직으로 나타내며 물가의 조정이 완전히 이루어지는 장기에서 성립한다. 이때의 노동고용량은 실업률이 자연실업률일 때의 고용량이다. 따라서 장기총공급곡선은 총생산이 자연율총생산인 수준에서 수직이 된다. 한편, 단기총공급곡선은 우상향하며 물가의 조정이 불완전한 단기에서의 분석에 적절하다.

2. 총공급곡선이 단기에 우상향하면 총수요에 대한 충격은 총생산을 같은 방향으로 변화시킴으로써 경기변동을 발생시킨다. 또한 정부의 재정정책과 통화정책도 총수요에 영향을 줌으로써 총생산의 결정에 영향을 줄 수 있다.

3. 케인즈는 노동시장에서의 명목임금 경직성 때문에 총공급곡선이 단기에 우상향한다고 생각하였다. 물가가 올라가면 실질임금이 감소하는데 기업의 이윤은 실질임금과 한계생산물이 일치할 때 극대화되므로 단기에 경직적인 명목임금 대신 조정 가능한 변수인 한계생산물을 감소시키기 위해 노동고용량을 증가시킨다. 그리고 이는 생산량의 증가로 이어진다. 따라서 물가가 올라가면 총생산이 증가하는 관계를 도출할 수 있으므로 단기총공급곡선은 우상향하는 형태를 띤다.

4. 총수요곡선과 단기총공급곡선이 만나 결정되는 물가와 총생산량이 단기균형이고, 총수요곡선과 장기총공급곡선이 만나 결정되는 물가와 총생산량이 장기균형이다. 단기균형은 물가가 완전하게 조정됨에 따라 장기균형으로 수렴한다. 따라서 총수요충격은 단기적으로 총생산을 변화시키지만 장기에는 총생산에는 영향을 주지 못하고 물가만 올라가게 할 뿐이다.

5. 총공급충격은 일반적으로 생산비용을 변화시켜 기업이 동일한 총생산을 공급하기 위해서는 가격수준을 변화시킬 필요가 생기는 경우이다. 원자재 가격 상승은 물가상승을 초래하므로 총공급에 대한 음(−)의 충격이며 스태그플레이션 현상을 야기한다. 반면, 기술진보는 물가하락을 가져오므로 총공급에 대한 정(+)의 충격이다.

6. 총수요충격과 총공급충격은 단기균형의 이동으로 해석되는 경기변동의 원인이 될 수 있다. 총수요충격으로 인해 경기변동이 생기면 총생산과 물가가 같은 방향으로 변화하므로 물가는 경기순행적인 변수가 되는 반면, 총공급충격에 의해 경기변동이 생기면 총생산과 물가가 반대방향으로 변화하므로 물가는 경기역행적인 변수가 된다.

7. 음(−)의 총공급충격에 의한 총생산의 변화도 시간이 흐름에 따라 소멸되지만 물가가 높아지기 때문에 조정과정에서 필수적인 명목임금 하락이 어려워져 자연스러운 조정이 느려진다. 한편, 정책당국이 개입하여 공급충격에 대응하여 총수요정책을 통해 경제를 회복시키려면 더욱더 물가가 올라가야 한다는 문제점이 있다.

연습문제 *exercise*

1. 다음과 같은 경제를 가정하자.

수요측   소비: $C = 170 + 0.8Y - 2r$ 투자: $I = 150 - 4r$ 정부지출: $G = 100$

통화량: $M^s = 160$ 실질화폐수요: $\dfrac{M^d}{P} = 0.2Y - 4r$

공급측   노동수요: $N^d = 175 - \dfrac{25}{2}\left(\dfrac{M}{P}\right)$ 노동공급: $N^s = 50 + 50\left(\dfrac{M}{P}\right)$

단기생산함수: $Y = 14N - 0.04N^2$

1) 이 경제를 균형으로 하는 물가(P), 고용량(N), 소득(Y), 이자율(r)을 구하시오.

2) 이 경제에서 통화량이 20만큼 증가하는 경우 물가, 이자율, 국민소득은 어떻게 변화하겠는가? 수식과 그래프로 각각 설명하시오.

3) 노동의 공급이 주어진 임금 $W = 1$에서 무한대로 주어지면 2)의 답은 어떻게 달라지는지 그래프로 설명하시오.

2. 명목임금이 단기에서 경직성을 갖기 때문에 총공급곡선이 우상향하지만 장기적으로는 임금이 신축적으로 조정되어 총공급곡선이 수직인 경제를 가정하자. 현재 이 경제는 완전고용의 상태이다.

1) 갑작스럽게 세계 경제가 불황이 되어 수출수요가 급격히 감소하였다. 이 경제의 물가, 고용량, 총생산에 어떠한 영향을 미치는지 단기와 장기로 나누어 설명하시오.

2) 이 경제에서 정부가 단기 경기대응정책으로 소득세를 감면하는 조치를 하였다. 물가, 고용량, 총생산은 1)의 경우와 비교하여 단기와 장기에서 어떻게 변화하겠는가? 이러한 정부의 개입정책이 가져올 수 있는 문제점은 무엇인가?

3. 전통적 *IS-LM* 모형과 *AD-AS*모형을 이용하여 다음 질문에 답하시오.

1) 최근에 발생한 원유 등 원자재가격의 상승이 경제성장에 영향을 줄 수 있다는 판단 하에서 통화공급을 증대시켜 이자율 하락을 유도하는 정책을 실시하고자 한다. 이때 정책의 효과를 *IS-LM* 모형을 이용하여 설명하시오.

2) 통화공급을 증대시켰을 때, 이자율 하락보다는 소득증가의 정도가 상대적으로 크게 나타나는 경제상황은 어떤 경우인지 *IS-LM* 모형을 이용하여 설명하시오.

3) *IS-LM* 모형의 한계점은 물가상승을 고려하지 않는다는 점이다. 만약 *AD-AS* 모형으로 확장하여 분석하는 경우 정책효과가 소득증가보다는 물가상승으로만 나타날 수도 있고 그렇지 않을 수도 있다. 각각의 경우를 그래프를 이용하여 설명하시오.

4) 현시점의 경제가 잠재생산량에 가까운 상태라면 이자율 하락에 의한 경기부양정책이 적절한가를 *AD-AS* 모형을 이용하여 설명하시오.

4. 홍길동은 거시경제학 강의시간에 배운 내용을 바탕으로 우리나라 경제를 분석하기 위해 다음과 같은 모형을 설정하였다.

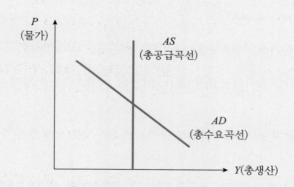

1) 총공급곡선이 장기에서 수직이 되는 이유는 무엇이며 단기에도 수직이 되기 위해 필요한 가정은 무엇인가?

2) 이 경제는 양(+)의 공급 및 수요충격에 대해 다음과 같은 경로를 따라 반응한다. 공급충격과 수요충격의 예를 각각 2가지 쓰시오. (충격의 방향은 무관)

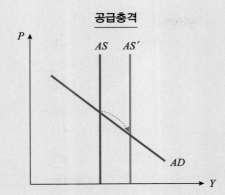

공급충격

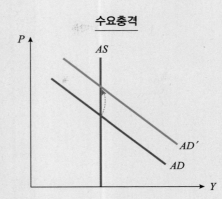

수요충격

Macroeconomics

제12장

총수요·총공급모형 II: 기대의 도입과 필립스곡선

이번 장에서는 지난 장에 이어 단기총공급곡선을 보다 심도있게 살펴보기로 한다. 현대거시경제학의 발전에 막대한 영향을 주었던 합리적 기대가설을 먼저 설명한 후, 이에 바탕을 둔 단기총공급곡선을 설명할 것이다. 합리적 기대가설은 단기총공급곡선을 새로운 시각에서 분석하여 국민경제의 거시적 움직임을 보다 깊이 이해할 수 있게 해 줄 것이다.

또한 이번 장에서는 필립스곡선을 소개하고 우상향하는 단기 총공급곡선을 필립스곡선과 연관하여 새로운 각도에서 해석한다. 초기에 필립스곡선은 단기에서 인플레이션과 실업 사이에 안정적인 상충관계가 있음을 강조하였다. 하지만 총공급곡선의 경우와 마찬가지로 장기에서는 필립스곡선의 형태가 달라진다. 즉 장기에서는 인플레이션과 실업 사이의 상충관계가 더 이상 존재하지 않는다.

1 미래에 대한 기대의 형성

1 거시경제학에서 기대의 중요성

미래에 대한 기대는 현재의 경제적 의사결정에 많은 영향을 끼친다. 예를 들어 미래의 소득이 증가할 것이라고 기대하는 사람과 미래의 소득이 감소하리라고 기대하는 사람은 현재의 소비를 결정할 때 서로 다른 의사결정을 할 것이다. 다른 조건이 같을 때 미래의 소득이 증가할 것이라고 기대하는 사람은 미래소비를 위해 저축할 필요가 적어 현재소비를 늘려도 괜찮은 반면, 미래의 소득이 감소하리라고 생각하는 사람은 미래소비를 위해 저축을 할 필요가 커짐에 따라 현재소비를 감소시키게 된다. 현재의 소비가 현재소득뿐 아니라 미래소득에 대한 기대에 의해서도 달라질 수 있다는 사실은 제15장에서 자세히 살펴볼 소비이론의 핵심적인 내용이다.

뿐만 아니라 거시경제분석에 등장하는 다른 주요 변수들도 미래에 대한 예상과 밀접하게 연결되어 있다. 예를 들어 실질이자율은 명목이자율에서 인플레이션율을 뺌으로써 결정된다. 하지만 현재의 의사결정을 하는 순간에는 아직 인플레이션율이 확정되어 있지 않으며, 미래의 물가에 대한 예상을 바탕으로 기대인플레이션율을 형성할 수 있을 뿐이다. 따라서 미래에 대한 예상이 어떻게 결정되느냐에 따라 동일한 명목이자율하에서도 실질이자율에 대한 기대가 달라질 수 있다. 실질이자율은 투자의 결정에 가장 중요한 영향을 미치는 요인 중 하나이므로 투자의 결정은 미래에 대한 예상과 밀접한 관련이 있다고 하겠다.

미래에 대한 예상이 이렇게 중요한 역할을 함에도 불구하고 지금까지 다룬 경제모형에서는 예외적인 경우를 제외하고는 미래에 대한 예상을 명시적으로 고려하지 않았다. 하지만 1970년대에 들어서 많은 경제학자들은 완전히 동일한 모형을 사용하는 경우에도 미래에 대한 예상을 어떻게 가정하느냐에 따라 모형의 분석결과가 매우 달라진다는 사실을 깨닫기 시작하였다. 이러한 결과는 경제 현상을 분석할 때, 미래에 대한 기대형성을 소홀히 할 수 없음을 명확히 하였다. 따라서 경제학자들은 과연 미래에 대한 기대가 어떻게 형성되느냐에 대해 보다 진지한 고민을 하기 시작하였다. 그 결과 많은 경제학자들은 "합리적 기대"라는 기대형성이론을 정립하기 시작하였다.

합리적 기대를 도입하면서 거시경제모형은 근본적인 변화를 겪기 시작한다.

현대거시경제학에서 가장 중요한 변화를 꼽는다면 단연 합리적 기대의 도입을 꼽는 경제학자들이 상당수 있다. 합리적 기대 도입 이후의 거시경제 분석상의 변화가 워낙 크기 때문에 합리적 기대 혁명(rational expectation revolution)이라고 부르기도 한다. 이번 장에서는 합리적 기대를 총공급곡선과 필립스곡선에 도입하여 합리적 기대의 도입이 거시경제모형을 어떻게 근본적으로 변화시키는지 살펴보겠다.

2 기대형성의 방법

경제주체들은 구체적으로 어떠한 방법을 통하여 미래에 대한 예상을 하는가? 기대를 형성하는 방식에는 크게 두 가지 가설이 있다. 첫 번째는 적응적 기대가설이고, 두 번째는 합리적 기대가설이다. 초기에 경제학자들은 적응적 기대라는 형태로 기대를 도입하였다. 적응적 기대는 케인즈의 모형에 커다란 변화를 주지 않았다. 그 후 합리적 기대가 이를 대체하였다. 합리적 기대의 도입은 적응적 기대를 도입할 경우와 비교하여 근본적인 변화를 초래하였다. 적응적 기대와 합리적 기대가설을 차례로 살펴보도록 하자.

적응적 기대

적응적 기대(Adaptive Expectation)는 실제 경험에 적응하여 미래에 대한 예상을 수정한다는 의미에서 출발하였다. 예를 들어 경제주체들이 인플레이션율이 3%가 될 것이라고 기대했다고 하자. 하지만 실제로 인플레이션율은 5%가 되었다고 하자. 경제주체들은 이렇게 자신의 기대와 실제치가 다른 것을 경험하게 됨에 따라 미래에 대한 기대를 수정한다. 여기서 중요한 역할을 하는 것은 예측오차이다. 예측오차는 실제값과 기대값 사이의 차이를 의미하는데, 우리의 예에서는 실제인플레이션 5%에서 기대인플레이션 3%를 뺀 2%이다.

예측오차 = 실제값 - 기대값

적응적 기대란 경제주체들이 예측오차의 일부를 반영하여 새로운 기대를 형성하는 것을 의미한다. 즉 새로운 기대인플레이션율은 원래의 기대인플레이션율 3%에 예측오차 2%의 일부만을 반영하여 3%에서 5% 사이에서 결정된다. 구체적인 값은 예측오차를 얼마만큼 반영하느냐에 따라 달라진다. 만약 전혀 반영하지 않는다면 새로운 기대인플레이션율은 3%일 것이고 전부를 반영한다면 5%일 것이다. 만약 예측오차를 $\frac{1}{2}$만 반영한다면 새로운 기대인플레이션율은 4%가 된다.

　　이상과 같은 성격을 갖는 적응적 기대를 물가에 대한 예를 이용하여 수식으로 표현하면 다음과 같다.

$$p^e_{t+1} = p^e_t + \theta(p_t - p^e_t), \quad 0 \le \theta \le 1 \tag{12.1}$$

위 식에서 아래첨자는 시점을 나타낸다. 즉 p_t는 t기(현재)에서의 실제물가이다. 동시에 경제주체는 미리 미래에 대해서 기대를 하고 의사결정을 한다. 이를 p^e_{t+1}로 표시하자. 여기에서 위첨자 e는 기대(expectation)를 의미한다. 즉 p^e_{t+1}는 t기(현재)에 예측한 1기 후의 물가 p_{t+1}에 대한 기대값이다. 또한 p^e_t는 $(t-1)$기(현재로부터 1기간 전)에 예측한 p_t에 대한 기대값이다. 식 (12.1)은 실제로 기대가 형성되는 방식을 설명한다. 먼저 경제주체들은 t기에서 실제물가와 과거에 기대했던 물가가 서로 같지 않음을 알게 된다. 이 차이를 예측오차라고 부르며 $(p_t - p^e_t)$로 나타낼 수 있다. 적응적 기대에 따르면 $(t+1)$기의 물가에 대한 기대 p^e_{t+1}은 과거 기대 p^e_t를 기반으로 하지만 예측오차를 적절히 반영하여 수정된다. 예측오차를 어느 정도 반영할지는 θ의 크기에 달려 있는데, θ가 클수록 다음 기에 대한 기대는 예측오차를 더욱 많이 반영한다. 일반적으로 θ는 0에서 1 사이의 값을 가지며 $\theta=0$인 경우는 예측오차를 전혀 반영하지 않는 경우이고 $\theta=1$인 경우는 예측오차를 완전히 반영하는 경우이다. 예를 들어 $\theta=0$이라면 $p^e_{t+1}=p^e_t$가 성립하여 예측오차는 전혀 반영되지 않고 과거의 기대가 지속된다. 반면 $\theta=1$이라면 $p^e_{t+1}=p_t$가 성립하여 예측오차가 완전히 반영된다. 즉 과거의 기대는 전혀 영향을 주지 않고 예측오차를 전부 반영하여 현재의 물가가 미래에 대한 기대값으로 사용된다.

　　적응적 기대는 기대의 형성방법으로 적절해 보일 수 있다. 특히 경제주체들이 자신의 예측이 잘못된 것을 깨닫고 새롭게 다시 기대를 형성한다고 상정한 점은 매우 적절해 보인다. 하지만 적응적 기대는 체계적인 오류(systematic error)를 가능케 한다는 약점을 가지고 있다. 체계적인 오류는 오류가 계속되더라도 경제주체들이 이를 완전히 시정하지 않는 경우를 말한다. 적응적 기대에 따를 때 경제주체들은 예측오차의 일부분만을 반영하여 새로운 기대를 형성하므로 예측오차는 즉각적으로 해소되지 않고 같은 실수가 지속적으로 반복된다.

　　적응적 기대를 다른 각도에서 이해해 보면 체계적 오류가 생기는 이유를 깨달을 수 있다. 먼저 식 (12.1)은 다음과 같이 변형해 쓸 수 있다.

$$p^e_{t+1} = \theta p_t + (1-\theta)p^e_t \qquad\qquad (12.2)$$

식 (12.2)는 적응적 기대에 대한 새로운 해석을 가능하게 한다. 즉 다음 기의 물가에 대한 기대값(p^e_{t+1})은 이번 기 물가의 실제값(p_t)과 이에 대해 과거에 형성한 기대값(p^e_t)의 가중평균으로 결정되는 것이다. 만약 경제주체들이 항상 적응적 기대를 하고 있다고 하자. 지금뿐 아니라 과거에도 계속 그렇게 해 왔다면 식 (12.2)는 다음과 같이 변형된다.

$$p^e_{t+1} = \theta p_t + (1-\theta)(\theta p_{t-1} + (1-\theta)p^e_{t-1}) \qquad\qquad (12.3)$$

식 (12.3)은 $p^e_t = p^e_{t-1} + \theta(p_{t-1} - p^e_{t-1})$라는 사실을 이용한 것이다. 이와 같이 계속적으로 p^e_{t-1}, p^e_{t-2} … 에 대입을 해 나가면 최종적으로 적응적 기대는 다음과 같이 표현될 수 있다.

$$p^e_{t+1} = \theta p_t + (1-\theta)\theta p_{t-1} + (1-\theta)^2\theta p_{t-2} + \cdots \qquad\qquad (12.4)$$

결국 다음 기의 물가에 대한 적응적 기대는 지금까지 실제로 경험한 물가 p_t, p_{t-1}, p_{t-2}, … 등을 적절히 가중평균하여 결정되는 것이다. 특히 $0 \le (1-\theta) \le 1$이므로, 부여된 가중치는 보다 과거의 물가일수록 작아짐을 알 수 있다. 적응적 기대를 식 (12.4)에 따라 해석하면, 미래에 대한 정보에 무관하게 실제로 실현된 과거 값들에 의해서만 기대가 결정된다는 특징을 갖는다. 적응적 기대의 이러한 특징은 체계적 오류가 생기는 근본원인이 된다. 또 적응적 기대를 하는 경우에는 물가 이외의 다른 중요한 정보가 있을 때에도 이를 이용하여 기대를 형성하지 않는다. 이러한 점은 다음에 설명할 합리적 기대와 구별되는 가장 중요한 특징 중 하나이다.

합리적 기대

경제학자들은 경제주체들이 합리적인 의사결정을 한다고 가정하여 모델을 구성한다. 예를 들어 기업들은 A라는 선택이 B라는 선택보다 많은 이윤을 준다면 당연히 A를 선택하는 것이 합리적일 것이다. 이렇게 경제주체들이 최적의 선택을 하려고 노력하는 것을 합리적인 행동이라고 부른다. 이러한 합리적 행동을 기대형성에도 적용하면 적응적 기대는 합리적인 기대라 할 수 없다. 적응적 기대는 기대를 형성함에 있어서 오직 과거의 경험만을 이용하기 때문이다. 보다 합리적인 행동은 과거 경험뿐 아니라 그 밖의 모든 정보를 이용하여 기대를 형성하는 것이다. 이와 같이 이용가능한 모든 정보를 최적으로 이용하여 형성된 기대를 합리적 기대(Rational Expectation)라고 부른다. 이를 수식을 통해 표현하면 다음과 같다.

$$p^e_{t+1} = E_t[p_{t+1}] = E[p_{t+1}|\Omega_t] \tag{12.5}$$

여기서 E_t는 t기의 조건부 기대값을 구하는 수학적 기호이므로 두 번째와 세 번째 항은 수학적으로 동일한 의미이다. 즉 다음 기의 물가 p_{t+1}을 기대할 때 지금(t기) 이용가능한 모든 정보(Ω_t)를 모두 이용하여 기대값을 계산한다는 의미이다.

　　새로운 정보는 기대형성을 어떻게 바꿀 수 있는가? 예를 들어 통화정책을 책임지는 중앙은행 총재가 갑자기 바뀌었다고 하자. 새로운 중앙은행 총재는 과거의 중앙은행 총재와 달리 인플레이션율의 안정을 매우 중요시하는 사람이라고 하자. 이러한 변화는 인플레이션에 대한 기대에 어떠한 영향을 주는가? 적응적 기대에 따르면 인플레이션에 대한 기대에는 아무런 변화가 없다. 적응적 기대는 오직 과거에 실현된 물가에만 의존하여 미래의 물가에 대해 기대를 형성하기 때문에, 새로운 중앙은행 총재하에서 물가가 결정된 바가 아직 없다면 미래에 대한 기대에 영향을 주지 않는다. 새로운 중앙은행 총재하에서 실제로 물가에 변화가 오고 이에 따른 예측오차를 발견하고 나서야 미래에 대한 기대를 변화시키는 것이다.

　　하지만 새로운 중앙은행 총재가 통화운용을 달리할 것이라고 기대되는 데도 불구하고 당장 기대를 변화시키지 않는 것은 합리적인 행동이 아니다. 합리적 기대는 과거의 실현된 값 이외에도 이용가능한 모든 정보를 반영하여 기대를 형성하는 것이다. 따라서 "중앙은행 총재가 바뀌었다"는 중요한 정보도 함께 이용하여 기대를 즉각적으로 변화시킬 것이다. 이와 같이 합리적 기대는 보다 현실성 있는 가정을 하고 있다.

　　합리적 기대는 어떠한 정보가 새롭게 등장했을 때 이를 적절히 이용하여 기대를 즉각적으로 변화시킴을 의미한다. 따라서 적응적 기대를 가정할 때와 달리 경제주체가 경제구조를 명확히 이해함을 전제로 한다. 새로운 중앙은행 총재가 어떻게 통화량을 변화시킬지 예상하고 이러한 변화가 어떻게 물가에 영향을 주는지 파악할 수 있어야 합리적인 기대를 할 수 있는 것이다. 보다 구체적으로, 합리적 기대를 가정하고 모형을 만들 때는 모형에 등장하는 경제주체가 모형의 경제적 구조를 명확히 이해하고 있음을 전제로 한다. 이러한 가정은 종종 비판의 대상이 된다. 경제학자들도 확신을 못하는 경제모형을 모든 경제주체가 잘 알고 있다고 가정하는 것은 아무래도 무리가 따르기 때문이다. 하지만 이미 상정하고 있는 모형과는 다른 별개의 모형을 사용하여 경제주체들이 기대를 형성한다고 가정하는 것도 만족스럽지 못하다. 왜냐하면 이 경우 경제주체들이 잘못된 모형에 기초하여 행동한다고 가정하는 셈이므로 경제주체들은 지속적으로 체계적인 오류(systematic error)를 범하기 때문이다. 합리적인 경제주체들이라면 별개의 잘못된 모형을 이용하여 기대를 형성하더라도 체계적인 오류가 발생하면 학습(learning)과정을 통해 점차 자신의 모형을 변화시켜 결국은 실제경제에 부합되는 모형으로 변화시킨다고 가정하는 것이 보다 합당할 것이다.

합리적 기대와 관련하여 제기되는 비판 중 또 하나는 오해에 기인한다. 흔히 합리적 기대를 하는 경제주체는 기대에 있어서 오류를 전혀 범하지 않는다고 생각하는데 이것은 합리적 기대를 잘못 이해한 것이다. 합리적 기대를 하는 경우에도 기대값은 실제값과 다를 수 있다. 따라서 합리적 기대를 하는 경우에도 불확실성이 존재하는 경우 예측오차가 0이 아닌 값을 가질 수 있다. 실제로 경제구조도 고정되어 있지 않고 변화할 수 있는데 이 경우 아무리 합리적 기대를 하는 경제주체들이라고 해도 경제구조의 변화를 미리 알아내고 이를 바탕으로 기대를 형성하기는 어려울 것이다. 합리적 기대는 기대를 형성하는 시점에서 입수가능한 모든 정보를 이용하여 이루어질 뿐이고 예측하지 못한 일들은 언제나 발생할 수 있다. 그러나 합리적 기대를 하는 경제주체는 예측오차가 일단 발생하고 난 후 이것이 경제구조의 변화에 기인하였음을 깨닫게 되면 똑같은 오류를 다시 반복하지는 않는다. 따라서 체계적인 오류가 발생하지 않는다. 합리적 기대를 하는 경우에도 전혀 기대하지 않았던 경제구조의 변화나 새로운 충격이 오면 예측오차가 발생한다. 그러나 이를 즉각적으로 반영하여 다음 기의 기대를 수정한다는 점이 합리적 기대의 특징이다.

단기총공급곡선과 기대의 도입　2

지난 장에서 단기총공급곡선을 도출할 때는 기대의 형성이 아무런 역할을 하지 않았다. 이제 기대를 명시적으로 고려한 단기총공급곡선을 살펴보자. 특히 단기총공급곡선과 관련하여 중요한 역할을 하는 것은 물가에 대한 기대이다. 이번 절에서는 기대물가가 포함된 단기총공급곡선을 설명하는 세 개의 주요 모형, 즉 명목임금 경직성모형, 불완전정보모형, 상품가격 경직성모형을 다룬다. 세 개의 모형은 각각 서로 다른 이론적 기반에서 모형이 구축되었지만 최종적인 결과로 도출된 단기총공급곡선은 동일한 형태를 취한다. 즉 총생산이 단순히 현재의 물가에 의존하는 것이 아니라 실제물가와 기대물가의 차이에 의존하는 다음과 같은 형태를 취한다.

$$Y = Y_n + \alpha(P - P^e), \quad \alpha > 0 \tag{12.6}$$

단, Y_n은 자연실업률 상태에서 생산된 자연율 실질총생산이고, P^e는 과거에 형성된 현재물가에 대한 예상을 의미한다.

식 (12.6)의 단기총공급곡선은 현재물가와 실질총생산 사이에 정(+)의 관계가 있음을 보인다는 점에서는 기존의 단기 총공급곡선과 동일한 성질을 갖는다. 하지만 단순히 현재의 물가상승이 실질총생산을 증가시키는 것이 아니라 기대된 물가를 초과하는 물가상승($P > P^e$)이 있어야만 실질총생산은 자연율 실질총생산보다 크게 ($Y > Y_n$) 된다는 점에서 구별된다. 지금부터 설명할 세 개의 모형들은 모두 식 (12.6)을 도출한다는 점에서 매우 유사하다. 이를 통해 총수요에 대한 충격이 단기적으로 총생산에 영향을 미치는 점이 잘 설명된다. 그럼에도 불구하고 이론적 기반이 다르기 때문에 상이한 결론을 도출하기도 한다.

1 명목임금 경직성모형

단순한 명목임금 경직성모형에 대한 이론적 비판

지난 장에서 명목임금 경직성에 기초한 단기총공급곡선을 도출하였다. 지난 장에서는 아무런 설명 없이 단순히 명목임금이 경직되었다고 가정하였다. 지금부터는 이를 단순한 명목임금 경직성모형이라고 부르겠다. 단순한 명목임금 경직성모형은 단기총공급곡선을 매우 간단한 형태로 설명함에도 불구하고 이론적으로 매우 중요한 비판에 직면하였다. 이론적 비판의 핵심은 합리적 경제주체들이 왜 명목임금 경직성을 그대로 받아들이겠냐는 물음에 집약되어 있다. 예를 들어 〈그림 12-1〉에서 노동시장에 명목임금의 경직성이 있는 경우를 상정해 보자. 일단 물가는 $P=1$로 고정되어 실질임금과 명목임금이 동일하다고 하자. 이 경우 명목임금의 경직성이 없는 경우라면 균형이 A점에서 결정되고 L_0만큼의 고용이 이루어질 것이다. 하지만 명목임금이 $\overline{W}$에 고정되어 있다면 고용은 노동수요곡선에 따라 B점에서 결정되어 L_1에 그친다. 과연 B점을 합리적인 경제주체들이 받아들일 것인가? 이 경우 $(L_1,$ $L_2)$ 사이의 노동자들을 생각해 보자. 여기에 있는 노동자들은 $\overline{W}$만큼의 임금은 물론 그보다 약간 낮은 수준의 임금에도 노동력을 공급할 용의가 있는 사람들이다. 뿐

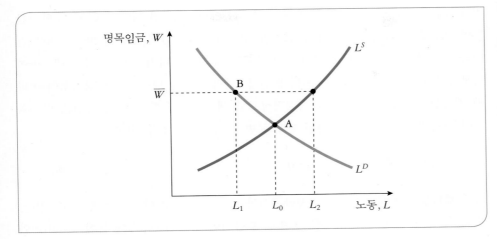

그림 12-1
노동시장에서의 불균형에 대한 합리적인 경제주체들의 반응

명목임금이 $\overline{W}$에 고정되어 있다면 고용은 수요곡선에 따라 B점에서 결정되어 L_1에 그친다. 하지만 B점은 합리적인 경제주체들이 받아들이지 않는다. (L_1, L_2) 사이의 노동자들은 $\overline{W}$만큼의 임금은 물론 그보다 약간 낮은 수준의 임금에도 노동력을 공급할 용의가 있는 사람들이다. 뿐만 아니라 기업의 입장에서도 노동자들이 $\overline{W}$보다 낮은 수준의 임금을 받는다고 약속한다면 더 많은 노동을 고용하는 것이 선호된다. 왜냐하면 기업의 입장에서는 노동자를 추가적으로 고용하는 경우 한계편익(노동의 한계생산물)이 한계비용(실질임금)보다 크기 때문이다. 따라서 합리적인 경제주체들이라면 명목임금이 경직된 상태를 받아들일 이유가 없다.

만 아니라 노동수요곡선은 노동의 한계생산물을 나타내므로 기업의 입장에서도 만약 노동자들이 $\overline{W}$보다 낮은 수준의 임금을 받는다고 약속한다면 더 많은 노동을 고용하는 것이 선호된다. 왜냐하면 한계비용(실질임금)이 한계편익(노동의 한계생산물)보다 낮은 한 더 많은 고용을 통해 이윤을 증가시킬 수 있기 때문이다. 따라서 명목임금이 $\overline{W}$에 고정되어 있는 것은 노동자와 기업 모두에게 이익이 되지 않는다. 오히려 명목임금을 좀 더 낮추어 A점에서 고용을 이루는 것이 모두에게 이익이 된다. 따라서 합리적인 경제주체들이라면 명목임금이 경직된 상태를 받아들일 이유가 없는 것이다. 그럼에도 불구하고 명목임금이 고정되어 있다고 주장하기 위해서는 이에 대한 근거를 제시할 필요가 있다. 케인즈를 비롯한 케인즈학파들에 대한 비판의 핵심은 단순히 명목임금이 경직적이라는 가정을 아무런 근거 없이 모형에 사용하였다는 점에 있다.

기대의 도입

위와 같은 비판에도 불구하고 케인즈학파는 현실에 존재하는 임금계약에 주목하였다. 기업과 노동자는 임금계약을 통해 장기간 명목임금을 고정시키는 것이 일반적이다. 예를 들어 연봉계약을 맺는다는 것은 1년 동안 또는 그 이상의 기간에 걸친 임금을 미리 정하여 고정시키는 것이다. 또한 명시적인 계약을 하지 않는 경우에도 임금을 고정시킨다는 암묵적 동의가 있는 것이 보통이며 이는 계약과 비슷한 효과를 가진다. 따라서 명시적이든 명시적이지 않든 간에 이러한 임금계약에 기초하여 임금이 결정되고 있으므로 계약기간 동안 명목임금이 고정되어 있을 수밖에 없다고 주장한다. 사실 명목임금을 계속적으로 조정하기 위해 수시로 노동자와 기업이 만난다고 가정하는 것은 계약을 하는 과정에서 수반되는 비용을 무시하는 것이다. 계약을 하는 과정에서 수반되는 비용이 크다면 한 번 계약을 할 때 상당기간 동안 임금을 고정시키는 형태를 선호할 것이다. 이와 같이 계약에 따라 상당기간 임금이 고정되어 있다면, 물가가 오르더라도 계약이 끝나기 전에는 이에 대응하여 명목임금이 즉각적으로 오를 수 없게 된다. 만약 단순한 명목가격의 경직성이 아니라 계약관계 때문에 생기는 가격경직성으로 생각한다면 단기총공급곡선은 다음과 같이 물가에 대한 기대가 포함된 형태로 변형하는 것이 옳을 것이다.

$$Y = Y_n + \alpha(P - P^e), \quad \alpha > 0 \tag{12.6}$$

이는 제11장에서 사용한 단기총공급곡선과 비교하면 큰 차이가 있음을 알 수 있다. 즉 물가에 대한 기대(P^e)가 명시적으로 포함되어 있으며, 총생산이 실제물가(P)와 기대물가(P^e)의 차이에 의존한다.

　　단기총공급곡선이 식 (12.6)과 같은 형태로 변화하는 이유를 자세히 설명해 보자. 노동시장에서 명목임금은 계약에 의해 미리 결정된다고 하자. 명목임금보다는 실질임금이 실질적으로 중요한 변수임을 알고 있는 노동자는 미래에 받게 되는 명목임금의 실질가치를 계산하기 위해서 미래물가에 대한 기대를 할 필요가 생긴다. 이를 P^e라고 하자. 노동자들이 미래에 받기를 원하는 실질임금수준을 ω라고 한다면 노동자들은 자신의 예상에 근거하여 다음과 같이 명목임금을 계약하려 할 것이다.

$$\overline{W} = \omega P^e \tag{12.7}$$

여기서 $\overline{W}$는 계약에 의해 고정되어 미래에 받게 될 명목임금을 나타낸다. 이 경우 기대되는 실질임금은 $\dfrac{\overline{W}}{P^e}$이며, 이는 노동자들이 원하는 수준 ω와 일치한다.

$$\text{노동자들이 기대하는 실질임금:} \quad \frac{\overline{W}}{P^e} = \omega \tag{12.8}$$

노동자들은 자신들이 받기를 원하는 기대실질임금 ω를 미리 정하고 이 수준에서 노동공급을 하고자 한다. 만일 노동시장의 균형에서 성립하는 실질임금이 실제로도 ω로 결정되면 노동고용은 균형노동량, 즉 L_n이 될 것이다. 또한 고용량 L_n에 대응하는 총생산은 Y_n이다. 지난 절에서 설명하였듯이 노동시장의 균형에서는 노동자와 기업 모두가 가장 최적의 선택을 하고 있다.

　　하지만 노동자들이 받기를 원하는 실질임금 ω가 기업이 실제로 지불하는 실질임금수준과 반드시 같을 수는 없다. 기업이 지불하는 실질임금은 실제로 실현된 물가(P)에 의해 다음과 같이 결정된다.

$$\text{기업이 지불하는 실질임금 :}\quad \frac{\overline{W}}{P} \qquad\qquad (12.9)$$

위의 실질임금에 따라 기업은 이윤이 극대화가 되도록 노동의 수요를 결정하는데 이것이 노동고용량이 되고 이에 따라 총생산이 결정된다. 일반적으로 노동수요는 실질임금과 역관계이므로 기업이 실제로 지불하는 실질임금이 올라갈수록 노동고용량은 감소한다.

$$\text{기업의 노동수요 결정 :}\quad L^d = L\left(\frac{\overline{W}}{P}\right) = L\left(\frac{\overline{W}}{P^e}\frac{P^e}{P}\right) = L\left(\omega\frac{P^e}{P}\right)$$
$$(-)$$

실제물가가 기대물가와 일치하는 경우에는($P=P^e$) 노동자가 요구하는 명목임금($\overline{W}$)이 주어진 상태에서 기업이 실제로 지불하는 실질임금은 노동자가 원래 받기를 원하는 ω와 정확히 동일하다. 이때 노동시장의 균형에서 노동고용은 균형노동량, 즉 L_n이 될 것이다.

반면에 실제물가가 기대물가와 달라진다면($P \neq P^e$) 실질임금이 노동자가 받기를 원하였던 ω와 달라지며 그에 따라 고용량과 총생산에 변화가 생기게 된다. 이제 단기총공급곡선을 이해하기 위하여 물가가 변함에 따라 단기총생산이 어떻게 변화하는지 살펴보자.

(i) $P<P^e$인 경우

이 경우에는 실제물가(P)가 기대물가(P^e)보다 낮아서 $\frac{\overline{W}}{P}>\omega$이 성립한다. 따라서 노동시장은 불균형상태가 되며, 기업이 지불하는 실질임금이 균형실질임금인 ω보다 크므로 기업은 고용을 줄이게 된다. 즉 $L<L_n$이 성립하여 $Y<Y_n$이 된다.

(ii) $P>P^e$인 경우

이 경우에는 $\frac{\overline{W}}{P}<\omega$이 성립한다. 따라서 노동시장은 역시 불균형상태가 되며, 기업이 지불하는 실질임금이 균형실질임금인 ω보다 작으므로 기업은 고용을 늘리게 된다. 즉 $L>L_n$이 성립하여 $Y>Y_n$이 된다.

이상을 종합하면 다음과 같다. 실제물가(P)가 기대물가(P^e)보다 낮을 때 $Y<Y_n$이 성립하며, 물가가 상승하여 $P=P^e$가 되면 $Y=Y_n$가 되고 물가가 더 올라 $P>P^e$가 되면 $Y>Y_n$가 성립한다. 이러한 성격을 갖는 단기총공급곡선을 식으로 나타

기대가 반영된 단기총공급곡
선은 우상향하는 모습을 취한
다. 예를 들어 실제물가가 기
대물가와 일치하는 경우에(P
$=P^e$) 노동고용은 균형노동량
(자연실업률 수준)이 되고 총
생산은 이에 대응하여 자연율
총생산 Y_n으로 결정된다. 만약
P가 P^e보다 작다면 기업이 지
불해야할 실질임금은 P에 따
라 결정되므로 실질임금이 상
승하고 이에 따라 노동고용이
줄어든다. 따라서 총생산은 자
연율총생산보다 작아진다. 반
면 P가 P^e보다 크다면 반대의
이유에 의하여 총생산은 자연
율총생산보다 커진다. 따라서
그림에서 나타난 바와 같이 기
대가 반영된 단기총공급곡선
은 우상향한다.

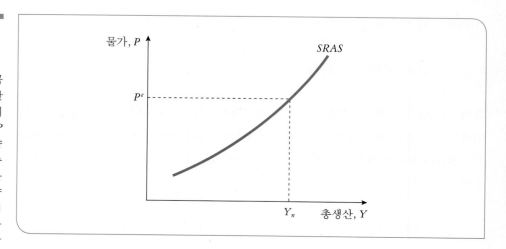

내면 식 (12.6)과 정확히 일치함을 알 수 있다. 또한 이를 그림으로 나타내면 〈그림
12-2〉와 같다.

임금계약에 의한 명목임금 경직성모형은 단순한 명목임금 경직성모형을 임금
계약에 근거하여 더욱 발전시킨 것이다. 이 모형은 기대가 명시적으로 도입된다는
사실 이외에는 단순한 명목임금 경직성모형과 본질적으로 동일하다. 특히 계약에 의
한 것이든지 혹은 다른 어떤 이유에 의한 것이든지 가격이 한동안 고정되어 있기 때
문에 시장이 즉각적으로 청산되지 않는다는 의미에서 두 모형 다 불균형이론이다.

② 루카스의 불완전정보모형

새고전학파의 창시자 중 한 사람이며 통화주의를 계승한 루카스(Robert Lucas)
는 단기에 가격이 균형으로 접근하지 않는다는 케인즈학파의 견해를 정면으로 비판
하였다. 루카스는 시장이 즉각적으로 청산되어 균형을 이룬다는 것은 경제학 이론
의 가장 핵심을 이루는 가정으로 이러한 가정을 채택하지 않은 케인즈의 모형은 큰
이론적 결함을 가진다고 생각하였다. 동시에 시장이 즉각적으로 균형을 달성함에도
불구하고 경기변동의 원인으로 통화량의 변화가 매우 중요하다고 생각하였다. 하지
만 중앙은행이 경기변동에 대응하여 통화정책을 적극적으로 사용한다면 그 효과는
매우 제한적이라고 생각하였다. 일견 모순되는 것 같은 자신의 이러한 생각을 루카
스는 합리적 기대이론에 바탕을 둔 매우 간결한 모형을 통해 훌륭하게 설명하였다.
루카스의 모형은 총공급곡선이 단기적으로 우상향함을 보이는 또 하나의 모형으로

해석할 수 있다. 통화공급충격과 같은 총수요충격이 단기적으로 총생산에 영향을 주기 때문이다. 하지만 케인즈의 단기 총공급곡선과는 근본적인 차이를 보인다. 총공급곡선이 우상향함에도 불구하고 정부는 총수요정책을 효과적으로 사용할 수 없는 것이다. 지금부터는 이에 대해 자세히 살펴보자.

새고전학파

새고전학파는 합리적 기대를 적극적으로 수용하여 케인즈학파의 이론을 비판하고 고전학파의 전통을 계승한 경제학자들을 일컫는다. 대표적인 새고전학파 경제학자로는 사전트(Thomas Sargent), 왈라스(Neil Wallace), 그리고 루카스(Robert Lucas)가 있다. 새고전학파의 이론은 다음과 같은 특징을 가진다. 첫째, 단기에서도 가격은 신축적이어서 즉각적인 시장청산(market clearing)이 달성

된다고 가정한다. 이러한 가정은 고전학파의 전통을 계승한 새고전학파의 가장 중요한 특징이다. 둘째, 경제주체들은 합리적 의사결정을 할 뿐 아니라 기대를 형성하는 과정에서도 합리적 기대를 한다. 합리적 기대는 기대를 형성하는 과정에서 이용가능한 모든 정보를 합리적 방법을 통해 사용하는 것이다.

새고전학파의 합리적 기대와 균형에 대한 믿음

경제학자들이 주로 하는 유명한 농담 중에 다음과 같은 것이 있다. 새고전학파의 아성이라 할 수 있는 시카고대학의 경제학 교수와 다른 대학의 케인즈학파의 교수가 나란히 길을 가고 있었다. 그런데 길에 100달러짜리 지폐가 떨어져 있는 것이 아닌가? 이때 누가 지폐를 줍겠는가? 답은 케인즈학파의 경제학자이다. 합리적 기대를 믿는 시카고 대학의 경제학자는 절대 돈을 줍기 위해 허리를 굽히는 수고를 하지 않는다. 그 이유는 시카고 대학의 경제학자가 고상해서가 아니라 100달러짜리 지폐가 진짜라고 절대 믿지 않기 때문이다. 합리적 기대를 믿는 시카고 대학의 경제학자는 떨어진 지폐를 보고 다음과 같이 생각한다. "저 돈은 진짜 지폐일리가 없다. 만약 진

짜 돈이라면 누군가 벌써 집어 갔을 것이기 때문이다. 아직도 지폐가 거리에 떨어져 있다면 이는 그 지폐가 가짜이기 때문이다." 이는 시장의 효율성을 철저하게 믿는 새고전학파의 입장을 재미있게 표현한 것이다.

우리는 같은 논리를 이용하여 시장에서의 불균형이 성립할 수 없다고 주장할 수 있다. 시장이 불균형 상태에 있다는 것은 가격을 변화시켜서 이득을 얻을 수 있는 여지가 있음을 의미한다. <그림 12-1>에서 본 바와 같이 가격을 조정하면 수요자와 공급자 모두 이득을 볼 수 있는 것이다. 새고전학파의 입장에서 볼 때 이는 거리에 돈이 떨어져 있는 것과 다를 바 없다. 따라서 이러한 일은 벌어질 수 없는 것이다.

루카스의 불완전정보모형의 구조

전통적으로 시장의 균형회복이 가격의 조정에 의해 원활하게 이루어진다고 믿는 경제학자들은 단기에서조차도 가격의 경직성을 받아들이기 힘든 가정이라고 생각한다. 루카스는 가격의 경직성을 전혀 가정하지 않고도 단기에 총공급곡선이 우상향하는 성질을 설명하고자 하였다. 하지만 단기에 총공급곡선이 우상향하기 위해서는 장기균형으로 바로 가지 못하게 하는 다른 마찰적 요소가 어떤 형태로든 반드시 있어야 한다. 그렇지 않다면 장기균형이 바로 달성되어 단기에서도 총공급곡선은 수직이 될 것이다. 루카스는 가격경직성 대신에 단기적 마찰요인으로 정보의 불완전성에 주목하였다. 현실 경제에 있어서 정보는 모든 사람들에게 즉각적으로 알려지지 않을 수 있으며, 시간이 어느 정도 흘러야 모든 정보가 알려지게 된다는 것이다. 즉 경제에 새로운 충격이 올 때 단기적으로는 그 충격의 원인에 대한 정보가 불완전하기 마련이다. 결국 이러한 정보의 불완전성은 장기적으로 완전하게 알려짐에 따라 해소될 수 있지만, 적어도 단기에서는 총공급곡선의 모습에 중요한 변화를 주게 된다. 루카스의 모형은 가장 기본적인 가정인 정보의 불완전성 때문에 불완전 정보모형이라고도 불리지만 모형의 구조에 등장하는 섬(island)으로 인해 섬 모형(Island Model)이라고도 불린다.

예를 들어서 많은 생산자들이 존재하는 경제를 생각하자. 이때 각 생산자들은 자신이 생산하는 상품에 대한 가격은 완벽하게 알고 있지만 다른 상품의 가격은 알 수 없다고 생각하자. 즉 단기에 있어서는 경제 전체의 물가에 대한 정보가 불완전하게 존재하는 것이다. 이때 만약 모든 상품의 가격이 동일한 비율로 상승하였다고 하자. 만약 이러한 사실을 모든 생산자가 알고 있다면 총생산량은 변함이 없을 것이다. 왜냐하면 생산자들은 오직 자신이 생산하는 상품의 가격이 상대적으로 더 상승할 때만 이에 반응하여 생산량을 늘릴 것이기 때문이다. 왜 그럴까? 예를 들어서 모든 상품의 가격이 두 배로 되었다고 하자. 이는 마치 과거의 1,000원을 이제 2,000원이라고 부르는 것과 동일하다. 이렇게 단순히 명칭만 바뀌고 실질적으로 경제에는 아무런 변화가 없다면 생산이 변할 이유가 없음은 자명한 일이다. 하지만 상대가격이 바뀌었을 때는 달라진다. 만약 자신이 생산하는 상품의 가격이 상대적으로 더 상승할 때는 동일한 생산량을 판매하여 상대적으로 싼 다른 상품을 더욱 더 많이 구입할 수 있음을 의미한다. 따라서 생산자는 이렇게 유리해진 환경에서 보다 더 많이 생산하여 이러한 혜택을 더욱 더 많이 누리려고 할 것이다.

루카스는 두 가지 충격을 모형에 도입하였다. 첫 번째는 모든 상품가격을 동일한 비율로 증가시키는 충격이다. 이는 명목충격(nominal shock)으로 통화량의 증가로 촉발된다. 시장이 즉각적으로 균형을 달성하고 모든 경제주체가 명목충격이 왔음을 인지한다면 실물변수는 영향을 받지 않고 명목변수 특히 가격만 변해야 한다. 두 번째 충격은 상품의 상대가격 변화를 촉발시키는 실물충격(real shock)이다. 이는 특정 상품에 대한 선호가 바뀜에 따라 가능하다. 예를 들어 미니스커트를 입고 싶은 욕망이 더욱 커졌다면 미니스커트의 가격은 이를 반영하여 상승하지만 다른 상품의 가격은 변화하지 않을 것이다. 이러한 충격이 오면 미니스커트를 만드는 생산자는 이에 대응하여 보다 많은 미니스커트를 생산하여 더욱 많은 이윤을 얻으려 할 것이다. 따라서 이러한 충격은 실질적인 생산의 변화를 가져오므로 루카스는 이를 실물충격(real shock)이라 불렀다.

생산자들은 각자의 섬(island)에서 하나의 상품 생산에만 종사하고 있다. 이러한 가정이 루카스의 불완전정보모형을 섬모형이라고도 부르는 이유이다. 섬에서 생산한다는 것은 다른 섬에서 생산되는 상품의 가격을 모른다고 가정하기 위함이다. 섬 사이에는 정보가 즉각적으로 흐르지 않고 시간이 흘러야 비로소 다른 섬에서 생산되는 상품의 가격을 알 수 있다. 결국 섬이라고 부르는 지역적 제약은 정보가 불완전한 상태를 가정하기 위함이다. 루카스모형에서의 핵심적인 가정은 이와 같이 각자의 생산자가 단기에는 오직 자신이 생산하는 상품의 가격만을 알 뿐 다른 상품들의 가격, 즉 전반적인 물가의 움직임은 모른다고 상정하는 것이다.

이제 통화량의 증가, 즉 명목충격이 왔다고 생각하자. 명목충격은 모든 상품의 가격을 상승시킨다. 하지만 명목충격이 올 때에도 각 생산자는 자신이 생산하는 상품의 가격이 올라간다는 사실만 알 뿐이다. 실물충격이 올 때에도 자신이 생산하는 상품의 가격이 오르므로 생산자들은 자신이 생산하는 가격의 움직임만 봐서는 과연 이러한 변화가 명목충격에 기인한 것인지 아니면 실물충격에 기인한 것인지 알 수가 없다. 결국 정보의 불완전성은 경제주체들로 하여금 단기간에 있어서 충격을 구별할 수 없게 한다. 경제주체들이 할 수 있는 일은 오직 과거의 경험과 주어진 정보를 토대로 합리적으로 사태를 파악하는 것 뿐이다. 특히 경제주체들은 주어진 정보를 바탕으로 이러한 가격의 변화가 명목충격에서 왔을 확률과 실물충격에서 왔을 확률을 계산한다. 만약 조금이라도 실물충격일 가능성이 존재한다면 각 생산자는 생산량을 늘리게 된다. 생산자는 이러한 가능성이 있을 때 생산을 늘려 자신의 이윤을 늘릴 수 있다고 생각하기 때문이다. 생산자들이 생산을 얼마나 늘릴 것인가는 실물충격의 가능성이 얼마나 높다고 믿는지에 달려 있다. 실물충격일 확률이 높다고 생각한다면 생산량을 더욱 많이 변화시키고 실물충격일 확률이 낮다고 생각한다면 생산량을 크게 변화시키지 않을 것이다.

　　루카스의 섬모형에서는 명목충격이 온 경우에도 경제주체들이 이를 정확히 알수 없기 때문에, 즉 정보가 불완전하기 때문에, 총생산량은 반응한다. 명목충격에 기인한 총수요의 증가에 의해 총생산이 늘어난 셈이므로 총공급곡선이 우상향하는 것으로 표현할 수 있다. 단, 이러한 변화는 정보가 불완전한 단기에 국한되며 정보가 완벽해지는 장기에 있어서는 더 이상 총생산의 변화가 생길 수 없다. 장기에는 모든 상품의 가격이 상승하였음을 알게 되고 생산자들은 생산을 원래 상태로 되돌리기 때문이다. 따라서 총생산은 장기에 있어서 물가가 올랐음에도 변하지 않는 상태, 즉 수직선이 된다. 결국 루카스의 섬 모형에서 단기총공급곡선은 우상향하지만 장기총공급곡선은 수직선임을 의미한다.

　　이상의 논의를 바탕으로 루카스의 섬모형에 따른 단기총공급곡선을 수식으로 표현하면 다음과 같다.

$$Y = Y_n + \alpha(P - P^e), \quad \alpha > 0 \tag{12.10}$$

식 (12.10)은 케인즈의 명목임금 경직성모형에 근거한 단기 총공급곡선 식 (12.6)과 동일한 형태이다. 하지만 식 (12.10)이 도출된 경제적 이유는 다르다. 루카스의 섬 모형에서는 경제주체들이 합리적 기대에 따라 물가를 예상함에도 불구하고 불완전한 정보 때문에 경제주체들의 물가 예상이 틀릴 수 있다. 따라서 실제물가와 기대물가 사이에는 차이가 생기고 총생산은 이 차이에 반응하는 것이다. 예를 들어 명목충격만 오는 경우에 모든 상품의 가격이 올라 자신이 생산하는 상품의 가격도 같은 정도만큼 오르지만 경제주체들은 정보가 불완전하여 자신이 생산하는 상품의 가격이 오르는 이유를 완전히 알 수는 없다. 즉 자신이 생산하는 상품의 가격이 오르는 이유는 일정부분 실물충격 때문일 가능성도 있다고 생각하므로 물가에 대한 기대를 그만큼 많이 높이지는 않는다. 이러한 현상은 모든 생산자에게 일어나므로 실제의 물가는 기대물가보다 더 많이 상승하고 모든 생산자들은 이에 대응하여 생산을 늘리게 된다. 경제주체들은 불완전 정보 때문에 단기에 있어서 물가에 대해 잘못된 기대를 하고 이것이 총생산을 변화시키는 것이다. 결국 실제물가의 상승이 기대물가의 상승보다 크다면 생산자들은 이 차이가 실물충격 때문이라고 생각하여 생산을 늘리므로 총생산은 자연율총생산 수준보다 크게 된다.

　　합리적 기대하에서 도출된 식 (12.10)을 흔히 루카스의 총공급곡선이라고 부른다. 단기에서 실제물가와 기대물가가 다르면 총공급곡선은 우상향하게 된다. 장기에서 정보가 완전해지면서 실제물가와 기대물가가 같아지면 $Y = Y_n$으로 총공급곡선은 수직선이 된다.

중앙은행의 통화정책 효과와 단기총공급곡선의 기울기

루카스 섬모형에 따라 단기총공급곡선이 우상향한다면 중앙은행의 총수요정책도 효과가 있을 것으로 생각하기 쉽다. 하지만 루카스의 섬모형은 기대되지 않은 통화량의 변화로 명목충격이 올 경우 실물경제에 미치는 영향이 있다는 것을 의미할 뿐, 중앙은행의 의도적인 통화정책은 별 효과가 없다고 주장한다. 중앙은행의 의도적인 통화정책이 효과가 없어지는 이유는 무엇인가? 그 이유는 경제주체들의 합리적 기대 때문이다. 중앙은행이 적극적으로 총수요정책을 수행한다고 생각해 보자. 이러한 사실을 모른다면 경제주체들은 중앙은행의 통화증가를 명목충격으로 받아들이기보다는 실물충격일 확률이 높다고 생각하여 생산량을 크게 늘린다. 하지만 중앙은행이 총수요정책을 지속적으로 사용한다고 생각해 보자. 합리적 기대를 하는 경제주체들은 이러한 사실을 간파하게 된다. 따라서 통화량 증가가 지속된다면 경제주체는 이제 명목충격일 확률이 높다고 합리적으로 판단하게 되고, 자신이 생산하는 상품의 가격이 상승함에도 불구하고 이를 전반적인 물가상승으로 판단하여 생산을 거의 증가시키지 않게 된다. 따라서 중앙은행이 통화량을 늘려 수행하는 총수요정책은 물가만을 상승시킬 뿐 실질총생산에는 영향을 거의 주지 않게 된다.

지금까지의 논의는 단기총공급곡선의 기울기가 경제의 상황에 따라 달라짐을 의미한다. 즉 명목충격보다는 실물충격이 올 확률이 높은 경제에서는 명목충격이 올 때 이를 실물충격으로 받아들일 확률이 높아지므로 실질총생산에 미치는 영향이 커진다. 이는 단기총공급곡선의 기울기가 완만함을 의미한다. 똑같은 총수요곡선의 이동에 대해 단기적으로 총생산이 크게 영향을 받기 위해서는 단기총공급곡선의 기울기가 완만해야 하기 때문이다. 〈그림 12-3〉의 왼쪽 그림은 이러한 상황을 표현하였다. 반면 중앙은행이 과도하게 통화정책을 사용한 경우는 명목충격이 실물충

그림 12-3
중앙은행의 통화정책과 총공급곡선의 기울기

중앙은행이 통화정책을 얼마나 빈번하게 사용하는가에 따라 단기총공급곡선의 기울기가 달라진다. 만약 중앙은행이 통화정책을 거의 사용하지 않는다면 단기 총공급곡선의 기울기가 완만해진다($SRAS_1$). 똑같은 명목충격에 대하여 총수요곡선이 이동할 때 단기적으로 총생산이 크게 영향을 받기 위해서는 단기총공급곡선의 기울기가 완만해야 하기 때문이다(왼쪽 그림). 반면 중앙은행이 과도하게 통화정책을 사용한 경우는 단기총공급곡선의 기울기는 수직선에 가깝게 된다($SRAS_2$). 똑같은 총수요곡선의 이동에 대해 단기적으로 총생산이 크게 영향을 받지 않기 위해서는 단기총공급곡선의 기울기가 커야 하는 것이다(오른쪽 그림).

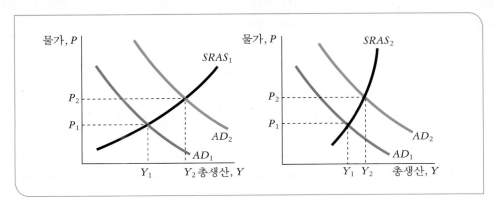

격보다 많이 오는 경제이므로 명목충격이 올 때 이를 실물충격으로 받아들일 확률이 낮아지고 실질총생산에 미치는 영향이 제한적이게 된다. 이는 단기총공급곡선의 기울기가 수직선에 가깝게 됨을 의미한다. 똑같은 총수요곡선의 이동에 대해 단기적으로 총생산이 크게 영향을 받지 않기 위해서는 단기총공급곡선의 기울기가 급격해야 하는 것이다. 〈그림 12-3〉의 오른쪽 그림은 이러한 상황을 표현하였다.

루카스의 모형은 비록 단기적으로 총공급곡선이 우상향한다는 것을 보여주고 있지만 총수요정책과 관련해서는 오히려 수직인 총공급곡선을 믿는 입장에 보다 가깝다. 왜냐하면 총수요정책의 효과를 그다지 신뢰하지 않기 때문이다. 이러한 입장은 루카스를 비롯한 새고전학파의 경제철학이 본질적으로 고전학파에 뿌리를 두고 있기 때문이다.

사례연구 루카스모형을 뒷받침하는 경험적 증거

루카스는 불완전정보모형에 기초하여 단기총공급곡선의 우상향하는 모양을 잘 설명하였을 뿐 아니라 국민경제의 특성에 따라 단기총공급곡선의 기울기가 변화할 수 있다는 점에 착안하여 자신의 모형을 뒷받침하는 경험적 사실을 보여 주었다. 루카스모형에 따르면 명목충격의 변동성이 많은 국민경제에서 단기총공급곡선의 기울기는 보다 수직에 가깝게 된다. 왜냐하면 명목충격의 변동성이 높은 경제의 생산자들은 자신이 생산하는 상품의 가격이 오를 때 이를 실물충격에서 온 것이라고 생각하기보다는 명목충격에 기인할 가능성이 매우 높다고 생각하여 생산량을 그다지 늘리지 않기 때문이다.

이러한 점에 착안하여 루카스는 여러 나라들의 단기총공급곡선을 계산하여 그 기울기가 어떻게 달라지는지 살펴보았다.[1] 그 결과 물가의 변동성이 상대적으로 안정되어 명목충격이 많이 오지 않았다고 생각되는 국가의 단기총공급곡선의 기울기는 상대적으로 수평에 가까운 반면, 물가의 변동성이 높아 명목충격의 빈도가 매우 높은 나라의 단기 총공급곡선의 기울기는 수직에 가까움을 발견하였다. 이러한 발견은 루카스모형의 우수성을 뒷받침하는 근거로 받아들일 수 있다.

---

1 Lucas, Robert E. Jr. 1973. "Some International Evidence on Output-Inflation Tradeoffs." *American Economic Review*, 63(3): 326-334.

3 새케인즈학파의 가격경직성모형

케인즈는 명목임금의 경직성을 중요시한 반면 새케인즈학파는 생산물시장에서 상품가격의 경직성을 강조한다. 새케인즈학파는 케인즈의 이론을 계승하였지만 합리적 기대를 포함하여 경제주체들의 합리적인 선택을 강조한다는 특징을 갖는다. 새케인즈학파의 경기변동이론과 통화정책에 관한 최근 성과에 대해서는 제18장에서 보다 자세히 살펴볼 것이다.

새케인즈학파는 생산물시장의 명목가격이 경직적이라는 점을 단순히 가정하기보다는 그 이유를 명시적으로 설명하려고 한다는 점에서 과거의 케인즈학파와 구별된다. 즉 명목가격을 변화시키기 위해서는 메뉴비용(menu cost)이 필요하다고 주장한다. 메뉴비용은 음식점에서 가격을 변화시키는 과정을 생각해 보면 쉽게 이해할수 있다. 음식점에서는 명목가격을 메뉴판에 적어 놓기 마련인데, 명목가격을 변화시키려면 메뉴판을 다시 찍어야 한다. 따라서 명목가격을 바꾸기 위해서는 비용이 발생하는 것이다. 사실 메뉴판을 찍는 데 드는 비용은 그리 크지 않고, 아예 메뉴판이 필요 없는 상품도 많기 때문에 메뉴비용이 그다지 중요하지 않다고 주장할 수 있다. 하지만 새케인즈학파는 메뉴비용을 단순히 메뉴판을 다시 찍는 비용뿐 아니라 명목가격을 변화시키는 데 수반되는 모든 비용을 총칭하는 은유적인 의미로 사용한다. 즉 생산자와 구입자 사이의 장기적인 관계 또는 관행 등을 통해 암묵적인 가격이 결정되어 있다면 이를 쉽게 변화시키기 어려울 것이다. 왜냐하면 너무 잦은 가격변화는 구입자에게 불쾌감을 유발할 수 있기 때문이다. 또한 소소한 비용의 변화를 그때그때 가격에 전가하기에는 계산상의 귀찮음 등이 작용할 수 있다. 이러한 모든 요인 등이 복합적으로 작용하여 명목가격의 변화에는 비용이 수반되기 마련이다.

명목가격을 변화시킬 때 비용을 지불해야 한다면 생산자는 가격을 자주 변화시키지 않고 상당기간 유지하다가, 더 이상 유지하는 데 드는 비용이 메뉴비용을 능가한다고 판단될 때 가격을 변화시킬 것이다. 이러한 의사결정은 다시 강조하지만 매우 합리적인 선택이다. 새케인즈학파는 이러한 합리적 의사결정을 중요시한다. 그런데 생산자들의 가격변화과정을 합리적 선택의 일환으로 고려하기 위해서는 생산자들이 가격을 변화시킬 수 있는 선택권이 있다는 전제가 필요하다. 완전경쟁을 가정한다면 생산자들이 가격을 주어진 것으로 받아들이는 것을 의미하므로 생산자들은 가격을 선택할 수 없다. 생산자가 가격을 선택할 수 있다고 전제하기 위해서는 시장이 어느 정도 독점적이어야 한다. 따라서 새케인즈학파는 개별 생산자들이 매우 높은 경쟁관계를 유지하면서도 어느 정도 독점력을 갖는 독점적 경쟁상태에 있다고 가정한다.

　그리고 경제 내에 두 가지 종류의 기업이 있다고 가정하자. 첫 번째 종류의 기업은 메뉴비용을 전혀 지불하지 않는 기업이다. 기업의 속성상 가격을 변화시키는 데 거의 비용이 들지 않는 기업들이 있을 수 있는데 이러한 기업이 첫 번째 종류에 속한다. 이러한 기업은 가격을 원하는 수준으로 즉각적으로 변경할 수 있다. 만약 이러한 기업이 독점적 경쟁상태에 있다면 가격을 결정하는 원리는 다음과 같이 나타낼 수 있다.

$$p = P + b(Y - Y_n), \qquad b > 0 \tag{12.11}$$

식 (12.11)에서 p는 개별상품의 가격을 의미하며 P는 물가를 의미한다. 식 (12.11)에 따를 때 개별기업은 두 가지 요인에 의해 가격을 조정한다. 첫째, 물가(P)가 상승하면 개별기업도 이에 비례하여 가격을 올리려 할 것이다. 식 (12.11)의 첫 번째 항은 이를 반영한다. 둘째, 총생산이 자연율총생산보다 높아진다면 가계들의 소득이 증가하고 개별상품에 대한 수요를 늘릴 것이다. 독점적 상태에 있는 기업은 늘어난 수요에 가격을 올려 대응함으로써 이윤을 더욱 높일 수 있다. 따라서 $Y > Y_n$이 성립하면 개별기업은 가격을 올려 이에 대응한다. 식 (12.11)의 두 번째 항은 이를 반영한다.

　두 번째 종류의 기업은 명목가격을 변화시키기 위하여 메뉴비용을 지불하는 기업이다. 이러한 기업들은 한 번 정해진 가격을 상당기간 유지해야 한다. 따라서 지금 당장의 물가보다는 자기 상품의 가격이 고정되어 있는 기간 동안의 평균물가를 감안하여 개별상품의 가격을 결정하게 된다. 즉 이런 기업들의 가격결정방식은 다음과 같이 나타낼 수 있다.

$$p = P^e + b(Y^e - Y_n), \qquad b > 0 \tag{12.12}$$

식 (12.12)가 식 (12.11)과 다른 점은 물가와 총생산에 실제값들이 사용되지 않고 기대값을 사용한다는 점이다. 이는 메뉴비용 때문에 즉각적으로 가격을 변화시킬 수 없는 기업들이 지금 당장의 물가나 총생산보다는 장차 가격이 고정되어 있을 동안의 평균물가수준과 평균총생산에 대한 기대를 반영하여 가격을 결정하기 때문이다. 예를 들어 개별기업들은 장차 물가가 오를 것이라 기대한다면 나중에 메뉴비용을 지불하면서 또 다시 가격을 변화시키기보다는 지금 당장 이를 반영하여 가격을 높게 책정하는 것이다. 실제의 총생산은 자연율총생산을 중심으로 증가 또는 감소하므로 평균적으로는 자연율총생산과 일치한다. 따라서 $Y^e = Y_n$이 성립하며 식 (12.12)

새케인즈학파의 가격경직성모형을 뒷받침하는 경험적 증거

새케인즈학파의 가격경직성모형도 총공급곡선의 기울기가 경제에 따라 달라질 수 있다고 주장한다. 특히 루카스의 불완전정보모형과 마찬가지로 물가의 변동성이 높은 나라에서는 총공급곡선의 기울기가 수직에 가까워진다고 주장한다. 그 이유는 물가의 변동성이 높을수록 γ가 1에 가까워지고 이에 따라 α의 값이 0에 가까워지기 때문이다(식 (12.15) 참조). 앞의 절 '새케인즈학파의 가격경직성모형'에서는 γ는 즉각적으로 가격을 조정하는 기업들의 비중을 의미한다. 본문에서는 γ가 고정되어 있다고 가정하였지만 실제로는 γ의 크기가 내생적으로 결정되기 마련이다. 왜냐하면 메뉴비용의 크기가 기업마다 다르다고 할 때 가격변동으로 인한 편익이 메뉴비용보다 크다면 이러한 기업들은 즉각적으로 가격을 변화시킬 것이기 때문이다. 만약 물가의 변동성이 높아진다면 물가가 크게 변하는 경우가 많아진다. 이때 가격을 그대로 유지하는 기업은 상대적으로 큰 손해를 볼 수도 있다. 따라서 메뉴비용을 지불하는 기업들 중에서도 메뉴비용이 상대적으로 크지 않은 기업들은 물가변화에 대응하여 가격을 즉각적으로 변경하고자 할 것이다. 결국 물가의 변동성이 커지면 가격을 즉각적으로 변경하는 기업의 비중이 늘어나 단기 총공급곡선의 기울기가 수직에 가까워짐을 알 수 있다. 따라서 앞의 「사례연구」에서 설명한 바 있는 루카스모형을 뒷받침하는 증거는 가격경직성모형의 이러한 특징을 뒷받침하는 것으로도 생각할 수 있다. 다시 말해서 앞의 「사례연구」에서의 경험적 증거는 적어도 루카스모형이 가격경직성모형보다 낫다고 주장할 근거로 사용될 수 없다는 것이다.

더 나아가서 새케인즈학파는 가격경직성모형만의 특징을 이용하여 경험적 뒷받침을 받고자 하였다. 즉 평균적으로 인플레이션이 높은 나라를 생각하자. 이 경우에 경제주체들이 평균적인 인플레이션율을 합리적으로 기대한다면 명목충격과 실물충격을 혼동할 이유가 없다. 따라서 루카스모형은 인플레이션율이 평균적으로 높다는 사실만을 가지고 단기총공급곡선의 기울기에 대한 어떠한 시사점을 도출할 수는 없다. 반면에 가격경직성모형에서는 평균인플레이션율이 높은 경우에도 가격을 고정시키는 기업의 비중이 줄어들게 되어 γ가 1에 가까워지고 이에 따라 단기총공급곡선은 수직선에 가까워진다. 볼(Laurence Ball), 맨큐(Gregory Mankiw)와 로머(David Romer)는 여러 나라들의 데이터를 이용하여 평균인플레이션율이 높은 나라의 단기총공급곡선이 보다 수직에 가까움을 발견하였으며 이를 가격경직성이론을 뒷받침하는 증거로 해석하였다.[2]

는 다음과 같이 간단하게 표현할 수 있다.

$$p = P^e \qquad\qquad (12.13)$$

---

2 Ball, Laurence, N., Gregory Mankiw, and David Romer. 1988. "The New Keynesian Economics and the Output-Inflation Trade-offs." *Brookings Papers on Economic Activity*, 1: 1-65.

이제 이 경제에는 위와 같은 두 가지 종류의 기업만이 존재한다고 가정하자. 메뉴비용을 전혀 지불하지 않아도 되기 때문에 식 (12.11)에 따라 가격을 결정하는 기업의 비중을 γ라 하고 메뉴비용을 반드시 지불하기 때문에 식 (12.13)에 의해 가격을 결정하는 기업의 비중을 $(1-\gamma)$라고 하자. 이 경우 전체 가격수준인 물가는 다음과 같이 식 (12.11)과 식 (12.13)의 가중평균으로 결정된다.

$$P = \gamma(P+b(Y-Y_n))+(1-\gamma)P^e \tag{12.14}$$

식 (12.14)을 Y에 관해 풀면,

$$Y = Y_n+\alpha(P-P^e), \quad \alpha = \frac{1-\gamma}{\gamma b} \tag{12.15}$$

가 성립한다. 이는 명목임금 경직성모형과 루카스 섬모형에서 구한 단기총공급곡선과 동일한 형태이다. 하지만 단기총공급곡선이 도출되는 경제적 이유가 다르다. 식 (12.15)는 새케인즈학파의 단기총공급곡선의 기울기 α가 기업의 가격결정방식을 나타내는 상수인 b와 메뉴비용을 지불하지 않는 기업의 비중을 나타내는 γ에 의해 결정됨을 보여준다. 특히 메뉴비용을 지불하는 기업이 전혀 없다면 $\gamma=1$이 성립하여 식 (12.15)는 $Y=Y_n$이 되어 통상의 고전학파의 총공급곡선인 수직선이 됨을 알 수 있다. 또한 메뉴비용을 지불하는 기업의 비중이 커질수록 γ는 감소하며 총공급곡선의 기울기는 점차 수평선에 가깝게 변한다.

4 단기총공급곡선모형들의 평가

지금까지 우상향하는 단기총공급곡선을 설명하는 세 개의 모형, 즉 케인즈학파의 명목임금 경직성모형, 루카스의 불완전정보모형, 그리고 새케인즈학파의 가격경직성모형을 살펴보았다. 세 개의 모형은 모두 우상향하는 단기총공급곡선을 성공적으로 설명한다는 점에서 원래의 목적을 달성하였다. 그렇지만 보다 우수한 모형은 어느 것인가? 모형의 우수성은 원래의 목적, 즉 단기총공급곡선이 우상향한다는 점을 얼마나 잘 설명하는가로 평가될 수도 있지만 모형이 원래 설명하고자 하는 현상과 무관한 다른 현상을 얼마나 잘 설명하는가로 평가되기도 한다. 사실 원래 목적한 현상도 제대로 설명하지 못한다면 그러한 모형은 존립근거가 없는 셈이다.

대개의 경우 모형은 원래 목적한 현상을 설명하기 위해서 만들어지지만 이를 달성하는 과정에서 여러 가지 부수적인 예측도 동시에 하기 마련이다. 이러한 부수적인 예측들까지도 사실과 부합할 때 우리는 모형이 보다 우수하다고 평가할 수 있다.

명목임금 경직성모형은 노동시장에 근거하여 모형이 구성되었으므로 노동시장과 관련된 부수적인 예측을 한다. 특히 많은 경제학자들은 명목임금의 경직성에 기초한 모형이 실질임금의 단기변동, 즉 경기변동 상의 움직임을 잘 설명하지 못한다고 생각한다. 명목임금 경직성모형에 따를 때, 노동자가 실제로 받는 실질임금이 균형실질임금인 w보다 작을 때 기업은 고용을 늘려 생산을 증가시킨다. 따라서 경기 상승기(총생산이 증가할 때)에 실질임금은 하락하는 것이다. 제8장에서 설명한 바와 같이 경기변동의 움직임과 반대 방향으로 움직이는 변수를 경기역행적이라고 부른다. 명목임금의 경직성에 기초한 단기총공급곡선이론은 실질임금이 경기역행적일 것으로 예측한다. 하지만 현실 경제에 있어서 실질임금의 모습은 이와는 반대로, 약하게나마 경기순행적 모습을 띠고 있다. 따라서 명목임금의 경직성에 기초한 모형은 실질임금의 경기변동상의 변화를 설명할 수 없다는 결정적인 약점을 가진 셈이 된다.

사실 명목임금의 경직성에 기초한 단기총공급곡선이론은 경험적으로 명목임금이 적어도 단기에는 경직적인 것처럼 보이는 점 때문에 널리 받아들여져 왔다. 하지만 최근에 와서는 과연 명목임금이 단기에 경직적인지에 대해서도 의문이 제기되고 있다. 지금까지는 명목임금이 고정되어 있으므로 기업이 아무리 노동을 늘려도 주어진 가격수준하에서 실질임금은 변동하지 않는다고 가정하였다. 하지만 실제로 기업이 노동시간을 늘리기 위해서는 초과노동수당을 지불해야 하며 이 경우 시간당 임금률은 평소보다 더 높아지는 경우가 대부분이다. 또한 기업의 성과가 좋은 경우에는 보너스나 이윤배분(profit sharing) 등의 명목으로 임금을 더 주어야 한다. 따라서 단기간이라고 하더라도 임금은 고정되어 있다고 보기 어려우며 노동시간이 변함에 따라 임금도 변화하는 경우가 대부분이라고 하겠다.

이제 루카스의 불완전정보모형이 실질임금의 경기순행적 특성을 제대로 설명하는지 살펴보자. 루카스의 모형에서는 임금의 결정과 노동의 고용이 명시적으로 나타나 있지 않다. 각자의 섬에 있는 생산자가 스스로에게 자본과 노동을 공급하여 생산하고 있기 때문이다. 하지만 노동시장이 있는 경우로 모형을 확장하면 실질임금에 대한 특성도 추론할 수 있다. 루카스모형의 경우에는 통화량이 늘어날 때 불완전한 정보 때문에 생산자가 실물충격으로 잘못 알고 생산을 늘린다. 각자의 섬에 있는 생산자들이 모두 같은 행동을 하므로 총생산은 증가한다. 이때 실질임금이 어떻게 결정되는지는 알기 위해서는 노동시장을 살펴보아야 한다. 노동시장에서 균형

그림 12-4
루카스의 불완전정보모형과 실질임금의 경기순행성

루카스모형에서는 가격경직성을 가정하지 않으므로 노동시장은 항상 균형상태에 있다. 그림에서 노동공급곡선 L^S는 통상적인 공급곡선의 경우처럼 우상향한다고 가정하였다. 경제주체들이 명목충격을 실물충격으로 오인하여 생산을 늘리기 위해서는 노동의 고용을 늘려야한다. 이는 그림에서 노동수요곡선이 L_1^D에서 L_2^D로 이동하는 것으로 나타낼 수 있다. 따라서 균형은 A점에서 B점으로 바뀌고 균형고용은 L_1에서 L_2로 늘어나며 균형실질임금은 $\left(\frac{W}{P}\right)_1$에서 $\left(\frac{W}{P}\right)_2$로 올라간다. 균형노동량이 증가하면 총생산도 증가하므로 결국 총생산이 증가할 때 실질임금도 함께 올라간다.

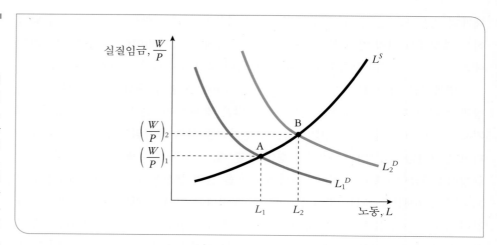

실질임금은 노동공급과 노동수요가 만나는 점에서 결정된다. 루카스모형은 생산물시장뿐 아니라 노동시장도 항상 균형에 있다고 가정한다. 생산자가 생산을 늘리기 위해서는 노동을 더욱 많이 고용해야 한다. 즉 생산자는 노동수요를 늘리게 된다.

〈그림 12-4〉에서는 노동시장에서 노동수요가 늘어날 때 실질임금이 결정되는 과정을 설명하고 있다. 노동공급곡선 L^S는 통상적인 공급곡선의 경우처럼 우상향한다고 가정하였다. 노동수요가 늘어나면 노동수요곡선은 L_1^D에서 L_2^D로 이동하고 균형은 A점에서 B점으로 바뀐다. 따라서 균형고용량은 L_1에서 L_2로 늘어나며 균형실질임금은 $\left(\frac{W}{P}\right)_1$에서 $\left(\frac{W}{P}\right)_2$로 올라간다. 고용량이 증가할 때 총생산도 증가하므로 실질임금과 총생산은 같은 방향으로 변화한다. 따라서 루카스의 불완전정보모형은 실질임금이 경기순행적이라는 경험적 사실을 잘 설명한다.

하지만 루카스의 불완전정보모형은 많은 장점에도 불구하고 상당히 중요한 비판을 받았다. 이러한 비판은 루카스의 불완전정보모형에서 중추적인 역할을 하는 가정에 집중되었다. 불완전정보모형에서 가장 중요한 가정은 전체 물가수준에 대한 정보가 알려지지 않기 때문에 생산자들이 명목충격과 실물충격 사이의 구별을 할 수 없다는 것이다. 하지만 현실 경제에서 전체 물가수준에 대한 정보는 손쉽게 얻어진다. 매달 소비자물가지수를 비롯한 각종 물가지수가 공표되고 있으며 생산자들은 약간의 노력으로도 이러한 정보를 손쉽게 접할 수 있다. 이와 같이 쉽게 접할 수 있는 정보가 부족하다고 가정하는 루카스의 불완전정보모형은 가정의 비현실성 때문에 많은 비판에 직면하였다.

새케인즈학파의 가격경직성모형은 케인즈학파와 마찬가지로 가격경직성을 강조하지만 가격이 경직적인 이유를 명시적으로 고려할 뿐 아니라 경제주체들의 합리적인 선택을 강조한다고 설명하였다. 특히 생산물시장의 가격경직성을 강조하는 경우에 실질임금의 경기변동상 변화에 대해서는 어떠한 시사점을 갖는지 살펴보자. 예를 들어 화폐공급이 증가하였다고 하자. 이 경우 일부의 기업은 즉각적으로 가격을 변화시켜 이에 대응하지만 다른 일부의 기업은 메뉴비용 때문에 가격변화를 즉각적으로 할 수 없다. 따라서 명목화폐의 증가량보다 물가의 상승폭은 작게 되어 실질화폐량이 증가한다. 이는 총수요의 증가로 이어지고 이에 대응하여 독점적 경쟁상태에 있는 기업들은 생산량 증가로 대응한다. 결국 물가의 상승과 총생산의 증가가 동시에 일어난다. 이러한 점이 적어도 단기에 있어서 총공급곡선이 우상향하는 이유이다. 이때 명목임금조정에 관해서는 전혀 메뉴비용이 지불되지 않는다면 명목임금의 상승분은 물가의 상승분보다 더 크다. 따라서 실질임금은 명목임금을 물가로 나눈 값이므로 실질임금은 증가하는 셈이다. 결국 새케인즈학파의 모형에서도 실질임금이 경기순행적인 사실이 성공적으로 설명된다.

기대물가의 변화와 단기총공급곡선의 이동　3

기대물가의 변화와 단기총공급곡선의 이동

　　지금까지의 논의에 따르면 단기총공급곡선은 기대가 포함되어 다음과 같은 형태를 취한다.

$$Y = Y_n + \alpha(P - P^e), \quad \alpha > 0 \tag{12.16}$$

　　기대가 포함된 단기총공급곡선에 따르면 미래물가에 대한 기대가 변화하는 경우 단기총공급곡선에 영향을 주게 된다. 총공급곡선은 현재의 물가수준(P)과 현재의 총공급(Y)의 관계를 보여 준다. 따라서 미래물가수준에 대한 기대(P^e)의 변화가 총공급을 변화시키면 주어진 현재물가수준하에서 공급량이 변하는 셈이므로 총공급곡선은 이동한다. 그러면 미래의 물가수준에 대한 기대의 변화가 단기총공급곡선을 이동시키는 이유는 어떻게 이해할 수 있는가? 이러한 이유를 설명하기 위해서는 단기총공급곡선이 도출되는 과정을 정확히 알 필요가 있다. 왜냐하면 각각의 모형

에서 단기총공급곡선이 도출되는 논리적 이유에 따라 총공급곡선이 이동하는 이유
도 달라지기 때문이다.

예를 들어서 명목임금 경직성모형에 기초하여 총공급곡선의 이동을 설명해 보
자. 만약 미래의 물가수준이 크게 오를 것이라고 예상한다면 노동자들은 명목임금
을 계약하는 과정에서 더욱 높은 명목임금을 요구할 것이다. 왜냐하면 미래의 물가
가 크게 상승함에도 불구하고 명목임금이 한동안 고정되어 있다면 노동자들은 실질
임금의 하락을 경험하게 되기 때문이다. 따라서 미래의 실질임금 하락을 방지하기
위해서 미리 높은 명목임금을 요구하게 되는데 이는 현재의 실질임금을 상승시키
게 된다. 현재의 물가는 아직 상승하기 전이기 때문이다. 이렇게 상승한 현재의 실
질임금은 기업의 입장에서는 비용의 증가를 의미하므로 고용을 줄이게 되고 따라서
생산량도 감소한다. 따라서 미래의 물가가 상승하리라고 기대한다면 총생산량이 감
소하여 단기총공급곡선은 왼쪽으로 이동하게 된다. 반면 미래의 물가가 하락하리라
고 기대한다면 지금까지의 설명과 반대의 이유로 총생산량이 증가함을 쉽게 이해할
수 있을 것이다. 따라서 미래의 물가가 하락하리라고 기대한다면 단기총공급곡선은
오른쪽으로 이동한다.

〈그림 12-5〉는 물가에 대한 기대가 바뀜에 따라 단기총공급곡선이 이동하
는 과정을 설명하고 있다. 최초의 균형 A점에서 $P=P^e$이고 $Y=Y_n$이었다. 즉 물가
가 기대물가와 같을 때 총생산은 자연율총생산과 일치한다. 이제 기대물가가 P^e에
서 $P^{e'}$으로 올랐다고 하자. 단기총공급곡선을 나타내는 식 (12.16)에서 물가 P와 총
생산 Y 이외의 다른 변수들은 외생변수로 취급된다. 기대물가도 외생변수이므로 기
대물가가 변하면 단기총공급곡선은 이동하게 된다. 기대물가가 상승함에 따라 식
(12.16)은 이제 다음과 같이 변한다.

$$Y = Y_n + \alpha(P - P^{e'}) \tag{12.16'}$$

식 (12.16)'에 따르면 $P=P^{e'}$가 될 때 $Y=Y_n$이 된다. 즉 새로운 단기총공급곡선은
〈그림 12-5〉의 B점을 지나야 한다. 따라서 기대물가가 올라가면 단기총공급곡선
은 위쪽으로 이동한다. 기대물가가 외생적으로 하락한 경우도 같은 방식으로 분석
할 수 있다. 즉 P^e가 하락하면 단기총공급곡선은 아래쪽으로 이동한다.

기대가 모형에 명시적으로 도입됨에 따라 기대의 변화는 단기총공급곡선을 이
동시켜 균형을 변화시킨다. 따라서 기대가 어떻게 변화해 가는지에 대한 가정을 명
확히 할 필요가 생긴다. 기대에 대한 가정의 차이에 따라 균형이 변해가는 과정이

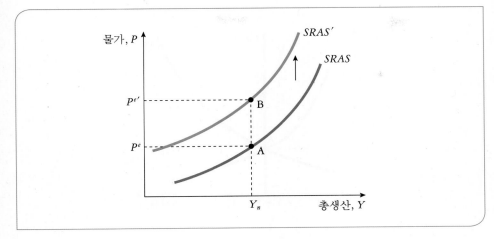

그림 12-5
**기대물가의 변화로 인한
단기총공급곡선의 이동**

현재 물가가 주어진 상태에서
미래물가에 대한 기대가 바뀌
면 단기총공급곡선이 이동한
다. 최초의 균형 A점에서 $P=$
P^e이고 $Y=Y_n$이다. 기대물가
가 P^e에서 $P^{e'}$으로 오르면 $P=$
$P^{e'}$에서 $Y=Y_n$이 되므로 단기총
공급곡선은 $SRAS$에서 $SRAS'$으
로 위쪽 이동한다.

달라질 수 있기 때문이다. 이제 구체적으로 기대를 적응적 기대와 합리적 기대의
형태로 도입하여 각각의 경우를 분석해보자.

적응적 기대와 장기균형으로의 조정

　　경제주체들의 기대형성이 적응적 기대를 따른다고 가정하자. 이 경우 우리는
단기균형이 장기균형으로 찾아가는 과정을 보다 체계적으로 설명할 수 있다. 이제
시간이 흐름에 따라 균형이 바뀌어 가는 과정을 고려하기 위해서 단기총공급곡선에
시간을 도입하자.

$$Y_t = Y_n + \alpha(P_t - P_t^e) \tag{12.17}$$

현재는 t시점으로 한동안 아무런 충격이 없었다고 가정하자. 따라서 경제주체들은
예측오차 없이 물가에 대한 기대를 형성하고, 실질총생산도 자연율총생산 수준에서
한동안 유지되었다고 볼 수 있다. 즉 $P_t^e = P_t$이고 $Y_t = Y_n$이 성립한다. 〈그림 12-6〉
에서 A점은 t기(현재)에 성립하는 균형점을 나타낸다. $(t+1)$기에 대한 기대물가가
적응적 기대에 의해 이루어진다고 생각하면, 현재 시점에서 예측오차가 0이므로 기
대값을 변화시킬 이유가 없다. 따라서 $P_{t+1}^e = P_t$가 성립한다. 즉 경제주체들은 t기
에 실현되었던 물가가 $(t+1)$기에도 성립한다고 기대하고 있는 셈이다.
　　이제 중앙은행이 $(t+1)$기에 통화량을 갑자기 증가시켜 총수요를 늘렸다고 하
자. 따라서 $(t+1)$기의 총수요곡선은 AD_1으로 이동한다. 하지만 P_{t+1}^e은 변함이 없
으므로 단기총공급곡선 $SRAS$는 그대로 유지된다. 이에 따라 균형은 B점으로 이동

그림 12-6
**총수요곡선의 이동과
단기균형의 변화**

A점은 t기(현재)에 성립하는
균형점을 나타낸다. 이때 P^e_{t+1}
$=P_t$라 하자. 이제 중앙은행이
$(t+1)$기에 통화량을 갑자기
증가시켜 총수요를 늘리면
$(t+1)$기에 총수요곡선은 AD_1
으로 이동한다. 하지만 P^e_{t+1}는
변함이 없으므로 단기총공급
곡선 $SRAS$는 그대로 유지된
다. 이에 따라 균형은 B점으로
이동하고, $(t+1)$기의 새로운
균형에서는 물가와 총생산이
모두 증가하여 P_{t+1}과 Y_{t+1}으로
결정된다.

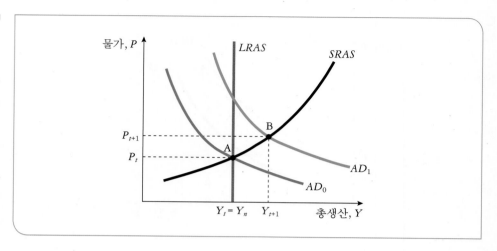

하고, $(t+1)$기의 새로운 균형에서는 물가와 총생산이 모두 증가하여 P_{t+1}과 Y_{t+1}으
로 결정된다. 이제 $(t+1)$기의 경제주체는 예상치 못했던 통화량충격 때문에 $P_{t+1}-$
$P^e_{t+1}(=P_{t+1}-P_t)$만큼의 물가에 대한 예측오차를 겪게 된다. 따라서 $(t+2)$기의 물가
에 대한 기대는 이러한 예측오차를 반영하여 형성된다. 만약 $\theta=0.5$라고 가정하면
예측오차의 0.5만을 반영하여 새로운 기대가 성립됨을 의미한다.

$$P^e_{t+2} = P^e_{t+1}+0.5(P_{t+1}-P^e_{t+1}) = P_t+0.5(P_{t+1}-P_t) \qquad (12.18)$$

식 (12.18)에 따를 때, $P_{t+1}>P_t$이므로 $P^e_{t+2}>P_t$가 성립한다. 그런데 $P^e_{t+1}=P_t$임을
이용하면 $P^e_{t+2}>P^e_{t+1}$가 성립함을 알 수 있다. 즉 기대물가는 상승한다. 실제물가가
기대물가보다 높아지면 적응적 기대에 따를 때, 새로운 기대물가는 올라간다. 기대
물가가 올라가는 정도는 예측오차의 0.5만큼이다.

　　기대물가가 올라가면 단기총공급곡선은 위쪽(왼쪽)으로 이동한다. 따라서 $(t+2)$
기에 성립하는 단기총공급곡선은 〈그림 12-7〉에서 $SRAS_2$로 나타냈다. 단기총공
급곡선이 이동함에 따라 균형은 C점으로 이동하여 총생산은 Y_{t+2}로 줄어들지만 물
가는 P_{t+2}로 한층 더 올라간다. 결국 $(t+2)$기에도 예측오차는 지속되며 그 크기는
$P_{t+2}-P^e_{t+2}$이다. 이와 같이 예측오차가 지속됨에 따라 단기총공급곡선은 지속적으
로 위쪽으로 이동한다. 충격은 $t+1$기에 한 번 왔음에도 불구하고 적응적 기대에 따
를 때 체계적인 예측오차가 지속됨을 확인할 수 있다. 이와 같이 단기총공급곡선은
위쪽으로 계속 이동하며 결국 D점까지 이동하여 더 이상의 예측오차가 생기지 않
을 때까지 지속된다. D점까지 이동하면 $Y=Y_n$이므로 $P=P^e$가 되어 예측오차가 더

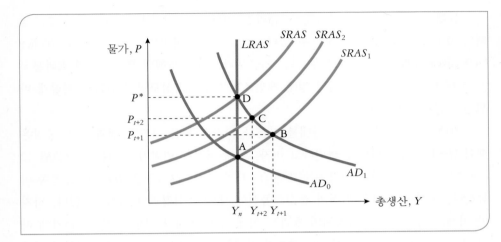

그림 12-7
단기총공급곡선의 이동과 단기균형의 변화

$(t+1)$기에 양$(+)$의 예측오차가 발생하면 $(t+2)$기의 물가에 대한 기대는 이러한 예측오차를 반영하여 보다 상승한다. 기대물가가 올라가면 단기총공급곡선은 $SRAS_1$에서 $SRAS_2$로 위쪽 이동한다. 따라서 $(t+2)$기에 성립하는 균형은 C점으로 이동하여 총생산은 Y_{t+2}로 줄어들지만 물가는 P_{t+2}로 한층 더 올라간다. 결국 $(t+2)$기에서도 예측오차는 지속되며 그 크기는 $P_{t+2}-P^e_{t+2}$이다. 이와 같이 예측오차가 지속됨에 따라 단기총공급곡선의 이동은 더 이상의 예측오차가 생기지 않을 때까지 지속된다. D점까지 이동하면 $Y=Y_n$이므로 $P=P^e$가 되어 단기총공급곡선도 더 이상 이동하지 않는다.

이상 생기지 않아 기대가 더 이상 변하지 않고 단기총공급곡선도 더 이상 이동하지 않는다. 이때의 물가를 P^*로 나타냈다.

이와 같이 적응적 기대에 따를 때, 단기균형이 장기균형으로 조정되는 과정은 상당히 오래 걸릴 수 있다. 또한 경제주체들은 체계적인 예측오차를 겪음에도 불구하고 이를 즉각적으로 수정하지 않는다. 이러한 점이 적응적 기대의 중요한 특징들이다.

제11장에서 분석한 총수요·총공급모형의 주요 결론은 적응적 기대를 도입한 경우에도 그대로 성립한다. 단기균형이 가격의 점진적 조정에 따라 장기균형으로 접근해 간다는 케인즈의 주장은 적응적 기대와 아무런 문제없이 양립하는 셈이다. 따라서 기대의 도입 자체가 케인즈모형의 주요 결론을 변화시키는 것은 아니다. 하지만 기대가 합리적 기대의 형태로 도입된다면 모형은 급격한 변화를 겪게 된다. 새고전학파의 대표적 경제학자인 사전트와 왈라스는 이러한 연구를 선구적으로 수행하였다. 다음 절에서는 이러한 과정을 살펴보기로 하자.

합리적 기대, 즉각적인 조정 그리고 새고전학파의 정책무력성정리

새고전학파(New Classical)는 새롭게 고전학파의 명제를 계승한 일군의 경제학자들을 일컫는다. 이들은 합리적인 경제주체를 상정하고 합리적 기대를 적극적으로 받아들였다. 특히 케인즈모형의 다른 부분은 그대로 유지한 채 기대를 적응적 기대에서 합리적 기대로 바꿈에 따라 모형의 시사점이 현저히 달라짐을 보임으로써 케인즈의 주장이 일반적이지 않다고 주장하였다. 기대형성의 변화에 따라 기존 모형의 결과가 현저하게 달라지고, 이에 경제이론에 가히 혁명적인 변화가 초래되었는데 혹자는 이를 합리적 기대혁명(rational expectations revolution)이라고도 부른다.

실례로 총수요 · 총공급모형에 합리적 기대를 도입하면 케인즈의 총수요정책의 효과가 사라짐을 입증할 수 있다. 이를 새고전학파의 정책무력성정리(Policy Ineffectiveness Proposition)라고 부른다. 지금부터는 중앙은행의 통화정책의 효과분석을 통해 합리적 기대가 도입된 경우 케인즈의 임금경직성모형의 결과가 어떻게 바뀌는지 살펴 보도록 하자.

기대형성과정이 합리적 기대를 따른다고 가정하자. 그리고 전과 같이 중앙은행이 $(t+1)$기에 통화량을 늘린다고 하자. 이때 어떠한 변화가 생기는가? 〈그림 12–8〉에서 중앙은행이 통화량을 늘리면 $(t+1)$기에 총수요곡선은 AD_1으로 오른쪽 이동한다. 이러한 사실은 이전의 총수요곡선에 대한 분석결과와 다를 바 없다. 하지만 이제 중앙은행의 통화정책의 효과는 이에 대한 기대가 어떻게 형성되는가에 따라 매우 달라진다. 경제주체들이 적응적 기대를 한다면 실제로 물가가 변하기 전에는 기대가 변화하지 않는다. 따라서 $(t+1)$기에 총공급곡선은 그대로 유지된다. 하지만 경제주체가 합리적 기대를 한다면 실제로 가격에 변화가 오기 전에 기대를 변화시킬 수 있다. 중앙은행의 행동변화가 t기에 이미 기대되고 있는 상황이라면 이러한 정보까지 이용하여 합리적 기대를 하는 경제주체들은 과거의 물가뿐 아니라 중앙은행의 행동에 대한 정보를 포함하여 다음과 같이 물가를 기대한다.

$$P^e_{t+1} = E[P_{t+1}|\Omega_t] = P^*$$

(12.19)

식 (12.19)에 따를 때 합리적 기대를 하는 경제주체는 궁극적으로 물가가 올라 P^*까지 조정이 이루어질 것을 단번에 예상한다. 경제주체들은 이러한 예상에 근거하여

그림 12–8
합리적 기대와 정책무력성정리

중앙은행이 통화량을 늘리면 $(t+1)$기에 총수요곡선은 AD_1으로 오른쪽 이동한다. 합리적 기대에 의하면 실제로 가격에 변화가 오기 전에 경제주체들은 이러한 변화를 감안하여 기대물가를 변화시킬 수 있다. 따라서 단기총공급곡선은 $SRAS_0$에서 $SRAS_1$으로 이동하여 균형은 D점으로 즉각적으로 변한다. 결국 중앙은행이 통화량을 늘리면 물가만이 P^*로 즉각적으로 상승할 뿐 총생산에는 변화가 없다.

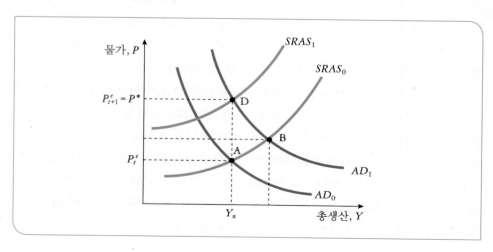

명목임금을 다음과 같이 계약하려고 할 것이다.

$$\overline{W_{t+1}} = \omega P^e_{t+1} = \omega P^*$$ (12.20)

명목임금이 식 (12.20)에 의해 결정되면 $(t+1)$기에도 실질임금은 ω가 유지됨을 의미한다. 이와 같이 물가에 대한 기대가 즉각적으로 이루어지고 이를 반영하여 실질임금이 유지되면 기업은 고용을 변화시키지 않는다. 따라서 단기총공급곡선은 $SRAS_0$에서 $SRAS_1$으로 바로 이동하여 물가만이 상승할 뿐 총생산에는 변화가 없다. 즉 $(t+1)$기의 균형은 D점에서 이루어지는 것이다. 결국 균형은 A점에서 D점으로 즉각적으로 변화하며 총생산에는 아무런 변화가 없고 물가만이 P^*로 상승할 뿐이다.

지금까지 새고전학파의 정책무력성정리를 살펴보았다. 경제주체들이 합리적 기대를 한다면 정부가 총수요정책을 사용하는 경우, 이에 대한 합리적 기대를 바탕으로 경제주체들은 궁극적인 물가변화를 기대하게 되고, 이에 따른 의사결정을 한다. 따라서 총수요정책을 사용하는 경우 이에 대한 단기적 조정 없이 장기균형이 즉각적으로 달성된다. 결국 실물 생산의 변화가 없게 되어 총수요정책의 효과가 없다는 것이 정책무력성정리의 핵심이다.

새고전학파의 정책무력성정리는 상당히 급진적인 주장으로 받아들여졌다. 정부의 총수요정책이 전혀 효과가 없다면 정부의 역할은 급격히 줄어들게 된다. 정부의 정책이 바로 경제주체들에게 이해되고 이를 바탕으로 경제주체들이 장기균형을 바로 찾아간다는 주장은 너무 극단적일 수 있다. 하지만 새고전학파의 정책무력성정리는 경제이론적 측면에서 매우 세련된 주장으로 많은 논쟁을 야기했으며 경제현상에 대한 이해의 폭을 넓히는 데 큰 공헌을 하였다.

단기에서의 인플레이션율과 실업률 사이의 상충관계 4

지금까지 살펴본 단기총공급곡선은 물가와 총생산의 관계에 집중하였다. 하지만 동일한 현상을 새로운 변수들을 사용하여 나타낼 수도 있다. 필립스곡선은 인플레이션율과 실업률을 이용한다는 점만이 다를 뿐 본질적으로 단기총공급곡선과 동일하다. 하지만 인플레이션율과 실업률은 정책당국자가 관심을 가지는 가장 중요한 두 개의 변수들이다. 따라서 필립스곡선은 정책당국자에게 보다 유용한 정보를 제공한다.

1 필립스곡선

　　뉴질랜드에서 태어나 영국에서 활동한 필립스(Alban William Phillips)는 1950년
대 말 인플레이션율과 실업률 사이에 경험적으로 안정적인 음(−)의 관계가 성립함
을 발견하였다. 즉 인플레이션율이나 실업률 중 한 변수가 낮아지면 다른 한 변수는
높아지는 현상을 발견한 것이다. 일반적으로 이러한 상충관계(trade-off)를 필립스곡
선이라고 부르며 〈그림 12−9〉에 표시하였다. 그림에서는 논의를 편하게 하기 위하
여 실업률과 인플레이션율간의 상충관계를 직선으로 표시하였지만 실제 데이터에서
는 〈그림 12−10〉에서와 같이 상충관계가 비선형으로 나타나는 것이 일반적이다.

　　〈그림 12−9〉에 따를 때, 예를 들어 인플레이션율이 π_1에서 π_2로 떨어지면 실
업률은 u_1에서 u_2로 올라간다. 이러한 관계를 수식으로 나타내면 다음과 같다.

$$\pi_t = \pi_0 - \beta u_t, \qquad \beta > 0 \tag{12.21}$$

식 (12.21)에서 π_t와 u_t는 각각 t시점에서의 인플레이션율과 실업률을 나타내며, π_0
및 β는 상수항이다. 특히 β는 필립스곡선의 기울기를 나타내는 상수로 인플레이션
율과 실업률 사이의 역상관관계의 정도를 나타낸다.

　　인플레이션율과 실업률 사이의 상충관계가 특히 주목을 받았던 이유는 인플레
이션율과 실업률 둘 다 정책당국자들이 가장 관심을 가지고 있는 경제변수들이기
때문이다. 정책당국자는 인플레이션율과 실업률을 모두 낮추고 싶어 한다. 즉 인플
레이션율과 실업률 어느 쪽이든 높아지면 경제에 해악을 끼친다고 보는 것이다. 하

그림 12-9

**필립스곡선: 인플레이션율과
실업률 사이의 상충관계**

필립스곡선은 인플레이션율과
실업률 사이에 단기적으로 성
립하는 음(−)의 관계를 나타
낸다. 예를 들어 인플레이션율
이 π_1에서 π_2로 떨어지면 실업
률은 u_1에서 u_2로 올라간다(A
점에서 B점으로 이동).

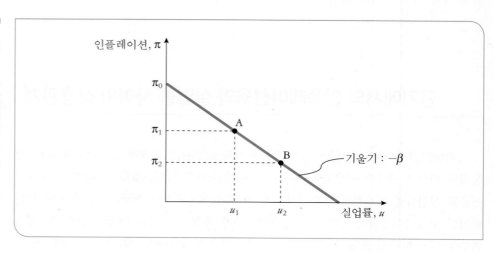

지만 필립스곡선은 양자를 동시에 낮추는 것이 가능하지 않음을 보여 준다. 필립스곡선에 따를 때 하나를 낮추려는 노력은 다른 한 변수의 증가를 초래하는 것이다. 결국 필립스곡선은 정책당국자가 선택과정에서 직면한 제약조건의 역할을 한다. 즉 〈그림 12-9〉에 나타낸 필립스곡선은 정책당국자가 선택할 수 있는 모든 점들을 나타내며, 정책당국자의 선호에 따라 필립스곡선상에서 최적점을 선택한다는 것이다. 예를 들어 낮은 실업률을 보다 선호하는 정책당국자는 A점을 선택할 것이고, 낮은 인플레이션율을 보다 선호하는 정책당국자는 B점을 선택한다고 해석할 수 있다. 이러한 선택은 정책당국자의 선호에 따라 필립스곡선상에서 다양한 형태로 가능하지만 낮은 인플레이션율과 낮은 실업률을 동시에 가져올 수 있는 방법은 없다는 것이 초기 필립스곡선에 대해 경제학자들이 가지고 있었던 생각이었다. 하지만 다음 절에서 설명할 이론적 · 실증적 분석의 발달에 따라 이러한 생각에는 큰 수정이 가해지게 된다.

2 필립스곡선의 이론적 근거

　　필립스곡선이 처음 발견되었을 때는 아무런 이론적 근거 없이 단지 경험적 사실에서 출발하였다. 하지만 지난 절에서 살펴본 바와 같이 우상향하는 단기총공급곡선모형은 필립스곡선도 잘 설명할 수 있다. 즉 우상향하는 단기총공급곡선을 설명할 수 있는 모형을 약간 변형시키면 필립스곡선이 도출될 수 있는 것이다. 보다 자세한 과정은 추후 살펴볼 것이다. 지금은 이를 간단히 이해하는 수준에서 설명해 보자.

　　우상향하는 단기총공급곡선은 물가와 총생산이 정(+)의 관계를 가짐을 의미한다. 따라서 물가의 변화율과 총생산의 변화율 사이에도 정(+)의 관계가 성립한다. 물가의 변화율은 곧 인플레이션율이며 총생산의 변화율은 총생산의 성장률이다. 따라서 우상향하는 단기총공급곡선을 통해 인플레이션율과 총생산 성장률 사이에 정(+)의 관계를 도출할 수 있다. 반면 총생산의 성장률과 실업률 사이에는 음(-)의 관계가 성립한다. 이는 다름 아닌 오쿤의 법칙(Okun's law)이다. 우리는 우상향하는 단기총공급곡선과 오쿤의 법칙을 결합하여 필립스곡선을 도출할 수 있다. 즉 인플레이션율과 총생산의 성장률 사이에 정(+)의 관계가 있고, 총생산의 성장률과 실업률 사이에 음(-)의 관계가 있으므로 인플레이션율과 실업률은 총생산의 성장률을 매개로 하여 음(-)의 관계가 성립한다. 이것이 필립스곡선이 성립하는 이론적 근거이다. 이를 간단히 다시 나타내면 다음과 같다.

단기총공급곡선 : 인플레이션율과 총생산성장률 사이의 정(＋)의 관계

오쿤의 법칙 : 총생산성장률과 실업률 사이의 음(－)의 관계

➡ 필립스곡선 : 인플레이션율과 실업률 사이의 음(－)의 관계

③ 인플레이션 감축과 희생비율

일반적으로 정책당국자가 정책도구를 사용하여 인플레이션율을 낮추는 행위를 인플레이션 감축(disinflation)이라고 부른다. 필립스곡선에 따르면 인플레이션 감축을 위해서는 실업률 증가를 감수해야 한다. 이때 과연 인플레이션 1%를 줄이기 위해서 국민경제가 감수해야 하는 비용은 얼마나 될 것인가? 필립스곡선을 바로 사용한다면 인플레이션 감축에 따른 비용을 실업률 형태로 나타낼 수 있을 것이다. 식 (12.21)에 따르면, 이 값은 $\frac{1}{\beta}$에 해당된다. 즉 인플레이션을 1% 감축시킬 때 실업률은 $\frac{1}{\beta}$%만큼 증가하는 것이다. 구체적인 $\frac{1}{\beta}$의 값은 연구결과에 따라 다르지만 미국의 경우 대체로 2 정도로 알려져 있다.

하지만 일반적으로 인플레이션 감축에 따르는 비용은 총생산규모로 나타내는 것이 보다 편리하다. 왜냐하면 총생산규모 또는 GDP는 화폐단위로 표시되기 때문에 인플레이션에 따른 비용을 보다 직접적인 화폐단위로 표현할 수 있기 때문이다. 우리는 이를 희생비율(sacrifice ratio)이라고 정의한다. 즉 인플레이션 1%를 줄이기 위해 감수해야 할 GDP 감소분이 희생비율이다. GDP 감소로 나타낸 희생비율을 계산하기 위해서는 오쿤의 법칙을 추가적으로 이용해야 한다. 즉 인플레이션율이 1% 감소할 때 실업률이 2% 증가하고, 오쿤의 법칙에 따라 실업률이 1% 증가할 때 GDP가 2% 감소한다면 결국 인플레이션율 1% 감소를 위해서는 GDP가 4% 줄어드는 희생을 감수해야 하는 것이다. 곧 희생비율이 4%인 셈이다. 하지만 이러한 GDP의 감소가 반드시 한 해에 모두 일어날 필요는 없다. 인플레이션율을 급속히 줄이기 위해서는 GDP의 감소도 빠른 속도로 이루어질 필요가 있지만 인플레이션율을 서서히 줄인다면 GDP의 감소도 여러 해에 걸쳐 천천히 일어날 수도 있다.

기대와 장기에서의 필립스곡선 5

1 필립스곡선에 대한 새로운 경험적 사실들

　　매우 안정적인 것으로 믿어졌던 필립스곡선은 시간이 흐르고 더 많은 데이터가 구축됨에 따라 여러 가지 이상 징후가 나타나기 시작하였다. 〈그림 12−10〉은 1961~1969년까지 미국에서 겪은 인플레이션율과 실업률을 나타낸 것이다. 그림에서 알 수 있듯이 인플레이션율과 실업률은 적어도 1960년대에는 매우 안정적인 상충관계를 보였다. 이러한 안정적인 관계가 필립스곡선이 등장한 배경이기도 했다.

　　그러나 그 이후에 인플레이션율과 실업률 사이의 관계는 더 이상 안정적인 선상에 나타낼 수가 없다. 〈그림 12−11〉은 1961~2006년으로 기간을 연장하여 동일한 관계를 나타낸 것이다. 그림에서 알 수 있듯이 안정적인 곡선을 이용하여 모든 연도들을 연결하는 것은 불가능하다. 그렇다면 필립스곡선은 완전히 사라졌다고 보아야 하는가? 〈그림 12−11〉은 적어도 필립스곡선이 장기적으로 안정적인 상충관계를 유지하는 곡선이 아님을 보여준다.

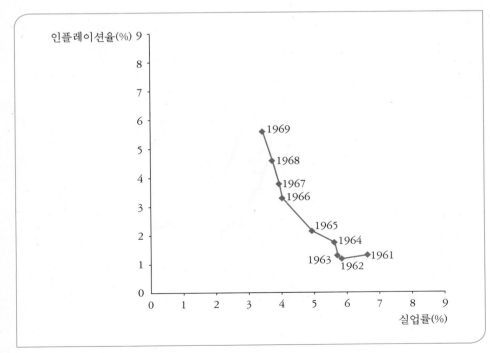

그림 12-10
1960년대의 안정적인 필립스곡선

인플레이션율과 실업률은 1960년대에는 매우 안정적인 상충관계를 보였다. 이러한 안정적인 관계가 필립스곡선이 등장한 배경이기도 했다.

그림 12-11
장기에 있어서의 불안정한 필립스곡선

1961~2006년까지 장기에 걸쳐 미국에서 겪은 인플레이션율과 실업률을 나타내면 더 이상 안정적인 곡선을 이용하여 모든 연도들을 연결할 수 없다. 따라서 인플레이션율과 실업률 사이에는 장기적으로 안정적인 상충관계가 유지되지 않음을 알 수 있다.

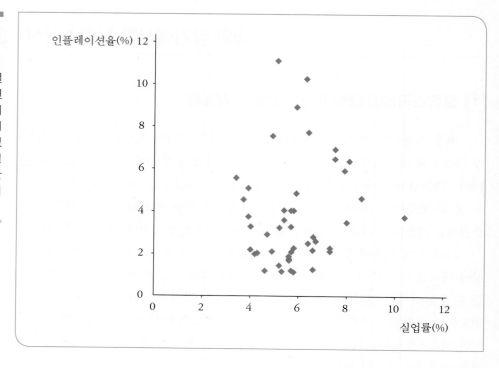

그림 12-12
필립스곡선의 이동

인플레이션에 대한 기대의 변화와 공급충격은 필립스곡선을 이동시킨다. 불안정하게 보이는 인플레이션율과 실업률의 관계도 여러 개의 단기필립스곡선의 이동을 통해 설명할 수 있다.

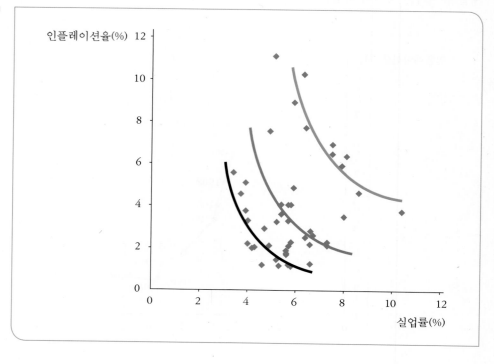

안정적인 필립스곡선이 오직 단기에서만 성립한다고 받아들이면 〈그림 12-11〉에 나타난 복잡한 관계도 설명할 수 있다. 즉 단기총공급곡선이 그러했듯이 우하향하는 필립스곡선은 오직 단기적으로만 성립되며, 몇 차례에 걸쳐 필립스곡선이 이동했다고 보는 것이 올바르다고 판단하게 되었다. 〈그림 12-12〉는 이러한 판단을 기초로 필립스곡선이 이동하는 경우에 인플레이션율과 실업률의 관계가 어떻게 설명될 수 있는지 보여준다. 즉 몇 개의 필립스곡선을 동원하면 대부분의 점들이 만족스럽게 설명할 수 있는 것이다.

그렇다면 이와 같이 단기필립스곡선이 이동하는 이유는 무엇인가? 지금까지 다루지 않았던 두 개의 추가적인 요인들 때문이다. 첫째는 인플레이션율에 대한 기대의 변화이다. 둘째는 공급측 요인으로서 비용 상승을 들 수 있다. 이제 이 두 가지 추가적인 요인들을 포함하여 보다 일반적인 필립스곡선을 도출해 보자.

단기총공급곡선을 이용한 필립스곡선의 도출

보다 일반적인 필립스곡선은 기대가 포함된 단기총공급곡선 식 (12.17)을 이용하여 도출할 수 있다. 이러한 과정은 다음과 같은 네 단계를 거친다.

첫째, 식 (12.17)을 물가 P_t에 관해 풀어 쓰면 다음과 같이 나타낼 수 있다.

$$P_t = P_t^e + \frac{1}{\alpha}(Y_t - Y_n) \tag{12.22}$$

둘째, 공급충격을 고려하자. 식 (12.22)에 따른다면 현재(t기)의 물가 P_t는 ① 물가에 대한 예상과, ② 총생산이 자연율총생산으로부터 벗어난 정도에만 의존한다. 하지만 실제로 가격은 이 두 가지 이외에도 석유가격 상승과 같이 일시적으로 단기총생산을 줄이면서 물가상승을 가져오는 공급충격에 의해서도 변화한다. 공급충격을 ε_t로 표현하여 식 (12.22)의 우변에 포함시키면 다음과 같이 변화한다.

$$P_t = P_t^e + \frac{1}{\alpha}(Y_t - Y_n) + \varepsilon_t \tag{12.23}$$

셋째, 물가 대신 인플레이션율을 사용한 식으로 변환시키자. 식 (12.23)의 양변에서 지난 기의 물가수준 P_{t-1}을 빼주면 식 (12.23)는 인플레이션율에 관한 식으로 변화한다.

$$(P_t - P_{t-1}) = (P_t^e - P_{t-1}) + \frac{1}{\alpha}(Y_t - Y_n) + \varepsilon_t \tag{12.24}$$

이때 좌변 $(P_t - P_{t-1})$은 현재의 물가에서 지난 기의 물가를 차감한 값으로 인플레이션율 π_t를 의미하며 우변의 첫 번째 항인 $(P_t^e - P_{t-1})$는 현재물가에 대한 예상에서 지난 기의 물가를 차감한 것으로 기대인플레이션율 π_t^e를 의미한다.[3]

넷째, 총생산 Y 대신 실업률 u를 사용한 식으로 변환시키기 위하여 오쿤의 법칙을 이용하자. 제2장에서 살펴본 바와 같이 오쿤의 법칙에 따르면 총생산의 변화율은 실업률의 변화와 일정한 관계에 있다. 따라서 총생산이 자연율총생산으로부터 얼마나 벗어나 있는지의 정도는 실업률이 자연실업률로부터 얼마나 벗어나 있는지의 정도와 일정한 관계에 있다. 이러한 관계는 오쿤의 법칙이 변형된 모습으로 다음과 같이 나타낼 수 있다.

$$\frac{1}{\alpha}(Y_t - Y_n) = -b(u_t - u_n), \qquad b > 0 \tag{12.25}$$

이제 식 (12.25)를 식 (12.24)에 대입하고 물가의 변화율을 인플레이션율로 나타내면 다음과 같은 일반적인 필립스곡선이 도출된다.

$$\pi = \pi^e - b(u - u_n) + \varepsilon \tag{12.26}$$

식 (12.26)에서 모든 변수는 동일 시점에서의 값이므로 시점을 나타내는 첨자 t는 생략하였다. 식 (12.26)은 인플레이션율이 우변의 세 가지 요인에 의해 결정됨을 나타낸다. 첫째, 기대인플레이션율(π^e)이다. 기대인플레이션율이 변화하면 실제의 인플레이션율도 변화한다. 둘째 수요견인 인플레이션(demand-pull inflation) 요인인 $b(u - u_n)$이다. 우리는 총수요에 대한 충격에 의해 총생산이 자연율총생산으로부터 벗어남을 배웠다. 총생산이 자연율총생산으로부터 벗어나면 실업률도 자연실업률에서 벗어난다. 따라서 총수요의 증가에 의해 실업률이 자연실업률보다 낮아지면 인플레이션율을 상승시키는데 이를 수요견인 인플레이션이라고 부른다. 셋째, 비용상승 인플레이션(cost-push inflation) 요인인 ε이다. 석유를 비롯한 원자재 가격의 상승은 생산비용을 상승시킴에 따라 인플레이션을 초래한다. 이러한 과정은 공급충격인 ε이 인플레이션율에 변화를 주는 것으로 이해할 수 있다.

---

3 좀 더 정확히 말해서 인플레이션율은 물가의 변화율이다. 하지만 물가수준을 이미 로그값으로 변환한 후라고 생각하면 로그변수의 차분은 제2장의 부록에서 보여준 바와 같이 근사적으로 변화율과 같아진다.

2 자연실업률 가설

단기총공급곡선에서 필립스곡선이 도출되는 과정을 다시 음미해 보면 공급충격이 포함되고 오쿤의 법칙을 사용하였다는 점 외에는 수학적 변환만이 가해진 셈이다. 따라서 필립스곡선은 본질적으로 단기총공급곡선과 동일한 의미를 가진다고 할 수 있다. 즉 물가 대신에 인플레이션율을 사용하고 총생산 대신에 실업률로 나타내어 정책입안자에게 보다 유용한 변수들을 사용했을 뿐 경제적 의미는 단기총공급곡선과 동일하다고 볼 수 있다. 이 때문에 필립스곡선은 케인즈학파에 의해 전폭적으로 받아들여졌다. 우상향하는 단기총공급곡선을 받아들인다면 필립스곡선도 쉽게 받아들여질 수 있는 것이다.

하지만 필립스곡선이 우상향하는 단기총공급곡선과 본질적으로 동일하다는 사실은 필립스곡선이 단기총공급곡선과 마찬가지로 단기적으로 성립하는 관계임을 의미한다. 또한 단기총공급곡선과 마찬가지로 장기에 있어서 필립스곡선도 이동하리라는 것을 기대하게 한다. 따라서 프리드만(Milton Friedman)과 펠프스(Edmund Phelps)는 필립스곡선이 절대로 안정적인 관계를 나타낼 수 없다고 주장하였다. 또한 실업률도 장기적으로 자연실업률에서 벗어날 수 없으며 장기적으로는 자연실업률로 회복된다고 주장하였다. 이러한 주장을 자연실업률 가설(hypothesis of natural rate of unemployment)이라고 부른다.

실제로 식 (12.26)에서 나타낸 필립스곡선은 기대인플레이션율(π^e)과 공급충격(ε)이 고정되어 있어야 인플레이션율과 실업률 사이의 안정적인 관계가 유지된다. 하지만 기대인플레이션율과 공급충격 중 어느 것이든 변화한다면 필립스곡선은 이동하게 된다. 예를 들어 실업률은 u_n에 있었다고 하자($u=u_n$). 이 경우 식 (12.26)에 따르면 인플레이션율은 $\pi^e + \varepsilon$과 같게 된다($\pi = \pi^e + \varepsilon$). 이 경우의 필립스곡선은 〈그림 12-13〉에서 파란색으로 표현하였다. 이제 기대인플레이션율이 π^e에서 $\pi^{e\prime}$으로 상승하였다고 하자. 이 경우 실업률 $u=u_n$에 대응하는 인플레이션율은 $\pi^{e\prime} + \varepsilon$로 변화한다. 이러한 변화는 필립스곡선이 기대인플레이션율 변화만큼 위로 이동한 것으로 표현된다. 이와 같은 필립스곡선의 이동은 공급충격 ε이 변화할 때에도 동일한 과정을 거쳐 일어난다.

만약 필립스곡선이 안정적인 관계를 나타낸다면 인플레이션율을 희생함으로써 실업률을 영구적으로 낮출 수 있다. 〈그림 12-14〉는 이러한 상태를 나타낸다. 논의를 간단히 하기 위하여 $\varepsilon=0$이라고 하라. 필립스곡선이 그대로 유지된다면 인플레이션율이 π_0에서 π_1으로 올라감에 따라 실업률은 자연실업률 u_n보다 낮은 u_1에 위

그림 12-13

기대인플레이션율의 변화와 필립스곡선의 이동

기대인플레이션율이 π^e에서 $\pi^{e'}$으로 상승함에 따라 필립스곡선은 기대인플레이션율의 변화만큼 위로 이동한 것으로 표현된다. 이와 같은 필립스곡선의 이동은 공급충격 ε이 변화할 때에도 동일한 과정을 거쳐 일어난다.

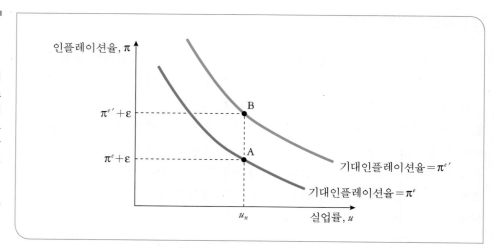

그림 12-14

실업률을 낮추려는 시도와 기대인플레이션율의 상승

필립스곡선이 그대로 유지된다면 인플레이션율이 π_0에서 π_1으로 올라감에 따라 실업률은 자연실업률 u_n보다 낮은 u_1에 위치한다. 하지만 인플레이션율이 π_1으로 올라간다면 경제주체들은 기대인플레이션율을 조정하게 된다. 이에 따라 기대인플레이션율의 상승은 필립스곡선을 이동시키며 이러한 이동은 실제의 실업률이 자연실업률과 일치하는 점에서 멈추게 된다. 결국 장기에는 실업률이 자연실업률로 회복되며 인플레이션율만이 상승하게 된다.

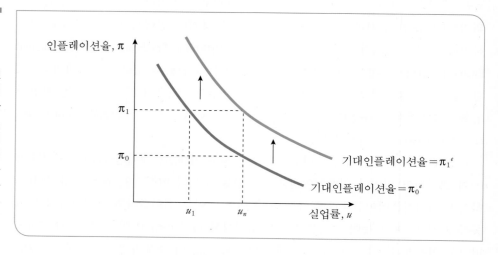

치한다. 하지만 이렇게 실업률이 자연실업률보다 영구적으로 낮은 상태는 유지되기 어렵다. 왜냐하면 그림에 나타난 필립스곡선은 기대인플레이션율이 고정되어 있다는 전제하에서 그려진 것이기 때문이다. 만약 인플레이션이 π_1으로 올라간다면 경제주체들은 인플레이션에 대한 기대를 조정하게 된다. 이러한 조정은 실제의 실업률이 자연실업률보다 낮은 한 계속적으로 일어난다. 왜냐하면 식 (12.26)에 의해 실제의 실업률이 자연실업률보다 낮은 한 인플레이션율이 지속적으로 올라갈 것이고 이러한 사실이 기대에도 반영될 것이기 때문이다. 결국 기대인플레이션율의 상승은 실제의 실업률이 자연실업률과 일치하도록 필립스곡선이 이동한 후에 멈추게 된다. 결국 장기에는 실업률이 자연실업률로 회복되며 인플레이션율만 상승하게 된다. 이러한 사실은 총생산이 장기적으로 자연율총생산으로 회복되는 것과 밀접한 관련이 있다. 총생산이 장기적으로 자연율총생산으로 회복되듯이 실업률도 장기적으로 자연실업률로 회복되는 것이다.

③ 합리적 기대와 고통 없는 인플레이션 감축

기대의 변화에 따라 필립스곡선이 이동하여 자연실업률이 회복된다는 사실은 기대형성이 중요한 역할을 하고 있음을 보여준다. 기대가 어떠한 과정을 통해 형성되는지에 따라 정책의 효과가 매우 달라질 수 있다. 적응적 기대에 따른다면 기대는 새로운 정책시행과 관련 없이 오직 과거의 실현된 결과에만 의존한다. 반면 합리적 기대는 이용가능한 모든 정보를 반영하여 기대를 형성한다. 특히 정부정책을 미리 반영하여 기대를 형성할 수 있다는 점은 합리적 기대의 가장 중요한 특징 중의 하나이다. 실제로 정부정책은 미래의 경제변수에 크게 영향을 줄 수 있으므로 합리적인 기대를 형성하는 경제주체들이 기대를 형성할 때 꼭 사용하여야 할 정보임에 틀림없다.

합리적 기대를 적극적으로 수용한 새고전학파는 인플레이션 감축이 전혀 비용을 수반하지 않고도 가능하다는, 당시로는 매우 급진적인 주장을 하였다. 이들에 따르면 희생비율은 필립스곡선이 이동하지 않는다는 전제하에서 구해진 것이므로 매우 과장된 수치이다. 만약 기대의 변화에 따라 필립스곡선이 이동한다면 인플레이션 감축에 따른 실업률 증가 정도는 필립스곡선이 어떻게 이동하는지에 따라 크게 달라질 수 있다. 정부정책의 변화에 따라 필립스곡선이 즉각적으로 이동한다면 실업률의 증가라는 고통 없이 인플레이션의 감축이 가능해진다. 새고전학파는 이를 고통 없는 인플레이션 감축(painless disinflation)이라고 불렀다.

예를 들어 〈그림 12−15〉와 같은 경우를 생각해보자. 현재 경제상태는 A점으로 표현된다. 즉 과거의 공급충격 혹은 확장정책의 결과로 인플레이션율은 π_0로 매우 높지만 실업률은 자연실업률을 회복한 상태이다. 이때 필립스곡선 1은 기대가 더 이상 변하지 않는다는 전제하에서 그려진 것이다. 만약 정부가 인플레이션율을 낮추고자 한다면 화폐공급을 줄이는 등의 긴축정책을 집행하여야 할 것이다. 필립스곡선이 필립스곡선 1에서 그대로 유지된다면 경제는 B점으로 이동하고 인플레이션율이 π_0에서 π_1으로 하락함에 따라 실업률은 u_n에서 u_1으로 증가하게 된다. 이러한 과정에서 수반되는 실업률의 증가는 인플레이션 감축에 따라 경제가 감수해야

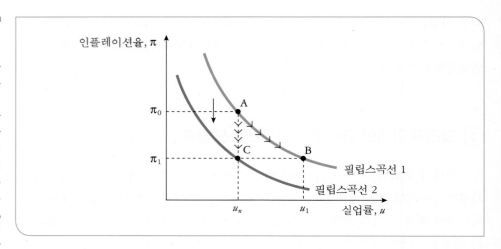

그림 12-15
고통 없는 인플레이션 감축

현재의 균형은 A점으로 인플레이션율은 π_0이며 실업률은 자연실업률 상태인 u_n에 있다. 만약 정부가 인플레이션율을 낮추고자 한다면 화폐공급을 줄이는 등의 긴축정책을 집행하여야 한다. 이때 필립스곡선이 필립스곡선 1에서 그대로 유지된다면 경제는 B점으로 이동하고 인플레이션율이 π_0에서 π_1으로 하락함에 따라 실업률은 u_n에서 u_1으로 증가하게 된다. 하지만 경제주체들의 기대가 즉각적으로 이루어져 인플레이션에 대한 기대가 하락함에 따라 필립스곡선이 필립스곡선 2로 이동한다면 경제는 C점으로 이동한다. 따라서 실업률은 자연실업률 u_n에서 변하지 않으므로 실업률의 증가라는 고통을 수반하지 않고도 인플레이션 감축이 달성된다.

할 고통의 크기를 의미한다.

하지만 경제주체들의 기대가 즉각적으로 이루어져 필립스곡선이 이동한다면 고통의 크기는 줄어들 수 있다. 합리적 기대에 따른다면 경제주체는 이용가능한 모든 정보를 반영하여 기대를 형성한다. 정부가 긴축적인 정책을 집행한다면 미래의 인플레이션율은 하락할 것으로 기대할 수 있다. 합리적 기대를 하는 경제주체는 이를 즉각적으로 반영하여 미래의 인플레이션에 대한 기대를 낮출 것이다. 정부가 의도하는 미래의 인플레이션율이 π_1이라면 이를 반영하여 경제주체들도 미래의 인플레이션율이 π_1이 될 것이라고 기대할 것이다. 따라서 필립스곡선은 필립스곡선 2로 이동한다. 결국 미래에 실제 인플레이션율이 π_1으로 실현될 때에 이에 대응하는 필립스곡선은 필립스곡선 2이므로 경제는 C점으로 이동한다. 따라서 실업률은 자연실업률 u_n에서 변하지 않으므로 실업률의 증가라는 고통을 수반하지 않고도 인플레이션 감축이 달성된다.

고통 없는 인플레이션 감축이 가능하기 위해서는 두 가지 전제가 필요하다. 첫째, 정부의 정책이 미리 경제주체들에게 알려져야 한다. 만약 정부가 비밀리에 정책을 집행한다면 경제주체들이 이를 미리 알 수 없고 따라서 인플레이션에 대한 기대를 바꾸지 않을 것이다. 둘째, 정부에 대한 신뢰가 있어야 한다. 특히 정부가 정책을 미리 선언(announce)한 경우 이를 반드시 집행할 것이라는 믿음을 주어야 할 것이다. 만약 정부가 정책을 선언한 이후에 실제 집행에 있어서 이미 선언한 바와 다른 행동을 취할 경우 경제주체들은 정부를 더 이상 신뢰하지 않게 된다. 따라서 추후에는 정부가 어떠한 정책을 선언하더라도 이를 반영하여 기대를 변화시키지 않을 것이다.

실제 경제에서 새고전학파가 주장한 바와 같이 고통 없는 인플레이션 감축이 가능한지에 대해서는 추후 많은 연구가 이루어졌다. 새고전학파의 주장은 이론적인 측면에서는 매우 설득력이 있지만 실제 경제에서 이러한 경우가 성립할 수 있는지에 대해서는 많은 반론이 제기되었다. 하지만 새고전학파의 주장은 정부정책의 신뢰도가 매우 중요함을 깨닫게 되는 계기를 제공하였다. 특히 정부정책의 신뢰도가 높아질수록 정책의 효과가 커지고 부작용이 줄어든다는 기본적인 시사점을 제공한 것은 새고전학파의 큰 성과라고 할 수 있다.

4 글로벌 금융위기 이후의 필립스곡선[4]

글로벌 금융위기 이후 미국경제가 침체에 빠지고 다시 회복되는 과정에서 실업률이 급격하게 올랐다가 축소되었음에도 인플레이션율의 변화는 상대적으로 작아 필립스곡선이 더 이상 유용하지 않다는 견해가 등장하였다. 예를 들어 크루그만(Krugman) 교수는 만약 과거의 필립스곡선이 유효했다면 글로벌 금융위기로 인한 실업률의 증가가 미국경제에서 디플레이션을 초래해야 했지만 그런 일이 발생하지 않았다고 주장한다. 특히 인플레이션율이 낮아짐에 따라 기대인플레이션율 π^e가 지속해서 낮아졌다면 필립스곡선 자체가 계속 아래로 이동하여 인플레이션율은 지속해서 내려갈 수도 있었다. 실업률이 상승 혹은 하락한 상태에서 인플레이션 기대만 조정이 된다면 인플레이션율이 가속적으로 하락 혹은 상승할 수 있는 것이다. 〈그림 12-16〉은 이러한 상황을 보여준다. 실업률이 자연실업률 u_n보다 높은 u_1으로 상승하면 인플레이션율은 π_1으로 낮아진다. 하지만 실업률이 u_1에서 계속 유지된다면 인플레이션 기대가 하락하여 필립스곡선이 아래로 이동함에 따라 인플레이션율은 더욱 하락하여 π_2가 된다. 시간이 지남에 따라 기대인플레이션율이 더욱 하락하여 필립스곡선이 아래로 더 내려간다면 인플레이션율은 π_3로 변화하여 디플레이션까지 가능해진다. 이렇게 실업률과 가속적으로 변화하는 인플레이션율과의 관계를 가속도 필립스곡선(accelerationist Phillips curve)이라고 부른다. 인플레이션율이 가속적으로 변하지 않기 위해서는 실업률이 자연실업률 u_n으로 복귀해야 한다. 이런 의미에서 자연실업률을 NAIRU(non-accelerating inflation rate of unemployment), 즉 "인플레이션을 가속하지 않는 실업률"이라고도 부른다.

---

4 본 절은 O. Blanchard의 "The Phillips curve. Back to the 60s?" *American Economic Review*, Vol. 106, No. 5, May 2016, pp. 31-34을 참조하여 작성되었다.

그림 12-16
기대인플레이션율의 변화에 따른 인플레이션율의 가속적인 변화

현재의 균형은 A점으로 인플레이션은 π_0이며 실업률은 자연률 상태인 u_n에 있다. 경기침체에 따라 실업률이 u_1으로 상승하면 경제는 B점으로 이동하여 인플레이션은 π_1으로 하락한다. 이때 실업률이 u_1으로 유지된다면 기대인플레이션율이 하락하여 필립스곡선은 필립스곡선①에서 필립스곡선②로 이동한다. 따라서 경제는 C점으로 이동하고 인플레이션율은 π_2로 더욱 하락한다. 실업률이 u_1으로 계속 유지된다면 기대인플레이션율은 더욱 하락하고 필립스곡선은 필립스곡선③으로 이동함에 따라 경제는 D점으로 이동한다. 따라서 인플레이션율은 π_3로 가속적으로 하락하여 경제는 디플레이션에 빠진다.

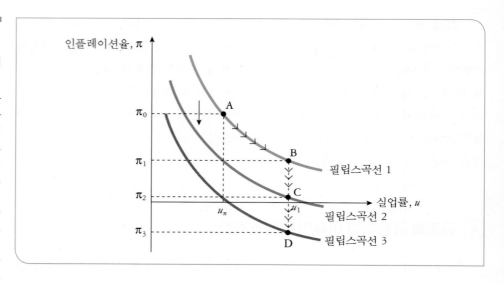

이에 대해 IMF의 블랑샤드(Blanchard) 전 수석이코노미스트와 하버드대의 써머스(Summers) 교수 등은 과거의 필립스곡선이 여전히 유효하다고 주장한다. 단, 세 가지 큰 변화가 있었다고 주장한다. 각각의 변화는 통화정책의 운영에 있어 중요한 시사점을 가진다. 첫째, 필립스곡선의 기울기가 상당히 완만해져서 실업률 변화에 대응하는 인플레이션율 변화가 줄어들었다. 이러한 사실은 필립스곡선 자체를 부정하지는 않는다. 즉 실업률의 변화에 대응하여 인플레이션율이 여전히 반응하지만, 그 반응의 크기가 줄어들었다는 것이다. 하지만 이렇게 필립스곡선 자체가 완만해진 것은 이번 위기 기간에 발생한 것이 아니라 이미 1980년대에 시작되었다고 주장하였다. 이처럼 필립스곡선이 완만해진 것은 통화정책을 보다 적극적으로 운영할 수 있음을 의미한다. 실업률 하락에 따른 인플레이션 상승의 비용이 줄어들었기 때문이다.

둘째, 기대인플레이션율이 상당히 안정적으로 유지되어 〈그림 12-16〉의 가속도 필립스곡선이 유효하지 않게 되었다. 즉 실업률이 상당히 증가하였음에도 불구하고 자연실업률 가설과 달리 기대인플레이션율이 안정적이었고 이로 인해 필립스곡선이 이동하지 않고 유지되었다는 것이다. 이처럼 기대인플레이션율이 안정적인 이유는 통화정책의 신뢰성이 높아져 중앙은행이 인플레이션율을 안정적으로 유지할 것이라는 믿음이 있기 때문이다. 만약 이것이 사실이라면 중앙은행이 안정적인 필립스곡선 하에서 통화정책을 통해 상당 기간 실업률을 변화시킬 수 있음을 의미한다. 〈그림 12-14〉에서 팽창적인 통화정책은 실업률을 u_1으로 하락시키지만, 기대인플레이션율이 상승함에 따라 실업률은 다시 자연실업률 u_n으로 돌아오고 인플레이션율만 π_1으로 상승한다고 지적하였다. 하지만 기대인플레이션이 π_0로 유지된다면 팽창적인 통화정책은 실업률을 u_1으로 상당 기간 유지할 수 있을 것이다.

셋째, 실업률 및 기대인플레이션율 이외의 인플레이션율을 변화시키는 요인이 확대되었다. 식 (12.26)에 의하면 인플레이션율은 기대인플레이션율(π^e), 수요견인 인플레이션율($b(u-u_n)$) 그리고 공급충격 ε에 의해 결정된다. 이때 ε은 공급측 충격 외에 알 수 없는 요인들을 포함하고 있다고 생각할 수 있다. 즉 기대인플레이션율(π^e)과 수요견인인플레이션율($b(u-u_n)$)에 의해 설명되지 않는 인플레이션율의 변동은 ε에 의해 포착되는 것이다. 블랑샤드에 따르면 알 수 없는 요인들에 의한 ε의 변동성이 커져 실업률과 기대인플레이션율만으로 인플레이션율을 예측하기 어려워졌다는 것이다. 이러한 변화는 추후 제18장에서 학습할 신성한 우연(divine coincidence)과 밀접한 관련이 있다. 미리 간단히 설명한다면, 신성한 우연은 통화정책을 안정적으로 유지하면 실물경제도 안정적으로 됨을 의미한다. 예를 들어 π가 안정적이어서 π^e와 항상 같다면 ε의 변동성을 무시할 때 식 (12.26)에 의해 실업률도 항상 자연실업률 u_n으로 유지되어 실물경기도 안정적으로 됨을 알 수 있다. 즉 안정적인 통화정책이 인플레이션율의 안정뿐 아니라 실물경기의 안정도 가져오는 경우를 신성한 우연이라고 부른다. 하지만 ε의 변동성이 커졌다면 이와 같은 논리에 문제가 생긴다. 즉 인플레이션이 안정적이어서 π가 π^e와 같더라도 ε의 변동성 때문에 실업률이 자연실업률 u_n에서 멀어질 가능성이 커졌다. 즉 통화정책의 안정성으로 실물경기의 안정성을 동시에 추구할 가능성이 줄어든 것이다.

준칙, 자유재량, 동태적 비일관성 **6**

① 준칙과 자유재량

루카스모형에서 보았듯이 경제주체들이 합리적 기대를 한다면 민간이 예측하지 못하는 중앙은행의 통화량 변화가 있을 경우, 처음에는 효과가 있지만 이러한 변화가 지속되는 경우 이를 합리적으로 기대하게 되어 통화정책이 실물 경제에 미치는 효과는 점점 작아지게 된다. 이러한 결과는 중앙은행이 통화정책을 어떻게 운용하는 것이 최적인가 하는 문제를 제기한다. 통화정책을 운용하는 방법은 크게 준칙(rules)과 자유재량(discretion)의 두 가지가 있다. 사실 이와 같이 두 가지 방법으로 나누는 것은 통화정책뿐 아니라 모든 정부정책의 운용에 있어서도 유효하다.

준칙은 일정한 규칙을 미리 정하여 발표하고 이에 따라 정책을 실시하는 것이다. 이에 반하여 자유재량은 그때그때의 상황에 따라 정책당국자가 가장 적절하다고 판단되는 정책을 시행하는 것이다.

준칙을 채택하였다고 하더라도 경제상황이 변할 때 이에 대응할 수 없다는 것을 의미하는 것은 아니다. 경제상황이 변함에 따라 어떠한 정책을 쓸 것인지 미리 정해 놓고 이를 따른다면, 정책의 내용이 미리 정해져 있기는 하나 상황에 따라 계속 정책이 바뀔 수 있는 것이다. 예를 들어 매기의 통화증가율을 k%로 일정하게 정하여 이를 따른다면 경제상황이 변하더라도 통화정책이 변하지 않는 준칙이 된다. 반면 이자율이 아래와 같이 정해진 규칙에 따라 인플레이션과 총생산갭에 반응하도록 정해두고 이를 따른다면, 이는 매기의 경제상황에 따라 정책이 변화하는 준칙에 해당한다.

$$실질이자율 = 목표실질이자율 + 0.5(인플레이션율 - 목표인플레이션율)$$
$$+ 0.5(총생산갭)$$

이 방정식은 고안한 경제학자의 이름을 따라 이를 테일러준칙(Taylor's rule)이라고 부른다. 테일러준칙은 인플레이션율과 실제 경제상황에 반응하여 실질이자율이 결정되는 한 가지 방식을 보여준다. 즉 인플레이션율이 목표인플레이션율을 1% 초과할 때마다 실질이자율은 목표실질이자율에 비해 0.5% 증가한다. 이러한 방법으로 인플레이션율의 상승에 대응하여 긴축적인 통화정책을 집행하게 된다. 또한 총생산갭은 실제총생산에서 자연율총생산(대개의 경우, 예측치)을 뺀 값의 백분율이므로 총생산갭이 양수(+)이면 경기가 호황이고, 음수(-)이면 경기는 불황이라고 판단할 수 있다. 따라서 테일러준칙에 따르면 경기가 호황이면 실질이자율을 상승시키고 경기가 불황이면 실질이자율을 하락시켜 통화정책을 통해 경기를 안정화시킨다. 이상과 같이 준칙이라고 하더라도 경제상황이 변함에 따라 적극적으로 통화정책이 작동하도록 만들 수 있는 것이다.

자유재량의 통화정책은 준칙과 달리 정해진 규칙 없이 중앙은행이 그때그때의 경제상황에 따라 이자율을 변화시키는 경우이다. 따라서 비슷한 상황에 대처할 때에도 보다 종합적인 상황을 고려하여 다른 방식으로도 대처할 수 있다. 예를 들어 부실한 은행의 파산에 대한 금융감독당국의 정책을 생각해 보자. 일정한 준칙을 정해 두지 않고 그때그때 상황에 따라 어떤 경우는 감독당국이 구제금융을 제공하여 파산을 막지만 또 다른 경우는 은행이 파산하도록 내버려 둔다면 이는 자유재량적 정책에 해당한다.

경제상황은 매우 복합적이므로 구체적으로 어떠한 상황이 발생할지는 누구도 완벽하게 예측할 수 없다. 모든 경우를 고려하여 각각의 경우에 대해 어떠한 정책을 미리 정하는 것은 불가능하기 마련이다. 준칙의 경우는 상대적으로 경제상황 중 일부의 지표만을 기준으로 하여 사용할 수 있는 정책의 내용을 미리 정하는 것이다. 따라서 정책당국자들이 그때그때마다 모든 상황을 고려하여 최적의 정책을 선택하는 자유재량이 나아 보인다. 만일 정책당국자의 능력을 신뢰할 수 있고 그들이 자기들의 이익보다는 민간을 포함한 국가경제 전체의 후생을 항상 극대화하려 한다면 자유재량의 정책을 채택하여 그들이 최선을 다하도록 하는 것이 타당해 보인다. 하지만 놀랍게도 이러한 경우에도 준칙이 자유재량보다 우월한 이유가 있다. 정책당국자들이 단기적으로는 최선을 다하더라도 이것이 장기적으로는 최적의 결과를 가져오지 못할 수 있기 때문이다. 이를 동태적 비일관성(Dynamic Inconsistency)의 문제라고 부른다.

2 동태적 비일관성

동태적 비일관성(Dynamic Inconsistency) 또는 시간의 불일치성(Time Inconsistency)이란 시간이 지나면서 최적계획의 내용이 달라지는 경우를 의미한다. 일정한 시점에서 미래의 여러 기간에 걸친 최적의 계획을 세우는 경우를 생각해 보자. 예컨대, 0기에 0, 1, 2, 3기의 최적계획 x_0, x_1, x_2, x_3을 수립하였다고 하자. 지금 시점에서는 이것이 분명히 최적이다. 이제 다음 시점인 1기에서 최적계획을 다시 수립하였을 때, 1, 2, 3기의 최적계획을 x_1', x_2', x_3'이라 하자. 이때 1기에서의 최적계획이 0기에서 앞서 세운 계획들과 달라지는 경우가 발생하였다고 하자. 즉 $x_1 \neq x_1'$, $x_2 \neq x_2'$, $x_3 \neq x_3'$가 되었다고 하자. 이렇게 0기와 1기 사이에 특별한 새로운 변화가 없었음에도 불구하고 최적계획이 달라지는 경우에 동태적 비일관성이 발생한다고 한다.[5]

예를 들어 에이즈를 원천적으로 치료할 수 있는 의약품의 발명에 대해 정부가 특허정책을 만든다고 하자. 이러한 의약품이 개발되면 30년 동안 특허권을 보장하는 정책을 현재 시점 0기에서 정하였다. 30년이라는 기간은 신기술을 발명할 유인

5 Kydland, Finn E., and Edward C. Prescott. 1977. "Rules Rather than Discretion : The Inconsistency of Optimal Plans." *The Journal of Political Economy*, 85(3): 473-491; Kydland와 Prescott은 동태적 비일관성에 대한 연구로 2004년 노벨경제학상을 수상하였다.

을 높이는 한편 발명자에 대하여 독점이윤을 너무 장기간에 걸쳐 보장하지 않는다는 점에서 최적의 정책이다. 이제 시점 1기가 되어 신약이 개발된 경우를 생각해 보자. 일단 신약이 발명되면 그 발명을 많은 사람이 공유할수록 사회 전체의 이득이 커진다. 하지만 특허권 때문에 신약 가격이 비싸 보급이 제대로 이루어지지 않는다고 하자. 이제 정부는 특허권 보장기간을 30년에서 1년으로 줄이거나 전혀 특허를 보장하지 않고 다른 약품회사도 생산할 수 있도록 하는 것이 최적일 수 있다. 즉 의약품이 발명되기 전과 후 사이에 정부의 최적정책이 달라지는 동태적 비일관성이 발생한 것이다.

또 다른 일상의 예를 들어보자. 초등학생 아들이 공부는 하지 않고 게임방만 전전하고 있다. 어느 날 부모가 게임 때문에 한 번만 더 늦게 들어온다면 호적에서 지워버리고 집에서 쫓아낸다고 하였다. 이 협박의 목적은 게임을 못하게 하는 것이고 당시 상황에서는 이것이 최적의 선택일 수 있다. 그러나 아들은 여전히 정신을 못 차리고 이튿날, 게임을 하다가 밤을 새고 집에 들어왔다. 이 상황에서 부모는 어떻게 하는 것이 좋은가? 이미 발표한 규칙대로라면 아들을 집에서 내쫓아야 하지만, 어차피 예전의 협박의 목적은 달성하지 못하였고 이 시점에서는 호적에서 지운다는 것은 귀하게 키운 자식을 버리는 결과만 될 뿐이다. 시간이 지나면서 최적의 선택들 간에 비일관성이 발생한 것이다.

은행파산에 대한 중앙은행의 정책도 위의 예들과 마찬가지이다. 중앙은행은 민간은행들이 건실하게 운영되길 바라며 이를 위해서는 문제가 생기면 구제해 주겠다고 하는 정책을 발표하기보다는 "은행이 파산하면 중앙은행은 이를 절대로 구제하지 않을 것이다"라고 발표하는 것이 최적이다. 그러나 실제로 어느 은행이 파산할 수 있는 상황이 발생하고 이로 인해 전체 금융시스템에 심각한 불안정이 발생할 우려가 있을 때에는 금융감독당국이 부실은행을 구제하는 것이 최적일 수 있다.

동태적 비일관성은 정책입안자들이 자유재량의 권한을 갖고 있기 때문에 발생한다. 따라서 동태적 비일관성은 자유재량이 항상 더 나은 결과를 가져오지 않을 수 있다는 것을 보여 준다. 단기적으로 정책당국자들이 최선을 다하는 비일관적인 재량정책은 장기적으로는 엄격한 준칙을 정하여 발표하고 이를 일관성 있게 시행하는 것보다 못한 결과를 가져올 수 있는 것이다. 앞의 예에서 볼 수 있듯이 정부가 일관성 없는 특허정책을 수행한다면 더 이상 좋은 발명이 나오지 않을 수 있다. 즉 정부의 말을 믿고 일생 동안 열심히 연구하였는데 정부가 바로 말을 바꾼다면 앞으로 누구도 열심히 새로운 발명을 하려고 노력하지 않을 것이기 때문이다. 자녀도 부모의 일관성 없는 태도에 이제 마음대로 행동할 수 있다. 어차피 집에서 내쫓는다는 말은 신뢰되지 않으므로 기회만 있으면 밤을 새고 들어올리려고 할 것이다. 또한 중앙은행의 부실은행 구제는 많은 민간은행들로 하여금 방만한 운영을 하게 하고 더 많은 은행이 구제금융을 받으러 오는 사태를 초래할 수 있다.

이러한 문제점을 해결하는 방법은 나중에 원래의 계획을 수정할 수 있는 가능성을 원천 봉쇄하는 것이다. 그리고 준칙은 이러한 역할을 할 수 있다. 즉 준칙을 발표하고 앞으로 결코 임의적으로 행동을 바꿀 수 없게 한다면 장기적으로 바람직한 결과를 도출할 수 있다. 예를 들어 특허정책도 준칙에 따라 추후에 완화할 수 있는 여지를 없애는 것이 오히려 더 바람직하다. 왜냐하면 이런 경우 특허정책에 대한 신뢰가 강해져서 발명을 하기 위한 노력을 더욱 할 것이기 때문이다. 자녀문제도 정말 부모의 말이 신뢰가 있다고 판단될 때에는 어느 자녀도 절대 밤을 새고 노는 경우가 없을 것이다. 집에서 쫓겨날 것이 확실할 경우 이를 무릅쓰고 밤을 새고 놀 수는 없을 것이기 때문이다. 정부정책과 관련해서도 장기적으로 더 바람직한 정책은 정책의 수혜자인 민간이 신뢰할 수 있는 준칙의 정책을 발표하고 정책입안자들이 이를 엄격히 따르는 것일 수 있다. 이를 다음 절에서 통화정책의 경우를 통해 살펴보자.

3 통화정책의 동태적 비일관성

우리는 앞 절의 루카스의 불완전정보모형에서 민간이 예측하지 못한 통화정책은 어느 정도 유효하지만 이를 반복하여 사용하는 경우 통화정책이 실물에 미치는 영향이 점차 줄어드는 것을 보았다. 그렇더라도 "조금이라도 통화정책을 활용하여 실업률을 낮추는 것이 좋지 않을까?"하고 질문을 할 수 있다. 하지만 대답은 "그렇지 않다"이다. 통화당국이 이렇게 자유재량을 가지고 있다는 것을 민간이 알고 이에 맞추어 기대를 형성하게 되면 중앙은행의 물가정책에 대한 신뢰성이 낮아지고 장기적으로는 균형인플레이션율이 높아져서 오히려 사회후생이 감소하기 때문이다.[6]

통화당국은 낮은 실업률과 낮은 물가상승률을 목표로 한다고 하자. 그리고 통화증가율이나 이자율을 조정하여 인플레이션율의 수준을 정확하게 정할 수 있다고 하자. 이제 통화당국은 준칙을 정하여 발표하고 정책을 수행한다. 통화당국이 정한 인플레이션율 수준을 합리적 기대를 하는 민간들도 미리 알게 되고 이에 맞추어 기대인플레이션율을 정하게 된다. 앞서 살펴본 필립스곡선에 따르면 인플레이션율과

6 Barro, Robert J., and David B. Gordon. 1983. "Rules, Discretion and Reputation in a Model of Monetary Policy." *Journal of Monetary Economics*, 12(1): 101-121.

기대인플레이션율이 같을 때 실업률은 항상 자연실업률로 정해지기 때문에 물가상 승률을 어떠한 값으로 결정하더라도 실업률은 자연실업률 이하로 낮출 수 없으므로 통화당국의 바람직한 준칙은 가능한 물가상승률을 낮게 하는 것이다. 예를 들어 장기적으로 인플레이션율을 연평균 0%로 유지하겠다고 발표하는 준칙은 민간들로 하여금 기대인플레이션율을 0%로 형성하게 하고, 물가안정의 측면에서 최적의 결과를 가져올 수 있다. 또한 실업률도 자연실업률에서 안정적으로 유지될 것이다.

반면에 통화당국이 재량권을 가지고 그때그때 정책을 수행하는 경우에는 어떤 결과가 발생하는가? 매기마다 통화당국은 이미 정해진 민간의 기대인플레이션율에 맞추어 단기적으로 최적의 통화정책을 결정한다. 이 경우 항상 예상하지 못한 인플레이션을 발생시켜 실업률을 낮추고 이에 따라 실질총생산을 일시적으로 증가시키는 것이 그 시점에서 통화당국의 최적결정이 될 수 있다. 그러나 이러한 비일관적인 정책은 장기적으로 최적의 결과를 가져오지 못한다. 왜냐하면 이제 민간은 자기들이 낮은 물가상승률을 기대하게 되면 실제 그 다음 기에 가서는 통화당국이 예상하지 못한 인플레이션을 발생시킬 수 있음을 알고 이에 맞추어 기대인플레이션율을 높이 형성하려 하기 때문이다. 이 새로운 기대인플레이션율의 값은 앞의 준칙의 0%보다는 분명히 높을 것이다. 또한 장기적으로 실업률은 항상 자연실업률에 의해 정해지기 때문에 실업률을 낮추지 못하고 결국 균형인플레이션율의 값만 기대인플레이션율이 높아짐에 따라 같이 올라간 셈이다. 따라서 단기적으로 통화당국이 최선을 다하는 비일관적인 자유재량정책이 준칙에 비해 못한 결과를 가져온다.

지금의 논의를 〈그림 12-17〉에 표현해 보자. 〈그림 12-17〉은 통화당국이 선택하는 재량적 인플레이션율($\hat{\pi}$)을 y축에, 민간의 기대인플레이션율(π^e)을 x축에 표시하였다. 통화당국과 민간은 서로 게임을 한다고 할 수 있다. 통화당국은 주어진 민간의 기대인플레이션율보다 높은 인플레이션율을 유도하여 실업률을 낮추려는 유인이 있으며 이러한 통화당국의 정책반응함수를 $\hat{\pi}$의 붉은 선으로 표시하였다. 이 반응함수에 따르면 민간의 기대인플레이션율이 예를 들어 0으로 주어지면 통화당국은 보다 확장적인 정책을 사용하여 예상하지 못한 인플레이션율, $\pi_0 > 0$을 발생시키려는 유인이 있음을 보여준다. 민간은 이러한 통화당국의 행위를 예측하고 기대인플레이션율을 형성한다. 원점에서 시작하는 45°선은 인플레이션율과 기대인플레이션율이 같을 때를 표시한다. 균형은 통화당국이 선택하는 인플레이션율과 민간의 기대인플레이션율이 같아지는 A점에서 이루어진다.

균형점 A에서 경제의 후생은 극대화되는가? 균형에서는 실업률이 자연실업률과 일치하므로 경제의 후생은 균형인플레이션율에 의존한다. 따라서 균형인플레이

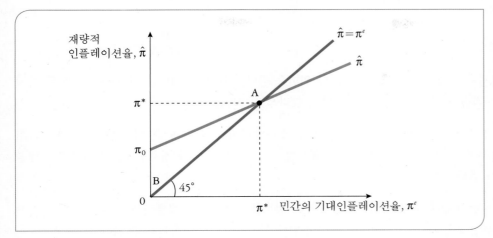

그림 12-17
자유재량 통화정책과 인플레이션율

통화당국은 민간의 기대인플레이션율(π^e)보다 높은 재량적 인플레이션율($\hat{\pi}$)을 유도하여 실업률을 낮추려는 유인이 있다. 균형점 A에서 실업률은 자연실업률과 일치하므로 경제의 후생은 균형인플레이션율에 의존한다. 따라서 균형인플레이션이 0%인 B점에서 후생이 높아진다. 균형으로서의 B점은 준칙에 의해 달성될 수 있다. 결국 자유재량하의 균형인플레이션율(π^*)이 준칙하의 균형인플레이션율(0)보다 높으므로, 경제의 후생은 준칙의 경우가 자유재량의 경우보다 높을 수 있다.

션율이 하락할수록 경제의 후생은 증가할 것이다. 이러한 균형은 정책당국자가 준칙을 사용함으로써 달성가능하다. 그림에서 B점으로 표시된 원점은 경제의 후생이 극대화되는 최적의 준칙에 의해 인플레이션율과 기대인플레이션율이 모두 0인 경우를 나타낸다. 이러한 준칙은 인플레이션율을 0으로 정하고 정책당국자에게 이를 유지하도록 강제함으로써 달성가능하다. 정책당국자에게 재량권이 없다면 민간도 이를 신뢰하게 되고 기대인플레이션율을 0으로 형성함에 따라 실제인플레이션율이 0인 상태에서 균형이 달성되는 것이다. 결국 자유재량하에서의 균형인플레이션율은 π^*로 준칙에 의해 달성된 0보다 높은 수준이 된다. 따라서 경제의 후생도 준칙의 경우가 자유재량의 경우보다 높음을 알 수 있다.

이제 준칙의 경우를 살펴보자. 예를 들어 인플레이션 타겟팅정책은 통화당국이 일정한 인플레이션율을 목표로 정하고 이를 달성하기 위해 통화정책을 운영하는 대표적인 준칙이다. 하지만, 경기불황이 매우 심할 때 인플레이션율이 약간 높아지더라도 인플레이션타겟팅 정책을 일시적으로 포기하고 통화량을 늘려서 경기활성화를 유도하여야 하는가? 예상하지 못한 확장적 통화정책은 경기부양에 효과가 있을 수 있기 때문에 단기적으로는 재량적 정책이 더 매력적이다. 하지만, 실제로 이렇게 통화정책이 운용되면 물가안정을 위해 노력하는 통화당국에 대한 신뢰도가 낮아지고 민간의 기대인플레이션율이 장기적으로 상승하는 결과를 초래할 수 있다. 따라서 경기불황인 경우에도 인플레이션율을 이미 정한 타겟에 유지하려는 노력이 필요하다. 준칙을 준수하겠다는 확실한 약속을 하고 이를 따르면 동태적 비일관성의 문제가 없어지고 장기적으로 낮은 인플레이션율을 유지함으로써 자유재량에 비해 더 나은 결과를 가져올 수 있는 것이다.

정리

summary

1. 미래에 대한 기대는 현재의 경제적 의사결정에 중요한 역할을 한다. 기대를 형성하는 방식에는 크게 두 가지 가설이 있다. 첫 번째는 적응적 기대가설이고, 두 번째는 합리적 기대가설이다.

2. 적응적 기대에 따르면 경제주체들은 예측오차의 일부를 반영하여 다시 기대를 형성한다. 적응적 기대는 과거의 실현된 값만을 이용하여 기대를 형성하는 것으로 해석할 수도 있다. 따라서 경제주체들이 적응적 기대를 따른다면 체계적 오류를 범하게 된다.

3. 합리적 기대는 과거의 실현된 값 이외에도 이용가능한 모든 정보를 반영하여 기대를 형성하는 것이다. 따라서 어떠한 정보가 새롭게 등장했을 때 이를 적절히 이용하여 기대를 즉각적으로 변화시킬 수 있다.

4. 합리적 기대를 하는 경우에도 전혀 기대하지 않았던 경제구조의 변화나 새로운 충격이 오면 예측오차를 발생시키지만 이를 즉각적으로 반영하여 다음 기의 기대를 수정한다는 점이 합리적 기대의 특징이다. 따라서 합리적 기대하에서는 체계적 오류가 발생하지 않는다.

5. 단기총공급곡선의 모양에 물가에 대한 기대는 중요한 역할을 한다. 단순히 현재의 물가상승이 실질총생산을 증가시키는 것이 아니라 기대된 물가를 초과하는 물가상승($P > Pe$)이 있어야 실질총생산은 자연율총생산보다 크게($Y > Yn$) 된다는 점에서 구별된다.

6. 단기총공급곡선이 우상향하는 이유를 설명하는 이론에는 케인즈의 명목임금 경직성모형, 루카스의 불완전정보모형, 새케인즈학파의 가격경직성모형이 있다.

7. 케인즈의 명목임금 경직성모형에 따르면 노동시장에서 명목임금은 계약에 의해 미리 결정된다. 이 경우 물가가 상승하면 실질임금이 하락하여 노동고용량이 증가하고 총생산도 증가한다. 이때 노동시장은 임금경직성 때문에 불균형상태에 있게 된다.

8. 루카스의 불완전정보모형에서는 경제주체들이 합리적 기대에 따라 물가를 예상한다. 하지만 불완전한 정보 때문에 경제주체들은 전체 물가를 알 수 없어 명목충격과 실물충격을 정확히 구별하지 못한다. 즉 명목충격으로 인해 자신이 생산하고 있는 상품의 가격이 상승하여도 이를 실물충격으로 오인하여 생산을 늘리게 된다.

9. 새케인즈학파의 가격 경직성모형은 명목가격을 변화시키기 위해서는 메뉴비용이 필요하다고 주장한다. 메뉴비용은 명목가격을 변화시키는 데 수반되는 모든 비용을 총칭한다. 통화량이 늘어나면 메뉴비용을 수반하지 않는 기업들은 즉각적으로 가격을 변화시키지만 메뉴비용이 높은 기업들은 그러지 못하여 전체물가는 충분히 상승하지 못한다. 따라서 실질통화가 증가하고 이는 총수요를 늘려 총생산도 증가한다.

10. 미래물가에 대한 기대가 변화하면 단기총공급곡선은 이동한다. 물가에 대한 기대가 상승하면 단기총공급곡선은 위쪽으로 이동하고 물가에 대한 기대가 하락하면 단기총공급곡선은 아래쪽으로 이동한다. 단기균형이 장기균형으로 접근해가는 과정에서 물가에 대한 기대의 변화는 중요한 역할을 한다.

11. 총수요·총공급모형에 합리적 기대를 도입하면 케인즈의 총수요정책의 효과가 사라짐을 보일 수 있다. 경제주체들이 합리적 기대를 할 때 정부가 총수요정책을 사용하는 경우, 이에 대한 합리적 기대를 바탕으로 경제주체들은 궁극적인 물가 변화를 기대하게 되어 총공급곡선에도 변화가 생긴다. 정부가 총수요정책을 사용하는 경우 단기적 조정을 겪지 않고 장기균형이 즉각적으로 달성되기 때문에 실물생산에는 변화가 없게 된다. 이를 새고전학파의 정책무력성정리라고 부른다.

12. 필립스곡선은 인플레이션율과 실업률 사이에 단기적으로 성립하는 음(−)의 관계를 나타낸다. 즉 인플레이션율이나 실업률 중 한 변수가 낮아지면 다른 한 변수는 높아지는 현상을 발견한 것이다. 이러한 관계를 인플레이션과 실업률 사이의 상충관계라고도 부른다.

13. 정책당국자가 정책도구를 사용하여 인플레이션을 낮추는 행위를 인플레이션 감축이라고 부른다. 인플레이션율을 1% 포인트 줄이기 위해 감수해야 할 GDP 감소분을 희생비율이라고 한다.

14. 단기필립스곡선이 이동하는 이유로 첫째, 기대인플레이션율의 변화와 둘째, 공급요인으로써 비용 상승을 들 수 있다.

15. 필립스곡선이 장기에는 안정적인 관계를 유지할 수 없으므로 인플레이션율이 아무리 높아져도 실업률은 장기적으로 자연실업률보다 낮아질 수 없다. 즉 장기적으로 실업률은 자연실업률에서 벗어날 수 없다. 이러한 주장을 자연실업률가설이라고 부른다.

16. 필립스곡선이 이동한다면 인플레이션 감축에 따른 실업률 증가 정도는 필립스곡선이 어떻게 이동하는지에 따라 크게 달라진다. 새고전학파는 경제주체들이 합리적 기대를 따를 경우 정부정책이 집행될 때 이를 반영하여 즉각적으로 인플레이션에 대한 기대를 변화시켜 필립스곡선이 즉각적으로 이동한다고 주장하였다. 이 경우 실업률의 증가라는 고통 없이 인플레이션 감축이 달성된다. 새고전학파는 이를 고통 없는 인플레이션 감축(painless disinflation)이라고 불렀다.

17. 정부가 준칙과 자유재량 중에서 어떠한 방식으로 정책을 집행하는가는 민간의 기대형성이라는 측면에서 중요하다. 준칙은 일정한 규칙을 미리 정하여 발표하고 이에 따라 정책을 실시하는 것이고 자유재량은 그때그때의 상황에 따라 정책 당국자가 가장 적절하다고 판단되는 정책을 시행하는 것이다. 일견 자유재량적 정책이 우수해보이나, 장기적으로 정부의 재량은 동태적 비일관성의 문제를 가져올 수 있다. 동태적 비일관성 또는 시간의 불일치성이란 시간이 지나면서 최적 계획의 내용이 달라지는 경우를 의미한다.

연습문제 *exercise*

1. 다음 문장을 읽고 참 혹은 거짓인지를 판단하시오.

1) 장기적으로 필립스곡선은 수직의 형태를 취한다.

2) 희생비율(sacrifice ratio)은 정부정책의 신뢰도에 따라 그 값이 달라질 수 있다.

3) 현재의 화폐량은 고정되어 있고 미래의 화폐량만 증가한다면 미래의 물가만 증가할 뿐 현재의 물가는 변함이 없다.

4) 필립스곡선에 따르면 실업률을 낮추기 위한 확장적 통화정책은 물가상승률을 반드시 높이게 된다.

5) 필립스곡선이 $\pi_t = \pi_t^e - \alpha \times (u_t - u_n)$, $\alpha > 0$와 같이 주어졌고 합리적 기대가 성립한다면 이 경제에서는 화폐의 중립성이 항상 성립한다.

6) 모두가 합리적 기대를 하는 경제에서 필립스곡선은 항상 수직이다.

2. 한 경제의 총수요와 총공급이 아래와 같이 주어진 거시모형을 고려하자.

$$총수요 : y_t = y_{t-1} + 2(m_t - \pi_t)$$
$$총공급 : y_t = y_F + 6(\pi_t - \pi_t^e)$$

이 경제가 현재 완전고용국민소득(y_F)이 50, 인플레이션율 π가 4%에서 균형상태에 있다고 하자.

1) 다른 요인이 동일할 때 통화증가율(m_t)이 연간 4%에서 10%로 증가하였다고 가정하자. 앞으로 4년 동안의 인플레이션율과 국민소득의 값들을 구하시오. 단, 기대인플레이션율은 전기의 실제인플레이션율과 같다고 하자: $\pi_t^e = \pi_{t-1}$. 또 장기적인 균형에서 인플레이션율과 국민소득의 값은? (그림으로도 설명하시오.)

2) 이제 기대인플레이션율은 항상 실제인플레이션율과 같다고 하자. $\pi_t^e = \pi_t$. 중앙은행이 통화증가율을 4%에서 10%로 증가시켰을 때 앞으로 4년 동안의 인플레이션율과 국민소득의 값을 구하시오. 1)의 답과 비교하여 설명하시오.

3. 서로 이웃하고 있는 두 국가 중 A국은 루카스의 불완전정보모형에 따라 움직이며 B국은 명목임금이 경직적으로 조정되는 전형적인 케인즈모형을 따른다고 하자.

1) 두 경제 모두에서 예측하지 못한 통화량의 변동이 있었다. 두 국가의 물가, 고용, 소득의 변화를 설명하시오.

2) A국은 원유 수입국이다. 원유 국제가격의 급격한 변동이 있을 때 경제변동을 줄이기 위해 정부가 쓸 수 있는 정책을 설명하시오.

4. 지금의 한국 경제는 루카스의 불완전정보모형이 잘 적용되며, 단기총공급곡선은 양의 기울기를 갖는 경제라고 하자.

1) 한국은행이 갑자기 단기 기준금리를 0.5% 낮추는 정책을 사용하였다. 이러한 전혀 예상하지 못한 확장적 통화정책이 거시경제변수(이자율, 물가, 소득 등)에 미치는 효과를 단기, 장기로 나누어 설명하시오.

2) 중앙은행의 총재는 금융기관의 과다한 가계 대출을 걱정하면서 다음 기에는 단기 기준금리를 올리겠다고 공언하였다. 이에 따라 민간 경제주체들은 틀림없이 중앙은행이 기준금리를 0.5% 높일 것으로 기대하였다. 이 시점에서 이 경제의 이자율, 임금, 물가, 생산량의 변화를 설명하시오. 그러나 실제 한 기 후에 금융통화운영위원회는 이자율을 올리지 않았다. 경제에 어떠한 변화가 다시 발생하겠는가?

3) 위와 같이 예측하지 못한 통화정책을 자주 사용하면 통화정책의 단기 실물효과는 어떻게 달라지는가? 그 이유는? 예측하지 못한 통화정책을 자주 사용하는 것이 왜 오히려 나쁜 정책일 수 있는가?

5. 루카스의 불완전정보모형을 고려하자.

1) 중앙은행은 불경기가 되면 항상 통화증가율을 상승시키는 정책을 쓴다고 하자. 루카스의 이론에 따르면 이러한 정책은 국민소득에 어떠한 영향을 미치겠는가?

2) 합리적 기대와 시장의 균형하에서도 루카스의 총공급곡선이 우상향하는 이유는 무엇 때문인가?

6. 어느 한 경제의 필립스곡선이 $\pi_t - \pi_t^e = 15 - 3u$와 같이 주어져 있다고 하자. 단, $\pi_t^e = \pi_{t-1}$으로 결정된다. $t-1$기에 이 경제의 실업률은 자연실업률과 같고, 인플레이션율은 4%에서 균형을 이루고 있다.

1) 이 경제의 자연실업률을 구하시오.

2) t기에 정부가 실업률을 3%로 낮추어서 계속 유지하기 위해 확장적 총수요정책(예: 통화량 증가)을 하려고 한다. 이 경제의 t, $t+1$, $t+2$기의 균형인플레이션율의 값을 구하고 그 변화를 설명하시오.

3) 이 경제의 인플레이션율을 영구적으로 1% 낮추려 할 때 이러한 정책은 실업률에 어떠한 영향을 미치겠는지 설명하시오. 실업률 1%의 변화는 GDP의 2%의 변화를 초래한다고 하자. 인플레이션율을 1% 낮추기 위해 희생해야 하는 GDP의 크기를 구하시오.

7. 문제 6에서 서술한 경제를 고려하자. 단, 이제 민간들이 합리적 기대를 한다고 하자.

1) 문제 6의 2)에서처럼 정부가 실업률을 낮추기 위한 정책을 지속적으로 사용할 것임을 모든 경제주체가 안다고 하자. 정부의 확장적 총수요정책(예: 콜금리 하락)의 효과는 어떻게 달라지는가?

2) 정부가 민간들이 예측한 것보다 훨씬 대규모의 확장적 총수요정책을 쓰면 어떤 효과가 있는가? 이러한 정책을 너무 자주 쓰면 정책효과가 어떻게 달라지겠는가?

3) 경기안정화정책을 준칙에 따라서 하는 것이 왜 자유재량으로 하는 것보다 나을 수 있는지 설명하시오.

8. 어느 경제의 필립스곡선이 다음과 같이 표현된다고 하자.

$$\pi_t = \pi_t^e - 2(u_t - u^n_t)$$

단, π_t와 π_t^e는 t기에서의 실제 및 기대인플레이션율을 나타내며 u_t와 u^n_t은 t기에서의 실제 및 자연실업률을 나타낸다. 이 경제는 지난 10년간 실제인플레이션율이 3%를 유지하였고 그에 따라 기대인플레이션율도 3%를 유지하고 있다. 또한 자연실업률은 4%이면 실제실업률도 4%이다.

1) 필립스곡선을 그리고 현재 상태를 표시하시오.

정부는 실업률을 3%로 낮추기 위해 보다 확장적인 정책을 수립하고자 한다. 특히 실업률 1% 낮추는데 인플레이션율이 2% 이하로 오른다면 이러한 정책을 선호한다고 하자.

2) 기대인플레이션율이 $\pi_t^e = \pi_{t-1}$으로 결정된다면 정부는 어떻게 하겠는가?

3) 기대인플레이션율이 정부의 이러한 선호를 고려하여 결정된다면 정부의 정책은 성공할 수 있는가?

4) 정부가 자신의 선호에도 불구하고 인플레이션율을 3%로 유지하겠다고 선언하였다. 이때의 결과는 어떠한가?

5) 위 문제에서 정부의 선언이 도움이 된다면 그 이유를 설명하고 도움이 되지 않는다면 어떻게 개선할 수 있는지 설명하시오.

6) 어떠한 희생을 무릅쓰더라도 실업률을 3%로 유지하려고 한다면 과연 성공할 수 있는 방법이 있는지 설명하시오.

9. 다음의 식들은 자유공화국(The Republic of Liberty) 경제의 움직임을 묘사하는 식들이다.

$$C = 0.7(Y-T)+200 \quad (1)$$
$$I = -2000r+400 \quad (2)$$
$$m^d-p = Y-2000r \quad (3)$$

정부의 지출(G)은 100이고 조세(T)는 200이라고 하자. 세 번째 식 (3)은 화폐수요를 나타낸다(화폐수요함수에 로그를 취한 것이라 생각하자). 화폐공급은 전적으로 중앙은행에 결정되며 현 수준은 $m^s=1100$라고 하자. 화폐시장의 균형은 $m^s=m^d$이다.

1) 현재의 물가수준이 100이라고 할 때, 생산물시장과 화폐시장을 동시에 균형으로 하는 단기균형생산량(Y)과 이자율(r)을 계산하시오.

이제 공급곡선이 다음과 같이 표현된다고 하자.

$$Y = 1200 + 10(P - P^e)$$

2) 정부가 현재 조세를 100만큼 줄여 총수요를 진작시키고자 하는 경우, 총공급곡선을 이용하여 단기균형에서의 총생산을 계산하시오. 단, P^e는 조세변화 전의 물가수준과 일치하였다고 하자.

3) 물가에 대한 예상이 적응적 기대에 따른다고 하자. 즉 $p^e_{t+1} = p^e_t + 0.5(p_t - p^e_t)$라고 한다. 이때 다음 기의 총생산은 어떻게 되는가?

4) 물가에 대한 예상이 합리적 기대에 의해 결정된다면 조세정책의 효과는 어떻게 되리라고 기대하는가? 그림을 이용하여 설명하시오.

5) 물가에 대한 예상은 적응적 기대에 따르지만 소비함수가 항상소득가설에 따라 결정된다고 하자. 이때 조세 변화의 효과는 어떻게 되리라 예상하는가? 그림을 이용하여 설명하시오.

10. 장기적으로 필립스곡선은 수직이고 민간은 합리적 기대하에서 인플레이션율을 예상한다.

1) 통화당국이 가장 바람직하게 생각하는 인플레이션율은 0이지만 예상하지 못한 인플레이션율을 유도하여 실업률을 낮추기를 원한다고 하자. 이 경제에서 균형인플레이션율은 0보다 높아질 수 있음을 설명하시오.

2) 통화당국이 고정된 준칙을 사용하는 경우 균형인플레이션율이 1)에서 보다 낮아질 수 있는가? 준칙 외에 어떤 방안이 있는지 제시하시오.

3) 중앙은행이 정치권의 영향으로부터 독립적이지 않은 국가보다 독립적인 국가의 인플레이션율이 낮다는 연구 결과가 있다. 이를 어떻게 설명할 수 있겠는가?

2020 5급 행정고시 기출문제

11. 어떤 경제의 거시경제 상황은 다음과 같다.

총수요곡선: $Y_t = 300 + 10(M_t - \pi_t)$
총공급곡선: $Y_t = Y^* + (\pi_t - \pi^e_t)$
오쿤의 법칙: $Y_t - Y^* = -2.5(u_t - u_n)$

π_t, π_t^e, Y_t, u_t, m_t는 각각 인플레이션율, 기대인플레이션율, 총생산, 실업률, 통화증가율을 나타낸다. 단, 자연율 수준에서 총생산(Y^*)과 실업률(u_n)은 각각 500과 4%이고 인플레이션율, 통화증가율 및 실업률의 단위는 %이다. 다음 물음에 답하시오.

1) 통화증가율이 장기간 30%로 유지되어 왔고, 앞으로도 계속 30%로 유지될 경우 π_t, π_t^e, Y_t, u_t, m_t를 각각 구하시오.

2) 예상치 못하게 통화증가율이 35.5%로 증가했다고 하자. 이때 π_t, Y_t, u_t 단기적으로 어떻게 변화할지 계산하고, Y_t의 변화를 통화정책의 전달 경로 중 이자율 경로를 이용하여 설명하시오.

3) 주어진 식으로부터 필립스곡선을 도출하고, 이에 내재된 인플레이션과 실업의 관계를 장·단기로 나누어 설명하시오.

12. 어떤 경제의 필립스 커브가 다음과 같이 표현된다고 하자.

$$\pi_t = \pi_t^e - \beta(u_t - u_t^n)$$

단, π_t와 π_t^e는 t기에서의 실제 및 기대 인플레이션율을 나타내며 u_t와 u_t^n,은 t기에서의 실제 및 자연실업률을 나타낸다. 이 경제는 과거 인플레이션이 3%를 유지하였고 그에 따라 기대인플레이션도 3%를 유지하고 있다. 또한 자연실업률은 4%이며 현재 실업률도 4%이다. $\beta = 1/2$라고 하자. 실업률이 1% 증가하면 실질GDP는 2% 감소한다고 하자.

1) 기대인플레이션이 $\pi_t^e = \pi_{t-1}$으로 결정된다고 하자. 정부는 물가상승률을 2%로 낮추고자 한다. 이때 실업률은 얼마가 되는가? 그림을 이용해서 설명하시오.

2) 1)의 경우 희생비율은 얼마인가?

인플레이션도 2%로 변하였고 그에 따라 기대 인플레이션도 2%로 변하였다고 하자. 이번에는 경기침체가 와서 실업률이 10%로 상승했다고 하자.

3) $\beta = 1/2$로 유지된다면 인플레이션은 얼마로 변하는가? $\beta = 1/10$라면 인플레이션을 얼마로 변하는가?

4) 중앙은행은 정책이자율을 조정하여 물가변동과 경기변동을 모두 줄이려고 노력하고 있다. $\beta = 1/2$인 경우와 $\beta = 1/10$인 경우를 비교할 때 중앙은행의 행동이 어떻게 변할지 설명하시오.

13. 어떤 경제의 필립스 곡선과 사회후생함수가 다음과 같다.

$$\text{필립스 곡선: } u = \bar{u} - (\pi - \pi^e)$$
$$\text{사회후생함수: } W = -0.5(u - u^*)^2 - 0.5(\pi - \pi^*)^2$$

단, u는 실제 실업률, $\bar{u}$는 자연실업률, π는 실제 인플레이션율, π^*는 기대 인플레이션율, u^*와 π^*는 각각 사회적으로 최적인 수준의 실업률과 인플레이션율이다.

이 경제에는 불확실성이 존재하지 않으며, 사회적으로 최적인 실업률은 자연실업률보다 낮다고 가정한다. 통화정책에 대한 사전적 구속 장치(pre-commitment)가 없는 중앙은행이 필립스 곡선을 제약조건으로 인식하고 사회후생함수를 극대화하는 인플레이션율을 선택한다고 할 때, 다음 물음에 답하시오.

1) 이 경제에서 중앙은행이 확장적 통화정책을 추구할 유인이 존재함을 보이시오.

2) 이 경제의 균형 인플레이션율과 균형 실업률을 구하고, 통화정책의 효과를 설명하시오.

14. 정책당국이 극대화하려는 사회후생함수(Ω)가 다음과 같다고 하자.

$$\Omega = \alpha(\pi - \pi^e) - \frac{1}{2}\beta\pi^2$$

단, π는 정책당국이 선택하는 인플레이션율, π^e는 기대인플레이션율이며 α와 β는 양(+)의 모수(parameter)이다. 정책당국이 물가상승은 없을 것이라고 사전공약하고 이에 따라 일반의 기대가 형성되면(즉, $\pi^e = 0$), 정책당국은 공약을 지키지 않으려는 동태적 비일관성(dynamic inconsistency) 행태를 보일 수 있다. 동태적 비일관성의 개념을 간단히 기술하고, 일반의 기대가 유지될 때($\pi^e = 0$), 사회후생을 극대화하는 인플레이션율(π)을 계산하고, 국민이 정책 변경을 예상할 경우 사회후생이 어떻게 되는지 설명하시오.

PART

V

개방경제모형

Macroeconomics

제13장

개방경제의 거시이론 I : 기본개념과 장기모형

지금까지의 분석에서는 해외경제와는 단절된 폐쇄경제(closed economy)를 상정하였다. 그러나 국가간의 교류가 강화되고 다른 국가들과의 상호의존이 높아지면서 개방경제(open economy)의 특성이 점점 강해지는 것이 현실이다. 이렇게 무역과 금융시장의 개방을 통하여 전세계 국가들 간에 일어나는 경제 통합현상을 글로벌라이제이션(globalization)이라고 한다. 개방을 통해 새로운 재화와 서비스, 노동, 자본뿐만 아니라, 새로운 기술과 제도의 교류가 이루어진다. 그러나 개방으로 인하여 국가간 상대적 불평등이 심화되고, 금융시장의 불안정성, 문화적 불안이 초래된다는 비판도 크다. 특히 개방을 피할 수 없는 소규모 경제의 경우 급속한 개방이 가져올 수 있는 부작용을 최소화하면서 개방의 이익을 극대화할 수 있도록 어떻게 경제 정책을 운용해 나갈 것인가 하는 것은 매우 중요한 과제이다. 이번 장에서는 개방경제에서 무엇보다 중요한 거시변수인 국제수지와 환율의 개념과 그 결정원리를 알아볼 것이다. 또한, 각 환율제도하에서 소득, 물가, 이자율과 같은 중요한 거시변수들이 어떠한 관계를 갖는지 살펴볼 것이다.

국제수지

1 국제수지표

국제수지는 국제거래를 통해 발생하는 수입(receipt)과 지출(payment)을 의미한다. 국제수지표(Balance of Payment)는 일정한 기간 동안에 발생한 한 나라의 거주자와 비거주자의 수입과 지출 거래내용을 체계적으로 분류, 정리한 표이다. 우리나라는 2014년부터 IMF의 신매뉴얼(BPM6)에 따라 국제수지표에서는 모든 국제거래를 그 유형에 따라 경상계정(current account), 자본계정(capital account), 금융계정(financial account)으로 나누어 기록한다.

〈표 13−1〉을 보자. 경상계정에는 거주자와 비거주자 간의 상품 거래, 서비스 거래, 배당·이자 등의 소득 거래, 대가 없이 이루어지는 이전거래를 기록한다. 자본계정에는 자본이전과 비생산·비금융자산(상표권, 영업권 등 무형자산)의 취득과 처분이 기록된다. 금융계정에는 거주자와 비거주자 간의 직접투자, 주식·채권 등 증권투자, 파생금융상품거래, 대출·차입 등 기타투자, 준비자산 증감 거래를 기록한다.

경상계정의 수입(receipt) 항목 또는 회계상의 대변(credit)에는 해당 거래를 통해 외화를 벌어들인 경우를 표시하게 된다. 그리고 지출(payment) 항목 또는 차변(debit)에는 해당 거래를 통해 외화를 지급한 경우를 표시하게 된다. 따라서 경상계정의 대변에는 상품 수출을 적고 차변에는 상품 수입을 적는다. 경상계정의 수지(balance)가 0인 경우를 경상수지 균형, 수출이 수입보다 많아 +인 경우를 흑자(surplus), 반대로 −인 경우를 적자(deficit)라고 부른다.

금융계정의 경우는 거주자 기준으로 구분하여 자산 항목 또는 차변에는 내국인이 해외 금융자산을 매입하거나 매각하여 발생하는 순자산 증감액을 적고 부채 항목 또는 대변에는 외국인의 일정 기간 투자액에서 회수액을 차감한 순투자액이 기록된다. 주의할 점은 해외에서 자본이 들어오는 것은 우리 관점에서 부채의 증가이고 우리가 해외로 투자하는 것은 자산의 증가를 의미한다는 것이다. 금융계정에서 자본의 총유입이 총유출보다 큰 경우를 유입초과라고 부르고, 반대의 경우를 유출초과라고 부른다.

국제수지표는 복식부기 원칙에 따라 작성된다. 즉 하나의 대외 거래가 발생하면 대변과 차변에 각각 동일한 금액을 계상한다. 예를 들어 백만달러의 상품수출은 상품계정의 대변에, 이에 따른 수출대금의 입금은 대외자산의 증가이므로 금융계정

항　목	지출(payments), 차변	수입(receipts), 대변
1. 경상계정(current account) 　－ 상품수지(상품의 수출입거래) 　－ 서비스수지(여행, 운송, 보험 등의 서비스/ 　　용역 거래) 　－ 본원소득수지(근로소득 및 투자소득 거래) 　－ 이전소득수지(무상원조, 송금, 국제기구 　　출연금 등 대가 없이 제공되는 거래)	경상수지>0 (순수출>0) ⇒ 흑자(surplus) 경상수지<0 (순수출<0) ⇒ 적자(deficit)	
2. 자본계정(capital account) 　－ 자본수지(자본이전, 해외 거주비, 특허권 　　구입)	자본·금융계정>0 (순해외자본 유입>0) ⇒ 유입초과 자본·금융계정<0 (순해외자본 유입<0) ⇒ 유출초과	
3. 금융계정(financial account) 　－ 직접투자(경영참여를 목적으로 자본거래) 　－ 증권투자(주식, 채권의 거래) 　－ 파생금융상품(파생금융상품의 거래) 　－ 기타투자(무역관련 신용, 은행차입) 　－ 준비자산(중앙은행이 보유하고 있는 　　외환보유고의 변화)		
4. 오차 및 누락		

표 13-1
국제수지표

의 기타투자 항목의 차변에 적는다. 국내기업이 해외에서 외화증권을 발행하여 천
만달러의 자금을 조달하면 외화증권 발행분 천만달러는 대변(금융계정의 부채 증가)
에, 유입된 천만달러는 대외자산 증가로 차변에 계상한다.

　　이제 외환시장에서 외환당국의 개입이 전혀 없는 경제를 생각해 보자. 이때는
경상계정과 준비자산을 제외한 민간부문의 금융계정을 합하면 0이 되는 균형이 될
것이다. 예를 들어, 우리가 한 해 동안 경상계정에서 수출보다 수입을 더 많이 했다
고 생각해 보자. 수입을 많이 하기 위해서는 그 해 수출로 벌어들인 외화 이외의 추
가적인 외화 재원이 있어야 한다. 결국은 추가로 필요한 만큼의 자금이 금융계정을
통해 외국에서 들어 와야 한다. 따라서 경상계정이 적자를 본 만큼, 금융계정은 유
입초과가 되어야 한다는 것이다.

　　하지만 현실에서는 정부가 보유하는 준비자산이 있기 때문에 경상계정과 준
비자산을 제외한 민간부문의 금융계정을 합친 것이 꼭 균형은 아니다. 예를 들어,
둘 다를 합쳐서 적자일 수도 있다. 즉 수입이 수출보다 많고 우리가 판 금융자산보
다 우리가 산 외국 금융자산이 많지만 이 과정에서 부족한 외화를 외환당국이 보
유한 준비자산을 이용하여 공급해 주는 경우이다. 반면에 경상계정과 준비자산을
제외한 금융계정을 합친 국제수지가 흑자로 나타났다면 그 흑자분만큼 외환당국

이 외화자산을 매입하여 준비자산을 늘리게 된다. 이렇게 외환당국이 보유한 준비자산을 외환보유고라고도 부른다. 〈표 13-1〉의 국제수지표에서 볼 수 있듯이 금융계정 안에 준비자산의 증감 항목이 있다. 외환보유고는 달러화, 유로화, 엔화 등의 국제통화이거나 미국재무성증권과 같은 외화표시 금융자산으로 구성된다. 금과 SDR(Special Drawing Rights)[1]도 외환준비자산으로 사용된다.

경상계정, 자본수지, 금융계정의 합은 0이 된다. 그런데 현실에서는 오차 및 누락이 있기 때문에 오차 및 누락을 합친 국제수지의 합계는 항상 균형이 된다.

$$경상수지 + 자본수지 + 금융계정 + 오차 및 누락 = 0$$

2 국제수지의 판단

이제 국제수지표상에 나타나는 경상수지, 자본수지, 금융계정의 의미를 살펴보자. 경상거래를 통해 수출로 벌어들인 돈이 수입으로 나가는 돈보다 많을 경우, 즉 순수출이 양의 값을 갖는 경우를 경상수지 흑자(surplus)라고 부른다. 그렇다면 경상수지 흑자는 벌어들인 돈이 많기 때문에 무조건 좋은 것인가? 다시 말해 경상수지 흑자는 많을수록 좋은가?란 질문을 할 수 있다. 일반적으로 수출을 수입보다 더 많이 하면 국가경제에 이득이 되는 것으로 생각하는데 이런 단순한 시각에는 문제가 있다. 경상수지 흑자는 기업의 이윤과는 다른 개념이다. 미래의 생산을 위해 해외로부터 자본재를 많이 수입한 경제는 단기적으로는 경상수지 적자가 나타나지만 장기적으로는 수입한 자본재를 통해 생산능력을 높여 미래의 수출을 크게 증가시킬 수 있다. 현재의 경상수지 적자가 오히려 긍정적인 경우이다. 수출의 증가는 국내 고용을 창출하고 수출 산업을 육성한다. 그리고 수입의 증가는 소비자의 선택의 범위를 넓혀 준다. 따라서 경상수지가 흑자냐 적자냐 하는 단순한 물음보다는 흑자, 적자의 원천이 어디에서 왔느냐를 보아야 하고, 국가경제의 대내외 균형(internal and external balance)을 함께 살펴보는 것이 중요하다. 만일 정부가 국내소비는 통제하고 생산품들을 헐값으로 해외에 수출하고 있다면 경상수지가 흑자라도 경제 전체적으로는 바람직하다고 할 수 없다.

---

1 SDR(Special Drawing Rights)은 1969년부터 만들어진 국제통화기금(IMF)의 특별인출권으로 일종의 국제준비자산(international reserve asset)이라고 할 수 있다. 즉 SDR은 가맹국의 국제수지가 악화 등으로 유동성이 부족할 때 IMF로부터 국제유동성을 인출할 수 있는 권리이다. 따라서 그 자체로 실제 거래에 사용되는 결제통화가 아니며, 그 가치는 미국달러, 유로, 엔, 파운드, 위안화의 5개 통화를 가중평균하여 계산된다.

다음으로 준비자산을 제외한 민간부문 금융계정을 살펴보자. 준비자산을 제외한 금융계정의 유입초과는 일정기간 동안 우리에게 들어온 외국인의 국내금융자산에 대한 투자의 총액이 우리가 외국으로 투자한 해외금융자산의 총액보다 많다는 것을 말한다. 그렇다면 민간부문 금융계정이 유입초과이면 좋고 유출초과이면 나쁜 것인가? 민간부문 금융계정에서 자금의 유입은 외국인이 국내증권 매입을 함으로써 국내에 자금이 유입되는 것과 같이 민간의 해외부채가 증가했음을 의미하는 것이다. 반면, 금융계정에서 자금의 유출은 국내거주자의 해외증권의 구입이나 해외투자로 민간의 해외자산이 증가한 것을 의미한다. 따라서 민간부문 금융계정에서 나타나는 유입초과는 해외로부터의 자금의 순유입으로 외국인의 순국내금융자산의 보유가 증가한 것을 의미한다. 즉 우리의 민간 순해외부채가 늘어났다는 의미를 가지므로 이러한 외국자본의 순유입이 우리 경제에서 어떠한 역할을 하느냐를 살펴보지 않고서는 그것이 좋은지 나쁜지를 평가하기 어렵다. 예를 들어 해외로부터 유입된 자금들이 대부분 단기의 차익을 추구하는 자금들이라면 장기투자를 목적으로 하는 자금에 비해 금융시장을 불안정하게 할 수 있다. 마찬가지로 민간부문 금융계정의 유출초과에 대해 판단하기 위해서는 국내에서 외국으로 투자한 자산이 어떻게 투자되고 있는지 앞으로 어떠한 수익을 올릴 것인지에 대한 평가가 전제되어야 한다.

경상수지와 자본수지의 합계에 준비자산을 제외한 금융계정을 합친 종합수지가 흑자인 경우와 적자인 경우에 대한 평가를 위해서는 그 결과로 발생한 외화준비자산의 증감에 대한 평가가 필요하다. 만일 지속적으로 종합수지의 적자가 발생하여 외화준비자산이 계속 감소하는 경우에는 대외채무를 갚지 못하는 경우가 발생할 수 있어 바람직하지 못하다. 반면에 종합수지의 흑자가 누적되어 외화준비자산이 계속 증가하는 경우에는 외화를 국내 외환시장에서 매입하는 과정에서 국내의 통화량이 늘어나게 되어서 물가가 상승하게 된다.

3 한국의 국제수지

앞서 설명하였듯이 민간거래의 측면에서 본다면 일정기간 대외거래에서 경상수지의 흑자가 발생하였을 때 이 흑자를 해외에 빌려주면 자본·금융수지의 유출초과가 발생하게 된다. 반대로 경상수지의 적자가 발생하였을 때 이것을 해외로부터 자금유입을 통해 보전한다면 자본·금융수지의 유입초과가 된다.

표 13-2
한국의 국제수지표
(1996~1997년)

	경상수지	민간부문 자본·금융계정	오차 및 누락	준비자산 (증가는 −로 표시)
1996	−230억$	+233억$	+11억$	−14억$
1997	−82억$	+13억$	−51억$	+119억$

〈표 13-2〉는 한국의 1996년, 1997년 국제수지 요약표이다. 우선 민간거래의 균형에서 볼 때 국제수지표상 1997년의 상황은 1996년과 비교하면 경상수지는 크게 개선되었지만 전체적으로는 좋지 않았다는 것을 알 수 있다. 왜냐하면 1997년에 경상수지의 적자는 1996년 230억 달러에서 82억 달러로 크게 줄었지만 민간부문 자본·금융계정의 흑자가 같은 기간동안 233억 달러에서 13억 달러로 더욱 큰 폭으로 줄었기 때문이다. 그리고 이러한 불균형으로 인해 1997년에는 경상수지, 민간부문 자본·금융계정, 오차 및 누락을 합쳐 발생한 총 119억 달러만큼의 한국은행의 준비자산(외환보유고)의 감소가 발생하였다.

즉, 경상수지와 민간부문 자본·금융계정, 오차 및 누락의 합이 0보다 클 경우 준비자산이 증가로 나타나고 반대로 0보다 작을 경우 준비자산이 감소하는 관계가 성립하는 것이다. 1997년에 발생한 외환위기의 상황에 초점을 맞추고 살펴보자. 1997년 후반기부터 해외로부터의 단기자본 회수로 자본의 순유출이 지속되면서 준비자산(외환보유고)의 감소가 일어나기 시작하였다. 1997년 11월의 총외환보유고는 240억 달러였으나 이 중 많은 부분은 국내금융기관의 국외지점에 예치된 외화자산 형태였다. 그리고 해당 지점에선 이를 대출 등으로 운용하는 등 갑자기 회수하기 어려운 상황이어서 실질적으로 가용한 외환보유고는 90억 달러에 지나지 않았다. 그런데 당시 하루에도 10억 달러 규모의 자금이 빠져나가고, 국제금융시장에서 민간자금을 신규로 차입하여 오는 것은 매우 어려운 상황이 발생하였다. 그 결과 우리는 외환위기에 직면하고, 1997년 12월 3일 IMF의 협정을 통해 총 550억 달러의 차관을 도입하게 되었다.

외환위기를 겪었던 한국은 외환위기 후 급속도로 외환보유고를 늘려 2022년 말 기준 한국의 외환보유고는 약 4,232억 달러에 달한다. 그러나, 과연 어느 정도가 외환보유고의 적절한 크기인지, 어떻게 운용하는 것이 바람직한지는 쉽지 않은 질문이다. 일반적으로 외환보유고의 운용은 항상 현금화가 가능한 미국 재무성의 단기증권에 투자한다. 외환보유고를 많이 보유하였을 때에 발생하는 문제는 이 증권의 이자율이 낮다는 것이다. 그리고 외환보유고가 많아진다는 것은 중앙은행이 외환시장에서 외화를 매입한다는 것이고 외화를 국내 외환시장에서 매입하는 과정에서 국내의 통화량이 늘어나므로 물가가 상승한다. 이렇게 늘어난 통화량을 회수하기 위해서 한국은행은 통화안정증권을 발행하고 이에 대해 이자를 지급한다. 그러나, 이에 대한 이자지출이 외환보유고를 충당하기 위해 투자하는 자산의 이자수입보다 크면 한국은행은 적자를 보게 된다. 또 하나의 문제는 다음 절에서 살펴볼 환율변화에 따른 문제점이다. 환율의 변화는 외환의 가치를 변화시키는데, 이로 인해 외화표시자산으로 이루어진 외환보유고의 가치도 변화한다. 한 국가의 통화에 편중된 외환보유고를 가지고 있는 경우 장차 그 통화가치와 하락에 따른 외환보유고 가치의 하락위험도 높아질 수 있다고 하겠다. 하지만 외환보유고의 부족으로 외환위기를 겪는 경우를 막기 위하여 적정한 규모의 외환보유고를 보유하는 것은 매우 중요한 일이다.

환율 2

① 환율의 개념

환율(E)은 외국통화 1단위에 대한 자국통화의 교환비율을 의미한다. 예를 들어 미국 달러 대비 한국 원화 환율은 다음과 같이 표현할 수 있다.

$$E = \frac{\text{자국통화}}{\text{외국통화}} = \frac{1{,}000원}{1\$}$$

이때 환율(Exchange rate)이 1,000(원/$)에서 1,100(원/$)로 상승한다는 것은 원화 가치가 하락하는 것을 의미한다. 즉 환율의 상승은 자국통화 가치의 하락, 즉 평가절하(depreciation)를 의미하며, 환율이 하락한다는 것은 자국통화 가치가 상승, 즉 평가절상(appreciation)한다는 것이다.

2 실질환율과 명목환율

명목환율(nominal exchange rate; E)이란 앞서 정의한 대로 양국 통화의 외환시장에서의 교환비율이다. 실질환율(real exchange rate; q)은 두 국가의 평균적인 상품의 가격을 같은 통화가치로 환산하여 비교한 비율이다. 즉 실질환율은 실물인 국내 상품 묶음과 외국상품 묶음 사이의 교환비율로 다음과 같이 나타낼 수 있다.

$$q = \frac{P^*E}{P} \qquad (P: \text{국내 상품가격}, \ P^*: \text{외국 상품가격})$$

예를 들어 상품이 "카페라떼" 하나만 있다고 하자. 미국에서의 가격은 $2.50이고 한국에서는 5,000원이라 하자. 환율이 $E=1,000$(원/\$)이라면 $2.50은 2,500원이어서 미국에서의 카페라떼는 원화로 2,500원인 셈이다. 따라서 한국의 카페라떼는 미국의 카페라떼보다 2배 비싸다. 즉 한국의 카페라떼 1/2개와 미국의 카페라떼 1개가 교환되는 셈이다. 실질환율 $q=\frac{\$2.50 \times 1000원/\$}{5000원}=\frac{1}{2}$은 이러한 교환비율을 가리킨다.

실질환율(q)의 상승은 명목환율(E)이 상승할 때도 발생하지만 국내 상품가격(P)에 비교하여 외국 상품가격(P^*)이 올라간 경우에도 발생한다. 이 경우는 국내 상품의 상대가격 혹은 실질적인 가치의 하락을 의미한다(실질 평가절하: real depreciation). 수출입시장에서 국내상품의 상대가격이 하락하면 가격경쟁력이 상승하게 된다. 가격경쟁력의 상승은 국내상품의 외국에 대한 수출 증가로 나타날 수 있다. 이와 같이 국가간의 무역에서 수출입 변화를 살펴보는 데 있어서는 일반적으로 실질환율(q)이 명목환율(E)보다 더 중요하다. 그러나 현실적으로 실질환율(q)의 동향을 나타내는 자료를 구해 쓰지 않고 신문 등에서는 명목환율(E)로 대신한다. 이것은 상품가격 P, P^*가 단기적으로는 크게 변동하지 않고 경직적이어서 실질환율의 변화가 거의 명목환율의 변화에 의해 결정되기 때문이다.

그러나 명목환율의 상승이 국내물건의 가격이 상대적으로 싸진 것을 의미하는 것은 아니다. 왜냐하면 명목환율이 상승해도 국내물가의 상승을 동반하는 경우라면 실질환율의 움직임은 어떤 방향으로 변할지 알 수 없기 때문이다. 따라서 명목환율의 움직임과 아울러 물가의 움직임을 동시에 고려하는 실질환율을 살펴보는 것이 교역에 있어서 매우 중요하다고 하겠다.

3 환율제도

고정환율제도

고정환율제도는 정부가 환율을 일정한 수준에서 정하고 이를 유지하려는 환율 제도이다. 대표적인 고정환율제도의 예로 금본위제도를 들 수 있다. 이는 모든 통화의 가치가 금의 가치에 대해서 고정되어 있는 환율제도이다. 이 경제에서는 금의 양에 따라서 통화량과 물가가 결정된다. 그런데 전세계의 경제규모가 늘어남에 따라서 이 제도는 한계를 맞게 되었다. 왜냐하면 금의 양이 한정되어 있기 때문에 유동성도 낮고 통화량이 경제 규모에 맞추어 늘어나지 못하기 때문이다.

1944년부터 1971년 사이에 실시되었던 브레튼 우즈(Bretton Woods)체제 역시 고정환율제도의 대표적인 예로 꼽히고 있다. 브레튼 우즈체제는 미국의 통화인 달러만 금과 교환비율을 고정(금 1온스=35달러)하여 가치를 보장하고, 타국 통화들은 달러화에 대해 교환비율을 정하여 환율을 고정하여 특별한 경우에 한하여서만 그 비율을 바꿀 수 있게 한 제도이다. 브레튼 우즈체제하에서는 미국의 달러화가 기축통화(key currency)의 역할을 담당할 뿐만 아니라 각국의 준비자산으로서 부족한 금을 대신하여 국제유동성을 공급하는 원천이 되었다. 따라서 브레튼 우즈체제하에서 미국은 고정된 비율로 달러화의 금태환을 보장하는 동시에 달러의 신뢰도를 유지하고, 준비통화국으로서 적정국제유동성을 공급해야 하는 두 가지 역할을 충실히 수행하여야 했다. 이렇게 미국을 중심으로 했던 브레튼 우즈체제는 1960년대 미국의 베트남전쟁 참전을 기점으로 흔들리기 시작하였다. 당시 미국의 국제수지 적자는 전쟁수행으로 인한 전비지출과 해외투자 증대 등으로 인해 지속적으로 늘어나고, 이는 여타국들의 달러보유에 대한 불안감으로 이어져 달러의 금태환에 대한 의구심과 신뢰성 문제가 제기되기 시작하였다. 즉 베트남전 참전으로 달러 창출에 의한 전비 조달로 높은 국내인플레이션과 국제준비자산 고갈을 겪게 되었고 이로 인해 미국 달러화의 금태환성이 위협을 받게 되었다. 1960년대 이후 미국을 포함한 선진국들은 브레튼 우즈체제를 존속시키기 위한 일련의 여러 가지 조치들을 시행하였다. 그러나 1970년과 71년 미국의 대폭적인 국제수지 적자에 따른 달러 과잉과 금 부족으로 달러화에 대한 신뢰도가 무너지면서 금가격이 폭등하고 서독 마르크화의 평가절상설이 나돌면서 투기성 자본이 유입되었다. 결국 닉슨 미국 대통령은 금에 대한 달러의 일정한 비율의 교환정책을 포기하였고, 브레튼 우즈체제는 무너지게 되었다.

변동환율제도

변동환율제도는 그 운영방식과 외환당국의 개입 여부에 따라 환율이 외환시장에서 자유롭게 변하는 자유변동환율제도와 환율이 외환시장에서 결정되지만 종종 외환당국의 개입이 이루어지는 관리변동환율제도로 나눌 수 있다. 한국은 이전까지 고정환율제도에 가까운 환율제도를 운용하다가 1997년 12월 외환위기 이후 자유변동환율제도를 선택했다. 문제는 자유변동환율제도를 선택하면 환율이 외환시장에서 외환의 수요와 공급에 의해 자율적으로 결정될 것이고 환율의 급격스러운 변화로 외환시장이 불안정해질 수 있다는 데 있다. 대부분의 국가들은 환율이 급격하게 변동하는 것에 대한 두려움(fear of floating)을 가지고 있다. 따라서 명목상으로는 자유변동환율제도라고 하더라도 대부분의 국가는 중앙은행 또는 정부가 어느 정도 까지는 외환시장에 개입하여 환율의 변동을 조절하는 관리변동환율제도를 실제로 선택하여 운용하고 있다.

변동환율제도와 고정환율제도의 비교

환율제도의 채택은 각 환율제도의 다양한 특징들을 고려하여 그 비용과 편익을 비교함으로써 이루어진다. 현재 대부분의 나라에서는 위에서 언급한 고정환율제도와 변동환율제도 중 하나를 채택하거나 양 제도의 일부분을 적절히 결합한 환율제도를 운용하고 있다. 여기서는 큰 범주로 환율제도를 변동환율제도와 고정환율제도로 나누어 특징을 비교해보기로 한다.

고정환율제도의 장점을 살펴보면 우선, 환율을 고정함으로써 무역 및 금융거래에서 발생하는 불확실성에 대한 비용을 줄일 수 있다. 예컨대 무역을 하는 사업자들의 경우는 환율수준을 완벽히 예상하고 환위험에 대한 걱정 없이 국제거래를 활발하게 할 수 있을 것이다. 즉 빈번하게 변화하는 환율에 의한 불확실성을 제거하고 거래비용을 감소시켜 국제적인 무역이나 자본의 이동이 증가하는 효과를 기대할 수 있다. 둘째, 통화정책을 올바르게 사용할 능력을 갖지 못하는 국가에서는 이를 악용할 여지를 없애고, 안정적인 통화를 가진 상대국가에 환율을 고정하여 물가안정을 이룰수 있다. 예를 들어 에콰도르가 달러에 대해 고정환율을 유지하여 미국의 통화정책및 인플레이션을 그대로 따름으로써 국내의 인플레이션을 안정시킬 수 있었다.

반면에 고정환율제도에는 단점도 존재한다. 첫째, 자본시장이 완전히 개방된 고정환율제도하에서는 통화정책이 무용하게 되고 독립성을 상실한다.[2] 이로 인해 통화정책이 경제 내의 충격에 대한 주된 조정수단으로써 기능을 하지 못하게 된다.

---

2 제14장은 고정환율제도하에서의 통화정책의 효과에 대해서 자세히 설명하고 있다.

둘째, 외환위기에 자유롭지 못하다. 경상수지와 자본수지의 적자가 지속적으로 발생하는 경제에서는 외환시장에서 외환에 대한 초과수요가 발생한다. 환율을 고정하기 위해서는 외환당국이 지속적으로 외환을 매각하여야 하나 결국 외환보유고가 고갈되면 환율을 더 이상 고정할 수가 없다. 다음 장에서 자세히 살펴보겠지만 이러한 경우를 미리 예상하여 대규모 자본유출이 일어나면서 외환위기가 발생할 수 있다. 마지막으로 각국의 물가상승률이 다를 경우를 고려하면 고정환율과 적정균형환율의 차이가 발생하여 대외불균형이 증폭될 수도 있다. 즉 명목환율이 고정된 두 나라의 물가상승률이 크게 다를 때 실질환율이 변하면서 무역수지의 불균형이 커지게 되는 문제가 발생하는 것이다.

변동환율제도의 장점은 우선, 경제의 수출이나 생산과 같은 실물부문에 충격이 있을 때 환율이 조정되면서 자동안정화장치 역할을 한다는 것이다. 예를 들어 경제에 발생한 충격으로 무역적자가 심하게 발생하는 경우를 생각해보면 쉽게 이해할 수 있다. 무역적자로 인해 외환의 공급이 감소하게 되면 환율이 상승(평가절하)하고 이에 따라 수출품의 가격경쟁력이 상승하면서 무역적자가 해소되는 메커니즘이 존재하는 것이다. 둘째, 독립적이고 자율적인 통화정책을 확보할 수 있다. 자본의 개방정도가 높아지고 통화정책이 경기안정화에 커다란 역할을 담당하고 있는 상황에서 통화정책의 독립성은 중요한 요소이다. 셋째, 중앙은행이 최종대부자(lender of last resort)의 기능을 수행할 수 있다. 중앙은행은 은행과 금융기관이 파산위험에 처했을 때 긴급자금을 대부함으로써 금융기관을 구원할 수 있다. 이를 중앙은행의 최종대부자 기능이라고 한다. 이러한 중앙은행의 기능은 본질적으로 중앙은행이 독립적으로 통화량을 조정할 수 있는 변동환율제하에서 가능하다.

반면에 변동환율제에도 단점이 있다. 첫째, 환율변동의 불확실성으로 인한 비용이 초래된다. 정보화, 세계화의 추세와 더불어 금융시장의 발달로 인해 국가간 자본이동이 활발해지고 있다. 국가간 자유로운 자본이동은 외환시장에서 환율의 지속적인 변동을 초래하고 이는 무역 및 금융자산 거래에 있어 큰 거래비용을 야기한다. 둘째, 고정되어 있는 모든 명목변수들의 기준이 되는 명목기준지표(nominal anchor)가 존재하지 않는다. 즉 고정환율제도에서는 환율을 고정하여 물가안정을 이루게 되어 환율이 명목기준지표의 역할을 하는 반면 변동환율제도에서는 독립적인 통화정책을 과도하게 사용하여 통화팽창의 위험이 있고 그 결과 만성적인 인플레이션이 나타날 수 있다.

이처럼 두 제도는 각기 장단점을 가지고 있기 때문에 어느 쪽이 우월하다고 단정지어 말할 수는 없고 이런 편익과 비용을 고려하여 적절한 환율제도를 결정해야 한다.

4 균형환율의 결정

외환시장에서 수요와 공급이 일치되는 균형에서 환율이 결정되는 대표적인 두 개의 이론을 살펴보자.

구매력형평설

구매력형평설(Purchasing Power Parity Theory)이란 각국 통화의 실질적인 구매력이 같도록 환율이 결정된다는 이론이다. 예를 들어 맥도널드 햄버거를 대표 상품으로 생각하고 미국에서의 햄버거가격(P_{us})은 \$3이고 한국의 햄버거가격(P_{kor})이 3,000원이라면 환율(E)은 두 국가의 햄버거 가격이 같아지는 1,000(원/\$)에서 결정된다.

$$P_{us} \times E = P_{kor} \Leftrightarrow E = \frac{P_{kor}}{P_{us}}$$

실질환율은 $q = \frac{P_{us}E}{P_{kor}}$ 이므로 구매력형평설이 성립하면 실질환율은 1이 된다. 구매력형평설이 성립하면 $q = \frac{P^*E}{P} = 1$ 또는, $E = \frac{P}{P^*}$ 이므로 한국의 물가수준이 올라갈 때 환율은 상승하고, 달러화에 대한 원화가치는 떨어진다. 만일 균형환율이 구매력 형평수준을 벗어나게 되면 어떤 일이 벌어질까? 예를 들어, 환율이 균형환율보다 하락한 경우($P_{us} \times E < P_{kor}$) 상대적으로 싼 해외상품을 수입하고 국내상품의 수요가 감소한다. 이 과정에서 달러에 대한 수요의 증가로 인해 환율이 상승하면서 균형수준으로 복귀하게 된다.

이자율형평설

이자율형평설(Interest Rate Parity Theory)이란 각 통화를 양국의 금융자산에 투자하여 얻을 수 있는 수익이 같도록 환율이 결정된다는 이론이다. 예를 들어, 1억원을 한국에 투자할 때의 수익률(i_{kor})이 10%이고 미국에 투자하여 얻는 수익률(i_{us})이 5%일 때 두 국가의 환율 변화를 고려하여 투자의 수익률이 같아지도록 균형환율이 결정된다는 것이다.

이자율형평설의 조건을 다음과 같이 표현할 수 있다.

한국의 투자수익률 = 미국의 투자수익률 + 환율기대변화율

(원화의 예상가치하락률)

위의 예에서는 원화의 예상가치하락률이 5%가 되어야 한다. 한국에서 미국에

빅맥지수와 스타벅스지수

이코노미스트지(*The Economist*)에서 1986년에 선보인 빅맥지수(Big Mac Index)는 전세계 각국에서 판매되는 맥도널드 햄버거의 가격을 미국의 가격을 기준으로 비교하여 나타낸 지수이다. 이는 구매력형평설이 현실에서 얼마나 부합하는지 확인할 수 있는 지표이기도 하다. 빅맥지수는 매년 갱신되며 각 국가의 환율에 대한 참고자료로 이용되고 있다.

스타벅스지수(Starbucks Tall-Latte Index)는 스타벅스의 커피가 판매되고 있는 각 나라에서 가장 대중적으로 선택되는 톨(tall)사이즈 커피의 가격을 조사해 미국의 가격을 기준으로 작성됐다. 이 지수는 세계 각 나라에서 판매되는 커피의 해당 국가 통화가격을 미국 달러가격으로 나눈 비율을 실제의 환율과 비교함으로써 어느 정도 차이가 나는지를 조사하였는데, 구매력형평설이 완전히 성립한다면 두 나라의 커피의 가격비율과 환율이 동일해야 함을 알 수 있다. 다시 말해서 이 지수를 통해 각 국가의 통화가 달러와 비교하여 어느 정도 과대 또는 과소평가되어 있는지 알아볼 수 있는 것이다.

현실에서 전세계에 동시에 거래되는 동일한 교역재가 존재하지 않기 때문에 분명 위 지수들을 통해 구매력형평설의 성립여부를 평가하는 것은 한계가 있을 것이다. 그러나 앞서 소개한 햄버거, 커피 등은 대부분의 국가에서 거래되는 동일한 교역재에 가까우며 이를 통해 만든 지수들은 현실적으로 환율을 이해하는 보다 신선한 방법이라는 점에서 널리 인용되고 있다.

투자할 때는 달러화로 바꿔서 투자한 뒤에, 다시 원화로 바꿔야 한다. 즉 원금에 대한 수익과 함께 환율 변동의 수익이 존재한다. 원화의 예상가치 하락만큼, 즉 달러화의 예상가치 상승만큼 미국에 투자한 달러표시 자산의 수익률이 상승하게 된다. 이를 자세히 살펴보자.

1(억원)을 한국에 투자하면 일정기간 후에 $1 \times (1+i_{kor})$(억원)에 해당하는 원금과 이자를 받게 된다. 반대로 1(억원)을 미국에 투자하면 $\frac{1}{E} \times (1+i_{us}) \times E^e$(억원)에 해당하는 원금과 이자를 받게 될 것이다. 여기서 $\frac{1}{E}$는 처음 원화를 달러로 환전할 때 적용되는 환율이다. 즉 1억원을 미국에 투자하기 위해서는 환율이 $E=1,000$일 때 1억원에 1/1000을 곱하여 구한 10만 달러로 환전한다. 이를 $ 표시 자산에 투자하면 $(1+i_{us})$ 만큼의 수익을 얻을 수 있다. 두 번째 항목은 이를 나타낸다. 마지막으로 미국에 투자해서 얻은 달러수익을 다시 원화로 바꿔야 한다. 이때 적용해야 할 환율은 아직 모르므로 미래의 환율기대치를 이용한다. 이때 적용할 환율이 E^e이다. $ 표시된 수익을 원화로 바꿀 때는 환율을 곱해야 하므로 E^e가 곱해져야 한다.

이제 $\frac{1}{E} \times (1+i_{us}) \times E^e = \frac{E^e}{E} \times (1+i_{us})$로 고쳐쓰면 미국에 투자할 때 원금에 대

한 수익 $(1+i_{us})$과 함께 환율변동의 수익 $\frac{E^e}{E}$이 존재한다고 해석할 수 있다. 즉 미국의 금융자산에 투자하여 얻을 수 있는 전체수익은 다음과 같이 고쳐 쓸 수 있다.

$$\frac{E^e}{E}\times(1+i_{us}) = \left(1+\frac{E^e-E}{E}\right)(1+i_{us})$$

$$= 1+i_{us}+\frac{E^e-E}{E}+i_{us}\left(\frac{E^e-E}{E}\right)$$

여기서, $\frac{E^e-E}{E}$는 환율의 예상(기대)변화율

이때, 마지막 항은 두 개의 변화율을 곱한 것으로 그 크기가 매우 작기 때문에 무시하면, 미국에 투자했을 때 얻는 수익은

$$1+i_{us}+\frac{E^e-E}{E}$$

로 나타낼 수 있다. 바로 이자율형평설의 핵심은 한국에서 얻는 투자수익 $1+i_{kor}$와 미국에서 얻는 투자수익이 같다는 것이다.

$$1+i_{kor} = 1+i_{us}+\frac{E^e-E}{E}$$

$$\Leftrightarrow i_{kor} = i_{us}+\frac{E^e-E}{E}$$

한국의 투자수익률 = 미국의 투자수익률 + 환율 기대변화율

양국의 채권에 투자한 경우를 생각하면 결국 한국의 투자수익률, 즉 이자율 (i_{kor})은 미국의 투자수익률, 즉 이자율(i_{us})에 환율에 대한 기대변화율$\left(\frac{E^e-E}{E}\right)$을 더한 것과 같아짐을 알 수 있다.

이자율형평설에는 네 개의 변수가 등장한다. 한국의 이자율(i_{kor}), 미국의 이자율(i_{us}), 현재환율(E), 미래환율에 대한 기대치(E^e)이다. 이때 현재환율을 제외한 양국의 이자율과 미래환율에 대한 기대치는 외생적으로 주어진다고 가정하면 이자율형평설을 만족시키는 현재환율을 일종의 균형환율로 생각할 수 있다. 즉 현재환율의 균형은 양국의 투자수익률을 같아지게 만들어 주는 수준에서 결정된다고 볼 수 있는 것이다. 예를 들어 한국과 미국의 이자율이 $i_{kor}=i_{us}=0.05$로 같고 미래환율의 기대치는 $E^e=1,000$(원/$\$$)이라고 하자. 이때 양국의 수익률을 같게 해 주기 위해선

현재환율도 $E=1,000$(원/\$)이 되어야 한다. 즉 $0.05=0.05+\dfrac{1000-1000}{1000}$이 성립한다. 균형인 상태에서 만약 한국 이자율이 $i_{kor}=0.07$로 상승한다고 해보자. 이때 한국의 이자율이 올라가면 차익거래를 통해 수익을 더 얻기 위해 국내에 투자가 늘어나게 되고 해외자금의 순유입이 발생한다.[3] 국내로의 자금유입은 국내에 달러화공급을 증가시키고 이에 따라 달러화 가치가 하락하고 국내통화의 가치가 상승하면서 환율이 하락(즉, 평가절상)하게 될 것이다. 이를 식으로 살펴보면 $i_{kor}>i_{us}+\dfrac{E^e-E}{E}$에서 현재환율($E$)이 하락하게 되므로, 환율의 기대변화율$\left(\dfrac{E^e-E}{E}\right)$이 상승하고, 위식의 양변이 다시 같아지게 된다. 위의 예에서는 환율이 약 980원이 되면 $0.07\approx 0.05+\dfrac{1000-980}{980}$으로 균형이 된다. 반대로 갑자기 균형에서 미국의 이자율이 인상되면 환율이 상승하고 한국의 통화가치가 하락하게 된다.

　〈그림 13-1〉은 환율의 기대변화율의 값이 주어지고 미국의 투자수익률 i_{us}도 고정되었다고 가정하였을 때 이자율형평설을 만족하는 이자율과 환율의 조합을 그린 것이다. 이자율이 높을수록 외환시장의 균형을 맞추기 위해서는 환율의 값이 하락해야 한다는 것을 보여 준다.

　그리고 같은 이자율수준에서 기대환율의 상승은 환율에 대한 기대변화율 $\left(\dfrac{E^e-E}{E}\right)$을 높게 되어 상대적으로 외국자산에 대한 수익률을 높게 된다. 이때 차익거래를 통해 수익을 더 얻기 위해 해외로의 투자가 늘면서 국내투자자금의 순유출은 국내외환시장에서 달러화 수요를 증가시키고 이에 따라 달러화 가치가 상승하고 현재환율이 상승하게 된다. 이 과정은 〈그림 13-1〉에서 주어진 이자율에서

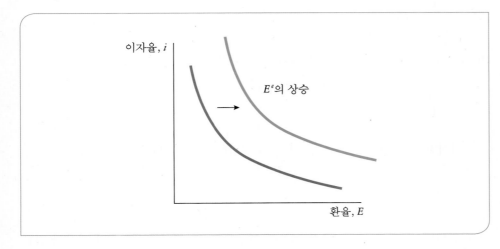

그림 13-1
이자율과 환율의 관계

주어진 환율의 기대변화율 안에서 이자율형평설을 만족하는 이자율과 환율의 조합을 그려본 것이다. 이때, 같은 이자율수준에서 기대환율의 상승은 환율에 대한 기대변화율을 높게 되어 이자율형평설을 만족하는 환율의 값이 더 높아지도록 그래프가 우측으로 이동하는 것으로 나타난다.

---

3 $0.07>0.05+\dfrac{1000^e-1000}{1000}$

이자율형평설을 만족하는 환율의 값이 더 높아지도록 그래프가 우측으로 이동하는 것으로 나타난다.

실질이자율형평설

지금까지 이자율형평설은 명목이자율을 이용하여 표시하였다. 하지만 이자율형평설은 실질이자율을 이용하여 나타내기도 한다. 지금부터는 그 과정을 간단하게 소개하기로 한다.

국내명목이자율을 i라 하고 해외명목이자율을 i^*라 하면 이미 설명한 바와 같이 다음과 같은 이자율형평설이 성립한다.

$$1+i = (1+i^*)\frac{E^e}{E}$$

그런데 실질환율 q는 $q = E\frac{P^*}{P}$로 나타내지므로 $E = q\frac{P}{P^*}$이고 이를 이용하여 명목환율에 대입하면

$$1+i = (1+i^*)\left(\frac{q^e\frac{P^e}{P^{*e}}}{q\frac{P}{P^*}}\right) = (1+i^*)\left(\frac{q^e}{q}\right)\left(\frac{\frac{P^e}{P}}{\frac{P^{*e}}{P^*}}\right)$$

이 성립한다. 양변을 $\frac{P^e}{P}$로 나누어주면

$$\frac{1+i}{\frac{P^e}{P}} = \left(\frac{1+i^*}{\left(\frac{P^{*e}}{P^*}\right)}\right)\left(\frac{q^e}{q}\right)$$

이 성립하여 결국 다음과 같은 식을 도출할 수 있다.

$$\frac{1+i}{1+\pi^e} = \left(\frac{1+i^*}{1+\pi^{*e}}\right)\left(\frac{q^e}{q}\right)$$

피셔방정식에 따르면 $\frac{1+i}{1+\pi^e} = 1+r$이 성립하므로

$$1+r = (1+r^*)\frac{q^e}{q}$$

로 변환된다. 이제 명목이자율을 이용한 이자율형평설에서와 동일하게 다음과 같은 과정을 거쳐 보자.

$$1+r = (1+r^*)\left(1+\frac{q^e-q}{q}\right)$$

$$= 1+r^*+\frac{q^e-q}{q}+r^*\frac{q^e-q}{q}$$

우변의 마지막 항은 매우 작은 값이므로 근사적으로 다음과 같은 식이 성립한다.

$$r \cong r^*+\frac{q^e-q}{q}$$

위의 식은 실질이자율형평설을 나타내며, 명목이자율 대신에 실질이자율을 사용하였고 명목환율 대신에 실질환율이 사용되었음을 알 수 있다. 실질이자율형평설(Real Interest Rate Parity Hypothesis)은 한 국가의 실질이자율과 다른 국가의 실질이자율에 실질환율의 기대변화율을 합친 것이 같다는 것이다. 여기서 구매력형평설이 항상 성립한다면 $q=1$에서 변화가 없으므로 두 국가간의 실질이자율이 같아진다.

균형환율의 중요성

환율은 양 국가의 생산물시장의 측면에서 동일한 상품을 같은 가격에 살 수 있도록 정해지거나(구매력형평설), 자본시장 측면에서 투자수익이 같아지도록(이자율형평설) 정해진다. 따라서 환율이 시장의 균형수준을 크게 벗어나는 경우 문제가 발생할 수 있다. 예를 들어 독일이 통합할 때 중요한 이슈 중 하나가 동독의 마르크화와 서독의 마르크화 사이의 환율을 결정하는 문제였다. 구매력형평의 시장균형의 측면에서는 동독마르크 대 서독마르크 간의 가치의 비율은 당시에 1 : 3 정도로 추정되었다. 그러나 양 국가는 정치적인 측면을 고려하여 환율을 1 : 1로 결정하였다. 즉 동독의 1마르크화는 구매력 가치면에서 서독의 1/3마르크화와 비슷했음에도 불구하고 서독의 1마르크화와 맞바꾸게 하여 동독 국민들의 생활수준을 높여 주려고 하였다. 동독의 마르크화가 고평가되자 동독인들은 동독의 마르크화를 서독의 마르크화로 바꾸어 서독상품을 구입하는 것이 훨씬 이득이 된다는 것을 깨닫게 되었다. 즉 동독마르크화의 고평가는 상대적으로 동독의 상품가격을 서독에 비해 더 비싸게 만든 셈이다. 이에 따라 시중에 서독마르크화의 공급이 늘어나고 서독 상품에 대한 수요가 증가하여 서독에서는 인플레이션이 발생하였다. 반면에 동독의 경우는 경기 침체와 실업이 발생하였다. 결국 시간이 지나면서 독일 경제가 다시 균형을 회복하였지만, 인위적인 환율 결정으로 독일은 큰 경제적 손실을 입었다. 이 예를 통해 알 수 있듯이 환율의 결정은 경제에 직접적인 영향을 미치는 매우 중요한 요소이다.

5 외환위기

외환위기(Balance of Payments Crisis ; Foreign Exchange Rate Crisis)는 외환시장의 참가자들이 앞으로 환율이 상승(혹은 통화가치가 하락)할 것으로 예상함에 따라 국내 화폐의 보유를 줄이고 외환에 대한 수요를 늘리면서, 해당 국가의 외환보유고가 감소하고 어느 순간 환율이 급격히 상승(가치절하)하는 현상을 말한다. 예를 들어 한국 원화의 가치가 앞으로 하락할 것으로 예상되면 시장참가자들은 원화의 보유를 줄이면서 달러화의 수요를 늘리게 된다. 이로 인해 환율이 상승하려는 압력이 발생한다. 환율을 방어하기 위해 외환당국이 시장에 개입하여 달러를 공급하면서 외환보유고가 점차 감소하게 되며 어느 순간에 가서 더 이상 환율을 방어할 수 없을 때 갑자기 환율이 급격히 상승하게 된다.

이러한 과정을 자본시장이 개방된 경제에서 이자율형평설을 통해 살펴보자. 한 경제의 외환시장이 현재상태에서 균형상태에 있다고 가정하자.

$$i = i^* + \frac{E^e - E}{E}$$

i는 국내이자율, i^*는 외국의 이자율, E는 현재환율이고 모두 균형에서 결정된 값이다. 이때, 미래환율의 기대값(E^e)이 $E^{e\prime}(>E^e)$으로 갑자기 상승하게 되면,

$$i < i^* + \frac{E^{e\prime} - E}{E}$$

가 된다. 이렇게 되면 환율변동에 따른 수익 증가로 외국에 투자하는 경우의 수익률이 높아지므로 외국에의 투자를 위한 자본유출이 급작스럽게 늘어날 수 있다. 외환시장에서 외화의 수요가 늘면서 외화의 가치가 상승하고 국내 통화가치가 하락하려는 압력, 즉 현재환율(E)이 상승하는 압력이 발생한다. 이 경우 일반적으로 외환시장의 안정을 위해 중앙은행은 환율이 급격히 상승하는 것을 막기 위한 일련의 조치를 취하게 된다. 중앙은행이 외환에 대한 수요가 늘어나는 것에 대비하여, 환율을 안정시키기 위해 외환을 매각하면서 외환의 공급량을 늘리는 경우를 고려하자. 만약 이런 중앙은행의 개입으로 외화유출이 중단되면 개입이 성공한 것이고 환율이 안정될 것이다. 그러나, 외화유출이 중단되지 않는다면 지속적인 외환의 매각으로 결국에는 중앙은행의 외환보유고가 고갈될 것이고 더 이상 개입할 수 없게 된다. 이 경우에는 정부가 이용할 수 있는 수단이 없게 되고 결국 환율상승이 필연적

으로 발생하게 된다. 따라서 자국통화의 가치가 급격히 하락할 것이다. 이때 경제주체들이 이러한 사실을 모두 알고 있다고 하면 결국 외환보유고가 고갈되고 환율상승이 발생하게 될 것이라는 기대를 갖는 순간, 자국통화의 수요는 줄이고 외화에 대한 수요를 크게 늘릴 것이다. 이를 환율에 대한 투기적 공격(speculative attack)이라고 부른다. 이러한 투기적 공격으로 인해 외환보유고가 감소하고 결국 환율이 상승하는 현상이 외환위기이다.

그렇다면 왜 처음에 기대환율(E^e)이 상승하는가? 첫째, 정부의 거시경제 안정화정책, 특히 통화정책이 팽창적으로 운용되어 지속적인 인플레이션이 있는 경제에서는 환율이 현재의 값에서 안정적으로 유지되기 어렵다. 따라서 미래환율이 상승할 것으로 경제주체들이 예상하게 된다. 둘째, 한 국가의 수출이 부진하다면, 경상수지 적자가 발생하고 이에 따라 외화가 많이 필요하게 된다. 그렇게 되면 이 국가의 환율은 오를 것이라고 예상할 수 있다. 따라서 환율의 기대치가 상승한다. 셋째, 한 국가의 외화부채가 늘어날 경우도 마찬가지다. 외채상환 시에 외화수요 증가를 예상해서 환율의 기대치가 상승할 수 있다. 특히 단기에 상환하여야 할 부채가 많은 경우 환율에 대한 기대치가 더 크게 상승할 수 있다. 넷째, 중앙은행의 외환보유고가 부족하여 외환시장 참가자들이 환율이 정부개입에 의해 안정되기 힘들 것으로 예상하는 경우이다. 마지막으로 한 국가의 경제에 근본적인 문제가 있다면, 경제를 비관적으로 전망하게 되고, 자본의 유출이 발생하며 자국통화의 가치가 하락하게 된다. 즉 기대환율(E^e)의 상승과 하락은 경제 전체의 구조적 문제에 의해 발생할 수 있기 때문에 외환위기의 원인은 외환시장 참가자의 심리적인 요인 이전에 경제구조적인 문제이거나 정책의 잘못된 운용에 의해 발생할 수 있다. 1997년에 겪은 한국의 외환위기의 원인에 대해서도, '금융감독이 미흡한 까닭에 금융기관이 단기외채를 많이 얻어서 그렇다, 외환보유고가 부족하였다, 환율정책을 경직적으로 운용하였다, 재벌의 과잉투자가 문제였다' 등 여러 가지 견해가 있다. 이런 외환위기는 자본시장이 개방됨에 따라 자본이 국가간에 쉽게 이동하면서 자주 발생하고 있다.

고정환율제도를 채택하여 환율을 항상 일정한 수준에서 유지하려 하거나 또는 변동환율제도를 채택하고는 있지만 환율의 갑작스러운 변동이 있을 때는 외환시장 개입을 통해 환율의 안정적인 조정(smoothing operation)을 하려 하는 경제에서는 항상 외환위기가 발생할 수 있다. 금융시장이 개방된 경제에서 외환시장의 참가자들이 계속 해외로 자본을 유출하려 하면 결국에는 외환보유고가 감소하고 환율이 상승하는 일이 발생할 수밖에 없을 것이다. 이때 외환위기로 인한 환율의 급격한 상승은 수입물가를 상승시켜 국내 물가를 상승시키는 압력으로 작용한다. 또 국내에 원화로 투자된 자금을 회수하여 달러로 갚는 경우를 생각해 보면 외채상환의 부담이 크게 증가하는 문제가 발생한다. 따라서 외환위기를 사전에 방지하는 것이 중요하며 일단 발생하면 비용이 적게 들도록 수습하는 것 또한 중요하다.

이런 외환위기를 극복하기 위한 대책은 다음과 같다. 첫째, 국제통화기금(IMF)의 구제금융을 요청하는 것이다. 이를 통해 외화(달러)의 공급을 늘릴 수 있다. 한국의 경우 1997년에 국제통화기금에서 구제금융을 받음으로써 환율의 상승을 억제할 수 있었다. 둘째, 고금리정책을 유지함으로써 자본유출을 방지할 수 있다. 즉 환율변동에 따른 수익률만큼 국내이자율을 상승시켜 자본의 국외유출을 억제할 수 있다. 그러나 환율의 예상상승률 $\left(\frac{E^e-E}{E}\right)$이 급등할 경우, 이자율을 그만큼까지 상승시키는 것은 국내경제에 큰 부담을 주게 된다. 셋째, 정부가 직접 자본유출을 통제할 수 있다. 실제로 1997년 동아시아 외환위기 중에 말레이시아는 외환거래를 일정기간 중단하기도 하였다.

사례연구 동아시아 외환위기

1997년, 약 30년 넘게 고도성장을 지속해 오던 동아시아 국가들에 외환위기가 발생하였다. 그 해 7월 태국에서 시작된 경제위기는 동아시아 전역으로 확산되었으며, 그 영향은 예상을 뛰어넘을 정도로 심각하였다. 동아시아 국가들은 갑작스러운 금융위기를 겪으면서 금융시장이 마비되고 경제성장률이 급락하는 최악의 불황을 경험하였다. 위기발생 전 평균 7.0%에 달했던 동아시아의 경제성장률은 1998년에 −13.2%(인도네시아), −0.4%(태국), −7.5%(말레이시아), −6.7%(한국), −0.6%(필리핀)으로 급감하였다. 실업률 역시 큰 폭으로 상승하여 과거 고도성장하에서 완전고용에 가까운 상태를 유지해 오던 동아시아 국가들에게 경험하지 못했던 사회 불안을 야기하였다.

이러한 외환위기의 발생원인에 대해서는 국내외 학자들간에 여러 가지 견해가 존재한다. 외환위기를 겪은 동아시아 5개국의 위기 진행과정 역시 다양하게 나타났기

때문에 과연 각국에서 나타난 경제위기가 동일한 원인으로 인해 발생한 것인지에 대해 많은 의문이 제기되었다. 그러나 대규모 해외 자본이 오랜 기간 동안 지속적으로 유입되었다가 갑작스럽게 유출되었던 현상은 위기를 겪은 동아시아 국가 모두에서 공통된 것이었다. 따라서 동아시아 위기의 중요한 발생원인 중 하나는 외국투자자들의 심리적 패닉(panic)으로 인한 급격한 투자자본의 회수였음이 사실이라 하겠다. 위 그림은 외환위기 당시의 동아시아 국가들의 순자본유입과 환율변화를 보여준다. 급격한 자본유출과 더불어 급격한 환율상승이 모든 국가에 공통적으로 나타나고 있음을 확인할 수 있다.

그렇다면 해외투자자들이 자본을 회수한 근본적인 원인을 살펴보자. 우선, 이런 자본 회수의 원인은 동아시아 국가들의 내부적인 문제로부터 비롯되었다고 볼 수 있다. 실제로 동아시아 국가들은 고도성장 과정에서 많은

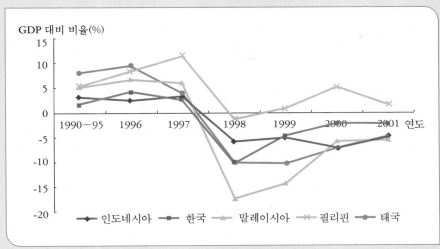

자료 : IMF, Balance of Payment Database(순자본 유입) ; IMF, World Economic Outlook 2006(GDP)

그림 13-2
동아시아 외환위기:
국가들의 순자본 유입

급격한 자본유출이 1997년 후반기부터 발생하였다.

구조적인 문제점을 누적시켜 왔다. 대기업과 금융부문이 정부의 많은 보호를 받아 성장해 오면서 갑작스러운 위험에 대한 대비가 부족하였다. 1990년대 들어 금융시장을 개방하면서 해외로부터 투자자본이 동아시아국가들로 급속히 유입되었다. 그런데, 금융기관들의 자율적인 규제와 정부의 적절한 감독기능이 미흡한 상태였기 때문에 대규모 해외자본의 유입은 은행의 과잉대출과 기업의 과잉투자를 부추기는 결과로 이어졌다. 즉 은행과 기업들은 수익과 위험의 상관관계를 고려하지 않은 채 오로지 고수익사업만을 추구하였고, 투자에 실패할 경우에도 암묵적 보장의 관례에 따라 정부가 사후적으로 개입하여 구제해 줄 것이라 믿었다.

또한 해외자본의 유입구조 측면에서 단기자본의 비중이 과도하였다는 것이 큰 문제로 지적될 수 있다. 금융개방에 따른 적절한 감독과 규제가 이루어지지 않아 은행들의 해외 단기부채를 통한 과도한 차입이 외환위기에

대한 취약성을 높였다. 또한 외환보유고의 부족은 해외투자자들이 동아시아국가들의 단기부채 상환능력에 대한 불안감을 갖게 하고, 대규모의 투자자금 인출을 가져올 수 있는 도화선 역할을 하였다. 게다가 동아시아 국가들의 기업부채비율이 매우 높고 은행에 대한 의존도가 매우 큰 상황이었는데, 대규모 자금인출에 따른 은행의 단기유동성 부족은 곧바로 기업들이 도산하고 경제 내에 투자가 감소되면서 생산량의 급격한 감소와 실업의 증가로 이어지는 충격을 초래하였다.

마지막으로 국제 금융시장의 내재적인 불안정과 해외 단기투자자본들의 군집행동(herd behavior)도 외환위기의 한 원인으로 생각할 수 있다. 이는 동아시아국가들이 성장과정에서 근본적인 문제점을 갖고 있었다는 사실보다, 1997년 7월 태국의 경제위기를 시작으로 외국투자자들의 비관적인 기대가 전염(contagion)되면서 급격한 자본회수가 발생한 것에 초점을 둔다. 한 경제에 좋은 상황

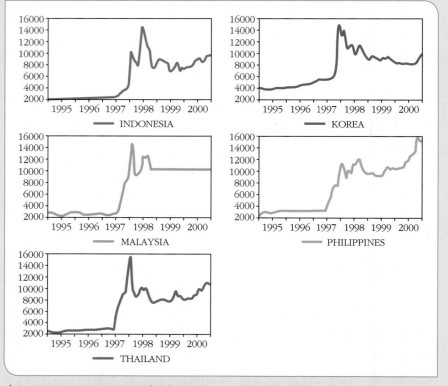

그림 **13-3**
동아시아 외환위기:
국가들의 환율 변화

1997년을 기점으로 급격하게
환율이 상승하고 통화의 대외
가치가 하락한 것을 확인할
수 있다.

자료 : International Monetary Fund(IMF), International Financial Statistics

과 나쁜 상황에 대한 기대가 동시에 존재할 때 경제주체들이 어떤 기대를 하느냐에 따라 자기실현(self-fulfilling)적으로 미래의 상황이 결정된다는 이론에 기초해 볼 때, 1997년 외환위기 당시 동아시아투자에 대한 비관적인 기대가 형성되고 이런 기대가 동시에 여러 투자자들에게 영향을 미치면서 급격히 자본을 회수하는 군집행동이 나타났다고 할 수 있다.

자료: 이종화(2003), 동아시아의 고도성장과 금융위기의 재조명, 고려대학교 아연출판부.

환율의 오버슈팅과 외환시장의 불안정

변동환율제도에서는 환율의 변동이 매우 심하고 외환시장이 불안정한 현상이 자주 나타난다. 돈부쉬(Rudiger Dornbusch)는 1976년에 발표한 논문[4]에서 환율이 단기에서 장기의 균형값보다 과잉조정(오버슈팅, overshooting)될 수 있음을 먼델-플레밍 모형에 합리적 기대를 도입한 모형을 가지고 설명하였다.

오버슈팅 이론에 따르면 환율의 오버슈팅은 물가수준의 단기적 경직성과 장기적 신축성 때문에 나타난다. 물가수준이 단기에 경직적이므로 외환시장의 환율조정은 재화시장의 가격조정보다 더 빠르게 이루어진다. 만약 갑작스럽게 통화 공급량이 증가하면, 단기적으로 물가수준이 변화하지 않으므로 실질통화가 증가함에 따라 국내이자율(i)이 하락한다. 이에 더하여 통화 공급량의 증가는 앞으로 물가가 점차 상승하게 되고 환율이 따라서 상승할 것이라는 기대를 발생시켜 기대환율(E^e)을 높이게 된다. 국내이자율의 하락과 기대환율의 상승효과는 모두 현재 환율을 상승시키는 방향으로 작용한다. 본문에서 설명한 이자율 형평설을 다시 쓰면 $i = i^* + \frac{E^e - E}{E}$이다. 여기서 통화공급이 증가하여 국내이자율(i)이 낮아지고, 기대환율(E^e)이 높아지게 되면 $i < i^* + \frac{E^e - E}{E}$와 같이 단기 균형이 성립하지 않게 된다. 이는 외국에 투자할 경우의 기대수익이 높아진 것을 의미하므로 즉각적으로 외국으로 자본의 유출이 일어난다. 이는 외환시장에서 외환에 대한 수요증가를 의미하므로 현재 환율(E)이 상승한다. 이때 단기에서 E가 E^*보다 더 높아져야 오른쪽 항이 작아지면서 이자율 형평설이 다시 성립하게 된다. 반면 장기에는 물가수준의 조정으로 인하여 국내이자율이 원래 수준으로 회복되므로, 명목환율이 단기에서의 환율보다 점차 낮아지면서 장기적인 추세로 회귀한다.

돈부쉬 모형은 시장 참가자들이 환율의 변화에 대해 합리적 기대를 하더라도 단기에서 외환시장의 불안정이 나타날 수 있음을 보여준다. 그러나, 외환시장의 불안정은 시장에서 정보가 왜곡되어 있거나 참가자들이 군집행위(herd behavior)와 같은 비합리적 행위를 할 때에도 나타날 수 있다. 군집행위란 한 개인이 자신이 가진 정보에 의해서는 다른 선택을 하는 것이 최적임에도 불구하고 보다 큰 집단의 선택을 그대로 따라가는 현상을 말한다. 개인이 미래에 대한 기대(expectation)를 할 때 자신이 가진 정보 보다는 큰 집단의 정보가 더 우월할 것이라는 생각으로 집단의 기대를 그대로 받아들이게 된다. 이러한 기대는 자기실현적(self-fulfilling) 특성을 가지게 되는데 모두가 한 방향으로 행동하면 시장의 결과도 모두가 기대하는 대로 나타나는 것이다. 외환시장에서 이와 같은 군집행위와 자기실현적 기대가 이루어지면 환율이 균형값을 벗어나서 변동하면서 외환시장의 불안정이 커질 수 있다.

4 Dornbusch, Rudiger, 1976, "Expectations and Exchange Rate Dynamics," *Journal of Political Economy*, Vol. 84, No. 6, pp. 1161-1176.

3 경상수지와 순수출

한 국가가 외국과의 상품 무역에서 균형을 이루고 있는지는 경상수지를 통해 판단한다. 경상수지가 어떻게 결정되는가는 여러 가지 측면에서 살펴볼 수 있다. ① 수입, 수출이라는 대외 거래의 측면, ② 생산물시장에서 생산과 지출, 또는 저축과 투자의 측면, ③ 해외로부터의 자본 유출입의 측면이다.

1 경상수지와 순수출

경상수지는 재화와 서비스의 순수출과 같다.

$$
\begin{aligned}
\text{경상수지}(CA) &= \text{순수출}(NX) \\
&= \text{수출}(EX) - \text{수입}(IM) \\
&= EX(q, \, Y^*) - IM(q, \, Y)
\end{aligned}
$$

여기서 q는 실질환율, Y^*는 외국의 소득수준, Y는 국내소득이다. 실질환율은 국내상품의 가격에 비교한 해외상품의 가격의 비율을 의미하며 실질환율의 상승은 국내상품의 가격을 상대적으로 하락시켜 수출이 증가하고 수입은 감소한다. 외국의 소득수준 증가는 국내상품의 해외수요를 증가시키므로 수출을 늘린다. 국내소득의 증가는 해외상품의 국내수요를 증가시키므로 수입과 양의 관계가 있음을 알 수 있다. 따라서 수출은 실질환율(+)과 외국의 소득수준(+)에 의존하며 수입은 실질환율(−)과 국내소득(+)에 의존한다.

$$
X = \underset{(+)(+)}{EX(q, \, Y^*)} \qquad M = \underset{(-)(+)}{IM(q, \, Y)}
$$

경상수지의 흑자와 적자는 수출의 변화에 의해서도 발생하지만 수입의 변화에 의해서도 발생한다. 앞에서 설명하였듯이 경상수지의 흑자가 무조건 바람직한 것은 아니며 대내균형과 더불어 수출과 수입의 대외균형을 유지하는 것이 중요하다.

2 경상수지와 저축, 투자

제3장에서 배운 국민소득의 균형조건을 보면,

국내총생산(Y) = 소비(C)+투자(I)+정부지출(G)+순수출(NX)

$\Leftrightarrow NX = Y - C - G - I$

여기서 $Y - C - G$ 는 개인과 정부의 소비를 총생산에서 뺀 것으로 총저축(S)과 같다.

$NX = S - I$

가 된다. 그러므로 경상수지, 즉 순수출은 저축과 투자의 차이로 정의된다. 따라서 순수출의 크기는 국내에서의 저축과 투자 사이의 관계로 재해석할 수 있다. 예를 들어 초과저축$(S>I)$이 되면 경상수지 흑자가 발생한다. 반대로 소비나 투자가 너무 많으면 경상수지는 적자가 된다. 예를 들어 해외부채가 많은 국가가 경상수지 흑자를 원하는 경우, 이자율의 인상을 통해서 저축을 늘리고 투자를 줄이는 방식으로 이를 달성할 수도 있다. 경상수지 흑자 혹은 적자가 적정하냐의 여부를 볼 때 중요한 것은 저축이나 투자가 경제 내에서 균형을 이루고 있는가 하는 것이다. 외환위기 이후 한국을 비롯한 동아시아 국가들이 경상수지의 흑자를 보이고 있는 것은 투자가 너무 위축된 데 주로 기인한다.

3 경상수지와 순해외투자

국내저축은 국내에서 투자되기도 하지만 해외투자에 사용되기도 한다. 이를 내국인의 해외투자 또는 해외자산 취득이라고 생각할 수 있다. 또한 해외에서 저축된 자금도 국내에서 투자에 사용될 수 있다. 이것이 외국인의 국내투자 또는 국내자산 취득이다. 순해외투자는 국내인이 해외에 투자한 부분(내국인의 해외자산 취득)에서 외국인이 국내에 투자한 부분(외국인의 국내자산 취득)을 차감한 것으로 다음과 같이 정의할 수 있다.

순해외투자(Net Foreign Investment : NFI)

= 내국인의 해외자산 취득－외국인의 국내자산 취득

= 자본 순유출(Net Capital Outflow : 자본수지·금융계정 유출초과)

순해외투자가 양의 값을 가지면 자본이 해외로 유출된 것으로 볼 수 있다. 따라서 순해외투자는 자본 순유출이라고도 부른다. 순해외자본유출은 해외로 자본이 빠져나가는 것이므로 금융계정에서는 유출초과이다.

위 관계식에서 볼 수 있듯이 금융계정의 유출초과는 내국인과 외국인의 자산의 변화를 통해 외화가 유입되는 것보다 유출되는 양이 더 많을 때 발생함을 알 수 있다. 만약 국내경제에 경상수지 적자가 발생하면 이를 금융계정의 유입초과를 통해 보전하게 된다. 다시 말하면 외국으로부터 이 경제로 금융계정을 통해 유입되는 자금이 많으면 이것이 경상수지의 적자를 보전할 수 있게 한다. 즉 국내 금융자산을 팔거나 해외로부터 차입을 통해서 이를 해결한다는 것이다. 대표적으로 미국의 경우 경상수지의 적자가 매우 큰 규모이나 해외로부터 미국으로 투자되는 자금이 많아 쉽게 충당하고 있다. 즉 금융계정의 유입초과를 통해 경상수지의 적자를 보전하고 있다. 국제수지의 균형은 경상수지 흑자(적자)와 금융계정의 유출초과(유입초과)가 같아질 때 달성된다. 따라서 다음의 관계가 성립한다.

$$CA \quad = \quad NFI$$
경상수지 = 순해외투자

4 개방경제의 장기모형

이제 개방경제의 주요 변수들이 장기에서 어떻게 결정되는지 살펴보자. 장기에서 산출량(Y)는 완전고용 생산량($Y=\bar{Y}_P$)으로 주어져 있고, 물가(P)는 화폐시장에서 통화량에 의해 완전 신축적으로 결정된다. 이때 우리가 관심을 가지는 것은 경상수지(NX), 실질환율(q), 실질이자율(r)의 결정이다. 인플레이션이 없는 경제를 고려하기 때문에 실질이자율과 명목이자율은 같다.

1 생산물시장과 경상수지

생산물시장의 균형조건과 경상수지의 결정을 나타내면 다음과 같다.

$$\text{생산물시장의 균형조건} : \overline{Y} = C(\overline{Y} - \overline{T}, \; r) + I(r) + \overline{G} + X - M$$
$$\text{경상수지}: NX \equiv X - M = \overline{Y} - C(\overline{Y} - \overline{T}, \; r) - \overline{G} - I(r)$$
$$= S(r) - I(r)$$

경상수지는 저축과 투자에 의해 결정된다. 폐쇄경제에서 순수출은 0이 되기 때문에 항상 저축과 투자가 같아진다($NX \equiv X - M = 0 \Leftrightarrow S - I = 0$). 즉, 생산된 것을 소비하고 남은 부분을 저축하고 이는 투자된다. 그러나 개방경제에서는 국내지출에 사용하고 남은 여분을 외국에 팔 수도 있다. 이제 총생산(Y)이 국내에서의 총지출 ($C + I + G$)보다 많아서 쓰고 남는 것이 있다고 생각해 보자. 그러면 $Y - (C + I + G)$ $= S - I$이므로 저축이 투자보다 크고($S > I$) 순수출이 0보다 크며 경상수지는 흑자이다. 반대로 저축이 투자보다 적으면($S < I$) 순수출이 0보다 작고 경상수지는 적자이다. 이를 통해 경상수지의 흑자/적자 여부는 이자율에 의해서 결정됨을 알 수 있다. 왜냐하면 이자율이 저축과 투자를 결정하기 때문이다. 여기서 저축과 투자가 완전히 일치하도록 이자율이 결정되면($r = r^*$) 경상수지는 0으로 균형이 된다는 사실을 알 수 있다.

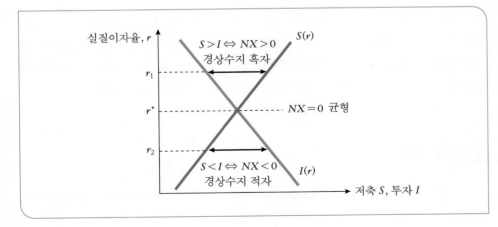

그림 13-4
경상수지와 저축과 투자의 결정

경상수지의 흑자/적자 여부는 이자율에 의해서 결정됨을 알 수 있다. 이자율이 높아서 ($r_1 > r^*$) 저축이 투자보다 크면 ($S > I$) 순수출이 0보다 크고 경상수지는 흑자이다. 반대로 이자율이 낮아서($r_2 < r^*$) 저축이 투자보다 적으면($S < I$) 순수출이 0보다 작고 경상수지는 적자이다.

그림 13-5
순수출과 실질환율
순수출(NX)은 실질환율과 정
(+)의 관계로 표시할 수 있다.

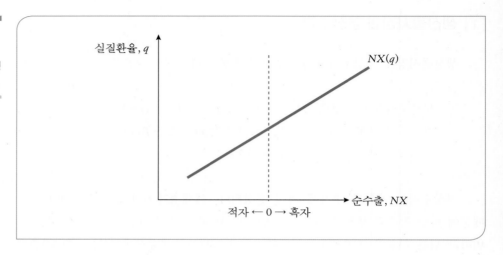

2 실질환율과 경상수지

앞서 살펴보았듯이 산출량이 주어진 경제에서 수출(X)과 수입(M)은 실질환율에 의해 결정된다.

$$수 \ 출(X) \quad : X = EX(q, \ \overline{Y}^*)$$
$$수 \ 입(M) \quad : M = IM(q, \ \overline{Y})$$
$$순수출(NX) : NX(q) \ = \ EX(q) - IM(q)$$

국내산출량($\overline{Y}$)과 해외산출량($\overline{Y}^*$)이 고정되어 있으면 순수출(NX)은 실질환율(q) 만의 함수로 표현된다. 실질환율이 높아질수록 국내 상품가격에 비교하여 외국 상품 가격이 올라가게 되고 국내 상품의 가격경쟁력을 높이는 효과를 가져와 수출이 늘고 수입이 줄어든다. 즉 순수출(NX)은 실질환율과 정(+)의 관계로 표시할 수 있다.

3 자본거래

자본의 순유출(Net Capital Outflow: CF)을 살펴보기 위하여 이자율형평설을 고려하면, 자본이 빠져나가는 정도는 실질이자율의 격차에 반응함을 알 수 있다.[5] 즉,

---

5 두 국가간의 투자는 투자의 명목수익률의 차이와 환율의 기대변화율에 의하여 결정된다. 명목이
   자율은 실질이자율+기대물가상승률이고 환율의 기대변화율은 구매력형평설에 의해 두 국가간의
   기대물가상승률의 차이임을 고려하면 결국 두 국가간의 투자는 투자의 실질수익률의 차이에 의
   하여 결정되는 것으로 고쳐 쓸 수 있다. 앞절의 실질이자율형평설을 참조하시오.

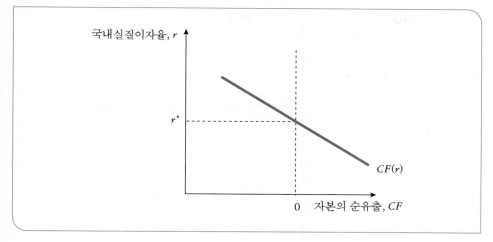

그림 **13-6**
자본의 순유출과 이자율

자본의 순유출(CF)은 국내이
자율(r)과 해외이자율(r^*)의
차이와 음의 관계를 갖는다.

해외이자율(r^*)에 비해 국내이자율(r)이 높으면 높을수록 자본의 순유출은 줄어들게
된다. 반대로 국내이자율이 낮으면 자본유출은 늘어난다. 자본의 순유출은 국내이
자율과 해외이자율의 차이와 음의 관계를 갖는다. 따라서 다음과 같이 자본의 순유
출 함수를 나타낼 수 있다.

$$CF = CF\,(r - r^*)$$
$$(-)$$

　위의 경우는 국내이자율과 해외이자율의 차이에 따라 자본유출입이 이루어지
는 경우를 가정하고 있다. 그런데 자본의 이동이 완전히 자유로운 소규모 개방경제
의 경우 국내외 이자율의 차이에 자본유출입이 보다 급격하게 반응한다. 즉 국내
이자율이 해외이자율보다 높으면($r > r^*$) 자본이 무한대로 들어와서 국내이자율(r)은
낮아지고, 반대로 국내이자율이 해외이자율보다 낮으면($r < r^*$) 자본이 무한대로 유
출되기 때문에 국내이자율이 다시 높아지게 된다. 따라서 소규모 개방경제에서 국
내이자율과 해외이자율은 거의 유사하게 결정된다($r = r^*$). 〈그림 13-7〉의 (a)는 이
를 나타낸 것이다.
　반대로 자본이동이 통제되어 자본유출입이 불가능한 경우를 생각해보면 국내
이자율은 해외이자율과 상관없이 결정되게 될 것이고 자본의 유출입이 이자율에 전
혀 영향을 받지 않는다. 이를 그림으로 표현하면 〈그림 13-7〉의 (b)와 같은 경우가
될 것이다.

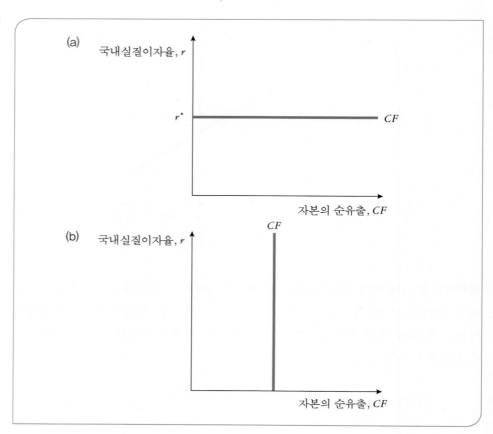

그림 13-7
소규모 개방경제에서의
자본순유출

(a) 자본이동이 완전한
   소규모 개방경제
국내이자율과 해외이자율의
차이$(r-r^*)$에 따라 자본의 유
출입이 무한탄력적으로 반응
한다.

(b) 자본이동이 통제된
   소규모 개방경제
자본 유출입이 통제된 경우 국
내이자율은 해외이자율과 상
관없이 결정되고 자본의 유출
입은 국내이자율 변화에 대해
반응하지 않는다.

4 소규모 개방경제인 경우의 장기균형

이제 소규모 개방경제의 장기균형에서 경상수지와 실질환율, 실질이자율이 어떻게 결정되는지 살펴보자.

생산물시장(경상수지): $NX = S\,(r,\,Y)-I(r)$ ...... ①

완전고용   : $Y = \overline{Y},\ Y^* = \overline{Y}^*$ ...... ②

실질환율과 순수출   : $NX = EX(q,\,Y^*)-IM(q,\,Y)$ ...... ③

자본거래(완전한 자본이동): $r = r^*$ ...... ④

②, ④를 ①, ③에 대입하여 정리하면

$NX = S\,(r^*,\,\overline{Y})-I(r^*)$ ...... ①′

$NX = EX(q,\,\overline{Y}^*)-IM(q,\,\overline{Y})$ ...... ③′

우리는 소규모 개방경제를 가정했기 때문에, 해외이자율 수준에 따라 국내이
자율이 결정되어 정해진 이자율을 통해 생산물시장의 균형을 도출할 수 있고, 이를
바탕으로 실질환율을 결정할 수 있다. 해외이자율(r^*)에 따라 먼저 경상수지가 결
정된다. 그리고 이에 따라 균형실질환율(q)이 결정된다. 즉 식 ①′을 통해 경상수지
(NX)가 결정되고 여기서 결정된 경상수지를 바탕으로 식 ③′에서 실질환율(q)이 결정
되는 것이다. 여기서 자본의 순유출의 크기는 경상수지의 흑자의 크기와 같아진다.

〈그림 13 – 8〉은 경상수지와 실질환율의 결정과정을 나타낸 것이다. 소규모
개방경제의 경우 해외이자율(r^*)이 주어져 있으면, 국내이자율이 해외이자율과 거
의 유사해지기 때문에 투자와 저축을 얼마나 할지 결정할 수 있다. 그리고 그 이자
율에서 저축과 투자의 차이가 경상수지의 흑자, 혹은 적자 여부를 결정하게 된다.
〈그림 13 – 8〉과 같이 해외이자율이 높을 경우 경상수지의 흑자가 발생한다. 이때,
실질환율과 경상수지는 정(+)의 관계가 있기 때문에 주어진 경상수지, 즉 순수출
(NX_0)에 해당되는 실질환율(q_0)을 구할 수 있다. 소규모 경제의 경우 이자율을 독자

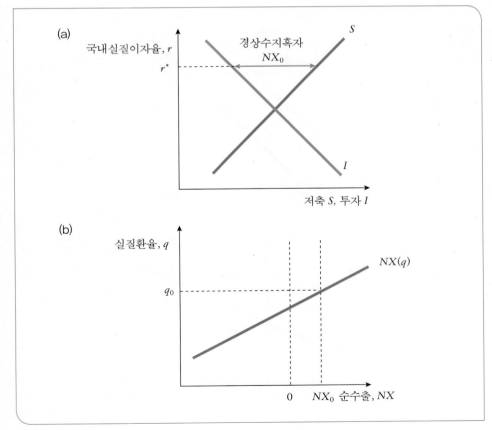

그림 13–8
**장기균형에서
경상수지와 실질환율의 결정**

(a)

소규모 개방경제에서 해외이
자율이 주어져 있으면, 국내이
자율이 해외이자율과 거의 유
사해지기 때문에 저축과 투자
를 얼마나 할지 결정할 수 있
다. 그리고 그 이자율에서 저
축과 투자의 차이가 경상수지
의 흑자, 적자 여부를 결정하
게 된다. 해외이자율이 높을
경우 경상수지 흑자가 된다.

(b)

실질환율과 경상수지는 정
(+)의 관계가 있기 때문에 위
의 그래프에서 주어진 순수출
(NX_0)에 해당되는 실질환율
(q_0)을 구할 수 있다.

적으로 결정할 수 없기 때문에 이런 모형이 도출된다.

물론 현실에서는 어느 정도 이자율을 통제할 수 있고, 환율의 단기적 변동도 있기 때문에 환율을 변화시켜서 경상수지가 결정된다고 생각할 수 있지만, 결국 장기적인 균형에서는 이자율이 경상수지를 결정하고 실질환율을 결정한다. 지금부터는 이렇게 도출된 장기균형에서 재정지출, 해외이자율 등의 변화가 가져오는 영향을 살펴보자.

재정지출 증가의 장기효과

소규모 개방경제에서 정부가 재정지출을 증가시키는 경우를 살펴보자. 이 경우 정부저축이 줄어들고 총저축이 감소하게 된다. 이에 따라 순해외투자가 감소하며 이는 순수출의 감소를 의미한다. 즉 소득이 고정되어 있는 경우 정부가 재정지출을 증가시킨다면 총저축이 줄어들면서 경상수지(순수출)의 적자가 발생한다. 미국

그림 13-9

정부 재정지출 증가의 장기효과

정부가 재정지출을 증가할 경우 정부저축이 줄어들고 총저축이 감소하게 된다. 이에 따라 순수출이 감소하고 순수출의 감소는 장기적으로 실질환율의 하락을 의미한다. 따라서 자국재화는 상대적으로 비싸진다.

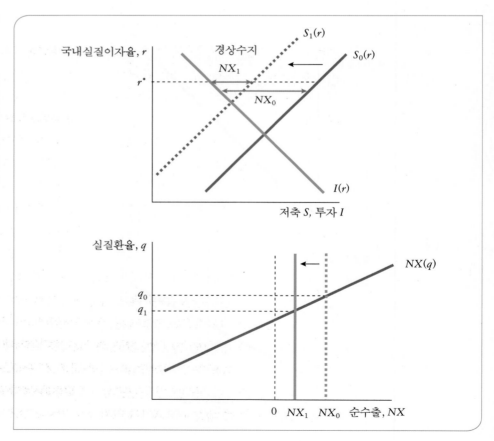

의 경우 1980년대 레이건 정부시기에 세금을 감소시키면서 재정 적자가 발생하고, 경상수지도 적자가 되는 이른바 쌍둥이 적자(Twin deficit)가 발생하였다.

순수출의 감소는 실질환율이 하락할 경우에 발생한다. 요컨대 국내 재정지출이 늘어나거나 소비가 늘면, 국내물가가 상승하게 되고, 국내상품의 가격 경쟁력이 낮아진다. 즉 국내재화가 해외재화에 비해 상대적으로 비싸지는 것이다. 반대로 해외에서 재정지출이 늘어나면 실질환율은 상승한다. 즉 국내재화의 가격이 상대적으로 하락하여 가격경쟁력은 상승한다.

해외이자율 상승의 장기효과

해외이자율(미국 이자율)이 상승하게 되면, 국내에서는 순수출이 증가하게 되고 실질환율이 상승하게 된다. 왜냐하면 해외이자율의 상승은 소규모 개방경제의 이자율 상승을 가져오고 이에 따라 저축 증가, 투자 감소가 발생하기 때문이다. 이는 순수출의 증가를 가져오고 순수출의 증가는 장기적으로 실질환율의 상승을 가져온다.

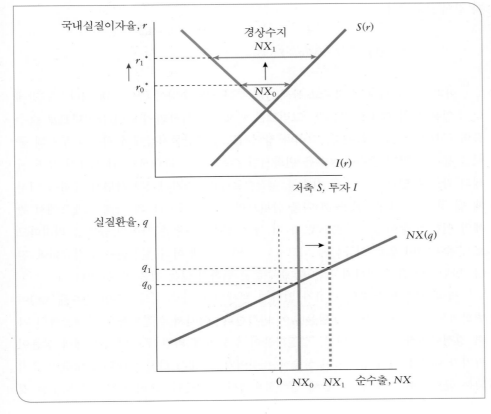

그림 13-10
해외이자율 상승의 장기효과

해외 이자율이 상승($r_0^* \rightarrow r_1^*$)하게 되면, 순수출이 증가하게 되고 이에 따라 장기에서 실질환율이 상승하게 된다($q_0 \rightarrow q_1$).

이러한 변화를 자본거래 중심으로 생각하면 해외이자율 상승으로 자본의 순유출이 발생하고 금융계정의 유출초과만큼 경상수지의 흑자가 증가하는 것으로 볼 수 있다. 예를 들어 한국의 입장에서 미국의 이자율이 상승하면 미국으로 자본이 많이 유출되므로 미국은 그 돈으로 수입을 할 수 있고, 한국은 수출을 늘릴 수 있는 것이다. 실질소득에는 변화가 없으므로 한국의 순수출 증가는 실질환율의 상승(한국상품의 상대가격의 하락)을 통해 이루어지게 된다.

관세 인하정책의 장기효과

많은 국가들이 경상수지 적자를 줄이기 위해 관세 등의 무역장벽을 통해 수입을 억제하려는 정책을 종종 사용한다. 그렇다면 수입의 직접적인 규제는 경상수지에 어떤 장기적인 영향을 미치는 것일까? 여기에서는 관세를 인하하는 수입자유화정책을 정부가 채택한다면 경상수지 적자가 발생할 것인가?라는 질문에 대해 살펴보고자 한다.

다음과 같이 수입을 관세의 함수, $M=IM(q, \overline{Y}, \tau)$라고 생각하면 순수출은 다음과 같이 변화한다.

$$NX = EX(q, \overline{Y}^*) - IM(q, \overline{Y}, \tau)$$

여기서 τ가 바로 관세이고 관세(τ)를 부과하면 수입이 줄어들게 된다. 즉 관세와 수입은 음의 관계를 갖는다. 그러므로 관세를 인하하면 수입이 늘어나므로 순수출의 규모가 줄어들게 된다. 그러나 장기적으로 생산물시장에서 저축과 투자의 균형을 통해 결정된 순수출(NX_0)을 변화시킬 수는 없다. 그러므로 위 식에서 보면 관세의 감소로 인한 순수출의 감소를 실질환율(q)의 증가가 상쇄하면서 균형을 이루게 될 것이다. 그래프를 통해 이를 살펴보면 〈그림 13-11〉의 아래 그래프에서 관세의 인하는 주어진 순수출(NX_0)과 더 높은 실질환율수준 사이의 균형을 의미하므로 순수출선이 위로 이동하게 되고($NX \rightarrow NX'$) 이에 따라 실질환율이 상승하게 된다. 반면 이자율이 변하지 않는 한 순수출은 변하지 않는 것을 알 수 있다.

결국 저축과 투자의 변화가 없다면 관세의 변화로 실물변수인 순수출(NX)이 변화하는 것이 아니라 실질환율(q)이 변화한다. 여기서 실질환율은 국내상품의 가격 경쟁력이라고 할 수 있다. 실질환율이 상승하게 되면 우리의 입장에서 상품이 싸지기 때문에 가격 경쟁력이 상승하는 것이다. 그래서 다시 원래의 순수출이 유지되는 균형으로 가게 된다. 관세 인하정책에서 보았듯이, 오히려 관세를 낮추는 것

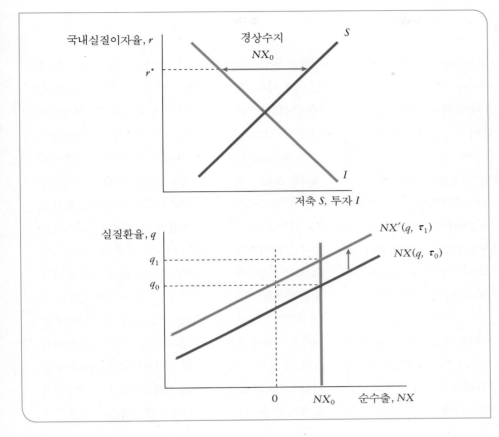

그림 13-11
관세 인하정책의 장기효과

관세를 인하하면 수입이 늘어
나므로 순수출의 규모가 줄어
들게 된다. 그러나 장기적으로
생산물시장에서 저축과 투자
의 균형을 통해 결정된 순수출
(NX_0)을 변화시킬 수는 없다.
그러므로 관세(τ)의 감소로 인
한 순수출의 감소를 실질환율
의 증가가 상쇄하면서 순수출
선이 위로 이동하게 되고(NX
$\rightarrow NX'$) 이에 따라 실질환율
(q)이 상승하게 된다.

이 수출경쟁력을 증가시키는 일임을 알 수 있다. 결국 직접적인 규제나 관세 인하
정책이 순수출에 직접 영향을 주지 않고 가격변수인 실질환율에 영향을 준다. 반대
로 순수출을 늘리기 위해 직접적인 규제나 관세를 올리는 경우에도 순수출에는 직
접 영향을 주지 않고 가격변수인 실질환율을 하락시켜 수출경쟁력을 떨어뜨린다.
따라서 경상수지(순수출)를 개선하기 위해 수입억제정책을 쓰는 것이 바람직하지 않
을 수도 있다.

사례연구 글로벌 임밸런스

'글로벌 임밸런스(Global Imbalance)'는 미국의 막대한 경상수지 적자와 중국 등 아시아 국가와 중동산유국들의 경상수지 흑자로 뚜렷이 대비되는 국가간, 지역간 대외 불균형 현상을 뜻하는 용어이다. 이런 불균형을 미국과 아시아 국가들의 경상수지 비교를 통해 알아볼 수 있다. <그림 13 – 12>는 1997년부터 2021년까지의 미국을 비롯한 아시아 국가들의 GDP 대비 경상수지의 비율을 나타낸 것이다. 우선 미국의 경상수지 적자가 GDP에서 차지하는 비중은 2006년 5.9%에 달했다. 이렇게 미국의 막대한 경상수지 적자가 지속되는 반면에 2007년 중국은 GDP의 8.4%, 아시아 신흥국들은 GDP의 5.0%의 경상수지 흑자를 기록했다.

글로벌 임밸런스 현상을 바라보고 진단하는 시각은 매우 다양하다. 우선 미국의 민간과 정부의 과도지출로 인해 해외로부터의 수입이 증가해 수출을 초과하게 되고, 이런 경상수지 적자를 보전하기 위해 미국은 해외로부터 자본을 유입할 수밖에 없다는 것이다. 특히 미국은 2002년 이후 지속적인 재정적자를 기록하고 있다. 개방경제에서 사후적인 균형으로 저축과 투자의 차이는 경상수지와 같다. 그렇기 때문에 개방경제에서 정부의 재정적자는 투자–저축의 불균형을 통해 대외적으로 경상수지의 적자를 초래한다. 그 밖에도 미국 경제의 높은 생산성증가율에 따른 해외 투자유입과 미국의 안전한 금융자산에 대한 아시아 국가들을 비롯한 다른 국가들의 지속적인 수요가 미국의 지속적인 자본수지의 흑자와 경상수지의 적자의 원인이라는 견해도 있다. 또한 동아시아 국가들을 비롯한 다른 국가들의 경상수지 흑자에 초점을 두어 글로벌 임밸런스를 진단할 수도 있다. 중국을 비롯한 여러 동아시아 국가들의 높은 저축률을 강조하는 견해가 있다. 또 동아시아 국가들의 외환위기 이후 급격하게 침체되어 지속되고 있는 투자부진의 결과로 인해 경상수지 흑자가 발생한다고 보는 견해가 있으며 동아시아 국가

그림 13–12
GDP 대비 경상수지 비율
(1997~2021년)

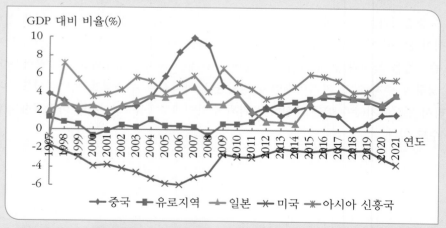

주: Emerging Asia는 NIEs(홍콩, 싱가포르, 한국, 대만)와 ASEAN-4(인도네시아, 말레이시아, 태국, 필리핀)를 말한다.
자료: IMF, World Economic Outlook Database, May 2023

들의 수출주도적인 정책에 의한 환율의 평가절하 정책을 경상수지 흑자의 원인으로 진단하는 견해도 있다.

글로벌 임밸런스는 2007~2008년의 글로벌 금융위기의 발생에 기여하였다. 전세계의 과잉저축이 미국으로 계속 유입되면서 미국의 금융시장에는 과잉유동성이 넘쳤고 이는 서브프라임 모기지 대출이 지속되도록 하는 역할을 하였다. 많은 경제학자들은 미국의 재정적자의 지속으로 부채가 누적되면서 미국 경제에 대한 신뢰가 떨어질 경우 달러 표시 자산에 대한 수요가 급속히 감소해 미국시장으로 자금 유입이 이루어지지 않고 달러가치가 급락하여 세계경제가 침체할 가능성이 나타날 수 있음을 경고하였다. 그러나 2008년의 글로벌 금융위기에서는 해외투자자들이 오히려 안정적인 미국정부채권에 대한 수요를 늘리면서 미국시장으로 자금유입이 오히려 증가하였다.

2008년 금융위기 이후 미국의 경상수지 적자폭이 감소하고 아시아국가들의 경상수지 흑자가 GDP에서 차지하는 비중 또한 감소함에 따라 글로벌 임밸런스가 해소되는 듯 하였다. 그러나 유럽과 일본의 경상수지 흑자의 GDP대비 비율은 최근들어 높아졌다. 미국의 지속적인 경상수지 적자는 트럼프 대통령이 보호무역주의를 강화한 요인으로 작용했다.

사례연구 글로벌 금융위기

2008~2009년에 전 세계로 확산된 글로벌 금융위기는 미국의 비우량 주택담보(서브프라임 모기지: subprime mortgage) 대출과 관련된 신용파생상품의 부실로부터 출발하였다. 미국의 금융 불안은 자금 조달이 어려워진 전 세계 금융기관들의 연쇄 부도로 이어졌다. 이로써 자산 가격이 하락하고 기업의 자본조달 여건이 악화하면서 실물 경제도 침체를 겪었다.

미국발 글로벌금융위기의 원인으로는 무엇보다 미국에서의 시장실패와 부적절한 정부 규제를 꼽을 수 있다. 금융기관들은 차입자의 신용을 제대로 평가하지 않고 대출을 늘렸다. 금융회사 임직원들은 위험을 과도하게 감수하면서 차입과 대출을 통해 단기 차익을 추구하는 도덕적해이를 보였다. 가계도 주택가격이 계속 상승하리라는 믿음으로 채무상환 능력을 넘어선 대출을 받았다. 금융감독 당국은 신용파생상품과 같은 새로운 금융기법의 위험성을 파악하지 못했으며 금융시스템 전체의 건전성에 대한 규제와 감독을 제대로 하지 못했다. 그 외에 금리 정책도 중요한 역할을 했다. 미국은 2000년대 초반 경기 침체에 대응하여 저금리를 너무 오랫동안 유지했다. 미국 연준의 기준금리는 2001년 1월 6.50%에서 2002년 1월 1.75%로 하락했다. 경기침체는 무난히 넘겼지만 인플레이션 압력과 달러 가치 하락이 심해지자 미국 연준은 이에 대한 대응으로 2004년 6월부터 2년에 걸쳐 기준금리를 5.25%로 높였다. 이에 따라 시장금리가 상승하면서 주택담보대출 차입자의 대출 이자 부담과 연체율이 높아졌다. 이에 따라 금융기관의 부실이 커지고 글로벌 금융위기가 촉발되었다.

정리 *summary*

1. 국제수지란 국제거래를 통해 발생하는 수입과 지출을 의미하며 경상계정과 금융계정 등으로 구성되어 있다. 국제수지의 건전성을 판단하기 위해서는 단순한 양적 기준보다는 그것이 어떠한 과정을 거쳐 발생했는지 원천을 파악하는 것이 중요하다.

2. 환율이란 외국 통화 1단위에 대한 자국 통화와의 교환비율을 의미하며 분석의 목적에 따라 명목환율, 실질환율 등의 세분화된 개념을 이용할 수 있다. 또한 환율을 일정하게 유지하느냐, 변동을 허용하느냐에 따라 고정환율제도와 변동환율제도로 나뉜다.

3. 환율의 결정이론 중, 구매력형평설이란 각국의 통화의 실질적인 구매력이 같도록 환율이 결정된다는 이론이다. 반면, 이자율형평설이란 각 통화를 양국의 금융자산에 투자하여 얻을 수 있는 수익이 같도록 환율이 결정된다는 이론이다.

4. 외환위기란 외환시장의 참가자들이 앞으로 환율이 상승할 것으로 예상함에 따라 그에 해당하는 화폐의 보유를 급격히 줄이고 외환의 보유를 늘리면서, 외환보유고가 감소하다가 결국은 환율이 급격히 상승하는 현상을 말한다.

5. 한 국가가 외국과의 상품 무역에서 균형을 이루고 있는지는 경상수지를 통해 판단한다. 경상수지의 결정은 ① 수출 및 수입의 대외 거래, ② 생산물시장에서 생산과 지출, 또는 저축과 투자, ③ 해외로부터의 자본의 유출입 등 여러 가지 측면에서 살펴볼 수 있다.

6. 개방경제의 장기모형에서는 산출량(Y)은 완전고용생산량으로 주어져 있고, 물가는 화폐시장에서 통화량에 의해 완전신축적으로 결정된다. 장기균형에서 경상수지, 실질환율, 실질이자율이 결정된다. 재정지출의 증가 및 해외이자율의 변화, 관세정책 등에 따라 새로운 균형이 발생할 수 있다.

연습문제

exercise

1. 다음 문장의 옳고 그름을 말하고 그 이유를 설명하시오.

1) 한국의 물가상승률이 미국의 물가상승률보다 높다면 원화표시 명목환율(원/$)은 상승한다.

2) 환율이 급격히 상승할 때는 이자율을 올려 환율을 안정시키는 것이 좋은 정책이다.

3) 다른 대륙에서 전쟁이 발생하여 전세계의 저축이 크게 감소하였다. 전쟁에 참가하지 않은 소규모 개방경제에서 투자는 감소하고 실질환율의 상승(평가절하)이 발생한다.

4) 경상수지 적자가 계속 발생하고 있지만 이 적자를 외국으로부터의 순자본유입, 즉 자본·금융수지 흑자로 계속 메꿀 수 있는 경제라면 아무 문제가 없다.

2. 다음의 거래를 보고 각 거래에 맞게 국제수지표를 작성하시오.

1) 삼성전자가 중국에 휴대폰을 수출하고 10억 달러를 영수하였다.

2) 포항제철은 인도네시아에 제철소를 건설하기 위해 30억 달러를 송금하였다.

3) 일본 투자자들이 국내 증권시장에서 주식을 20억 달러 매입하였다.

4) 한국은행이 국내 외환시장에서 10억 달러를 매입하였다.

3. 국제수지표가 아래와 같을 때 이 경제의 경상수지, 금융계정을 설명하시오. 외환준비자산(외환보유고)는 얼마나 변하였겠는가?

	수 취	지 급
상품거래	200	250
서비스거래	60	80
경상이전거래	20	10
준비자산을 제외한 자본·금융거래	80	10
오차 및 누락	20	0

4. 다음에 대하여 설명하시오.

1) 구매력형평설이 무엇인지 쓰고 이를 구체적으로 설명하시오. 구매력형평설이 성립하지 않을 수 있는 이유는 무엇이 있는가?

2) 이자율형평설이 무엇인지 쓰고 이를 구체적으로 설명하시오. 이자율형평설이 성립하지 않을 수 있는 이유는 무엇인가?

5. 2000년에 A, B 두 국가의 물가지수가 모두 100이었고 이때의 A국의 화폐단위로 표시한 환율이 1이었다. 2005년 A, B국의 물가지수가 각각 150, 450으로 변하였다면 구매력형평설에 의하면 2005년의 A국 화폐단위로 표시한 B국의 환율은 얼마인가?

6. 다음은 인도네시아의 국제수지표의 일부분이다. 이를 보고 물음에 답하시오.

(단위: 백만달러)

	1996년	1997년
경상수지	-7,663	-4,890
준비자산을 제외한 금융계정	12,166	-2,991

1) 이 표를 분석해 보았을 때 1996년과 1997년 사이의 인도네시아의 전체적인 국제수지 및 준비자산(외환보유고)에 어떤 일이 벌어졌을지 설명하시오.

2) 외환보유고의 변화는 국내 통화량에 어떤 영향을 미칠 수 있는지 설명하시오.

7. 다음의 이자율형평설 조건을 보고 물음에 답하시오.

$$i_t = i_t^f + \frac{E_t^e - E_t}{E_t} + \triangle_t$$

여기서 i_t는 국내이자율이고, i_t^f는 해외이자율이다. E_t는 현재환율(달러 대비 원화)이고 E_t^e는 t시점에서 바로 다음기에 예상되는 환율이다. $\triangle_t$는 자국 국가의 개별적인 위험 프리미엄이다. 여기서 자국은 한국, 해외는 미국이라고 가정하자. 미국과 한국은 모두 변동환율제도를 따르고 한국은 상당히 많은 해외 부채를 가지고 있다.

또한, 초기에는 $E_t = E_t^e = 1,000$(원/달러)로 현재환율과 예상 기대환율이 같으며 이자율은 국내이자율 0.1, 해외이자율 0.05이다. 마지막으로 국내자산에 대한 리스크 프리미엄은 0.05이다.

1) 초기 균형으로부터 많은 해외 투자자들이 기대환율에 대한 예상을 바꾸면서 기대환율이 5% 상승하여 $E_t^e = 1,050$이 되었다. 이런 변화가 현재환율에 어떠한 영향을 미칠 것인지 설명하시오. 또한 이런 변화가 실질 산출량과 인플레이션 등 경제활동과 해외 부채에 대한 이자 지급에는 어떤 영향을 미치겠는가?

2) 만약 한국의 중앙은행이 $E_t = 1,000$에서 고정환율을 유지하려 한다고 하자. 이때 1)과 같이 기대환율에 대한 예상치가 상승할 때, 이러한 기대치를 다시 낮추기 위해 한국의 중앙은행이 할 수 있는 적절한 정책은 무엇일까? 이에 대한 답을 쓰고 이유를 설명하시오.

8. 금융계정의 유출입이 완전히 자유롭고 물가, 임금, 환율이 완전 신축적인 소규모 개방경제를 가정하시오. 이 경제의 산출량은 완전 고용수준에서 항상 일정하다. 아래와 같은 변화가 이 경제의 경상수지(순수출)와 실질환율에 미치는 영향을 설명하시오.

1) 신용불량자의 증가로 인한 가계의 소비성향의 감소

2) 소득세 인하

3) 미국 연방준비은행의 이자율 인상

4) 정부의 국방비 지출 삭감

5) 해외 경제의 침체로 인한 수출 감소

6) 해외 인플레이션율의 상승

9. 1997년 외환위기 이후 우리나라는 국제수지 흑자로 인하여 외환보유고가 누적되어 왔다. 이처럼 외환보유고가 크게 증가함에 따라 외환보유고 수준이 지나치게 높은 것이 아니냐는 견해도 나타나고 있다.

1) 국제수지표를 이용하여 외환보유고의 변화를 결정하는 요인을 설명하시오.

2) 외환위기 이후 외환보유고가 증가하는 과정에서 한국은행의 통화안정증권 발행잔고도 크게 증가하였다. 그 이유를 설명하시오.

3) 아시아 외환위기 이전까지만 해도 외환보유고의 적정수준에 대한 기준으로 수입액이 사용되었으나 외환위기 이후에는 단기외채량을 기준으로 해야 한다는 견해가 지배적이다. 이처럼 외환보유고 적정수준의 기준에 대한 견해가 바뀐 이유를 설명하시오.

10. 2008년 세계금융위기가 파급되면서 한국의 금융시장이 불안정해지고 환율이 급등하였다.

1) 환율이 급등한 원인은 무엇인가?

2) 외환시장의 불안정을 막기 위해 중앙은행의 외환보유액은 많을수록 좋다는 견해가 있다. 동의하는가?

2022 한국은행 기출문제

11. 가상의 두 경제 A와 B가 있다고 하자. 두 경제 모두 피셔방정식이 성립하고, 양국 간 실질이자율은 동일($r^A = r^B$)하다. 이때 두 국가 간 "구매력 평형조건(PPP; Purchasing Power Parity)이 성립한다면 유위험 이자율 평형조건(UIP; Uncovered Interest rate Parity)도 성립함"을 보이시오.

2015 5급 행정고시 기출문제

12. 국내투자자들이 포트폴리오를 구성함에 있어서 투자할 수 있는 금융자산은 국내화폐, 국내채권 및 해외채권이라고 가정하자(단, 국내채권과 해외채권의 국내공급은 고정되어 있다). 이와 관련하여 다음 물음에 답하시오.

1) 중앙은행이 공개시장을 통하여 국내채권을 매입하는 경우 국내이자율과 국내채권가격, 그리고 환율에 미치는 영향을 설명하시오.

2) 중앙은행이 공개시장을 통하여 해외채권을 매입하는 경우 국내이자율과 해외채권의 자국통화표시가격, 그리고 환율에 미치는 영향을 설명하시오.

Macroeconomics

제14장
개방경제의 거시이론 II: 단기모형

앞 장에서는 생산량(Y)이 고정되어 있고, 물가(P)는 완전 신축적인 장기에서의 개방경제 균형을 다루었다. 그러나 단기에서는 생산량이 완전고용 수준을 유지하지 못할 수 있고, 물가는 경직적이다. 먼델과 플레밍은 이런 단기 개방경제의 조건하에서 *IS-LM*곡선을 확대 발전시켜 경제를 분석할 수 있는 모형을 개발하였다. 따라서 이러한 개방경제의 *IS-LM*모형을 개발자의 이름을 따서 먼델-플레밍모형(Mundell-Fleming Model)이라고 한다.

지금부터는 먼델-플레밍모형을 통해 총수요 측면에서 개방경제의 균형을 살펴보려 한다. 이제 *IS-LM*모형에서와 같이 총공급은 고정되어 있지 않고 총생산이 총수요에 의해 변화할 수 있다. 먼델-플레밍모형의 핵심적인 가정은 자본시장에서 자본의 이동이 완전한 개방경제를 상정한다는 점이다. 이때 분석의 결과는 개방경제에서의 중요한 거시변수인 환율이 고정되어 있느냐(고정환율), 그렇지 않느냐(변동환율)에 따라서 현저하게 차이를 보인다. 이제 소규모 개방경제를 가정하고 각각의 경우에 있어서 경제의 균형과 재정·통화정책의 효과를 나누어 살펴보도록 하자.

고정환율제도 $(E=\overline{E})$

$$생산물시장(IS)\ :\ Y = C(Y)+I(i)+G+NX\left(\frac{\overline{E}\,\overline{P}^*}{P},\ Y,\ \overline{Y}^*\right)$$

$$화폐시장(LM)\ :\ \frac{M^S}{P} = L(i,\ Y)$$

$$이자율의\ 결정(완전한\ 자본이동)\ :\ i = i^*$$

고정환율제도는 명목환율을 고정시키는 것이다. 따라서 E는 $\overline{E}$로 고정되었다. 이때 순수출(NX)항목을 보면 단기에서 물가(P)도 경직적으로 고정되어 있기에 실질환율도 고정되어 있으며, 오로지 순수출은 국내 생산량(Y)에 의해 결정된다. 순수출 부분만을 제외하면, 폐쇄경제에서의 IS곡선과 다를 바 없다. 또한 자본이동이 완전한 개방경제이므로 국내이자율과 해외이자율이 같다. 장기모형을 다루었던 제13장에서는 물가상승률을 고려하여 실질이자율을 사용하였지만 단기모형을 다루는 이번 장에서는 명목이자율 i를 사용한다. 단기에서는 물가가 고정되어 있으므로 명목이자율과 실질이자율은 함께 변한다. 마지막으로 환율은 고정되어 있으므로 기대환율 상승률은 0으로 보고 이자율 결정을 나타내는 이자율형평식은 고려하지 않는다.

생산물시장에서 주어진 환율에 따라서 순수출이 결정되고, 고정된 이자율에 의해 투자가 결정되면서 총수요에 따라서 전체 생산량(Y)이 결정되게 된다. 폐쇄경제에서는 화폐시장에서도 생산량(Y)이 결정되었지만, 지금의 경우는 생산량 결정에 화폐시장은 전혀 역할을 하지 못한다. 이자율이 해외시장의 이자율로 고정되어 화폐시장과 관계없이 총수요가 이미 결정되었기 때문이다. 만약 화폐시장에서 결정된 생산량이 생산물시장에서 이미 결정된 생산량과 달라진다면 모형이 성립할 수 없다. 따라서 화폐시장은 생산물시장에서 결정된 생산량을 주어진 것으로 받아들여서 수동적인 역할만 하게 된다.

그러면 화폐시장에서는 어떠한 일이 벌어지는가? 이제 〈그림 14-1〉에서 보면 국내이자율(i)은 이미 해외이자율(i^*)로 결정되었고 생산량 Y도 생산물시장에서 Y_0로 이미 결정되었다. 따라서 화폐수요가 i^*와 Y_0에 맞추어 고정된다. 결국 통화당국자는 화폐공급을 자유롭게 조정할 수 있는 힘을 잃게 되고 정해진 화폐수요를 맞추어 통화량을 수동적으로 조정하여야 화폐시장이 균형을 달성한다. 이는 균형이 A점이 되도록 LM곡선의 위치가 결정됨을 의미한다. 결국 고정환율제도에서는 통화

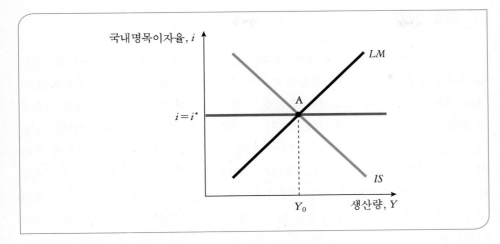

그림 14-1
**생산물시장과
화폐시장의 균형**

생산물시장에서 주어진 환율
에 따라서 순수출이 결정되고,
고정된 이자율에 의해 투자가
결정되면서 수요에 따라서 전
체 생산량(Y)이 결정되게 된
다. 여기서 화폐시장은 아무런
역할을 하지 못한다. 왜냐하면
국내이자율(i)은 이미 해외이
자율(i^*)로 결정되어 화폐 수요
가 고정되기 때문이다. 따라서
생산물시장(IS)곡선과 해외이
자율(i^*)이 만나는 곳에서 생산
량이 결정되고 이를 맞추기 위
해 통화량이 내생적으로 조정
되면서 A점에서 균형을 달성
한다.

당국이 통화량을 독자적으로 조정할 수 있는 힘을 상실하게 된다.

따라서 자본이동이 자유로우면 고정환율제도를 택한 국가들은 독립적인 통화정책을 펼 수가 없다. 즉 생산물시장에서 결정된 생산량에 따라 화폐시장에서 내생적으로 통화량이 결정되기 때문에 통화량(M)을 마음대로 조절하지 못한다. 예를 들어 홍콩의 경우 미국의 이자율에 의해 통화정책이 결정된다. 왜냐하면 '홍콩 달러' 대 '미국 달러'의 교환비율이 완전히 고정되어 있기 때문이다. 유럽연합의 경우도 유럽연합에 속한 각국은 독자적인 통화정책을 펼 필요가 없고, 유럽중앙은행(European Central Bank)에서 통화정책을 결정한다.

이와 같이 '고정환율제도에서 자본이동이 완전하면, 통화정책의 독립성은 없다'는 것을 불가능한 삼위일체(impossible trinity)라고 한다. 즉 고정환율제도, 완전한 자본이동, 통화정책의 독립성 세 가지를 동시에 달성할 수 없다는 것이 불가능한 삼위일체의 요지이다.

아래에서는 통화정책의 독립성을 가지지 못한다는 것에 대한 이해를 돕기 위해서 중앙은행이 통화정책을 독자적으로 운용하기 위해, 통화량을 늘렸다고 생각해 보자. 이때 어떠한 문제점이 생기는지 분석하려고 한다. 또한 재정정책의 효과도 아울러 살펴볼 것이다. 고정환율제도를 채택하고 있는 소규모 개방경제는 재정정책의 경우 독자적으로 운영할 수 있는데 그 이유에 대해서도 살펴볼 것이다.

1 통화정책의 효과

중앙은행이 통화량 증가 혹은 국내금리 하락정책을 사용한다고 해보자. 시중에 통화량이 늘어나면 국내이자율이 하락하면서 해외로 자본유출이 일어나게 된다. 이로 인해 외환시장에 외화(달러)에 대한 수요가 증가하면서 외화의 가치가 상승하고 환율의 상승 압력이 나타난다. 그러나 고정환율제도이므로 환율이 변화할 수 없고, 중앙은행은 환율상승 압력을 막기 위해 외환보유고를 매각하여 시중에 외화의 공급을 증가시킬 것이다. 이 과정에서 중앙은행의 달러의 매각분만큼 그에 해당하는 국내통화가 환수되고 결국 국내이자율이 해외이자율과 같아지는($i=i^*$) 수준까지 통화량이 감소하게 된다. 〈그림 14-2〉에서 볼 수 있듯이 처음의 통화량 증가로 LM곡선이 우측으로 이동한 만큼 다시 좌측으로 이동하여 원래대로 돌아오게 된다.

결국 통화량을 늘렸지만, 환율을 고정시키기 위해서 통화량을 다시 회수하게 된다. 요컨대 고정환율제도를 따르고 자본이동이 자유로운 소규모 개방경제에서는 통화정책의 독립성이 없다. 즉 항상 국내이자율과 해외이자율이 같아지는 수준($i=i^*$)의 통화량을 유지해야 한다.

자국의 통화정책이 외국의 중앙은행의 안정적인 통화정책의 수행에 의해 종속적으로 결정되도록 하고 환율을 안정적인 수준에서 유지하는 것이 대외무역·금융거래를 촉진하고 자국경제의 안정에 기여할 수도 있다. 그렇기 때문에 고정환율제도가 종종 채택된다. 그러나 통화정책의 독립성 상실이 비용을 야기할 수도 있다. 이를테면 미국과 홍콩의 경기상황이 다른 경우, 미국의 경제상황이 호황이고 홍콩의 경제상황이 불황이거나 혹은 그 반대일 때, 미국은 자국의 경기상황에 적합한

그림 14-2
통화정책의 효과
(고정환율제도,
완전한 자본이동)

통화량이 증가(①)하면 국내이자율이 하락하면서 해외로 자본유출이 일어나게 된다. 이로 인해 외환시장에 외화(달러)에 대한 수요가 증가하면서 외화의 가치가 상승하고 환율의 상승 압력이 나타난다. 그러나 고정환율제도이므로 환율이 변화할 수 없고, 중앙은행은 환율상승 압력을 막기 위해 외환보유고를 매각하여 시중에 외화의 공급을 증가시킬 것이다. 이 과정에서 국내이자율이 해외이자율과 같아지는 ($i=i^*$) 수준까지 통화량이 감소 (②)하게 된다.

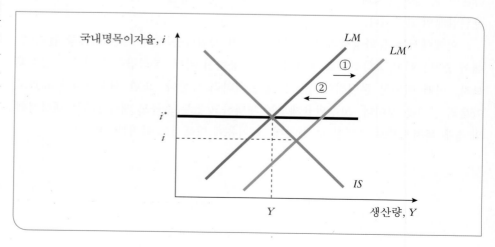

이자율수준을 결정할 것이고 이로 인해 홍콩의 경제는 자신이 원하는 통화정책과 반대의 정책을 채택하게 된다. 따라서 미국이 사용하는 통화정책에 의해 악영향을 받을 수도 있다.

② 재정정책의 효과

이번에는 정부의 재정지출을 확대하는 재정정책을 사용한다고 해보자. 정부가 재정지출을 늘리면 이자율이 상승하고 이로 인해 해외로부터 자본의 유입이 발생할 것이다. 외환시장에서 외화(달러) 공급이 증가하면서 외화의 가치가 하락하고 환율의 하락 압력이 발생한다. 역시 고정환율제도이므로 환율이 변화하여 균형에 이를 수는 없다. 결국 환율을 유지하기 위해 중앙은행은 시중에 있는 외화를 매입하여 외환보유고를 증가시킬 것이며 이 과정에서 국내통화량이 증가하면서 국내이자율과 해외이자율이 같아지는 수준까지 이자율이 하락하게 될 것이다.

〈그림 14-3〉은 재정확장정책의 효과를 나타낸 것이다. 초기에는 IS곡선과 LM곡선이 만나는 A점에서 균형을 이루고 있다. 이제 재정지출이 확대됨에 따라 IS곡선은 IS에서 IS'으로 이동한다. 하지만 국내이자율이 해외이자율과 같아지는 점에서 생산량(Y)이 결정되므로 재정지출의 증가로 균형이 B점으로 이동하는 것이 아니라 A′점으로 이동한다. 즉 통화당국이 외화를 사들이는 과정에서 통화량이 늘어남에 따라 LM곡선은 LM에서 LM'로 이동한다. 이를 통해 고정환율제도하의 자본이동이 자유로운 개방경제에서 재정정책의 효과가 폐쇄경제보다 더 커진다는 사실을

그림 14-3
**재정정책의 효과
(고정환율제도,
완전한 자본이동)**

재정지출이 증가(①)하면 이자율이 상승하고 해외로부터 자본의 유입이 발생할 것이다. 외환시장에서 외화(달러)의 공급이 증가하면서 외화의 가치가 하락하고 환율의 하락 압력이 발생한다. 결국 환율을 유지하기 위해 중앙은행은 시중에 있는 외화를 매입하여 외환보유고를 증가시킬 것이며 이 과정에서 국내통화량이 증가(②)하면서 국내이자율과 해외이자율이 같아지는 수준까지 이자율이 하락하게 될 것이다.

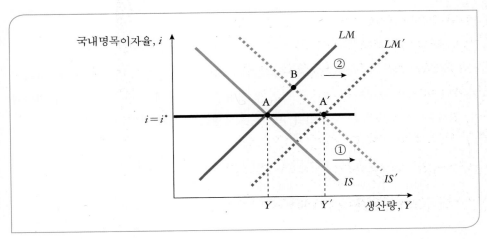

확인할 수 있다.

　　그런데 위의 경우는 외환당국의 불태화 개입(sterilized intervention)이 없는 경우이다. 불태화 개입이란 환율을 고정시키기 위해 외환당국이 외환시장에 개입할 때 발생하는 통화량 변화를 상쇄시키는 통화정책을 말한다. 즉 〈그림 14-3〉에서는 중앙은행이 환율을 유지하기 위해 시중에 있는 외화를 매입하는 과정에서 외환보유고가 증가하며 통화량도 증가한다. 또한 통화량의 증가는 장기적으로 물가를 상승시킬 것이다. 중앙은행은 이때 물가의 상승을 막기 위해 증가된 통화량을 환수할 수 있다. 즉 외환시장의 개입과 더불어 공개시장조작을 하여 증권매각을 통해 통화량을 환수하여 물가의 상승을 방지할 수 있는 것이다. 이 경우 국내이자율과 해외이자율의 불균형이 발생한다. 따라서 지속적인 불태화 외환시장 개입은 바람직하지 못한 결과를 초래할 수 있다.

　　한국의 경우 한국은행이 불태화 개입을 통해 국내통화가 증가할 것 같으면 통화안정증권을 발행하여 늘어나는 통화량을 회수한다. 문제는 통화안정증권 발행에 대해 이자를 지급해야 한다는 것이다. 한국의 통화안정증권 규모가 커지면서 이자비용은 증가하고 이 비용은 외환보유고의 수익에서 조달하는 데 외환보유고의 대부분을 차지하는 미국 재무성채권의 이자율이 낮기 때문에, 차액만큼 손해가 발생한다. 이는 환율과 통화량을 둘 다 안정시키기 위해서 생긴 문제라고 할 수 있다.

2 　변동환율제도

　　변동환율제도는 명목환율을 자유롭게 외환시장에서 결정되도록 한다. 따라서 재화의 가격이 고정되어 있더라도 E가 자유롭게 변함에 따라 실질환율이 변화할 수 있다는 것이 가장 큰 특징이다. 이 경우 모형은 다음과 같이 표현된다.

$$생산물시장(IS) : Y = C(Y)+I(i^*)+G+NX\left(\frac{E\,\overline{P}^*}{P},\ Y,\ \overline{Y}^*\right)$$
$$화폐시장(LM) : \frac{M^s}{P}= L(i,\ Y)$$
$$이자율의 결정 : i = i^*$$

이자율 결정 부분에서는 균형에서 국내이자율과 해외이자율이 같은 경우를 상정하였다. 즉 기대환율과 현재환율이 항상 같은 균형상황($E^e = E$), 다시 말하면, 예상환율변화율$\left(\dfrac{E^e - E}{E}\right)$이 0인 상황으로 모형을 단순화하였다. 이러한 가정은 환율이 전혀 변화하지 않는 고정환율제도와 구별되는 것이다. 즉 환율은 자유롭게 변화하지만 최종적으로 균형에서만 더이상 변화하지 않아 예상환율변화율이 0으로 되는 것이다.

1 통화정책의 효과

중앙은행이 통화량 증가 혹은 국내금리 하락정책을 사용한다고 해보자. 시중에 통화량이 늘어나면 국내이자율이 하락하면서 해외로 자본유출이 일어나게 된다. 이로 인해 외환시장에 외화(달러)에 대한 수요가 증가하면서 외화의 가치가 상승하고, 명목환율이 상승하게 된다. 명목환율의 상승은 가격이 고정되어 있는 경우 실질환율의 상승을 의미하므로 순수출이 증가하고 생산물시장에서 생산량이 증가하게 된다.

〈그림 14-4〉는 통화정책의 효과를 나타낸 것이다. 통화량 증가로 LM곡선이 이동하면서 국내이자율을 낮추고 이로 인한 환율상승으로 순수출이 늘어나 추가적으로 IS곡선도 이동하여 최종생산량이 Y'인 점에서 균형이 달성되었다. 이를 통해 변동환율제도의 개방경제에서 통화정책의 효과는 폐쇄경제보다 커진다는 사실을 확인할 수 있다.

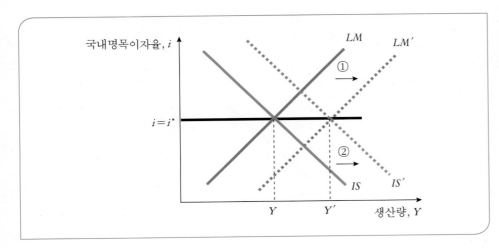

그림 14-4
통화정책의 효과
(변동환율제도,
완전한 자본이동)

통화량이 증가(①)하면 국내이자율이 하락하면서 해외로 자본유출이 일어나게 된다. 이로 인해 외환시장에 외화(달러)에 대한 수요가 증가하면서 외화의 가치가 상승하고, 환율이 상승한다. 환율의 상승으로 순수출이 증가(②)하고 생산량이 증가한다.

환율의 변동으로 순수출이 증가하면서 IS곡선까지 이동하기 때문에 이런 결과가 나타났다. 폐쇄경제에서는 확장적인 통화정책을 통해 이자율을 낮추고, 그 효과로 투자가 늘어나는 것이 중요했지만, 개방경제에서는 환율변화를 통해 순수출을 늘리고 이는 개방경제의 IS곡선의 식에서 볼 수 있듯이 생산물시장의 수요를 직접적으로 늘려서 생산량을 증가시키는 추가적인 경로가 존재한다.

2 재정정책의 효과

정부가 재정지출을 확대하는 재정정책을 하는 경우를 생각해 보자. 정부가 재정지출을 늘리면서 국내이자율이 상승하고 이로 인해 해외로부터 자본의 유입이 발생한다. 이로 인해 외환시장에서 외화(달러)의 공급이 증가하면서 외화의 가치가 하락하고 명목환율이 하락할 것이다. 이는 실질환율의 하락(평가절상)으로 이어져 순수출의 감소를 가져오고 생산량이 감소하게 된다. 〈그림 14-5〉에서 볼 수 있듯이 처음의 재정지출의 증가로 IS곡선이 우측으로 이동하였으나 다시 순수출의 감소로 인해 IS곡선이 좌측으로 이동하여 원래대로 돌아오면서 국내이자율이 해외이자율과 같은 $(i=i^*)$ 원래의 균형수준으로 다시 돌아오게 된다. 즉 변동환율제도에서 정부지출의 증가는 순수출의 감소를 통해 상쇄되고, 재정정책의 효과가 무용해진다. 결국 재정정책의 효과가 작아진다.

지금까지 살펴본 바와 같이, 개방경제에서는 통화정책, 재정정책, 외환정책이 서로에게 영향을 주기 때문에 정책수단들을 어떻게 조율(coordination)하는가가 매우

그림 14-5
재정정책의 효과
(변동환율제도,
완전한 자본이동)

재정지출이 증가(①)하면 국내이자율이 상승하고 이로 인해 해외로부터 자본의 유입이 발생한다. 이로 인해 외환시장에서 외화(달러)가 공급이 증가하면서 외화의 가치가 하락하고 환율이 하락할 것이다. 이때 환율의 하락은 순수출의 감소(②)를 가져오고 생산량이 감소하게 된다.

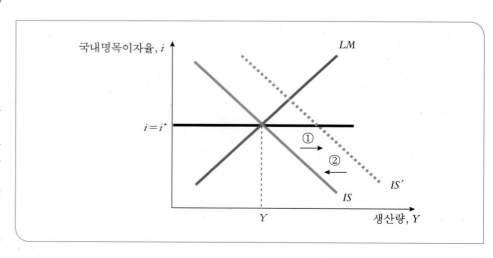

중요하다. 환율제도의 선택에 따라 재정정책과 통화정책이 경제에 미치는 효과가
달라짐을 고려하여 대내·대외 경제균형이 동시에 적절하게 달성될 수 있도록 정책
수단들을 조합하여 운용하여야 한다.

자본시장 개방과 정책효과

3

　　지금까지 국제 간 자본이동이 완전히 자유로운 경우를 살펴보았다. 그러나 만
일 자본시장이 완전히 개방되어 있지 않다면 국내이자율과 해외이자율이 다를 수
있다. 이때의 균형은 어떻게 결정되는가? 이때는 경상수지와 민간부문 자본·금융
계정의 합인 국제수지가 0으로 균형을 이루는 조건을 명시적으로 고려하여 분석할
수 있다. 특히 국제수지를 0으로 균형이 되게 만들어 주는 소득과 이자율의 조합을
'BP곡선'이라고 부른다.

　　국제수지가 균형을 이루려면 경상수지(CA), 즉 순수출이 민간부문 자본순유출
과 같아야 한다.

$$\text{국제수지 균형: } CA\left(\frac{EP^*}{P}, Y, \overline{Y}^*\right) = CF(i - i^*)$$

그림 **14-6**
**생산물시장, 화폐시장과
국제수지의 균형**

*BP*곡선은 자본의 이동이 어느
정도 자유로운가에 따라 세 가
지 형태의 모습을 갖는다. 첫
째, 자본의 이동이 완전히 자유
로운 경우이다. 이때 국내이자
율(i)과 해외이자율(i^*)의 차이
가 존재한다면 자본의 유출입
이 자유롭게 일어나 국제수지
균형이 달성될 수 없다. 따라서
국제수지 균형이 달성하기 위
해선 국내이자율(i)과 해외이자
율(i^*)이 같아야 한다. 즉 이때
의 *BP*곡선은 $i_0 = i^*$에서 수평선
이다. 둘째, 자본의 이동이 완
전히 통제된 경우이다. 이때 이
자율은 국제수지에 아무런 영
향을 주지 못하고 총소득(Y)만
국제수지에 영향을 줄 수 있다.
따라서 *BP*곡선은 국제수지를 0
으로 만드는 수준의 Y에서 수직
선의 형태를 갖게 된다. 마지막
으로 자본이동이 불완전한 경
우이다. 이때 국제수지의 균형
을 이루는 국내이자율과 총생
산의 조합을 찾아보면 정(+)의
관계를 갖기 때문에 우상향하
는 형태의 *BP*곡선을 갖게 된다.

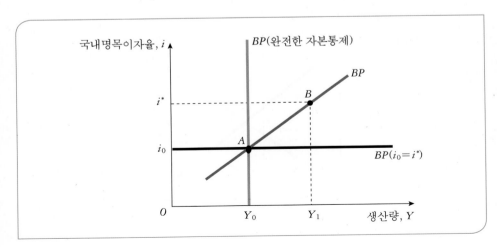

위의 식에서 국제수지가 균형이 되게 하는 명목이자율 i와 생산량 Y의 조합을 구해 보면 두 변수 간에 정의 관계가 존재한다.

〈그림 14-6〉에서 경상수지와 자본·금융계정의 합을 0으로 하는 i와 Y의 결합이 A점이라고 하자. 만일 총생산 Y가 갑자기 증가하면, 개방경제에서 수입이 증가하고 경상수지는 적자가 발생한다. 국제수지의 균형을 맞추기 위해서는 이자율이 상승하여 외국으로부터 자본이 유입되어 자본·금융계정의 유입초가 발생하여야 한다. 국제수지의 균형을 가져오는 이자율과 생산량의 모든 결합점을 연결한 선은 그림에서 우상향하는 BP곡선으로 나타난다.

위의 식에서 자본이동이 완전히 자유로운 경우 i와 i^*의 차이가 있으면 민간자본의 유출입이 크게 일어나 국제수지의 균형이 달성될 수 없다. 따라서 국제수지 균형이 달성되기 위해선 국내이자율(i)과 해외이자율(i^*)이 같아야 한다. 이 경우 $i_0=i^*$인 수평선이 대외균형을 나타내는 BP곡선이 된다. 만일 자본유출이 완전히 통제된 경제라면 자본·금융계정이 이자율의 영향을 받지 않으므로 총소득(Y)만 국제수지에 영향을 줄 수 있다. 따라서 BP곡선은 국제수지를 0으로 만드는 수준의 Y에서 수직선의 형태를 갖게 된다.

고정환율제도하에서의 통화정책과 재정정책의 효과

〈그림 14-7〉은 고정환율제도에서 확장적 통화정책의 효과를 $IS-LM-BP$곡선을 이용하여 분석하고 있다. BP곡선이 우상향하는 불완전한 자본이동의 경우를 가정하고 있다. 먼저 통화정책의 효과를 살펴보자. IS, LM, BP가 모두 만나는 최초 균형점(A)에서 통화량이 증가하면 LM곡선이 LM'으로 우측 이동하여 국내이자율이

그림 14-7
**통화정책의 효과
(고정환율제도,
불완전한 자본이동)**

통화량이 증가(①)하면 국내이자율이 해외이자율 보다 낮아져 해외로 자본의 유출이 일어나고, 이로 인해 외환시장에서 외환(달러)에 대한 수요가 늘어나 환율상승의 압력이 생겨난다. 그러나 고정환율제도이므로 중앙은행은 환율상승 압력을 막기 위해 외환을 매각하여 국내이자율과 해외이자율이 같아질 때까지 시중의 통화량이 감소(②)한다. 국제간 자본의 이동이 불완전하기 때문에 자본의 이동이 완전한 경우보다 최초 균형(A)으로 돌아가는 조정이 느리게 일어난다.

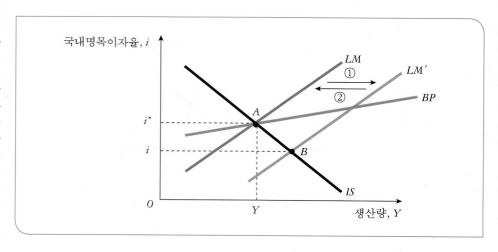

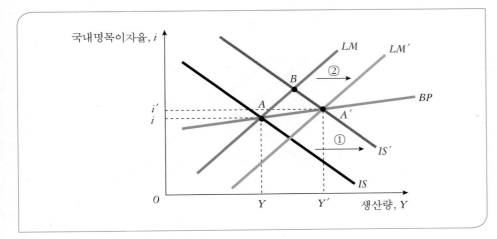

그림 14-8
재정정책의 효과
(고정환율제도,
불완전한 자본이동)

재정지출이 증가(①)하면 국내
이자율이 해외이자율보다 높
아져서 해외로부터 자본의 유
입이 일어난다. 이로 인해 외
환시장에서 외환(달러)의 공급
이 늘어나 환율의 하락 압력이
발생하고 고정환율제도이므로
중앙은행은 환율을 유지하기
위해 유입된 외화를 매입하게
된다. 이에 따라 국내의 통화
량이 증가(②)하여 국내이자율
은 다시 하락한다. 이때 해외
로부터 자본의 유입으로 자본·
금융계정이 유입초이지만 소
득의 증가로 인한 수입의 증가
로 경상수지는 적자에서 국제
수지가 균형을 이룬다. 따라서
최초 균형점보다는 높은 수준
에서 균형이자율이 결정된다.

하락하면서 해외 '자본유출이 일어난다. 이는 외환시장에서 외환에 대한 수요증가로
나타나는데 고정환율제도로 환율이 변화할 수 없으므로 중앙은행은 환율상승 압력
을 막기 위해 외환을 매각해야 한다. 따라서 원화통화는 환수되고 통화량은 감소함
에 따라 *LM*곡선은 다시 좌측으로 이동한다. 국내이자율과 해외이자율이 같아질 때
까지 해외 자본유출이 일어나게 되므로 결국 최초의 균형점인 A에 도달할 때까지
*LM*곡선은 이동하므로 최종적인 통화정책의 효과가 없다. 이러한 결과는 자본이동
이 완전한 경우와 동일하다. 자본이동이 불완전하기 때문에 완전한 자본이동의 경
우보다 출발점으로 돌아가는 조정이 느리게 일어난다는 차이만 있을 뿐이다.

　　다음으로 재정정책의 효과를 〈그림 14-8〉에서 살펴보자. 최초 균형점 A에서
재정지출이 확대되면 *IS*곡선이 *IS*′로 우측 이동하고 균형점이 B가 된다. 새로운 균
형점에서는 이자율이 높아 자본이동의 정도에 따라 해외자본의 유입이 발생하고 이
는 외환시장에서 원화에 대한 수요증가로 나타나 환율하락의 압력이 발생한다. 고
정환율제도로 환율이 변화할 수 없으므로 중앙은행은 환율하락 압력을 막기 위해
외환을 매입해야 한다. 따라서 시중에 국내통화량이 증가한다. 즉 *LM*곡선이 *LM*′
으로 우측 이동한다. 새로운 균형점은 〈그림 14-3〉에서 자본이동이 완전한 경우처
럼 수평선 상에 있지 않고 우상향하는 *BP*곡선과 *LM*곡선이 서로 만나는 A′점에서
이루어진다. 이는 최초 균형보다 이자율과 생산량이 더 높은 수준이다. 국내이자율
이 해외이자율보다 높아 자본유입이 일어나므로 민간 자본·금융계정이 유입초이지
만 소득증가로 수입이 늘어나므로 경상수지가 적자가 되어 국제수지는 균형을 이루
게 된다.

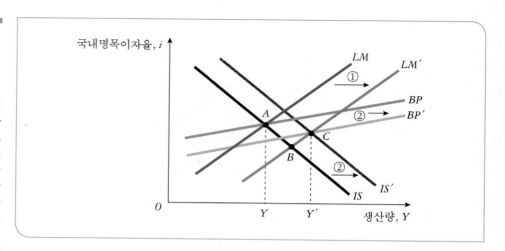

그림 14-9
통화정책의 효과
(변동환율제도, 불완전한 자
본이동)

통화량이 증가(①)하면 국내이
자율이 하락하면서 해외로 자
본의 유출이 일어난다. 이로
인해 외환시장에서 외환(달러)
에 대한 수요가 증가하여 환율
이 상승하게 된다. 이에 따라
순수출이 증가하여 IS곡선과
BP곡선 모두 우측으로 이동
(②)하여 생산량이 증가한다.

변동환율제도하에서의 통화정책과 재정정책의 효과

　　〈그림 14-9〉는 변동환율제도하에서 통화정책의 효과를 살펴보고 있다. 변동
환율제도에서는 환율이 변화하는 경우 BP곡선이 이동하게 된다. 예를 들어 환율
이 상승하는 경우 BP곡선은 우측으로 이동한다. 그 이유는 환율상승이 경상수지
의 흑자를 가져오게 되므로 국제수지 균형을 위해 추가적인 조정이 필요하기 때문
이다. 국제수지가 균형이 되는 방법은 두 가지이다. 첫째, 주어진 소득 수준 하에서
이자율이 낮아진다면 자본·금융계정이 유출초가 되어 국제수지는 균형이 된다. 이
는 BP곡선이 아래로 이동함을 의미한다. 둘째, 같은 이자율에서 소득이 높아진다
면 수입이 증가하여 경상수지를 다시 균형으로 만들어 국제수지를 균형으로 만들
수 있다. 이는 BP곡선이 오른쪽으로 이동함을 의미한다. 두 경우 모두 같은 방향으
로 BP곡선이 이동하는 것을 의미하며, 환율이 상승하는 경우 〈그림 14-9〉에서처
럼 BP곡선은 BP'으로 이동하게 된다. 반대로 환율이 하락하는 경우에는 BP곡선이
위 혹은 왼쪽으로 이동함도 쉽게 확인할 수 있다.

　　〈그림 14-9〉에서 보면 변동환율제도에서 통화정책의 효과는 〈그림 14-4〉와
비교하여 작아진다.[1] 통화량 증가로 A점에서 B점으로 이동하면서 이자율이 낮아지
게 되면 자본유출로 환율이 상승하게 되고 이로 인해 순수출이 증가하면 IS곡선은
우측으로 이동한다. 동시에 환율상승으로 인한 순수출 증가는 BP곡선을 우측으로
이동시킨다. 따라서 새로운 균형은 C점에서 달성된다.

---

1 그것은 완전한 자본이동의 경우는 $i = i^*$가 될 때까지 i가 다시 상승해야 하나 불완전한 자본이동
　의 경우는 i가 i^*보다 낮은 점에서 다시 균형이 될 수 있기 때문이다.

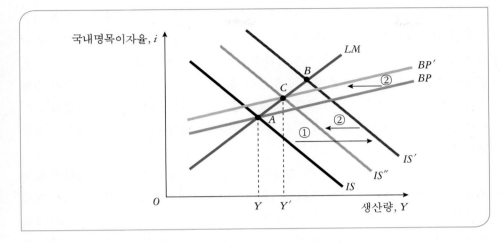

그림 14-10
재정정책의 효과
(변동환율제도,
불완전한 자본이동)

재정지출이 증가(①)하면 국내
이자율이 상승하면서 해외로
부터 자본의 유입이 일어난다.
이로 인해 외환시장에서 외환
(달러)에 대한 공급이 증가하
여 환율이 하락하게 된다. 이
에 따라 순수출이 감소하여 IS
곡선과 BP곡선 모두 좌측으로
이동(②)하여 생산량이 감소한
다.

〈그림 14-10〉은 변동환율제도하에서 재정정책의 효과를 보여준다. 그림에서
보면 변동환율제도인데도 불구하고 〈그림 14-5〉와 달리 재정정책이 생산량을 증
가시키는 효과가 발생한다. 재정지출증가로 균형이 B점으로 이동하면 국내이자율
이 높아서 자본이 유입되면서 환율이 하락한다. 따라서 BP곡선은 BP′으로 이동한
다. 동시에 순수출이 감소하면 IS곡선도 좌측으로 이동하면서 새로운 균형점은 C가
된다. 이자율이 원래 최초 수준보다 높아 자본·금융계정의 유입초가 발생하였지만
환율하락과 소득증가로 발생한 경상수지의 적자가 상쇄되어 국제수지의 균형은 C
점에서도 달성된다.

환율제도의 선택 4

앞서 여러 환율제도하에서의 정책효과를 검토하였다. 현실적으로 어떤 환율제
도를 선택할 것인가는 매우 중요한 문제이다. 예를 들어 홍콩의 경우를 생각해 보
자. 홍콩은 홍콩 달러를 쓰고 있으나 환율은 미국 달러에 대해 고정되어 있다. 즉
고정환율제도를 채택하고 있다. 그런데 환율제도를 변동환율제도로 바꿀 것인지
아니면 중국 경제에의 의존도가 계속 커지고 있음을 고려하여 중국의 위안화에 고
정하는 것으로 바꾸어야 할지에 대한 논의가 활발하다. 또한, 유럽연합(EU)의 경

우 영국이 참여하지 않고 있는데, 영국이 파운드화를 고수할 것인지의 여부와 파운드화를 고수할 경우 유로와 대비하여 그 가치를 어떻게 결정할 것인지(고정으로 할지 아니면 변동으로 할지)가 경제적으로 중요한 이슈이다. 한국의 경우도 마찬가지다. 현재의 변동환율제도가 과연 우리에게 가장 좋은 환율제도인지에 대한 논의가 활발하다. 최근에 아시아국가들이 금융 및 통화 협력을 이룩하여 하나의 공동통화를 사용하자는 움직임이 있는데 한국이 어떠한 입장을 취해야 할 것인지도 매우 중요한 문제라고 하겠다.

첫 번째 예를 들었던 홍콩의 입장에서, 미국 달러에 대하여 홍콩 달러의 교환비율을 고정함으로써 홍콩의 통화정책은 미국연방준비은행의 통화정책으로부터의 독립성을 잃게 된다.[2] 실제 유럽연합(EU)에서도 유로를 쓰는 나라들은 하나의 통화정책에 의해서 움직이고 있으며 독자적으로 통화정책을 결정하지 않는다. 또한, 미국의 경우도 모든 주가 동일한 통화를 사용하고 있기 때문에 환율이 고정되어 있는 셈이므로 각 주(state)마다 통화정책을 독립적으로 쓸 수 없다.

통화정책의 효과를 상실하더라도 대신 재정정책의 효과가 증가하지 않는가라고 반문할 수 있겠다. 그러나 재정정책의 효과는 지속되기 어렵다. 재정정책은 구축효과 외에도, 정책을 결정하고 예산을 정하여 시행하는 데 상당한 시차(time lag)가 발생한다. 반대로 통화정책은 즉각적으로 이자율을 조정하고 시행할 수 있는 장점을 가지고 있다. 그렇기 때문에 통화정책의 독립성을 포기하는 것은 매우 중요한 경제적 결정이다.

그렇다면 경제 안정화정책으로 통화정책이 상당히 중요한데, 유럽연합을 비롯한 여러 국가들은 왜 중요한 정책수단을 포기하면서까지 통화통합을 하는가라고 질문을 던질 수 있다. 통화정책의 독립성을 포기하는 이유는, 첫째, 남미의 경우에서 볼 수 있듯이 중앙은행 혹은 정부가 통화정책을 자율적으로 결정할 수 있도록 놓아두는 것이 오히려 경제의 불안요소가 될 수 있기 때문이다. 이때는 통화정책을 남용하지 못하도록 제한하는 것이 오히려 경제를 안정화시킨다. 초인플레이션을 경험한 남미의 에콰도르는 아예 자국화를 없애고 미국 달러화를 사용하고 있다. 현재 유럽연합에 속해 있는 국가들도 물가의 안정을 통화통합의 가장 큰 장점 중 하나로 손꼽고 있다.

둘째, 환율을 고정하게 되면 국가간의 무역 및 자본거래가 용이하게 된다. 환율이 변동하게 되면 거래의 불확실성이 증가한다. 통화를 교환하는 데 따르는 비용뿐만 아니라 각국의 통화가치가 안정적으로 유지되지 못하기 때문에 거래에 따르는

---

2 고정환율제도하의 통화정책효과 부분에서 이를 살펴보았다.

위험이 증가한다. 고정환율제도에서 더 나아가 유럽과 같이 통화통합을 통해 단일 통화를 사용하게 되면 거래비용이 크게 줄어들게 된다. 홍콩의 입장에서, 통화정책의 독립성을 포기하면서 환율을 미국 달러가치에 고정시킨 가장 중요한 이유는 고정환율제도가 대외거래의 안정과 성장에 크게 기여하기 때문이다.

최근 아시아에서 통화단일화 논의가 나오고 있는데 아시아 국가들간에 정치적으로 반목이 있기에 힘들다는 주장이 많다. 그러나 유럽의 경우를 생각해보면, 유럽 역시 종전 이후 냉전으로 인한 정치적 대립의 골이 깊었지만 결국 오랜 무역, 금융, 정치, 경제협력의 과정을 통해 통화통합을 이룩하였다. 결국 자국의 통화정책을 포기하는 것에 대한 경제적·정치적 비용이 크더라도 언젠가 단일통화권이 되는 것이 더 큰 이익을 가져온다고 판단된다면 아시아 역시 자연스럽게 통화를 단일화하게 될 것이다.

통화통합과 최적통화지역의 조건

통화통합(Currency Union)이란 서로 다른 통화를 사용하던 경제권이 단일통화를 사용하게 되면서 역내 모든 지역의 통화 및 금융정책이 단일 중앙은행 및 금융당국에 의해 결정되고 시행되는 것을 말한다. 통화통합은 고정환율제도의 극단적인 경우라고 할 수 있다. 독자적인 통화를 사용하여 환율의 결정을 외환시장에 맡기는 변동환율제도에 비해 장점(편익)과 단점(비용)이 존재한다.

우선 통화통합을 통해 얻을 수 있는 편익을 살펴보자. 첫째, 통화통합은 환율변동에 따른 불확실성을 제거하고 통화교환에 따른 거래비용을 감소시킬 수 있다. 이에 따라 통화통합 국가들간의 무역과 금융투자가 증진될 수 있다. 둘째, 통화통합으로 결정된 신뢰성이 큰 단일 기축통화(key currency)와의 연계를 통해 통합국가들이 물가안정을 이룰 수 있다. 셋째, 국내에 발생하는 경제 충격이 역내 국가를 통해 전파되면서 충격이 완화될 수 있다. 넷째, 통화통합 참여국가들의 경제협력이 강화되고 국가간 정치적·경제적 공조가 용이해질 수 있다. 또한 이를 통해 국제사회에 참여하는 경우, 지역의 대외적인 영향력이 강화되어 국

제사회에서 상대적으로 유리한 위치에 서게 될 수도 있다.

그러나 통화통합으로 인한 비용 역시 존재한다. 첫째, 각 국가들은 독립적인 환율정책 및 통화정책을 사용할 수 없게 된다. 그래서 각 국가에 비대칭적인 경제충격이 발생하는 경우 그 충격을 흡수할 수 있는 조정수단을 상실하게 된다. 둘째, 자국 내에서의 독점적인 통화발행권을 유지할 수 없으므로 통화발행으로 얻을 수 있는 재정수입인 시뇨리지(seigniorage)가 감소한다. 셋째, 중앙은행의 최종대부자(a lender of last resort) 기능을 수행할 수 없게 된다. 마지막으로 통합참여 국가들의 자국통화 상실로 자국의 정체성에 대한 타격을 줄 수 있다.

그렇다면 어떤 조건에 있는 국가들이 통화통합을 하면 더 큰 이익을 누릴 수 있을 것인가? 먼델(Mundell, 1961)에 의해 개발되고 여러 학자들에 의해 발전된 통화통합에 관한 연구는 통화통합으로 얻을 수 있는 비용과 편익을 분석함으로써 최적통화지역(Optimum Currency Area: OCA)의 조건을 제시하고 있다.

첫째, 서로 간의 무역개방도가 높은 국가들이 통화통

합을 할 경우 거래비용의 감소로 얻는 편익이 더욱 크다. 둘째, 인플레이션이 심한 국가가 통화통합을 통해 안정적인 공통 통화를 사용할 경우 물가 안정을 달성할 수 있다. 셋째, 통화통합 국가간의 경기변동의 동행성이 크다면, 즉 경기가 비슷하게 움직인다면, 통화통합에 유리하다. 통화통합으로 인한 주된 비용은 독립적인 통화정책의 상실이다. 그런데 통합국가들간의 경기 충격이 비슷하여 경기가 동행적이라면 경제 충격에 대한 조정수단으로서 독립적인 통화정책을 포기하고 단일 중앙은행의 통화정책을 따를 때에 발생하는 비용이 상당히 감소할 것이다. 넷째, 국가간 노동과 자본과 같은 생산요소의 이동이 자유로울수록 통화통합시에 비용이 적다. 예를 들어 한 국가에 경제 충격이 왔을 때 자유롭게 생산요소가 다른 국가로 이동한다면 충격이 조정되기 때문에 지역의 독립적인 통화정책과 같은 정책조정이 덜 요구되고 이에 따라 통화통합의 비용이 줄어든다. 마지막으로 정치적 친밀도 역시 통화통합의 중요한 조건이라고 할 수 있다. 통화통합은 국가의 통화주권을 잃는다는 점에서 참여국가들 간의 경제적인 문제를 넘어서 정치적인 결정이 요구되는 중대한 사안이다. 그러므로 통화통합국가 간 정치적 친밀도 및 정책의 유사성이 높을수록 통화통합의 구성이 용이할 것이다.

통화통합에 누가 참여할 것이며 어떤 방식으로 통화통합을 이루어야 할 것인가는 매우 중요한 이슈이다. 이미 유럽연합은 단일 유로화를 사용하면서 통화통합을 이루었다. 외환위기 이후 아시아에서는 동아시아국가들을 중심으로 환율정책의 공조를 비롯하여 통화통합에 관련된 논의가 진행되고 있다. 실제로 외환위기 이후 동아시아 대부분의 국가들은 그 전에 실질적으로 미국달러에 고정하던 환율제도에서 탈피하여 변동환율제도를 운용하기 시작하였는데 변동환율제도는 환율의 급격한 변동을 가져올 수 있어, 과연 이것이 최선의 선택인가에 대한 논의가 활발하다. 특히 수출지향적인 정책으로 경제성장을 하고 있는 동아시아 국가들의 경우 역내, 역외 국가들과의 환율을 안정시키는 것이 중요하다는 문제를 여러 학자들이 제기하였고, 동아시아 국가들 간의 통화통합 가능성 혹은 편익과 비용에 대한 연구가 진행되고 있다. 동아시아 지역[3]은 총인구가 22억명이 넘고 구매력평가기준 GDP가 이미 유럽이나 북미 경제권의 규모를 넘어섰으며 무역규모도 이들 지역과 큰 차이가 없는 수준까지 확대되고 있다. 현재의 성장추세를 고려해 볼 때 동아시아는 계속하여 세계 최대의 경제블럭으로 성장해 나갈 것으로 예상된다. 또한 동아시아 국가들 간의 역내무역의 비중도 이제 유럽연합 국가들 못지 않게 증가하여 통화통합의 잠재적인 이득이 점차 커져 가고 있다고 할 수 있다. 그러나, 동아시아 국가들 간의 경제발전 단계가 많이 다르고 정치적으로 서로간에 신뢰가 낮기 때문에 자국의 통화주권을 포기하는 통화통합이 쉽게 실현되기는 어려울 것이다.

자료: 신관호·왕윤종·이종화(2003), 동아시아 통화통합의 비용편익 분석과 정치경제학적 함의, 대외경제정책연구원.

3 일본, 중국, NICs(한국, 대만, 홍콩), ASEAN(브루나이, 캄보디아, 싱가포르, 인도네시아, 말레이시아, 라오스, 미얀마, 필리핀, 태국, 베트남)를 포함한 14개국이다.

정리

1. 단기개방 거시모형은 장기모형과 달리 생산량은 변화할 수 있으나, 물가가 경직적임을 가정한다. 단기에서의 분석은 멘델-플레밍모형을 통해 분석이 가능하며, 환율제도와 자본의 이동가능성 여부에 따라 재정정책과 통화정책이 생산량에 미치는 효과가 다양하게 나타날 수 있다.

2. 고정환율제도하의 자본이동이 자유로운 소규모 개방경제에서 통화량의 증가는 중앙은행이 환율 상승압력을 막기 위해 외환보유고를 매각하고 그에 해당하는 국내통화를 환수하게 되어 통화량의 증가가 다시 상쇄된다. 고정환율제도에서 자본이동이 완전하면, 통화정책을 독립적으로 운영할 수 없다는 것을 불가능한 삼위일체(impossible trinity)라고 한다.

3. 고정환율제도하의 소규모 개방경제에서 재정정책의 효과는 환율을 안정시키기 위한 중앙은행의 외환시장 개입으로 인한 통화량의 변화를 유발함으로써 폐쇄경제보다 더 커진다.

4. 변동환율제도의 소규모 개방경제에서 통화량 증가로 국내이자율이 하락하면 이로 인한 환율 상승으로 순수출이 늘어나 통화정책의 효과는 폐쇄경제보다 커진다. 반면에 재정지출의 증가는 국내이자율의 상승으로 환율의 하락을 초래하여 순수출의 감소를 가져오게 되어 폐쇄경제보다 그 효과가 작아진다.

5. 자본이동이 불완전한 경우의 정책효과는 *BP*곡선을 도입하여 분석할 수 있다. 고정환율제도에서 통화정책은 자본이동이 완전한 경우와 동일하게 그 효과가 없으나 재정확대는 균형생산량을 증가시키며 균형이자율을 해외이자율보다 높은 수준에서 결정하게 된다.

6. 변동환율제도하에서 자본이동이 불완전한 경우 자본이동이 완전한 경우와 비교하여 통화정책의 효과는 작아지고 재정정책은 균형생산량을 변화시킨다.

7. 통화통합은 참여한 국가들이 모두 단일통화를 사용하는 것으로 환율변동에 따른 불확실성을 제거하며 참가국 간의 무역과 금융거래를 증진시킨다. 반면에 각 국가가 독립적인 환율정책이나 통화정책을 사용하지 못하여 각 국가 내에 발생하는 고유한 경제충격을 안정화시키지 못하는 단점이 있다.

연습문제 *exercise*

1. 다음 문장의 옳고 그름을 말하고 그 이유를 설명하시오.

  1) 고정환율제도를 채택하고 있는 경제는 이자율을 독립적으로 결정할 수 없다.

  2) 고정환율제도를 채택하고 있는 소규모 개방경제에서 국내통화량을 늘리는 통화당국의 정책은 결국 물가만을 상승시킨다.

  3) 중앙은행이 시중은행이 보유하고 있는 정부 공채를 매입하여 통화량을 늘이는 정책은 고정환율제도에서는 환율과 국민소득에 전혀 영향을 주지 못한다.

  4) 완전자유 변동환율제도를 채택한 소규모 개방경제에서 재정지출이 증가하면 통화량도 같이 증가하여 폐쇄경제보다 산출량에 미치는 효과가 커진다.

2. 한국 경제는 자본유출입이 완전히 자유롭고 자유변동환율제를 채택하고 있는 소규모 개방경제이다. 물가는 경직적인 것으로 가정하자. 이 경제에서 다음과 같은 충격이 환율, 경상수지, 국민소득에 미치는 영향을 설명하시오.

  1) 중앙은행의 콜금리 인하정책

  2) 미국 연방준비은행의 이자율 인상

  3) 미국의 재정지출의 증가

  4) 중국 위엔화의 급격한 절하

3. 소규모 개방경제인 한 국가를 가정하자. 이 국가는 자본시장이 완전 개방되어 있으며 환율은 미국 달러에 고정시킨 고정환율제도를 선택하고 있다. 이 경제의 소득의 많은 부분이 수출로 얻어진다. 단기적으로는 가격변수(임금, 물가)가 경직적이다.

  1) 달러가 지속적으로 강세가 되고 반면에 수출 경쟁국가의 대미 환율은 크게 상승(절하)하는 일이 발생하였다. 이 경제에 어떤 변화가 일어나는지 먼델-플레밍모형을 사용하여 설명하시오. 이 경제의 외환보유고에는 어떤 변화가 일어나는지 설명하고 어떠한 경우에 이것이 외환위기로 이어질 수 있는지 간략히 설명하시오.

  2) 이제 이 국가의 임금, 물가가 장기적으로는 매우 신축적이라고 하자. 1)에서 설명한 경쟁국 통화의 약세가 이 경제의 물가와 산출량에 미치는 효과는 장기에서 어떻게 되는지 설명하시오.

4. 자본유출입이 자유로운 소규모 개방경제가 완전한 자유 변동환율제도를 채택하고 있고 자연실업률보다 실업률이 높은 상태이다. 이 경제에 정부가 경기부양을 위해 재정지출을 크게 확대하는 정책을 도입하였다.

1) 이러한 정책이 환율, 산출량에 어떠한 변화를 가져 오는지 설명하시오(먼델−플레밍모형을 사용하시오).

2) 만일 중앙은행이 외환시장에 개입하여 환율의 급격한 변동을 막으려 하는 경우 이 정책의 효과는 어떻게 달라지는가?

5. 귀하가 중앙은행의 총재이고 통화정책을 사용하여 완전고용과 물가안정을 동시에 달성하려 한다고 하자. 완전고용, 물가안정, 경상수지 균형을 유지하던 경제에 갑작스러운 세계경제의 침체로 수출이 크게 감소하고 실업이 발생하였다.

1) 임금과 물가가 완전 경직적이고 해외자본의 유출입이 자유롭지 않은 폐쇄경제의 $IS-LM$, $AD-AS$모형을 사용하여 중앙은행의 확대 통화정책의 효과를 설명하시오.

2) 이제 임금과 물가는 경직적이나 자본유출입이 완전히 자유롭고 환율은 자유 변동하는 소규모 개방경제라고 가정하자. 중앙은행의 확대 통화정책의 효과가 1)과 비교하여 어떻게 달라지는지 설명하시오. 만일 수출의 감소에 중앙은행이 전혀 개입하지 않으면 어떤 일이 발생하는가?

3) 이 경제는 소규모 개방경제이고 가능한 한 환율을 고정시키려는 정책을 쓰고 있다고 한다. 이 경제에서 수출의 외생적 감소가 중앙은행의 외환보유고와 통화량에 어떠한 영향을 미치는지 설명하시오. 중앙은행의 총재로서 어떤 정책을 쓰겠는가?

6. 인플레이션이 매우 심한 국가가 자국통화를 없애고 미국 달러화를 사용하기로 결정하였다. 이러한 정책변화가 가져올 비용과 편익을 설명하시오. 만일 이 국가의 경기변동이 미국과 매우 유사하다면 공동통화를 사용하는 순편익은 어떻게 달라지는가?

> **2011 입법고등고시 기출문제**

7. 미국은 2008년도 금융위기를 극복하기 위해 금리인하와 대규모의 양적완화통화정책을 실시한 바 있다. 이런 정책은 미국뿐만 아니라 한국에도 지대한 영향을 끼쳤다. 미국은 개방대국이며, 국제간 완전한 자본이동을 가정할 때 아래의 문제에 답하시오.

1) 우리나라를 개방소국(small open economy)으로 가정할 때 한국경제에 미치는 영향을 먼델−플레밍(Mundell-Fleming)모형을 이용하여 변동환율제도와 고정환율제도의 경우를 각각 비교 설명하시오.

2) 1)의 결과를 기초로 할 때, 환율제도와 인플레이션의 관계를 설명하시오. 또한 인플레이션이 우려될 때, 이를 완화시키기 위하여 취할 수 있는 방안에 대하여 설명하시오.

3) 상당수의 신흥개도국들(한국, 브라질 등)은 급격한 외화자본의 유출입을 막기 위하여 다양한 조치를 취한다. 1)에서 외화자본 유입을 완전히 통제할 경우에 어떻게 달라지는지 먼델-플레밍모형을 이용하여 변동환율제도와 고정환율제도의 경우를 각각 비교 설명하시오.

2018 5급 행정고시 기출문제

8. 국제금융시장에서 결정된 금리가 어떤 소규모 개방경제국(A)의 금리보다 낮아졌다고 가정하자. 이 경우 먼델-플레밍(Mundell-Fleming) 모형을 이용하여 다음 물음에 답하시오.

1) A국이 변동환율제도를 채택하고 있고 국제금융시장의 저금리 기조에 대하여 아무런 정책적 대응을 하지 않는다면, 실질환율과 국민소득은 어떻게 변하는지 설명하시오.

2) 1)의 변화 이후, A국이 국민소득을 원래의 수준으로 유지하고자 한다면 어떤 정책을 시행하는 것이 타당하며, 그 결과 실질환율은 어떻게 변하는지 설명하시오.

9. 다음의 식들은 변동환율제를 채택한 자본이동이 자유로운 소규모 개방경제(The Republic of Liberty)의 경제의 움직임을 묘사하는 식들이다.

$$소비: C = 0.5(Y-T)+30$$

$$투자: I = 80-600r$$

$$정부지출: G = 30$$

$$조세: T = 60$$

$$순수출: NX = 10E\frac{P^*}{P}-0.1Y+0.03Y^*$$

$$물가수준: P = 1,000, \quad P^* = 1$$

$$해외총생산: Y^* = 1,000$$

$$통화량: M^S = 10,000$$

$$실질통화수요: L(Y, r) = 0.1Y-200r$$

$$해외이자율: r^* = 0.05$$

1) IS곡선을 도출하여 (Y, r)를 평면 위에 그리시오.

2) LM곡선을 도출하여 (Y, r)를 평면 위에 그리시오.

3) 단기균형에서 총생산 Y와 이자율 r 그리고 명목환율 E를 구하시오.

4) 정부가 정부지출을 $G=35$으로 늘렸다고 하자. 이때 총생산 Y와 이자율 r 그리고 명목환율 E를 구하시오.

5) 정부지출은 그대로 $G=30$이라고 하자. 통화량이 $M^S=10,000$에서 $M^S=16,000$으로 증가하였다고 하자. 단기에서 균형생산량과 균형환율은 어떻게 바뀌는가? 1)과 2)에서 구한 그림을 이용해서 설명하고 정확한 값을 구하시오.

6) $M^S=10,000$에서 $M^S=16,000$으로 증가함에 따라 장기에서 국내물가가 $P=1,600$으로 올라간다면 균형생산량과 균형환율은 어떻게 바뀌는가?

7) 단기에서 장기로 환율이 조정되는 과정에서 이자율은 어떤 상태를 유지한다고 봐야하는가?

PART

VI

총수요의 미시적 기초

Macroeconomics

제15장

소 비

이번 장에서는 소비행위에 대해 설명한다. 케인즈의 총수요이론에서 소비함수는 매우 중요한 역할을 한다. 특히 IS – LM모형에서 총수요를 구성하는 중요한 요소가 소비이다. 케인즈의 소비함수는 현재의 소비가 현재의 소득에 주로 의존한다는 특징을 가지는 데 초기에는 현실을 적절하게 설명하는 듯 보였다. 하지만 그 후 케인즈의 소비함수로는 설명하기 어려운 현상들이 나타나기 시작하였다. 케인즈의 소비함수의 문제점을 극복하기 위해서 미시적인 기초를 더욱 보강해야 한다는 주장들이 제기되었다. 이러한 주장을 한 사람들은 현재뿐 아니라 미래를 함께 고려하여 소비행위를 결정하는 피셔(Irving Fisher)의 기간간 선택이론을 그 기반으로 하였다. 즉 현재소비는 현재소득뿐 아니라 미래의 소득에도 의존하는 것이다. 이번 장에서는 케인즈의 소비이론을 설명하고 그 후 제기된 문제점과 이러한 문제점을 극복하는 과정에서 형성된 미시적 기초에 기반한 소비이론들을 소개한다.

1 소비의 특징

소비지출은 가계가 소비를 목적으로 구입한 재화와 서비스에 대한 지출을 일 컬으며 크게 세 가지 형태로 나뉘어진다. 첫째는 내구재(durable goods)에 대한 소비 지출이다. 내구재는 내구성을 가지고 있어 여러 기간에 걸쳐 소비될 수 있는 재화 를 말한다. 자동차나 전자제품이 이에 속한다. 예를 들어 자동차를 구입하는 경우 이에 대한 지출은 바로 이루어지지만 자동차는 여러 해에 걸쳐 이용되며 소비된다. 둘째는 비내구재에 대한 소비지출이다. 비내구재는 비교적 단기간에 소비가 이루어 진다. 비내구재에는 음식료, 의류 등이 포함된다. 재화의 성격에 따라서는 아주 단 기간에 사용되는 것은 아님에도 불구하고 비내구재에 포함되기도 한다. 이를테면 의류의 경우는 음식료에 비하면 상당히 오랜 기간에 걸쳐 소비됨에도 통상 비내구 재에 포함시킨다. 마지막으로 서비스 소비지출이다. 서비스는 내구재나 비내구재와 달리 형태를 가지지 않는다. 예를 들어 이발소에서 이발을 하거나 병원에서 치료를 받는 행위는 구체적인 형태를 가지지 않은 상태에서 소비된다.

〈그림 15-1〉은 미국의 총생산의 변화율과 여러 형태의 소비지출의 변화율을 보여 준다. 우리가 그림을 통해 알 수 있는 첫 번째 사실은 다양한 소비지출이 총 생산과 매우 비슷한 방향으로 움직인다는 것이다. 즉 소비지출은 모두 매우 경기순 행적이다. 소비지출이 총생산에서 차지하는 비중은 나라에 따라 달라지지만 대략 60~70% 정도이기 때문에 총생산의 변동을 이해하기 위하여 소비지출의 변화를 이 해하는 것은 매우 중요함을 알 수 있다. 둘째, 소비지출은 그 형태에 따라 변동성이 매우 다른 것을 알 수 있다. 즉 서비스의 소비지출은 변동성이 낮으며 비내구재의 소비지출은 그 다음으로 변동성이 낮은 데 반하여 내구재에 대한 소비지출의 변동 성은 매우 높음을 알 수 있다. 실제로 서비스와 비내구재 소비의 변동성은 총생산 의 변동성에 비해 낮지만 내구재 소비의 변동성은 총생산의 변동성보다 크다. 이러 한 차이가 생기는 이유는 소비지출의 형태에 따라 소비되는 기간이 다르기 때문이 다. 즉 서비스는 즉각적으로 소비되며 비내구재도 비교적 단기간에 소비되는 반면 내구재는 오랜기간에 걸쳐 소비된다. 경제학 이론에서는 소비가 대개 즉각적으로 이루어짐을 가정한다. 따라서 이론적인 의미에서의 소비와 가장 가까운 소비는 서 비스에 대한 소비이다. 비내구재도 비교적 단기간에 걸쳐 소비가 이루어진다는 점 에서 어느 정도는 유사하다. 하지만 내구재는 경제학 이론에서 다루는 소비와는 성

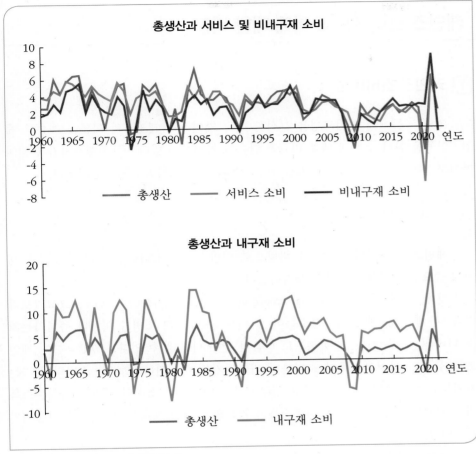

그림 15–1
총생산과
형태별 소비지출의 변화율

자료: 미국 세인트루이스 연방준비은행

격이 매우 다르다. 오히려 현재에 내구재에 대한 지출이 이루어지지만 미래에 이에 대한 소비가 이루어진다는 의미에서는 투자와 가깝다. 다음 장에서 자세히 살펴보 겠지만 투자는 미래의 생산을 늘려 궁극적으로는 미래의 소비를 늘리기 위해 행해 지기 때문이다.

우리가 소비를 서비스와 비내구재로 국한하여 분석하는 경우 소비의 세 번째 특징은 소비의 변동성이 총생산의 변동성에 비해 작다는 점이다. 이러한 소비의 특 성을 소비의 평준화(consumption smoothing)라고 부른다. 이러한 소비의 특징은 비교 적 최근에 와서 많은 사람들에게 관심의 대상이 되었다. 또한 이러한 소비의 특징 은 지금까지 우리가 가정하였던 케인즈의 소비이론을 극복하는 과정에서 발견되었 다. 지금부터는 이러한 과정을 순차적으로 살펴보기로 하자.

2 케인즈 소비이론과 이에 대한 비판

1 케인즈 소비이론

지난 장들에서 거시모형을 분석할 때는 케인즈와 케인즈의 이론을 계승한 케인지안들을 따라 소비에 대해 비교적 단순한 가정을 하였다. 즉 현재소비가 현재의 가처분소득(Y_d)에 의존한다고 가정하여 다음과 같은 소비함수를 사용하였다.

$$C = C(Y_d), \quad Y_d = Y - T \tag{15.1}$$

케인즈는 자신의 통찰력을 바탕으로 일반적으로 소비함수는 다음과 같은 세 가지 중요한 특징을 갖는다고 생각하였다.

첫째, 한계소비성향(Marginal Propensity to Consume: MPC)이 0보다 크고 1보다 작다. 한계소비성향은 가처분소득이 한 단위 증가할 때 소비가 얼마나 증가하는지를 나타내는 계수이며, 수학적으로 다음과 같이 나타낼 수 있다: $MPC = \frac{\Delta C}{\Delta Y_d}$. 케인즈는 늘어난 가처분소득이 소비를 증가시키기는 하지만($MPC > 0$), 소비의 증가는 가처분소득의 증가보다는 작다고 생각하였다($MPC < 1$). 소비의 증가가 가처분소득의 증가보다 작은 이유는 가처분소득 증가분의 일부가 저축을 늘리는 데 사용되기 때문이다.

둘째, 소득이 증가함에 따라 평균소비성향(Average Propensity to Consume: APC)이 감소한다. 평균소비성향은 전체 가처분소득 중에서 소비가 차지하는 비중을 의미하며 다음과 같이 계산된다: $APC = \frac{C}{Y_d}$. 케인즈는 가처분소득이 충분해야 저축을 할 수 있다고 생각했다. 즉 저소득층은 저축할 여력이 거의 없어 소득의 대부분을 소비하는 데 사용하므로 평균소비성향이 크다. 반면 고소득층은 소득의 상당부분을 저축하는 데 사용하므로 평균소비성향이 작다고 생각하였다.

셋째, 현재의 소비는 현재의 가처분소득에 주로 의존하며 미래의 가처분소득은 현재의 소비를 결정할 때 중요한 역할을 하지 않는다. 이 세 번째 주장은 나중에 살펴볼 케인즈 이후의 소비함수이론과 극명하게 차이가 난다. 즉 케인즈 이후의 소비함수의 발전은 이 주장을 극복하는 과정에서 발전하였다.

이상의 세 가지 특징을 모두 만족하는 케인즈의 소비함수를 다음과 같은 일차식으로 나타낼 수 있다.

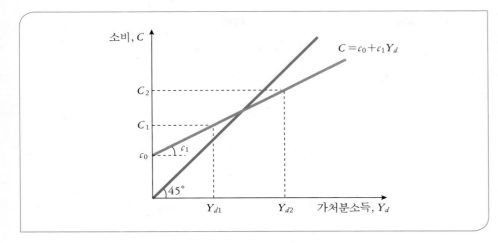

그림 15-2
가처분소득의 변화에 따른 소비의 변화

c_0는 최저생계소비량이며 소비함수의 기울기 c_1은 한계소비성향을 나타낸다. 가처분소득이 Y_{d1}에서 Y_{d2}로 증가하면 소비는 C_1에서 C_2로 증가한다. 이때 $0 < c_1 < 1$이 성립하면 소비의 증가분$(C_2 - C_1)$은 가처분소득의 증가분$(Y_{d2} - Y_{d1})$보다 작게 된다.

$$C(Y_d) = c_0 + c_1 Y_d, \quad c_0 > 0, \quad 0 < c_1 < 1 \qquad (15.2)$$

위 식에서 c_0는 $Y_d = 0$일 때의 소비량이다. 일반적으로 소득이 없다면 소비재를 구입할 수 없다. 하지만 소득이 없는 경우에 소비량도 0이라고 하기는 어렵다. 왜냐하면 삶을 유지하기 위해서는 최소한의 소비가 필요하기 때문이다. 따라서 c_0는 가처분소득이 0이라고 해도 생을 유지하기 위해 소비할 수밖에 없는 최소한의 소비량, 즉 최저생계소비량(subsistence level of consumption)이다. 또한 소비함수의 기울기 c_1은 한계소비성향을 나타낸다.[1] 〈그림 15-2〉는 이와 같은 상황을 보여 준다. 그림에서 가처분소득이 Y_{d1}에서 Y_{d2}로 증가하면 소비는 C_1에서 C_2로 증가한다. 이때 $0 < c_1 < 1$이 성립하면 소비의 증가분$(C_2 - C_1)$은 가처분소득의 증가분$(Y_{d2} - Y_{d1})$보다 작게 된다. 따라서 위 식은 케인즈 소비함수의 첫 번째 특징을 만족시킨다. 또한 위 식에 따르면 현재의 소비는 현재의 가처분소득에만 의존하므로 케인즈 소비함수의 세 번째 특징을 만족시킨다.

〈그림 15-3〉은 소비함수 식 (15.2)가 케인즈 소비함수의 두 번째 특징도 충족함을 보여 준다. 즉 평균소비성향은 원점에서 출발한 선의 기울기로 표현되는데, 소비가 C_1에서 C_2로 증가함에 따라 이 기울기는 점점 작아지고 있다. 이와 같이 평균소비성향이 가처분소득이 증가함에 따라 감소하는 데에는 $c_0 > 0$이라는 가정도 매우 중요한 역할을 함을 알 수 있다. 왜냐하면 아무리 $0 < c_1 < 1$이라고 하더라도

---

1 경우에 따라서 우리는 소비(C)와 가처분소득(Y_d)이 이미 로그를 취한 값이라고 가정할 것이다. 이 경우 c_1은 소득증가에 대한 소비의 탄력성이라고 볼 수 있다. 즉 가처분소득이 1% 증가할 경우 소비는 c_1% 증가하는 셈이다. 우리는 $0 < c_1 < 1$이라고 가정함으로써 케인즈 소비함수의 첫 번째 특징을 만족시킨다.

그림 15-3
가처분소득의 증가에 따른 평균소비성향 감소

소득이 증가함에 따라 평균소비성향이 감소한다. 평균소비성향은 원점에서 출발한 선의 기울기로 표현되는데, $c_0 > 0$이라고 가정할 때 소비가 C_1에서 C_2로 증가함에 따라 이 기울기는 APC_1에서 APC_2로 점점 작아지고 있다.

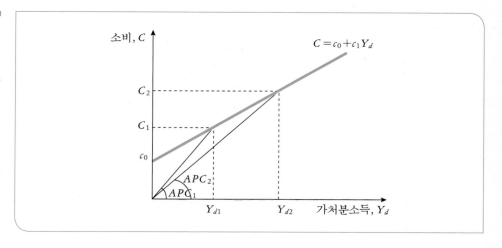

$c_0 < 0$이라면 가처분소득이 증가함에 따라 평균소비성향은 증가하기 때문이다. 이러한 사실은 다음과 같이 평균소비성향을 계산하여 쉽게 확인할 수 있다.

$$APC = \frac{C}{Y_d} = \frac{c_0 + c_1 Y_d}{Y_d} = \frac{c_0}{Y_d} + c_1 \tag{15.3}$$

위 식에서 $c_0 > 0$이라면 Y_d가 증가함에 따라 APC는 감소하는 반면 $c_0 < 0$이라면 Y_d가 증가함에 따라 APC는 증가함을 알 수 있다. 따라서 $c_0 > 0$이라는 가정은 케인즈 소비함수의 두 번째 특징을 만족시키기 위하여 반드시 필요한 가정이다.

마지막으로 식 (15.2)에 따르면 소비는 현재의 가처분소득만의 함수로 표현되어 있으므로 케인즈 소비함수의 세 번째 특징도 만족한다.

이상과 같은 케인즈의 소비함수는 소비 데이터를 실제로 관찰하여 제시한 것이 아니라 케인즈 자신의 통찰력에 의존하여 제시된 것이다. 실제 소비 데이터를 이용한 경험분석은 오히려 그 후에 이루어졌으며 초기의 경험적 연구들은 대부분 케인즈의 통찰력을 지지하는 듯 보였다.

2 소비행태에 대한 초기의 실증분석 성과

소비에 대한 초기 실증분석은 크게 두 가지 방법에 의존하여 이루어졌다. 첫째는 서로 다른 여러 가계들을 비교 분석하는 것이다. 일반적으로 한 시점에서 서로 다른 관측치를 비교하여 분석하는 것을 횡단면분석(cross section analysis)이라고 부른다. 횡단면분석을 통해 서로 소득이 다른 여러 가구들의 소비행태를 비교해 보면 소득이 달라짐에 따라 소비행태가 어떻게 달라지는지 분석할 수 있다. 이러한 분석이 가능하기 위해서는 서로 다른 가구들이 소득 이외에는 모든 조건이 같다고 가정하여야 한다. 즉 서로 다른 가구들이 다른 소비행태를 보이는 이유는 오직 소득의 차이 때문이라고 가정하여야 하는 것이다. 횡단면 분석결과 소득이 높아짐에 따라 소비가 증가하지만 소비의 증가는 소득의 증가보다 작음을 발견하였다. 케인즈 소비함수의 첫 번째 특징, 즉 한계소비성향이 0보다 크지만 1보다 작다라는 것이 경험적으로 확인된 것이다. 이는 높은 소득을 가진 가계일수록 소비를 늘리지만 동시에 저축도 증가하기 때문이라고 해석되었다. 또한 가처분소득이 높은 가구일수록 소비가 가처분소득에서 차지하는 비중이 작음을 확인하였다. 즉 소득수준이 높아질수록 평균소비성향이 감소한다는 케인즈 소비함수의 두 번째 특징도 경험적으로 성립함을 확인할 수 있었다.

두 번째 방법은 시계열분석(time series analysis)이다. 시계열분석은 동일한 대상의 소득이 시간이 흐름에 따라 변화할 때 소비가 어떻게 변화하는지 분석하는 것이다. 시계열분석을 할 때는 동일한 시점에서 여러 관측치를 필요로 하지 않으므로 거시경제분석에 보다 적합한 총소비를 이용하여 소비행태를 분석할 수 있다. 즉 경제전체의 소득수준이 높아짐에 따라 경제전체의 소비수준이 어떻게 변화하는지 분석할 수 있는 것이다. 시계열분석 결과도 케인즈 소비함수의 세 가지 특징이 경험적으로 성립함을 보여주었다. 하지만 데이터가 충분히 축적되지 않았기 때문에 대부분의 시계열분석은 단기자료를 이용할 수밖에 없었다.

③ 장기시계열분석과 소비퍼즐

이상과 같이 횡단면분석과 단기시계열분석은 케인즈의 통찰력이 실증적으로도 확인됨을 보여 주었다. 하지만 시간이 흐름에 따라 케인즈의 소비함수로는 설명하기 어려운 현상이 나타나기 시작했다. 특히 쿠츠네츠(Simon Kuznets)는 과거 역사적 자료를 이용하여 데이터 부족으로 분석하기 어려웠던 소비와 소득에 대한 자료를 과거로 대폭 확장하였다. 쿠츠네츠의 성과는 시계열자료의 출발점을 획기적으로 앞당김으로써 장기의 시계열자료분석을 가능하게 하였다는 점이다. 새롭게 확장된 쿠츠네츠의 자료를 이용하여 장기시계열분석을 한 결과 케인즈의 소비함수는 결정적인 결함이 있음을 알게 되었다. 즉 장기적으로 소득이 크게 증가하였어도 평균소비

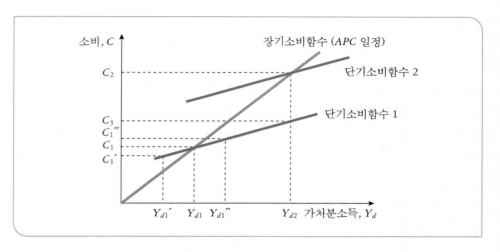

성향이 거의 감소하지 않았던 것이다.

쿠츠네츠의 발견은 케인즈의 소비함수가 단기시계열에서 또는 횡단면에서만 성립할 뿐 장기시계열에서는 성립하지 않음을 보여 준다. 〈그림 15-4〉에 나타낸 소비함수는 단기 또는 횡단면 상에서의 소비함수와 장기 소비함수가 다른 모습임을 보여 준다. 예를 들어 어떤 시점에서 가처분소득이 Y_{d1}이며 이에 따라 소비가 C_1이라고 하자. 만약 단기간에 걸쳐 가처분소득이 Y_{d1}에서 Y_{d1}' 또는 Y_{d1}''으로 변화하였다고 하면 단기소비함수 1에 따라 소비는 C_1' 또는 C_1''로 변화할 것이다. 하지만 장기간의 시간이 지나면 가처분소득은 더 이상 Y_{d1} 부근에 머물지 않고 큰 수준으로 변할 것이다. 이제 장기간에 걸쳐 가처분소득이 Y_{d1}에서 Y_{d2}로 변화하였다고 하자. 이 경우 만약 단기소비함수가 단기소비함수 1로 고정되었다면 소비는 C_3로 변화하여야 한다. 하지만 쿠츠네츠의 발견에 따르면 장기에 걸쳐 평균소비함수는 일정해야 하므로 장기소비함수는 원점을 지나야 한다. 결국 장기에 걸쳐 소비는 C_2로 변하는 것이다. 이러한 변화는 장기간에 걸쳐 이루어짐을 명심하자. 예를 들어 가처분소득이 또다시 Y_{d2} 부근에서 단기적으로 변화한다면 한동안 소비는 새로운 단기소비함수 2에 따라 변화할 것이다. 결국 쿠츠네츠의 발견은 원점을 지나는 고정된 장기소비함수와 시간이 흐름에 따라 이동하는 단기소비함수을 도입함으로써 설명할 수 있다. 이와 같이 단기와 장기에서 평균소비성향이 달라지는 것은 한동안 소비함수에 관한 퍼즐로 여겨졌으며 그 후 소비에 관한 연구에 지대한 영향을 미쳤다. 한동안 소비함수에 대한 연구는 이 퍼즐을 이해하는 데 집중되었던 것이다.

소비함수의 미시적 기초 ③

쿠츠네츠의 발견 이후 많은 경제학자들은 일견 모순되게 보이는 단기적인 소비행태와 장기적인 소비행태를 모두 성공적으로 설명할 수 있는 이론을 개발하기 위한 노력을 하게 되었다. 그 후 이론적인 성과는 모딜리아니(Franco Modigliani)와 프리드만(Milton Friedman)에 의해 이루어지는데 이들 모두 소비를 설명하기 위한 미시적인 기초를 강조하였다는 공통점을 갖는다. 케인즈의 소비함수는 케인즈의 놀랍도록 뛰어난 통찰력에 의해 만들어졌지만 "왜 합리적인 소비자들이 그러한 행태를 하는가"에 대한 설명이 결여되어 있다. 사실 케인즈에 의해 시작되었던 거시경제학은 대체로 합리적인 경제주체를 가정하여 모형을 분석하기보다는 경제현상에 대해 여러 임의적인 가정을 하고 시작하는 경향이 있다. 특히 소비함수가 대표적이다. 즉 케인즈의 소비함수는 도출되는 과정이 생략되어 있는 것이다. 반면 고전학파는 대체로 현재 우리가 미시경제학이라고 부르는 분야와 유사하게 합리적인 경제주체를 상정하여 경제문제에 접근한다는 특징이 있다. 케인즈의 소비함수가 가지고 있는 문제는 고전학파가 주장하는 바와 같이 미시적인 기초를 강조함으로써 해결할 수 있다는 주장이 나타났다.

1 피셔의 기간간 선택이론

합리적인 경제주체인 소비자들은 어떻게 소비를 결정하는가? 합리적이라는 것은 종종 주어진 제약하에서 자신의 목적을 최대한 달성한다는 것으로 표현된다. 그렇다면 소비자들이 직면한 제약은 무엇이고 목적은 어떻게 표현되는가? 소비자들의 목적은 미시경제학에서 가정하는 바와 같이 효용을 극대화하는 것이라고 생각할 수 있다. 즉 소비자들은 소비를 통해 효용을 느끼는데 효용은 클수록 좋으므로 효용을 최대한 크게 하려고 노력한다는 것이다. 소비자들이 직면한 제약은 좀 더 복잡하므로 상세한 설명이 필요하다. 기본적으로 소비자들은 자신이 얻은 소득에 의해 결정된 예산제약하에서 소비량을 결정한다. 하지만 소득은 단지 현재에만 생기는 것이 아니라 여러 기간에 걸쳐 발생한다. 즉 소비자들은 전생애에 걸쳐 소득을 얻고 이를 통해 전생애에 걸친 소비량을 선택하는 것이다. 따라서 소비자들이 현재의 소비를 결정할 때 미래의 상황을 고려하지 않을 수 없다. 왜냐하면 만약 소비자들이 현재소비를 줄이고 저축을 한다면 이를 이용하여 미래에는 보다 더 많은 소비를 할 수 있기 때문이다. 이와 같이 소비행위는 궁극적으로 여러 기간에 걸친 소비를 동시에 결정하는 기간간 선택(intertemporal choice)의 문제이며 따라서 동태적인 분석을 통해 이해될 수밖에 없다. 이와 같이 동태적인 상황에서 기간간 선택의 문제로 소비행위를 처음 설명한 경제학자는 피셔(Irving Fisher)이다. 지금부터는 피셔의 기간간 선택이론을 살펴보기로 하자.

기간간 예산제약

피셔의 기간간 선택이론은 다음과 같이 시점을 두 기간으로 확장하여 이해할 수 있다. 이제 소비자가 현재(1기)와 미래(2기)라는 두 기간 동안의 생애를 가진다고 하자. 또한 이제부터는 조세가 0이라고 가정하여 소비자가 1기와 2기에 얻는 가처분소득을 각각 Y_1과 Y_2라고 부르고 소비자가 1기와 2기에 선택하는 소비량을 각각 C_1과 C_2라고 부르자. 소비자가 직면한 문제는 자신이 전생애에 걸쳐 받게 되는 소득, Y_1과 Y_2를 알고 있는 상태에서 어떻게 합리적으로 소비량을 선택하여 전생애에 걸친 효용을 극대화하는가이다. 먼저 소비자는 1기에 자신이 얻는 소득(Y_1)을 이용하여 소비(C_1)를 하거나 저축할 수 있다. 저축량을 S라고 표현하면 소비자가 1기에 직면한 예산제약은 다음과 같이 표현된다.

$$1기의\ 예산제약조건:\ C_1 + S = Y_1 \tag{15.4}$$

저축 S는 음수의 값을 가질 수도 있는데 그 경우 소비자는 음의 저축을 한다. 즉 다른 사람으로부터 차입을 하여 자신의 소득보다 소비를 더 많이 하려고 하는 경우이다.

이제 2기에 직면한 예산제약을 살펴보자. 2기에는 소득(Y_2) 외에 1기에 행한 저축의 결과로 자신의 소득보다 더 많이 소비를 할 수 있다. 만일 1기에 차입을 하였다면 2기에는 차입액과 그 이자를 상환해야 하므로 2기의 소득보다 더 적게 소비할 것이다. 이자율을 r이라고 하면 2기의 예산제약조건은 다음과 같이 나타낸다.

$$2기의\ 예산제약조건:\ C_2 = Y_2 + (1+r)S \tag{15.5}$$

위 식에서 오른쪽 변의 두 번째 항인 $(1+r)S$는 1기에 저축을 하여 2기에 얻게 되는 원금(S)과 이자(rS)를 합한 것이다. 만약 S가 양수라면 2기에 소비자는 자신의 소득보다 더 많은 소비를 할 수 있는 반면 S가 음수라면 2기에 소비자는 자신의 소득보다 더 적은 소비를 할 수밖에 없다. 결국 각 기의 소비는 동일한 기의 소득과 같을 이유가 없지만 그렇다고 무한정 달라질 수 있는 것은 아니다. 저축량만큼만 각 기의 소비는 소득과 달라질 수 있으며 평균적으로는 소비와 소득이 같다고 볼 수 있다. 즉 1기에 소득보다 소비를 적게 하여 양의 저축을 한 경우에는 2기에 소득보다 더 많은 소비를 할 수 있지만 반대로 1기에 음의 저축을 한 경우에는 1기에 소비가 소득보다 큰 반면 2기에는 소비가 소득보다 작을 수밖에 없는 것이다.

　　이와 같은 상황은 1기의 예산제약조건 식 (15.4)와 2기의 예산제약조건 식 (15.5)를 결합하여 기간간 예산제약조건(intertemporal budget constraint)을 도출하여 보다 쉽게 이해할 수 있다. 2기의 예산제약조건을 이용하여 저축을 표현하면 $S = \frac{C_2}{1+r} - \frac{Y_2}{1+r}$로 나타낼 수 있는데, 이를 1기의 예산제약조건에 대입함으로써 다음과 같은 기간간 예산제약조건이 도출된다.

$$\text{기간간 예산제약조건: } C_1 + \frac{C_2}{1+r} = Y_1 + \frac{Y_2}{1+r} \qquad (15.6)$$

기간간 예산제약조건 식 (15.6)에는 저축이 더 이상 등장하지 않기 때문에 전생애에 걸친 소비가 어떤 제약을 받는지 보다 직접적으로 이해될 수 있다. 즉 전생애에 걸친 소비는 결국 전생애에 걸친 소득에 의해 제약을 받는 것이다. 하지만 단순히 전생애에 걸친 소비의 합이 전생애에 걸친 소득의 합과 같은 것은 아니다. 현재와 미래의 소비 혹은 소득은 단순히 합해질 수 없기 때문이다. 미래의 소득은 현재의 소득에 비해 가치가 적은 것이다. 이자는 현재의 소득을 포기한 대가로 미래에 주어진다. 현재의 소득을 포기할 때 이자를 요구한다는 것은 현재의 소득 1과 미래의 소득 $1+r$이 동등하게 취급받는다는 것을 의미한다. 즉 미래의 소득은 현재의 소득보다 할인되어야 한다. 이때의 할인율은 결국 이자율과 동일함을 알 수 있다. 왜냐하면 미래의 소득 $1+r$을 현재의 소득 1과 같아지도록 할인하기 위해서는 미래의 소득 $1+r$을 $1+r$로 나누어 주어야 1과 같아지기 때문이다. 결국 미래의 소득은 $1+r$로 나누어 주어야 현재가치와 동등하게 취급 받을 수 있는데 이를 미래가치를 현재가치화하였다고 표현한다.

　　기간간 예산제약조건은 전생애의 소비의 현재가치가 전생애의 소득의 현재가치와 동일함을 보여 준다. 기간간 예산제약조건 식 (15.6)의 좌변에서 두 번째 항 $\frac{C_2}{1+r}$은 2기에 행하는 소비(C_2)의 현재가치이다. 이를 1기의 소비(C_1)와 합하여 전생애에 걸친 소비를 현재가치로 표현할 수 있다. 동일한 방법으로 기간간 예산제약조건의 우변은 전생애에 걸친 소득을 현재가치의 합으로 나타낸 것이다. 결국 소비자가 전생애에 걸쳐 직면한 제약조건은 소비의 현재가치의 합이 소득의 현재가치의 합과 동일하여야 한다는 것이다. 소비자는 소비를 위해서 지출을 하므로 소비의 현재가치의 합은 소비자가 전생애에 걸쳐 지출하는 금액의 현재가치라 볼 수 있다. 또한 소득은 소비자가 전생애에 걸쳐 받는 재원이므로 소득의 현재가치의 합은 소비자가 전생애에 걸쳐 받는 재원의 현재가치이다. 따라서 기간간 제약조건은 전생애 기간을 모두 고려하면 결국 지출이 재원에 의해 뒷받침되어야 함을 의미한다.

기간간 제약조건: 생애에 걸친 지출의 현재가치

= 생애에 걸친 재원의 현재가치

〈그림 15−5〉는 기간간 예산제약조건을 만족할 경우에 어떠한 소비를 할 수 있는지 보여 준다. 그림에서 A점은 소비자가 두 기간에 걸쳐 받는 소득을 나타낸다. 즉 A점은 소비자가 1기에 소득 Y_1을 받고 2기에는 소득 Y_2를 받음을 보여 준다. 만약 소비자가 A점을 최적소비로 선택한다는 것은 1기의 소비를 Y_1과 같게 하고 2기의 소비도 Y_2와 같게 하는 경우이다. 하지만 기간간 예산제약조건을 만족시키는 소비는 A점 이외에도 다양하게 존재한다. 그림에서 A점을 지나는 직선은 예산제약선으로 기울기가 $-(1+r)$이다. 소비자는 예산제약선상의 모든 점들을 선택할 수 있다. 즉 이 직선상의 모든 점들은 기간간 예산제약조건을 만족시키는 것이다. 예를 들어 또 다른 점 B를 생각해 보자. B점에서 소비자는 1기에 C_1만큼 소비를 하고 2기에는 C_2만큼 소비를 하고 있다. 따라서 1기에서 Y_1-C_1만큼의 저축을 한다. 이

그림 15-5
기간간 예산제약조건과 예산제약선

기간간 예산제약조건을 만족하는 모든 소비조합을 연결한 선을 예산제약선이라고 한다. A점은 소비자가 1기에 소득 Y_1을 받고 2기에는 소득 Y_2를 받음을 보여준다. A점을 지나는 직선은 예산제약선으로 기울기가 $-(1+r)$이다. 소비자는 예산제약선상의 모든 점들을 선택할 수 있으며 직선상의 모든 점들은 기간간 예산제약조건을 만족시킨다.

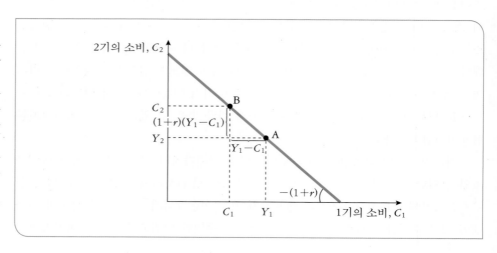

만큼의 저축은 2기에서 소비가 $C_2 = Y_2 + (1+r)(Y_1 - C_1)$이 되게 한다. 1기에 행한 저축 $Y_1 - C_1$만큼 2기에 소비가 증가하기 위해서는 직선의 기울기가 $-(1+r)$이 되어야 함을 알 수 있다. 즉 현재의 소비를 1만큼 희생함으로써 미래의 소비가 $(1+r)$만큼 증가하는 것이다. 기울기가 음의 값을 갖는 이유는 현재의 소비가 감소할 때 미래의 소비가 증가하기 때문이다.

〈그림 15-5〉에서는 소비자가 현재소비가 현재소득보다 작아 저축을 하는 경우를 나타냈다. 하지만 소비자는 경우에 따라서 현재소비를 현재소득보다 더 많이 하고 싶어할 수도 있다. 이런 경우 소비자는 차입을 통해 현재소비를 현재소득보다 늘릴 수 있다. 하지만 이에 대한 대가를 지불해야 한다. 즉 소비자는 차입한 만큼 1기의 소비를 늘린 후 2기에 차입금에 대한 원금과 이자를 갚아야 하는 것이다. 따라서 2기에서의 소비는 그만큼 2기의 소득보다 작아지게 된다. 이때에도 소비는 기울기가 $-(1+r)$인 직선을 따라 변화한다.

소비자의 기간간 선호

소비자는 어떠한 선호에 의해 최적소비를 선택하는가? 소비자의 선호는 크게 두 가지 방법으로 나타낼 수 있다. 첫 번째 방법은 효용함수로 나타내는 것이다. 소비자는 1기와 2기의 소비를 통해 효용을 얻는다. 이때 소비량이 효용을 결정하는 과정을 수식으로 표현한 것을 효용함수라고 부르며 다음과 같이 표현한다.

$$u = U(C_1, C_2) \tag{15.7}$$

위 식에서 좌변의 u는 효용을 나타내며 우변의 U는 효용함수이다. 소비자는 현재(1기)의 소비(C_1)와 미래(2기)의 소비(C_2)를 통해 효용을 얻고 있지만 동일한 양의 소비를 하더라도 현재에 소비를 하는 것을 보다 선호한다. 따라서 효용함수는 보다 구체적으로 다음과 같이 나타낼 수 있다.

$$u = U(C_1) + \frac{U(C_2)}{1+\rho} \tag{15.8}$$

위 식에서 $U(C_1)$과 $U(C_2)$는 각각 1기와 2기의 소비를 통해 얻는 즉각적인(instantaneous) 효용을 의미한다. 미래(2기)에 소비자는 소비를 통해 $U(C_2)$만큼의 효용을 즉각적으로 얻지만 현재(1기)의 관점에서 본다면 이는 아직 실현된 것이 아니라 미래에 실현될 효용이므로 현재 즉각적으로 얻는 효용 $U(C_1)$보다는 가치를 덜 느끼게 된다. 이를 명시적으로 표현하기 위해서 위의 효용함수에서는 미래의 효용을 $(1+\rho)$로 할인하였다. 이때 ρ는 시간선호율(time preference rate)이라고 부르는데 소비자가 효용을 계산할 때 주관적으로 느끼는 할인율이므로 주관적 할인율(subjective discount rate)이라고도 부른다. 이에 비해 예산제약식에 등장하였던 이자율은 시장에서 결정되어 모든 사람들에게 통용되는 할인율이므로 객관적 할인율(objective discount rate)이라고 부른다.

소비자의 선호를 나타내는 또 하나의 방법은 무차별곡선을 이용하는 것이다. 소비자의 무차별곡선은 〈그림 15-6〉에서 우하향하면서 원점을 향해 볼록한 곡선으로 표현되었다. 무차별곡선은 동일한 효용수준을 유지할 수 있는 다양한 소비점들을 연결한 것이다. 그림에서 A점과 B점은 동일한 무차별곡선상에 있으므로 A점에서의 소비(C_1, C_2)를 통해 얻는 효용은 B점에서의 소비(C_1', C_2')에서 얻는 효용과 동일함을 나타낸다. 반면 C점은 다른 무차별곡선상에 있으므로 다른 수준의 효용을 준다. C점에서의 소비(C_1'', C_2'')는 1기와 2기 모두에서 A점의 소비보다 크다. 즉 $C_1'' > C_1$과 $C_2'' > C_2$가 성립한다. 일반적으로 보다 많은 소비는 효용을 증가시키므로 C점을 통과하는 무차별곡선상의 효용은 A점 혹은 B점을 통과하는 무차별곡선상의 효용보다 큼을 알 수 있다. 이상과 같이 무차별곡선은 1기와 2기에 행하는 모든 소비조합에 대응하는 효용의 크기를 알 수 있게 해 준다는 의미에서 효용함수와 동일한 역할을 하고 있다. 그림에서 화살표 방향으로 소비조합이 변하면 효용은 증가한다.

그림 15-6
무차별곡선과 소비자의 효용수준

무차별곡선은 동일한 효용수준을 유지할 수 있는 다양한 소비조합을 연결한 것이다. A점과 B점은 동일한 무차별곡선상에 있으므로 A점에서의 소비(C_1, C_2)를 통해 얻는 효용은 B점에서의 소비(C_1', C_2')에서 얻는 효용과 동일함을 나타낸다. 반면 C점은 다른 무차별곡선상에 있으므로 다른 수준의 효용을 준다. C점에서의 소비(C_1'', C_2'')는 1기와 2기 모두에서 A점의 소비보다 크다. 일반적으로 보다 많은 소비는 효용을 증가시키므로 C점을 통과하는 무차별곡선상의 효용은 A점 혹은 B점을 통과하는 무차별곡선상의 효용보다 큼을 알 수 있다. 화살표 방향으로 소비가 바뀌면 효용은 증가하게 된다.

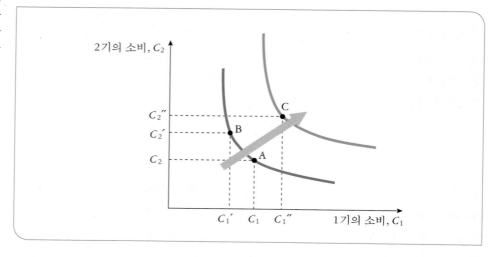

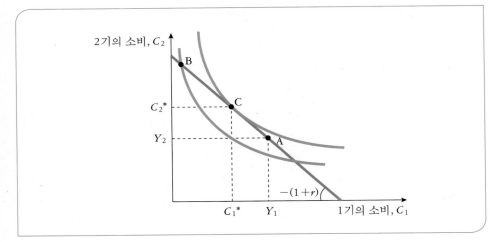

그림 15-7
최적소비의 선택

기간간 예산제약에 직면한 소비자가 어떻게 효용을 극대화하는 최적소비를 선택하는지 보여 준다. A점은 소비자의 소득이 (Y_1, Y_2)로 주어졌음을 나타낸다. 이때 예산제약선과 무차별곡선이 접하는 C점 (C_1^*, C_2^*)은 효용을 극대화하는 최적의 소비선택이 된다.

최적소비와 소비평준화

〈그림 15-7〉은 기간간 예산제약에 직면한 소비자가 어떻게 효용을 극대화하는 최적소비를 선택하는지 보여 준다. 그림에서 A점은 소비자의 소득이 (Y_1, Y_2)로 주어졌음을 나타낸다. 이때 예산제약선과 무차별곡선이 접하는 C점(C_1^*, C_2^*)은 효용을 극대화하는 최적의 소비선택이 된다. C점은 예산제약선상에 위치함으로써 예산제약조건을 만족시킬 뿐 아니라 무차별곡선과 접하는 위치에 있기 때문에 예산제약선상의 어떠한 점보다도 높은 효용을 준다. 즉 예를 들어 예산제약선상의 또 다른 점인 B점을 생각해 보자. B점을 지나는 무차별곡선은 보다 원점에 가깝게 위치하기 때문에 C점을 지나는 무차별곡선상의 효용보다 적은 효용을 준다. 마찬가지로 C점을 제외한 예산제약선상의 어떠한 점에서도 그 점을 지나는 무차별곡선은 효용 수준이 C점에서 보다 낮음을 알 수 있다. 따라서 최적소비는 예산제약선과 무차별곡선이 접하는 C점에서 달성된다. 최적소비점에서 무차별곡선의 기울기는 예산제약선의 기울기와 같다. 무차별곡선의 기울기를 한계대체율(Marginal Rate of Substitution: MRS)이라고 하는데 최적점에서 MRS는 예산선의 기울기 $(1+r)$과 같다.[2]

최적소비의 결정과정을 보면 하나의 중요한 사실을 깨달을 수 있다. 현재의 소득과 미래의 소득이 큰 차이를 보이는 경우에도 소비는 되도록 비슷한 수준을 유지하려고 한다는 사실이다. 〈그림 15-8〉은 서로 다른 두 경우에 있어서 각각 최적소비가 어떻게 결정되는지 보여준다. 첫 번째 경우는 1기의 소득이 2기의 소득에 비해 큰 경우로 소득은 A점으로 주어져 있다. 즉 $Y_1^A > Y_2^A$가 성립한다. 이때 예산제약

---

2 기울기는 음의 값을 가지므로 양의 값으로 만들어 주어야 MRS와 같아진다.

첫 번째 경우는 1기의 소득이 2기의 소득에 비해 큰 경우로 소득은 A점으로 주어져 있다 ($Y_1^A > Y_2^A$). 이때의 최적소비는 C점 (C_1^*, C_2^*)으로 결정된다. 두 번째 경우는 1기의 소득이 2기의 소득에 비해 작은 경우로 소득은 B점으로 주어져 있다($Y_1^B < Y_2^B$). 하지만 이 경우에도 예산제약선은 동일하므로 최적소비는 C점으로 같게 된다. A점이나 B점은 소득이 시점에 따라 매우 불균등하다. 반면에 최적 결정의 결과인 1기의 소비 C_1^*와 2기의 소비 C_2^*는 매우 유사한 수준이다.

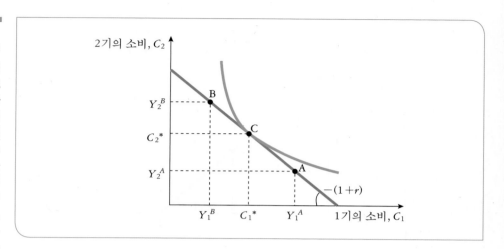

선은 A점을 지나며 기울기가 $-(1+r)$인 직선으로 결정되며 최적소비는 예산제약선과 무차별곡선이 접하는 C점(C_1^*, C_2^*)이다. 두 번째 경우는 1기의 소득이 2기의 소득에 비해 작은 경우로 소득은 B점으로 주어져 있다. 즉 $Y_1^B < Y_2^B$가 성립한다. 하지만 이 경우에도 예산제약선은 동일하므로 최적소비는 C점으로 같게 된다. A점이나 B점은 소득이 시점에 따라 매우 불균등하다. 반면에 최적 결정의 결과인 1기의 소비(C_1^*)와 2기의 소비(C_2^*)는 매우 유사한 수준이다. 만약 $\rho = r$인 경우에는 $C_1^* = C_2^*$가 성립하여 항상 소비는 일정하게 유지된다. 이와 같이 소득수준은 시점에 따라 달라져도 최적소비는 매기 비슷한 수준을 유지하려고 하는 경향을 소비의 평준화(consumption smoothing)라고 부른다. 부록에서는 기간을 연장하여 일반적으로 T기간에 걸쳐 최적소비를 결정할 경우에도 소비의 평준화를 통해 효용을 극대화할 수 있음을 수학적 기법을 이용하여 보여 준다.

기간간 선택이론은 소비자들이 합리적인 소비행태를 어떻게 결정하는지를 명시적으로 보여 주고 있다. 뿐만 아니라 소비자들을 둘러싸고 있는 환경이 변화할 때 소비자들이 어떻게 합리적으로 반응하는지 분석할 수 있게 해 준다. 즉 현재소득 혹은 미래소득이 변화할 때 소비자들은 어떻게 소비를 변화시키는지, 또 이자율이 변화할 때 소비자들은 어떻게 반응하는지 분석할 수 있다. 지금부터는 소득 혹은 이자율이 변화할 때 최적소비행태가 어떻게 변화하는지 살펴보자.

소득효과

케인즈 소비함수의 세 번째 특징은 현재의 소비가 현재의 소득에 의존한다는 것이다. 즉 현재의 가처분소득이 증가하면 MPC만큼 현재소비가 증가한다. 피셔의

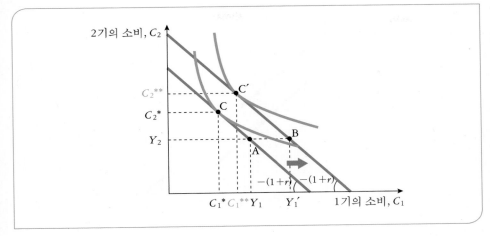

그림 15-9
현재소득의 변화에 따른
최적소비의 변화

소득이 A점(Y_1, Y_2)으로 주어
졌을 때 최적소비는 C점(C_1^*,
C_2^*)에서 결정된다. 이제 현재
소득이 Y_1에서 Y_1'으로 증가하
면 소득을 나타내는 점은 B점
(Y_1', Y_2)으로 변화하고 이에
대응하는 예산제약선은 B점을
지나며 $-(1+r)$의 기울기를
갖는 선으로 이동한다. 새로운
최적소비는 새로운 예산제약
선이 무차별곡선과 접하는 C'
점 (C_1^{**}, C_2^{**})에서 달성된다.

기간간 선택이론에 따를 때에도 현재의 가처분소득이 변화하면 현재의 최적소비가
변화한다. 〈그림 15-9〉는 이러한 상황을 보여주고 있다. A점은 소득이 (Y_1, Y_2)로
주어졌음을 나타낸다. 이미 설명한 바와 같이 최적소비는 예산제약선과 무차별곡선
과 접하는 C점(C_1^*, C_2^*)으로 결정된다. 이제 현재소득이 Y_1에서 Y_1'으로 증가하였다
고 하자. 이에 따라 소득을 나타내는 점은 B점(Y_1', Y_2)으로 변화하고 이에 대응하는
예산제약선은 B점을 지나며 $-(1+r)$의 기울기를 갖는 선이 된다. 결국 현재의 소
득이 증가하면 예산제약선은 평행하게 원점에서 멀어지는 방향으로 이동한다. 새로
운 예산제약선하에서 최적의 소비는 새로운 예산제약선이 무차별곡선과 접하는 C'
점(C_1^{**}, C_2^{**})에서 달성된다. 이때의 특징은 현재의 소비뿐 아니라 미래의 소비도 증
가한다는 사실이다. 즉 $C_1^{**}>C_1^*$이고 $C_2^{**}>C_2^*$가 성립한다. 이와 같이 소득이 변화
함에 따라 소비가 변화하는 효과를 소득효과라고 한다. 소득이 증가할 때 소비가 증
가하는 재화를 일반적으로 정상재라고 부른다. 현재 소비재와 미래 소비재는 모두
정상재이므로 소득이 증가할 때 현재와 미래의 소비가 모두 증가하는 것이다.

　피셔의 기간간 선택이론과 케인즈이론의 결정적 차이는 현재소득뿐 아니라 미
래의 소득이 증가할 경우에도 소득효과를 통해 현재소비가 증가한다는 점이다. 〈그
림 15-10〉에서는 현재의 소득은 Y_1으로 변함이 없지만 미래의 소득만이 Y_2'로 증
가한 경우를 나타낸다. 이 경우에도 예산제약선은 평행하게 원점에서 멀어지는 방
향으로 이동한다. 즉 새로운 예산제약선은 D점(Y_1, Y_2')을 지나며 $-(1+r)$의 기울기
를 갖는 선이 된다. 새로운 예산제약선하에서 최적의 소비는 새로운 예산제약선이
무차별곡선과 접하는 C''점(C_1^{***}, C_2^{***})에서 달성된다. 결국 미래의 소득이 증가할
때에도 미래의 소비뿐 아니라 현재의 소비도 증가한다. 즉 $C_1^{***}>C_1^*$이고 $C_2^{***}>$

그림 15-10
미래소득의 변화에 따른
최적소비의 변화

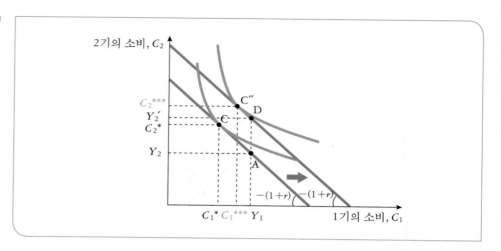

그림 15-10
미래소득의 변화에 따른 최적소비의 변화

현재의 소득은 Y_1으로 불변이고 미래의 소득만이 Y_2'로 증가한 경우 예산제약선은 평행하게 원점에서 멀어지는 방향으로 이동한다. 즉 새로운 예산제약선은 D점(Y_1, Y_2')을 지나며 $-(1+r)$의 기울기를 갖는 선이 된다. 새로운 예산제약선 하에서 최적의 소비는 C''점(C_1^{***}, C_2^{***})에서 달성된다. 결국 미래의 소득이 증가할 때에도 미래의 소비뿐 아니라 현재의 소비도 증가한다.

C_2^*가 성립한다.

피셔의 기간간 선택이론은 소비자가 현재의 소비에 관한 의사결정을 할 때에도 전생애에 걸친 소득을 고려하여 소비를 선택한다는 사실을 명시적으로 보여 준다. 이러한 사실은 케인즈의 소비이론에 비해 보다 설득적이라고 할 수 있다. 케인즈의 소비이론에 따르면 현재의 소득이 같은 소비자는 항상 똑같은 소비를 해야 한다. 왜냐하면 케인즈 소비함수의 세 번째 특징에 따라 현재의 소비는 현재의 소득에만 의존하기 때문이다. 하지만 현재 아무리 똑같은 소득을 받고 있더라도 미래의 소득에 현격한 차이를 보인다면 현재의 소비양상도 다르기 마련이다. 만약 미래의 소득이 크게 늘어날 것을 예상한다면 차입을 해서라도 현재소비를 늘릴 수 있다. 왜냐하면 미래에 차입금을 상환할 여력이 충분하기 때문이다. 반면에 미래의 소득이 급격하게 감소할 것을 예상한다면 이에 대비하여 저축을 할 필요가 있으므로 현재소비도 감소할 수밖에 없다. 피셔의 기간간 선택이론은 이상과 같이 현재의 의사결정이 미래의 상황을 반영하여 이루어진다는 사실을 잘 보여 준다.

이자율효과

소득이 변할 때 뿐 아니라 이자율이 바뀔 경우에도 최적소비는 변화한다. 하지만 이 경우의 분석은 약간 더 복잡하다. 이자율은 현재소비와 미래소비 사이의 상대가격이므로 이자율의 변화는 가격효과를 초래하기 때문이다. 소비자 이론에 따르면 가격효과는 소득효과와 대체효과의 두 가지 효과를 동시에 가져온다. 이제 이를 자세히 살펴보자.

〈그림 15-11〉에서 소득은 A점(Y_1, Y_2)으로 표시하였다. 이때의 예산제약선은

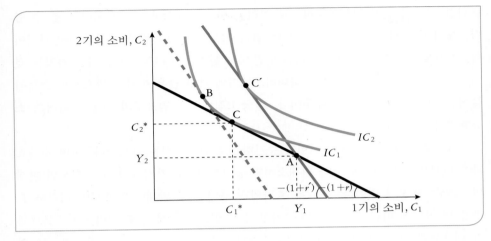

그림 15-11
이자율의 변화에 따른 최적소비 변화(1)

이자율이 상승하는 경우 가격효과를 통해 최적소비가 변화한다. 소득은 A점$(Y_1,\ Y_2)$이며 예산제약선 기울기는 $-(1+r)$이다. 최적소비는 예산제약선과 무차별곡선(IC_1)이 접하는 C점으로 결정된다. 이때 이자율이 r에서 r'로 상승하면 예산제약선은 A점을 중심으로 더욱 가파른 직선으로 변화하고 새로운 기울기는 $-(1+r')$이 된다. 새로운 최적소비는 새로운 예산제약선과 새로운 무차별곡선(IC_2)이 접하는 C'점에서 결정된다.

검은색으로 나타냈으며 기울기는 $-(1+r)$이다. 이미 설명한 바와 같이 예산제약선과 무차별곡선(IC_1)이 접하는 C점에서 최적소비가 결정된다. 따라서 이 소비자는 1기에 $(Y_1 - C_1^*)$만큼 저축을 하고 있다. 이때 이자율이 r에서 r'로 상승하였다고 하자. 이자율이 변화하여도 1기에 소득이 Y_1이고 2기의 소득이 Y_2라는 사실은 변하지 않는다. 단지 예산제약선의 기울기만 변할 뿐이다. 따라서 예산제약선은 A점을 중심으로 더욱 가파른 직선으로 변화하며 새로운 기울기는 $-(1+r')$이 된다. 이러한 변화 후의 새로운 예산제약선은 파란색으로 나타냈으며 새로운 예산제약선과 새로운 무차별곡선(IC_2)이 접하는 C'점에서 새로운 최적소비가 결정된다. 지금까지의 변화를 종합하면 이자율변화는 가격변화, 즉 예산선의 기울기 변화를 초래함에 따라 최적소비는 C점에서 C'점으로 변화한다. 이때 이러한 가격효과는 대체효과와 소득효과의 두 단계를 통해 이해할 수 있다.

첫 번째 단계는 대체효과이다. 먼저 새로운 예산제약선과 동일한 기울기를 가지며 최초의 무차별곡선(IC_1)에 접하는 직선을 그리고 이 접점을 B점이라고 부르자. C점에서 B점으로의 이동은 효용은 변화하지 않고 순전히 예산제약선의 기울기 변화의 결과이므로 대체효과라고 부를 수 있다. 즉 이자율이 r에서 r'로 상승함에 따라 미래소비가 상대적으로 싸졌으므로 현재의 소비를 줄이고 미래의 소비를 늘리려고 한다. 이와 같이 상대가격이 바뀜에 따라 보다 싸진 재화를 더욱 많이 소비하게 되는 효과를 대체효과라고 부른다.

두 번째 단계는 소득효과이다. 종착점인 C'점으로 가기 위해서는 이제 B점에서 C'점으로 이동하여야 한다. 이러한 변화는 예산제약선이 동일한 기울기를 유지하면서 원점으로부터 멀어짐에 따라 최적소비가 바뀌는 것으로 나타난다. 소득이 변화할 때 예산선이 평행이동하므로 이러한 변화는 소득효과 때문이라고 볼 수 있다. 특히 예산제약선이 원점으로부터 멀어지므로 소득이 증가한 것과 마찬가지이다. 이자율이 상승하면 저축을 하는 입장에서 볼 때 정(+)의 소득효과를 가지는 것이다. 그 이유는 동일한 저축을 하더라도 2기에 보다 많은 이자를 받으므로 소득이 늘어난 것과 마찬가지이기 때문이다. 결국 B점에서 C'점으로의 이동은 이러한 소득효과를 나타낸다.

대체효과에 따르면 미래소비가 증가하므로 현재소비는 감소한다. 반면 소득효과에 따르면 소득증가에 따라 현재소비가 증가한다. 두 가지 효과를 종합하면 현재의 소비는 어떻게 변화하는가? 두 효과의 방향이 서로 반대이기 때문에 어떠한 효과가 더 크냐에 따라 현재소비는 증가할 수도 있고 감소할 수도 있다. 즉 소득효과가 대체효과보다 크다면 현재소비는 증가하지만 대체효과가 소득효과보다 크다면 현재소비는 감소한다. 〈그림 15-11〉에서는 소득효과가 대체효과보다 커서 현재소비가 증가하는 경우를 다루었다.

이자율의 변화는 항상 동일한 대체효과를 초래하지만 소비자가 양의 저축을 하는지 혹은 음의 저축을 하는지에 따라 소득효과는 정반대로 나타난다. 〈그림 15-12〉에서는 이자율의 변화 전에 소비자가 음의 저축을 하는 경우 소득효과가 어떻게 달라지는지 분석하였다. 소득은 A점(Y_1, Y_2)으로 표시하였다. 이제 이자율이 r에서 r'로 상승하였다고 하자. 이전과 마찬가지로 예산제약선은 A점을 중심으로 더욱 가파른 직선으로 변화한다. 이러한 변화 후의 새로운 예산제약선은 파란색으로 나타냈으며 새로운 예산제약선과 새로운 무차별곡선(IC_2)이 접하는 C'점에서 새로운 최적소비가 결정된다. 지금까지의 변화도 대체효과와 소득효과 두 단계를 이용하

그림 15-12
이자율의 변화에 따른 최적소비 변화(2)

이자율이 상승하는 경우 가격효과를 통해 최적소비가 변화한다. 소득은 A점(Y_1, Y_2)이며 예산제약선 기울기는 $-(1+r)$이다. 최적소비는 예산제약선과 무차별곡선(IC_1)이 접하는 C점으로 결정된다. 이때 이자율이 r에서 r'로 상승하면 예산제약선은 A점을 중심으로 더욱 가파른 직선으로 변화하고 새로운 기울기는 $-(1+r')$이 된다. 새로운 최적소비는 새로운 예산제약선과 새로운 무차별곡선(IC_2)이 접하는 C'점에서 결정된다.

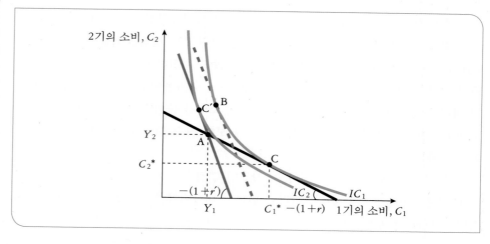

여 이해할 수 있다. 먼저 새로운 예산제약선과 동일한 기울기를 가지며 최초의 무차별곡선(IC_1)에 접하는 직선을 그리고 이 접점을 B점이라고 부르자. C점에서 B점으로의 이동은 효용은 변화하지 않고 순전히 예산제약선의 기울기 변화의 결과이므로 대체효과이며 그 결과 1기의 소비는 감소한다. 즉 현재와 미래소비의 상대가격이 바뀜에 따라 보다 싸진 미래소비를 늘리고 현재소비를 줄이는 것이다. 두 번째 단계는 소득효과이다. 종착점인 C′점으로 가기 위해서는 이제 B점에서 C′점으로 이동하여야 한다. 이러한 변화는 예산제약선이 동일한 기울기를 유지하면서 원점으로부터 가까워짐에 따라 최적소비가 바뀌는 것이므로 음($-$)의 소득효과라고 볼 수 있다. 이자율이 상승하면 음의 저축, 즉 차입을 하고 있는 소비자의 입장에서 볼 때 소득이 줄어든 것과 동일한 효과를 가진다. 왜냐하면 같은 양의 차입을 하더라도 이자율이 상승함에 따라 2기에 보다 많은 이자를 지불해야 하므로 소득이 줄어든 것과 마찬가지이기 때문이다. 결국 이자율이 상승하는 경우 음의 저축을 하는 소비자는 음의 소득효과를 가진다.

음의 저축을 하는 소비자의 경우 이자율이 올라가면 현재의 소비는 어떻게 변화하는가? 대체효과에 따르면 현재소비는 줄어야 한다. 또한 소득효과도 역시 현재소비를 줄이는 방향으로 작용한다. 따라서 음의 저축을 하는 소비자의 경우에는 이자율이 상승할 때 현재소비가 항상 감소한다. 이자율이 하락할 때는 정반대의 이유로 항상 현재소비가 증가할 것이다.

이자율이 올라가면 경제전체의 총소비는 어떻게 변화할 것인가? 경제전체로 보면 양의 저축을 하는 소비자도 있지만 음의 저축을 하고 있는 소비자도 있다. 따라서 이자율 상승으로 인한 소득효과는 양자 간에 상쇄되므로 경제전체에는 소득효과가 거의 남아 있지 않게 된다. 결국 대체효과만 남게 되므로 이자율이 상승하는 경우 총소비는 감소할 것이다.

② 모딜리아니의 생애주기가설

피셔의 기간간 선택이론을 사용하여 소비함수의 퍼즐을 해결하려는 중요한 시도가 모딜리아니(Franco Modigliani)와 그의 동료 연구자인 앤도(Albert Ando), 브럼버그(Richard Brumberg)에 의해 이루어졌다. 이들은 소비자들의 생애를 명시적으로 모형화하여 전생애에 걸친 소비행위를 설명하고자 노력하였으므로 이들의 이론을 생애주기가설(Life Cycle Hypothesis)이라고 부른다.

모딜리아니는 생애에 걸친 소득의 변화에 특징이 있다고 생각하였다. 즉 일을 하는 동안에는 소득을 지속적으로 받게 되지만 나이가 들어 은퇴를 하고 나면 더 이상 소득을 받을 수 없다는 것이다. 따라서 일을 하는 동안 받은 소득 중 일부는 소비하지 않고 저축하여 은퇴한 후를 대비하여야 한다. 이와 같이 전생애에 걸친 소득 패턴을 고려하여 소비행위를 결정한다는 것이 생애주기가설의 핵심이다.

생애주기가설의 구조

어떤 소비자가 현재 시점에서 남아있는 생애를 모두 고려하여 소비행위를 결정한다고 하자. 미래에 대한 불확실성이 없어 앞으로 어떤 일들이 일어날지 확실하게 알려져 있다고 가정하자. 피셔의 기간간 선택모형에서와 같이 이 소비자는 남아있는 기간 동안 받는 노동소득을 모두 고려하여 소비를 결정할 것이다. 우리는 남아있는 생애가 T기간이라고 가정한다. 이 중에서 소비자는 R기간 동안만 노동에 종사한다. R기간 후에는 은퇴하여 나머지 $(T-R)$기간 동안은 은퇴생활을 즐길 예정이다. 은퇴기간 동안에는 노동소득을 받지 못하고 소비행위만을 하게 된다.

생애주기가설은 소득 이외에도 이미 보유하고 있는 부(wealth)가 있다고 가정한다. 따라서 남아있는 생애에 사용할 수 있는 재원(resource)은 크게 두 가지이다. 첫째는 이미 보유하고 있는 부이다. 여기에는 과거의 저축이나 부모로부터 받은 유산 등이 포함되는데 이러한 부는 소비자가 현재 보유하고 있는 능력 혹은 인적자본에 의존하지 않고 이미 확정되어 있다는 특징을 갖는다. 따라서 이를 비인적부(non-human wealth)라고 부른다.

소비자의 두 번째 재원은 아직 실현이 되지 않았지만 앞으로 받을 노동소득이다. 노동소득은 소비자가 보유하고 있는 인적자본에서 창출된다고 볼 수 있다. 즉 소비자는 은퇴를 하기 전까지는 인적자본을 통해 노동소득을 계속적으로 받을 예정이다. 이렇게 장차 받을 노동소득도 소비자가 사용할 수 있는 재원의 일부라고 볼 수 있다. 따라서 이를 부의 일종으로 간주할 수 있으며 인적자본에 의해 창출된다는 의미에서 인적부(human wealth)라고 부른다. 인적부는 앞으로 받게 될 노동소득의 현재가치를 합하여 계산할 수 있다.

지금까지의 논의에 따르면 소비자가 전생애에 걸쳐 사용할 수 있는 재원은 비인적부와 인적부로 구성됨을 알 수 있다. 이를 합하여 총부(total wealth)라고도 부른다.

전 생애의 재원 = 총부 = 비인적부+인적부

현재의 시점을 1기라고 하고 1기의 노동소득을 Y_1이라고 하자. 마찬가지로 2기의 노동소득을 Y_2라고 하자. 이런 식으로 노동소득을 정의하면 소비자는 R기간 동안 Y_1, Y_2, $\cdots$, Y_R의 소득을 받는다. 2기의 노동소득은 1기 후에 실현되므로 현재가치로 표현하면 $\frac{Y_2}{1+r}$이 된다. 3기의 노동소득 Y_3은 2기 후에 실현되므로 두 번 할인하여야 현재가치화 할 수 있다. 따라서 3기 노동소득의 현재가치는 $\frac{Y_3}{(1+r)^2}$가 된다. 이런 식으로 R기간 동안의 노동소득을 모두 현재가치화하여 더한 값을 인적부라고 한다. 인적부를 W^h로 나타내면 다음과 같이 계산할 수 있다.

$$W^h = Y_1 + \frac{Y_2}{1+r} + \frac{Y_3}{(1+r)^2} + \cdots + \frac{Y_R}{(1+r)^{R-1}} \qquad (15.9)$$

비인적부를 W^n라 나타내고 총부를 W로 나타내면 다음이 성립한다.

$$W = W^n + W^h$$

총부 = 비인적부+인적부

소비자의 전생애에 걸친 지출은 소비재 구입에 의해 이루어진다. 소비자가 1기에 행하는 소비를 C_1, 2기에 행하는 소비를 C_2 등으로 정의하면 소비자가 남은 전생애인 T기간 동안 C_1, C_2, $\cdots$, C_T를 소비한다고 나타낼 수 있다. 우리는 소비재의 가격이 1이라고 가정한다. 이만큼의 소비를 하기 위해 전생애에 걸쳐 지불하는 총지출(total expenditure)의 현재가치를 E로 나타내면 다음과 같다.

$$E = C_1 + \frac{C_2}{1+r} + \frac{C_3}{(1+r)^2} + \cdots + \frac{C_T}{(1+r)^{T-1}} \qquad (15.10)$$

소비자가 직면한 제약조건은 총지출의 현재가치가 총부와 같아야 한다는 것이다. 따라서 $E=W$가 소비자가 직면한 제약조건이라고 볼 수 있다.

소비자의 선택은 어떻게 표현할 수 있을까? 소비자는 피셔의 기간간 선택이론에서와 마찬가지로 이자율과 소득이 주어진 상태에서 최적의 소비를 선택한다. 소비자가 직면한 기간이 길어졌을 뿐 기본적인 구조는 마찬가지이다. 즉 소비자는 이자율(r)과 소득, Y_1, Y_2, $\cdots$, Y_R이 주어진 상태에서 제약조건 $E=W$를 만족하면서 최대의 효용을 주는 소비, C_1^*, C_2^*, $\cdots$, C_T^*를 선택하여야 한다.

이와 같은 소비자의 선택 문제를 명시적으로 푸는 것은 상당히 어렵다. 특히 2기간 피셔모형과 달리 소비선택이 여러 기간에 대해 이루어져야 하기 때문에 문제가 복잡해졌다. 따라서 문제를 보다 간단히 하는 가정들을 도입하기로 하자. 첫째, 이자율은 0이라고 가정하자. 둘째, 노동소득이 매기 항상 같다고 가정하자. 즉 $Y_1 = Y_2 = \cdots = Y_R \equiv Y$ 라고 가정하자. 이러한 가정들은 상당히 파격적으로 보인다. 하지만 가정들을 다르게 해도 지금부터 설명할 생애주기가설의 기본적인 시사점은 달라지지 않는다. 따라서 이해를 보다 쉽게 하기 위하여 모형을 간단화하는 것이라고 볼 수 있다. 이상과 같은 가정하에서 전생애에 걸친 소비자의 재원, 즉 총부는 다음과 같이 나타낼 수 있다.

$$W = W^n + W^h$$
$$= W^n + R \cdot Y \tag{15.11}$$

소비자는 효용을 극대화하고자 한다. 이미 설명한 바와 같이 효용극대화를 위해서는 소비를 평준화(smoothing)하여야 한다. 즉 소비자는 매기에 같은 소비를 함으로써 전생애에 걸친 효용을 극대화하는 것이다. 따라서 $C_1^* = C_2^* = \cdots = C_T^* \equiv C^*$ 가 성립한다. 이자율이 0이라는 가정하에서 소비자의 지출은 다음과 같이 계산된다.

$$E = C_1^* + C_2^* + \cdots + C_T^*$$
$$= T \cdot C^* \tag{15.12}$$

효용을 극대화하는 소비수준은 $E = W$ 라는 제약조건도 만족시켜야 하므로 식 (15.11)과 식 (15.12)를 결합하면 결국 다음 식이 성립한다.

$$E = W$$
$$T \cdot C^* = W^n + R \cdot Y \tag{15.13}$$

따라서 매기의 소비수준 C^* 는 다음과 같이 결정된다.

$$C^* = \frac{1}{T} W^n + \frac{R}{T} Y \tag{15.14}$$

예를 들어 남아있는 생애가 40년이고 앞으로 30년 동안만 일을 하려고 생각하고 있다면 $T = 40$, $R = 30$이므로 매기의 소비는 다음과 같다.

$$C^* = 0.025W^n + 0.75Y$$

따라서 생애주기가설에 따르면 소비는 비인적부와 소득에 모두 의존한다. 또한 소득이 100원 오를 때 소비는 75원 증가하며 비인적부가 100원 오르면 소비는 2.5원 증가한다.

만약 모든 소비자가 위의 방식으로 소비를 결정한다면 경제전체의 소비를 합한 총소비도 위와 같은 형태를 띤다고 할 수 있다. 따라서 총소비는 다음과 같이 나타낼 수 있다.

$$C^* = \alpha W^n + \beta Y \tag{15.15}$$

위 식에서 α는 비인적부에 대한 한계소비성향이며 β는 소득에 대한 한계소비성향이다.

생애주기가설을 이용한 소비퍼즐 설명

이미 설명한 바와 같이 생애주기가설이 제기된 중요한 이유 중 하나는 소비퍼즐을 설명하기 위해서이다. 지금부터는 생애주기가설이 어떻게 소비퍼즐을 설명하는지 알아보자.

먼저 횡단면에서 소득이 늘어남에 따라 평균소비성향이 줄어드는 이유를 설명하자. 일반적으로 횡단면에서 소득(Y)이 증가하면 생애주기가설에 의해 β만큼 소비가 늘어난다. 하지만 소비는 비인적부에 의해서도 결정된다. 만약 비인적부(W^n)도 소득이 늘어난 것과 같은 비율로 증가한다면 평균소비성향은 변하지 않는다. 하지만 일반적으로 소득이 많다고 해서 비례적으로 비인적부를 많이 보유하고 있지는 않다. 고소득층 중에는 상대적으로 연령이 낮은 근로자들도 있을 수 있고 이들은 아직 비인적부를 충분히 축적할 시간이 없었기 때문에 상대적으로 비인적부의 규모가 작을 수 있다. 따라서 횡단면상에서 소득이 증가할 때 평균소비성향은 대체로 감소한다. 이러한 사실은 수학을 이용해서 간단히 보일 수 있다. 평균소비성향은 소비를 소득으로 나누어 계산하므로 생애주기가설에 따를 때 다음이 성립한다.

$$APC = \frac{C^*}{Y} = \alpha \frac{W^n}{Y} + \beta \tag{15.16}$$

횡단면상에서 소득(Y)이 증가할 때 W^n은 상대적으로 덜 증가한다면 $\frac{W^n}{Y}$은 감소한다. β는 고정되어 있으므로 소득이 증가함에 따라 평균소비성향은 감소하는 것이다.

　　단기에서도 비슷한 이유로 소득이 증가할 때 평균소비성향은 감소한다. 즉 단기에 소득이 늘어날 경우 비인적부는 그만큼 비례하여 증가하기 어렵다. 비인적부는 많은 시간에 걸쳐 저축을 통해 늘어나기 때문이다. 따라서 단기에서 소득이 늘어날 경우 $\frac{W''}{Y}$은 감소하며 평균소비성향도 감소한다. 반면에 장기에 걸쳐 소득이 증가한 경우에는 비인적부도 함께 증가한다. 일반적으로 장기에 있어서는 소득과 비인적부가 같은 비율로 증가한다고 볼 수 있다. 따라서 장기에서는 소득이 늘어나도 $\frac{W''}{Y}$이 감소하지 않는다. 결국 장기에서는 평균소비성향이 일정하게 유지되는 것이다.

　　생애주기가설을 이용하여 소비퍼즐을 설명하는 과정에서 비인적부가 단기에서는 상대적으로 크게 변하지 않는다는 사실이 중요한 역할을 하였다. 〈그림 15−13〉에서는 이러한 사실을 이용하여 단기소비함수가 시간이 흐름에 따라 어떻게 변화하는지를 나타낸다. 즉 단기에 소득이 Y_1이고 비인적부는 W_1''이라 하자. 단기에 비인적부가 W_1''으로 고정되어 있다면 단기소비함수는 절편이 $\alpha W_1''$이고 기울기가 β인 직선으로 표현된다. 따라서 단기에 소득이 Y_1 주변에서 변화할 때는 소비도 단기소비함수 1에 따라 변화한다. 하지만 시간이 흐름에 따라 소득이 Y_2로 늘어날 뿐 아니라 비인적부도 W_2''로 증가한다면 단기소비함수는 단기소비함수 2로 이동한다. 즉 소비함수의 기울기는 유지된 채 절편만이 $\alpha W_2''$로 증가하는 것이다. 이제 단기적으로 소득이 Y_2 주변에서 변화할 때는 소비는 단기소비함수 2에 따라 결정된다. 따라서 비인적부가 증가함에 따라 단기소비함수는 위쪽으로 평행이동하는 것이다. 하지만 장기소비곡선은 이러한 단기소비곡선을 연결하여 결정된다. 이러한 점은 이미 〈그림 15−4〉를 분석하는 과정에서도 강조한 바 있다.

그림 15-13
**생애주기가설과
단기소비함수의 평행이동**

시간이 흐름에 따라 비인적부가 W_1''에서 W_2''로 증가한다면 소비함수의 기울기는 유지된 채 절편만이 $\alpha W_1''$에서 $\alpha W_2''$로 증가한다. 비인적부가 증가함에 따라 단기소비함수는 위쪽으로 평행이동하는 것이다.

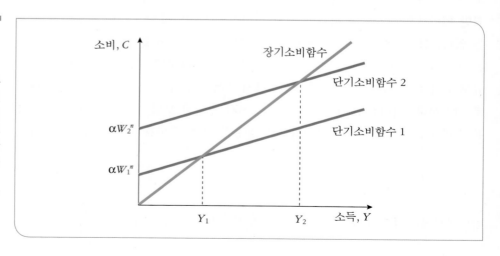

저축과 성장 사이의 인과관계

저축과 성장간에는 어떠한 관계가 있는가? 많은 나라들의 경험을 이용하여 저축과 성장간의 관계를 분석해 보면 양자간에는 매우 강한 양의 상관관계가 있음을 발견할 수 있다. 즉 저축률이 높은 나라일수록 성장률이 높기 마련이다. 경제학에서는 이러한 상관관계를 밝히는 데 그치지 않고 양자간의 인과관계가 있는지를 알고자 한다. 즉 두 가지 현상이 동시에 발견되는 경우 하나의 현상이 원인으로 작용하여 다른 현상이 결과로 발생하는지 규명하고 싶어 한다.

높은 저축률과 높은 성장률 중에서 어느 것이 원인이고 어느 것이 결과일까? 제6장에서 설명한 솔로우의 성장모형에 따를 때는 높은 저축률이 높은 성장률의 원인이라고 할 수 있다. 즉 어느 경제가 균제상태에서 멀어져 있을 때 저축률이 높아지면 이를 통해 빠른 자본축적이 이루어짐에 따라 경제가 보다 빨리 성장한다. 내생적성장이론도 보다 광범위한 형태의 자본축적을 통해 성장이 가능해지므로 이를 가능케 하는 높은 저축률이 높은 성장률의 원인이라고 설명한다.

반면 모딜리아니의 생애주기가설에 따르면 빠른 성장이 높은 저축률의 원인이 된다. 이를 이해하기 위해서는 경제에 다양한 세대가 공존한다고 가정하여야 한다. 간단한 경우로 은퇴 전 세대와 은퇴 후 세대 두 개의 세대가 경제에 공존한다고 하자. 이러한 경제에서의 총저축은 은퇴 전 세대의 양(+)의 저축과 은퇴 후 세대의 음(-)의 저축을 합하여 결정된다. 예를 들어 은퇴 후 세대의 양의 저축이 은퇴 후 세대의 음의 저축과 절대값이 같다면 총저축은 0이 된다. 이제 이 경제가 보다 빨리 성장하고 있다고 하자. 성장이 빨라짐에 따라 새로 태어나는 세대는 보다 높은 소득을 받게 된다. 따라서 새로 태어난 은퇴 전 세대는 보다 많은 소득을 이용하여 보다 많은 저축을 한다. 반면에 은퇴 후 세대는 과거 은퇴 전에 행한 부의 축적을 이용하여 음의 저축을 한다. 하지만 은퇴 후 세대가 젊었을 때의 소득은 상대적으로 작으므로 부의 축적도 적게 하였을 것이고 이를 이용한 음의 저축도 적을 것이다. 결국 은퇴 전 세대의 양의 저축이 은퇴 후 세대의 음의 저축보다 절대값이 크므로 경제전체의 저축은 증가한다. 따라서 보다 빠른 성장을 할수록 총저축은 증가한다.

자료: Modigliani, Franco. 1992. A Long Run Perspective on Saving. Saving Behavior: Theory, International Evidence, and Policy Implications, (eds.) E. Koskela and J. Paunio. Cambridge: Blackwell.

3 프리드만의 항상소득가설

생애주기가설과 마찬가지로 소비자가 전생애에 걸친 소득 흐름을 고려하여 소비행위를 한다는 주장이 또 다른 경제학자인 프리드만(Milton Friedman)에 의해 제기되었다. 생애주기가설은 생애에 걸친 소득 흐름에 뚜렷한 특징이 있다는 전제하에서 소비행위를 설명하고자 하였지만 프리드만은 소득이 두 가지 부분, 즉 항상소득

(permanent income)과 일시소득(transitory income)으로 구성된다고 가정하였다. 그 중
항상소득은 지속적으로 유지되므로 전생애에 걸친 소득과 보다 밀접한 관련이 있
는 반면 일시소득은 일시적으로 주어질 뿐 금방 사라지기 때문에 전생애에 걸친 소
득과 관련이 없다. 따라서 프리드만은 소비가 전생애에 걸친 예산제약과 보다 밀
접한 관련을 가진 소득인 항상소득에 주로 의존하여 결정된다고 주장하였다. 이
와 같이 소비가 항상소득에 의해 결정된다는 이론을 항상소득가설(Permanent Income
Hypothesis)이라고 부른다.

항상소득가설의 구조

프리드만은 현재의 소득(Y)이 다음과 같이 항상소득(Y^P)과 일시소득(Y^T)의 합
으로 결정된다고 가정하였다.

$$Y = Y^P + Y^T \qquad\qquad (15.17)$$

항상소득은 미래에도 항구적으로 지속되는 소득수준을 의미한다. 예를 들어
고정적인 월급을 받고 있는 사람에게 월급은 항상소득이라고 볼 수 있다. 직장에서
계속 일을 하는 한 동일한 월급을 지속적으로 받을 수 있기 때문이다. 반면 일시소
득은 일시적으로 현재에만 주어졌을 뿐 앞으로는 발생하지 않을 것으로 기대되는
소득이다. 예를 들어 뒤뜰에서 나무를 심다가 누군가 숨겨둔 현금을 발견하였다고
하자. 이렇게 발생한 소득은 앞으로 또 다시 발생하리라고 기대하기 어렵다. 따라
서 이렇게 생긴 소득은 일시소득이라고 한다.

프리드만에 따르면 소득의 변화는 항상소득 혹은 일시소득이 변할 때 발생한
다. 프리드만은 항상소득을 변화시키는 충격을 항상적 충격(permanent shock)이라고
부르고 일시소득을 변화시키는 충격을 일시적 충격(transitory shock)이라고 불렀다.
예를 들어 승진과 동시에 소득이 증가하였다고 하자. 승진에 의한 소득 상승은 앞
으로 지속될 것이므로 항상소득의 증가라고 볼 수 있다. 따라서 승진은 항상적 충
격이다. 반면 어떤 농부가 예외적으로 좋은 기후에 의해 보다 많은 쌀을 생산하였
다고 하자. 이 농부는 보다 많은 쌀 생산을 통해 소득이 오르겠지만 앞으로도 계속
좋은 기후가 지속되리라는 보장은 없다. 따라서 이 경우의 소득 증가는 일시소득의
증가로 간주할 수 있고, 좋은 기후는 일시적 충격이라고 볼 수 있다.

프리드만은 소비자들이 자신의 소득 중에서 어느 정도가 항상소득에서 기인하
고 어느 정도가 일시소득에서 기인하는지 알고 있다고 생각하였다. 더 나아가서 소

비는 항상소득에 의존하여 결정된다고 주장하였다. 왜냐하면 소비자들은 전생애에 걸쳐 평준화(smoothing)된 소비를 원하는데 항상소득과 같이 전생애에 지속되는 소득에 따라 소비를 결정해야만 소비가 평준화될 수 있기 때문이다. 일시소득은 늘었다가 다시 줄어드는 등 계속 바뀌게 되는데 이러한 일시소득에 의존하여 소비를 하는 경우에는 소비도 함께 늘었다가 다시 줄어드는 일이 반복되므로 평준화된 소비를 할 수 없다. 따라서 평준화된 소비를 원하는 소비자들은 항상소득에 의해 다음과 같이 소비를 결정한다.

$$C = \beta Y^P \tag{15.18}$$

위 식에서 β는 항상소득 중에서 소비되는 비율을 나타낸다.

항상소득에 의해서만 소비가 결정되는 경우 일시소득은 어떻게 사용되는가? 일시소득은 소비에 영향을 주지 않게 되므로 고스란히 저축된다. 일시소득이 양이 되는 경우는 양의 저축을 한다. 하지만 일시소득이 음이 되는 경우도 있다. 일시적으로 병에 걸려 소득을 받지 못한다면 음의 일시소득이 발생하는 셈이다. 일시소득은 모두 저축되므로 일시소득이 음으로 변하면 음의 저축을 한다. 결국 양의 일시소득으로 인한 양의 저축은 음의 일시소득에 의한 음의 저축에 의해 상쇄된다. 이런 방법을 통하여 일시적인 충격에 영향을 받지 않으면서 일정한 소비를 유지하는 것이다.

항상소득가설을 이용한 소비퍼즐 설명

항상소득가설은 기존의 연구에 대하여 명백한 잘못이 있음을 지적한다. 즉 항상소득가설에 따르면 소득이 늘어날 때 소비의 반응이 일률적이지 않다. 같은 양의 소득이 늘어나더라도 늘어난 소득이 항상소득의 증가에 기인한 것인지 혹은 일시소득의 증가에 기인한 것인지에 따라 소비의 반응이 달라지는 것이다. 프리드만은 이러한 점을 지적하여 소비퍼즐의 해결을 시도하였다.

이제 항상소득가설을 이용하여 한계소비성향이 어떻게 결정되는지 생각해 보자. 만약 소득의 변화가 항상소득의 변화만을 반영한다면 식 (15.18)에 의해 한계소비성향은 β로 일정할 것이다. 하지만 일반적으로 소득의 변화는 항상소득과 일시소득의 변화를 동시에 반영한다. 일시소득이 변할 때는 소비가 전혀 변하지 않으므로 소득의 변화에서 항상소득이 차지하는 비중이 클수록 소비의 변화는 더욱 커질 것이다. 예를 들어 소득의 변화가 일시소득의 변화만을 반영한다면 소비가 전혀 변하지 않으므로 한계소비성향은 0이 된다. 소득의 변화 중 항상소득이 차지하는 비중이 $\frac{1}{2}$이라면 소비는 소득의 $\frac{1}{2}$에만 β의 비율로 반응하므로 한계소비성향은 $\frac{1}{2}\beta$가 될 것이다. 이와 같이 한계소비성향은 일정한 값이 아니라 소득의 변화가 어떤 소득의 변화를 반영하는가에 따라 달라진다.

　이상과 같은 논의를 이용하면 횡단면분석에서 평균소비성향이 소득이 증가함에 따라 감소하는 이유를 알 수 있다. 식 (15.18)의 양변을 Y로 나누면 평균소비성향은 다음과 같이 계산된다.

$$APC = \frac{C}{Y} = \beta\frac{Y^P}{Y} \tag{15.19}$$

항상소득가설에 따르면 평균소비성향은 항상소득과 실제소득 사이의 비율에 의존한다. 횡단면분석에서의 소득 변화는 항상소득과 일시소득을 모두 반영하므로 만약 어떤 가구의 소득(Y)이 상대적으로 크다고 할 때 이러한 소득의 상대적 크기가 모두 항상소득 때문이라고 볼 수는 없다. 즉 가구 사이의 소득 차이를 모두 항상소득의 차이 때문이라고 볼 수는 없을 것이다. 따라서 실제소득(Y)의 증가율보다 항상소득(Y^P)의 증가율이 상대적으로 작게 되어 소득이 증가함에 따라 $\frac{Y^P}{Y}$가 감소하므로 평균소비성향은 감소한다. 다시 말해 소득이 높은 가구는 소득이 높더라도 그 중 일부인 항상소득에 대해 반응하여 소비를 증가시키므로 평균소비성향은 작게 되는 것이다.

　이러한 논의는 단기간에서의 시계열분석에도 그대로 적용된다. 단기간에서의 소득이 증가할 때 이러한 소득변화는 모두 항상소득 때문이라고 볼 수 없다. 오히려 단기간에서 소득이 크게 늘어난 경우는 항상소득보다는 일시소득 때문일 가능성이 높은 것이다. 따라서 단기간에서는 Y의 증가율보다 항상소득 Y^P의 증가율이 상대적으로 작게 되어 소득이 증가함에 따라 $\frac{Y^P}{Y}$가 감소하므로 평균소비성향은 감소하는 것이다. 반면 장기간에서의 시계열분석에서는 소득의 변화가 항상소득의 변화를 대부분 반영한다. 장기간에 걸쳐 소득이 증가하였다면 이는 항상소득의 증가 때문이라고 보는 것이 보다 타당할 것이기 때문이다. 따라서 장기간의 시계열에서는 Y의 증가율과 항상소득(Y^P)의 증가율이 거의 같게 되어 $\frac{Y^P}{Y}$에 변화가 없게 된다. 결국 장기간 시계열분석에서는 평균소비성향이 일정하게 유지되는 것이다.

소득의 일시적 변화와 소비

4

1 재정정책의 효과

케인즈의 *IS-LM* 모형에 따르면 정부가 세금을 감면할 경우 가처분소득이 증가하여 소비가 증가한다. 소비의 증가는 총수요를 확대시켜 총생산도 늘어난다. 하지만 프리드만의 항상소득가설에 따르면 정부의 세금감면 효과는 케인즈의 모형이 시사하는 바보다 훨씬 약할 수 있다. 예를 들어 정부가 경기침체에 대응하여 1년 동안만 세금을 감면해 주는 정책을 집행하였다고 하자. 소비자들이 이러한 세금감면을 일시적인 것이라고 생각함에 따라 세금감면으로 인한 가처분소득의 증가는 일시소득의 증가로 간주될 것이다. 항상소득가설에 따르면 일시소득은 모두 저축되므로 소비는 전혀 늘지 않고 정부가 기대하였던 총수요의 확대는 나타나지 않게 된다.

따라서 재정정책의 효과와 관련하여 케인즈의 소비이론과 항상소득가설은 매우 상이한 결론을 시사한다. 그렇다면 과연 실제경제에 있어서 재정정책의 효과는 어떠했는가? 실제 정책의 효과는 항상소득가설이 제시하듯이 단순히 재정지출이나 조세감면의 크기뿐 아니라 이러한 정책이 어떠한 방식으로 집행되는가에 따라 달라진다. 즉 조세감면이 영구적으로 이루어졌다고 믿어진다면 이러한 정책의 효과는 매우 크다. 즉 국회에서 조세율을 낮추었다면 적어도 다시 새로운 법을 통과시키지 않는 한 이렇게 낮추어진 조세가 한동안 지속되리라고 기대할 수 있다. 따라서 일반인들은 이러한 정책의 결과 늘어난 가처분소득을 항상소득의 증가로 믿게 되므로 가처분소득 증가의 대부분을 소비에 사용할 것이다. 하지만 국회에서 올해 1년 동안에 국한하여 일률적으로 조세를 100만원씩 낮추어 주었다면 이 결과 증가한 가처분소득은 일시적인 소득의 증가로 간주될 것이다. 따라서 이러한 정책의 효과는 상대적으로 작게 된다.

위와 같은 차이에도 불구하고 일시적인 재정정책이 전혀 효과가 없는 것은 아니다. 2007년에 촉발된 글로벌 금융위기는 전세계적인 경기침체를 가져왔고 이에 대응하여 각국들은 큰 규모의 재정정책을 집행하고 있다. 이러한 큰 규모의 재정정책이 앞으로도 지속될 수는 없을 것이기 때문에 이번에 집행된 재정정책의 상당 부분은 일시적인 집행에 그칠 것이다. 이에 대해서는 일반인들도 충분히 예상할 수 있을 것이다. 그럼에도 각국들은 매우 큰 규모의 일시적 재정지출을 집행하고 있는 셈이다. 결국 일시적인 재정정책도 효과가 있다고 믿는 정책당국자가 많다고 볼 수 있다.

2 현재 가처분소득의 변화에 대응한 현재소비의 변화

제1절의 〈그림 15-1〉에서 본 바와 같이 소비는 소득(혹은 총생산)이 변화함에 따라 함께 변화한다. 즉 현재의 소득이 변화하면 현재의 소비도 변화한다. 왜 이렇게 현재소비는 현재소득의 변화에 많이 반응하는가? 만약 현재의 소득변화 대부분이 항상소득의 변화를 반영한다면 〈그림 15-1〉의 소비변화는 충분히 이해될 수 있다.

하지만 항상소득은 매우 천천히 변화한다. 만약 현재소득의 단기적 변화의 대부분은 일시적 소득의 변화에 의해 이루어진다고 생각한다면 〈그림 15-1〉의 소비변화는 매우 큰 것으로 보인다. 이러한 과도한 소비의 변화는 어떻게 설명할 수 있을까? 즉 현재소득의 변화에 대응하여 현재소비가 과도하게 반응하는 것은 어떻게 설명할 수 있는가? 지금부터는 이에 대한 대응으로 발전한 이론에 대해 설명하기로 하자.

소비자의 근시안적 행동

항상소득가설은 소비자가 미래의 소득을 충분히 감안하여 현재의 소비를 결정한다고 가정한다. 즉 소비자는 현재의 소득에 변화가 있는 경우 이러한 변화가 미래의 소득에도 지속된다고 생각할 때에만 현재와 미래의 소비를 동시에 늘리려고 한다. 하지만 소비자가 어느 정도의 미래까지 고려하여 소비를 결정하는가? 또 소비자는 현재소득에 변화가 있을 때 어떻게 이것이 지속될지 아닐지 알 수 있는가? 결국 항상소득가설은 매우 합리적인 소비자가 미래에 대한 합리적인 기대를 토대로 소비하고 있다고 가정하고 있음을 알 수 있다.

소비자의 근시안적 행동(Myopic Behavior)은 소비자가 이와 같이 합리적인 행동을 하지 않는다고 가정한다. 즉 소비자는 현재소득이 변화할 때 이러한 변화가 지속될지 혹은 지속되지 않을지 알지 못하며, 결국 미래의 소득변화에 대한 고려를 하지 못하고 현재소득에 기초하여 소비를 한다는 것이다. 소비자의 근시안적 행동은 일반적으로 경제학에서 가정하고 있는 경제주체와 매우 다른 경제주체를 가정하고 있는 셈이다.

유동성제약

항상소득가설의 바탕이 되는 기간간 선택이론에 따르면 소비자들이 자유롭게 저축할 수 있을 뿐 아니라 원하는 만큼 대출을 받을 수 있다고 가정하였다. 소비자들은 기간간 예산제약을 만족하는 한 현재 대출을 받는 경우, 미래의 소득을 이용하여 이를 되갚게 된다. 즉 소비자들이 미래에 이자와 원금을 되갚지 않을 가능성은 없다고 생각한다. 일반적으로 대출을 받은 후에 원금과 이자를 갚지 않는 경우를 부도(default)라고 부른다. 지금까지는 부도의 가능성이 전혀 없다고 가정한 셈이다.

사실 소비자들이 저축을 할 때에는 아무런 제약이 없는 것이 일반적이다. 하지만 차입에는 제약이 가해지는 경우가 있다. 대출을 받기 원하는 소비자가 아무리 미래에 이를 되갚는다고 약속을 하더라도 대출을 해 주는 사람 입장에서는 이러한 약속이 미덥지 않을 수 있다. 실제로 은행들은 소비자들의 과거 행동에 기초하여 신용도를 평가하고 신용이 낮다고 여겨지면 대출을 거부하기도 한다. 따라서 일부의 소비자들은 자유롭게 대출을 받을 수 없다고 가정하는 것이 보다 현실적이다. 이와 같이 차입에 대한 제약이 있는 경우 소비자들은 유동성제약(liquidity constraints) 또는 차입제약(borrowing constraints)에 처해 있다고 한다.

유동성제약에 처해 있는 경우에는 현재의 소득보다 소비가 클 수 없다. 따라서 유동성제약은 다음과 같이 표현된다.

$$C_t \leq Y_t, \quad (t : 현재)$$

유동성제약에 처한 경우에는 차입을 통해 소비를 늘릴 수 있는 가능성이 없기 때문에 현재 최대한 할 수 있는 소비는 현재의 소득인 것이다. 소비자가 유동성제약에 처해 있는 경우 최적소비는 어떻게 결정되는가? 만약 소비자가 저축을 하려고 하는 경우에는 아무런 변화가 없다. 하지만 소비자가 차입을 하려고 하는 경우에는 유동성제약에 구속된다. 즉 1기에서 얻은 소득보다 더 많은 소비를 하고 싶어할 때 유동성제약 때문에 대출을 받을 수 없다면 Y_1보다 더 큰 소비를 할 수 없다. 따라서 이러한 소비자는 1기에 얻은 소득을 모두 사용하여 소비를 행하는 것이 최선이 된다. 즉 $C_1 = Y_1$이 된다. 즉 소비자가 유동성제약에 처하게 되는 경우 현재의 소비는 현재의 소득에만 전적으로 의존한다는 의미에서 케인즈 소비함수의 특징을 갖게 되는 것이다. 이 경우 현재소득의 변화가 있다면 현재소비는 이에 대응하여 변화하게 된다.

예비적 저축과 완충기금

생애주기이론과 항상소득이론이 기반을 둔 기간간 선택이론을 설명할 때, 우리는 소비자가 미래의 소득변화를 충분히 예상하는 경우를 가정하였다. 따라서 저축은 미래의 소득이 확실히 줄어들 것이라고 생각될 때만 이루어진다. 미래의 소득이 더욱 증가한다면 저축을 할 필요가 없고 오히려 차입을 하게 된다.

하지만 미래의 소득은 일반적으로 매우 불확실하다. 즉 소비자는 미래에 갑자기 실직이 된다든지 위중한 병이 걸린다든지 하는 불확실성에 직면해 있는 것이다. 이와 같이 미래 소득의 불확실성에 대비하여 합리적인 소비자는 저축을 늘리게 된다. 이러한 저축은 미래 소득이 확실히 감소하기 때문이 아니다. 미래의 소득이 늘어날지 줄어들지 모르는 불확실성에 대비하여 저축을 하는 것이다. 이와 같이 미래의 불확실한 소득에 대응하여 행하는 저축을 예비적 저축(precautionary saving)이라고 부른다.

캐롤(Carroll)은 소비자가 예비적 저축을 행할 때, 소비행동에 다음과 같은 특징이 있음을 설명하였다. 즉 캐롤에 따르면 소비자는 예비적 목적을 위해 완충기금(buffer stock)을 적립한다. 즉 미래에 크게 소득이 감소할 때를 대비하여 일정한 크기의 완충기금을 적립하는 것이다. 완충기금은 실제로 미래에 소득이 크게 감소하였을 때 사용하게 된다. 소비자는 이러한 완충기금이 적립될 때까지는 현재소득이 변하여도 현재소비를 크게 변화시키지 않는다. 예를 들어 현재소득이 늘어나면 이의 대부분을 완충기금을 적립하는 데 사용할 뿐 현재의 소비를 변화시키지 않는 것이다. 또한 현재의 소득이 감소할 때에도 이러한 완충기금을 이용하여 소비를 유지할 수 있다.

하지만 일단 완충기금이 적정 수준에 이르면 미래에 대비하여 저축할 필요가 없어진다. 따라서 완충기금이 적립된 소비자는 현재소득이 늘어날 때 이를 현재소비에 충당한다. 이때 또 하나의 중요한 가정이 필요하다. 즉 소비자가 현재를 미래에 비해 매우 선호한다고 가정하여야 한다. 만약 소비자의 미래에 대한 선호도가 매우 크다면 완충기금이 적립된 후에도 현재의 소득증가를 저축하여 미래의 소비증가에 사용하고자 할 것이다. 하지만 현재의 선호도가 매우 큰 소비자는 늘어난 현재소득을 미래에 대한 소비를 위해 저축하기보다는 당장의 소비증가에 사용할 것이다. 캐롤은 실제로 소비자들의 현재선호도가 매우 커서 완충기금을 충분히 확보한 후에는 현재소비를 선호하는 경향이 있다고 설명한다.

5 미래에 대한 합리적 기대와 소비

프리드만의 항상소득가설은 추후의 소비행위에 대한 분석에 심대한 영향을 주었다. 특히 프리드만의 항상소득가설에 대한 해석은 보다 구체적인 모형을 통해 여러 각도에서 이루어졌다. 특히 항상소득가설은 합리적 기대가설과 결합하면서 새로운 시각을 제시해 주었는데 이러한 분야에서 가장 큰 공헌을 한 경제학자는 홀(Robert Hall)이다. 지금부터는 항상소득가설에 대한 홀의 해석에 대해 살펴보자.

1 합리적 기대를 따를 때 항상소득의 계산

구체적으로 항상소득은 어떻게 계산할 수 있을까? 만약 소비자가 무한히 생존한다면 항상소득은 쉽게 구할 수 있다. 즉 매기의 소득을 Y_1, Y_2, …,라고 나타내자. 항상소득(Y^P)은 매기 일정한 값으로 변하지 않는 소득이므로 다음 식이 성립하여야 한다.

$$Y^P + \frac{Y^P}{1+r} + \frac{Y^P}{(1+r)^2} + + \cdots = Y_1 + \frac{Y_2}{1+r} + \frac{Y_3}{(1+r)^2} + \cdots \qquad (15.20)$$

즉 전생애에 걸친 소득의 현재가치의 합은 동일하게 유지되면서 실제의 소득과 달리 매기 일정하게 유지되는 가상의 소득이 항상소득이라고 생각할 수 있는 것이다. 식 (15.20)에서 좌변은 무한등비급수의 공식에 의해 $\frac{1+r}{r}Y^P$로 고쳐 쓸 수 있다. 따라서 항상소득 Y^P는 다음과 같이 계산된다.

$$Y^P = \frac{r}{1+r}\left[Y_1 + \frac{Y_2}{1+r} + \frac{Y_3}{(1+r)^2} + \cdots\right] \qquad (15.21)$$

실제의 소득은 일시소득과 항상소득의 합이므로 1기의 일시소득은 다음과 같이 결정된다.

$$Y_1^T = Y_1 - Y^P = Y_1 - \frac{r}{1+r}\left[Y_1 + \frac{Y_2}{1+r} + \frac{Y_3}{(1+r)^2} + \cdots\right] \qquad (15.22)$$

다른 기의 일시소득도 동일한 방법으로 도출 가능하다. 항상소득가설에 따르면 일시소득은 모두 저축되므로 각 기의 저축은 다음과 같다.

$$S_1 = Y_1^T, \quad S_2 = Y_2^T, \cdots \qquad (15.23)$$

소비자는 소비평준화를 통해 효용을 극대화하므로 최적소비는 $C_1^* = C_2^* = \cdots = C^*$가 성립한다. 소비자는 예산제약조건도 만족시켜야 하므로 다음 식이 성립한다.

$$C^* + \frac{C^*}{1+r} + \frac{C^*}{(1+r)^2} + \cdots = Y_1 + \frac{Y_2}{1+r} + \frac{Y_3}{(1+r)^2} + \cdots \qquad (15.24)$$

식 (15.20)과 식 (15.24)를 비교해 보면 $C^* = Y^P$임을 알 수 있다. 즉 최적의 소비는 매기 항상소득만큼 소비하는 것이다. 따라서 항상소득에 대응한 한계소비성향 β는 1인 것이다. 식 (15.21)은 항상소득이자 동시에 최적소비이므로 다음 식이 성립한다.

$$C_1^* = C_2^* = \cdots = \frac{r}{1+r}\left[Y_1 + \frac{Y_2}{1+r} + \frac{Y_3}{(1+r)^2} + \cdots\right] \qquad (15.25)$$

항상소득가설이 성립하면 매기에 걸쳐 소비의 크기가 같고 소비의 변화는 0이 된다. 왜냐하면 최적조건에 따라 매기의 소비가 C^*로 일정하므로 소비는 변화하지 않는다. 하지만 이러한 결과는 지금까지 소비자가 미래의 소득을 정확히 알고 있다고 가정하였기 때문에 가능하였다. 즉 지금까지는 경제에 불확실성이 존재하지 않아 소비자는 미래의 소득을 정확히 알고 이를 기초로 매기 동일한 항상소득을 계산할 수 있다고 가정하였던 것이다.

2 불확실성의 도입

경제에 불확실성이 존재하여 미래의 소득을 정확히 알지 못하는 경우 항상소득에 기초한 소비는 어떻게 결정되는가? 미래의 소득을 정확히 알지 못한다면 항상소득도 계산하기 어려워진다. 만약 현재를 1기라고 한다면 소비자는 현재의 소득인 Y_1만을 알고 있을 뿐 미래의 소득은 알 수 없다. 소비자가 할 수 있는 것은 현재의 정보를 최대한 이용하여 미래소득에 대한 기대값을 계산하는 것이다. 이와 같은 기대를 우리는 합리적 기대라고 부른 바 있다. 합리적 기대를 하는 소비자의 1기에서의 최적소비(C_1^*)와 1기에서의 항상소득(Y_1^P)은 기본적으로 식 (15.25)와 동일하지만 미래소득은 정확히 알 수 없으므로 기대값으로 대체된 미래기대소득에 기초하여 다음과 같이 계산된다.

$$C_1^* = Y_1^P = \frac{r}{1+r}\left[Y_1 + \frac{E_1[Y_2]}{1+r} + \frac{E_1[Y_3]}{(1+r)^2} + \cdots\right] \qquad (15.26)$$

위 식에서 E_1은 1기의 정보를 이용하여 미래의 변수에 대해 기대값을 계산하였음을 나타낸다. 따라서 $E_1[Y_2]$는 1기의 정보를 최대한 이용하여 2기의 소득에 대한 기대값을 계산한 것이다. 이와 같은 방법으로 1기의 정보를 최대한 이용하여 모든 미래소득에 대한 기대값을 계산하였다는 점만이 다를 뿐 모든 미래의 소득을 고려하여 항상소득을 계산하고 이를 소비하는 것이 최적의 소비가 된다는 점은 동일하다.

만약 이 소비자가 2기의 정보까지 알고 있다면 2기에서의 최적소비(C_2^*)와 2기에서의 항상소득(Y_2^P)은 다음과 같이 계산할 것이다.

$$C_2^* = Y_2^P = \frac{r}{1+r}\left[Y_1 + \frac{Y_2}{1+r} + \frac{E_2[Y_3]}{(1+r)^2} + \frac{E_2[Y_4]}{(1+r)^3} + \cdots\right] \tag{15.27}$$

위 식에서 E_2는 2기의 정보를 이용하여 미래에 대한 기대값을 계산하였음을 나타낸다. 2기에는 이미 1기와 2기의 소득 Y_1과 Y_2를 알고 있으므로 Y_1과 Y_2에 대해서는 기대값을 취하지 않았다. 하지만 3기의 소득부터는 불확실하므로 2기의 정보를 최대한 이용하여 기대값을 계산하였다. 예를 들어 $E_2[Y_3]$는 2기의 정보를 최대한 이용하여 3기의 소득에 대한 기대값을 계산한 것이다.

3 임의보행을 따라 변화하는 소비

경제학자 홀의 공헌은 이와 같이 합리적인 기대를 하는 소비자가 항상소득가설에 따라 행동하는 경우 최적의 소비는 특별한 모습을 취하며 변화한다는 것을 보인 점이다. 이를 이해하기 위해 합리적 기대에 따를 때 최적소비의 변화는 어떻게 되는지 살펴보자. 식 (15.27)에서 식 (15.26)을 차감하면 다음과 같이 계산된다.

$$C_2^* - C_1^* = \frac{r}{1+r}\left[\frac{Y_2 - E_1[Y_2]}{1+r} + \frac{E_2[Y_3] - E_1[Y_3]}{(1+r)^2} + \cdots\right] \tag{15.28}$$

불확실성이 없었던 경우에는 최적소비가 일정하여 변화가 없었던 데 비하여 식 (15.28)에 따르면 불확실성이 있는 경우 소비는 시간이 흐름에 따라 변화하게 된다. 즉 최적소비는 예측오차가 생길 경우에만 변화한다. 식 (15.28)의 우변의 첫 번째 항부터 해석해 보자. $Y_2 - E_1[Y_2]$는 1기에서 예측한 Y_2에 대해 사후적으로 계산한 예측오차이다. $E_1[Y_2]$는 1기에서의 정보를 이용하여 Y_2에 대해 기대값을 구한 것이므로 Y_2에 대한 예측치이며, 이를 실제로 실현된 Y_2와 비교하여 예측오차를 구한다.

즉 실제값 Y_2와 1기에서 예측한 $E_1[Y_2]$ 간의 차이 $Y_2-E_1[Y_2]$를 1기에서 범한 Y_2에 대한 예측오차라고 부를 수 있는 것이다. 마찬가지로 두 번째 항인 $E_2[Y_3]-E_1[Y_3]$도 1기에서 Y_3를 예측한 것에 대해 2기에서의 정보를 이용하여 판단한 예측오차라고 해석할 수 있다. 다만 2기에서도 Y_3는 아직 실현되지 않았으므로 기대값 $E_2[Y_3]$만을 알 수 있을 뿐이다. 하지만 2기에서는 보다 많은 정보를 가지고 있으므로 이러한 정보를 바탕으로 계산한 기대값 $E_2[Y_3]$는 1기의 정보만을 가지고 계산한 기대값 $E_1[Y_3]$보다 우월하다. 따라서 2기에서 판단할 때 1기에서는 Y_3에 대해 $E_2[Y_3]-E_1[Y_3]$만큼의 예측오차를 범하였다고 판단할 수 있는 것이다. 이상과 같이 우변은 2기에서의 정보를 이용하여 판단한 1기 예측오차의 합으로 구성되어 있다. 결국 합리적 기대에 따르는 경우 최적소비는 시간이 흐름에 따라 예측오차가 발생할 때 이를 반영하여 변화하는 것이다. 이와 같이 예측오차가 생기는 이유는 새로운 정보가 발생함에 따라 소득이 과거에 잘못 예측되었다고 판단되기 때문이다. 결국 소비의 변화는 과거에 예상하지 못하였던 소득의 변화가 있는 경우에만 생긴다고 해석할 수 있다.

예를 들어 시간이 흘렀음에도 불구하고 미래의 소득에 대한 예상에 있어서 아무런 변화가 없었다고 하자. 이 경우에는 예측오차가 0이므로 소비는 변하지 않는다. 즉 과거의 소비가 동일하게 유지된다. 하지만 과거에 생각하지 못하였던 새로운 정보에 의해 미래소득에 대해 중대한 변화가 있을 것으로 예상된다고 하자. 예를 들어 과거에 기대하지 않았던 실수에 의해 다니고 있던 직장에서 실직하였다고 하자. 과거에는 실직되지 않을 것이라고 기대하고 미래소득에 대한 기대값을 계산하였지만 이제 실직한 이상 과거에 기대했던 소득이 유지되기는 어렵게 되었다. 즉 미래소득에 대해 잘못 예측하였다고 판단한다. 이제 합리적 소비자는 새로운 정보, 즉 실직하였다는 사실에 기초하여 미래소득에 대해 다시 기대치를 계산하고 이에 기초한 항상소득을 계산하여 이를 소비한다. 이와 같이 새로운 정보가 생겨서 예측오차가 있다고 판명되면 항상소득이 변하고 따라서 소비도 변하게 된다. 식 (15.28)은 이와 같이 합리적 기대를 따르는 소비자가 새로운 정보가 생겼을 경우 어떻게 소비를 변화시키는지를 보여주는 것이다.

합리적 기대에 따른 소비변화를 나타낸 식 (15.28)을 보다 간단히 나타내면 또하나의 중요한 사실을 깨달을 수 있다. 식 (15.28)의 우변을 보면 모두 예측오차로만 이루어져 있다. 즉 첫 번째 항은 2기 소득에 대한 예측오차이고, 두 번째 항은 3기 소득에 대한 예측오차이다. 현재 상태를 1기라고 한다면 현재 상태에서는 예측오차를 알 수 없다. 예측오차를 미리 알 수 있다면 예측오차를 범할 리가 없다는 점에서 예측오차의 기대값은 0이라고 할 수 있다. 이러한 예측오차를 모두 합하여도 기대값은 0이다. 따라서 1기의 관점에서는 식 (15.28)의 우변은 기대값이 0인 오차 항이라고 볼 수 있다. 이러한 예측오차는 2기가 되어야 판명된다. 이제 우변의 모든 항들을 합하여 ε_2로 나타내면 ε_2는 1기에 알 수 없는 예측오차이며 2기에 알려지게 된다. 이 경우 식 (15.28)은 다음과 같은 형태로 변화한다.

$$C_2^* - C_1^* = \varepsilon_2 \qquad\qquad (15.29)$$

위 식에서 ε_2는 2기에 확정되지만 1기에서는 알 수 없는 오차이며 기대값은 0이다. 즉 $E_1[\varepsilon_2] = 0$이다.

　일반적으로 식 (15.29)와 같이 변하는 변수를 임의보행(random walk)을 따른다고 한다. 임의보행에 따르는 변수의 변화는 미리 알 수 없다. 즉 $C_2^* - C_1^*$는 1기에서 알 수가 없다. 또한 $E_1[\varepsilon_2] = 0$이기 때문에 C_2^*가 C_1^*에 비해 평균적으로 증가할지 혹은 감소할지 알 수 없다. 오직 2기에서 새로운 정보가 알려져서 ε_2가 확정되면 비로소 $C_2^* - C_1^*$를 알 수 있게 된다. 이와 같이 임의보행을 따르는 변수의 중요한 특징은 앞으로 어떻게 변화할지 알 수 없다는 점이다. 임의보행을 따르는 또 하나의 중요한 변수로 주식가격을 들 수 있다. 만약 주식가격의 변화를 미리 알 수 있다면 누구나 주식시장에서 큰 이득을 올릴 수 있을 것이다. 주식가격이 오를 것이라고 예상될 때 주식을 사서 보유한 후 주식가격이 내릴 것이라고 예상될 때 팔면 주식 거래를 통해 큰 이득을 얻게 된다. 하지만 어떠한 전문가도 이와 같이 주식가격의 변화를 항상 미리 예상하여 거래하기는 어렵다. 이와 같이 주식가격의 변화는 예상하기 어렵기 때문에 주식가격은 임의보행을 따른다.

　주식가격과 소비는 어떠한 공통점이 있기에 모두 임의보행을 따르는 것일까? 두 변수 모두 현재의 값이 미래에 대한 모든 정보를 반영하여 결정된다는 공통점을 갖는다. 현재소비는 미래의 소득에 대한 모든 정보를 이용하여 기대소득을 계산해서 결정된다. 따라서 소비가 변화할 때는 새로운 정보에 의해 미래의 기대소득이 변한 경우이다. 마찬가지로 현재의 주식가격도 해당 기업에 대한 모든 정보를 반영하여 결정된다. 주식가격이 변화할 때는 해당 기업에 대한 새로운 정보가 발생한 경우이다. 즉 해당 기업이 하는 사업에 영향을 미치는 중대한 변화가 생겨 미래에 창출할 이윤에 큰 변화가 생길 경우 이러한 정보를 반영하여 주식가격은 변화한다. 이와 같이 현재소비도 주식가격과 같이 현재의 모든 정보를 이용하여 미래에 대해 예상하고 이를 바탕으로 결정된다고 보기 때문에 소비는 임의보행을 따르는 것이다.

소비변화에 대한 예측

미래소득에 대해 예측할 수 있다면 미래의 소비변화를 예측할 수 있을까? 예를 들어 1년 후에 소득이 2배로 늘어날 것으로 예측한다고 하자. 이러한 예측을 이용하여 1년 후의 소비변화를 예측할 수 있는가? 케인즈 소비함수에 따라 소비가 결정된다면 소비는 동일한 시점의 소득에 의존하므로 소득을 예측할 수 있다면 소비도 예측할 수 있다. 즉 이 경우 1년 후의 소비도 1년 후의 소득이 늘어남에 따라 늘어날 것으로 예상할 수 있다.

하지만 홀의 임의보행가설에 따르면 소득변화를 예측할 수 있더라도 소비의 변화를 예측하는 것은 불가능하다. 홀에 따를 때 합리적인 소비자는 단지 현재의 소득에 의해 소비를 결정하는 것이 아니라 일생동안 기대되는 미래의 소득을 모두 고려하여 현재소비를 결정한다. 즉 소비자는 1년 후에 소득이 2배 정도 늘어날 것을 예상하여 현재의 소비를 미리 높이므로 1년 후 소득이 늘어난 후에도 소비에는 더 이상의 변화가 없다. 앞으로의 소득이 어떻게 변하는지를 예상할 수 있는 경우에도 소비는 이러한 소득의 변화양상과 상관없이 일정하게 유지되는 것이다. 결국 미래소득이 어떻게 변할지에 대한 예상은 현재소비의 결정에 모두 반영되어 있으며 앞으로 소비가 어떻게 변할지에 대해서는 아무런 정보를 주지 못한다.

홀의 임의보행가설에 따를 때 미래의 소비는 새로운 정보를 알게 되는 경우에만 바뀐다. 만약 1년 후에 예기치 못한 사건으로 소득이 2배보다 더 많이 증가한다면 소비도 이에 반응하여 증가할 것이다. 또한 새로운 정보로 미래의 소득에 대한 예측이 달라진다면 이를 반영하여 새로운 항상소득을 계산하고 이에 맞추어 소비를 행할 것이다. 하지만 지금 상태에서는 이러한 정보를 알 수 없으므로 미래의 이러한 소비변화는 예상될 수 없다.

플라빈(Marjorie Flavin)은 이러한 점에 착안하여 실제의 소비행위가 홀의 임의보행가설을 따르는지 검증하였다. 즉 미래소득에 대한 예측치를 사용하면 소비의 변화를 예측할 수 있는지 시도해 본 것이다. 앞서 설명한 바와 같이 홀의 임의보행가설에 따르면 미래소득에 대한 예측은 이미 모두 현재소비에 반영되어 있으므로 소비변화를 예측할 수 없다. 하지만 플라빈은 총소득과 총소비간의 관계를 이용하여 미래소득에 대한 예측을 이용하면 어느 정도 소비의 변화도 예측될 수 있음을 보였다. 플라빈은 이러한 현상을 소비의 과민반응(excess sensitivity)이라고 불렀으며 소비자들이 합리적 기대를 하지 않는 근거로 해석하였다.

하지만 플라빈의 증거를 소비자가 합리적인 기대를 하지 않는 근거로 볼 수 있는가? 홀의 임의보행가설은 아무런 제약이 없는 경우 합리적 기대를 하는 소비자의 소비가 임의보행을 따른다는 것이다. 하지만 유동성제약이 있는 경우 소비자가 합리적 기대를 하는 경우에도 대출을 받을 수 없으므로 소비는 동일한 시점의 소득에만 의존하게 된다. 따라서 합리적인 기대를 하더라도 소비는 소득의 변화에 따라 함께 변하게 된다. 이 경우 미래의 소득을 예측할 수 있다면 소비변화를 예측할 수 있다. 경제학자 캠벨(John Campbell)과 맨큐(Gregory Mankiw)는 이와 같이 경제에 일정비율의 소비자가 유동성제약에 처해 있기 때문에 총소득의 예측을 통해 총소비의 일부를 예측할 수 있다고 주장하였다. 실제로 캠벨과 맨큐에 따르면 전체소비자들 중의 42~52%는 유동성제약에 처해 있어 소비변화가 소득의 변화를 그대로 반영하는 반면 나머지 소비자는 홀의 가설에 따라 임의보행에 따른 소비행위를 한다. 결국 이러한 설명에 따르면 미래소득의 예측을 통해 미래소비의 일부 예측이 가능한 것은 일부의 유동성제약에 처해 있는 소비자들 때문인 셈이다.

자료: Flavin, Marjorie. 1981. "The Adjustment of Consumption to Changing Expectations about Future Income," *Journal of Political Economy*, 89: 974−1009; Campbell, John Y., and N.G. Mankiw. 1989. "Consumption Income and Interest Rates: Reinterpreting the Time Series Evidence" in Blanchard and Fischer eds., NBER Macroeconomics Annuals 4: 185−216, The MIT Press.

코로나19 팬데믹 기간의 가처분소득과 소비의 변화[3]

6

1 코로나19 팬데믹에 대응한 정부의 이전지출 지급과 가계의 가처분소득 증가

대부분의 국가들은 대대적으로 이전지출을 늘려 코로나19 팬데믹 상황으로 곤경에 처했던 가구들을 도왔다. 몇몇 노동자들은 감염을 우려해 자발적으로 노동공급을 줄였고, 어떤 노동자들은 기업들의 작업장 폐쇄로 일자리를 잃고 어려움을 겪었기 때문이다. 노동자들이 실직함에 따라 가처분소득은 줄었지만, 정부의 이전지출이 늘어나서 가계의 가처분소득은 다시 늘어나게 되었다. 특히 미국의 경우 매우 관대한 실업보험을 실시하고, 가계 및 소상공인에 대해 정부가 대규모의 이전지출을 지급함에 따라 가계의 실질가처분소득은 급격하게 증가하였다. 〈그림 15-14〉는 1999년 12월의 실질가처분소득을 100으로 정규화했을 때 미국 가계의 실질가처분소득의 변화를 검은색으로 나타냈다.

미국 가계의 실질가처분소득은 팬데믹19 초기에 잠깐 감소했지만, 곧 빠른 속도로 증가했다. 가처분소득의 증가는 대부분 정부의 이전지출 증가로 인해 가능했

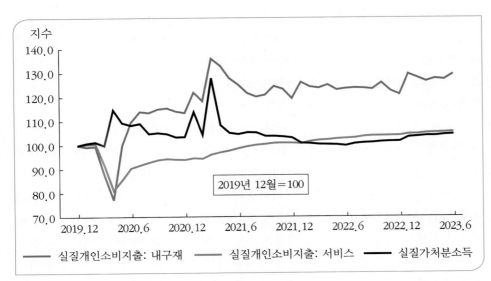

실질개인소비지출: 내구재   실질개인소비지출: 서비스   실질가처분소득

그림 15-14
코로나19 팬데믹 기간의 미국의 실질가처분소득, 실질내구재소비, 그리고 실질서비스소비 변화

미국의 2019년 12월의 실질가처분소득과 내구재 실질소비지출, 서비스 실질소비지출을 100으로 정규화하여 코로나19 팬데믹 기간의 변화를 나타냈다.

자료: Federal Reserve Economic Data, St Louis.

---

3 본 절은 Kristen Tauber and William Van Zandweghe가 저술한 "Why has durable goods spending been so strong during the COVID-19 pandemic?"(Economic Commentary, Federal Reserve Bank of Cleveland, July 2021)에 기초하였다.

다. 미국 가계의 2020년 가처분소득은 2019년에 비해 명목 기준 1.18조달러 증가했
는데 이 중에서 80% 이상(9천5백7십억달러)은 2020년 4월부터 시작되었던 정부의 이
전지출에 기인했다. 이와 같은 규모의 이전지출 증가는 유례를 찾아볼 수 없는 대
규모 지출이었다. 한국은 미국에 비해 규모는 크지 않았지만, 초기에는 전 국민을
대상으로, 그 후에는 집중피해가구를 대상으로 이전지출이 지급되었다.

2 코로나19 팬데믹 기간의 소비 변화

코로나19 팬데믹 기간에 정부의 이전지출 증가로 가계의 가처분소득이 늘자
소비도 증가하였다. 〈그림 15−14〉는 팬데믹 기간 내구재 실질소비지출과 서비스
실질소비지출의 변화를 보여준다. 실질가처분소득과 마찬가지로 실질소비지출도
2019년 12월의 값을 100으로 정규화하였다.

팬데믹 기간의 소비 증가 양상은 그동안의 이전지출 증가에서 기인한 소비 증
가와는 세 가지 점에서 매우 다른 양상을 보였다. 첫째, 가계의 가처분소득이 급격
히 증가하였음에도 불구하고 초기에는 소비가 오히려 줄었으며 늘어난 가처분소득
은 대부분 저축으로 축적되었다. 2020년 3월부터 지급하였던 재난지원금으로 인해
실질가처분소득은 빠르게 증가했지만 〈그림 15−4〉에서 보듯이 내구재 및 서비스
소비지출은 오히려 감소하였다. 4절에서는 정부의 이전지출이 지급되면 가처분소
득이 증가하여 일반적으로는 가계의 소비도 함께 증가하는 경향이 있다고 설명하였
다. 하지만 코로나19 팬데믹 초기에는 백신이 지급되지 않은 상태에서의 감염우려
와 상점폐쇄 때문에 소비자들이 소비를 늘리고 싶어도 늘릴 수 없게 되어 가처분소
득의 증가에도 불구하고 소비는 줄었다.

둘째, 시간이 흐름에 따라 늘어난 가처분소득은 결국 소비를 늘렸지만, 소비
재 특성에 따라 증가 양상이 매우 달라 소비재 구성의 변화가 심하였다. 특히 내구
재소비와 서비스소비는 극명하게 다른 모습을 보였다. 즉 내구재소비는 빠른 속도
로 증가하여 가처분소득 증가세를 넘어섰지만, 서비스소비는 매우 완만하게 증가
하여 2021년 후반기에 이르러서야 원래 수준을 회복하였다. 서비스소비가 쉽게 늘
어나지 못했던 이유는 감염우려 때문이었다. 서비스소비를 위해선 사람 간의 접촉
이 불가피한데 아직 감염의 우려가 있는 상태에서 소비자들은 서비스소비를 늘리는
것을 주저했던 것이다. 특히 음식점이나 여행 관련 서비스소비가 가장 타격을 많이
받았다. 반면 내구재소비는 매우 빠른 속도로 증가하였다. 코로나19 팬데믹 기간

에 내구재소비가 이렇게 빠르게 증가한 것은 과거 이전지출이 늘어난 경우와 비교해서 매우 이례적이었다. 이러한 급속한 증가는 부족한 서비스소비를 내구재소비를 통해 보완할 수 있었기 때문에 가능했다. 예를 들어 좋은 음식점에 가는 대신 부엌용품을 업그레이드하여 집에서 직접 요리하면 유사한 만족감을 느낄 수 있었다. 체육관에 가는 대신 집에 간이 운동기구를 마련하면 운동을 조금씩 이어갈 수 있었고 크고 선명한 TV를 장만하면 여행을 가지 않아도 어느 정도 여행 기분을 낼 수 있었다. 이러한 소비는 모두 내구재소비이다. 이처럼 팬데믹 기간에는 서비스소비를 대체할 수 있는 내구재소비가 빠르게 늘었다.

셋째, 이전지출 지급이 끝나고 가처분소득이 원래 상태로 되돌아 왔음에도 불구하고 소비의 증가는 지속되었다. 미국 정부는 2020년 3월과 4월에 2,662억달러, 2021년 1월에 1,384억달러 그리고 2021년 3월과 4월에 3,944억달러 등 총 3번에 걸쳐 천문학적인 재난지원금을 지급하였다. 재난지원금 지급이 끝나자 가처분소득은 원래 수준으로 줄었다. 하지만 늘어난 소비지출은 좀처럼 다시 줄지 않았다. 특히 〈그림 15-14〉에서 볼 수 있듯이 크게 늘어난 내구재 소비지출은 거의 줄지 않고 유지되었다. 이와 같이 소비재지출이 그다지 줄지 않은 이유는 재난지원금 지급으로 가계저축이 크게 늘었고 가계는 이를 활용해 일정기간 동안은 소비를 늘릴 수 있었기 때문이다. 또한 코로나19 기간에 상승하였던 주택가격과 주식가격도 자산규모를 늘려 늘어난 소비를 유지하는 데 도움을 주었던 것으로 평가된다.

정리

summary

1. 케인즈의 소비함수는 세 가지 중요한 특징을 갖는다. 첫째, 한계소비성향이 0보다 크고 1보다 작다. 둘째, 소득이 증가함에 따라 평균소비성향이 감소한다. 셋째, 현재의 소비는 현재의 가처분소득에 주로 의존하며 이자율은 소비를 결정할 때 중요한 역할을 하지 않는다.

2. 시간이 흐름에 따라 케인즈의 소비함수로는 설명하기 어려운 현상이 나타났다. 장기적으로 소득이 크게 증가하였어도 평균소비성향이 거의 감소하지 않은 것이다. 따라서 케인즈의 소비함수는 단기 시계열에서 또는 횡단면에서만 성립할 뿐 장기 시계열에서는 성립하지 않는다. 이와 같이 단기와 장기에서 소비함수의 형태가 달라지는 것을 소비퍼즐이라고 하였다.

3. 모딜리아니와 프리드만은 단기와 장기의 서로 다른 소비행태를 소비함수에 보다 미시적인 기초를 강조함으로써 설명하였다. 이러한 미시적 기초를 제공한 것은 피셔의 기간간 선택이론이다.

4. 소비자들은 전생애에 걸쳐 소득을 얻고 이를 통해 전생애에 걸친 소비량을 선택한다. 즉 소비자들이 현재의 소비를 결정할 때에도 미래의 상황을 고려하는 것이다. 피셔(Irving Fisher)의 기간간 선택(intertemporal choice) 이론은 이와 같이 동태적인 상황에서 기간간 선택의 문제로 소비행위를 설명하였다.

5. 기간간 예산제약조건은 생애에 걸친 소비의 현재가치와 생애에 걸친 소득의 현재가치가 동일하다는 조건이다. 기간간 예산제약에 직면한 소비자는 예산제약선과 무차별곡선이 접하는 점에서 효용을 극대화하는 최적소비를 선택한다. 소득수준은 시점에 따라 달라져도 최적소비는 매기 비슷한 수준을 유지하려고 하는 경향을 소비의 평준화(consumption smoothing)라고 부른다.

6. 소비자들이 저축을 할 때에는 아무런 제약이 없는 것이 일반적이다. 하지만 차입을 하기 원할 때에는 제약이 가해지는 경우가 있다. 이와 같이 차입에 대한 제약이 있는 경우 소비자들은 유동성제약(liquidity constraints) 또는 차입제약(borrow-ing constraints)에 처해 있다고 한다. 유동성제약에 구속되는 경우 현재의 소비는 전적으로 현재소득에만 의존한다.

7. 모딜리아니는 생애에 걸친 소득의 변화에 특징이 있다고 생각하였다. 즉 일을 하는 동안에는 소득을 지속적으로 받게 되지만 나이가 들어 은퇴를 하고 나면 더 이상 소득을 받을 수 없다는 것이다. 따라서 일을 하는 동안 받은 소득 중 일부는 소비하지 않고 저축하여 은퇴를 한 후를 대비하여야 한다. 이와 같이 전생애에 걸친 소득 패턴을 고려하여 소비행위를 결정한다는 것이 생애주기가설(Life Cycle Hypothesis)의 핵심이다. 생애주기가설을 이용하면 생애에 걸친 소비, 저축 및 부의 변화에 대해 뚜렷한 예측을 할 수 있다.

8. 프리드만(Milton Friedman)은 소득이 두 가지 부분, 즉 항상소득(permanent income)과 일시소득(transitory in-come)으로 구성된다고 가정하였으며 소비가 전생애에 걸친 예산제약과 보다 밀접한 관련을 가진 소득인 항상소득에 주로 의존하여 결정된다고 주장하였다. 이를 항상소득가설(Permanent Income Hypothesis)이라고 한다.

9. 홀(Robert Hall)은 합리적인 기대를 하는 소비자가 항상소득가설에 의해 행동하는 경우 소비가 임의보행을 따른다고 하였는데 이를 임의보행가설(Random Walk Hypothesis)이라고 한다. 합리적인 소비자는 미래의 소득에 대한 모든 정보를 이용하여 현재소비를 결정한다. 미래소득이 어떻게 변할지에 대한 예상은 현재소비의 결정에 모두 반영되어 있으며 앞으로 소비가 어떻게 변할지에 대해서는 아무런 정보를 주지 못한다. 새로운 정보에 의해 미래의 소득에 대한 기대가 변화할 경우에만 소비가 변화하는 것이다. 따라서 임의보행가설에 따르면 소득변화를 예측할 수 있더라도 소비의 변화를 예측하는 것은 불가능하다.

연습문제

1. 다음 문장의 옳고 그름, 또는 불확실을 말하고 그 이유를 간략히 쓰시오.

1) 현재소득은 그대로이나 항상소득이 감소할 것이라는 기대가 발생하면 민간 저축률은 낮아지게 된다.

2) 매기마다 소득이 영구적으로 10만원씩 늘어날 것으로 예상되면 소비자는 현재 소비를 10만원 늘릴 것이다.

3) 소득이 늘어도 소비가 오히려 줄어들 수 있다.

4) 횡단면으로 MPC를 계산하면 단기 MPC와 유사한 값을 갖지만 장기 MPC보다는 작은 값을 가진다.

5) 모든 사람이 합리적인 판단에 의해 소비를 결정한다면 과거에 예상되었던 현재소득의 변화는 소비를 변화시키지 않는다.

6) 미래의 소득변화를 예상할 수 있다면 미래의 소비변화도 예상 가능하다.

2. 안암골에 사는 "한상궁"과 "장금"은 모두 2기에 걸친 효용극대화의 소비모형에 의해 소비를 결정한다고 하자. 한상궁은 1기에 100의 소득을 벌고 2기에도 100의 소득을 번다. 반면에 장금이는 1기에는 소득이 전혀 없으나 2기에는 220의 소득을 번다고 한다. 두 사람 모두 왕궁은행에서 주어진 실질이자율(r)로 차입, 대부를 할 수 있다.

1) 두 사람 모두 1기에 100의 소비를 하고 2기에도 100의 소비를 한다고 한다. 이 경제의 실질이자율은 얼마인가?

2) 실질이자율이 하락한다면 한상궁과 장금의 1기의 소비는 어떻게 변화하는가? (값을 직접 구할 필요는 없음) 장금의 후생은 이자율 하락으로 어떻게 변화하는가? 장금의 1기 소비를 결정하는 요인들을 설명하고 케인즈의 소비이론과 부합하는지 설명하시오.

3) 1)에서 가정한 균형을 가정하자. 이제 장금이는 1기에는 50 이상의 차입을 은행에서 할 수 없다고 하자. 장금이의 1기, 2기의 소비는 어떻게 변화하는가? 장금이의 후생은 차입제약으로 어떻게 변화하였는가?

4) 1기에서 정부가 경제의 부흥을 위하여 갑자기 각자에게 현금을 50씩 무상으로 나누어 주었다. 그러나 이 추가적인 소득이 1기에 한상궁의 소비에는 전혀 영향을 미치지 않고 반면에 장금의 소비는 50이 늘어나는 일이 발생하였다. 어떻게 이를 설명할 수 있는가?

3. 주어진 가처분소득(y_1, y_2)과 이자율 r하에서 2기에 걸쳐 소비(c_1, c_2)를 선택하는 한 소비자의 2기에 걸친 효용함수와 2기에 걸친 예산제약이 아래와 같다고 하자.

$$U(c_1, c_2) = c_1^{0.5} + \left(\frac{1}{1+\delta}\right) \cdot c_2^{0.5} \qquad (1)$$

$$c_1 + \left(\frac{1}{1+r}\right) \cdot c_2 = y_1 + \left(\frac{1}{1+r}\right) \cdot y_2 \qquad (2)$$

단, δ는 미래의 소비에 대한 할인율이다.

1) 이 소비자의 현재소비(c_1)가 어떻게 결정되는지 그래프로 설명하시오.

2) 앞으로 예상되는 y_2의 외생적인 증가가 c_1을 어떻게 변화시키는지 그래프로 설명하시오.

3) 이자율(r)의 상승은 1기의 소비와 저축에 어떠한 영향을 미치는지 설명하시오.

4) 만일 정부가 1기에 조세를 x만큼 증가시키고 2기에 $(1+r)x$만큼 감소시켰다고 하면 이 소비자의 소비패턴은 어떻게 달라지겠는가?

4. 주어진 근로소득(y_1, y_2)하에서 2기에 걸쳐 소비(c_1, c_2)를 선택하는 한 소비자의 최적소비, 저축의사결정을 고려하자. 1기초의 자산은 없었으며, 차입, 대부에는 제약이 없다. 단, 이 소비자는 2기에서는 은퇴를 하여 2기의 근로소득(y_2)은 0이라고 한다.

1) 소비자의 2기에 걸친 예산식을 구하시오. 현재소비(c_1)와 미래소비(c_2)의 결정을 무차별곡선과 예산선을 이용하여 그래프로 보이시오.

2) 만일 이 소비자가 차입, 대부를 전혀 할 수 없을 경우의 소비의 균형점은 어떻게 변화하는가?

`2012 행정고등고시(재경) 기출문제`

5. 아래 제시된 피셔(I. Fisher)의 시점간 자원배분 모형을 토대로 소비자의 효용극대화에 대한 다음 질문에 답하시오.

$$\max U = U(C_1, C_2)$$

$$\text{s.t. } C_1 + \frac{C_2}{1+r} = Y_1 + \frac{Y_2}{1+r}$$

U는 소비자의 효용이고, C_1과 C_2는 각각 1기와 2기의 소비, Y_1과 Y_2는 각각 1기와 2기의 소득, r은 이자율을 나타냄

1) 소비자가 1기에서 차입(borrowing)을 통해 효용을 극대화하고 있는 상황을 그래프를 이용하여 설명하시오.

2) 위 1)과는 달리 소비자가 차입이 불가능한 유동성 제약(liquidity constraint)에 직면했다고 가정할 때, 예산제약 조건의 변화를 그래프를 이용하여 설명하시오.

3) 이 모형에서 유동성 제약이 소비자 효용에 미치는 영향을 그래프를 이용하여 설명하시오.

4) 유동성 제약에 대하여 정부가 취할 수 있는 여러 가지 정책 중 하나를 선택하여, 그 정책의 장단점을 설명하시오.

부록   **T 기간에 걸친 소비자 효용극대화조건**

일반적으로 T 기간에 걸친 예산제약조건하에서 소비자의 효용극대화조건을 풀어보자. 소비자가 1기에서 T 기까지 행하는 소비를 C_1, C_2, $\cdots$, C_T 라고 하고 동일한 기간에 받는 소득을 Y_1, Y_2, $\cdots$, Y_T 라고 하자. 논의를 간단히 하기 위해 비인적부는 0이라고 하자($W^n = 0$). 이때 소비자가 직면한 예산제약조건은 다음과 같다.

$$C_1 + \frac{C_2}{1+r} + \cdots + \frac{C_T}{(1+r)^{T-1}} = Y_1 + \frac{Y_2}{1+r} + \cdots + \frac{Y_T}{(1+r)^{T-1}} \qquad \text{(A.15.1)}$$

소비자의 즉각적인(instantaneous) 효용은 $u(C)$로 표현되며 주관적인 할인율(subjec-tive discount rate)은 δ 라고 하자.

$$U = u(C_1) + \frac{u(C_2)}{1+\delta} + \cdots + \frac{u(C_T)}{(1+\delta)^{T-1}} \qquad \text{(A.15.2)}$$

소비자가 직면한 문제는 식 (A.15.1)의 제약조건하에서 소비자의 효용 식 (A.15.2)를 극대화하는 것이다. 이 조건은 다음과 같은 라그랑지함수를 사용하여 구한다.

$$\pounds = u(C_1) + \frac{u(C_2)}{1+\delta} + \cdots + \frac{u(C_T)}{(1+\delta)^{T-1}} + \lambda \left[(Y_1 - C_1) + \frac{Y_2 - C_2}{1+r} + \cdots + \frac{Y_T - C_T}{(1+r)^{T-1}} \right]$$

라그랑지함수 $\pounds$ 을 C_1, C_2, $\cdots$, C_T 에 대해 미분하면 극대화 1계조건을 구할 수 있다.

$$\frac{\partial \pounds}{\delta C_1} = u'(C_1^*) - \lambda = 0$$

$$\frac{\partial \pounds}{\delta C_2} = \frac{1}{1+\delta} u'(C_2^*) - \lambda \frac{1}{1+r} = 0$$

$$\vdots$$

$$\frac{\partial \pounds}{\delta C_T} = \frac{1}{(1+\delta)^{T-1}} u'(C_T^*) - \lambda \frac{1}{(1+r)^{T-1}} = 0$$

만약 주관적 할인율(δ)이 이자율(r)과 동일하다면 1계조건은 다음과 같이 변한다.

$$u'(C_1^*) = u'(C_2^*) = \cdots = u'(C_T^*) = \lambda$$

따라서 효용을 극대화하는 조건은 다음과 같이 매기 동일한 소비를 하는 것이다.

$$C_1^* = C_2^* = \cdots = C_T^* = C^*$$

즉 소비의 평준화(smoothing)를 통해 효용이 극대화된다.

Macroeconomics

제16장

투　자

투자는 현재의 경제생활과 미래의 경제생활을 연결해 준다. 기업이 생산활동을 위해 자본재를 새로 구입하거나 기존 자본의 마모를 방지하기 위해 투자지출을 하게 되면 이는 현재 소비보다는 미래 소비를 위해 자원이 배분되었다는 것을 의미한다. 또한 투자이론은 그 자체로서 중요할 뿐만 아니라, 경기변동이론과 성장이론의 분석에서도 매우 중요하다. 투자의 변동이 GDP의 변동을 결정하는 중요한 요인이기 때문이다.[1] 또한 장기에 걸쳐 자본량이 얼마나 증가하는지는 투자의 크기에 달려있다.

투자는 가계의 소비지출과 더불어 총수요를 구성하는 중요한 요소이다. 우리나라의 경우 국내총생산을 구성하는 요소 중에서 민간의 소비지출에 이어 투자지출은 두 번째로 큰 부분을 차지한다. 〈그림 16-1〉은 2015년을 기준 연도로 하여 1970년부터 2022년까지 한국의 실질GDP(2015년 기준)를 각 구성 요소로 나누어 그 추세를 나타낸 것이다. 투자는 총자본형성에 해당하며 보라색 선으로 나타냈다.

그림 16-1
국내총생산의 구성:
한국(1970~2022년)

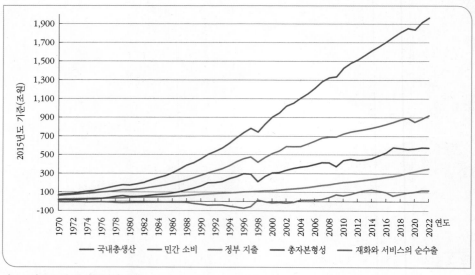

자료: 한국은행 경제통계시스템

이번 장에서는 투자를 정의하고 투자의 결정이 어떻게 이루어지는지를 자세히 살펴볼 것이다.

---

1 미국의 자료에 따르면, 1954년부터 1991년까지의 기간 동안 GDP의 표준편차는 1.72%였다. 같은 기간 동안 민간소비는 1.27%의 표준편차를 지녀 변동성이 낮은 반면, 민간투자는 8.24%로 매우 큰 변동성을 지닌다. Cooley, Thomas F. 1995. Frontiers of Business Cycle Research, ed. Thomas F. Cooley. New Jersey: Princeton University Press. 1995.

투자의 종류와 성질

1

투자는 여러 기준에 따라 분류할 수 있다. 첫 번째 분류법은 투자를 순투자와 대체투자의 두 종류로 나누는 것이다. 순투자(net investment; I_{Nt})는 기업이 생산에 사용하기 위하여 신규 자본재를 구입하는 것이다. K_t를 t기 말의 자본재의 양으로 정의하면, t기의 순투자는 t기 말의 자본량과 지난 $t-1$기 말의 자본량의 차이인 $\Delta K_t = K_t - K_{t-1}$의 값으로 표현된다. 즉 t기의 순투자는 신규 자본재의 구입을 의미하며 다음 기의 자본량(stock) 증가를 가져온다. 즉 $K_t = K_{t-1} + I_{Nt}$와 같은 관계를 지닌다.

한편, 자본재는 구입 이후, 시간이 흐름에 따라 감가상각된다. 대체투자(replacement investment; δK_{t-1})는 이 감가상각분을 보전하는 투자이다. δ는 감가상각률(depreciation rate)에 해당하며 자본재가 감가상각되는 평균적인 비율로 0과 1 사이의 값을 갖는 상수이다. 만약 투자가 전혀 이루어지지 않는다면 자본량은 감가상각분만큼 감소할 것이다.

순투자와 대체투자를 합쳐 총투자(gross investment; $I_t = \Delta K_t + \delta K_{t-1}$)라고 한다. 만일 경제가 균제상태에 있어서, 관찰할 수 있는 자본량이 변화하지 않는다면 이는 순투자가 0임을 의미한다. 하지만 이 경우에도 이 경제 내에서 이루어진 총투자가 0인 것은 아니다. 감가상각이 일어나는 만큼 대체투자가 존재하기 때문이다. 즉 $I_t = \Delta K_t + \delta K_{t-1}$에서 순투자가 0이더라도($\Delta K_t = 0$) 감가상각이 일어나는 δK_{t-1}만큼의 투자가 발생한다.

투자 $\begin{cases} 순 투 자 : 신규자본재의 구입 \ (I_{Nt} = \Delta K_t = K_t - K_{t-1}) \\ 대체투자 : 감가상각분의 보전 \ (\delta K_{t-1}) \end{cases}$

투자의 중요한 성질 중의 하나는 비가역성이다. 투자의 비가역성(irreversibility of investment)은 일단 투자가 이루어져 자본재가 형성되면 이를 소비재로 변화시킬 수 없음을 의미한다. 이는 경제 내의 총투자가 음수가 될 수 없다는 것을 의미한다. 자본의 감소는 감가상각에 의해서만 가능하다. 즉 총투자의 크기가 0인 경우 자본이 감가상각이 되는 만큼 음의 순투자가 발생하여 자본량은 그만큼 감소한다.[2]

---

2 $I_t = \Delta K_t + \delta K_{t-1} = 0$이면, $\Delta K_t = K_t - K_{t-1} = -\delta K_{t-1}$

두 번째 분류법은 총투자를 고정투자(fixed investment)와 재고투자(inventory investment)로 나누는 것이다. 이는 국민소득계정에서 국내총생산에 대한 지출항목 중 투자에 해당하는 총자본형성을 고정투자에 해당하는 총고정자본형성(gross fixed capital formation)과 재고투자에 해당하는 재고의 증감으로 분류한 것과 같다. 총고정자본형성은 건설투자, 설비투자와 지식재산생산물투자로 이루어져 있다. 건설투자는 개인이나 기업, 공공단체 또는 정부가 건물건설이나 토목건설에 자금을 투입하는 것이다. 설비투자는 운송장비, 기계, 설비와 같은 고정자본에 새로 투자되는 증가분으로 감가상각의 보전분을 포함한다. 재고투자는 제품, 원재료, 재공품(가공중인 제품) 등의 형태로 기업의 재고품을 증가시키는 투자이다. 지식재산생산물투자는 연구개발(R&D)과 컴퓨터 소프트웨어를 포함한다. 재고투자는 경기동향을 좌우하는 중요한 투자수요로 경기관측에 있어서 특히 주목된다. 재고투자는 기업의 예측착오로 인하여 판매되지 않은 제품의 재고증가(의도하지 않은 재고투자)와 사전에 계획된 재고증가(의도한 재고투자)로 구별된다. 아래에서 살펴볼 투자함수이론이나 국민소득결정이론에서는 주로 의도한 재고투자를 분석하고 있으나 실제로는 의도하지 않은 재고투자도 발생하며 이는 경기변동에서 중요한 역할을 한다.

$$투자 \begin{cases} 총고정자본형성 \begin{cases} 건설투자 \\ 설비투자 \\ 지식재산생산물투자 \end{cases} \\ 재고투자 \end{cases}$$

그림 16-2

자본재 형태별 투자 추이: 한국(1970~2022년)

총자본형성의 네 요소인 건설투자, 설비투자, 지역재산생산물투자, 재고투자의 동향을 1970년부터 2022년까지의 한국 자료로 표현한 그래프이다. 1997년 말부터 한국은 외환위기를 겪으면서 건설투자와 설비투자, 재고투자가 모두 급감한 것과 2008년 글로벌 금융위기를 겪으면서 설비투자와 재고투자가 급감한 것을 제외하고는 전체적으로 상승하는 추세를 보이고 있다. 모두 2015년도 기준 실질 값이다.

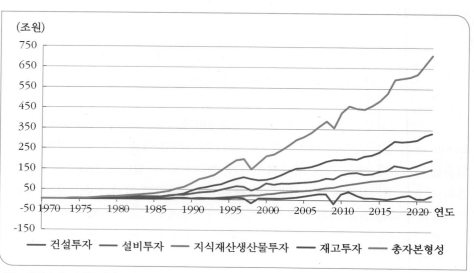

자료: 한국은행 경제통계시스템

〈그림 16-2〉는 총자본형성의 세 요소인 건설투자, 설비투자, 재고투자의 연간 동향을 1970년부터 2017년까지의 한국 자료(2010년도 기준)로 나타낸 것이다.

투자수요의 결정 ❷

건설투자와 설비투자를 포함하는 기업의 고정투자는 총투자의 대부분을 차지한다. 이러한 고정투자를 결정하는 대표적인 투자수요이론으로 신고전학파모형과 토빈의 q이론이 있다.

1 투자의 신고전학파모형

신고전학파모형은 자본재를 사용하여 생산하는 기업의 수익과 비용을 분석하여 최적자본량을 결정하고 이를 통해 투자의 수요를 결정한다. 기업의 투자결정을 명확하게 이해하기 위해서는 두 종류의 기업을 생각하는 것이 편리하다. 즉 자본재를 임대하여 생산활동을 하는 일반적인 의미의 기업인 생산기업과 자본재를 보유하면서 생산기업에 대여해 주는 임대기업(rental firm)이 존재한다고 하자. 전자의 생산기업은 자본재를 소유하지 않으며 후자의 임대기업에게 임대료를 지불하고 자본재를 빌려서 생산한다. 임대기업은 자금을 빌려 자본재를 구입하고 임대를 통해 수익을 올린다. 이제 이 경제에서 얼마만큼의 새로운 자본재가 구입되고 생산에 투입되는지 알아보자.

먼저 생산기업의 의사결정을 살펴보자. 생산기업은 이윤극대화를 목적으로 한다. 이윤은 총수입(total revenue)에서 노동과 자본의 생산요소비용을 제외한 부분으로 정의된다. 따라서 신규 자본재의 임대를 결정할 때, 생산기업은 새로운 자본재 한 단위가 추가로 가져오는 한계수입이 새로운 자본재 한 단위가 추가로 가져오는 한계비용과 같아지는 수준에서 최적의 자본투입량을 결정한다. 이때 추가 자본재 한 단위의 한계수입은 자본의 한계생산물(MPK)에 생산물가격(P)을 곱한 것과 같다. 한계비용은 추가 자본재의 임대료(R)와 같다. 따라서 생산기업의 이윤극대화 조건

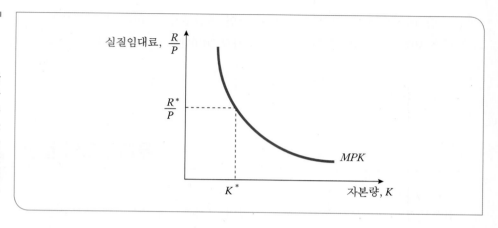

그림 16-3
생산기업의 |최적자본수요량 (K^*) 결정

생산기업은 자본의 한계생산물(MPK)과 실질임대료 $\left(\frac{R}{P}\right)$가 같아지는 점에서 최적 자본수요량(K^*)을 결정한다. 이는 한계수입과 한계비용이 일치하는 수준이다. 자본의 한계생산물은 자본량이 증가함에 따라 체감하고, 생산물가격(P)과 임대료(R)는 완전경쟁시장에서 외생적으로 결정된다.

을 다음과 같이 쓸 수 있다.[3]

한계수입(Marginal Revenue) = 한계비용(Marginal Cost)

$$P \cdot MPK = R$$

$$MPK = \frac{R}{P}$$

위의 두 번째 식은 실질한계수입인 자본의 한계생산물(MPK)과 실질한계비용인 실질임대료 $\left(\frac{R}{P}\right)$가 같아지는 점에서 생산기업이 자본재의 투입량을 결정함을 보여 준다. 자본의 한계생산물은 자본량 증가에 따라 체감하고,[4] 생산물가격(P)과 생산요소가격에 해당하는 임대료(R)는 완전경쟁시장에서 외생적으로 결정된다. 따라서 생산기업의 최적자본수요량(K^*)은 〈그림 16-3〉과 같이 표현할 수 있다.

생산기업은 생산에 필요한 자본재를 임대기업으로부터 빌린다고 설명하였다. 따라서 최적자본량의 결정과 관련하여 임대기업의 의사결정도 분석하여야 한다. 이제 임대기업의 의사결정 과정을 살펴보자. 생산기업과 마찬가지로, 임대기업도 이윤을 극대화하는 것을 목적으로 하므로 임대기업의 의사결정도 한계수입과 한계비용이 일치하는 점에서 이루어진다. 한계수입은 추가로 신규 자본재 한 단위를 임대해주었을 때 얻게 되는 수익으로, 임대료(R)와 같다. 한계비용은 자본재 구입과 관련하여 세 가지 구성요소가 합쳐져 결정된다. 먼저 자본재를 구입하기 위해 자금

---

3 생산기업의 이윤극대화 문제를 수식으로 풀어쓰면 다음과 같다. $\max_{K} \Pi = PF(K, L) - WL - RK$. 이때, P는 생산물가격, $F(K, L)$은 기업의 생산함수, W는 노동 한 단위당 명목임금, L은 노동수요, R은 자본 한 단위당 임대료, K는 자본수요이다. 1계 조건에 의해 다음과 같은 본문의 조건이 도출된다: $\frac{\partial \pi}{\partial K} = P \cdot \frac{\partial F(K, L)}{\partial K} - R = P \cdot MPK - R = 0$. 제3장의 부록에서 이를 도출하였다.

4 기업의 생산함수가 신고전파 생산함수의 주요한 특징인 생산요소의 한계생산감소의 성질을 갖는다고 가정한다(제6장 2절 참조).

을 차입하였을 때의 차입비용이 있다. 둘째로 자본재의 가격변화로 인한 가격손실 (혹은 이득) 부분이 있다. 마지막으로 자본재를 임대해 준 기간 동안 자본재가 마모되어 발생하는 감가상각분이 있다. 신규 자본재 한 단위의 가격을 P_K라고 하고, 명목이자율을 i, 감가상각률을 δ라고 표기하면, 한계비용은 $iP_K - \Delta P_K + \delta P_K$와 같다. 즉 자본재 한 단위 증가에 따르는 기회비용은, 한 단위 구입비용에 대한 이자지급 (iP_K), 자본재 가격 상승(또는 하락)으로 인한 이득(또는 손해)($-\Delta P_K$) 및 총감가상각분(δP_K)을 고려해 주어야 한다.

두 번째 구성요소인 자본재 가격변화에 음의 부호를 붙이는 이유는 다음과 같다. 임대기업은 자본재를 보유하고 있기 때문에 자본재의 가격이 오르면 이를 통해 이득을 얻는다. 즉 ΔP_K가 양의 높은 값을 가질수록 이미 보유하고 있는 자본재의 가격이 상승하여 이득을 얻는 것이다. 따라서 이러한 이득은 비용에서 제해 주어야 임대기업이 실제로 부담하는 비용을 계산할 수 있다. 이를 위해 ΔP_K 앞에 음의 부호를 붙여 비용에서 임대가격 상승분을 차감하는 형태를 취하는 것이다.

이상의 논의를 정리하면 임대기업의 한계수입과 한계비용은 다음과 같다.

$$\text{자본의 한계수입}(Marginal\ Revenue) = R$$
$$\text{자본의 한계비용}(Marginal\ Cost) = iP_K - \Delta P_K + \delta P_K = P_K(i - \frac{\Delta P_K}{P_K} + \delta)$$

이제 자본의 한계비용을 간단히 하기 위하여 자본재 가격의 상승률이 일반 물가상승률과 같다고 추가적으로 가정하면, $\frac{\Delta P_K}{P_K} = \frac{\Delta P}{P} = \pi$이 성립한다. 또 명목이자율($i$)는 실질이자율($r$)과 물가상승률($p$)의 합으로 바꾸어 쓸 수 있으므로[5] 자본의 한계비용은 $P_K(r+\delta)$와 같이 고쳐쓸 수 있다.[6] 즉 다음이 성립한다.

$$\text{자본의 한계수입}(Marginal\ Revenue) = R$$
$$\text{자본의 한계비용}(Marginal\ Cost) = P_K(r+\delta)$$

조겐슨(Dale Jorgenson)은 이와 같은 임대기업의 한계비용을 자본의 사용자비용 (user cost of capital)이라고 명명하였다.

임대기업의 이윤을 극대화하는 최적점에서 한계수입과 한계비용이 같으므로, 다음이 성립한다.

---

5 제5장에서 설명한 피셔방정식 $i = r + \pi$에 따른 것이다.

6 좀 더 자세히 설명해보면, $iP_K - \Delta P_K + \delta P_K = P_K(i - \frac{\Delta P_K}{P_K} + \delta) = P_K(i - \pi + \delta) = P_K(r + \delta)$.

$$한계수입(MR) \;=\; 한계비용(MC)$$

$$\Leftrightarrow R \;=\; P_K(r+\delta) \quad : 명목한계수입 \;=\; 명목한계비용$$

$$\Leftrightarrow \frac{R}{P} = \frac{P_K}{P}(r+\delta) \quad : 실질한계수입 \;=\; 실질한계비용$$

임대기업은 위의 식을 만족하는 수준에서 최적자본량을 결정한다.

　　자본임대시장에서 생산기업은 자본을 수요하며 임대기업은 자본을 공급한다. 이 경제에서 자본임대시장의 균형은 생산기업이 원하는 자본재의 수요와 임대기업의 자본공급량이 같아지는 균형에서 달성된다. 그런데 생산기업의 균형조건에서 실질임대료$\left(\frac{R}{P}\right)$는 자본의 한계생산물(MPK)과 같고 임대기업의 균형조건에서 실질임대료$\left(\frac{R}{P}\right)$는 $\frac{P_K}{P}(r+\delta)$와 같다. 따라서 결국 균형자본량은 자본의 한계생산물(MPK)과 $\frac{P_K}{P}(r+\delta)$의 크기에 의해 결정된다. 실질임대료$\left(\frac{R}{P}\right)$가 조정되면서 자본의 수요와 공급을 변화시켜 $MPK = \frac{P_K}{P}(r+\delta)$인 지점에서 균형자본량$(K^*)$의 수준이 결정되는 것이다. 이 점에서 생산기업과 임대기업 모두의 이윤극대화 조건이 달성된다.

　　지금까지의 과정을 단순화하기 위해 생산기업과 임대기업이 동일한 하나의 기업이라고 가정할 수도 있다. 즉 동일한 기업이 자본재를 구매할 뿐 아니라 이를 이용하여 생산을 한다면 자본의 실질 사용자비용인 $\frac{P_K}{P}(r+\delta)$와 자본의 한계생산물(MPK)이 같은 점에서 최적의 자본량을 결정한다고 볼 수 있는 것이다.

　　투자는 기업이 현재 보유하고 있는 자본량이 최적자본량에서 벗어나 있을 때 이를 메꾸기 위해 이루어진다. 즉 자본량을 최적자본량으로 유지하기 위해 필요한 만큼 투자가 이루어지는 것이다. 만약 자본의 실질 사용자비용이 자본의 한계생산물(MPK)과 일치하지 않는다면 현재의 자본량은 최적자본량이 아니다. 투자는 이러한 격차를 메꾸기 위해 행해진다. 따라서 투자량은 자본의 실질 사용자비용과 자본의 한계생산물(MPK)의 격차에 의해 결정된다.

$$MPK > \frac{P_K}{P}(r+\delta) \;:\; 최적자본량(K^*)이 \;현재\;자본량보다\;큼,\;투자(I)\;증가$$

$$MPK < \frac{P_K}{P}(r+\delta) \;:\; 최적자본량(K^*)이 \;현재\;자본량보다\;작음,\;투자(I)\;감소$$

　　예를 들어 현재의 균형에서 자본의 한계생산물(MPK)이 갑자기 높아졌다고 하자. 생산기업은 주어진 임대비용에서 더 많은 자본재를 임대하여 생산에 이용하려 할 것이며 임대기업은 더 많은 자본을 구입하여 임대하려 할 것이다. 생산기업과 임대기업이 동일하다면 이 기업은 자본의 사용자비용보다 한계생산물이 크므로 더 많은 자본을 구입하여 자본량을 늘리려 할 것이다. 이 경제에서 투자는 기업이 자본량을 적정한 수준으로 늘려가는 과정에서 발생한다.

최적자본량(K^*)을 $\frac{R}{P} = \frac{P_K(r+\delta)}{P} = MPK(K^*)$라고 표기하면, 투자는 전기 말의 자본량($K_{t-1}$)과 원하는 자본량과의 차이($K^* - K_{t-1}$)를 줄이기 위해 발생한다. 현재 갖고 있는 자본량(K_{t-1})이 원하는 자본량(K^*)에 비해 적을수록 자본의 한계생산물 $MPK(K_{t-1})$은 자본의 실질 사용자비용인 $\frac{P_K}{P}(r+\delta)$에 비해 높다. 이 경우 기업은 더 많은 투자를 하려 할 것이다. 따라서 투자는 다음과 같이 $MPK - \frac{P_K}{P}(r+\delta)$의 함수로 표시할 수 있다.

$$\Delta K_t = K_t - K_{t-1} = I_{Nt}\left(MPK - \frac{P_K}{P}(r+\delta)\right)$$
$$(+)$$

위에서 정의한 투자(I)는 순수한 자본의 증가로, 순투자의 개념에 해당한다. 기업의 총투자(I_t)는 순투자에 감가상각되는 자본에 대한 대체투자를 합친 것으로 다음과 같이 결정된다.

$$I_t = I_{Nt}\left(MPK - \frac{P_K}{P}(r+\delta)\right) + \delta K_{t-1}$$

이제 총투자와 다른 변수들 간의 관계를 나타내는 투자함수를 다음과 같이 이끌어 낼 수 있다.

$$I_t = I\left(MPK, \frac{P_K}{P}, r\right)$$
$$(+) \quad (-) \, (-)$$

기술진보 등으로 자본의 한계생산물(MPK)이 증가하면 한계수입이 한계비용보다 높아져서 자본재의 구입을 늘리고 이에 따라서 투자가 증가한다. 자본재의 실질가격 $\left(\frac{P_K}{P}\right)$이 상승하면 자본의 사용자비용이 증가하여 투자는 감소한다. 마찬가지로 실질이자율(r)이 상승하면, 자본의 사용자비용이 증가하여 기업은 투자를 줄이게 된다. 감가상각률(δ)은 여기에 쓰지 않았는데 그 이유는 감가상각률의 증가는 사용자비용을 증가시켜 최적자본량을 감소시키므로 순투자가 줄어들지만 동시에 기존의 자본에 대한 감가상각이 늘어나 대체투자가 증가하므로 총투자에 미치는 최종적인 영향이 모호하기 때문이다.

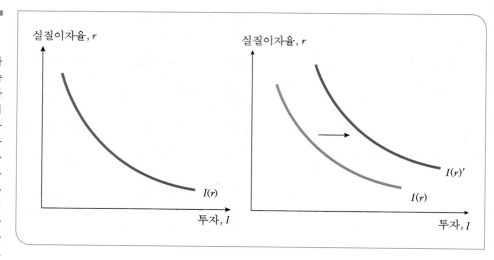

그림 16-4
투자함수

왼쪽 그래프는 실질이자율과 투자의 역관계를 보여준다. 즉 실질이자율이 증가함에 따라 투자의 기회비용이 상승하기 때문에 실질이자율이 증가하면 투자는 감소한다. 또한 자본의 한계생산물(MPK)이 증가한다면 투자함수는 오른쪽으로 이동한다. 이는 오른쪽 그래프에 표현되어 있다. 기업의 입장에서 자본의 한계생산물(MPK)이 증가하면 동일한 실질이자율 수준에서 더 많은 투자의 유인이 발생하기 때문이다. 한편, 자본재의 실질가격이 하락하여도 투자함수는 오른쪽으로 이동하여 자본의 한계생산물(MPK)이 증가한 것과 같은 결과를 낳는다.

〈그림 16-4〉는 실질이자율과 투자의 역관계를 보여준다. 즉 실질이자율이 증가하면 투자는 감소한다. 자본의 한계생산물(MPK)이 증가하거나 자본재의 실질가격이 하락하면 투자함수는 오른쪽으로 이동한다. 만일 정부가 기업의 투자에 대하여 보조금을 지불하거나 투자에 대한 세금을 줄여 준다면 자본재의 구입 가격이 하락하는 것과 같은 효과이므로 투자함수는 오른쪽으로 이동한다.

2 조세와 투자

이제, 기업에 조세가 부과되는 경우 기업의 투자 결정에 어떠한 영향을 미치는지 살펴보자. 이윤극대화를 추구하는 기업은 조세를 납부한 후의 이윤을 극대화시키게 된다. 따라서 최적 자본량을 결정할 때 기업은 조세를 하나의 비용으로 인식하게 된다.

앞에서 배운 조세가 부과되지 않을 때의 기업의 투자결정 문제를 보면 최적 자본량은 자본의 한계생산물(MPK)과 자본의 실질한계비용 $\frac{P_K}{P}(r+\delta)$이 같아지는 균형점에서 결정된다. 이제 생산기업의 총수입(total revenue)에 τ만큼의 세율로 조세가 부과된다고 하자. 그렇다면 생산기업이 직면하는 세후 자본의 한계생산물은 $(1-\tau)MPK$가 될 것이고 조세 부과 후 최적 자본량을 결정하는 균형조건은 다음과 같다.

$$(1-\tau)MPK = \frac{P_K}{P}(r+\delta)$$

즉 세후 자본의 한계생산물과 자본의 실질사용자비용이 같아지는 점에서 최적 자본량이 결정된다. 위 식을 다시 변형하면 $MPK = \dfrac{r+\delta}{1-\tau} \cdot \dfrac{P_K}{P}$ 이고 우변은 세후 자본의 실질사용자비용(tax-adjusted user cost of capital)이라고 부른다. 만일 세율(τ)이 증가하여 세금 조정 후 자본의 실질사용자비용이 자본의 한계생산물(MPK) 보다 크게 되면 기업이 균형자본량을 줄여 자본의 한계생산물을 늘려야 최적조건이 만족된다. 즉 세율의 증가는 균형자본량을 감소시킨다. 또한 앞 절에서 살펴본 바와 마찬가지로 이 경우 투자는 자본의 한계생산물과 세후 자본의 실질사용자비용의 차이에 의해 결정된다. 다시 말해서, 자본의 한계생산물이 세후 자본의 실질사용자비용보다 큰 경우 최적자본량이 현재의 자본량보다 크기 때문에 투자(I)가 증가하게 되고 반대의 경우는 투자가 감소한다.

지금까지는 기업의 수입(revenue)에 조세를 부과하는 경우를 살펴보았는데 기업의 이윤(profit)에 조세를 부과하는 경우는 좀 더 복잡하다. 기업의 이윤은 총수입에서 노동과 자본에 대한 생산요소비용을 제외하고 결정되므로 조세 부과가 가능해지는 기업의 이윤의 크기는 결국 기업이 어느 정도 투자하는가에 의존하기 때문이다. 기업이 새로운 자본을 구입한 경우 그 자본을 사용하거나 시간이 지날수록 그 자본이 마모되거나 손실되는 부분이 생길 수밖에 없다. 이렇게 감가되는 자본의 가치를 일정한 방법에 따라 매년 계산하여 감가상각충당금(depreciation allowances)의 형태로 비용으로 처리하게 된다. 따라서 신규 자본의 구입 시 취득가액 외에 감가상각충당금이라는 계정을 따로 만들어 이를 세무상의 비용으로 처리하게 되므로 이는 조세부과 대상이 되는 기업의 이윤을 감소시키는 효과를 가져 온다. 따라서 기업은 감가상각충당금을 통해서 세액 공제(deduction)를 받을 수 있다.

투자세액공제(investment tax credit)도 기업의 세액을 줄일 수 있는 조세 규정이다. 투자세액공제는 투자를 촉진할 필요가 있는 사업 분야에 투자했을 때 투자액의 일정 비율에 해당하는 금액을 산출세액에서 공제해 주는 제도로 기업이 신규 자본재 구입가격의 일정비율을 세액에서 바로 감면 받을 수 있게 해준다. 예를 들면, 투자세액공제비율이 10%이고 신규 자본재 구입 가격이 100만원인 경우 신규 자본을 구입한 해에 10만원(=100만원×0.1)만큼 세액 감면을 받을 수 있다. 많은 경제학자들은 투자세액공제가 투자에 비례해서 세액공제를 증가시키므로 투자를 촉진하는데 효과적이라고 보고 있다.

많은 나라에서 기업의 이윤에 대하여 법인세(corporate income tax)를 부과하고 있다. 법인세가 기업의 투자결정에 어떠한 영향을 미치는지는 세법상 이윤을 어떻게 정의하는가에 달려있다. 앞 절에서 정의한대로 임대기업의 이윤을 자본의 실질한계수입인 실질임대가격에서 자본의 실질한계비용을 뺀 것이라고 하자. 여기에 법인세가 부과되어 임대기업의 이윤의 일부가 세금으로 납부되더라도 법인세가 임대기업의 수입과 비용에 미치는 효과는 동일하기 때문에 임대기업의 이윤극대화 조건은 변하지 않고 자본의 실질임대가격이 실질한계비용을 초과하는 한 투자는 이루어지게 될 것이다. 마찬가지로 생산기업에 대해서도 기업의 이윤에 부과되는 법인세는 이윤극대화 조건을 변화시키지 않는다. 따라서 이 경우 법인세는 기업의 투자유인을 변화시키지 못한다. 하지만 감가상각이 자본의 구입 당시 가격(취득원가)에 대해 일정 비율로 결정되는 경우 법인세가 기업의 투자 유인을 변화시킬 수 있다. 인플레이션이 발생하여 자본재의 가격이 상승하였다고 하자. 인플레이션으로 인해 마모된 자본재의 충당비용이 높아졌음에도 자본재의 취득원가에 따라 이미 결정된 감가상각비는 이를 반영하지 못하였기 때문에 이 경우 세법상 기업의 이윤을 과대측정하게 된다. 따라서 이 경우 법인세 부과는 기업의 투자 유인을 감소시키는 결과를 가져온다.

현실 경제에서 세법은 간단하지 않다. 다양한 형태의 조세가 존재하고 그 조세규정도 다양하며 또한 시기별로 세율도 다르다. 이런 복잡한 세법 구조 하에서 경제학자들은 기업의 투자 유인에 영향을 미치는 조세 부담(tax burden)을 하나의 수치로 측정하고자 하는데 이를 실효세율(effective tax rate)이라고 한다. 즉 세법상 기업이 직면하는 실제 세율이라고 할 수 있다. 따라서 세법의 변화로 인하여 실효세율이 증가하는 경우 이는 기업의 수입에 대한 세금의 증가로 세후 자본의 실질사용자비용이 증가하여 균형자본량은 감소하는 결과를 가져온다.

3 투자의 q이론

경제학자 토빈(James Tobin)은 자본시장과 실물시장을 연결하여 투자의 결정을 설명하는 투자의 q이론을 고안하였고 이는 토빈의 q이론이라고도 한다. 토빈은 q라는 변수를 정의하여 개별기업이 자본시장과 실물시장의 지표를 통해 어떻게 투자의 결정을 내리는지 살펴보았다.

$$q = \frac{\text{설치된 자본의 시장가치(주식의 총가치)}}{\text{자본재의 대체비용}}$$

위의 식에서 분자의 "설치된 자본의 시장가치(market value of installed capital)"는 이

기업이 이미 가지고 있는 자본을 이용하여 미래에 올리게 될 모든 수익의 총합과 같다. 주식시장에서는 이러한 방법으로 기업의 가치를 측정하므로 이는 주식시장에서 평가된 주식의 총가치와 같다고 볼 수 있다. 반면에 분모의 "자본재의 대체비용(replacement cost of installed capital)"은 현재의 시점에서 자본을 새로 구입할 경우의 비용을 표시한다.

토빈은 q가 1과 일치할 때 최적의 자본량이 유지되며 q의 크기와 순투자가 정(+)의 관계에 있다고 하였다.

$$I_t = I_N(q), \quad I' > 0$$
$$(+)$$

즉 기업의 입장에서 q가 1보다 크면 자본량을 늘리고, 순투자를 늘리게 된다. 예를 들어 어느 한 생산기업의 q가 2의 값을 갖는다고 하자. 이는 설치된 자본의 시장가치가 지금 이 기업이 자본재를 새로 설치하는 데 들어가는 비용보다 2배 크다는 것을 의미한다. 예컨대, 이 기업이 100억원의 신규 자금을 조달하여 자본재를 구입하여 설치하면 기업의 총가치를 200억원만큼 높일 수 있다는 것이다. 따라서 기업은 신규 자본재를 구입하여 생산에 투입할 것이다. 즉 q가 높다는 것은 새로운 투자에 대한 유인(incentive)이 크다는 것을 의미한다. 이때 기업의 투자결정은 다음과 같다.

$$q > 1 \Rightarrow \Delta K_t = K_t - K_{t-1} > 0 : 순투자증가$$
$$q < 1 \Rightarrow \Delta K_t = K_t - K_{t-1} < 0 : 순투자감소$$

신고전학파이론과 q이론을 비교해보자. q이론은 실제로 관측할 수 있는 두 변수들로 형성한 q를 바탕으로 기업의 투자를 설명하여 현실 경제에서 적용이 용이하다. 이는 신고전학파이론이 실제로 관측되지 않는 지표인 자본의 한계생산물(MPK)과 자본의 실질사용자비용$\left(\frac{P_K}{P}(r+\delta)\right)$을 비교하여 투자를 결정하는 것과 대조적이다. 그러나 두 이론은 실제로는 밀접하게 연관이 되어 있다. 자본의 한계생산물(MPK)이 갑자기 높아졌다고 하자. 신고전학파이론에서는 투자 한 단위의 이윤이 증가하므로 투자를 늘리게 된다. q이론에서는 이윤의 증가가 주식 가격의 상승으로 나타날 것이므로 q값의 상승으로 나타나고 기업은 투자를 늘릴 것이다. 이번에는 자본재의 실질가격$\left(\frac{P_K}{P}\right)$이 하락했다고 하자. 신고전파이론에서는 이 경우 자본의 사용자비용이 감소하여 투자가 증대된다. q이론에서는 분모에 해당하는 자본재의 대체비용이 감소하므로 q가 상승하고 이로 인해 기업은 투자를 늘릴 것이다. 마지막으로 실질이자율이 하락한다면 신고전파이론에서는 자본의 사용자비용이 감소하여 투자가 증대된다. q이론에서는 실질이자율의 하락이 채권 및 은행예금·적금 상품에 대한 수요를 주식에 대한 수요로 전환시킴으로써 주식가격을 상승시키고 이로 인해 q가 상승한다. 따라서 기업은 투자를 늘릴 것이다. 그러므로 두 이론은 관점만 달리할 뿐 실제로는 같은 원리에 입각해 있다고 할 수 있다.

4 재고투자의 결정

투자의 신고전학파이론과 q이론은 기업이 자본량을 조정하는 과정에서 발생하는 고정투자의 결정에 관한 이론들이다. 그러나 설비투자, 건설투자와 같은 고정투자를 결정하는 이론들은 재고투자를 설명하는 데 한계를 지닌다.

앞서 말했듯이 재고투자는 일정기간 동안 기업이 생산하였으나 같은 기간에 판매되지 않은 제품이다. 따라서 재고의 양이 증가하면 플러스 재고투자를, 재고의 양이 감소하면 마이너스 재고투자를 기록한다. 재고투자에는 ① 의도한 투자와 ② 의도하지 않은 투자가 있음을 이미 설명하였다. 의도하지 않은 투자는 판매부진 등으로 잔품이 쌓이는 경우 등으로 쉽게 그 예를 생각해 볼 수 있지만, 의도한 재고투자는 어떤 목적으로 이루어지는지에 대해 의문을 가질 수 있다.

가장 일반적인 재고투자의 유인은 생산의 평준화(production smoothing)이다. 기업들은 호황과 불황에 따라 변화하는 수요에 맞추어 생산량을 조절하기보다는, 불황기에는 판매할 양보다 더 많이 생산하여 재고로 보관하고 호황기에는 판매량보다 더 적게 생산하고 재고를 함께 공급함으로써 생산비용을 절감할 수 있다. 왜냐하면 생산량을 늘리는 경우 한계비용이 증가하기 때문에 생산량을 어느 한 기간에 집중하여 늘리는 것보다는 여러 기간에 걸쳐 균일하게 유지하는 것이 비용의 측면에서 바람직하기 때문이다.

재고투자의 두 번째 유인은 재고소진의 기피(stock-out avoidance)에 있다. 기업은 민간의 소비량을 예측하여 생산을 결정한다. 그러나 기업이 소비량을 매순간 정확하게 예측할 수는 없다. 예측이 빗나가서 수요량이 생산량보다 매우 큰 상황에서, 일정기간 동안 제품이 모두 판매되었다고 하자. 이때 기업이 갑자기 생산을 늘리지 못하여 재고마저 소진되는 경우가 발생하면 기업은 이윤을 증가시킬 기회를 잃게 된다. 따라서 기업은 이런 재고 보유의 비용이 있음에도 불구하고 갑작스러운 수요의 증가에 대비하여 재고를 보유할 필요가 있다. 생산의 평준화모형에 의하면 경기불황기에 재고가 늘어나고 경기호황기에는 재고가 감소하게 된다. 그러나 재고 소진 기피모형에 따르면 경기호황기에도 수요의 불확실성이 크다면 생산량을 늘림과 동시에 재고의 축적도 더 증가시킬 수 있다.

재고투자의 세 번째 유인은 재고에는 아직 완성되지 않은 상품이 포함되어 있기 때문에 발생한다. 상품을 생산하는 과정이 복잡하게 분할되어 있으므로 일정 시점에서는 부분적으로만 완성된 상품이 존재할 수 있다. 이때 이 상품은 재고로 처리되고 이런 재고를 진행중인 작업(work in process)이라고 한다.

5 주택투자

건설투자는 총고정자본형성의 한 형태이다. 본 절에서는 건설투자 중에서도 가장 중요한 부분 중 하나인 주택투자에 대해서 알아보고자 한다. 여기서의 주택투자는 신규주택의 구입을 의미한다. 기존주택의 거래는 주택투자에 포함되지 않는다. 하지만 가계는 기존주택을 우선적으로 수요한다. 왜냐하면 주택이 새로 건설되기 위해서는 상당한 시간이 소요되기 때문이다. 설비투자의 경우와 마찬가지로 임대를 목적으로 주택을 구입할 수도 있으나 논의를 단순하게 하기 위하여 실거주자인 가계가 주택을 구입하는 경우를 생각해 보자.

우선, 기존주택에 대한 수요와 공급의 분석이 필요하다.[7] 기존주택에 대한 수요는 주택을 보유하였을 때 얻을 수 있는 수익을 고려하여 결정된다. 〈그림 16-5〉에서 보듯이 주택 수요곡선은 주택의 실질매매가격에 대해 우하향하는 곡선이다. 주택의 실질매매가격이 높으면 주택의 수요는 감소할 수밖에 없다. 이미 지적한 대로 신규주택을 짓기 위해서는 상당한 시간이 요구되므로 기존 주택의 공급(S_H)은 단기에서는 이미 지어진 주택의 양에 고정되어 있는 수직선으로 표시할 수 있다. 기존주택의 균형가격은 수요와 공급이 만나는 점에서 결정된다. 신규주택의 공급(I_H)도 이 가격에서 미래의 수익을 고려하여 신규주택 공급업자들에 의해 결정된다. 신규주택의 공급량은 기존주택의 양에 비해서는 매우 작다.

신규주택의 공급을 결정하는 요인들은 여러 가지가 있다. 첫째, 기존주택의 가격(P_H)이다. 기존주택의 가격이 높을수록 신규주택에 대한 공급은 늘어날 것이다.

---

7 이하의 논의는 N. Gregory Mankiw의 Macroeconomics (6th Ed.) Ch. 17-2의 설명방법을 참조하였다.

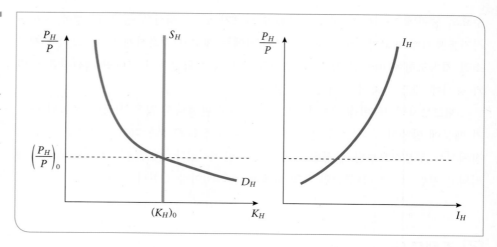

그림 16-5

기존주택의 가격결정 및 신규주택투자

기존주택의 수요곡선은 주택의 실질매매가격에 대해 우하향하고 기존주택의 공급은 단기에 고정되어 있어 수직선이다. 기존주택의 균형가격은 수요와 공급이 만나는 점에서 결정된다. 신규주택의 공급도 이 가격에서 미래의 수익을 고려하여 결정되므로 주택의 실질매매가격에 대하여 우상향하는 곡선으로 나타난다.

어떠한 이유로 주택에 대한 수요가 늘어나게 되면 단기적으로 주택 수요곡선이 우상향 이동하게 되어 주택의 균형가격이 상승하게 된다. 이때 기존주택의 단기 공급곡선은 수직이기 때문에 단기에서 균형주택량은 변함이 없으나 건설업자는 주택의 가격이 상승하였기 때문에 신규주택 공급곡선을 따라 공급량을 늘리게 된다. 따라서 신규주택의 공급곡선은 기존주택의 가격에 대하여 우상향하는 곡선으로 나타낼 수 있다.

실제로는 기존주택의 현재가격보다 앞으로 건설 후 판매시의 예상가격이 신규주택의 공급에 영향을 미치는데 신규주택의 예상가격은 미래의 주택에 대한 수요에 의해서 영향을 받게 된다. 주택수요의 변동 요인으로 여러 가지를 생각해 볼 수 있는데, 가계의 소득이 증가한 경우 또는 세제 혜택 등으로 주택의 실질구입가격이 하락한 경우 주택수요는 증가하게 된다. 또 인구구조의 변화가 주택수요를 변화시킬 수 있는데 베이비붐, 이민과 같이 인구가 증가하면 주택수요가 증가한다. 그리고 채권, 주식 등 다른 자산의 수익률이 하락하면 자산 보유로서의 주택의 상대적인 기대수익률이 높아져 주택수요가 늘어날 수 있다. 또한 주택대출 이자율이 하락하는 경우 가계의 입장에서 주택 자금 마련 비용이 낮아져 주택의 수요가 늘어날 수 있다.

둘째, 주택 건설에 필요한 비용도 신규주택의 공급을 결정할 수 있다. 주택 건설을 위해서는 토지와 함께 많은 건설 자재가 필요하기 때문에 토지가격과 건설자재가격은 신규주택 공급에 영향을 미치게 된다. 토지가격 혹은 건설자재가격의 상승으로 주택의 생산비용이 증가하면 신규주택의 공급은 감소한다.

주택의 판매가격 외에 토지가격이나 건설자재가격이 일반물가수준(P)과 같다고 한다면[8] 결국 신규주택의 공급은 주택의 실질가격$\left(\dfrac{P_H}{P}\right)$ 혹은 상대가격에 의해 결정된다고 볼 수 있는데 이는 토빈의 q이론과 같은 맥락이다. 토빈의 q이론은 기업의 고정투자가 설치되어 있는 자본의 시장가치와 자본의 대체비용(생산비용) 사이의 비율에 의해 결정된다는 것인데, 주택의 실질가격은 곧 주택의 시장가치와 주택의 생산비용의 비를 의미하므로 토빈의 q와 같은 방식으로 이해할 수 있다.

전세 또는 월세로 임대하기 위하여 주택을 구입하는 경우를 고려하면 주택의 수요, 공급에 임대가격이 중요한 역할을 하게 된다. 주어진 매매가격에서 임대가격이 높아지면 주택 소유자가 받게 되는 월세가 높아지거나 또는 전세금의 이자소득이 증가하기 때문에 임대를 목적으로 주택을 구입하려는 수요가 늘어나게 된다. 또한 이 경우에 전세 세입자로 살던 가계도 주택을 구입하려 하기 때문에 주택에 대한 수요가 증가하게 된다.

6 신용제약과 기업투자

자본의 사용자비용 이론이나 투자의 q이론은 이윤이 0보다 큰 투자 프로젝트가 있다면 기업이 자본량을 늘려 생산을 증가시킬 것으로 가정하고 있다. 즉 기업의 현금흐름(cash flow)이 충분하지 않더라도 주어진 이자율에 자금을 빌려 자본재를 구입하는 데 아무런 제약이 없다고 가정하고 있다. 그러나 현실에서는 자본시장에서 주식이나 채권을 발행하거나 은행 대출을 통해 원하는 만큼의 신규 투자자금을 조달하지 못하는 경우가 종종 발생한다. 이 경우 기업의 투자는 신용의 이용가능정도(credit availability)에 영향을 받게 된다. 즉 신용이 풍부하게 이용 가능할 경우 필요한 자금을 조달하여 투자를 행하지만 그렇지 않은 경우에는 투자를 통해 이윤을 창출할 기회가 있음에도 불구하고 투자를 행할 수 없게 된다. 현금흐름의 크기가 작거나 은행으로부터 자금 조달이 어려운 기업일수록 투자가 신용의 이용가능정도에 민감하게 영향을 받는다.

특히 중소기업의 경우, 신용제약의 정도가 심하기 때문에 투자를 늘리는 데 한계가 있다. 현실적으로 금융기관이나 자본시장의 투자자들이 모든 중소기업의 수익과 전망을 정확히 평가하기는 힘들다. 우수한 기술과 경영기법을 가지고 사업 전망이 아무리 좋은 중소기업이라 하더라도, 투자수익은 단기적이기보다는 장기적으로

---

8 토지가격과 건설자재가격이 일반물가와 반드시 같다고 볼 수는 없으나 건설자재가 여러 산업에 걸쳐 매우 다양하고 일반물가가 건설비용과 밀접한 관련이 있기 때문에 일반물가수준(P)을 주택 건설비용이라고 해도 논의에 큰 무리는 없다.

결정되므로 불확실성이 존재하기 때문이다. 따라서 금융기관은 장기적으로 돈을 새로 빌려 주거나 추가로 돈을 빌려 줄 때, 각 기업의 상태를 정확하게 판단하기 어렵기 마련이다. 이때, 금융기관은 담보 또는 보증인을 요구하게 된다. 담보는 해당 기업이 채무이행을 하지 못할 경우 대신 몰수할 수 있는 자산을 의미한다. 보증인은 해당 기업이 채무이행을 하지 못할 경우 대신 채무이행을 하게 된다. 그러나 규모가 작은 중소기업일수록 담보나 보증인을 제공하기 힘들고 따라서 외부 자금조달에 제약을 받게 된다.

　신용제약을 받는 기업들이 많은 경제에서는 금융기관들이 대출을 갑작스럽게 줄이게 되면 신용경색(credit crunch)현상이 발생하고 기업들의 투자가 크게 줄어들게 된다. 신용경색이란 갑작스럽게 자금의 공급이 위축되어 기업이나 가계가 자금 조달에 크게 어려움을 겪는 경우를 말한다. 은행들은 경기호황기에는 높은 수익률을 얻게 되므로 과도하게 대출을 하고, 불황기에는 수익률이 낮아지고 위험이 증가하므로 급격하게 대출을 줄이는 경향이 있다.

　신용제약이 있다고 해서 정부가 금융시장 자금의 배분에 직접 개입하여야 하는 것은 아니다. 투자 프로젝트를 어떻게 평가하고 선발하며 얼마나 지원할 것인지에 대한 기준을 정부가 마련하는 것은 쉽지 않기 때문이다. 또, 과거 벤처기업의 육성정책에서 볼 수 있듯이, 정부의 직접적인 개입으로 인해 기대수익이 별로 높지 않은 벤처기업들이 고위험 프로젝트를 추구하는 도덕적 해이의 문제가 발생할 수 있다. 정부의 지원금을 받은 기업들은 투자에서 실패할지라도 관행적으로 정부가 사후에 개입하여 구제해 줄 것이라 믿기 때문이다.

정리

1. 투자는 순투자와 대체투자로 분류하거나 또는 총고정자본형성과 재고투자로 분류한다. 후자의 분류법에서 총고정자본형성은 건설투자와 설비투자를 포함한다.

2. 투자의 신고전학파모형에 의하면 기업은 한계비용과 한계수입이 같아지는 점에서 투자의 최적점을 결정한다. 조겐슨은 임대기업의 한계비용을 자본의 사용자비용이라고 불렀다. 균형자본량과 투자의 결정은 자본의 사용자비용과 자본의 한계생산물(MPK)의 격차에 의해 결정된다.

3. 기업에 조세가 부과되는 경우 세후 자본의 한계생산물과 자본의 실질사용자비용이 같아지는 점에서 최적 자본량이 결정된다. 세율이 증가하여 세후 자본의 실질사용자비용이 자본의 한계생산물보다 큰 경우 최적자본량이 현재의 자본량보다 작기 때문에 투자가 감소한다.

4. 토빈은 설치된 자본의 시장가치와 자본재의 대체비용의 비율인 q를 이용하여 투자를 설명하였다. 기업은 q가 1보다 크면 순투자를 늘리게 된다.

5. 재고투자에는 의도한 재고투자와 의도하지 않은 재고투자가 있다. 재고투자의 동기에는 생산의 평준화, 재고 소진의 기피, 진행중인 작업 등이 있다.

6. 신규주택 투자는 미래의 신규주택의 예상가격에 영향을 받는다. 신규주택의 예상가격은 미래의 주택수요에 영향을 받는데, 주택수요의 변동 요인은 가계의 소득 변화, 세제 혜택, 또는 인구구조의 변화 등이 있다. 또 다른 신규주택의 건설비용 상승은 신규주택의 공급을 감소시킨다.

7. 현실에서는 자본시장에서 기업의 투자자금 조달이 원활하지 않을 수 있다. 이 경우 기업의 투자는 신용의 이용가능정도에 의하여 영향을 받게 된다. 현금흐름의 크기가 작거나 은행으로부터 자금 조달이 어려운 기업일수록 투자가 신용의 이용가능정도에 민감하게 영향을 받는다.

연습문제

exercise

1. 투자의 신고전학파 모형을 이용하여 다음의 변화가 투자에 미치는 영향을 설명하시오.

  1) 중앙은행의 단기 정책금리 상승

  2) 새로운 자본재 구입에 대한 세액의 일시적인 감면 조치

2. 기업은 매 기마다 생산량의 일정한 비율의 재고수준을 보유한다고 하자.

  1) 이러한 경제에서 기업의 재고투자는 생산량의 변화에 비례함을 보이시오.

  2) 재고투자의 변동성은 생산량의 변동성에 비해 훨씬 더 클 수 있음을 설명하시오.

3. 어느 한 경제의 기업투자는 은행으로부터의 차입금에 크게 의존한다고 하자. 은행은 기업의 자산을 담보로 대출한다. 갑자기 감추어졌던 기업들의 재무제표의 부실이 드러나면서 담보가치가 하락하고 일반 은행들의 재무제표도 부실해졌다고 하자.

  1) 은행은 기업에 대한 대출을 급격히 회수하고 신규 대출을 줄이고 있다. 이 경제의 기업투자와 국민소득이 어떻게 변화하는지 $IS-LM$곡선으로 설명하시오.

  2) 위와 같은 신용경색(credit crunch)현상의 발생을 예방하기 위해서는 어떠한 제도적 보완장치가 필요하겠는가?

4. 생산함수가 다음과 같은 형태라고 하자.

$$Y=K^{1/2}L^{1/2}$$

  여기서 Y, K, L은 각각 생산량, 자본, 노동을 나타낸다. $K=81$이고 $L=100$이라고 하고 자본의 감가상각률은 20%이며 자본의 가격은 생산물의 가격과 동일하다고 하자. 기업은 생산량의 50%에 해당하는 세금을 지불한다고 하자.

  1) 자본의 한계생산물은 얼마인가?

  2) 세금이 조정된 자본의 사용자 비용(tax adjusted user cost of capital)은 $\frac{r+\delta}{1-\tau}\cdot P_k$와 같다. 이 경제에서 이 수치는 얼마인가? (단, r은 실질 이자율, δ은 자본의 감가상각률 τ은 세율, P_k는 자본의 가격을 나타낸다) 실질 이자율 (r)의 함수로 표시하시오.

3) 다음 기에도 노동량이 100으로 유지된다면 다음 기의 적정 자본량은 얼마인가? 실질 이자율의 함수로 표시하시오.

4) 이 경제의 실질 이자율이 5%라고 하자. 이번 기의 적정 투자량의 크기를 구하시오.

5) 이제 자본의 가격 P_k가 최종 생산물의 가격(P)과 동일하지 않고 상대가격(P_k/P)이 갑자기 상승한다고 하자. 적정 자본량과 투자량은 어떻게 변화하는가?

Macroeconomics

제17장
정부 재정

이번 장에서는 경제주체의 하나인 정부의 재정에 관하여 살펴본다. 정부는 재정지출을 통해 소비 및 투자활동을 하고 공공재 공급은 물론 경기 안정화 기능을 한다. 또한 세금, 공채발행, 통화량 증발의 방법으로 이를 위한 재원을 조달한다. 우리는 정부의 재정과 관련된 기본적인 사실들을 살펴볼 것이다. 또한 정부의 재원 조달방법에 대해 설명하고 정부지출 및 적자재정의 경제적 효과를 검토한다.

정부의 재정과 몇 가지 사실들

정부 재정은 한 국가의 살림살이를 말한다. 정부도 가계나 기업과 마찬가지로 소비와 투자 활동을 하고 이를 위한 재원을 조달한다. 이처럼 정부 재정에는 지출부문과 수입부문이 있다. 〈그림 17-1〉은 정부의 지출부문과 수입부문의 세부 항목을 나타낸 것이다. 정부지출은 정부구매(government purchases)와 이전지출(transfer payments), 이자지급(net interest payments)으로 구성된다. 정부구매는 정부의 소비지출과 투자지출로 구성되어 있는데, 정부가 재화나 서비스를 구입하여 사용하거나 도로, 댐을 건설하는 등 공공자본재를 만드는 것을 말한다. 또한 이전지출은 연금, 사회복지 및 실업 수당과 같이 정부로부터 민간에게 구매력이 바로 이전되는 것을 말한다. 마지막으로 이자지급은 공채발행을 통해 생긴 이자를 지급하는 정부지출의 형태이다. 정부는 이와 같은 지출을 행하기 위해 민간으로부터 재원을 조달한다. 정부수입의 대부분은 조세를 통한 수입이다. 우리는 정부의 지출과 수입이 같아질 때 재정수지가 균형을 이루었다고 말한다. 정부는 지출이 수입을 초과하면 모자란

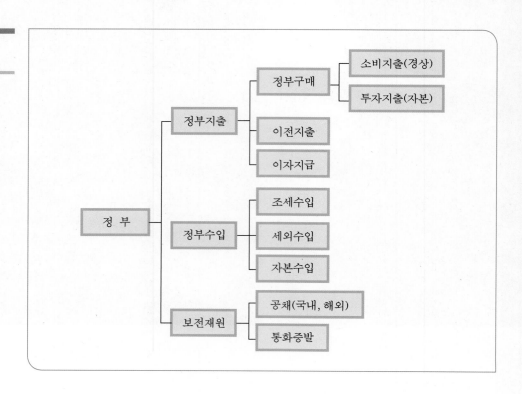

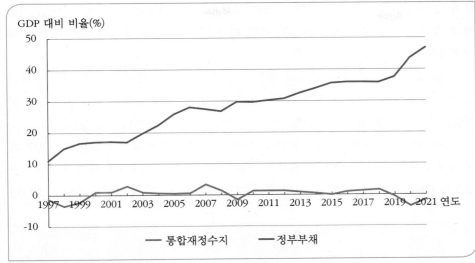

자료: 한국은행 경제통계시스템 및 e-나라지표

그림 17-2
통합재정수지와 정부부채:
한국(GDP 대비값, %)

한국의 통합재정수지는 2019
년부터 적자를 기록하고 있다.
정부부채의 GDP 대비 비율은
계속하여 상승하는 추세이다.

부분은 공채, 통화발행을 통해 충당하고 수입이 남는 경우는 과거에 발행한 공채를
상환하는 데 사용할 수 있다.

정부의 지출과 수입에 해당하는 살림살이를 구체적으로 살펴보기 위해 한국의
정부 재정을 예로 들어보자. 〈그림 17-2〉는 1997년부터 2021년 사이의 한국의 정
부지출과 수입 및 정부부채를 GDP 대비 비율로 나타낸 것이다.

우리는 총수입과 총지출의 차이를 재정수지라 하고, 총수입이 총지출보다 많으
면 재정흑자, 적으면 재정적자라고 부른다. 실제로 재정수지를 계산하는 방법은 다
양한데 한국의 경우 IMF의 재정통계 작성기준에 기초한 통합재정수지를 도입하여
사용하고 있다. 통합재정수지는 정부수입에서 정부지출을 뺀 수치인데, 이때 정부
지출에는 정부구매와 이전지출만이 포함되고 이자지급(net interest)부분은 제외된다.
이는 당해 연도의 정부의 재정활동에 관한 정보를 제공하는 데 초점을 맞추기 위한
것이다. 실제로 이자비용을 포함하여 재정수지를 계산하면 통합재정수지와 상이하
게 나타난다. 예를 들어 현재의 정부가 균형재정을 운영하고 있을지라도(이 경우, 통
합재정수지는 균형) 과거에 축적된 정부부채 등으로 많은 이자비용을 부담하고 있을
경우에 재정수지는 적자로 나타날 것이다.

정부의 지출이 수입을 초과할 때 재정적자라고 하였다. 재정적자는 매년마다
계산되는 개념으로 유량(flow)변수[1] 이다. 반면에 정부부채는 주어진 기간 동안 정

---

1 유량변수는 1달, 1년과 같이 일정기간에 걸쳐 측정되는 변수를 말하며 국내총생산(GDP), 국제수
지, 재정수지가 대표적인 유량변수이다.

부가 발행한 공채와 차입금을 모두 합한 것으로 저량(stock)변수[2]이다. 즉 어떤 시점에서 정부가 수입보다 많은 지출을 하여 재정적자가 발생하였다면 이때 발생한 재정적자는 정부부채를 증가시킨다.

〈그림 17-2〉를 보면 한국의 경우 정부부채의 GDP 대비 비율은 계속 증가하는 추세를 보이고 있다. 우리가 사용하는 IMF 기준의 국가채무는 정부가 보증한 공기업의 부채, 장래 정부가 부담할 수 있는 연금충담금은 포함하지 않는다.

〈표 17-1〉은 OECD 국가들의 2021년 정부부채를 비교한 자료이다. GDP 대비 정부부채의 비율은 256%인 일본부터 24%인 에스토니아까지 다양하게 분포되어 있으며 OECD 국가들의 평균 GDP 대비 정부부채비율은 90.4%이다. 한국은 59.6%

표 17-1
2021년 OECD 국가들의 정부부채 비율
(명목 GDP 대비, %)

국 가	정부부채비율 (GDP 대비)	국 가	정부부채비율 (GDP 대비)
일본	256.0	폴란드	68.1
그리스	224.3	네덜란드	66.4
이탈리아	172.5	아일랜드	65.3
미국	148.0	한국	59.6
포르투갈	143.7	스웨덴	58.7
스페인	142.7	루마니아	57.6
영국	142.6	라트비아	57.2
프랑스	137.7	멕시코	54.5
캐나다	134.1	리투아니아	50.9
벨기에	129.1	덴마크	50.3
오스트리아	101.1	노르웨이	48.9
슬로베니아	89.9	체코	48.4
헝가리	88.6	터키	43.6
호주	84.4	칠레	42.1
이스라엘	83.2	스위스	41.8
핀란드	82.3	룩셈부르크	31.0
슬로바키아	78.4	에스토니아	24.3
독일	77.4	OECD국가 평균	90.4

자료: OECD Economic Outlook(May 2023), General government gross financial liabilities

---

2 저량변수는 기간에 상관없이 특정 시점에서의 양을 나타내는 변수를 말하며 통화량, 외환보유고, 외채, 정부부채 등의 대표적인 저량변수이다.

로 상대적으로 낮은 정부부채비율을 갖고 있다.[3] 대부분의 국가들이 일정정도의 정부부채를 가지고 있으며 이는 과거 적자재정의 결과라고 할 수 있다.

정부지출의 경제적 효과   2

일반적인 정부지출의 효과를 먼저 살펴보자. 정부구입 증가 등으로 정부지출이 증가하면 우선 단기에서 총수요가 증가하고 생산이 증가한다. 그러나 정부지출의 증가에 따른 이자율 상승으로 민간의 소비와 투자가 감소하는 구축효과(crowding-out effect)가 발생할 수 있다. 또한, 정부지출을 위한 재원을 충당하기 위하여 소득세와 같은 조세를 증가시킬 경우 소비가 감소할 것이다. 만약 법인세를 인상한다면 투자가 감소할 것이다. 이러한 경로는 $IS-LM$모형의 분석을 통해 자세히 살펴본 바 있다.

정부지출은 민간의 효용을 증가시키는 긍정적인 영향을 주기도 한다. 정부지출을 통해 민간에게 공공재를 공급한 경우 민간 경제주체들은 정부의 공공 서비스에서 효용을 얻을 수 있다. 예를 들어, 정부가 공공 서비스로 정부보육시설, 정부급식, 공공 도서관 등을 제공하면, 민간의 효용은 증가할 수 있다. 그러나 정부의 서비스가 늘어남에 따라 민간 경제주체들의 민간소비가 항상 늘어나는 것은 아닐 수 있다. 왜냐하면 민간소비와 공공 서비스 사이에 대체관계가 존재할 수 있기 때문이다. 예컨대, 정부가 보육시설을 늘리면 민간 보육시설이 줄어들고 따라서 최종적으로는 보육시설에 대한 소비에는 큰 변화가 없을 수 있다.

또 한편으로, 정부지출을 통해 공급된 공공재가 생산에 생산요소로 투입될 경우 생산증대효과를 가져올 수도 있다. 이는 정부가 공공재를 공급함으로써 민간의 생산에 양(+)의 파급효과를 미치는 경우이다. 도로와 같은 공공자본이 잘 구비되어 있을 때, 생산과정에서 거래비용이 줄어들고 효율적인 생산을 달성할 수 있을 것이다. 또한 장기적으로 정부가 그 사회의 제도를 개선하는 노력을 통하여 생산성의 증가에 기여할 수도 있다.

---

3 한국의 2021년 GDP 대비 정부부채비율은 〈그림 17−2〉에서 46.9%, 〈표 17−1〉에서 59.6%로 차이가 있다. 이는 한국이 IMF의 국제기준을 따르는 반면, OECD는 ESA95/SNA93을 기준으로 삼고 있기 때문이다.

그러나 정부의 공공 서비스가 많이 공급되는 것이 반드시 바람직한 것은 아니다. 정부의 서비스가 늘어날 경우 그 부문에서는 규제도 심해지고, 민간부문이 시장에 자유롭게 진입하기 어려워지게 마련이다. 또한 정부가 공공 서비스를 공급하기 위해서는 재원이 필요한데, 정부가 이 재원을 민간에게 조세를 부과하여 충당한다면 민간부문에는 그만큼 자신들을 위해 사용할 재원이 감소하게 된다. 따라서 정부의 지출이 무조건적으로 옳다고 할 수는 없다. 정부는 적절한 시기에 적절한 기간 동안만 개입해야 할 것이다. 민간의 수요는 매우 다양해서 정부가 모든 수요를 충족할 수 없다는 점도 정부의 개입이 바람직하지 않을 수 있는 이유이다.

3 민간과 정부의 예산제약

경제주체들이 여러 기간에 걸친 의사결정을 하는 모형에서 정부지출의 효과를 분석하기 위해 2기간 모형에서 정부와 민간의 예산제약을 알아보자.[4]

1 정부의 예산제약

정부가 2기간에 걸쳐 조세수입을 통하여 정부지출을 행하고 있다고 가정하자. 이 정부가 1기초의 시작지점에 아무런 부채를 가지고 있지 않았다고 가정하면 이 정부의 1기에서의 예산제약식은 다음과 같다.

$$\frac{B_1}{P} = G_1 - T_1 \tag{17.1}$$

여기서 G_1과 T_1은 각각 1기에서의 정부지출과 정부 조세수입을 나타낸다. 정부지출이 조세수입을 능가하는 부분은 정부채권(B_1)을 발행하여 충당한다고 하자. 정부지출과 조세수입은 실질변수이고 정부채권은 명목변수로 표현하였다. 따라서 명목변수인 정부채권을 가격(P)으로 나누어, 모두 실질변수 사이의 관계식으로 나타낸다.

이때 2기에서의 정부의 예산제약식은 다음과 같다.

---

4 이 장의 부록에서는 다기간 모형으로 논의를 확장하였다.

$$T_2 = (1+r)\frac{B_1}{P} + G_2 \tag{17.2}$$

이 정부는 이제 2기의 조세수입(T_2)을 통해 정부지출(G_2)뿐 아니라 지난기의 부채에 대한 원금 및 이자$\left((1+r)\frac{B_1}{P}\right)$를 충당하여야 한다. 식 (17.2)는 실질변수들 간의 관계식이므로 이때 적용되는 이자율(r)도 실질이자율이다. 식 (17.1) 및 (17.2)에서 $\frac{B_1}{P}$을 소거하여 정부의 기간간 예산제약식을 수립하면 다음과 같아진다.

$$G_1 + \frac{G_2}{1+r} = T_1 + \frac{T_2}{1+r} \tag{17.3}$$

정부의 기간간 예산제약식은 두 기에 걸친 정부지출의 현재가치의 합이 정부수입의 현재가치의 합과 같은 것으로 표현된다. 논의를 간단히 하기 위해, 정부지출(G)은 민간생산이나 가계의 효용에 직접적인 영향을 미치지 않는다고 가정한다. 즉 정부는 공원, 도로와 같은 공공재를 생산하지 않고 오로지 행정적 지출(소비재 구입 및 인건비 지출)만 한다고 생각할 것이다. 따라서 정부지출이 아무리 늘어나도 민간이나 가계의 직접적인 의사결정에는 영향을 주지 않는다. 하지만 아래에서 살펴보겠지만, 정부지출은 민간의 예산제약에 영향을 줌으로써 간접적으로 민간의 의사결정에 영향을 미친다.

2 민간의 예산제약

정부의 예산제약식과 마찬가지로 민간의 예산제약식도 1기와 2기의 두 경우로 나누어 생각하여 보자. 이를 위해 하나의 대표적인 가계(변수는 소문자로 표기)를 상정하자. 대표 가계는 1기에 임금소득(w_1l_1)에서 소비(c_1)하고 남은 부분을 공채$\left(\frac{b_1}{P}\right)$로 보유한다. 공채보유는 저축으로 해석할 수 있다. 2기에는 저축이 없으므로 2기의 임금소득(w_2l_2)과 원금 및 이자소득$\left((1+r)\frac{b_1}{P}\right)$을 모두 소비한다.

$$\text{제 1 기}: c_1 + \frac{b_1}{P} = w_1l_1 - t_1 \tag{17.4}$$

$$\text{제 2 기}: c_2 = w_2l_2 - t_2 + (1+r)\frac{b_1}{P} \tag{17.5}$$

여기서 w_1과 w_2는 각 기의 실질임금을, l_1과 l_2는 각 기의 노동공급량을, t_1과 t_2는 각 기의 정액세를 나타낸다. 위의 식에서 $\frac{b_1}{P}=s$, $w_1l_1-t_1=y_1$, $w_2l_2-t_2=y_2$로 표기하면,

$c_1+s=y_1$, $c_2=y_2+(1+r)s$로 고쳐쓸 수 있고 이러한 가계의 예산제약은 이미 제15장에서 살펴보았다. 이제 두 기의 제약식을 한꺼번에 고려할 수 있는 기간간 제약식을 만들기 위해 식 (17.4)과 식 (17.5)에서 $\frac{b_1}{P}$을 소거하면, 다음의 식을 얻을 수 있다.

$$c_1+\frac{c_2}{1+r} = w_1l_1-t_1+\frac{w_2l_2-t_2}{1+r} \tag{17.6}$$

식 (17.6)은 가계의 현재 및 미래 소비의 현재가치의 총합이 현재 및 미래의 가처분소득의 현재가치의 총합과 일치함을 보여 준다. 저축은 각 기의 소비와 소득을 일치시킬 필요 없이 전생애에 걸친 현재가치의 총합만을 일치시키면 되는 형태로 예산제약식을 변화시키는 역할을 한다.

이제 경제전체(변수는 대문자로 표기)의 소비와 소득을 고려하기 위해, 식 (17.6)을 모든 가계에 대하여 합해 보자.

$$C_1+\frac{C_2}{1+r} = w_1L_1-T_1+\frac{w_2L_2-T_2}{1+r} = \left(w_1L_1+\frac{w_2L_2}{1+r}\right)-\left(T_1+\frac{T_2}{1+r}\right) \tag{17.7}$$

이때 C_1 및 C_2는 모든 소비자의 소비를 합한 것으로 경제전체 각 기에서의 소비량을 나타내며, L_1 및 L_2는 경제전체 각 기에서의 노동공급량을 나타낸다. 개별 소비자가 부담하는 조세액도 경제전체로 합해져서, T_1과 T_2로 표현되었다. 식 (17.7)을 보면 T_1과 T_2 값의 변화가 가계의 제약식에 영향을 미치는 것 같이 보이지만, $T_1+\frac{T_2}{1+r}$의 값을 변화시키지 않는 T_1과 T_2의 재조정은 가계의 제약식을 바꾸지 않는다. 예를 들어, T_1이 증가하여도 T_2가 감소하여 $T_1+\frac{T_2}{1+r}$이 변함이 없다면 가계의 예산제약식은 변화하지 않는다. 정부의 예산제약식 (17.3)을 가계의 예산제약식 (17.7)에 대입하면 다음과 같다.

$$C_1+\frac{C_2}{1+r} = \left(w_1L_1+\frac{w_2L_2}{1+r}\right)-\left(G_1+\frac{G_2}{1+r}\right) \tag{17.8}$$

식 (17.8)에 따르면 결국 정부의 행위와 관련하여 가계의 예산제약식에 영향을 미치는 것은 정부지출의 현재가치의 총합뿐이다. 특히, $G_1+\frac{G_2}{1+r}$가 변하지 않는 한, 1기와 2기의 조세의 재조정은 영향을 미치지 못함을 다시 한번 보여 주고 있다. 즉 식 (17.8)은 다음과 같은 의미를 갖는다.

소비의 현재가치 합계＝소득의 현재가치 합계－정부지출의 현재가치 합계

정부지출 증가의 효과 분석

4

위에서 우리는 궁극적으로 소비자의 의사결정에 영향을 미치는 것이 정부지출의 현재가치의 합임을 알았다. 이제 정부지출의 변화가 경제에 어떠한 영향을 주는지 분석해 보자.

1 정부지출의 증가가 영구적인 경우

만약 매기마다 정부지출이 증가한다면 어떻게 될 것인가? 식 (17.8)의 예산제약을 통해 생각해보면 정부지출의 영구적인 증가만큼 민간이 사용할 수 있는 가처분소득의 현재가치 합계가 감소하게 된다. 따라서 소비의 현재가치의 합도 그만큼 감소한다. 정부지출이 매년 같은 양만큼 증가하고 이를 위해 조세를 늘린다면, 이는 마치 소비자의 가처분소득이 매기 같은 양만큼 감소한 것으로 생각할 수 있다. 이러한 소득 감소는 항상소득의 감소이므로 소비를 감소시킨다. 나아가 항상소득에 대한 한계소비성향(MPC)이 1에 가깝다고 가정하면 민간소비(C)는 정부지출(G)의 증가분만큼 감소하게 된다. 이때, 단기에서 노동과 자본이 불변하여 생산이 일정한 수준에서 고정되어 있는 완전고용경제를 가정하면 정부지출의 증가는 민간소비를 완전히 구축한다. 〈그림 17-3〉의 (a)는 이와 같은 경우를 나타내었으며 이는 제2장에서 소개한 바와 같다. 여기서 영구적인 정부지출의 변화가 있을 때, 민간소비 감소분과 정부지출 증가분이 동일하기 때문에 총수요곡선은 이동하지 않는다. 그러므로 이자율, 투자의 변화 역시 없다.

이제 노동공급이 이자율에 대해 정(+)의 관계를 갖는다고 하자. 이자율 상승으로 노동공급이 증가하면 총공급이 증가하기 때문에 총공급곡선은 이자율-생산량의 좌표에서 우상향하는 선으로 표시할 수 있다.[5] 〈그림 17-3〉의 (b)에서 Y^S선은 이 경우를 보여 준다. 정부지출의 증가는 총수요곡선을 오른쪽으로 이동시켜 이자율을 상승시키고 이에 반응하여 노동공급도 증가하게 된다. 식 (17.8)에서 노동공급의 증가는 소비자의 소득의 크기를 증가시켜 소비지출을 늘릴 수 있다. 따라서

---

5 실질이자율의 상승은 미래임금의 현재가치와 비교하여 현재임금을 상대적으로 높이므로 현재의 노동공급을 증가시킨다. 제18장의 균형실물경기변동이론에서 노동의 기간간 대체가설을 참조하시오.

그림 17-3

(a) 완전고용경제에서
    정부지출의 영구적 증가

단기에서 노동과 자본이 불변
하여 생산이 일정한 수준에서
고정되어 있다고 할 때, 정부
지출의 영구적 증가는 민간소
비를 완전히 구축하여 총수요
곡선은 이동하지 않는다. 그러
므로 이자율, 투자의 변화 역
시 없다.

(b) 노동공급이
    이자율의 함수인 경우
    정부지출의 영구적 증가

이자율 상승으로 노동공급이
증가하면 총공급도 증가하기
때문에 총공급곡선은 우상향
한다. 이때 만약 정부지출의
증가가 이자율을 상승시킨다
면 이에 반응하여 노동공급도
증가하게 된다. 노동공급의 증
가는 소비자의 소득의 크기를
증가시켜 소비지출을 늘리므
로 총수요곡선은 우측으로 이
동한다.

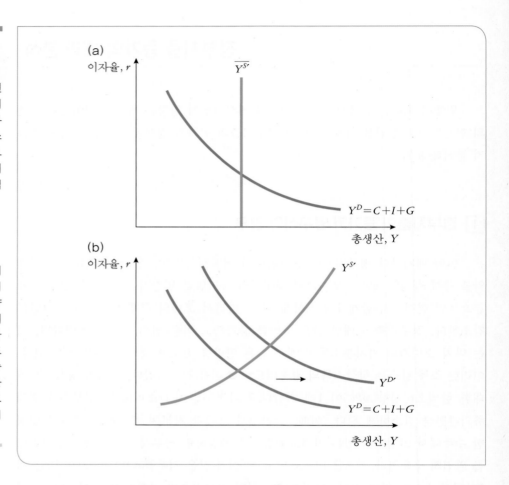

이 경우 소비는 정부지출 증가에 의해 완전히 구축되지 않아 총수요는 증가한다.
결국 총수요곡선은 오른쪽으로 이동한다. 총공급곡선은 우상향하므로 균형생산량
도 증가한다.[6]

　　미국의 경우, 1970년부터 2005년 사이의 실질 GDP의 증가율과 영구적인 정부
지출의 증가율 간의 상관계수는 −0.01로 나타났다. 정부지출을 늘릴 때 실제로는
총생산이 거의 늘어나지 않았다. 즉 영구적인 정부지출 증가가 생산에 미치는 효과
가 미미하다는 것이다.

---

6 정부지출의 증가가 세금증가분만큼 민간의 소득을 감소시키면, 노동공급에 음의 소득효과가 작
  용하여 여가를 줄이고 노동공급을 늘리게 된다. 이러한 노동공급의 소득효과를 고려하면 노동공
  급곡선은 우측으로 이동한다.

2 정부지출의 증가가 일시적인 경우

정부지출(G)의 상승이 영구적인 경우 정부지출의 증가분만큼 소비가 감소하는 것을 보았다. 그러나 정부지출의 증가가 일시적일 경우 가처분소득의 현재가치의 합은 크게 변화하지 않으므로 소비(C)의 감소는 상대적으로 작다. 특히 기간이 T기 간으로 매우 길고 정부지출은 1기에서만 증가했다고 생각하면, 이러한 변화가 가계의 예산제약에 미치는 영향은 매우 작을 것이다.[7] 따라서 정부지출의 일시적인 증가는 총수요곡선을 오른쪽으로 이동시킨다. 즉 $|\Delta C| < |\Delta G|$가 성립하므로 총수요곡선은 우측이동하는 것이다. 〈그림 17-4〉의 (a)는 이러한 경우를 나타낸다. 이때 노동공급이 불변이고 총공급곡선이 수직($\overline{Y^S}$)인 완전고용경제를 가정한다면, 생

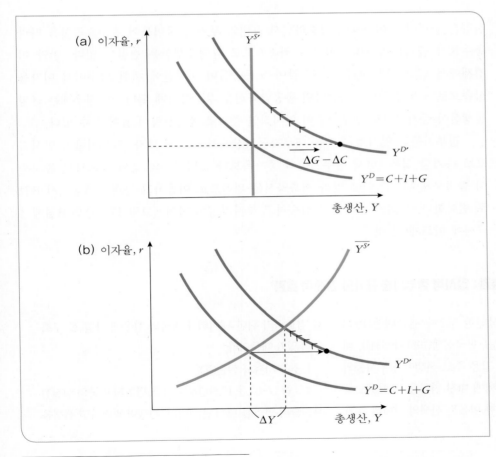

그림 **17-4**
정부지출의 증가가 일시적인 경우, 민간의 가처분 소득의 현재가치는 크게 감소하지 않으므로 이에 따른 소비(C)의 감소는 상대적으로 작다. 즉 | $\Delta C| < |\Delta G|$가 성립한다. 이 경우 총수요곡선이 오른쪽으로 이동하게 된다.

(a) 완전고용경제에서
    정부지출의 일시적 증가

완전고용경제에서 총수요곡선이 오른쪽으로 이동하면 이자율만 상승한다. 이자율이 상승해도 노동과 자본이 고정되어 있으므로 생산량은 완전고용생산량 수준에서 고정되어 있다.

(b) 노동공급이
    이자율의 함수인 경우
    정부지출의 일시적 증가

총수요곡선의 오른쪽 이동으로 이자율이 상승하고 이로 인해 노동공급이 증가하면 생산량이 증가한다. 즉 이자율과 생산량이 동시에 증가한다.

---

[7] 항상소득가설에 의해 일시적인 정부지출 증가는 평생(T기간)의 소비에 걸쳐 효과가 분산되므로 정책이 집행되는 기간 동안 가계의 소비감소는 정부지출 증가분에 비해 미미한 수준이다.

정부지출(G)이 일시적으로 증가할 때 소비(C)가 감소하는 폭은 상대적으로 작다. 따라서 총저축이 감소하게 된다($S_0 \to S_1$). 이 경우, 이자율이 상승하고 투자가 감소하여 균형을 이루게 된다.

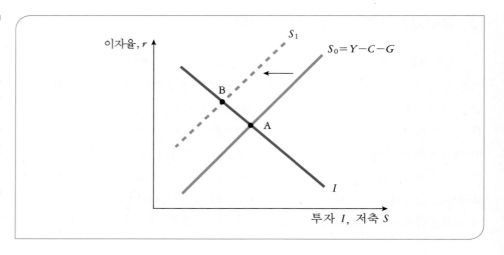

산량은 불변이고 이자율이 상승하면서 소비와 투자가 줄어들어 총수요곡선을 따라 총수요가 줄어들게 된다. 따라서 최종적으로 균형총생산은 변함이 없다. 만약 이 경제에서 〈그림 17-4〉의 (b)와 같이 노동공급이 이자율에 관한 함수여서 이자율 상승으로 노동공급이 증가한다면 총공급곡선은 우상향하게 된다. 이 경우에는 균형 총생산이 증가하므로 정부지출의 일시적인 증가로 총생산량이 늘어날 수 있다.

정부지출의 일시적 증가를 대부자금시장에서 분석해 보자. 정부지출이 일시적으로 증가할 경우, 현재 정부지출의 증가폭보다 소비감소의 폭이 작으므로 총저축이 감소하게 된다.[8] 이에 따라 저축곡선은 왼쪽으로 이동하고 균형은 A점에서 B점로 변화한다. 따라서 이자율이 상승하고 투자가 감소하여 〈그림 17-5〉의 B점에서 균형에 이르게 될 것이다.

전쟁의 경제적 효과: 일시적 정부지출 증가의 경제적 효과[9]

1930년 이후 미국이 참전한 제2차 세계대전(1943~1945년, 미국 참전기간 기준), 한국전쟁(1951~1953년), 베트남전쟁(1967~1968년)과 같은 주요 전쟁이 정부지출의 변화를 비롯하여 미국 경제에 미친 영향을 살펴보도록 하자. 미국의 사례를 인용한 이유는 전쟁의 경제적 효과를 검토하기 위한 데이터가 미국의 경우에 가장 잘 구축되어 있기 때문이다.

1. 정부지출과 실질GDP
〈그림 17-6〉은 1929년부터 2005년까지 미국의 실질정부지출의 변화를 나타낸 것이다. 전쟁이 일어나면 전쟁을

---

8 정부지출이 영구적인 경우에는 소비감소의 폭이 더 커지게 되고 이자율의 상승폭이 작아진다.
9 이 사례에 대한 자세한 내용은 Barro, 2007, *Macroeconomics*의 Chapter 12를 참조하시오.

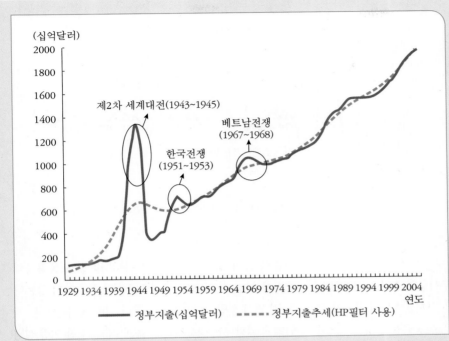

그림 17–6
미국의 실질 정부지출 변화
(2000년 달러 기준)
(1929~2005년)

(십억달러)

제2차 세계대전(1943~1945)

베트남전쟁
(1967~1968)

한국전쟁
(1951~1953)

1929 1934 1939 1944 1949 1954 1959 1964 1969 1974 1979 1984 1989 1994 1999 2004
연도

——— 정부지출(십억달러)   - - - - 정부지출추세(HP필터 사용)

자료 : Federal Reserve Economic Data(FRED)

수행하기 위한 재원을 마련하기 위해 정부는 일시적으로 정부지출을 늘게 된다. 여기서 점선은 사후적으로 그려본 정부지출의 추세[10]라고 할 수 있는데 이는 정부지출의 장기적인 변화 양상을 나타낸다. 정부지출은 단기적으로 추세에서 이탈하더라도 다시 추세로 복귀하므로 실제 정부지출과 추세와의 차이는 정부지출의 일시적인 변화로 생각할 수 있다. 즉 실제의 정부지출이 점선보다 위에 있는 경우는 정부지출의 일시적인 증가가, 아래에 있는 경우는 정부지출의 일시적인 감소가 있었다고 생각할 수 있다.

정부지출이 일시적으로 증가하는 경우 노동공급이 불변이라는 가정하에서 생산량은 변화하지 않고 일시적 가처분소득의 감소로 인해 경제주체들이 소비를 줄일 것이다. 이때 정부지출의 변화가 일시적이기 때문에 경제주체들의 항상소득에 미치는 영향은 미미하고 소비의 감소폭은 매우 작을 것이다. 실제로 미국 데이터를 통해 살펴보면 제2차 세계대전, 한국전쟁, 베트남전쟁 당시 소비는 거의 변화하지 않았다.[11] 또한 투자 역시 제2차 세계대전 당시에만 감소했을 뿐 나머지 전쟁들의 경우 뚜렷한 감소가 보이지 않았다. 그러나 완전고용이 항상 유지된다고 가정했을 때의 예측과 달리 실질 GDP는 3차례의 전쟁 때마다 증가하는 것을 확인할 수 있었다. 이론적 예측에서 생산량이 불변이라는 것은 노동공급이 불변이라는 가정하에서 기인한 것이다. 따라서 지금부터는 현실의 실질GDP 증가를 설명하기 위해 노동공급이 불변이라는 가정을 완화하고 정부지출의 증가가 노동공급에 영향을 준다고 생각해보자.

---

10 Hodrick-Prescott(HP) Filter를 이용하여 만든 추세이다.
11 전기 소비대비 1% 이하로 변동하였다.

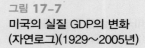

그림 17-7
미국의 실질 GDP의 변화
(자연로그)(1929~2005년)

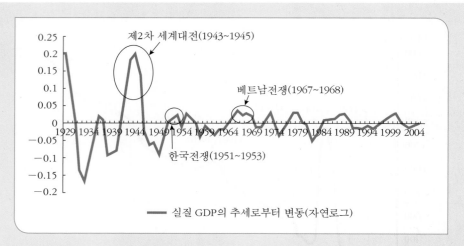

2. 전쟁과 노동공급

전쟁으로 인한 일시적인 정부지출의 증가는 민간의 노동공급을 늘릴 수 있다. 가계의 가처분소득의 감소가 음의 소득효과로 여가를 줄이고 노동공급을 늘리는 경로가 존재하기 때문이다. 또한, 이자율 상승은 여가의 기회비용을 크게 하므로 현재 노동의 공급을 늘리고 여가를 줄이는 유인으로 작용한다. 그러나 이러한 효과들이 과연 전쟁기간 중 노동공급의 상당한 증가를 설명할 수 있을 만큼 큰 것인가에는 의문이 제기된다.

뮬리건(Casey Mulligan)은 제2차 세계대전 기간의 노동공급의 증가를 연구하면서 전쟁 당시 노동공급의 증가를 소득의 감소를 원인으로 하는 금전상의 동기(pecuniary incentive)로 설명하기는 힘들고 오히려 애국심(patriotism)과 같은 비금전적 동기(non-pecuniary incentive)로 설명할 수 있다고 생각하였다.[12] 즉 전쟁 시에 사람들이 주어진 실질임금하에서 더욱 열심히 일하는 것을 국가를 위한 일종의 기여로 생각한다는 것이다. 이는

단순히 음의 소득효과 경로가 아니더라도 노동공급의 증가를 보일 수 있고, 전쟁으로 소비가 감소하지 않는다는 것 역시 설명할 수 있다. 그러나 이런 동기는 모든 개인에게 일관되게 적용된다고 볼 수 없고 또한 이런 설명이 모든 전쟁에 해당할 것인지에 대해서도 의문을 제기할 수 있을 것이다.

다른 관점에서 전쟁 시 노동공급의 증가를 설명할 수도 있다. 전쟁의 발생으로 인해 군사력이 필요하고 정부는 젊은 남성들을 군대로 징집할 것이다. 이로 인해 여성들의 노동공급에 영향을 줄 수 있다. 예를 들어 결혼한 부부 중에서 남편이 전쟁으로 징집될 경우 일하지 않던 여성이라도 생계를 꾸려나가기 위해 일시적으로라도 노동을 해야 할 것이며 경제 전체적으로는 노동공급이 증가할 것이다. 또 한, 젊은 미혼여성의 경우 결혼 시기가 연기되면서 노동공급이 늘어날 수 있으며 상대적으로 남성들의 노동공급이 군대로 집중되면서 여러 분야에서 여성의 노동공급이 증가할 수 있다.

12 Mulligan, Casey. 1998. "Pecuniary Incentives to Work in the United States during World War II." *Journal of Political Economy*, 106(5): 1033-1077.

재정적자와 재원조달 5

정부는 지출을 위하여 재원을 조달하여야 한다. 일반적으로 정부는 조세를 통해 정부지출의 재원을 마련한다. 정부의 수입과 지출이 같다면 균형재정이 유지된다. 하지만 정부는 공채발행과 통화증발을 통해서 재원을 조달하기도 한다. 즉 균형재정을 유지하기 위해 지출에 해당하는 만큼 매번 세금을 걷기보다는 재정적자를 감수하기도 한다. 이 경우 재정적자로 인해 부족해진 재원은 공채나 차입금과 같은 채무를 통해 해결한다. 여기서는 재원조달 방법에 따른 정부지출의 경제적 효과를 살펴보고 재정적자와 관련된 두 가지 견해를 비교해 볼 것이다.

1 재정적자의 보전과 경제적 효과

리카르도 등가정리

정부가 조세를 증가시키지 않고 공채를 발행하여 정부지출을 늘리는 경우를 생각해 보자. 이때 공채발행액만큼 재정적자가 발생할 것이다. 그런데 재정적자는 언젠가 보전되어야 한다. 즉 언젠가는 재정적자만큼 늘어난 빚을 청산해야만 하는 것이다. 예를 들어 경제를 2기 모형으로 단순화하여 생각해보자. 1기에 정부는 공채를 발행하여 가계에게 팔아서 재원조달을 할 수 있지만, 2기에는 정부가 가계에게 공채를 상환하여야 한다. 이를 위해 정부는 세금을 올릴 수밖에 없게 된다. 즉 정부가 1기의 재정적자를 공채로 해소하는 경우, 가계의 조세가 1기에 즉각적으로 증가하지는 않지만 2기에는 증가할 수밖에 없다. 결국 현재의 조세가 증가하지 않더라도 가계는 미래의 세금이 올라갈 것을 예상하기 때문에 가처분소득의 현재가치의 합계는 변하지 않는다.

이를 〈그림 17-8〉을 통해 살펴보자. 정부가 1기와 2기에 걸쳐 일정한 정부지출 G_1, G_2를 한다고 하자. 균형재정을 유지하기 위해 지출을 모두 세금으로 즉시 조달한다면 정부지출과 동일한 T_1, T_2의 세금을 걷어야 할 것이다. 이 경우를 그림에서 수평선으로 표시하고 있으며, $G_1 = T_1$, $G_2 = T_2$로 정부의 예산제약이 충족된다. 그러나 1기에 세금을 T_1'로 줄이고 부족한 지출인 $G_1 - T_1'$을 공채발행으로 조달한다고 하자. 공채발행을 통해 적자재정을 운용하더라도 결국 가계는 1기의 적자만큼 2기에 정부가 이를 보전하기 위해 세금을 T_2'로 올릴 것이라는 것을 알기 때문에, 1

그림 17-8
재원조달:
세금과 공채발행 비교

정부가 1기와 2기에 걸쳐 일정한 정부지출 G_1, G_2를 한다. 균형재정을 유지하기 위해 지출을 모두 세금으로 즉시 조달한다면 정부지출과 동일한 T_1, T_2의 세금을 걷어야 하며 수평선으로 표시된다. 그러나 1기에 세금을 T_1'로 줄이고 부족한 지출인 G_1-T_1'을 공채발행으로 조달하면 2기에 적자보전을 위해 세금을 T_2'로 증가시킨다.

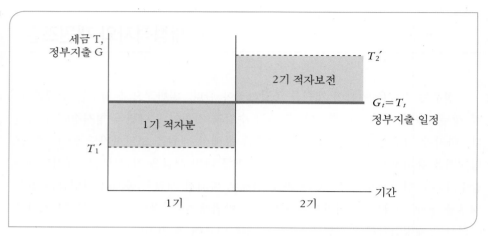

기에 가처분소득이 증가한 만큼 2기의 가처분소득의 현재가치가 하락하고 전생애에 걸친 가계의 예산제약조건에는 영향을 주지 않는다. 결국, 세금을 통한 재원조달과 공채를 통한 재원조달이 가계의 소비에 미치는 영향은 동일하다.

$$G_1+\frac{G_2}{1+r} = T_1+\frac{T_2}{1+r} = T_1'+\frac{T_2'}{1+r}$$

이 식은 위의 설명을 수식으로 나타낸 것이다. 즉 세금을 통한 재원조달(tax-financing)은 정부지출의 재원을 조달하기 위해 매기마다 필요한 부분만큼 세금으로 해결하는 것이고, 공채발행을 통한 재원조달(bond-financing)은 정부지출의 재원을 조달하기 위해 세금을 올리지 않고 채권을 발행하지만 실제로 2기에 적자보전을 위해 세금을 증가시키는 것이다. 결국 중요한 것은 정부지출의 현재가치의 합이며 세금을 언제 걷는가는 중요하지 않다. 왜냐하면 균형재정을 유지하며 매기에 세금을 걷는 경우$\left(T_1+\frac{T_2}{1+r}\right)$나 1기에 공채를 발행한 후 2기에 세금을 올리는 경우 $\left(T_1'+\frac{T_2'}{1+r}\right)$ 둘 다 현재가치의 합은 동일하여 정부의 예산제약식을 만족시키기 때문이다.

이와 같이 주어진 정부지출을 현재의 조세로 충당하든 같은 금액의 공채발행을 통한 적자재정으로 조달하든 경제에 미치는 효과는 동일하다는 주장을 리카르도 등가정리(Ricardian equivalence theorem)라고 한다. 리카르도 등가정리가 성립하는 이유는 민간의 입장에서 공채를 '미래의 조세'로 생각하기 때문이다. 현재의 세금과 미래의 세금은 시점만의 차이가 있을 뿐이고 합리적 기대를 하는 민간 경제주체들의 의사결정에는 똑같은 영향을 줄 것이다.

리카르도 등가정리에서 중요한 점은 정부지출은 동일하게 유지된다는 전제하에 재원조달에 대해서만 초점을 맞추고 있다는 것이다. 하지만 공채를 발행하여 정부지출도 함께 증가한다면 이러한 정부지출의 확대는 경제에 영향을 미치게 된다. 리카르도 등가정리의 핵심은 정부지출 확대의 무용성을 주장하는 것이 아니라 동일한 크기의 정부지출을 늘릴 때 세금을 늘리든 공채를 발행하든 같은 효과를 가진다는 것이다. 리카르도 등가정리가 등장하기 전에는 세금 대신 공채를 발행하면 세금증가로 인한 가처분소득의 감소효과가 없으므로 같은 크기의 정부지출도 그 효과가 더 클 것이라고 생각하였다. 하지만 리카르도 등가정리를 통해 공채발행 역시 전체 가처분소득의 현재가치를 감소시킨다는 면에서는 현재의 세금과 차이가 없다는 것을 이해할 수 있다. 따라서 공채와 세금이 같은 효과를 가진다는 것을 알 수 있다.

리카르도 등가정리의 비판

리카르도 등가정리가 성립하면 정부지출이 동일하게 유지되는 한 현재의 세금을 삭감하면서 적자재정을 운용하는 것이 경제에 영향을 주지 않음을 보았다. 하지만 이에 대해서는 많은 반론이 존재한다. 지금부터는 이러한 주장들을 살펴보도록 하자. 첫째, 민간 경제주체의 수명이 유한하여 예산제약식이 유한한 기간에만 성립하는 경우를 상정하자. 사람의 수명이 유한하다는 가정은 보다 현실적으로 보일 수 있다. 이때 경제주체들이 미래에 내는 세금은 내가 부담하는 것이 아니기에 고려하지 않는다고 생각한다면 리카르도 등가정리가 성립하지 않을 수 있다. 즉 민간이 자신의 계획기간 이후, 즉 수명이 다한 이후에 조세가 부과된다고 생각하면 이러한 미래의 조세는 내가 아닌 다른 사람이 부담할 것이라고 생각한다. 따라서 공채발행을 통해 재원을 조달한 경우, 민간은 이를 미래의 조세 증가로 생각하지 않을 것이므로 소득의 현재가치 합계가 증가한다고 판단하여 소비를 늘리게 된다. 장래 세금증가의 비용은 다른 사람이 부담하므로 자신의 편익은 늘어난다고 생각하는 것이다.

하지만 배로(Robert Barro)는 부모들이 자손의 효용까지 고려하여 경제적인 의사결정을 하게 되면 결국 미래에 발생하는 세금도 현재의 세금과 같은 효과를 가져오게 된다고 역설하였다.[13] 즉 부모들은 자손의 세금이 증가하는 경우 저축을 늘려 유산을 더 많이 남기려 할 것이다. 따라서 공채발행을 통해 현재의 세금이 감면되

---

13 Barro, Robert J. 1974. "Are Government Bonds Net Wealth?" *Journal of Political Economy*, 82(6): 1095-1118.

더라도 이렇게 증가한 가처분소득을 소비 증가에 사용하지 않고 저축을 증가시키므로 총수요에 영향을 주지 않는다. 그러나 어떤 소비자가 ① 자녀가 없거나, ② 자녀가 있더라도 미래에 이민을 가려고 계획하고 있거나, 혹은 ③ 미래세대의 대부분이 외국으로부터 유입된 이민세대일 경우를 고려한다면, 현재 소비자는 미래세대를 고려할 동기가 약화될 수 있다.

둘째, 소비자가 근시안적으로(myopia) 자신의 소비수준을 설정하는 경우 리카르도의 등가정리가 성립하지 않는다. 소비자들 중에는 자신의 수명 전반에 걸친 효용을 고려하는 합리적인 주체들 외에도 경험법칙(Rule of Thumb) 등과 같은 단기적인 의사결정에 의존하는 주체들도 존재한다. 이러한 소비자에게는 단기적인 가처분소득의 변화가 소비수준을 결정하는 가장 중요한 요인이 된다. 따라서 현재 단기적인 가처분소득수준에 변화를 주는 조세부과와 미래의 가처분소득에 영향을 주는 적자재정은 서로 다른 효과를 가져온다. 즉 리카르도의 등가정리가 성립하지 않는다.

셋째, 자본시장이 불완전한 경우에 리카르도 등가정리가 성립하지 않게 된다. 사실 리카르도의 등가정리가 성립하기 위해서는 자본시장이 완전하다는 가정이 필요하다. 먼저 자본시장이 완전한 경우를 살펴보자. 예를 들어 정부가 공채발행을 통한 적자재정을 실시하면서 현재의 조세를 1단위 감면시켰다고 하자. 민간은 현재의 세금이 1단위 줄었다고 생각할 수 있지만 리카르도 정리가 성립하는 경우, 결국 미래에 정부공채의 이자율까지 포함된 세금을 납부해야 할 것을 알기 때문에 민간의 예산제약식에는 변함이 없고 경제행위도 변하지 않을 것이다. 즉 다음 식이 성립한다.

$$T_1 + \frac{T_2}{1+r} = (T_1 - 1) + \frac{T_2 + (1+r) \cdot 1}{1+r}$$

좌변은 공채발행 전에 민간이 지불하였던 세금의 현재가치의 합이고 우변은 공채가 1단위 증가하여 현재의 세금이 $T_1 - 1$로 감면된 경우 세금의 현재가치의 합이다. 정부는 현재의 세금을 1단위 감면시킨 대신에 2기에 공채이자율을 더하여 조세를 $1 + r$만큼 증가시킨다. 민간이 적용하는 할인율이 공채이자율과 동일하므로 두 경우 조세의 현재가치의 합은 같다.

그러나 자본시장이 불완전한 경우 민간은 차입에 제약을 받을 수 있다. 또한 정부의 조세행위에 의해 부담되는 이자율과 실제 민간이 금융시장을 통해 적용받는 이자율에 차이가 있을 수 있다. 이제 민간이 적용하는 할인율이 민간금융시장의 차입이자율인 r'인 경우를 생각하자. 이 경우 다음 식이 성립한다.

$$T_1 + \frac{T_2}{1+r'} > (T_1 - 1) + \frac{T_2 + (1+r) \cdot 1}{1+r'} \left(= T_1 + \frac{T_2}{1+r'} - 1 + \frac{1+r}{1+r'} \right)$$

위 식에서 부등호가 성립하는 이유는 민간금융시장의 차입이자율(r')이 공채이자율(r)보다 커서 $\frac{1+r}{1+r'}$이 1보다 작기 때문이다. 결국 공채발행 이후 민간이 느끼는 조세의 현재가치의 합은 감소한 셈이다. 다시 말하면, 현재에 세금을 감면해 주고 정부 공채이자율로 계산하여 미래에 세금을 납부하도록 한다면 민간의 입장에서는 조세의 현재가치의 총합이 감소하여 자신을 부유하게 만들었다고 믿는 것이다.

이해를 돕기 위해 민간이 금융시장으로부터 정부의 이자율보다 높은 이자율로 돈을 빌리는 경우를 생각해보자. 민간의 입장에서 현재 1단위의 돈을 빌려 소비하려면, 미래에 1단위의 돈을 이자와 함께 상환해야 할 것이다. 이때 정부가 1단위의 세금을 삭감해 주는 경우를 민간이 정부로부터 1단위의 돈을 빌리는 경우로 바꾸어 생각해보자. 역시 민간은 이 돈을 미래에 정부에게 상환해야 하지만 정부 이자율이 금융시장의 이자율보다 낮기 때문에 민간의 입장에서는 정부의 세금 삭감이 소득의 현재가치의 합계(항상소득)를 증가시키는 효과를 가져오는 것이다.

자본시장의 불완전성과 관련하여 또 다른 문제는 유동성 제약이 있는 경우에 발생한다. 어떤 가계는 최적의 소비가 현재소득보다 커야 함에도 불구하고 민간금융시장의 불완전성에 의해 차입을 하지 못하여 자신의 소득 크기만큼만 소비하고 있을 수 있다. 이때 만약 정부가 현재 조세를 감면하고 미래의 조세를 증가시킨다면 정부가 신용을 제공하는 셈이 되고 이러한 가계는 소비를 늘릴 수 있다.

2 세율 평준화

리카르도 등가정리가 성립하면 정부가 세금을 줄이거나 늘리는 것이 경제전체에 아무런 영향을 주지 않는다는 것을 보았다. 그러나 이는 세금이 정액세(lump-sum tax)형태로 부과되어 경제에 왜곡을 주지 않는 경우에만 성립한다. 만약 정부가 정액세가 아닌 세금을 부과할 경우, 시기에 따라 세율을 바꾸는 것이 민간의 노동공급, 소비, 생산, 투자에 영향을 주어 경제 내에 왜곡을 가져올 수 있다. 한편, 현실에서 정부는 항상 균형재정을 달성하기 위해 매기마다 세율을 변화시키기보다는 재정적자를 감수하더라도 일정한 세율을 유지한다. 이러한 정부의 행태를 세율평준화

표 17-2
세율평준화와 왜곡비용

(a) 세율에 따른 왜곡비용

세 율	왜곡비용(distortion cost)
10%	100원
20%	400원
30%	900원

(b) 세율평준화

세율(평균 세율=20%)		세금의 평균 왜곡비용
1기	2기	
30%	10%	500원
20%	20%	400원

(tax-rate smoothing)라고 한다.

왜 세율평준화를 하는 것이 경제 내의 왜곡을 최소화하는가? 우리는 세금이 경제활동의 왜곡을 가져오고 이에 따라 손실을 가져온다는 사실을 알고 있다. 그렇다면 이런 세금의 왜곡비용(distortion cost)을 최소화하기 위해 매기의 세율을 어떻게 결정하는 것이 좋을지 생각해보자. 예를 들어 소득에 일정한 한계세율을 적용할 때 세금의 왜곡비용은 세율의 제곱에 비례하여 결정됨을 수학을 이용하여 근사적으로 보일 수 있다.[14] 〈표 17-2〉의 (a)는 이런 근사적 과정에 의거하여 세율에 따른 세금의 왜곡비용을 계산한 것이다. 세율이 올라갈수록 세율의 제곱에 비례하여 왜곡비용이 증가하는 것을 확인할 수 있다. 이때 정부의 매기 세금의 양은 정부의 지출과 동일하여 매번 정부의 지출이 세금에 의해서 완전히 충당된다고 생각해보자. 즉 지출이 변하는 만큼 세금도 매기 동일하게 변하는 경우이다. 만약 1기에 정부지출이 평소보다 늘어났다면 정부는 세율을 높일 것이고(30%), 반대로 2기에 정부지출이 줄어들었다면 정부는 세율을 낮출 것이다(10%). 이것이 〈표 17-2〉의 (b)의 첫 번째 경우이고 이때 세율 변화로 인한 왜곡비용은 1기(30%)에 900원이고 2기(10%)에 100원이므로 평균 500원이 된다. 그러나 정부가 지출의 변화에 상관없이

---

14 공급이 완전탄력적인 상품시장을 생각해보자. 세금(세율: *t*)의 부과로 균형수준보다 가격이 상승하고 동시에 거래량이 줄어든다. 이때 세금의 부과로 발생하는 소비자 잉여의 손실을 초과부담이라고 할 수 있다. 여기서 초과부담의 크기는 세금으로 인한 가격의 상승폭×세금으로 인한 거래량 감소에 비례하므로 세율의 제곱에 근사적으로 비례하게 된다. 자세한 내용은 Stiglitz. 2000. *Economics of the Public Sector*, W.W. Norton & Company, 3rd editon, 제19장 Taxation and Economic Efficieny 및 이준구(2004), 『재정학』, 다산출판사, 제14장 조세와 소득분배를 참조하시오.

매기 일정한 세율을 유지하는 경우(20%), 세금에 의한 왜곡비용은 매기 400원이므로 평균왜곡비용도 400원이 된다. 즉 세금을 일정하게 유지하면 동일한 정부수입을 달성하면서도 세율을 변화시킬 때 보다 왜곡비용이 줄어든다. 즉 일정한 세율을 유지하는 것이 세금으로 인한 평균적인 왜곡비용을 최소화한다는 사실을 확인할 수 있다.[15]

또한, 왜곡비용은 세율에 따른 노동의 유인(incentive) 변화를 통해서도 설명된다. 높은 세율은 국민의 투자심리와 소비심리를 위축시킬 뿐만 아니라 노동유인을 감소시켜 노동공급량을 줄게하고 이에 따라 국내총생산을 더욱 감소시킨다. 즉 세율의 변화에 따라 국내 총생산량이 매우 민감하게 변화한다. 따라서 적정수준의 세율평준화는 급격한 총생산량 감소를 방지함으로써 왜곡비용을 최소화한다.

세율평준화의 예를 전쟁기간 동안의 정부지출과 정부 재원조달의 변화를 통해 확인할 수 있다. 전쟁이 일어나면 정부는 평소보다 상당히 많은 양의 정부지출을 하게 된다. 만약 정부가 균형재정을 유지하려 한다면 전쟁기간 동안 세율을 급격하게 올렸다가 전쟁이 끝나면 세율을 낮출 것이다. 그러나 정부는 이러한 세율 조정을 피하기 위해 전쟁기간 동안 재정적자를 감수한다. 〈그림 17-9〉는 미국의 재정지출과 재정수입을 나타낸 그래프이다. 미국의 경우, 1943년 제2차 세계대전의 참

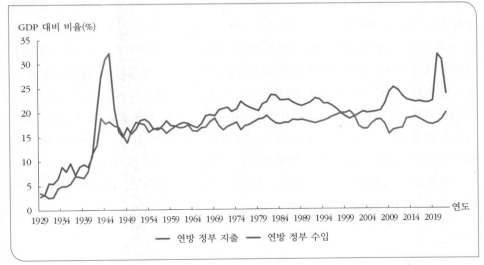

자료: U.S. Bureau of Economic Analysis

그림 17-9
미국 연방정부의 지출 및 수입
(GDP 대비, %)

---

15 구체적인 분석은 Barro, Robert J. 1979. "On the Determination of the Public Debt." *Journal of Political Economy*, 87(5): 940-971.

전으로 정부지출이 급격히 증가했음을 확인할 수 있다. 그러나 정부수입은 정부지출만큼 일시적으로 크게 증가하지 않고 일정한 크기만큼 증가한 후 더 이상 올라가지 않는 수준에서 유지됨을 볼 수 있다.

3 전략적인 재정적자

정치적인 압력이나 이해관계에 의해 재정적자가 나타날 수도 있다. 이를 전략적 재정적자(Strategic Budget Deficit)라고 부른다. 여기서 "전략적"이라는 말은 정치적인 정당이나 이해집단들이 맞물려 서로의 이익을 극대화하려고 노력한다는 의미에서 사용된 것이다. 예를 들어 현재 집권하고 있는 여당은 정부지출과 수입이 적은 "작은 정부"를 선호한다고 하자. 그런데 이 정당과 반대 입장에 있는 야당은 큰 정부를 선호하며 다음 대선에서 집권이 유력시 되고 있다고 하자. 현재 집권 여당의 입장에서 작은 정부를 선호하는 자신의 이해가 계속적으로 유지되도록 할 수 있는 방법은 무엇이 있을까? 이런 방법 중 하나가 바로 재정적자를 통해 많은 정부부채를 다음 정권에 물려주는 것이다. 만약 정부부채가 굉장히 많다면 차기 집권 정당의 입장에서 아무리 큰 정부를 선호하고 높은 수준의 정부지출을 하려고 해도 자신의 정치적인 주장을 펼 수 없게 될 것이다. 실제 1983년 이후 미국의 레이건과 부시 행정부 때의 재정적자를 가리켜 전략적인 재정적자라고 부르는 견해가 있다.[16] 레이건 대통령은 집권 이후 작은 정부의 관점에서 연방정부의 지출과 세금을 줄이려는 노력을 하였다. 그러나 세금삭감은 순조로웠던 반면 정부지출을 삭감하는 것은 쉽지 않았고 결국 재정적자가 발생하기 시작하였다. 재정적자가 누적되어 정부부채가 많아지면서 공화당의 레이건과 부시 대통령 이후에 집권한 민주당의 클린턴 대통령도 장기적으로 정부지출을 줄일 수밖에 없게 되었다. 즉 상대적으로 "큰 정부"를 선호하는 민주당 정권에서도 정부부채의 부담 때문에 정부지출을 늘리기 어려웠던 것이다.

재정적자와 정부부채의 크기를 어떻게 정확히 측정하고, 경제적으로 문제가 되는 적자는 어떠한 항목들인지 알아보자.

---

16 Alesina, Alberto, and Guido Tabellini. 1990. "A Positive Theory of Fiscal Deficits and Government Debt." *Review of Economic Studies*, 57(3): 403-414.

4 재정적자의 추정문제

경기변동의 조정

재정적자가 크고 이것이 문제라고 했을 때, 왜 문제인지 의문이 들 수 있다. 경기가 나빠져서 세금이 감소하고 일시적으로 실업수당 등의 정부지출이 늘어나서 발생하는 재정적자일 수도 있기 때문이다. 따라서 경기변동 과정에서 이를 안정시키기 위한 경제 자동안정장치(economic stabilizer)로서 발생하는 재정적자는 큰 문제가 아니라는 논의가 있다. 왜냐하면 경기가 변동할 때 발생하는 적자는 경기가 호황이 되고 흑자가 발생하면서 자연히 메워지기 때문이다. 결국, 이를 주장하는 사람들이 문제 삼는 것은 현재에 발생하는 재정적자의 크기가 아니라 완전고용수준에서 발생하는 재정적자(full-employment budget deficit)이다.

잠재적인 정부부채의 규모

정부부채를 구성하는 항목에는 국채, 차입금 등 중앙정부의 채무와 지방정부의 채무가 있다. 우선, 국채는 국가가 발행하는 채권이며 차입금은 국내 금융기관, 민간기금 등으로부터 차입하는 국내차입금과 국제기구, 외국 정부 및 외국 금융기관으로부터 차입하는 해외차입금으로 구분된다. 여기서 이러한 공식적인 정부부채 외에 추가적으로 어디까지 정부부채에 포함할 것인가의 문제가 있다. 예를 들어, 한국자산관리공사(KAMCO) 등의 국영기업이 발행한 공채와 같은 정부보증부채의 경우 정부부채로 포함해야 한다는 것이 다수의 의견이다.

인플레이션 효과

재정적자도 다른 거시경제변수와 마찬가지로 명목재정적자와 실질재정적자로 구분된다. 실질재정적자는 명목재정적자와 달리 인플레이션을 고려하여 계산된다. 대다수의 경제학자들은 실질재정적자가 경제적으로 보다 의미가 있다고 생각한다.

만약 어떤 정부의 2009년 명목정부부채가 100조원이라고 하고 2010년의 명목정부부채가 130조원이라고 하면 이때 명목재정적자가 30조원 발생하였다. 이때 실질재정적자는 얼마나 발생한 것일까? 그 기간 동안에 발생한 인플레이션이 정부부채의 실질적인 가치를 감소시키기 때문에 실질재정적자는 이를 추가적으로 고려해야 할 것이다. 지금부터는 수식을 통해 실질재정적자의 개념에 대해 살펴보기로 하자.

B_t는 t기 말의 명목정부부채이고, P_t는 t기 말의 물가수준이라 하면 $t-1$기와 t기의 실질정부부채를 각각 $\frac{B_{t-1}}{P_{t-1}}$, $\frac{B_t}{P_t}$로 나타낼 수 있다. 경제적으로 보다 의미있

는 것은 실질정부부채의 규모이다. 일반적으로 부채는 적자만큼 증가하므로 실질재정적자는 실질정부부채의 증가분으로 정의할 수 있다.

$$\text{실질재정적자} \equiv \frac{B_t}{P_t} - \frac{B_{t-1}}{P_{t-1}} = \frac{1}{P_t}\left[B_t - \frac{P_t}{P_{t-1}}B_{t-1}\right] = \frac{1}{P_t}[B_t - (1+\pi)B_{t-1}]$$

$$= \frac{1}{P_t}[B_t - B_{t-1}] - \frac{\pi B_{t-1}}{P_t}$$

여기서 π는 t기의 인플레이션율이다. 위의 식에 따르면 t기의 명목재정적자 (즉 명목정부부채의 증가분) $B_t - B_{t-1}$을 실질변수로 변화시키기 위하여 단순히 P_t로 나누어 준다고 실질재정적자가 계산되는 것이 아니다. 위 식에 따르면 실질재정적자는 $\frac{\pi B_{t-1}}{P_t}$의 부분을 추가적으로 차감하여 계산된다. 이 부분이 바로 인플레이션으로 인한 실질부채의 감소분이다. 실질재정적자를 파악할 때 지난기의 정부부채(B_{t-1})에 화폐가치의 하락률에 해당하는 인플레이션율(π)을 곱하여 이를 추가적으로 빼주어야 하는 것이다. 위 식에서 P_t로 나누어 준 이유는 이를 다시 실질변수로 만들기 위함이다.

한편 위의 식은 다음과 같이 고쳐 쓸 수 있다.

$$\frac{B_t - B_{t-1}}{P_t} = \left[\frac{B_t}{P_t} - \frac{B_{t-1}}{P_{t-1}}\right] + \frac{\pi B_{t-1}}{P_t}$$

따라서 t기의 명목재정적자 (즉 명목정부부채의 증가분) $B_t - B_{t-1}$을 단순히 실질변수로 변화시키기 위하여 P_t로 나누어 주면 실질재정적자를 $\frac{\pi B_{t-1}}{P_t}$만큼 과대평가한다.

위의 관계는 명목변수의 관점에서도 이해할 수 있다. 이 경우 $t-1$기의 명목부채를 t기의 명목변수로 나타내기 위해서는 인플레이션율만큼 증가시켜야 한다. 따라서 인플레이션이 조정된 명목재정적자는 다음과 같이 쓸 수 있다.

인플레이션이 조정된 명목재정적자(inflation-adjusted budget deficit)

$$= B_t - (1+\pi)B_{t-1}$$
$$= B_t - B_{t-1} - \pi B_{t-1}$$

이 식을 P_t로 나누면 실질재정적자와 일치함을 알 수 있다.

정부의 자산측정문제

원칙적으로는 정부부채를 측정함에 있어 정부소유의 자본자산을 고려해야 한다. 예를 들어 정부가 보유하고 있는 자본자산의 일부를 매각해, 판매금으로 부채를 상환했다고 하자. 이 경우 표면적으로는 정부부채의 상환을 통해 부채의 규모가 줄었지만, 실제로 매각된 정부자산 만큼이 부채를 상쇄하여 정부재정상태는 실제보다 좋은 상태로 평가될 수 있다. 하지만, 현실적으로 정부자산을 측정하는 것에는 한계가 따른다. 정부의 인적자원에 대한 투자의 실제가치를 측정하기 어렵고, 사회간접자본과 같이 가격이 책정되어 있지 않은 정부자산들의 실제 가치를 정확히 측정할 수 없기 때문이다. 따라서 자본자산을 정부재정에 고려해야 하는지는 여전히 많은 논란이 되고 있다. 반대측은 측정이 어렵기 때문에 정부재정에 자본자산을 포함시키지 말아야 한다는 입장이고, 지지자들은 자본자산을 도입해 조금이라도 더 현실적으로 정부재정을 파악해야 한다는 입장이다. 분명한 것은, 자본자산 측정의 어려움이 정부재정상태 파악에 어려움을 낳고 있다는 점이다.

정부 부채 증가로 인한 문제 6

정부의 지출이 수입보다 많으면 적자를 보전하기 위해 차입을 해야 하므로 정부 부채가 늘어난다. 정부 부채가 많아지면 이자 부담도 커진다. 이자 지급을 위해 다시 차입을 늘리면 부채는 더욱 많아진다. 정부 부채가 너무 많아지면 정부가 발행한 채권을 구매하는 투자자들은 정부의 자금상환능력에 대해 의구심을 갖게 된다. 투자자들은 정부 부도 가능성을 우려하여 정부가 발행한 채권을 더 이상 사지 않고 보유한 채권은 매각하려 한다. 채권 수요가 감소하면 가격이 하락하고 채권이자율이 상승하여 정부의 이자 부담은 더 커진다.

재정적자의 누적으로 정부 부채가 커지고 채권자들이 더 이상 자금을 공급하지 않으려 하여 정부가 채무를 이행하지 못하는 사태가 발생하면 심각한 경제 혼란이 발생할 수 있다. 최근 발생한 유럽 일부국가의 정부재정위기는 좋은 예이다. 2008~2009년 글로벌 금융위기는 미국에서 발생하여 유로존(Euro zone)에 속한 국가들의 경제위기로 이어졌다. 이 과정에서 유럽 국가들의 높은 정부 부채가 위기를 악화하는 주요 원인으로 작용했다. 특히 그리스, 이탈리아, 포르투갈 등의 남유럽 국가들은 위기 전부터 국가 재정이 취약했는데 경제위기 극복과정에서 재정지출을 더욱 늘리면서 정부 부채가 계속 증가했다. 단일 통화인 유로를 사용하는 유로존의 국가들은 자국 통화가 없고 유럽중앙은행(ECB)이 유로존 전체의 경제 상황에 맞추어 통화정책을 사용하기 때문에 독자적인 통화정책을 할 수 없다. 따라서 이들 유럽 국가들은 불황을 벗어나기 위해 재정정책에 의존할 수밖에 없었다. 위기를 극복하는 과정에서 부채가 급증하자 정부 부채의 상환 능력에 의문을 갖는 외국 투자자들이 이들 국가의 국채를 매각하였고 이들이 부담하는 국채 금리가 더욱 상승하기 시작하였다. 이렇게 국채 금리가 상승하면서 이자 부담이 증가하여 부채가 더욱 커지는 악순환이 발생하였다. 결국, 그리스, 포르투갈 등 유로존 국가들은 국제통화기금(IMF)과 유럽연합(EU)으로부터의 구제금융에 의존할 수밖에 없었다.

이와 같이 재정위기(fiscal crisis)의 가능성 때문에 정부 부채가 너무 많은 국가에서는 불경기에 대응하여 확장적 재정정책을 실행하기가 어렵다. 부채를 줄이기 위해서 정부는 세수를 늘리거나 지출을 줄여야 한다. 유로존 국가들은 구제금융을 받는 상황에 이르러 부채상환을 위해 긴축재정을 해야 했고 이로 인해 경기 회복이 더욱 늦어지는 악순환이 발생했다.

정부 부채는 통화정책에도 영향을 미친다. 통화정책을 자유롭게 사용할 수 있는 국가들은 채권을 발행하여 재원조달이 어려울 때, 기존 부채상환을 위해 화폐를 더 발행할 수 있다.[17] 그러나 채무상환을 위한 화폐발행은 인플레이션이라는 또 다른 문제를 불러올 수 있다. 제5장의 시뇨리지에 관한 논의에서 살펴본 대로, 정부가 재정적자에 대응하여 재원을 마련하는 방법의 하나는 화폐를 발행하여 인플레이션 조세를 발생시키는 것이다.

큰 규모의 정부 부채는 정부가 인플레이션을 조장할 유인을 더 크게 한다. 대부분의 정부 부채가 명목상으로 규정되기 때문에, 앞 절에서 살펴보았듯이 인플레이션은 정부 부채의 실질가치를 낮추는 효과가 있다. 부채 규모가 큰 국가는 화폐발행을 통해 부채의 실질 가치를 낮추고 싶어 한다.

재정과 통화정책의 관계를 중요하게 생각하는 재정적 물가이론(fiscal theory of the price level)은 물가 수준을 중앙은행 혼자서 완벽하게 통제할 수 없으며, 재정정책도 물가 수준 결정에 중요한 역할을 한다는 점을 강조한다.[18] 즉 조세의 증가로 정부 부채를 해결하기 어려울 때, 궁극적으로 정부 부채는 인플레이션 조세를 통해 충당할 수밖에 없기 때문에 정부의 재정이 인플레이션과 밀접한 관련이 있다는 것이다.

---

17 정부 채무가 자국통화 표시의 채권인 경우에만 자국 통화를 발행하여 상환할 수 있지만, 달러와 같은 외국통화로 빌린 외채는 외화보유고나 새로운 외화유입 없이는 상환할 수 없다.

18 Sims, Christopher A. 2013. "Paper money." *American Economic Review*, 103.2: 563-84를 참조하시오.

정리

1. 정부는 재정지출을 통해 소비 및 투자를 촉진시키고 공공재를 공급한다. 이에 필요한 재원은 세금 징수, 국공채 발행, 통화량 증발 등을 통해 조달한다.

2. 정부 재정은 정부구매와 이전지출, 이자지급으로 구성된다. 여기서 정부의 지출이 수입을 초과하면 재정적자, 반대의 경우는 재정흑자라 한다.

3. 정부지출의 증가는 우선 단기에서 총수요의 증가를 통해 생산을 증가시킬 수 있다. 또한 공공 서비스를 통해 민간의 효용을 높여 줄 수 있고 공공재를 제공하여 생산증대효과를 기대할 수 있다. 그러나 구축효과가 발생할 여지도 있으며, 재원조달방식에 따라 효과가 감소할 수 있다.

4. 정부지출의 증가가 영구적이냐 일시적이냐의 문제 역시 정부지출의 효과에 영향을 미칠 수 있다. 정부지출의 영구적 증가는 가처분소득의 현재가치의 합만큼 민간소비를 완전히 구축시킨다. 반면, 일시적으로 증가할 경우에는 소비의 감소폭이 줄어든다.

5. 민간이 합리적 기대를 한다면, 현재의 공채를 통해 정부지출의 재원을 조달할 경우 이는 미래의 조세 증가로 받아들여져 현재의 세금을 통한 재원조달과 동일한 결과가 발생된다. 이와 같이 정부재원조달방식에 따라 경제적 효과가 다르게 나타나지 않는다는 것이 리카르도 등가정리이다. 그러나 여러 세대를 동시에 고려하거나 불완전한 자본시장하에서는 리카르도 등가정리가 성립하지 않을 수 있다.

6. 세율평준화란 정부가 항상 균형재정을 달성하기 위해서 매기마다 세율을 변화시키기보다는 재정적자를 감수하더라도 일정한 세율을 유지하는 것이 유리하다는 내용의 이론이다.

7. 잠재적인 정부 부채의 규모를 파악하기 위해서는 부채의 성격에 대한 합의가 필요하며 인플레이션으로 인한 실질가치의 변화를 고려하여야 한다.

8. 정부 부채가 많으면 차입비용이 올라가 재정위기를 겪을 수 있고 경기대응적 확대재정정책을 하기 어렵다. 인플레이션을 조장할 유인도 커진다.

연습문제 *exercise*

1. 다음 문장의 옳고 그름, 불확실을 말하고 그 이유를 간략히 쓰시오.

1) 일시적인 정부지출의 증가는 영구적인 정부지출의 증가에 비해 민간 소비에 미치는 효과가 더 크다.

2) 정부의 일시적인 세금감면으로 인한 재정적자는 민간의 소비와 저축의 크기에 아무런 변화를 가져오지 못한다.

3) 리카르도 등가정리가 성립하는 경우라면 일반적으로 재정적자의 누적이 문제가 되지 않는다.

4) 일시적 전쟁이나 자연 재해가 발생하여 정부지출이 크게 필요한 경우 세금을 통해 재원을 조달하기보다는 공채를 발행하는 것이 바람직하다.

5) 정부가 재정지출의 변화없이 조세만을 감면시켰을 때, 소비증가 현상은 자식이 상대적으로 없는 사람에게 더 크게 나타날 수 있다.

2. 주어진 소득(y_1, y_2)과 이자율(r) 하에서 2기에 걸쳐 살면서 소비(c_1, c_2)를 선택하는 한 소비자의 예산제약이 아래와 같다고 하자.

$$c_1 + \left(\frac{1}{1+r}\right)c_2 = y_1 + \left(\frac{1}{1+r}\right)y_2 + b_0(1+r)$$

단, b_0는 1기 초에 주어진 공채(bond)의 실질가치이고, r은 실질이자율이다. 우선 b_0는 0으로 주어졌다고 가정하자. 그래프 또는 수식으로 아래의 질문에 답하시오.

1) 이 소비자의 현재소비(c_1)가 어떻게 결정되는지 그래프로 설명하시오.

2) 앞으로 예상되는 y_2의 외생적인 증가가 c_1을 어떻게 변화시키는지 그래프로 설명하시오.

3) 만일 정부가 1기에 정액세를 x만큼 부과하고 2기에 $(1+r)x$만큼 보조금을 준다면 이 소비자의 소비패턴은 어떻게 달라지겠는가?

4) 이제 정부가 1기에 부과한 세금을 일정 액수만큼 삭감하고 공채를 발행하여 재원을 조달하였다. 소비의 패턴은 어떻게 변화하겠는가? 이때 민간들이 정부가 1기에 발생한 부채의 증가를 상환하기 위해 2기 중에 세금을 올릴 것으로 예상하는 경우와 민간들이 정부 부채의 증가를 2기 이후 태어날 미래 세대가 부담할 것으로 예상하는 경우로 나누어 설명하시오.

3. 주어진 근로소득(y_1, y_2)하에서 2기에 걸쳐 소비(c_1, c_2)를 선택하는 한 소비자의 최적소비, 저축 의사결정을 고려하자. 1기 초의 자산은 없었으며, 차입, 대부에는 제약이 없다. 단, 이 소비자는 2기에 은퇴를 하여 2기의 근로소득(y_2)이 0이라고 한다.

1) 소비자의 2기에 걸친 예산식을 구하시오. 현재소비(c_1)와 미래소비(c_2)의 결정을 무차별곡선과 예산선을 이용하여 그래프로 보이시오. 만일 이 소비자가 차입, 대부를 전혀 할 수 없을 경우의 소비의 균형점은 어떻게 변화하는가?

2) 만일 정부가 1기에 b만큼의 공채를 발행하여 조달한 재원으로 정부 소비지출을 하였다고 하자. 1기에서 소비자의 소비와 저축에 어떠한 영향을 미치는지 설명하시오.

3) 이 경제에는 주어진 시점에서 1기를 살면서 일하는 젊은 층과 2기를 사는 은퇴한 노년층이 같이 산다. 그 숫자는 각각 N명으로 똑같다고 한다. 만일 정부가 연금제도를 도입하여 1기에 모든 젊은 소비자에게서 강제 기부금을 x만큼 받아 그 시점의 1기의 노년층에게 똑같이 나누어 주고, 그 다음 기에는 그 때의 모든 젊은층에게 똑같이 기부금을 거두어 노년층에게 다시 연금으로 나누어 준다면 어떻게 소비의 균형점이 달라지는가? 그래프로 보이시오.

2019 5급 행정고시 기출문제

4. 재정수지와 정부부채 관련 다음 물음에 답하시오.

1) 현재 t기 말의 정부부채(B_t)는 100이다. $t+2$기 말에 이 정부부채를 완전히 상환하기 위하여 필요한 세금(T_{t+2})의 크기를 구하고, 이로부터 재정운영에 대한 시사점을 설명하시오. (단, 실질이자율(r)은 10%, 정부지출(G_{t+2})은 100, $t+1$기의 재정수지는 균형이다)

2) 위의 1)을 통해 GDP 대비 정부부채 비율과 경제성장률(g)의 관계를 설명하시오.

5. 최근 당선된 미국의 대통령이 모든 국민의 소득세를 일률적으로 30%를 삭감하는 정책을 실시한다고 하자.

1) 이 정책의 실시는 미국의 실질총생산과 물가에 어떠한 영향을 미칠지 가격변수들이 경직적으로 조정되는 단기의 경우를 고려하여 설명하시오(미국 경제는 폐쇄경제로 가정함).

2) 현재의 소득세의 삭감이 재정적자를 초래하여 미래에 다시 세금증가로 나타날 것으로 많은 가계들이 기대하는 경우 민간소비, 민간저축, 총저축의 변화를 설명하시오. 이러한 경우에 1)의 단기의 경우의 답은 어떻게 달라지는가?

6. 과도한 재정지출이 계속되어 재정적자가 쌓이면 정부 부채가 많아진다. t기 말의 명목정부부채의 크기가 B_t이고 물가수준은 P_t라고 하자.

  1) 인플레이션율을 높이면 왜 채무상환의 부담이 줄어드는지 설명하시오.

  2) 정부는 정부 부채가 GDP에서 차지하는 비율을 일정하게 유지하려 한다고 하자. 다음 기의 정부 부채−GDP의 비율이 재정적자, 국채수익률, 경제성장률, 인플레이션과 어떤 관계가 있는지 설명하시오.

  3) 정부 부채가 너무 많은 신흥국은 외환위기를 겪을 가능성이 커질 수 있음을 설명하시오.

2016 5급 행정고시 기출문제

7. 기간 1과 기간 2의 두 기간에 걸친 정부의 예산제약식이 다음과 같이 주어졌다.

$$T_1 + \left(\frac{T_2}{1+r}\right) = G_1 + \left(\frac{G_2}{1+r}\right)$$

기간 1과 기간 2에서 정부지출에는 변화가 없는 상태에서 정부가 기간 1의 조세만 ΔT_1만큼 삭감하였다고 가정하자. (단, T_1과 G_1은 기간 1에서의 정부의 조세와 지출, T_2와 G_2는 기간 2에서의 정부의 조세와 지출, r은 이자율을 나타낸다) 다음 물음에 답하시오.

  1) 정부가 예산제약을 지키는 경우 기간 2에서 조세 ΔT_2는 어떻게 변해야 하는가?

  2) 리카도의 동등성정리(Ricardian equivalence theorem)가 성립한다고 할 때, 소비자의 저축은 어떻게 변화하는가?

| 부록 | 민간과 정부의 다기간 예산제약 |

본문에서는 민간의 자산이 정부의 공채로만 이루어졌다고 가정하였다. 이제 민간이 공채뿐 아니라 자본을 보유할 수 있다고 하자. 그리고 2기간 모형을 다기간 모형으로 확장해보자.

1 정부의 예산제약

t기에서 정부의 예산제약은 다음과 같이 나타낼 수 있다.

$$G_t + (1+r_{t-1})\left(\frac{B_{t-1}}{P_t}\right) = T_t + \frac{B_t}{P_t}$$

$$G_t + r_{t-1}\left(\frac{B_{t-1}}{P_t}\right) = T_t + \frac{\Delta B_t}{P_t} \tag{A.17.1}$$

정부소비지출 + 공채이자지급 = 세금 + 신규공채발행

여기서 G_t는 정부의 실질소비(지출), B_t는 t기 초의 명목공채잔액, T_t는 실질조세수입을 의미한다. 위 예산제약은 정부지출과 정부수입이 같다는 것으로 정부는 세금과 공채를 통한 수입만큼만 지출할 수 있다는 것을 의미한다. 여기서 공채의 발행이 없는 경제를 가정하면 다음과 같은 식 (A.17.2)가 성립하고, 동시에 식 (A.17.3)도 성립한다.

$$B_t = B_{t-1} = 0 \tag{A.17.2}$$
$$\Delta B_t = 0 \tag{A.17.3}$$

이로써 균형 예산제약식 (A.17.1)을 아래와 같이 간단히 나타낼 수 있다.

$$G_t = T_t \tag{A.17.4}$$

즉 정부가 세금을 걷은 만큼 지출을 할 수 있다는 것이다. 단, 여기에서 T_t는 모든 사람에게 동일하게 일정한 양만큼 부과하는 세금인 정액세(lump-sum tax)로 가정하여 자원배분의 왜곡을 가져오지 않는 경우를 상정하였다. 임금소득이나 이자소득에 비례하는 정률세(proportional tax)는 경제주체들의 최적화 행위를 변화시켜 자원배분의 왜곡을 가져오므로 논의를 보다 복잡하게 하지만 이러한 분석은 본서의 범위를 벗어나므로 고려하지 않았다.

2 민간의 예산제약

정부가 없을 때, t기에서 민간의 예산제약은 다음과 같이 나타낼 수 있다.

$$C_t+\left(\frac{B_t}{P_t}+K_t\right) = w_tL_t+(1+r_{t-1})(\frac{B_{t-1}}{P_t}+K_{t-1}) \tag{A.17.5}$$

식을 정리하면,

$$C_t+\frac{\Delta B_t}{P_t}+\Delta K_t = w_tL_t+r_{t-1}\left(\frac{B_{t-1}}{P_t}+K_{t-1}\right) \tag{A.17.6}$$

소비 + 저축 = 노동소득 + 자산소득

여기서 C_t는 실질소비, $\frac{\Delta B_t}{P_t}+\Delta K_t$는 민간보유 채권가치의 변동과 실물자산의 변동의 합으로 실질저축이 된다. w_tL_t는 실질임금에 노동공급량을 곱한 것으로 실질노동소득을 의미하고 $r_{t-1}(\frac{B_{t-1}}{P_t}+K_{t-1})$는 전기의 저축, 즉 채권과 실물자산의 합계로부터 발생한 자산소득을 나타낸다. 따라서 식 (A.17.6)은 소비와 저축의 합과 소득이 같아지는 민간의 예산제약을 나타낸다.

　이제 민간의 예산제약에 정부를 도입해보자. 정부는 민간으로부터 재원조달을 위해 세금(T_t)을 걷어간다. 그러므로 민간의 실질소득은 세금을 걷어간 만큼 줄어들게 될 것이다. 따라서 식 (A.17.6)의 우변에서 T_t가 차감된다.

$$C_t+\frac{\Delta B_t}{P_t}+\Delta K_t = w_tL_t+r_{t-1}(\frac{B_{t-1}}{P_t}+K_{t-1})-T_t \tag{A.17.7}$$

　이 식을 단순화하기 위해 공채의 발행이 없을 때의 조건((A.17.2)와 (A.17.3))과 정부의 균형 예산제약식((A.17.4))을 대입하면 다음이 얻어진다.

$$C_t+\Delta K_t = w_tL_t+r_{t-1}K_{t-1}-G_t \tag{A.17.8}$$

　즉 정부가 민간으로부터 재원을 조달하여 사용하는 액수(G_t)만큼 가계의 가처분소득이 감소한다. 나아가 경제 내에서 투자가 자본의 변화량만큼 이루어지고 (I_t

$=\Delta K_t$) 실질국민총생산이 노동소득과 자본으로부터 발생한 자본소득으로 구성된다면($Y_t = w_t L_t + r_{t-1} K_{t-1}$), 식 (A.17.8)을 다음과 같이 바꾸어 쓸 수 있다.

$$C_t + \Delta K_t = w_t L_t + r_{t-1} K_{t-1} - G_t$$
$$\Leftrightarrow C_t + I_t = Y_t - G_t$$
$$\Leftrightarrow Y_t = C_t + I_t + G_t$$

결국 민간과 정부의 예산제약을 표현한 위 식은 생산물시장의 균형조건과 동일하다. 즉 경제내의 생산물이 모두 소비, 투자, 정부지출로 배분된다.

지금까지의 논의를 물가수준이 일정하다($P_t = P$)고 가정하고, 식 (A.17.7)을 2기간으로 축소하면 다음과 같다.

$$1기 : C_1 + \frac{B_1}{P} + K_1 = w_1 L_1 - T_1 + (1+r_0)\left(\frac{B_0}{P} + K_0\right)$$

$$2기 : C_2 + \frac{B_2}{P} + K_2 = w_2 L_2 - T_2 + (1+r_1)\left(\frac{B_1}{P} + K_1\right)$$

이제 $\frac{B_1}{P}$을 소거하여 2기간의 예산제약식을 하나의 식으로 나타내보자.

$$C_1 + \frac{C_2}{1+r_1} = w_1 L_1 + \frac{w_2 L_2}{1+r_1} + (1+r_0)\left(\frac{B_0}{P} + K_0\right)$$
$$- \frac{B_2/P + K_2}{1+r_1} - \left(T_1 + \frac{T_2}{1+r_1}\right) \qquad \text{(A.17.9)}$$

여기서 $C_1 + \frac{C_2}{1+r_1}$는 소비의 현재가치의 합을 나타내고 $w_1 L_1 + \frac{w_2 L_2}{1+r_1}$는 노동소득의 현재가치의 합이다. $(1+r_0)\left(\frac{B_0}{P} + K_0\right)$는 초기(0기) 자산소득의 현재가치이고, $-\frac{B_2/P + K_2}{1+r_1}$는 2기에 남기는 자산의 현재가치를 나타낸다. 2기간 모형에서는 초기자산소득이 없고($B_0 = K_0 = 0$), 2기의 마지막에 남기는 자산($B_2 = K_2 = 0$) 또한 없을 것이므로 $(1+r_0)\left(\frac{B_0}{P} + K_0\right) = 0$과 $-\frac{B_2/P + K_2}{1+r_1} = 0$이 성립한다. 그 결과 우리는 본문의 식 (17.7)을 얻을 수 있다. 또, 여기서 $T_1 + \frac{T_2}{1+r_1} = G_1 + \frac{G_2}{1+r_1}$로 나타낼 수 있으므로, 식 (A.17.9)를 다음과 같이 표현할 수 있다.

$$C_1 + \frac{C_2}{1+r_1} = w_1 L_1 + \frac{w_2 L_2}{1+r_1} - \left(G_1 + \frac{G_2}{1+r_1}\right) \qquad \text{(A.17.10)}$$

위의 식은 본문의 식 (17.8)과 동일하다.

PART

VII

거시경제이론의 최근 동향

Macroeconomics

제18장

최근의 경기변동이론

거시경제의 분석에 합리적 기대를 도입하고 미시적인 기초를 강화하면서 거시경제모형에 커다 란 변화가 생겼다. 특히 경기변동에 대한 설명에 커다란 변화가 있었는데, 먼저 큰 성과를 보인 쪽은 고전학파의 전통을 이은 균형실물경기변동(Equilibrium Real Business Cycle)이론이다.* 균형실물경기변동이론은 고전학파의 이론을 현대적으로 해석한 것이라고 볼 수 있다. 경제는 항상 균형에 있다고 가정되며, 경제주체들의 합리적인 의사결정이 강조된다. 따라서 정부의 역 할은 매우 제한되어 있다.

　반면 케인즈이론을 계승한 케인즈학파에도 커다란 성과가 있었다. 케인즈를 계승한 새로운 경제학자들은 기존의 케인즈학파와 구별되며 새케인즈학파라고 불린다.** 이들은 케인즈와 같이 시장의 불균형을 강조하지만 단순히 가격의 경직성을 가정하기보다는 경제주체들의 합리 적인 선택의 결과로서 가격이 경직되는 이유를 설명하고자 하였다. 또한 합리적 기대도 적극적 으로 수용하였다. 이들은 케인즈와 같이 경기안정을 위한 정부의 역할을 강조한다는 점에서 균 형실물경기변동이론과 대비된다.

---

* 균형실물경기변동이론의 대표적인 논문으로는 2004년 노벨경제학상을 공동수상한 키들랜드(Finn Kydland)와 프레스콧(Edward Prescott)의 Kydland, Finn E., and Edward C. Prescott. 1982. "Time to Build and Aggregate Fluctuations." *Econometrica*, 50(6): 1345-1370, November을 들 수 있다.

** 새케인즈학파의 대표적 학자로는 맨큐(N. Gregory Mankiw)와 블랑샤(Olivier Blanchard)를 들 수 있다. 새케인즈학파의 모형은 부분균형이론으로 출발하였으나 갈리(Jordi Galí)와 우드포드(Michael Woodford) 등에 의해 일반균형이론으로 발전하였다.

균형실물경기변동이론

케인즈는 총수요의 변화가 경기변동의 가장 중요한 원인이라고 생각하였다. *IS-LM*모형으로 대표되는 케인즈의 모형은 총수요의 변화가 어떻게 경기변동을 초래하는지 잘 설명하고 있다. *IS-LM*모형에서 총수요가 중요한 역할을 하기 위해 필수적인 가정은 가격이 단기에 고정되어 있다는 것이다. 총수요가 변화할 때 적어도 단기에는 가격이 조정되지 않으므로 경제는 불균형 상태에서 총생산이 변하게 되고 이에 따라 경기변동이 생긴다. 가격이 균형가격으로 회복되는 장기에는 총생산이 원래의 자연율총생산 수준으로 복귀한다. 만약 경제가 불균형 상태에 있지 않고 즉각적으로 균형이 성립한다면 총수요가 변화하더라도 총생산은 변화하지 않을 것이며 이에 따라 경기변동도 발생하지 않을 것이다. 따라서 케인즈 모형에서 경기변동은 불균형 현상으로 받아들여진다.

케인즈모형을 보다 적극적으로 받아들이면 경기변동은 경제가 불균형 상태에 있을 수 있는 강력한 근거가 된다. 경제가 항상 균형에 있다면 경기변동이 발생하지 않을 것이기 때문이다. 하지만 일부 경제학자들은 경제가 불균형에 있다는 사실을 선뜻 받아들이지 않았다. 루카스는 이러한 생각을 한 대표적인 경제학자이며 그가 새로운 총공급이론을 개발한 이유는 결국 균형에서 경기변동을 설명하고자 했기 때문이다. 하지만 루카스의 모형에서는 단기의 가격경직성 대신 단기의 정보불완전성이 필요하였다. 즉 어떤 형태로든 단기에서의 마찰적 요인(가격경직성 혹은 정보불완전성)이 있어야 경기변동이 설명되었다. 루카스모형은 제12장에서 자세히 설명한 바와 같다.

루카스모형의 또 하나의 특징은 경기변동의 원인으로 통화량의 변화를 중요시했다는 점이다. 경제주체가 통화량의 증가를 실물충격과 구별하지 못하기 때문에 경기변동이 생긴다고 주장한 것이다. 균형모형에서는 후에 설명할 바와 같이 경제주체들의 합리적인 반응을 중요시 한다. 경기변동은 경제에 대한 충격에 대한 경제주체들이 반응한 결과로 파악되는 것이다. 이러한 관점에서 본다면 루카스모형에서 경기변동을 초래하는 충격은 통화량의 변화이다.

새고전학파 경제학자 중 일부는 단기에서 어떠한 마찰적 요인도 없는 상태에서 경기변동이 가능함을 보이고자 하였다. 즉 즉각적으로 균형이 성립하여 시장이 청산되며, 정보의 불완전성도 없는 상태에서 경기변동이 가능하다고 생각하였다.

이들은 경기변동의 원인으로 생산성충격을 가장 중요하게 여겼다. 경제는 크고 작은 생산성충격을 지속적으로 받으며, 이에 대응하여 경제주체들은 합리적으로 반응한다. 시장은 계속 균형을 유지하면서 생산성 변화에 대응한 노동고용량의 변화가 경기변동을 초래한다. 즉 생산성을 향상시키는 충격이 오면 노동고용량이 증가하여 총생산도 증가한다. 반면 생산성을 떨어뜨리는 충격이 오면 노동고용량이 감소하여 총생산도 감소한다. 이러한 총생산의 변화가 곧 경기변동이라는 것이다.

새고전학파의 새로운 경기변동이론은 루카스의 모형과 마찬가지로 균형에 입각해 있지만 생산성과 같은 실물경제에 대한 충격을 강조하였으므로 실물경기변동이론(Real Business Cycle Theory)이라고 부른다. 초창기의 실물경기변동이론은 기술수준의 변화와 같은 생산성충격만을 강조하였지만 그 후 선호(taste)의 변화와 같은 다른 실물충격도 경기변동의 중요한 요인으로 포함시켰다. 실물경기변동이론의 가장 중요한 특징 중 하나는 경기변동이 균형의 변화로 인식된다는 점이다. 따라서 실물경기변동이론은 균형실물경기변동이론(Equilibrium Real Business Cycle Theory)이라고 볼 수 있다.

1 경기변동상의 정형화된 사실들[1]

균형실물경기변동이론을 주창한 경제학자들은 경기변동이 시공을 초월하여 공통적으로 발생하는 현상이라고 생각한다. 특히 경기변동상의 주요한 특징들은 시점에 상관없이, 또 국가와 상관없이 공통적으로 나타난다고 주장한다. 경기변동상의 이러한 주요 특징들을 경기변동상의 정형화된 사실들(stylized facts)이라고 부른다. 균형실물경기변동이론의 주창자들은 단일의 모형을 구축하여 경기변동상의 정형화된 사실들을 모두 포괄하여 설명하고자 하였다.

경기변동상의 정형화된 사실들을 발견하기 위해서는 먼저 경기변동만을 추출해야 한다. 예를 들어 총생산의 변화 모습을 보면 시간이 흐름에 따라 경기변동을 겪지만 동시에 경제가 성장하고 있어 경기변동만을 파악하기 어렵다. 따라서 제8장에서 설명한 바와 같이 추세를 제거하고 경기변동만을 추출한다. 지금부터 설명하고자 하는 사실들은 이렇게 추출된 경기변동에 국한하여 성립한다.

경기변동과 관련하여 중요한 개념 중 하나는 경기변동량이다. 경기변동량이란

---

1 본 절의 내용에 대한 보다 자세한 설명은 다음 저서를 참조하시오. "Frontiers of Business Cycle Research," edited by Thomas Cooley. 1995. Princeton University Press.

경기변동상에서 얼마만큼의 크기로 변화하는가를 나타내는 개념이다. 변동량은 제8장에서 본 바와 같이 진폭으로 나타낼 수 있다. 하지만 경기변동이 계속됨에 따라 진폭이 달라질 수도 있다는 문제점이 있다. 즉 이번 경기변동의 진폭과 지난 경기변동의 진폭이 같지 않을 수도 있는 것이다. 따라서 보다 일반적으로는 통계적 개념인 표준편차를 사용한다. 즉 경기변동상의 변화량을 모두 이용하여 표준편차를 계산하면 일종의 평균적인 변화량을 구할 수 있다. 이것이 바로 경기변동량이다.

경기변동과 관련하여 또 하나의 중요한 개념은 제8장에서 설명한 바와 같이 공행성의 방향이다. 즉 어떤 경제변수가 전체적인 경기변동의 변화와 대체로 같은 방향으로 변화할 때 이러한 변수는 경기순행적(procyclical)이라고 말한다. 전체적인 경기변동의 변화는 주로 총생산을 기준으로 한다. 따라서 어떤 경제변수가 총생산과 같은 방향으로 변화하면 이 변수는 경기순행적이 된다. 또한 전체적인 경기변동의 변화와 반대방향으로 움직이는 변수들도 있는데 이러한 변수들은 경기역행적(countercyclical)이라고 말한다. 마지막으로 전체적인 경기변동의 변화와 관련을 가지지 않고 움직이는 변수들도 있는데 이러한 변수들을 비경기적(acyclical)이라고 부른다. 이제 경기변동상의 정형화된 사실들을 하나하나 살펴보기로 하자.

경기변동상의 정형화된 사실들

(1) 총노동고용량은 매우 경기순행적이며 경기변동량은 총생산의 경기변동량과 비슷하다

경기변동상에서 총고용량은 총생산과 매우 유사하게 변화한다. 같은 방향으로 변화할 뿐 아니라 변화의 크기도 비슷하다. 따라서 노동시장에서의 고용량의 변화를 이해하는 것은 경기변동을 이해하는 데 핵심적인 역할을 한다.

(2) 총자본의 경기변동량은 매우 작으며 대체로 비경기적(acyclical)이다

총자본의 변화는 경기변동보다는 제6장과 제7장에서 다룬 경제성장과 보다 밀접한 관련이 있으므로 경기변동상의 총생산 변화와의 관련성이 대체로 낮다.

(3) 총소비는 매우 경기순행적이지만 총소비의 경기변동량은 총생산의 경기변동량에 비해 현저히 작다

경기변동상에서 소비의 변화의 크기는 대체로 총생산보다 작다. 이러한 사실은 제15장에서 설명한 바 있는 소비의 평준화 현상과 밀접한 관계가 있다.

(4) 총투자는 매우 경기순행적이며 총투자의 경기변동량은 총소비나 총생산의 경기변동량에 비해 현저히 크다

경기변동상에서 투자의 변화는 현저히 크다. 따라서 경기변동을 이해하기 위해서는 투자수요가 이와 같이 크게 변동하는 이유를 아는 것이 중요하다.

(5) 생산성은 대체로 경기순행적이며 생산성의 경기변동량은 총생산의 경기변동량보다 작다

생산성이 대체로 경기순행적이라는 사실은 생산성의 변화가 경기변동에 영향을 줄 수 있음을 의미한다. 하지만 생산성의 경기변동량이 총생산의 경기변동량보다 작으므로 총생산이 경기변동상에서 변하는 것을 전적으로 생산성의 변화만으로 설명할 수는 없다. 만약 생산성의 변화가 노동고용량을 변화시킨다면 생산성과 노동량 두 요인의 변화가 총생산의 변화를 함께 설명할 수 있다.

(6) 실질임금은 생산성보다 경기변동량이 현저히 작다

생산성의 변화가 노동고용량의 변화를 초래하기 위해서는 실질임금의 변화를 유도한다고 생각하는 것이 자연스럽다. 이러한 이유에 대해서는 이번 장에서 자세히 설명할 예정이다. 하지만 경기변동상에서 실질임금의 변동량은 매우 작다. 따라서 이렇게 작은 변동량을 보이는 실질임금이 어떻게 경기변동상에서 핵심적인 역할을 하는 노동고용량의 변동을 가져오는지가 균형실물경기변동이론이 설명하기 가장 어려운 현상 중의 하나이다.

(7) 정부지출은 대체로 비경기적이다

정부지출의 변동은 경기변동상에서 총생산의 변동과 뚜렷한 관련을 가지지 않는다.

(8) 수입은 수출보다 훨씬 더 경기순행적이다

경기가 변할 때 보통 수입이 수출보다 더 민감하게 반응하여 변화한다. 이러한 사실은 순수출의 경기변동성과 관련하여 중요한 시사점을 갖는다. 예를 들어 경기가 좋아질 때 수입이 수출보다 더 증가한다면 순수출(＝수출－수입)은 감소한다. 반면에 경기가 나빠질 때 수입이 수출보다 더 감소한다면 순수출은 증가한다. 따라서 순수출은 경기역행적이 된다.

(9) 통화량은 경기순행적이다

통화량의 지표인 M1은 총생산과 같은 방향으로 움직인다. 하지만 M1의 변화는 총생산의 변화에 선행하는 경향이 있다. 즉 M1이 먼저 변하고 그 후 총생산이 변화하는 관계를 가진다. 또 통화량과 총생산간의 관계는 M1을 사용할 때 보다 더욱 포괄적인 통화량지표 M2를 사용할 때 보다 강화된다.

(10) 물가는 경기역행적인 반면 인플레이션율은 대체로 경기순행적이다

물가는 총생산과 반대방향으로 변화하는 반면 인플레이션율은 대체로 총생산과 같은 방향으로 변화한다.

위의 정형화된 사실들은 과거의 경기변동과 최근의 경기변동 모두에서 공통적으로 목격된다. 또한 이러한 사실들은 다른 국가들에서도 대체로 성립한다. 따라서 경기변동 현상은 시점이나 제도적인 차이와 상관없이 벌어지는 현상이라고 생각할 수 있다. 균형실물경기변동이론을 발전시킨 경제학자들은 따라서 경기변동이 시장경제의 본질적인 현상이라고 생각하였다. 뿐만 아니라 위에서 설명한 경기변동상의 정형화된 사실들이 균형현상으로 설명될 수 있다고 생각하였다.

2 경기변동의 정형화된 사실들에 대한 균형실물경기변동이론의 설명

균형실물경기변동이론의 구조

지금부터는 균형실물경기변동이론을 설명하기로 하자. 모형을 간단하게 만들기 위해 정부부문은 무시하고 기업과 가계만이 존재한다고 하자. 기업은 이윤을 극대화하기 위하여 최적의 의사결정을 한다. 기업은 주어진 기술수준하에서 자본과 노동을 고용하여 생산을 한다. 이러한 과정은 생산함수로 나타낸다. 결국 기업이 직면한 생산함수는 기업의 의사결정 과정에서 가장 중요한 고려사항이며 모형의 중요한 기초(fundamentals)를 형성한다. 또 하나의 경제주체인 가계는 가계구성원의 효용을 극대화하는 과정에서 소비와 노동공급을 결정한다. 가계는 노동공급을 한 후 남는 시간을 여가로 사용하며 이는 소비와 더불어 효용수준을 결정하는 두 개의 가장 중요한 요소이다. 소비와 여가가 효용수준을 결정하는 과정은 효용함수로 나타낸다. 결국 가계가 직면한 효용함수는 가계의 의사결정 과정에서 가장 중요한 고려사항이며 생산함수와 더불어 모형의 중요한 기초를 형성한다.

먼저 기업의 의사결정을 살펴보자. 기업이 직면한 생산함수는 다음과 같다.

$$Y = A \cdot F(K, L)$$

(18.1)

기업의 기술수준은 A로 나타냈으며 기업이 고용하는 자본과 노동은 각각 K

와 L로 나타냈다. F는 생산함수를 나타낸다. 이는 주어진 기술수준(A)에서 자본(K)과 노동(L)을 고용하면 얼마만큼의 생산(Y)을 할 수 있는지 보여준다. 우리는 경제에 하나의 기업만이 존재한다고 생각할 것이다. 이러한 가정은 만약 생산함수가 규모에 대한 수익불변이라면 그렇게 무리한 가정은 아니다. 규모에 대한 수익불변이라면 하나의 기업이 큰 규모로 생산하는 것과 많은 기업들이 작은 규모로 생산하는 것에 차이가 없기 때문이다. 따라서 식 (18.1)은 경제전체의 생산함수로 볼 수 있으며 총생산의 공급이 결정되는 식으로 해석할 수 있다.

기업은 자본과 노동을 고용하는 대가로 실질임대료$\left(\dfrac{R}{P}\right)$와 실질임금$\left(\dfrac{W}{P}\right)$을 지불한다. 따라서 기업의 실질이윤은 다음과 같이 나타낼 수 있다.

$$\pi = A \cdot F(K, L) - \frac{R}{P}K - \frac{W}{P}L \tag{18.2}$$

기업은 이윤을 극대화하고자 노력하는데, 이는 자본의 한계생산물과 실질임대료를 일치시키고 노동의 한계생산물과 실질임금을 일치시킴으로써 달성된다.

$$MPK\left(= A \cdot \frac{\Delta F}{\Delta K}\right) = \frac{R}{P} \Leftrightarrow \text{자본의 한계생산물=실질임대료} \tag{18.3}$$

$$MPL\left(= A \cdot \frac{\Delta F}{\Delta L}\right) = \frac{W}{P} \Leftrightarrow \text{노동의 한계생산물=실질임금} \tag{18.4}$$

가계의 의사결정은 효용을 극대화하는 과정에서 이루어진다. 우리는 기업과 마찬가지로 하나의 대표적인(representative) 가계만을 고려하고자 한다. 다른 가계도 동일한 의사결정을 한다고 가정하는 셈이다. 가계의 효용함수는 다음과 같이 나타낼 수 있다.

$$U = U(c, h) \tag{18.5}$$

위 식에서 c는 일인당 소비를 나타내며 h는 일인당 여가를 나타낸다. 즉 가계는 상품의 소비와 여가를 누림으로써 효용을 느낀다. 만약 가계가 아무런 제약에 직면해 있지 않다면 무한히 많은 소비와 여가를 누리려고 할 것이다. 하지만 가계는 소비와 여가를 선택하는 데 있어서 다음과 같은 제약을 받는다.

$$\text{예산제약식: } c + \Delta k = \frac{W}{P}l + \frac{R}{P}k \tag{18.6}$$

$$시간제약식: l+h = 24 \tag{18.7}$$

소비가 포함된 예산제약식 식 (18.6)은 다음과 같이 해석할 수 있다. 먼저 우변은 가계가 얻는 소득의 총합이다. 가계는 두 가지 생산요소, 즉 노동과 자본을 소유하고 있으며, 이를 기업에 공급하여 소득을 얻는다. 즉 노동공급(l)을 하여 그에 대한 대가로 $\frac{W}{P}l$만큼의 노동소득을 얻고 자본(k)을 공급하여 그에 대한 대가로 $\frac{R}{P}k$만큼의 자본소득을 얻는다. 이 두 가지 소득을 합하면 가계가 받는 총소득이 된다. 가계는 총소득을 두 가지 용도에 사용한다. 첫 번째는 소비(c)이고, 두 번째는 저축 혹은 투자이다. 균형에서는 저축과 투자가 일치하므로 양자를 굳이 분리해서 생각할 필요가 없다. 특히 지금 우리가 사용하고 있는 모형에서는 가계가 자본을 보유한다고 가정하므로 가계가 투자를 행한다. 투자는 자본을 증가시키므로 Δk로 나타냈다. 결국 가계는 노동과 자본을 공급한 대가로 소득을 얻고 이를 이용하여 소비한 후 남은 소득을 투자에 사용하여 자본을 증가시킨다.

여가에 대한 시간제약식 식 (18.7)은 비교적 간단한다. 가계는 24시간으로 표시된 총시간을 노동공급과 여가로 나누어 사용한다. 여가는 직접적으로 효용을 증가시키지만 여가를 늘리면 노동공급이 줄어들기 때문에 가계의 노동소득이 감소한다. 이는 소비 및 투자의 감소를 가져오므로 적절한 수준에서 여가와 노동공급을 결정하여야 한다.

균형실물경기변동이론은 이와 같이 대표적인 기업과 대표적인 가계로 경제가 구성되어 있으며 이들의 의사결정에 의해 수요와 공급이 형성되고 시장에서 항상 균형을 이룬다고 가정한다. 균형의 결과로 이루어진 총생산, 소비, 투자 등의 행태가 경기변동의 정형화된 사실들을 얼마나 잘 설명할 수 있는가에 의해 모형의 우수성을 판별할 수 있다. 여기서 중요한 점은 기술수준이 일정하게 주어져 있다면 균형값도 더 이상 변화하지 않는다는 것이다. 따라서 실제경제에서와 같이 균형값들이 변하는 경기변동이 일어나려면 기술수준(A)이 변해야 한다. 키들랜드(Finn Kydland) 교수와 프레스콧(Edward Prescott) 교수는 기술수준의 변화를 기술충격(technology shocks)이라고 불렀으며 실제경제도 이와 같이 끊임없는 기술충격에 직면해 있다고 생각하였다. 그들은 위와 같은 모형에 현실경제에서와 유사한 기술충격이 발생한다고 가정하면 기술충격에 따라 균형값들은 지속적으로 변화하며 이러한 변화 양상이 현실경제에서의 경기변동 양상과 매우 흡사하다는 사실을 발견하였다. 따라서 이들은 기술충격이야말로 경기변동을 초래하는 가장 기초적인(fundamental) 충격이라고 생각하였다. 이러한 충격에 대응하여 기업과 개인들은 끊임없이 합리적인 의사결정을 하고 이러한 의사결정은 시장에서 즉각적으로 균형을 형성한다. 이 과정에서 이루어지는 균형값들의 변화가 경기변동인 셈이다. 특히 경기변동을 초래하는 기초적인 충격이 실물충격인 기술충격이라는 의미에서 이러한 균형실물경기변동이론을 줄여서 실물경기변동이론(Real Business Cycle Theory)이라고 부르기도 하였다. 이와 같은 접근을 가장 먼저 시도하였던 키들랜드와 프레스콧은 이러한 연구업적 덕분에 2004년 노벨경제학상을 수상하였다.

자본시장의 균형

위에서 설명한 균형실물경기변동이론에서 균형은 어떻게 결정되는지 살펴보자. 먼저 자본시장의 균형을 생각하자. 이미 설명한 대로 자본은 가계에 의해 소유되므로 자본의 공급은 가계에 의해 이루어진다. 가계는 자본을 기업에 공급하지 않을 경우 자본을 사용할 다른 용도가 없다. 즉 자본의 기회비용은 0이다. 따라서 가계는 가지고 있는 자본을 모두 시장에 공급한다. 특히 자본의 임대료가 아무리 변하더라도 보유하고 있는 자본량을 변화시킬 수 없으므로 자본공급은 일정하게 유지된다. 따라서 자본공급곡선은 주어진 자본량($\bar{K}$)에서 수직으로 나타난다. 한편 자본의 수요는 기업에 의해 이루어진다. 자본의 수요는 식 (18.3)에서와 같이 자본의 한계생산물에 의해 결정된다. 자본의 한계생산물은 자본량이 증가함에 따라 감소하므로 자본의 수요는 우하향하는 모습을 취한다. 이상과 같은 형태의 자본공급곡선과 자본수요곡선은 〈그림 18-1〉에 나타냈다. 그림에서 균형은 A점에서 이루어지며, 이때 균형실질임대료는 $\left(\frac{R}{P}\right)^*$이고 균형자본고용량은 $\bar{K}$이다.

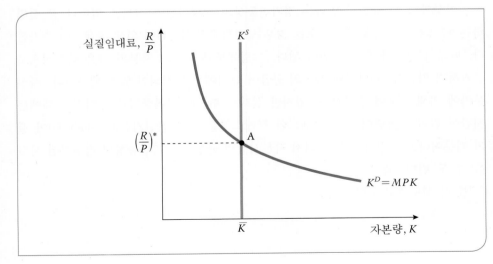

그림 18-1
자본시장의 균형

자본의 공급은 가계에 의해 이루어지며 자본공급곡선은 주어진 자본량($\bar{K}$)에서 수직으로 나타난다. 한편 자본의 수요는 기업에 의해 이루어지며 자본의 한계생산물(MPK)과 일치하므로 우하향하는 모습을 취한다. 균형은 A점에서 이루어지며, 이때 균형실질임대료는 $\left(\frac{R}{P}\right)^*$이고 균형자본고용량은 $\bar{K}$이다.

그림 18-2
기술충격으로 인한
자본시장 균형의 변화

정(+)의 기술충격이 일어나
면 자본의 한계생산물이 증가
하여 자본수요곡선이 오른쪽
으로 이동한다. 자본의 수요가
증가하여도 자본의 공급은 고
정되어 있으므로 균형자본고
용량은 변화하지 않고, 증가한
수요에 대응하여 실질임대료
만이 증가한다.

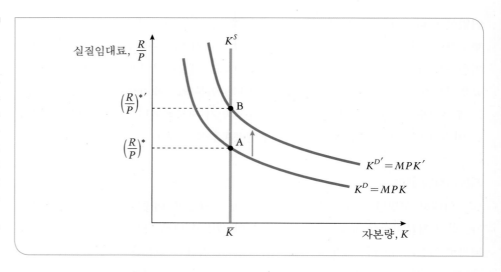

이제 기술충격에 의해 A가 증가하였다고 하자. 이와 같이 A를 증가시키는 기술충격을 정(+)의 충격이라고 부른다. A가 증가하면 식 (18.3)에 의해 자본의 한계생산물이 증가함을 알 수 있다. 기술수준이 높아지면 한 단위의 자본이 늘어날 때 생산량이 보다 많이 증가하는 것이다. 이러한 변화는 자본수요곡선을 오른쪽으로 이동시킨다. 즉 자본수요가 증가한다. 기업이 똑같은 실질임대료를 부담한다면 생산성이 높아진 자본을 보다 많이 고용하려고 할 것이기 때문이다. 자본의 수요가 증가하여도 자본의 공급이 고정되어 있으므로 균형자본고용량은 변화하지 않는다. 단, 증가한 수요에 대응하여 실질임대료만이 증가한다. 이러한 과정은 〈그림 18-2〉에 나타냈다.

이상과 같은 균형의 변화는 경기변동상의 정형화된 사실들을 얼마나 잘 설명하는가? 정(+)의 기술충격이 오는 경우 생산함수식 (18.1)에 의해 총생산이 증가한다. 따라서 경기가 호황 국면이 된다. 그럼에도 불구하고 자본의 양은 즉각적으로 증가하지 않는다. 왜냐하면 자본의 공급이 단기에는 고정되어 있기 때문이다. 사실 투자에 의해 자본이 증가할 수 있지만 실제로 투자가 자본증가로 이어지는 데에는 시간이 걸리기 마련이다. 키들랜드와 프레스콧은 이를 건설기간(time-to-build)이 길기 때문이라고 설명하였다. 따라서 자본시장의 균형은 경기변동상의 정형화된 사실들 중 두 번째, 즉 "총자본의 경기변동량은 매우 작으며 대체로 비경기적(acyclical)이다"를 잘 설명하고 있다.

노동시장의 균형

이제 노동시장의 균형을 살펴보자. 노동 역시 공급은 가계에 의해 이루어지고 수요는 기업에 의해 이루어진다. 먼저 노동수요곡선을 도출하기 위하여 기업의 의사결정을 살펴보자. 노동의 수요는 자본의 수요와 동일한 방식으로 결정된다. 즉 노동수요곡선은 식 (18.4)에서와 같이 노동의 한계생산물에 의해 결정된다. 노동의 한계생산물은 노동량이 증가함에 따라 감소하므로 노동의 수요는 우하향하는 모습을 취한다.

노동공급곡선은 좀 더 복잡한 관계를 거쳐 도출된다. 우리는 제4장에서 실질임금이 변화하면 대체효과와 소득효과의 두 가지 효과가 발생함을 학습하였다. 즉 실질임금이 상승하면 여가의 기회비용이 증가하므로 여가를 줄이고 노동공급을 증가시킨다. 이와 같이 실질임금이 상승함에 따라 상대적으로 비싸진 여가를 줄이고 보다 높은 이득을 주는 노동공급을 늘리는 행위를 대체효과라고 부른 바 있다. 이러한 대체효과는 같은 시점에서의 여가와 노동공급 사이의 대체관계이므로 보다 정확히 표현하기 위하여 기간내 대체(intra-temporal substitution)라고 부른다. 하지만 실질임금의 상승은 가계가 처해 있는 조건도 변화시킨다. 즉 같은 노동시간에 대해 더 많은 실질임금을 제공하기 때문에 노동공급을 변화시키지 않더라도 실질임금의 상승 자체가 소득을 증가시키는 것이다. 따라서 실질임금의 상승은 소득을 변화시킴으로써 노동공급의 결정에 영향을 준다. 이러한 효과를 소득효과라고 부른 바 있다. 일반적으로 소득이 증가할 때 가계는 소비재의 소비뿐 아니라 여가시간도 늘리고자 한다. 이와 같이 실질임금의 상승이 소득의 증가를 발생시켜 여가시간을 늘리고 노동공급을 감소시키는 효과가 소득효과인 것이다. 그런데 대체효과와 소득효과는 서로 다른 방향으로 노동공급을 변화시키기 때문에 실질임금의 변화가 노동공급에 미치는 종합적 효과는 불분명하다. 예를 들어 실질임금이 상승하는 경우, 대체효과가 소득효과보다 클 경우에만 노동공급이 증가하는 것이다.

지금부터는 제4장에서 고려하지 못하였던 또 하나의 효과를 살펴보기로 하자. 제4장에서는 시간의 개념을 고려하지 않고 정태적인 분석을 행하였다. 하지만 경기변동은 시간이 흐름에 따라 경제변수들이 변동하는 과정을 의미하므로 시간을 명시적으로 고려할 필요가 있다. 제15장에서 살펴본 바와 같이 소비분석에서도 이와 같이 시간을 명시적으로 고려함으로써 매우 유용한 관점을 얻음을 이미 경험한 바 있다. 노동시장과 관련해서 시간의 변화를 고려해야 하는 이유는 소비분석에서의 경우와 유사하다. 가계가 노동을 공급하는 이유는 노동소득을 창출하기 위함이다. 그런데 가계는 소비 의사결정에서와 유사하게 여가도 일정하게 유지하려는 경향이 있다. 아무래도 대부분의 노동자들은 하루에 몰아서 일을 하기 보다는 매일 일정하게 일을 하는 것을 선호하기 때문이다. 즉 매기 비슷한 시간의 노동을 공급하고자 한다. 하지만 경우에 따라서는 이번 기에 평소보다 더 많이 일을 하려고 할 수도 있다. 이와 같이 노동을 시간이 흐름에 따라서 어떻게 적절히 공급하는가의 문제를 노동의 기간간 대체(inter-temporal substitution)라고 부른다. 기간내 대체에 비하여 기간간 대체는 서로 다른 시점의 노동간의 대체관계에 주목한다는 특징이 있다.

노동공급의 기간간 대체를 유발하는 요인은 크게 두 가지이다. 이를 이해하기 위해서는 정태적인 형태로 표현되어 있는 예산제약식을 기간간 예산제약식으로 확장하는 것이 좋다. 이미 제15장에서 학습한 바와 같이 기간간 예산제약식으로 바꾸는 경우 예산제약식 (18.6)의 우변, 즉 전생애에 걸친 소득은 다음과 같이 나타낼 수 있다.

$$\text{전생애에 걸친 소득} = \frac{W_1}{P_1}l_1 + \frac{\frac{W_2}{P_2}l_2}{1+r} + \cdots + \frac{R_1}{P_1}k_1 + \frac{\frac{R_2}{P_2}k_2}{1+r} + \cdots \quad (18.8)$$

식 (18.8)에 따르면 가계는 전생애에 걸쳐 실질노동소득과 실질자본소득을 받는다. 하지만 미래의 실질노동소득$\left(\frac{W_2}{P_2}l_2\right)$은 미래에 실현될 것이기 때문에 실질이자율 r로 할인하여야 한다. 마찬가지로 미래의 자본소득 $\left(\frac{R_2}{P_2}k_2\right)$도 실질이자율로 할인하였다. 노동공급의 기간간 대체와 관련이 있는 부분은 전생애에 걸친 실질노동소득 부분이다. 가계는 현재에 노동공급을 할 경우 $\frac{W_1}{P_1}$의 실질임금을 받는다. 한편 미래에 노동공급을 할 경우에는 현재가치로 표현하여 $\frac{(W_2/P_2)}{1+r}$의 실질임금을 받는다. 가계는 양자의 상대적 크기를 비교하여 현재와 미래의 노동공급을 적절하게 결정한다. 이를 위해 우리는 다음과 같이 기간간 상대임금을 정의하는 것이 편리하다.

$$\text{기간간 상대임금} = \frac{\frac{W_1}{P_1}}{\frac{W_2}{P_2}/(1+r)} = \frac{(1+r)\frac{W_1}{P_1}}{\frac{W_2}{P_2}} \quad (18.9)$$

기간간 상대임금은 현재 노동공급을 할 경우 미래에 노동공급을 할 경우에 비하여 상대적으로 얼마나 많은 실질임금을 받게 되는지를 나타낸다. 식 (18.9)에 따르면 현재의 실질임금이 미래의 실질임금보다 높으면 높을수록, 혹은 이자율이 상승할수록 기간간 상대임금이 증가한다. 따라서 기간간 대체를 유발하는 두 요인은 기간간 실질임금의 상대적 크기와 실질이자율이다. 기간간 상대임금이 증가한다면 현재에 노동공급을 할 경우 미래에 노동공급을 하는 경우에 비해 상대적으로 더 높은 실질소득을 얻게 되므로 미래의 노동공급을 줄이고 현재의 노동공급을 늘리려 할 것이다.

또한 이자율의 변화도 기간간 상대임금과 관련하여 고려하여야 할 중요한 변수이다. 하지만 당분간은 현재의 실질임금에 초점을 맞추어 설명하기로 하자. 이제 예를 들어 실질임금이 오른다고 생각해 보자. 가계는 되도록 실질임금이 높을 때 노동공급을 하는 것이 유리하다고 생각한다. 왜냐하면 같은 시간의 노동을 공급하여도 실질임금이 높을 때 공급하면 보다 많은 실질노동소득을 얻을 수 있기 때문이다. 따라서 다음 기에 노동을 줄이더라도 지금의 높은 실질임금하에서 보다 많은 노동을 공급하고자 한다. 이러한 경향이 바로 노동의 기간간 대체이며 이러한 경향이 높을수록 기간간 대체율(rate of inter-temporal substitution)이 높다고 표현한다.

항상소득가설에서와 마찬가지로 실질임금의 상승이 얼마나 지속되는가의 여부는 노동의 기간간 대체율을 결정하는 데 매우 중요한 역할을 한다. 만약 실질임금이 영구적으로 증가한다면 노동의 기간간 대체율이 높지 않을 것이다. 왜냐하면 높아진 실질임금이 계속 유지되므로 지금 당장 노동공급을 늘리지 않고 미래의 아무 때에 노동공급을 늘려도 높은 실질임금 상승의 혜택을 누릴 수 있기 때문이다. 하지만 실질임금이 일시적으로 증가한 경우는 상황이 달라진다. 이 경우 노동공급을 미루었다가는 높은 실질임금의 혜택을 놓치게 된다. 따라서 실질임금이 높은 상태인 지금 당장 노동공급을 늘렸다가 미래에 실질임금이 다시 하락하면 노동공급을 줄이는 것이 유리하다. 이 경우 노동의 기간간 대체율은 매우 높게 된다.

이상과 같이 노동공급곡선은 매우 복잡한 고려를 거쳐서 결정된다. 실질임금이 오를 때 소득효과는 노동공급을 줄이도록 하지만 기간내 대체효과와 기간간 대체효과는 모두 노동공급을 늘리도록 작용한다. 따라서 실질임금이 상승할 때 노동공급이 증가하는지 여부는 일률적으로 결정되지 않지만 일반적으로 두 가지 대체효과가 소득효과보다 크므로 노동공급곡선은 우상향한다. 이때 우상향하는 노동공급곡선의 기울기의 정도는 이 세 효과의 상대적 크기에 달려 있다. 만약 소득효과가 매우 크다면 노동공급곡선은 수직에 가까울 것이고 두 가지 대체효과가 보다 크다면 노동공급곡선은 보다 수평에 가까울 것이다.

〈그림 18-3〉은 노동시장의 균형을 나타낸다. 기업의 의사결정에 따라 우하향하는 노동수요곡선과 가계의 의사결정에 따라 우상향하는 노동공급곡선이 만나는 곳에서 균형이 이루어지고 균형에서 균형실질임금과 균형노동량이 결정된다. 균형

그림 18-3
노동시장의 균형

그림 18-3
노동시장의 균형

노동의 공급은 가계에 의해 이루어지며 노동공급곡선은 우상향한다. 한편 노동의 수요는 기업에 의해 이루어지며 노동의 한계생산물(MPL)과 일치하므로 우하향하는 모습을 취한다. 균형은 A점에서 이루어지며 이때 균형실질임금은 $\left(\frac{W}{P}\right)^*$이고 균형노동량은 L^*이다.

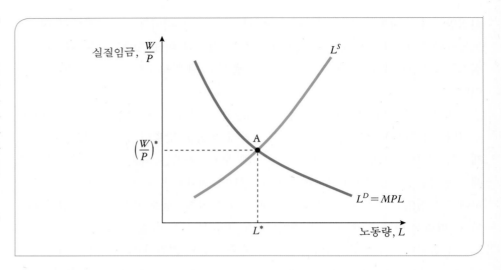

실물경기변동이론의 특징은 노동시장에서도 항상 균형이 이루어진다고 생각한다는 점이다. 따라서 경기변동은 균형이 변화하는 과정으로 이해된다.

기술수준이 일정하여 변함이 없다면 노동시장의 균형도 변함없이 유지될 것이다. 하지만 기술충격이 오면 노동시장의 균형도 변하게 된다. 이제 정(+)의 기술충격에 의해 A가 증가하였다고 하자. 정의 기술충격은 노동의 한계생산물을 증가시키므로 노동수요곡선은 위로 (또는 오른쪽으로) 이동한다. 이러한 과정은 〈그림 18-4〉에서 나타냈다. 정의 기술충격은 노동공급곡선에도 영향을 준다. 정의 기술충격

그림 18-4
기술충격에 따른 노동시장 균형의 변화

정(+)의 기술충격은 노동의 한계생산물을 증가시키므로 노동수요곡선은 오른쪽으로 이동한다. 또한 정의 기술충격은 가계소득을 증가시켜 소득효과가 발생된다. 소득효과는 노동공급곡선을 왼쪽으로 이동시킨다. 따라서 최종적인 균형은 C점에서 달성된다. 그림에서는 노동수요곡선의 이동거리가 노동공급곡선의 이동거리보다 크다고 가정하여 최종적인 균형에서는 노동량이 증가하도록 하였다.

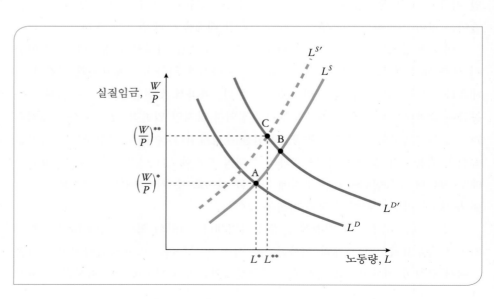

은 생산물을 증가시키므로 가계의 소득이 증가한다. 즉 정의 기술충격은 노동생산성을 증가시키고 이에 따라 실질임금이 증가하고 노동공급도 증가한다. 따라서 노동소득이 증가한다. 이러한 변화는 그림에서 균형이 A점에서 B점으로 이동하는 과정으로 생각할 수 있다. 하지만 정의 기술충격은 자본의 한계생산물을 높이므로 자본소득도 증가시킨다. 이렇게 늘어난 자본소득의 증가는 실질임금의 상승과 관계없이 이루어진 것이므로 순수한 소득효과를 가져온다.[2] 소득효과는 여가를 늘리고 노동공급을 감소시키므로 노동공급곡선을 위로 (또는 왼쪽으로) 이동시킨다. 따라서 최종적인 균형은 C점에서 달성된다. 그림에서는 노동수요곡선의 이동거리가 노동공급곡선의 이동거리보다 크다고 가정하여 최종적인 균형에서는 노동량이 증가하도록 하였다.

　　이상과 같은 노동시장에서 균형의 변화는 경기변동상의 정형화된 사실들을 얼마나 잘 설명하는가? (1)번 사실 "총노동고용량은 매우 경기순행적이며 경기변동량은 총생산의 경기변동량과 비슷하다"에 따르면 노동고용량은 경기변동상에서 총생산과 같은 방향으로 움직여야 할 뿐 아니라 변동 정도도 총생산의 변동 정도만큼 커야 한다. 반면 (6)번 사실 "실질임금은 생산성보다 경기변동량이 현저히 작다"에 따르면 실질임금의 변동은 작아야 한다. 하지만 〈그림 18-4〉에 의하면 오히려 실질임금의 변화는 매우 큰 반면 노동고용량의 변화는 매우 작다. 따라서 노동시장의 균형의 변화는 경기변동상의 정형화된 사실들을 잘 설명하지 못하는 듯 보인다. 노동공급곡선과 노동수요곡선의 이동정도는 기술충격의 크기에 의해 결정되므로 양자의 이동거리를 마음대로 바꾸기는 어렵다. 유일한 방법은 노동공급곡선의 기울기를 매우 완만하게 만드는 것이다. 〈그림 18-5〉에서는 노동공급곡선이 완만한 경우 동일한 크기의 기술충격이 왔을 때 균형이 어떻게 바뀌는지를 나타내었다. 노동공급곡선의 기울기만 바뀌었을 뿐 노동공급곡선과 노동수요곡선은 〈그림 18-4〉에서와 동일한 크기로 이동한다고 가정하였다. 이 경우 균형은 A점에서 C점으로 이동하는데 결과적으로 실질임금의 증가는 작은 반면 노동고용량의 변화는 매우 큼을 알 수 있다. 따라서 이제 균형실물경기변동이론의 결과가 경기변동상의 정형화된 사실과 매우 근접함을 알 수 있다.

---

2 만약 생산성 증가가 일시적이어서 그 효과가 현재에만 국한된다면, 자본소득의 증가는 현재에만 일어나므로 자본소득변화로 인한 소득효과는 매우 작을 것이다. 반면 생산성 증가가 영구적인 영향을 준다면 자본소득 증가는 현재뿐 아니라 미래에도 계속되므로 소득효과가 매우 커질 것이다.

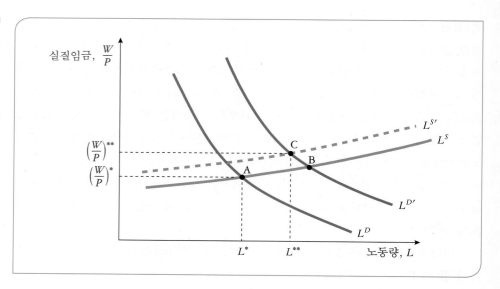

그림 18-5
노동공급곡선이 완만한 경우 기술충격으로 인한 노동시장 균형의 변화

노동공급곡선의 기울기만 완만하게 바뀌었을 뿐 노동공급곡선과 노동수요곡선은 〈그림 18-4〉에서와 동일한 크기로 이동한다고 가정하자. 이 경우 균형은 A점에서 C점으로 이동하는데 결과적으로 실질임금의 증가는 작은 반면 노동고용량의 변화는 매우 크다. 따라서 이제 균형실물경기변동이론의 결과가 경기변동상의 정형화된 사실과 매우 근접함을 알 수 있다.

지금까지의 분석을 통해 알 수 있는 점은 노동시장의 균형의 변화를 통해 경기변동을 설명하기 위해서는 완만한 노동공급곡선이 필수적이라는 것이다. 노동공급곡선이 완만하기 위해서는 작은 실질임금의 변화에 대해서도 노동공급이 크게 반응하여야 한다. 즉 노동의 대체효과가 커야 한다. 따라서 균형실물경기변동이론의 유효성과 관련하여 대체효과의 크기는 큰 주목을 받아 왔다. 특히 기간내 대체효과는 일정하게 주어졌다고 할 때 어느 경우에 기간간 대체효과가 커질 수 있는지에 대한 많은 연구가 이루어졌다. 실제로 노동공급 변화 데이터를 이용하여 분석한 많은 연구들은 기간간 대체효과가 경기변동상의 정형화된 사실들을 설명할 수 있을 정도로 크지 않다고 주장한다. 하지만 이러한 연구들에 대한 반론도 존재한다. 즉 노동자들은 실질임금의 변화가 얼마나 영구적인지 알 수 없을 때가 대부분이며, 실질임금의 변화가 일시적인 경우의 자료로 한정하여 분석할 경우에는 기간간 대체효과가 매우 크다는 것이다.[3] 이러한 논쟁은 지금도 계속 진행되고 있다.

기간간 대체효과와 관련하여 또 하나 중요한 사실은 기간간 상대임금식 (18.9)를 직접 이용해서 생각해 볼 수 있다. 이미 설명한 대로 실질임금의 변동이 작기 때문에 기간간 대체효과를 통해 노동고용량의 변화를 충분히 설명하기 어려운 측면이 있었다. 또하나의 가능성은 실질이자율의 변화에 따른 노동고용량의 변화를 고려하는 것이다. 왜냐하면 기간간 대체효과는 기간간 실질임금의 변화뿐 아니라 실질이

---

3 Mulligan, Casey. 1995, "The Intertemporal Substitution of Work—What Does the Evidence Say?" *Population Research Center Discussion Paper* 95-11.

자율의 변화에 의해서도 발생하기 때문이다. 식 (18.9)에서 경기가 호황이 됨에 따라 실질이자율이 상승한다면 기간간 상대임금도 상승하여 현재의 노동공급이 증가할 수 있다. 따라서 기간간 대체효과를 측정하는 연구들은 실질이자율의 역할에 대해서도 관심을 가져 왔다. 하지만 이러한 연구들도 실질이자율에 대응한 기간간 대체율이 균형실물경기변동이론이 주장하는 만큼은 크지 않은 것으로 결론내리고 있다.

생산성충격의 영속성

일반적으로 생산성충격은 얼마나 지속되는가? 이미 설명한 대로 생산성충격이 완전히 영속적이라면 기간간 대체효과는 작아질 것이기 때문에 생산성충격의 지속성 정도는 매우 중요한 논쟁거리이다. 생산성충격을 기술진보로 국한한다면 이러한 충격은 거의 영구적으로 지속된다고 보는 것이 옳을 것이다. 왜냐하면 일단 개발된 기술은 계속적으로 경제에 영향을 미칠 것이기 때문이다. 예를 들어 증기기관의 개발은 이러한 기술이 계속적으로 사용되는 한 경제에 영속적으로 영향을 미칠 것으로 기대할 수 있다. 하지만 증기기관을 대체하는 다른 동력기술이 개발되면 증기기관의 기술충격은 차츰 사라지게 된다. 따라서 기술진보에 의한 기술충격도 완전히 영속적이라고 보기는 어렵다. 또한 균형실물경기변동이론의 주장자들은 기술충격을 보다 광범위하게 해석한다. 예를 들어 기후악화에 의해 작물생산이 어려워지는 경우도 기술충격의 일부로 본다. 이러한 경우는 기후조건이 개선됨에 따라 이전의 기후악화에 의한 기술충격은 사라지게 된다. 또한 석유와 같은 주요 생산원료의 가격상승도 기술조건이 나빠진 것으로 해석한다. 왜냐하면 생산원료의 가격이 상승하면 생산원료의 투입이 여의치 않음에 따라 똑같은 자본과 노동이 사용되어도 생산물의 양이 감소하여 마치 음(−)의 기술충격이 온 것과 같은 효과가 발생하기 때문이다. 이러한 경우에도 생산원료의 가격이 다시 하락하면 원래의 기술충격은 사라지게 된다. 따라서 기술충격은 완전히 영속적이지 않으며 어느 정도 일시적인 성격을 갖는다. 기간간 대체효과가 커지기 위해서는 생산성충격의 지속성은 낮아야 할 것이다. 따라서 균형실물경기변동이론의 주장자들은 생산성충격을 광범위하게 해석하여 영속적이지 않다고 가정한다.

그 밖의 정형화된 사실들에 대한 설명

생산성의 경기변동

지금까지 생산성충격에 따라 자본시장과 노동시장의 균형이 변하는 모습을 통해 경기변동상의 정형화된 사실들 중 (1)번, (2)번, (6)번을 설명하였다. 나머지 사실들도 균형현상을 통해 설명이 가능하다. 먼저 (5)번 현상, "생산성은 대체로 경기순행적(procyclical)이며 생산성의 경기변동량은 총생산의 경기변동량보다 작다"는 다음과 같이 설명할 수 있다. 생산성이 대체로 경기순행적인 것은 생산성충격을 경기변동의 가장 중요한 원인으로 여기는 균형실물경기변동이론의 입장에서는 당연하게 받아들여질 수 있다. 이때 생산성 증가와 노동고용량 증가는 모두 총생산을 증가시키므로 총생산 증가는 생산성 증가보다 크게 된다. 따라서 생산성의 경기변동의 크기는 총생산의 경기변동의 크기보다 작게 된다.

총소비의 경기변동

(3)번 "총소비는 매우 경기순행적이지만 총소비의 경기변동량은 총생산의 경기변동량에 비해 현저히 작다"는 가계의 합리적인 선택의 결과로 설명할 수 있다. 이미 제15장에서 설명한 바와 같이 합리적인 소비자들은 효용을 극대화하는 과정에서 소비평준화를 이루기 위해 노력한다. 따라서 정(+)의 기술충격에 의해 총생산 혹은 총소득이 증가하더라도 소비는 일부분만 증가한다. 음(−)의 기술충격이 오면 정반대의 현상이 벌어질 것이다. 따라서 총소비는 경기순행적일 뿐 아니라 경기변동의 크기도 총생산의 경기변동보다 작기 마련이다. 물론 이때에도 기술충격이 얼마나 지속되는가에 따라 총소비와 총생산의 상대적인 경기변동의 크기가 결정된다. 만약 기술충격이 영속적이라면 항상소득이 늘어난 것으로 판단할 수 있고, 이 경우에는 총소비가 총생산만큼 변동할 수 있다. 하지만 기술충격이 일시적이라면 일시소득이 변화한 것이므로 총소비는 거의 변화하지 않는다. 이러한 과정에서 총소비의 경기변동량은 총생산의 경기변동량에 비해 작아지게 된다.

총투자의 경기변동

한편 (4)번 사실에 따르면 "총투자는 매우 경기순행적이며 총투자의 경기변동량은 총소비나 총생산의 경기변동량에 비해 현저히 크다." 이러한 사실은 케인즈를 포함하여 이미 많은 경제학자들에 의해 충분히 인식되어 왔으며 이에 대해 많은 이론들이 개발되어 왔다. 하지만 균형실물경기변동이론의 주창자들은 이러한 투자의 경기순행성과 높은 변동성을 기업의 합리적인 선택과 균형의 변화로 설명할 수 있다고 주장한다. 투자가 경기순행적인 이유는 비록 자본형성에 시간이 걸리더라도 정(+)의 생산성충격이 있을 때 자본을 증가시키는 것이 합리적인 선택이기 때문이다. 즉 정(+)의 생산성충격이 오면 자본의 한계생산물이 증가하므로 자본을 증가시키고자 한다. 이를 위해서는 투자가 증가해야 할 것이다. 따라서 투자는 경기순행적이다. 총투자의 변동성 크기가 총소비 및 총생산의 변동성보다 크다는 사실은 총소비의 변동성이 총생산의 변동성보다 작다는 사실과 밀접한 관련이 있다. 즉 정부지출을 무시한다면 총생산은 기본적으로 총소비와 총투자로 구성되므로 총생산의 변동성은 총소비와 총투자의 변동성에 의해 설명되어야 한다. 하지만 총소비의 변동성은 총생산의 변동성보다 작음은 이미 설명하였다. 따라서 총생산의 변동성은 대부분 총투자의 변동성에 의해 설명이 되어야 할 것이다. 그런데 총투자는 총생산의 20~30% 정도밖에 되지 않는다. 이렇게 작은 부분을 구성하고 있는 총투자가 총생산의 변동을 대부분 설명하기 위해서는 큰 규모의 변동을 해야 한다. 따라서 총투자의 변동성은 커질 수밖에 없는 것이다.

정부지출의 경기변동

(7)번 사실에 따르면 "정부지출은 대체로 비경기적이다." 이러한 사실은 어떻게 설명될 수 있을까? 대부분의 거시모형에서는 기업과 가계의 의사결정만을 모형화하며, 정부지출은 정부가 담당하기 때문에 외생변수로 간주하여 모형 밖에서 결정된다고 가정한다. 따라서 정부지출에 대한 경기변동성은 모형을 통해 분석하기 어려운 듯 보인다. 하지만 정부지출이 외생변수라고 하더라도 정부지출이 변하는 경우 이에 대응하여 다른 거시경제변수들의 균형값이 변화한다. 이 과정에서 정부지출과 총생산을 비롯한 다른 내생적인 경제변수들 사이의 관련성을 분석할 수 있다. 예를 들어 *IS-LM*모형에 따를 때 정부지출이 늘면 총수요가 증가하여 총생산도 증가한다. 따라서 케인즈모형에서는 정부지출의 증가와 총생산의 증가가 같은 방향으로 움직여야 할 것이다. 즉 정부지출은 경기순행적이어야 한다. 하지만 실제의 데이터에서는 정부지출이 비경기적으로 변동한다. 즉 정부지출의 변화와 총생산의 변화가 관련이 없다. 따라서 케인즈모형은 정부지출의 경기변동성을 잘 설명하지 못한다. 반면 정부지출의 변화가 기업의 생산함수나 가계의 소득에 어떠한 영향도 주지 않는다면 균형실물경기변동이론에서는 정부지출의 변화가 총생산에 영향을 주지 않는다. 따라서 정부지출의 경기변동성은 균형실물경기변동이론에서 보다 잘 설명할 수 있는 듯 보인다.

하지만 정부지출의 결정이 완전히 외생적이라고 보기 어렵기 때문에 위의 논쟁이 반드시 케인즈이론에 불리한 것만은 아니다. 정부지출을 변화시키는 결정은 정책당국자가 하지만 이러한 결정을 하는 과정에서 경제상황을 고려하기 때문이다. 만약 케인즈이론을 신봉하는 정책당국자라면 경제가 불황에 빠진 경우 총수요를 늘리기 위하여 정부지출을 증가시킬 것이다. 만약 이러한 시도가 성공적이더라도 경제가 바로 경기호황 국면에 진입하는 것은 아니므로 정부지출의 증가와 경기호황이 함께 나타나지는 않는다. 따라서 정부지출의 변동은 경기변동과 거의 관계없는 것처럼 비춰질 수 있다. 사실은 정부지출의 증가 때문에 총생산이 증가하였음에도 불구하고 정부지출의 증가 시점이 경기불황 상태에서 이루어졌기 때문에 정부지출이 경기순행적으로 보이지 않게 되는 것이다.

이러한 반론에 대하여 균형실물경기변동이론의 주창자들은 균형이론에서도 정부지출의 변화가 총생산을 변화시킬 수 있다고 주장한다. 하지만 이러한 경로는 케인즈이론이 제시하는 총수요효과와 다르다. 즉 균형실물경기변동이론의 주창자들은 정부지출의 증가가 기업의 생산성에 영향을 줄 수 있다고 주장한다. 예를 들어, 정부지출이 도로건설과 같은 인프라투자에 집중된다면 민간기업 입장에서는 이러한 정부지출이 생산성을 높이는 것으로 받아들일 수 있다. 즉 도로가 정비되면 물류이동이 편리해지므로 동일한 크기의 자본과 노동을 고용하여도 생산량이 보다 증가하게 될 것이기 때문이다. 따라서 정부지출의 증가는 정(+)의 기술충격과 유사하며 총생산을 늘릴 수 있다. 또한 정부지출의 증가는 소비자들의 효용함수 및 예산제약식에도 영향을 줄 수 있다. 예를 들어, 정부지출을 통해 공원을 조성한다면 소비자들이 공원산책 등을 통해 효용을 늘릴 수 있다. 이러한 효용증가는 다른 소비재의 소비를 줄이게 한다. 공원산책을 하느라 영화감상과 같은 소비활동을 줄이는 것이다.

순수출의 경기변동

이제 (8)번 사실 "수입은 수출보다 훨씬 더 경기순행적이다"를 설명하기로 하자. 이미 지적한 대로 수입이 수출보다 경기순행적이라면 순수출(=수출−수입)은 경기역행적이 된다. 이러한 사실은 케인즈이론이 설명하기 어려운 약점 중 하나로 지적되어 왔다. 왜냐하면 케인즈이론에 따를 때 순수출은 총수요를 구성하는 항목 중 하나이므로 순수출이 증가하면 총수요가 증가하여 총생산도 증가해야 하기 때문이다. 반면 순수출의 경기역행적인 현상은 균형실물경기변동이론이 가정하는 균형현상으로 보다 용이하게 설명할 수 있다. 예를 들어 정(+)의 기술충격이 발생했다고 하자. 정의 기술충격은 총생산을 증가시키므로 가계의 총소득의 증가를 가져오며 총소득의 증가는 총소비의 증가로 이어진다. 또한 정의 기술충격이 있는 경우 자본의 한계생산성이 증가하므로 투자도 늘어난다. 이러한 소비와 투자증가는 수입 증가로 이어진다. 왜냐하면 늘어난 소비와 투자에는 외국으로부터 수입한 재화와 서비스도 포함되기 때문이다. 총생산이 증가함에 따라 수출도 일부 증가하겠지만 수출의 증가는 기본적으로 외국의 수요가 증가할 때 이루어진다. 기술충격의 효과가 국내에 국한된다면 정의 기술충격이 온 경우 외국의 수요가 증가할 이유가 없다. 따라서 기술충격에 의해 경기변동이 촉발된 경우 수입이 수출보다 더 경기순행적이 된다.

명목변수들의 경기변동상에서의 움직임

　　마지막으로 명목변수들의 경기변동상에서의 특징에 대해 설명하기로 하자. (9)번 사실 "통화량은 경기순행적이다"에 따르면 실물경기변동과 통화량은 밀접한 관련이 있어 보인다. 특히 통화량은 경기변동에 선행적으로 움직이므로 통화량의 변화가 경기변동을 초래하는 것으로 해석할 수 있다. 이러한 이유 때문에 통화론자들은 통화량의 변화를 경기변동의 가장 중요한 이유라고 생각하였다. 또 루카스도 경기변동을 일으키는 충격으로 통화량충격을 중요시한 바 있다. 하지만 균형실물경기변동이론의 주창자들은 통화량의 변화가 실물경기변동의 원인이 아니라 결과라고 생각한다. 실물경기변동이 원인이며 통화량은 그 결과로서 변화한다는 것이다. 이러한 주장에 대해서는 아래에서 균형실물경기변동이론의 주창자들이 화폐에 관해서 가지고 있는 견해, 특히 "화폐의 중립성"을 설명할 때 자세히 다룰 것이다.

　　명목변수의 움직임과 관련하여 또 하나의 중요한 사실은 가격변수의 움직임이다. (10)번 사실에 따르면 "물가는 경기역행적인 반면 인플레이션율은 대체로 경기순행적이다." 특히 물가가 경기역행적이라는 사실이 처음에 밝혀졌을 때에는 많은 경제학자들이 이를 놀랍게 받아들였다. 왜냐하면 총수요충격으로 경기변동이 발생한 경우에는 물가가 경기순행적으로 변해야 하기 때문이다. 〈그림 18−6〉은 이를 잘 보여준다. 〈그림 18−6〉의 (a)에서는 총수요의 변화가 경기변동을 발생시키는 경우 물가와 총생산이 어떠한 관계를 가지며 변화하는지 보여 준다. 그림에서 총수요충격에 의해 총수요곡선이 오른쪽으로 이동하면 균형은 A점에서 B점으로 이동한다. 이때 총생산은 Y_1에서 Y_2로 증가하며 이에 따라 물가도 P_1에서 P_2로 상승한다. 따라서 총수요충격에 의해 경기변동이 발생한다면 물가는 경기순행적이어야 한다. 반면 경기변동이 총공급충격에 의해 발생한다면 물가는 경기역행적이 된다. 〈그림 18−6〉의 (b)에서는 총공급충격으로 경기변동이 발생한 경우 물가가 어떻게 변화하는지를 보여준다. 그림에서 총공급충격에 의해 총공급곡선이 오른쪽으로 이동하면 균형은 A점에서 C점으로 이동한다. 이때 총생산은 Y_1에서 Y_3로 증가하며 이에 따라 물가는 P_1에서 P_3로 하락한다. 따라서 총공급충격에 의해 경기변동이 발생한다면 물가는 실제의 사실과 부합하게 경기역행적이 된다. 이러한 사실은 균형실물경기변동이론의 주창자들이 생산성충격과 같은 총공급충격을 강조하는 점과 관련하여 균형실물경기변동이론을 뒷받침하는 증거로 받아들여졌다. 하지만 인플레이션율은 물가와 달리 경기순행적이다. 케인즈학파는 이를 기초로 총수요충격이 중요하다고 주장한다.

그림 18–6
물가의 경기변동성

(a) 총수요충격

총수요충격에 의해 총수요곡
선이 오른쪽으로 이동하면 균
형은 A점에서 B점으로 이동
한다. 이때 총생산은 Y_1에서
Y_2로 증가하며 이에 따라 물가
도 P_1에서 P_2로 상승한다. 따
라서 총수요충격에 의해 경기
변동이 발생한다면 물가는 경
기순행적이어야 한다.

(b) 총공급충격

총공급충격에 의해 총공급곡
선이 오른쪽으로 이동하면 균
형은 A점에서 C점으로 이동
한다. 이때 총생산은 Y_1에서
Y_3로 증가하며 이에 따라 물가
는 P_1에서 P_3로 하락한다. 따
라서 총공급충격에 의해 경기
변동이 발생한다면 물가는 경
기역행적이 된다.

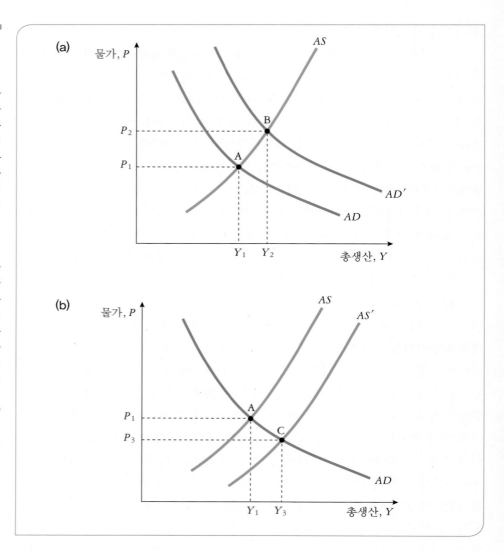

3 균형실물경기변동이론과 합리적 기대

균형실물경기변동이론은 합리적 기대를 적극적으로 수용한 새고전학파에서 비
롯되었다. 새고전학파는 합리적 기대를 사용하여 여러 가지 중요한 이론적 성과를
이루어냈는데 이러한 내용에 대해서는 제12장에서 자세히 다룬 바 있다. 그런데 균
형실물경기변동이론과 합리적 기대는 어떠한 관계에 있는 것일까? 결론적으로 말
하면 균형실물경기변동이론도 합리적 기대를 적극적으로 수용하고 있다.

균형실물경기변동이론이 합리적 기대를 적극적으로 수용한 근거는 여러 곳에서 찾을 수 있다. 특히 가계의 선택은 합리적 기대하에서 합리적인 선택을 하는 것을 가정하고 있다. 보다 구체적으로 다음과 같은 점을 들 수 있다. 첫째, 기간간 대체는 미래에 대한 합리적인 기대를 바탕으로 한다. 기간간 대체를 결정하는 기간간 상대임금은 현재 실질임금과 미래 실질임금 사이의 상대적 크기이다. 이때 미래의 실질임금은 가계가 합리적인 기대를 통해 예상한다. 이러한 예상을 통해 기간간 상대임금을 파악하고 기간간 대체 정도를 결정한다. 둘째, 소비를 선택할 때에도 합리적인 기대를 바탕으로 미래소득을 예상하고 현재의 소비를 결정한다. 특히 기술충격에 의해 현재소득의 증가가 얼마나 지속되는가는 미래소득에 대한 예상과 밀접한 관련이 있다. 현재소득이 지속된다면 미래소득도 같이 상승한다는 의미이다. 이러한 소득의 변화는 항상소득의 변화로 파악할 수 있기 때문에 소비도 같은 정도로 증가한다. 반면 현재소득이 일시적이라면 미래소득은 거의 증가하지 않는다. 이러한 소득의 증가는 소득의 일시적인 증가로 파악되며 소비는 거의 증가하지 않는다. 이상과 같이 가계는 합리적 기대를 통해 미래의 소득을 기대하며 이를 바탕으로 합리적인 선택을 한다. 셋째, 균형실물경기변동이론에서는 정부정책의 효과도 합리적 기대를 전제로 하여 파악한다. 예를 들어 정부가 조세를 증가시켰다고 하자. 균형실물경기변동이론은 이러한 효과를 알기 위해서는 정부의 정책변화가 일시적인지 혹은 영구적인지 아는 것이 중요하다고 판단한다. 조세의 증가가 일시적이라면 일시적인 소득의 감소이므로 소비의 변화가 크지 않을 것이다. 반면 정부정책의 변화가 영구적이라면 항상소득의 변화이므로 소비가 보다 많이 변화할 것이다. 이상과 같이 균형실물경기변동이론에서는 정부정책이 현재에 어떠한지 뿐 아니라 미래에 어떻게 될 것인가도 결정되어야 정부정책의 효과를 알 수 있다고 주장한다. 즉 미래의 정부정책을 기대할 때 합리적 기대가 사용되는 것이다.

④ 균형실물경기변동이론과 관련한 여러 이슈들

지난 절에서는 균형실물경기변동이론을 이용하여 경기변동상의 정형화된 사실들을 설명하였다. 종합적으로 판단할 때 균형실물경기변동이론은 경기변동상의 정형화된 사실들은 상당히 성공적으로 설명하고 있다. 이러한 성공은 초반에 매우 놀랍게 받아들여졌다. 왜냐하면 당시까지 케인즈이론은 경기변동을 불균형현상으로 설명하였으며 이러한 설명이 매우 설득력 있게 받아들여지고 있었기 때문이다. 따라서 균형실물경기변동이론은 기존 이론이 경기변동을 불균형현상으로 설명한 것과 극명하게 대조가 되었다.

초반기에 매우 성공적으로 받아들여졌던 균형실물경기변동이론은 추후 여러 가지 비판에 직면하게 된다. 지금부터는 이러한 비판과 균형실물경기변동이론과 결부된 여러 이슈들을 살펴보기로 하자.

기술충격의 중요성

균형실물경기변동이론은 경기변동의 근본적인 원인이 기술충격이라고 주장한다. 하지만 균형실물경기변동이론에 대한 비판자들은 다음과 같은 이유 때문에 기술충격이 과연 경기변동과 같이 큰 규모로 경제전체에 영향을 줄 수 있는지 의문을 제기한다. 첫째, 정(+)의 기술충격은 생각할 수 있지만 과연 음(-)의 기술충격이 가능할 것인가의 문제이다. 기술충격이 경기변동을 가져온다면 정의 기술충격이 올 때 경제는 호황이 되고 음의 기술충격이 올 때 경제는 불황이 된다. 그런데 기술진보와 같은 새로운 기술개발은 정의 기술충격으로 해석할 수 있지만 현실적으로 기술퇴보와 같은 음의 기술충격은 생각하기 어려운 듯 보인다. 그렇다면 경기불황은 어떻게 설명할 수 있는가? 이에 대해 균형실물경기변동이론의 주창자들은 기술충격을 보다 광범위하게 해석하면 음의 충격도 가능하다고 설명한다. 예를 들어 기후의 악화와 석유와 같은 생산원료의 상승을 음의 생산성충격으로 생각할 수 있다고 주장한다.

둘째, 과연 기술충격의 크기가 경제전체의 경기변동을 가져올 수 있을 만큼 클 것인가의 문제이다. 실제로 경제 여러 부문에서는 작은 규모의 기술진보가 끊임없이 일어나고 있다. 이러한 기술충격은 해당 산업에 상당한 영향을 주지만 경제전체에 영향을 주기에는 소규모 충격인 경우가 대부분이다. 예를 들어 MP3 플레이어와 같은 오디오 부문에 기술진보가 생기는 경우 이러한 기술진보는 해당 오디오 산업에는 큰 충격을 줄 수 있지만 경제전체에 주는 영향은 미미할 것이다. 다른 기술충격도 이와 같이 해당 산업에 국한될 경우 경기변동과 같이 경제전체의 총생산에 영향을 미치기는 어렵다. 균형실물경기변동이론의 주창자들은 이러한 비판에 대하여 한 산업의 기술진보가 다른 산업에 전파될 수 있다고 주장한다. 예를 들어, 컴퓨터 개발과 같은 기술진보는 전자산업에서 시작되었지만 지금은 유통이나 금융과 같은 서비스 산업에도 광범위한 영향을 미치고 있다. 또한 한 산업에 국한된 기술충격이어도 산업이 중간재로 서로 연결되어 있기 때문에 전체 경제에 광범위하게 영향을 줄 수 있다고 주장한다. 예를 들어 전자산업에 정(+)의 기술충격이 와서 생산을 늘리기 위해 공장을 증설한다면 그 과정에서 건설산업에 정의 영향을 줄 수 있다. 이

와 같이 서로 다른 산업도 연관이 있기 때문에 한 산업의 기술충격이 전 산업에 전
파될 수 있다고 주장한다.

가격과 임금의 경직성

　　균형실물경기변동이론은 가격과 임금이 자유롭게 변화하여 항상 균형이 달성
된다고 주장한다. 하지만 비판자들은 실제 경제의 가격과 임금이 경직적이라고 주
장한다. 사실 가격이 명시적으로 붙여져서 판매되는 제품들의 가격은 한동안 고정
되어 있는 듯 보인다. 임금결정도 계약형태로 체결되는 경우가 많아 계약기간 동
안에는 고정되어 있다. 이러한 증거들을 토대로 비판자들은 균형실물경기변동이론
의 주창자들의 견해에 대해 반박한다. 하지만 균형실물경기변동이론의 주창자들은
그 정도의 가격경직성은 무시해도 될 정도로 중요하지 않다고 생각한다. 실제로 농
수산물과 같은 많은 상품들의 가격은 매일매일 바뀌기 때문에 경제가 항상 균형에
있다고 가정하여도 큰 무리는 없다는 것이다. 또한 계약에 따른 경직성에 대해서
도 계약 자체가 경직성의 원인이 될 수 없다고 주장한다. 계약의 내용에 상황에 따
른 임금변화를 삽입할 수 있기 때문이다. 성과급과 같이 기업의 이윤이 변함에 따

현실경제에서 재화와 서비스의 가격은 얼마나 오랫동안 고정되어 있는가?

　　재화나 서비스의 가격이 얼마나 경직적인가는 실제로
현실에 존재하는 가격이 얼마나 오랫동안 고정되어 있는
지 살펴봄으로써 알 수 있다. 빌스(Mark Bils)와 클리노우
(Peter Klenow) 교수는 이 분야에서 큰 성과를 이루었다.
이전의 연구들이 특정 상품의 가격변화에 초점을 맞추었
기 때문에 보다 거시적인 의미에서 전반적인 가격변화 양
상을 파악하기 어려웠던 것에 비해 이들은 소비자가 실
제로 소비하는 제품들의 70%에 해당하는 광범위한 품
목의 재화와 서비스 가격이 얼마나 자주 바뀌는지 조사
하였다. 그 결과 많은 품목들의 가격이 생각보다 빨리 변

화하는 것을 발견하였다. 즉 조사품목 중 약 절반의 제
품은 적어도 4.3달 이내에 가격을 한 번 이상 변경하였다.
또한 그들은 품목에 따라 가격경직성의 정도가 매우 다
름을 발견하였다. 예를 들어 신문가격, 남자들의 이발비,
택시비 등은 매우 오랜 기간 동안 고정되어 있는 반면에
가솔린, 항공권, 토마토 등의 가격은 매우 빨리 변경되었
다. 가격의 변화가 얼마나 자주 이루어지는지는 품목마
다 다르지만 일반적으로 해당 품목의 시장이 경쟁적일수
록 가격변화가 빨리 이루어지는 것으로 보고되었다.

자료: Bils, Mark, and Peter Klenow. 2004. "Some Evidence on the Importance of Sticky Prices." *Journal of Political Economy*,
112(5): 947-985.

라 임금을 조정하는 것을 계약에 명시한다면 실제로 경제상황이 바뀜에 따라 임금 도 변하는 셈이다.

　가격 및 임금의 경직성이 얼마나 중요한 역할을 하는지는 아직도 논쟁 중이다. 하지만 이러한 논쟁은 매우 중요한 의미를 가진다. 왜냐하면 다음 절에서 살펴볼 것과 같이 케인즈이론을 현대적으로 계승한 새케인즈학파와 균형실물경기변동이론 주창자들 사이에 이론적인 측면에서 가장 뚜렷한 차이는 결국 가격의 경직성을 어 느 정도 중요하게 고려하는가에 달려있기 때문이다.

경기안정화의 필요성

　지난 장들에서 경기변동을 설명할 때 정책당국자의 정책목표는 경기안정화에 있다고 설명하였다. 그런데 경기안정화를 추구하는 이유는 무엇인가? 균형실물경기 변동이론의 주창자들은 정책을 집행할 때 목적을 명확히 하여야 한다고 주장한다. 균형실물경기변동이론의 주창자들은 정책집행의 판단기준이 경제의 후생이라고 생 각한다. 즉 경제의 후생을 극대화하는 정책이 가장 바람직한 정책이라는 것이다.

　지금까지 살펴본 대부분의 모형에서는 경기변동이 불균형현상으로 간주되었 다. 따라서 경기변동을 안정화시키는 과정에서 경제는 불균형상태에서 균형상태로 이동하며 이러한 과정은 경제의 후생을 증가시키는 것으로 해석할 수 있다. 일반적 으로 경제의 불균형이 해소되어 균형으로 접근하면 경제의 후생이 증가하기 때문이 다. 결국 정책당국자의 경기안정화는 경제의 후생을 증가시키는 것으로 정당화될 수 있었다.

　하지만 균형실물경기변동이론에서는 경기변동을 실물충격에 대응한 경제주체 의 합리적 대응의 결과가 시장에서 균형을 이루는 과정으로 이해한다. 이러한 해석 은 정책당국자가 경기변동에 과연 어떻게 대응하여야 적절할 것인가의 의문을 제기 한다. 즉 균형실물경기변동이론에서도 경기변동을 안정화시키는 것이 후생을 증가 시킬 수 있는지 의문이 제기되는 것이다. 균형실물경기변동이론에서는 경제가 항상 균형상태에 있기 때문이다. 균형 자체가 변화하면서 총생산의 변동이 이루어지는 데, 만약 경기안정화를 위하여 정책당국자가 총생산의 변동을 억제한다면 이는 오 히려 총생산이 균형상태로 가지 못하게 하는 셈이다. 따라서 경기안정화정책은 오 히려 경제를 균형에서 벗어나게 하고 경제의 후생을 감소시킬 수 있다.

　실제로 균형실물경기변동이론의 주창자들은 경기변동과정에서 정부가 개입하 지 않고 그대로 두는 것이 최선이라고 주장한다. 예를 들어 경제에 좋은 기술충격 이 와서 노동자들이 자발적으로 노동공급을 늘리고 기업들이 생산을 증가시킨다면 이러한 경기변동은 바람직하다는 것이다. 또한 나쁜 기술충격이 왔을 때에도 노동자들이 이에 대하여 노동공급을 줄이고 기업이 생산을 줄이는 것을 경제구성원들의 최적대응으로 이해하여야 한다는 것이다. 이와 같이 경제구성원들이 최적의 선택을 하고 있는데 정부가 개입하여 이러한 선택을 방해한다면 경제의 후생은 오히려 감소한다고 주장한다.

화폐의 역할: 화폐중립성

지난 절에서 설명한 균형실물경기변동이론에서는 화폐가 등장하지 않는다. 그렇다면 균형실물경기변동이론의 주창자들은 화폐가 경제에서 어떠한 역할을 한다고 보는 것일까? 많은 경제학자들은 화폐가 장기적으로 중립적이지만 적어도 경기변동과 관련 있는 단기에서는 통화량의 변화가 실물에 영향을 준다고 생각한다. 하지만 균형실물경기변동이론의 주창자들은 단기에서조차도 화폐가 중립적이라고 본다. 즉 통화량의 변화가 실물경제에 전혀 영향을 주지 않는다고 생각하는 것이다. 이러한 의미에서 균형실물경기변동이론은 매우 극단적인 입장을 취한다. 균형실물경기변동이론이라는 이름도 경기변동이 기술충격과 같은 실물충격에 의해서만 발생할 뿐 통화량 변화와 같은 명목충격에 의해서는 발생하지 않는다고 보기 때문에 붙여진 것이다.

비판자들은 단기에서 화폐가 중립적이라고 보는 것이야말로 균형실물경기변동이론이 가지는 가장 큰 약점 중의 하나라고 주장한다. 왜냐하면 현실경제에서는 그렇지 않은 증거가 많이 발견되기 때문이다. 역사적으로 보아도 통화량의 변화가 경기변동과 밀접하게 연관을 가지는 경우가 많이 존재한다. 경기변동과 관련하여 정형화된 사실 중 (9)번은 통화량이 경기순행적임을 보여 준다. 또 통화정책이 실물에 영향을 주는 근거도 많이 존재한다. 정말로 화폐가 단기에서조차 중립적이라면 통화정책은 경제에 아무런 영향을 주지 말아야 할 것이다.

균형실물경기변동이론의 주창자들은 통화량의 변화가 경기변동과 밀접하게 연관을 가지는 이유는 통화정책이 효과적이어서라기보다는 통화량이 내생적으로 변화하기 때문이라고 주장한다. 즉 실물경기가 변화함에 따라 통화량도 그에 맞추어 변화한다는 것이다. 예를 들어 정(+)의 기술충격이 생기는 경우 기업들은 보다 많은 투자를 원한다. 또한 총생산이 증가함에 따라 거래량도 증가한다. 따라서 화폐수요도 늘게 되는데, 이에 대응하여 화폐공급이 수동적으로 늘어난다는 것이다. 특히 은행들이 적극적으로 신용창조를 조절하는 경우 화폐공급은 화폐수요에 반응하여 변화하게 된다. 이 경우 화폐량의 증가는 단순히 경제의 내생적인 필요에 의해 늘어났을 뿐이다. 이러한 해석에 따르면 화폐가 중립적이지 않다는 견해는 원인과 결과를 혼동하기 때문에 생기는 것이다. 즉 화폐량의 변화는 실물경기변동의 원인이 아니라 결과이다. 실물경기변동이 원인이며 화폐량은 그 결과로서 변화하는 것이다.

경제의 기초

균형실물경기변동이론이 기존의 이론들과 다른 차이점은 모형을 구성하는 과정에서 경제의 기초를 강조한다는 점이다. 경제의 기초(fundamentals)는 경제의 구조를 구성하고 있는 요소로서 정부정책의 영향을 받지 않는 본질적인 부분을 일컫는다. 예를 들어 다음과 같은 케인즈의 소비함수를 생각해 보자.

$$C = c_0 + c_1(Y - T) \tag{18.10}$$

위의 식에서 C는 총소비이며, Y와 T는 총소득과 조세이다. 따라서 $Y-T$는 가처분소득을 나타낸다. 이와 같은 소비함수는 $IS-LM$모형을 구성하는 중요한 요소 중 하나이다. 하지만 균형실물경기변동이론은 이러한 소비함수를 이용하여 모형을 구축하면 안 된다고 주장한다. 왜냐하면 식 (18.10)과 같은 소비함수는 경제의 기초를 구성하는 구조방정식이 아니기 때문이다. 경제의 기초란 특히 정부의 정책에 영향을 받지 않아야 한다. 식 (18.10)에 따르면 c_1은 한계소비성향으로 정부가 조세를 1원 감면할 때 소비는 c_1원 증가함을 의미한다. 하지만 c_1은 고정된 값이라고 보기 어렵다. 왜냐하면 정부의 조세감면이 영구적인지 혹은 일시적인지에 따라 한계소비성향이 달라지기 때문이다. 만약 정부의 조세감면이 영구적이라면 소비자는 이를 항상소득의 상승으로 파악하고 이에 대응하여 조세감면의 대부분을 소비증가에 사용할 것이다. 따라서 이 경우에는 한계소비성향인 c_1은 1에 가깝다. 반면 정부의 조세감면이 일시적이라면 소비자는 이에 의한 소득증가를 일시적이라고 파악하고 이를 소비증가에 거의 사용하지 않을 것이다. 따라서 이 경우에는 c_1은 0에 가깝게 된다. 이와 같이 식 (18.10)과 같은 소비함수는 확정되지 않고 정부정책의 형태에 따라서 달라진다는 문제점이 있다. 이와 같은 식을 축약식(reduced form equation)이라고 부른다.

균형실물경기변동이론 주창자들은 경제모형을 축약식으로 구성해서는 안 된다고 주장한다. 축약식은 확정된 식이 아니기 때문이다. 특히 정부정책의 효과를 이러한 모형을 통해 파악할 수 없다고 주장한다. 정부정책이 달라짐에 따라 축약식도 달라져야 하는데 이를 사전적으로 알 수 없다는 것이다. 오히려 정부정책이 바뀌더라도 변함이 없는 경제의 본질적인 구조에 입각하여 모형을 구성하여야 하는데 이와 같이 경제의 본질적인 구조를 경제의 기초(fundamentals)라고 부른다.

경제의 기초를 구성하는 두 가지 요소는 생산함수와 효용함수이다. 생산함수는 기업이 주어진 기술수준에서 자본과 노동을 결합하여 재화와 서비스를 생산하는 과정을 말한다. 또한 효용함수는 가계가 소비재와 여가를 소비하여 효용을 얻는 과정을 말한다. 이러한 생산함수와 효용함수 자체는 정부정책의 영향을 거의 받지 않는 것이 보통이다. 정부정책이 바뀌면 기업이나 가계가 직면한 제약조건이 바뀌어서 선택이 달라질 수는 있지만 이러한 선택은 동일한 생산함수와 효용함수를 이용한 결과이다. 따라서 균형실물경기변동이론의 주창자들은 정부정책의 효과를 분석하기 위해서는 경제의 기초에 입각하여 모형을 구성해야 한다고 주장한다.

루카스비판

케인즈학파는 정부정책의 효과를 분석할 때 식 (18.10)과 같은 소비식을 이용하였다. 케인즈학파는 과거 데이터를 계량경제학적 기법을 이용하여 식 (18.10)의 계수인 c_0와 c_1을 먼저 추정한 후 이를 고정시킨 상태에서 정부정책의 효과를 분석하였다. 하지만 식 (18.10)은 축약식이기 때문에 정부정책이 변화할 때 c_0와 c_1도 함께 변화한다는 문제점이 있다. 즉 새로운 정부정책이 집행되면 이에 대응하여 c_0와 c_1도 변하게 되는데 케인즈학파는 과거 정부정책 하에서 성립하였던 c_0와 c_1의 값을 이용하여 새로운 정부정책의 효과를 분석한다는 문제를 가지는 것이다.

이러한 주장을 처음 제기한 경제학자는 루카스(Robert Lucas)이며 이러한 비판을 루카스비판(Lucas Critique)이라고 부른다. 루카스비판은 경제학 모형에 심대한 영향을 끼쳤다. 기존의 케인즈이론은 모두 루카스비판을 피해갈 수 없었다. 경제모형은 정부정책에 대응하여 불변하는(invariant) 경제의 기초에 근거해서 구성되었을 경우에만 루카스비판을 피해갈 수 있는 것이다. 균형실물경기변동이론이 경제의 기초를 강조하는 이유가 바로 여기에 있다.

2   새케인즈이론

균형실물경기변동이론은 매우 큰 성공을 거두었지만 한편으로 많은 경제학자들은 균형실물경기변동이론이 너무 극단적인 가정에 입각해 있다고 생각하였다. 특히 경제가 항상 균형상태에 있다는 가정은 케인즈학파의 견해와 정면으로 배치되었다. 하지만 케인즈의 이론은 합리적 기대가설의 등장 이후 곤경에 빠져 효과적인 대응을 하지 못하는 실정이었다. 이때 일군의 학자들이 케인즈의 기본적인 생각을 보다 세련된 형태로 설명하기 시작하였다. 이들은 가계와 기업이 합리적인 선택을 한다는 경제학의 기본적인 원칙을 적극적으로 받아들임과 동시에 가격이 경직적이라는 현실적인 가정도 모형에 반영하고자 하였다. 또한 기대형성이 합리적 기대를 바탕으로 이루어진다는 가정도 적극 수용하였다. 그럼에도 불구하고 케인즈의 기본적인 결과가 성공적으로 설명될 수 있음을 발견하였다. 즉 합리적 선택과 합리적 기대형성이 결여되어 있다고 비판받아 온 케인즈의 이론을 효과적으로 방어할 수 있는 틀이 만들어진 것이다. 이렇게 케인즈의 이론을 새로운 시각에서 설명하고자 한 경제학자들을 총칭하여 새케인즈학파(New Keynesian)라고 부른다.

1   가격의 경직성과 메뉴비용

메뉴비용의 중요성

가격이 균형에서 벗어나 있다면 균형에 도달하려는 힘이 작용하여 균형으로 수렴한다는 것은 경제학의 가장 기본적인 원칙 중의 하나이다. 예를 들어 초과수요가 있으면 가격이 상승하여 균형으로 접근하며, 초과공급이 있으면 가격이 하락하여 균형에 도달한다. 이와 같이 가격이 균형으로 접근하는 것은 수요자와 공급자 모두에게 이익이 된다. 이러한 사실은 노동시장의 예를 사용하여 제4장에서 자세히 설명하였다. 따라서 합리적인 경제주체가 시장을 구성하고 있다면 가격이 균형에서 벗어나 한동안 고정되어 있을 이유가 없어 보인다. 하지만 새케인즈학파는 합리적인 경제주체들이 가격을 한동안 고정시킬 수밖에 없는 이유를 설명하고자 하였다. 이때 등장한 것이 메뉴비용(menu cost)이다.

메뉴비용은 음식점의 메뉴판에 적혀있는 식사가격을 변경하기 위해서 메뉴판을 다시 찍어내는 데 드는 비용을 의미한다. 새케인즈학파는 이를 폭넓게 해석하여 명목가격의 변화에 수반되는 모든 비용을 총칭하여 메뉴비용이라고 부른다. 즉 음식 외의 다른 일반적인 재화와 서비스의 가격을 변화시킬 때에도 이를 유통업자나 최종소비자에게 알리는 과정에서 비용이 수반되는데 이를 모두 메뉴비용이라고 부르는 것이다. 이러한 메뉴비용은 가격을 아무런 제약 없이 바꿀 수 있는 것이 아님을 의미한다. 가격을 변화시킬 때 추가적인 비용, 즉 메뉴비용이 수반되므로 이러한 비용을 함께 고려하여 가격변화의 득실을 비교하여야 한다는 것이다. 만약 가격을 변화시킬 때의 편익이 가격을 변화시키는 과정에서 수반되는 메뉴비용보다 작다면 가격을 변화시키지 않는 것이 보다 합리적인 결정이 될 것이다.

기업의 가격결정

새케인즈학파는 기존의 케인즈이론에 비해 경제주체들의 합리적 결정을 중시한다는 특징이 있다. 따라서 가격의 경직성을 주어진 가정으로 취급하기보다는 기업의 합리적인 판단의 결과로서 가격이 경직되어 있음을 증명하고자 하였다. 메뉴비용을 명시적으로 고려한 이유가 여기에 있다. 하지만 메뉴비용만을 도입한다고 해서 이론적인 문제가 완전히 해결되는 것은 아니다. 합리적인 판단의 결과로서 가격이 경직되어 있음을 보이기 위한 전제조건으로 우선 기업이 가격을 결정할 수 있어야 한다. 그런데 기존의 거시모형에서는 암묵적으로 완전경쟁을 가정하고 있었다. 완전경쟁하에서는 가격이 시장에서 결정될 뿐이고 기업은 주어진 가격에 맞추어 생산량을 결정한다. 즉 기업은 가격수용자(price taker)로서 애시당초 가격을 변경시킬 힘이 없으므로 가격을 변화시킬지 여부에 대한 결정도 존재하지 않는 것이다. 따라서 기업의 가격설정을 합리적인 판단의 과정으로 모형화하기 위해서는 완전경쟁이라고 가정해서는 안 되는 것이다.

새케인즈학파는 완전경쟁과 유사하면서도 기업이 가격을 설정할 수 있는 독점적 경쟁모형을 통해 이러한 문제를 해결하였다. 독점적 경쟁은 거의 완전경쟁과 유사할 정도로 경쟁이 심하지만 상품마다 차이점이 있어서 기업은 자신이 생산하는 제품에 대해 어느 정도 독점적인 힘을 가지고 있는 상태를 말한다. 따라서 기업은 자신이 생산하는 상품의 가격을 설정할 수 있으며 메뉴비용을 고려하여 가격을 변화시킬지 여부를 결정하게 된다. 이러한 가정은 기업의 합리적 의사결정을 분석하는 토대가 된다.

메뉴비용의 크기와 총수요 외부성

메뉴비용과 관련하여 제기되는 의문 중 하나는 메뉴비용의 크기 문제이다. 실제로 메뉴판을 새로 인쇄하는 데 드는 비용은 음식을 생산하는 데 소요되는 그 밖의 비용과 비교하여 그리 크다고 볼 수 없다. 따라서 작은 메뉴비용 때문에 음식가격을 변경하지 않음으로써 입는 손해를 감수하는 것은 합리적인 결정이 아닌 것처럼 보인다. 음식 뿐 아니라 다른 제품의 경우 메뉴비용은 오히려 더 작아 보이기 때문에 전반적인 가격의 경직성을 메뉴비용으로 설명하는 것은 무리가 있다는 비판이 제기될 수 있다. 특히 경기변동과 결부되어 경제가 입는 피해는 매우 큰 반면 메뉴비용은 상대적으로 작다면 왜 작은 메뉴비용을 절감하기 위하여 경기변동과 같은 큰 비용을 감수하는지 설명하기 어려워 보인다.

예를 들어 다음과 같은 경우를 생각해 보자. 총수요의 감소로 경제가 불황에 빠져있다고 하자. 이때 모든 기업이 가격을 내린다면 실질화폐량이 증가하여 총수요가 증가하고 이를 통해 경제가 불황에서 회복될 수 있다. 실질화폐량이 증가하면 LM곡선이 우측으로 이동하므로 총수요가 증가하는 것이다. 불황에서 겪는 고통이 메뉴비용보다 크다면 기업으로서는 가격을 내리는 것이 합리적인 선택이 될 것이다. 따라서 작은 메뉴비용을 통해 불황이 지속되는 것을 설명하기는 어려워 보인다.

새케인즈학파는 이러한 비판에 대해 기업이 총수요 외부성(Aggregate-Demand Externalities) 때문에 가격변화에 따른 편익을 제대로 고려할 수 없다고 설명한다. 즉 기업이 가격을 내리는 경우 이에 따른 편익은 모든 기업에게 골고루 배분된다. 즉 개별기업이 가격을 내리는 것은 전반적인 물가수준을 내리는 데 기여하는 것인데, 이를 통해 모든 경제주체들의 실질화폐량을 늘림으로써 총수요가 진작된다. 그런데 이때 늘어난 총수요가 반드시 자신이 생산하는 제품에 대한 수요증가로 귀결된다는 보장이 없다는 데 문제가 있다. 기업이 가격을 내리는 경우 메뉴비용은 자신이 직접 지불하지만 가격을 내림으로써 얻는 혜택은 총수요의 증가를 통해 모든 기업에게 나누어지는 것이다. 이렇게 개별기업의 행동이 총수요를 통해 다른 모든 기업들에게 영향을 주는 것을 총수요 외부성이라고 부른다.

총수요 외부성이 존재하는 경우 사회적 편익과 사적 편익을 구별하는 것이 중요해진다. 사회적 편익은 사회 전체에 귀결되는 편익이고 사적 편익은 당사자 개인에게 귀결되는 편익이다. 비용도 사회적 비용과 사적 비용으로 나눌 수 있지만 지금의 경우에는 가격을 변경하는 과정에서 다른 경제주체에게 추가적인 비용이 들지 않기 때문에 사적 비용과 사회적 비용은 모두 메뉴비용과 일치한다. 경제전체로는 사회적 편익과 사회적 비용을 비교하여 결정하는 것이 합리적이다. 하지만 개인의 입장에서는 사적 편익과 사적 비용을 비교하여 의사를 결정한다. 따라서 개별기업들은 가격을 변경하는 데 수반되는 비용이 비록 작더라도 가격을 그대로 유지하는 것이 합리적일 수 있다. 왜냐하면 가격의 변경에 따르는 메뉴비용은 자신이 감당하는 사적 비용(private cost)이지만 가격의 변경에 따른 편익은 경제전체에 귀결되는 사회적 편익(social benefit)이므로 자신에게 돌아오는 사적 편익(private benefit)은 매우 작게 된다. 모든 기업들이 사적 비용과 사적 편익을 비교하여 의사결정을 하기 때문에 경제전체로는 사회적 편익이 매우 커서 가격을 변경하는 것이 합리적인 경우에도 개별기업의 입장에서는 사적 편익이 충분히 크지 않아 가격을 그대로 유지하는 것이 보다 합리적인 상황이 되는 것이다. 결국 메뉴비용은 매우 작지만 총수요 외부성 때문에 가격의 경직성이 유지되며 결과적으로 큰 사회적 비용을 유발하게 된다.

가격과 임금의 비동조성

가격이 경직적이라는 주장에 대한 또 다른 반론은 실제로 개별재화의 가격을 조사해 보면 이들이 매우 빈번하게 변화하고 있다는 점이다. 마트와 같은 대형 상점에 가면 이런 점을 쉽게 느낄 수 있을 것이다. 만약 이것이 사실이라면 가격이 조정되지 않아 경제가 불균형에 있는 기간이 매우 짧다고 생각할 수 있다. 따라서 상당한 기간에 걸쳐 진행되는 경기변동현상을 가격의 경직성을 통한 불균형 현상으로 설명하기가 어렵다는 주장이 제기된다.

새케인즈학파는 이러한 지적에 대응하여 가격이 변하더라도 한 번에 충분한 조정이 이루어지지 않는다고 주장한다. 즉 가격이 빈번하게 변하더라도 변화량이 적기 때문에 균형으로 회복하기에 필요한 가격조정이 충분히 일어나기 위해서는 시간이 많이 소요된다는 것이다. 이러한 주장을 뒷받침하기 위하여 새케인즈학파는 가격과 임금 변화의 비동조성(staggering)을 도입하였다.

예를 들어 기업들이 동시에 가격을 변화시키지 않는다면 통화량 증가와 같은 총수요 증가의 효과가 보다 지속될 수 있다. 예를 들어 전체경제의 1/2에 해당하는 기업은 매달 15일에 가격을 변화시키지만 나머지 1/2 기업은 매달 1일에 가격을 변화시킨다고 하자. 이런 경우 가격변화가 비동조화되었다고 부른다. 만약 7일에 통화량이 늘어나면 1/2에 해당하는 기업들은 15일까지 기다렸다가 가격을 조정하게 된다. 하지만 이들 기업이 가격을 조정할 때에도 나머지 1/2에 해당하는 기업들은 가격을 조정할 수 없다. 나머지 기업들은 다음 달 1일이 되어야 가격을 조정할 기회가 찾아온다. 따라서 15일에 가격을 조정하는 기업들은 나머지 기업들이 아직도 과거의 가격을 유지하고 있다는 점을 염두에 두고 가격을 조정하여야 한다. 이때 15

일에 가격을 조정하는 기업들은 비동조성이 없는 경우에 비해 가격을 작게 변화시킬 것이다. 왜냐하면 나머지 1/2 기업들은 가격을 올리지 않고 있는 상황에서 자신들만 가격을 올리면, 사람들이 가격이 보다 낮은 제품을 선호하여 총수요가 가격을 조정하지 않는 기업 쪽으로 몰릴 염려가 있기 때문이다. 모든 기업들이 동시에 가격을 올린다면 걱정하지 않아도 될 상황이 발생하는 것이다. 따라서 15일에 막상 가격을 올리려고 해도 충분히 올리지 못하게 된다. 1일이 되어 나머지 기업들이 가격을 조정할 때도 마찬가지의 상황에 봉착한다. 15일에 가격을 조정한 기업들이 가격을 충분히 조정하였다면 이에 맞추어 가격을 조정할 수 있지만 15일에 가격을 조정한 기업들이 부분적으로만 가격을 조정한 상태에서 자신들만이 가격을 충분히 조정한다면 수요를 뺏길 염려가 있는 것이다. 따라서 이들 기업들도 부분적으로만 가격을 조정한다. 가격변화가 비동조화되어 있는 경우 이런 식으로 기업들은 막상 가격을 조정할 수 있는 기회가 찾아오더라도 충분히 가격을 조정하지 못하기 때문에 전체가격 수준은 한동안 늘어난 통화량에 비해 낮은 수준에 머물러 있게 된다. 따라서 가격이 비동조화되어 있을 때 가격의 경직성은 오랫동안 지속된다. 또한 실질화폐의 증가 상태가 지속되어 통화량 증가의 효과도 지속된다.

2 새케인즈학파의 모형[4]

새케인즈학파는 가격의 경직성을 명시적으로 고려함으로써 많은 성과를 올릴 수 있었다. 하지만 초기에는 부분균형적인 설명만을 할 뿐 과거 케인즈학파가 사용한 *IS-LM*모형과 같은 경제전반을 설명하는 모형은 가지고 있지 못하였다. 최근에는 이러한 문제를 극복하기 위한 중요한 시도가 이루어지고 있다. 이러한 시도는 앞 절에서 소개한 균형실물경기변동이론에 가격의 경직성을 도입하여 불균형 상태를 명시적으로 분석함으로써 가능해졌다. 즉 이론적 기초는 균형실물경기변동이론과 동일하다. 가계와 기업의 합리적 선택을 중요시하며 기대의 형성도 합리적 기대에 따른다고 가정하는 것이다. 단, 앞 절에서 설명한 바와 같이 가격이 경직적이라고 추가적으로 가정함으로써 균형실물경기변동이론과 다른 케인즈적인 접근이 가능해졌다. 지금부터는 이상과 같은 새케인즈학파의 새로운 모형을 소개하기로 한다. 모형의 구체적인 형태를 직접 도출하는 것은 수학적으로 매우 복잡한 과정을

---

4 새케인즈학파의 모형과 관련한 최근의 논의는 다음 논문을 참조하시오. Clarida, Richard, Jordi Galí, and Mark Gertler. 1999. "The Science of Monetary Policy: A New Keynesian Perspective." *Journal of Economic Literature*, American Economic Association, 37(4): 1661-1707.

거치므로 본서의 범위를 벗어난다. 따라서 도출과정은 생략하고 모형의 시사점을 중심으로 설명하겠다.

새 *IS* 곡선

새*IS* 곡선은 다음과 같다.

$$x_t = x_{t+1}^e - \alpha(i_t - \pi_{t+1}^e), \quad x_t = Y_t - Y_{nt}, \quad \alpha > 0 \qquad (18.11)$$

새*IS*곡선은 제10장에서 도출하였던 *IS*곡선과 유사한 형태지만 상당히 복잡한 형태를 취한다. 차이점을 정리하면 다음과 같다. 첫째, 원래의 *IS*곡선은 총생산 Y 에 관한 식인데 반하여 새*IS*곡선은 총생산 Y와 자연율총생산 Y_n 사이의 차이인 x에 관한 식이다. 우리는 x를 총생산갭이라고 부른다. 총생산갭이 양(+)이면 실제의 총생산이 자연율총생산보다 크므로 경제가 호황상태이다. 반면 총생산갭이 음(−)이면 실제의 총생산이 자연율총생산보다 작으므로 경제는 불황상태이다. 둘째, 새*IS*곡선은 물가상승률에 대한 기대를 명시적으로 고려하여 실질이자율의 함수형태로 표현하였다. 명목이자율은 i로 나타내는데 식에서는 명목이자율에서 물가상승률에 대한 기대(π^e)를 차감한 실질이자율, 즉 $i - \pi^e$가 등장한다. 셋째, 명시적으로 시간의 변화가 포함되어 있는 동학식(dynamic equation)이며 미래값은 기대값을 사용하였다. 즉 현재의 시점을 t로 나타낼 때, 총생산갭(x_t)은 다음 기의 총생산갭에 대한 기대(x_{t+1}^e)와 실질이자율($i_t - \pi_{t+1}^e$)에 의존한다. 실질이자율을 계산하기 위해서는 인플레이션율이 필요하며 t시점과 $t+1$시점 사이의 인플레이션율(π_{t+1})을 계산하기 위해서는 $t+1$시점의 물가를 알아야 한다. 하지만 t시점에서 $t+1$시점의 물가를 알 수 없으므로 기대인플레이션율(π_{t+1}^e)을 사용한다.

새*IS*곡선은 현재의 총생산갭(x_t)와 실질이자율($i_t - \pi_{t+1}^e$) 사이에 역의 관계를 상정한다는 의미에서 원래의 *IS*곡선과 유사하다. 하지만 원래의 *IS*곡선은 실질이자율과 총생산 사이의 역관계이지만 새*IS*곡선에서는 실질이자율과 총생산갭 사이의 역관계라는 점이 다르다. 예를 들어 이자율이 증가하면 자연율총생산에 비해 총생산이 감소하는 것이다. 만약 자연율총생산이 고정되어 있다면 총생산갭의 변화와 총생산의 변화는 동일한 의미를 가질 것이다. 하지만 일반적으로 자연율총생산과 총생산은 함께 변할 수 있으며, 총생산갭이 감소한다는 의미는 자연율총생산보다 총생산이 더 많이 감소한다는 의미이다. 실질이자율이 상승할 때 총생산갭이 줄어드는 정도는 α에 의존한다. α가 큰 값을 가지면 실질이자율이 상승할 때 총생산갭이 보다 많이 감소하며 α가 작은 값을 가지면 실질이자율이 상승할 때 총생산갭이 보다 적게 감소한다.

　　새IS곡선은 미래에 대한 값들에 의존하기 때문에 기대가 어떻게 형성되는가가 중요하다. 새케인즈학파는 합리적 기대가설을 적극적으로 받아들여 기대형성이 합리적 기대를 따른다고 가정한다. 새IS곡선식 식 (18.11)에서는 현재의 총생산갭(x_t)이 미래 총생산갭의 기대값(x^e_{t+1})에 의존한다. 따라서 미래의 총생산갭이 증가할 것으로 기대한다면 이러한 기대 때문에 현재의 총생산갭도 증가한다. 이러한 사실은 제15장에서 살펴본 바와 같이 가계의 합리적인 선택의 결과로서 도출된 소비의 평준화와 밀접한 관련이 있다. 즉 미래에 총생산이 증가할 것으로 기대한다면 이에 대응하여 미래의 총소비가 증가할 뿐 아니라 현재의 총소비도 함께 증가한다. 즉 소비의 평준화를 위해서는 모든 기의 총소비가 함께 증가하는 것이다. 현재의 총소비 증가는 현재의 총수요를 증가시켜 현재의 총생산도 증가하는 것이다. 새케인즈학파의 새IS곡선은 이와 같이 가계의 합리적인 선택과 합리적 기대를 바탕으로 한다.

새필립스곡선

　　새케인즈학파는 다음과 같은 새로운 필립스곡선을 도출하였다.

$$\pi_t = \pi^e_{t+1} + \beta x_t, \quad \beta > 0 \tag{18.12}$$

위 식에서 π_t는 현재의 인플레이션율이다. 현재의 인플레이션율은 현재의 가격이 과거의 가격에 비해 얼마나 상승하였는가에 의해 결정된다. 예를 들어 현재시점을 $t=2009$년이라고 할 때 π_t는 2008년과 2009년 사이의 물가변화를 통해 계산한 인플레이션율인 것이다. 새필립스곡선은 원래의 필립스곡선과 유사해 보이지만 두 가지 중요한 차이점을 가진다. 첫째, 원래의 필립스곡선은 인플레이션율과 실업률간의 관계식이었지만 새필립스곡선은 인플레이션율과 총생산갭 간의 관계식이다. 하지만 이러한 차이는 오쿤의 법칙을 고려하면 사라지게 된다. 즉 오쿤의 법칙에 따를 때, 총생산의 성장률과 실업률간의 안정적인 관계가 존재하므로 실업률 대신에 총생산의 성장률을 필립스곡선에 대입하면 인플레이션율과 총생산의 성장률 사이의 관계식을 도출할 수 있다. 새필립스곡선은 이를 토대로 인플레이션율과 총생산갭 사이의 관계를 나타낸 것이다.

　　둘째, 현재의 인플레이션율(π_t)이 현재의 인플레이션율에 대해 과거에 형성한 기대값(π^e_t)에 의존하는 것이 아니라 미래 인플레이션율에 대해 현재에 형성한 기대값(π_{t+1}^e)에 의존한다. 즉 원래의 필립스곡선에서는 (18.12)의 우변에 π_{t+1}^e 대신 π_t^e가 등장했었다. 그런데 π_t^e와 π_{t+1}^e는 기대가 언제 형성되었는가와 언제의 인플레이션율에 대한 기대인가라는 점에서 큰 차이가 있다. 예를 들어, 현재시점을 $t=2009$년이라고 할 때 π_t^e는 과거시점인 2008년($t-1$)에 2009년(t)까지의 인플레이션에 대해 기대를 형성한 것이다. 한편 π_{t+1}^e는 현재시점인 2009년(t)에 2010년($t+1$)까지의 인플레이션에 대해 기대를 형성한 것이다. 이러한 차이는 새필립스곡선이 미래전망 (forward looking)에 근거해 도출되었기 때문이다. 즉 과거에 형성한 기대값은 현재의 인플레이션율에 영향을 주지 못하며 오직 미래의 인플레이션율에 대해 현재에 형성된 기대만이 현재의 인플레이션율을 결정하는 것이다. 예를 들어 2008년에 2009년의 인플레이션율이 상승할 것이라고 기대했다면 이는 2009년의 인플레이션율에 영향을 주는 것이 아니다. 오직 2009년에 2010년의 인플레이션율이 오를 것이라고 기대할 때만 2009년의 인플레이션율에 영향을 준다는 것이다.

이와 같이 새필립스곡선이 미래전망에 의해 도출되는 이유는 기업이 합리적 기대를 하면서 합리적인 선택을 하기 때문이다. 즉 기업들이 현재의 가격을 결정하는 과정에서 가장 관심이 있는 것은 앞으로 인플레이션이 얼마나 될 것인가이다. 지금 가격을 결정하면 가격경직성 때문에 한동안 가격을 고정시켜야 하므로 기업은 앞으로 가격이 얼마나 오를지를 고려하여 가격을 결정한다. 즉 물가가 앞으로 빠른 속도로 오를 것이라고 기대한다면 가격을 미리 올려서 책정하는 것이 바람직하다. 미리 가격을 올려놓지 않으면 나중에 인플레이션 때문에 물가가 올랐음에도 불구하고 가격경직성 때문에 가격을 즉시 올리지 못하기 때문이다. 다른 모든 상품의 가격이 올랐음에도 본인이 생산하는 상품의 가격만 낮게 받는다면 그만큼 손해인 것이다. 따라서 기업들은 앞으로 인플레이션율이 얼마나 될 지를 고려하여 현재의 가격을 결정한다. 현재의 가격이 결정되면 현재의 인플레이션율이 결정되므로 결국 현재의 인플레이션율은 미래의 인플레이션율에 의존하는 것이다.

통화정책

이전의 IS-LM모형을 통해 우리가 결정한 변수들은 이자율과 총생산이었다. 그리고 총공급곡선을 도입하면 물가도 결정될 수 있었다.

새케인즈모형에서는 새IS곡선이 이전의 IS곡선의 역할을 한다. 또 이전의 총공급곡선의 역할을 새필립스곡선이 한다. 총공급곡선과 필립스곡선이 본질적으로 같기 때문이다. 따라서 새케인즈모형이 원래의 케인즈모형과 유사한 구조를 갖기 위해서는 LM곡선이 필요함을 알 수 있다.

새케인즈모형에서는 *LM*곡선이 따로 존재하지 않는다. 그 대신 중앙은행이 통화정책을 통해 이자율을 결정한다고 가정한다. 지금까지의 통화정책은 중앙은행이 통화공급을 결정하는 것으로 설명하였다. 하지만 현실경제에서는 중앙은행이 통화정책을 집행할 때 목표이자율을 먼저 정하고 정해진 목표이자율에 도달할 때까지 통화공급량을 필요한 만큼 변화시킨다. 이러한 관행 때문에 종종 통화정책을 결정할 때 목표이자율(우리나라의 경우에는 한국은행 기준금리)을 발표하곤 한다. 예를 들어 목표이자율을 2%에서 3%로 올리겠다고 결정한 것은 이자율이 3%가 될 때까지 통화공급량을 줄이겠다는 것과 동일하다. 따라서 중앙은행이 이자율을 결정한다고 가정하는 것은 현실과 부합된다고 볼 수 있다. 또한 단순히 목표이자율을 결정하는 것이 아니라 중앙은행이 경제상황을 고려하여 다음과 같은 형태로 목표이자율을 결정한다고 가정한다. 더불어 우리는 중앙은행이 이자율을 결정할 수 있는 힘이 있어서, 목표이자율을 결정하면 이를 실제이자율로 실현시킬 수 있다고 가정할 것이다.

$$i_t = \pi_t + \rho + \theta_\pi(\pi_t - \pi^*) + \theta_x x_t, \quad \rho > 0, \ \theta_\pi > 0, \ \theta_x > 0 \qquad (18.13)$$

식 (18.13)과 같은 이자율정책을 테일러준칙(Taylor rule)이라고 부른다. 테일러(John Taylor)는 식 (18.13)과 같은 형태의 이자율정책이 통화정책을 매우 잘 표현함을 발견하였는데 그 후 그의 발견을 기려 이러한 형태의 이자율정책을 테일러준칙이라고 부른다. 테일러준칙은 명목이자율을 결정한다기보다는 실질이자율을 결정한다고 보는 것이 보다 적절하다. 이를 이해하기 위해서 식 (18.13)을 다음과 같이 변형하기로 하자.

$$i_t - \pi_t = \rho + \theta_\pi(\pi_t - \pi^*) + \theta_x x_t \qquad (18.13)'$$

엄격히 말해서 실질이자율은 $i_t - \pi_{t+1}^e$이지만 π_{t+1}^e와 π_t는 근사적으로 같다고 본다면($\pi_{t+1}^e \approx \pi_t$) 위 식의 좌변은 실질이자율이라고 볼 수 있다. 따라서 식 (18.13)′을 실질이자율을 결정하는 식이라고 생각해도 무방하다. 즉 중앙은행은 인플레이션율보다 더 많이 명목이자율을 올려 실질이자율을 상승시키거나 인플레이션율보다 더 적게 명목이자율을 올려 실질이자율을 하락시킨다.

식 (18.13)′의 우변의 첫 번째 항 ρ는 자연이자율(natural rate of interest)이다. 자연이자율은 경제에 더 이상의 충격이 없어서 총생산이 자연율총생산으로 수렴했을 때 성립하는 실질이자율이다. 따라서 식 (18.13)′에 따를 때 만약 $\pi_t = \pi^*$이고 $x_t = 0$

이라면 실질이자율은 자연이자율과 동일하게 유지될 것이다. 즉 $i_t - \pi_t = \rho$가 성립한
다. 위 식에서 π^*는 중앙은행이 설정한 목표인플레이션율이다. 따라서 인플레이션
율이 목표인플레이션율과 같고($\pi_t = \pi^*$) 총생산이 자연율총생산과 같다면($x_t = 0$) 중앙
은행은 실질이자율을 자연이자율과 같게 설정한다. 하지만 그렇지 않은 경우 다음
과 같이 두 가지 변수에 의존하여 실질이자율을 결정한다. 첫째, 통화당국자는 인
플레이션율을 감안하여 인플레이션율이 너무 높으면 실질이자율을 올려 대응하고
인플레이션율이 너무 낮으면 이자율을 낮추어 대응한다. 이때 통화당국자는 인플레
이션율에 대한 목표치 π^*를 염두에 두고 π^*와 비교하여 인플레이션율의 높고 낮음
을 판단한다. 실제 인플레이션율이 목표인플레이션율과 다를 때 얼마만큼 이자율을
조정할지는 θ_π에 의존한다. 만약 실제의 인플레이션율(π_t)이 목표치(π^*)보다 높으면
그에 대응하여 1% 증가할 때마다 θ_π만큼 이자율을 올리며 실제의 인플레이션율이
π^*보다 낮으면 반대로 이에 대응하여 1% 하락할 때마다 θ_π만큼 이자율을 낮추는 것
이다. 테일러준칙에 따르면 θ_π는 약 0.5에 가깝다. 따라서 인플레이션율이 목표치
에 비해 1% 증가할 때마다 실질이자율은 0.5% 증가한다. 예를 들어 인플레이션율
의 목표치가 2%라고 하자($\pi^* = 2\%$). 인플레이션율도 2%이고 $x_t = 0$이라고 한다면 실
질이자율은 자연이자율과 동일할 것이다. 이제 인플레이션율이 4%로 상승하였다면
($\pi_t = 4\%$) 목표치보다 인플레이션율이 2% 높은 셈이다. 이에 대응하여 통화당국자는
실질이자율을 1%($= 0.5 \times 2\%$) 올려서 높아진 인플레이션율에 대응하게 된다. 여기서
주의할 점은 명목이자율이 아니라 실질이자율이 1% 증가한다는 점이다. 명목이자
율은 실질이자율보다 더 많이 증가해야 한다. 인플레이션율이 2%에서 4%로 2%가
상승하였으므로 실질이자율이 1% 증가하기 위해서 명목이자율은 3% 증가해야 하
는 것이다.

　둘째, 통화당국자는 인플레이션율뿐 아니라 실물경기의 안정화에도 노력한다.
총생산의 경기변동은 총생산갭(x_t)에 의해서 알 수 있다. 총생산갭이 양수가 되면 총
생산이 자연율총생산보다 커서 경기가 호황국면에 진입한다. 지나친 경기과열을 막
아 경기를 안정화시키고자 노력하는 통화당국은 이에 실질이자율을 올려 긴축적인
통화정책을 집행한다. 반대로 총생산갭이 음수가 되면 경기가 불황상태이므로 실
질이자율을 낮추어 확장적인 통화정책을 집행하는 것이다. 실물경기변동에 대응하
여 얼마만큼 실질이자율을 조정할지는 θ_x에 의존한다. 테일러준칙에 따르면 θ_x는 약
0.5에 가깝다. 즉 총생산갭이 1% 증가 혹은 감소할 때 통화당국자는 실질이자율을
0.5% 증가 혹은 감소시켜 대응하는 것이다. 만약 인플레이션율이 불변이라면 명목
이자율을 변화시키는 것은 실질이자율을 변화시키는 것과 동일하게 된다.

경우에 따라서 통화당국자는 실물경기의 안정화에는 전혀 관심을 가지지 않고 오직 인플레이션율의 움직임에 대해서만 반응하는 경우가 있다. 인플레이션 타겟팅은 통화당국자가 목표인플레이션율을 정하고 이를 달성하는 것을 통화정책의 유일한 목적으로 간주하는 경우를 가리킨다. 극단적인 인플레이션 타겟팅은 실물경기변동에 대해서 통화당국자가 전혀 반응하지 않고 오직 인플레이션율의 목표치에만 집

인플레이션 타겟팅과 경기변동

인플레이션 타겟팅은 1990년 뉴질랜드가 처음 정식으로 채택한 이래 많은 국가들이 중앙은행의 정책집행방법으로 채택하고 있다. 인플레이션 타겟팅은 중앙은행이 인플레이션에 대해 중장기 목표를 선언하고 이의 달성을 중앙은행의 최고 목표로 설정하는 형태의 통화정책을 말한다. 일반적으로 중앙은행은 목표인플레이션율을 한 수치로 정하기보다는 범위를 설정한다. 한국의 경우는 3%를 중심으로 위 아래로 0.5%의 오차범위를 인정함으로써 인플레이션율이 2.5%에서 3.5% 범위 내에 달성되는 것을 목표로 하고 있다.

인플레이션 타겟팅의 장점은 첫째, 일반대중들이 이해하기 쉽다는 점이다. 인플레이션은 많은 사람들의 관심사이며 대중들의 이해도도 높아 중앙은행이 목표와 관련하여 일반대중과 의사소통을 하기 쉽다. 둘째, 중앙은행의 목표를 구체적인 수치로 제시함으로써 중앙은행의 책임감을 높일 수 있다. 즉 중앙은행의 목표 달성 여부가 명확히 드러나므로 중앙은행은 목표를 달성하기 위하여 노력하지 않을 수 없다. 셋째, 중앙은행의 독립성이 신장된다. 중앙은행은 경기변동과 관련하여 정치권으로부터 끊임없는 압력을 받고 있는데 인플레이션 타겟팅은 중앙은행의 일차적 목표를 명확히 함으로써 정치권으로부터의 부당한 압력을 회피할 수 있는 명분이 된다.

인플레이션 타겟팅은 많은 국가들이 채택하여 지금까지 큰 문제 없이 성공적으로 수행되고 있다. 이러한 성공에 힘입어 인플레이션 타겟팅은 가장 효과적인 통화정책의 수행방법 중 하나로 간주되고 있다. 하지만 인플레이션 타겟팅에 대해서도 비판이 제기되고 있는데 그 중 가장 큰 비판은 인플레이션 타겟팅이 너무 엄격하게 인플레이션율에만 집중하고 있다는 점이다. 특히 인플레이션의 안정에만 집중하다 보면 실물경기의 변동이 증폭될 수 있다는 비판이 제기되고 있다. 하지만 인플레이션 타겟팅을 채택하고 있는 대부분의 국가들은 실물경기의 변동을 무시하지 않는다. 대부분의 국가들은 목표인플레이션율을 0보다 높게 책정하고 있는데 이는 너무 낮은 인플레이션이 실물경기에 미치는 나쁜 영향을 줄이기 위함이다. 또한 목표인플레이션율을 중장기적인 평균값으로 책정함으로써 매달마다 인플레이션이 목표 범위 내에 있을 것을 요구하지도 않는다. 이러한 이유는 중앙은행이 목표인플레이션율을 크게 벗어나지 않는 범위에서 단기적으로 실물경기안정화를 위해서도 노력하기 때문이다.

자료: Bernanke, Ben, Thomas Laubach, Frederic Mishkin and Adam Posen. 1999. "Inflation Targeting: Lessons from the International Experience." Princeton N.J.: Princeton University.

중하여 이를 달성하고자 전력하는 경우를 말한다. 이 경우 통화당국자는 θ_x를 0으로 책정하여 총생산갭 x_t의 변화에 대해서는 이자율을 전혀 변화시키지 않는다. 하지만 인플레이션 타겟팅을 채택하더라도 많은 경우에 통화당국자는 인플레이션율이 목표치에서 크게 벗어나지 않는다면 실물경기변동에 대해서도 반응하여 통화정책을 변화시키는 것이 보통이다. 따라서 θ_x는 일반적으로 0보다 큰 값을 갖는다.

지금까지 설명한 새케인즈학파의 모형을 정리하면 다음과 같다. 새케인즈학파의 모형은 새IS곡선, 새필립스곡선, 이자율정책식의 3개의 식으로 구성되며, 이를 통해 총생산갭, 인플레이션율, 이자율의 3개의 변수들이 결정된다.

새케인즈학파 모형의 3개의 식

(1) 새IS곡선: $x_t = x_{t+1}^e - \alpha(i_t - \pi_{t+1}^e)$

(2) 새필립스곡선: $\pi_t = \pi_{t+1}^e + \beta x_t$

(3) 이자율정책식: $i_t = \pi_t + \rho + \theta_\pi(\pi_t - \pi^*) + \theta_x x_t$

새케인즈학파의 모형에서 결정되는 세 변수: 총생산갭(x_t), 인플레이션율(π_t), 이자율(i_t)

미래에 대한 기대의 중요성

새케인즈학파의 모형은 기본적으로 미래전망(forward looking)적이며 따라서 미래에 대한 기대가 매우 중요한 역할을 한다고 설명하였다. 이러한 중요성은 새IS곡선과 새필립스곡선을 변형시켜 봄으로써 더욱 확실히 알 수 있다. 먼저 새IS곡선을 살펴보자. 새IS곡선에 따르면 현재의 총생산갭은 현재의 실질이자율과 미래의 총생산갭에 의존한다. 그런데 미래의 총생산갭은 어떻게 결정되는가? 미래의 총생산갭도 현재의 총생산갭과 동일한 방법으로 결정된다면 다음과 같이 나타낼 수 있다.

$$x_{t+1} = x_{t+2}^e - \alpha(i_{t+1} - \pi_{t+2}^e) \qquad (18.14)$$

식 (18.14)와 식 (18.11)을 비교해 보면 시점이 t에서 $t+1$으로 변화하였다는 점을 제외하고는 동일한 식임을 알 수 있다. 이제 식 (18.14)를 식 (18.11)에 대입하면 다음과 같은 식으로 변화한다.

$$x_t = -\alpha(i_t - \pi_{t+1}^e) - \alpha(i_{t+1}^e - \pi_{t+2}^e) + x_{t+2}^e \qquad (18.15)$$

변화된 식을 해석해 보면 t시점의 총생산갭이 t시점의 실질이자율, $t+1$시점의 실질이자율의 기대값, 그리고 $t+2$시점의 총생산갭의 기대값에 의존함을 알 수 있다. 그런데 $t+2$시점의 총생산갭을 $t+1$시점의 총생산갭을 구한 방법대로 나타내면 다음과 같다.

$$x_{t+2} = x_{t+3}^e - \alpha(i_{t+2} - \pi_{t+3}^e) \tag{18.16}$$

식 (18.16)을 다시 식 (18.15)에 대입하면 다음과 같다.

$$x_t = -\alpha(i_t - \pi_{t+1}^e) - \alpha(i_{t+1}^e - \pi_{t+2}^e) - \alpha(i_{t+2}^e - \pi_{t+3}^e) + x_{t+3}^e \tag{18.17}$$

이런 방식으로 계속 대입하면 최종적으로 얻을 수 있는 식은 다음과 같다.

$$x_t = -\alpha \sum_{j=0}^{\infty} (i_{t+j}^e - \pi_{t+1+j}^e) \tag{18.18}$$

식 (18.18)은 새IS곡선을 새로운 시각으로 해석할 수 있게 해 준다. 즉 현재의 총생산갭은 이제 현재의 실질이자율 $i_t - \pi_{t+1}^e$뿐 아니라 모든 미래의 실질이자율의 기대값에 의존한다. t시점에서의 총생산갭은 t시점, $t+1$시점, $t+2$시점, $t+3$시점 등 모든 미래시점의 실질이자율에 의존하는 것이다. 따라서 새IS곡선에 따르면 단순히 바로 다음 시점뿐 아니라 모든 미래 시점에 대한 기대에 의존하여 현재의 총생산갭이 결정됨을 알 수 있다.

이러한 점은 새필립스곡선의 경우도 마찬가지이다. 새IS곡선을 변형시킨 것과 동일한 방법으로 새필립스곡선을 변형하면 다음과 같다. 즉 π_{t+1}^e 대신에 $\pi_{t+1}^e = \pi_{t+2}^e + \beta x_{t+1}^e$를 대입하고 π_{t+2}^e 대신에 $\pi_{t+2}^e = \pi_{t+3}^e + \beta x_{t+2}^e$를 대입하는 식으로 계속 진행하면 다음과 같은 식을 얻을 수 있다.

$$\pi_t = \sum_{j=0}^{\infty} \beta x_{t+j}^e \tag{18.19}$$

식 (18.19)를 보면 새필립스곡선에서 인플레이션율은 현재의 총생산갭뿐 아니라 미래의 모든 시점에서의 총생산갭의 기대값에 의존하고 있음을 알 수 있다. 따라서 새케인즈 모형은 미래에 대해서 합리적 기대를 한 결과로 현재변수들이 결정된다는 특징을 갖는다.

③ 새케인즈학파모형과 최적통화정책

새케인즈학파의 모형에서는 경제주체가 합리적 기대를 하고 합리적인 의사결정을 한다. 또한 이러한 과정을 경제적 기초에 근거하여 명시적으로 도출하기 때문에 정책효과에 대한 분석을 하기에 적절하다.[5] 따라서 새케인즈학파의 모형은 정부정책을 고안하는 과정에서 활발하게 이용되고 있다. 특히 통화정책과 관련해서 최적의 통화정책을 도출하는 과정에서 새케인즈학파의 모형은 매우 유용하다. 지금부터는 새케인즈학파의 모형을 이용하여 최적의 통화정책이 어떠한 형태를 띠는지 분석하기로 하자.

통화당국자의 목적함수와 최적통화정책

통화당국자는 이자율을 결정할 때 어떠한 기준을 가지고 있는가? 균형실물경기변동이론에서는 경제의 후생을 극대화하는 것이 보다 바람직한 기준이 된다고 지적한 바 있다. 새케인즈학파도 통화당국자의 목표는 경제의 후생을 극대화하는 것이라는 점에 동의한다. 경제의 후생은 보통 경제에 속해 있는 구성원의 효용으로 표현할 수 있다. 즉 경제에 속해 있는 구성원들의 효용을 극대화하는 것이 경제전체의 후생을 최대화하는 것이다. 따라서 최적통화정책은 경제의 후생을 극대화하는 통화정책이라고 정의할 수 있다.

새케인즈학파는 경제의 후생을 보다 간단히 다음과 같은 함수형태로 나타낼 수 있다고 주장한다.

$$경제의 \ 후생함수 \ = \ - \sum_{j=0}^{\infty} \beta^j [\alpha(x_{t+j}^e)^2 + (\pi_{t+j}^e)^2] \tag{18.20}$$

식 (18.20)에서 첫 번째 항목인 $(x_{t+j}^e)^2$는 총생산갭이 얼마나 변동하는가를 나타낸다. 즉 경제의 후생은 현재뿐 아니라 전기간에 걸친 실물경기변동의 크기에 의존한다. 한편 두 번째 항목인 $(\pi_{t+j}^e)^2$는 인플레이션율이 현재뿐 아니라 모든 미래시점에 얼마나 변동하는지를 나타낸다. 즉 전 기간에 걸친 인플레이션율의 변동성이 커질수록 두 번째 항목은 증가한다. 상수 α는 경제후생을 결정할 때 총생산갭의 변동이 인플레이션율의 변동에 비해서 상대적으로 얼마나 중요한 역할을 하는지를 나타낸다. 예를 들어 α가 커질수록 경제후생은 인플레이션율의 변동보다 총생산갭의 변동에 더 많이 의존하게 된다. 경제의 후생함수는 식 앞의 음(−)의 부호를 무시하면 실물의 경기변동이 커질수록 또 인플레이션율의 변동성이 커질수록 증가한다. 이제

---

5 심화학습에서 살펴본 바와 같이 기존의 케인즈이론은 루카스비판을 피할 수 없었다.

음($-$)의 부호를 고려하면 경제의 후생함수는 실물의 경기변동이 커질수록 또는 인플레이션율의 변동성이 커질수록 감소하는 셈이다. 따라서 정책당국자는 전 기간에 걸쳐 총생산갭의 변동성과 인플레이션율의 변동성을 축소함으로써 경제후생을 증가시킬 수 있다. 이러한 점은 새케인즈학파가 균형실물경기변동이론과 구별되는 중요한 특징이다. 즉 균형실물경기변동이론의 주창자들은 경기안정화의 필요성이 없다고 주장하는 반면 새케인즈학파는 경기안정화의 중요성을 강조하는 것이다.

최적통화정책의 선택
신성한 우연

식 (18.20)에 표현된 경제의 후생함수는 정책당국자가 경기변동의 안정화에 충실해야 할 것을 요구한다. 하지만 경기변동의 안정화를 추구함에 있어서 실물변수의 안정화뿐 아니라 인플레이션의 안정화를 동시에 추구해야 한다는 점이 원래의 케인즈학파와 비교하여 중요한 차이이다. 이러한 차이는 실제로 정책을 집행하는데 있어서 구체적인 목표에 중요한 차이점을 가져온다. 지금부터는 이러한 점들에 대해 살펴보기로 하자.

경제의 후생을 극대화하는 통화정책은 어떻게 표현될 수 있는가? 이러한 질문에 대한 답은 식 (18.12)를 통해 얻을 수 있다. 식 (18.12)는 총생산의 안정성과 인플레이션의 안정성이 분리될 수 없으며 매우 밀접한 관련이 있음을 보여 준다. 예를 들어 인플레이션이 극단적으로 안정화되어 있어 $\pi_t = 0$이고 $\pi_{t+1}^e = 0$라면 $x_t = 0$가 성립하여 총생산도 안정화되는 것을 알 수 있다. 즉 인플레이션을 안정화시키면 실물경기도 함께 안정화되는 것이다. 새케인즈학파의 이러한 특징을 신성한 우연(Divine Coincidence)이라고 부른다.[6]

새케인즈학파의 신성한 우연은 오히려 통화론자의 주장과 닮아 있다. 통화론자는 원래부터 통화량의 변화를 경기변동의 주요 원인으로 생각하였고 통화량을 안정적으로 유지함으로써 경기변동을 최소화할 수 있다고 주장하였다. 새케인즈학파의 모형도 이와 유사하게 인플레이션을 안정화시킴으로써 경기변동을 최소화할 수 있다고 주장한다.

인플레이션의 안정성과 실물경기의 안정성 사이의 상충관계

신성한 우연이 사실이라면 통화당국자는 실물경기변동인 총생산의 변동에 개의치 않고 인플레이션의 안정에만 집중하면 된다. 하지만 이러한 주장은 너무 극단

---

6 Blanchard, Olivier, and Jordi Galí. 2007. "Real wage rigidities and the New Keynesian model." *Journal of Money Credit and Banking*, supplement to 39(1): 35-66.

적인 것이 사실이다. 이러한 문제에 봉착하여 새케인즈학파는 좀 더 현실적인 모형과 이에 기초하여 보다 현실적인 정책목표를 제시하고자 하였다. 새필립스곡선에 새로운 충격을 도입하려는 시도가 그것이다.

다음과 같이 새필립스곡선을 변경해 보자.

$$\pi_t = \pi_{t+1}^e + \beta x_t + \varepsilon_t \qquad\qquad (18.21)$$

식 (18.21)에는 원래의 새필립스곡선식 (18.12)과 비교하여 새로운 충격 ε_t가 더해져 있다. 이러한 충격은 원래의 필립스곡선에도 있었으며 비용충격이라고 부른 바 있다.

식 (18.21)에서와 같이 비용충격이 있는 경우에는 $\pi_t = 0$이고 $\pi_{t+1}^e = 0$이 되어 인플레이션이 극단적으로 안정화되어 있는 경우에도 $\beta x_t = -\varepsilon_t$가 되어 총생산이 안정화되지 않는다. 따라서 신성한 우연이 성립하지 않게 된다. 뿐만 아니라 이 경우에는 인플레이션의 안정성과 실물경기의 안정성 사이에 상충관계가 성립한다. 예를 들어서 π_{t+1}^e가 고정되어 $\pi_{t+1}^e = 0$이라고 가정하자. 이때 양(+)의 비용충격 ε_t가 발생하여 인플레이션율 π_t에 상승압력이 있다고 하자. 식 (18.21)에 따를 때 인플레이션율을 다시 낮추기 위해서는 x_t가 음수가 되어야 한다. 즉 ε_t가 오른 만큼 βx_t가 감소해야 두 항목의 합인 π_t가 변화하지 않는 것이다.

$$\pi_t = \pi_{t+1}^e + \beta x_t + \varepsilon_t$$
$$\text{고정} \quad (-) \quad (+) \Rightarrow \pi_t\text{가 안정화}$$

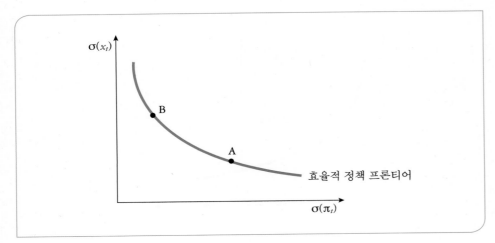

그림 18-7

인플레이션의 안정성과 실물 경기 안정성 사이의 상충관계

효율적 정책프론티어(efficient policy frontier)는 통화당국자가 인플레이션의 안정성과 실물경기 안정성 사이의 상충관계에 직면하고 있음을 나타낸다. 통화당국자는 효율적 정책프론티어 상에서 최종선택을 해야 한다. 예를 들어 원래의 경제상태가 A점에 위치했었다고 하자. 이때 통화당국자가 보다 인플레이션을 안정화하기 위해서는 B점으로 이동한다면 인플레이션의 안정성은 증가하지만 그 과정에서 총생산의 변동성은 증가하여 총생산의 안정성이 훼손되는 것을 알 수 있다.

결국 인플레이션의 안정성을 추구하는 과정에서 총생산갭이 음수가 되어 어느 정도 경제의 불황을 감수해야만 하는 것을 알 수 있다. 즉 인플레이션의 안정성을 추구하다보니 실물경기의 안정성에 해가 되는 상황이 된 것이다.

새케인즈학파는 이러한 상황이 보다 현실적이라고 주장한다. 일반적으로 새케인즈학파의 새필립스 곡선에 비용충격을 도입하면 인플레이션의 안정성과 실물경기의 안정성 사이에 상충관계가 존재한다. 즉 하나의 안정성을 추구하다 보면 다른 하나의 안정성에 해가 되는 보다 현실적인 상황이 되는 것이다. 따라서 통화당국자는 이러한 상충관계를 고려하여 인플레이션과 실물경기의 안정성을 함께 추구해야 할 것이다. 하지만 두 변수를 모두 안정화시킬 수 있는 방법은 존재하지 않으므로 사회적 후생을 고려하여 최적의 선택을 하여야 한다.

〈그림 18-7〉은 정책당국자가 최적의 선택을 하는 과정을 설명하고 있다. 그림에서 인플레이션율의 변동성과 총생산갭의 변동성을 각각의 표준편차 $\sigma(\pi_t)$와 $\sigma(x_t)$로 나타냈다. 따라서 원점에서 멀어질수록 변동성이 커지고 안정성은 줄어든다. 즉 원점으로 접근할수록 인플레이션율과 총생산갭의 변동성이 줄어들어 안정성이 커지는 것이다. 효율적 정책 프론티어(efficient policy frontier)는 통화당국자가 직면하는 상충관계를 나타낸다. 정책당국자는 효율적 정책 프론티어상에서 최종선택을 하여야 한다. 예를 들어 원래의 경제상태가 A점에 위치했었다고 하자. 이때 정책당국자가 인플레이션을 보다 안정화하기 위해서 B점으로 이동하였다고 하자. B점으로 이동하는 과정에서 인플레이션율의 변동성이 줄어들어 인플레이션의 안정성은 증가하지만 이런 과정에서 총생산갭의 변동성은 증가하여 총생산갭의 안정성이 훼손되는 것을 알 수 있다. 이와 같이 새케인즈학파의 모형에서 비용충격을 추가하면

그림 **18-8**
최적통화정책 선택

사회후생은 인플레이션과 총생산갭의 변동성이 클수록 감소하므로 원점 방향으로 이동해야 사회후생함수가 증가한다. 따라서 최적의 정책 선택은 사회후생함수와 효율적 정책 프론티어가 접하는 O점에서 이루어진다.

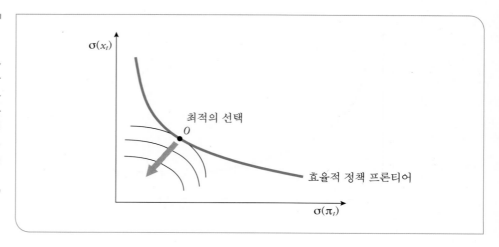

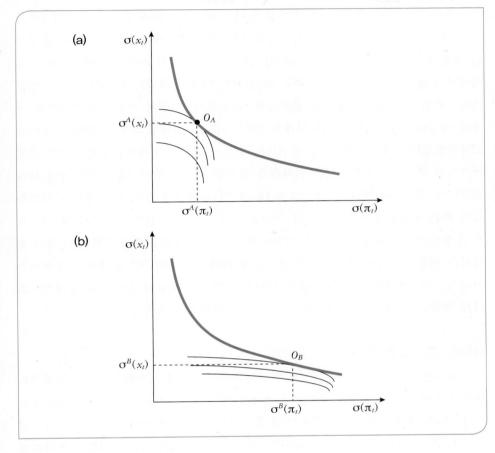

그림 18-9
(a) 무차별곡선의 기울기가
    큰 경우 최적통화정책 선택
사회후생함수의 무차별곡선의
기울기가 크다고 하자. 무차별
곡선의 기울기가 커질수록 인
플레이션의 안정성을 보다 선
호한다는 의미이다. 따라서 최
적의 선택점 O_A에서 인플레이
션율의 변동성이 총생산의 변
동성에 비해 작다.

(b) 무차별곡선의 기울기가
    작은 경우 최적통화정책 선택
사회후생함수의 무차별곡선의
기울기가 작다고 하자. 무차별
곡선의 기울기가 작다는 것은
총생산의 안정성을 보다 선호
한다는 의미이다. 따라서 최적
의 선택점 O_B에서 총생산의
변동성이 인플레이션의 변동
성에 비해 작다.

이러한 상충관계가 존재한다.

　　인플레이션의 안정성과 실물경기의 안정성 사이의 상충관계가 있을 때 가장 적절한 정책선택은 〈그림 18-8〉에 나타냈다. 〈그림 18-8〉은 〈그림 18-7〉에 사회후생에 따른 무차별곡선을 더한 것이다. 사회후생은 인플레이션율과 총생산의 변동성이 클수록 감소하므로 원점 방향으로 이동해야 사회후생이 증가한다. 따라서 최적의 선택은 O점에서 이루어진다. 이때 최적의 선택 O점은 어떻게 선택되는가? 이러한 선택은 중앙은행이 이자율정책식 (18.13)을 결정할 때 θ_π와 θ_x의 상대적 크기를 조정함으로써 가능해진다. 이자율정책식에서 θ_π와 θ_x의 크기가 커질수록 중앙은행이 인플레이션율과 총생산의 변동에 대해 보다 강력하게 대응함을 의미한다. 즉 θ_π가 커질수록 중앙은행이 인플레이션율에 보다 강력하게 대응하여 인플레이션율의 변동성이 감소한다. 또한 θ_x가 커질수록 중앙은행이 총생산의 변동성에 보다 강력하게 대응하여 총생산의 변동성이 감소한다.

이제 〈그림 18-9〉의 (a)에서와 같이 어느 경제의 사회후생에 따른 무차별곡선의 기울기가 크다고 하자. 무차별곡선의 기울기는 인플레이션의 안정성과 총생산의 안정성 사이의 한계대체율을 나타내므로 무차별곡선의 기울기가 커질수록 인플레이션의 안정성을 보다 선호한다는 의미이다. 따라서 최적의 선택점 O_A에서 인플레이션율의 변동성이 총생산의 변동성에 비해 작다. 이러한 선택은 구체적으로 어떻게 달성되는가? 중앙은행은 이자율정책식 (18.13)에서 θ_π와 θ_x의 상대적 크기를 조정함으로써 원하는 선택을 할 수 있다. O_A를 선택하기 위해서는 θ_π를 θ_x보다 크게 책정해야 한다. 즉 중앙은행은 이자율을 결정할 때 인플레이션율의 변동성에 보다 민감하게 반응해야 한다. 반면 〈그림 18-9〉의 (b)에서와 같이 어느 경제의 사회후생에 따른 무차별곡선의 기울기가 작다고 하자. 무차별곡선의 기울기가 작다는 것은 총생산의 안정성을 보다 선호한다는 의미이다. 따라서 최적의 선택점 O_B에서 총생산의 변동성이 인플레이션율의 변동성에 비해 작다. 이러한 선택이 이루어지기 위해서는 중앙은행이 이자율정책식 (18.13)을 결정할 때 θ_x를 θ_π에 비해 상대적으로 크게 책정함으로써 총생산의 변동성에 보다 민감하게 반응해야 한다.

새케인즈이론의 공헌

새케인즈학파의 이론은 케인즈의 이론을 현대적으로 해석함으로써 거시경제학 분야에서 매우 큰 공헌을 하였으며 현재에도 계속적으로 보완되어 가면서 발전하고 있다. 특히 경제주체들이 미래에 대해 합리적인 기대를 하면서 합리적인 의사결정을 한다고 가정함으로써 기존의 케인즈모형이 가지고 있는 이론적 약점을 보완하였다. 뿐만 아니라 기존의 케인즈이론에서 생각하지 못하였던 새로운 시사점들도 발견하였다. 특히 통화정책과 관련하여 이자율이 어떻게 총생산 및 인플레이션에 반응하여야 하는지에 대한 이론적인 근거를 마련하였다. 이러한 정책적 함의는 균형실물경기이론이 정부정책에 관해서는 거의 함구하고 있는 것과 대조된다. 새케인즈이론은 중앙은행이 통화정책을 수립하는 과정에서 이론적 근거로 매우 활발하게 사용될 것으로 예상되며 이 과정에서 문제점을 보완해 가며 더욱 발전할 것으로 기대된다.

정리   *summary*

1. 거시경제의 분석에 합리적 기대를 도입하고 미시적인 기초를 강화하면서 최근 새로운 경기변동이론이 등장하였다. 고전학파의 전통을 이은 균형실물경기변동이론과 케인즈이론을 계승한 새케인즈학파가 대표적이다.

2. 균형실물경기변동이론에서는 경기변동이 균형의 변화로 인식된다. 이들은 기술충격과 같은 실물충격을 경기변동을 초래하는 가장 기초적인(fundamental) 충격이라고 생각하였다. 이러한 충격에 대응하여 기업과 개인들은 끊임없이 합리적인 의사결정을 하고 이러한 의사결정은 시장에서 즉각적으로 균형을 형성한다. 이 과정에서 이루어지는 균형값들의 변화가 경기변동이다.

3. 균형실물경기변동이론에서는 대표적인 기업과 대표적인 가계로 경제가 구성되어 있으며 이들은 합리적인 기대를 하며 최적의 선택을 한다. 이들의 합리적인 의사결정에 의해 수요와 공급이 형성되고 시장에서 항상 균형이 이루어진다고 가정한다. 균형의 결과로 이루어진 총생산, 소비, 투자 등의 행태가 경기변동의 정형화된 사실들을 얼마나 잘 설명할 수 있는가에 의해 모형의 우수성을 판별할 수 있다.

4. 노동시장의 균형의 변화를 통해 경기변동을 설명하기 위해서는 완만한 노동공급곡선이 요구된다. 즉 노동의 대체효과가 커야 정(+)의 기술충격이 발생하였을 경우, 실질임금의 증가는 작은 반면 노동고용량의 변화는 매우 큼을 알 수 있다.

5. 균형실물경기변동이론의 주창자들은 생산성충격을 광범위하게 해석하여 완전히 영속적이지 않을 수 있다고 가정한다. 노동의 기간간 대체효과가 커지기 위해서는 생산성충격의 지속성은 낮아야 하기 때문이다.

6. 균형실물경기변동이론의 주창자들은 경기변동과정에서 정부가 개입하지 않고 그대로 두는 것이 최선이라고 주장한다. 균형 자체가 변화하면서 총생산의 변동이 이루어지는데, 만약 경기안정화를 위하여 정책당국자가 총생산의 변동을 억제한다면 이는 오히려 총생산이 균형상태로 가지 못하게 하는 셈이다. 따라서 경기안정화 정책은 오히려 경제를 균형에서 벗어나게 하고 경제의 후생을 감소시킬 수 있다고 본다.

7. 균형실물경기변동이론이 기존의 이론들과 다른 차이점은 모형을 구성하는 과정에서 경제의 기초(fundamentals)를 강조한다는 점이다. 균형실물경기변동이론 주창자들은 정부정책의 효과를 분석하기 위해서는 정부정책이 바뀌더라도 변함이 없는 경제의 본질적인 구조에 입각하여 모형을 구성하여야 한다고 하였다. 이와 같이 경제의 본질적인 구조를 경제의 기초(fundamentals)라고 부르며 경제의 기초를 구성하는 두 가지 요소는 생산함수와 효용함수이다.

8. 새케인즈학파는 가계와 기업이 합리적인 선택을 한다는 경제학의 기본적인 원칙을 적극적으로 받아들임과 동시에 가격이 경직적이라는 현실적인 가정도 모형에 반영하고자 하였다. 또한 기대형성이 합리적 기대의 원칙에 의해 이루어진다는 가정도 적극 수용하였다. 그 결과 케인즈의 기본적인 관점들이 성공적으로 설명될 수 있음을 발견하였다.

9. 새케인즈학파의 모형은 기본적으로 미래전망(forward looking)적이며, 따라서 미래에 대한 기대가 매우 중요한 역할을 한다. 새케인즈학파의 모형은 세 개의 식, 즉 새*IS*곡선, 새필립스곡선, 그리고 중앙은행의 이자율 정책식으로 이루어진다.

10. 새*IS*곡선에서는 실질이자율과 총생산갭이 역의 관계에 있으며 현재의 총생산갭이 미래 총생산갭의 기대값에 의존한다. 새필립스곡선은 인플레이션율과 총생산갭 사이의 관계이며 미래전망에 근거해 도출되었기 때문에 과거에 형성한 기대값은 현재의 인플레이션율에 영향을 주지 못하며 미래 인플레이션에 대한 현재의 기대값이 현재의 인플레이션에 영향을 미친다. 새케인즈모형은 미래에 대해서 합리적 기대를 한 결과로 현재변수들이 결정된다는 특징을 갖는다.

11. 새케인즈모형에서는 *LM* 곡선이 따로 존재하지 않는다. 그 대신 중앙은행이 통화정책을 통해 이자율을 결정한다고 가정하는데, 테일러준칙이 이러한 이자율정책식을 잘 나타낸다.

12. 정책당국자는 전 기간에 걸쳐 총생산갭의 변동성과 인플레이션율의 변동성을 축소함으로써 경제후생을 증가시킬 수 있다. 이러한 점은 새케인즈학파의 이론이 균형실물경기변동이론과 구별되는 중요한 특징이다. 즉 균형실물경기변동이론의 주창자들은 경기안정화의 필요성이 없다고 주장하는 반면, 새케인즈학파는 경기안정화의 중요성을 강조하는 것이다.

13. 만약 새필립스곡선에 비용충격이 없다면, 인플레이션을 안정화시키면 경제의 후생이 극대화된다. 왜냐하면 인플레이션을 안정화시키면 실물경기는 저절로 안정화되기 때문이다. 새케인즈학파의 이러한 특징을 신성한 우연이라고 부른다.

14. 새케인즈학파의 새필립스곡선에 비용충격을 도입하면 인플레이션의 안정성과 실물경기의 안정성 사이의 상충관계가 존재한다. 따라서 정책당국자는 이러한 상충관계를 고려하여 인플레이션과 실물경기의 안정성을 함께 추구해야 한다. 그런데 두 변수를 모두 안정화시키는 것은 불가능하므로 사회적 후생을 고려하여 최적의 선택을 하여야 한다.

연습문제

exercise

1. 다음 문장의 옳고 그름을 말하고 간략히 그 이유를 설명하시오.

1) 현실 자료에서 통화량과 실질생산량 간의 양(+)의 상관관계가 있다는 사실은 경기변동이 본질적으로 화폐적 충격에 의한 것임을 보여 주는 것이다.

2) 노동공급의 기간간 대체가 있을 때, 일시적인 노동생산성의 충격이 발생한 경우 영구적인 충격에 비해 고용량과 생산량이 더 밀접하게 경기순행적이게 변동할 수 있다.

3) 불완전 경쟁시장의 새케인즈학파모형에서 음(−)의 총수요 충격시 기업의 명목 가격이 하락하지 않는 경우 정부가 개입하여 가격을 내리는 정책은 사회적으로 바람직하다.

4) 미국 경제의 실제 자료를 보면 실질임금은 경기순행적이다. 이러한 현상은 생산물시장의 가격경직성을 가정하는 새케인즈학파모형으로 잘 설명할 수 있다.

2. 미국 경제의 경기변동의 폭이 1980년대에 비해 1990년대에는 매우 줄어 들었다고 한다. 즉 실질 GDP의 분산(variance)이 80년대에 비해 90년대에 절반으로 줄어 들었다고 한다. 이러한 현상의 원인에 대해 여러 의견이 대립되고 있다.

1) 어느 한 경제학자는 이것이 90년대에 정부의 총수요 관리정책(재정, 통화정책)이 좀 더 효과적으로 운용되었기 때문이라고 한다.

2) 또 다른 경제학자는 이것이 이 경제에서 총수요의 변동의 크기는 전과 동일하나 총공급곡선의 기울기가 변화하였기 때문이라고 주장한다. 이러한 주장의 근거를 알기 쉽게 설명하시오.

3. 어느 경제에서 불황에서 노동생산성이 감소하였을 때 이자율, 실질임금, 물가, 실질소득은 어떻게 변화하겠는가? 균형실물경기변동이론을 이용하여 설명하시오.

4. 메뉴비용을 이용하여 생산물 가격의 하방경직성을 설명하는 새케인즈학파모형에 입각하여 답하시오.

1) 총수요가 감소할 때 만일 다른 경쟁기업들이 현재의 가격을 유지할 것으로 예상한다면 한 독점적 기업이 가격을 하락하여 얻을 수 있는 이윤의 증가의 크기는 무엇에 의하여 결정되는가? 이윤의 증가의 크기가 메뉴비용보다 적으면 어떤 일이 발생하겠는가?

2) 이러한 경제에서 화폐적 충격(monetary shock)이 있을 때 실질생산량은 어떻게 변화하는가? 어떠한 경우에 똑같은 크기의 화폐적 충격이 산출량에 미치는 효과가 커지겠는가?

5. 어느 한 경제에서 생산성이 감소하면서 자연율총생산의 감소가 일어났다. 그러나 통화당국은 이를 일시적인 수요 감소로 인해 산출량이 줄어들면서 산출량갭(output gap: 실제 산출량의 로그값과 잠재 산출량의 로그값간의 차이) 이 감소(−값의 증가)한 것으로 판단하여 이자율을 낮추는 확장적인 통화정책을 사용한다고 한다.

1) 이 통화당국이 사용한 확장적인 통화정책은 앞으로 인플레이션율과 산출량에 어떠한 영향을 미치겠는가? (가능한 한 그래프를 사용하여 설명하시오.)

2) 실물경기의 변동과 인플레이션을 동시에 안정화하려는 통화당국의 바람직한 대응책은 무엇인가?

2021 5급 행정고시 기출문제

6. 어떤 경제의 대표적 소비자의 효용함수와 대표적 기업의 생산함수는 다음과 같다.

$$효용함수:\ U = \ln\left(C - \frac{2}{3}BL^{1.5}\right)$$

$$생산함수:\ Y = AL^{0.5}K^{0.5}$$

여기서 C, L, K, A는 각각 소비, 노동, 자본, 생산성을 나타내며, B는 노동의 비효용성을 결정하는 모수이다. 소비자가 공급하는 노동 한 단위에 대한 실질임금은 w, 자본 한 단위에 대한 실질임대료는 r이다. 자본은 일정하며 모든 시장은 완전경쟁시장이다. 다음 물음에 답하시오.

1) 노동수요 및 노동공급함수를 도출하시오.

2) $B=5$, $K=1$일 때, A가 40에서 90으로 증가하면 균형실질임금, 균형노동, 균형산출은 어떻게 변화하는지 답하시오.

3) 2)의 결과를 이용하여 실물경기변동론이 경기변동의 정형화된 사실을 어떻게 설명할 수 있는지 논하시오.

Macroeconomics

제19장
금융, 통화정책과 거시경제

거시경제 분석을 할 때는 전통적으로 금융시장이나 금융기관을 명시적으로 고려하지 않는 것이 보통이다. 이러한 관행의 근거는 금융이 본질적으로 실물부분을 반영할 뿐이라는 믿음에서 비롯된다. 즉 신기술의 발견과 같이 실물부문에 변화가 생기면 이것이 주식가격과 같은 금융부문에 반영될 수는 있어도, 반대로 주식가격이나 주택가격과 같은 금융변수의 변화가 실물에 영향을 주는 경우는 없다는 믿음이 있었다. 예외적으로 토빈의 q이론(제16장 참조)과 같이 주식가격의 변화가 투자에 영향을 준다고 주장하는 이론들도 등장하였지만 이러한 이론들은 매우 예외적이었다. 특히 은행과 같은 금융기관의 행태를 명시적으로 고려한 거시모형은 찾아볼 수 없었다. 이러한 경우 거시, 특히 실물의 변화를 분석할 때는 금융 부문을 함께 고려할 필요가 없다. 실물만으로 이루어진 경제 분석이 끝난 후에 금융은 단순히 이를 반영하는 형태로 결정된다고 생각하면 되기 때문이다.

하지만 2008년 시작된 글로벌 금융위기는 이러한 믿음이 근거가 없음을 여실히 보여 주었다. 글로벌 금융위기는 금융부문에서 시작되었지만 그 여파는 금융부문에 국한된 것이 아니라 GDP와 고용과 같은 실물 부문에 막대한 영향을 주었다. 즉 실물경제가 금융에 영향을 주는 것은 가능하나 그 역은 성립하지 않는다는 믿음이 깨진 것이다. 따라서 이제 거시경제를 분석하는 데 있어서 금융부문의 역할을 함께 고려해야만 한다. 글로벌 금융위기가 경제학에 미친 가장 중요한 교훈이 바로 이것이라고 보인다. 또한, 글로벌 금융위기가 초래한 장기간 경기침체는 통화정책의 운영에도 심대한 영향을 미쳤다. 본 장*에서는 금융의 가장 기본적인 원리를 이해하고 금융행위가 거시경제 현상과 어떠한 연관을 가지고 있는지 학습할 것이다. 또한, 글로벌 금융위기 이후 통화정책의 운영과 관련해 제기되고 있는 새로운 견해들도 소개한다.

---

* 본 장의 내용은 F. Mishkin의 "The Economics of Money, Banking, and Financial Markets"의 내용을 참조하여 작성하였다.

1　금융시장

　　금융시장(financial markets)은 자금(funds)이 거래되는 시장이다. 제3장에서 대부자금시장의 균형을 살펴본 바 있다. 대부자금시장은 금융시장의 전형적인 예라고 볼 수 있다. 대부자금시장에서는 저축을 통해 자금을 축적한 대부자(lenders)가 투자를 위해 자금이 필요한 차입자(borrowers)에게 자금을 건네준다. 이때 차입자는 자금을 건네받은 대가를 어떠한 방식으로 지불할 것인가를 약속하여야 한다. 그 약속의 내용을 적은 문서를 증권(securities)이라고 부른다. 자금과 증권이 거래되는 시장의 모습은 〈그림 19-1〉에 나타냈다. 따라서 금융시장은 증권이 거래되는 시장이라고 볼 수도 있다. 하지만 그림에서 자금과 증권의 이동방향은 서로 반대임을 볼 수 있다. 즉 자금을 빌려주는 행위는 증권을 구입하는 행위와 동일한 것이다. 증권은 약속 내용에 따라 크게 채권과 주식으로 나뉜다.

1 채　권

　　채권은 차입자가 대부자, 즉 채권구입자에게 원금과 확정된 이자를 지급할 것을 약속한 증서이다. 원금 및 이자를 모두 지급하기까지 걸리는 시간을 만기(maturity)라 부른다. 만기가 1년 이내인 경우를 단기채권이라 부르고 만기가 1년 이상일 경우 장기채권이라고 부른다. 예를 들어 차입자는 100만원의 자금을 제공받은 대가로 2년 동안 매년 10만원의 이자를 지급하고 2년째 되는 날 100만원의 원금을 갚기로 약속할 수 있다. 이를 그림으로 나타낸 것이 〈그림 19-2〉이다. 이러한 채권은 만기가 2년이므로 장기채권이라 할 수 있다.

그림 19-1
금융시장에서의 자금과 증권의 거래

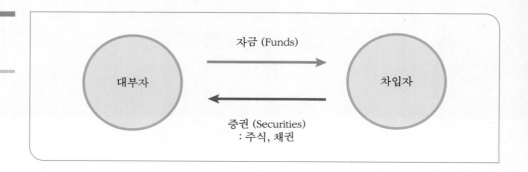

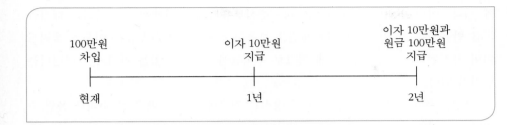

그림 19-2
이자율이 10%인 2년짜리
장기채권의 현금흐름

2 주 식

주식은 주식회사 형태의 기업이 발행하는 것으로 해당 기업의 이윤을 가질 권한을 부여한 증서이다. 즉 기업은 자금을 이용하는 대가로 장차 기업이 창출할 이윤을 주식보유자들에게 분배해 줄 것을 약속한다. 이때 이윤의 분배는 주식의 수에 비례하여 이루어진다. 즉 주식을 많이 보유할수록 이에 비례하여 이윤의 분배도 늘어난다. 기업의 이윤은 임금, 중간재비용, 채권에 대한 이자비용, 세금 등 모든 비용을 수입에서 차감한 후 최종적으로 남는 부분으로 결정된다. 즉 모든 비용을 우선적으로 정산한 후에 남는 부분이 이윤이다. 이런 의미에서 주식보유자는 잔여청구권자(residual claimant)라고 부른다. 뿐만 아니라 기업에 대한 궁극적인 소유권도 주식 보유에서 나온다. 만약 주식을 과반 이상 보유할 경우 실제적으로 기업의 경영권을 행사할 수 있다. 하지만 경우에 따라 기업이 약속한 채무를 청산하지 못할 수 있다. 이런 경우 기업은 채무불이행을 선언하고 파산하게 되는데, 이때 파산한 기업이 소유한 자산에 대한 권한은 채권소유자가 우선적으로 행사한다. 기업이 채무불이행을 선언할 경우, 기업이 소유한 자산을 모두 처분해도 채권소유자에게 약속한 지급을 모두 행하지 못하는 경우가 대부분이므로 주식소유자에게 돌아갈 몫은 없다. 따라서 이 경우 주식의 가치는 0이 된다.

3 채권과 주식의 장단점

채권을 보유할 경우 여러 가지 장점이 있다. 첫째, 채권을 만기까지 보유할 경우 이에 따른 수익이 확정되어 있어 수익에 대한 위험이 작다. 채권은 발행 시점에서 만기까지의 이자지급을 확정하기 때문이다. 둘째, 채권보유자는 우선적으로 원금 및 이자를 지급 받는다. 반면에 주식보유자는 잔여청구권자이므로 채권보유자에게 우선적으로 원금 및 이자를 지급한 후에 남는 부분이 있어야 잔여분을 지급 받게 된다. 이런 의미에서 채권보유자는 주식보유자에 우선해서 자금거래의 대가를 지급 받을 권리가 있다. 하지만 채권을 보유하는 경우, 기업이 높은 이윤을 올려도 이미 확정된 이자만을 지급받게 되므로 수익률을 높일 수 있는 기회가 제한된다는 단점이 있다.

반면 주식을 보유할 때, 가장 큰 장점은 경우에 따라서 매우 큰 수익을 올릴 수 있다는 점이다. 즉 기업의 사업이 번창하면 그에 따라 이윤도 크게 늘어나는데, 주식을 보유할 경우 이윤을 분배받을 권한이 생기므로 주식의 가치가 크게 상승한다. 따라서 주식보유자는 주식 가치의 상승에 따라 주식을 처분하여 큰 수익을 올릴 수 있다. 하지만 주식은 수익률이 확정되어 있지 않으며 만약 기업이 파산하여 채무불이행을 선언하는 경우, 주식의 가치가 0이 되어 큰 손실을 볼 위험이 있다. 주식 보유에 따른 높은 기대 수익률은 이러한 위험에 대한 대가라고 볼 수 있다.

4 대차대조표의 이해

금융거래를 이해하는 데 있어서 대차대조표에 대한 기본적인 지식은 필수적이다. 이번 절에서는 대차대조표에 대해 간단히 소개하기로 한다. 대차대조표는 일정 시점에서 특정 경제주체의 모든 자산을 차변에, 그리고 모든 부채 및 자본(혹은 순자산)을 대변에 기재한 표이다. 기업 혹은 은행의 대차대조표를 보면 해당 기업이나 은행이 보유한 모든 자산과 이들이 부담하고 있는 모든 부채를 일목요연하게 알 수 있다. 예를 들어 〈표 19-1〉의 기업 A의 대차대조표를 살펴보자.

대차대조표에서 자산 항목의 총합은 부채 항목의 총합과 언제나 일치해야 한다. 기업 A는 실물자산으로 기계장비 4억원과 건물 및 토지 6억원을 보유하고 있다. 따라서 이 기업이 보유하고 있는 총자산은 10억원이다. 기업 A는 이들 자산을 구입하기 위해 자금을 세 가지 방법으로 조달하였다. 첫째, 기업 A는 은행에서 7억원의 대출을 받았다. 둘째, 채권을 발행하여 1억원을 조달하였다. 마지막으로 2억원은 주식을 발행하여 조달하였다. 이 주식발행 부분이 자기자본 혹은 순자산이다. 이 기업이 가지고 있는 총자산은 기계장비와 건물 및 토지의 가치를 합하여 10억원

표 19-1
기업 A의 대차대조표

자 산		부채 및 자본	
기계장비	4억	은행대출	7억
건물 및 토지	6억	채권	1억
		자본(순자산)	2억

이다. 반면 총부채는 은행대출 7억원과 채권 1억원을 합해 8억원이다. 정의상 순자산은 총자산에서 총부채를 뺀 값이다. 따라서 대차대조표를 보면 총자산 10억원에서 총부채 8억원을 뺀 값이 순자산 2억원과 일치함을 알 수 있다. 즉 대차대조표를 통해 순자산이 쉽게 계산된다. 순자산은 기업 입장에서 채무를 모두 변제하고도 남는 자산이므로 기업의 가치라고 볼 수 있다. 즉 누군가 해당 기업을 소유한다면 그 기업의 자산을 보유함과 동시에 채무의 의무도 지게 되는데, 이 경우 총자산의 가치에서 총채무의 가치를 제하고도 남는 부분이 바로 기업의 가치이며 해당 기업을 소유했을 경우에 주장할 수 있는 권리인 것이다.

　위의 대차대조표가 기업을 처음 창업했을 때의 순간을 나타낸다면 순자산은 자본투입액과 정확히 일치한다. 하지만 기업의 자산가치와 부채가치는 시간이 흐름에 따라 변화한다. 예를 들어 사업전망이 좋아진다면 이 기업이 보유한 자산의 가치가 더 높게 평가될 수 있다. 만약 부채의 가치는 동일하다면, 이 경우 순자산 가치는 늘어나 최초의 자본투입액과 달라질 수 있다. 만약 해당 기업의 자산과 부채가 시장에서 시시각각 평가되며 변화한다면 순자산의 가치도 계속적으로 변할 것이다. 이때 시장에서 평가된 순자산의 가치가 바로 기업의 시장가치인 주식가치라고 할 수 있다.

　〈표 19-2〉는 은행 B의 대차대조표이다. 은행 B의 자산 항목은 지급준비금 1억원과 기업 A에게 대출해 준 7억원, 그리고 증권보유액 2억원으로, 총자산은 10억원이다. 은행 B는 이러한 자산을 예금 8억원과 다른 금융기관으로부터의 차입 1억원, 그리고 주식 발행 1억원으로 조달하였다. 역시 총자산 10억원에서 총부채(예금+차입) 9억원을 제하면 순자산 1억원이 계산된다.

　위의 예에서 알 수 있는 중요한 사실은 경제주체가 누구냐에 따라 동일한 대상이 자산이 될 수도 있고 부채가 될 수도 있다는 것이다. 예를 들어 대출은 은행 입장에서는 자산이지만 기업 입장에서는 부채이다. 은행 입장에서 대출은 자금을 빌려 주는 행위이고 이에 따라 이자와 원금을 받을 권리가 생기므로 자산인 셈이다. 반면 기업 입장에서 대출은 자금을 빌리는 행위이고 이에 따라 이자와 원금을 상환해야 할 의무가 생기므로 부채이다. 일반적으로 금융거래가 생길 때마다 동일한 금

자　산		부채 및 자본	
지급준비금	1억	예금	8억
대출	7억	차입	1억
증권	2억	자본(순자산)	1억

표 19-2
은행 B의 대차대조표

액의 금융 부채와 금융 자산이 생긴다. 즉 증권을 발행한 주체는 해당 증권액만큼 금융 부채가 생기고 증권을 매입한 주체는 해당 증권액만큼 금융 자산이 늘어난다. 따라서 경제전체로 보면 금융 부채의 총합이 금융 자산의 총합과 일치한다. 금융에 관한 한, 누군가가 부채의 의무가 있으면 그에 대응한 금액만큼의 자산을 보유한 사람이 생기는 것이다.

2 금융시장의 마찰

제3장에서 대부자금시장을 소개할 때 저축된 자금은 전액 기업에게 전달되며 기업은 이를 이용하여 투자를 한다고 설명하였다. 하지만 이러한 금융행위, 즉 자금이 이동하는 과정은 항상 순탄히 이루어지는 것만은 아니다. 경우에 따라선 기업이 자금을 수요하더라도 자금을 보유한 자가 선뜻 자금을 건네주지 않으려 하기도 한다. 이와 같이 금융시장의 작동이 원활하지 않을 수 있는데, 이렇게 금융시장의 원활한 작동을 방해하는 요인을 금융시장의 마찰이라고 부른다.

금융시장의 마찰은 여러 가지 이유로 발생하는데 그 첫 번째 이유가 거래 비용이다. 거래 비용은 거래를 하기 위하여 추가적으로 발생하는 비용을 말한다. 대부분의 재화시장과 같이 정형화되어 있는 시장에서는 거래비용이 크게 발생하지 않는다. 예를 들어 재화의 일종인 사과를 판매한다고 하자. 이때 사과공급자는 시장에서 사과를 공급하면 되고, 이러한 거래에 큰 비용이 수반되지 않는다. 사과공급자는 최종적으로 사과를 누가 수요할지 미리 알 필요도 없으며, 시장에서 단지 사과를 가장 비싼 값에 사고자하는 수요자에게 판매하기만 하면 되기 때문이다.

하지만 금융거래에는 큰 비용이 발생한다. 예를 들어 영식이는 저축을 통해 100만원의 자금을 보유하고 있다고 생각해 보자. 이제 영식이는 이 자금을 스스로 이용해서 사업을 시작할 수도 있다. 하지만 뚜렷한 사업 아이디어가 없다고 하자. 이 경우 금융거래의 필요성이 생긴다. 즉 자금은 없지만 사업을 시작할 투자 아이디어가 있는 사람에게 자금을 빌려주면 이에 대한 대가로 이자를 받을 수 있다. 하지만 당장 영식은 누가 자금을 필요로 하는지 알 수 없다. 따라서 자금을 필요로 하는 사람이 누구인지 알아내기 위하여 시간이 소요된다. 뿐만 아니라 자금을 필요로 하는 사람을 찾아낸다고 하더라도 금융거래를 행하기 위해서는 여러 가지 비용이 수반된다. 즉 자금을 사용하는 대가로 얼마만큼의 이자를 언제까지 지불할 것인가 등을 명시한 증권을 거래해야 하는데 이러한 증권이 법적효력을 갖기 위해서는 법률지식을 가진 변호사의 도움이 필요할 수도 있다. 이와 같이 자금을 필요로 하는 사람을 찾기까지의 시간과 노력, 변호사 비용 등 금융거래를 하기 위해서 여러 가지 비용이 수반된다. 경우에 따라서는 영식이처럼 소액의 자금을 가진 경우에는 이자수익이 충분치 않아 이러한 비용을 감당하고 금융거래를 하는 것 자체가 큰 이득이 되지 않을 수 있다. 이와 같이 금융시장에서는 거래비용과 같은 마찰 때문에 금융거래가 원활히 이루어질 수 없는 경우가 생긴다.

금융거래를 방해하는 마찰이 발생하는 두 번째 이유는 정보의 비대칭성 때문이다. 정보의 비대칭성 문제는 정보를 비대칭적으로 보유하기 때문에 생긴다. 금융거래를 할 때 거래당사자에게 가장 핵심적으로 필요한 정보는 과연 차입자가 증서에 적혀 있는 대로 자금의 대가를 지불할 수 있는지의 여부이다. 이때 대부자와 차입자 사이에는 이러한 정보에 대해 비대칭성 문제가 발생한다. 즉 차입자는 자신이 처한 상황을 누구보다도 잘 알기 때문에 상환 능력에 대한 정보를 가장 많이 가지고 있다. 반면 대부자는 이러한 정보를 모두 취득하기 어렵다. 이렇게 정보의 비대칭성이 높은 경우에는 금융거래가 이루어지기 어렵다. 왜냐하면 차입자가 자금에 대한 대가를 지불할 수 있는데도 불구하고 이러한 정보가 대부자에게 적절히 전해지지 않는 경우, 대부자는 차입자의 상환능력을 확신하지 못해 자금을 빌려주지 않을 수도 있는 것이다. 이제 이러한 문제를 보다 상세히 다루기로 하자.

1 정보의 비대칭성과 금융

정보의 비대칭성은 크게 역선택(adverse selection)과 도덕적 해이(moral hazard)로 나뉜다. 역선택이란 금융거래가 이루어지기 전에 생기는 문제로, 한 당사자가 다른 당사자보다 우월한 정보를 가지고 있을 때 생기는 현상이다. 이때 결과적으로는 바람직하지 않은 대상이 선택될 수 있다는 문제점 때문에 이러한 이름이 붙여졌다. 반면 도덕적 해이는 금융거래가 이루어진 후에 생기는 행위에 대한 정보의 비대칭성 때문에 발생한다. 보통 차입자는 대부자 몰래 대부자에게 바람직하지 않은 행동을 하려고 한다는 의미에서 도덕적 해이라는 명칭이 붙여졌다.

역선택의 문제

　예를 들어서 여러 기업이 채권을 발행할 계획이 있다고 하자. 이때 대부자는 어느 기업을 선택하여 자금을 빌려줄 것인가의 문제에 봉착하게 된다. 채권의 경우 이자가 확정되어 있지만, 채권을 발행한 기업이 채무불이행을 하게 된다면 이자뿐 아니라 원금조차 회수하지 못할 위험이 있다. 따라서 되도록이면 채무불이행의 위험이 낮은 기업을 선택하여야 할 것이다. 이때 만약 자금 제공자가 해당 기업들의 정보를 충분히 파악하여 어떤 기업이 채무불이행을 할 위험이 가장 높은지 알고 있다면 기업을 선택하는데 어려움이 없을 것이다. 하지만 일반적으로 대부자는 기업에 대한 정보가 부족한 경우가 많다. 즉 금융거래를 하기 전에 대부자는 기업의 상환능력에 대한 정보를 기업 자신보다 적게 보유하는 상황, 즉 정보의 비대칭성 문제에 직면하는 것이다. 이 경우 선택된 기업은 대부자에게 바람직하지 않은 대상일 경우가 많다. 이러한 이유 때문에 역선택이라는 명칭이 생겼다.

　정보 비대칭 상황에서 바람직하지 않은 기업이 선택되는 이유는 무엇인가? 일반적인 재화시장에서는 가장 높은 가격을 제시하는 수요자에게 공급이 이루어진다. 즉 사과를 공급할 때는 사과를 가장 비싼 값으로 사겠다는 수요자에게 팔면 되는 것이다. 하지만 금융거래를 할 때 이러한 방법을 따르면 역선택이 일어날 수 있다. 예를 들어 대부자가 이자를 가장 높게 지불하고자 하는 채무자를 선택하여 자금을 빌려 주었다고 하자. 이런 경우 선택된 채무자는 채무불이행의 위험이 가장 높은 사람일 가능성이 크다. 왜냐하면 채무불이행의 가능성이 높은 기업일수록 자금에 대한 절박함이 더욱 강하고, 따라서 높은 이자를 지급하고서라도 자금을 얻고자 할 것이기 때문이다. 반면에 채무불이행의 위험성이 낮은 기업은 이윤이 상대적으로 높은 기업일 가능성이 많고 이러한 기업은 자금에 대한 절박함이 처음부터 그리 높지 않았을 것이다. 따라서 이러한 기업은 높은 이자를 지급하느니 차라리 자금에 대한 수요를 포기하기 쉽다. 결국 대부자가 선택한 기업은 높은 이자율을 약속하지만 채무불이행할 가능성이 큰 기업이 된다.

　금융시장에서는 역선택의 문제가 워낙 심각하기 때문에 이를 방지하기 위한 여러 가지 방안들이 마련되어 있다. 첫째, 신용정보회사와 같이 정보를 사적으로 생산하는 기업들이 존재한다. 신용정보회사는 채무불이행의 위험성이 얼마나 높은지 평가하여 기업들에게 차등적으로 등급을 부여한다. 대부자는 신용정보회사가 생산한 정보를 구입하여 기업들을 선택하는데 사용할 수 있다.

　둘째, 정부가 규제를 통해 기업들에게 정보를 스스로 밝히도록 강제하는 방법이 있다. 회계제도는 이러한 규제의 대표적인 예라고 볼 수 있다. 기업들은 정기적으로 재무제표를 스스로 공표해야 할 뿐 아니라, 공표 전에 외부감사를 통해 회계 내역을 승인받아 이를 객관적으로 작성해야 한다. 이러한 회계제도를 통해 기업들의 정보가 보다 투명하게 외부인에게 공개되는 것이다.

셋째, 대부자는 담보를 요구하거나 순자산이 높은 기업을 선택하여 역선택으로부터 야기되는 대부자의 손실을 최소화할 수 있다. 담보는 차입자가 채무불이행을 할 경우 소유권을 대부자에게 양도하기로 약속한 자산을 말한다. 채무불이행이 발생하더라도 담보가치가 충분히 크다면 대부자는 담보를 처분하여 손해를 만회할 수 있어 역선택으로 생기는 손실의 문제가 완화된다. 순자산은 기업이 보유하고 있는 총자산의 가치에서 총부채의 가치를 뺀 값이다. 기업부채에는 대부자에 대한 원금과 이자 지불 책임까지 포함된다. 따라서 순자산이 충분히 크다면 기업이 보유하고 있는 자산을 처분하여 부채를 청산하는 데 어려움이 없다. 이런 의미에서 순자산은 채무불이행시 대부자의 손실을 줄여 주는 담보와 비슷한 역할을 하여 역선택의 문제를 완화한다. 담보와 순자산은 매우 비슷한 역할을 할 뿐 아니라 순자산의 일부를 담보로 제공하는 것이 일반적이기 때문에 서로 연관성이 높은 개념이라고 볼 수 있다.

넷째, 금융기관의 존재는 역선택의 문제를 해소하는 데 도움이 된다. 소액의 자금을 보유한 대다수의 대부자는 역량이나 시간이 부족하여 기업에 대한 정보를 취득하기 어렵다. 이때 은행과 같은 금융기관은 다수의 대부자로부터 자금을 모아서 한꺼번에 금융거래를 할 수 있다. 이때 다수의 대부자는 은행에 저축을 하는 형태로 은행에게 자금을 빌려주고 은행은 이러한 자금을 한데 모아 기업에게 대출의 형태로 자금을 빌려준다. 은행은 큰 액수의 자금을 기업에게 대출해 주므로 이에 대한 대가를 충분히 받아 해당 기업에 대한 정보를 생산하는 과정에서의 비용을 감당할 수 있다. 즉 은행은 규모의 경제를 활용할 수 있다. 따라서 은행은 사전 대출심사를 통해 정보를 생산함으로써 역선택의 문제를 줄이고 우량한 기업을 선발한다.

도덕적 해이의 문제

도덕적 해이는 계약이 이루어진 후에 생기는 행위에 대한 정보의 비대칭성에 기인한 문제이다. 계약은 보통 주인(principal)이 대리인(agent)에게 어떤 책무를 위임할 때 발생하므로 이러한 문제를 주인-대리인 문제(principal-agent problem)라고 부르기도 한다. 일반적으로 주인과 대리인은 추구하는 이해(incentive)가 서로 다르다. 이때 만약 대리인이 실제로 어떠한 행동을 하는지를 주인이 모른다면 대리인은 주인의 이해를 극대화하기보다는 대리인 자신의 이해를 극대화하려고 할 것이다. 이와 같이 대리인이 주인 몰래 부적절한 행위를 하는 경우를 도덕적 해이라고 부른다.

예를 들어서 대부자 A가 차입자 B에게 자금을 빌려 주었다고 하자. 이때 A는 B가 빌린 자금을 건전하게 이용하여 투자할 것을 믿고 자금을 빌려 주었을 것이다. 즉 A의 입장에서는 원금과 이자의 회수가 우선적인 목표이다. 따라서 A는 B로 하여금 기대수익률이 낮아도 안전한 곳에 투자하여, 최악의 경우에도 자신의 원금이 훼손되지 않기를 요구한다. B도 이러한 약속을 하고 A에게 자금을 빌리려 할 것이다. 하지만 일단 자금이 거래되어 대부자 A와 차입자 B 사이에 주인−대리인 관계가 성립되고 나면 B의 생각은 달라질 수 있다. 즉 B의 입장에서는 기대수익률이 낮으면서 안전한 곳에 투자할 경우, A에게 원금과 이자를 지불하고 나면 남는 수입이 크지 않다. 따라서 이러한 투자는 주인인 A의 이해만을 극대화할 뿐 대리인 B의 이해를 극대화하는 행위가 아니다. B는 되도록 위험이 높더라도 수익이 높은 곳에 투자를 행하여 자신의 이해를 극대화할 수 있다. 위험이 높은 곳에 투자를 하면, 최악의 경우 큰 손실을 보더라도 채무불이행을 선언하여 투자의 손실을 고스란히 A에게 전가하면 되므로 B 자신이 감수하는 투자 손실의 피해는 거의 없다. 반면 큰 수익을 올릴 경우 원금과 이자를 제외하고도 자신의 몫으로 돌아올 수익이 높다. 따라서 대리인의 이해를 극대화하는 것은 위험이 높지만 자신에게 돌아올 기대수익률이 높은 투자를 행하는 것이다.

이와 같은 상황을 예를 들어 이해해 보자. A는 B에게 100만원을 빌려주며 1년 후 원금과 더불어 이자 10만원을 돌려받기로 약속하는 채권 거래를 하였다. B는 100만원을 이용하여 두 개의 투자 중 하나를 선택해야 한다. 이 두 개의 투자 기회를 각각 프로젝트 1과 프로젝트 2라고 부르자. 프로젝트 1에 투자할 경우 $\frac{1}{2}$의 확률로 110만원 혹은 $\frac{1}{2}$의 확률로 120만원의 수입을 올릴 수 있다. 반면 프로젝트 2에 투자할 경우 $\frac{1}{2}$의 확률로 0원 혹은 $\frac{1}{2}$의 확률로 200만원의 수입을 올릴 수 있다. 따라서 프로젝트 1에 투자할 경우의 기대수입은 $110 \times \frac{1}{2} + 120 \times \frac{1}{2} = 115$만원으로 기대수입이 낮지만 최악의 경우에도 110만원을 받을 수 있어 상당히 안전한 투자이다. 반면 프로젝트 2에 투자할 경우의 기대수입은 $0 \times \frac{1}{2} + 200 \times \frac{1}{2} = 100$만원으로 프로젝트 2보다 낮고, 수입이 매우 극단적으로 낮거나 높아 매우 위험한 투자이다. 이 경우 A가 직접 투자를 한다면 당연히 프로젝트 1을 선택할 것이다. 하지만 A에게서 자금을 빌려 투자하는 B의 이해는 A와 달라진다. B가 프로젝트 1에 투자할 경우 B는 $\frac{1}{2}$의 확률로 110만원의 수입을 올리고. 이때 원금과 이자 110만원 A에게 지불하게 되면 남는 수입은 0이다. 나머지 $\frac{1}{2}$확률로 120만원의 수입을 올릴 경우에는 원금과 이자 110만원을 지불하고 되면 남는 수입은 10만원이다. 따라서 프로젝트 1에 투자할 경우 B의 기대수익은 $0 \times \frac{1}{2} + 10 \times \frac{1}{2} = 5$만원이 된다. 반면 B가

프로젝트 2에 투자한다면 $\frac{1}{2}$의 확률로 0원의 수입을 얻는다. 이때 B는 채무불이행을 선언하게 되고 결과적으로 손실은 원금과 이자를 떼인 A가 고스란히 떠안게 되고 B의 수익은 0원이 된다. $\frac{1}{2}$확률로 200만원의 수입을 올리는 경우에는 원금과 이자 110만원을 지불하고도 90만원의 수입이 남는다. 따라서 B의 기대수익은 $0 \times \frac{1}{2}$ $+90 \times \frac{1}{2}$=45만원이 된다. 결국 B의 입장에서는 프로젝트 1보다 프로젝트 2를 선택할 경우 더 많은 수익을 기대할 수 있다. 이러한 관계를 〈그림 19-3〉에 나타냈다.

본질적으로 채권을 통한 금융거래를 하면 손실이 날 경우 차입자는 손실을 대부자에게 떠넘기지만, 성공할 경우에는 그 과실을 차입자 자신만이 독차지할 수 있기 때문에 대부자와 차입자 사이의 이해가 같지 않다. 즉 안전한 투자와 위험한 투자가 동시에 존재할 때 대부자는 안전한 투자를 선호하는 반면 차입자는 설령 기대수입이 낮더라도 위험한 투자를 선호하게 된다. 이러한 경우 대부자는 차입자가 어떠한 투자를 하는지를 알 수 있다면 안전한 투자를 하도록 강요할 수 있을 것이다. 하지만 현실적으로 대부자는 차입자가 어떠한 행동을 하는 지 완벽하게 알기 어렵다. 즉 정보의 비대칭성이 존재하는 것이 보다 일반적이며, 이 경우 차입자는 대부자 몰래 위험한 투자를 선택할 것이다. 이와 같이 금융거래가 이루어진 후, 주인이 대리인의 행위를 알기 어려울 때 대리인이 자신만의 이득을 위해 행동하는 경우를 도덕적 해이라고 부른다.

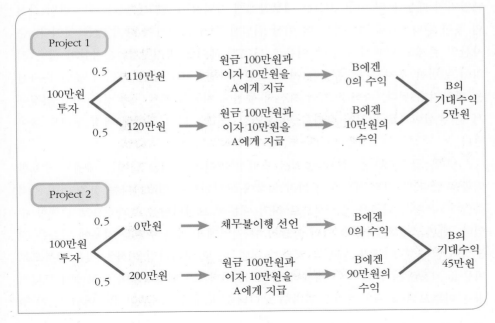

그림 19-3
두 개의 투자 기회와 차입자의 기대수익

금융시장에서는 도덕적 해이의 문제도 워낙 심각하기 때문에 이를 방지하기 위한 여러 가지 방안들이 마련되어 있다. 첫째, 대부자는 모니터링을 통해 적극적으로 차입자의 행동을 감시할 수 있다. 도덕적 해이는 대부자가 차입자의 행동을 파악하지 못할 경우 생기므로, 대부자는 모니터링을 통해 차입자를 감시함으로써 차입자가 대부자 몰래 바람직하지 않게 행동하는 것을 방지할 수 있는 것이다. 하지만 모니터링을 하는 행위에는 시간과 노력 그리고 여러 가지 비용이 수반된다. 따라서 완전한 모니터링을 하는 것은 비용상 경제적이지 않을 수가 있다.

둘째, 정부가 차입자로 하여금 스스로 자신이 한 행동을 공개하도록 규제한다. 정부는 표준적인 회계제도를 도입하여 기업으로 하여금 정기적으로 재무제표를 공개하도록 강제한다. 기업이 행한 행동의 많은 부분이 재무제표에 기록되어 있기 때문에 재무제표를 공개하도록 강제하는 것은 기업의 도덕적 해이를 줄이는 데 중요한 역할을 한다.

셋째, 담보와 순자산은 도덕적 해이를 줄이는 데에도 도움이 된다. 이미 지적한 대로 금융시장에서의 도덕적 해이는 차입자가 빌려온 자금을 투자하여 큰 손실을 보았을 때, 손실을 대부자에게 떠넘길 수 있기 때문에 발생한다. 즉 차입자가 위험한 투자를 선호하는 행위는 최악의 경우에도 자신이 손실을 보지 않기 때문이다. 하지만 만약 차입자가 담보를 대부자에게 제공하였다면, 투자의 큰 손실이 생길 경우 대부자는 담보를 취득하여 손실을 모면할 수 있다. 반면 차입자는 담보를 빼앗기기 때문에 더 이상 손실을 대부자에게 떠넘길 수 없고 손실은 고스란히 자신의 몫이 된다. 이제 차입자는 더 이상 위험한 투자를 행하려 하지 않을 것이다. 순자산의 존재도 담보와 동일한 이유로 도덕적 해이를 방지한다. 순자산이 많은 기업이 위험한 투자로 큰 손실을 보고 파산한다면, 이 기업은 자신의 몫인 순자산을 빼앗기게 된다. 따라서 기업 자신의 몫인 순자산을 빼앗기는 것은 기업 입장에서 큰 손실이므로 위험한 투자를 할 유인이 줄고 도덕적 해이에 빠질 우려도 줄어든다.

넷째, 금융기관은 금융시장에서 도덕적 해이의 문제를 줄이는 데에도 중요한 역할을 한다. 도덕적 해이를 줄이기 위하여 모니터링이 필요하다는 것은 이미 지적하였다. 은행은 대출을 전문적으로 하기 때문에 모니터링을 효과적으로 수행할 수 있다. 반면 소액의 자금을 여러 사람이 한 기업에게 빌려 주었을 경우에 이들은 전문성이 없을 뿐 아니라, 대부자 각자가 개별적으로 모니터링을 하는 것은 중복으로 비용을 지불하는 셈이 되어 경제적이지도 못하다. 또 대부자들이 서로에게 모니터링을 미루고 무임승차 하려고 한다면 모니터링이 제대로 이루어지기 어렵다. 이 경우에 은행과 같은 금융기관은 소액의 자금을 제공한 대부자들을 대표하여 모니터링을 함으로써 중복의 문제를 피할 수 있다. 뿐만 아니라 은행은 주로 기업에게 대출의 형태로 독점적으로 자금을 제공하며 서로간의 관계를 장기적으로 유지한다. 따라서 설령 다른 대부자가 해당 기업에 대한 정보를 무임승차로 취득한다고 하더라도 끼어들어 추가적인 대출을 행하기 어려운 것이다.

② 금융기관과 간접금융

위에서 논의한 바와 같이 은행과 같은 금융기관은 역선택뿐 아니라 도덕적 해이의 문제를 개선하는 데 큰 도움을 준다. 금융시장에선 역선택과 도덕적 해이의 문제가 심각하기 때문에 대부자와 차입자가 직접 금융거래를 하기보다는 중간에 금융기관이 자금을 중개하는 형태를 취하는 것이 훨씬 더 일반적이다. 이와 같이 대부자가 최종 차입자와 직접 거래하는 것이 아니라 중간에 금융기관이 자금거래의 중개역할을 하여 금융거래가 행해지는 경우를 간접금융이라고 부른다. 반면 금융기관이 중개하지 않고 대부자와 차입자가 직접 자금을 거래하는 경우는 직접금융이라고 부른다. 직접금융과 간접금융이 이루어지는 형태에 대해서는 〈그림 19-1〉과 〈그림 19-4〉에 각각 나타냈다.

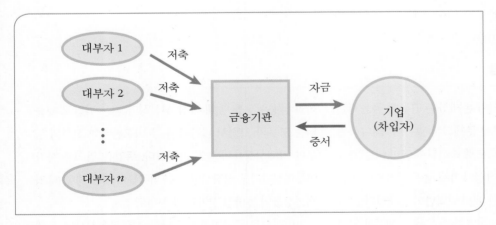

그림 19-4
금융기관을 통한 간접금융

③ 금융기관과 금융시장의 효율성

금융시장에서 자금이 거래되는 이유는 금융거래를 통해 대부자와 차입자 모두 이득을 보기 때문이다. 대부자가 금융거래를 하지 않고 자금을 보유하기만 할 경우 아무런 수익을 올릴 수 없지만 금융거래를 통해 차입자에게 자금을 빌려줄 경우 이에 대한 대가를 받을 수 있어 이득이 된다. 한편으로 차입자는 좋은 투자기회가 있지만 자금이 없을 경우 이 투자를 실현할 방법이 없다. 하지만 금융거래를 통해 자금을 빌릴 수 있다면 이에 대한 대가를 지불하고도 남는 수익이 생길 수 있어 차입자에게도 이득이 된다. 이상과 같이 대부자와 차입자 모두 금융거래를 통해 이득을 얻을 수 있다.

금융시장의 효율성은 이와 같이 금융거래를 통해 대부자와 차입자의 수익이 극대화되는 경우에 달성된다. 즉 자금이 이동할 때 자금을 공급한 대부자와 자금을 수요하는 차입자의 수익의 합이 극대화되도록 대부자와 차입자가 금융시장을 통해 맺어진다면 이러한 금융시장은 효율적이라고 볼 수 있다. 금융시장이 효율적으로 작동하기 위해서 금융기관은 막중한 역할을 수행한다. 금융기관은 중간에서 자금을 공급받아 이러한 자금을 가장 잘 활용할 수 있는 기업에게 전달하여야 한다. 이를 위해서 금융기관은 역선택의 문제를 최소화하고 동시에 자금을 활용하는 기업을 적절히 모니터링하여 기업이 가장 바람직한 투자를 하도록 유도함으로써 도덕적 해이의 문제도 최소화하려고 노력해야 한다. 이를 통해 금융시장의 효율성이 증대된다.

금융과 경제성장

경제에 단 한 개의 기업이 존재하는 경우에 금융시장이 효율적인지 여부는 크게 문제되지 않는다. 왜냐하면 금융시장의 효율성은 저축으로 축적된 자금이 이를 가장 잘 활용할 수 있는, 즉 생산성이 가장 높은 기업으로 이동할 때 달성되는데, 만약 한 개의 기업만이 존재한다면 가장 생산성이 높은 기업을 선별하는 문제가 생기지 않기 때문이다. 하지만 현실의 경제에는 매우 많은 기업들이 존재한다. 자금의 양은 희소하므로 제한된 자금이 효율적인 금융시장을 통해 가장 생산성이 높은 기업에 제공되는 경우와 그렇지 않은 경우를 비교한다면 전자의 경우에 경제성장률이 높기 마련이다. 똑같은 양의 투자가 이루어지더라도 성장성이 높은 기업들이 이를 행할 때 경제성장률이 높아질 것이기 때문이다.

일반적으로 금융기관이 발달할수록 금융시장에 존재하는 정보의 비대칭성을 더욱 효과적으로 해결하여 금융시장이 보다 효율적으로 작동할 수 있음은 이미 지적하였다. 따라서 금융기관이 발달할수록 자금이 보다 효율적으로 기업에 분배되어 경제성장률도 높아질 것을 기대할 수 있다. 이러한 이유 때문에 한국경제도 항상 금융발전을 최우선과제 중 하나로 제시해 왔다. 즉 한국경제는 상대적으로 금융이 낙후되어 이 점이 경제성장에 걸림돌이 되어 왔다. 따라서 금융을 발전시켜 성장을 촉진하는 것이 중요한 정책 중 하나였다. 1990년대에 금융시장을 대외에 개방하고자 했던 결정도 이를 통해 금융시장에 보다 경쟁을 심화시켜 금융발달에 도움이 될 것이라고 생각했기 때문이다. 그 이후에도 한국정부는 동아시아 금융허브 건설 등 금융발전을 위해 지속적으로 노력하였다.

이와 같이 금융기관을 발달시키려는 노력은 실제로 경제성장에 도움이 되는가? 경제 데이터를 보면 금융이 발달한 나라일수록 경제성장률도 높다는 사실을 확인할 수 있다. 따라서 금융발달을 통해 경제성장을 높이려는 시도는 의미가 있다고 해석될 수 있다. 하지만 이러한 데이터의 성격은 금융발달이 경제성장률을 촉진시킨다는 직접적인 증거가 아닐 수도 있다. 왜냐하면 인과관계가 반대로 작동할 수도 있기 때문이다. 즉 경제성장률이 높은 나라들은 사회전반이 함께 발전하기 때문에 금융도 함께 발달한다고 생각할 수 있다. 높은 경제성장률이 금융기관의 발달을 초래할 수도 있는 것이다. 만약 이렇게

인과관계가 반대로 작동한다면 금융을 발달시켜 경제성장률을 높이려는 시도는 성과가 없을 수 있다. 오히려 경제가 성장함에 따라 금융이 자연스럽게 발달하길 기대하는 것이 현명하다.

금융과 경제성장과의 관계를 집중적으로 연구해 온 Levine 교수에 따르면 금융발달은 기업들이 외부차입에 제약이 있을 때 이를 완화시켜 경제성장을 촉진한다고 한다. 이러한 발견은 금융발달이 경제성장을 촉진하는 원인이었다고 해석할 수 있다. 따라서 금융발달을 통해 경제성장을 촉진하고자 하는 정부의 정책적 노력도 의미가 있다고 볼 수 있다. 하지만 2008년 글로벌 금융위기를 겪은 이후 이러한 긍정적 관계에 회의를 보이는 연구들도 등장하고 있다. 즉 금융발달이 경제성장을 촉진하는 것은 금융발달이 어느 적정 수준까지 이루어질 때에 국한되며, 금융산업이 너무 팽창하게 되면 지나친 금융발달이 오히려 경제성장에 해가 될 수 있다는 것이다. 이러한 견해에 따르면 미국 등 이른바 금융선진국들은 이미 금융발달의 정도가 긍정적인 역할을 하는 경계를 넘어섰기 때문에 오히려 전체 경제성장에 해를 주는 단계에 접어들었다는 것이다. 이와 같이 지나친 금융산업의 팽창이 경제에 해를 주는 극단적인 예가 금융위기라고 볼 수 있다.

자료: Levine, Ross, 2005. "Finance and Growth: Theory and Evidence," Handbook of Economic Growth, in: Philippe Aghion & Steven Durlauf (ed.), Handbook of Economic Growth, edition 1, volume 1, chapter 12, pages 865-934 Elsevier; Cecchetti, Stephen G. and Enisse Kharroubi, 2012, "Reassessing the impact of finance on growth", *BIS Working Papers*, No. 381.

사례 연구 관치금융

경제발전의 초기단계에는 투자기회는 많지만 자금이 항상 부족하여 필요한 투자가 제대로 이루어지지 못하는 경우가 많다. 즉 많은 경제들이 초기발전 단계에는 자본의 양이 노동에 비해 상대적으로 부족하기 때문에 자본의 한계생산성은 높아 자금에 대한 수요는 높은 반면, 자금의 축적이 충분치 않아 필요한 자금이 공급되기 어려운 상황에 있는 것이다. 이 경우 종종 정부가 특정 산업을 집중적으로 육성하기 위하여 해당 산업에 종사하는 기업에 자금이 집중되도록 유도하는 경우가 있다. 심지어는 특정 대출에 대해서는 낮은 이자율을 강제하여 특정 산업의 육성을 유도한다. 1970년대 한국에서 중화학공업을 집중 육성하였던 것은 이러한 예라고 할 수 있다.

이렇게 정부가 금융거래에 개입하여 자금분배를 원하는 방향으로 집중시키는 것은 경제발전 초기에는 성과가 있을 수 있으나 궁극적으로는 금융시장의 효율성을 저해하는 역할을 한다. 즉 정부의 개입이 없어도 대부자와 차입자는 서로의 이익을 극대화하기 위해 자발적으로 금융시장에서 거래를 한다. 이러한 거래가 원활하지 않을 경우 중간에 금융기관이 존재하여 자금을 가장 잘 활용할 수 있는 기업에게 자금을 중개하려고 노력한다. 물론 정보의 비대칭성이 있을 경우 금융시장에서의 자발적인 금융거래가 가장 효율적인 균형을 달성하지는 못한다. 하지만 이런 경우에도 정부의 역할은 정보 비대칭성을 완화시키는 규제 및 감독에 그쳐야 한다. 만약 정부가 개입하여 자금을 원하는 방향으로 분배하는 경우 시장에서 자발적으로 자금거래가 이루어지는 경우보다 더 효율적인 분배가 이루어진다는 보장이 없다. 또 정부가 개입하게 되면 기업들은 보다 생산성이 높은 투자기회를 개발하여 자금을 공급받으려고 노력하기보다는 정부에게 잘 보여 자금을 공급 받는 것이 현명하다고 생각하게 된다. 즉 효율적인 기업보다는 정부에 로비를 잘 하는 기업이 선택되어 자금이 공급되기 마련이다. 이러한 풍토는 정당한 노력보다 부정부패가 만연해지는 원인이 된다.

한국의 경우 경제발전 초기에 정부 주도로 산업재편을 하는 과정에서 정부의 금융시장에 대한 간섭이 매우 강하였다. 정부의 이러한 금융시장 간섭 행위를 소위 "관치금융"이라고 부른다. 관치금융이 심해지면 경제주체 각자의 이득을 최대화하기 위하여 자금이 거래되기보다는 정부의 의지에 의해 자금이 거래된다. 이러한 상황에서 금융기관은 금융시장에 존재하는 정보 비대칭성을 극복하여 효율적인 기업을 선택하는 업무에 소홀하기 쉽다. 어차피 정부의 강요에 의해서 선택된 기업에게만 자금을 공급할 수밖에 없기 때문이다. 이렇게 노골적인 정부의 간섭은 거의 사라졌지만 아직도 금융감독 과정에서 정치적인 요소가 고려되기도 하며 정부가 금융기관 인사에 개입하는 등 관치금융의 후유증은 여전히 존재하고 있다. 관치금융은 한국경제에서 금융산업의 발달이 저해되는 가장 큰 이유 중의 하나로 거론되고 있다.

신용제약과 경기변동, 그리고 통화정책 ③

1 신용제약이 경기변동에 미치는 영향[1]

제16장에서 학습한 신고전학파이론이나 토빈의 q이론은 이윤이 창출될 수 있는 투자기회를 가진 기업은 언제나 투자를 할 수 있다고 가정하였다. 하지만 실제로 기업은 금융시장을 통해 외부에서 자금을 조달해야만 투자를 할 수 있는 경우가 대부분이다. 그런데 이미 지적한 대로 금융시장에는 거래비용뿐만 아니라 정보 비대칭성과 같은 마찰이 존재하기 때문에 금융거래가 제대로 이루어지지 않을 수 있다. 이와 같이 기업이 외부자금을 조달받지 못하는 경우를 신용제약이라고 부른다. 즉 신용제약은 기업의 신용이 금융시장에 존재하는 마찰을 극복할 만큼 충분히 좋지 않아 외부에서 자금을 조달받지 못하는 경우를 말한다.

최근에는 금융시장의 마찰과 이에 따른 신용제약을 명시적으로 고려한 투자이론이 등장하였다. 사실 기업의 투자기회가 아무리 좋더라도 이에 대한 정보가 외부에 정확히 전달되지 않는다면 외부인이 자금을 제공하지 않으려고 할 수 있다. 이때 해당 기업은 신용제약 때문에 이윤이 창출될 수 있는 투자기회를 놓치게 된다.

신용제약이 생기는 이유는 기업과 외부자금 제공자 사이에 투자에 대한 정보가 완벽히 공유되지 않기 때문이다. 즉 투자를 행하는 기업은 투자의 수익성에 대해 많은 정보를 가지고 있지만 외부에서 자금을 제공하는 자금 제공자는 해당 투자에 대해 상대적으로 적은 정보를 갖고 있는 것이다. 이때 기업이 제공하는 담보나 순자산(net worth)은 이러한 문제를 극복하는 과정에서 결정적인 역할을 한다. 만약 기업이 충분한 담보를 제공하거나 순자산이 충분하다면 외부의 대부자는 안심하고 자금을 제공할 수 있다. 왜냐하면 투자가 설혹 실패로 끝나더라도 대부자는 제공받은 담보나 기업이 보유한 순자산을 처분하여 자금을 변제받을 수 있다고 기대하기 때문이다. 따라서 기업들이 담보를 많이 보유하거나 기업의 순자산이 커질수록 기업들은 신용제약에 걸릴 가능성이 낮아져 투자가 보다 활성화된다.

이상과 같은 점에 착안하여 금융시장이 경기변동 상에서 큰 역할을 한다고 주장하는 이론이 등장하였는데 이를 금융가속도(financial accelerator) 이론이라고 부른

---

[1] Kiyotaki, N. and Moore, J., 1997. "Credit cycles," *Journal of Political Economy*, 105, 211-248; Bernanke, Ben S., Mark Gertler, and Simon Gilchrist 1999. "The Financial Accelerator in a Quantitative Business Cycle Framework," in *Handbook of Macroeconomics, Volume 1C, Handbooks in Economics, vol. 15.* Amsterdam: Elsevier, pp. 1341-93.

다. 즉 금융가속도 이론에 따르면 경기변동을 가져오는 충격이 금융시장에서 보다 확대되어 실물부문에 더욱 큰 영향을 주게 된다. 이 이론에서 핵심적인 역할을 하는 것은 정보의 비대칭성으로 대표되는 금융시장에서의 마찰이다. 예를 들어 어떠한 충격으로 인해 기업들이 보유한 자산가치가 하락하여 담보자산이나 순자산의 가치가 하락하였다고 하자. 이 경우 기업들은 담보나 순자산이 부족하여 외부자금을 충분히 차입할 수 없다. 따라서 경제 전체의 투자가 줄어들게 된다. 이와 같이 경제 전체의 투자가 줄어들어 경제가 불황에 접어들면 기업들이 보유한 담보자산이나 자산의 가치도 더욱 하락한다. 기업들의 부채의 가치는 고정되어 있는 경우가 대부분이므로 기업들이 보유한 자산가치의 하락은 기업들의 순자산을 추가적으로 하락시킨다. 이때 기업들이 제공할 수 있는 담보와 순자산 가치의 하락은 기업들의 외부자금 차입 가능성을 더욱 줄이고 이로 인해 투자는 추가적으로 감소한다. 이러한 악순환이 계속되면서 최초의 충격은 증폭되어 경제에 큰 영향을 주게 된다. 반대로 기업들의 담보나 순자산의 가치를 상승시키는 충격은 금융부문의 파급효과를 통하여 실물경제의 호황을 확대한다. 이렇게 금융부문에서 충격이 점차 확대되어 궁극적으로 실물경제에 큰 충격을 주는 과정을 모형화한 것이 바로 금융가속도 이론이다.

심화학습 **금융가속도 이론과 디레버리징**

금융가속도 이론은 2008년의 글로벌 금융위기와 관련하여 다시 주목받고 있다. 금융위기 과정에서 투자회사인 리만브라더스의 도산은 개별 금융회사의 파산에 그치지 않고 전 경제의 금융시스템의 위기로 연결되었다. 왜냐하면 리만브라더스의 도산은 이 금융회사에 자금을 제공하였던 다른 금융회사들의 입지도 동시에 악화시켰기 때문이다. 즉 이들 다른 금융회사 입장에서 리만브라더스의 도산은 리만브라더스에 행한 대출의 손실이 생겼음을 의미한다. 따라서 이들 금융회사의 보유 자산가치는 하락하였고 이는 이들 금융회사의 순자산을 감소시켜 차입기회를 제한하였다. 금융회사들도 외부에서 자금을 확보해야 하는데, 금융회사가 보유한 순자산의 크기

는 금융회사가 얼마나 외부자금을 확보할 수 있는지를 결정한다. 이와 같이 순자산의 하락으로 금융회사들이 자금을 확보하지 못하자 이들 금융회사는 자산 투자규모를 줄일 수밖에 없었고 이는 시장의 전반적인 자산가격의 하락을 초래하였다. 자산가격의 하락은 금융기관의 순자산을 더욱 하락시켜 금융회사들의 차입은 더욱 감소하였다. 이와 같이 차입규모가 줄어드는 현상을 디레버리징(deleveraging)이라고 부른다. 금융가속도 이론은 디레버리징이 지속되면서 신용제약을 겪고 있는 금융회사들의 자금조달에 영향을 주어 금융위기가 경제 전체로 증폭되는 과정을 잘 설명하고 있다.

2 통화정책의 새로운 경로

금융시장의 마찰을 명시적으로 고려하면 통화정책이 실물경제에 영향을 미치는 새로운 전달경로를 생각할 수 있다. 이미 제10장에서 *IS-LM*모형을 사용하여 통화정책의 전달경로로서 케인즈효과를 학습하였다. 케인즈효과에 따르면 통화정책이 실물경제에 미치는 경로는 다음과 같다.

케인즈효과

통화량 증가 ⇒ 이자율 하락 ⇒ 투자수요 증가 ⇒ 총수요 증가 ⇒ 총생산 증가

케인즈효과에서 결정적인 역할을 하는 것은 이자율의 변화와 이에 반응하는 투자이다. 사실 투자가 변하기 위해선 명목이자율이 아니라 실질이자율이 변해야 한다. 왜냐하면 기업은 실물투자를 행하기 때문에 인플레이션에 따른 비용은 지불하지 않기 때문이다. 또한 기업은 투자를 행할 때 장기 차입을 필요로 하므로 단기 실질이자율보다는 장기 실질이자율이 투자결정에 더욱 중요하다. 반면 통화량이 변할 때 즉각적으로 변하는 것은 단기 명목이자율이다. 따라서 케인즈효과가 성립하기 위해선 통화량 증가의 효과가 단기 명목이자율의 변화에만 국한되면 안 되고 장기 실질이자율에까지 영향을 미쳐야 한다.

케인즈효과에서는 통화량의 변화가 금융환경에 영향을 미쳐 투자에 미치는 효과는 고려되지 않고 있다. 사실 통화량이 증가하면 시중에 자금이 풍부해져서 투자에 우호적인 환경이 조성될 수 있다. 즉 통화량의 증가는 금융시장의 마찰을 줄여 외부자금의 차입을 보다 증가시킴으로써 투자 및 실물경제에 영향을 줄 수 있는 것이다. 이와 같이 통화량의 증가가 금융시장의 신용차입조건을 완화하여 투자에 영향을 줌으로써 실물경제에 미치는 경로를 신용경로(credit channel)라고 부른다. 신용경로 중에서도 금융기관인 은행의 역할을 특히 강조하는 견해를 은행대출 경로(bank lending channel)라고 부르고, 통화량의 변화가 보다 폭넓게 금융시장에 미치는 영향에 주목하는 견해를 폭넓은 신용경로(broad credit channel)라고 부른다.

은행대출 경로

이미 설명한 대로 은행은 금융시장에서 자금을 중개하며 정보의 비대칭성 문제를 완화하는 데에 핵심적인 역할을 한다. 따라서 은행이 대출할 수 있는 자금의

양은 투자에 결정적인 영향을 줄 수 있다. 만약 통화량의 증가가 예금을 통해 은행에 유입되면 은행의 지급준비금이 풍부해지고 은행은 이를 이용하여 대출을 늘려 기업의 투자에 영향을 줄 수 있다. 이와 같은 경로는 다음과 같다.

통화량 증가 ⇒ 은행의 예금 증가 ⇒ 은행의 지급준비금 증가
⇒ 은행의 대출 증가 ⇒ 투자 증가 ⇒ 총생산 증가

은행대출경로는 은행의 자산인 대출의 중요성을 강조한다는 점에서 통화량, 즉 은행의 부채를 강조하는 기존의 통화정책과 구별된다. 통화량은 현금통화와 예금으로 구성된다. 예금은 은행 입장에서 부채이므로 결국 통화량 자체를 강조하는 기존의 통화정책은 은행의 부채에 초점이 맞추어져 있다고 볼 수 있는 것이다.

폭넓은 신용경로

은행대출경로가 금융시장에서 은행의 특별한 역할을 강조하는 반면, 폭넓은 신용경로는 보다 일반적으로 금융시장에 존재하는 정보 비대칭성 문제를 강조한다. 폭넓은 신용경로는 특히 기업이 투자를 할 때 기업 내부에서 자금을 조달할 경우와 금융시장을 통해 외부에서 차입할 경우 비용에 차이가 있음을 강조한다. 일반적으로 기업은 투자를 할 때 과거에 창출된 이윤을 내부적으로 축적하여 형성된 자금을 이용할 수 있다. 그러나 이런 내부자금이 충분하지 않을 경우에는 외부에서 자금을 차입해야 한다. 그런데 외부에서 자금을 차입할 경우에는 정보 비대칭성 문제 때문에 자금을 조달받는데 어려움을 겪을 수 있다. 정보 비대칭성 문제가 없을 경우의 정상이자율을 r이라고 하자. r은 기업이 내부자금을 이용하여 투자 대신 예금할 때 얻을 수 있는 수익이다. 따라서 r은 투자에 따른 기회비용이라 볼 수도 있다. 하지만 정보 비대칭성 문제가 존재한다면 기업이 외부차입을 할 때는 이보다 더 높은 r^*를 지불해야 한다. 일반적으로 r^*와 r의 차이는 금융시장을 통해 외부인(대부자)이 대리인인 기업에게 자금을 제공할 때 추가적으로 요구하는 비용이므로 이를 대리인 비용(agency cost)이라고 부른다. 대리인 비용을 ac로 나타내면 다음이 성립한다.

$$r^* = r + ac$$

대리인 비용 ac는 경제에 존재하는 정보 비대칭성의 문제가 얼마나 심한가에 의해 결정된다. 폭넓은 신용경로는 결국 통화정책의 변화가 대리인 비용을 변화시

켜 투자 및 실물부문에 영향을 주는 경로를 의미한다. 이러한 경로는 아래에서 확인할 수 있듯이 기업의 대차대조표(balance sheet)에 영향을 주어 이루어지므로 폭넓은 신용경로는 대차대조표 경로(balance sheet channel)라고도 불린다. 대차대조표 경로는 순자산(혹은 담보)에 영향을 미치는 경로와 현금흐름(cash flow)에 영향을 미치는 경로로 세분화된다.

A. 순자산 경로 (혹은 담보 경로)

기업의 대차대조표에 의해 결정되는 순자산의 크기는 금융시장에서의 정보 비대칭성 문제를 완화하는데 결정적인 역할을 한다. 이미 지적한 대로 순자산의 크기가 큰 기업은 채무불이행을 하더라도 보유한 자산을 처분하여 차입에 대한 대가를 지불할 수 있으므로 역선택의 문제가 줄어든다. 뿐만 아니라 순자산의 크기가 큰 기업은 채무불이행을 할 경우 순자산을 뺏기게 되므로 이러한 손실을 우려하여 위험한 투자를 기피한다. 따라서 대차대조표 상의 순자산의 크기가 크면 클수록 도덕적 해이의 문제도 줄어든다. 결국 순자산의 크기는 금융시장에서의 정보 비대칭성 문제가 얼마나 심각한지를 결정하는 중요 요인이다. 기업이 제공하는 담보도 순자산과 동일한 역할을 한다.

순자산 혹은 담보 경로는 통화정책이 대차대조표 상의 순자산 혹은 담보가치에 영향을 주어 투자 및 실물경제에 영향을 미치는 경로를 의미한다. 예를 들어 통화공급이 늘었다고 하자. 이는 전반적인 자산에 대한 수요를 증가시켜 자산가격을 상승시킨다. 기업의 부채가치는 고정되어 있는 것이 보통이므로, 이러한 자산가격의 상승은 기업의 순자산을 상승시킨다. 뿐만 아니라 통화공급의 증가로 인해 이자율이 하락한다면 자산 가치를 계산하는 과정에서 낮은 할인율이 적용되어 자산 가치를 상승시킨다. 또한 이자율의 하락은 채권의 수익률이 하락하는 것을 의미한다. 따라서 이자율의 하락은 채권보다 주식에 대한 수요를 증가시켜 주식가격의 상승을 초래하기도 한다. 주식가격은 기업의 가치, 즉 순자산의 시장가치로 생각할 수 있으므로 주식가격의 상승은 순자산가치의 상승이라고 생각할 수 있다. 또 순자산가치의 상승은 기업의 담보여력이 강화됨을 의미한다. 따라서 기업의 순자산 혹은 담보가치의 상승은 외부차입에서 발생하는 대리인 비용 ac를 하락시켜 기업은 보다 많은 차입을 할 수 있게 된다. 기업이 더 많은 외부자금을 조달받을 수 있으므로 이는 투자의 증가를 가져와 실물경제에 영향을 준다. 이상과 같은 경로는 다음과 같이 나타낼 수 있다.

> 통화량 증가 ⇒ 기업의 순자산/담보 가치 상승
> ⇒ 정보의 비대칭성에 기인한 대리인 비용 ac 하락
> ⇒ 기업의 외부차입 증가 ⇒ 투자 증가 ⇒ 총생산 증가

B. 현금흐름 경로

기업의 현금흐름은 기업의 현금수입과 현금지출 사이의 차이를 말한다. 통화정책은 기업 대차대조표 상의 또 하나의 특징인 현금흐름에 영향을 줌으로써 투자 및 실물경제에 영향을 줄 수 있는데 이를 현금흐름 경로라고 부른다. 예를 들어 통화량이 증가했다고 하자. 이에 따라 이자율이 하락하면 이는 기업의 이자지출을 줄여 현금흐름을 개선시킨다. 현금흐름이 개선되면 기업이 외부차입을 하더라도 이에 따른 비용을 지불할 가능성이 높아짐을 의미한다. 왜냐하면 기업은 보통 유동성이 낮은 자산을 보유하는 경우가 많기 때문에 현금흐름이 나빠지면 충분히 가치가 높은 자산을 가졌음에도 불구하고 외부차입에 따른 이자 및 원금을 제때에 지급하지 못해 파산하는 경우도 생길 수 있기 때문이다. 반면 현금흐름이 개선되면 기업의 유동성이 풍부해져 채무불이행의 가능성이 낮아진다. 결국 현금흐름의 개선은 외부차입에 따른 대리인 비용을 하락시켜 기업의 외부차입을 증가시키고, 이는 투자를 증가시켜 실물에 영향을 준다. 이상과 같은 경로는 다음과 같이 나타낼 수 있다.

> 통화량 증가 ⇒ 기업의 현금흐름 개선
> ⇒ 정보의 비대칭성에 기인한 대리인 비용 ac 하락
> ⇒ 기업의 외부차입 증가 ⇒ 투자 증가 ⇒ 총생산 증가

현금흐름 경로와 관련해서 주의할 점은 기업의 현금흐름을 개선하는 과정에서 결정적인 역할을 하는 이자율이 단기 명목이자율이라는 사실이다. 실제로 그때그때 기업의 현금흐름에 보다 큰 영향을 주는 것은 단기차입에 대한 이자지급이기 때문이다. 이러한 사실은 케인즈효과에서 핵심적인 역할을 하는 이자율이 장기 실질이자율이라는 사실과 대비된다. 그런데 일반적으로 통화정책을 통해 직접적인 영향을 받는 이자율은 단기 명목이자율이다. 단기 명목이자율이 변할 때 장기 실질이자율이 변화하기 위해선 여러 가지 추가적인 가정들이 필요하다. 이런 의미에서 현금흐름 경로에 따른 통화정책의 효과는 여러 추가적인 가정없이 보다 확실하게 나타날 수 있다.

은행대출 경로와 폭넓은 신용경로의 증거

은행대출 경로와 케인즈효과 중에서 실제로 통화정책이 실물에 미치는 경로로서 더욱 중요한 역할을 하는 것은 무엇인가? 이러한 질문에 대한 대답은 은행대출 경로와 케인즈효과가 작동하는 과정에서의 차이점을 통해 얻을 수 있다. 즉 은행대출 경로는 자금의 공급변화에 의해 작용하는 반면 케인즈효과는 자금의 수요변화에 의존한다. 케인즈효과에 따르면 통화량의 하락으로 이자율이 상승하면 투자를 행하기 위한 기업의 자금의 수요가 감소한다. 반면 은행대출 경로에 따르면 통화량이 하락할 때 은행은 지급준비금이 감소하여 대출을 줄이기 때문에, 즉 자금의 공급이 감소하여 투자가 하락한다. 따라서 통화정책의 변화가 자금의 수요변화를 통해서 작동하는지 혹은 자금의 공급변화를 통해 작동하는지를 실증분석 한다면 과연 어떠한 이론이 실증적으로 지지되는지 알 수 있다.

기업은 은행에서 대출을 받거나 채권을 발행하여 외부자금을 차입한다고 하자. 이때 만약 기업의 자금수요가 변화하여 투자가 변한다면 대출액과 채권발행액이 모두 동일한 방향으로 변화할 것이다. 예를 들어 기업이 투자를 줄일 필요가 있을 때 기업은 대출과 채권발행을 모두 줄일 것이다. 반면에 자금공급이 변해 투자가 변할 경우에는 대출과 채권발행액이 반대 방향으로 변한다. 예를 들어 은행이 대출을 줄인다고 하자. 이런 대출자금 공급의 감소에 대응하여 기업은 다른 방법을 통해서라도 이를 상쇄하려 할 것이다. 즉 은행이 대출을 줄이면 이에 대응하여 기업은 채권발행을 늘려서라도 투자를 유지하려고 노력한다. Kashyap, Stein 그리고 Wilcox는 이러한 아이디어에 기초해 통화정책에 대응한 전체 경제에서의 기업의 대출과 채권발행액의 변화를 분석하였다. 그 결과 통화량이 감소하면 대출은 줄지만 채권발행액은 오히려 증가하는 것을 발견하였다. 이것은 기업이 자금수요가 아닌 자금공급의 변화에 대응한 결과로 해석할 수 있다. 그들은 이러한 증거를 바탕으로 통화정책이 케인즈효과가 아닌 은행대출 경로를 통해 실물경제에 영향을 준다고 주장하였다.

하지만 이에 대한 반론도 존재한다. 특히 Oliner와 Rude-busch는 투자에 대한 의사결정이 기업 차원에서 이루어지기 때문에 전체경제의 대출액과 채권발행액을 비교하는 것보다 개별적인 기업의 대출액과 채권발행액의 변화를 보는 것이 더 중요하다고 주장하였다. 이들이 경험적으로 개별적인 기업 데이터를 분석해보니 통화량이 감소할 때 대출액과 채권발행액이 다른 방향으로 변하는 증거를 찾아볼 수 없었다. 따라서 이들은 은행대출 경로가 중요한 역할을 하지 않는다고 주장하였다.

전체 경제에서의 대출액 및 채권발행액의 변화와 개별 기업 차원에서의 대출액 및 채권발행액의 변화가 서로 다른 이유는 무엇인가? 그 이유는 대기업만이 채권을 발행할 뿐 소기업은 은행대출에 크게 의존하기 때문이다. 대기업은 이미 많은 정보가 외부에 알려져 있어 정보의 비대칭성 문제가 상대적으로 적다. 따라서 대기업은 금융시장에서 직접금융을 통해 채권을 발행하여 자금을 조달할 수 있다. 하지만 소기업에 대한 정보는 상대적으로 적게 알려져 있기 때문에 이들은 정보의 비대칭성 문제가 보다 심할 것이다. 이러한 이유 때문에 소기업은 직접금융시장에서 채권을 발행하기 어렵고 은행대출을 통한 간접금융 형태로만 자금을 차입하는 것이다. 전체경제에서 통화정책에 반응하여 대출량이 상대적으로 크게 변하는 이유는 통화량의 변화에 대응한 대기업과 소기업의 대처방식이 서로 다르기 때문이다. 즉 통화량이 감소할 때 상대적으로 소기업이 더 많은 영향을 받기 때문에 이들을 대상으로 한 대출은 큰 폭으로 감소한다. 하지만 대기업은 거의 영향을 받지 않기 때문에 채권발행액은 상대적으로 감소폭이 적다. 그 결과 전체경제에서는 대출이 상대적으로 더 많이 감소하는 것이다.

Oliner와 Rudebusch의 증거는 은행대출경로에 대해서는 부정적이고 일견 케인즈효과를 지지하는 듯 하지만

폭넓은 신용경로까지 부인하는 것은 아니다. 즉 소기업이 채권발행을 하기 어렵고 은행의 대출에 의존한다는 사실 자체는 금융시장에 존재하는 정보 비대칭성 문제가 심각함을 의미한다. 뿐만 아니라 통화량이 감소한다면 금융시장에서의 정보 비대칭성의 문제가 더욱 심해져서 이런 문제에 보다 민감한 소기업의 투자가 상대적으로 더 많이 줄어들 것이다. 이렇게 정보 비대칭성 때문에 소기업에 대한 대출이 줄어든다는 것은 폭넓은 신용경로의 해석과 일치하는 결과라고 볼 수 있다.

자료: Kashyap, Anil Jeremy Stein and David Wilcox. 1993. "Monetary Policy and Credit Conditions: Evidence from the Composition of External Finance," Amercian Economic Review, 83, no. Mar.: 78-98; Oliner, Stephen and Glenn Rudebusch. 1996. "Monetary Policy and Credit Conditions: Evidence from the Composition of External Finance: Comment," American Economic Review, 86: 300-309.

4 금융위기와 실물경제

2008년에 시작된 글로벌 금융위기는 실업률을 높이고 투자 및 소비를 급락시켜 실물경제에 심대한 영향을 주었다. 이와 같이 금융위기의 영향은 금융부문에만 국한되는 것이 아니라 실물부문에도 전파된다. 이와 같이 막대한 영향을 주는 금융위기는 왜 발생하는가? 또 금융위기가 실물경제에 영향을 주는 이유는 무엇인가? 이제 금융위기가 발생하는 원인과 실물부문에 전파되는 경로를 학습해 보기로 하자.

1 은행위기

금융위기는 여러 가지 원인에 의해 발생한다. 원인이 무엇인가에 따라 금융위기가 진행되는 양상도 다양하다. 또 선진국과 후진국의 금융위기도 구별된다. 이렇

게 다양한 금융위기를 모두 체계적으로 다루는 것은 쉽지 않다. 이번 절에서는 금융위기의 기본이 되는 은행위기(banking crisis)에 국한하여 설명하기로 한다.

은행위기는 일반인들의 은행 전반에 대한 신뢰가 하락하여 이들이 은행에 예금해 두었던 자금을 인출하려고 시도하는 상황을 의미한다. 이러한 상황이 초래되는 이유는 크게 두 가지로 나누어 생각해 볼 수 있다. 첫째, 은행의 잘못된 대출 등 은행운영의 근본적인(fundamental) 원인에 기인한 은행위기와 둘째, 은행의 근본적인 잘못이 없었음에도 불구하고 생기는 자기실현적(self-fulfilling) 은행위기이다.

근본적인 은행위기(fundamental banking crisis)

은행은 금융시장에서 대출을 행하는 과정에서 차입자의 도덕적 해이의 문제를 해결하는 데 중요한 역할을 하지만 그 자신도 도덕적 해이의 문제에서 자유로울 수 없다. 은행에 예금을 하는 예금자와 은행과의 관계에서 은행은 차입자이므로 예금자와 은행 사이에서도 주인-대리인 문제가 발생하기 때문이다. 주인인 예금자는 대리인인 은행이 보다 안전한 기업에 자금을 대출하여 안정적인 예금 이자를 제공해 주길 원한다. 하지만 대리인인 은행은 안전한 곳에만 대출해서는 이윤을 극대화하기 어렵다. 오히려 위험이 높은 기업에 높은 이자율로 대출하는 것이 은행의 이윤을 극대화하는 데 도움이 된다. 왜냐하면 기업이 높은 대출 이자율을 지불하면 은행은 큰 수익을 올릴 수 있는 한편, 기업이 채무불이행을 선언하여 대출 원금과 이자를 지불하지 못하는 경우에는 은행도 채무불이행을 선언하여 손실을 예금자에게 전가할 수 있기 때문이다. 이러한 상황은 〈그림 19-3〉에서 기업이 위험한 투자를 선호하는 이유와 정확히 일치한다.

이와 같이 은행은 위험한 대출을 행할 유인이 크다. 정부는 은행이 위험한 대출을 행하려는 유인을 제어하기 위하여 은행산업을 규제한다. 정부가 은행의 위험대출을 사전에 규제하는 행위를 은행감독이라고 부른다. 하지만 은행은 이러한 규제를 피하여 위험투자를 하여 자신의 이윤을 극대화하려 한다. 은행이 정부의 규제를 피하여 새로운 금융상품을 도입하는 행위는 금융혁신(financial innovation)의 가장 중요한 동기가 된다. 또한 경우에 따라서는 정부가 금융산업에서의 경쟁을 촉진하기 위하여 기존에 금융산업에 적용하던 규제를 제거하기도 한다. 이렇게 정부가 금융산업에서 규제를 제거하고 경쟁을 촉진시키는 행위를 금융자율화(financial liberalization)라고 부른다.

금융혁신과 금융자율화가 진행됨에 따라 은행은 보다 위험한 대출을 행할 수 있게 된다. 그러나 이렇게 위험한 대출이 늘어나면 결국 은행은 대출 원금과 이자를 상환받는데 어려움을 겪게 된다. 이자를 더 이상 제때 지불하지 못하는 부실대출이 증가함에 따라 은행의 수입은 감소할 수밖에 없으며 은행은 예금자들에게 예금의 원금과 이자를 지불하는데 어려움을 겪게 된다. 이제 예금자들은 은행에 예금하는 것이 더 이상 안전하지 않다고 느끼게 되어 서둘러 예금을 인출하려고 한다. 결국 은행위기가 시작되는 것이다.

자기실현적 은행위기

은행은 부실대출의 결과로 위기에 빠지기도 하지만 실제로는 부실대출이 없음에도 불구하고 위기에 빠질 수 있다. 즉 예금자들은 근거 없이 은행이 위기에 처해 있다고 믿을 수 있는데, 이러한 믿음 자체가 실제로 은행들의 위기를 가져올 수도 있다. 이렇게 근거 없는 믿음이 실제로 균형으로 실현되는 경우를 자기실현적 균형(self-fulfilling equilibrium)이라고 부른다. 은행위기가 자기실현적 균형에 의해 발생하는 경우가 자기실현적 은행위기(self-fulfilling banking crisis)이다.

자기실현적 은행위기가 발생하는 이유는 은행이 기본적으로 부채의 만기구조는 단기 위주로 구성하지만 자산의 만기구조는 장기로 유지하기 때문이다. 은행의 부채는 대부분 예금으로 이루어져 있다. 예금은 예금자들이 장기간 예금하는 정기적금보다 수시입출금이 가능한 단기예금의 형태가 대부분을 차지한다. 반면 은행의 자산은 기업에 대한 대출로 이루어져 있다. 기업은 대개 장기대출을 선호하므로 은행 자산의 만기는 장기구조를 갖는다. 은행은 최소한의 자산을 증권과 같은 유동성이 높은 형태로 유지하여 예금인출에 대비한다. 이와 같이 최소한의 유동성 자산만이 있어도 보통의 경우에는 아무런 문제가 없다. 왜냐하면 예금자는 수시입출금 형태로 예금을 유지하고 있지만 이들이 한꺼번에 예금을 인출하는 경우는 거의 없기 때문이다. 이들은 보통 수시입출금 예금을 어느 정도 일정한 금액으로 유지한다.

하지만 은행이 부실대출을 보유하고 있다는 믿음이 생기기 시작하면 상황은 달라진다. 은행은 선착순 입출(first-come, first-served) 형식으로 영업을 하고 있기 때문에 은행의 부실 가능성이 있는 경우에는 하루라도 빨리 자신의 예금을 인출하는 것이 유리하다. 은행은 예금자들의 예금 인출에 차례로 응하다가 더 이상 처분할 자산이 없는 경우 채무불이행을 선언하게 되는데, 이 경우 채무불이행 선언 이후에 예금을 인출하려는 예금자는 한 푼의 예금도 건지지 못할 가능성이 높기 때문이다. 따라서 은행의 부실이 염려될 때 모든 예금자들은 서로 빨리 예금을 인출하기 위해 은행에 몰려들기 마련이다. 이러한 상황을 뱅크런(bank run)이라고 부른다. 뱅크런 상황이 벌어지면 부실대출이 적어 자산가치가 충분히 높은 은행도 채무불이행을 선

제19장 금융, 통화정책과 거시경제

• 725

언할 수밖에 없다. 왜냐하면 은행이 보유한 자산은 대부분 장기자산으로 유동성이 떨어지기 때문에 갑작스런 예금인출에 대응하여 현금화하기 어렵기 때문이다. 즉 은행은 충분한 자산을 보유하고 있음에도 불구하고 단순히 예금자가 은행에 부실의 염려가 있다고 믿기 때문에 뱅크런 상황이 벌어져도 채무불이행 사태에 빠지게 된다. 결국 은행에 위기가 있을 것이라는 믿음이 실제로 위기로 실현되는 것이다. 이러한 금융위기를 자기실현적 금융위기라고 부른다.

예금보험과 최종대부자

우리는 은행이 예금자의 이해와는 달리 보다 위험한 대출을 선호함으로써 은행위기를 촉발할 수 있음을 학습하였다. 뿐만 아니라 부실대출이 없음에도 불구하고 예금자가 은행위기가 있을 것으로 믿기만 하여도 실제로 은행위기로 이어질 수 있음도 확인하였다. 이와 같이 은행은 은행위기에 매우 취약하다. 특히 자기실현적 위기는 은행이 실제로 대출의 건전성을 유지하기 위해 많은 노력을 해도 피하기 어렵다. 역사적으로 대부분의 국가들은 수없이 많은 은행위기를 겪어 왔다.

하지만 은행위기를 급격하게 줄여 준 계기가 있었다. 그것은 예금보험(deposit insurance)의 도입이다. 예금보험은 예금의 일부를 수수료로 징수하여 모아 놓았다가 은행이 채무불이행을 선언하면 예금자들에게 원금과 이자를 대신 지불해 주는 제도이다. 예금보험이 도입되면 예금자는 굳이 뱅크런을 할 필요가 없다. 은행이 채무불이행을 선언해도 보험회사에서 예금을 보장해주기 때문에 급히 서둘러 예금을 인출할 필요가 없기 때문이다. 하지만 예금보험은 일반적으로 한계가 있어 예금의 일정 금액만을 보호한다. 한국의 경우 5000만원까지의 원금과 이자를 예금보험으로 보호할 뿐이다.

예금보험의 도입 이전에도 각국의 중앙은행은 최종대부자(lender of last resort)의 역할을 수행하여 금융위기에 대비하였다. 은행이 유동성위기에 빠졌을 경우 은행들은 다른 은행으로부터의 차입을 통해 문제를 해결할 수 있다. 하지만 다른 은행들도 모두 유동성위기에 빠진 경우에는 다른 은행에서 차입을 할 방법이 없다. 이때 중앙은행은 은행이 최종적으로 의존할 수 있는 대부자 역할을 수행하여 유동성을 공급한다. 예금자는 중앙은행이 최종대부자로서 유동성을 공급할 것이라는 확신이 있다면 역시 뱅크런을 할 유인이 없어진다. 은행이 채무불이행을 선언하기 전에 중앙은행이 최종대부자로서 은행을 구원할 것이기 때문이다. 따라서 중앙은행의 최종대부자로서의 역할은 예금보험과 유사한 역할을 함으로써 은행위기 가능성을 줄여 준다. 하지만 예금보험과는 달리 중앙은행의 최종대부자로서의 역할은 꼭 이루어진다는 보장이 없다. 반면 은행이 예금보험에 가입한다면 이는 사전적으로 예금자에게 예금의 원금과 이자가 예금보험의 한계 내에서는 확실히 보장이 된다는 믿음을 주게 된다. 따라서 중앙은행의 최종대부자의 역할이 있음에도 불구하고 예금보험의 도입은 필요하며 뱅크런의 가능성을 줄이는 강력한 역할을 한다.

그림자 금융

2008년 글로벌 금융위기의 시발점은 그림자 금융(shadow banking)에서 시작되었다. 그림자 금융은 무엇인가? 그림자 금융은 전통적인 은행은 아니지만 은행과 유사한 금융중개 기능을 하는 금융시스템 전체를 가리킨다. 여기에는 헤지펀드, 머니마켓 펀드, 구조화투자회사(structured investment vehicles) 등이 포함된다. 은행이 아니면서 결국은 은행과 유사한 역할을 하기 때문에 그림자 금융이라는 명칭이 부여 되었다. 그러면 왜 글로벌 금융위기는 그림자 금융에서 시작되었는가?

이미 지적한 대로 전통적인 은행에서의 위기 가능성은 예금보험의 도입과 중앙은행의 최종대부자로서의 역할 덕분에 급감하였다. 하지만 막상 은행위기가 발생하면 예금을 보장하기 위하여 막대한 공적자금이 투여된다. 은행위기가 전 시스템적으로 발생하면 그동안 모아 두었던 수수료로 모든 예금을 보장하기에는 턱없이 부족하기 때문이다. 결국 정부는 세금으로 조달한 공적자금을 투여하는 경우가 대부분이다. 금융위기가 발생하면 은행은 이렇게 막대한 공적자금을 필요로 하기 때문에 정부는 은행에 간섭할 충분한 명분이 생긴다. 사전적으로 은행을 감독하여 공적자금이라는 국민의 부담을 줄이기 위하여 노력할 필요가 있는 것이다. 따라서 대부분의 국가들은 은행에 대해서 사전적으로 감독을 철저히 하는 제도적 장치를 마련하고 있다. 이는 은행의 활동에 상당한 규제가 따른다는 것을 의미한다.

금융기관들은 정부의 규제를 피하기 위하여 부단히 노력하였고, 그 결과 등장한 것이 그림자 금융이다. 그림자 금융은 실질적으로 은행의 역할을 하지만 형식적으론 은행이 아니므로 금융감독도 거의 이루어지지 않았다. 따라서 그림자 금융에 속해 있는 금융기관들은 신용등급이 매우 낮은 서브프라임 등급의 신용보유자들에게 원금손실의 위험이 높음에도 불구하고 대출을 행하였다. 결국 이렇게 위험한 대출은 부실로 이어져 글로벌 금융위기가 촉발되는 계기가 되었다. 그림자 금융에는 예금보험과 같은 장치가 없었고 그림자 금융에 속해 있는 금융기관에 대해서는 중앙은행도 최종대부자 역할을 수행하지 않는 것이 원칙이었다. 하지만 금융위기가 심각해지면서 경제에 미치는 해악이 커지자 이를 진정시키기 위하여 결국은 중앙은행이 이들에게까지 최종대부자의 역할을 수행할 수밖에 없었다. 이에 따라 천문학적인 공적자금이 투여되었다.

2 자산시장과 금융위기

금융위기는 은행과 같은 금융기관의 파산뿐 아니라 금융시장 전반에 걸쳐 복합적인 양상을 보이는 것이 일반적이다. 이번 절에서는 금융시장에서 거래되는 자산 가격의 변화에 대해 초점을 맞춘다. 금융위기가 발생하는 과정에서 결정적인 역할을 하는 또 하나의 금융현상은 주식이나 부동산과 같은 자산 가격의 급속한 상승과 하락이다. 2008년 글로벌 금융위기를 촉발한 원인 중 하나도 부동산 가격의 급속한 상승과 하락이었다. 자산 가격이 급속하게 상승하는 이유는 자산 가격에 투기적인 거품(speculative bubble)이 형성되기 때문이다. 투기적인 거품은 자산시장 참여자들의 지나친 낙관으로 인해 자산 가격이 본질가치(fundamental value), 즉 해당 자산에서 기대되는 객관적인 수익에 기초해서 계산된 가치를 벗어나 지나치게 상승하는 경우를 말한다. 이와 같이 자산시장에 투기적인 거품이 형성되는 경우 자산 가격은 급속하게 상승하지만, 자산시장 참여자들의 낙관적인 정서가 비관적인 정서로 바뀌는 순간 자산 가격은 더 이상 지탱되지 못하고 갑자기 하락하기 시작한다. 이러한 자산 가격의 급속한 하락이 거품이 붕괴되는 과정이다.

거품의 생성과 붕괴는 자산시장 참여자들에게 큰 문제를 야기한다. 예를 들어 부동산시장에서 가격이 계속적으로 상승할 때는 가계주체들이 소득에서 감당할 수 없는 수준으로 무리하게 은행으로부터 대출을 받아 주택을 구매한다. 소득을 통해 대출이자를 감당할 능력이 없어도 장차 주택 가격이 더욱 상승한다면 나중에 주택을 처분하여 원금과 이자를 충분히 변제할 수 있다고 믿기 때문이다. 하지만 이러한 믿음과 달리 주택 가격이 하락한다면 무리한 대출을 받은 가계들은 큰 어려움에 봉착하게 된다. 이제 주택을 처분하더라도 원금과 이자에는 턱없이 부족하다. 무리하게 대출을 받았기 때문에 소득 수준으로도 이자를 감당하기 어렵다. 심한 경우 가계들은 채무불이행에 따라 파산할 수밖에 없는 상황에 처하게 되는 것이다.

일반적으로 자산시장의 가격하락은 해당 자산을 보유한 경제주체들의 건전성을 악화시킨다. 여기에는 가계뿐 아니라 기업, 은행과 같은 금융기관 등이 모두 포함된다. 따라서 자산시장에서의 거품 형성은 향후 거품이 꺼짐에 따라 경제전반에 큰 영향을 미치고 심한 경우 경제는 위기상황에 이르게 된다.

3 금융위기가 실물경제에 미치는 영향

금융위기의 영향은 금융부문에만 국한된 것이 아니라 실물부문에까지 전파되어 경제전반에 영향을 미친다. 은행위기가 발생하면 투자와 소비가 급감하고 생산이 저하되어 실업률이 급상승한다. 이와 같이 금융위기가 실물에 영향을 미치는 경로에 대해서 생각해 보자.

차입비용의 상승

금융위기로 은행이 자금중개를 하기 어려운 상황에 빠지면 금융시장에서 정보비대칭성의 문제를 적극적으로 해결할 주체가 사라져 정보비대칭성 문제가 더욱 악화된다. 이는 대리인 비용 ac의 상승을 의미한다. 따라서 기업들은 외부자금을 차입할 때 더 많은 비용을 지불해야 한다. 기업들은 외부자금을 이용해서 투자를 하는 것이 보통이므로 차입비용의 상승은 투자의 하락으로 이어진다.

순자산의 하락

금융위기는 주식가격의 하락이나 부동산 가격의 하락을 동반하는 경우가 많다. 이와 같이 자산 가격이 하락하면 기업이 보유한 순자산의 가치도 하락한다. 기업의 순자산가치가 하락하면 역선택과 도덕적 해이의 문제가 악화된다. 이는 대리인 비용 ac의 상승을 의미하며 투자의 하락으로 이어진다. 뿐만 아니라 자산가치의 하락은 가계의 순자산의 가치도 하락시킨다. 가계의 순자산 가치의 하락으로 가계의 차입도 어려워진다. 종종 가계는 차입을 통해 소비를 하기 때문에 가계의 차입이 어려워지면 소비도 감소하게 된다.

불확실성 증가

금융위기는 경제전반에 걸친 불확실성을 증가시킨다. 은행의 대규모 파산이나 이를 촉발한 기업의 대규모 파산은 경제전반에 걸쳐 불확실성을 증가시킨다. 불확실성의 증가는 정보 비대칭성 문제의 악화를 의미하므로 대리인 비용 ac의 상승 때문에 투자가 하락한다. 또 기업은 불확실성이 높을 경우 투자를 미루는 경향이 있다. 이와 같이 불확실성의 증가는 투자의 감소를 초래한다.

부채 디플레이션

금융위기로 시작된 경제침체가 전반적인 가격하락, 즉 디플레이션을 초래할 경우 실물경제는 더욱 타격을 받는다. 디플레이션이 발생하면 기업 대차대조표 상의 순자산이 더욱 하락하게 되는데 이 과정을 부채 디플레이션(Debt Deflation)이라고 부른다. 기업의 자산은 주로 실물자산으로 이루어져 있는 반면 부채는 명목부채로 이루어져 있다. 즉 자산은 기계장비나 건물, 토지 등 실물자산인 반면 부채는 은행으로부터의 대출이나 채권발행 등으로 이루어져 있다. 이때 대출이나 채권은 명목가치로 계약이 이루어져 기업은 일정한 명목원금과 명목이자를 지불할 것을 약속한다. 이 경우 디플레이션이 발생하면 명목부채의 실질가치가 상승하는 반면 자산에 있는 항목은 실물자산이므로 실질가치에 변함이 없다. 따라서 자산에서 부채를 뺀 순자산의 실질가치는 하락하여 역선택과 도덕적 해이의 문제를 악화시킨다.

이상과 같이 금융위기는 기업과 가계의 외부자금 차입을 어렵게 해서 투자와 소비를 감소시킨다. 투자와 소비 수요가 감소하면 기업의 생산도 줄어들어 노동자의 고용도 줄어든다. 이는 실업률의 상승을 초래한다. 최근 연구에 의하면 금융위기로 인해 경기불황이 생기는 경우, 금융위기 없이 불황이 생기는 경우에 비해 불황의 폭도 깊고 불황에서 벗어나기까지 걸리는 시간도 더 길다고 한다.

이와 같이 금융위기가 진행되면서 불황의 정도가 심해지는 이유는 실물부문과 금융부문이 서로 영향을 주면서 악화가 심화되는 과정을 겪기 때문이다. 즉 금융위기가 진행됨에 따라 실물경기가 영향을 받으면 악화된 실물경기가 다시 금융위기를 더욱 심화시킨다. 실물경기가 나빠지면 주식가격이 하락하고 기업들 중 일부는 은행대출을 갚지 못하고 파산한다. 또 실업률이 상승함에 따라 실업자들이 늘어나며 이들도 은행대출을 갚기 어려워진다. 기업과 가계가 어려워짐에 따라 자산에 대한 수요도 감소하여 자산가격도 하락한다. 이에 따라 은행과 같은 금융기관의 건전성은 악화되며 금융위기는 더욱 심화된다. 심화된 금융위기는 실물경기를 더욱 악화시키며 이는 또 다시 금융위기를 더욱 악화시키는 식으로 계속적으로 금융위기와 실물경제의 악화가 진행되는 것이다. 이러한 과정을 금융부문과 실물부문 사이의 악순환(vicious cycle)이라고 부른다. 〈그림 19-5〉는 이러한 악순환의 한 예이다.

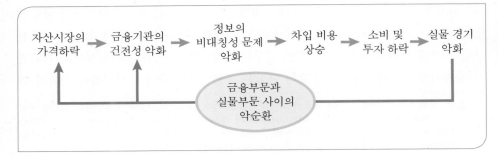

그림 19-5
금융부문과
실물부문 사이의 악순환

5 금융안정과 통화정책[2]

2008년에 발생한 글로벌 금융위기는 통화정책에 큰 영향을 주었다. 글로벌 금융위기 이전에는 대부분의 중앙은행들이 물가안정을 최고의 목적으로 간주하였다. 예컨대 미국 중앙은행의 경우 물가안정과 고용촉진을 동시에 추구하였지만, 고용촉진은 어디까지나 단기적으로 추진해야 할 목표로 간주되었다. 만약 장기적으로 고용을 계속 늘리려 한다면 이런 정책은 고용을 늘리기보다 인플레이션율을 상승시킬 뿐이기 때문이다. 따라서 자연실업률 수준 하에서 고용이 안정적으로 유지되도록 중앙은행이 노력하는 것이 고용촉진으로 간주되었다.

1980년대 중반 이후 글로벌 금융위기 전까지 미국경제는 인플레이션율이 낮은 수준이었고 경기변동도 작은 상태로 유지되었다. 즉 자연실업률 측면에서 본다면 경제가 자연실업률에서 크게 벗어나지 않은 안정적 상태로 유지되었던 것이다. 따라서 미중앙은행의 통화정책은 물가안정과 경기안정의 목적을 모두 성공적으로 달성한 것으로 간주되었다. 이처럼 1980년대 중반부터 2008년 글로벌 금융위기 이전까지 물가안정과 경기안정이 동시에 달성된 기간을 대안정기(Great Moderation)라고 부른다. 하지만 이렇게 통화정책 목적을 성공적으로 달성하였음에도 불구하고 금융위기가 발생하였고 금융위기가 발생하자 경제안정은 급속히 저하되었다. 이러한 사실은 중앙은행이 앞으로도 물가안정과 경기안정에만 전념할 것인가와 관련하여 심각한 의문을 제기한다. 즉 중앙은행이 금융안정을 위해서도 사전적으로 노력할 필요성이 제기된 것이다.

1 중앙은행의 목표로서의 금융안정

글로벌 금융위기 이전에도 심심치 않게 제기되었던 문제는 중앙은행이 금융안정을 위해 어떠한 태도를 취할 것인가였다. 이러한 문제는 2000년대 초에 정보통신산업이 각광을 받으면서 주식시장이 급등하자 주식가격 거품의 가능성이 제기되면서 심화되었다. 이때 제기된 문제의 핵심은 과연 중앙은행이 주식시장에 거품이 있

---

2 본 절의 내용은 다음 논문의 내용을 참조하였다. Hahm, Joon-Ho, Frederic Mishkin, Hyun Song Shin and Kwanho Shin. 2012. Macroprudential Policies in Open Emerging Economies, Asia's Role in the Post-Crisis Global Economy, edited by Glick and Spiegel, Asia Economic Policy Conference Volume Federal Reserve Bank of San Francisco, 2012.

을 가능성에 대응하여 통화정책을 변경할 필요가 있는지의 여부였다. 이러한 문제
는 이후 글로벌 금융위기를 야기하였던 부동산시장의 가격급등에 대해서도 똑같이
제기되었다. 즉 2000년대 중반 이후 부동산시장에 거품의 우려가 제기되자 과연 중
앙은행이 이에 대응하여 통화정책을 변경할 필요가 있는지의 문제가 제기되었던 것
이다. 이때 제기되었던 의문에 대응하여 당시 미중앙은행 총재였던 그린스펀은 통
화정책이 금융시장의 거품을 깨뜨리려고 시도하기보다는 금융시장의 거품이 깨진
후 이의 부작용을 해소해야 한다고 주장하였다. 그린스펀의 이러한 입장을 "그린스
펀 원칙(Greenspan Doctrine)"이라고 부른다.

그린스펀이 이러한 원칙을 주장하였던 근거는 크게 다섯 가지이다. 첫째, 거품
이 있는지 여부를 중앙은행이 미리 판단하기 어렵다. 자산시장에 거품이 있는지 여
부는 시장참여자들에게는 초미의 관심사이다. 만약 자산가격이 과도하게 상승하여
거품이 있다는 것은 곧 자산가격이 급락할 가능성이 있다는 것을 의미하며, 이 경
우 거품이 터지기 전에 자산을 처분하는 것이 유리할 것이기 때문이다. 따라서 시
장참여자들은 모든 정보를 이용하여 자산가격이 적정한지, 혹은 거품이 끼었는지에
대해 최선의 판단을 한다. 이때 중앙은행이 민간 시장참여자보다 더 많은 정보를
가지고 거품이 있는지 여부를 더 잘 판단할 수 있다는 근거가 없다.

둘째, 통화정책을 통해 이자율을 상승시키더라도 거품이 터진다는 보장이 없
다. 시장참여자들의 낙관적인 전망은 거품이 형성되는 과정에서 큰 역할을 한다.
해당 자산을 보유할 경우 큰 수익을 얻을 수 있다는 잘못된 믿음이 해당 자산에 대
한 수요를 크게 늘려 자산가격에 거품을 만드는 것이다. 이렇게 자산가격이 비정상
적으로 상승하는 경우에 거품이 형성되는데, 통화정책을 통해 이자율을 올리는 것
만으로 이런 비정상적인 상태를 되돌리기는 어렵다.

셋째, 경제에는 여러 종류의 자산이 존재하는데 보통 거품은 특정 자산에만 존
재한다. 반면 통화정책은 경제전반에 영향을 미친다. 특정 자산시장에 거품이 있을
경우 보다 적합한 정책은 해당 자산시장의 거품에만 영향을 주는 것이어야 한다.
하지만 통화정책의 변화는 거품이 있는 자산의 가격뿐 아니라 다른 자산의 가격에
도 영향을 준다.

넷째, 자산시장의 거품이 자연스럽게 꺼지도록 하는 경우에 비해 통화정책이
자산시장의 거품을 인위적으로 깨뜨리는 경우 경제에 더욱 바람직하다는 보장이 없
다. 경제사적 예에서 이러한 경우를 찾아 볼 수 있다. 즉 1929년 대공황 이전의 미
국과 1989년 일본에서 통화정책 당국자는 통화정책을 이용하여 자산시장의 거품을
깨뜨리려는 시도를 한 바 있다. 하지만 그 결과는 매우 극심한 경제침체였으며 따

라서 이러한 통화정책이 오히려 경제에 해를 끼친 것으로 평가할 수 있다.

다섯째, 자산시장의 거품이 깨진 후 통화당국이 개입해도 통화정책 수단을 적절하게 활용하면 거품붕괴의 비용을 적정한 수준에서 유지할 수 있다. 사실 2000년대 초 미국 주식시장의 거품이 깨진 후 그린스펀은 저금리 정책을 한동안 유지하여 그 부작용을 최소화한 바 있다. 이러한 경험으로 거품이 깨진 후에 통화정책을 적절하게 사용하는 것이 그 전에 섣불리 통화정책을 사용하는 것보다 유리하다는 그린스펀의 믿음은 확고해졌다.

그린스펀 원칙은 2008년 글로벌 금융위기 이전에 대부분의 중앙은행에 의해 지지되었다. 하지만 글로벌 금융위기 이후 그린스펀 원칙에 심각한 오류가 있음을 알게 되었다. 글로벌 금융위기가 통화정책 운용에 있어서 준 교훈은 다음과 같다. 첫째, 금융부문에서의 충격은 그 전에 생각했던 것보다 실물경제에 훨씬 막대한 영향을 준다. 일부 중앙은행은 금융시장의 마찰이 실물경제에 중요한 역할을 함을 인식하고 있었지만 금융부문의 충격이 글로벌 금융위기에서와 같이 엄청난 충격을 주리라고는 기대하지 못하였다. 따라서 금융부문은 거시분석뿐 아니라 통화정책을 수행하는 과정에서도 반드시 고려해야 할 대상이 되었다.

둘째, 거품이 터진 후 통화정책을 사용하여 이에 대응하는 것은 경제에 매우 큰 비용을 초래한다. 금융위기가 동반되지 않은 상황에서 경제가 심하게 침체할 경우 대부분 경제는 오히려 급속하게 회복되는 것이 일반적이다. 하지만 최근 연구에 의하면 금융위기가 겹치는 경우의 경제침체는 매우 심할 뿐 아니라 회복되는 속도도 완만하다. 뿐만 아니라 경제침체는 정부의 조세수입을 줄이고 은행구제를 위한 막대한 공적자금을 필요로 하기 때문에 금융위기 이후 정부의 부채규모가 급속도로 증가한다. 정부의 부채규모가 증가하면 확대재정정책을 적정하게 사용하기 어렵게 된다. 뿐만 아니라 정부의 채무불이행 가능성이 높아지므로 정부가 채권을 발행할 때에도 보다 높은 이자율을 지급해야만 한다. 이러한 이자율의 상승은 경제를 더욱 악화시킬 수 있다.

셋째, 중앙은행은 물가와 실물경기안정뿐 아니라 금융안정을 위해 사전적으로 노력할 필요가 있다. 글로벌 금융위기 직전까지 미국경제는 인플레이션율이 낮은 수준이었고 고용도 자연실업률 수준에서 크게 벗어나지 않은 상태로 유지되었다. 그럼에도 불구하고 금융위기를 겪었으며 이에 따라 막대한 경제적 비용을 지불하였다. 이러한 사실은 중앙은행이 물가와 실물경기안정에만 초점을 맞춘다면 금융위기를 막을 수 없으며, 금융위기를 막기 위한 추가적인 노력을 할 필요가 있음을 의미한다.

제로금리 하에서의 비전통적 통화정책

2008년 글로벌 금융위기 이후 미국의 중앙은행은 정책이자율을 급속하게 낮추어 0 수준에 이르도록 하였다. 하지만 통화정책의 효과는 제한적이었고 경제는 전형적인 유동성함정에 빠져 있는 상황이었다. 정책수단인 명목이자율을 0보다 더 낮출 수는 없으므로 중앙은행은 전통적인 방법으로는 더 이상 확장적인 통화정책을 집행할 수 없었다. 이러한 문제에 대응하여 미중앙은행은 전통적으로 사용하던 이자율 정책 이외에 비전통적인 통화정책을 개발하여 사용하였다. 이러한 비전통적인 통화정책은 크게 세 가지 형태를 가진다. 첫째, 중앙은행의 최종대부자 기능 확대이다. 미국의 중앙은행은 이자율 하락만으로 금융위기가 진정되지 않자 유동성위기에 빠져있는 금융기관에 직접적으로 유동성을 공급하였다. 전통적으로 중앙은행이 최종대부자 기능을 통해 유동성을 공급할 때는 단기적인 유동성위기에 빠져있는 은행을 대상으로 국채를 담보로 제공받는 한에서 단기대출을 행하는 것이 원칙이다. 반면 비전통적 방법은 만기를 연장하고, 담보기준을 완화하며, 대상기관도 확대하여 유동성을 공급하는 것을 말한다. 즉 만기를 28일, 84일 등 다양화하였으며, 최고등급(AAA)을 받는 유동화자산증권(asset backed securities: ABS)도 담보로 인정하였다. 또한 투자은행과 보험회사와 같은 비은행 금융기관도 유동성위기 상황에 몰리자 중앙은행은 이들 금융기관에게도 최종대부자 역할을 확대하여 대출을 하였다.

둘째, 공개시장조작의 확대이다. 전통적으로 중앙은행은 공개시장조작을 행할 때 단기국채만을 대상으로 하였으므로 그 영향은 단기이자율에만 국한되었다. 하지만 단기이자율이 0에 이르자 전통적인 공개시장조작을

통해서는 더 이상 통화정책의 효과를 거둘 수 없었다. 따라서 미중앙은행은 비전통적(unconventional) 방법을 도입하였는데 이는 특정한 다른 시장에서 거래되는 이자율에도 영향을 미치기 위하여 해당 시장에서 거래되는 자산의 매입도 가능하도록 공개시장의 범위를 확대하는 것이다. 미중앙은행은 2008년 11월 주택저당증권(mortgage backed securities: MBS)을 매입하기 시작하여 총 1조 2500억 달러를 지출하였고, 2009년 3월까지 3000억 달러의 국채를 매입하였다. 이때 이루어진 자산매입을 1단계 양적완화(quantitative easing 1: QE1)라고 부른다. QE1은 단기이자율 조정으로도 주택저당증권 시장이 안정되지 않자 해당 시장의 안정을 촉진하기 위해 시행되었다. 이후 2010년 11월 미중앙은행은 총 6000억 달러의 정부장기채권을 매달 750억 달러씩 사겠다고 발표하였다. 이를 2단계 양적완화(quantitative easing 2: QE2)라고 부른다. QE2는 단기이자율이 0으로 하락했음에도 불구하고 장기이자율이 충분히 하락하지 않자, 장기이자율에 직접적으로 영향을 미치기 위해 시행되었다. 왜냐하면 본질적으로 투자가 이루어지면 이는 장기간에 걸쳐 생산 활동에 사용되므로 단기이자율보다 장기이자율의 하락이 투자활성화에 더욱 도움이 되기 때문이다. 3단계 양적완화(quantitative easing 3: QE3)는 2012년 9월에 발표되었다. 미중앙은행은 기한을 정하지 않고 매달 400억 달러의 주택저당증권을 매입하겠다고 발표하였다. 이후 미중앙은행은 2012년 12월 매입금액을 850억 달러로 증가시켰다.

셋째, 미래의 이자율에 대해 중앙은행이 약속(commit-ment)하는 선제적 지도(forward guidance) 정책이

다. 중앙은행이 직접적으로 조종하는 단기이자율이 더 이상 낮출 수 없는 0 수준으로 내려간 상태에서 통화정책을 더욱 완화하기는 어려웠다. 그런데 이미 지적한 대로 투자에 더 큰 영향을 미치는 것은 장기이자율이므로 중앙은행이 장기이자율을 내릴 수만 있다면 통화정책은 더 완화적일 수 있었다. 양적완화 정책을 통한 장기국채매입 이외에도 장기이자율에 영향을 미치는 또 하나의 중요한 수단은 미래 단기이자율 정책에 대해 미리 확고한 약속을 하는 것이다. 일반적으로 장기이자율은 해당 만기까지 경제주체들이 기대하는 단기이자율의 평균에 의해 결정된다. 예를 들어 5년 동안의 장기이자율은 지금부터 5년간 1년 단기이자율들의 평균에 의해 결정되는 것이다. 이는 5년 만기의 장기채권을 매입할 경우의 이자수익이 1년짜리 단기채권을 5년 연속 매입할 때의 이자수익과 결국에는 비슷해져야 하기 때문이다. 따라서 중앙은행은 미래의 단기이자율을 낮게 유지하겠다고 미리 선언함으로써 경제주체가 기대하는 미래의 단기이자율을 낮추어 결국에는 장기이자율을 낮출 수 있는 것이다.

이상과 같은 세 가지 형태의 비전통적 통화정책 중에서 위기의 여파가 완전히 사라지고 통화정책이 정상화된 후에도 계속 살아남아 중앙은행에 의해 활용될 수 있는 정책으로 '선제적 지도 정책'이 꼽히고 있다. 이런 의미에서 선제적 지도는 전통적 통화정책의 범위로 포함될 가능성이 높다. 선제적 지도가 살아남을 수 있는 이유는 이것이 금융시장에 직접 개입하지 않고도 장기이자율에 영향을 미칠 수 있는 중요한 통로이기 때문이다. 양적완화가 중단되어 장기국채 시장에 개입하지 않게 된다면 중앙은행이 직접 영향을 미칠 수 있는 금리는 공개시장조작에서 거래되는 단기국채에 의해 결정되는 단기이자율에 한하게 된다. 하지만 투자 등 총수요를 결정하는 금리는 단기라기보다는 장기금리이기 때문에 중앙은행은 장기금리에 영향을 미치는 수단으로 선제적 지도를 활용할 가능성이 높은 것이다.

선제적 지도를 사용하는 경우 하나의 단점은 경우에 따라서 중앙은행의 신뢰가 훼손될 수 있다는 점이다. 미래가 불확실한 상태에서 선제적 지도는 조건부로 활용된다. 예를 들어 "이러이러한 조건이 만족된다는 가정 하에 6개월 후 단기이자율은 3% 수준이다"라고 선제적으로 안내했을 경우를 생각해 보자. 많은 경우에 약속의 전제가 되는 "이러이러한 조건"이 막상 6개월 후에는 성립하지 않을 수 있다. 이 경우 중앙은행은 새로운 환경 하에서 이에 적합한 금리를 채택한다. 즉 3%가 아닌 다른 이자율을 결정하는 것이다. 하지만 이에 대해 일반인들은 전제조건이 달라졌다는 점은 생각하지 않고 중앙은행이 약속한 3%를 지키지 않았다고 비난할 수 있다. 심한 경우 중앙은행이 약속을 지키지 않는다고 오해하여 중앙은행의 신뢰가 손상될 수 있다. 중앙은행이 신뢰를 잃는다면 여러 가지 부작용이 생긴다. 특히 선제적 지도도 믿지 않게 되므로 선제적 지도 자체의 효과도 사라질 것이다.

자료: Mishkin, Frederic. 2013. The Economics of Money, Banking, and Financial Markets, Tenth Edition, Pearson.

출구전략

글로벌 금융위기가 시작되기 전에 미중앙은행은 전통적인 공개시장조작 과정을 통해 8000억 달러 가량의 단기국채를 자산으로 보유하고 있었다. 하지만 양적완화정책이 지속됨에 따라 공개시장조작의 확대로 중앙은행의 대차대조표 상의 자산규모는 급속하게 증가하였다. 특히 이들 자산은 전통적인 공개시장조작을 통해 매입한 단기채권과는 달리 위험성도 높고 만기도 길다. 2013년 7월 10일 현재 미중앙은행은 정부채권 1조 9480억 달러와 주택저당채권 1조 2080억 달러를 자산으로 보유하고 있다.

이와 같이 비전통적인 통화정책은 미중앙은행 대차대조표의 크기를 천문학적으로 증대시켰다. 뿐만 아니라 글로벌 금융위기 이후 미중앙은행은 초유의 제로 금리를 시행하였고 지금까지도 지속적으로 유지하고 있다. 이와 같이 비정상적인 상태가 지속됨에 따라, 장차 경제가 안정적으로 바뀌는 경우에도 과연 미중앙은행의 통화정책이 과거와 같은 정상적인 상태로 돌아갈 수 있는지에 대한 의문이 제기되고 있다. 출구전략(exit strategies)은 이러한 비전통적인 통화정책이 어떠한 방법을 통해 과거와 같은 정상상태로 돌아갈 수 있는지를 모색하는 것이다.

중앙은행이 과거 단기국채만을 보유하고 있었을 때 국채는 만기가 돌아옴에 따라 원금상환과 함께 대차대조표 상에서 자연스럽게 사라졌다. 하지만 지금은 미중앙은행이 대부분 장기채권을 보유하고 있어 이렇게 자연스러운 해결이 불가능하다. 경제가 정상화될 경우에도 중앙은행은 상당액의 장기채권을 보유할 수밖에 없는 처지인 것이다. 국채의 경우는 그래도 사정이 나은 편이다. 왜냐하면 국채시장은 장단기 모두 유동성이 풍부하여 장기

국채를 처분하고 단기국채를 사들이는데 상대적으로 어려움이 적을 것으로 예상되기 때문이다. 하지만 주택저당채권은 사정이 다르다. 주택저당채권 시장은 글로벌 금융위기 이후 거의 마비되다시피 하였고 이에 대한 고육지책으로 미중앙은행이 거대한 양의 주택저당채권을 사들인 바 있다. 주택저당채권 시장은 아직 유동성이 높지 않을 뿐 아니라 가격변화도 심하여 장차 미중앙은행이 이를 처분하는 과정에서 상당한 위험요인으로 부각될 가능성이 높다.

미중앙은행 대차대조표 상의 부채는 대부분 본원통화로 이루어져 있다. 즉 중앙은행은 본원통화를 지속적으로 발행하여 이를 이용해 천문학적인 금액의 국채와 주택저당채권을 자산으로 사들인 것이다. 따라서 국채와 주택저당채권이 늘어난 만큼 미중앙은행이 발행한 본원통화도 늘어났다. 정상적인 상태라면 늘어난 본원통화는 통화량을 늘려 물가상승을 초래했을 것이다. 하지만 미국경제는 1%대의 낮은 인플레이션율을 유지하고 있다. 이와 같이 물가가 안정된 이유는 늘어난 본원통화가 상당부분 초과지급준비금 상태로 다시 중앙은행에 환수되었기 때문이다. 실제로 본원통화는 2008년 9월 9000억 달러에서 2013년 6월 3조 2000억 달러로 약 3.5배 늘어난 반면 같은 기간 동안에 M1은 1조 700억 달러에서 2조 5000억 달러로 약 2.3배 늘어난데 그친 것이다. 하지만 M1이 이렇게 늘어난 것도 상당히 이례적인 것임에 틀림없다.

이렇게 늘어난 본원통화와 통화량을 다시 원래 규모로 줄일 수 있는지도 출구전략의 주요 논의 대상이다. 이에는 크게 두 가지 이슈가 있다. 첫째, 미국의 국내적인

문제로서 경제가 정상화 되었을 때 인플레이션을 야기하지 않으면서 본원통화를 환수할 수 있는가의 문제이다. 장차 인플레이션에 대한 기대가 현실화되면 미중앙은행은 정책금리를 적절하게 인상해야 할 것이다. 하지만 경제가 충분히 정상화되지 않은 상태에서 인플레이션에 대한 기대가 현실화되면 미중앙은행은 상당한 곤경에 빠질 가능성이 있다.

둘째, 국제적인 문제로서 통화환수가 전 세계적인 유동성 위기를 초래할 것인가의 문제이다. 미국 통화량의 증가로 늘어난 유동성의 상당액은 전 세계로 퍼져 나간 것으로 보인다. 이렇게 늘어난 전 세계 유동성은 일부 국가에서 부동산 및 주식 가격을 급속히 상승시켰다. 미중앙은행의 출구전략이 본격화됨에 따라 전 세계적으로 늘어난 유동성도 다시 회수된다면 자산가격의 급등이 있었던 일부국가에서는 자산가격의 급격한 하락으로 위험한 상황에 빠질 가능성이 있다.

자료: Reis, Ricardo. 2013. "Exit Strategies and the Federal Reserve." In: No Way Out: Government Interventions in the Great Contraction. edited by V. Reinhart, American Enterprise Institute Press.

2 미시건전성과 거시건전성

글로벌 금융위기 이전의 금융감독은 미시건전성에만 집중되었다. 미시건전성 금융감독은 개별 금융기관의 건전성에만 초점을 맞추는 것이다. 개별 금융기관이 모두 건전하다면 거시경제의 금융건전성도 당연히 달성되어 있다고 말할 수 있을 것이다. 하지만 이러한 사실이 개별 금융기관에만 초점을 맞춘 금융감독을 정당화하지는 못한다. 왜냐하면 개별 금융기관의 건전성을 달성하려는 노력 과정에서 다른 금융기관의 건전성이 저해되어 거시경제는 오히려 불안정해질 수 있기 때문이다. 이러한 이유는 다음과 같다. 예를 들어 금융기관 A가 부실 위험이 빠졌다고 하자. 이때 미시건전성에 기초한 금융감독의 목표는 어떻게 해서든 금융기관 A를 건전하게 만드는 것이다. 금융기관 A의 건전성을 높이는 가장 기본적인 방법 중 하나는 A의 부채규모를 줄이는 것이다. 순자산에 비해 부채가 너무 많은 경우 채무불이행의 위험이 높다고 평가되기 때문이다. 따라서 감독기관은 금융기관 A로 하여금 자산을 급히 처분하여 채무를 줄이도록 강제할 수 있다. 하지만 금융기관 A가 자산을 급히 처분하기 위해서는 자산의 가격을 낮추어 팔 수밖에 없다. 이 경우 해당 자산이 팔리는 자산시장의 전반적인 자산가격이 하락하여 이러한 종류의 자산을 보유한 다른 금융기관의 건전성도 위협할 수 있다. 이때 일부 금융기관들이 자신들의 건전성 확보를 위해 또 다시 해당 자산을 매각하는 경우 자산가격은 더욱 하락하여 금융기관 전체의 건전성이 위협될 수 있다. 미시건전성을 위해 한 금융기관의 건전성을 확보하는 행위가 결국 거시건전성에 위해가 될 수도 있는 것이다.

이와 같이 한 경제주체의 행위가 시장의 가격수준을 변화시켜 이 거래에 참여하지 않은 제3의 경제주체의 후생에 영향을 주는 경우를 금전상의 외부효과(pecuniary externality)라고 부른다. 금전상의 외부효과는 보다 일반적인 실질 외부효과(real externality)와 구분된다. 실질 외부효과의 예로는 오염이나 기술개발과 같이 한 개인의 경제행위가 오염 확산이나 기술전파를 통해 제3의 경제주체에게 실질적인 영향을 주는 경우이다. 금융시장에서는 금전상의 외부효과가 보다 중요한 역할을 하며, 미시건전성의 한계를 보여 주는 가장 중요한 이론적 근거이다.

위의 예에서 또 하나 중요한 사실은 위험이 금융시장에서 내생적으로 증폭된다는 사실이다. 과거에는 실물적인 큰 충격이 있어야 금융기관이 파산과 같은 위기에 봉착한다고 믿는 경향이 있었다. 하지만 위의 예에서는 한 금융기관의 자산매각 행위가 금전상의 외부효과를 통해 금융시장 내부에서 위기를 더욱 증폭시키는 것을 알 수 있다. 이와 같이 금전상의 외부효과는 금융위기가 내생적으로 발생하는 이론적 근거로도 많이 사용되고 있다.

위와 같은 예를 통해 금융시장에선 금전상의 외부효과가 발생하기 쉬우며 따라서 금융감독은 미시건전성 감독만으로는 불충분함을 알 수 있다. 이에 글로벌 금융위기 이후 거시경제적 관점에서 금융감독을 해야 할 필요성이 제기되었다. 이렇게 거시경제의 전반적인 위험 수준을 낮추기 위하여 금융기관을 거시경제적 관점에서 규제하는 감독행위를 거시건전성 감독이라고 부른다. 거시건전성 금융감독은 중앙은행의 금융안전성 책무와 관련하여 주목받고 있다. 중앙은행은 미시감독에 치우친 기존의 금융감독기관과 달리 거시경제적 관점에서 경제를 바라보는 전통이 있으므로 거시건전성 감독의 적임자로 생각되기 때문이다. 거시건전성 감독은 매우 활발히 논의되고 있지만 구체적인 방법에 대해서는 아직 경제학자들 사이에 완전한 합의가 이루어지지 않은 상태이다.

3 금융안정과 관련한 통화정책의 새로운 방향

글로벌 금융위기 이후 통화정책 운영방식에는 많은 변화가 요구되고 있다. 첫째, 금융안정이 통화정책의 새로운 목적으로 추가되었다. 전통적으로 통화정책의 목적은 물가안정과 실물경기안정이다. 하지만 이미 강조한 바와 같이 물가안정과 실물경기안정만으로는 금융위기를 사전에 방지할 수 없다. 일단 금융위기가 발생하면 경제에 미치는 해악이 막대하다는 것은 이번 글로벌 금융위기를 통해 여실히 입증되었다. 따라서 통화당국자는 금융안정을 위해서 추가적인 노력을 할 필요가 있다.

둘째, 금융안정을 위한 새로운 수단의 개발이다. 전통적으로 통화정책은 이자율의 조정을 통해 행해졌다. 제18장에서 배운 테일러 준칙이 이러한 과정을 잘 보여 준다. 테일러 준칙에 의하면 중앙은행이 인플레이션율의 상승이나 실물경기변동에 대응하여 이자율을 적절하게 변화시킴으로써 물가안정과 실물경기안정의 목표를 달성하고자 한다. 현 상태에서도 통화정책의 목적은 물가안정과 실물경기안정으로 두 개인데 비해 통화정책수단은 이자율 하나뿐이어서 과연 하나의 수단을 통해 두 가지 목표를 제대로 달성할 수 있는지에 대해 의문이 제기되기도 한다. 더 나아가 금융안정도 목적의 하나로 추가되었으므로 이자율 수단 하나만을 이용해서 세 가지 목적을 모두 달성하기는 어려울 것이다. 따라서 통화정책의 또 다른 수단이 개발될 필요가 있다. 이런 의미에서 앞 절에서 다룬 거시건전성 정책수단이 적절히 개발될 필요성이 다시 한 번 강조된다.

셋째, 재량정책의 가능성을 염두에 두고 통화정책을 운영할 필요성이 제기된다. 제12장에서 동태적 비일관성 문제를 통해 통화정책이 준칙에 따라 운영될 때가 재량에 따라 운영될 때보다 바람직한 결과를 가져올 수 있음을 학습하였다. 이러한 준칙이 더 나은 결과를 가지고 오기 위해 필요한 전제조건 중의 하나는 미래에 전혀 예견할 수 없는 사건이 벌어지지 않아야 한다는 것이다. 만약 사전에 전혀 고려하지 않았던 사건이 벌어졌음에도 과거에 만들어진 준칙에 따라 통화정책을 운영하는 것은 바람직하지 않다. 예를 들어 이번 글로벌 금융위기가 발생했음에도 과거에 설정하였던 테일러 준칙에 의해 물가와 실물경기에만 의존하여 통화정책이 계속 유지된다면 금융위기를 해결하기 어려울 것이다. 금융위기는 이와 같이 사전에 예상하지 못했던 결과를 초래하기 쉬우므로 이에 대응하여 통화당국자들이 재량적으로 통화정책을 수립할 필요성도 인정된다고 하겠다.

실물경기 안정을 위한 통화정책 운영의 새로운 논의 **6**

글로벌 금융위기 이후 미국의 실업률이 10% 이상으로 치솟는 등 실물경기의 침체가 극심했지만 통화정책이 이를 제대로 대처하지 못하고 있다는 지적이 제기되었다. 이러한 주장은 크게 세 가지로 나누어 생각해 볼 수 있다. 첫 번째는 실물경기 안정을 통화정책 목표로 명시해야 한다는 주장이다. 두 번째는 실물경기 안정에 보다 적극적으로 대처하기 위해 인플레이션 타겟팅을 대체할 대안을 제시하는 것이다. 마지막으로 제로금리 하한이 빈번하게 통화정책의 운용을 구속할 가능성이 높아짐에 따라 이를 대비하기 위한 논의이다.

1 실물경기 안정을 통화정책 목표로 명시

2008년 글로벌 금융위기 이전에는 대부분의 중앙은행이 물가안정을 최우선의 목표로 간주하였다. 특히 많은 국가들의 중앙은행은 명시적인 인플레이션율 목표를 2% 수준으로 정하고 이를 달성하기 위하여 노력하였다. 이렇게 명시적으로 인플레이션율 목표를 정하고 이를 유일의 통화정책 목적(Goal)으로 내세우는 통화정책 운용 방법을 인플레이션 타겟팅(물가안정목표제)이라고 부른다.

중앙은행이 물가상승률과 관련한 단일의 목표를 설정하는 이유는 "신성한 우연"으로 설명할 수 있다. 이미 제18장에서 학습한 바와 같이 신성한 우연에 따르면 통화정책 당국자가 물가안정만을 추구해도 실물안정 혹은 고용안정이 동시에 달성된다. 실제로 글로벌 금융위기 이전에는 대안정기(Great Moderation) 기간 동안 물가와 실물 부문의 동시 안정이 달성된 바 있다.

하지만 실제 통화정책운영을 자세히 살펴보면 인플레이션 타겟팅을 채택한 경우에도 실물경기안정을 동시에 고려하고 있음을 알 수 있다. 대부분 국가의 중앙은행은 실물경기안정과 관련하여 명시적인 목표는 제시하지 않지만 인플레이션 타겟이 달성된다는 전제하에서 실물경기안정을 추가적으로 고려하는 경우가 대부분이다. 특히 인플레이션율 목표 2%가 매달 달성되어야 할 필요는 없다. 중장기적으로 목표가 달성된다는 전제 하에서 단기적으로 인플레이션이 목표 수준을 벗어나도 무방하다. 중앙은행은 인플레이션율을 단기적으로 변화시켜 암묵적으로 실물경기안정을 달성하기 위해 노력할 여지가 있는 것이다. 이처럼 단기적으로 실물경기변동을 고려하면서 중장기적으로 인플레이션율 목표를 달성하기 위해 노력하는 통화정책 운영을 신축적(flexible) 인플레이션 타겟팅이라고 부른다. 특히 제12장에서 지적한 바와 같이 필립스곡선이 평탄해짐에 따라 신축적 인플레이션 타겟팅의 중요성이 더욱 주목받았다.

이에 더 나아가 실물경기 혹은 고용의 안정을 통화정책의 명시적인 목적으로 삼아야 한다는 의견이 대두되었다. 특히 글로벌 금융위기 이후 실업률이 급등하고 실물경기의 침체가 심해지면서 실물경기 혹은 고용의 안정을 명시적으로 목표 형태로 고려해야 한다는 의견이 많았다. 하지만 인플레이션율과 달리 실물경기 혹은 고용의 안정은 명시적으로 목표를 제시하기가 쉽지 않다. 예를 들어 고용의 안정을 위하여 실업률을 구체적인 수치로 제시하는 것은 만만한 일이 아니다. 자연실업률은 경제구조의 변화에 따라 함께 변화하며 고용의 안정에는 실업률뿐 아니라 노동시장 참가율, 고용기간의 안정성, 임금상승률 등을 포괄적으로 포함하기 때문이다. 예를 들어 실업률은 낮더라도 대부분의 고용이 비정규직으로만 이루어지고 임금상승은 억제된다면 고용의 안정성이 확대되었다고 보기는 어려울 것이다. 또한, 실질GDP를 이용하여 실물경기안정을 고려한다고 하더라도 실질GDP 측정치는 분기별로 발표되고 정확한 수치는 몇 차례에 걸친 수정을 거쳐 상당한 시차를 두고 확정되기 때문에 실물안정과 관련한 수치가 적시에 구축되기는 어렵다. 그뿐만 아니라 실물경기의 안정을 명시적으로 내세워 이를 위해 통화정책을 운영하는 경우 동태적 비일관성에 의해 비효율성이 초래될 가능성이 높아지게 된다. 따라서 이러한 문제들을 극복하여 실물경기 혹은 고용안정성을 통화정책의 목표로 제시하기는 힘든 것이 현실이다.

② 실물경기 안정에 보다 적극적으로 대처하기 위한 대안

보다 현실적으로 인플레이션 타겟팅(목표제)을 대체하여 실물경기안정을 포괄적으로 고려하는 통화정책 운영 대안들이 제시되고 있다. 두 가지 대표적 대안으로 물가수준 목표제(price level targeting)와 명목소득 목표제(nominal GDP targeting)를 꼽을 수 있다. 물가수준 목표제는 물가수준의 변화율인 인플레이션율을 목표로 명시하는 대신 물가수준을 목표로 제시하는 통화정책 운영방법이다. 예를 들어 소비자물가지수 자체를 목표로 제시할 수 있다. 인플레이션 타겟팅은 과거의 인플레이션율은 고려하지 않고 미래의 인플레이션율을 목표로 제시하고 이를 달성하기 위해 노력하는 데 반해 물가수준 목표제는 과거의 상황을 현재의 통화정책 운영에 고려할 수 있다는 장점이 있다. 예를 들어 소비자물가지수가 2년 후에 100에서 104로 변화하는 것을 통화정책의 목표로 했다고 하자. 이때 만약 첫해에 인플레이션율이 1%였다면 둘째 해에는 이를 고려하여 3%의 인플레이션율을 목표로 해야 2년 후 물가지수 104의 목표가 달성된다. 즉 첫째 해에 인플레이션율이 너무 낮고 동시에 실물경기가 침체하였다면 이를 고려하여 둘째 해에는 보다 팽창적인 통화정책을 통해 인플레이션율을 높이는 것이 가능함으로써 실물경기 침체에 더 적극적으로 대처할 수 있는 것이다.

명목소득 목표제는 명목소득 성장률을 목표로 고려하는 통화정책 운영방법이다. 명목소득의 증가율은 인플레이션율과 실질소득 성장률의 합이기 때문에 결국 명목소득 목표제는 인플레이션율과 실질소득 성장률의 합을 목표로 제시하는 셈이 된다. 이 경우 경기침체로 인해 실질소득 성장률이 낮아지는 경우 인플레이션율을 높여 좀 더 팽창적인 통화정책을 운영할 여지가 생긴다. 예를 들어 실질소득 상승률 3%와 인플레이션율 2%를 염두에 두고 명목소득 상승률의 목표를 5%로 제시하는 경우를 생각해 보자. 이 경우 만약 경기침체로 실질소득 상승률이 2%에 그친다면 인플레이션율 목표를 3%로 높일 수 있는 것이다.

이상과 같이 이론적인 측면에서 물가수준 목표제와 명목소득 목표제는 실물경제 안정에 더 우수한 성과를 보일 가능성이 있다. 하지만 이러한 통화정책의 운영 경험이 전혀 없는 상태에서 과연 현실에서도 이러한 통화정책 운영 방안들이 좋은 성과를 보일지는 의문이다. 더군다나 신축적 인플레이션 타겟팅도 얼마든지 실물경기의 안정을 동시에 추구할 수 있으며 실제로 많은 국가에서 인플레이션 타겟팅이 성공적으로 운영되고 있다는 점을 고려할 때 다른 대안을 섣불리 채택하기는 어려운 상황이다.

③ 제로금리 하한에 대한 고려[3]

통화정책은 테일러 준칙과 같이 정책금리의 조정을 통해 운영된다. 한국은행도 1년에 8번의 금융통화위원회를 개최하여 정책금리를 변경할지를 결정한다. 그런데 정책금리는 명목금리로 표시되기 때문에 제로금리 이하로는 책정이 불가능하다는 문제를 가진다. 우리는 심화학습을 통해 제로금리 하에서의 비전통적 통화정책을 학습한 바 있다. 하지만 이러한 정책들은 극심한 금융위기와 같은 예외적인

---

3 본 절은 버냉키의 블로그에 올린 "The zero lower bound on interest rates: How should the Fed respond?"를 참조하여 작성되었다.

경우에만 사용해야 할 것이다. 예외적으로 선제적 지도의 경우에는 경제주체들의 기대에 영향을 주는 것으로서 평상시에도 유용하게 운영할 수 있다는 견해도 있다.

명목금리는 실질금리와 인플레이션율의 합으로 결정되기 때문에 글로벌 금융위기 이후와 같이 실질금리가 낮은 상태에서 인플레이션율 목표도 낮다면 명목금리가 매우 낮은 상태에서 유지된다. 예를 들어 실질금리가 1%에 가까운 경우, 인플레이션율의 목표가 2%라면 정책금리도 평상시에 3% 수준을 유지하게 된다. 이 경우 제로금리 하한으로 정책금리가 낮아질 수 없으므로 경기침체에 대응하여 정책금리는 최대 3% 포인트 만큼만 변화가 가능해진다.

이에 대해 일부 경제학자들은 평상시에 인플레이션율 목표를 높게 유지하여 정책금리 대응의 여지를 높여야 한다고 주장한다. 위의 예에서 인플레이션 목표를 3%로 책정한다면 정책금리를 내릴 여지가 4% 포인트로 확대되는 것이다. 인플레이션율이 2%에서 3%로 올라가도 경제에 미치는 부정적 영향이 그리 크지 않다는 견해도 제기되고 있어 이렇게 인플레이션 타겟의 수준을 높이자는 주장에 힘이 실리고 있다. 또한, 소비자물가지수로 측정된 인플레이션율은 실제 인플레이션율을 과대 측정하는 경향이 있어 인플레이션율 목표를 3%로 하더라도 실제 인플레이션율은 그보다 낮을 것이라는 견해도 있다.

이에 대해 미 연준의 버냉키(Bernanke) 전 의장은 세 가지 이유로 이에 대해 반대를 표명한 바 있다. 첫째, 이미 많은 국가에서 인플레이션 타겟을 2%로 책정하여 경제주체들의 인플레이션 기대를 굳건하게 유지하고 있고 이로 인한 성공적인 사례들이 많이 있는 상황에서 경제주체들의 기대를 다른 수준으로 변경하기는 쉽지 않을 수 있다. 특히 실질금리가 현재 1% 수준이지만 실질금리는 미래에 얼마든지 변화가 가능하다. 이러한 변화가 일어난 후에 또다시 이를 반영하여 인플레이션 타겟을 변경시키는 것은 무리라는 것이다. 둘째, 인플레이션율을 2%에서 3%로 올릴 때 부담하는 경제적 비용을 정확히 계산하기는 어렵지만 확실한 사실은 대부분의 경제주체들이 높은 인플레이션율에 부정적인 견해를 가지고 있다는 점이다. 이러한 점을 무시하고 인플레이션의 목표를 올리는 것은 중앙은행의 신뢰에 손상을 줄 수 있다. 셋째, 중앙은행은 제로금리 하한에 구속되어 경제적으로 비효율적인 상태에 처할 수 있지만 이런 경우에도 제로금리를 더 오래 유지하여 대처할 수 있다. 비록 제로금리 아래로 정책금리를 내릴 수는 없지만, 제로금리를 오래 유지함으로써 이러한 문제를 어느 정도 상쇄할 수 있다. 이렇게 제로금리를 오래 유지하는 정책이 평상시에 인플레이션을 높게 유지하는 것에 비교해 경제적 비용이 적을 수 있다는 것이다.

정리 *summary*

1. 금융시장은 자금이 거래되는 시장이다. 차입자는 자금을 건네받은 대가를 어떠한 방식으로 지불할 것인가를 약속하며, 그 약속의 내용을 적은 문서를 증권이라고 부른다. 증권에는 만기까지 원금과 확정된 이자를 지급하는 채권과 해당 기업의 이윤을 가질 수 있는 권리인 주식이 있다.

2. 대차대조표에서 모든 자산은 차변에, 그리고 모든 부채는 대변에 기입한다. 기록된 자산의 총합은 부채의 총합과 언제나 일치해야 하며, 순자산은 총자산에서 총부채를 제한 값이다. 또한 경제전체로 보면 금융부채의 총합이 금융자산의 총합과 일치한다.

3. 금융시장의 원활한 작동을 방해하는 요인을 금융시장의 마찰이라고 부른다. 금융시장의 마찰은 거래비용과 정보의 비대칭성 때문에 발생한다. 정보의 비대칭성은 크게 역선택과 도덕적 해이로 나뉜다.

4. 금융시장에서의 역선택은 대부자에게 바람직하지 않은 대상을 선택하게 되는 결과를 초래한다. 이를 방지하기 위해 금융시장에는 정보의 사적 거래, 정부의 규제, 순자산과 담보 요구, 금융기관 이용 등의 예방책이 있다. 도덕적 해이는 차입자가 위험한 사업을 선호하는 결과를 야기한다. 이를 막기 위해서는 모니터링, 정부 규제, 순자산과 담보 요구, 금융기관 이용 등의 조치를 취할 수 있다.

5. 기업이 외부자금을 조달받지 못하는 경우를 신용제약이라고 부른다. 이는 기업과 외부자금 제공자 사이에 투자에 대한 정보가 완벽히 공유되지 않기 때문에 발생한다. 이때 기업이 제공하는 담보나 순자산은 신용제약을 극복하는 과정에서 결정적인 역할을 한다.

6. 금융가속도 이론에 따르면 경기변동을 가져오는 충격이 금융시장에서 보다 확대되어 실물부문에 더욱 큰 영향을 주게 된다. 이 이론에서 핵심적인 역할을 하는 것은 정보의 비대칭성으로 대표되는 금융시장에서의 마찰이다.

7. 케인즈효과는 통화량 증가가 이자율 하락을 통해 투자수요를 증가시키고 따라서 총수요와 총생산이 늘어나는 경로에 주목한다. 케인즈효과에서 중요한 역할을 하는 것은 이자율의 변화와 이에 반응하는 투자이다. 또한 투자가 변하기 위해서는 장기실질이자율이 변해야 한다.

8. 통화량의 증가가 금융시장의 신용차입조건을 완화하여 투자에 영향을 줌으로써 실물경제에 미치는 경로를 신용경로라고 부른다. 신용경로 중에서도 금융기관인 은행의 역할을 특히 강조하는 견해를 은행대출 경로라고 부르고, 통화량의 변화가 보다 폭넓게 금융시장에 미치는 영향에 주목하는 견해를 폭넓은 신용경로라고 부른다.

9. 은행대출 경로는 은행의 자산인 대출의 중요성을 강조한다는 점에서 통화량, 즉 은행의 부채를 강조하는 기존의 통화정책과 구별된다. 반면, 폭넓은 신용경로는 보다 일반적으로 금융시장에 존재하는 정보비대칭성 문제를 강조한다. 폭넓은 신용경로는 순자산에 영향을 미치는 경로와 현금흐름에 영향을 미치는 경로로 세분화된다.

10. 은행위기는 일반인들의 은행에 대한 신뢰가 하락하여 이들이 은행에 예금해 두었던 자금을 급히 인출하려고 시도하는 상황을 의미한다. 은행위기는 첫째, 은행의 잘못된 대출 등 은행운영의 근본적인 원인에 기인한 은행위기와 둘째, 은행의 근본적인 잘못이 없었음에도 불구하고 생기는 자기실현적 은행위기로 나뉜다. 은행에서의 위기 가능성은 예금보험의 도입과 중앙은행의 최종대부자로서의 역할 덕분에 급감하였다.

11. 금융위기가 발생하는 과정에서 결정적인 역할을 하는 또 하나의 금융현상은 주식이나 부동산과 같은 자산가격의 급속한 상승과 하락이다. 이런 금융위기는 차입비용의 상승, 순자산의 하락, 불확실성 증가, 채무 디플레이션의 발생 등을 야기하며 실물경제에 영향을 준다. 금융위기가 진행되면서 불황의 정도가 심해지는 이유는 실물부문과 금융부문이 서로 영향을 주면서 악화가 심화되는 과정을 겪기 때문인데, 이를 금융부문과 실물부문 사이의 악순환이라고 부른다.

12. 중앙은행이 금융안정을 위해 어떠한 태도를 취할 것인지에 대해 두 입장이 있다. 우선 통화정책이 금융시장의 거품을 깨뜨리려고 시도하기보다는 금융시장의 거품이 깨진 후 이의 부작용을 해소해야 한다고 주장하는 입장을 "그린스팬 원칙""이라고 부른다. 이에 반하여 중앙은행이 금융안정을 위해 사전적으로 노력할 필요가 있다는 입장이 있다.

13. 미시건전성 금융감독은 개별 금융기관의 건전성에만 초점을 맞춘다. 그러나 금융시장에서는 금전상의 외부효과가 발생하기 쉬우며 따라서 금융감독은 미시건전성 감독만으로는 불충분하다. 거시경제의 전반적인 위험 수준을 낮추기 위하여 금융기관을 거시경제적 관점에서 규제하는 감독행위를 거시건전성 감독이라고 부른다.

14. 글로벌 금융위기 이후 금융안정이 통화정책의 새로운 목표로 추가되거나 금융안정을 위한 새로운 수단이 개발되는 동시에 재량정책의 가능성을 염두에 두고 통화정책을 운영할 필요성이 제기되는 등 통화정책의 새로운 방향이 제시되고 있다.

연습문제

exercise

1. 다음에 대해 옳으면 T, 틀리면 F, 그리고 불명확하면 U라고 대답하고 그에 대해 간단히 설명하시오.

1) 장기채권일수록 수익률에 대한 위험이 크다.

2) 순자산이 높은 기업일수록 도덕적 해이의 문제가 적다.

3) 국가 전체의 금융자산의 증가는 국가의 실질 부의 증가를 의미하지는 않지만, 경제의 효율성을 증진시킨다.

4) 부동산 가격이 폭락하는 경우에 일반적으로 기업의 순자산은 감소한다.

5) 어떤 기업이 크게 성공하거나 크게 망하든지 둘 중의 하나라고 하자. 이러한 기업에는 주식 형태로 자금을 제공하는 것이 유리하다.

6) 은행이 예금 이외의 다른 방법으로 자금을 조달하여 대출을 할 수 있다면 은행대출경로가 약화된다.

7) 개별 금융회사의 건전성만을 따지는 것은 거시건전성 금융감독의 운용에 위배된다.

8) 자금에 대한 수요가 늘어날 때 은행은 대출 이자율을 높임으로써 수입을 극대화할 수 있다.

2. 은행이 제공하는 대출은 다음과 같은 세 가지 요소로 되어 있다: (L, r, C). 여기서 L은 대출의 양을, r은 대출 이자율을 그리고 C는 대출에 대한 담보를 나타낸다. 이 때 사업가 갑은 은행에서 (10억, 10%, 5억)의 조건으로 대출을 받았다. 이때 사업가 갑은 기대수익률을 최대화하려는 사람으로, 갑이 투자할 수 있는 project는 A와 B 두 가지이며, 각각의 수입 R은 다음과 같다.
(Hint: 담보는 사업가 갑이 채무불이행을 선언한 경우 은행이 채무불이행분을 만회하는데 사용 가능하다.)

Project A:	R	= 6억	확률 0.5
		= 14억	확률 0.5
Project B:	R	= 5억	확률 0.5
		= 15억	확률 0.5

1) 만약 갑이 어떠한 프로젝트를 선택하는지 은행이 모르는 경우, 갑은 어떠한 프로젝트를 수행하려고 하겠는가?

2) 만약 갑이 어떠한 프로젝트를 선택하는지 은행이 아는 경우, 은행은 갑으로 하여금 어떠한 프로젝트를 수행하도록 하겠는가?

3) 이와 같은 문제를 일반적으로 무엇이라고 하며, 이러한 문제의 해결 방안은 무엇인가?

3. 은행이 제공하는 대출은 다음과 같은 세 가지 요소로 되어 있다: (L, r, C). 여기서 L은 대출의 양을, r은 대출 이자율을 그리고 C는 대출에 대한 담보를 나타낸다. 이때 사업가 갑은 은행에서 (5억, 10%, 2억)의 조건으로 대출을 받았다. 이때 사업가 갑은 기대수익률을 최대화하려는 사람으로, 갑이 투자할 수 있는 project는 A와 B 두 가지이며, 각각의 수입 R은 다음과 같다.

(Hint: 담보는 사업가 갑이 채무불이행을 선언한 경우 은행이 채무불이행분을 만회하는데 사용 가능하다.)

Project A:	R	= 4억	확률 0.5
		= 8억	확률 0.5
Project B:	R	= 2억	확률 0.5
		= 9억	확률 0.5

1) 만약 갑이 어떠한 프로젝트를 선택하는지 은행이 모르는 경우, 갑은 어떠한 프로젝트를 수행하려고 하겠는가?

2) 만약 은행이 담보액을 C=2억에서 C=3억으로 늘렸다고 하자. 역시 갑이 어떠한 프로젝트를 선택하는지 은행이 모르는 경우, 갑은 어떠한 프로젝트를 수행하려고 하겠는가?

3) 만약 1)와 2)의 답이 같다면 같은 이유를, 다르면 다른 이유를 설명하시오.

4. 부동산과 같은 자산의 가격하락이 실물 부문의 침체를 가져오는 이유를 설명하시오.

5. 예금보험과 최종대부자로서의 중앙은행의 역할이 어떻게 다른지 쓰고, 이 양자가 모두 필요한지에 대해 의견을 피력하시오.

6. 대부자가 채무자에게 자금을 공급하는 과정에서 역선택의 문제가 생길 수 있다. 이를 해결하는 수단이 어떤 것들이 있으며 각각이 어떻게 문제를 해결하는지 설명하시오.

7. 채권에 대한 다음 질문에 답하시오.

1) 채권거래가 주식거래에 비해 정보비대칭성문제를 완화시키는 이유를 설명하시오.

2) 채권에 남아있는 정보비대칭성 문제는 무엇인지 설명하고, 이를 방지하기 위한 대책들은 어떠한 것들이 있는지 설명하시오.

3) 예금도 일종의 채권이라 할 수 있는데, 다른 일반적인 채권에 비해 특별히 예금자와 은행 사이의 정보비대칭성 문제가 줄어드는 이유는 무엇인가?

8. 금융시장의 정보의 비대칭성으로 발생하는 대리인 비용(agency cost)의 예를 들어 보시오. 벤처 기업들이 많은 경제일수록 정보의 비대칭성이 더 크고 외부적인 충격이 있을 때 금융기관들이 대출을 더 크게 줄일 것이라는 주장을 설명하시오.

9. 글로벌 금융위기 전에 대부분의 국가가 통화정책을 수립하는 과정에서 금융안정을 명시적으로 고려하지 않았던 이유를 설명하시오.

10. 대부분의 중앙은행이 목표 인플레이션율을 2% 근방으로 설정하고 있다. 이에 대해 다음의 질문에 답하시오.

   1) 프리드만은 최적의 인플레이션율이 음의 값이라고 주장하였다. 그 논거를 설명하시오.

   2) 프리드만의 주장에도 불구하고 대부분의 중앙은행이 목표 인플레이션율로 양의 값을 선호하는 이유를 설명하시오.

찾아
보기

공저자 소개

이 종 화, Jong-Wha Lee

고려대학교 경제학과 (학사, 석사)
미국 하버드대학교 (경제학 박사)
하버드대, 컬럼비아대, 호주국립대, 북경대 초빙교수
아시아개발은행(ADB) 수석 이코노미스트 겸 지역경제통합국장
청와대 국제경제보좌관
한국경제학회 회장
현 고려대학교 정경대학 경제학과 교수

신 관 호, Kwanho Shin

서울대학교 경제학과 (학사, 석사)
미국 UCLA (경제학 박사)
캔자스대학교 조교수
미국 UCLA, Claremont대학, 일본 오사카대학교 초빙교수
테셋(TESAT) 출제위원장
CESifo Fellow, University of Munich, Germany
현 고려대학교 정경대학 경제학과 교수

주요 저서

"*Education Matters. Global Schooling Gains from the 19th to the 21st Century.*"(with Robert J. Barro), Oxford University Press, 2015.

"IMF Programs: Who Is Chosen and What Are the Effects?"(with Robert J. Barro), *Journal of Monetary Economics* 52, October 2005.

"How Does Foreign Direct Investment Affect Economic Growth?" (with Eduardo Borensztein and Jose De Gregorio), *Journal of International Economics* 45, June 1998.

"International Measures of Schooling Years and Schooling Quality."(with Robert J. Barro), *American Economic Review*, May 1996.

"Capital Goods Imports and Long-Run Growth." *Journal of Development Economics* 48, September 1995.

주요 저서

"Noncore Bank Liabilities and Financial Vulnerability."(with Joon-Ho Hahm and Hyun Song Shin) *Journal of Money, Credit and Banking*, 45 (s1), 3-36, August 2013.

"A Semiparametric Cointegrating Regression: Investigating the Effects of Age Distributions on Consumption and Saving."(with Joon Y. Park and Yoon-Jae Whang), *Journal of Econometrics*, 2010.

"The Role of a Variable Input in the Relationship between Investment and Uncertainty."(with Jaewoo Lee), *American Economic Review* 90, June 2000.

"Risk Sharing by Households Within and Across Regions and Industries."(with Gregory D. Hess), *Journal of Monetary Economics* 45, June 2000.

제4판
거시경제학

초판발행	2009년 9월 20일
수정판발행	2011년 2월 28일
제2판발행	2014년 2월 25일
제3판발행	2019년 3월 1일
제4판발행	2024년 1월 1일

지은이	이종화 · 신관호
펴낸이	안종만 · 안상준

편 집	배근하
기획/마케팅	조성호
표지디자인	이은지
제 작	고철민 · 조영환

펴낸곳	(주) **박영사**
	서울특별시 금천구 가산디지털2로 53, 210호(가산동, 한라시그마밸리)
	등록 1959. 3. 11. 제300-1959-1호(倫)

전 화	02)733-6771
f a x	02)736-4818
e-mail	pys@pybook.co.kr
homepage	www.pybook.co.kr
ISBN	979-11-303-1877-6 93320

정 가   42,000원